New Trend 뉴 트렌드

최근 10년 **기출**판례와 최근 3년간 **최신**판례 PLUS **알파**

윤쌤의 형사소송법 판례

서울고시각

머리말

오랜만에 형사법 관련 교재를 쓰게 되었다. 지난 5년 이상 민사법 공부에 매진하느라 형사법 교재 집필을 미루고 있었는데, 이번에 「NEW 트렌드 형법 판례」에 이어 이와 같이 「NEW 트렌드 형사소송법 판례」 교재를 쓰게 되었다.

저자는 현재 해커스경찰·공무원학원 관리반 민형사법 지도교수로 활동하고 있다. 과외식으로 지도해 주고 있는데, '현재의 출제 경향'에 맞지 않는 판례에 대하여 질문하는 학생이 의외로 많았다. 학생분은 물론 저자에게도 시간 낭비가 될뿐더러 당연히 비효율적이다. 그래서 더 이상 참지 못하고, '현재의 출제 경향에 맞는 판례집'을 쓰게 되었는데 그래서 교재 이름에 'NEW 트렌드'가 들어간 것이다.

트렌드에 맞는 수험서로서의 역할을 다하기 위하여 아래와 같이 집필하였다.

1 최근 10년(+α)간 각종 시험(변호사, 법원직, 국가직, 경찰직)에서 출제된 기출 판례를 수록하였다. 다만 출제되었더라도 최근 출제 경향에 맞지 않는 판례나 만점 방지용 지엽적인 판례 등은 과감하게 삭제하였다. 〈2025년~2015년 기출 판례 수록〉

2 최근 3년(+α)간 판시된 최신 판례를 수록하였다. 〈2025년~2022년 최신 판례 수록〉

3 형법과는 달리 형사소송법은 절차법이므로 절차의 흐름이 중요하다. 그 흐름에 대한 이해를 위하여 최근 10년 기출되지 않은 판례도 수록하였다는 점을 양해구한다.

트렌드에 맞는 수험서를 저자가 선물해 주었으므로 수험생 역시 트렌드에 맞게 공부를 해야 한다. 말할 것도 없이 출제위원도 트렌드에 맞는 판례를 출제하여야 한다.

출제위원의 입장에서 만점 방지용 문제가 필요한 것은 당연하다. 난이도를 높이려면 사례문제, 응용문제, 계산문제 등을 만들어 출제하면 된다. 대법원 싸이트에서 판례를 대충 검색하여 지엽적인 내용을 복사·출제하는 것은 바람직하지 않다.

그리고 이해하기 쉽고 가독성이 좋은 수험서가 되기 위하여 아래와 같이 집필하였다.

1 조문, 조언, 사건명, 판례 해설, 핵심정리, 이미지, 사례 등 수단과 방법을 가리지 않고 이해와 암기를 위하여 최대한 노력하였다.

2 범인은 甲, 乙, 丙으로, 피해자는 A, B, C로, 회사나 법인은 X, Y, Z로, 범죄는 ⒶⒷⒸ나 ⓐⓑⓒ로 표기하였다. ⒶⒷⒸ는 단순일죄나 포괄일죄를 말하고, ⓐⓑⓒ는 단순일죄나 포괄일죄를 구성하는 각 행위를 말한다.

3 쟁점이 다른 판례는 [1][2][3] 방식으로 구분하였고, 각 판례 1. 2. 3. 등에서 구분이 필요하면 중간에 ▶ 표시를 하였다.

4 일반적인 판례(이를 '판례 법리'라고 한다)를 먼저 수록하였고, 이어서 구체적 사건·사례 판례는 수록하였다.

preface

5 법명이 아주 긴 것은 아래와 같이 **약칭**하였다.

가정폭력범죄의 처벌 등에 관한 특례법 → 가정폭력처벌법
검사와 사법경찰관의 상호협력과 일반적 수사준칙에 관한 규정 → 수사준칙
게임산업진흥에 관한 법률 → 게임산업법
국민의 형사재판 참여에 관한 법률 → 국민참여재판법
금융실명거래 및 비밀보장에 관한 법률 → 금융실명법
독점규제 및 공정거래에 관한 법률 → 공정거래법
마약류 관리에 관한 법률 → 마약류관리법
마약류 불법거래 방지에 관한 특례법 → 마약거래방지법
부동산 실권리자명의 등기에 관한 법률 → 부동산실명법
성폭력범죄의 처벌 등에 관한 특례법 → 성폭력처벌법
아동·청소년의 성보호에 관한 법률 → 청소년성보호법
음악산업진흥에 관한 법률 → 음악산업법
정보통신망 이용촉진 및 정보보호 등에 관한 법률 → 정보통신망법
즉결심판에 관한 절차법 → 즉결심판법
치료감호 등에 관한 법률 → 치료감호법
특정경제범죄 가중처벌 등에 관한 법률 → 특정경제범죄법
특정범죄 가중처벌 등에 관한 법률 → 특정범죄가중법
폭력행위 등 처벌에 관한 법률 → 폭력행위처벌법
형의 집행 및 수용자의 처우에 관한 법률 → 형집행법

6 교재 부록으로 '형사소송법 조문(규칙 및 수사준칙 포함)'과 '형법 범죄의 정리'를 수록하여 입체적으로 공부할 수 있도록 하였다.

판례를 포함하여 법공부는 어렵다. 하지만 '깨달음의 쾌감'을 몇 번 느끼면 공부가 의외로 재미있게 된다. 저자가 수험생에게 '깨달음의 쾌감'을 느끼게 해 주겠다.

공부하다가 이해가 되지 않거나 의문나는 점이 있으면 아래 카페에 질문을 주기 바란다. 정성껏 답글을 달아 드릴 것을 약속한다. 다음에는 「NEW 트렌드 민법 판례」에서 만나보기로 한다.

마지막으로 교재가 나올 수 있도록 도움을 주신 김용관 대표이사님, 김유중 본부장님 등 관계자 분에게 감사의 말씀을 전합니다.

- 민사법과 형사법, 판례와 기출문제, 객관식과 주관식의 달인 !! 합격청☆부업자 윤경근 선생님 -

- 대한민국 최고의 민형사법 자료실 !! DAUM 또는 NAVER 카페 "윤경근 선생님의 민형사법 교실" -

2025년 7월
편저자 윤경근

이 책의 차례

PART 01. 서 론 / 1

CHAPTER 01 형사소송법의 기초   3
- 제 1 절   형사소송법의 법원(法源)과 적용범위   3
- 제 2 절   형사소송법의 목적과 구조   9

CHAPTER 02 소송주체와 소송관계인   13
- 제 1 절   법 원   13
- 제 2 절   검사   37
- 제 3 절   피고인   38
- 제 4 절   변호인   55

CHAPTER 03 소송행위와 소송조건   68
- 제 1 절   소송행위 일반   68
- 제 2 절   소송행위의 가치판단과 소송조건   78

PART 02. 수사와 공소 / 87

CHAPTER 01 수사   89
- 제 1 절   서 론   89
- 제 2 절   수사의 단서   96
- 제 3 절   수사의 일반원칙과 임의수사   128

CHAPTER 02 강제처분과 강제수사   155
- 제 1 절   체포와 구속   155
- 제 2 절   압수·수색과 검증   193
- 제 3 절   통신비밀보호 및 통신수사   261
- 제 4 절   판사에 의한 강제처분   272

CHAPTER 03 수사의 종결과 공소의 제기   275
- 제 1 절   불기소처분에 대한 불복   275
- 제 2 절   공소제기 후 수사   281
- 제 3 절   공소의 제기   285

CONTENTS

PART 03. 공 판 / 325

CHAPTER 01 공판절차 327
- 제 1 절 공판절차의 기본원칙 327
- 제 2 절 공판심리의 범위 332
- 제 3 절 공판준비절차 358
- 제 4 절 공판정의 구성 등 360
- 제 5 절 공판기일의 절차 369
- 제 6 절 증거조사 374
- 제 7 절 공판절차의 특칙 393
- 제 8 절 국민참여재판 397

CHAPTER 02 증거 405
- 제 1 절 증명의 기본원칙 405
- 제 2 절 자백배제법칙과 위법수집증거배제법칙 424
- 제 3 절 전문법칙 442
- 제 4 절 증거동의와 탄핵증거 502
- 제 5 절 자백보강법칙 509
- 제 6 절 공판조서의 증명력 516

CHAPTER 03 재판 519
- 제 1 절 재판의 기초 519
- 제 2 절 종국재판 524
- 제 3 절 재판의 확정과 효력 536

이 책의 차례

PART 04. 상소, 비상구제절차 등 / 553

CHAPTER 01	**상소**	555
제 1 절	상소 통칙	555
제 2 절	항소	593
제 3 절	상고	609
제 4 절	항고	617
CHAPTER 02	**비상구제절차**	627
제 1 절	재심	627
제 2 절	비상상고	658
CHAPTER 03	**특별절차**	660
제 1 절	약식절차	660
제 2 절	즉결심판절차	666
제 3 절	소년형사사건	673
제 4 절	배상명령	676
CHAPTER 04	**재판의 집행과 형사보상**	679
제 1 절	재판의 집행	679
제 2 절	형사보상	682

부록 / 685

CHAPTER 01	**형사소송법 조문(규칙 및 수사준칙 포함)**	687
CHAPTER 02	**형법 범죄의 정리**	773

01

서 론

CHAPTER 01 | 형사소송법의 기초

제1절 | 형사소송법의 법원(法源)과 적용범위

> **헌법(1987.10.29. 헌법 제10호로 전부개정된 것)**
>
> 제12조 ① 모든 국민은 신체의 자유를 가진다. 누구든지 법률에 의하지 아니하고는 체포·구속·압수·수색 또는 심문을 받지 아니하며, 법률과 적법한 절차에 의하지 아니하고는 처벌·보안처분 또는 강제노역을 받지 아니한다.
> ② 모든 국민은 고문을 받지 아니하며, 형사상 자기에게 불리한 진술을 강요당하지 아니한다.
> ③ 체포·구속·압수 또는 수색을 할 때에는 적법한 절차에 따라 검사의 신청에 의하여 법관이 발부한 영장을 제시하여야 한다. 다만, 현행범인인 경우와 장기 3년 이상의 형에 해당하는 죄를 범하고 도피 또는 증거인멸의 염려가 있을 때에는 사후에 영장을 청구할 수 있다.
> ④ 누구든지 체포 또는 구속을 당한 때에는 즉시 변호인의 조력을 받을 권리를 가진다. 다만, 형사피고인이 스스로 변호인을 구할 수 없을 때에는 법률이 정하는 바에 의하여 국가가 변호인을 붙인다.
> ⑤ 누구든지 체포 또는 구속의 이유와 변호인의 조력을 받을 권리가 있음을 고지받지 아니하고는 체포 또는 구속을 당하지 아니한다. 체포 또는 구속을 당한 자의 가족등 법률이 정하는 자에게는 그 이유와 일시·장소가 지체없이 통지되어야 한다.
> ⑥ 누구든지 체포 또는 구속을 당한 때에는 적부의 심사를 법원에 청구할 권리를 가진다.
> ⑦ 피고인의 자백이 고문·폭행·협박·구속의 부당한 장기화 또는 기망 기타의 방법에 의하여 자의로 진술된 것이 아니라고 인정될 때 또는 정식재판에 있어서 피고인의 자백이 그에게 불리한 유일한 증거일 때에는 이를 유죄의 증거로 삼거나 이를 이유로 처벌할 수 없다.
> 제13조 ① 모든 국민은 행위시의 법률에 의하여 범죄를 구성하지 아니하는 행위로 소추되지 아니하며, 동일한 범죄에 대하여 거듭 처벌받지 아니한다.
> 제16조 모든 국민은 주거의 자유를 침해받지 아니한다. 주거에 대한 압수나 수색을 할 때에는 검사의 신청에 의하여 법관이 발부한 영장을 제시하여야 한다.
> 제27조 ① 모든 국민은 헌법과 법률이 정한 법관에 의하여 법률에 의한 재판을 받을 권리를 가진다.
> ② 군인 또는 군무원이 아닌 국민은 대한민국의 영역 안에서는 중대한 군사상 기밀·초병·초소·유독음식물공급·포로·군용물에 관한 죄중 법률이 정한 경우와 비상계엄이 선포된 경우를 제외하고는 군사법원의 재판을 받지 아니한다.
> ③ 모든 국민은 신속한 재판을 받을 권리를 가진다. 형사피고인은 상당한 이유가 없는 한 지체없이 공개재판을 받을 권리를 가진다.
> ④ 형사피고인은 유죄의 판결이 확정될 때까지는 무죄로 추정된다.
> ⑤ 형사피해자는 법률이 정하는 바에 의하여 당해 사건의 재판절차에서 진술할 수 있다.
> 제28조 형사피의자 또는 형사피고인으로서 구금되었던 자가 법률이 정하는 불기소처분을 받거나 무죄판결을 받은 때에는 법률이 정하는 바에 의하여 국가에 정당한 보상을 청구할 수 있다.
> 제37조 ① 국민의 자유와 권리는 헌법에 열거되지 아니한 이유로 경시되지 아니한다.
> ② 국민의 모든 자유와 권리는 국가안전보장·질서유지 또는 공공복리를 위하여 필요한 경우에 한하여 법률로써 제한할 수 있으며, 제한하는 경우에도 자유와 권리의 본질적인 내용을 침해할 수 없다.

> **선생님의 TIP**
>
> 형사소송법의 '법원(法源)'이란 일반적으로 형사소송법의 존재형식 내지 인식근거라고 하지만, 이것을 쉽게 말하면 '형사소송을 알기 위해서 보아야 하는 법령'을 의미한다. 여러분들은 물론 '형사소송법'이라는 명칭의 법률을 보아야 하지만, 이외에도 헌법, 형사소송규칙, 수사준칙, 국민참여재판법, 즉결심판법 등 보아야 할 법령이 아주 많은데 이런 것들이 모두 형사소송법의 법원이다. 물론 가장 중요한 것은 '형사소송법'이라는 명칭의 법률이지만 그 상위법인 헌법도 중요하다. 헌법 중에서 형사소송과 관련된 중요한 조문은 대략 위와 같은데, 판례를 떠나 시험에 출제되므로 꼼꼼히 읽어보아야 한다.

> **헌법(1987.10.29. 헌법 제10호로 전부개정된 것)**
>
> **제44조** ① 국회의원은 현행범인인 경우를 제외하고는 회기 중 국회의 동의없이 체포 또는 구금되지 아니한다. 〈불체포특권〉
> ② 국회의원이 회기 전에 체포 또는 구금된 때에는 현행범인이 아닌 한 국회의 요구가 있으면 회기 중 석방된다.
> **제45조** 국회의원은 국회에서 직무상 행한 발언과 표결에 관하여 국회 외에서 책임을 지지 아니한다. 〈면책특권〉
> **제84조** 대통령은 내란 또는 외환의 죄를 범한 경우를 제외하고는 재직 중 형사상의 소추를 받지 아니한다[1]. 〈불소추특권〉

> **선생님의 TIP**
>
> 형사소송법의 인적·장소적 적용범위는 형법의 그것과 동일하다. 형사소송법은 형법을 실현하기 위한 절차법이기 때문이다. 따라서 관련 판례들은 「NEW 트렌드 형법 판례」에 수록하였고, 아래는 형사소송법 특유의 판례만 수록하기로 한다.

01 면책특권의 취지 및 인정범위

1. 국회의원의 면책특권을 인정한 취지는 국회의원이 국민의 대표자로서 국회 내에서 자유롭게 발언하고 표결할 수 있도록 보장함으로써 국회가 입법 및 국정통제 등 헌법에 의하여 부여된 권한을 적정하게 행사하고 그 기능을 원활하게 수행할 수 있도록 보장하는 데에 있다.(대법원 2011. 5.13. 2009도14442 노회찬 의원 사건) 국회의원이 대통령이나 다른 정당을 속된 말로 막 까더라도 명예훼손죄 등으로 처벌할 수 없다. 물론 정치적인 책임을 지는 것은 별개의 문제이다.

2. 면책특권의 대상이 되는 행위는 국회의 직무수행에 필수적인 국회의원의 **국회 내에서의 직무상 발언과 표결**이라는 의사표현행위 자체에만 국한되지 아니하고 이에 **통상적으로 부수하여 행하여지는 행위까지 포함**하며, 그와 같은 부수행위인지 여부는 구체적인 행위의 목적·장소·태양 등을 종합하여 개별적으로 판단하여야 한다.(대법원 2011. 5.13. 2009도14442 노회찬 의원 사건) 판례는 면책특권을 비교적 넓게 인정하고 있다. 저자가 아는 한 국회의원이 국회 내에서의 발언 등을 이유로 처벌받은 경우는 없다. [2] 판례 참고

▶ 24 경찰승진, 18 경간부, 16 변호사, 16 경간부, 16 경찰채용

---

[1] 윤석열 전(前)대통령이 범한 죄는 내란이므로 당연히 수사와 소추가 가능하다. 혹시 이번 비상계엄에 관한 내용이 나오더라도 결코 정치적 의도가 없음을 미리 밝힌다. 저자는 정치를 할 능력도 없고 그럴 생각도 전혀 없다.

02 면책특권의 대상이 되는 행위

1. '국가안전기획부의 불법 녹음 내용'과 '검사들이 삼성그룹으로부터 떡값 명목의 금품을 수수하였다'는 내용이 게재된 **보도자료**를 국회 법제사법위원회 개의 당일 국회 의원회관에서 **기자들에게 배포한 경우** (대법원 2011. 5.13. 2009도14442 노회찬 의원 사건) ▶ 25 경찰승진

2. 국회 예산결산위원회 회의장에서 법무부장관을 상대로 대정부질의를 하던 중 대통령 측근에 대한 대선자금 제공 의혹과 관련하여 이에 대한 수사를 촉구하는 과정에서 발언을 한 경우 (대법원 2007. 1.12. 2005다57752 허태열 의원 사건)

3. 국회의 위원회나 국정감사장에서 국무위원·정부위원 등에 대하여 **질문이나 질의를 하거**나 직무상 질문이나 질의를 준비하기 위하여 국회 내에서 정부·행정기관에 대하여 **자료 제출을 요구한 경우** (대법원 1996.11. 8. 96도1742 박은태 의원 사건) ▶ 16 변호사

4. 국회 본회의에서 질문할 원고를 사전에 배포한 경우 (대법원 1992. 9.22. 91도3317 유성환 의원 사건) 면책특권에 관한 최초의 판례이다. 유성환 의원은 1986.10.14. 정기국회 본회의에서 "우리나라의 국시(國是)는 반공보다 통일이어야 한다."는 등의 발언을 했다가 국가보안법위반 혐의로 전격 구속되었다. 국회의원이 회기 중 원내발언으로 구속된 헌정사상 초유의 사태였다. 물론 이것은 전두환 정권 시절의 일이다. 지금은 상상할 수 없는 일이지만, 박정희나 전두환 정권 시절에는 여러분들이 상상할 수 없는 일들이 벌어졌다. 특히 박정희 정권 시절은 '위헌'이라는 말만 하면 긴급조치 위반으로 그냥 끌려가는 시대였다. 긴급조치에 관하여는 「제4편 제2장 제1절 재심」을 참고하기 바란다.

노회찬 의원[1]

유성환 의원[2]

03 면책특권의 효과

국회의원의 면책특권에 속하는 행위에 대하여는 공소를 제기할 수 없으며 이에 반하여 공소가 제기된 것은 결국 공소권이 없음에도 공소가 제기된 것이 되어 **형사소송법 제327조 제2호**의 공소제기의 절차가 법률의 규정에 위반하여 무효인 때에 해당되므로 공소를 기각하여야 한다.(대법원 1992. 9.22. 91도3317 유성환 의원 사건) 형사소송법 제327조 제2호는 일반조항으로 처음부터 끝까지 우리와 함께 한다. 두문자 〈허기진 특정 모범 일본소년이 가면 고소·고발·처벌 재유발하고 특허·보험 남용한다〉로 암기하기 바란다.

▶ 24 경찰승진, 21 국가7급, 20 경간부, 20 경찰채용, 17 국가7급, 17 경찰승진, 16 변호사

---
[1] 이미지 출처 – 오마이뉴스(https://v.daum.net/v/20140612165703854)
[2] 이미지 출처 – 연합뉴스(https://v.daum.net/v/20180724171748908)

대한민국과 아메리카합중국간의 상호방위조약 제4조에 의한 시설과 구역 및 대한민국에서의 합중국 군대의 지위에 관한 협정[3](2001. 3.29. 조약 제553호로 최종개정된 것)

제1조 【정의】 본 협정에 있어서
  (가) "합중국 군대의 구성원"이라 함은 대한민국의 영역안에 있는 아메리카합중국의 육군, 해군 또는 공군에 속하는 인원으로서 현역에 복무하고 있는 자를 말한다. 〈단서 생략〉
  (나) "군속(軍屬)"이라 함은 합중국의 국적을 가진 민간인으로서 대한민국에 있는 합중국 군대에 고용되거나 동 군대에 근무하거나 또는 동반하는 자를 말하나 통상적으로 대한민국에 거주하는 자 또는 제15조 제1항에 규정된 자는 제외한다.

제22조 【형사재판권】
  1. 2. 〈생략〉
  3. 재판권을 행사할 권리가 경합하는 경우에는 다음의 규정이 적용된다.
    (가) 합중국 군 당국은 다음의 범죄에 관하여는 합중국 군대의 구성원이나 군속 및 그들의 가족에 대하여 재판권을 행사할 제1차적 권리를 가진다.
      (1) 오로지 합중국의 재산이나 안전에 대한 범죄 또는 오로지 합중국 군대의 타 구성원이나 군속 또는 그들의 가족의 신체나 재산에 대한 범죄
      (2) 공무집행중의 작위 또는 부작위에 의한 범죄
    (나) 기타의 범죄에 관하여는 대한민국 당국이 재판권을 행사할 제1차적 권리를 가진다.
  4. 본조의 전기(前記) 제 규정은 합중국 군 당국이 대한민국의 국민인 자 또는 대한민국에 통상적으로 거주하고 있는 자에 대하여 재판권을 행사할 권리를 가진다는 것을 뜻하지 아니한다. 다만, 그들이 합중국 군대의 구성원인 경우에는 그러하지 아니하다.

선생님의 TIP

미국 군인, 군속 등에 대한 형사재판권이 약간 복잡하다. 아래 [4] 1. 판례(아래 밑줄 ㉠)는 시험에 거의 출제되지 않지만, 2. 판례(아래 밑줄 ㉡)는 가끔 출제된다.

핵심정리 미국 군인, 군속 등에 대한 형사재판권

구 분	한반도 평시 상태	한반도 비상 사태[4]
합중국 군대의 구성원	대한민국과 합중국 군 당국 재판권 경합 (위 협정 제22조 제3항 참고)	㉠ 합중국 군 당국
통상적으로 대한민국 거주 × 군속[5]	대한민국	〃
통상적으로 대한민국 거주 ○ 군속[6]	㉡ 〃	〃
가족	〃	〃

---

[3] 이를 'SOFA 협정'이라고 한다.
[4] SOFA 협정 관련 합의의사록에 의하여 오로지 합중국 군 당국에게만 재판권이 인정된다. '비상사태'란 계엄령이 선포되거나 전쟁 등 적대행위가 발생한 것을 말한다.
[5] SOFA 협정이 적용되는 군속에는 해당하지만 관련 합의의사록에 의하여 오로지 대한민국에게만 재판권이 인정된다. '가족'의 경우도 마찬가지이다.
[6] SOFA 협정이 적용되는 군속의 개념에서 제외되므로 오로지 대한민국에게만 재판권이 인정된다.

04 미국 군인, 군속에 대한 재판권 관련 판례

1. (1) 미군범죄에 관하여는 원칙적으로 오로지 합중국의 재산이나 안전에 대한 범죄 또는 오로지 합중국 군대의 타 구성원이나 군속 또는 그들의 가족의 신체나 재산에 대한 범죄, 공무집행중의 작위 또는 부작위에 의한 범죄인 경우에는 합중국 군당국이 재판권을 행사할 1차적 권리를 가지며, 기타의 범죄인 경우에는 대한민국 당국이 재판권을 행사할 1**차적 권리를 가진다.** (2) 그러나 협정 제22조 제1항 (나)호 관련 합의의사록은 '계엄령하에 있는 대한민국의 지역에 있어서는 합중국 군당국은 계엄령이 해제될 때까지 합중국 군대의 구성원에 대하여 전속적 재판권을 행사할 권리를 가진다'고 규정하고 있으므로 **계엄령이 선포된 경우에는 대한민국 법원은 계엄령이 해제될 때까지 미합중국 군대의 구성원을 재판할 권한이 없게 되는 것이다.**(대법원 1980. 9. 9. 79도2062 의정부 미군 택시강도사건) 이 판례는 미군들이 택시운전사에게 상해를 가하고 금품을 강취한 사건에 대한 것으로 이는 '기타 범죄인 경우'에 해당하여 대한민국 법원에 1차적 재판권이 있다는 취지로 판시한 것이다. 다만, 실제 사례에서는 <u>계엄령이 선포된 상태였기 때문에 대한민국 법원이 재판권을 행사할 수 없다고 하여</u> 형사소송법 제327조 제1호에 의하여 공소기각판결을 선고하였다.

2. (1) 협정 제22조(형사재판권) 제4항은 '본조의 전기 제 규정은 합중국 군 당국이 대한민국의 국민인 자 또는 대한민국에 통상적으로 거주하고 있는 자에 대하여 재판권을 행사할 권리를 가진다는 것을 뜻하지 아니한다'고 규정하고 있다. 위 조항들에 의하면 **미합중국 군대의 군속 중 통상적으로 대한민국에 거주하고 있는 자는 협정이 적용되는 군속의 개념에서 배제되므로 그에 대하여는 대한민국의 형사재판권 등에 관하여 협정에서 정한 조항이 적용될 여지가 없다**(협정에서 정한 미합중국 군대의 군속에 관한 형사재판권 관련 조항이 적용될 수 없다). (2) 협정 제22조 제1항에 관한 합의의사록에서는 '합중국 법률의 현 상태에서 합중국 군 당국은 평화시에는 군속 및 가족에 대하여 유효한 형사재판권을 가지지 아니한다'고 정하고 있다. 위 조항들을 종합하면 **한반도의 평시상태에서 미합중국 군 당국은 미합중국 군대의 군속에 대하여 형사재판권을 가지지 않으므로 대한민국은 협정 제22조 제1항 (나)에 따라 미합중국 군대의 군속이 대한민국 영역 안에서 저지른 범죄로서 대한민국 법령에 의하여 처벌할 수 있는 범죄에 대한 형사재판권을 바로 행사할 수 있다.** (대법원 2006. 5.11. 2005도798 미군부대 배급직원 사건) 이해하기 조금 어렵겠지만 이는 '한반도 평시상태에서 대한민국에 통상적으로 거주하는 주한 미군의 군속'에 대해서는 대한민국이 전속적으로 재판권을 행사할 수 있다고 판시한 최초의 판례이다. 대법원은 교통사고를 낸 미군부대 배급직원인 스몰스 로드니 웨인이 통상적으로 대한민국에 거주하는 자에 해당한다고 보아(10년 넘게 대한민국에 머물면서 한국인 아내와 결혼을 하였다), 그에 대하여 대한민국의 재판권을 인정하고 벌금 500만원을 선고한 의정부지방법원의 판결을 확정시켰다.

> 24 경찰승진, 24 경찰채용,
> 16 국가9급, 16 경간부,
> 16 경찰채용, 15 경간부

> **형사소송법 부칙(2007. 6. 1. 법률 제8496호 일부개정)**
> 제1조【시행일】이 법은 2008년 1월 1일부터 시행한다.
> 제2조【일반적 경과조치】이 법은 이 법 시행 당시 수사 중이거나 법원에 계속 중인 사건에도 적용한다. 다만, 이 법 시행 전에 종전의 규정에 따라 행한 행위의 효력에는 영향을 미치지 아니한다.

선생님의 TIP

형사소송법의 시간적 적용범위는 형법의 그것과 다르다. 형법은 '새로운 형벌이므로' 소급효금지의 원칙이 적용되지만, 형사소송법은 '새로운 절차이므로' 소급효금지의 원칙이 적용되지 않는다. 이것이 원칙이지만 예외도 물론 존재한다. 관련하여 아래 판례가 가끔 시험에 출제된다.

05 형사소송법 부칙(2007. 6. 1.) 제2조의 규정 취지 등

형사소송법 부칙 제2조는 형사절차가 개시된 후 종결되기 전에 형사소송법이 개정된 경우 신법과 구법 중 어느 법을 적용할 것인지에 관한 입법례 중 이른바 **혼합주의를 채택하여** 구법 당시 진행된 소송행위의 효력은 그대로 인정하되 신법 시행 후의 소송절차에 대하여는 신법을 적용한다는 취지에서 규정된 것이다. 따라서 **항소심이 신법 시행을 이유로 구법이 정한 바에 따라 적법하게 진행된 제1심의 증거조사절차 등을 위법하다고 보아 그 효력을 부정하고 다시 절차를 진행하는 것은 허용되지 아니하며, 다만 이미 적법하게 이루어진 소송행위의 효력을 부정하지 않는 범위 내에서 신법의 취지에 따라 절차를 진행하는 것은 허용된다.**(대법원 2008.10.23. 2008도2826 사기 국제전화 서비스 사건) 구법상 유효한 소송행위이므로 신법에 어긋난다는 이유로 이를 무효로 취급하지 말라는 취지의 판례이다.

▶ 25 경찰승진, 20 경찰채용, 18 경간부, 16 경찰채용, 15 경간부

제 2 절 | 형사소송법의 목적과 구조

> **헌법(1987.10.29. 헌법 제10호로 전부개정된 것)**
>
> 제12조 ① 모든 국민은 신체의 자유를 가진다. 누구든지 법률에 의하지 아니하고는 체포·구속·압수·수색 또는 심문을 받지 아니하며, 법률과 적법한 절차에 의하지 아니하고는 처벌·보안처분 또는 강제노역을 받지 아니한다. 〈적법절차〉
> ③ 체포·구속·압수 또는 수색을 할 때에는 적법한 절차에 따라 검사의 신청에 의하여 법관이 발부한 영장을 제시하여야 한다. 다만, 현행범인인 경우와 장기 3년 이상의 형에 해당하는 죄를 범하고 도피 또는 증거인멸의 염려가 있을 때에는 사후에 영장을 청구할 수 있다. 〈적법절차〉
> 제27조 ① 모든 국민은 헌법과 법률이 정한 법관에 의하여 법률에 의한 재판을 받을 권리를 가진다. 〈적법절차〉
> ③ 모든 국민은 신속한 재판을 받을 권리를 가진다. 형사피고인은 상당한 이유가 없는 한 지체없이 공개재판을 받을 권리를 가진다. 〈신속한 재판〉
> ④ 형사피고인은 유죄의 판결이 확정될 때까지는 무죄로 추정된다. 〈소극적 실체적 진실발견〉

> **형사소송법(2025. 3.18. 법률 제20796호로 일부개정된 것)**
>
> 제275조의2【피고인의 무죄추정】피고인은 유죄의 판결이 확정될 때까지는 무죄로 추정된다.

> **선생님의 TIP**
>
> 형사소송법의 목적과 구조는 어려운 것이 없으므로 틀리면 안 된다.

01 형사소송의 목적

형사소송의 목적은 적법절차에 의한 실체적 진실의 신속한 발견에 있다.(헌법재판소 1995. 6.29. 93헌바45 형소법 제312조 제1항 단서 위헌소원사건) ▶ 20 경찰채용

02 실체적 진실주의에 대한 형사소송법의 입장(=소극적 실체진실주의)

1. 무죄추정의 원칙을 규정하고 있는 헌법 제27조 제4항을 종합하면 **형사재판절차에는 소극적 진실주의가 헌법적으로 보장되어 있음을 인정할 수 있는바**, 형사피고인은 형사소송절차에서 단순한 처벌대상이 아니라 절차를 형성·유지하는 절차의 당사자로서의 지위를 향유하며, 검사에 대하여 무기대등의 원칙이 보장되는 절차를 향유할 헌법적 권리를 가진다.(헌법재판소 1998.12.24. 94헌바46 형소법 제279조·제299조 위헌소원사건) ▶ 24 국가7급

2. **형사재판의 증거법칙과 관련하여서는 소극적 진실주의가 헌법적으로 보장되어 있다.** 즉 형사피고인으로서는 형사소송절차에서 단순한 처벌대상이 아니라 절차를 형성·유지하는 절차의 당사자로서의 지위를 향유하며 형사소송절차에서는 검사에 대하여 무기대등의 원칙이 보장되는 절차를 향유할 헌법적 권리를 가진다.(헌법재판소 1996.12.26. 94헌바1 형소법 제221조의2 위헌소원사건) ▶ 23 국가9급, 20 경찰승진

03 헌법 제12조 제1항의 '적법절차'의 의의

1. 헌법 제12조 제1항 후문이 규정하고 있는 적법절차란 **법률이 정한 절차 및 그 실체적 내용이 모두 적정하여야 함**을 말하는 것으로서 적정하다고 함은 공정하고 합리적이며 상당성이 있어 정의관념에 합치되는 것을 뜻한다.(대법원 1988.11.16. 88초60 사회보호법 제5조 위헌제청사건) '절차'와 '내용'이 핵심 KEY 워드이다. ▶ 24 경찰승진, 22 경찰승진, 21 경간부, 20 경찰승진, 20 경찰채용, 20 소방간부, 19 경찰승진, 19 경간부, 19 경찰채용, 16 경찰승진, 15 경간부

2. 적법절차의 원칙은 **법률이 정한 형식적 절차와 실체적 내용이 모두 합리성과 정당성을 갖춘 적정한 것이어야 한다는 실질적 의미**를 지니고 있는 것으로서 특히 형사소송절차와 관련시켜 적용함에 있어서는 형사소송절차의 전반을 기본권 보장의 측면에서 규율하여야 한다는 기본원리를 천명하고 있는 것으로 이해하여야 한다.(헌법재판소 1997. 3.27. 96헌가11 음주측정강제 위헌심판사건) ▶ 20 경찰승진, 20 경간부

▶

3. 적법절차의 원칙은 공권력에 의한 국민의 생명·자유·재산의 침해는 반드시 합리적이고 정당한 법률에 의거해서 정당한 절차를 밟은 경우에만 유효하다는 원리이다.(헌법재판소 2001.11.29. 2001헌바41 수사 경찰관 증인신문사건) ▶ 23 국가7급

04 헌법 제12조 제1항의 '적법절차'의 적용범위

1. 헌법 제12조 제1항 후문과 제3항에 규정된 적법절차의 원칙은 형사절차상의 제한된 범위 뿐만 아니라 국가작용으로서 모든 입법 및 행정작용에도 광범위하게 적용된다.(헌법재판소 2009. 6.25. 2007헌마451 게임법 수정이송 사건) 적법절차 또는 적정절차는 '공정한 재판의 원칙, 비례의 원칙 그리고 피고인 보호의 원칙'을 그 내용으로 한다. [5] 판례 참고 ▶ 22 경간부, 21 경간부, 16 경찰승진

2. 적법절차의 원칙은 국가작용으로서 기본권 제한과 관련되든 아니든 모든 입법작용 및 행정작용에도 광범위하게 적용되는 것으로서 법률이 정한 형식적 절차와 실체적 내용이 모두 합리성과 정당성을 갖춘 적정한 것이어야 한다는 실질적 의미를 지니고 있으며, 형사소송절차와 관련하여서는 형사소송절차의 전반을 기본권 보장의 측면에서 규율하여야 한다는 기본원리를 천명하고 있는 것으로 이해된다.(헌법재판소 2012. 6.27. 2011헌가36 강간범 모친상 사건) ▶ 24 소방간부

05 공정한 재판의 의의

공정한 재판을 받을 권리 속에는 신속하고 공개된 법정의 법관의 면전에서 모든 증거자료가 조사·진술되고 이에 대하여 피고인이 공격·방어할 수 있는 기회가 보장되는 재판, 즉 원칙적으로 당사자주의와 구두변론주의가 보장되어 당사자가 공소사실에 대한 답변과 입증 및 반증하는 등 공격·방어권이 충분히 보장되는 재판을 받을 권리가 포함되어 있다.(헌법재판소 1998.12.24. 94헌바46 형소법 제279조·제299조 위헌소원사건) ▶ 16 국가9급

06 검사가 증인으로 채택된 수감자를 거의 매일 검사실로 소환하여 피고인측 변호인이 접근하는 것을 차단하는 등의 조치가 공정한 재판을 받을 권리를 침해하는지의 여부(적극)

검사이든 피고인이든 공평하게 증인에 접근할 수 있도록 기회가 보장되지 않으면 안되며, 검사와 피고인 쌍방 중 어느 한편이 증인과의 접촉을 독점하거나 상대방의 접근을 차단하도록 허용한다면 이는 상대방의 공정한 재판을 받을 권리를 침해하는 것이 되고 구속된 증인에 대한 편의제공 역시 그것이 일방당사자인 검사에게만 허용된다면 그 증인과 검사와의 부당한 인간관계의 형성이나 회유의 수단 등으로 오용될 우려가 있고 또 거꾸로 그러한 편의의 박탈 가능성이 증인에게 심리적 압박수단으로 작용할 수도 있으므로 접근차단의 경우와 마찬가지로 공정한 재판을 해하는 역할을 할 수 있다.(대법원 2002.10. 8. 2001도3931 경성비리 사건II)

▶ 22 경찰승진, 20 소방간부, 19 경찰승진, 18 경간부, 15 경찰승진, 15 경간부

07 신속한 재판의 의의 및 필요성

신속한 재판을 받을 권리는 주로 피고인의 이익을 보호하기 위하여 인정된 기본권이지만 동시에 실체적 진실발견, 소송경제, 재판에 대한 국민의 신뢰와 형벌목적의 달성과 같은 공공의 이익에도 근거가 있기 때문에 어느 면에서는 이중적인 성격을 갖고 있다고 할 수 있어 형사사법체제 자체를 위하여서도 아주 중요한 의미를 갖는 기본권이다.(헌법재판소 1995.11.30. 90헌마44 소송기록송부지연 헌법소원사건)

▶ 23 경찰승진, 22 경찰승진, 22 국가9급, 21 경간부, 20 경찰채용, 20 국가7급, 19 경찰채용, 17 경간부, 16 경간부, 15 국가9급

08 법원의 구속기간 제한에 관한 형사소송법 제92조 제1항의 취지(=적정절차의 보장)

형사소송법 제92조 제1항은 미결구금의 부당한 장기화로 인하여 피고인의 신체의 자유가 침해되는 것을 방지하기 위한 목적에서 미결구금기간의 한계를 설정하고 있는 것이지 신속한 재판의 실현 등을 목적으로 법원의 재판기간 내지 심리기간 자체를 제한하려는 규정이라 할 수는 없다.(헌법재판소 2001. 6.28. 99헌가14 형소법 제92조 위헌심판사건)

▶ 21 경찰승진, 16 경간부

> **형사소송법(2025. 3.18. 법률 제20796호로 일부개정된 것)**
> 제92조【구속기간과 갱신】① 구속기간은 2개월로 한다.

09 신속한 재판을 받을 권리가 침해되었다고 볼 수 없는 경우

1. 구속사건에 대해서는 법원이 구속기간내에 재판을 하면 되는 것이고 구속만기 25일을 앞두고 제1회 공판이 있었다 하여 헌법에 정한 신속한 재판을 받을 권리를 침해하였다 할 수 없다.(대법원 1990. 6.12. 90도672 현대중공업 파업 사건) 신속한 재판을 받을 권리를 침해하였다고 판시한 판례는 단 하나도 없다.

▶ 23 경찰승진, 21 경찰승진, 20 경찰채용, 18 경찰채용, 17 경간부, 15 경간부

2. 검사와 피고인 쌍방이 항소한 경우에 1심 선고형기 경과후 2심 공판이 개정되었다고 하여 이를 위법이라 할 수 없고 신속한 재판을 받을 권리를 박탈한 것이라고 할 수 없다.(대법원 1972. 5.23. 72도840 늦어진 항소심 사건)

▶ 23 경찰승진, 22 국가9급, 18 경찰채용, 15 경간부

10 형사소송의 기본구조(=기본적으로 당사자주의)

1. 우리나라 형사소송법은 그 해석상 소송절차의 전반에 걸쳐 **기본적으로 당사자주의 소송구조를 취하고 있는 것으로 이해된다.**(헌법재판소 1995.11.30. 92헌마44 소송기록송부지연 헌법소원사건) ▶ 24 소방간부, 21 경간부, 20 국가7급

2. 형사소송법은 당사자주의를 그 기본 골격으로 하면서 한편으로는 직권주의적 규정을 아울러 두고 있다.(대법원 1983. 3. 8. 82도3248 부산 美문화원 방화사건) ▶ 21 경간부, 20 국가7급

CHAPTER 02 | 소송주체와 소송관계인

제1절 | 법원

재판권과 관할권

> **형사소송법(2025. 3.18. 법률 제20796호로 일부개정된 것)**
> 제319조 【관할위반의 판결】 피고사건이 법원의 관할에 속하지 아니한 때에는 판결로써 관할위반의 선고를 하여야 한다.
> 제327조 【공소기각의 판결】 다음 각 호의 경우에는 판결로써 공소기각의 선고를 하여야 한다.
> 1. 피고인에 대하여 재판권이 없을 때

선생님의 TIP

1. 관할권이란 각 법원에 대한 재판권의 분배, 즉 특정법원이 특정사건을 재판할 수 있는 권한을 말한다. 재판권이 없으면 형사소송법 제327조 제1호에 의하여 공소기각판결을 선고하여야 하고, 관할권이 없으면 형사소송법 제319조에 의하여 관할위반판결을 선고하여야 한다. 책에서는 편의상 관할권 관련 판례를 먼저 설명하고 재판권 관련 판례는 나중에 설명하였다.
2. 관할의 종류는 아래 핵심정리와 같다. 이 중에서 특히 법정관할(法定管轄)이 중요하다. 토지관할(서울서부지방법원인가 의정부지방법원인가 아니면 의정부지방법원 고양지원인가?), 사물관할(제1심이 단독판사인가 합의부인가?), 심급관할(제2심과 제3심이 어디인가, 즉 어디에 상소를 제기하여야 하는가?) 순서로 공부하여야 한다. 두문자 〈토사심〉으로 암기하기 바란다.

핵심정리 법원의 관할

구 분			내 용
사건관할	피고사건 자체의 심판에 관한 관할		
	법정관할		법률의 규정에 의하여 정해지는 관할
		고유관할	**토**지관할, **사**물관할, **심**급관할
		관련사건관할	고유관할과 관련해서 인정되는 관할
	재정관할		법원의 재판을 통해서 정해지는 관할(관할의 지정과 이전)
직무관할	특수절차의 심판에 관한 관할(재심, 비상상고, 재정신청, 형사보상 등)		

선생님의 TIP

아래 관할 구역이 바로 토지관할이다. '지방법원'은 바로 지방법원 본원을 의미한다. 그리고 뒤에서도 나오지만 제1심 형사사건에 관하여 지방법원 본원과 지방법원 지원은 별개의 법원으로 소송법상 토지관할의 분배에 해당한다. 앞으로 지방법원을 단순히 '지법'이라고 약칭할 경우가 많을 것이다. 여러분의 주소에 따라 어느 법원에 토지관할이 있는지 확인해 보기 바란다. 저자의 주소는 경기도 고양시이므로 저자가 죄를 범하면 '일단' 의정부지방법원 고양지원에서 재판을 받게 될 것이다. 그리고 아래 검찰청법에서 보듯이 각 법원 옆에는 각 검찰청이 설치되어 있다.

검찰청법(2022. 5. 9. 법률 제18861호로 일부개정된 것)

제3조 【검찰청의 설치와 관할구역】 ① 대검찰청은 대법원에, 고등검찰청은 고등법원에, 지방검찰청은 지방법원과 가정법원에 대응하여 각각 설치한다.
② 지방법원 지원(支院) 설치지역에는 이에 대응하여 지방검찰청 지청(支廳)을 둘 수 있다.
③ 대검찰청의 위치와 대검찰청 외의 검찰청(이하 "각급 검찰청"이라 한다) 및 지청의 명칭과 위치는 대통령령으로 정한다.
④ 각급 검찰청과 지청의 관할구역은 각급 법원과 지방법원 지원의 관할구역에 따른다.

핵심정리 고등법원·지방법원과 그 지원의 관할구역(각급 법원의 설치와 관할구역에 관한 법률 제4조)[1]

고등법원	지방법원	지원	관할구역
서울	서울중앙		서울특별시 종로구·중구·강남구·서초구·관악구·동작구
	서울동부		서울특별시 성동구·광진구·강동구·송파구
	서울남부		서울특별시 영등포구·강서구·양천구·구로구·금천구
	서울북부		서울특별시 동대문구·중랑구·성북구·도봉구·강북구·노원구
	서울서부		서울특별시 서대문구·마포구·은평구·용산구
	의정부		의정부시·동두천시·양주시·연천군·포천시, 강원도 철원군
		고양	고양시·파주시
		남양주	남양주시·구리시·가평군
	춘천		춘천시·화천군·양구군·인제군·홍천군
		강릉	강릉시·동해시·삼척시
		원주	원주시·횡성군
		속초	속초시·양양군·고성군
		영월	태백시·영월군·정선군·평창군
대전	대전		대전광역시·금산군
		홍성	보령시·홍성군·예산군·서천군
		공주	공주시·청양군
		논산	논산시·계룡시·부여군
		서산	서산시·당진시·태안군
		천안	천안시·아산시
	세종		세종특별자치시

[1] 이것은 최신 법령에 의한 것이지만 '장래 설치 예정이 많아' 2025년 현재의 관할구역과 맞지 않는 것이 많다. 따라서 참고만 하여라.

	청 주		청주시·진천군·보은군·괴산군·증평군
		충 주	충주시·음성군
		제 천	제천시·단양군
		영 동	영동군·옥천군
대 구	대 구		대구광역시 중구·동구·남구·북구·수성구·영천시·경산시·칠곡군·청도군
		서 부	대구광역시 서구·달서구·달성군, 성주군·고령군
		안 동	안동시·영주시·봉화군
		경 주	경주시
		포 항	포항시·울릉군
		김 천	김천시·구미시
		상 주	상주시·문경시·예천군
		의 성	의성군·군위군·청송군
		영 덕	영덕군·영양군·울진군
부 산	부 산		부산광역시 중구·동구·영도구·부산진구·동래구·연제구·금정구
		동 부	부산광역시 해운대구·남구·수영구·기장군
		서 부	부산광역시 서구·북구·사상구·사하구·강서구
	울 산		울산광역시·양산시
	창 원		창원시 의창구·성산구·진해구·김해시
		마 산	창원시 마산합포구·마산회원구·함안군·의령군
		통 영	통영시·거제시·고성군
		밀 양	밀양시·창녕군
		거 창	거창군·함양군·합천군
		진 주	진주시·사천시·남해군·하동군·산청군
광 주	광 주		광주광역시·나주시·화순군·장성군·담양군·곡성군·영광군
		목 포	목포시·무안군·신안군·함평군·영암군
		장 흥	장흥군·강진군
		순 천	순천시·여수시·광양시·구례군·고흥군·보성군
		해 남	해남군·완도군·진도군
	전 주		전주시·김제시·완주군·임실군·진안군·무주군
		군 산	군산시·익산시
		정 읍	정읍시·부안군·고창군
		남 원	남원시·장수군·순창군
	제 주		제주시·서귀포시
수 원	수 원		수원시·오산시·용인시·화성시
		성 남	성남시·하남시·광주시
		여 주	이천시·여주시·양평군
		평 택	평택시·안성시
		안 산	안산시·광명시·시흥시
		안 양	안양시·과천시·의왕시·군포시
인 천	인 천		인천광역시 영종구·제물포구·미추홀구·연수구·남동구·부평구·옹진군
		북 부	인천광역시 검단구·계양구·서구·강화군
		부 천	부천시·김포시

01 관할획일의 원칙 관련 판례

형사사건의 관할은 심리의 편의와 사건의 능률적 처리라는 절차적 요구뿐만 아니라 피고인의 출석과 방어권 행사의 편의라는 방어상의 이익도 충분히 고려하여 결정하여야 하고, 특히 자의적 사건처리를 방지하기 위하여 **법률에 규정된 추상적 기준에 따라 획일적으로 결정하여야 한다.**(대법원 2015.10.15. 2015도1803 세월호 해경간부 사건)

> 25 경찰승진

02 지방법원 본원과 지방법원 지원의 관계(=토지관할의 분배)

제1심 형사사건에 관하여 지방법원 본원과 지방법원 지원은 소송법상 별개의 법원이자 각각 일정한 토지관할 구역을 나누어 가지는 대등한 관계에 있으므로 지방법원 본원과 지방법원 지원 사이의 관할의 분배도 지방법원 내부의 사법행정사무로서 행해진 지방법원 본원과 그 지원 사이의 단순한 사무분배에 그치는 것이 아니라 소송법상 토지관할의 분배에 해당한다.(대법원 2015.10.15. 2015도1803 세월호 해경간부 사건) [3] 판례 참고

> 25 경찰승진, 24 변호사,
> 23 국가9급, 21 소방간부,
> 19 경찰채용, 19 법원9급

03 토지관할이 인정되지 않는 경우

(1) 형사소송법 제4조에 의하여 지방법원 본원에 제1심 토지관할이 인정된다고 볼 특별한 사정이 없는 한 지방법원 지원에 제1심 토지관할이 인정된다는 사정만으로 당연히 지방법원 본원에도 제1심 토지관할이 인정된다고 볼 수는 없다. (2) 피고인의 범죄지인 **전라남도 진도군은 광주지방법원 해남지원의 관할에 속하므로 검사가 광주지방법원 본원에 공소를 제기한 사건에 관하여, 원심이 제1심 토지관할은 광주지방법원 해남지원에만 있을 뿐이고, 지방법원 지원의 관할구역이 당연히 지방법원 본원의 관할구역에 포함된다고 해석할 수 없다는 이유를 들어 관할위반의 선고를 한 제1심판결을 그대로 유지한 것은 정당하다.**(대법원 2015.10.15. 2015도1803 세월호 해경간부 사건) 광주지방법원 해남지원에 기소해야 할 것을 광주지방법원에 기소했던 사건으로 광주지방법원은 형사소송법 제319조에 의하여 관할위반판결을 선고하였다.

> 24 변호사, 23 법원9급,
> 20 국가9급, 19 법원9급

<이미지 출처 - 해사신문(http://www.haesanews.com/news/articleView.html?idxno=108790)>

> 형사소송법(2025. 3.18. 법률 제20796호로 일부개정된 것)
> 제4조【토지관할】① 토지관할은 범죄지, 피고인의 주소, 거소 또는 현재지로 한다.

선생님의 TIP

토지관할의 결정기준은 위와 같이 4가지가 있는데(선박과 항공기 관련 내용은 생략한다), 이를 민사소송법적인 용어로 말하자면 재판적(裁判籍)이다. 재판적은 우열이 없으므로 하나의 피고사건에 관하여 수개의 법원이 토지관할을 가질 수 있다. 예를 들어 甲이 주소는 인천인데, 죄는 서울에서 범하였다면 인천지방법원과 서울지방법원[2]에 모두 토지관할이 인정되므로 검사는 임의적으로 어느 곳에 기소해도 무방하다. 일반적으로 범죄지 관할법원에 기소하는 것이 실무의 입장으로 보인다. 그렇다면 아래와 같이 서울서부지방법원에서 폭동을 일으킨 자들에 대한 토지관할은 어디인가? 물론 주소 등의 관할법원이 될 수도 있지만 '범죄지'인 서울서부지방법원에 기소가 될 것이다. 딱 걸린거다. 범죄지 관할법원!!

<이미지 출처 - MBC뉴스(https://imnews.imbc.com/news/2025/society/article/6715823_36718.html)>

04 현재지에 해당하여 토지관할이 인정되는 경우

1. 형사소송법 제4조 제1항은 토지관할을 범죄지, 피고인의 주소, 거소 또는 현재지로 하고 있으므로 제1심 법원이 피고인의 현재지인 이상 그 범죄지나 주소지가 아니더라도 그 판결에 토지관할 위반의 위법은 없다.(대법원 1984. 2.28. 83도3333 상습사기 누범 사건)

▶ 25 법원9급, 22 변호사

2. (1) 형사소송법 제4조 제1항에 규정된 '현재지'라고 함은 공소제기 당시 피고인이 현재한 장소로서 임의에 의한 현재지뿐만 아니라 적법한 강제에 의한 현재지도 이에 해당한다.
   (2) 소말리아 해적인 피고인들에 대한 체포·구금·인도 등이 적법한 절차에 따라 이루어져 피고인들이 현재 부산구치소에 구금되어 있으므로 형사소송법 제4조 제1항에 따라 부산지방법원에 토지관할이 있다.(대법원 2011.12.22. 2011도12927 소말리아 해적 사건) 아래는 체포된 해적들 사진이다.

▶ 24 법원9급, 23 법원9급, 21 경간부, 21 소방간부, 20 경찰채용, 20 국가9급, 19 법원9급, 18 변호사, 16 국가7급, 16 경찰채용

---

[2] 물론 정확한 법원 명칭은 아니지만 편의상 이렇게 하기로 한다.

<이미지 출처 - 뉴시스(https://news.mt.co.kr/mtview.php?no=2011013014251958374)>

법원조직법(2024.10.16. 법률 제20465호로 일부개정된 것)

제7조 【심판권의 행사】 ④ 지방법원·가정법원·회생법원과 지방법원 및 가정법원의 지원, 가정지원 및 시·군법원의 심판권은 <u>단독판사가 행사한다</u>. 〈원칙〉

제32조 【합의부의 심판권】 ① 지방법원과 그 지원의 <u>합의부는 다음의 사건을 제1심으로 심판한다</u>. 〈예외〉
  1. 합의부에서 심판할 것으로 합의부가 결정한 사건
  2. 〈생략〉
  3. 사형, 무기 또는 단기 1년 이상의 징역 또는 금고에 해당하는 사건 〈단서 생략〉
  4. 제3호의 사건과 동시에 심판할 공범사건
  5. 지방법원판사에 대한 제척[3]·기피사건
  6. 다른 법률에 따라 지방법원 합의부의 권한에 속하는 사건(예 국민참여재판, 선거사건, 형사보상 사건)
  ② 지방법원 본원 합의부 및 춘천지방법원 강릉지원 합의부는 지방법원단독판사의 판결·결정·명령에 대한 항소 또는 항고사건 중 제28조 제2호에 해당하지 아니하는 사건을 제2심으로 심판한다.

선생님의 TIP

사물관할은 제1심의 관할을 말한다. 그리고 제2심과 제3심은 사물관할이 아니라 심급관할임을 주의하여야 한다. 제1심은 원칙적으로 단독판사가 관할하고, 예외적으로 합의부가 관할한다. 일반적으로 단독판사보다는 합의부가 신중한 재판을 할 것이 예상되므로 단독판사 관할사건을 합의부가 재판해도 큰 문제는 없지만, 합의부 관할사건을 단독판사가 재판하면 '재판을 받을 권리'를 침해하는 것으로 보아야 한다.

---

[3] 형사소송법에는 제척재판 제도가 없지만, 민사소송법에는 제척재판 제도가 있다.(동법 제42조)

핵심정리 사물관할[4]

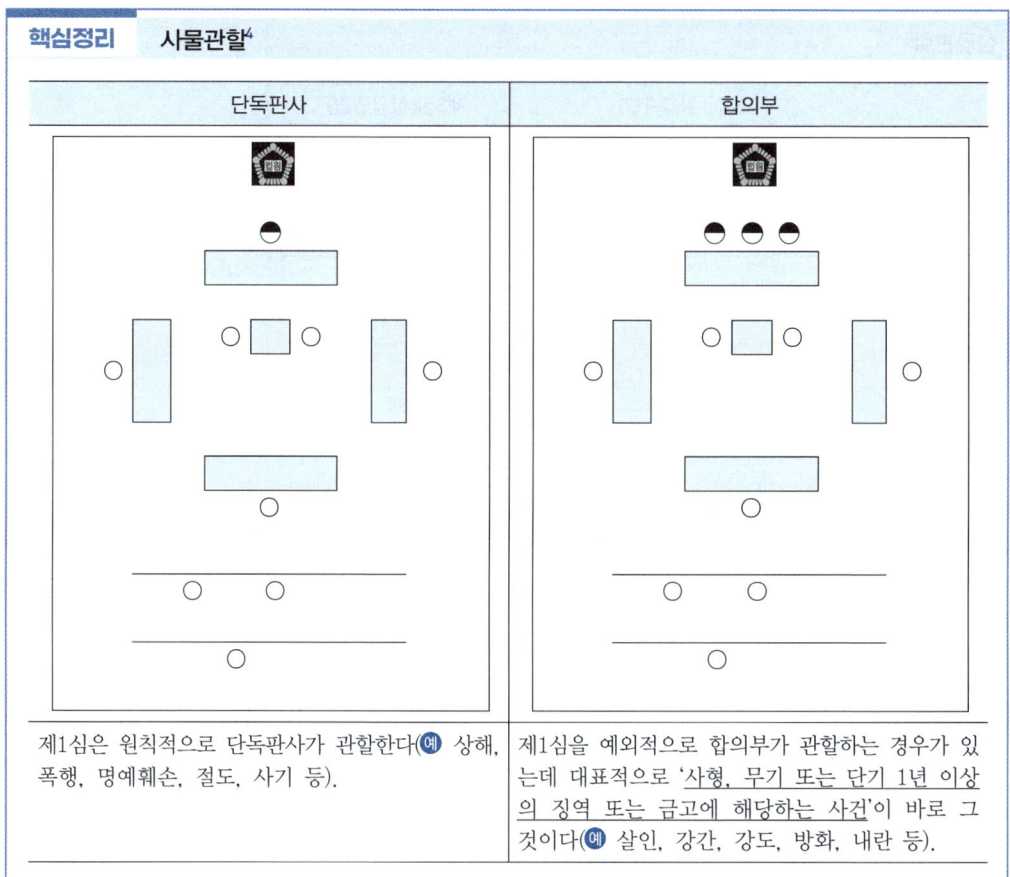

단독판사	합의부
제1심은 원칙적으로 단독판사가 관할한다(예 상해, 폭행, 명예훼손, 절도, 사기 등).	제1심을 예외적으로 합의부가 관할하는 경우가 있는데 대표적으로 '사형, 무기 또는 단기 1년 이상의 징역 또는 금고에 해당하는 사건'이 바로 그것이다(예 살인, 강간, 강도, 방화, 내란 등).

05 보석보증금 몰수사건의 토지관할 및 사물관할

보증금몰수사건은 그 성질상 당해 형사본안 사건의 기록이 존재하는 법원 또는 그 기록을 보관하는 검찰청에 대응하는 법원의 토지관할에 속하고, 그 법원이 지방법원인 경우에 있어서 사물관할은 법원조직법 제7조 제4항의 규정에 따라 지방법원 단독판사에게 속하는 것이지 소송절차 계속중에 보석허가결정 또는 그 취소결정 등을 본안 관할법원인 제1심 합의부 또는 항소심인 합의부에서 한 바 있었다고 하여 그러한 법원이 사물관할을 갖게 되는 것은 아니다.(대법원 2002. 5.17. 2001모53 보증금몰수 관할 오인사건) 다시 말하지만 제1심은 원칙적으로 단독판사가 관할한다.

▶ 19 법원9급, 17 경찰승진, 16 국가7급, 15 국가9급

---

[4] 2023년 접수된 형사사건 총 236,981건 중 단독판사 관할사건이 215,484건으로 약 91%를 차지하고 있다(『2024년 사법연감』참고).

| 핵심정리 | 사물관할과 심급관할[5] |

제1심(사물관할)		제2심(심급관할)		제3심(심급관할)
→ 지방법원(지원) 단독판사	판결→ 항소 결정→ 항고	지방법원본원 합의부[6]	판결→ 상고 결정→ 재항고	대법원
기소				
→ 지방법원(지원) 합의부	판결→ 항소 결정→ 항고	고등법원	판결→ 상고 결정→ 재항고	대법원
기소				

형사소송법(2025. 3.18. 법률 제20796호로 일부개정된 것)

제5조【토지관할의 병합】 토지관할을 달리하는 수개의 사건이 관련된 때에는 1개의 사건에 관하여 관할권 있는 법원은 다른 사건까지 관할할 수 있다. 〈사물관할이 <u>같을</u> 때에만 적용〉

제6조【토지관할의 병합심리】 토지관할이 다른 여러 개의 관련사건이 각각 다른 법원에 계속된 때에는 공통되는 바로 위의 상급법원은 검사나 피고인의 신청에 의하여 결정으로 한 개 법원으로 하여금 병합심리하게 할 수 있다. 〈사물관할이 <u>같을</u> 때에만 적용, 신청에 의함〉

▶

제9조【사물관할의 병합】 사물관할을 달리하는 수개의 사건이 관련된 때에는 법원합의부는 병합관할 한다. 단, 결정으로 관할권 있는 법원단독판사에게 이송할 수 있다. 〈사물관할이 <u>다를</u> 때에만 적용〉

제10조【사물관할의 병합심리】 사물관할을 달리하는 수개의 관련사건이 각각 법원합의부와 단독판사에 계속된 때에는 합의부는 결정으로 단독판사에 속한 사건을 병합하여 심리할 수 있다. 〈사물관할이 <u>다를</u> 때에만 적용, 직권으로 함〉

제11조【관련사건의 정의】 관련사건은 다음과 같다.
1. 1인이 범한 수죄
2. 수인이 공동으로 범한 죄
3. 수인이 동시에 동일장소에서 범한 죄
4. 범인은닉죄, 증거인멸죄, 위증죄, 허위감정통역죄 또는 장물에 관한 죄와 그 본범의 죄

형사소송규칙(2025. 2.28. 대법원규칙 제3202호로 일부개정된 것)

제4조【사물관할의 병합심리】 ① 법 제10조의 규정은 법원합의부와 단독판사에 계속된 각 사건이 토지관할을 달리하는 경우에도 이를 적용한다. 〈제1심 사물관할의 병합심리〉

제4조의2【항소사건의 병합심리】 ① 사물관할을 달리하는 수개의 관련항소사건이 각각 고등법원과 지방법원본원합의부에 계속된 때에는 고등법원은 결정으로 지방법원본원합의부에 계속한 사건을 병합하여 심리할 수 있다. 수개의 관련항소사건이 토지관할을 달리하는 경우에도 같다. 〈제2심 사물관할의 병합심리〉

---

[5] 심급관할은 상소 부분에서 자세히 다루겠다.
[6] 사물관할은 제1심을 기준으로 하므로 이 사건은 합의부 관할사건이 아니라 단독판사 관할사건이다.

> **선생님의 TIP**
>
> 관련사건이란 관할이 인정된 하나의 사건을 전제로 그 사건과 주관적 또는 객관적 관련성이 인정되는 사건을 말한다. 형사소송법은 고유관할을 수정하여 원래 관할이 없는 법원도 관련사건임을 이유로 관할권을 인정하고 있다(관할의 확장). 관련사건의 정의는 형사소송법 제11조에 규정되어 있는데, 이를 2, 3번 정도 읽어보기 바란다. 약간 헷갈릴 수 있는데 핵심정리를 통하여 자세히 설명하였으니까 이해할 수 있을 것이다.

핵심정리 토지관할의 병합관할 Ⅰ

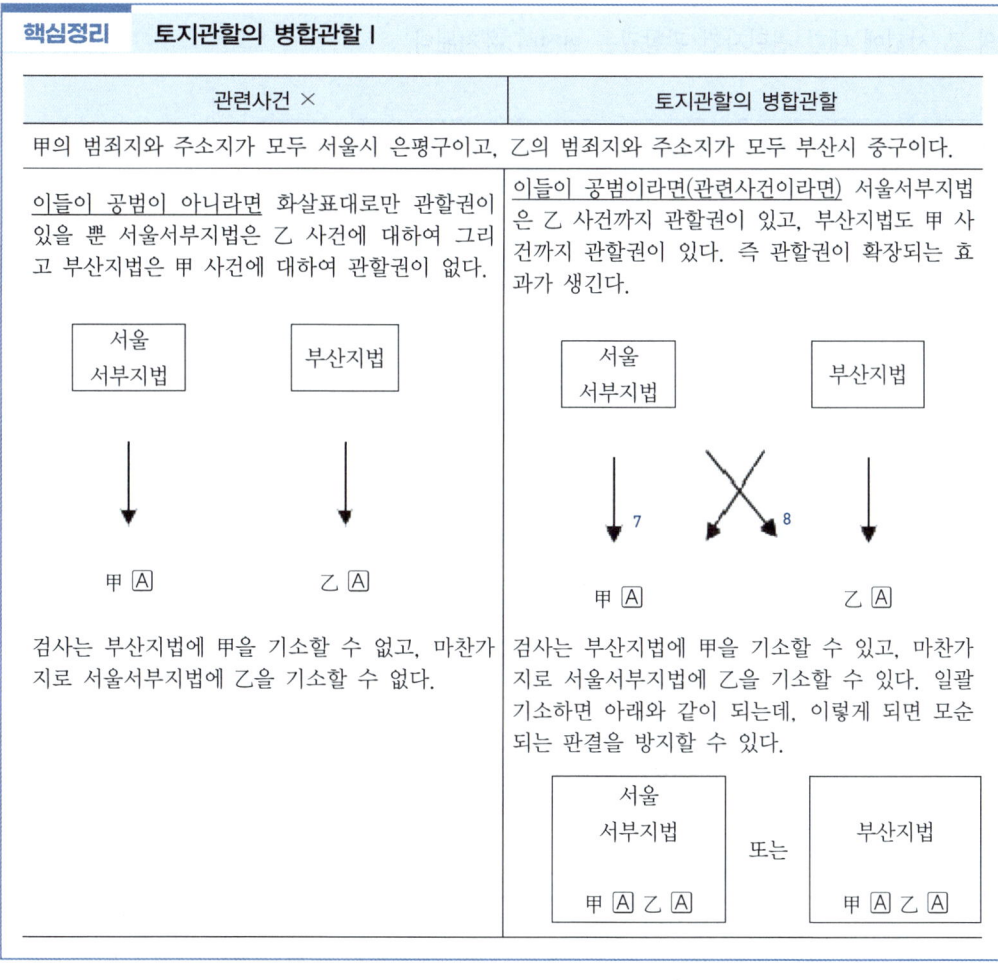

---

7 이를 고유관할이라고 한다. 물론 부산지법의 乙 사건에 대한 관할도 고유관할이다.
8 이를 관련사건관할이라고 한다. 물론 부산지법의 甲 사건에 대한 관할도 관련사건관할이다.

06 관련사건 관할이 병합기소나 병합심리를 전제로 하는지의 여부(소극)

형사소송법 제5조에 정한 관련사건의 관할은 이른바 고유관할사건 및 그 관련사건이 반드시 병합기소되거나 병합되어 심리될 것을 전제요건으로 하는 것은 아니고 **고유관할사건 계속 중 고유관할 법원에 관련사건이 계속된 이상 그 후 양 사건이 병합되어 심리되지 아니한 채 고유사건에 대한 심리가 먼저 종결되었다 하더라도 관련사건에 대한 관할권은 여전히 유지된다.**(대법원 2008. 6.12. 2006도8568 배기선 의원 사건) 위 핵심정리 오른쪽 사례에서 검사가 甲, 乙을 서울서부지법에 기소하였다가 甲 사건이 먼저 종결되었다고 하더라도 서울서부지법의 乙 사건에 대한 관련사건 관할권은 여전히 유지된다.

▶ 25 국가9급, 23 법원9급, 20 경찰채용, 20 국가7급, 19 경찰채용, 19 법원9급, 17 경찰승진, 15 국가9급

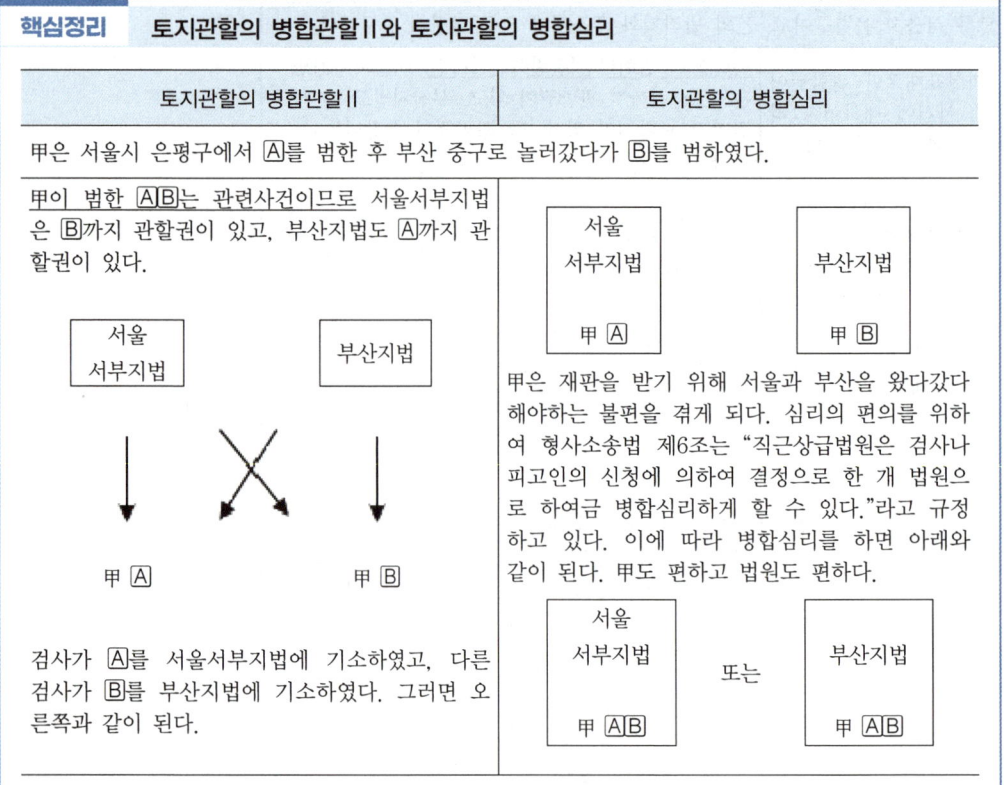

핵심정리 토지관할의 병합관할Ⅱ와 토지관할의 병합심리

07 관련사건이 마산지방법원 항소부와 부산고등법원에 각각 계속된 경우 '토지관할 병합심리'가 가능한지의 여부(소극)

형사소송법 제6조는 토지관할을 달리하는 수개의 관련사건이 각각 다른 법원에 계속된 때에는 공통되는 직근 상급법원은 검사 또는 피고인의 신청에 의하여 결정으로 1개 법원으로 하여금 병합심리하게 할 수 있다고 규정하고 있는데 여기서 말하는 '각각 다른 법원'이란 사물관할은 같으나 토지관할을 달리 하는 동종, 동등의 법원을 말하는 것이므로 사건이 각각 계속된 마산지방법원 항소부와 부산고등법원은 심급은 같을지언정 사물관할을 같이하지 아니하여 여기에 해당하지 아니한다.(대법원 1990. 5.23. 90초56 마산부산 사건)

▶ 25 법원9급, 24 소방간부, 20 국가7급

사물관할은 제1심을 기준으로 한다. 마산지방법원 항소부에 계속된 것은 단독판사 관할사건이고, 부산고등법원에 계속된 것은 합의부 관할사건이므로, 즉 사물관할이 다르므로 토지관할 병합심리를 할 수 없다. 2025년 현재는 마산지방법원이 아니라 창원지방법원 마산지원이 마산 지역을 관할하는 법원이다.

08 토지관할 병합심리신청 사건의 관할법원

토지관할을 달리하는 수개의 제1심 법원들에 관련 사건이 계속된 경우에 그 소속 고등법원이 같은 경우에는 그 고등법원이, 그 소속 고등법원이 다른 경우에는 대법원이 제1심 법원들의 공통되는 직근상급법원으로서 **토지관할 병합심리 신청사건의 관할법원**이 된다. (대법원 2006.12. 5. 2006초기335 숲속 서울성남 사건) 예를 들어 서울서부지법에 Ⓐ가 계속 중이고, 의정부지법에 Ⓑ가 계속 중인 경우라면 서울고등법원에 병합심리신청을 하여야 하고, 서울서부지법에 Ⓐ가 계속 중이고, 대전지법에 Ⓑ가 계속 중인 경우라면 대법원에 병합심리신청을 하여야 한다(p.14 핵심정리 참고).

> 21 경간부, 20 변호사,
> 19 법원9급, 17 국가9급,
> 16 국가7급, 15 경찰채용

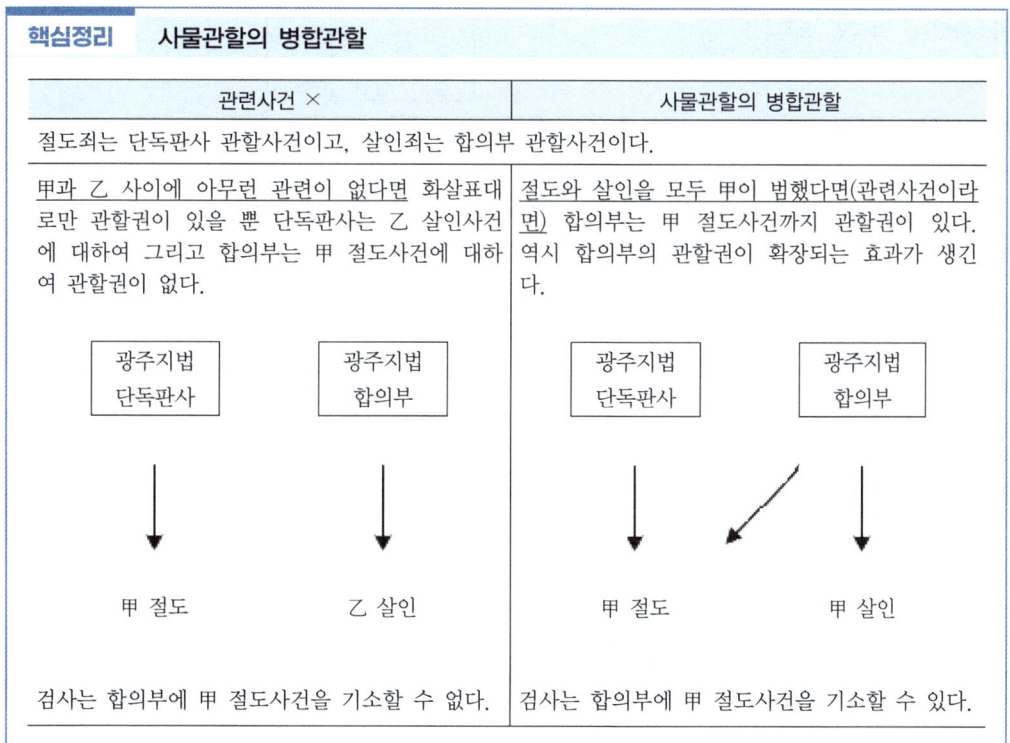

| 핵심정리 | 사물관할의 병합심리 |

사물관할의 병합관할	사물관할의 병합심리
甲이 범한 절도와 살인은 관련사건이므로 합의부는 절도까지 관할권이 있다. [광주지법 단독판사] [광주지법 합의부] ↓ ↙ ↓ 甲 절도 甲 살인 검사가 절도를 단독판사에 기소하였고, 다른 검사가 살인을 합의부에 기소하였다. 그러면 오른쪽과 같이 된다.	[광주지법 단독판사] [광주지법 합의부] 甲 절도 甲 살인 甲은 재판을 받기 위해 단독판사와 합의부를 왔다갔다 해야하는 불편을 겪게 된다. 심리의 편의를 위하여 형사소송법 제10조는 "합의부는 결정으로 단독판사에 속한 사건을 병합하여 심리할 수 있다."라고 규정하고 있다. 이에 따라 병합심리를 하면 아래와 같이 된다[9]. 甲도 편하고 법원도 편하다. [광주지법 합의부 甲 절도·살인]

형사소송법(2025. 3.18. 법률 제20796호로 일부개정된 것)

제14조 【관할지정의 청구】 검사는 다음 각 호의 경우 관계있는 제1심법원에 공통되는 바로 위의 상급법원에 관할지정을 신청하여야 한다.
 1. 법원의 관할이 명확하지 아니한 때
 2. 관할위반을 선고한 재판이 확정된 사건에 관하여 다른 관할법원이 없는 때

제15조 【관할이전의 신청】 검사는 다음 경우에는 직근 상급법원에 관할이전을 신청하여야 한다. 피고인도 이 신청을 할 수 있다.
 1. 관할법원이 법률상의 이유 또는 특별한 사정으로 재판권을 행할 수 없는 때
 2. 범죄의 성질, 지방의 민심, 소송의 상황 기타 사정으로 재판의 공평을 유지하기 어려운 염려가 있는 때[10]

선생님의 TIP

재정관할(裁定管轄)이란 법원의 재판에 의하여 정해지는 관할을 말하는데, 이에는 위와 같이 관할의 지정과 이전이 있다. 관할의 이전이 가끔 시험에 출제된다.

---

9 이와 같은 사물관할의 병합심리는 합의부와 단독판사에 계속된 각 사건이 토지관할을 달리하는 경우에도 할 수 있다.(규칙 제4조 제1항) 위 사례에서 甲 절도사건이 계속된 곳이 '대전지법' 단독판사라도 광주지법 합의부는 병합하여 심리할 수 있다. 항소심의 경우도 마찬가지이다.(규칙 제4조의2 제1항)
10 서울서부지방법원에서 폭동을 일으킨 자들이 바로 서울서부지방법원에 기소되었는바, 이들은 "재판의 공평을 유지하기 어려운 염려가 있다."라는 사유를 들어 관할이전의 신청을 했다는 신문보도를 본 적이 있다. 피해자가 재판을 하는 꼴이 되기는 하지만, 물론 100% 그들의 신청은 기각될 것이다. 판례가 관할이전의 사유가 된다고 판시한 것은 단 한 건도 없다.

09 관할이전의 사유가 되지 않는 경우

유죄판결에 불복하여 상고를 제기한 피고인을 교도소 소장이 검사의 이송지휘도 없이 다른 교도소로 이송처분한 경우 (대법원 1983. 7. 5. 83초20 공주교도소 이송처분 사건) 다시 말하지만 판례가 관할이전의 사유가 된다고 판시한 것은 단 한 건도 없다.

▶ 25 국가9급

10 관할이전신청 기각결정에 대하여 불복할 수 있는지의 여부(소극)

법원의 관할 또는 판결 전의 소송절차에 관한 결정에 대하여는 특히 즉시항고를 할 수 있는 경우 외에는 항고를 하지 못한다(형사소송법 제403조 제1항). 그런데 관할이전의 신청을 기각한 결정에 대하여 즉시항고를 할 수 있다는 규정이 없으므로 이 결정에 대하여 불복할 수 없다.(대법원 2021. 4. 2. 2020모2561 관할이전신청 기각결정 사건) 이에 관하여는 상소 부분에서 또 설명한다.

▶ 25 법원9급, 23 법원9급

형사소송법(2025. 3.18. 법률 제20796호로 일부개정된 것)

제8조【사건의 직권이송】① 법원은 피고인이 그 관할구역 내에 현재하지 아니하는 경우에 특별한 사정이 있으면 결정으로 사건을 피고인의 현재지를 관할하는 동급 법원에 이송할 수 있다.
② <u>단독판사의 관할사건이 공소장변경에 의하여 합의부 관할사건으로 변경된 경우에</u>[11] 법원은 결정으로 관할권이 있는 법원에 이송한다.

선생님의 TIP

앞에서도 말했지만 합의부 관할사건을 단독판사가 재판하면 '재판을 받을 권리'를 침해하는 것으로 보아야 하는데, 이를 방지하기 위한 것이 바로 형사소송법 제8조 제2항과 아래 [11] 판례이다(단독판사 관할사건이 공소장변경에 의하여 합의부 관할사건이 된 경우이다). 반대로 단독판사 관할사건을 합의부가 재판해도 큰 문제는 없는데 아래 [12] 판례가 그것이다(합의부 관할사건이 공소장변경에 의하여 단독판사 관할사건이 된 경우이다). [13] 판례는 [11] 판례와 취지를 같이 한다.

11 항소심에서 공소장변경에 의하여 단독판사 관할사건이 합의부 관할사건으로 된 경우 항소심이 취해야 할 조치(=고등법원으로 이송)

항소심에서 공소장변경에 의하여 단독판사의 관할사건이 합의부 관할사건으로 된 경우에도 법원은 사건을 관할권이 있는 법원에 이송하여야 하고, 항소심에서 변경된 합의부 관할사건에 대한 관할권이 있는 법원은 고등법원이라고 봄이 상당하다.(대법원 1997. 12. 12. 97도2463 고등법원 이송 사건)

▶ 25 변호사, 25 국가9급, 25 소방간부, 21 소방간부, 19 국가9급, 18 경찰승진, 18 경간부, 16 법원9급, 15 경찰채용

12 제1심에서 합의부 관할사건에 관하여 단독판사 관할사건으로 죄명, 적용법조를 변경하는 공소장변경허가신청서가 제출된 경우 합의부가 취해야 할 조치(=실체재판)

(제1심에서 합의부 관할사건에 관하여 단독판사 관할사건으로 죄명, 적용법조를 변경하는 공소장변경허가신청서가 제출된 경우) 합의부는 공소장변경허가결정을 하였는지에 관계없이 사건의 실체에 들어가 심판하였어야 하고 사건을 단독판사에게 재배당할 수 없는데도, 사

▶ 25 경찰승진, 25 국가9급, 24 변호사, 22 변호사, 20 경간부, 20 국가9급, 18 변호사, 18 경찰승진, 18 경간부, 17 법원9급, 15 경간부, 15 국가9급, 15 법원9급

---

[11] 이 반대의 경우에 대해서는 형사소송법에 아무런 규정을 두고 있지 않다.

건을 재배당받은 제1심 및 원심(지방법원 합의부)이 사건에 관한 실체 심리를 거쳐 심판한 조치는 관할권이 없는데도 이를 간과하고 실체판결을 한 것으로서 소송절차에 관한 법령을 위반한 잘못이 있다.(대법원 2013. 4. 25. 2013도1658 잘못된 재배당 사건)

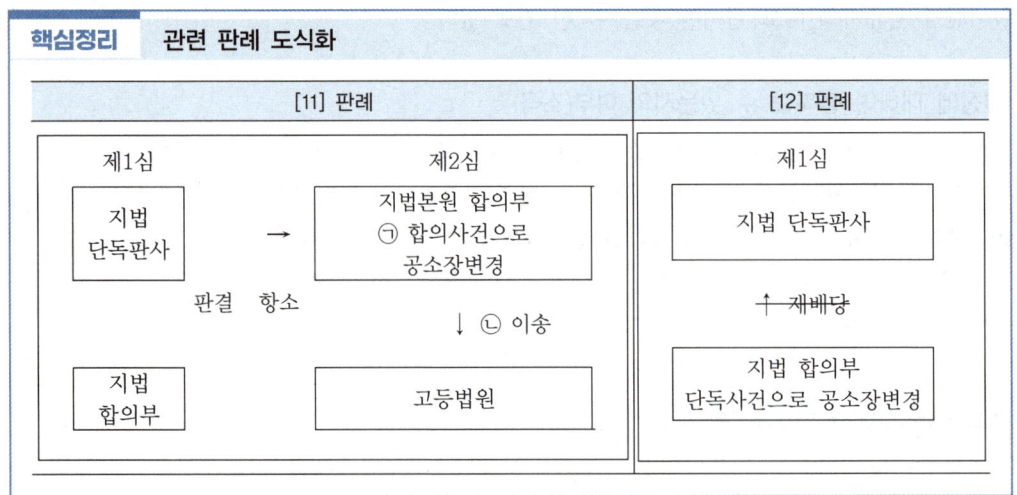

> **치료감호 등에 관한 법률(2022. 1. 4. 법률 제18678호로 일부개정된 것)**
> 제3조【관할】② 치료감호사건의 제1심 재판관할은 지방법원합의부 및 지방법원지원 합의부로 한다. 이 경우 치료감호가 청구된 치료감호대상자에 대한 치료감호사건과 피고사건의 관할이 다른 때에는 치료감호사건의 관할에 따른다.
> 제4조【검사의 치료감호 청구】⑤ 검사는 공소제기한 사건의 항소심 변론종결 시까지 치료감호를 청구할 수 있다.

13 단독판사 관할 피고사건의 항소사건이 지방법원 합의부에 계속중일 때 치료감호가 청구된 경우 치료감호사건과 피고사건의 관할법원(=고등법원)

치료감호법 제3조 제2항, 제4조 제5항, 제12조 제2항의 내용을 종합해 보면 단독판사 관할 피고사건의 항소사건이 지방법원 합의부나 지방법원지원 합의부[12]에 계속중일 때 그 변론종결시까지 청구된 치료감호사건의 관할법원은 고등법원이고, 피고사건의 관할법원도 치료감호사건의 관할을 따라 고등법원이 된다. 따라서 **치료감호사건이 지방법원이나 지방법원지원에 청구되어 피고사건 항소심을 담당하는 합의부에 배당된 경우 그 합의부는 치료감호사건과 피고사건을 모두 고등법원에 이송하여야 한다.**(대법원 2009. 11. 12. 2009도6946, 2009감도24 치료감호 병합사건) 항소심인 춘천지방법원 합의부에 치료감호사건이 배당되었는바, 이 경우 춘천지방법원 합의부는 사건 모두를 서울고등법원으로 이송하여야 한다(p.14 핵심정리 참고).

▶ 24 변호사, 24 소방간부, 15 국가9급

---

[12] 단독판사 관할사건에 대한 항소사건은 지방법원 '본원' 합의부가 심판하여야 하는데, 예외적으로 춘천지방법원 '강릉지원' 합의부는 단독판사 관할사건에 대한 항소사건을 심판할 수 있다.(법원조직법 제32조 제2항) 강릉에서 춘천까지 가야하는 불편함을 덜어주기 위한 것이다.

핵심정리 [13] 관련 판례 도식화

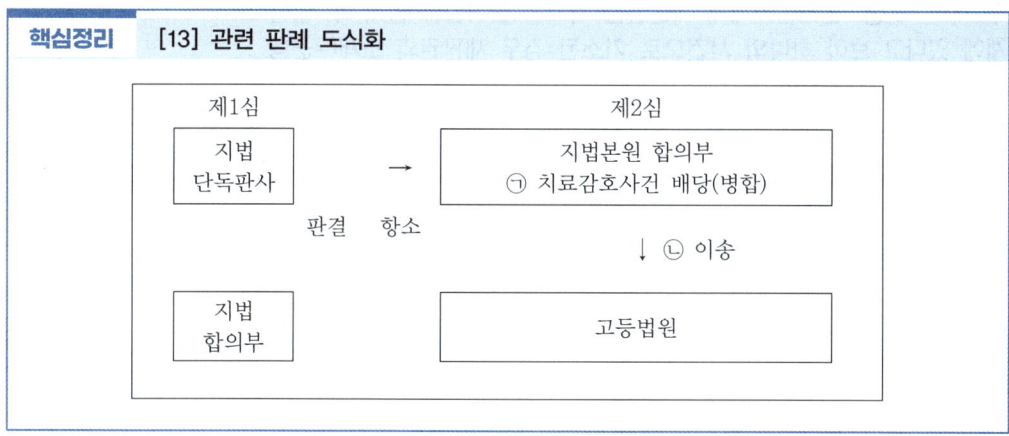

형사소송법(2025. 3.18. 법률 제20796호로 일부개정된 것)

제16조의2 【사건의 군사법원 이송】 법원은 공소가 제기된 사건에 대하여 군사법원이 재판권을 가지게 되었거나 재판권을 가졌음이 판명된 때에는 결정으로 사건을 재판권이 있는 같은 심급의 군사법원으로 이송한다. 이 경우에 이송전에 행한 소송행위는 이송후에도 그 효력에 영향이 없다.

군사법원법(2023.12.26. 법률 제19839호로 일부개정된 것)

제2조 【신분적 재판권】 ③ 군사법원은 공소가 제기된 사건에 대하여 군사법원이 재판권을 가지지 아니하게 되었거나 재판권을 가지지 아니하였음이 밝혀진 경우에는 결정으로 사건을 재판권이 있는 같은 심급의 법원으로 이송한다. 이 경우 이송 전에 한 소송행위는 이송 후에도 그 효력에 영향이 없다.

선생님의 TIP

1. 일반법원과 군사법원의 권한 분배는 관할권의 문제가 아니라 재판권의 문제이다. 따라서 예를 들어 군인을 일반법원에 기소한 경우 그에 대하여 재판권이 없으므로 형사소송법 제327조 제1호에 의하여 공소기각판결을 선고하여야 하지만, 소송경제를 고려하여 형사소송법 제16조의2에서 이에 관한 특칙을 두고 있다. 이것은 그 역(逆)도 마찬가지인데 그것은 군사법원법 제2조 제3항이다.
2. 이와 관련된 판례가 아래 2개가 있는데, 아래 관련 조문을 먼저 읽어보아라.

군사법원법(2023.12.26. 법률 제19839호로 일부개정된 것)

제2조 【신분적 재판권】 ① 군사법원은 다음 각 호의 어느 하나에 해당하는 사람이 범한 죄에 대하여 재판권을 가진다.
  1. 군형법 제1조 제1항부터 제4항까지에 규정된 사람
제3조 【그 밖의 재판권】 ① 군사법원은 「계엄법」에 따른 재판권을 가진다.
  ② 군사법원은 「군사기밀보호법」 제13조의 죄와 그 미수범에 대하여 재판권을 가진다. 〈특정 군사범죄〉

군형법(2021. 9.24. 법률 제18465호로 일부개정된 것)

제1조 【적용대상자】 ①~③ 〈생략〉
  ④ 다음 각 호의 어느 하나에 해당하는 죄를 범한 내국인·외국인에 대하여도 군인에 준하여 이 법을 적용한다. 〈특정 군사범죄〉
  1.~4. 〈생략〉
  5. 제75조 제1항 제1호의 죄 - 군용물절도 등

14 일반 국민이 범한 수 개의 죄 중 '군사법원에서 재판권을 가지는 군형법상 범죄'와 '일반범죄'가 경합범 관계에 있다고 보아 하나의 사건으로 기소된 경우 재판권의 소재(=군형법상 범죄는 군사법원, 일반범죄는 일반법원)

> 24 소방간부, 20 경간부, 20 경찰채용, 20 국가9급, 19 경찰채용, 17 국가7급

1. (1) 군사법원이 군사법원법 제2조 제1항 제1호에 의하여 특정 군사범죄를 범한 일반 국민에 대하여 신분적 재판권을 가진다 하더라도 이는 어디까지나 해당 특정 군사범죄에 한하는 것이지 그 이전 또는 그 이후에 범한 다른 일반 범죄에 대해서까지 재판권을 가지는 것은 아니다. 따라서 일반 국민이 범한 수 개의 죄 가운데 특정 군사범죄와 그 밖의 일반 범죄가 형법 제37조 전단의 경합범 관계에 있다고 보아 하나의 사건으로 기소된 경우 특정 군사범죄에 대하여는 군사법원이 전속적인 재판권을 가진다고 보아야 하므로 일반법원은 이에 대하여 재판권을 행사할 수 없다. 반대로 그 밖의 일반 범죄에 대하여 군사법원이 재판권을 행사하는 것도 허용될 수 없다. (2) 일반 국민인 피고인에 대한 공소사실 중 일반범죄인 허위공문서작성 및 동행사죄와 방위사업법위반죄에 대하여는 일반법원에 재판권이 있을 뿐 군사법원법에 의한 신분적 재판권이 인정될 여지가 없으나, 특정 군사범죄인 군용물절도죄는 군사법원법 제2조 제1항 제1호에 따라 관할 보통군사법원이 전속적인 재판권을 가진다 할 것이고, 위 각 범죄들이 서울중앙지방법원에 경합범으로 함께 기소되었다고 하더라도 일반법원인 서울중앙지방법원에서 그에 관한 재판권을 함께 가진다고 볼 수는 없으므로 서울중앙지방법원은 군용물절도 부분을 제외한 나머지 부분에 대하여만 재판권이 있다.(대법원 2016. 6. 16. 2016초기318 *숲슴 육사 교수 사건*) 서울중앙지방법원은 '군용물절도 사건'을 형사소송법 제16조의2에 의하여 군사법원으로 이송하여야 한다.
2. 군사법원이 특정 군사범죄를 범한 일반 국민에 대하여 신분적 재판권 또는 그 밖의 재판권을 가지더라도 이는 어디까지나 해당 특정 군사범죄에 한하는 것이므로, 그 이전 또는 그 이후에 범한 다른 일반 범죄에 대하여까지 재판권을 가진다고 볼 수 없다. 따라서 일반 국민이 범한 수 개의 죄 가운데 특정 군사범죄와 그 밖의 일반 범죄가 형법 제37조 전단의 경합범 관계에 있다고 보아 하나의 사건으로 기소된 경우 특정 군사범죄에 대하여는 군사법원이 전속적인 재판권을 가지므로 일반법원이 이에 대하여 재판권을 행사할 수 없지만, 반대로 그 밖의 일반 범죄에 대하여는 일반법원이 재판권을 가지므로 군사법원은 재판권을 행사할 수 없다. 이 경우 어느 한 법원에서 공소제기된 모든 범죄에 대하여 재판권을 행사한다면 재판권이 없는 법원이 아무런 법적 근거 없이 임의로 재판권을 창설하여 재판권이 없는 범죄에 대한 재판을 하는 것이 되므로 결국 공소제기된 사건 전부에 대하여 재판권을 가지지 아니한 일반법원이나 군사법원은 그 사건 전부를 심판할 수 없다. (2) 일반 국민인 피고인에 대한 공소사실 중 군사기밀보호법위반의 점은 군사법원이 전속적인 재판권을 가지지만, 공소사실 중 일반 범죄인 입찰방해, 뇌물수수 및 특정범죄가중법위반(뇌물)의 점에 대하여는 일반법원에 재판권이 있을 뿐 군사법원법에 의한 신분적 재판권 또는 그 밖의 재판권이 인정되지 않으므로 이 부분이 군사법원에 재판권이 있는 나머지 공소사실과 함께 경합범으로 공소제기되었더라도 군사법원인 제1심이나 원심이 재판권을 행사할 수 없다.(대법원 2018. 8. 30. 2016도6288 *합참건물 평면도 누설사건*) 국방부 보통군사법원은 '입찰방해, 뇌물수수 및 특정범죄가중법위반(뇌물) 사건'을 군사법원법 제2조 제3항에 의하여 일반법원으로 이송하여야 한다.

핵심정리 관련 판례 도식화

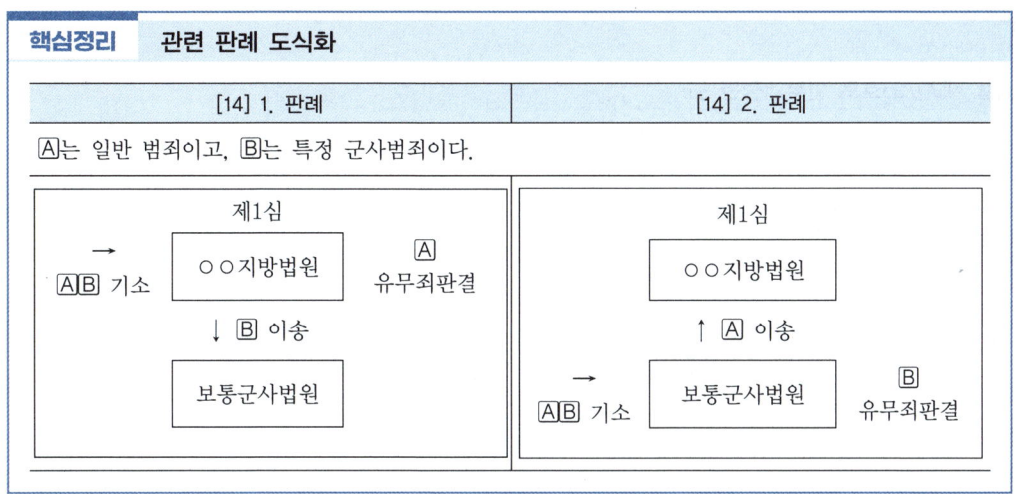

Ⅱ 제척·기피·회피

> **형사소송법(2025. 3.18. 법률 제20796호로 일부개정된 것)**
>
> **제17조【제척의 원인】** 법관은 다음 경우에는 직무집행에서 제척된다.
>   1. 법관이 피해자인 때
>   2. 법관이 피고인 또는 피해자의 친족 또는 친족관계가 있었던 자인 때
>   3. 법관이 피고인 또는 피해자의 법정대리인, 후견감독인인 때
>   4. 법관이 사건에 관하여 증인, 감정인, 피해자의 대리인으로 된 때
>   5. 법관이 사건에 관하여 피고인의 대리인, 변호인, 보조인으로 된 때
>   6. 법관이 사건에 관하여 검사 또는 사법경찰관의 직무를 행한 때
>   7. 법관이 사건에 관하여 <u>전심재판 또는 그 기초되는 조사, 심리에 관여한 때</u>
>   8. 법관이 사건에 관하여 피고인의 변호인이거나 피고인·피해자의 대리인인 법무법인, 법무법인(유한), 법무조합, 법률사무소, 외국법자문사법 제2조 제9호에 따른 합작법무법인에서 퇴직한 날부터 2년이 지나지 아니한 때
>   9. 법관이 피고인인 법인·기관·단체에서 임원 또는 직원으로 퇴직한 날부터 2년이 지나지 아니한 때
>
> **제25조【법원사무관등에 대한 제척·기피·회피】** ① 본장(제2장 법원직원의 제척, 기피, 회피)의 규정은 제17조 제7호의 규정을 제한 외에는 법원서기관·법원사무관·법원주사 또는 법원주사보(이하 "법원사무관등"이라 한다)와 <u>통역인에 준용한다.</u>

> **선생님의 TIP**
>
> 1. 제척·기피 등이 시험에 가끔 출제되는데 어려운 것은 없다. 형사소송법 제17조 제7호가 제일 중요하다.
> 2. 형사소송 내지 형사절차의 유형에는 아래 핵심정리와 같이 3가지가 있다.
>   〈유형 1〉 비교적 중한 범죄를 처리하는 절차이다(예 살인, 강간, 내란 등 A급 범죄).
>   〈유형 2〉 비교적 경한 범죄를 처리하는 절차이다(예 폭행, 명예훼손, 음주운전 등 B급 범죄).
>   〈유형 3〉 아주 경한 범죄를 처리하는 절차이다(예 무전취식, 음주소란, 거짓신고 등 C급 범죄).
> 3. 형사소송법 제17조 제7호에서 '전심(前審)'이란 '앞의 심판'을 말하는데 제2심에서는 제1심이, 제3심에서는 제1심과 제2심이 전심이 된다. 예를 들어 제1심에 관여한 법관은 제2심이나 제3심에서 제척된다. 제척되지 않으면 상소를 하는 의미가 별로 없기 때문이다. 그리고 수사 등은 심판(審判)이 아니므로 당연히 '전심(前審)'이 될 수 없다.

핵심정리 — 형사소송 내지 형사절차의 3가지 유형

유형	내용
⟨1⟩ A급	수사 → 기소 / 공판절차: 제1심(공판절차) → 항소 제2심 → 상고 제3심
⟨2⟩ B급	수사 → 기소[2] / 특별절차[1]: 제1심(약식절차) → 정식재판청구 / 공판절차: 제1심(공판절차) → 항소 제2심 → 상고 제3심
⟨3⟩ C급	수사 → 기소[3] / 특별절차: 제1심(즉결심판) → 정식재판청구 / 공판절차: 제1심(공판절차) → 항소 제2심 → 상고 제3심

01 피해자의 사실혼 배우자인 것이 제척사유에 해당하는지의 여부(소극)

사실혼 관계에 있는 사람은 민법 소정의 친족이라고 할 수 없어 형사소송법 제17조 제2호에서 말하는 친족에 해당하지 않으므로 통역인이 피해자의 사실혼 배우자라고 하여도 통역인에게 제척사유가 있다고 할 수 없다.(대법원 2011. 4.14. 2010도13583 사기당한 띵정 사건) 형법이나 형사소송법에서 '사실상 ○○관계'는 절대로 친족이 아닌바, 이에 대한 예외는 없다.

▶ 25 법원9급, 23 국가7급, 17 국가9급, 16 변호사, 15 경찰채용

02 '증인으로 된 때'에 해당하여 통역인이 제척되는 경우

통역인이 사건에 관하여 증인으로 증언한 때에는 직무집행에서 제척되고, 제척사유가 있는 통역인이 통역한 증인의 증인신문조서는 유죄 인정의 증거로 사용할 수 없다.(대법원 2011. 4.14. 2010도13583 사기당한 띵정 사건) 형사소송법 제17조 제4호, 제25조 제1항이 적용된 사건이다.

▶ 24 국가9급, 17 경간부, 17 국가9급, 16 변호사, 16 국가9급

03 '법관이 사건에 관하여 사법경찰관의 직무를 행한 때'에 해당하지 않는 경우

선거관리위원장은 형사소송법 제197조나 사법경찰직무법에 사법경찰관의 직무를 행할 자로 규정되어 있지 아니하고 그밖에 달리 사법경찰관에 해당한다고 볼 근거가 없으므로 선거관리위원장으로서 공직선거법위반 혐의사실에 대하여 수사기관에 수사의뢰를 한 법

▶ 17 경찰승진

---

1 '간이절차'라고 해야 옳지만 일반적으로 교과서에서는 이를 특별절차라고 하고 있다.
2 이를 '약식명령의 청구'라고 한다.
3 이를 '즉결심판의 청구'라고 한다.

관이 당해 형사피고사건의 재판을 하는 경우 그것이 적절하다고는 볼 수 없으나 형사소송법 제17조 제6호의 제척 원인인 '법관이 사건에 관하여 사법경찰관의 직무를 행한 때'에 해당한다고 할 수 없다.(대법원 1999. 4.13. 99도155 선관위원장 판사 사건)

04 '법관이 사건에 관하여 전심재판 또는 그 기초되는 조사, 심리에 관여한 때'의 의미

1. '법관이 사건에 관하여 전심재판 또는 그 기초되는 조사심리에 관여한 때'의 사건에 관한 '전심'이라 함은 불복신청을 한 당해 사건의 전심을 말한다.(대법원 1982.11.15. 82모11 재심에서 다시 만난 판사 사건) 위 핵심정리를 참고하기 바란다.

2. 제척 원인인 '법관이 사건에 관하여 그 기초되는 조사에 관여한 때'라 함은 **전심재판의 내용 형성에 사용될 자료의 수집·조사에 관여하여 그 결과가 전심재판의 사실인정 자료로 쓰여진 경우**를 말한다.(대법원 1999. 4.13. 99도155 선관위원장 판사 사건)

05 '전심재판에 관여한 때'에 해당하여 법관이 제척되는 경우

1. 약식명령을 한 판사가 그 정식재판 절차의 항소심판결에 관여함은 '법관이 사건에 관하여 전심재판 또는 그 기초되는 조사, 심리에 관여한 때'에 해당하여 제척의 원인이 된다.(대법원 2011. 4.28. 2011도17 약식명령 판사 항소심 관여사건) 약식명령은 제1심이고, 항소심은 제2심이다. 아래 2. 판례도 마찬가지이다.

    ▶ 25 법원9급, 24 국가9급, 23 국가9급, 21 경간부, 20 변호사, 20 소방간부, 17 변호사, 17 국가9급, 17 소방간부, 15 변호사

2. 약식명령을 발부한 법관이 그 정식재판 절차의 항소심 판결에 관여함은 법관이 사건에 관하여 전심재판 또는 그 기초되는 조사심리에 관여한 때에 해당하여 제척, 기피의 원인이 되나 제척 또는 기피되는 재판은 불복이 신청된 당해 사건의 판결절차를 말하는 것이므로 약식명령을 발부한 법관이 그 정식재판 절차의 항소심 공판에 관여한 바 있어도 후에 경질되어 그 판결에는 관여하지 아니한 경우는 전심재판에 관여한 법관이 불복이 신청된 당해 사건의 재판에 관여하였다고 할 수 없다.(대법원 1985. 4.23. 85도281 판사 항소심 경질사건)

    ▶ 24 변호사, 19 소방간부, 18 경찰채용, 16 국가9급

06 '전심재판에 관여한 때'에 해당하지 않아 법관이 제척되지 않는 경우

1. 약식명령을 발부한 법관이 정식재판절차의 제1심판결에 관여하였다고 하여 제척의 원인이 된다고 볼 수는 없다.(대법원 2002. 4.12. 2002도944 다시 만난 약식판사 사건) 둘 다 모두 제1심이다.

    ▶ 25 경찰승진, 22 소방간부, 21 변호사, 21 국가7급, 19 소방간부, 18 국가9급, 17 경찰승진, 16 경간부

2. 환송판결전의 원심에 관여한 재판관이 환송후의 원심 재판관으로 관여하였다고 하여도 군법회의법 제48조[25년 현재 군사법원법 제48조]나 형사소송법 제17조에 위배된다고 볼 수 없다.(대법원 1979. 2.27. 78도3204 다시 만난 원심판사 사건) 둘 다 모두 제2심이다.

    ▶ 25 법원9급, 22 소방간부, 21 국가7급, 20 경간부, 18 법원9급, 17 경찰채용, 16 변호사, 16 경간부

3. 원심 재판장 판사가 재심대상 판결의 제1심에 관여했다 하더라도 재심청구사건에서 제척 또는 기피의 원인이 되는 것이 아니다.(대법원 1982.11.15. 82모11 재심에서 다시 만난 판사 사건) 나중에 재심을 공부하면 쉽게 이해할 수 있는 판례이다.

    ▶ 23 국가7급, 22 소방간부, 19 경간부, 17 국가9급

07 '전심재판의 기초되는 조사심리에 관여한 때'에 해당하여 법관이 제척되는 경우

제1심판결에서 피고인에 대한 유죄의 증거로 사용된 증거를 조사한 판사는 전심재판의 기초가 되는 조사, 심리에 관여하였다 할 것이고 그와 같이 전심재판의 기초가 되는 조사, 심리에 관여한 판사는 직무집행에서 제척되어 항소심 재판에 관여할 수 없다.(대법원 1999.10.22. 99도3534 1심 증거조사 판사 사건) ▶ 22 소방간부, 21 국가7급, 18 법원9급, 17 국가9급

08 '전심재판의 기초되는 조사심리에 관여한 때'에 해당하지 않아 법관이 제척되지 않는 경우

1. 고발인의 피고인에 대한 고발사실 중 검사가 불기소한 부분에 관하여 한 재정신청사건에 관여하여 이를 기각한 법관들이, 고발사실 중 공소가 제기된 사건의 항소심에서 재판장과 주심판사로 관여한 경우 형사소송법 제17조 제7호에 정한 '법관이 사건에 관하여 전심재판 또는 그 기초되는 조사, 심리에 관여한 때'에 해당하지 않는다.(대법원 2014.1.16. 2013도10316 박덕흠 의원 사건) 이 판례를 포함하여 아래 5. 판례까지는 '수사단계'에서 무엇인가 관여했을 뿐 '전심'에서 관여한 것은 아무 것도 없다. ▶ 22 법원9급, 18 경찰채용

2. 담당 법관이 피고인에 대한 구속영장발부에 있어서 심문을 담당하였다고 하여 그것이 법관이 사건에 관하여 전심재판 또는 그 기초가 되는 조사·심리에 관여한 제척사유에 해당한다고 볼 수 없다.(대법원 2002.12.10. 2001도7095 삼척신문 사건) ▶ 19 소방간부

3. 법관이 수사단계에서 피고인에 대하여 구속영장을 발부한 경우는 '법관이 사건에 관하여 전심재판 또는 그 기초되는 조사, 심리에 관여한 때'에 해당된다고 볼 수 없다.(대법원 1989.9.12. 89도612 영장발부 판사 공판관여 사건) ▶ 22 소방간부, 21 국가7급, 21 국가9급, 20 경간부, 18 법원9급, 16 국가9급

4. 법관이 선거관리위원장으로서 공직선거법위반 혐의사실에 대하여 수사기관에 수사의뢰를 하고 그 후 당해 형사피고사건의 항소심 재판을 하는 경우 '법관이 사건에 관하여 그 기초되는 조사에 관여한 때'에 해당한다고 볼 수는 없다.(대법원 1999.4.13. 99도155 선관위원장 판사 사건) ▶ 23 국가7급, 18 법원9급, 17 경찰승진, 17 국가9급

5. 공소제기 전에 검사의 증거보전청구에 의하여 증인신문을 한 법관은 전심재판 또는 기초되는 조사, 심리에 관여한 법관이라고 할 수 없다.(대법원 1971.7.6. 71도974 다시만난 증거보전판사 사건) ▶ 24 국가9급, 22 법원9급, 19 소방간부, 17 경찰채용, 16 경간부

    ▶

6. 원심 합의부원인 법관이 원심 재판장에 대한 기피신청 사건의 심리와 기각결정에 관여한 사실이 있다고 하더라도 이를 형사소송법 제17조 제7호 소정의 '법관이 사건에 관하여 그 기초되는 조사, 심리에 관여한 때'에 해당한다고 볼 수는 없다.(대법원 2010.12.9. 2007도10121 강정구 교수 사건) 어려울 수 있지만 그 어디를 보더라도 '전심(前審)'은 나오지 않는다. ▶ 22 법원9급, 19 국가9급

> **형사소송법(2025. 3.18. 법률 제20796호로 일부개정된 것)**
>
> **제18조【기피의 원인과 신청권자】** ① 검사 또는 피고인은 다음 경우에 법관의 기피를 신청할 수 있다.
> 1. 법관이 전조 각호(제척)의 사유에 해당되는 때
> 2. 법관이 불공평한 재판을 할 염려가 있는 때
> ② <u>변호인은 피고인의 명시한 의사에 반하지 아니하는 때에 한하여 법관에 대한 기피를 신청할 수 있다</u>.[4]
>
> **제19조【기피신청의 관할】** ① 합의법원의 법관에 대한 기피는 그 법관의 소속법원에 신청하고 수명법관, 수탁판사 또는 단독판사에 대한 기피는 당해 법관에게 신청하여야 한다.
> ② 기피사유는 신청한 날로부터 3일 이내에 서면으로 소명하여야 한다.
>
> **제20조【기피신청기각과 처리】** ① 기피신청이 소송의 지연을 목적으로 함이 명백하거나 제19조의 규정에 위배된 때에는 신청을 받은 법원 또는 법관은 결정으로 이를 기각한다. 〈간이기각결정〉
> ② 기피당한 법관은 전항의 경우를 제한 외에는 지체없이 기피신청에 대한 의견서를 제출하여야 한다.
> ③ 전항의 경우에 기피당한 법관이 기피의 신청이 이유있다고 인정하는 때에는 그 결정이 있은 것으로 간주한다.
>
> **제21조【기피신청에 대한 재판】** ① 기피신청에 대한 재판은 기피당한 법관의 소속법원합의부에서 결정으로 하여야 한다.
> ② 기피당한 법관은 전항의 결정에 관여하지 못한다.
> ③ 기피당한 판사의 소속법원이 합의부를 구성하지 못하는 때에는 직근 상급법원이 결정하여야 한다.
>
> **제22조【기피신청과 소송의 정지】** 기피신청이 있는 때에는 제20조 제1항의 경우를 제한 외에는 <u>소송진행을 정지하여야 한다</u>. 단, 급속을 요하는 경우에는 예외로 한다.
>
> **제23조【기피신청기각과 즉시항고】** ① 기피신청을 기각한 결정에 대하여는 즉시항고를 할 수 있다.
> ② 제20조 제1항의 기각결정에 대한 즉시항고는 재판의 집행을 정지하는 효력이 없다.

> **선생님의 TIP**
>
> 기피에 관한 형사소송법 제18조 이하는 사실상 사문화(死文化)된 조항이라고 평가된다. 기피신청이 인용될 확률은 0.01%도 되지 않는다. 기피사유가 있다고 인정된 경우는 역사상 형사소송에서 딱 1건(김대중 전대통령 사건), 그리고 민사소송에 역시 딱 1건밖에 없다(이부진·임우재 이혼소송 사건). 그러나 시험에는 출제되므로 우리는 공부하여야 한다.

09 기피사유인 '불공정한 재판을 할 염려가 있는 때'의 의미

형사소송법 제18조 제1항 제2호 소정의 '불공평한 재판을 할 염려가 있는 때'라 함은 당사자가 불공평한 재판이 될지도 모른다고 추측할 만한 주관적인 사정이 있는 때를 말하는 것이 아니라, 통상인의 판단으로서 법관과 사건과의 관계상 **불공평한 재판을 할 것이라는 의혹을 갖는 것이 합리적이라고 인정할 만한 객관적인 사정이 있는 때**를 말한다.(대법원 2001. 3.21. 2001모2 공소장변경신청불허 기피신청 사건)

> 23 국가9급, 21 국가9급, 16 경찰승진, 16 국가9급, 15 경찰채용

---

[4] 피고인의 명시한 의사에 반하여 할 수 없는 변호인의 소송행위에는 기피신청, 증거동의 그리고 상소의 제기가 있다. 두문자 〈동트면 <u>기</u>상〉으로 암기하기 바란다.

10 기피사유가 되는 경우

법관이 심리 중 피고인으로 하여금 유죄를 예단하는 취지로 미리 법률판단을 한 때에는 경우에 따라서 불공평한 재판을 할 염려가 있는 경우에도 해당될 수 있다.(대법원 1974.10.16. 74모68 김대중 전대통령 사건) 출제되기는 어렵지만 구색을 맞추기 위해 넣은 판례라는 점을 이해해 주기 바란다.

11 기피사유가 되지 않는 경우

1. 재판부가 당사자의 증거신청을 채택하지 아니하였다는 사정만으로는 재판의 공평을 기대하기 어려운 객관적인 사정이 있다고 할 수 없다.(대법원 1996. 2. 9. 95모93 절차적 불만족 피고인 사건Ⅱ) ▶ 25 국가9급

2. 재판부가 당사자의 증거신청을 채택하지 아니하거나 이미 한 증거결정을 취소하였다 하더라도 그러한 사유만으로는 재판의 공평을 기대하기 어려운 객관적인 사정이 있다고 할 수 없다.(대법원 1995. 4. 3. 95모10 절차적 불만족 피고인 사건Ⅰ) ▶ 23 국가9급, 19 경간부, 19 국가9급, 18 국가7급, 16 변호사, 15 경찰채용

3. 재판장이 피고인의 증인신문권의 본질적인 부분을 침해하였다고 볼 만한 아무런 소명자료가 없다면 재판장이 피고인의 증인에 대한 신문을 제지한 사실이 있다는 것만으로는 불공평한 재판을 할 것이라는 의혹을 갖는 것이 합리적이라고 인정할 만한 객관적인 사정이 있는 경우에 해당한다고 볼 수 없다.(대법원 1995. 4. 3. 95모10 절차적 불만족 피고인 사건Ⅰ) ▶ 23 국가9급

12 이미 직무집행으로부터 배제되어 있는 법관에 대한 기피신청의 적부(소극)

기피의 대상으로 하고 있는 법관이 이미 당해 구체적 사건의 직무집행으로부터 배제되어 있다면 그 법관에 대한 기피신청은 부적법하다.(대법원 1986. 9.24. 86모48 퇴직법관 기피신청 사건) ▶ 23 법원9급

13 간이기각결정 관련 판례

소송지연을 목적으로 함이 명백한 기피신청인지의 여부는 기피신청인이 제출한 소명방법만에 의하여 판단할 것은 아니고 당해 법원에 현저한 사실이거나 당해 사건기록에 나타나 있는 제반 사정들을 종합하여 판단할 수 있다.(대법원 2001. 3.21. 2001모2 공소장변경신청 불허 기피신청 사건) ▶ 24 국가9급, 16 국가9급

14 간이기각결정을 한 경우

피고사건의 판결선고 절차가 시작되어 재판장이 이유의 요지 중 상당 부분을 설명하는 도중 피고인이 공판에 참여한 법원사무관에 대한 기피신청과 동시에 선고절차의 정지를 요구한 경우 (대법원 1985. 7.23. 85모19 갑작스런 법원사무관 기피신청 사건) ▶ 23 법원9급

15 기피신청이 있을 때에 정지되는 소송진행의 의미 등

1. 기피신청이 있는 경우 **정지되는 소송진행**에 '판결의 선고'는 포함되지 아니하므로 피고인이 변론 종결 뒤 재판부에 대한 기피신청을 하였지만, 원심이 소송진행을 정지하지 아니하고 판결을 선고한 것은 정당하다.(대법원 2002.11.13. 2002도4893 변종후 기피신청 사건) ▶ 25 경찰승진, 21 국가9급, 21 소방간부, 19 국가9급, 16 국가7급, 16 국가9급

2. 기피신청이 있는 경우에 **정지될 소송진행**은 그 피고사건의 실체적 재판에의 도달을 목적으로 하는 본안(本案)의 소송절차[5]를 말하고 '판결의 선고'는 이에 해당되지 않는다.(대법원 1987. 5.28. 87모10 기피신청 다음날 판결선고 사건) ▶ 23 국가7급, 21 소방간부

16 기피신청을 받은 법원이 소송진행을 정지하지 않고 한 소송행위의 효력(=무효)

기피신청을 받은 법관이 본안의 소송절차를 정지하지 않은 채 그대로 소송을 진행하여서 한 소송행위는 그 효력이 없고, 이는 그 후 그 기피신청에 대한 기각결정이 확정되었다고 하더라도 마찬가지이다.(대법원 2012.10.11. 2012도8544 기피신청 개무시 사건) 민사소송법에서도 논란이 되는데 이 판례를 통하여 아주 확실히 정리해 주었다. 매우 중요하다. ▶ 23 법원9급, 20 경간부, 19 경찰승진, 19 국가7급, 19 국가9급, 19 법원9급, 18 경찰채용, 16 변호사, 16 국가9급, 15 국가9급

---

[5] 유무죄의 심증형성을 위한 증거조사나 피고인신문 등을 말한다.

제 2 절 | 검사

검찰청법(2022. 5. 9. 법률 제18861호로 일부개정된 것)

제4조【검사의 직무】① 검사는 공익의 대표자로서 다음 각 호의 직무와 권한이 있다.
  1. 범죄수사, 공소의 제기 및 그 유지에 필요한 사항. 다만, 검사가 수사를 개시할 수 있는 범죄의 범위는 다음 각 목과 같다.
      가. 부패범죄, 경제범죄 등 대통령령으로 정하는 중요 범죄
      나. 경찰공무원 및 고위공직자범죄수사처 소속 공무원이 범한 범죄
      다. 가목·나목의 범죄 및 사법경찰관이 송치한 범죄와 관련하여 인지한 각 해당 범죄와 직접 관련성이 있는 범죄
  2. 범죄수사에 관한 특별사법경찰관리 지휘·감독
  3. 법원에 대한 법령의 정당한 적용 청구
  4. 재판 집행 지휘·감독
  5. 국가를 당사자 또는 참가인으로 하는 소송과 행정소송 수행 또는 그 수행에 관한 지휘·감독
  6. 다른 법령에 따라 그 권한에 속하는 사항
② 검사는 자신이 수사개시한 범죄에 대하여는 공소를 제기할 수 없다. 다만, 사법경찰관이 송치한 범죄에 대하여는 그러하지 아니하다.

> **선생님의 TIP**
>
> 검사에 대한 판례는 많지도 않고 시험에 거의 출제되지도 않는다. 흔히들 "검사는 공익의 대표자이다."라고 하지만 현실은 그렇지 않은 것 같다. 앞으로 검찰청법 폐지 등 엄청난 검찰개혁이 이루어질 것으로 예상한다.

제 3 절 | 피고인

> **선생님의 TIP**
>
> 시험마다 약간 차이는 있지만 대체로 이 부분에서 1문제 이상은 출제된다. 쉬운 것도 있지만 암기해야 할 사항도 있다. 형사소송법 과목에서는 피내사자나 수형자에 관한 문제는 거의 출제되지 않는다. 주로 출제되는 것은 피의자와 피고인이고, 여러분들은 항상 공부할 때 양자의 공통점과 차이점을 정확히 알고 있어야 한다.

> **핵심정리** 형사절차의 주체와 객체
>
> | 내사(입건 전 조사) | 수 사 | 공 판 | 형집행 |
> |---|---|---|---|
> | | 인지(입건) | 공소제기 | 유죄확정 |
> | 수사기관 ↓ 피내사자(용의자) | 수사기관 ↓ 피의자 | 법 원 ↓ 검사 – 피고인 | 교정기관 ↓ 수형자 |

> **형사소송법(2025. 3.18. 법률 제20796호로 일부개정된 것)**
>
> 제254조【공소제기의 방식과 공소장】③ 공소장에는 다음 사항을 기재하여야 한다.
>   1. 피고인의 성명 기타 피고인을 특정할 수 있는 사항 ← 피고인이 누구인지 특정할 수 없으면(재판을 받는 자가 도대체 누구인지 모른다면) 공소제기는 무효이므로 법원은 형사소송법 제327조 제2호에 의하여 공소기각판결을 선고하여야 한다. 두문자 〈허기진 특정 모범 일본소년이 가면 고소·고발·처벌 재유발하고 특허·보험 남용한다〉로 암기하기 바란다.
>   2. 죄명
>   3. 공소사실
>   4. 적용법조

[서식 및 사례] 공소장

의정부지방검찰청 고양지청[1]

사건번호 20X5년 형제1763호
수 신 자 의정부지방법원 고양지원
제   목 공소장

검사 노정원[2]은 아래와 같이 공소를 제기합니다.

피고인 관련사항	피고인	남궁한[3] (01042X - 3X60157), 24세 직업 무직 휴대전화번호 010-3320-1161[4] 주거 경기도 고양시 덕양구 북한동 산1-1 등록기준지 서울시 은평구 불광동 246-1번지
	죄명	강간
	적용법조	형법 제297조
	구속여부	20X5. 1.24. 구속 (20X5. 1.22. 체포)
	변호인	변호사 김준
공소사실		피고인은 20X5. 1.19. 20:00경 피해자에게 전화를 하여 만나자고 한 후 20X5. 1.19. 20:20경 피해자의 주거지 근처인 (생략) 주차장에서 피해자를 불러 내 피고인의 카니발 승용차 조수석에 태운 다음 문을 잠그고, 피해자에게 "너 섹스해 봤냐?"라고 질문을 하면서 피해자의 양팔을 잡아 눌러 반항하지 못하게 한 후 피해자의 바지와 팬티를 벗겨 피해자를 1회 간음하여 강간하였다[5].
첨부서류[6]		1. 체포영장 2. 구속영장 3. 변호인선임서

검사 노정원㊞[7] 또는 노정원[8]

20X5년 2월 8일

---

1 저자가 경기도 고양시에 살고 있기 때문에 저자를 관할하는 검찰청을 쓴 것이다. 앞으로도 가급적 그럴 것이다.
2 해커스경찰·공무원학원 관리반에서 공부하는 학생의 이름이므로 혹시 동명이인이라도 오해하지 않았으면 한다. 이것은 앞으로 계속 나올 경찰관이나 판사 그리고 변호인 이름도 마찬가지이다. 저자의 친구나 친척들의 이름이 들어갈 수도 있다.
3 저자가 키웠던 강아지 이름이다. 이외에도 남궁투, 윤요크 등도 등장할 수 있는데 마찬가지로 혹시 동명이인이라도 오해하지 않았으면 한다.
4 저자의 전화번호이므로 궁금한 점이 있으면 문자나 카톡을 주기 바란다.
5 청주지방법원 2011. 6.24. 2011고합68 판결 내용 일부를 각색한 것이다.
6 형사소송규칙 제118조과 관련되어 있다.
7 공무원이 작성하는 서류에는 법률에 다른 규정이 없는 때에는 작성 연월일과 소속공무소를 기재하고 <u>기명·날인</u> "또는" 서명하여야 한다.(제57조 제1항) 검사 노정원이가 기명·날인을 한 것이다. 기명은 (서명의 해석과의 관계상) 검사 이름이 자필이 아닌 워드 등으로 된 것을 말한다. 날인(捺印)은 도장을 찍는 것을 말한다.
8 공무원이 작성하는 서류에는 법률에 다른 규정이 없는 때에는 작성 연월일과 소속공무소를 기재하고 기명·날인 "또는" <u>서명</u>하여야 한다.(제57조 제1항) <u>같은 조문을 반복하는 이유가 있다.</u> 검사 노정원이가 서명을 한 것이다. 서명은 우리가 흔히 알고 있는 ~~~ 이런 식의 싸인(sign)이 아니라 이름을 제대로 알아볼 수 있도록 자필로 이름을 쓰는 것을 말한다.

> **선생님의 TIP**
>
> 이 부분에서 가장 먼저 나오는 판례는 '피고인 특정'에 관한 것이다. 성명모용(姓名冒用)이나 위장출석(僞裝出席)이 있을 때 피고인 특정의 문제가 발생한다.
> (1) 성명모용이란 수사절차에서 수사를 받는 피의자 甲(모용자)이 乙(피모용자)의 성명을 모용함으로써 공소장에 피고인이 乙로 기재가 되어 그대로 공소(특히 약식명령청구)가 제기되는 경우를 말한다. 이 경우에는 공판정에 甲(모용자)이 출석하는가 아니면 乙(피모용자)이 출석하는가에 따라 해결방법이 달라진다.
> (2) 위장출석이란 수사 당시 공소장에는 검사가 피고인으로 삼은 甲의 인적사항이 기재되어 있음에도 불구하고 타인인 乙이 출석하여 재판을 받는 경우를 말한다. 다만 이에 관한 판례는 없다.

01 성명모용에 있어 모용자가 공판정에 출석하였을 때의 처리방법

(1) 피의자가 다른 사람의 성명을 모용한 탓으로 공소장에 피모용자가 피고인으로 표시되었다 하더라도 이는 당사자의 표시상의 착오일 뿐이고 검사는 모용자에 대하여 공소를 제기한 것이므로 모용자가 피고인이 되고 피모용자에게 공소의 효력이 미친다고 할 수 없고, 이와 같은 경우 검사는 공소장의 인적 사항의 기재를 정정하여 피고인의 표시를 바로잡아야 하는 것인바 이는 피고인의 표시상의 착오를 정정하는 것이지 공소장을 변경하는 것이 아니므로 형사소송법 제298조에 따른 공소장변경의 절차를 밟을 필요가 없고 법원의 허가도 필요로 하지 아니한다. (2) 검사가 공소장의 피고인 표시를 정정하여 모용관계를 바로잡지 아니한 경우에는 외형상 피모용자 명의로 공소가 제기된 것으로 되어 있어 공소제기의 방식이 형사소송법 제254조의 규정에 위반하여 무효라 할 것이므로 법원은 공소기각의 판결을 선고하여야 하고, 검사가 피고인 표시를 바로잡은 경우에는 처음부터 모용자에 대한 공소의 제기가 있었고 피모용자에 대한 공소의 제기가 있었던 것이 아니므로 법원은 모용자에 대하여 심리하고 재판을 하면 되지 원칙적으로 피모용자에 대하여 심판할 것이 아니다.(대법원 1993. 1. 19. 92도2554 도박피의자 성명모용 사건) 남궁한이 남궁투의 이름을 모용하였는데, 공판정에는 남궁한이 그대로 출석하였다. 이 경우 진정한 피고인은 남궁한뿐이다. 공소장 기재 '남궁투'는 단순한 오기에 불과하므로 아래와 같이 공소장정정을 하면 족하다(심판대상이 변경되는 것이 아니므로 공소장변경절차를 거칠 필요는 없다). 만약 검사가 공소장정정을 하지 않으면 법원은 피고인 불특정을 이유로 공소기각판결을 선고하여야 한다. 두문자 〈허기진 특정 모범 일본소년이 가면 고소·고발·처벌 재유발하고 특허·보험 남용한다〉로 암기하기 바란다.

▶ 25 국가9급, 24 경찰승진, 24 소방간부, 23 국가9급, 22 소방간부, 21 국가7급, 19 경간부, 19 국가9급, 18 경찰채용, 18 국가9급, 16 국가9급, 16 경간부, 15 경찰채용

핵심정리 　성명모용 사례 도식화 I

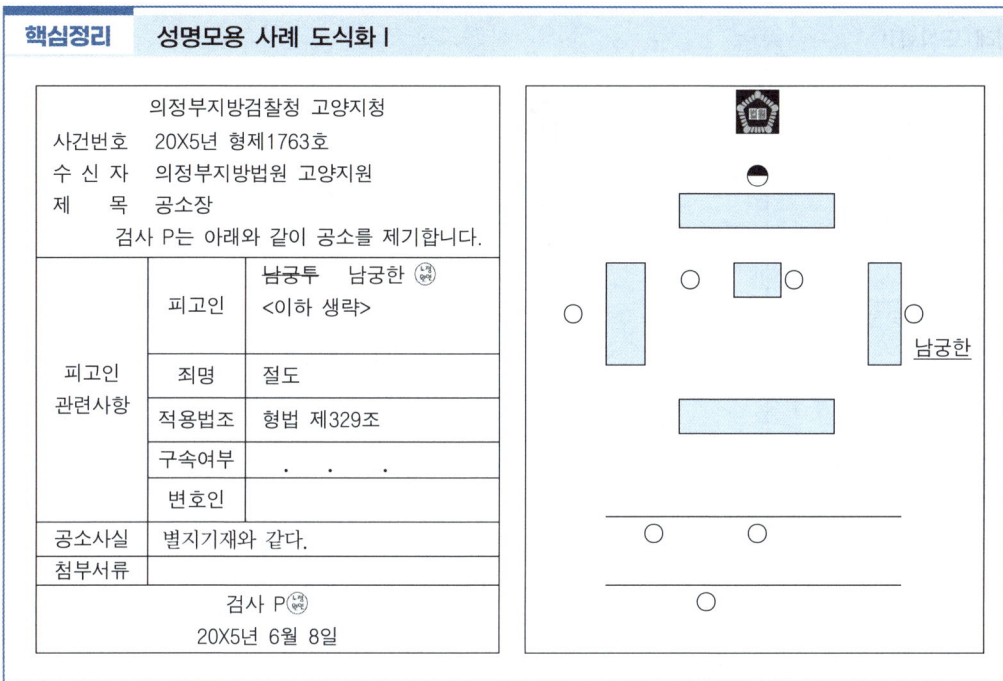

02 성명모용에 있어 피모용자가 공판정에 출석하였을 때의 처리방법

(1) 피모용자가 약식명령을 송달받고 이에 대하여 정식재판의 청구를 하여 피모용자를 상대로 심리를 하는 과정에서 성명모용 사실이 발각되고 검사가 공소장을 정정하는 등 사실상의 소송계속이 발생하고 형식상 또는 외관상 피고인의 지위를 갖게 된 경우에는 법원으로서는 피모용자에게 적법한 공소의 제기가 없었음을 밝혀주는 의미에서 형사소송법 제327조 제2호를 유추적용하여 공소기각의 판결을 함으로써 피모용자의 불안정한 지위를 명확히 해소해 주어야 할 것이지만 (2) 진정한 피고인인 모용자에게는 아직 약식명령의 송달이 없었다고 할 것이므로 검사는 공소장에 기재된 피고인표시를 정정하고 법원은 이에 따라 약식명령의 피고인표시를 정정하여 본래의 약식명령과 함께 이 경정결정을 모용자인 피고인에게 송달하면 이때야 비로소 약식명령은 적법한 송달이 있다고 볼 것이고, 이에 대하여 소정의 기간 내에 정식재판의 청구가 없으면 이 약식명령은 확정된다.(대법원 1997.11.28. 97도2215 수산업법위반 피의자 성명모용 사건) 남궁한이 남궁투의 이름을 모용하여 남궁투에게 약식명령이 송달되었고, 이에 남궁투가 정식재판을 청구하여 공판정에 남궁투가 출석하였다. 이 경우에도 진정한 피고인은 남궁한이다. 다만 남궁투는 형식상 또는 외관상 피고인의 지위에 있으므로 법원은 남궁투에게 공소기각판결을 선고하여야 한다. 그리고 피고인을 '남궁한'으로 정정한 새로운 약식명령을 남궁한에게 송달하여야 한다.

> 25 국가9급, 22 소방간부,
> 21 국가7급, 20 국가9급,
> 19 경간부, 18 국가9급,
> 15 경찰채용

| 핵심정리 | 성명모용 사례 도식화 II |

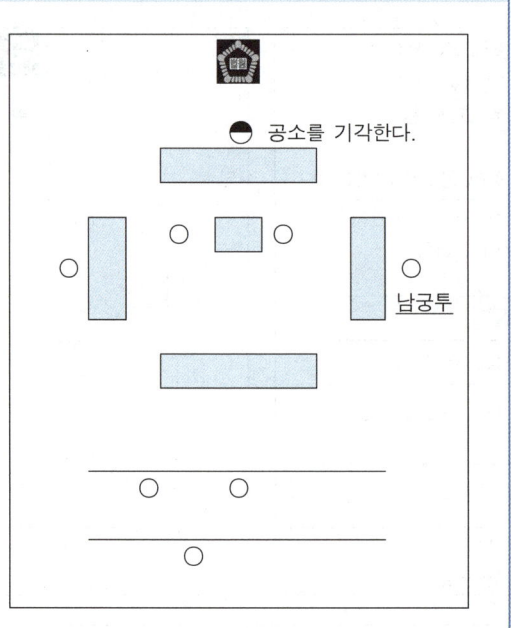

```
         의정부지방검찰청 고양지청
사건번호          20X5년 형제1764호
수 신 자          의정부지방법원 고양지원
제   목          공소장
검사 P는 아래와 같이 공소를 제기하여 약식명령
을 청구합니다.
```

피고인 관련사항 및 의견	피고인	**남궁투** 남궁한 ㊞ <이하 생략>
	죄명	폭행
	적용법조	형법 제260조 제1항
	변호인	
	의견	벌금 1,000,000원
공소사실	별지기재와 같다.	

검사 P㊞
20X5년 6월 9일

헌법(1987.10.29. 헌법 제10호 전문개정)
제27조 ④ 형사피고인은 유죄의 판결이 확정될 때까지는 무죄로 추정된다.

형사소송법(2025. 3.18. 법률 제20796호로 일부개정된 것)
제275조의2【피고인의 무죄추정】피고인은 유죄의 판결이 확정될 때까지는 무죄로 추정된다.

> **선생님의 TIP**
> 무죄추정의 원칙 관련 판례가 비교적 많고 시험에도 출제가 잘 되고 있다. 비교 판례를 보면서 '암기 위주'로 공부해야 한다.

03 무죄추정의 원칙의 의의 등

1. 무죄추정의 원칙은 수사를 하는 단계뿐만 아니라 판결이 확정될 때까지 형사절차와 형사재판 전반을 이끄는 대원칙으로서 '의심스러우면 피고인의 이익으로'라는 오래된 법언에 내포된 이러한 원칙은 우리 형사법의 기초를 이루고 있다.(대법원 2017.10.31. 2016도21231 어딘가를 터치했다 사건) ▶ 24 소방간부, 22 경간부, 21 국가7급

2. 무죄추정의 원칙은 형사재판에 있어서 유죄의 판결이 확정될 때까지 피의자나 피고인은 원칙적으로 죄가 없는 자로 다루어져야 하고, 그 불이익은 필요최소한에 그쳐야 한다는 것을 의미한다. 이러한 무죄추정의 원칙은 증거법에 국한된 원칙이 아니라 수사절차에서 공판절차에 이르기까지 형사절차의 전과정을 지배하는 지도원리로서 인신의 구속 자체를 제 ▶ 17 소방간부

한하는 원리로 작용한다.(헌법재판소 2009. 6.25. 2007헌바25 재정통산 위헌사건) [5] 1. 판례 참고

3. 공소제기가 된 피고인이라도 유죄의 확정판결이 있기까지는 원칙적으로 죄가 없는 자에 준하여 취급하여야 하고 불이익을 입혀서는 안 된다고 할 것으로 가사 그 불이익을 입힌다 하여도 필요한 최소 제한에 그치도록 비례의 원칙이 존중되어야 한다는 것이 헌법 제27조 제4항의 무죄추정의 원칙이며, 여기의 불이익에는 형사절차상의 처분에 의한 불이익뿐만 아니라 그 밖의 기본권제한과 같은 처분에 의한 불이익도 입어서는 아니된다는 의미도 포함된다.(헌법재판소 1990.11.19. 90헌가48 변호사 업무정지명령 사건) [5] 9. 판례 참고 ▶ 21 경찰승진, 15 경간부

4. 무죄추정의 원칙은 형사절차 내에서 원칙으로 인식되고 있으나 형사절차뿐만 아니라 기타 일반 법생활 영역에서의 기본권 제한과 같은 경우에도 적용된다.(헌법재판소 2015. 2.26. 2012헌바435 교통유발부담금 횡령사건) ▶ 24 국가9급, 16 경간부

04 무죄추정의 원칙과 미결구금(구속)

신체의 자유를 최대한으로 보장하려는 헌법정신, 특히 무죄추정의 원칙으로 인하여 불구속수사불구속재판을 원칙으로 하고 예외적으로 피의자 또는 피고인이 도피할 우려가 있거나 증거를 인멸할 우려가 있는 때에 한하여 구속수사 또는 구속재판이 인정될 따름이며 구속수사 또는 구속재판이 허용될 경우라도 인신의 구속은 신체의 자유에 대한 본질적인 제약임에 비추어 그 구속기간은 가능한 한 최소한에 그쳐야 한다.(헌법재판소 1992. 4.14. 90헌마82 국가보안법 구속기간 연장조항 사건) [5] 2. 판례 참고 ▶ 21 국가7급

05 무죄추정 내지 적법절차 원칙 등 헌법에 위반되는 경우

1. 형법 제57조 제1항에 따라 법원이 재량에 의하여 미결구금일수 중 일부를 형기에 산입하지 않을 수 있도록 한 경우 (헌법재판소 2009. 6.25. 2007헌바25 재정통산 위헌사건) 판례는 재정통산을 말하는데, 2025년 현재 아래와 같이 법정통산만 인정된다. ▶ 16 경간부

> **형법(2025. 4. 8. 법률 제20908호로 일부개정된 것)**
>
> 제57조【판결선고전 구금일수의 통산】① 판결선고전의 구금일수는 <u>그 전부를</u> 유기징역, 유기금고, 벌금이나 과료에 관한 유치 또는 구류에 산입한다.

2. 국가보안법 제19조가 제7조(찬양·고무등), 제10조(불고지)의 범죄에 대하여 형사소송법상의 수사기관에 의한 구속기간 30일보다 20일이나 많은 50일을 인정한 경우 (헌법재판소 1992. 4.14. 90헌마82 국가보안법 구속기간 연장조항 사건)
▶ 17 경간부
▶

3. 피의자에게 도주·폭행·소요 또는 자해 등의 우려가 없었고 수사 검사도 피의자에 대한 계구[9]의 해제를 요청하였음에도 불구하고, 계호교도관이 이를 거절하고 피의자로 하여금 수갑 및 포승을 계속 사용한 채 피의자조사를 받도록 한 경우 (헌법재판소 2005. 5.26. 2001헌마728 교도관 계구해제 거절 사건) [6] 2. 판례와 비교 ▶ 21 경간부, 17 소방간부

---

9 2007.12.21. 형집행법이 전부 개정되어 지금은 '보호장비'라는 용어를 사용한다.(같은 법 제97조)

4. 피의자가 도주를 하거나 소요·폭행 또는 자해를 할 위험이 있었다고 인정하기 어려움에도 불구하고 여러 날 장시간에 걸쳐 피의자가 검사 조사실에서 피의자신문을 받는 동안 교도관이 수갑과 포승으로 계속 피의자의 신체를 결박해 둔 경우 (헌법재판소 2005. 5.26. 2004헌마49 송두율 교수 사건) ▶ 21 경간부

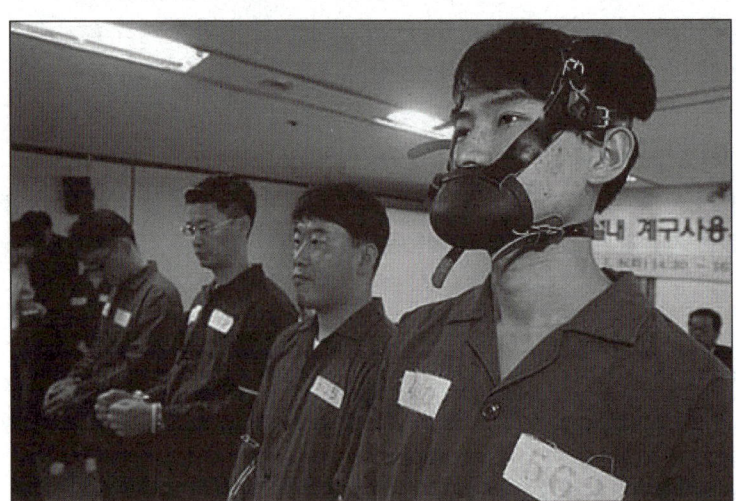

<이미지 출처 - 천주교인권위원회(http://www.cathrights.or.kr/news/articleView.html?idxno=1485)>

▶

5. 형사재판의 피고인으로 출석하는 수형자에 대하여 (형집행법 제88조가 사복착용에 관한 형집행법 제82조를 준용하지 않아) 교정시설에서 지급하는 의류를 입게 한 경우 (헌법재판소 2015.12.23. 2013헌마712 재소자용 의류 강요사건Ⅱ) [6] 3. 판례와 비교 ▶ 17 소방간부

6. 미결수용자가 수감되어 있는 동안 수사 또는 재판을 받을 때에 사복(私服)을 입지 못하게 하고 재소자용 의류를 입게 한 경우 (헌법재판소 1999. 5.27. 97헌마137, 98헌마5 재소자용 의류 강요사건Ⅰ) [6] 4. 판례와 비교

▶

7. 지방자치단체의 장이 금고 이상의 형의 선고를 받은 경우 부단체장으로 하여금 그 권한을 대행하도록 한 경우 (헌법재판소 2010. 9. 2. 2010헌마418 이광재 강원지사 사건) 이 판례는 지방자치단체의 장이 구금되지 않은 상태임에 비하여 [6] 5. 판례는 지방자치단체의 장이 구금되어 있는 상태라는 점에 차이가 있다. ▶ 16 경찰승진, 15 경간부

8. 형사사건으로 기소된 교원을 구 사립학교법에 의하여 필요적으로 직위해제를 할 수 있도록 규정한 경우 (헌법재판소 1994. 7.29. 93헌가3 필요적 직위해제 사건) [6] 6. 판례와 비교 ▶ 16 경찰승진, 15 경찰채용

9. 형사사건으로 기소된 변호사에 대하여 법무부장관의 일방적인 명령에 의하여 그 업무가 정지되도록 규정한 경우 (헌법재판소 1990.11.19. 90헌가48 변호사 업무정지명령 사건) ▶ 24 국가9급

▶

10. 공정거래위원회의 고발조치 등으로 장차 형사절차내에서 진술을 해야 할 행위자에게 사전에 이와 같은 법위반사실의 공표를 하게 하는 경우 (헌법재판소 2002. 1.31. 2001헌바43 대한병원협회 사건) ▶ 25 경찰승진

06 무죄추정 내지 적법절차 원칙 등 헌법에 위반되지 않는 경우

1. 피고인에게 구속의 사유가 있어 구속영장이 발부, 집행되어 그의 신체의 자유가 제한된 경우(파기환송을 받은 법원이 구속을 계속할 사유가 있다고 판단하여 구속기간을 갱신하고 피고인을 계속 구속한 경우) (대법원 2001.11.30. 2001도5225 특정범죄가중법사기 피고인 항변사건) ▶ 21 경찰승진, 21 법원9급, 18 경간부, 17 경찰승진, 17 소방간부, 16 경찰승진, 15 경찰승진, 15 경찰채용, 15 국가9급

2. 구속된 피의자의 도주·항거 등을 억제하는데 필요하다고 인정할 상당한 이유가 있어 수사기관이 필요한 한도 내에서 포승이나 수갑을 사용한 경우 (대법원 1996. 5.14. 96도561 계급투쟁동맹 사건) ▶ 25 법원9급, 20 경간부, 15 경간부

3. 민사재판의 당사자로 출석하는 수형자에 대하여 (형집행법 제88조가 사복착용에 관한 형집행법 제82조를 준용하지 않아) 교정시설에서 지급하는 의류를 입게 한 경우 (헌법재판소 2015.12.23. 2013헌마712 재소자용 의류 강요사건 Ⅱ)

4. 미결수용자가 수감되어 있는 동안 구치소 등 수용시설 안에서 사복(私服)을 입지 못하게 하고 재소자용 의류를 입게 한 경우 (헌법재판소 1999. 5.27. 97헌마137, 98헌마5 재소자용 의류 강요사건 Ⅰ)

5. 지방자치단체의 장이 공소제기된 후 구금상태에 있는 경우 부단체장이 그 권한을 대행하도록 한 경우 (헌법재판소 2011. 4.28. 2010헌마474 박형상 서울 중구청장 사건) ▶ 19 경간부, 16 변호사

6. 형사사건으로 기소된 국가공무원을 구 국가공무원법에 의하여 임의적으로 직위해제를 할 수 있도록 규정한 경우 (헌법재판소 2006. 5.25. 2004헌바12 임의적 직위해제 사건) ▶ 18 경간부

7. 유죄의 확정판결을 받기 전에 공무원의 징계혐의 사실을 인정하여 징계처분을 한 경우 (대법원 1986. 6.10. 85누407 농지개량조합장 뇌물수수 사건) ▶ 21 국가7급, 21 경찰승진, 20 경간부, 15 경찰승진, 15 경간부

8. 수사기관 및 구치소 당국이 피의자에 대하여 '사건명'이라는 용어를 사용하지 않고 '죄명'이라는 용어를 사용한 경우 (헌법재판소 2005. 3. 8. 2005헌마169 변호사법위반 죄명 사건) ▶ 25 경찰승진, 17 소방간부

9. 피고인이 교도소에 수용된 때에 국민건강보험급여를 정지하도록 규정한 경우 (헌법재판소 2005. 2.24. 2003헌마31 국민건강보험 정지 사건) ▶ 20 경간부, 17 경찰승진, 16 경찰승진

10. 경찰청장이 이미 수집되어 있는 지문정보를 보관전산화하여 범죄수사 목적에 이용한 경우 (헌법재판소 2005. 5.26. 99헌마513, 2004헌마190 지문정보 활용 사건) ▶ 18 경간부, 15 경찰승진

11. 법관 아닌 사회보호위원회가 치료감호의 종료 여부를 결정하도록 한 경우 (헌법재판소 2005. 2. 3. 2003헌바1 치료감호 기간 사건 Ⅱ) 이 판례의 '사회보호위원회'는 2025년 현재 치료감호법상 치료감호심의위원회를 말한다. 아래 12. 판례도 마찬가지이다. ▶ 21 경찰승진, 18 경간부

12. 치료감호의 요건을 사법적 판단에 맡기면서 사회보호위원회로 하여금 감호기간을 정하도록 한 경우 (대법원 1987. 5.12. 87감도50 치료감호 기간 사건 Ⅰ) ▶ 15 경찰승진

13. 형사소송법 제146조에 의하여 수사 담당 경찰 공무원을 증인으로 신문하는 경우 (헌법재판소 2001.11.29. 2001헌바41 수사 경찰관 증인신문사건) ▶ 22 경간부, 21 경찰승진

14. 원진술자가 사망, 질병 등으로 진술을 할 수 없는 때에 예외적으로 증거능력을 인정하도록 형사소송법 제314조가 규정한 경우 (헌법재판소 1998. 9.30. 97헌바51 형사소송법 제314조 위헌소원 사건) ▶ 16 경간부

15. 공소장의 공소사실 첫머리에 피고인이 전에 받은 '소년부송치처분과 직업 없음'을 기재한 경우 (대법원 1990.10.16. 90도1813 소년부송치처분과 직업 없음 사건) ▶ 25 법원9급, 24 경찰승진, 23 소방간부, 21 경찰승진, 20 국가7급, 18 경간부, 17 경찰승진, 16 경찰승진, 15 경찰채용

> **헌법(1987.10.29. 헌법 제10호 전문개정)**
> 제10조 모든 국민은 인간으로서의 존엄과 가치를 가지며, 행복을 추구할 권리를 가진다. 국가는 개인이 가지는 불가침의 기본적 인권을 확인하고 이를 보장할 의무를 진다.

07 인격권 내지 신체의 자유 등을 침해하여 헌법에 위반되는 경우

1. (모자, 마스크 등으로 피의자의 얼굴을 가리는 등 피의자의 신원이 노출되지 않도록 하는 조치를 취하지 않은 채) 경찰관이 기자들에게 피의자가 경찰서 내에서 수갑을 차고 얼굴을 드러낸 상태에서 조사받는 모습을 촬영할 수 있도록 허용한 경우(헌법재판소 2014.3.27. 2012헌마652 강동서 사기피의자 촬영사건) ▶ 16 변호사

2. 피의자들이 유치장에 재수용되는 과정에서 흉기 등 위험물이나 반입금지물품을 소지은 닉할 가능성이 극히 낮았음에도 불구하고 피의자들을 옷을 전부 벗긴 상태에서 앉았다 일어서기를 반복하게 하는 신체수색을 한 경우 (헌법재판소 2002.7.18. 2000헌마327 알몸수색 사건) 피의자들은 공직선거법위반의 현행범으로 체포된 여자 3명이었는 바, 강압적으로 브라자(brassiere)를 위로 올리고 팬티를 아래로 내리게 하는 방법으로 신체수색을 한 경우이다. 또한 일부는 생리까지 하는 등의 상황이었으므로 그 수치심이 이루 말할 나위도 없다고 보겠다. ▶ 17 경찰채용, 16 경찰승진, 15 경찰승진

08 인격권 내지 신체의 자유 등을 침해하지 않아 헌법에 위반되지 않는 경우

1. 수형자가 없는 상태에서 실시한 거실 및 작업장 검사행위 (헌법재판소 2011.10.25. 2009헌마691 거실·작업장 검사 사건) ▶ 16 경찰승진

2. 구치소 또는 교도소에 수용된 자에 대하여 행형법[25년 현재 형집행법] 규정에 따라 소변을 받아 제출하도록 하는 경우 (헌법재판소 2006.7.27. 2005헌마277 교도소 소변검사 사건) ▶ ▶ 24 경간부, 20 경찰승진, 17 경간부

3. 수용자가 구치소 및 교도소에 수용되는 과정에서 알몸 상태로 가운만 입고 전자영상장비에 의한 신체검사기에 올라가 다리를 벌리고 용변을 보는 자세로 쪼그려 앉아 항문 부위에 대한 검사를 받게 한 경우 (헌법재판소 2011.5.26. 2010헌마775 항문검사 사건Ⅱ) ▶ 17 경찰승진

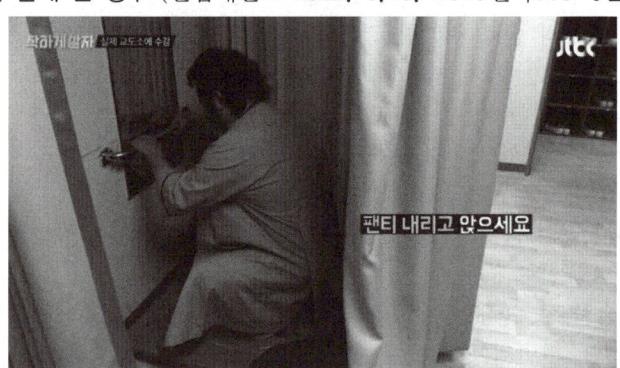

<이미지 출처 - 엔터(https://www.wikitree.co.kr/articles/325634)>

헌법(1987.10.29. 헌법 제10호 전문개정)
제12조 ② 모든 국민은 고문을 받지 아니하며, 형사상 자기에게 불리한 진술을 강요당하지 아니한다.

형사소송법(2025. 3.18. 법률 제20796호로 일부개정된 것)
제244조의3 【진술거부권 등의 고지】 ① 검사 또는 사법경찰관은 피의자를 신문하기 전에 <u>다음 각 호의 사항을 알려주어야 한다.</u> 　1. 일체의 진술을 하지 아니하거나 개개의 질문에 대하여 진술을 하지 아니할 수 있다는 것 　2. 진술을 하지 아니하더라도 불이익을 받지 아니한다는 것 　3. 진술을 거부할 권리를 포기하고 행한 진술은 법정에서 유죄의 증거로 사용될 수 있다는 것 　4. 신문을 받을 때에는 변호인을 참여하게 하는 등 변호인의 조력을 받을 수 있다는 것 ② 검사 또는 사법경찰관은 제1항에 따라 알려 준 때에는 피의자가 진술을 거부할 권리와 변호인의 조력을 받을 권리를 행사할 것인지의 여부를 질문하고, 이에 대한 피의자의 답변을 조서에 기재하여야 한다. 이 경우 피의자의 답변은 피의자로 하여금 자필로 기재하게 하거나 검사 또는 사법경찰관이 피의자의 답변을 기재한 부분에 기명·날인 또는 서명하게 하여야 한다. 제283조의2 【피고인의 진술거부권】 ① 피고인은 진술하지 아니하거나 개개의 질문에 대하여 진술을 거부할 수 있다. ② 재판장은 피고인에게 제1항과 같이 <u>진술을 거부할 수 있음을 고지하여야 한다</u>.

수사준칙(2023.10. 7. 대통령령 제33808호로 일부개정된 것)
제32조 【체포·구속영장 집행 시의 권리 고지】 ① 검사 또는 사법경찰관은 피의자를 체포하거나 구속할 때에는 법 제200조의5(법 제209조에서 준용하는 경우를 포함한다)에 따라 피의자에게 피의사실의 요지, 체포·구속의 이유와 변호인을 선임할 수 있음을 말하고, 변명할 기회를 주어야 하며, <u>진술거부권을 알려주어야 한다</u>. ② 제1항에 따라 피의자에게 알려주어야 하는 진술거부권의 내용은 법 제244조의3 제1항 제1호부터 제3호까지의 사항으로 한다. ③ 검사와 사법경찰관이 제1항에 따라 피의자에게 그 권리를 알려준 경우에는 피의자로부터 권리 고지 확인서를 받아 사건기록에 편철한다.

선생님의 TIP

진술거부권에 관한 판례는 시험에 출제가 잘 되지만 그렇게 어렵지는 않다. '진술거부권'과 '진술거부권을 고지받을 권리'는 다른 것이므로 양자를 혼동해서는 안 된다.

09　진술거부권의 인정취지

진술거부권을 국민의 기본적 권리로 보장하는 것은 첫째, 피고인 또는 피의자의 인권을 실체적 진실발견이나 사회정의의 실현이라는 국가이익보다 우선적으로 보호함으로써 인간의 존엄성과 가치를 보장하고 나아가 비인간적인 자백의 강요와 고문을 근절하려는데 있고, 둘째, 피고인 또는 피의자와 검사 사이에 무기평등을 도모하여 공정한 재판의 이념을 실현하려는 데 있다.(헌법재판소 1997. 3.27. 96헌가11 음주측정강제 위헌심판사건) 검사에게는 창(槍)이 있다면, 피고인에게는 진술거부권이라는 방패가 있는 것이다.

▶ 16 경찰승진, 15 경찰채용

10 진술거부권의 보장 영역

1. 진술거부권은 현재 피의자나 피고인으로서 수사 또는 공판절차에 계속중인 자 뿐만 아니라 장차 피의자나 피고인이 될 자에게도 보장되며, 형사절차뿐 아니라 행정절차나 국회에서의 조사절차 등에서도 보장된다.(헌법재판소 1997. 3.27. 96헌가11 음주측정강제 위헌심판사건)

> 24 국가7급, 22 국가9급, 19 경찰승진, 16 경찰채용, 15 경찰채용

2. 진술거부권은 형사절차에서만 보장되는 것은 아니고 행정절차이거나 국회에서의 질문 등 어디에서나 그 진술이 자기에게 형사상 불리한 경우에는 묵비권을 가지고 이를 강요받지 아니할 국민의 기본권으로 보장된다.(헌법재판소 1990. 8.27. 89헌가118 교통사고 미신고 위헌제정사건)

> 18 경간부, 17 경간부, 17 경찰채용

11 형사상 자기에 불리한 진술을 법률로써 강요할 수 있는지의 여부(소극)

진술거부권은 형사상 자기에게 불리한 내용의 진술을 강요당하지 아니하는 것이므로 고문 등 폭행에 의한 강요는 물론 법률로서도 진술을 강제할 수 없으므로 만일 법률이 범법자에게 자기의 범죄사실을 반드시 신고하도록 명시하고 그 미신고를 이유로 처벌하는 벌칙을 규정하는 것은 헌법상 보장된 국민의 기본권인 진술거부권을 침해하는 것이 된다. (대법원 2015. 5.28. 2015도3136 새마을금고 직원 사건) [12] 1. 판례 참고

> 24 소방간부, 21 경찰채용, 19 경찰승진, 18 경찰채용, 17 경간부, 17 경찰채용

12 형사상 자기에 불리한 진술을 강요하는 법률을 제한적으로 해석한 사례

1. '새마을금고나 새마을금고중앙회의 임직원 또는 청산인이 (중략) 검사원의 질문에 거짓으로 진술한 경우 3년 이하의 징역이나 500만원 이하의 벌금에 처한다'라는 새마을금고법 제85조 제2항 제9호 처벌규정은 새마을금고의 임직원이 장차 특정경제범죄법에 규정된 죄로 처벌받을 수도 있는 사항에 관한 질문을 받고 거짓 진술을 한 경우에는 특별한 사정이 없는 한 적용되지 않는다고 해석하여야 한다. 이러한 경우까지 항상 처벌될 수 있다고 본다면, 이는 실질적으로 장차 형사피의자나 피고인이 될 가능성이 있는 자로 하여금 수사기관 앞에서 자신의 형사책임을 자인하도록 강요하는 것과 다르지 않기 때문이다.(대법원 2015. 5.28. 2015도3136 새마을금고 직원 사건)

2. 교통사고를 일으킨 운전자에게 신고의무를 부담시키고 있는 도로교통법 제50조 제2항, 제111조 제3호[25년 현재 제54조 제2항, 제154조 제4호]는 피해자의 구호 및 교통질서의 회복을 위한 조치가 필요한 범위내에서 교통사고의 객관적 내용만을 신고하도록 한 것으로 해석하고 형사책임과 관련되는 사항에는 적용되지 아니하는 것으로 해석하는 한 헌법에 위반되지 아니한다.(헌법재판소 1990. 8.27. 89헌가118 교통사고 미신고 위헌제정사건) 잘 이해되지 않는 판례이므로 암기를 요한다. 뺑소니 방지를 위한 어쩔 수 없는 판단이라고 생각한다.

> 24 경찰승진, 20 경간부, 20 소방간부, 17 소방간부, 17 경찰채용

> **도로교통법**(1984. 8. 4. 법률 제3744호로 전문개정된 것)
>
> 제50조【사고발생시의 조치】② 제1항의 경우 그 차의 운전자등은 경찰공무원이 현장에 있는 때에는 그 경찰공무원에게, 경찰공무원이 현장에 없는 때에는 가장 가까운 경찰관서에 지체없이 사고가 일어난 곳, 사상자수 및 부상정도, 손괴한 물건 및 손괴정도 그밖의 조치상황 등을 신속히 신고하여야 한다.
> 제111조【벌칙】다음 각호의 1에 해당하는 사람은 30만원 이하의 벌금이나 구류의 형으로 벌한다.
> 3. 제50조 제2항의 규정에 의한 신고를 하지 아니한 사람

13 음주측정을 강제하는 것이 진술거부권을 침해하는 것인지의 여부(소극)

헌법 제12조 제2항에서 '진술'이라 함은 생각이나 지식, 경험사실을 정신작용의 일환인 언어를 통하여 표출하는 것을 의미하는데 반해, 도로교통법 제44조 제2항에 규정된 음주측정은 호흡측정기에 입을 대고 호흡을 불어 넣음으로써 신체의 물리적, 사실적 상태를 그대로 드러내는 행위에 불과하므로 이를 두고 '진술'이라 할 수 없으며 따라서 주취운전의 혐의자에게 호흡측정기에 의한 주취 여부의 측정에 응할 것을 요구하고 이에 불응할 경우에는 도로교통법 제150조 제2호[25년 현재 제148조의2 제2항 제1호]에 따라 처벌한다고 하여도 이를 형사상 불리한 '진술'을 비인간적으로 강요하는 것에 해당한다고 볼 수는 없으므로 도로교통법의 위 조항들이 자기부죄금지의 원칙을 규정한 헌법 제12조 제2항에 위반된다고 할 수 없다.(대법원 2009. 9.24. 2009도7924 음주측정강제 합헌판단 사건) 호흡 내지 입냄새는 진술이 아니다.

> 20 경간부, 20 소방간부, 18 경찰채용, 17 법원9급, 17 소방간부, 17 경찰채용, 15 경찰승진, 15 경찰채용

14 진술거부권을 고지받을 권리가 헌법 제12조 제2항에 의하여 바로 도출되는지의 여부(소극)

진술거부권이 보장되는 절차에서 진술거부권을 고지받을 권리가 헌법 제12조 제2항에 의하여 바로 도출된다고 할 수는 없고, 이를 인정하기 위해서는 입법적 뒷받침이 필요하다.(대법원 2014. 1.16. 2013도5441 신장용 의원 사건) [15] 판례 참고

> 25 법원9급, 23 경찰승진, 22 국가9급, 21 국가7급, 19 국가9급, 18 경간부, 17 법원9급, 16 국가9급

15 구 공직선거법 시행 당시 선거관리위원회 위원·직원이 관계자에게 질문을 하면서 미리 진술거부권을 고지하지 않은 경우 그 과정에서 작성·수집된 선거관리위원회 문답서의 증거능력 유무(적극)

구 공직선거법(2013. 8.13. 법률 제12111호로 개정되기 전의 것)은 제272조의2에서 선거범죄 조사와 관련하여 선거관리위원회 위원·직원이 관계자에게 질문·조사를 할 수 있다고 규정하면서도 진술거부권의 고지에 관하여는 별도의 규정을 두지 않았고, 수사기관의 피의자에 대한 진술거부권 고지를 규정한 형사소송법 제244조의3 제1항이 구 공직선거법상 선거관리위원회 위원·직원의 조사절차에 당연히 유추적용된다고 볼 수도 없다(2013. 8.13. 법률 제12111호로 개정된 공직선거법은 제272조의2 제7항을 신설하여 선거관리위원회의 조사절차에서 피조사자에게 진술거부권을 고지하도록 하는 규정을 마련하였으나, 그 부칙 제1조는 '이 법은 공포한 날부터 시행한다'고 규정하고 있어 그 시행 전에 이루어진 선거관리위원회의 조사절차에 대하여는 구 공직선거법이 적용된다). 결

> 24 경찰승진, 15 경간부

국 구 공직선거법 시행 당시 선거관리위원회 위원·직원이 선거범죄 조사와 관련하여 관계자에게 질문을 하면서 미리 진술거부권을 고지하지 않았다고 하여 단지 그러한 이유만으로 그 조사절차가 위법하다거나 그 과정에서 작성·수집된 선거관리위원회 문답서의 증거능력이 당연히 부정된다고 할 수는 없다.(대법원 2014. 1. 16. 2013도5441 신장용 의원 사건)

> **공직선거법(2014. 2. 13. 법률 제12393호로 일부개정된 것)**
>
> 제272조의2【선거범죄의 조사등】① 각급선거관리위원회 위원·직원은 선거범죄에 관하여 그 범죄의 혐의가 있다고 인정되거나 후보자(경선후보자를 포함한다)·예비후보자·선거사무장·선거연락소장 또는 선거사무원이 제기한 그 범죄의 혐의가 있다는 소명이 이유있다고 인정되는 경우 또는 현행범의 신고를 받은 경우에는 그 장소에 출입하여 관계인에 대하여 질문·조사를 하거나 관련서류 기타 조사에 필요한 자료의 제출을 요구할 수 있다.
> ⑦ 각급선거관리위원회 위원·직원이 제1항에 따라 피조사자에 대하여 질문·조사를 하는 경우 질문·조사를 하기 전에 피조사자에게 진술을 거부할 수 있는 권리 및 변호인의 조력을 받을 권리가 있음을 알리고, 문답서에 이에 대한 답변을 기재하여야 한다. 〈신설 2013. 8. 13.〉

16 진술거부권 고지의 대상이 되는 피의자 지위의 판단 방법

수사기관에 의한 진술거부권 고지의 대상이 되는 피의자의 지위는 수사기관이 범죄인지서를 작성하는 등의 형식적인 사건수리 절차를 거치기 전이라도 조사대상자에 대하여 범죄의 혐의가 있다고 보아 실질적으로 수사를 개시하는 행위를 한 때에 인정되는 것으로 봄이 상당하다. 특히 조사대상자의 진술내용이 단순히 제3자의 범죄에 관한 경우가 아니라 자신과 제3자에게 공동으로 관련된 범죄에 관한 것이거나 제3자의 피의사실 뿐만 아니라 자신의 피의사실에 관한 것이기도 하여 그 실질이 피의자신문조서의 성격을 가지는 경우에 수사기관은 그 진술을 듣기 전에 미리 진술거부권을 고지하여야 한다.(대법원 2015. 10. 29. 2014도5939 서울시 공무원 간첩사건)

▶ 25 국가9급, 25 소방간부, 24 국가7급, 24 소방간부, 23 소방간부, 21 경찰승진, 21 경간부, 20 소방간부, 19 경찰승진, 19 경찰채용, 19 국가9급, 18 경간부, 18 경찰채용, 17 변호사, 16 국가9급, 16 경간부, 16 경찰채용

17 피의자에게 진술거부권을 고지하지 아니하고 얻은 진술의 증거능력 유무(소극)

형사소송법이 보장하는 피의자의 진술거부권은 헌법이 보장하는 형사상 자기에 불리한 진술을 강요당하지 않는 자기부죄거부의 권리에 터잡은 것이므로 수사기관이 피의자를 신문함에 있어서 피의자에게 미리 진술거부권을 고지하지 않은 때에는 그 피의자의 진술은 위법하게 수집된 증거로서 진술의 임의성이 인정되는 경우라도 증거능력이 부인되어야 한다. (대법원 2024. 5. 30. 2020도9370 성매매업소 기습단속 사건)

▶ 25 경찰채용, 25 법원9급, 25 소방간부, 24 변호사, 24 경찰승진, 24 법원9급, 24 소방간부, 23 변호사, 23 경찰승진, 23 경찰채용, 23 법원9급, 23 소방간부, 22 경간부, 22 국가7급, 21 경찰승진, 20 경간부, 20 경찰채용, 19 경찰승진, 19 경찰채용, 19 국가9급, 19 법원9급, 18 경찰승진, 18 경간부, 18 경찰채용, 18 법원9급, 17 법원9급, 17 경찰승진, 17 경간부, 17 경찰채용, 17 소방간부, 16 변호사, 16 국가9급, 16 경찰승진, 15 변호사, 15 경찰승진, 15 경찰채용

18 참고인 또는 피내사자에게 진술거부권을 고지하지 아니하고 얻은 진술의 증거능력 유무 (적극)

피의자에 대한 진술거부권의 고지는 피의자의 진술거부권을 실효적으로 보장하여 진술이 강요되는 것을 막기 위하여 인정되는 것인데, 이러한 진술거부권 고지에 관한 형사소송법의 규정내용 및 진술거부권 고지가 갖는 실질적인 의미를 고려하면 수사기관에 의한 진술거부권 고지의 대상이 되는 피의자의 지위는 수사기관이 조사대상자에 대하여 범죄의 혐의가 있다고 보아 실질적으로 수사를 개시하는 행위를 한 때에 인정되는 것으로 봄이 상당하다. 따라서 이러한 피의자의 지위에 있지 아니한 자에 대하여는 진술거부권이 고지되지 아니하였다 하더라도 그 진술의 증거능력을 부정할 것은 아니다.(대법원 2024. 5.30. 2020도9370 성매매업소 기습단속 사건)

▶ 25 법원9급, 24 경찰승진, 24 경찰채용, 23 법원9급, 22 변호사, 22 경간부, 21 법원9급, 20 국가9급, 19 법원9급, 18 경찰승진, 18 국가9급, 17 법원9급, 16 법원9급, 16 경찰승진, 16 경찰채용, 15 경찰채용, 15 국가7급

19 피의자에게 진술거부권을 고지하지 아니하고 얻은 진술의 증거능력을 부정한 구체적 사례

1. 甲은 외국인투자촉진법에 의한 신고와 관련하여 허위의 서류를 제출한 직접 당사자이고, 피고인 乙은 이를 대행해 준 사람인데, 검사가 사전조사를 거쳐 허위의 외국인투자라는 정황들을 포착한 후에 甲을 참고인으로 소환하여 진술거부권을 고지하지 않은 채 참고인진술조서를 작성한 경우 (대법원 2011.11.10. 2010도8294 허위 외국인투자 의심사건) 이름만 참고인이지 실제로는 피의자의 지위에 있다. 아래 2. 판례도 마찬가지이다.

2. 甲에 대하여 검사가 국가보안법위반죄로 구속영장을 발부받아 피의자신문을 한 다음, 구속기소한 후 다시 甲을 소환하여 진술거부권을 고지하지 않은 채 공범 乙들과의 조직구성 및 활동 등에 관한 신문을 하면서 진술조서를 작성한 경우 (대법원 2009. 8.20. 2008도8213 박준의 민노당 정책국장 사건)

▶ 22 경찰채용, 20 경찰승진, 16 국가7급

20 참고인에게 진술거부권을 고지하지 아니하고 얻은 진술의 증거능력을 부정하지 않은 구체적 사례

(피고인들의 필로폰 수입에 관한 범의를 명백하게 하기 위하여) 乙에게서 필로폰이 들어 있는 곡물포대를 건네받아 피고인들에게 전달하는 역할을 한 참고인 甲을 검찰이 조사하면서 진술거부권을 고지하지 않고 진술조서를 작성한 경우. 다만, 甲은 검찰 조사를 받을 당시 또는 그 후라도 검사가 범죄혐의를 인정하고 수사를 개시하여 피의자 지위에 있게 되었다고 단정할 수 없었음(대법원 2011.11.10. 2011도8125 곡물포대 전달자 사건) 명실공히 참고인에 해당한다.

▶ 17 경간부

21 피고인이 진술을 거부하거나 거짓 진술을 하는 것을 가중적 양형의 조건으로 참작할 수 있는지의 여부(=예외적 가능)

형사소송절차에서 피고인은 방어권에 기하여 범죄사실에 대하여 진술을 거부하거나 거짓 진술을 할 수 있고, 이 경우 범죄사실을 단순히 부인하고 있는 것이 죄를 반성하거나 후회하고 있지 않다는 인격적 비난요소로 보아 가중적 양형의 조건으로 삼는 것은 결과적으로 피고인에게 자백을 강요하는 것이 되어 허용될 수 없다고 할 것이나, 그러한 태

▶ 25 법원9급, 24 경찰승진, 24 국가7급, 20 변호사, 19 경찰승진, 19 경찰채용, 19 법원9급, 18 경찰채용, 18 법원9급, 17 경찰채용, 17 소방간부

도나 행위가 피고인에게 보장된 방어권 행사의 범위를 넘어 객관적이고 명백한 증거가 있음에도 진실의 발견을 적극적으로 숨기거나 법원을 오도하려는 시도에 기인한 경우에는 가중적 양형의 조건으로 참작될 수 있다.(대법원 2001. 3. 9. 2001도192 강도범 노파살해 사건)

> **형사소송법(2025. 3.18. 법률 제20796호로 일부개정된 것)**
>
> 제328조【공소기각의 결정】① 다음 경우에는 결정으로 공소를 기각하여야 한다.
> 1. 공소가 취소되었을 때
> 2. 피고인이 사망하거나 피고인인 법인이 존속하지 아니하게 되었을 때 〈당사자능력 상실〉
> 3. 제12조 또는 제13조의 규정에 의하여 재판할 수 없는 때
> 4. 공소장에 기재된 사실이 진실하다 하더라도 범죄가 될 만한 사실이 포함되지 아니하는 때

> **선생님의 TIP**
>
> 당사자능력이란 소송법상 당사자가 될 수 있는 일반적·추상적 능력을 말한다. 당사자능력은 주로 피고인에 대해서만 문제가 되는데, 결론적으로 모든 자연인과 법인에게 당사자능력이 인정된다. 당사자능력을 상실하면 법원은 형사소송법 제328조 제1항 제2호에 의하여 공소기각결정을 고지하여야 한다. 합병으로 인한 법인 소멸에 관하여는 「NEW 트렌드 형법 판례」를 참고하기 바란다.

22 청산종결의 등기가 되었으나 청산사무가 종료되지 않은 경우 법인의 당사자능력이 상실되는지의 여부(소극)

1. 법인에 대한 청산종결 등기가 되었더라도 청산사무가 종결되지 않는 한 그 범위 내에서는 청산법인으로 존속한다. 법인의 해산 또는 청산종결 등기 이전에 업무나 재산에 관한 위반행위가 있는 경우에는 청산종결 등기가 된 이후 위반행위에 대한 수사가 개시되거나 공소가 제기되더라도 그에 따른 수사나 재판을 받는 일은 법인의 청산사무에 포함되므로 그 사건이 종결될 때까지 법인의 청산사무는 종료되지 않고 형사소송법상 당사자능력도 그대로 존속한다.(대법원 2021. 6.30. 2018도14261 무등록 투자일임업 사건) 수사나 재판이 끝나기 전까지는 청산사무가 종결된 것이 아니다. ▶ 25 경찰승진, 25 법원9급, 22 국가7급

   ▶

2. 피고인 법인의 법인세체납은 피고인 법인의 존속 중에 있었던 일이고 이러한 법인세체납이 완전히 정리되지 아니하여 공소제기되어 그 피고사건의 법원 공판계속 중에 비록 피고인법인의 청산결료의 등기가 경료되었다고 하더라도 그 피고사건이 종결되지 아니하는 동안 피고인 법인의 청산사무는 종료된 것이라 할 수 없고 형사소송법상 법인의 당사자능력도 그대로 존속한다.(대법원 1986.10.28. 84도693 재단법인 법인세체납 사건) ▶ 25 국가9급, 17 경간부

3. 회사가 회사해산 및 청산등기 전에 업무 또는 재산에 관한 위반행위로 인하여 재산형에 해당하는 사건으로 소추를 받는 것과 같은 것은 청산인의 현존사무 중에 포함되는 것이라 할 것이므로 비록 피고인 회사의 청산종료의 등기가 경료되었다 하더라도 그 피고사건이 종결되기까지는 피고인 회사의 청산사무는 종료되지 아니하고 형사소송법상 당사자능력도 그대로 존속한다.(대법원 1982. 3.23. 81도1450 주식회사 법인세체납 사건) ▶ 18 경찰채용

형사소송법(2025. 3.18. 법률 제20796호로 일부개정된 것)

제26조 【의사무능력자와 소송행위의 대리】 형법 제9조 내지 제11조의 규정의 적용을 받지 아니하는 범죄사건[10]에 관하여 피고인 또는 피의자가 의사능력이 없는 때에는 그 법정대리인이 소송행위를 대리한다.

제306조 【공판절차의 정지】 ① 피고인이 사물의 변별 또는 의사의 결정을 할 능력이 없는 상태에 있는 때에는 법원은 검사와 변호인의 의견을 들어서 결정으로 그 상태가 계속하는 기간 공판절차를 정지하여야 한다.

민법(2024. 9.20. 법률 제20432호로 일부개정된 것)

제911조 【미성년자인 자의 법정대리인】 친권을 행사하는 부 또는 모는 미성년자인 자(子)의 법정대리인이 된다.

제928조 【미성년자에 대한 후견의 개시】 미성년자에게 친권자가 없거나 친권자가 제924조, 제924조의2, 제925조 또는 제927조 제1항에 따라 친권의 전부 또는 일부를 행사할 수 없는 경우에는 미성년후견인을 두어야 한다.

제929조 【성년후견심판에 의한 후견의 개시】 가정법원의 성년후견개시심판이 있는 경우에는 그 심판을 받은 사람의 성년후견인을 두어야 한다.

제938조 【후견인의 대리권 등】 ① 후견인은 피후견인의 법정대리인이 된다.

> **선생님의 TIP**
>
> 1. 소송능력이란 위 조문과 아래 판례에서 보듯이 의사능력을 말한다. 행위자에게 의사능력이 없으면 타인이 소송행위를 대리할 수 있지만, 그러기 위해서는 반드시 법률에 명문의 규정이 있어야 한다. 이러한 판례는 앞으로도 계속 나온다.
> 2. 형사소송법이나 판례에 '법정대리인'이라는 용어가 나온다. 미성년자의 경우 친권자나 미성년후견인이 법정대리인이 되고, 피성년후견인의 경우[11] 성년후견인이 법정대리인이 된다. 즉, 미성년자나 피성년후견인이 아니라면 법정대리인이 존재하지 않는 것이 원칙이다.

23 소송능력의 의의

형사소송법상 소송능력이란 소송당사자가 유효하게 소송행위를 할 수 있는 능력, 즉 피고인 또는 피의자가 자기의 소송상의 지위와 이해관계를 이해하고 이에 따라 방어행위를 할 수 있는 의사능력을 의미하는데, 피의자에게 의사능력이 있으면 직접 소송행위를 하는 것이 원칙이고, 피의자에게 의사능력이 없는 경우에는 형법 제9조 내지 제11조의 규정의 적용을 받지 아니하는 범죄사건에 한하여 예외적으로 법정대리인이 소송행위를 대리할 수 있다.(대법원 2014.11.13. 2013도1228 의정부 강제채혈사건) [24] 판례 참고

▶ 21 경간부

---

[10] 담배사업법 제31조가 대표적이다.
[11] 질병, 장애, 노령, 그 밖의 사유로 인한 정신적 제약으로 사무를 처리할 능력이 지속적으로 결여된 사람에 대하여 가정법원으로부터 성년후견개시의 심판을 받은 사람을 말한다.(민법 제9조 제1항) 2011. 3. 7. 민법 개정 전에는 이를 '금치산자'라고 하였다.

24 소송능력 관련 판례 I

음주운전과 관련한 도로교통법위반죄의 범죄수사를 위하여 미성년자인 피의자의 혈액채취가 필요한 경우에도 피의자에게 의사능력이 있다면 피의자 본인만이 혈액채취에 관한 유효한 동의를 할 수 있고, 피의자에게 의사능력이 없는 경우에도 명문의 규정이 없는 이상 법정대리인이 피의자를 대리하여 동의할 수는 없다.(대법원 2014.11.13. 2013도1228 의정부 강제채혈사건) 피의자 甲이 음주운전을 하다고 교통사고를 일으켜 의식을 잃은 채 병원 응급실로 후송되었다. 경찰관이 곧장 응급실로 출동하여 甲의 아버지인 乙로부터 채혈동의를 받고 甲의 혈액을 압수하였다. '아버지 乙의 채혈동의'는 무효이므로[12] 위 혈액 압수는 결국 영장 없이 행한 것으로 위법수집증거로서 증거능력이 부정된다. [25] 2. 판례 참고

> 24 국가7급, 22 국가7급, 22 국가9급, 21 변호사, 21 경찰채용, 20 경간부, 20 법원9급, 19 법원9급, 18 변호사, 18 경찰채용, 18 법원9급, 17 법원9급, 17 국가7급, 17 경찰승진, 17 경찰채용, 16 경간부, 15 경찰채용, 15 국가9급

25 소송능력 관련 판례 II

1. 피해자가 처벌희망 의사표시를 철회할 당시 나이가 14세 10개월이었더라도 그 **철회의 의사표시가 의사능력이 있는 상태에서 행해졌다면 법정대리인의 동의가 없었더라도 유효하다**[13].(대법원 2009.11.19. 2009도6058 숨슴 14세 가출녀 강간 사건) 피해자에게 의사능력이 있었던 사건이다.

2. 원심은, 피해자가 의식을 회복하지 못하고 있는 이상 피해자에게 반의사불벌죄에서 처벌희망 여부에 관한 의사표시를 할 수 있는 소송능력이 있다고 할 수 없고, 피해자의 아버지가 피해자를 대리하여 피고인에 대한 처벌을 희망하지 아니한다는 의사를 표시하는 것 역시 허용되지 아니할 뿐만 아니라 피해자가 성년인 이상 의사능력이 없다는 것만으로 피해자의 아버지가 당연히 법정대리인이 된다고 볼 수도 없으므로 피해자의 아버지가 피고인에 대한 처벌을 희망하지 아니한다는 의사를 표시하였더라도 그것이 반의사불벌죄에서의 처벌희망 여부에 관한 피해자의 의사표시로서 소송법적으로 효력이 발생할 수는 없다고 판단하였는바, 원심의 위와 같은 판단은 정당하다.(대법원 2013. 9.26. 2012도568 의식불명 피해자 사건) 피해자에게 의사능력이 없었던 사건이다. 피해자의 아버지는 처벌불원 의사표시를 할 수 있는 아무런 권한이 없다.

> 25 국가9급, 21 경찰승진, 19 경찰승진, 19 경간부, 19 국가7급, 19 법원9급, 17 국가9급, 15 경찰채용, 15 국가9급

---

[12] 형사소송법이나 도로교통법 그 어디를 보더라도 피의자가 아닌 제3자의 채혈동의를 인정하는 규정은 없다.

[13] 형사소송법 그 어디를 보더라도 미성년자인 피해자가 처벌불원 의사표시를 할 때 법정대리인의 동의를 얻어야 한다고 규정하고 있지 않다.

제4절 | 변호인

형사소송법(2025. 3.18. 법률 제20796호로 일부개정된 것)

제27조 【법인과 소송행위의 대표】 ① 피고인 또는 피의자가 법인인 때에는 그 대표자가 소송행위를 대표한다.
② 수인이 공동하여 법인을 대표하는 경우에도 소송행위에 관하여는 각자가 대표한다.

▶ 제30조 【변호인선임권자】 ① 피고인 또는 피의자는 변호인을 선임할 수 있다.
② 피고인 또는 피의자의 법정대리인, 배우자, 직계친족과 형제자매는 독립하여 변호인을 선임할 수 있다.

제31조 【변호인의 자격과 특별변호인】 변호인은 변호사 중에서 선임하여야 한다. 단, 대법원 이외의 법원은 특별한 사정이 있으면 변호사 아닌 자를 변호인으로 선임함을 허가할 수 있다.

제32조 【변호인선임의 효력】 ① 변호인의 선임은 심급마다[1] 변호인과 연명[2]날인한 서면으로 제출하여야 한다.
② 공소제기 전의 변호인 선임은 제1심에도 그 효력이 있다.

01 변호인 선임권자(=형사소송법 제27조 제1항 및 제30조에 규정된 자에 한정)

변호인을 선임할 수 있는 자는 피고인 및 피의자와 형사소송법 제30조 제2항에 규정된 자에 한정되는 것이고 피고인 및 피의자로부터 그 선임권을 위임받은 자가 피고인이나 피의자를 대리하여 변호인을 선임할 수는 없는 것이므로 피고인이 법인인 경우에는 형사소송법 제27조 제1항 소정의 **대표자가 피고인인 당해 법인을 대표하여 피고인을 위한 변호인을 선임하여야 하며, 대표자가 제3자에게 변호인선임을 위임하여 제3자로 하여금 변호인을 선임하도록 할 수는 없다.**(대법원 1994.10.28. 94모25 오림포스관광산업 정리사건) 정리회사[25년 현재 회생회사]의 대표자가 아닌 관리인이 변호인을 선임한 사건으로 이 선임은 무효이다. 다시 말하지만 법률에 명문의 규정이 없으면 소송행위의 '대리'는 허용되지 않는다.

▶ 23 국가9급, 22 경간부, 21 경찰채용, 19 법원9급, 18 국가9급, 17 경찰채용

02 피고인이 스스로 선임한 변호인에게 변호사법 제31조 제1항 제1호의 수임제한 규정을 위반한 위법이 있는 경우 변호인의 조력을 받을 권리가 침해되었다거나 그 소송절차가 무효에 해당하는지의 여부(소극)

동일한 변호사가 민사사건에서 형사사건의 피해자에 해당하는 상대방 당사자를 위한 소송대리인으로서 소송행위를 하는 등 직무를 수행하였다가 나중에 실질적으로 동일한 쟁점을 포함하고 있는 형사사건에서 피고인을 위한 변호인으로 선임되어 변호활동을 하는 등 직무를 수행하는 것 역시 금지된다. 다만, 피고인들의 제1심 변호인에게 변호사법 제31조 제1호[25년 현재 제31조 제1항 제1호]의 수임제한 규정을 위반한 위법이 있다 하여도

▶ 20 경찰채용, 19 국가7급

---

[1] 심급대리의 원칙이 적용되므로 각 심급마다, 즉 제1심, 제2심, 제3심마다 별도의 변호인선임신고서를 제출하여야 한다.
[2] '연명(連名)'이란 피의자 또는 피고인과 변호인 모두 자신의 이름을 쓰라는 뜻이다. 다음 면 이미지를 참고하여라.

피고인들 스스로 위 변호사를 변호인으로 선임한 사건에 있어서 다른 특별한 사정이 없는 한 위와 같은 위법으로 인하여 **변호인의 조력을 받을 피고인들의 권리가 침해되었다거나 그 소송절차가 무효로 된다고 볼 수는 없다.**(대법원 2009. 2.26. 2008도9812 대여금사건 수임 변호사 사건) 피고인들이 스스로 그런 쌍방대리 변호인을 선임했으므로 누구를 탓할 수는 없겠다.

> 변호사법(2021. 1. 5. 법률 제17828호로 일부개정된 것)
>
> 제31조【수임제한】① 변호사는 다음 각 호의 어느 하나에 해당하는 사건에 관하여는 그 직무를 수행할 수 없다. 다만, 제2호 사건의 경우 수임하고 있는 사건의 위임인이 동의한 경우에는 그러하지 아니하다.
>   1. 당사자 한쪽으로부터 상의(相議)를 받아 그 수임을 승낙한 사건의 상대방이 위임하는 사건 〈수임 승낙(수임 전, 수임 중 또는 수임 종료) 동일 사건〉
>   2. 수임하고 있는 사건의 상대방이 위임하는 다른 사건 〈수임 중, 다른 사건〉

03 변호인선임의 방식(=변호인선임신고서 '원본'의 제출)

변호인선임신고서는 특별한 사정이 없는 한 원본을 의미하고 사본은 이에 해당하지 않는다.(대법원 2005. 1.20. 2003모429 선임서 사본 사건)

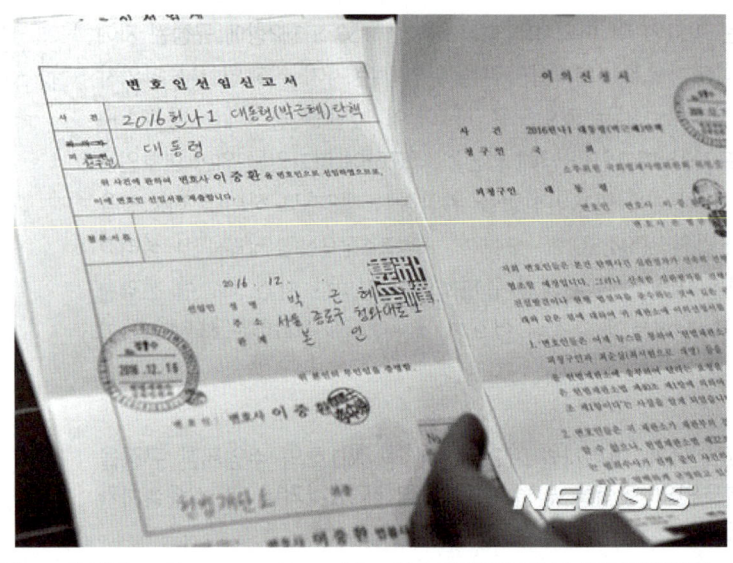

<이미지 출처 - 뉴시스(https://www.newsis.com/view/?id=NISI20161216_0012503438&pc_view=1)>

04 변호인선임신고서를 제출하지 않는 경우 변호인 명의의 소송행위의 효력(무효)

형사소송법 제32조 제1항에서 "변호인의 선임은 심급마다 변호인과 연명날인한 서면으로 제출하여야 한다."고 규정하고 있다. 그리고 **변호인선임신고서를 제출하지 않은 변호인이 변호인 명의로 재항고장을 제출한 경우 그 재항고장은 적법·유효한 재항고로서의 효력이 없다.**(대법원 2017. 7.27. 2017모1377 부진정변호인 재항고장 사건) 변호인선임신고서를 제출하지 않은 경우 그 변호사는 '변호인'이 아니다.

> 25 국가9급, 24 국가7급,
> 20 경간부, 20 경찰채용,
> 18 국가7급

05 변호인 선임 또는 선정의 효력이 이후 병합된 다른 사건에도 미치는지의 여부(적극)

1. 변호인 선임의 효력은 선임 후 병합된 다른 사건에도 미치므로 항소심에서 변호인이 선임된 후 변호인이 없는 다른 사건이 병합된 경우 형사소송법 제361조의2에 따라 변호인에게 병합된 사건에 관한 소송기록 접수통지를 함으로써 병합된 사건에도 피고인을 위하여 항소이유서를 작성·제출할 수 있게 하여야 하고, 이때 변호인의 항소이유서 제출기간은 변호인이 그 통지를 받은 날부터 계산한다.(대법원 2019. 10. 31. 2019도11622 피고인 통지○ 변호인 통지× 사건) 아래 형사소송규칙 제13조를 읽어 보아라. ▶ 24 국가7급

> **형사소송규칙(2025. 2. 28. 대법원규칙 제3202호로 일부개정된 것)**
>
> 제13조【사건이 병합되었을 경우의 변호인 선임의 효력】하나의 사건에 관하여 한 변호인 선임은 동일법원의 동일피고인에 대하여 병합된 다른 사건에 관하여도 그 효력이 있다. 다만, 피고인 또는 변호인이 이와 다른 의사표시를 한 때에는 그러하지 아니하다.

2. 국선변호인 선정의 효력은 선정 이후 병합된 다른 사건에도 미치는 것이므로 항소심에서 국선변호인이 선정된 이후 변호인이 없는 다른 사건이 병합된 경우에는 형사소송법 제361조의2, 형사소송규칙 제156조의2의 규정에 따라 항소법원은 지체 없이 국선변호인에게 병합된 사건에 관한 소송기록 접수통지를 함으로써 병합된 다른 사건에도 마찬가지로 국선변호인으로 하여금 피고인을 위하여 항소이유서를 작성·제출할 수 있도록 하여야 한다.(대법원 2015. 4. 23. 2015도2046 병합전후 모든 사건 통지× 사건) ▶ 24 법원9급, 19 국가7급, 19 법원9급, 17 법원9급, 16 국가7급

> **헌법(1987. 10. 29. 헌법 제10호로 전부개정된 것)**
>
> 제12조 ④ 누구든지 체포 또는 구속을 당한 때에는 즉시 변호인의 조력을 받을 권리를 가진다. 다만, 형사피고인이 스스로 변호인을 구할 수 없을 때에는 법률이 정하는 바에 의하여 국가가 변호인을 붙인다.

> **형사소송법(2025. 3. 18. 법률 제20796호로 일부개정된 것)**
>
> 제33조【국선변호인】① 다음 각 호의 어느 하나에 해당하는 경우에 변호인이 없는 때에는 법원은 직권으로 변호인을 선정하여야 한다.
>   1. 피고인이 구속된 때
>   2. 피고인이 미성년자인 때
>   3. 피고인이 70세 이상인 때
>   4. 피고인이 듣거나 말하는 데 모두 장애가 있는 사람인 때
>   5. 피고인이 심신장애가 있는 것으로 의심되는 때
>   6. 피고인이 사형, 무기 또는 단기 3년 이상의 징역이나 금고에 해당하는 사건으로 기소된 때
> ② 법원은 피고인이 빈곤이나 그 밖의 사유로 변호인을 선임할 수 없는 경우에 피고인이 청구하면 변호인을 선정하여야 한다.
> ③ 법원은 피고인의 나이·지능 및 교육 정도 등을 참작하여 권리보호를 위하여 필요하다고 인정하면 피고인의 명시적 의사에 반하지 아니하는 범위에서 변호인을 선정하여야 한다.
> 제282조【필요적 변호】제33조 제1항 각 호의 어느 하나에 해당하는 사건 및 같은 조 제2항·제3항의 규정에 따라 변호인이 선정된 사건에 관하여는 변호인 없이 개정하지 못한다. 단, 판결만을 선고할 경우에는 예외로 한다.
> 제283조【국선변호인】제282조 본문의 경우 변호인이 출석하지 아니한 때에는 법원은 직권으로 변호인을 선정하여야 한다.

06 변호인의 조력을 받을 권리의 의미 등

1. 헌법상 보장되는 '변호인의 조력을 받을 권리'는 변호인의 '충분한 조력'을 받을 권리를 의미하므로 피고인에게 국선변호인의 조력을 받을 권리를 보장하여야 할 국가의 의무에는 피고인이 국선변호인의 실질적 조력을 받을 수 있도록 할 의무가 포함된다.(대법원 2015.12.23. 2015도9951 형사 쌍방대리 사건) ▶ 19 변호사, 19 국가7급, 16 국가7급

2. 헌법상 보장되는 '변호인의 조력을 받을 권리'는 변호인의 '충분한 조력'을 받을 권리를 의미하므로 일정한 경우 피고인에게 국선변호인의 조력을 받을 권리를 보장하여야 할 국가의 의무에는 형사소송절차에서 단순히 국선변호인을 선정하여 주는 데 그치지 않고 한 걸음 더 나아가 피고인이 국선변호인의 실질적인 조력을 받을 수 있도록 필요한 업무 감독과 절차적 조치를 취할 책무까지 포함된다.(대법원 2012. 2.16. 2009모1044 숨숨 불성실한 국선변호인 사건) ▶ 16 국가9급

07 즉결심판에 대하여 정식재판청구를 함으로써 공판절차가 개시된 경우 형사소송법 제283조가 적용되는지의 여부(적극)

즉결심판을 받은 피고인이 정식재판청구를 함으로써 공판절차가 개시된 경우에는 통상의 공판절차와 마찬가지로 국선변호인의 선정에 관한 형사소송법 제283조의 규정이 적용된다.(대법원 1997. 2.14. 96도3059 대구 할아버지 사건) 국선변호인제도는 아래 핵심정리 중 음영처리가 된 공판절차에서만 인정되는 것이 원칙이다. 수사절차의 경우 예외적으로 구속전피의자심문[3]과 체포·구속적부심사에서만 인정된다. ▶ 22 국가7급, 21 소방간부, 20 경간부, 16 국가9급

핵심정리 형사소송 내지 형사절차의 3가지 유형과 국선변호인 선정

유형	내용
⟨1⟩ A급	수사 → 기소 / 공판절차: 제1심(공판절차) → 제2심 항소 → 제3심 상고
⟨2⟩ B급	수사 → 기소 / 특별절차: 제1심(약식절차) → 정식재판청구 / 공판절차: 제1심(공판절차) → 제2심 항소 → 제3심 상고
⟨3⟩ C급	수사 → 기소 / 특별절차: 제1심(즉결심판) → 정식재판청구 / 공판절차: 제1심(공판절차) → 제2심 항소 → 제3심 상고

---

[3] 이를 구속영장실질심사라고도 한다.

08 재심개시절차에서도 국선변호인 선정청구를 할 수 있는지의 여부(소극)

국선변호인제도는 구속적부심을 제외하고는 공판절차에서 피고인에게만 인정되는 것으로서 공판절차가 아닌 재심개시결정 전의 절차에서 국선변호인 선임청구를 할 수 없는 것이므로 재심청구인의 국선변호인 선임청구를 기각한 것은 적법하다.(대법원 1993. 12. 3. 92모49 국선변호인 불선정 즉시항고 사건) 2025년 현재는 체포·구속적부심사 이외에 구속전 피의자심문절차에서도 피의자에 대한 국선변호인제도가 인정된다.

▶ 19 경찰승진, 17 경간부, 15 경찰승진

09 집행유예취소청구사건에서도 국선변호인제도가 인정되는지의 여부(소극)

국선변호인 제도는 구속영장실질심사, 체포·구속적부심사의 경우를 제외하고는 공판절차에서 피고인의 지위에 있는 자에게만 인정되고 집행유예의 취소청구 사건의 심리절차에서는 인정되지 않는다.(대법원 2019. 1. 4. 2018모3621 의정부교도소 수감자 사건)

▶ 25 경찰승진, 23 국가7급

10 형사소송법 제33조 제1항 제1호의 '피고인이 구속된 때' 관련 판례

1. 형사소송법 제33조 제1항 제1호의 '피고인이 구속된 때'라고 함은 피고인이 해당 형사사건에서 구속되어 재판을 받고 있는 경우에 한정된다고 볼 수 없고 피고인이 별건으로 구속영장이 발부되어 집행되거나 다른 형사사건에서 유죄판결이 확정되어 그 판결의 집행으로 구금 상태에 있는 경우 또한 포괄하고 있다고 보아야 한다.(대법원 2024. 5. 23. 2021도6357 全合 별건구속·수형 피고인 국선변호인 불선정 사건)

▶ 25 변호사, 25 법원9급, 25 소방간부, 24 국가7급

2. 형사소송법 제33조 제1항 제1호 소정의 '피고인이 구속된 때'라고 함은 ~~피고인이 당해 형사사건에서 이미 구속되어 재판을 받고 있는 경우를 의미하는 것이므로~~ 불구속 피고인에 대하여 판결을 선고한 다음 법정구속을 하더라도 구속되기 이전까지는 위 규정이 적용된다고 볼 수 없다.(대법원 2011. 3. 10. 2010도17353 사기·횡령 피고인 법정구속 사건) 위 1. 판례에서 보았듯이 2. 판례 중 '——' 부분은 폐기된 것임을 주의하여야 한다.

▶ 23 국가7급, 19 변호사, 18 법원9급, 18 국가7급

11 형사소송법 제33조 제1항 제5호의 '피고인이 심신장애의 의심이 있는 때' 관련 판례

법원이 국선변호인을 반드시 선정해야 하는 사유로 형사소송법 제33조 제1항 제5호에서 정한 '피고인이 심신장애의 의심이 있는 때'라 함은 진단서나 정신감정 등 객관적인 자료에 의하여 피고인의 심신장애 상태를 확신할 수 있거나 그러한 상태로 추단할 수 있는 근거가 있는 경우는 물론, 범행의 경위, 범행의 내용과 방법, 범행 전후 과정에서 보인 행동 등과 아울러 피고인의 연령·지능·교육 정도 등 소송기록과 소명자료에 드러난 제반 사정에 비추어 피고인의 의식상태나 사물에 대한 변별능력, 행위통제능력이 결여되거나 저하된 상태로 의심되어 피고인이 공판심리단계에서 효과적으로 방어권을 행사하지 못할 우려가 있다고 인정되는 경우를 포함한다.(대법원 2023. 8. 31. 2023도7561 IQ65 성도착장애 피고인 사건)

▶ 25 소방간부, 23 국가7급, 21 경간부, 20 법원9급

12 형사소송법 제33조 제2항의 '빈곤 그 밖의 사유' 관련 판례

1. 피고인이 국민기초생활수급자 증명서 등 소명자료를 첨부하여 서면으로 국선변호인 선정청 구를 하여 피고인이 빈곤으로 인하여 변호인을 선임할 수 없는 경우에 해당한다고 인정할 여지가 충분한데도 국선변호인 선정결정 없이 공판심리를 진행한 원심의 조치에 법령위반의 잘못이 있다.(대법원 2016.12.29. 2016도16661 국민기초생활수급자 피고인 사건) ▶ 19 경찰채용

2. 피고인이 빈곤을 사유로 한 국선변호인 선정청구를 하였고, 제1심의 국선변호인 선정결정과 달리 원심에서 국선변호인 선정청구를 배척할 특별한 사정변경이 있다고 볼 만한 자료를 찾아볼 수 없을 뿐만 아니라 오히려 빈곤 그 밖의 사유로 변호인을 선임할 수 없는 경우에 해당한다고 인정할 여지가 충분함에도, 원심이 국선변호인 선정청구에 대하여 아무런 결정도 하지 아니한 채 피고인만 출석한 상태에서 공판기일을 진행하여 실질적 변론과 심리를 모두 마치고 난 뒤에야 국선변호인 선정청구를 기각하는 결정을 고지한 뒤 피고인의 항소를 기각하는 판결을 선고한 것은 위법하다.(대법원 2013. 7.11. 2012도16334 피고인을 도와줄 사람은 없다 사건) 이는 제1심에서 국선변호인 선정청구가 인용되고 불구속 상태로 실형을 선고받은 피고인이 그 후 별건 구속된 상태에서 항소를 제기하여 다시 국선변호인 선정청구를 하였는데, 항소심이 이에 대해 아무런 결정도 하지 않고 공판기일을 진행하여 실질적 변론과 심리를 모두 마치고 난 뒤에 국선변호인 선정청구를 기각하고 판결을 선고한 사안이다. ▶ 19 법원9급, 18 국가9급

13 국선변호인선임청구 기각결정에 대하여 불복이 허용되는지의 여부(소극)

국선변호인선임청구를 기각한 결정은 판결전의 소송절차이므로 그 결정에 대하여 즉시항고를 할 수 있는 근거가 없는 이상 그 결정에 대하여는 재항고도 할 수 없다.(대법원 1993.12. 3. 92모49 국선변호인 불선정 즉시항고 사건) ▶ 22 경찰승진, 21 경찰채용, 20 법원9급, 19 국가7급, 16 국가7급

14 형사소송법 제33조 제3항의 '권리보호를 위하여 필요한 때' 관련 판례Ⅰ

1. 피고인이 2급 시각장애인인 경우 법원은 형사소송법 제33조 제3항의 규정을 적용하여 그 시각장애의 정도를 비롯하여 연령·지능·교육 정도 등을 확인한 다음 피고인의 명시적 의사에 반하지 아니하는 범위 안에서 국선변호인을 선정하는 절차를 취하여야 한다.(대법원 2014. 8.28. 2014도4496 2급 시각장애인 사건Ⅱ) 1. 판례는 '적용하여'라고 하고 있고, 아래 2. 3. 판례는 '준용하여'라고 하고 있다. 아래 판례들보다는 1. 판례가 옳다. 적용의 문제이지 준용의 문제가 아니기 때문이다. ▶ 25 법원9급, 20 경찰채용, 19 국가7급, 16 국가7급
   ▶

2. 피고인이 2급 시각장애인으로서 점자자료가 아닌 경우에는 인쇄물 정보접근에 상당한 곤란을 겪는 수준인 경우 법원으로서는 형사소송법 제33조 제3항의 규정을 준용하여 피고인의 명시적 의사에 반하지 아니하는 범위 안에서 국선변호인을 선정하는 절차를 취하여야 한다.(대법원 2010. 4.29. 2010도881 2급 시각장애인 사건Ⅰ) ▶ 25 소방간부, 19 법원9급, 15 경찰채용

3. 피고인이 3급 청각(청력)장애인으로서 공판기일에서의 구술로 진행되는 변론과정이나 증거서류의 낭독 등 증거조사과정에서 방어권을 행사함에 있어 상당한 곤란을 겪는 정도인

경우 법원으로서는 형사소송법 제33조 제3항의 규정을 준용하여 피고인의 명시적 의사에 반하지 아니하는 범위 안에서 국선변호인을 선정하여 방어권을 보장해 줄 필요가 있다.(대법원 2010. 6.10. 2010도4629 3급 청각장애인 사건)

15 형사소송법 제33조 제3항의 '권리보호를 위하여 필요한 때' 관련 판례Ⅱ

1. 공소제기된 범죄의 내용과 보호법익, 피고인의 직업이나 경제력, 범죄 전력, 예상되는 주형과 부수처분의 종류, 약물중독 등으로 인한 심신미약 정도, 마약 투약으로 수사받던 피고인이 중요한 수사협조를 하여 특별감경 양형요소로 반영될 개연성이 높은 경우 등 피고인에게 유리한 양형요소를 주장할 필요성이 있다면 피고인의 권리보호를 위하여서는 피고인의 명시적 의사에 반하지 아니하는 범위에서 국선변호인을 선정하여 방어권을 보장해 줄 필요가 있다.(대법원 2024. 7.11. 2024도4202 조울증 마약사범 사건)

2. 법원으로서는 피고인의 나이·지능 및 교육 정도, 건강상태, 다투는 내용에 관하여 피고인 홀로 방어권 행사가 가능한 수준과 정도, 피고인의 재판을 도와줄 가족이 있는지 여부 등을 충분히 살펴 권리보호를 위하여 필요하다고 인정되면 형사소송법 제33조 제3항의 규정을 적용하여 피고인의 명시적 의사에 반하지 아니하는 범위에서 국선변호인을 선정하여 방어권을 보장해 줄 필요가 있다. 그런데도 국선변호인의 선정 없이 공판심리가 이루어져 피고인의 방어권이 침해됨으로써 판결에 영향을 미쳤다고 인정되는 경우에는 형사소송법 제33조 제3항을 위반한 위법이 있다고 보아야 한다.(대법원 2024. 7.11. 2024도4202 조울증 마약사범 사건)

16 국어에 의한 일상적 의사소통에 상당한 지장이 있는 피고인에게 변호인이 선임되지 않은 경우 국선변호인 선정을 적극적으로 고려해야 하는지의 여부(한정 적극)

국어에 의한 일상적 의사소통에 상당한 지장이 있는 피고인에 대하여 법원은 피고인으로부터 형사소송법 제33조 제2항에 따른 국선변호인 선정청구가 있는 경우 또는 직권으로 피고인의 나이·지능·교육 정도 등을 참작하여 권리보호를 위하여 필요하다고 인정되는 경우에 피고인의 명시적 의사에 반하지 아니하는 범위 안에서 **국선변호인 선정을 적극적으로 고려함이 바람직하다**.(대법원 2024. 3.12. 2022도16436 모로코 국적 피고인 사건)
[17] 판례 참고

17 국선변호인을 선정하지 않은 조치가 위법하지 않은 경우

피고인은 모로코 국적의 외국인으로서 수사기관부터 원심법정에 이르기까지 **지정된 통역인의 통역을 통하여** 공소사실을 모두 인정하고 증거의견과 잘못을 반성하는 취지를 포함한 양형사유 등에 관하여 진술하였으며, 피해자들과의 합의서, 지인들의 탄원서 등 피고인에게 유리한 자료를 제출하였음을 알 수 있다. 이러한 사실에 이 사건 심리경과를 더하여 보면 국선변호인을 선정하지 아니한 원심의 조치에는 피고인의 방어권을 침해하거나 필요한 심리를 다하지 아니하는 등으로 판결에 영향을 미친 잘못이 있다고 볼 수 없다.(대법원 2024. 3.12. 2022도16436 모로코 국적 피고인 사건)

18 필요적 변호사건에서 변호인 없이 이루어진 공판절차에서의 소송행위 효력(무효)

1. 필요적 변호사건에 해당하는 사건에서 제1심의 공판절차가 변호인 없이 이루어져 증거조사와 피고인신문 등 심리가 이루어졌다면, 그와 같은 위법한 공판절차에서 이루어진 증거조사와 피고인신문 등 일체의 소송행위는 모두 무효이다.(대법원 2011. 9. 8. 2011도6325 폭력행위처벌법형벌 간과 사건) ▶ 22 국가7급, 19 국가7급

2. 필요적 변호사건의 공판절차가 사선변호인과 국선변호인이 모두 불출석한 채 개정되어 국선변호인 선정취소결정이 고지된 후 변호인 없이 피해자에 대한 증인신문 등 심리가 이루어진 경우 그와 같은 위법한 공판절차에서 이루어진 피해자에 대한 증인신문 등 일체의 소송행위는 모두 무효이다.(대법원 1999. 4. 23. 99도915 출산을 앞두고 있다 사건) ▶ 19 경간부, 18 국가7급, 15 국가7급

3. 형사소송법 제282조, 제33조 제1항 제5호에서 정한 필요적 변호사건에 해당한다고 볼 여지가 충분한 사건에서 변호인이 선임되지 않은 피고인에 대하여 국선변호인을 선정하지 아니한 채 공판절차를 진행한 원심의 조치는 그 소송절차가 형사소송법에 어긋나 위법하고, 위와 같이 위법한 공판절차에서 이루어진 소송행위는 무효로 보아야 한다.(대법원 2023. 8. 31. 2023도7561 IQ65 성도착장애 피고인 사건)

4. 피고인이 필요적 변호사건인 Ⓐ(폭력행위처벌법위반)로 기소된 후 Ⓑ(사기죄)의 약식명령에 대해 정식재판을 청구하여 제1심에서 모두 유죄판결을 받고 항소하였는데, 원심이 국선변호인을 선정하지 아니한 채 두 사건을 병합·심리하여 항소기각 판결을 선고한 경우 변호인의 관여 없이 공판절차를 진행한 위법은 필요적 변호사건이 아닌 Ⓑ 부분에도 미치며 이는 사기죄 부분에 대해 별개의 벌금형을 선고하였더라도 마찬가지이다.(대법원 2011. 4. 28. 2011도2279 특수상해 사기 병합사건) Ⓐ에 대한 재판은 물론 Ⓑ에 대한 재판도 위법하다. ▶ 21 경찰채용, 20 국가9급

[판례 도식화] 필요적 변호사건

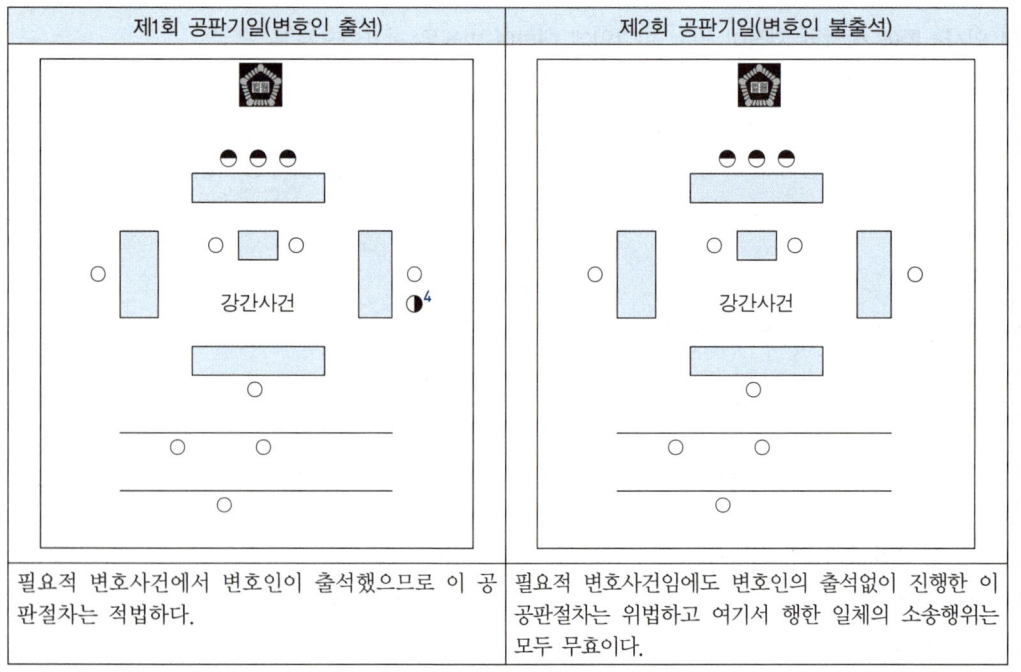

19 필요적 변호사건에서 변호인 없이 공판절차가 진행되어 그 공판절차가 위법하게 된 경우 그 이전에 적법하게 이루어진 소송행위의 효력(유효)

필요적 변호사건에서 변호인이 없거나 출석하지 아니한 채 공판절차가 진행되었기 때문에 그 공판절차가 위법한 것이라 하더라도 그 절차에서의 소송행위 외에 다른 절차에서 적법하게 이루어진 소송행위까지 모두 무효로 된다고 볼 수는 없다.(대법원 1999. 4.23. 99도915 출산을 앞두고 있다 사건) 위 이미지에서 제2회 공판기일에서 행한 소송행위는 무효이지만 제1회 공판기일에서 행한 소송행위는 여전히 유효하다. ▶ 24 소방간부

20 필요적 변호사건의 공판절차가 변호인 없이 이루어진 경우 상소심이 취해야 할 조치(=항소심은 파기자판, 상고심은 파기환송)

1. 필요적 변호사건에 해당하는 사건에서 제1심의 공판절차가 변호인 없이 이루어진 경우 그와 같은 위법한 공판절차에서 이루어진 소송행위는 무효이므로 이러한 경우 항소심으로서는 변호인이 있는 상태에서 소송행위를 새로이 한 후 위법한 제1심판결을 파기하고 항소심에서의 진술 및 증거조사 등 심리결과에 기하여 다시 판결하여야 한다.(대법원 2008. 6.12. 2008도2621 석궁테러 사건) 항소심은 파기자판을 원칙으로 한다(속심). 이에 대하여는 나중에 배우도록 한다. ▶ 25 소방간부, 23 국가7급, 20 경찰채용, 18 소방간부, 16 국가7급

   ▶

2. 원심(제2심)은 사선변호인이 출석하지 아니하였음에도 직권으로 변호인을 선정하지도 아니한 채 개정하여 사건을 심리하였음이 기록상 명백하고, 이와 같이 위법한 공판절차에서 이루어진 소송행위는 모두 무효라고 할 것이므로 결국 원심판결은 파기를 면할 수 없다.(대법원 2005. 5.26. 2004도1925 평강제일교회 사건) 상고심은 파기환송을 원칙으로 한다 (사후심).

21 필요적 변호사건 관련 판례

1. 필요적 변호사건에서 변호인 없이 개정하여 심리를 진행하고 판결한 것은 소송절차의 법령위반에 해당하지만, 피고인의 이익을 위하여 만들어진 필요적 변호의 규정 때문에 피고인에게 불리한 결과를 가져오게 할 수는 없으므로 그와 같은 법령위반은 무죄판결에 영향을 미친 것으로는 되지 아니한다.(대법원 2003. 3.25. 2002도5748 목격자행세 뺑소니범 사건) 비록 공판절차가 법률에 위반되었지만 검사는 그 위법을 '무죄판결에 대한' 상소이유로 하지 못한다는 뜻이다. 국선변호인에 관한 형사소송법 제33조 등은 피고인을 위한 규정이기 때문이다. ▶ 24 법원9급, 23 국가9급, 20 경찰승진

2. 필요적 변호사건에 있어서 선임된 사선변호인에 대한 기일통지를 하지 아니함으로써 사선변호인의 출석없이 제1회 공판기일을 진행하였더라도 그 공판기일에 국선변호인이 출석하였다면 변호인 없이 재판한 잘못이 있다 할 수 없고 또한 사선변호인이 제2회 공판기일부터는 계속 출석하여 변호권을 행사하였다면 사선변호인으로부터의 변호를 받을 기회를 박탈하였다거나 사선변호인의 변호권을 제한하였다 할 수 없다.(대법원 1990. ▶ 22 경간부, 20 경찰채용

---

4 사선이든 국선이든 변호인이 출석하였다.

9. 25. 90도1571 사선 불출석 국선 출석 사건)

22 필요적 변호사건이 아닌 경우 관련 판례

1. 법원은 형사소송법 제33조 제1항 각 호에 해당하는 경우가 아닌 한 권리보호를 위하여 필요하다고 인정하지 않으면 국선변호인을 선정하지 않아도 되고, 국선변호인을 선정하지 않고 공판심리를 하더라도 피고인의 방어권이 침해되어 판결에 영향을 미쳤다고 인정되지 않는 경우에는 형사소송법 제33조 제3항을 위반한 위법이 있다고 볼 수 없다.(대법원 2016. 8.30. 2016도7672 나는 문맹자이다 사건) ▶ 19 법원9급

2. (1) 형사소송법 제33조 제1항 각 호에 해당하는 경우가 아닌 한 법원으로서는 권리보호를 위하여 필요하다고 인정하지 않으면 국선변호인을 선정하지 아니할 수 있을 뿐만 아니라 국선변호인의 선정 없이 공판심리를 하더라도 피고인의 방어권이 침해되어 판결에 영향을 미쳤다고 인정되지 않는 경우에는 형사소송법 제33조 제3항을 위반한 위법이 있다고 볼 수 없다. (2) 필요적 국선사건이 아님에도 제1심이 국선변호인을 선정하여 준 후 징역 1년의 형을 선고하면서 법정구속을 하지 않았는데, 피고인이 항소장만을 제출한 다음 국선변호인 선정청구를 하지 않은 채 법정기간 내에 항소이유서를 제출하지 아니하자 항소심이 피고인의 항소를 기각한 것은 정당하다.(대법원 2013. 5. 9. 2013도1886 인삼포 매매대금 횡령·편취 사건)

23 항소심에서의 국선변호인 선정 관련 판례

1. 제1심에서 피고인의 청구 또는 직권으로 국선변호인이 선정되어 공판이 진행된 경우 항소법원은 특별한 사정변경이 없는 한 국선변호인을 선정하는 것이 바람직하다.(대법원 2019. 9.26. 2019도8531 따라이 피고인 사건) ▶ 25 법원9급, 22 국가7급

2. 법원은 피고인으로부터 형사소송법 제33조 제2항에 의한 국선변호인 선정청구가 있는 경우 또는 직권으로 소송기록과 소명자료를 검토하여 피고인이 형사소송법 제33조 제2항 또는 제3항에 해당한다고 인정되는 경우 즉시 국선변호인을 선정하고, 소송기록에 나타난 자료만으로 그 해당 여부가 불분명한 경우에는 제1회 공판기일의 심리에 의하여 국선변호인의 선정 여부를 결정할 것이며 제1심에서 피고인의 청구 또는 직권으로 국선변호인이 선정되어 공판이 진행된 경우에는 항소법원은 특별한 사정변경이 없는 한 국선변호인을 선정함이 바람직하다.(대법원 2013. 7.11. 2013도351 교통사고 보험사기 미수범 사건) ▶ 15 국가9급

3. 제1심법원이 피고인에 대하여 벌금형을 선고하였으나 검사만이 양형부당으로 항소한 사안에서 항소법원이 변호인이 선임되지 않은 피고인에 대하여 검사의 양형부당 항소를 받아들여 형을 선고하는 경우에는 판결 선고 후 피고인을 법정구속한 뒤에 비로소 국선변호인을 선정하는 것보다는 공판심리 단계에서부터 국선변호인의 선정을 적극적으로 고려하여야 한다.(대법원 2019. 9.26. 2019도8531 따라이 피고인 사건)

4. 피고인에 대하여 제1심법원이 집행유예를 선고하였으나 검사만이 양형부당을 이유로 항소한 경우 항소심이 변호인이 선임되지 않은 피고인에 대하여 검사의 양형부당 항소를 ▶ 19 변호사, 19 국가9급, 17 국가9급

받아들여 형을 선고하는 경우에는 판결 선고 후 피고인을 법정구속한 뒤에 비로소 국선변호인을 선정하는 것보다는 피고인의 권리보호를 위해 판결 선고 전 공판심리 단계에서부터 형사소송법 제33조 제3항에 따라 피고인의 명시적 의사에 반하지 아니하는 범위 안에서 국선변호인을 선정해 주는 것이 바람직하다.(대법원 2016.11.10. 2016도7622 바람직한 국선변호인 선정방향 사건)

5. 항소심에서 양형이 피고인에게 불리하게 변경되는 경우뿐 아니라 제1심법원이 피고인에 대하여 무죄를 선고하였으나 검사가 항소한 사안에서 항소법원이 변호인이 선임되지 않은 피고인에 대하여 검사의 항소를 받아들여 유죄를 선고하는 경우에는 공판심리단계에서부터 국선변호인의 선정을 더욱 적극적으로 고려하여야 한다. 그리하여 국선변호인이 피고인을 위하여 유죄 증명을 위한 검사의 주장과 증거제출에 대응하는 데에서 나아가 제1심의 무죄 판결에서는 판단된 바 없는 양형에 관한 주장과 그에 관한 자료를 제출하도록 함으로써 피고인의 권리를 보호할 필요성은 충분하다.(대법원 2024. 7.11. 2024도4202 조울증 마약사범 사건) ▶ 25 소방간부

형사소송규칙(2015. 6.29. 대법원규칙 제2608호로 일부개정된 것)

제15조 【변호인의 수】 ① 국선변호인은 피고인 또는 피의자마다 1인을 선정한다. 다만, 사건의 특수성에 비추어 필요하다고 인정할 때에는 1인의 피고인 또는 피의자에게 수인의 국선변호인을 선정할 수 있다.
② 피고인 또는 피의자 수인간에 <u>이해가 상반되지 아니할 때에는</u> 그 수인의 피고인 또는 피의자를 위하여 동일한 국선변호인을 선정할 수 있다.

---

24 공동변호금지에 관한 '형사소송규칙 제15조 제2항' 관련 판례

1. 공범관계에 있지 않은 공동피고인들 사이에서도 공소사실의 기재 자체로 보아 어느 피고인에 대한 유리한 변론이 다른 피고인에 대하여는 불리한 결과를 초래하는 사건에 있어서는 공동피고인들 사이에 이해가 상반된다고 할 것이어서 그 공동피고인들에 대하여 선정된 동일한 국선변호인이 공동피고인들을 함께 변론한 경우에는 형사소송규칙 제15조 제2항에 위반된다.(대법원 2014.12.24. 2014도13797 골때리는 변호사건Ⅱ) [25] 1. 2. 판례 참고 ▶ 22 경간부, 21 경간부, 19 경간부, 18 국가9급, 17 법원9급

2. 이해가 상반된 피고인들 중 어느 피고인이 특정 법무법인을 변호인으로 선임하고, 해당 법무법인이 담당변호사를 지정하였을 때 법원이 담당변호사 중 1인 또는 수인을 다른 피고인을 위한 국선변호인으로 선정한다면, 국선변호인으로 선정된 변호사는 이해가 상반된 피고인들 모두에게 유리한 변론을 하기 어렵다. 결국 이로 인하여 다른 피고인은 국선변호인의 실질적 조력을 받을 수 없게 되었다고 보아야 하고, 따라서 위와 같은 국선변호인 선정은 국선변호인의 조력을 받을 피고인의 권리를 침해하는 것이다.(대법원 2015.12.23. 2015도9951 형사 쌍방대리 사건) [25] 3. 판례 참고 ▶ 25 국가9급, 20 경찰승진, 20 국가7급, 20 법원9급, 19 변호사, 18 법원9급

25 공동변호금지에 관한 '형사소송규칙 제15조 제2항'에 위반되는 경우

1. (1) "피고인 甲은 2012.11.21. 01:30경 피고인 乙과 말다툼을 하던 중 주먹으로 피고인 乙의 얼굴을 수회 때려 상해를 입히고, 부엌칼을 쥐고 칼등으로 피고인 乙의 머리 부분을 수회 때려 폭행하였다"라는 공소사실로 기소된 피고인 甲과 (2) "피고인 乙은 (1)과 같은 일시, 장소에서 피고인 甲이 피고인 乙을 때리는 것에 대항하여 몸싸움을 하다가 부엌칼로 피고인 甲의 우측 허벅지 부위를 찌르고 가슴 부위를 향해 휘둘러 상해를 입혔다"라는 공소사실로 기소된 피고인 乙에 대하여, 동일한 국선변호인이 선정되어 변론이 진행된 경우 (대법원 2014.12.24. 2014도13797 골때리는 변호사건Ⅱ)

2. (1) "피고인 甲은 2000. 3.18. 05:30경 A를 등산용 칼로 위협하고 폭행을 하였다"라는 공소사실로 기소된 피고인 甲과 (2) "피고인 乙은 A로부터 (1)과 같이 피고인 甲에게 폭행을 당하였다는 말을 듣고, 丙과 함께 같은 해 3.19. 14:00경부터 18:00경까지 피고인 甲을 승용차에 강제로 태우고 다니면서 야구방망이 등으로 여러 번 폭행하여 자기앞수표 등을 강취하고, 이로 인하여 상해를 가하였다"라는 공소사실로 기소된 피고인 乙에 대하여, 동일한 국선변호인이 선정되어 변론이 진행된 경우 (대법원 2000.11.24. 2000도4398 골때리는 변호사건Ⅰ)

   ▶

3. (1) "피고인 甲은 팔꿈치로 피고인 乙의 가슴을 밀쳐 넘어뜨려 乙에게 상해를 가하였다"라는 공소사실로 기소된 피고인 甲과 (2) "피고인 乙은 피고인 甲으로부터 상해를 당할 때 쓰레기통으로 甲의 어깨를 때려 甲에게 상해를 가하고 甲의 명예를 훼손하였다"라는 공소사실로 기소된 피고인 乙에 대하여, 피고인 乙이 법무법인을 변호인으로 선임하고 법무법인이 변호사 A를 담당변호사로 지정하였는데도, 항소심이 같은 변호사 A를 피고인 甲을 위한 국선변호인으로 선정한 경우 (대법원 2015.12.23. 2015도9951 형사 쌍방대리 사건)

변호사법(2021. 1. 5. 법률 제17828호로 일부개정된 것)

제24조【품위유지의무 등】② 변호사는 그 직무를 수행할 때에 진실을 은폐하거나 거짓 진술을 하여서는 아니된다.

---

26 변호인의 진실의무에 위배되지 않는 경우

변호사인 변호인에게는 변호사법이 정하는 바에 따라서 이른바 진실의무가 인정되는 것이지만 변호인이 신체구속을 당한 사람에게 법률적 조언을 하는 것은 그 권리이자 의무이므로 변호인이 적극적으로 피고인 또는 피의자로 하여금 허위진술을 하도록 하는 것이 아니라 단순히 헌법상 권리인 진술거부권이 있음을 알려주고 그 행사를 권고하는 것을 가리켜 변호사로서의 진실의무에 위배되는 것이라고는 할 수 없다.(대법원 2007. 1.31. 2006모656 일심회 마이클장 사건Ⅰ) [27] 판례와 비교

▶ 22 법원9급, 20 경간부, 20 소방간부, 18 경찰승진, 17 법원9급

27 변호인의 진실의무에 위배되는 경우

형사변호인의 기본적인 임무가 피고인 또는 피의자를 보호하고 그의 이익을 대변하는 것이라고 하더라도 그러한 이익은 법적으로 보호받을 가치가 있는 정당한 이익으로 제한되고, 변호인이 의뢰인의 요청에 따른 변론행위라는 명목으로 수사기관이나 법원에 대하여 적극적으로 허위의 진술을 하거나 피고인 또는 피의자로 하여금 허위진술을 하도록 하는 것은 허용되지 않는다. 변호인의 비밀유지의무는 변호인이 업무상 알게 된 비밀을 다른 곳에 누설하지 않을 소극적 의무를 말하는 것일 뿐 진범을 은폐하는 허위자백을 적극적으로 유지하게 한 행위가 변호인의 비밀유지의무에 의하여 정당화될 수는 없다.(대법원 2012. 8.30. 2012도6027 범인 바꿔치기 변호사 사건) 진범 甲을 대신하여 乙이 경찰서에 자신이 범인이라고 허위자수를 하였을 때 乙의 경우 범인도피죄가 성립한다. 乙이 마음이 바뀌어 허위자수한 내용을 번복하려고 하니까 甲의 의뢰를 받은 변호사 丙이 乙에게 "그러지 말고, 허위자수의 내용을 계속 유지하라"라고 말하여 乙이 그렇게 했다면 丙은 범인도피죄의 방조범이 된다는 취지의 판례이다. 이는 「NEW 트렌드 형법 판례」에서 이미 보았던 내용이다.

▶ 21 경간부

28 공소제기 전에 열람·등사권이 인정되는 경우

고소로 시작된 형사피의사건의 구속적부심절차에서 피구속자의 변호를 맡은 변호인으로서는 피구속자가 무슨 혐의로 고소인의 공격을 받고 있는 것인지 그리고 이와 관련하여 피구속자가 수사기관에서 무엇이라고 진술하였는지 그리고 어느 점에서 수사기관 등이 구속사유가 있다고 보았는지 등을 제대로 파악하지 않고서는 피구속자의 방어를 충분히 조력할 수 없다는 것은 사리상 너무도 명백하므로 변호인인 청구인은 고소장과 피의자신문조서의 내용을 알 권리가 있고 따라서 청구인은 정당한 이해관계를 가진 자로서 그 알 권리를 행사하여 피청구인(경찰서장)에게 위 서류들의 공개를 청구할 권리가 있다.(헌법재판소 2003. 3.27. 2000헌마474 인천서부서 열람·등사 거부사건) 이 판례와 아래 조문의 차이점에 대하여 저자에게 가끔 질문을 한다. 이것은 판례로서 경찰서장에 대한 서류의 열람·등사청구에 관한 것이고, 아래는 조문으로서 지방법원판사에게 제출된 서류의 열람에 관한 것이다. 분명히 다르다.

▶ 22 경찰승진, 18 경간부,
16 경찰승진, 16 경찰채용

> **형사소송규칙(2025. 2.28. 대법원규칙 제3202호로 일부개정된 것)**
>
> 제96조의21 【구속영장청구서 및 소명자료의 열람】 ① 피의자심문에 참여할 변호인은 지방법원 판사에게 제출된 구속영장청구서 및 그에 첨부된 고소·고발장, 피의자의 진술을 기재한 서류와 피의자가 제출한 서류를 열람할 수 있다.
> 제104조의2 【준용규정】 제96조의21의 규정은 체포·구속의 적부심사를 청구한 피의자의 변호인에게 이를 준용한다.

03 | 소송행위와 소송조건

제1절 | 소송행위 일반

> **선생님의 TIP**
> 판례들은 쉬울 수도 있고 어려울 수도 있는데 꼼꼼히 읽어보아야 한다.

01 공소장의 증거능력 유무(소극)

검사의 공소장은 법원에 대하여 형사재판을 청구하는 서류로서 그 기재내용이 실체적 사실인정의 증거자료가 될 수는 없다.(대법원 1978. 5.23. 78도575 금괴밀수 실패 사건) ▶ 16 경찰승진, 15 경찰승진

형사소송법(2025. 3.18. 법률 제20796호로 일부개정된 것)

제53조【공판조서의 서명 등】① 공판조서에는 재판장과 참여한 법원사무관등이 기명·날인 또는 서명하여야 한다.
제55조【피고인의 공판조서열람권등】① 피고인은 공판조서의 열람 또는 등사를 청구할 수 있다.
② 피고인이 공판조서를 읽지 못하는 때에는 공판조서의 낭독을 청구할 수 있다.
③ 전2항의 청구에 응하지 아니한 때에는 그 공판조서를 유죄의 증거로 할 수 없다.

02 공판조서 관련 판례

1. 당해 공판기일에 열석하지 아니한 판사가 재판장으로서 서명·날인한 공판조서는 적식의 공판조서라고 할 수 없어 이와 같은 공판조서는 소송법상 **무효**이므로 공판기일에 있어서의 소송절차를 증명할 공판조서로서의 증명력이 없다.(대법원 1983. 2. 8. 82도2940 이상한 재판장 날인사건) ▶ 18 법원9급, 18 국가7급

2. 공판조서에 그 공판에 관여한 법관의 성명이 기재되어 있지 아니하다면 공판절차가 법령에 위반되어 판결에 영향을 미친 위법이 있다 할 것이다.(대법원 1970. 9.22. 70도1312 날림 공판조서 사건) ▶ 19 법원9급

[서식 및 사례] 공판조서와 증인신문조서

```
                              공판조서
제2회
사건 20X5고합123 강간
재판장 판사 노정원                    기일 : 20X5. 7. 1. 14:00
판사      이병헌                     장소 : 1호법정
판사      유해진                     공개여부 : 공개
법원사무관 김혜수                      다음기일 : 20X5. 7. 8. 10:00

피고인 남궁한 출석                     검사 방일중 출석
변호인 변호사 임상익 출석               증인 남궁투 출석
─────────────────────────────────────────────

재판장
  전회 공판심리에 관한 주요사항의 요지를 공판조서에 의하여 고지

별지 조서와 같이 증인신문

재판장
  증거조사결과에 대한 의견을 묻고 권리를 보호함에 필요한 증거조사를 신청할
  수 있음을 고지

                              (중략)

                           20X5. 7.1.
                         법원사무관 김혜수㊞
                         재판장 판사 노정원㊞
```

03 피고인의 공판조서 열람·등사청구권이 침해된 경우 그 공판조서의 증거능력 유무(소극)

피고인이 공판조서의 열람 또는 등사를 청구하였음에도 법원이 불응하여 피고인의 열람 또는 등사청구권이 침해된 경우에는 그 공판조서를 유죄의 증거로 할 수 없을 뿐만 아니라 공판조서에 기재된 당해 피고인이나 증인의 진술도 증거로 할 수 없다.(대법원 2012.12.27. 2011도15869 2번의 기록열람·등사신청 간과 사건) [4] 판례와 비교

▶ 23 법원9급, 21 경간부, 20 소방간부, 19 변호사, 19 소방간부, 18 경찰승진, 18 법원9급

04 피고인이 원하는 시기에 공판조서를 열람·등사하지 못하였더라도 변론종결 전에는 이를 하였던 경우 공판조서의 증거능력 유무(=원칙적 적극)

비록 피고인이 차회 공판기일 전 등 원하는 시기에 공판조서를 열람·등사하지 못하였다 하더라도 그 변론종결 이전에 이를 열람·등사한 경우에는 그 열람·등사가 늦어짐으로 인하여 피고인의 방어권 행사에 지장이 있었다는 등의 특별한 사정이 없는 한 피고인의 공판조서의 열람·등사청구권이 침해되었다고 볼 수 없어 그 공판조서를 유죄의 증거로 할 수 있다.(대법원 2007. 7.26. 2007도3906 야간·공동상해 피고인 사건) 약간 늦었더라도 어쨌든 피고인은 공판조서를 열람·등사하였다.

▶ 23 소방간부, 22 국가7급, 19 변호사, 15 국가9급

05 형사재판확정기록의 열람·등사신청 거부나 제한 등에 대한 불복방법(=준항고) 및 불기소처분으로 종결된 기록의 정보공개청구 거부나 제한 등에 대한 불복방법(=항고소송)

형사재판확정기록에 관해서는 형사소송법 제59조의2에 따른 열람·등사신청이 허용되고 그 거부나 제한 등에 대한 불복은 준항고에 의하며, 형사재판확정기록이 아닌 불기소처분으로 종결된 기록에 관해서는 정보공개법에 따른 정보공개청구가 허용되고 그 거부나 제한 등에 대한 불복은 항고소송절차에 의한다.(대법원 2022. 2. 11. 2021모3175 약식명령 수사기록 사건) ▶ 25 소방간부

형사소송법(2025. 3. 18. 법률 제20796호로 일부개정된 것)

제60조【송달받기 위한 신고】① 피고인, 대리인, 대표자, 변호인 또는 보조인이 법원 소재지에 서류의 송달을 받을 수 있는 주거 또는 사무소를 두지 아니한 때에는 법원 소재지에 주거 또는 사무소 있는 자를 송달영수인으로 선임하여 연명한 서면으로 신고하여야 한다.
② 송달영수인은 송달에 관하여 본인으로 간주하고 그 주거 또는 사무소는 본인의 주거 또는 사무소로 간주한다.
③ 송달영수인의 선임은 같은 지역에 있는 각 심급법원에 대하여 효력이 있다.
④ 전3항의 규정은 신체구속을 당한 자에게 적용하지 아니한다.
제65조【민사소송법의 준용】서류의 송달에 관하여 법률에 다른 규정이 없는 때에는 민사소송법을 준용한다.

선생님의 TIP

서류의 송달은 매우 중요하면서도 조금 어렵다. 상대방인 (형사소송에서의) 피고인이나 (민사소송 등에서의) 피고에게 서류가 송달되지 않으면 재판을 진행할 수 없는 것이 원칙이기 때문이다.

06 송달영수인 선임 신고의 효력이 미치는 심급

형사소송법 제65조에 의하여 준용되는 민사소송법 제183조 제1항, 제184조에 의하면 송달은 송달받을 사람의 주소·거소·영업소 또는 사무소 등의 송달장소에서 하여야 하고, 당사자·법정대리인 또는 변호인은 주소 등 외의 장소를 송달받을 장소로 정하여 법원에 신고할 수 있으며 이 경우에는 송달영수인을 정하여 신고할 수 있다. 송달영수인의 신고가 있으면 송달은 신고된 장소와 영수인에게 하여야 하고 송달영수인이 송달받은 때에 송달의 효력이 발생하나 송달영수인 신고의 효력은 그 심급에만 미치므로 상소 또는 이송을 받은 법원의 소송절차에서는 그 신고의 효력이 없다.(대법원 2024. 5. 9. 2024도3298 1심변호사 사무실에만 송달 사건) 형사소송법 제60조 제3항과 관련된다. ▶ 25 소방간부

07 형사소송법 제60조 제4항이 규정한 '신체구속을 당한 자'의 의미

송달영수인 신고의무를 면제받을 수 있는 형사소송법 제60조 제4항의 '신체구속을 당한 자'라 함은 그 사건에서 신체를 구속당한 자를 가리키는 것이요 다른 사건으로 신체구속을 당한 자는 여기에 해당되지 아니한다.(대법원 1976. 11. 10. 76모69 강도상해 피고인 신고의무 사건) ▶ 21 소방간부

> **형사소송법(2025. 3.18. 법률 제20796호로 일부개정된 것)**
>
> 제65조【민사소송법의 준용】서류의 송달에 관하여 법률에 다른 규정이 없는 때에는 민사소송법을 준용한다.
>
> **민사소송법(2024. 1.16. 법률 제20003호로 일부개정된 것)**
>
> 제182조【구속된 사람 등에게 할 송달】교도소·구치소 또는 국가경찰관서의 유치장에 체포·구속 또는 유치된 사람에게 할 송달은 <u>교도소·구치소 또는 국가경찰관서의 장에게 한다</u>.
> 제183조【송달장소】① 송달은 받을 사람의 주소·거소·영업소 또는 사무소(이하 "주소등"이라 한다)에서 한다. 다만, 법정대리인에게 할 송달은 본인의 영업소나 사무소에서도 할 수 있다.
> ② 제1항의 장소를 알지 못하거나 그 장소에서 송달할 수 없는 때에는 송달받을 사람이 고용·위임 그 밖에 법률상 행위로 취업하고 있는 다른 사람의 주소등(이하 "근무장소"라 한다)에서 송달할 수 있다.
> ③ 송달받을 사람의 주소등 또는 근무장소가 국내에 없거나 알 수 없는 때에는 그를 만나는 장소에서 송달할 수 있다.
> ④ 주소등 또는 근무장소가 있는 사람의 경우에도 송달받기를 거부하지 아니하면 만나는 장소에서 송달할 수 있다.
> 제186조【보충송달·유치송달】① 근무장소 외의 송달할 장소에서 송달받을 사람을 만나지 못한 때에는 그 사무원, 피용자 또는 <u>동거인으로서 사리를 분별할 지능이 있는 사람에게 서류를 교부할 수 있다</u>.
> 제187조【우편송달】제186조의 규정에 따라 송달할 수 없는 때에는 법원사무관등은 서류를 등기우편 등 대법원규칙이 정하는 방법으로 발송할 수 있다.

08 재감자(在監者)에 대한 송달 방법(=소장에게 송달) Ⅰ

교도소 또는 구치소에 구속된 자에 대한 송달은 그 소장에게 송달하면 구속된 자에게 전달된 여부와 관계없이 효력이 생기는 것이다.(대법원 1995. 1.12. 94도2687 운전면허발급 알선사건) 민사소송법 제182조에 관한 판례이다. 아래도 마찬가지이다.

▶ 24 경찰승진, 21 법원9급, 19 경간부, 16 법원9급, 15 국가9급

09 재감자(在監者)에 대한 송달 방법(=소장에게 송달) Ⅱ

1. 교도소·구치소 또는 국가경찰관서의 유치장에 체포·구속 또는 유치된 사람에게 할 송달은 교도소·구치소 또는 국가경찰관서의 장에게 하여야 하고, 재감자에 대한 송달을 교도소 등의 장에게 하지 아니하였다면 그 송달은 부적법하여 무효이다.(대법원 2017. 9.22. 2017모1680 서울구치소 서무계 사건)

▶ 23 법원9급

▶

2. 항소심이 소송기록접수통지서를 송달하면서 송달받을 사람을 서울구치소에 재감 중인 피고인으로 하였고 서울구치소 서무계원이 이를 수령한 사실이 있을 뿐인 경우 이 송달은 적법한 것이 아니어서 효력이 없다.(대법원 2017. 9.22. 2017모1680 서울구치소 서무계 사건)

▶ 23 법원9급, 20 법원9급

3. 수소법원이 송달을 실시함에 있어 당사자 또는 소송관계인의 수감사실을 모르고 종전의 주·거소에 하였다고 하여도 마찬가지로서 송달의 효력은 발생하지 않으며, 송달 자체가 부적법한 이상 당사자가 약식명령이 고지된 사실을 다른 방법으로 알았다고 하더라도 송달의 효력은 여전히 발생하지 아니한다.(대법원 1995. 6.14. 95모14 약식명령 전달 어머니 사건)

▶ 21 법원9급, 16 법원9급

4. 피고인이 구치소나 교도소 등에 수감 중에 있는 경우는 형사소송법 제63조 제1항에 규정된 '피고인의 주거, 사무소, 현재지를 알 수 없는 때'나 소송촉진법 제23조에 규정된 '피고인의 소재를 확인할 수 없는 경우'에 해당한다고 할 수 없으므로 법원이 수감 중인 피고인에 대하여 공소장 부본과 피고인소환장 등을 종전 주소지 등으로 송달한 경우는 물론 공시송달의 방법으로 송달하였더라도 이는 위법하다. 따라서 법원은 주거, 사무소, 현재지 등 소재가 확인되지 않는 피고인에 대하여 공시송달을 할 때에는 검사에게 주소보정을 요구하거나 기타 필요한 조치를 취하여 피고인의 수감 여부를 확인할 필요가 있다.(대법원 2013. 6. 27. 2013도2714 소망교도소 사건)

▶ 23 법원9급, 20 법원9급, 17 국가7급, 15 국가9급

▶

5. 송달명의인이 체포 또는 구속된 날 소송기록접수통지서 등의 송달서류가 송달명의인의 종전 주·거소에 송달되었다면 그 송달의 효력 발생 여부는 체포 또는 구속된 시각과 송달된 시각의 선후에 의하여 결정하되, 그 선후관계가 명백하지 않다면 송달의 효력은 발생하지 않는다.(대법원 2017. 11. 7. 2017모2162 송달일 긴급체포 사건) 송달 후에 체포·구속되었다면 그 송달은 유효하지만, 송달 전에 체포·구속되었다면 그 송달은 무효이다. 정확한 선후관계를 알 수 없으면 피고인에게 유리하게 해석하여 그 송달은 무효로 본다.

▶ 25 소방간부, 23 국가7급, 23 소방간부, 21 소방간부

10 적법한 소환이 아닌 경우

(1) 피고인에 대한 공판기일 소환은 형사소송법이 정한 소환장의 송달 또는 이와 동일한 효력이 있는 방법에 의하여야 하고 그 밖의 방법에 의한 사실상의 기일의 고지 또는 통지 등은 적법한 피고인 소환이라고 할 수 없다. (2) 검사가 피고인의 주소로서 보정한 **변호사의 사무소**는 피고인의 주소, 거소, 영업소 또는 사무소 등의 송달장소가 아니고 피고인이 송달영수인과 연명하여 서면으로 신고한 송달영수인의 주소에도 해당하지 아니하며, 달리 그 곳이 피고인에 대한 적법한 송달장소에 해당한다고 볼 자료가 없으므로 항소심이 공판기일소환장 등을 변호사 사무소로 발송하여 그 사무소의 직원이 수령하였다고 하더라도 형사소송법이 정한 **적법한 방법으로 피고인의 소환이 이루어졌다고 볼 수 없다.**(대법원 2018. 11. 29. 2018도13377 변호사 사무소 송달사건) 민사소송법 제183조 제1항에 따른 적법한 송달장소에 대한 송달이 아니다.

▶ 24 소방간부, 22 국가7급, 21 법원9급, 20 법원9급

11 보충송달 관련 판례

형사소송절차에서도 형사소송법 제65조에 의하여 보충송달에 관한 민사소송법 제186조 제1항이 준용되므로 피고인의 동거 가족에게 서류가 교부되고 그 동거 가족이 사리를 변식할 지능이 있는 이상 피고인이 그 서류의 내용을 알지 못한 경우에도 송달의 효력이 있고, 사리를 변식할 지능이 있다고 하기 위하여는 사법제도 일반이나 소송행위의 효력까지 이해할 필요는 없더라도 송달의 취지를 이해하고 영수한 서류를 수송달자에게 교부하는 것을 기대할 수 있는 정도의 능력이 있으면 족하다.(대법원 2003. 9. 22. 2003모300 노모 약식명령등본 수령사건) [12] 1. 판례 참고

▶ 23 국가7급

12 적법한 보충송달에 해당하는 경우

1. 피고인과 동거하는 그 모(母)에게 약식명령등본이 송달된 경우 (대법원 2003. 9.22. 2003모300 노모 약식명령등본 수령사건) 이 판례와 아래 판례들 모두 '동거'라는 말이 나온다.
2. 피고인과 동거하는 그 모(母)에게 항소사건 소송기록접수통지서를 송달한 경우. 다만, 서류수령 당시 모는 만 59세로서 문맹이고 관절염, 골다공증으로 인하여 거동이 불편한 상태이었음 (대법원 2000. 2.14. 99모225 거동불편 모 수령사건)
3. 피고인과 동거하는 그 아들에게 항소사건 소송기록접수통지서를 송달한 경우. 다만, 서류수령 당시 아들은 10세 남짓이었음 (대법원 1996. 6. 3. 96모32 10세 아들 수령사건) ▶ 19 국가9급
4. 피고인과 동거하는 그 딸에게 항소사건 소송기록접수통지서를 송달한 경우. 다만, 서류수령 당시 딸은 8세 4월 남짓이었음 (대법원 1995. 8.16. 95모20 8세 딸 수령사건)

13 부적법한 보충송달에 해당하는 경우

피고인이 주민등록상의 신고와 같이 주거지를 변경한 이후에 종전 주거지에 사는 피고인의 모(母)에게 소송기록접수통지서를 송달한 경우 (대법원 1997. 6.10. 96도2814 이사간 어머니에게 송달사건) [12] 판례와 달리 모(母)는 더 이상 동거인이 아니다. ▶ 19 경간부

형사소송법(2025. 3.18. 법률 제20796호로 일부개정된 것)

제63조【공시송달의 원인】① 피고인의 주거, 사무소와 현재지를 알 수 없는 때에는 공시송달을 할 수 있다.
② 피고인이 재판권이 미치지 아니하는 장소에 있는 경우에 다른 방법으로 송달할 수 없는 때에도 전항과 같다.

제64조【공시송달의 방식】① 공시송달은 대법원규칙의 정하는 바에 의하여 법원이 명한 때에 한하여 할 수 있다.
② 공시송달은 법원사무관 등이 송달할 서류를 보관하고 그 사유를 법원 게시장에 공시하여야 한다.
③ 법원은 전항의 사유를 관보나 신문지상에 공고할 것을 명할 수 있다.
④ 최초의 공시송달은 제2항의 공시를 한 날로부터 2주일을 경과하면 그 효력이 생긴다. 단, 제2회 이후의 공시송달은 5일을 경과하면 그 효력이 생긴다.

제65조【민사소송법의 준용】서류의 송달에 관하여 법률에 다른 규정이 없는 때에는 민사소송법을 준용한다.

민사소송법(2024. 1.16. 법률 제20003호로 일부개정된 것)

제196조【공시송달의 효력발생】① 첫 공시송달은 제195조의 규정에 따라 실시한 날부터 2주가 지나야 효력이 생긴다. 다만, 같은 당사자에게 하는 그 뒤의 공시송달은 실시한 다음 날부터 효력이 생긴다.
② 외국에서 할 송달에 대한 공시송달의 경우에는 제1항 본문의 기간은 2월로 한다.

[서식 및 사례] 공시송달

> 의정부지방법원 고양지원
> 공시송달
>
> 사　　건　　20×5도173 사기
> 피 고 인　　남궁한
> 송달서류　　공판기일소환장
>
> 피고인 남궁한에게 송달할 위 서류는 법원에 보관중이오니 출석하여 받아가시기 바랍니다.
>
> 20×5. 6. 19.
> 법원사무관 노정원

14 공시송달의 요건(=피고인의 주거·사무소 및 현재지를 알 수 없는 때)

1. 피고인에 대한 **공시송달**은 피고인의 주거, 사무소, 현재지를 알 수 없는 때에 한하여 할 수 있으므로 기록에 나타나는 피고인의 주거 등을 파악하기 위해 필요한 조치를 취하지 아니한 채 곧바로 공시송달의 방법에 의한 송달을 하고 피고인의 진술 없이 판결을 하는 것은 허용되지 아니한다.(대법원 2015. 2.12. 2014도16822 송달불능 통화불능 사건) ▶ 24 국가7급

2. 형사소송법 제63조 제1항에 의하면 피고인에 대한 공시송달은 피고인의 주거, 사무소, 현재지를 알 수 없는 때에 한하여 이를 할 수 있으므로 **기록상 피고인의 집 전화번호 또는 휴대전화번호 등이 나타나 있는 경우에는** 전화번호로 연락하여 송달받을 장소를 확인하여 보는 등의 시도를 해 보아야 하고, 그러한 조치를 취하지 아니한 채 곧바로 **공시송달의 방법에 의한 송달**을 하고 피고인의 진술 없이 판결을 하는 것은 형사소송법 제63조 제1항, 제365조에 위배되어 **허용되지 아니한다.**(대법원 2023. 2.23. 2022도15288 수신정지 피고인 사건)

15 형사소송절차에 외국에서 하는 공시송달의 효력 발생 시기에 관한 민사소송법 제196조 제2항이 준용될 수 있는지의 여부(적극)

형사소송법 제63조 제2항에 의하면 피고인이 재판권이 미치지 아니하는 장소에 있는 경우에 다른 방법으로 송달할 수 없는 때에 공시송달을 할 수 있고, 피고인이 재판권이 미치지 아니하는 외국에 거주하고 있는 경우에는 형사소송법 제65조에 의하여 준용되는 민사소송법 제196조 제2항에 따라 첫 공시송달은 실시한 날부터 2월이 지나야 효력이 생긴다. (대법원 2023.10.26. 2023도3720 베트남 도피 피고인 사건)

16 제1심이 위법한 공시송달로 피고인을 소환한 후 피고인의 출석 없이 재판한 경우 항소심이 취해야 할 조치

1. 공시송달의 방법에 의한 피고인의 소환이 부적법하여 피고인이 공판기일에 출석하지 않은 가운데 진행된 제1심의 절차가 위법하고 그에 따른 제1심판결이 파기되어야 한다면, 원심으로서는 다시 적법한 절차에 의하여 소송행위를 새로이 한 후 원심에서의 진술과 증거조사 등 심리 결과에 기초하여 다시 판결하여야 한다.(대법원 2012. 4. 26. 2012도986 음주운전 피고인 궐석재판 사건) 항소심은 파기자판을 원칙으로 한다(속심). ▶ 20 소방간부, 15 법원9급

2. 제1심이 위법한 공시송달 결정에 터잡아 공소장부본과 공판기일 소환장을 송달하고 피고인의 출석 없이 심리·판단한 이상, 이는 피고인에게 출석의 기회를 주지 아니한 것이 되어 그 소송절차는 위법한 것이므로 항소심으로서는 다시 적법한 절차에 의하여 소송행위를 새로이 한 후 위법한 제1심판결을 파기하고, 항소심에서의 진술 및 증거조사 등 심리결과에 기하여 다시 판결하여야 한다.(대법원 2011. 5. 13. 2011도1094 무면허운전 피고인 불출석 사건) ▶ 19 국가9급

3. 제1심이 (공소장부본을 피고인 또는 변호인에게 송달하지 아니한 채) 공시송달의 방법으로 피고인을 소환하여 피고인이 공판기일에 출석하지 아니한 가운데 제1심의 절차가 진행되었다면 그와 같은 위법한 공판절차에서 이루어진 소송행위는 효력이 없으므로, 이러한 경우 항소심은 피고인 또는 변호인에게 공소장부본을 송달하고 적법한 절차에 의하여 소송행위를 새로이 한 후 항소심에서의 진술과 증거조사 등 심리결과에 기초하여 다시 판결하여야 한다.(대법원 2014. 4. 24. 2013도9498 공소장부본 불송달 사건) ▶ 20 국가7급, 20 법원9급, 18 국가9급, 15 경찰채용

형사소송법(2025. 3. 18. 법률 제20796호로 일부개정된 것)

제66조【기간의 계산】① 기간의 계산에 관하여는 시(時)로 계산하는 것은 즉시부터 기산하고 일(日), 월(月) 또는 연(年)으로 계산하는 것은 초일을 산입하지 아니한다. 다만, 시효(時效)와 구속기간의 초일은 시간을 계산하지 아니하고 1일로 산정한다.
② 연 또는 월로 정한 기간은 연 또는 월 단위로 계산한다.
③ 기간의 말일이 공휴일이거나 토요일이면 그날은 기간에 산입하지 아니한다. 다만, 시효와 구속기간에 관하여는 예외로 한다.

공휴일에 관한 법률(2021. 7. 7. 법률 제18291호로 제정된 것)

제2조【공휴일】공휴일은 다음 각 호와 같다.
1. 「국경일에 관한 법률」에 따른 국경일 중 3·1절, 광복절, 개천절 및 한글날
2. 1월 1일
3. 설날 전날, 설날, 설날 다음 날(음력 12월 말일, 1월 1일, 2일)
4. 부처님 오신 날(음력 4월 8일)
5. 어린이날(5월 5일)
6. 현충일(6월 6일)
7. 추석 전날, 추석, 추석 다음 날(음력 8월 14일, 15일, 16일)
8. 기독탄신일(12월 25일)
9. 공직선거법 제34조에 따른 임기 만료에 의한 선거의 선거일
10. 기타 정부에서 수시 지정하는 날

제3조【대체공휴일】① 제2조에 따른 공휴일이 토요일이나 일요일, 다른 공휴일과 겹칠 경우에는 대체공휴일로 지정하여 운영할 수 있다.
② 제1항의 대체공휴일의 지정 및 운영에 관한 사항은 대통령령으로 정한다.

부칙 〈법률 제18291호, 2021. 7. 7.〉
제1조 및 제2조 〈생략〉
제3조【다른 법령과의 관계】이 법 시행 당시 다른 법령에서 사용하고 있는 공휴일은 이 법에 따른 공휴일과 일요일을 포함한 것으로 본다. 다만, 일요일이 포함되지 않은 것이 명백한 경우에는 그러하지 아니하다.

선생님의 TIP

기간의 계산은 중요하지만 판례가 별로 없고 또한 최근에는 이에 관한 문제가 잘 출제되지는 않는다.

17 임시공휴일이 형사소송법 제66조 제3항의 공휴일에 해당하는지의 여부(적극)

형사소송법 제66조 제3항에서 기간의 말일이 공휴일인지 여부는 '공휴일'에 관하여 규정하고 있는 '관공서의 공휴일에 관한 규정' 제2조 각호에 해당하는지 여부에 따라 결정되고, 같은 조 제11호가 정한 '기타 정부에서 수시 지정하는 날'인 임시공휴일 역시 공휴일에 해당한다.(대법원 2021. 1.14. 2020모3694 임시공휴일 사건) 다만 위에서 보았듯이 「공휴일에 관한 법률」이 2021. 7. 7. 제정되어 현재 시행되고 있다.

▶ 23 법원9급, 22 법원9급

형사소송법(2025. 3.18. 법률 제20796호로 일부개정된 것)

제67조【법정기간의 연장】법정기간은 소송행위를 할 자의 주거 또는 사무소의 소재지와 법원 또는 검찰청 소재지와의 거리 및 교통통신의 불편정도에 따라 대법원규칙으로 이를 연장할 수 있다.

형사소송규칙(2025. 2.28. 대법원규칙 제3202호로 일부개정된 것)

제44조【법정기간의 연장】소송행위를 할 자가 국내에 있는 경우 주거 또는 사무소의 소재지와 법원 또는 검찰청, 고위공직자범죄수사처(이하 "수사처"라고 한다) 소재지와의 거리에 따라 해로는 100km, 육로는 200km마다 각 1일을 부가한다. 그 거리의 전부 또는 잔여가 기준에 미달할지라도 50km 이상이면 1일을 부가한다. 〈단서 생략〉

핵심정리	법정기간의 연장 사례 문제
문제	1. 상고인 甲의 소재지인 광주광역시 상무지구와 수원지방법원 사이의 육로 거리가 240km인 경우 상고제기기간은 몇 일인가? 2. 항소인 乙의 소재지인 대구광역시 율하역(栗下驛)과 서울고등법원 사이의 육로 거리가 290km인 경우 항소이유서 제출기간은 몇 일인가?
정답	1. 상고제기 기간은 일단 7일이다.(제374조) 육로는 200km마다 각 1일을 부가하고, 그 거리의 전부 또는 잔여가 기준에 미달할지라도 50km 이상이면 1일을 부가한다.(규칙 제44조 제1항) 설문의 경우 200km의 잔여기간은 40km밖에 안되므로 법정기간은 1일만 더 연장이 될 뿐이므로 상고제기기간은 8일이 된다. 2. 항소이유서 제출기간은 일단 20일이다.(제361조의3 제1항) 그리고 육로는 200km마다 각 1일을 부가하고, 그 거리의 전부 또는 잔여가 기준에 미달할지라도 50km 이상이면 1일을 부가한다.(규칙 제44조 제1항) 설문의 경우 200km의 잔여기간이 90km이므로 법정기간은 2일이 더 연장되어 항소이유서 제출기간은 22일이 된다.

18 법정기간의 연장 관련 판례

검사가 상고한 경우에는 상고법원에 대응하는 검찰청 소속 검사가 소송기록접수통지를 받은 날로부터 20일 이내에 그 이름으로 상고이유서를 제출하여야 한다. 다만 상고를 제기한 검찰청 소속 검사가 그 이름으로 상고이유서를 제출하여도 유효한 것으로 취급되지만, 이 경우 상고를 제기한 검찰청이 있는 곳을 기준으로 법정기간인 상고이유서 제출기간이 형사소송법 제67조에 따라 연장될 수 없다. 이러한 법리는 군검사가 상고한 경우에도 마찬가지로 적용된다.(대법원 2023. 4. 21. 2022도16568 해군검찰단 군검사 상고이유서 제출 사건) 해군검찰단 고등검찰부(계룡시 소재) 소속 군검사가 상고를 제기하였고, 대법원이 대검찰청(서울시 소재) 소속 검사에게 소송기록접수통지를 하여 2022.12.27. 송달되었는데, 상고를 제기한 해군검찰단 고등검찰부 소속 군검사는 상고이유서 제출기간(20일)이 지난 2023. 1.17. 상고이유서를 제출하였다. 법정기간 연장 여부의 기준은 상고를 제기한 해군검찰단 고등검찰부가 아니라 대검찰청인데, 대검찰청과 대법원은 바로 붙어 있으므로 법정기간 연장에 관한 형사소송법 제67조 등은 적용될 수 없다. 상소에 관한 조문과 판례를 공부한 이후에 다시 이 판례를 보기 바란다. 아래 이미지에서 왼쪽이 대법원이고, 오른쪽이 대검찰청이다.

> 24 법원9급

<이미지 출처 - 오마이뉴스(https://www.ohmynews.com/NWS_Web/View/img_pg.aspx?CNTN_CD=IE003258357)>

제 2 절 | 소송행위의 가치판단과 소송조건

형사소송법(2025. 3.18. 법률 제20796호로 일부개정된 것)

제254조【공소제기의 방식과 공소장】① 공소를 제기함에는 공소장을 관할법원에 제출하여야 한다.

형사소송규칙(2025. 2.28. 대법원규칙 제3202호로 일부개정된 것】

제142조【공소장의 변경】① 검사가 법 제298조 제1항에 따라 공소장에 기재한 공소사실 또는 적용법조의 추가, 철회 또는 변경(이하 "공소장의 변경"이라 한다)을 하고자 하는 때에는 그 취지를 기재한 공소장변경허가신청서를 법원에 제출하여야 한다.
②~④ 〈생략〉
⑤ 법원은 제1항의 규정에도 불구하고 피고인이 재정하는 공판정에서는 피고인에게 이익이 되거나 피고인이 동의하는 경우 구술에 의한 공소장변경을 허가할 수 있다.

> **선생님의 TIP**
>
> 소송행위의 가치판단의 시작은 불성립과 성립이다. 성립 후에 비로소 유효인가 무효인가 따지게 되고, 무효라도 일정한 요건이 구비되면 하자가 치유되어 유효가 될 수 있다. 아래 판례 대부분이 공소제기에 관한 것인데, 형사소송법 제254조 제1항에서 보듯이 공소제기는 반드시 '서면'에 의하여야 한다.

01 소송행위의 불성립과 무효의 차이점

(1) 소송행위로서 요구되는 본질적인 개념요소가 결여되어 소송행위로 성립되지 아니한 경우에는 소송행위가 성립되었으나 무효인 경우와는 달리 하자의 치유문제는 발생하지 않으나 추후 당해 소송행위가 적법하게 이루어진 경우에는 그때부터 위 소송행위가 성립된 것으로 볼 수 있다 할 것이어서 이에 따른 조치를 취하여야 한다. (2) 원래 공소제기가 없었음에도 피고인의 소환이 이루어지는 등 사실상의 소송계속이 발생한 상태에서 검사가 약식명령을 청구하는 공소장을 제1심법원에 제출하고, 위 공소장에 기하여 공판절차를 진행한 경우 제1심법원으로서는 이에 기하여 유・무죄의 실체판단을 하여야 한다.(대법원 2003.11.14. 2003도2735 정신없는 검사 사건) [3] 1. 판례 참고

▶ 23 법원9급, 22 국가7급, 16 변호사

02 공소제기라는 소송행위의 성립요건 등

1. 형사소송법이 공소제기에 관하여 서면주의와 엄격한 요식행위를 채용한 것은 앞으로 진행될 심판의 대상을 서면에 명확하게 기재하여 둠으로써 법원의 심판대상을 명백하게 하고 피고인의 방어권을 충분히 보장하기 위한 것이므로, 서면인 공소장의 제출은 공소제기라는 소송행위가 성립하기 위한 본질적 요소라고 보아야 한다. 따라서 **서면인 공소장의 제출 없이 공소를 제기한 경우에는 이를 허용하는 특별한 규정이 없는 한 공소제기에 요구되는 소송법상의 정형을 갖추었다고 할 수 없어 소송행위로서의 공소제기가 성립되었다고 볼 수 없다.**(대법원 2016.12.15. 2015도3682 공소장 CD별지 사건Ⅰ) [3] 2.~4. 판례 참고

▶ 18 국가7급

2. 형사소송법이 공소의 제기에 관하여 서면주의와 엄격한 요식행위를 채용한 것은 공소의 제기에 의해서 법원의 심판이 개시되므로 심판을 구하는 대상을 명확하게 하고 피고인의 방어권을 보장하기 위한 것이다. 따라서 위와 같은 엄격한 형식과 절차에 따른 공소장의 제출은 공소제기라는 소송행위가 성립하기 위한 본질적 요소라고 할 것이므로 공소의 제기에 있어서 현저한 방식위반이 있는 경우에는 공소제기의 절차가 법률의 규정에 위반하여 무효인 경우에 해당된다고 할 것이고, 위와 같은 절차위배의 공소제기에 대하여 피고인과 변호인이 이의를 제기하지 아니하고 변론에 응하였다고 하여 그 하자가 치유되지는 않는다.(대법원 2009. 2. 26. 2008도11813 공소장을 갈음한다 사건) [4] 판례 참고 ▶ 18 경간부

03 소송행위로서 성립하지 않은 경우

1. 즉결심판 청구기각의 결정이 있어 경찰서장이 관할 지방검찰청 또는 지청의 장에게 송치한 사건의 경우에는 검사만이 공소를 제기할 수 있고 공소를 제기할 경우에는 검사는 공소장을 작성하여 법원에 제출하여야 할 것임에도 검사가 이를 즉결심판에 대한 피고인의 정식재판청구가 있은 사건으로 오인하여 그 사건기록을 법원에 송부한 경우에는 공소제기의 본질적 요소라고 할 수 있는 검사에 의한 공소장의 제출이 없는 이상 기록을 법원에 송부한 사실만으로 공소제기가 성립되었다고 볼 수 없다.(대법원 2003. 11. 14. 2003도2735 정신없는 검사 사건) ▶ 25 소방간부, 23 국가9급, 22 국가7급, 21 경간부, 21 경찰채용, 21 소방간부, 18 경찰승진, 18 경찰채용, 18 소방간부, 17 경찰채용, 15 국가9급

▶

2. 검사가 공소사실의 일부인 범죄일람표를 컴퓨터 프로그램을 통하여 열어보거나 출력할 수 있는 전자적 형태의 문서(이하 '전자문서'라고 한다)로 작성한 다음 종이문서로 출력하지 않고 전자문서가 저장된 저장매체 자체를 서면인 공소장에 첨부하여 제출한 경우에는, 서면인 공소장에 기재된 부분에 한하여 적법하게 공소가 제기된 것으로 보아야 한다.(대법원 2017. 4. 7. 2016도13263 홈플러스 개인정보 판매사건) ▶ 22 국가7급

3. 검사가 공소사실의 일부가 되는 범죄일람표를 컴퓨터 프로그램을 통하여 열어보거나 출력할 수 있는 전자적 형태의 문서로 작성한 후 종이문서로 출력하여 제출하지 아니하고 위 전자적 형태의 문서가 저장된 저장매체 자체를 서면인 공소장에 첨부하여 제출한 경우에는, 서면인 공소장에 기재된 부분에 한하여 공소가 제기된 것으로 볼 수 있을 뿐이고, 위 저장매체에 저장된 전자적 형태의 문서 부분까지 공소가 제기된 것이라고 할 수는 없다. 이러한 형태의 공소제기를 허용하는 별도의 규정이 없을 뿐만 아니라 위 저장매체나 전자적 형태의 문서를 공소장의 일부로서의 '서면'으로 볼 수도 없기 때문이다. 이는 위 전자적 형태의 문서의 양이 방대하여 그와 같은 방식의 공소제기를 허용해야 할 현실적인 필요가 있다거나 피고인과 변호인이 이의를 제기하지 않고 변론에 응하였다고 하여 달리 볼 것도 아니다. 이러한 법리는 검사가 공소장변경허가신청서에 의한 공소장변경허가를 구하면서 변경하려는 공소사실을 전자적 형태의 문서로 작성하여 그 문서가 저장된 저장매체를 첨부한 경우에도 마찬가지로 적용된다.(대법원 2016. 12. 15. 2015도3682 공소장 CD별지 사건Ⅰ) ▶ 25 소방간부, 24 국가7급, 19 경찰승진, 19 국가9급, 19 법원9급, 18 경찰채용, 17 국가7급

4. 검사가 구술에 의한 공소장변경허가신청을 하는 경우에도 변경하고자 하는 공소사실의 내용은 서면에 의하여 신청을 할 때와 마찬가지로 구체적으로 특정하여 진술하여야 하므로 검사가 구술로 공소장변경허가신청을 하면서 변경하려는 공소사실의 일부만 진술하고 나머지는 전자적 형태의 문서로 저장한 저장매체를 제출하였다면, 공소사실의 내용을 구체적으로 진술한 부분에 한하여 공소장변경허가신청이 된 것으로 볼 수 있을 뿐이다. 그 경우 저장매체에 저장된 전자적 형태의 문서는 공소장변경허가신청이 된 것이라고 할 수 없고, 법원이 그 부분에 대해서까지 공소장변경허가를 하였다고 하더라도 적법하게 공소장변경이 된 것으로 볼 수 없다.(대법원 2016.12.29. 2016도11138 CD 공소장변경 사건)

▶ 23 소방간부, 20 경간부, 18 변호사, 18 국가7급

04 소송행위로서 성립하였으나 무효인 경우

검사의 공소장변경 허가신청서에는 '필로폰매매 알선행위에 대한 공소사실과 이 사건 변경신청을 허가하여 달라'는 취지의 문구만이 기재되어 있을 뿐 피고인의 성명 기타 피고인을 특정할 수 있는 사항, 적용법조 등이 기재되어 있지 않고, 변경신청서가 피고인 또는 변호인에게 송달되지 않았으며, 새로운 공소의 제기에 대한 사건번호의 부여 및 사건배당절차도 거치지 않은 사실이 인정되므로 알선행위에 대한 공소의 제기는 형사소송법 제254조에 규정된 형식적 요건을 갖추지 못한 변경신청서에 기하여 이루어졌을 뿐만 아니라, 공소장부본 송달 등의 절차 없이 공판기일에서 변경신청서로 공소장을 갈음한다는 검사의 구두진술에 의한 것이라서 그 공소제기의 절차에는 법률의 규정에 위반하여 무효라고 볼 정도의 현저한 방식위반이 있다고 봄이 상당하고 피고인과 변호인이 그에 대하여 이의를 제기하지 않았다고 하여 그 하자가 치유된다고 볼 수는 없으므로 판결로써 공소기각의 선고를 하여야 한다.(대법원 2009. 2.26. 2008도11813 공소장을 갈음한다 사건) 두문자 〈허기진 특정 모범 일본소년이 가면 고소·고발·처벌 재유발하고 특허·보험 남용한다〉로 암기하기 바란다.

▶ 24 변호사, 24 국가7급, 23 소방간부, 22 국가9급, 21 경찰채용, 18 국가7급, 17 경간부, 17 국가9급

05 착오에 의한 절차형성적 소송행위가 무효가 되기 위한 요건

착오에 의한 소송행위가 무효로 되기 위하여서는 첫째, 통상인의 판단을 기준으로 하여 만일 착오가 없었다면 그러한 소송행위를 하지 않았으리라고 인정되는 중요한 점(동기를 포함)에 관하여 착오가 있고 둘째, 착오가 행위자 또는 대리인이 책임질 수 없는 사유로 인하여 발생하였으며 셋째, 그 행위를 유효로 하는 것이 현저히 정의에 반한다고 인정될 것 등 세가지 요건을 필요로 한다.(대법원 1992. 3.13. 92모1 보호감호 피고인 상고취하 사건)
[6] 판례 참고

▶ 23 국가9급, 17 경간부

06 착오에 의한 절차형성적 소송행위가 무효가 되지 않는 경우

1. 교도관이 내어 주는 상소권포기서를 항소장으로 잘못 믿은 나머지 피고인이 이를 확인하여 보지도 않고 서명·무인한 경우 (대법원 1995. 8.17. 95모49 착오 항소포기 사건) 피고인에게 귀책사유가 있는 경우이다. 아래 2. 판례도 마찬가지이다.

▶ 19 법원9급

2. 보호감호가 선고된 것으로 알고 일단 상고를 제기한 피고인이 (보호감호청구가 기각되었다는) 교도관의 말과 판결선고결과보고서의 기재를 믿은 나머지 판결등본송달을 기다리지 않고 상고를 취하한 경우 (대법원 1992. 3.13. 92모1 보호감호 피고인 상고취하 사건) ▶ 20 국가9급

> **민사소송법(2024. 1.16. 법률 제20003호로 일부개정된 것)**
> 제151조【소송절차에 관한 이의권】당사자는 소송절차에 관한 규정에 어긋난 것임을 알거나 알 수 있었을 경우에 바로 이의를 제기하지 아니하면 그 권리를 잃는다. 다만, 그 권리가 포기할 수 없는 것인 때에는 그러하지 아니하다.

> **민사소송법(2002. 1.26. 법률 제6626호로 전부개정되기 전의 것)**
> 제140조【책문권】당사자가 소송절차에 관한 규정에 위배됨을 알거나 알 수 있었을 경우에 지체없이 이의하지 아니하면 그 권리를 잃는다. 다만, 포기할 수 없는 것은 그러하지 아니하다.

> **선생님의 TIP**
> 민사소송법에는 명문으로 소송절차에 관한 이의권(개정 전에는 '책문권')을 규정하고 있지만 형사소송법에는 이에 대응되는 조문이 없다. 그러나 판례는 아래와 같이 형사소송에서도 소송절차에 관한 이의권 내지 책문권의 포기를 인정하는 취지의 판시를 하고 있다.

07 이의권의 포기·상실로 하자가 치유되는 경우

1. 변호인이 없는 피고인을 일시 퇴정하게 하고 증인신문을 한 다음 피고인에게 실질적인 반대신문의 기회를 부여하지 아니하였지만, 그 다음 공판기일에서 재판장이 증인신문 결과 등을 공판조서(증인신문조서)에 의하여 고지하였는데 피고인이 '변경할 점과 이의할 점이 없다'고 진술하여 책문권 포기 의사를 명시한 경우 (대법원 2010. 1.14. 2009도9344 접대부 폭행·추행 사건) ▶ 23 법원9급, 21 국가7급, 18 국가7급, 15 경찰채용

2. 검사의 약식명령청구에 대하여 법원이 공판절차회부를 함에 있어 공소장부본을 피고인에게 송달하지 않았으나, 검사와 피고인이 공판기일에 출석하여 피고인을 신문하고 피고인도 이에 대하여 이의를 제기하지 아니하고 신문에 응하고 변론을 한 경우 (대법원 2003.11.14. 2003도2735 정신없는 검사 사건) ▶ 22 국가7급, 18 국가9급, 15 국가9급

3. 증거보전절차에서 판사가 증인신문을 함에 있어 그 일시와 장소를 피의자 및 변호인에게 미리 통지하지 아니하여 증인신문에 참여할 수 있는 기회를 주지 아니하였지만, 피고인과 변호인이 제1심 공판정에서 증인신문조서를 증거로 할 수 있음에 동의하여 별다른 이의없이 적법하게 증거조사를 거친 경우 (대법원 1988.11. 8. 86도1646 치안본부 경위 수뢰사건) [8] 판례와 비교 ▶ 23 변호사, 18 국가9급

4. 법원이 법정외에서 증인신문을 실시함에 있어 피고인에게 통지하지 아니하여 참여의 기회를 주지 않았으나, 그 후 속개된 공판기일에서 피고인과 변호인이 그 증인신문조서에 대하여 "별 의견이 없다"고 진술한 경우 (대법원 1980. 5.20. 80도306 숨슴 10·26 김재규 사건) ▶ 22 변호사

5. 법원이 피고인에게 증인신문의 시일과 장소를 미리 통지함이 없이 증인신문을 하였지만 그 후 증인신문결과를 소송관계인에게 고지하였던 바, 피고인이나 변호인이 이에 대하여 이의를 하지 않은 경우 (대법원 1974. 1.15. 73도2967 통지 없었던 증인신문 사건) ▶ 22 경간부

CHAPTER 03 소송행위와 소송조건 81

6. 공소장부본을 송달받은지 5일이 경과하지 아니한 그 닷새째 되는 날에 제1회 공판이 있었다고 하더라도 피고인이 공소범죄 사실에 관하여 **변호인의 도움을 받아 충분한 진술과 변론을 하였음이 명백한** 경우 (대법원 1982. 6. 8. 81모43 5일만에 첫기일 사건) ▶ 22 경간부

7. 법원이 검사의 항소이유서 부본을 피고인에게 송달하지 아니하였으나 피고인도 '사실오인과 양형과중'을 이유로 항소하였고 항소심이 변론없이 기록에 의하여 양형조건이 되는 제반사항을 참작하여 제1심의 형량이 적절하다 하여 쌍방항소를 기각한 경우 (대법원 1981. 9. 8. 81도2040 항소이유서 송달하자 치유사건) ▶ 18 국가7급

08 하자가 치유되지 않는 경우

증거보전절차에서 판사가 증인신문을 함에 있어 그 일시와 장소를 피의자 및 변호인에게 미리 통지하지 아니하여 증인신문에 참여할 수 있는 기회를 주지 아니하였고 또 **변호인이 제1심 공판기일에서 증인신문조서의 증거조사에 관하여 이의신청을 한** 경우 (대법원 1992. 2. 28. 91도2337 화성 강제추행 사건) ▶ 15 경찰승진

> **선생님의 TIP**
> 변호인선임의 추완과 고소·고발의 추완에 관한 판례가 시험에 출제가 잘 되고 있다.

09 변호인선임의 추완을 부정한 경우

1. **변호인선임서를 제출하지 않은 채 상고이유서만을 제출하고 상고이유서 제출기간이 지난 후에 변호인선임서를 제출하였다면 그 상고이유서는 적법·유효한 변호인의 상고이유서가 될 수 없다.** (대법원 2015. 2. 26. 2014도12737 급하게 상고이유서만 제출 사건) ▶ 25 소방간부, 23 국가9급, 23 법원9급, 23 소방간부, 22 경간부, 21 경찰승진, 18 경간부, 18 국가9급

2. **변호인선임신고서를 제출하지 아니한 변호인이 변호인 명의로 정식재판청구서만 제출하고 정식재판청구기간 경과 후에 비로소 변호인선임신고서를 제출한 경우 변호인 명의로 제출한 정식재판청구서는 적법·유효한 정식재판청구로서의 효력이 없다.** (대법원 2005. 1. 20. 2003모429 선임서 사본 사건) ▶ 23 국가7급, 19 경찰승진, 19 국가7급, 18 경찰채용, 17 경간부, 15 경간부

10 고소·고발의 추완을 부정한 경우

1. 강간죄는 친고죄로서 피해자의 고소가 있어야 죄를 논할 수 있고 **기소 이후의 고소의 추완은 허용되지 아니하며,** 이는 비친고죄인 강간치사죄로 기소되었다가 친고죄인 강간죄로 공소장이 변경되는 경우에도 마찬가지이다. (대법원 1982. 9. 14. 82도1504 기소후 아버지 고소 사건) 물론 2025년 현재 강간죄는 친고죄가 아니다. 취지만 기억하기 바란다. ▶ 19 경찰승진, 17 변호사, 15 경간부

2. **세무공무원의 고발없이 조세범칙 사건의 공소가 제기된 후에 세무공무원의 그 고발을 하였다 하여도 그 공소절차의 무효가 치유된다고는 볼 수 없다.** (대법원 1970. 7. 28. 70도942 남부산세무서장 뒤늦은 고발사건) ▶ 24 소방간부, 23 법원9급, 20 경간부, 19 경찰승진, 18 경간부, 18 국가9급

형사소송법(2025. 3. 18. 법률 제20796호로 일부개정된 것)

제319조 【관할위반의 판결】 피고사건이 법원의 관할에 속하지 아니한 때에는 판결로써 관할위반의 선고를 하여야 한다.

제326조 【면소의 판결】 다음 경우에는 판결로써 면소의 선고를 하여야 한다.
1. 확정판결이 있은 때
2. 사면이 있은 때
3. 공소의 시효가 완성되었을 때
4. 범죄 후의 법령개폐로 형이 폐지되었을 때

제327조 【공소기각의 판결】 다음 각 호의 경우에는 판결로써 공소기각의 선고를 하여야 한다.
1. 피고인에 대하여 재판권이 없을 때
2. 공소제기의 절차가 법률의 규정을 위반하여 무효일 때
3. 공소가 제기된 사건에 대하여 다시 공소가 제기되었을 때
4. 제329조를 위반하여 공소가 제기되었을 때
5. 고소가 있어야 공소를 제기할 수 있는 사건에서 고소가 취소되었을 때
6. 피해자의 명시한 의사에 반하여 공소를 제기할 수 없는 사건에서 처벌을 원하지 아니하는 의사표시를 하거나 처벌을 원하는 의사표시를 철회하였을 때

제328조 【공소기각의 결정】 ① 다음 경우에는 결정으로 공소를 기각하여야 한다.
1. 공소가 취소되었을 때
2. 피고인이 사망하거나 피고인인 법인이 존속하지 아니하게 되었을 때
3. 제12조 또는 제13조의 규정에 의하여 재판할 수 없는 때
4. 공소장에 기재된 사실이 진실하다 하더라도 범죄가 될 만한 사실이 포함되지 아니하는 때

교통사고처리 특례법(2025. 1. 7. 법률 제20634호로 일부개정된 것)

제3조 【처벌의 특례】 ② 차의 교통으로 제1항의 죄 중 업무상과실치상죄 또는 중과실치상죄와 도로교통법 제151조의 죄를 범한 운전자에 대하여 피해자의 명시적인 의사에 반하여 공소를 제기할 수 없다. 다만, 차의 운전자가 제1항의 죄 중 업무상과실치상죄 또는 중과실치상죄를 범하고도 피해자를 구호하는 등 도로교통법 제54조 제1항에 따른 조치를 하지 아니하고 도주하거나 피해자를 사고 장소로부터 옮겨 유기하고 도주한 경우, 같은 죄를 범하고 도로교통법 제44조 제2항을 위반하여 음주측정 요구에 따르지 아니하거나 도로교통법 제44조 제5항을 위반하여 음주측정방해 행위를 한 경우와 다음 각 호의 어느 하나에 해당하는 행위로 인하여 같은 죄를 범한 경우에는 그러하지 아니하다. 〈아래 각호는 이른바 12대 중과실〉
1. 도로교통법 제5조에 따른 신호기가 표시하는 신호 또는 교통정리를 하는 경찰공무원등의 신호를 위반하거나 통행금지 또는 일시정지를 내용으로 하는 안전표지가 표시하는 지시를 위반하여 운전한 경우
2. 도로교통법 제13조 제3항을 위반하여 중앙선을 침범하거나 같은 법 제62조를 위반하여 횡단, 유턴 또는 후진한 경우

3.~12. 〈생략〉

제4조 【보험 등에 가입된 경우의 특례】 ① 교통사고를 일으킨 차가 (중략) 보험 또는 공제에 가입된 경우에는 제3조 제2항 본문에 규정된 죄를 범한 차의 운전자에 대하여 공소를 제기할 수 없다. 다만, 다음 각 호의 어느 하나에 해당하는 경우에는 그러하지 아니하다.
1. 제3조 제2항 단서에 해당하는 경우
2. 피해자가 신체의 상해로 인하여 생명에 대한 위험이 발생하거나 불구가 되거나 불치 또는 난치의 질병이 생긴 경우
3. 보험계약 또는 공제계약이 무효로 되거나 해지되거나 계약상의 면책 규정 등으로 인하여 보험회사, 공제조합 또는 공제사업자의 보험금 또는 공제금 지급의무가 없어진 경우

> **선생님의 TIP**
>
> 소송조건이란 형사절차의 허용조건 즉 수사 또는 공판의 허용조건을 말한다. '실체적 심판을 하기 위한 조건' 또는 '전체로서 형사소송이 발생·유지·존속하기 위한 기본조건'이라고도 한다. **형사소송법 제319조 이하 내용을 반대로 하면 소송조건이 된다**. 즉, 관할권이 있을 것, 확정판결이 없을 것, 사면이 없을 것 등이 소송조건이다. 즉, 모두 15개의 소송조건이 있는 것이다.

11 소송조건의 존부가 법원의 직권조사 사항인지의 여부(적극)

1. 법원은 검사가 공소를 제기한 범죄사실을 심판하는 것이지 고소권자가 고소한 내용을 심판하는 것이 아니므로 고소권자가 비친고죄로 고소한 사건이더라도 검사가 사건을 친고죄로 구성하여 공소를 제기하였다면 공소장변경절차를 거쳐 공소사실이 비친고죄로 변경되지 아니하는 한, 법원으로서는 친고죄에서 **소송조건이 되는 고소가 유효하게 존재하는지를 직권으로 조사·심리하여야 한다.**(대법원 2015.11.17. 2013도7987 특수강제추행 사건)

   ▶ 25 변호사, 25 경찰승진, 24 경찰승진, 24 법원9급, 23 법원9급, 21 경간부, 21 경찰채용, 20 경찰승진, 20 경찰채용, 19 경간부, 19 경찰채용, 17 경찰채용, 16 경찰채용

2. 반의사불벌죄에서 **처벌을 희망하지 않는 의사표시의 부존재는 소극적 소송조건으로서 직권 조사사항에 해당하므로 당사자가 항소이유로 주장하지 않았더라도 원심은 이를 직권으로 조사·판단해야 한다.**(대법원 2021.10.28. 2021도10010 PC방 진상 폭행사건)

   ▶ 25 경찰승진, 25 국가9급, 23 경찰승진, 22 경찰승진, 21 경찰채용, 19 경찰승진, 18 경찰채용, 18 법원9급, 17 국가9급, 15 경찰채용

3. 고발이 있어야 공소를 제기할 수 있는 범죄에서 그 **고발은 적극적 소송조건으로서 직권조사사항에 해당하므로 당사자가 항소이유로 주장하지 않았다고 하더라도 원심은 이를 직권으로 조사·판단하여야 한다.**(대법원 2014. 7.10. 2014도224 공정위 고발 누락사건)

12 소송조건의 흠결이 있는 경우 법원이 취해야 할 조치(=형식재판)

1. 제1심은 공소는 공소시효가 완성된 후에 제기된 것으로서 공소제기의 절차가 법률의 규정에 위반되어 무효인 때에 해당한다는 이유로 형사소송법 제327조 제2호에 따라 공소를 기각하였고, 원심은 이러한 제1심의 판단을 그대로 유지하였는바 '공소의 시효가 완성되었을 때'에는 판결로써 면소의 선고를 하여야 한다.(대법원 2010. 5.13. 2010도1386 이명박 후보 비방사건)

2. **범죄 후 법령의 개폐로 그 형이 폐지되었을 경우에는 형사소송법 제326조에 의하여 실체적 재판을 하기에 앞서 면소판결을 하여야 할 것이므로 원심이 무죄로서의 실체적 재판을 한 것은 위법하여 파기를 면할 수 없다.**(대법원 2010. 7.15. 2007도7523 문석호 의원 보좌관 사건)

   ▶ 24 국가9급, 23 국가7급

3. 강간치상죄는 강간죄의 결과적 가중범으로서 강간치상의 공소사실 중에는 강간죄의 공소사실도 포함되어 있는 것이어서 강간치상죄로 공소가 제기된 사건에 있어서 그 치상의 점에 관하여 증명이 없더라도 법원으로서는 공소장변경절차 없이 강간의 점에 대하여 심리판단할 수 있다고 할 것인데, 다만 이 경우에 있어서 공소제기 전에 그 소추요건인 고소의 취소가 있었다면 형사소송법 제327조 제2호에 의하여 공소기각의 판결을 선고하여야 할 것이지 범죄의 증명이 없다고 하여 무죄의 선고를 할 수는 없다.(대법원 2002. 7.12. 2001도6777 주병진 사건) 이 판례와 아래 4. 판례를 잘 비교하면서 공부해야 한다. 고소취

   ▶ 18 변호사

소의 시점이 공소제기 전인가, 공소제기 후인가 그리고 그 법률효과에 어떠한 차이가 있는가를 잘 기억하기 바란다. 물론 2025년 현재 강간죄는 친고죄가 아니다. 취지만 기억하기 바란다.

4. 강간치상죄로 공소제기가 된 사건에 있어서 그 치상의 점에 관하여 증명이 없더라도 강간의 점에 관하여 증명이 있으면 법원으로서는 강간의 점에 대하여 유죄인정을 할 수 있다 할 것인데, 다만 이 경우에 있어 **제1심판결 선고전에 그 소추요건인 고소의 취소가 있었다면 형사소송법 제327조 제5호에 의하여 공소기각의 판결을 선고하여야 할 것이지 범죄의 증명이 없는 것으로 보아 무죄의 선고를 할 것은 아니다.**(대법원 1988. 3. 8. 87도2673 치상 증명× 사건)

▶

5. 피고인이 신호를 위반하여 차량을 운행함으로써 사람을 상해에 이르게 한 교통사고로서 교통사고처리특례법 제3조 제1항, 제2항 단서 제1호의 사유가 있다고 하여 공소가 제기되었으나 공판절차에서의 심리 결과 피고인이 신호를 위반하여 차량을 운행한 사실이 없다는 점이 밝혀지게 되고, 한편 교통사고 당시 피고인이 운행하던 차량이 교통사고처리특례법 제4조 제1항 본문 소정의 자동차종합보험에 가입되어 있었다면 결국 교통사고처리특례법 제4조 제1항 본문에 따라 공소를 제기할 수 없음에도 불구하고 이에 위반하여 공소를 제기한 경우에 해당하고 따라서 위 공소제기는 형사소송법 제327조 제2호 소정의 공소제기 절차가 법률의 규정에 위반하여 무효인 때에 해당하는바, 이러한 경우 법원으로서는 교통사고에 대하여 피고인에게 아무런 업무상 주의의무위반이 없다는 점이 증명되었다 하더라도 바로 무죄를 선고할 것이 아니라 형사소송법 제327조의 규정에 의하여 소송조건의 흠결을 이유로 공소기각의 판결을 선고하여야 한다.(대법원 2004. 11. 26. 2004도4693 보험가입 간과 사건Ⅱ) 두문자 〈허기진 특정 모범 일본소년이 가면 고소·고발·처벌 재유발하고 특허·보험 남용한다〉로 암기하기 바란다. [13] 판례와 비교

▶ 22 변호사

6. (1) 교통사고처리특례법 제3조 제1항, 제2항 단서 제2호의 사유로 공소제기되었으나 공판절차에서 심리한 결과 피고인이 중앙선을 침범하여 차를 운행한 사실이 없다는 점이 분명하게 되고, 한편 사고 당시 피고인이 운행하던 차가 교통사고처리특례법 제4조 제1항 본문 소정의 보험에 가입되어 있음이 밝혀졌다면 그 공소제기는 형사소송법 제327조 제2호 소정의 공소제기의 절차가 법률의 규정에 위반하여 무효인 때에 해당하므로 법원으로서는 그 교통사고에 있어서 피고인에게 아무런 업무상 주의의무위반이 없다는 점이 증명되었다 하여 바로 무죄를 선고할 것이 아니라 소송조건의 흠결을 이유로 공소기각의 판결을 선고하여야 한다. (2) 무죄의 제1심판결에 대하여 검사가 채증법칙 위배 등을 들어 항소하였으나 공소기각 사유가 있다고 인정될 경우 항소심법원은 직권으로 판단하여 제1심판결을 파기하고 피고인에 대한 공소사실에 관하여 무죄라는 판단을 하기에 앞서 공소기각의 판결을 선고하여야 하고, 공소기각 사유가 있으나 피고인의 이익을 위한다는 이유로 검사의 항소를 기각하여 무죄의 제1심판결을 유지할 수 없다.(대법원 1994. 10. 14. 94도1818 보험가입 간과 사건Ⅰ)

▶ 20 국가9급

13 소송조건의 흠결이 있음에도 법원이 실체재판을 한 경우

교통사고처리법 제3조 제1항, 제2항 단서, 형법 제268조를 적용하여 공소가 제기된 사건에서 심리 결과 교통사고처리법 제3조 제2항 단서에서 정한 사유가 없고 같은 법 제3조 제2항 본문이나 제4조 제1항 본문의 사유로 공소를 제기할 수 없는 경우에 해당하면 공소기각의 판결을 하는 것이 원칙이다. 그런데 <u>사건의 실체에 관한 심리가 이미 완료되어</u> 교통사고처리법 제3조 제2항 단서에서 정한 사유가 없는 것으로 판명되고 달리 피고인이 같은 법 제3조 제1항의 죄를 범하였다고 인정되지 않는 경우 설령 같은 법 제3조 제2항 본문이나 제4조 제1항 본문의 사유가 있더라도 사실심법원이 피고인의 이익을 위하여 무죄의 실체판결을 선고하였다면 이를 위법이라고 볼 수는 없다.(대법원 2015. 5. 28. 2013도10958 전치 2주 눈부위 상처 사건Ⅱ) (同旨 대법원 2015. 5. 14. 2012도11431 전치 2주 눈부위 상처 사건Ⅰ) 이것은 예외적인 판례에 해당하고, 위 [12] 5. 6. 판례와 같이 사건을 처리하는 것이 원칙이다. 밑줄 친 '사건의 실체에 관한 심리가 이미 완료되었으므로' 이 부분이 포인트이다.

▶ 24 국가9급, 21 경간부

14 소송조건의 흠결이 치유되는 경우

1. (1) 친고죄에서 피해자의 고소가 없거나 고소가 취소되었음에도 친고죄로 기소되었다가 그 후 당초에 기소된 공소사실과 동일성이 인정되는 비친고죄로 공소장변경이 허용된 경우 그 공소제기의 흠은 치유되고, 친고죄로 기소된 후에 피해자의 고소가 취소되더라도 제1심이나 항소심에서 당초에 기소된 공소사실과 동일성이 인정되는 범위 내에서 다른 공소사실로 공소장을 변경할 수 있으며 이러한 경우 변경된 공소사실에 대하여 심리·판단하여야 하는데, 이는 반의사불벌죄에서 피해자의 처벌을 희망하지 아니하는 의사표시 또는 처벌을 희망하는 의사표시의 철회가 있는 경우에도 마찬가지로 보아야 한다. (2) 피해자가 제1심에서 처벌불원의사를 표시한 후에도 항소심에서 공소사실을 폭행에서 상해로 변경하는 공소장변경을 할 수 있고, 이 경우 항소심이 변경된 공소사실인 상해의 점에 대해 심리·판단한 것은 정당하다.(대법원 2011. 5. 13. 2011도2233 공소사실 폭행 → 상해 사건) 엄밀히 말하면 처음부터 '소송조건의 흠결'이 없었던 경우이다. 아래 2. 판례도 마찬가지이다.

▶ 25 변호사, 24 국가9급, 23 법원9급, 22 국가7급, 19 소방간부, 18 경간부, 16 법원9급, 15 변호사

2. 공갈죄의 수단으로서 한 협박은 공갈죄에 흡수될 뿐 별도로 협박죄를 구성하지 않으므로 그 범죄사실에 대한 피해자의 고소는 결국 공갈죄에 대한 것이라 할 것이어서 그 후 고소가 취소되었다 하여 공갈죄로 처벌하는 데에 아무런 장애가 되지 아니하며, 검사가 공소를 제기할 당시에는 그 범죄사실을 협박죄로 구성하여 기소하였다 하더라도 그 후 공판 중에 공갈미수로 공소장변경이 허용된 이상 그 공소제기의 하자는 치유된다.(대법원 1996. 9. 24. 96도2151 공갈미수로 공소장변경 사건)

▶ 25 경간부, 25 소방간부, 23 국가9급, 18 변호사, 18 국가7급, 18 경간부

02

수사와 공소

CHAPTER 01 | 수사

제1절 | 서론

I 수사기관과 피의자

> **형사소송법(2025. 3.18. 법률 제20796호로 일부개정된 것)**
>
> 제195조【검사와 사법경찰관의 관계 등】① 검사와 사법경찰관은 수사, 공소제기 및 공소유지에 관하여 서로 협력하여야 한다.
> ② 제1항에 따른 수사를 위하여 준수하여야 하는 일반적 수사준칙에 관한 사항은 대통령령으로 정한다.
>
> 제196조【검사의 수사】① 검사는 범죄의 혐의가 있다고 사료하는 때에는 범인, 범죄사실과 증거를 수사한다.
> ② 검사는 제197조의3 제6항, 제198조의2 제2항 및 제245조의7 제2항에 따라 사법경찰관으로부터 송치받은 사건에 관하여는 해당 사건과 동일성을 해치지 아니하는 범위 내에서 수사할 수 있다.
>
> 제197조【사법경찰관리】① 경무관, 총경, 경정, 경감, 경위는 사법경찰관으로서 범죄의 혐의가 있다고 사료하는 때에는 범인, 범죄사실과 증거를 수사한다.
> ② 경사, 경장, 순경은 사법경찰리로서 수사의 보조를 하여야 한다.
>
> 제245조의9【검찰청 직원】① 검찰청 직원으로서 사법경찰관리의 직무를 행하는 자와 그 직무의 범위는 법률로 정한다.
> ② 사법경찰관의 직무를 행하는 검찰청 직원은 검사의 지휘를 받아 수사하여야 한다.
> ③ 사법경찰리의 직무를 행하는 검찰청 직원은 검사 또는 사법경찰관의 직무를 행하는 검찰청 직원의 수사를 보조하여야 한다.
>
> 제245조의10【특별사법경찰관리】① 삼림, 해사, 전매, 세무, 군수사기관, 그 밖에 특별한 사항에 관하여 사법경찰관리의 직무를 행할 특별사법경찰관리와 그 직무의 범위는 법률로 정한다.
> ② 특별사법경찰관은 모든 수사에 관하여 검사의 지휘를 받는다.
> ③ 특별사법경찰관은 범죄의 혐의가 있다고 인식하는 때에는 범인, 범죄사실과 증거에 관하여 수사를 개시·진행하여야 한다.
> ④ 특별사법경찰관리는 검사의 지휘가 있는 때에는 이에 따라야 한다. 검사의 지휘에 관한 구체적 사항은 법무부령으로 정한다.

> **선생님의 TIP**
>
> 수사기관 자체에 관하여는 판례가 거의 없고, 주로 조문에서 시험에 출제된다.

01 수사의 의의

수사, 즉 범죄혐의의 유무를 명백히 하여 공소를 제기·유지할 것인가의 여부를 결정하기 위하여 범인을 발견·확보하고 증거를 수집·보전하는 수사기관의 활동은 수사 목적을 달성함에 필요한 경우에 한하여 사회통념상 상당하다고 인정되는 방법 등에 의하여 수행되어야 한다.(대법원 1999.12. 7. 98도3329 과속카메라 사건)

▶ 25 소방간부, 21 경찰승진, 17 경찰채용, 16 경찰승진

02 조세범칙조사 담당 세무공무원이 수사기관에 해당하는지의 여부(소극)

(1) 사법경찰관리 또는 특별사법경찰관리에 대하여는 헌법과 형사소송법 등 법령에 따라 국민의 생명·신체·재산 등을 보호하기 위하여 광범위한 기본권 제한조치를 할 수 있는 권한이 부여되어 있으므로 소관 업무의 성질이 수사업무와 유사하거나 이에 준하는 경우에도 명문의 규정이 없는 한 함부로 그 업무를 담당하는 공무원을 사법경찰관리 또는 특별사법경찰관리에 해당한다고 해석할 수 없다. (2) 구 형사소송법(2020. 2. 4. 법률 제16924호로 개정되기 전의 것) 제197조는 세무 분야에 관하여 특별사법경찰관리의 직무를 행할 자와 그 직무의 범위를 법률로써 정한다고 규정하였고, 이에 따라 구「사법경찰관리의 직무를 수행할 자와 그 직무범위에 관한 법률」(2021. 3. 16. 법률 제17929호로 개정되기 전의 것)은 특별사법경찰관리를 구체적으로 열거하면서 '관세법에 따라 관세범의 조사업무에 종사하는 세관공무원'만 명시하였을 뿐 '조세범칙조사를 담당하는 세무공무원'을 포함시키지 않았다. 뿐만 아니라 현행 법령상 조세범칙조사의 법적 성질은 기본적으로 행정절차에 해당하므로 조세범 처벌절차법등 관련 법령에 조세범칙조사를 담당하는 세무공무원에게 압수·수색 및 혐의자 또는 참고인에 대한 심문권한이 부여되어 있어 그 업무의 내용과 실질이 수사절차와 유사한 점이 있고, 이를 기초로 수사기관에 고발하는 경우에는 형사절차로 이행되는 측면이 있다 하여도 달리 특별한 사정이 없는 한 이를 형사절차의 일환으로 볼 수는 없다.(대법원 2022. 12. 15. 2022도8824 범칙혐의자심문조서 사건) 조세범칙조사를 담당하는 세무공무원이 피고인이 된 혐의자 또는 참고인에 대하여 심문한 내용을 기재한 조서는 수사기관 작성의 피의자신문조서나 참고인진술조서가 아니므로 형사소송법 제312조에 따라 증거능력의 유무를 판단할 수 없고 형사소송법 제313조에 따라 증거능력의 유무를 판단하여야 한다는 취지의 판례이다.

핵심정리 형사절차의 주체와 객체

내사(입건 전 조사)	수사	공판	형집행
	인지(입건)	공소제기	유죄확정
수사기관 ↓ 피내사자(용의자)	수사기관 ↓ 피의자	법 원 ↓ 검사 - 피고인	교정기관 ↓ 수형자

03 범죄인지 및 피의자의 시기(=범죄혐의가 있어 수사를 개시하는 행위를 한 때)

1. 피의자의 지위는 수사기관이 범죄인지서를 작성하는 등 형식적인 사건수리 절차를 밟기 전이라도 조사대상자에 대하여 범죄의 혐의가 있다고 보아 실질적으로 수사를 개시하는 행위를 한 때에 인정된다.(대법원 2018. 12. 27. 2016다266736 유우성 접견거부 사건)
2. 검찰사건사무규칙 제2조 내지 제4조[25년 현재 제3조부터 제10조]에 의하면, 검사가 범죄를 인지하는 경우에는 범죄인지서를 작성하여 사건을 수리하는 절차를 거치도록 되어 있으므로 특별한 사정이 없는 한 수사기관이 그와 같은 절차를 거친 때에 범죄인지가 된

▶ 21 국가7급

것으로 볼 것이나, 범죄의 인지는 실질적인 개념이고 이 규칙의 규정은 검찰행정의 편의를 위한 사무처리절차 규정이므로 검사가 그와 같은 절차를 거치기 전에 범죄의 혐의가 있다고 보아 수사를 개시하는 행위를 한 때에는 이 때에 범죄를 인지한 것으로 보아야 하고, 그 뒤 범죄인지서를 작성하여 사건수리 절차를 밟은 때에 비로소 범죄를 인지하였다고 볼 것이 아니다.(대법원 2011.11.10. 2010도8294 허위 외국인투자 의심사건) 범죄인지서를 작성하기 전이라도 실질적으로 수사를 개시하는 행위를 한 때에 인지(認知)가 된 것이고 이때 상대방은 피의자가 된다. 따라서 이러한 피의자에 대하여 신문을 할 때에는 사전에 진술거부권을 고지해 주어야 한다는 취지의 판례이다.

[서식] 범죄인지서

○○지방검찰청						
사건과장	20 . .		주임검사	부장검사	차장검사	검사장
	형제 호					
범죄인지서							
피의자	성 명					
	주민등록번호		(세)			
	주 거					
	직 업					
죄 명						
위 사람에 대하여 (형제 호 피의자 에 대한 피의사건을 수사중) 별지 범죄사실을 인지하여 수사를 개시함						수사자료표 작성번호
						구속영장 청구부번호
○○지방검찰청 검사 ㊞						수리전산입력

II 수사의 조건

> **선생님의 TIP**
>
> 수사의 조건에는 수사의 필요성(必要性)과 수사의 상당성(相當性)이 있다. 필요성은 수사의 허용 조건이고, 상당성은 수사의 실행 조건이라고 할 수 있다. 아래는 수사의 조건과 관련된 판례들이다.

01 친고죄나 전속고발범죄에 있어서 고소나 고발이 있기 전에 행해진 수사가 위법한지의 여부(소극)

법률에 의하여 고소나 고발이 있어야 논할 수 있는 죄에 있어서 고소 또는 고발은 이른바 소추조건에 불과하고 당해 범죄의 성립요건이나 수사의 조건은 아니므로 위와 같은 범죄에 관하여 고소나 고발이 있기 전에 수사를 하였더라도 그 수사가 장차 고소나 고발의 가능성이 없는 상태하에서 행해졌다는 등의 특단의 사정이 없는 한 고소나 고발이 있기 전에 수사를 하였다는 이유만으로 그 수사가 위법하게 되는 것은 아니다.(대법원 2011. 3.10. 2008도7724 강사 불법채용 사건) 제한적 허용설[1]을 취한다. [2] 1.~3. 판례 참고

▶ 25 소방간부, 24 경찰승진, 22 경간부, 21 경간부, 20 변호사, 20 경찰채용, 20 국가9급, 20 소방간부, 17 경찰채용, 16 경찰승진

02 위법한 수사에 해당하지 않는 경우

1. 출입국관리법위반 사건을 입건한 지방경찰청이 지체없이 관할 출입국관리사무소장 등에게 인계하지 아니한 채 그 고발없이 수사를 진행하였다고 하더라도 지방경찰청 및 검찰의 수사가 위법하다거나 공소제기의 절차가 법률의 규정에 위배되어 무효인 때에 해당하지 않는다.(대법원 2011. 3.10. 2008도7724 강사 불법채용 사건)

▶ 21 경찰승진

2. 수사기관이 고발에 앞서 수사를 하고 피고인에 대한 구속영장을 발부받은 후 검찰의 요청에 따라 세무서장이 고발조치를 하였다고 하더라도 공소제기 전에 고발이 있은 이상 조세범처벌법위반사건 피고인에 대한 공소제기의 절차가 법률의 규정에 위반하여 무효라고 할 수 없다.(대법원 1995. 3.10. 94도3373 고발전 구속 사건) 보통 이 판례를 보고 '고발의 추완이 인정된다'라는 하는 학생분이 있다. 그러나, 고발의 추완은 공소제기 후에 고발을 한 경우에 공소가 유효한가 여부를 따지는 것이지만, 이 판례상의 고발은 어디까지나 공소제기 전에 한 것으로 '고발의 추완'과는 전혀 상관이 없다.

▶ 23 국가9급, 21 경찰승진, 21 경찰채용, 20 경찰채용

3. 검사 작성의 피고인에 대한 피의자신문조서, 다른 피의자에 대한 각 피의자신문조서등본 및 제3자에 대한 각 진술조서등본이 **조세범처벌법위반죄에 대한 세무서장의 고발이 있기 전에 작성된 것**이라 하더라도 피고인이나 그 피의자 및 제3자 등에 대한 신문이 피고인의 조세범처벌법위반 범죄에 대한 고발의 가능성이 없는 상태하에서 이루어졌다고 볼 아무런 자료도 없다면 그들에 대한 신문이 고발 전에 이루어졌다는 이유만으로 그 조서나 각 조서등본의 증거능력을 부정할 수는 없다.(대법원 1995. 2.24. 94도252 고발전 신문 사건)

▶

---

[1] '원칙적 허용설'이 더 어울리는 학설명이라고 생각한다.

4. 인지절차(범죄인지서 작성 등)를 밟기 전에 수사를 하였다고 하더라도 그 수사가 장차 인지의 가능성이 전혀 없는 상태하에서 행해졌다는 등의 특별한 사정이 없는 한 인지절차가 이루어지기 전에 수사를 하였다는 이유만으로 그 수사가 위법하다고 볼 수는 없고 따라서 그 수사과정에서 작성된 피의자신문조서나 진술조서 등의 증거능력도 이를 부인할 수 없다.(대법원 2001.10.26. 2000도2968 인지서 작성전 신문 사건)

> 25 변호사, 20 경찰승진, 20 경간부, 20 경찰채용, 19 경찰승진, 19 경간부, 16 경간부, 15 변호사

03 함정수사의 의의(=이른바 '범의유발형' 함정수사에 한정)

1. 함정수사라 함은 본래 범의를 가지지 아니한 자에 대하여 수사기관이 사술이나 계략 등을 써서 범죄를 유발하게 하여 범죄인을 검거하는 수사방법을 말하는 것이므로 범의를 가진 자에 대하여 범행의 기회를 주거나 단순히 사술이나 계략 등을 써서 범죄인을 검거하는 데 불과한 경우에는 이를 함정수사라고 할 수 없다.(대법원 2007. 7.26. 2007도4532 정보원 이용 검거장소로 유인사건)

> 17 경간부, 15 경찰승진

2. 범의를 가진 자에 대하여 단순히 범행의 기회를 제공하거나 범행을 용이하게 하는 것에 불과한 수사방법이 경우에 따라 허용될 수 있음은 별론으로 하고 본래 범의를 가지지 아니한 자에 대하여 수사기관이 사술이나 계략 등을 써서 범의를 유발케 하여 범죄인을 검거하는 함정수사는 위법함을 면할 수 없다.(대법원 2008.10.23. 2008도7362 안산 노래방 사건)

> 24 국가7급, 22 경찰채용, 18 소방간부, 17 법원9급, 16 경찰채용, 15 경찰승진

04 함정수사의 위법성 판단기준

1. 구체적인 사건에 있어서 위법한 함정수사에 해당하는지 여부는 해당 범죄의 종류와 성질, 유인자의 지위와 역할, 유인의 경위와 방법, 유인에 따른 피유인자의 반응, 피유인자의 처벌 전력 및 유인행위 자체의 위법성 등을 종합하여 판단하여야 한다.(대법원 2020. 1.30. 2019도15987 함정수사 인정 파기 사건)

> 24 국가7급, 20 경찰채용, 18 국가9급, 18 소방간부

2. (1) 수사기관과 직접 관련이 있는 유인자가 피유인자와의 개인적인 친밀관계를 이용하여 피유인자의 동정심이나 감정에 호소하거나 금전적·심리적 압박이나 위협 등을 가하거나 거절하기 힘든 유혹을 하거나 또는 범행방법을 구체적으로 제시하고 범행에 사용될 금전까지 제공하는 등으로 과도하게 개입함으로써 피유인자로 하여금 범의를 일으키게 하는 것은, 위법한 함정수사에 해당하여 허용되지 않는다. (2) 그렇지만 유인자가 수사기관과 직접적인 관련을 맺지 않은 상태에서 피유인자를 상대로 단순히 수차례 반복적으로 범행을 부탁하였을 뿐 수사기관이 사술이나 계략 등을 사용하였다고 볼 수 없는 경우에는 설령 그로 인하여 피유인자의 범의가 유발되었다 하더라도 위법한 함정수사에 해당하지 않는다. (대법원 2020. 1.30. 2019도15987 함정수사 인정 파기 사건)

> 25 변호사, 24 국가7급, 23 경찰승진, 22 경찰채용, 22 국가7급, 21 경찰승진, 21 소방간부, 19 경찰채용, 18 경간부, 18 국가9급, 18 소방간부, 17 경찰승진, 17 경간부, 16 경찰승진, 15 경찰채용

05 위법한 함정수사에 해당하는 경우

1. 게임장 운영자인 피고인이 게임장에 잠복근무 중인 경찰관으로부터 게임점수를 환전해 줄 것을 요구받고 거절하였음에도 경찰관의 지속적인 요구에 어쩔 수 없이 게임점수를 현금으로 환전해 준 경우 [게임산업법위반] (대법원 2021. 7.29. 2017도16810 불법게임장 잠

> 25 경간부

복수사 사건) [6] 1. 판례와 비교

2. **경찰관이 노래방의 도우미 알선 영업 단속 실적을 올리기 위하여** 그에 대한 제보나 첩보가 없는데도 **손님을 가장하고 들어가 도우미를 불러낸 경우** [음악산업법위반] (대법원 2008.10.23. 2008도7362 안산 노래방 사건)

> 18 국가9급, 17 변호사, 16 국가7급, 16 경찰승진, 16 경간부, 15 경찰채용

06 위법한 수사에 해당하지 않는 경우

1. 경찰관이 게임장 운영자인 피고인의 게임 결과물 환전행위를 적발하기 위해 게임장에 여러 차례에 걸쳐 잠입수사를 하였는데, 그 과정에서 게임장 종업원의 제안에 따라 **회원카드를 발급받아 게임점수를 적립하였을 뿐** 피고인 등에게 회원카드 발급 및 게임점수 적립을 적극적으로 요구하거나 다른 손님들과 게임점수의 거래를 시도한 적은 없고, 그후에도 피고인에게 회원카드 발급 및 게임점수 적립 등을 통한 사행행위의 조장을 요구하거나 **종용한 사실이 없는 경우** [게임산업법위반] (대법원 2021. 7.29. 2017도16810 불법게임장 잠복수사 사건)

2. 乙, 丙, 丁 등이 새롭게 당선된 군수인 **피고인 甲을 함정에 빠뜨리겠다는 의사로 뇌물을 공여하였고, 甲이 뇌물을 수수하자 서둘러 이 사실을 검찰에 신고한 경우**. 乙, 丙, 丁 등은 지방선거에서 군수 자리를 놓고 甲과 경합을 벌였던 다른 후보자의 지시를 받아 뇌물을 공여했다는 사실을 배제할 수 없음 [수뢰죄] (대법원 2008. 3.13. 2007도10804 강종안 영광 군수 사건) 비록 피고인의 뇌물수수는 뇌물공여자들의 함정교사에 의한 것이지만, 이들은 수사기관과 직접적인 관련을 맺지 아니한 자이기 때문에 함정수사가 아니라는 취지의 판례이다.

> 16 경찰승진

3. 乙이 수사기관에 체포된 동거남의 석방을 위한 공적을 쌓기 위하여 丙에게 필로폰 밀수입에 관한 정보제공을 부탁하면서 대가의 지급을 약속하고, 이에 丙이 丁에게, 丁은 피고인 甲에게 순차 필로폰 밀수입을 권유하여 이를 승낙하고 필로폰을 받으러 나온 甲을 체포한 경우. 다만, **丙·丁 등은 각자의 사적인 동기에 기하여 수사기관과 직접적인 관련이 없이 독자적으로 甲을 유인한 것임** [마약류관리법위반] (대법원 2007.11.29. 2007도7680 동거남 공적 사건)

> 22 경찰채용, 16 국가7급, 16 경간부

4. **이미 범행(마약류관리법위반)을 저지른 피고인을 검거하기 위하여** 수사기관이 정보원을 이용하여 피고인을 검거장소로 유인한 후 체포한 경우 [마약류관리법위반] (대법원 2007. 7.26. 2007도4532 정보원 이용 검거장소로 유인 사건)

> 23 경찰승진, 22 경찰채용, 22 국가7급, 21 경찰승진, 21 소방간부, 17 경간부, 16 경간부

5. 수사기관이 피고인의 범죄사실(절도)을 인지하고도 바로 체포하지 않고 추가 범행을 지켜보고 있다가 **범죄사실이 많이 늘어난 뒤에야 체포한 경우** [절도죄] (대법원 2007. 6.29. 2007도3164 일부러 늦게 체포 사건)

> 22 국가7급, 21 경찰승진, 21 소방간부, 19 경찰채용, 18 경간부, 18 소방간부, 17 경찰승진, 17 경찰채용, 15 경찰채용

6. 경찰관이 취객을 상대로 한 이른바 부축빼기 절도범을 단속하기 위하여, 공원 인도에 쓰러져 있는 취객 근처에서 감시하고 있다가 마침 피고인이 나타나 **취객을 부축하여 10m 정도를 끌고 가 지갑을 뒤지자 현장에서 피고인을 체포한 경우** [절도죄] (대법원 2007. 5.31. 2007도1903 부축빼기 사건)

> 21 경찰승진, 21 소방간부, 19 경찰채용, 18 경간부, 17 경찰승진, 17 경간부, 16 국가7급, 16 경찰승진, 16 경간부, 15 경찰승진, 15 경찰채용

07 위법한 함정수사에 의한 공소제기의 효력(=공소제기는 무효, 공소기각판결 선고)

본래 범의를 가지지 아니한 사람에 대하여 수사기관이 사술이나 계략 등을 써서 범의를 유발하게 하여 범죄인을 검거하는 함정수사는 위법하고, 이러한 함정수사에 기한 공소제기는 그 절차가 **법률의 규정에 위반하여 무효인 때**에 해당한다.(대법원 2021. 7.29. 2017도16810 불법게임장 잠복수사 사건) 법원은 형사소송법 제327조 제2호에 의하여 공소기각판결을 선고하여야 한다. 두문자 〈허기진 특정 모범 일본소년이 가면 고소·고발·처벌 재유발하고 특허·보험 남용한다〉로 암기하기 바란다.

> 25 경간부, 25 소방간부,
> 24 국가7급, 23 경찰승진,
> 22 경찰채용, 21 국가7급,
> 21 소방간부, 20 변호사,
> 20 국가9급, 20 소방간부,
> 19 경찰채용, 18 경간부,
> 18 국가9급, 18 소방간부,
> 17 변호사, 17 법원9급,
> 17 경찰승진, 17 국가9급,
> 17 소방간부, 16 국가9급,
> 16 경찰승진, 16 경찰채용,
> 15 경찰승진, 15 경찰채용,
> 15 국가9급

제 2 절 | 수사의 단서

I 불심검문 등

경찰관직무집행법(2024. 3. 19. 법률 제20374호로 일부개정된 것)

제3조【불심검문】① 경찰관은 다음 각 호의 어느 하나에 해당하는 사람을 정지시켜 질문할 수 있다.
1. 수상한 행동이나 그 밖의 주위 사정을 합리적으로 판단하여 볼 때 어떠한 죄를 범하였거나 범하려 하고 있다고 의심할 만한 상당한 이유가 있는 사람
2. 이미 행하여진 범죄나 행하여지려고 하는 범죄행위에 관한 사실을 안다고 인정되는 사람

② 경찰관은 제1항에 따라 같은 항 각 호의 사람을 정지시킨 장소에서 질문을 하는 것이 그 사람에게 불리하거나 교통에 방해가 된다고 인정될 때에는 질문을 하기 위하여 가까운 경찰서·지구대·파출소 또는 출장소(지방해양경찰관서를 포함하며, 이하 "경찰관서"라 한다)로 동행할 것을 요구할 수 있다. 이 경우 동행을 요구받은 사람은 그 요구를 거절할 수 있다.

③ 경찰관은 제1항 각 호의 어느 하나에 해당하는 사람에게 질문을 할 때에 그 사람이 흉기를 가지고 있는지를 조사할 수 있다.

④ 경찰관은 제1항이나 제2항에 따라 질문을 하거나 동행을 요구할 경우 자신의 신분을 표시하는 증표를 제시하면서 소속과 성명을 밝히고 질문이나 동행의 목적과 이유를 설명하여야 하며, 동행을 요구하는 경우에는 동행 장소를 밝혀야 한다.

⑤ 경찰관은 제2항에 따라 동행한 사람의 가족이나 친지 등에게 동행한 경찰관의 신분, 동행 장소, 동행 목적과 이유를 알리거나 본인으로 하여금 즉시 연락할 수 있는 기회를 주어야 하며, 변호인의 도움을 받을 권리가 있음을 알려야 한다.

⑥ 경찰관은 제2항에 따라 동행한 사람을 6시간을 초과하여 경찰관서에 머물게 할 수 없다.

⑦ 제1항부터 제3항까지의 규정에 따라 질문을 받거나 동행을 요구받은 사람은 형사소송에 관한 법률에 따르지 아니하고는 신체를 구속당하지 아니하며, 그 의사에 반하여 답변을 강요당하지 아니한다.

제4조【보호조치 등】① 경찰관은 수상한 행동이나 그 밖의 주위 사정을 합리적으로 판단해 볼 때 다음 각 호의 어느 하나에 해당하는 것이 명백하고 응급구호가 필요하다고 믿을 만한 상당한 이유가 있는 사람(이하 "구호대상자"라 한다)을 발견하였을 때에는 보건의료기관이나 공공구호기관에 긴급구호를 요청하거나 경찰관서에 보호하는 등 적절한 조치를 할 수 있다.
1. 정신착란을 일으키거나 술에 취하여 자신 또는 다른 사람의 생명·신체·재산에 위해를 끼칠 우려가 있는 사람
2. 자살을 시도하는 사람
3. 미아, 병자, 부상자 등으로서 적당한 보호자가 없으며 응급구호가 필요하다고 인정되는 사람. 다만, 본인이 구호를 거절하는 경우는 제외한다.

01 불심검문 대상자 해당 여부를 판단하는 기준

경찰관이 불심검문 대상자 해당 여부를 판단할 때에는 불심검문 당시의 구체적 상황은 물론 사전에 얻은 정보나 전문적 지식 등에 기초하여 불심검문 대상자인지를 객관적·합리적인 기준에 따라 판단하여야 하나, 반드시 불심검문 대상자에게 형사소송법상 체포나 구속에 이를 정도의 혐의가 있을 것을 요한다고 할 수는 없다.(대법원 2014.12.11. 2014도7976 카페 불심검문 사건) 불심검문은 수사가 아니라 수사의 단서에 불과하다.

> 25 소방간부, 24 국가9급, 23 경간부, 23 경찰채용, 22 경찰승진, 21 경찰승진, 21 소방간부, 20 경찰승진, 19 경찰채용, 17 경찰승진, 17 경찰채용, 15 국가9급

02 경찰관이 불심검문에 불응하는 상대방을 사회통념상 용인될 수 있는 방법으로 정지시킬 수 있는지의 여부(적극)

경찰관은 불심검문 대상자에게 질문을 하기 위하여 범행의 경중, 범행과의 관련성, 상황의 긴박성, 혐의의 정도, 질문의 필요성 등에 비추어 목적 달성에 필요한 최소한의 범위 내에서 **사회통념상 용인될 수 있는 상당한 방법으로 대상자를 정지시킬 수 있고** 질문에 수반하여 흉기의 소지 여부도 조사할 수 있다.(대법원 2014.12.11. 2014도7976 카페 불심검문 사건) [3] 판례 참고

> 25 소방간부, 21 소방간부, 20 소방간부

03 적법한 불심검문에 해당하는 경우

1. 술값문제로 시비가 있다는 신고를 받고 출동한 수내파출소 소속 순경 P1과 경사 P2가 여종업원과 여사장으로부터 피고인이 술값을 내지 않고 가려다 여종업원과 실랑이가 있었다는 경위를 듣고, 순경 P1이 음식점 밖으로 나가려는 피고인의 앞을 막으며 "상황을 설명해 주십시오"라고 말한 것은 목적달성에 필요한 최소한의 범위에서 사회통념상 용인될 수 있는 방법에 의한 것으로 **적법한 공무집행에 해당한다**.(대법원 2014.12.11. 2014도7976 카페 불심검문 사건)

2. 인근에서 자전거를 이용한 날치기 사건이 발생한 직후 검문을 하던 경찰관들이 날치기 사건의 범인과 흡사한 인상착의인 피고인을 발견하고 앞을 가로막으며 진행을 제지한 행위는 목적 달성에 필요한 최소한의 범위 내에서 사회통념상 용인될 수 있는 상당한 방법에 의한 것으로 **적법한 공무집행에 해당한다**.(대법원 2012. 9.13. 2010도6203 인천 부평 불심검문 사건)

> 21 경찰승진, 21 경간부, 19 경찰채용, 16 경찰채용

04 불심검문시 증표제시를 하지 않은 것은 위법하지 않은 경우

경찰관 직무집행법 제3조 제4항은 '경찰관이 불심검문을 하고자 할 때에는 자신의 신분을 표시하는 증표를 제시하여야 한다'고 규정하고, 법시행령 제5조는 소정의 신분을 표시하는 증표는 경찰관의 공무원증이라고 규정하고 있는 바, 불심검문을 하게 된 경위, 불심검문 당시의 현장상황과 검문을 하는 경찰관들의 복장, 피고인이 공무원증 제시나 신분확인을 요구하였는지 여부 등을 종합적으로 고려하여 검문하는 사람이 경찰관이고 검문하는 이유가 범죄행위에 관한 것임을 피고인이 충분히 알고 있었다고 보이는 경우에는 신분증을 제시하지 않았다고 하여 그 불심검문이 위법한 공무집행이라고 할 수 없다.(대법원 2014.12.11. 2014도7976 카페 불심검문 사건) 경찰관들은 정복차림이었고 피고인이 경찰관들에게 신분증 제시 등을 요구한 적도 없었다.

> 25 소방간부, 24 국가9급, 23 경간부, 23 경찰채용, 22 경찰승진, 22 경찰채용, 21 경찰승진, 21 경간부, 21 소방간부, 20 경찰승진, 20 국가9급, 19 변호사, 19 경찰채용, 18 경찰승진, 17 경찰승진, 16 경찰채용, 15 국가9급

05 경찰관 직무집행법 제3조 제6항이 임의동행한 자를 6시간 동안 경찰관서에 구금하는 것을 허용하는 것인지의 여부(소극)

(1) 임의동행은 상대방의 동의 또는 승낙을 그 요건으로 하는 것이므로 경찰관으로부터 임의동행 요구를 받은 경우 상대방은 이를 거절할 수 있을 뿐만 아니라 임의동행 후 언제든지 경찰관서에서 퇴거할 자유가 있다 할 것이고 **경찰관직무집행법 제3조 제6항이 '임**

> 23 경찰채용, 21 경간부, 21 소방간부, 17 경찰채용

의동행한 경우 당해인을 6시간을 초과하여 경찰관서에 머물게 할 수 없다'고 규정하고 있다고 하여 그 규정이 임의동행한 자를 6시간 동안 경찰관서에 구금하는 것을 허용하는 것은 아니다. (2) 피고인이 송도파출소까지 임의동행한 후 조사받기를 거부하고 파출소에서 나가려고 하다가 경찰관이 이를 제지하자 이에 항거하여 그 경찰관을 폭행한 경우라도 공무집행방해죄는 성립하지 않는다.(대법원 1997. 8.22. 97도1240 송도파출소 사건)

06 보호조치의 요건이 갖추어지지 않았음에도 경찰관이 피의자를 그의 의사에 반하여 경찰관서에 데려간 경우 위법한 체포에 해당하는지의 여부(적극)

> 20 경간부, 18 경찰승진, 17 경찰채용, 16 경간부

(1) 보호조치 요건이 갖추어지지 않았음에도 경찰관이 실제로는 범죄수사를 목적으로 피의자에 해당하는 사람을 피구호자로 삼아 그의 의사에 반하여 경찰관서에 데려간 행위는 달리 현행범체포나 임의동행 등의 적법 요건을 갖추었다고 볼 사정이 없다면 위법한 체포에 해당한다고 보아야 한다. (2) (피고인이 술에 만취하여 정상적인 판단능력이나 의사능력을 상실할 정도에 이르지 않았고, 평균적인 경찰관으로서는 피고인이 보호조치를 필요로 하는 상태에 있었다고 판단하지 않았을 것으로 보이는 상황에서) 경찰관이 피고인과 피고인 처의 의사에 반하여 피고인을 지구대로 데려간 행위를 적법한 보호조치라고 할 수 없고, 나아가 달리 적법 요건을 갖추었다고 볼 자료가 없는 이상 경찰관이 피고인을 지구대로 데려간 행위는 위법한 체포에 해당한다.(대법원 2012.12.13. 2012도11162 봉담지구대 강제연행 사건) 이는 음주단속을 피해 도망가는 피의자 甲이 보호조치 대상자(정신착란자나 음주만취자 등)가 아님에도 경찰관이 보호조치라는 핑계로 甲을 강제로 봉담지구대로 연행한 것은 위법한 체포에 해당한다고 판시한 판례이다. 甲이 지구대에서 음주측정을 거부하고 경찰관에게 상해를 가한 경우 음주측정거부죄나 공무집행방해죄는 성립하지 않지만 상해죄는 성립한다고 판시하였다.

Ⅱ 음주측정과 음주운전

도로교통법(2025. 4. 1. 법률 제20864호로 일부개정된 것)

제44조 【술에 취한 상태에서의 운전 금지】 ① 누구든지 술에 취한 상태에서 자동차등, 노면전차 또는 자전거를 운전하여서는 아니 된다.
② 경찰공무원은 교통의 안전과 위험방지를 위하여 필요하다고 인정하거나 제1항을 위반하여 술에 취한 상태에서 자동차등, 노면전차 또는 자전거를 운전하였다고 인정할 만한 상당한 이유가 있는 경우에는 운전자가 술에 취하였는지를 호흡조사로 측정할 수 있다. 이 경우 운전자는 경찰공무원의 측정에 응하여야 한다.
③ 제2항에 따른 측정 결과에 불복하는 운전자에 대하여는 그 운전자의 동의를 받아 혈액 채취 등의 방법으로 다시 측정할 수 있다.
④ 제1항에 따라 운전이 금지되는 술에 취한 상태의 기준은 운전자의 혈중알코올농도가 0.03% 이상인 경우로 한다.
⑤ 술에 취한 상태에 있다고 인정할 만한 상당한 이유가 있는 사람은 자동차등, 노면전차 또는 자전거를 운전한 후 제2항 또는 제3항에 따른 측정을 곤란하게 할 목적으로 추가로 술을 마시거나 혈중알코올농도에 영향을 줄 수 있는 의약품 등 행정안전부령으로 정하는 물품을 사용하는 행위(이하 "음주측정방해행위"라 한다)를 하여서는 아니 된다. 〈신설 2024.12. 3.〉

제148조의2 【벌칙】 ① 제44조 제1항, 제2항 또는 제5항을 위반하여 벌금 이상의 형을 선고받고 그 형이 확정된 날부터 10년 내에 다시 같은 조 제1항, 제2항 또는 제5항을 위반한 사람은 다음 각 호의 구분에 따라 처벌한다.
1. 제44조 제2항 또는 제5항을 위반한 사람은 1년 이상 6년 이하의 징역이나 500만원 이상 3천만원 이하의 벌금에 처한다.
2. 제44조 제1항을 위반한 사람 중 혈중알코올농도가 0.2% 이상인 사람은 2년 이상 6년 이하의 징역이나 1천만원 이상 3천만원 이하의 벌금에 처한다.
3. 제44조 제1항을 위반한 사람 중 혈중알코올농도가 0.03% 이상 0.2% 미만인 사람은 1년 이상 5년 이하의 징역이나 500만원 이상 2천만원 이하의 벌금에 처한다.
② 다음 각 호의 어느 하나에 해당하는 사람은 1년 이상 5년 이하의 징역이나 500만원 이상 2천만원 이하의 벌금에 처한다.
1. 술에 취한 상태에 있다고 인정할 만한 상당한 이유가 있는 사람으로서 제44조 제2항에 따른 경찰공무원의 측정에 응하지 아니하는 사람
2. 술에 취한 상태에 있다고 인정할 만한 상당한 이유가 있는 사람으로서 제44조 제5항을 위반하여 자동차등 또는 노면전차를 운전한 후 음주측정방해행위를 한 사람
③ 제44조 제1항을 위반하여 술에 취한 상태에서 자동차등 또는 노면전차를 운전한 사람은 다음 각 호의 구분에 따라 처벌한다.
1. 혈중알코올농도가 0.2% 이상인 사람은 2년 이상 5년 이하의 징역이나 1천만원 이상 2천만원 이하의 벌금
2. 혈중알코올농도가 0.08% 이상 0.2% 미만인 사람은 1년 이상 2년 이하의 징역이나 500만원 이상 1천만원 이하의 벌금
3. 혈중알코올농도가 0.03% 이상 0.08% 미만인 사람은 1년 이하의 징역이나 500만원 이하의 벌금

> **선생님의 TIP**
>
> 음주측정은 수사의 단서라고 볼 수도 있고, 수사라고 볼 수도 있다. 음주측정과 주취운전 등에 관한 판례가 가끔 시험에 출제된다. 글의 흐름을 위하여 기출되지 않은 판례도 수록했다는 점을 양해구한다.

<이미지 출처 - 저자가 퇴근 길에 측정을 당했고, 경찰관분들의 허락을 받고 직접 찍은 사진이다.[1]>

01 음주측정의 성격

국가경찰공무원이 도로교통법 규정에 따라 호흡측정 또는 혈액검사 등의 방법으로 운전자가 술에 취한 상태에서 운전하였는지를 조사하는 것은, 수사기관과 경찰행정 조사자의 지위를 겸하는 주체가 형사소송에서 사용될 증거를 수집하기 위한 수사로서의 성격을 가짐과 아울러 교통상 위험의 방지를 목적으로 하는 운전면허 정지·취소의 행정처분을 위한 자료를 수집하는 행정조사의 성격을 동시에 가지고 있다.(대법원 2016.12.27. 2014두46850 김해 강제채혈사건)

02 음주측정의 적법 여부 관련 판례

1. 음주운전을 목격한 피해자가 있는 상황에서 경찰관이 음주운전 종료시부터 약 2시간 후 집에 있던 피고인을 임의동행하여 음주측정을 요구하였고, 음주측정 요구 당시에도 피고인은 상당히 술에 취한 것으로 보이는 상황이었다면 그 음주측정 요구는 적법하다.(대법원 1997. 6.13. 96도3069 2시간 경과 후 측정요구 사건) 적법한 임의동행이다. ▶ 17 경찰승진

2. 위법한 체포 상태에서 음주측정요구가 이루어진 경우 그 음주측정요구 역시 위법한 것으로 볼 수밖에 없고, 그러한 위법한 음주측정요구에 대해서까지 운전자가 응할 의무가 있다고 보아 이를 강제하는 것은 부당하므로 그에 불응하였다고 하여 음주측정불응죄로 처벌할 수는 없다.(대법원 2015.12.24. 2013도8481 운좋은 음주측정거부자 사건) 위법한 체포이다.

---

[1] 다른 거 다 좋은데 제발 '아침 단속'은 하지 말기 바란다. 지금은 0.03% 시대로서 저자도 술을 좋아하고 경찰관 중에서도 술을 좋아하는 분이 많을 것이다. 그 전날 밤에 술을 마시고 다음 날 아침에 (음주운전에 대한 고의 없이) 출근하는데 '단속'에 걸리면 0.03%가 넘어갈 수 있다. 이것은 음주운전죄 처벌의 취지가 아니라고 본다.

03 음주측정불응죄에 있어 '측정'의 의미(=호흡측정기에 의한 측정)

음주측정불응죄에 있어 경찰공무원의 음주측정은 도로교통법 제44조 제2항 소정의 호흡조사에 의한 측정만을 의미하는 것으로서 같은 법 제44조 제3항 소정의 혈액채취에 의한 측정을 포함하는 것으로 볼 수 없다. 따라서 신체 이상 등의 사유로 인하여 호흡조사에 의한 측정에 응할 수 없는 운전자가 혈액채취에 의한 측정을 거부하거나 이를 불가능하게 하였다고 하더라도 음주측정에 불응한 것으로 볼 수는 없다.(대법원 2010. 7.15. 2010도2935 혈액채취 거부 척추장애인 사건) 도로교통법 제44조 제2항, 제148조의2 제2항 제1호를 읽어보기 바란다.

04 음주측정불응죄에 있어 '측정'의 방법

경찰공무원은 음주 여부나 주취 정도를 측정하는 경우 합리적으로 필요한 한도 내에서 그 측정 방법이나 측정 횟수에 관하여 어느 정도 재량을 갖는다. 따라서 경찰공무원은 운전자의 음주 여부나 주취 정도를 확인하기 위하여 운전자에게 음주측정기를 면전에 제시하면서 호흡을 불어넣을 것을 요구하는 것 이외에도 그 사전절차로서 음주측정기에 의한 측정과 밀접한 관련이 있는 검사 방법인 음주감지기에 의한 시험도 요구할 수 있다.(대법원 2018.12.13. 2017도12949 도주 음주운전자 체포 사건) [6] 판례 참고

05 음주측정불응죄의 성립요건 등

음주측정불응죄에 있어 '경찰공무원의 측정에 응하지 아니한 경우'란 전체적인 사건의 경과에 비추어 술에 취한 상태에 있다고 인정할 만한 상당한 이유가 있는 운전자가 음주측정에 응할 의사가 없음이 객관적으로 명백하다고 인정되는 때를 의미한다.(대법원 2018.12.13. 2017도12949 도주 음주운전자 체포 사건) [6] 판례 참고

06 음주감지기에 의한 시험 요구에 불응한 경우에도 음주측정불응죄가 성립할 수 있는지의 여부(적극)

경찰공무원이 술에 취한 상태에 있다고 인정할 만한 상당한 이유가 있는 운전자에게 음주 여부를 확인하기 위하여 음주측정기에 의한 측정의 사전 단계로 음주감지기에 의한 시험을 요구하는 경우 그 시험 결과에 따라 음주측정기에 의한 측정이 예정되어 있고 운전자가 그러한 사정을 인식하였음에도 음주감지기에 의한 시험에 명시적으로 불응함으로써 음주측정을 거부하겠다는 의사를 표명하였다면 음주감지기에 의한 시험을 거부한 행위도 음주측정기에 의한 측정에 응할 의사가 없음을 객관적으로 명백하게 나타낸 것으로 볼 수 있다.(대법원 2018.12.13. 2017도12949 도주 음주운전자 체포 사건) ▶ 18 경찰채용

07 음주측정불응죄에서 '술에 취한 상태에 있다고 인정할 만한 상당한 이유가 있는 사람'의 의미

1. 음주측정불응죄가 성립하기 위하여는 음주측정 요구 당시 운전자가 반드시 음주운전죄로 처벌되는 음주수치인 혈중알코올농도 0.05%[25년 현재 0.03%] 이상의 상태에 있어야

하는 것은 아니고 **혈중알코올농도 0.05%[25년 현재 0.03%] 이상의 상태**에 있다고 인정할 만한 상당한 이유가 있으면 되는 것이고, 나아가 술에 취한 상태에 있다고 인정할 만한 상당한 이유가 있는지 여부는 음주측정 요구 당시 개별 운전자마다 그의 외관·태도·운전 행태 등 객관적 사정을 종합하여 판단하여야 한다.(대법원 2004. 10. 15. 2004도4789 군인이니 봐 달라 사건) 음주측정불응죄는 '술에 취한 상태에서 운전하였다고 인정할 만한 상당한 이유가 있는 운전자'가 측정에 불응할 때에 성립한다. 따라서 외관상 아주 멀쩡한 운전자라면 비록 측정에 불응하더라도 음주측정불응죄는 성립하지 않는다. 다시 한번 도로교통법 제44조 제2항, 제148조의2 제2항 제1호를 읽어보기 바란다.

2. 일단 경찰공무원의 음주측정 요구에 응하지 아니한 이상 그 후 피고인이 스스로 경찰공무원에게 혈액채취의 방법에 의한 음주측정을 요구하였다 하더라도 음주측정불응죄의 성립에 영향이 없으며, 가사 그 혈액채취에 의한 음주측정 결과 피고인을 음주운전으로 처벌할 수 없는 혈중알콜농도 수치가 나왔다고 하여 이를 이유로 음주측정 불응 당시 피고인이 혈중알코올농도 0.05%[25년 현재 0.03%] 이상의 술에 취한 상태에 있다고 인정할 만한 상당한 이유가 없었다고 볼 수는 없다.(대법원 2004. 10. 15. 2004도4789 군인이니 봐 달라 사건)

> 18 경찰채용

08 호흡측정 결과에 운전자의 불복이 없는 경우에도 혈액채취에 의한 측정을 할 수 있는지의 여부

음주운전에 대한 수사 과정에서 음주운전 혐의가 있는 운전자에 대하여 **호흡측정이 이루어진 경우**에는 그에 따라 과학적이고 중립적인 호흡측정 수치가 도출된 이상 다시 음주측정을 할 필요성은 사라졌다고 할 것이므로 운전자의 불복이 없는 한 다시 음주측정을 하는 것은 원칙적으로 허용되지 아니한다. 그러나 호흡측정 당시의 구체적 상황에 비추어 호흡측정기의 오작동 등으로 인하여 **호흡측정 결과에 오류가 있다고 인정할 만한 객관적이고 합리적인 사정이 있는 경우**라면 그러한 호흡측정 수치를 얻은 것만으로는 수사의 목적을 달성하였다고 할 수 없어 추가로 음주측정을 할 필요성이 있다고 할 것이므로 경찰관이 음주운전 혐의를 제대로 밝히기 위하여 운전자의 자발적인 동의를 얻어 혈액 채취에 의한 **측정의 방법**으로 다시 음주측정을 하는 것을 위법하다고 볼 수는 없다. 이 경우 운전자가 일단 호흡측정에 응한 이상 재차 음주측정에 응할 의무까지 당연히 있다고 할 수는 없으므로 운전자의 혈액 채취에 대한 동의의 임의성을 담보하기 위하여는 경찰관이 미리 운전자에게 혈액 채취를 거부할 수 있음을 알려주었거나 운전자가 언제든지 자유로이 혈액 채취에 응하지 아니할 수 있었음이 인정되는 등 운전자의 자발적인 의사에 의하여 혈액 채취가 이루어졌다는 것이 객관적인 사정에 의하여 명백한 경우에 한하여 혈액 채취에 의한 측정의 적법성이 인정된다.(대법원 2015. 7. 9. 2014도16051 멍청한 음주운전자 사건)

> 25 소방간부, 25 경간부, 23 경찰채용

09 운전자가 호흡측정기에 의한 측정결과에 불복하여 혈액채취의 방법에 의한 측정을 요구할 수 있는 시기

1. 운전자가 경찰공무원에 대하여 호흡측정기에 의한 측정결과에 불복하고 혈액채취의 방법에 의한 측정을 요구할 수 있는 것은 경찰공무원이 운전자에게 호흡측정의 결과를 제시하여 확인을 구하는 때로부터 상당한 정도로 근접한 시점에 한정된다.(대법원 2008. 5. 8. 2008도2170 상당한 시간 경과 사건) 호흡측정 결과에 불복하는 운전자는 즉시, 판례 표현상으로는 '상당한 정도로 근접한 시점'에 혈액채취 등의 방법에 의한 측정을 요구하여야 한다.

2. 운전자가 상당한 시간(약 1시간)이 경과한 후에야 호흡측정 결과에 이의를 제기하면서 혈액채취의 방법에 의한 측정을 요구하는 경우에는 이를 정당한 요구라고 할 수 없으므로 경찰공무원이 혈액채취의 방법에 의한 측정을 실시하지 않았다고 하더라도 호흡측정기에 의한 측정의 결과만으로 음주운전 사실을 증명할 수 있다.(대법원 2002. 3.15. 2001도7121 1시간 경과후 혈액채취 요구사건) ▶ 20 국가9급

10 호흡측정과 혈액채취 방법에 의한 혈중알코올농도가 다른 경우 증거의 취사

혈액의 채취 또는 검사과정에서 인위적인 조작이나 관계자의 잘못이 개입되는 등 혈액채취에 의한 검사결과를 믿지 못할 특별한 사정이 없는 한 혈액검사에 의한 음주측정치가 호흡측정기에 의한 음주측정치보다 측정 당시의 혈중알콜농도에 더 근접한 음주측정치라고 보는 것이 경험칙에 부합한다. 따라서 법원이 호흡측정기에 의한 음주측정치를 배척하고, 혈액채취에 의한 검사결과를 채택하여 도로교통법위반의 범죄사실에 대하여 무죄를 선고한 것은 정당하다.(대법원 2004. 2.13. 2003도6905 혈액채취 피고인 무죄 사건) ▶ 23 경찰채용, 21 소방간부, 18 경찰채용, 17 변호사

> **선생님의 TIP**
>
> 위드마크(widmark) 공식에 관한 판례들이 비교적 많이 있는데, 주로 시험은 "~ 엄격한 증명을 요한다." 부분이 출제된다. 아래 고딕체 부분 위주로 공부하면 된다. '의심스러울 때에는 피고인의 이익으로'라는 법언(法諺)을 기억하기 바란다.

11 위드마크 공식 관련 판례

1. 음주하고 운전한 직후에 운전자의 혈액이나 호흡 등 표본을 검사하여 혈중알코올농도를 측정할 수 있는 경우가 아니라면 이른바 위드마크(widmark) 공식을 사용하여 수학적 방법에 따른 계산결과로 운전 당시의 혈중알코올농도를 추정할 수 있다. 운전시부터 일정한 시간이 경과한 후에 음주측정기 또는 혈액채취 등에 의하여 측정한 혈중알코올농도는 운전시가 아닌 측정시의 수치에 지나지 아니하므로 운전시의 혈중알코올농도를 구하기 위하여는 여기에 운전시부터 측정시까지의 알코올분해량을 더하는 방식이 사용된다. 일반적으로 범죄구성요건 사실의 존부를 알아내기 위하여 위와 같은 과학공식 등의 경험칙을 이용하는 경우에는 그 법칙 적용의 전제가 되는 개별적이고 구체적인 사실에 관하여 엄격한 증명을 요한다. 시간의 경과에 의한 알코올의 분해소멸에 관해서는 평소의 음주정도, 체

질, 음주속도, 음주 후 신체활동의 정도 등이 시간당 알코올분해량에 영향을 미칠 수 있으므로 특별한 사정이 없는 한 해당 운전자의 시간당 알코올분해량이 평균인과 같다고 쉽게 단정할 것이 아니라 증거에 의하여 명확히 밝혀야 하고, 증명을 위하여 필요하다면 전문적인 학식이나 경험이 있는 사람들의 도움 등을 받아야 하며, 만일 공식을 적용할 때 불확실한 점이 남아 있고 그것이 피고인에게 불이익하게 작용한다면 그 계산결과는 합리적인 의심을 품게 하지 않을 정도의 증명력이 있다고 할 수 없다. 그러나 시간당 알코올분해량에 관하여 알려져 있는 신빙성 있는 통계자료 중 피고인에게 가장 유리한 것을 대입하여 위드마크 공식을 적용하여 운전시의 혈중알코올농도를 계산하는 것은 피고인에게 실질적인 불이익을 줄 우려가 없으므로 그 계산결과는 유죄의 인정자료로 사용할 수 있다.(대법원 2023. 12. 28. 2020도6417 사고직후 추가음주 사건) 피고인이 음주운전으로 사고가 발생한 직후에 사고현장을 이탈하여 소주 1병을 추가로 마신 사건이다. 결론적으로 무죄가 선고되었지만 대법원은 "형사처벌을 모면하기 위해 의도적인 추가음주를 하는 행위가 드물지 않게 발생하고 있다. 죄증을 인멸하기 위한 의도적인 추가음주행위를 통해 음주운전자가 정당한 형사처벌을 회피하게 되는 결과를 그대로 용인하는 것은 정의의 관념이나 음주운전에 대한 강력한 처벌을 통해 안전사회를 염원하는 국민적 공감대 및 시대적 흐름에 비추어 바람직하지 않다. 국민의 건강과 사회의 안전을 보호하고 의도적인 법질서교란행위에 대한 정당한 처벌이 이루어질 수 있는 방향으로 추가음주 사안의 현황과 문제점을 체계적으로 파악하여 이를 해결하기 위한 입법적 조치 등이 이루어질 필요가 있지만, 이러한 조치가 없는 현재의 상황에서는 죄형법정주의와 검사의 엄격한 증명책임이라는 형사법의 대원칙을 존중하여 판단할 수밖에 없다."라고 판시하였다. 이에 2024. 12. 3. 도로교통법이 개정되어 동법 제44조 제5항, 제148조의2 제1항·제2항에 '음주측정방해행위죄'가 신설되었다.

2. 위드마크 공식은 알코올을 섭취하면 최고 혈중알코올농도가 높아지고, 흡수된 알코올은 시간의 경과에 따라 일정하게 분해된다는 과학적 사실에 근거한 수학적인 방법에 따른 계산결과를 통해 운전 당시 혈중알코올농도를 추정하는 경험칙의 하나이므로 그 적용을 위한 자료로 섭취한 알코올의 양·음주시각·체중 등이 필요하고 이에 관하여는 엄격한 증명이 필요하다. 나아가 위드마크 공식에 따른 혈중알코올농도의 추정방식에는 알코올의 흡수분배로 인한 최고 혈중알코올농도에 관한 부분과 시간경과에 따른 분해소멸에 관한 부분이 있고, 그 중 최고 혈중알코올농도의 계산에 관하여는 섭취한 알코올의 체내흡수율과 성별·비만도·나이·신장·체중 등이 결과에 영향을 미칠 수 있으며, 개인의 체질, 술의 종류, 음주속도, 음주 시 위장에 있는 음식의 정도 등에 따라 최고 혈중알코올농도에 이르는 시간이 달라질 수 있고, 알코올의 분해소멸에 관하여도 평소의 음주정도, 체질, 음주속도, 음주 후 신체활동의 정도 등이 시간당 알코올 분해량에 영향을 미칠 수 있는 등 음주 후 특정 시점의 혈중알코올농도에 영향을 줄 수 있는 다양한 요소가 존재한다. 한편 형사재판에서 유죄의 인정은 법관으로 하여금 합리적인 의심을 할 여지가 없을 정도로 공소사실이 진실한 것이라는 확신을 가지게할 수 있는 증명이 필요하므로 위 영향요소를 적용할 때 피고인이 평균인이라고 쉽게 단정하여서는 아니 되고, 필요하다면 전문적인 학식이나 경험이 있는 자의 도움을 받아 객관적이고 합리적으로 혈중알코

올농도에 영향을 줄 수 있는 요소를 확정하여야 한다. 만일 위드마크 공식의 적용에 관해서 불확실한 점이 남아 있고 그것이 피고인에게 불이익하게 작용한다면 그 계산결과는 합리적인 의심을 품게 하지 않을 정도의 증명력이 있다고 할 수 없다. 혈중알코올농도 측정 없이 위드마크 공식을 사용해 피고인이 마신 술의 양을 기초로 피고인의 운전 당시 혈중알코올농도를 추산하는 경우로서 알코올의 분해소멸에 따른 혈중알코올농도의 감소기(위드마크 제2공식, 하강기)에 운전이 이루어진 것으로 인정되는 경우에는 피고인에게 가장 유리한 음주 시작 시점부터 곧바로 생리작용에 의하여 분해소멸이 시작되는 것으로 보아야 한다. 이와 다르게 음주 개시 후 특정 시점부터 알코올의 분해소멸이 시작된다고 인정하려면 알코올의 분해소멸이 시작되는 시점이 다르다는 점에 관한 과학적 증명 또는 객관적인 반대증거가 있거나 음주 시작 시점부터 알코올의 분해소멸이 시작된다고 보는 것이 그렇지 않은 경우보다 피고인에게 불이익하게 작용되는 특별한 사정이 있어야 한다.(대법원 2022. 5. 12. 2021도14074 낮술 음주운전 사건) 아래 이미지 오른쪽 '하강기'에 운전이 이루어진 사건이다.

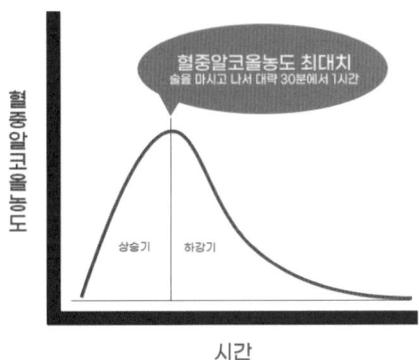

<이미지 출처 - 메디케어 법률자문팀(https://m.blog.naver.com/lawyermedi/223000874774)>

 고소

> 형사소송법(2025. 3.18. 법률 제20796호로 일부개정된 것)
> 제223조【고소권자】범죄로 인한 피해자는 고소할 수 있다.

선생님의 TIP

1. 고소는 시험에 출제가 잘 되는 부분이다. 고소는 친고죄를 전제로 하고, 친고죄가 나오면 반드시 머릿 속에 바로 고소가 떠올라야 한다. 또한 고소를 공부할 때에는 친고죄와 '비슷하지만 다른' 반의사불벌죄와 전속고발범죄1도 함께 보아야 한다. 최근에는 '친고죄와 고소'보다는 '반의사불벌죄와 처벌희망 또는 처벌불원 의사표시'에 관한 판례가 더 많이 나온다. 이와 관련하여 먼저 아래 핵심정리를 반드시 암기하여야 한다.
2. 지금은 간통(姦通)이 범죄가 아니고, 강간죄 등 성폭력범죄가 친고죄가 아니지만 공부와 이해의 차원에서 이들 범죄들에 대한 판례를 수록하였다. 다른 친고죄에 이들 판례의 법리가 그대로 적용될 수 있기 때문이다.

핵심정리 친고죄 vs 반의사불벌죄 vs 전속고발범죄Ⅰ〈부록 형법 범죄의 정리 참고〉

	친고죄	반의사불벌죄	전속고발범죄
	피해자의 고소가 있어야 공소를 제기할 수 있는 범죄	피해자의 명시한 의사에 반하여 처벌할 수 없는 범죄	관계 공무원의 고발이 있어야 공소를 제기할 수 있는 범죄
절대적 친고죄	① **비밀**침해죄 ② 업무상**비밀**누설죄 ③ **사자**명예훼손죄 ④ **모욕**죄 ★ 사모(의) 비밀 ⑤ 친고죄 규정이 있는 법률 　㉠ 특허법 　㉡ 저작권법 　㉢ 실용신안법 등	① 과실치상죄 ② (존속, 외국원수) 　**폭행·협박**죄 ③ **명예훼손**죄 ④ 출판물명예훼손죄 ⑤ **외국**원수모욕·명예훼손죄 ⑥ **외국**국기·국장모독죄 ★ 폭행·협박(이) 외국 과실(로) 판명 ⑦ 반의사불벌죄 규정이 있는 법률 　㉠ 근로기준법 　㉡ 부정수표단속법 　㉢ 교통사고처리특례법 　㉣ 정보통신망법 등	전속고발범죄 규정이 있는 법률 ㉠ 관세법 ㉡ 조세범처벌법 ㉢ 출입국관리법 ㉣ 근로기준법 ㉤ 공정거래법 등
상대적 친고죄	친족상도례가 적용되는 재산범죄		

---

1 '즉시고발범죄'라고도 한다.

핵심정리 친고죄 vs 반의사불벌죄 vs 전속고발범죄 II

구분	절대적 친고죄	상대적 친고죄	반의사불벌죄	전속고발범죄
고소·고발 등의 성질	적극적 소송조건 (고소가 있을 것)	적극적 소송조건 (고소가 있을 것)	소극적 소송조건 (처벌불원이 없을 것)	적극적 소송조건 (고발이 있을 것)
고소·고발 등이 없는 공소제기 효력	무 효	무 효	유 효	무 효
고소·고발 등의 주체	범죄의 피해자	범죄의 피해자	범죄의 피해자	관계 공무원
고소·고발 등의 기간	6개월	6개월	제한 없음	제한 없음
고소·고발 등의 대리	○	○	명문의 규정이 없는 한 ×	명문의 규정이 없는 한 ×
고소·고발 등의 주관적 불가분 원칙	○	×	×	×
고소·고발 등의 객관적 불가분 원칙	○	○	○	○
고소·고발 등의 취소·철회시기	제1심 판결선고전까지	제1심 판결선고전까지	제1심 판결선고전까지	제1심 판결선고전까지 (예외 있음)

01 고소의 의의 및 적법한 고소에 해당하지 않는 경우

1. 고소라 함은 수사기관에 단순히 피해사실을 신고하거나 수사 및 조사를 촉구하는 것에 그치지 않고 범죄사실을 신고하여 범인의 소추·처벌을 요구하는 의사표시이므로 저작권법위반죄의 피해자가 경찰청 인터넷 홈페이지에 '피고인을 철저히 조사해 달라'는 취지의 민원을 접수하는 형태로 피고인에 대한 조사를 촉구하는 의사표시를 한 것은 형사소송법에 따른 적법한 고소로 보기 어렵다.(대법원 2012. 2.23. 2010도9524 경찰청 홈페이지 민원사건) 아래와 같은 글들을 고소로 보기 어렵다는 취지의 판례이다. 물론 고소에 해당하는지 여부는 구체적·개별적으로 검토하여야 한다.

▶ 24 경찰채용, 23 경찰승진, 20 경찰승진, 17 변호사, 17 경찰채용

<경찰청 자유게시판 이미지 캡처>

2. 고소는 범죄의 피해자 기타 고소권자가 수사기관에 대하여 범죄사실을 신고하여 범인의 소추를 구하는 의사표시를 말하는 것으로서 단순한 피해사실의 신고는 소추·처벌을 구하는 의사표시가 아니므로 **고소가 아니다**.(대법원 2008.11.27. 2007도4977 방이동 모로코 모텔 간통사건) 아래 3. 판례와 같은 사건이다. ▶ 22 법원9급, 16 국가9급, 15 경찰승진

3. 비록 고소인이 사건 당일 간통의 범죄사실을 신고하면서 현장에 출동한 경찰관에게 고소장을 교부하였다고 하더라도 송파경찰서에 도착하여 최종적으로 고소장을 접수시키지 아니하기로 결심하고 고소장을 반환받은 것이라면 **고소장이 수사기관에 적법하게 수리되어 고소의 효력이 발생되었다고 할 수 없다.**(대법원 2008.11.27. 2007도4977 방이동 모로코 모텔 간통사건) 고소인이 현장에 출동한 경찰관에게 고소장을 교부한 것은 정식의 고소가 아니고 단순한 피해사실의 신고에 불과하다는 취지의 판례이다. 판례 문구가 좀 어려우므로 암기해야 한다. ▶ 25 경찰승진, 25 경간부, 22 경간부, 20 국가7급, 17 국가7급

02 고소에 있어 범인의 적시를 요하는지의 여부(소극)

1. 고소는 범죄의 피해자 또는 그와 일정한 관계가 있는 고소권자가 수사기관에 대하여 범죄사실을 신고하여 범인의 처벌을 구하는 의사표시이므로 고소인은 범죄사실을 특정하여 신고하면 족하고 **범인이 누구인지 나아가 범인 중 처벌을 구하는 자가 누구인지를 적시할 필요도 없다**.(대법원 1996.3.12. 94도2423 안건회계법인 사건) ▶ 22 경찰채용, 21 국가9급

2. 저작권법 제103조[25년 현재 제141조]의 양벌규정은 직접 위법행위를 한 자 이외에 아무런 조건이나 면책조항 없이[2] 그 업무의 주체 등을 당연하게 처벌하도록 되어 있는 규정으로서 당해 위법행위와 별개의 범죄를 규정한 것이라고는 할 수 없으므로 **친고죄의 경우에 있어서도 행위자의 범죄에 대한 고소가 있으면 족하고 나아가 양벌규정에 의하여 처벌받는 자에 대하여 별도의 고소를 요한다고 할 수는 없다.**(대법원 1996.3.12. 94도2423 안건회계법인 사건) 행위자에 대한 고소만 있으면 족하고, 양벌규정에 의하여 처벌받는 '법인 또는 개인'에 대하여는 별도의 고소를 요하지 않는다. ▶ 23 소방간부, 20 국가7급, 20 국가9급, 20 소방간부, 15 경찰승진

03 고소에 필요한 범죄사실의 특정 정도

1. 고소는 고소인이 일정한 범죄사실을 수사기관에 신고하여 범인의 처벌을 구하는 의사표시이므로 그 고소한 범죄사실이 특정되어야 할 것이나 **그 특정의 정도는 고소인의 의사가 구체적으로 어떤 범죄사실을 지정하여 범인의 처벌을 구하고 있는 것인가를 확정할 수만 있으면 된다.**(대법원 2003.10.23. 2002도446 버니캐릭터 사건) 고소는 '수사의 단서'이므로 피해자가 세부적이고 정확한 범죄사실까지 적시하여 고소할 필요는 없다. 즉 시동은 피해자가 걸어 주지만 운전은 수사기관이 하는 것이다. 범인과 범죄사실을 조사해서 밝히는 것은 수사기관의 몫이다. ▶ 23 변호사, 15 국가7급

2. 고소는 범죄의 피해자등이 수사기관에 대하여 범죄사실을 신고하여 범인의 소추처벌을 구하는 의사표시이므로 그 범죄사실 등이 구체적으로 특정되어야 할 것이나 그 특정의 ▶ 24 경간부, 23 변호사

---

[2] 2025년 현재는 "다만, 법인 또는 개인이 그 위반행위를 방지하기 위하여 해당 업무에 관하여 상당한 주의와 감독을 게을리하지 아니한 경우에는 그러하지 아니하다."라는 면책조항이 존재한다. 취지만 유효하다.

정도는 고소인의 의사가 수사기관에 대하여 일정한 범죄사실을 지정신고하여 범인의소추처벌을 구하는 의사표시가 있었다고 볼 수 있을 정도면 그것으로 충분하고, 범인의 성명이 불명이거나 또는 오기가 있었다거나 범행의 일시·장소·방법 등이 명확하지 않거나 틀린 것이 있더라도 그 효력에는 아무 영향이 없다.(대법원 1984.10.23. 84도1704 용호여인숙 간통 사건)

> **선생님의 TIP**
>
> 앞에서도 말했지만 고소능력도 소송능력이므로 사실상의 의사능력이 있으면 고소능력도 인정된다. 몇 살부터 고소능력이 있는지에 관하여 판례는 그때그때마다 '피해자에게 유리하게' 판시하고 있다.

04 고소능력 또는 고소위임능력의 정도(=사실상의 의사능력)

고소를 할 때는 소송행위능력, 즉 고소능력이 있어야 하나 **고소능력은 피해를 입은 사실을 이해하고 고소에 따른 사회생활상의 이해관계를 알아차릴 수 있는 사실상의 의사능력으로 충분하므로** 민법상 행위능력이 없는 사람이라도[3] 위와 같은 능력을 갖추었다면 고소능력이 인정된다.(대법원 2011. 6.24. 2011도4451 인천 계산동 여아 약취사건) [5] 1. 판례 참고

▶ 23 변호사, 23 경찰승진, 22 경찰승진, 22 경간부, 22 법원9급, 21 경찰승진, 20 경찰채용, 19 소방간부, 18 경찰채용, 17 법원9급, 17 경찰승진, 17 경간부, 17 경찰채용, 16 국가9급, 15 경찰승진, 15 경찰채용

05 고소능력이 인정되는 경우

1. 간음약취죄의 피해자는 **11세 남짓한 초등학교 6학년생**으로서 피해입은 사실을 이해하고 고소에 따른 사회생활상의 이해관계를 알아차릴 수 있는 사실상의 의사능력이 있다. (대법원 2011. 6.24. 2011도4451 인천 계산동 여아 약취사건) 아래 2. 및 [6] 2. 판례와 비교 ▶ 15 국가7급

2. 강간죄의 피해자가 범행을 당할 때에는 나이 어려(12세) 고소능력이 없었다가 그 후에 **13세 남짓 되어(중학교 1학년) 비로소 고소능력이 생겼다면** 그 고소기간은 고소능력이 생긴 때로부터 기산되어야 한다.(대법원 1987. 9.22. 87도1707 철들어 고소한 사건 I) ▶ 17 법원9급, 15 경찰채용

06 고소능력이 인정되지 않는 경우

1. 범행(청소년의성보호에관한법률위반) 당시 피해자가 **지능지수 49로 정신지체 수준**에 해당하고 발달성숙도 및 사회적응성이 10세 1개월 수준에 불과하여 고소능력이 없었다가 그 후에 비로소 고소능력이 생겼다면 그 고소기간은 고소능력이 생긴 때로부터 기산하여야 한다.(대법원 2007.10.11. 2007도4962 IQ 49 사건) ▶ 24 국가7급, 22 경찰채용, 22 법원9급

2. 강제추행의 피해자가 범인을 안 날로부터 6월이 경과된 후에 고소 제기하였더라도 범행 당시 피해자가 **11세의 소년**에 불과하여 고소능력이 없었다가 고소 당시에 비로소 고소능력이 생겼다면 그 고소기간은 고소능력이 생긴 때로부터 기산되어야 한다.(대법원 1995. 5. 9. 95도696 철들어 고소 사건 II)

---

[3] 이는 민법상 '행위무능력자'를 말하지만, 2025년 현재는 민법상 '제한능력자'라고 해야 옳다. 민법상 제한능력자에는 미성년자, 피성년후견인 그리고 피한정후견인이 있는데, 어쨌든 이들에게 사실상의 의사능력이 있다면 형사소송법상 고소능력이 인정된다.

07 지적재산권 고소 관련 판례

프로그램저작권이 명의신탁된 경우 대외적인 관계에서는 명의수탁자만이 프로그램저작권자이므로 제3자의 침해행위에 대한 구 컴퓨터프로그램 보호법[4] 제48조 소정의 고소 역시 **명의수탁자만이 할 수 있다.**(대법원 2013. 3. 28. 2010도8467 엘콘플랜 사건) 부동산 명의신탁은 원칙적으로 불법이고 처벌당하지만, 기타 재산권의 명의신탁의 경우 반드시 그런 것은 아니다. 유효한 명의신탁의 경우 대외적으로, 즉 제3자와의 관계에서는 수탁자가 권리자이다.

▶ 21 경찰승진

08 고소한 죄명이 '명예훼손죄'인 경우 '모욕죄'에 대한 고소로서 효력이 있는지의 여부(적극)

고소가 어떠한 사항에 관한 것인가의 여부는 고소장에 붙인 죄명에 구애될 것이 아니라 고소의 내용에 의하여 결정하여야 할 것이므로 고소장에 명예훼손죄의 죄명을 붙이고 그 죄에 관한 사실을 적었으나 그 사실이 명예훼손죄를 구성하지 않고 모욕죄를 구성하는 경우에는 위 고소는 모욕죄에 대한 고소로서의 효력을 갖는다.(대법원 1981. 6. 23. 81도1250 명예훼손죄 모욕 혼동사건)

▶ 22 경간부, 18 경찰채용

형사소송법(2025. 3. 18. 법률 제20796호로 일부개정된 것)

제225조【비피해자인 고소권자】 ① 피해자의 법정대리인은 독립하여 고소할 수 있다.
② 피해자가 사망한 때에는 그 배우자, 직계친족 또는 형제자매는 고소할 수 있다. 단, 피해자의 명시한 의사에 반하지 못한다.
제226조【동전】 피해자의 법정대리인이 피의자이거나 법정대리인의 친족이 피의자인 때에는 피해자의 친족은 독립하여 고소할 수 있다.
제227조【동전】 사자의 명예를 훼손한 범죄에 대하여는 그 친족 또는 자손은 고소할 수 있다.
제228조【고소권자의 지정】 친고죄에 대하여 고소할 자가 없는 경우에 이해관계인의 신청이 있으면 검사는 10일 이내에 고소할 수 있는 자를 지정하여야 한다.

선생님의 TIP

민형사법에서 '법정대리인'은 정말 중요한 개념이므로 앞에서도 말했지만 한 번 더 설명한다. 미성년자의 경우 친권자나 미성년후견인이 법정대리인이 되고, 피성년후견인의 경우 성년후견인이 법정대리인이 된다. 즉, 미성년자나 피성년후견인이 아니라면 법정대리인이 존재하지 않는 것이 원칙이다. 다만 아래 판례에서 보듯이 부재자 재산관리인도 법정대리인에 해당한다.

09 부재자 재산관리인이 형사소송법 제225조 제1항에 규정된 '법정대리인'에 해당하는지의 여부(적극)

법원이 선임한 부재자 재산관리인이 그 관리대상인 부재자의 재산에 대한 범죄행위에 관하여 **법원으로부터 고소권 행사에 관한 허가를 얻은 경우** 부재자 재산관리인은 형사소송법 제225조 제1항에서 정한 법정대리인으로서 적법한 고소권자에 해당한다.(대법원 2022. 5. 26. 2021도2488 부재자 재산관리인 형사고소 사건) A는 동생이고 甲은 언니인데 서로 따

▶ 25 경찰채용, 24 변호사, 24 경찰승진, 24 경간부, 23 변호사, 23 국가7급, 23 법원9급, 23 소방간부

---

[4] 2009. 4. 22. 저작권법 개정으로 폐지된 법률이다.

로 살고 있었다. A가 미국으로 출국하였지만 어떤 이유 때문인지 몰라도 그 후 계속 연락이 두절되어(결국 부재자가 되었다) 甲이 A의 재산관리인으로 선임되었다. A 소유의 종로구 소재 부동산에 관한 지분이 수용되었고, 그에 따라 종로구가 A를 위하여 공탁한 수용보상금 약 13억원을 甲이 대신 수령하였다. (중략) 부실한 재산관리로 인하여 甲이 해임되고 변호사 乙이 새로운 재산관리인으로 선임되었음에도 甲은 乙에게 수용보상금 내역 등을 제대로 알려주지도 않았고 인계하지도 않았다. 이에 乙이 법원의 허가를 받아 甲을 배임죄로 고소한 사건이다.

> 2021도2488 판결의 논거
> 1. 법원이 선임한 부재자 재산관리인은 법률에 규정된 사람의 청구에 따라 선임된 부재자의 법정대리인에 해당한다. 부재자 재산관리인의 권한은 원칙적으로 부재자의 재산에 대한 관리행위에 한정되나, 부재자 재산관리인은 재산관리를 위하여 필요한 경우 법원의 허가를 받아 관리행위의 범위를 넘는 행위를 하는 것도 가능하고, 여기에는 관리대상 재산에 관한 범죄행위에 대한 형사고소도 포함된다. 따라서 부재자 재산관리인은 관리대상이 아닌 사항에 관해서는 고소권이 없겠지만, 관리대상 재산에 관한 범죄행위에 대하여 법원으로부터 고소권 행사 허가를 받은 경우에는 독립하여 고소권을 가지는 법정대리인에 해당한다.
> 2. 고소권은 일신전속적인 권리로서 피해자가 이를 행사하는 것이 원칙이나, 형사소송법이 예외적으로 법정대리인으로 하여금 독립하여 고소권을 행사할 수 있도록 한 이유는 피해자가 고소권을 행사할 것을 기대하기 어려운 경우 피해자와 독립하여 고소권을 행사할 사람을 정하여 피해자를 보호하려는 데 있다. 부재자 재산관리제도의 취지는 부재자 재산관리인으로 하여금 부재자의 잔류재산을 본인의 이익과 더불어 사회경제적 이익을 기하고 나아가 잔존배우자와 상속인의 이익을 위하여 관리하게 하고 돌아올 부재자 본인 또는 그 상속인에게 관리해 온 재산 전부를 인계하도록 하는 데 있다. 부재자는 자신의 재산을 침해하는 범죄에 대하여 처벌을 구하는 의사표시를 하기 어려운 상태에 있다. 따라서 부재자 재산관리인에게 법정대리인으로서 관리대상 재산에 관한 범죄행위에 대하여 고소권을 행사할 수 있도록 하는 것이 형사소송법 제225조 제1항과 부재자 재산관리제도의 취지에 부합한다.

10 법정대리인 고소권의 성질(=고유권)

1. 법정대리인의 고소권은 무능력자의 보호를 위하여 **법정대리인에게 주어진 고유권**이므로 법정대리인은 피해자의 고소권 소멸 여부에 관계없이 고소할 수 있고 이러한 고소권은 피해자의 명시한 의사에 반하여도 행사할 수 있다.(대법원 1999.12.24. 99도3784 까치아파트 강간 사건) 피해자의 고소권을 대리행사하는 것이 아니라 법정대리인 자신의 고소권을 행사하는 것이다. 즉, 법정대리인은 피해자와 독립된 별개의 고소권자이다.
    ▶ 24 국가7급, 23 변호사, 22 경찰승진, 22 경간부, 21 변호사, 20 소방간부, 19 경간부, 17 경찰승진, 17 경간부

2. 법정대리인의 고소권은 무능력자의 보호를 위하여 **법정대리인에게 주어진 고유권**으로서 피해자의 고소권 소멸여부에 관계없이 고소할 수 있는 것이므로 법정대리인의 고소기간은 법정대리인 자신이 범인을 알게 된 날로부터 진행한다.(대법원 1987. 6. 9. 87도857 강간피해자 부모 고소사건) [13] 2. 판례와 비교
    ▶ 22 국가7급, 20 경찰채용

11 이혼한 생모가 친권자(법정대리인)로서 독립하여 고소할 수 있는지의 여부(적극)

모자관계는 호적에 입적되어 있는 여부와는 관계없이 자(子)의 출생으로 법률상 당연히 생기는 것이므로 고소 당시 이혼한 생모라도 피해자인 그의 자의 친권자로서 독립하여 고소할 수 있다.(대법원 1987. 9.22. 87도1707 철들어 고소한 사건ㅣ) 「NEW 트렌드 형법 판례」에서 충분히 공부했던 내용이다.

▶ 17 경간부

형사소송법(2025. 3.18. 법률 제20796호로 일부개정된 것)

제237조【고소, 고발의 방식】① 고소 또는 고발은 서면 또는 구술로써 검사 또는 사법경찰관에게 하여야 한다.
② 검사 또는 사법경찰관이 구술에 의한 고소 또는 고발을 받은 때에는 조서를 작성하여야 한다.

---

12 피해자진술조서에 기재된 범인처벌을 요구하는 의사표시가 적법한 고소에 해당하는지의 여부(적극)

친고죄에서 고소는 고소권 있는 자가 수사기관에 대하여 범죄사실을 신고하고 범인의 처벌을 구하는 의사표시로서 서면뿐만 아니라 구술로도 할 수 있고, 다만 구술에 의한 고소를 받은 검사 또는 사법경찰관은 조서를 작성하여야 하지만 그 조서가 독립된 조서일 필요는 없으며, 수사기관이 고소권자를 증인 또는 피해자로서 신문한 경우에 그 진술에 범인의 처벌을 요구하는 의사표시가 포함되어 있고 그 의사표시가 조서에 기재되면 고소는 적법하다.(대법원 2011. 6.24. 2011도4451 인천 계산동 여아 약취사건)

▶ 24 경간부, 23 경찰승진,
23 소방간부, 22 국가9급,
22 법원9급, 21 법원9급,
20 국가9급, 20 법원9급,
18 경찰승진, 17 법원9급,
17 국가7급, 17 경찰승진,
16 법원9급, 16 경간부,
16 경찰채용, 15 경찰채용,
15 국가7급

형사소송법(2024.10.16. 법률 제20460호로 일부개정된 것)

제236조【대리고소】 고소 또는 그 취소는 대리인으로 하여금 하게 할 수 있다.

---

13 대리고소의 방식(=방식에는 제한이 없음)

1. 대리인에 의한 고소의 경우 대리권이 정당한 고소권자에 의하여 수여되었음이 실질적으로 증명되면 충분하고 그 방식에 특별한 제한은 없으며 한편 친고죄에 있어서의 고소는 고소권 있는 자가 수사기관에 대하여 범죄사실을 신고하고 범인의 처벌을 구하는 의사표시로서 서면뿐만 아니라 구술로도 할 수 있는 것이므로 피해자로부터 고소를 위임받은 대리인은 수사기관에 구술에 의한 방식으로 고소를 제기할 수도 있다.(대법원 2002. 6.14. 2000도4595 김홍신 의원 사건) 고소, 고소위임, 대리고소 모두 그 방식에는 아무런 제한이 없다.

▶ 15 국가7급

2. 대리인에 의한 고소의 경우 대리권이 정당한 고소권자에 의하여 수여되었음이 실질적으로 증명되면 충분하고 그 방식에 특별한 제한은 없으므로 고소를 할 때 반드시 위임장을 제출한다거나 '대리'라는 표시를 하여야 하는 것은 아니고 또 고소기간은 대리고소인이 아니라 정당한 고소권자를 기준으로 고소권자가 범인을 알게 된 날부터 기산한다.(대법원 2001. 9. 4. 2001도3081 할머니 추행범 고소사건) 이는 임의대리인의 고소에 관한 것으로 법정대리인의 고소와 구별하여야 한다. 즉, 임의대리인의 경우는 말 그대로 대리권이고, 법정대리인의 경우는 고유권이다. [10] 2. 판례와 비교

▶ 24 경간부, 23 경찰승진,
22 경간부, 21 변호사,
20 경찰채용, 20 소방간부,
18 변호사, 18 경찰채용,
17 경찰채용, 17 소방간부,
16 법원9급, 15 국가7급

> 형사소송법(2024.10.16. 법률 제20460호로 일부개정된 것)
>
> 제230조【고소기간】① 친고죄에 대하여는 범인을 알게 된 날로부터 6월을 경과하면 고소하지 못한다. 단, 고소할 수 없는 불가항력의 사유가 있는 때에는 그 사유가 없어진 날로부터 기산한다.

14 형사소송법 제230조 제1항 소정의 '범인을 알게 된 날'의 의미

1. 형사소송법 제230조 제1항에서 '범인을 알게 된다'는 것은 통상인의 입장에서 보아 고소권자가 고소를 할 수 있을 정도로 범죄사실과 범인을 아는 것을 의미하고, 범죄사실을 안다는 것은 고소권자가 친고죄에 해당하는 범죄의 피해가 있었다는 사실관계에 관하여 확정적인 인식이 있음을 말한다.(대법원 2018. 7.11. 2018도1818 누나 동생 무고사건) 형법에서 피고인에게 적용되는 '미필적 고의'와 혼동하면 안 된다. 지금은 피고인이 아니라 피해자이므로 그의 고소권을 두텁게 보호해주자는 취지의 판례이다. ▶ 25 국가9급, 22 경찰승진, 20 국가7급, 18 경간부, 16 경찰채용

2. 형사소송법 제230조 제1항에서 '범인을 알게 된 날'이란 범죄행위가 종료된 후에 범인을 알게 된 날을 가리키는 것으로서 고소권자가 범죄행위가 계속되는 도중에 범인을 알았다 하여도 그 날부터 곧바로 고소기간이 진행된다고는 볼 수 없고 이러한 경우 고소기간은 범죄행위가 종료된 때부터 계산하여야 하며 동종행위의 반복이 당연히 예상되는 영업범 등 포괄일죄의 경우에는 최후의 범죄행위가 종료한 때에 전체 범죄행위가 종료된 것으로 보아야 한다.(대법원 2004.10.28. 2004도5014 위사감지기 사건) ▶ 21 변호사

> 형사소송법(2024.10.16. 법률 제20460호로 일부개정된 것)
>
> 제233조【고소의 불가분】친고죄의 공범 중 그 1인 또는 수인에 대한 고소 또는 그 취소는 다른 공범자에 대하여도 효력이 있다.

선생님의 TIP

1. 고소불가분은 객관적 불가분의 원칙과 주관적 불가분의 원칙 2가지가 있는데, **보통 '불가분의 원칙'이라고 하면 '주관적 불가분의 원칙'을 말한다.** 또한 친고죄도 절대적 친고죄가 있고 상대적 친고죄가 있는데 보통 '친고죄'라고 하면 '절대적 친고죄'를 말한다.
2. **객관적 불가분의 원칙은** "하나의 사건(일죄)은 소송법적으로 나눌 수 없다"라는 말인데 비단 고소뿐만 아니라 형사소송의 모든 행위에 적용되는 것이 대원칙이다. 하나의 사건(일죄) 일부에 대한 고소는 그 사건 나머지 부분에도 효력이 미친다. 하나의 사건(일죄) 일부에 대한 공소제기는 그 사건 나머지 부분에도 효력이 미친다. 하나의 사건(일죄) 일부에 대한 구속영장의 효력은 그 사건 나머지 부분에도 효력이 미친다. 이것은 고소, 처벌희망 의사표시, 고발, 자수, 변호인선임, 구속, 공소제기, 상소, 기판력 등 다 똑같다. 자 힘차게 외쳐본다. **하나의 사건(일죄)은 소송법적으로 나눌 수 없다.** 〈판례 [15]~[18]〉
3. 그에 비하여 **주관적 불가분의 원칙은** 정반대이다. 공범 중에서 일부만 고소하더라도 그 고소는 다른 공범 전원에 대하여 효력이 미치는 것은 오로지 '절대적 친고죄의 고소'뿐이다. 고소를 제외한 나머지는 이와 같은 주관적 불가분의 원칙이 적용되지 않는다. 반의사불벌죄의 공범 중에서 일부에 대해서만 처벌불원 의사표시를 하면 그 의사표시는 다른 공범에게는 미치지 않는다. 공범 중에서 일부에 대해서만 공소제기를 하면 그 공소제기는 다른 공범에게는 미치지 않는다. 이것은 고발, 자수, 변호인선임, 구속, 상소, 기판력 등 다 똑같다. 자 힘차게 외쳐본다. **주관적 불가분의 원칙이 적용되는 것은 절대적 친고죄의 고소가 유일하다.** 〈판례 [19]~[22]〉

15 고소의 객관적 불가분의 원칙 - 일죄

일죄의 관계에 있는 범죄사실 일부에 대한 고소의 효력은 일죄 전부에 대하여 미친다.(대법원 2011. 6.24. 2011도4451 인천 계산동 여아 약취사건) ▶ 23 변호사, 22 국가9급, 21 경간부, 18 경찰승진, 17 법원9급, 16 국가9급, 15 경찰채용, 15 국가7급

16 고발의 객관적 불가분의 원칙 - 일죄

1. 일죄의 관계에 있는 범죄사실의 일부에 대한 공소제기 및 고발의 효력은 그 일죄의 전부에 대하여 미친다.(대법원 2020. 5.28. 2018도16864 3사업연도 법인세 포탈사건) ▶ 21 경찰승진

2. 고발은 범죄사실에 대한 소추를 요구하는 의사표시로서 그 효력은 고발장에 기재된 범죄사실과 동일성이 인정되는 사실 모두에 미치므로 범칙사건에 대한 고발이 있는 경우 그 고발의 효력은 범칙사건에 관련된 범칙사실의 전부에 미치고 한 개의 범칙사실의 일부에 대한 고발은 그 전부에 대하여 효력이 생긴다.(대법원 2014.10.15. 2013도5650 부가세 포탈 중부지방국세청장 고발사건) ▶ 24 경찰채용, 23 경간부, 21 경찰승진, 16 국가7급

17 강간미수죄에 대한 고소취소가 상상적 경합범 관계에 있는 감금죄에 영향을 미치는지의 여부(소극) - 상상적 경합범

형이 중한 강간미수죄가 친고죄로서 고소가 취소되었다 하더라도 형이 경한 감금죄에 대하여는 아무런 영향을 미치지 않는다.(대법원 1983. 4.26. 83도323 조개트럭 사건) 2025년 현재 강간미수죄는 친고죄가 아니다. 취지만 유효하다. ▶ 17 법원9급, 15 국가9급

18 수개의 범죄사실 일부에 대한 고소 또는 고발의 효력(=고소 또는 고발한 일부 범죄사실에만 미침) - 실체적 경합범

1. 공소가 제기된 수개의 간통행위 중 일부 간통행위에 대하여만 배우자의 고소가 있고 다른 일부 간통행위에 대하여는 배우자의 고소가 없는 경우에 고소가 없는 간통행위에 대하여까지 고소의 효력이 미칠 수는 없다.(대법원 1989. 9.12. 89도54 3회의 간통 사건) 취지만 유효하다. ▶ 15 변호사

2. 수개의 범칙사실 중 일부만을 범칙사건으로 하는 고발이 있는 경우 고발장에 기재된 범칙사실과 동일성이 인정되지 않는 다른 범칙사실에 대해서까지 그 고발의 효력이 미칠 수는 없다.(대법원 2014.10.15. 2013도5650 부가세포탈 중부지방국세청장 고발사건) ▶ 23 경간부, 20 경찰채용

19 절대적 친고죄에 있어 공범 1인에 대한 고소취소의 효력이 다른 공범에게도 미치는지의 여부(적극)

1. 친고죄에서 고소와 고소취소의 불가분원칙을 규정한 형사소송법 제233조는 당연히 적용되므로 만일 공소사실에 대하여 피고인과 공범관계에 있는 사람에 대한 적법한 고소취소가 있다면 고소취소의 효력은 피고인에 대하여 미친다.(대법원 2015.11.17. 2013도7987 특수강제추행 사건) ▶ 19 경간부, 18 법원9급, 16 경찰채용

2. (저작권법위반 사건에 있어) 고소불가분의 원칙상 공범 중 일부에 대하여만 처벌을 구하고 나머지에 대하여는 처벌을 원하지 않는 내용의 고소는 적법한 고소라고 할 수 없고, ▶ 19 법원9급, 17 국가9급, 16 경찰승진

공범 중 1인에 대한 고소취소는 고소인의 의사와 상관없이 다른 공범에 대하여도 효력이 있다.(대법원 2009. 1. 30. 2008도7462 나이키 현수막 사건)

20 상대적 친고죄에 있어 고소취소가 친족관계가 없는 공범에게도 미치는지의 여부(소극)

상대적 친고죄에 있어서의 피해자의 고소취소는 친족관계 없는 공범자에게는 그 효력이 미치지 아니한다.(대법원 1964. 12. 15. 64도481 상대적 친고죄 사건) 甲이 친구 乙과 공모하여 (따로 살고 있는) 甲의 삼촌 A의 재물을 절취한 경우 甲의 절도죄는 친고죄이지만 乙의 절도죄는 친고죄가 아니다. 처음에 A가 甲, 乙 모두를 고소하였다가 나중에 甲에 대하여만 고소를 취소한 경우 그 취소의 효력은 乙에게 미치지 않는다.

> 22 변호사, 16 경찰승진

21 고소불가분의 원칙을 규정한 형사소송법 제233조의 규정이 반의사불벌죄에도 준용되는지의 여부(소극)

형사소송법이 고소와 고소취소에 관한 규정을 하면서 제232조 제1항, 제2항에서 고소취소의 시한과 재고소의 금지를 규정하고 제3항에서는 반의사불벌죄에 제1항, 제2항의 규정을 준용하는 규정을 두면서도 제233조에서 고소와 고소취소의 불가분에 관한 규정을 함에 있어서는 반의사불벌죄에 이를 준용하는 규정을 두지 아니한 것은 **처벌을 희망하지 아니하는 의사표시나 처벌을 희망하는 의사표시의 철회에 관하여 친고죄와는 달리 공범자간에 불가분의 원칙을 적용하지 아니하고자 함에 있다고 볼 것이지 입법의 불비로 볼 것은 아니다.**(대법원 1994. 4. 26. 93도1689 웅진여성 폐간 사건) 피해자 A가 공범 甲, 乙, 丙 중에서 甲, 乙에 대하여만 처벌불원 의사표시를 한 경우 그 의사표시의 효력은 丙에게 미치지 않는다는 취지의 판례이다.

> 25 국가9급, 24 경찰채용,
> 24 국가9급, 24 법원9급,
> 23 경간부, 22 경찰승진,
> 22 국가7급, 21 경찰승진,
> 21 법원9급, 20 국가9급,
> 19 경찰승진, 19 경간부,
> 19 법원9급, 19 소방간부,
> 18 변호사, 18 경간부,
> 18 경찰채용, 17 경찰승진,
> 17 국가9급, 16 법원9급,
> 15 변호사, 15 경찰채용,
> 15 법원9급

[5] 이 판례는 르포작가 이상규로부터 제공받은 원고와 조작된 일기장을 바탕으로 웅진여성 기자 조금현과 편집국장 이광표가 웅진여성 1991년 12월호에 '20대 여인 AIDS 복수극'이라는 제목으로 "모델 남경옥이 1988년 일본 남자로부터 에이즈에 걸린 것에 대한 보복으로 국회의원 김동영 등 40명의 남자들과 무차별적으로 성관계를 하였다"는 취지의 허위 기사를 게재한 사건에 대한 것이다. 이 기사에는 김동영 국회의원의 전 보좌관 최태현에 대한 언급도 되어 있었다. 피고인들은 곧장 구속이 되었고, 1991년 10월에 창간된 웅진여성은 3개 지령(誌齡)을 끝으로 그 해 12월에 폐간이 되었다. 제1심 공판 도중 웅진여성측은 고(故) 김동영 의원측과 1억 5천만원, 남경옥씨측과는 2천만원에 각각 합의를 하여, 피해자들이 기자 조금현과 편집국장 이광표에 대하여 고소를 취소하였다. '출판물명예훼손죄'와 관련하여 법원은 기자 조금현과 편집국장 이광표에 대하여는 공소기각판결을, 르포작가 이상규에 대하여는 (고소불가분의 원칙이 준용되지 않기 때문에) 유죄판결을 선고하였다.

[5] 이미지 출처 – 옛날물건(https://www.yetnal.co.kr/shop/item.php?it_id=1612330125&device=pc)

22 고소불가분의 원칙을 규정한 형사소송법 제233조의 규정이 전속고발범죄에도 유추적용 되는지의 여부(소극)

1. 죄형법정주의의 원칙에 비추어 친고죄에 관한 고소의 주관적 불가분 원칙을 규정한 형사소송법 제233조의 유추적용을 통하여 공정거래위원회의 고발이 없는 위반행위자에 대해서까지 형사처벌의 범위를 확장하는 것도 허용될 수 없으므로, 위반행위자 중 일부에 대하여 공정거래위원회의 고발이 있다고 하여 나머지 위반행위자에 대하여도 고발의 효력이 미친다고 볼 수 없고, 나아가 공정거래법 제70조의 양벌규정에 따라 처벌되는 법인이나 개인에 대한 고발의 효력이 그 대표자나 대리인, 사용인 등으로서 행위자인 사람에게까지 미친다고 볼 수도 없다.(대법원 2011. 7.28. 2008도5757 설탕담합 사건)

2. 친고죄에 관한 고소의 주관적 불가분원칙을 규정하고 있는 형사소송법 제233조가 공정거래법상 공정거래위원회의 고발에도 유추적용된다고 해석한다면 이는 공정거래위원회의 고발이 없는 행위자에 대해서까지 형사처벌의 범위를 확장하는 것으로서, 결국 피고인에게 불리하게 형벌법규의 문언을 유추해석한 경우에 해당하므로 **죄형법정주의에 반하여 허용될 수 없다.**(대법원 2010. 9.30. 2008도4762 합성수지 담합 사건)

   ▶ 25 국가9급, 24 경찰승진, 24 법원9급, 24 소방간부, 21 변호사, 21 경찰채용, 20 경찰채용, 18 경간부, 17 경간부

3. 조세범처벌법에 의하여 하는 고발에 있어서는 이른바 고소·고발 불가분의 원칙이 적용되지 아니하므로 고발의 구비 여부는 양벌규정에 의하여 처벌받는 자연인인 행위자와 법인에 대하여 개별적으로 논하여야 한다.(대법원 2004. 9.24. 2004도4066 전북산업 사건)

   ▶ 25 경찰채용, 21 경간부, 16 법원9급

형사소송법(2025. 3.18. 법률 제20796호로 일부개정된 것)

제232조【고소의 취소】① 고소는 제1심 판결선고전까지 취소할 수 있다.
② 고소를 취소한 자는 다시 고소하지 못한다
③ 피해자의 명시한 의사에 반하여 죄를 논할 수 없는 사건에 있어서 처벌을 희망하는 의사표시의 철회에 관하여도 전2항의 규정을 준용한다.
제236조【대리고소】고소 또는 그 취소는 대리인으로 하여금 하게 할 수 있다.

성폭력범죄의 처벌 등에 관한 특례법 (2024.12.20. 법률 제20575호로 일부개정된 것)

제27조【성폭력범죄 피해자에 대한 변호사 선임의 특례】① 성폭력범죄의 피해자 및 그 법정대리인(이하 "피해자등"이라 한다)은 형사절차상 입을 수 있는 피해를 방어하고 법률적 조력을 보장하기 위하여 변호사를 선임할 수 있다.
⑤ 제1항에 따른 변호사는 형사절차에서 피해자등의 대리가 허용될 수 있는 모든 소송행위에 대한 포괄적인 대리권을 가진다.
⑥ 검사는 피해자에게 변호사가 없는 경우 국선변호사를 선정하여 형사절차에서 피해자의 권익을 보호할 수 있다. 다만, 19세 미만 피해자등에게 변호사가 없는 경우에는 국선변호사를 선정하여야 한다.

선생님의 TIP

친고죄의 경우 고소나 고소취소의 대리는 허용되지만(형사소송법 제236조), 반의사불벌죄의 경우 처벌희망 또는 처벌불원 의사표시의 대리 허용 여부가 형사소송법에 규정되어 있지 않다. 다시 말하지만 법률에 명문의 규정이 없는 한 소송행위의 '대리'는 허용되지 않는다.

23 의사능력이 있는 피해자가 단독으로 처벌불원 의사표시를 할 수 있는지의 여부(적극)

1. 폭행죄는 피해자의 명시한 의사에 반하여 공소를 제기할 수 없는 반의사불벌죄로서 **처벌불원의 의사표시는 의사능력이 있는 피해자가 단독으로 할 수 있는 것이고, 피해자가 사망한 후 그 상속인이 피해자를 대신하여 처벌불원의 의사표시를 할 수는 없다.**(대법원 2010. 5.27. 2010도2680 생일빵 사건) 처벌불원 의사표시를 할 수 있는 권한은 상속의 대상이 되지 않는다.

   ▶ 25 경찰승진, 24 경간부, 24 법원9급, 23 국가9급, 21 경찰승진, 20 경간부, 20 경찰채용, 19 경찰승진, 19 경간부, 18 경간부, 18 경찰채용, 17 경찰승진, 17 경찰채용, 16 국가9급

2. 반의사불벌죄에 있어서 피해자의 피고인 또는 피의자에 대한 처벌을 희망하지 않는다는 의사표시 또는 처벌을 희망하는 의사표시의 철회는 형사소송절차에 있어서의 소송능력에 관한 일반원칙에 따라 의사능력이 있는 피해자가 단독으로 이를 할 수 있고, 거기에 법정대리인의 동의가 있어야 한다거나 법정대리인에 의해 대리되어야만 한다고 볼 것은 아니다. (대법원 2009.11.19. 2009도6058 술집 14세 가출녀 강간 사건)

   ▶ 25 법원9급, 22 변호사, 22 경찰승진, 22 국가7급, 20 경찰채용, 20 국가7급, 20 법원9급, 19 경찰승진, 19 경간부, 19 국가7급, 19 법원9급, 17 국가9급, 15 경찰채용, 15 국가9급

24 피해자를 대리하여 처벌불원 의사표시를 할 권한이 있는 경우

성폭력처벌법 제27조 제6항에 의하여 선정된 피해자의 변호사는 형사절차에서 피해자 등의 대리가 허용될 수 있는 모든 소송행위에 대한 포괄적인 대리권을 가지므로(동법 제27조 제5항), **피해자의 변호사는 피해자를 대리하여 피고인에 대한 처벌을 희망하는 의사표시를 철회하거나 처벌을 희망하지 않는 의사표시를 할 수 있다.**(대법원 2019.12.13. 2019도10678 피해자 국선변호사 처벌불원서 제출사건) 대리를 허용하는 명문의 규정이 있다.

▶ 25 변호사, 21 경찰승진, 20 경찰채용

25 피해자를 대리하여 처벌불원 의사표시를 할 권한이 없는 경우

1. 교통사고로 의식을 회복하지 못하고 있는 피해자의 아버지가 피해자를 대리하여 처벌을 희망하지 아니한다는 의사를 표시하는 것은 허용되지 아니할 뿐만 아니라 피해자가 성년인 이상 의사능력이 없다는 것만으로 피해자의 아버지가 당연히 법정대리인이 된다고 볼 수도 없으므로 피해자의 아버지가 처벌을 희망하지 아니한다는 의사를 표시하였더라도 소송법적으로 효력이 발생할 수 없다.(대법원 2013. 9.26. 2012도568 의식불명 피해자 사건) 대리를 허용하는 명문의 규정이 없다. 아래 2. 판례도 마찬가지이다.

   ▶ 22 국가7급, 20 국가7급

2. **반의사불벌죄에서 성년후견인은 명문의 규정이 없는 한 의사무능력자인 피해자를 대리하여 피고인 또는 피의자에 대하여 처벌을 희망하지 않는다는 의사를 결정하거나 처벌을 희망하는 의사표시를 철회하는 행위를 할 수 없다. 이는 성년후견인의 법정대리권 범위에 통상적인 소송행위가 포함되어 있거나 성년후견개시심판에서 정하는 바에 따라 성년후견인이 소송행위를 할 때 가정법원의 허가를 얻었더라도 마찬가지이다.**(대법원 2023. 7.17. 2021도11126 술집 성년후견인 합의서 제출사건) 피고인 甲은 자전거를 타고 가다가 피해자 A(男, 69세)를 들이받아 넘어지게 하였고 이에 A는 뇌손상 등으로 인하여 결국 식물인간이 되었다. 甲의 죄책은 교통사고처리 특례법위반죄이고 이는 반의사불벌죄이다. 한편 수원가정법원은 A에 대하여 성년후견개시의 심판을 하면서 A의 배우자 B를 성년후견인으로 선임하였는데 그 법정대리권의 범위에 소송행위를 포함시키고 그 대리권 행사에 법원의 허가를 받도록 하였다. 형사재판 중에 B는 甲으로부터 합의금을 수령한 후 1심법원인 수원

   ▶ 25 변호사, 25 경찰승진, 25 경간부, 25 국가9급, 24 소방간부

지방법원에 "피해자는 4,000만원을 지급받고 피고인의 형사처벌을 원하지 않는다."라는 내용의 서면을 제출하였다. 1심법원은 피해자가 의사능력이 없더라도 피해자의 성년후견인이 반의사불벌죄에 관해서 피해자를 대리하거나 독립하여 처벌불원의사를 표시하거나 처벌희망 의사표시를 철회하는 것은 허용되지 않는다면서 유죄판결을 선고하였고 원심은 이를 유지하였다. 이에 甲은 처벌불원 의사표시가 있었으므로 공소기각판결을 선고하여야 함에도 피고인의 항소를 기각한 원심판결이 위법하다면서 상고하였으나 대법원 다수의견은 피고인의 상고를 기각하였다.

> **2021도11126 판결의 주요 논거**
> 교통사고처리 특례법과 형사소송법의 문언상 처벌을 원하지 아니하는 의사결정 자체는 피해자가 하여야 하고 대리될 수 없다. 반의사불벌죄에서 피고인 또는 피의자에 대하여 처벌을 원하지 않거나 처벌희망의 의사표시를 철회하는 의사결정 그 자체는 특별한 규정이 없는 한 피해자 본인이 하여야 한다. <u>형사소송법은 친고죄의 고소 및 고소취소와 반의사불벌죄의 처벌불원의사를 달리 규정하였으므로 반의사불벌죄의 처벌불원의사는 친고죄의 고소 또는 고소취소와 동일하게 취급할 수 없다.</u> 민법상 성년후견인이 형사소송절차에서 반의사불벌죄의 처벌불원 의사표시를 대리할 수 있다고 보는 것은 피해자 본인을 위한 후견적 역할에 부합한다고 볼 수도 없다. 양형기준을 포함한 현행 형사사법 체계 아래에서 성년후견인이 의사무능력자인 피해자를 대리하여 피고인 또는 피의자와 합의를 한 경우에는 이를 소극적인 소추조건이 아니라 양형인자로서 고려하면 충분하다.

26 반의사불벌죄의 피해자가 피의자나 피고인 등에게 자신을 대리하여 수사기관이나 법원에 자신의 처벌불원 의사표시를 할 수 있는 권한을 수여할 수 있는지의 여부(적극)

반의사불벌죄의 피해자는 피의자나 피고인 및 그들의 변호인에게 **자신을 대리하여 수사기관이나 법원에 자신의 처벌불원의사를 표시할 수 있는 권한을 수여할 수 있다.**(대법원 2017. 9. 7. 2017도8989 의료분쟁 조정사건) 이것은 처벌불원 의사표시의 대리를 인정한 판례가 아님을 주의하여야 한다. 이 판례는 피해자가 처벌불원 의사표시를 하면서 피고인 등에게 합의서를 작성해 주고 자신을 대신하여 수사기관이나 법원에서 이 합의서를 제출할 수 있는 권한을 인정한 것이다. 즉 의사표시의 '대리'가 아니라 의사표시의 '전달'에 관한 것이다.

▶ 25 경찰승진, 25 경찰채용, 23 국가9급, 21 국가9급

핵심정리	각종 소송행위의 취소·취하시기
구 분	내 용
제1심 판결 선고전까지	1. 친고죄에 있어 **고**소의 취소(제232조 제1항) 2. 반의사불벌죄에 있어 **처**벌희망의사표시의 철회(제232조 제3항) 3. **공**소의 취소(제255조 제1항) 4. **재**심청구의 취하(대법원 2024. 4.12. 2023도13707) 5. 약식명령 또는 즉결심판에 대한 **정**식재판청구의 취하(제454조, 즉결심판법 제14조 제4항) ★ 공정재 고처
기 타	증거동의의 철회 – 증거조사 완료전까지(대법원 2015. 8.27. 2015도3467)

핵심정리 [27] 판례 도식화

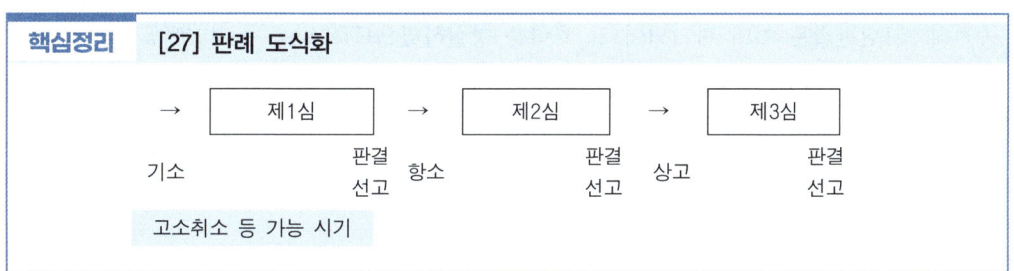

27 친고죄에 있어 고소취소의 시기 및 반의사불벌죄에 있어 처벌희망 의시표시의 철회시기 (=제1심 판결선고 전까지)

1. 제1심판결 선고 후에 고소가 취소된 경우에는 그 취소의 효력이 없으므로 공소기각의 재판을 할 수 없다.(대법원 1985. 2. 8. 84도2682 항소심에서 강간고소 취소사건) ▶ 24 경간부, 21 소방간부, 16 변호사

2. 항소심에서 비로소 공소사실이 친고죄로 변경된 경우에도 항소심을 제1심이라 할 수는 없는 것이므로 항소심에 이르러 고소인이 고소를 취소하였다면 이는 친고죄에 대한 고소취소로서의 효력이 없다.(대법원 2007. 3.15. 2007도210 악질친일분자의 자손 사건) ▶ 19 경찰채용, 19 법원9급, 17 국가7급, 15 경찰채용

3. 항소심에서 공소장의 변경에 의하여 또는 공소장변경절차를 거치지 아니하고 법원 직권에 의하여 친고죄가 아닌 범죄를 친고죄로 인정하였더라도 항소심을 제1심이라 할 수는 없는 것이므로 항소심에 이르러 비로소 고소인이 고소를 취소하였다면 이는 친고죄에 대한 고소취소로서의 효력은 없다.(대법원 1999. 4.15. 96도1922 순수 외음부 열상 사건) ▶ 23 법원9급, 21 변호사, 21 법원9급, 21 경찰채용, 21 소방간부, 20 국가9급, 20 법원9급, 19 경찰승진, 18 경찰채용, 15 법원9급

4. 피해자의 명시한 의사에 반하여 죄를 논할 수 없는 사건에서 처벌을 희망하는 의사표시의 철회 또는 처벌을 희망하지 아니하는 의사표시는 제1심판결 선고시까지 할 수 있으므로 그 후의 의사표시는 효력이 없다.(대법원 2000. 9.29. 2000도2953 폭행피해자 항소심 처벌불원 사건)

5. 형사소송법 제232조 제1항, 제3항의 취지는 국가형벌권의 행사가 피해자의 의사에 의하여 좌우되는 현상을 장기간 방치할 것이 아니라 제1심판결 선고 이전까지로 제한하자는 데 그 목적이 있다 할 것이므로, 비록 항소심에 이르러 비로소 반의사불벌죄가 아닌 죄에서 반의사불벌죄로 공소장변경이 있었다 하여 항소인 제2심을 제1심으로 볼 수는 없다.(대법원 1988. 3. 8. 85도2518 근호여관 사건) ▶ 25 변호사, 24 소방간부, 23 국가9급, 22 경찰승진, 18 경찰승진, 18 경찰채용, 18 법원9급

> 핵심정리 [28] 판례 도식화

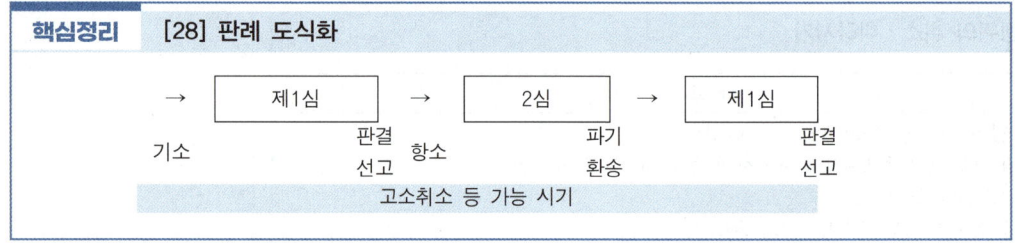

고소취소 등 가능 시기

28 (항소심이 제1심을 파기하고 환송한 사례에서) 환송 후 제1심판결의 선고 전에 고소가 취소된 경우 법원이 취해야 할 조치(=공소기각판결)

상소심에서 형사소송법 제366조 또는 제393조 등에 의하여 제1심의 공소기각판결이 법률에 위반됨을 이유로 이를 파기하고 사건을 제1심법원에 환송함에 따라 다시 제1심 절차가 진행된 경우 종전의 제1심판결은 이미 파기되어 그 효력을 상실하였으므로 환송 후의 제1심판결 선고 전에는 고소취소의 제한사유가 되는 제1심판결 선고가 없는 경우에 해당한다. 따라서 환송 후 제1심판결 선고 전에 친고죄의 고소가 취소되면 형사소송법 제327조 제5호에 의하여 **판결로써 공소를 기각하여야 한다.**(대법원 2011. 8.25. 2009도9112 환송전 고소취소 사건)

> 23 소방간부, 22 국가9급, 21 국가9급, 19 경찰승진, 19 경간부, 18 변호사, 15 변호사

부정수표 단속법(2010. 3.24. 법률 제10185호 일부개정)

제2조【부정수표 발행인의 형사책임】② 수표를 발행하거나 작성한 자가 수표를 발행한 후에 예금부족, 거래정지처분이나 수표계약의 해제 또는 해지로 인하여 제시기일에 지급되지 아니하게 한 경우에도 제1항과 같다.
③ 과실로 제1항과 제2항의 죄를 범한 자는 3년 이하의 금고 또는 수표금액의 5배 이하의 벌금에 처한다.
④ 제2항과 제3항의 죄는 수표를 발행하거나 작성한 자가 <u>그 수표를 회수한 경우</u> 또는 회수하지 못하였더라도 수표 소지인의 명시적 의사에 반하는 경우 <u>공소를 제기할 수 없다.</u>

---

29 부정수표 단속법 제2조 제4항 관련 판례

1. 부정수표 단속법 제2조 제4항에서 **부정수표가 회수된 경우 공소를 제기할 수 없도록 하는 취지**는 부정수표가 회수된 경우에는 수표소지인이 부정수표 발행자 또는 작성자의 처벌을 희망하지 아니하는 것과 마찬가지로 보아 같은 조 제2항 및 제3항의 죄를 이른바 **반의사불벌죄**로 규정한 취지라고 해석함이 상당하다.(대법원 2009.12.10. 2009도9939 부정수표 일부 회수사건)

▶

2. 부도수표 회수나 수표소지인의 처벌을 희망하지 아니하는 의사의 표시가 제1심판결 선고 이전까지 이루어지는 경우에는 공소기각의 판결을 선고하여야 할 것이고 이는 부정수표가 공범에 의하여 회수된 경우에도 마찬가지이다.(대법원 2009.12.10. 2009도9939 부정수표 일부 회수사건)

> 17 국가9급, 16 법원9급

3. 부도수표 회수나 수표소지인의 처벌을 희망하지 아니하는 의사의 표시는 제1심 판결선고 이전까지 하여야 하는 것으로 해석되므로 피고인이 **부정수표를 1심 판결선고 후에 회**

수하였더라도 부정수표 단속법 제2조 제4항 소정의 효력이 생길 수 없다.(대법원 1995. 10. 13. 95도1367 1심선고 후 수표회수 사건)

30 공범 중 일부에 대한 제1심 판결선고 후 제1심 판결선고 전의 다른 공범자에 대하여 고소를 취소할 수 있는지의 여부(소극)

친고죄의 공범 중 그 일부에 대하여 제1심판결이 선고된 후에는 제1심판결 선고 전의 다른 공범자에 대하여는 그 고소를 취소할 수 없고 그 고소의 취소가 있다 하더라도 그 효력을 발생할 수 없으며, 이러한 법리는 필요적 공범이나 임의적 공범이냐를 구별함이 없이 모두 적용된다.(대법원 1985. 11. 12. 85도1940 가리봉동 여중생 윤간사건)

▶ 25 국가9급, 24 국가7급, 24 국가9급, 24 소방간부, 23 경찰승진, 22 변호사, 21 국가9급, 20 소방간부, 19 법원9급, 18 변호사, 18 법원9급, 16 경찰승진, 16 경찰채용

소송촉진 등에 관한 특례법(2024. 1. 16. 법률 제20006호로 일부개정된 것)

제23조【제1심 공판의 특례】 제1심 공판절차에서 피고인에 대한 송달불능보고서가 접수된 때부터 6개월이 지나도록 피고인의 소재를 확인할 수 없는 경우에는 대법원규칙으로 정하는 바에 따라 피고인의 진술 없이 재판할 수 있다. 다만, 사형, 무기 또는 장기 10년이 넘는 징역이나 금고에 해당하는 사건의 경우에는 그러하지 아니하다.

제23조의2【재심】 ① 제23조 본문에 따라 유죄판결을 받고 그 판결이 확정된 자가 책임을 질 수 없는 사유로 공판절차에 출석할 수 없었던 경우 형사소송법 제424조에 규정된 자는 그 판결이 있었던 사실을 안 날부터 14일 이내에 제1심 법원에 재심을 청구할 수 있다. 〈제1심 재판 다시 시작〉

형사소송법(2025. 3. 18. 법률 제20796호로 일부개정된 것)

제345조【상소권회복 청구권자】 제338조부터 제341조까지의 규정에 따라 상소할 수 있는 자는 자기 또는 대리인이 책임질 수 없는 사유로 상소 제기기간 내에 상소를 하지 못한 경우에는 상소권회복의 청구를 할 수 있다. 〈상소심 재판 시작〉

선생님의 TIP

소송촉진법 제23조에 의하여 유죄판결을 받은 사람은 그 선택에 따라 소송촉진법 제23조의2에 의하여 재심을 청구할 수도 있고, 형사소송법 제345조에 의하여 상소권회복청구도 할 수 있다. 만약 전자를 선택한다면 피해자는 그 재심의 제1심 판결선고 전까지 처벌불원 의사표시를 할 수 있지만([31] 1. 2. 판례), 후자를 선택한다면 피해자는 처벌불원 의사표시를 할 수 없다([31] 3. 판례).

31 소송촉진법 제23조에 따른 궐석재판과 처벌불원 의사표시 관련 판례

1. 제1심 법원이 반의사불벌죄로 기소된 피고인에 대하여 소송촉진법 제23조에 따라 피고인의 진술 없이 유죄를 선고하여 판결이 확정된 경우 만일 피고인이 책임을 질 수 없는 사유로 공판절차에 출석할 수 없었음을 이유로 소송촉진법 제23조의2에 따라 제1심 법원에 재심을 청구하여 재심개시결정이 내려졌다면 피해자는 그 재심의 제1심 판결 선고 전까지 처벌을 희망하는 의사표시를 철회할 수 있다.(대법원 2016. 11. 25. 2016도9470 항소권회복청구권 선택 사건)

▶ 23 경간부, 21 법원9급, 18 법원9급

2. 제1심판결이 소송촉진법 제23조 본문의 특례 규정에 의하여 선고된 다음 피고인이 책임질 수 없는 사유로 공판절차에 출석할 수 없었다고 하여 같은 법 제23조의2의 규정에 의한 재심이 청구되고 재심개시의 결정이 내려진 경우 피고인으로서는 제1심의 공판절차에서

▶ 22 법원9급

적절한 방어를 할 기회를 가지지 못하였던 것이고 바로 그러한 이유로 인하여 재심청구가 허용된 것이므로 이 경우에는 부도수표 회수나 수표소지인의 처벌을 희망하지 아니하는 의사의 표시도 그 재심의 제1심판결 선고전까지 하면 되는 것으로 해석함이 상당하다.(대법원 2002.10.11. 2002도1228 소송촉진법 재심 부정수표 회수사건)

3. 제1심 법원이 반의사불벌죄로 기소된 피고인에 대하여 소송촉진법 제23조에 따라 피고인의 진술 없이 유죄를 선고하여 판결이 확정된 경우 피고인이 제1심 법원에 소송촉진법 제23조의2에 따른 재심을 청구하는 대신 **항소권회복청구**를 함으로써 항소심 재판을 받게 되었다면 항소심을 제1심이라고 할 수 없는 이상 그 항소심 절차에서는 **처벌을 희망하는 의사표시를 철회할 수 없다.**(대법원 2016.11.25. 2016도9470 항소권회복청구권 선택 사건) ▶ 23 경간부, 22 변호사, 20 경찰채용, 18 법원9급

32 공소제기 후 고소취소 또는 처벌희망의사표시 철회의 상대방

고소의 취소나 처벌을 희망하는 의사표시의 철회는 수사기관 또는 법원에 대한 법률행위적 소송행위이므로 공소제기 전에는 고소사건을 담당하는 **수사기관**에, 공소제기 후에는 고소사건의 **수소법원**에 대하여 이루어져야 한다.(대법원 2012. 2.23. 2011도17264 합의서 미제출 공소기각판결 사건) ▶ 24 경찰승진, 23 변호사, 23 법원9급, 21 국가9급, 21 소방간부

33 고소취소 또는 처벌희망 의사표시 철회 의사표시의 해석

반의사불벌죄에서 피해자가 처벌을 희망하지 않는 의사표시나 처벌을 희망하는 의사표시의 철회를 하였다고 인정하기 위해서는 피해자의 진실한 의사가 명백하고 믿을 수 있는 **방법으로 표현되어야 한다.**(대법원 2021.10.28. 2021도10010 PC방 진상 폭행사건) ▶ 22 경찰승진

근로기준법(2024.10.22. 법률 제20520호로 일부개정된 것)

제44조【도급 사업에 대한 임금 지급】 ① 사업이 한 차례 이상의 도급에 따라 행하여지는 경우에 <u>하수급인</u>이 직상 수급인의 귀책사유로 근로자에게 임금을 지급하지 못한 경우에는 그 직상 수급인은 그 하수급인과 연대하여 책임을 진다. 다만, 직상 수급인의 귀책사유가 그 <u>상위 수급인의</u> 귀책사유에 의하여 발생한 경우에는 그 상위 수급인도 연대하여 책임을 진다.

제44조의2【건설업에서의 임금 지급 연대책임】 ① 건설업에서 사업이 2차례 이상 건설산업기본법 제2조 제11호에 따른 도급이 이루어진 경우에 같은 법 제2조 제7호에 따른 건설사업자가 아닌 <u>하수급인</u>이 그가 사용한 근로자에게 임금을 지급하지 못한 경우에는 그 <u>직상 수급인</u>은 하수급인과 연대하여 하수급인이 사용한 근로자의 임금을 지급할 책임을 진다.

제109조【벌칙】 ① 제36조, 제43조, 제44조, 제44조의2, 제46조, 제51조의3, 제52조 제2항 제2호, 제56조, 제65조, 제72조 또는 제76조의3 제6항을 위반한 자는 3년 이하의 징역 또는 3천만원 이하의 벌금에 처한다.
② 제36조, 제43조, 제44조, 제44조의2, 제46조, 제51조의3, 제52조 제2항 제2호 또는 제56조를 위반한 자에 대하여는 피해자의 명시적인 의사와 다르게 공소를 제기할 수 없다.

34 근로기준법위반죄 관련 처벌불원 의사표시의 해석

1. 근로자가 상위 수급인의 처벌을 희망하지 아니하거나 처벌을 희망하는 의사를 철회하는 의사표시를 하는 경우에는 근로자가 임금을 직접 청구하거나 형사고소 등의 법적 조치를 취한 대상이 누구인지, 상위 수급인과 합의에 이르게 된 과정 및 근로자가 처벌을 희망하지 아니하거나 처벌을 희망하는 의사를 철회하게 된 경위, 근로자가 그러한 의사표시에서 하수급인이나 직상 수급인을 명시적으로 제외하고 있는지, 상위 수급인의 변제 등을 통하여 근로자에 대한 임금지급채무가 어느 정도 이행되었는지 등의 여러 사정을 참작하여 여기에 하수급인 또는 그 직상 수급인의 처벌을 희망하지 아니하는 의사표시도 포함되어 있는지를 살펴보아야 하고, 하수급인과 직상 수급인을 배제한 채 오로지 상위 수급인에 대하여만 처벌을 희망하지 아니하는 의사표시를 하였다고 쉽게 단정하여서는 안 된다.(대법원 2022.12.29. 2018도2720 상위수급인에 대한 처벌불원 사건) 甲 → 乙 → 丙 순서로 도급이 이루어진 경우 甲은 상위 수급인[6], 乙은 직상 수급인 그리고 丙은 하수급인이 된다. 임금을 지급받지 못한 丙의 직원 A가 甲, 乙, 丙 모두 고소하였다가 甲으로부터 임금을 지급받고 그에 대해서만 처벌불원 의사표시를 한 경우 특별한 사정이 없는 한 이 의사표시에는 乙, 丙에 대한 처벌을 희망하지 않는 의사표시도 포함되어 있다는 취지의 판례이다. 임금을 다 받은 직원에게 처벌희망 의사가 계속 남아 있다고 보는 것은 상식에 반한다. 아래 2. 판례도 대체로 같다.

2. 건설업에서 2차례 이상 도급이 이루어진 경우 건설업자가 아닌 하수급인이 그가 사용한 근로자에게 임금을 지급하지 못할 경우 그 하수급인의 직상 수급인은 하수급인과 연대하여 하수급인이 사용한 근로자의 임금을 지급할 책임을 지도록 하면서 이를 위반한 직상 수급인을 처벌하되, 근로자의 명시적인 의사와 다르게 공소를 제기할 수 없도록 규정하고 있다. 하수급인의 처벌을 희망하지 아니하는 근로자의 의사표시가 있을 경우에는 여러 사정을 참작하여 여기에 직상 수급인의 처벌을 희망하지 아니하는 의사표시도 포함되어 있다고 볼 수 있는지를 살펴보아야 하고, 직상 수급인을 배제한 채 오로지 하수급인에 대하여만 처벌을 희망하지 아니하는 의사를 표시한 것으로 쉽사리 단정할 것은 아니다.(대법원 2015.11.12. 2013도8417 하수급인 임금체불 사건) ▶ 17 경찰채용

35 고소취소에 해당하는 경우

1. 피해자가 피고인의 처벌을 구하는 의사를 철회한다는 의사로 합의서를 제1심법원에 제출하였으므로 피고인에 대한 고소는 적법하게 취소되었다고 할 것이고 따라서 그 후 피해자가 제1심법원에 증인으로 출석하여 위 합의를 취소하고 다시 피고인의 처벌을 원한다는 진술을 함으로써 고소취소를 철회하는 의사표시를 하였다고 하여도 그것은 아무런 효력이 없다.(대법원 2009. 9.24. 2009도6779 종전 합의를 취소한다 사건) 이 판례와 약간 모순되는 듯한 판례가 있는데(대법원 1981.10. 6. 81도1968, 대법원 1980.10.27. 80도1448), 그것은 시험에 출제되기는 어렵다. ▶ 24 소방간부, 22 국가9급, 17 국가7급

---

[6] 도급인이기도 하다.

2. 피해자가 경찰에 강간치상의 범죄사실을 신고한 후 경찰관에게 가해자의 처벌을 원한다 ▶ 21 경찰채용, 15 변호사
는 취지의 진술을 하였다가 그 다음에 가해자와 합의한 후 "가해자와 원만히 합의하였으
므로 피해자는 가해자를 상대로 어떠한 민·형사상의 책임도 묻지 아니한다."는 취지의 가해
자와 피해자 사이의 합의서가 경찰에 제출되었다면 위와 같은 합의서의 제출로써 피해자는
가해자에 대하여 처벌을 희망하던 종전의 의사를 철회한 것으로서 공소제기 전에 고소
를 취소한 것으로 봄이 상당하다.(대법원 2002. 7.12. 2001도6777 주병진 사건)
3. 강간피해자 명의의 "당사자 간에 원만히 합의되어 민·형사상 문제를 일체 거론하지 않기
로 화해되었으므로 합의서를 1심 재판장 앞으로 제출한다."는 취지의 합의서 및 "피고인들
에게 중형을 내리기보다는 법의 온정을 베풀어 사회에 봉사할 수 있도록 관대한 처분을
바란다."는 취지의 탄원서가 제1심 법원에 제출되었다면 이는 결국 고소취소가 있는 것으
로 보아야 한다.(대법원 1981.11.10. 81도1171 사회에 봉사할 수 있도록 사건)

36 처벌희망 의사표시 철회에 해당하는 경우

1. 피해자는 "가해자와 피해자 간에 원만한 합의를 하였으므로 차후 민·형사상 어떠한 이의 ▶ 16 경간부
도 제기치 않을 것을 서약하면서 합의서를 제출합니다."라는 내용과 "합의금 이백 중 나머
지 일백만원은 11월부터 매월 10만원씩 송금하기로 함"이라는 내용이 기재된 합의서를
제1심법원에 제출하였음을 알 수 있는바, 그렇다면 피해자는 합의서를 제출함으로써 피고
인에 대한 처벌을 희망하지 아니한다는 의사를 명시적으로 표시한 것으로 봄이 상당하다.
(대법원 2008. 2.29. 2007도11339 협박죄 간과 사건)
2. 피해자가 피고인과 사이에 피고인이 교통사고로 인한 피해자의 치료비 전액을 부담하는 조 ▶ 21 경찰승진
건으로 민·형사상 문제삼지 아니하기로 합의하고 피고인으로부터 합의금 일부를 수령하
면서 피고인에게 합의서를 작성·교부하고 피고인이 그 합의서를 수사기관에 제출한 경우
피해자는 그 합의서를 작성·교부함으로써 피고인에게 자신을 대리하여 자신의 처벌불
원의사를 수사기관에 표시할 수 있는 권한을 수여하였고, 이에 따라 피고인이 그 합의서
를 수사기관에 제출한 이상 피해자의 처벌불원의사가 수사기관에 적법하게 표시되었으
며, 이후 피고인이 피해자에게 약속한 치료비 전액을 지급하지 아니한 경우에도 민사상
치료비에 관한 합의금지급채무가 남는 것은 별론으로 하고 처벌불원의사를 철회할 수
없다.(대법원 2001.12.14. 2001도4283 치료비 전액부담 조건 사건)

37 고소취소에 해당하지 않는 경우

1. 고소의 취소는 서면 또는 구술로서 검사 또는 사법경찰관에게 하여야 하도록 규정되어 ▶ 23 경찰승진, 21 변호사,
있으므로 모욕죄의 고소인이 합의서를 피고인에게 작성하여준 것만으로는 고소가 적법히   21 경찰채용, 21 소방간부,
취소된 것으로는 볼 수 없다.(대법원 1983. 9.27. 83도516 별 의견이 없다 사건) 합의서가   18 법원9급
수사기관이나 법원에 제출되지 않은 사건이다.
2. 원심은, 피고인과 고소인 사이에 "서로 상대방에 대하여 제기한 형사 고소 사건 일체를 ▶ 24 경간부, 24 소방간부,
모두 취하한다."는 내용이 포함된 조정이 성립된 사실을 인정하면서, 고소인이 위 조정이   21 변호사
성립된 이후에도 수사기관 및 제1심 법정에서 여전히 피고인의 처벌을 원한다는 취지로 진술

하고 있으며 달리 고소인이 고소취소 또는 처벌불원의 의사를 표시하기 위하여 위 조정조서 사본 등을 수사기관이나 제1심 법정에 제출하지 아니하였다는 이유로, 위와 같은 조정이 성립된 것만으로는 고소를 취소하였다거나 처벌을 원하지 아니한다는 의사를 표시한 것으로 보기 어렵다고 판단하였는바, 위와 같은 원심 판단은 옳다.(대법원 2004. 3.25. 2003도8136 쌍방 고소취하 조정성립 사건)

▶
3. 검사가 작성한 피해자에 대한 진술조서기재 중 "피의자들의 처벌을 원하는 가요?"라는 물음에 대하여 "법대로 처벌하여 주기 바랍니다"로 되어 있고 이어서 "더 할 말이 있는 가요?"라는 물음에 대하여 "젊은 사람들이니 한번 기회를 주시면 감사하겠습니다."로 기재되어 있다면 피해자의 진술취지는 법대로 처벌하되 관대한 처분을 바란다는 취지로 보아야 하고 처벌의사를 철회한 것으로 볼 것이 아니다.(대법원 1981. 1.13. 80도2210 한번 기회를 주시면 사건)

▷ 24 경찰채용, 19 경찰승진

38 고소취소 등을 다시 철회할 수 있는지의 여부(소극)

1. 고소권자가 서면 또는 구술로써 수사기관 또는 법원에 고소를 취소하는 의사표시를 하였다고 보여지는 이상 그 고소는 적법하게 취소되었다고 할 것이고, 그 후 **고소취소를 철회하는 의사표시를 다시 하였다고 하여도 그것은 효력이 없다.**(대법원 2009. 9.24. 2009도6779 종전 합의를 취소한다 사건)

▷ 22 경찰채용

2. 반의사불벌죄에 있어서 피해자가 처벌을 희망하지 아니하는 의사가 한번 명시적으로 표시된 이후에는 다시 처벌을 희망하지 아니하는 의사표시를 철회하거나 처벌을 희망하는 의사를 표시할 수 없다.(대법원 2007. 9. 6. 2007도3405 고소취하요청서 등기 발송사건)

39 친고죄에 있어 고소권을 포기할 수 있는지의 여부(소극)

1. 친고죄에 있어서의 피해자의 고소권은 공법상의 권리이므로 법이 특히 명문으로 인정하는 경우를 제외하고는 자유처분을 할 수 없고 따라서 일단 한 고소는 취소할 수 있으나 고소 전에 고소권을 포기할 수 없다.(대법원 1967. 5.23. 67도471 전지강간 사건)

▷ 22 변호사, 21 경찰채용, 20 국가9급, 16 경간부

2. 피해자가 고소장을 제출하여 처벌을 희망하는 의사를 분명히 표시한 후 고소를 취소한 바 없다면 비록 고소 전에 피해자가 처벌을 원치 않았다 하더라도 그 후에 한 피해자의 고소는 유효하다.(대법원 2008.11.27. 2007도4977 방이동 모로코모텔 간통사건) '고소 전에 피해자가 처벌을 원치 않았다'는 것은 고소의 포기를 말하는데 이는 무효이다.

▷ 24 국가9급, 22 법원9급, 21 경찰채용, 17 국가7급

Ⅳ 고발

> **형사소송법(2025. 3.18. 법률 제20796호로 일부개정된 것)**
>
> 제234조【고발】① 누구든지 범죄가 있다고 사료하는 때에는 고발할 수 있다.
> ② 공무원은 그 직무를 행함에 있어 범죄가 있다고 사료하는 때에는 고발하여야 한다.

> **조세범 처벌법(2020.12.29. 법률 제17761호로 일부개정된 것)**
>
> 제21조【고발】이 법에 따른 범칙행위에 대해서는 국세청장, 지방국세청장 또는 세무서장의 고발이 없으면 검사는 공소를 제기할 수 없다.

> **독점규제 및 공정거래에 관한 법률(2024. 2. 6. 법률 제20239호로 일부개정된 것)**
>
> 제129조【고발】① 제124조 및 제125조의 죄는 공정거래위원회의 고발이 있어야 공소를 제기할 수 있다.
> ⑥ 공정거래위원회는 공소가 제기된 후에는 고발을 취소할 수 없다.

> **선생님의 TIP**
>
> 1. 일반범죄의 고발은 크게 문제되지 않는다. 전속고발범죄의 고발에 관한 판례가 몇 개 있다. 관련 조문을 위와 같이 수록하였다.
> 2. 자수에 관한 판례는 「NEW 트렌드 형법 판례」를 참고하기 바란다.

01 고발의 대리가 허용되는의 여부(소극)

위증죄는 국가의 사법기능을 보호법익으로 하는 죄로서 개인적 법익을 보호법익으로 하는 것이 아니므로 위증사실의 신고는 고소의 형식을 취하였다 하더라도 고발이라 할 것이고 **고발은 피해자 본인 및 고소권자를 제외하고는 누구나 할 수 있는 것이어서 고발의 대리는 허용되지 아니하고 고발의 의사를 결정하고 고발행위를 주재한 자가 고발인**이라고 할 것이다.(대법원 1989. 9. 26. 88도1533 회사차량 임차인 무고사건) 누차 강조하지만 법률에 명문의 규정이 없는 한 소송행위의 '대리'는 허용되지 않는다.

▶ 22 경찰승진, 17 경찰채용

02 진범이 아닌 자에 대한 고발이 진범에게 효력이 미치는지의 여부(적극)

고발이란 범죄사실을 수사기관에 신고하여 그 소추를 촉구하는 것으로서 범인을 지적할 필요가 없는 것이고 또한 고발에서 지정한 범인이 진범인이 아니더라도 고발의 효력에는 영향이 없는 것이므로 당진군수가 농지전용행위를 한 사람을 乙로 잘못 알고 乙을 피고발인으로 하여 고발하였다고 하더라도 甲이 농지전용행위를 한 이상 甲에 대하여도 고발의 효력이 미친다.(대법원 1994. 5. 13. 94도458 불법농지전용 고발 사건)

▶ 25 경찰승진, 20 경찰승진

03 조세범처벌법위반죄 혐의에 대하여 검사가 불기소처분을 하였다가 나중에 공소를 제기하는 경우 세무공무원 등의 새로운 고발이 있어야 하는지의 여부(소극)

세무공무원 등의 고발이 있어야 공소를 제기할 수 있는 조세범처벌법위반죄에 관하여 일단 불기소처분이 있었더라도 세무공무원 등이 종전에 한 고발은 여전히 유효하다. 따라서 나중에 공소를 제기함에 있어 세무공무원 등의 새로운 고발이 있어야 하는 것은 아니다.

▶ 24 경찰승진, 23 소방간부, 22 국가7급, 21 경찰승진, 21 경찰채용, 20 경찰승진, 20 경찰채용

(대법원 2009.10.29. 2009도6614 서초세무서장 2회 고발사건) 서초세무서장이 수사기관에 피고인의 2002년도 및 2003년도 국세체납 부분에 관하여 고발하였으나 불기소처분되었고, 그 후 서초세무서장이 다시 피고인의 2004년도 국세체납 부분에 관하여 고발하자 검사가 2004년도 국세체납 부분과 함께 종전에 불기소처분하였던 2002년도 및 2003년도 국세체납 부분도 공소를 제기한 사건인데, 이 공소제기는 적법·유효하다.

04 전속고발범죄에 있어 고발에 필요한 범죄사실의 표시 정도 등

1. 조세범처벌법에 의한 고발은 고발장에 범칙사실의 기재가 없거나 특정이 되지 아니할 때에는 부적법하나, 반드시 공소장 기재요건과 동일한 범죄의 일시·장소를 표시하여 사건의 동일성을 특정할 수 있을 정도로 표시하여야 하는 것은 아니고, 조세범처벌법이 정하는 어떠한 태양의 범죄인지를 판명할 수 있을 정도의 사실을 일응 확정할 수 있을 정도로 표시하면 족하고, 고발사실의 특정은 고발장에 기재된 범칙사실과 세무공무원의 보충진술 기타 고발장과 함께 제출된 서류 등을 종합하여 판단하여야 한다.(대법원 2022. 6.22. 2018도10973 허위세금계산서 발급중개 고발사건)

2. 공정거래위원회가 사업자에게 공정거래법의 규정을 위반한 혐의가 있다고 인정하여 사업자를 고발하였다면 이로써 소추의 요건은 충족되며 공소가 제기된 후에는 고발을 취소하지 못함에 비추어 보면, 법원이 본안에 대하여 심판한 결과 공정거래법의 규정에 위반되는 혐의 사실이 인정되지 아니하거나 그 위반 혐의에 관한 공정거래위원회의 처분이 위법하여 행정소송에서 취소된다 하더라도 이러한 사정만으로는 그 고발을 기초로 이루어진 공소제기 등 형사절차의 효력에 영향을 미치지 아니한다.(대법원 2015. 9.10. 2015도3926 판유리 담합사건) ▶ 24 경찰승진, 21 경찰채용

제 3 절 | 수사의 일반원칙과 임의수사

I 수사의 일반원칙

헌법(1987.10.29. 헌법 제10호로 전부개정된 것)

제12조 ③ 체포·구속·압수 또는 수색을 할 때에는 적법한 절차에 따라 검사의 신청에 의하여 법관이 발부한 영장을 제시하여야 한다. 다만, 현행범인인 경우와 장기 3년 이상의 형에 해당하는 죄를 범하고 도피 또는 증거인멸의 염려가 있을 때에는 사후에 영장을 청구할 수 있다.
제16조 모든 국민은 주거의 자유를 침해받지 아니한다. 주거에 대한 압수나 수색을 할 때에는 검사의 신청에 의하여 법관이 발부한 영장을 제시하여야 한다.

형사소송법(2025. 3.18. 법률 제20796호로 일부개정된 것)

제198조【준수사항】① 피의자에 대한 수사는 불구속 상태에서 함을 원칙으로 한다[1].
제199조【수사와 필요한 조사】① 수사에 관하여는 그 목적을 달성하기 위하여 필요한 조사를 할 수 있다. 다만, 강제처분은 이 법률에 특별한 규정이 있는 경우에 한하며, 필요한 최소한도의 범위 안에서만 하여야 한다.

> **선생님의 TIP**
>
> 수사의 일반원칙에는 적법절차의 원칙, 비례의 원칙, 임의수사의 원칙, 강제수사 법정주의 그리고 영장주의가 있다. 관련 판례가 비교적 시험에 출제가 잘 되고 있다.

01 적법절차와 영장주의의 원칙

대한민국헌법 제12조는 국민의 신체의 자유와 관련하여 제1항에서 "모든 국민은 신체의 자유를 가진다. 누구든지 법률에 의하지 아니하고는 체포·구속·압수·수색 또는 심문을 받지 아니한다."라고 정하고, 제3항 본문에서 "체포·구속·압수 또는 수색을 할 때에는 적법한 절차에 따라 검사의 신청에 의하여 법관이 발부한 영장을 제시하여야 한다."라고 정하며, 제5항에서 "누구든지 체포 또는 구속의 이유와 변호인의 조력을 받을 권리가 있음을 고지받지 아니하고는 체포 또는 구속을 당하지 아니한다. 체포 또는 구속을 당한 자의 가족 등 법률이 정하는 자에게는 그 이유와 일시·장소가 지체 없이 통지되어야 한다."라고 정함으로써 **적법절차와 영장주의의 원칙**을 선언하고 있다.(대법원 2025. 3.13. 2022도9819 심문기일 속행 사건)

02 강제수사 법정주의 관련 판례

형사소송법 제199조 제1항 단서는 "강제처분은 이 법률에 특별한 규정이 있는 경우에 한하며, 필요한 최소한도의 범위 안에서만 하여야 한다."라고 규정하여 강제처분법정주의를 취하고 있으므로 형사소송법에 근거하지 아니한 수사기관의 강제처분은 허용될 수 없다. (대법원 2024.12.16. 2020모3326 치과위생사 참여 압수·수색 사건)

---

[1] 2023년 접수된 형사사건 총 236,981건 중 불구속사건이 215,622건으로 약 90%를 차지하고 있다(『2024년 사법연감』 참고).

03 영장주의의 의의 등

1. 형사절차에 있어서의 영장주의란 체포·구속·압수 등의 강제처분을 함에 있어서는 사법권 독립에 의하여 그 신분이 보장되는 법관이 발부한 영장에 의하지 않으면 아니된다는 원칙이고 따라서 영장주의의 본질은 신체의 자유를 침해하는 강제처분을 함에 있어서는 중립적인 법관이 구체적 판단을 거쳐 발부한 영장에 의하여야만 한다는 데에 있다.(헌법재판소 1997. 3.27. 96헌바28 전두환·노태우 전대통령 사건) ▶ 19 경간부

2. 법원이 직권으로 발부하는 영장과 수사기관의 청구에 의하여 발부하는 구속영장의 법적 성격은 같지 않다. 즉, 전자는 명령장으로서의 성질을 갖지만 후자는 허가장으로서의 성질을 갖는 것으로 이해되고 있다.(헌법재판소 1997. 3.27. 96헌바28 전두환·노태우 전대통령 사건) ▶ 24 경간부, 20 경찰승진

3. 법원이 피고인의 구속 또는 그 유지 여부의 필요성에 관하여 한 재판의 효력이 검사나 다른 기관의 이견이나 불복이 있다 하여 좌우되거나 제한받는다면 이는 영장주의 원칙에 위배된다. (헌법재판소 2012. 6.27. 2011헌가36 강간범 모친상 사건) (同旨 헌법재판소 1993.12.23. 93헌가2 보석 즉시항고권 위헌사건) 이는 구속집행정지결정과 보석허가결정에 대하여 검사에게 즉시항고권을 인정한 형사소송법 규정을 위헌으로 선언한 헌법재판소 결정의 판시사항 중 일부이다. ▶ 20 경찰승진, 19 경간부

04 영장주의가 적용되지 않는 경우

우편물 통관검사절차에서 이루어지는 우편물의 개봉, 시료채취, 성분분석 등의 검사는 수출입물품에 대한 적정한 통관 등을 목적으로 한 행정조사의 성격을 가지는 것으로서 수사기관의 강제처분이라고 할 수 없으므로 압수·수색영장 없이 우편물의 개봉, 시료채취, 성분분석 등의 검사가 진행되었다 하더라도 특별한 사정이 없는 한 위법하다고 볼 수 없다. (대법원 2013. 9.26. 2013도7718 통제배달[2] 사건Ⅰ) [5] 판례 참고

▶ 24 변호사, 24 국가7급, 22 국가9급, 21 경간부, 19 변호사, 19 경찰승진, 18 경찰승진, 17 국가7급, 17 국가9급, 16 법원9급, 15 변호사

> **관세법**(2024.12.31. 법률 제20608호로 일부개정된 것)
>
> 제246조 【물품의 검사】 ① 세관공무원은 수출·수입 또는 반송하려는 물품에 대하여 검사를 할 수 있다.
> ② 관세청장은 검사의 효율을 거두기 위하여 검사대상, 검사범위, 검사방법, 검사 장비·시설 및 검사인력 양성 등에 관하여 필요한 사항을 정할 수 있다.
>
> 제257조 【우편물의 검사】 통관우체국의 장이 제256조 제1항의 우편물을 접수하였을 때에는 세관장에게 우편물목록을 제출하고 해당 우편물에 대한 검사를 받아야 한다. 다만, 관세청장이 정하는 우편물은 검사를 생략할 수 있다.

---

[2] 통제배달은 우편물 등 속에 든 물품이 마약으로 판명되어 그 수취인을 특정하는 것이 필요한 경우 우편집배원의 협조를 얻어 합동수사반 소속 수사관들과 우편집배원이 같이 우편물의 수취지로 가서 우편집배원으로 하여금 수취인에게 우편물을 전달하도록 하고 수취인이 우편물을 전달받는 즉시 현장에서 수취인을 체포하는 것을 말한다.(서울고등법원 2013. 6.14. 2013노329)

05 위법한 압수에 해당하지 않는 경우

형사소송법 제218조는 "검사 또는 사법경찰관은 피의자, 기타인의 유류한 물건이나 소유자, 소지자 또는 보관자가 임의로 제출한 물건을 영장 없이 압수할 수 있다."고 규정하고 있고, 압수는 증거물 또는 몰수할 것으로 사료되는 물건의 점유를 취득하는 강제처분으로서 세관공무원이 통관검사를 위하여 직무상 소지 또는 보관하는 우편물을 수사기관에 임의로 제출한 경우에는 비록 소유자의 동의를 받지 않았다 하더라도 수사기관이 강제로 점유를 취득하지 않은 이상 해당 우편물을 압수하였다고 할 수 없다.(대법원 2013. 9.26. 2013도7718 통제배달사건Ⅰ) 실제 사건에서는 이 판례의 내용과는 달리 수사기관이 피고인으로부터 우편물을 임의로 제출받아 압수하였다. 가정적인 피고인 측의 상고이유 주장에 대한 판단이 아닌가 하는 생각이 든다.

06 영장주의가 적용되는 경우

> 23 소방간부, 21 국가7급, 20 경찰채용, 18 경찰채용

세관공무원이 수출입물품을 검사하는 과정에서 마약류가 감추어져 있다고 밝혀지거나 그러한 의심이 드는 경우, 검사는 그 마약류의 분산을 방지하기 위하여 충분한 감시체제를 확보하고 있어 수사를 위하여 이를 외국으로 반출하거나 대한민국으로 반입할 필요가 있다는 요청을 세관장에게 할 수 있고, 세관장은 그 요청에 응하기 위하여 필요한 조치를 할 수 있다(마약거래방지법 제4조 제1항). 그러나 이러한 조치가 수사기관에 의한 압수·수색에 해당하는 경우에는 영장주의 원칙이 적용된다. 물론 수출입품 통관검사 절차에서 이루어지는 물품의 개봉, 시료채취, 성분분석 등의 검사는 수출입물품에 대한 적정한 통관 등을 목적으로 조사를 하는 것으로서 이를 수사기관의 강제처분이라고 할 수 없으므로 세관공무원은 압수·수색영장 없이 이러한 검사를 진행할 수 있다. 세관공무원이 통관검사를 위하여 직무상 소지하거나 보관하는 물품을 수사기관에 임의로 제출한 경우에는 비록 소유자의 동의를 받지 않았다고 하더라도 수사기관이 강제로 점유를 취득하지 않은 이상 해당 물품을 압수하였다고 할 수 없다. 그러나 마약거래방지법 제4조 제1항에 따른 조치의 일환으로 특정한 수출입물품을 개봉하여 검사하고 그 내용물의 점유를 취득한 행위는 수출입물품에 대한 적정한 통관 등을 목적으로 조사를 하는 경우와는 달리 범죄수사인 압수 또는 수색에 해당하여 사전 또는 사후에 영장을 받아야 한다.(대법원 2017. 7.18. 2014도8719 통제배달사건Ⅱ) [7] 판례 참고

> **마약류 불법거래 방지에 관한 특례법(2021. 1. 5. 법률 제17826호로 일부개정된 것)**
>
> **제4조【세관 절차의 특례】** ① 세관장은 관세법 제246조에 따라 화물을 검사할 때에 화물에 마약류가 감추어져 있다고 밝혀지거나 그러한 의심이 드는 경우, 그 마약류의 분산을 방지하기 위하여 충분한 감시체제가 확보되어 있는 마약류범죄의 수사에 관하여 그 마약류가 외국으로 반출되거나 대한민국으로 반입될 필요가 있다는 검사의 요청이 있을 때에는 다음 각 호의 조치를 할 수 있다. 다만, 그 조치를 하는 것이 관세 관계 법령의 입법 목적에 비추어 타당하지 아니하다고 인정할 때에는 요청한 검사와의 협의를 거쳐 그 조치를 하지 아니할 수 있다.
> 1. 해당 화물에 대한 관세법 제241조에 따른 수출입 또는 반송의 면허
> 2. 그 밖에 검사의 요청에 따르기 위하여 필요한 조치

07 위법한 압수에 해당하는 경우

피고인이 국제항공특송화물 속에 필로폰을 숨겨 수입할 것이라는 정보를 입수한 검사가, 이른바 '통제배달(controlled delivery, 적발한 금제품을 감시하에 배송함으로써 거래자를 밝혀 검거하는 수사기법)'을 하기 위해 세관공무원의 협조를 받아 특송화물을 통관절차를 거치지 않고 가져와 개봉하여 그 속의 필로폰을 취득한 것은 구체적인 범죄사실에 대한 증거수집을 목적으로 한 압수·수색이므로 사전 또는 사후에 영장을 받지 않았다면 압수물 등의 증거능력이 부정된다.(대법원 2017. 7.18. 2014도8719 통제배달사건Ⅱ)

▶ 20 경간부

08 영장주의에 위반되지 않는 경우

1. 범죄의 피의자로 입건된 사람들에게 경찰공무원이나 검사의 신문을 받으면서 자신의 신원을 밝히지 않고 지문채취에 불응하는 경우 형사처벌을 통하여 지문채취를 강제하는 경범죄처벌법 제1조 제42호[25년 현재 제3조 제1항 제34호](이하 '이 사건 법률조항'이라 한다)는 수사기관이 직접 물리적 강제력을 행사하여 피의자에게 강제로 지문을 찍도록 하는 것을 허용하는 규정이 아니며 형벌에 의한 불이익을 부과함으로써 심리적·간접적으로 지문채취를 강요하고 있으므로 피의자가 본인의 판단에 따라 수용여부를 결정한다는 점에서 궁극적으로 당사자의 자발적 협조가 필수적임을 전제로 하므로 물리력을 동원하여 강제로 이루어지는 경우와는 질적으로 차이가 있다. 따라서 이 사건 법률조항에 의한 지문채취의 강요는 영장주의에 의하여야 할 강제처분이라 할 수 없다. 또한 수사상 필요에 의하여 수사기관이 직접강제에 의하여 지문을 채취하려 하는 경우에는 반드시 법관이 발부한 영장에 의하여야 하므로 영장주의 원칙은 여전히 유지되고 있다고 할 수 있다.(헌법재판소 2004. 9.23. 2002헌가17 지문채취 거부 피의자 사건) 이 사건 법률조항은 적법절차의 원칙에도 위반되지 않는다.

▶ 23 경찰채용, 20 경간부, 20 소방간부, 19 경찰승진, 18 경간부, 17 경찰채용, 16 경찰승진, 16 경간부, 15 경찰승진, 15 경간부

2. 도로교통법 제41조 제2항[25년 현재 제44조 제2항]에 규정된 음주측정은 성질상 강제될 수 있는 것이 아니며 궁극적으로 당사자의 자발적 협조가 필수적인 것이므로 이를 두고 법관의 영장을 필요로 하는 강제처분이라 할 수 없다. 따라서 이 사건 법률조항이 주취운전의 혐의자에게 영장없는 음주측정에 응할 의무를 지우고 이에 불응한 사람을 처벌한다고 하더라도 헌법 제12조 제3항에 규정된 영장주의에 위배되지 아니한다.(헌법재판소 1997. 3.27. 96헌가11 음주측정강제 위헌심판사건)

▶ 17 경찰승진

형사소송법(2025. 3.18. 법률 제20796호로 일부개정된 것)

제199조【수사와 필요한 조사】① 수사에 관하여는 <u>그 목적을 달성하기 위하여 필요한 조사를 할 수 있다</u>. 다만, 강제처분은 이 법률에 특별한 규정이 있는 경우에 한하며, 필요한 최소한도의 범위 안에서만 하여야 한다. 〈밑줄 – 임의동행의 근거〉

수사준칙(2023.10. 7. 대통령령 제33808호로 일부개정된 것)

제20조【수사상 임의동행 시의 고지】검사 또는 사법경찰관은 임의동행을 요구하는 경우 상대방에게 동행을 거부할 수 있다는 것과 동행하는 경우에도 언제든지 자유롭게 동행 과정에서 이탈하거나 동행 장소에서 퇴거할 수 있다는 것을 알려야 한다.

> **선생님의 TIP**
> 임의수사의 한계와 관련하여 영장 없이 이루어지는 '임의동행, 범죄장소에의 출입, 대화녹음 또는 촬영 등'이 문제가 된다. 판례는 일정한 요건 하에 그 적법성을 인정하고 있다. 이하 차례대로 설명한다.

09 임의동행의 종류

임의동행은 경찰관 직무집행법 제3조 제2항에 따른 행정경찰 목적의 경찰활동으로 행하여지는 것 외에도 형사소송법 제199조 제1항에 따라 범죄수사를 위하여 수사관이 동행에 앞서 피의자에게 동행을 거부할 수 있음을 알려 주었거나 동행한 피의자가 언제든지 자유로이 동행과정에서 이탈 또는 동행장소로부터 퇴거할 수 있었음이 인정되는 등 오로지 피의자의 자발적인 의사에 의하여 이루어진 경우에도 가능하다.(대법원 2020. 5.14. 2020도398 마약사범 임의동행 사건) 임의동행에는 경찰관 직무집행법 제3조 제2항에 의한 임의동행이 있고, 형사소송법 제199조 제1항에 의한 임의동행이 있다. 전자는 행정경찰 작용(행정경찰 작용 중 특히 보안경찰인데 이는 범죄의 예방과 질서유지에 그 목적이 있다)이고, 후자는 사법경찰 작용(범죄수사에 그 목적이 있다)이지만 양자가 명확하게 구별되는 것은 아니다. 이외에도 주민등록법 제26조에 의한 임의동행도 있는데 이는 사법경찰 작용이다. [10] 판례 참고

▶ 21 국가7급

10 범죄수사를 위한 형사소송법상 임의동행에 해당하는 경우

경찰관이 피고인의 정신 상태, 신체에 있는 주사바늘 자국, 알콜솜 휴대, 전과 등을 근거로 피고인의 마약류 투약 혐의가 상당하다고 판단하여 경찰서로 임의동행을 요구하였고 동행장소인 경찰서에서 피고인에게 마약류 투약 혐의를 밝힐 수 있는 소변과 모발의 임의제출을 요구하였다면, 이러한 임의동행은 마약류 투약 혐의에 대한 수사를 위한 것이어서 형사소송법 제199조 제1항에 따른 임의동행에 해당한다.(대법원 2020. 5.14. 2020도398 마약사범 임의동행 사건) 따라서 "동행한 사람을 6시간을 초과하여 경찰관서에 머물게 할 수 없다."라는 경찰관 직무집행법 제3조 제6항은 적용되지 않으므로 임의동행한 피의자를 지구대나 경찰서에 6시간 이상 머물게 하며 조사하였더라도 이는 위법하지 않다.

▶ 22 경찰채용

11 수사상 임의동행의 적법성 인정요건

1. 수사관이 수사과정에서 당사자의 동의를 받는 형식으로 피의자를 수사관서 등에 동행하는 것은 오로지 피의자의 자발적인 의사에 의하여 동행이 이루어졌음이 객관적인 사정에 의하여 명백하게 입증된 경우에 한하여 그 적법성이 인정된다.(대법원 2015.12.24. 2013도8481 운좋은 음주측정거부자 사건)

2. 수사관이 수사과정에서 동의를 받는 형식으로 피의자를 수사관서 등에 동행하는 것은 피의자의 신체의 자유가 제한되어 실질적으로 체포와 유사한데도 이를 억제할 방법이 없어서 이를 통해서는 제도적으로는 물론 현실적으로도 임의성을 보장할 수 없을 뿐만 아니라, 아직 정식 체포·구속단계 이전이라는 이유로 헌법 및 형사소송법이 체포·구속된 피의자에게 부여하는 각종 권리보장 장치가 제공되지 않는 등 형사소송법 원리에 반하

▶ 23 경찰승진, 22 경찰채용, 21 경간부, 21 소방간부, 20 경간부, 19 경찰채용, 18 경찰승진, 17 경간부, 17 경찰채용, 16 국가7급, 16 경간부, 15 경찰채용

는 결과를 초래할 가능성이 크므로 수사관이 동행에 앞서 피의자에게 동행을 거부할 수 있음을 알려 주었거나 동행한 피의자가 언제든지 자유로이 동행과정에서 이탈 또는 동행장소에서 퇴거할 수 있었음이 인정되는 등 오로지 피의자의 자발적인 의사에 의하여 수사관서 등에 동행이 이루어졌다는 것이 객관적인 사정에 의하여 명백하게 입증된 경우에 한하여 동행의 적법성이 인정된다.(대법원 2013. 3. 14. 2012도13611 부산 마약피의자 강제연행 사건)

12 적법한 임의동행에 해당하는 경우

1. 피고인이 경찰관으로부터 음주측정을 위해 경찰서에 동행할 것을 요구받고 **자발적인 의사에 의해 순찰차에 탑승하였고**, 경찰서로 이동하던 중 하차를 요구한 바 있으나 그 직후 경찰관으로부터 수사 과정에 관한 설명을 듣고 **경찰서에 빨리 가자고 요구한 경우** 피고인에 대한 임의동행은 피고인의 자발적인 의사에 의하여 이루어진 것으로 그 후에 이루어진 음주측정결과는 증거능력이 있다.(대법원 2016. 9. 28. 2015도2798 음주 굴삭기운전 사건) ▶ 20 국가7급

2. 피고인이 **경찰관들로부터 언제라도 자유로이 퇴거할 수 있음을 고지받고 파출소까지 자발적으로 동행한 경우** 파출소에서의 음주측정요구를 위법한 체포 상태에서 이루어진 것이라고 할 수 없다.(대법원 2015. 12. 24. 2013도8481 운좋은 음주측정거부자 사건) ▶ 22 경찰채용

3. 경찰관이 피고인을 경찰서로 동행할 당시 피고인에게 언제든지 동행을 거부할 수 있음을 고지한 다음 동행에 대한 동의를 구하였고, 이에 피고인이 **고개를 끄덕이며 동의의 의사표시를 하였던 점**, 피고인은 동행 당시 경찰관에게 욕을 하거나 특별한 저항을 하지도 않고 **동행에 순순히 응하였던 점**, 동행 후 경찰서에서 주취운전자 정황진술보고서의 날인을 거부하고 "이번이 3번째 음주운전이다. 난 시청 직원이다. 1번만 봐 달라"고 말하기도 하는 등 동행 전후 피고인의 언행에 비추어 임의동행은 피고인의 자발적인 의사에 의하여 이루어진 것으로서 적법하다.(대법원 2012. 9. 13. 2012도8890 시청 직원 임의동행 사건) ▶ 22 경찰채용, 20 경간부

13 사실상 강제연행(불법체포)에 해당하는 경우

1. 경찰관들이 경찰서 본관 입구에서 동행하기를 거절하는 피고인의 팔을 잡아끌고 교통조사계로 데리고 간 것은 위법한 강제연행에 해당하므로 그러한 위법한 체포 상태에서 이루어진 **교통조사계에서의 음주측정요구 역시 위법하다고 할 것이어서** 피고인이 그와 같은 음주측정요구에 불응하였다고 하여 음주측정불응죄로 처벌할 수는 없다.(대법원 2015. 12. 24. 2013도8481 운좋은 음주측정거부자 사건)

2. 피의자가 동행을 거부하는 의사를 표시하였음에도 불구하고 경찰관들이 피의자를 강제로 연행한 행위는 수사상의 강제처분에 관한 형사소송법상의 절차를 무시한 채 이루어진 것으로 위법한 체포에 해당하고, 이와 같이 위법한 체포상태에서 마약 투약 혐의를 확인하기 위한 채뇨 요구가 이루어진 경우 그와 같은 위법한 채뇨 요구에 의하여 수집된 '소변검사시인서'는 유죄 인정의 증거로 삼을 수 없다.(대법원 2013. 3. 14. 2012도13611 부산 마약피의자 강제연행 사건) ▶ 25 소방간부, 24 경찰승진, 21 경간부, 20 변호사

3. 경찰이 피고인이 아닌 제3자들(유흥업소 손님과 그 여종업원)을 사실상 강제연행하여 불법체포한 상태에서 이들의 성매매행위나 피고인들의 유흥업소 영업행위를 처벌하기 위하여 진술서를 받고 진술조서를 작성한 경우 각 진술서 및 진술조서는 위법수사로 얻은 진술증거에 해당하여 증거능력이 없으므로 피고인들의 식품위생법위반 혐의에 대한 유죄 인정의 증거로 삼을 수 없다.(대법원 2011. 6.30. 2009도6717 충북장 강제연행 사건) 수사기관이 '피고인 아닌 자'를 상대로 위법하게 수집한 증거의 경우 그 자에 대해서는 증거능력이 없는 것이 원칙인데 이때 '피고인'에 대해서까지 증거능력이 부정되는지 여부가 문제된다. 판례는 '피고인'에 대해서까지도 증거능력을 부정하고 있다(이른바 '제3자효' 채택). 대법원 1992. 6.26. 92도682 신이십세기파 사건 판례도 마찬가지이다.

> 25 경찰승진, 25 경간부, 23 경찰승진, 22 변호사, 22 경찰채용, 22 법원9급, 21 경찰채용, 20 경찰채용, 19 경간부, 18 법원9급, 17 소방간부

4. 사법경찰관이 피고인을 수사관서까지 동행한 것이 사실상의 강제연행, 즉 불법체포에 해당하고 불법체포로부터 6시간 상당이 경과한 후에 이루어진 긴급체포 또한 위법하므로 피고인이 불법체포된 자로서 형법 제145조 제1항에 정한 '법률에 의하여 체포 또는 구금된 자'가 아니어서 도주죄의 주체가 될 수 없다.(대법원 2006. 7. 6. 2005도6810 화천 절도피의자 강제연행 사건)

> 20 경간부, 18 경찰승진, 17 경찰승진, 17 경간부, 16 경간부, 15 변호사, 15 경찰채용

14 수사기관이 영장 없이 음식점에 출입하여 위법행위를 확인하는 것이 위법한지의 여부(소극)

수사기관이 범죄를 수사하면서 불특정, 다수의 출입이 가능한 장소에 통상적인 방법으로 출입하여 아무런 물리력이나 강제력을 행사하지 않고 통상적인 방법으로 위법행위를 확인하는 것은 특별한 사정이 없는 한 임의수사의 한 방법으로서 허용되므로 영장 없이 이루어졌다고 하여 위법하다고 할 수 없다.(대법원 2023. 7.13. 2019도7891 춤추는 손님들 촬영사건Ⅰ) [18] 2. 판례 참고

> 25 변호사

15 영장없이 녹음이나 사진촬영 등을 하기 위한 요건

1. 수사기관이 적법한 절차와 방법에 따라 범죄를 수사하면서 현재 그 범행이 행하여지고 있거나 행하여진 직후이고, 증거보전의 필요성 및 긴급성이 있으며, 일반적으로 허용되는 상당한 방법으로 범행현장에서 현행범인 등 관련자들과 수사기관의 대화를 녹음한 경우라면 위 녹음이 영장 없이 이루어졌다 하여 이를 위법하다고 단정할 수 없다. 이는 설령 그 녹음이 행하여지고 있는 사실을 현장에 있던 대화 상대방, 즉 현행범인 등 관련자들이 인식하지 못하고 있었더라도 통신비밀보호법 제3조 제1항이 금지하는 공개되지 아니한 타인 간의 대화를 녹음한 경우에 해당하지 않는 이상 마찬가지이다. 다만 수사기관이 일반적으로 허용되는 상당한 방법으로 녹음하였는지 여부는 수사기관이 녹음장소에 통상적인 방법으로 출입하였는지, 녹음의 내용이 대화의 비밀 내지 사생활의 비밀과 자유 등에 대한 보호가 합리적으로 기대되는 영역에 속하는지 등을 종합적으로 고려하여 신중하게 판단하여야 한다.(대법원 2024. 5.30. 2020도9370 성매매업소 기습단속 사건) [16] 판례 참고

> 25 법원9급

2. 누구든지 자기의 얼굴이나 모습을 함부로 촬영당하지 않을 자유를 가지나, 이러한 자유도 무제한으로 보장되는 것은 아니고 국가의 안전보장·질서유지·공공복리를 위하여

> 24 경간부, 23 경찰채용, 18 국가9급

필요한 경우에는 그 범위 내에서 상당한 제한이 있을 수 있으며, 수사기관이 범죄를 수사함에 있어 현재 범행이 행하여지고 있거나 행하여진 직후이고, 증거보전의 필요성 및 긴급성이 있으며, 일반적으로 허용되는 상당한 방법으로 촬영한 경우라면 위 촬영이 영장 없이 이루어졌다 하여 이를 위법하다고 단정할 수 없다.(대법원 2013. 7. 26. 2013도2511 왕재산 간첩단 사건) [18] 판례 참고

3. 수사기관이 범죄를 수사하면서 현재 범행이 행하여지고 있거나 행하여진 직후이고, 증거보전의 필요성 및 긴급성이 있으며, 일반적으로 허용되는 상당한 방법으로 촬영한 경우라면 위 촬영이 영장 없이 이루어졌다 하여 이를 위법하다고 할 수 없다. 다만 촬영으로 인하여 초상권, 사생활의 비밀과 자유, 주거의 자유 등이 침해될 수 있으므로 수사기관이 일반적으로 허용되는 상당한 방법으로 촬영하였는지 여부는 수사기관이 촬영장소에 통상적인 방법으로 출입하였는지 또 촬영장소와 대상이 사생활의 비밀과 자유 등에 대한 보호가 합리적으로 기대되는 영역에 속하는지 등을 종합적으로 고려하여 신중하게 판단하여야 한다.(대법원 2023. 7. 13. 2021도10763 춤추는 손님들 촬영사건Ⅱ)

16 영장없는 대화녹음의 적법성을 인정한 경우

녹음은 대화의 당사자인 사법경찰관 P가 손님으로 가장하고 성매매업소를 방문하여 위 업소를 운영하는 피고인 甲 및 종업원 乙과의 대화 내용을 녹음한 것으로 통신비밀보호법 제3조 제1항이 금지하는 공개되지 아니한 타인간의 대화를 녹음한 경우에 해당하지 않는다. 또한 사전에 제보를 받고 단속 현장에 나간 사법경찰관 P는 불특정 다수가 출입할 수 있는 성매매업소에 통상적인 방법으로 들어가 적법한 방법으로 수사를 하는 과정에서 甲의 성매매알선 범행이 행하여진 시점에 위 범행의 증거를 보전하기 위하여 범행 상황을 녹음하였다. 녹음의 내용이 대화의 비밀 내지 사생활의 비밀과 자유 등에 대한 보호가 합리적으로 기대되는 영역에 속한다고 보기도 어렵다. 따라서 위 녹음이 비록 대화 상대방인 甲 및 乙이 인식하지 못한 사이에 영장 없이 이루어졌다 하여 이를 위법하다고 할 수 없다. (대법원 2024. 5. 30. 2020도9370 성매매업소 기습단속 사건)

▶ 25 변호사, 25 경찰승진

17 선거관리위원회 위원·직원이 관계인에게 진술이 녹음된다는 사실을 미리 알려주지 아니한 채 녹음한 경우 그 녹음파일 및 녹취록의 증거능력 유무(소극)

공직선거법 제272조의2 제6항은 "선거관리위원회 위원·직원이 선거범죄와 관련하여 질문·조사하거나 자료의 제출을 요구하는 경우에는 관계인에게 그 신분을 표시하는 증표를 제시하고 소속과 성명을 밝히고 그 목적과 이유를 설명하여야 한다."고 규정하고 있는데, 이는 선거범죄 조사와 관련하여 조사를 받는 관계인의 사생활의 비밀과 자유 내지 자신에 대한 정보를 결정할 자유, 재산권 등이 침해되지 않도록 하기 위한 절차적 규정이므로 선거관리위원회 직원이 관계인에게 사전에 설명할 '조사의 목적과 이유'에는 조사할 선거범죄 혐의의 요지, 관계인에 대한 조사가 필요한 이유뿐만 아니라 관계인의 진술을 기록 또는 녹음·녹화한다는 점도 포함된다. 따라서 선거관리위원회 위원·직원이 관계인에게 진술이 녹음된다는 사실을 미리 알려주지 아니한 채 진술을 녹음하였다면

▶ 23 소방간부, 19 경찰채용, 18 경찰승진, 18 경간부, 17 법원9급, 17 경찰승진, 17 경찰채용, 16 국가9급, 16 경찰승진, 16 경간부, 15 경찰채용

그와 같은 조사절차에 의하여 수집한 녹음 파일 내지 그에 터잡아 작성된 녹취록은 형사소송법 제308조의2에서 정하는 '적법한 절차에 따르지 아니하고 수집한 증거'에 해당하여 원칙적으로 유죄의 증거로 쓸 수 없다.(대법원 2014.10.15. 2011도3509 돈받은 할머니 사건) 형사소송법이나 통신비밀보호법이 아니라 공직선거법이 적용된 사건이다.

18 영장없는 촬영의 적법성을 인정한 경우

1. 특별사법경찰관은 "일반음식점 영업자인 피고인이 음식점 내에서 음악을 크게 틀고 손님들의 흥을 돋워 손님들이 춤을 추도록 허용하여 영업자가 지켜야 할 사항을 지키지 아니하였다"라는 범죄혐의가 포착된 상태에서 범행에 관한 증거를 보전하기 위한 필요에 의하여, 공개된 장소인 음식점에 통상적인 방법으로 출입하여 음식점 내에 있는 사람이라면 누구나 볼 수 있었던 손님들의 춤추는 모습을 촬영한 것이다. 따라서 특별사법경찰관이 영장 없이 범행현장을 촬영하였다고 하여 이를 위법하다고 할 수 없다.(대법원 2023. 7.13. 2021도10763 춤추는 손님들 촬영사건Ⅱ) ▶ 24 국가7급, 24 소방간부

2. 원심은, 경찰관들이 "일반음식점 영업자인 피고인이 음향시설을 갖추고 손님이 춤을 추는 것을 허용하여 영업자가 지켜야 할 사항을 지키지 않았다"라는 범죄혐의가 포착된 상태에서 그에 관한 증거를 보전하기 위한 필요에 의하여 불특정, 다수가 출입할 수 있는 음식점에 통상적인 방법으로 출입하여 음식점 내에 있는 사람이라면 누구나 볼 수 있었던 손님들의 춤추는 모습을 확인하고 이를 촬영한 것은 영장 없이 이루어졌다하여 위법하다고 볼 수 없다는 취지로 판단하고 경찰관들이 촬영한 사진의 증거능력을 인정하였는바, 원심의 판단에는 영장주의, 수사기관 촬영물의 증거능력, 위법수집증거에 관한 법리를 오해한 잘못이 없다.(대법원 2023. 7.13. 2019도7891 춤추는 손님들 촬영사건Ⅰ)

<이미지 출처 - 저자가 직접 찍은 사진으로 서울 신림동에 있는 술집이다>

3. 촬영물은 경찰관들이 "풍속영업을 영위하는 피고인들이 음란행위 영업을 하였다"라는 범죄의 혐의가 포착된 상태에서 나이트클럽 내에서의 음란행위 영업에 관한 증거를 보 ▶ 24 경찰승진

전하기 위한 필요에 의하여, 불특정 다수에게 공개된 장소인 나이트클럽에 통상적인 방법으로 출입하여 손님들에게 공개된 모습을 촬영한 것이다. 따라서 영장 없이 촬영이 이루어졌다 하여 이를 위법하다고 할 수 없어 촬영물과 그 촬영물을 캡처한 영상사진은 증거능력이 인정된다.(대법원 2023. 4. 27. 2018도8161 나이트클럽 음란쇼 촬영사건)

▶

4. 피고인들이 일본 또는 중국에서 북한 공작원들과 회합하는 모습을 동영상으로 촬영한 것은 피고인들이 회합한 증거를 보전할 필요가 있어서 이루어진 것이고, 피고인들이 반국가단체의 구성원과 회합 중이거나 회합하기 직전 또는 직후의 모습을 촬영한 것으로 그 촬영 장소도 차량이 통행하는 도로 또는 식당 앞길, 호텔 프런트 등 공개적인 장소인 점 등을 알 수 있으므로 이러한 촬영이 일반적으로 허용되는 상당성을 벗어난 방법으로 이루어졌다거나 영장 없는 강제처분에 해당하여 위법하다고 볼 수 없다.(대법원 2013. 7. 26. 2013도2511 왕재산 간첩단 사건)

5. 비디오촬영은 피고인들에 대한 범죄의 혐의가 상당히 포착된 상태에서 그 회합의 증거를 보전하기 위한 필요에서 이루어진 것이고 甲의 주거지 외부에서 담장 밖 및 2층 계단을 통하여 **甲의** 집에 출입하는 피고인들의 모습을 촬영한 것으로 그 촬영방법 또한 반드시 상당성이 결여된 것이라고는 할 수 없다.(대법원 1999. 9. 3. 99도2317 영남위원회 사건) ▶ 25 경찰승진

6. 무인장비에 의한 제한속도 위반차량 단속을 통하여 운전차량의 차량번호 등을 촬영한 사진을 두고 위법하게 수집된 증거로서 증거능력이 없다고 말할 수 없다.(대법원 1999. 12. 7. 98도3329 과속카메라 사건) ▶ 25 경찰승진, 24 국가7급, 16 국가9급

19 영장없는 촬영의 적법성을 인정하지 않은 경우

제1심은, 수사기관이 2013. 11. 2. 네트워크 카메라 등을 설치·이용하여 피고인의 행동과 피고인이 본 태블릿 개인용 컴퓨터(PC) 화면내용을 촬영한 것이 수사의 비례성·상당성 원칙과 영장주의 등을 위반한 것이므로 그로 인해 취득한 영상물 등의 증거는 증거능력이 없다고 판단하였다. 그리고 원심은 위 촬영이 일반적으로 허용되는 상당한 방법에 의한 것이 아니므로 영장 없이 이루어져 위법하다는 등의 이유를 들어 제1심의 판단이 정당하다고 인정하였는바, 원심의 판단에 잘못이 없다.(대법원 2017. 11. 29. 2017도9747 원격 이메일 압수·수색사건) ▶ 24 경찰채용, 24 국가7급, 23 소방간부

Ⅱ 임의수사

형사소송법(2025. 3.18. 법률 제20796호로 일부개정된 것)

제200조【피의자의 출석요구】 검사 또는 사법경찰관은 수사에 필요한 때에는 피의자의 출석을 요구하여 진술을 들을 수 있다.

제241조【피의자신문】 검사 또는 사법경찰관이 피의자를 신문함에는 먼저 그 성명, 연령, 등록기준지, 주거와 직업을 물어 피의자임에 틀림없음을 확인하여야 한다.

제242조【피의자신문사항】 검사 또는 사법경찰관은 피의자에 대하여 범죄사실과 정상에 관한 필요사항을 신문하여야 하며 그 이익되는 사실을 진술할 기회를 주어야 한다.

제243조【피의자신문과 참여자】 검사가 피의자를 신문함에는 검찰청수사관 또는 서기관이나 서기를 참여하게 하여야 하고 사법경찰관이 피의자를 신문함에는 사법경찰관리를 참여하게 하여야 한다.

제243조의2【변호인의 참여 등】 ① 검사 또는 사법경찰관은 피의자 또는 그 변호인·법정대리인·배우자·직계친족·형제자매의 신청에 따라 변호인을 피의자와 접견하게 하거나 정당한 사유가 없는 한 피의자에 대한 신문에 참여하게 하여야 한다.
② 신문에 참여하고자 하는 변호인이 2인 이상인 때에는 피의자가 신문에 참여할 변호인 1인을 지정한다. 지정이 없는 경우에는 검사 또는 사법경찰관이 이를 지정할 수 있다.
③ 신문에 참여한 변호인은 신문 후 의견을 진술할 수 있다. 다만, 신문 중이라도 부당한 신문방법에 대하여 이의를 제기할 수 있고, 검사 또는 사법경찰관의 승인을 받아 의견을 진술할 수 있다.
④ 제3항에 따른 변호인의 의견이 기재된 피의자신문조서는 변호인에게 열람하게 한 후 변호인으로 하여금 그 조서에 기명·날인 또는 서명하게 하여야 한다.
⑤ 검사 또는 사법경찰관은 변호인의 신문참여 및 그 제한에 관한 사항을 피의자신문조서에 기재하여야 한다.

제244조【피의자신문조서의 작성】 ① 피의자의 진술은 조서에 기재하여야 한다.
② 제1항의 조서는 피의자에게 열람하게 하거나 읽어 들려주어야 하며, 진술한 대로 기재되지 아니하였거나 사실과 다른 부분의 유무를 물어 피의자가 증감 또는 변경의 청구 등 이의를 제기하거나 의견을 진술한 때에는 이를 조서에 추가로 기재하여야 한다. 이 경우 피의자가 이의를 제기하였던 부분은 읽을 수 있도록 남겨두어야 한다.
③ 피의자가 조서에 대하여 이의나 의견이 없음을 진술한 때에는 피의자로 하여금 그 취지를 자필로 기재하게 하고 조서에 간인한 후 기명·날인 또는 서명하게 한다.

제244조의2【피의자진술의 영상녹화】 ① 피의자의 진술은 영상녹화할 수 있다. 이 경우 미리 영상녹화사실을 알려주어야 하며, 조사의 개시부터 종료까지의 전 과정 및 객관적 정황을 영상녹화하여야 한다.
② 제1항에 따른 영상녹화가 완료된 때에는 피의자 또는 변호인 앞에서 지체 없이 그 원본을 봉인하고 피의자로 하여금 기명·날인 또는 서명하게 하여야 한다.
③ 제2항의 경우에 피의자 또는 변호인의 요구가 있는 때에는 영상녹화물을 재생하여 시청하게 하여야 한다. 이 경우 그 내용에 대하여 이의를 진술하는 때에는 그 취지를 기재한 서면을 첨부하여야 한다.

제244조의3【진술거부권 등의 고지】 ① 검사 또는 사법경찰관은 피의자를 신문하기 전에 다음 각 호의 사항을 알려주어야 한다.
1. 일체의 진술을 하지 아니하거나 개개의 질문에 대하여 진술을 하지 아니할 수 있다는 것
2. 진술을 하지 아니하더라도 불이익을 받지 아니한다는 것
3. 진술을 거부할 권리를 포기하고 행한 진술은 법정에서 유죄의 증거로 사용될 수 있다는 것
4. 신문을 받을 때에는 변호인을 참여하게 하는 등 변호인의 조력을 받을 수 있다는 것
② 검사 또는 사법경찰관은 제1항에 따라 알려 준 때에는 피의자가 진술을 거부할 권리와 변호인의 조력을 받을 권리를 행사할 것인지의 여부를 질문하고, 이에 대한 피의자의 답변을 조서에 기재하여야 한다. 이 경우 피의자의 답변은 피의자로 하여금 자필로 기재하게 하거나 검사 또는 사

법경찰관이 피의자의 답변을 기재한 부분에 기명·날인 또는 서명하게 하여야 한다.

제244조의4【수사과정의 기록】 ① 검사 또는 사법경찰관은 피의자가 조사장소에 도착한 시각, 조사를 시작하고 마친 시각, 그 밖에 조사과정의 진행경과를 확인하기 위하여 필요한 사항을 피의자신문조서에 기록하거나 별도의 서면에 기록한 후 수사기록에 편철하여야 한다.
② 제244조 제2항 및 제3항은 제1항의 조서 또는 서면에 관하여 준용한다.
③ 제1항 및 제2항은 피의자가 아닌 자를 조사하는 경우에 준용한다.

제244조의5【장애인 등 특별히 보호를 요하는 자에 대한 특칙】 검사 또는 사법경찰관은 피의자를 신문하는 경우 다음 각 호의 어느 하나에 해당하는 때에는 직권 또는 피의자·법정대리인의 신청에 따라 피의자와 신뢰관계에 있는 자를 동석하게 할 수 있다.
1. 피의자가 신체적 또는 정신적 장애로 사물을 변별하거나 의사를 결정·전달할 능력이 미약한 때
2. 피의자의 연령·성별·국적 등의 사정을 고려하여 그 심리적 안정의 도모와 원활한 의사소통을 위하여 필요한 경우

제245조【참고인과의 대질】 검사 또는 사법경찰관이 사실을 발견함에 필요한 때에는 피의자와 다른 피의자 또는 피의자 아닌 자와 대질하게 할 수 있다.

> **선생님의 TIP**
>
> 1. 형사소송법에 규정된 임의수사에는 피의자신문, 참고인조사, 공무소등에 대한 조회, 감정·통역·번역의 위촉이 있다. 형사소송의 시작은 피의자신문이고, 피의자신문은 곧 고문의 역사이다. 피의자신문에 대한 조문이나 판례는 어떤 식으로든 시험에 출제가 된다. 고대부터 현재까지 피의자신문이 없는 형사소송은 상상할 수 없다.
> 2. (조문 순서와는 달리) 출석요구, 보호장비의 사용, 진술거부권의 고지, 변호인의 참여, 신뢰관계자의 동석, 조서의 작성, 수사과정의 기록 순서로 서술하였다.

01 구속된 피의자가 피의자신문을 위한 수사기관의 출석 요구에 응하지 아니하면서 출석을 거부할 경우 수사기관이 그 구속영장에 의하여 피의자를 조사실로 구인할 수 있는지의 여부(적극)

수사기관이 구속영장에 의하여 피의자를 구속하는 경우 그 구속영장은 기본적으로 장차 공판정에의 출석이나 형의 집행을 담보하기 위한 것이지만, 이와 함께 구속기간의 범위 내에서 수사기관이 피의자신문의 방식으로 구속된 피의자를 조사하는 등 적정한 방법으로 범죄를 수사하는 것도 예정하고 있다. 따라서 구속영장 발부에 의하여 적법하게 구금된 피의자가 피의자신문을 위한 출석 요구에 응하지 아니하면서 수사기관 조사실에의 출석을 거부한다면 수사기관은 그 구속영장의 효력에 의하여 피의자를 조사실로 구인할 수 있다. 다만 이러한 경우에도 그 피의자신문 절차는 어디까지나 임의수사의 한 방법으로 진행되어야 할 것이므로 피의자는 헌법 제12조 제2항과 형사소송법 제244조의3에 따라 일체의 진술을 하지 아니하거나 개개의 질문에 대하여 진술을 거부할 수 있고, 수사기관은 피의자를 신문하기 전에 그와 같은 권리를 알려주어야 한다.(대법원 2013. 7. 1. 2013모160 구속피의자 국정원 구인사건) 자체가 시험문제이므로 반복해서 읽어보기 바란다.

> 25 경찰승진, 25 국가9급,
> 25 법원9급, 25 소방간부,
> 24 경찰채용, 23 경찰승진,
> 23 법원9급, 23 소방간부,
> 22 경찰승진, 22 경간부,
> 22 경찰채용, 21 경찰승진,
> 21 경간부, 21 경찰채용,
> 21 국가9급, 20 경간부,
> 20 경찰채용, 19 변호사,
> 19 경찰채용, 18 경찰채용,
> 17 경찰승진, 17 경간부,
> 16 경찰승진, 16 경찰채용,
> 15 변호사, 15 경찰채용,
> 15 법원9급

> 형사소송법(2025. 3.18. 법률 제20796호로 일부개정된 것)
>
> 제198조【준수사항】① 피의자에 대한 수사는 불구속 상태에서 함을 원칙으로 한다.
>
> 형의 집행 및 수용자의 처우에 관한 법률(2022.12.27. 법률 제19105호로 일부개정된 것)
>
> 제97조【보호장비의 사용】① 교도관은 수용자가 다음 각 호의 어느 하나에 해당하면 보호장비[1]를 사용할 수 있다.
> 1. 이송·출정, 그 밖에 교정시설 밖의 장소로 수용자를 호송하는 때
> 2. 도주·자살·자해 또는 다른 사람에 대한 위해의 우려가 큰 때
> 3. 위력으로 교도관의 정당한 직무집행을 방해하는 때
> 4. 교정시설의 설비·기구 등을 손괴하거나 그 밖에 시설의 안전 또는 질서를 해칠 우려가 큰 때
>
> 제98조【보호장비의 종류 및 사용요건】① 보호장비의 종류는 다음 각 호와 같다.
> 1. 수갑
> 2. 머리보호장비
> 3. 발목보호장비
> 4. 보호대(帶)
> 5. 보호의자
> 6. 보호침대
> 7. 보호복
> 8. 포승

선생님의 TIP

아래 이미지에서 보듯이 보호장비를 착용당한 상태에서 피의자가 피의자신문을 받거나 피고인이 재판을 받는다면 피의자 등은 자신의 방어권을 제대로 행사할 수 없을 것이다. 이러한 보호장비의 사용은 위 형집행법 제97조 제1항 각호의 사유가 있는 경우에만 예외적으로만 허용된다.

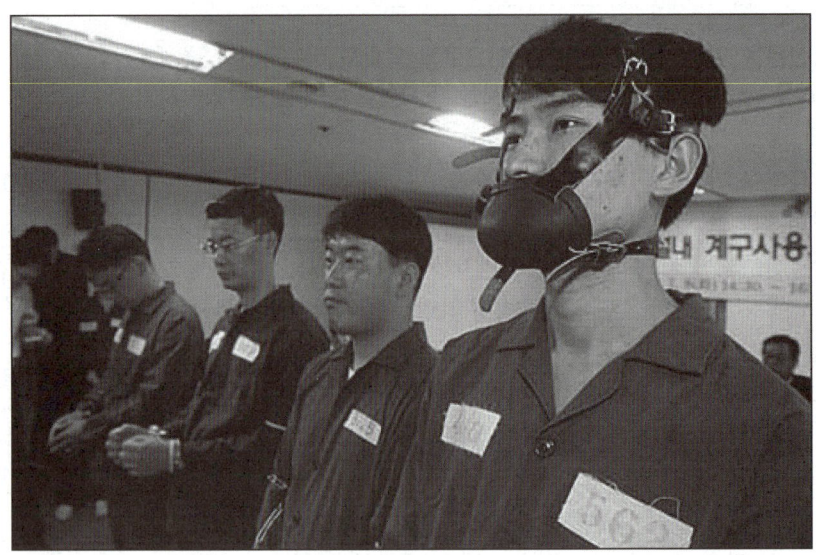

<이미지 출처 - 천주교인권위원회(http://www.cathrights.or.kr/news/articleView.html?idxno=1485)>

---

[1] 앞에서도 말했지만 2007.12.21. 형집행법 전부 개정 전에는 이를 '계구(戒具)'라고 하였다.

02 피의자신문절차에서 보호장비를 사용할 수 있는 요건 등

(1) 검사가 조사실에서 피의자를 신문할 때 피의자가 신체적으로나 심리적으로 위축되지 않은 상태에서 자기의 방어권을 충분히 행사할 수 있도록 피의자에게 보호장비를 사용하지 말아야 하는 것이 원칙이고, 다만 도주, 자해, 다른 사람에 대한 위해 등 형집행법 제97조 제1항 각호에 규정된 위험이 분명하고 구체적으로 드러나는 경우에만 **예외적으로 보호장비를 사용하여야 한다.** (2) 구금된 피의자는 형집행법 제97조 제1항 각 호에 규정된 사유에 해당하지 않는 이상 보호장비 착용을 강제당하지 않을 권리를 가진다. 검사는 조사실에서 피의자를 신문할 때 해당 피의자에게 그러한 특별한 사정이 없는 이상 교도관에게 보호장비의 해제를 요청할 의무가 있고 교도관은 이에 응하여야 한다.(대법원 2020. 3.17. 2015모2357 수갑해제 요청 묵살 사건) [3] 판례 참고

▶ 25 소방간부, 21 국가7급

03 위법한 피의자신문에 해당하는 경우

검사가 피의자신문절차에서 인정신문을 진행하기 전에 **변호인으로부터 15분에 걸쳐 피의자의 수갑을 해제하여 달라는 명시적이고 거듭된 요구를 받았고** 피의자에게 도주, 자해, 다른 사람에 대한 위해의 위험이 분명하고 구체적으로 드러나는 등 특별한 사정이 없었음에도 교도관에게 수갑을 해제하여 달라고 요청하지 않은 것은 위법하다.(대법원 2020. 3.17. 2015모2357 수갑해제 요청 묵살 사건)

▶ 20 경찰채용

형사소송법(2025. 3.18. 법률 제20796호로 일부개정된 것)

제244조의3 【진술거부권 등의 고지】 ① 검사 또는 사법경찰관은 피의자를 신문하기 전에 다음 각 호의 사항을 알려주어야 한다.
1. 일체의 진술을 하지 아니하거나 개개의 질문에 대하여 진술을 하지 아니할 수 있다는 것
2. 진술을 하지 아니하더라도 불이익을 받지 아니한다는 것
3. 진술을 거부할 권리를 포기하고 행한 진술은 법정에서 유죄의 증거로 사용될 수 있다는 것
4. 신문을 받을 때에는 변호인을 참여하게 하는 등 변호인의 조력을 받을 수 있다는 것

② 검사 또는 사법경찰관은 제1항에 따라 알려 준 때에는 피의자가 진술을 거부할 권리와 변호인의 조력을 받을 권리를 행사할 것인지의 여부를 질문하고, 이에 대한 피의자의 답변을 조서에 기재하여야 한다. 이 경우 피의자의 답변은 피의자로 하여금 자필로 기재하게 하거나 검사 또는 사법경찰관이 피의자의 답변을 기재한 부분에 기명·날인 또는 서명하게 하여야 한다.

선생님의 TIP

조문이 중복되지만 정말 시험에 출제가 잘 되므로 한번 더 수록한다. 앞으로도 마찬가지이다.

---

04 위법한 피의자신문에 해당하여 증거능력이 없는 경우 I

사법경찰관이 피의자에게 진술거부권을 행사할 수 있음을 알려 주고 그 행사 여부를 질문하였다 하더라도 형사소송법 제244조의3 제2항에 규정한 방식에 위반하여 **진술거부권 행사 여부에 대한 피의자의 답변이 자필로 기재되어 있지 아니하거나** 그 답변 부분에 피의자의 기명·날인 또는 서명이 되어 있지 아니한 사법경찰관 작성의 피의자신문조서는 특별한

▶ 25 경찰승진, 24 국가7급, 23 법원9급, 22 국가9급, 20 경찰승진, 20 국가9급, 20 법원9급, 20 경찰채용, 19 법원9급, 18 경찰채용, 17 국가9급, 16 국가9급, 15 국가7급

사정이 없는 한 증거능력을 인정할 수 없다.(대법원 2014. 4.10. 2014도1779 대구 필로폰 매매사건) 아래 밑줄 친 부분이 되어 있지 않거나 방식에 어긋나면 피의자신문조서는 증거능력이 부정된다.

서식 및 사례 　진술거부권 및 변호인 조력권 고지 등 확인

진술거부권 및 변호인 조력권 고지 등 확인

1. 귀하는 일체의 진술을 하지 아니하거나 개개의 질문에 대하여 진술을 하지 아니할 수 있습니다.
1. 귀하가 진술을 하지 아니하더라도 불이익을 받지 아니합니다.
1. 귀하가 진술을 거부할 권리를 포기하고 행한 진술은 법정에서 유죄의 증거로 사용될 수 있습니다.
1. 귀하가 신문을 받을 때에는 변호인을 참여하게 하는 등 변호인의 조력을 받을 수 있습니다.

문 : 피의자는 위와 같은 권리들이 있음을 고지받았는가요?
답 : <u>예, 고지받았습니다.</u> ← 피의자의 자필

문 : 피의자는 진술거부권을 행사할 것인가요?
답 : 행사하지 않겠습니다. <u>남궁한</u>㊞ ← 피의자의 기명·날인

문 : 피의자는 변호인의 조력을 받을 권리를 행사할 것인가요?
답 : 행사하지 않겠습니다. <u>남궁한</u> ← 피의자의 서명

이에 사법경찰관은 피의사실에 관하여 다음과 같이 피의자를 신문하다.

〈중략〉

위의 조서를 진술자에게 열람하게 하였던 바(읽어준 바) 진술한 대로 오기나 증감·변경할 것이 없다고 말하므로 간인한 후 서명(기명·날인)하게 하다.

진술자　남궁한 또는 남궁한㊞ ← 피의자의 서명 또는 기명·날인

20X5. 6. 12.

사법경찰관 경위 노정원㊞
사법경찰리 경장 유승범㊞

> **형사소송법(2025. 3.18. 법률 제20796호로 일부개정된 것)**
>
> **제243조의2 【변호인의 참여 등】** ① 검사 또는 사법경찰관은 피의자 또는 그 변호인·법정대리인·배우자·직계친족·형제자매의 신청에 따라 변호인을 피의자와 접견하게 하거나 정당한 사유가 없는 한 피의자에 대한 신문에 참여하게 하여야 한다.
> ② 신문에 참여하고자 하는 변호인이 2인 이상인 때에는 피의자가 신문에 참여할 변호인 1인을 지정한다. 지정이 없는 경우에는 검사 또는 사법경찰관이 이를 지정할 수 있다.
> ③ 신문에 참여한 변호인은 신문 후 의견을 진술할 수 있다. 다만, 신문 중이라도 부당한 신문방법에 대하여 이의를 제기할 수 있고, 검사 또는 사법경찰관의 승인을 받아 의견을 진술할 수 있다.
> ④ 제3항에 따른 변호인의 의견이 기재된 피의자신문조서는 변호인에게 열람하게 한 후 변호인으로 하여금 그 조서에 기명·날인 또는 서명하게 하여야 한다.
> ⑤ 검사 또는 사법경찰관은 변호인의 신문참여 및 그 제한에 관한 사항을 피의자신문조서에 기재하여야 한다.
>
> **수사준칙(2023.10. 7. 대통령령 제33808호로 일부개정된 것)**
>
> **제13조 【변호인의 피의자신문 참여·조력】** ① 검사 또는 사법경찰관은 피의자신문에 참여한 <u>변호인이 피의자의 옆자리 등 실질적인 조력을 할 수 있는 위치에 앉도록 해야 하고</u>, 정당한 사유가 없으면 피의자에 대한 법적인 조언·상담을 보장해야 하며, 법적인 조언·상담을 위한 변호인의 메모를 허용해야 한다.
> ② 검사 또는 사법경찰관은 피의자에 대한 신문이 아닌 단순 면담 등이라는 이유로 변호인의 참여·조력을 제한해서는 안 된다.

선생님의 TIP

> 피의자신문 과정에 변호인이 참여한다는 것은 매우 중요한 의미가 있다. 아래 이미지와 같이 변호인이 피의자 바로 옆에 앉아야 실질적인 도움을 줄 수 있는데, 수사준칙 제13조 제1항은 이를 확인해 주고 있다.

<이미지 출처 – KBS뉴스(https://news.kbs.co.kr/news/pc/view/view.do?ncd=3449417)>

05 변호인이 피의자신문에 자유롭게 참여할 수 있는 권리가 헌법상 보호되는 기본권인지의 여부(적극)

1. 변호인의 피의자 및 피고인을 조력할 권리 중 그것이 보장되지 않으면 그들이 변호인의 조력을 받는다는 것이 유명무실하게 되는 핵심적인 부분(이하 '변호인의 변호권'이라 한다)은 헌법상 기본권으로서 보호되어야 한다. 형사절차에서 피의자신문의 중요성을 고려할 때 **변호인이 피의자신문에 자유롭게 참여할 수 있는 권리는 헌법상 기본권인 변호인의 변호권으로서 보호되어야 한다.**(헌법재판소 2017. 11. 30. 2016헌마503 후방착석 요구 사건) ▶ 21 경찰채용, 18 경찰채용

2. 피의자신문의 과정과 결과는 수사의 방향 및 피의자의 기소 여부를 결정하고, 유죄 입증에 중요한 증거자료로 사용될 수 있으므로 형사절차에서 중요한 의미를 가진다. 변호인이 피의자신문에 자유롭게 참여할 수 없다면 변호인은 피의자가 조언과 상담을 요청할 때 이를 시의적절하게 제공할 수 없고, 나아가 피의자는 스스로의 판단에 따라 의견을 진술할 수밖에 없으며 수사기관의 부당한 신문방법 등에 대하여 이의를 제기할 수 없게 된다. 그 결과 피의자는 형사절차에서 매우 중요한 의미를 가지는 피의자신문의 시기에 변호인으로부터 충분한 조력을 받을 수 없게 되어 변호인의 조력을 받을 피의자의 권리가 형해화된다. 따라서 변호인이 피의자신문에 자유롭게 참여할 수 있는 권리는 피의자가 가지는 변호인의 조력을 받을 권리를 실질적으로 실현하는 수단이라고 할 수 있으므로 헌법상 기본권인 변호인의 변호권으로서 보호의 대상도 된다.(대법원 2021. 11. 25. 2019다235450 변호인 따돌리기 사건)

06 위법한 피의자신문에 해당하여 증거능력이 없는 경우 II

피의자가 변호인의 참여를 원한다는 의사를 명백하게 표시하였음에도 수사기관이 정당한 사유 없이 변호인을 참여하게 하지 아니한 채 피의자를 신문하여 작성한 피의자신문조서는 형사소송법 제312조에 정한 '적법한 절차와 방식'에 위반된 증거일 뿐만 아니라 제308조의2에서 정한 '적법한 절차에 따르지 아니하고 수집한 증거'에 해당하므로 이를 증거로 할 수 없다.(대법원 2013. 3. 28. 2010도3359 공항버스 운전기사 횡령사건)

▶ 25 변호사, 25 소방간부, 24 소방간부, 23 경찰승진, 22 경찰승진, 20 경간부, 19 경찰승진, 18 경찰채용, 17 변호사, 17 경찰채용, 16 경찰승진, 16 경찰채용, 15 경찰승진, 15 경간부, 15 국가7급, 15 법원9급

07 피의자신문시 변호인참여의 제한 요건인 '정당한 사유'의 의미

형사소송법 제243조의2 제1항은 '검사 또는 사법경찰관은 피의자 또는 변호인 등이 신청할 경우 정당한 사유가 없는 한 변호인을 피의자신문에 참여하게 하여야 한다'고 규정하고 있다. 여기에서 '정당한 사유'란 변호인이 피의자신문을 방해하거나 수사기밀을 누설할 염려가 있음이 객관적으로 명백한 경우 등을 말한다.(대법원 2020. 3. 17. 2015모2357 수갑해제 요청 묵살 사건) [9] 판례 참고 ▶ 19 경찰채용

08 부당한 신문방법에 대한 변호인의 이의제기가 피의자신문을 방해하는 행위인지의 여부

검사 또는 사법경찰관의 부당한 신문방법에 대한 이의제기는 고성, 폭언 등 그 방식이 부적절하거나 또는 합리적 근거 없이 반복적으로 이루어지는 등의 특별한 사정이 없는 한, 원칙적으로 변호인에게 인정된 권리의 행사에 해당하며, 신문을 방해하는 행위로는 볼 수 없다. (대법원 2020. 3. 17. 2015모2357 수갑해제 요청 묵살 사건) [9] 1. 판례 참고

09 변호인의 피의자신문 참여권을 위법하게 침해한 경우

1. 검사 또는 사법경찰관이 특별한 사정 없이 단지 변호인이 피의자신문 중에 부당한 신문방법에 대한 이의제기를 하였다는 이유만으로 변호인을 조사실에서 퇴거시키는 조치는 정당한 사유 없이 변호인의 피의자신문 참여권을 제한하는 것으로서 허용될 수 없으므로 피의자의 변호인이 인정신문을 시작하기 전 검사에게 피의자의 수갑을 해제하여 달라고 계속 요구하자 검사가 수사에 현저한 지장을 초래한다는 이유로 변호인을 퇴실시킨 것은 변호인의 피의자신문 참여권을 침해한 것으로 위법하다.(대법원 2020. 3.17. 2015모2357 수갑해제 요청 묵살 사건) 검사는 피의자가 수갑을 착용한 상태에서 인정신문을 시작하였고, 이에 변호인이 수갑의 해제를 요청하였다. 검사는 변호인의 요구에 대해 먼저 인정신문을 한 후 교도관에게 수갑의 해제를 요구할지 여부를 결정하겠다는 취지로 말했는바, 변호인은 15분 가량 계속해서 수갑의 해제를 요구하였고, 이에 검사는 변호인의 이러한 행동이 수사에 현저한 지장을 초래한다는 이유로 검찰수사관들을 통하여 변호인을 영상녹화실로부터 강제로 퇴거시켰다.

2. **검찰수사관이 피의자신문에 참여한 변호인에게 피의자 후방에 앉으라고 요구한 경우** 피의자가 변호인에게 적극적으로 조언과 상담을 요청할 것을 기대하기 어렵고, 변호인이 피의자의 상태를 즉각적으로 파악하거나 수사기관이 피의자에게 제시한 서류 등의 내용을 정확하게 파악하기 어려우므로 이러한 **후방착석 요구행위는 변호인의 자유로운 피의자신문참여를 제한하는 것으로써 헌법상 기본권인 변호인의 변호권을 침해한다.**(헌법재판소 2017.11.30. 2016헌마503 후방착석 요구 사건) 변호인이 부산지방검찰청 동부지청 수사관으로부터 "구속된 피의자가 변호인 참여 없이 조사를 받지 않겠다고 하니 즉시 와달라."는 연락을 받고 부산지방검찰청 동부지청 수사과 2호실에 도착하여 피의자 옆에 앉으려고 하자 수사관이 피의자 후방에 앉으라고 요구한 사건이다. 위헌이자 위법이다. ▶ 24 경간부, 24 경찰채용, 20 경간부, 20 경찰채용, 18 국가9급

3. 수사기관이 피의자신문을 하면서 정당한 사유가 없음에도 불구하고 **변호인에 대하여 피의자로부터 떨어진 곳으로 옮겨 앉으라고 지시를 한 다음 이러한 지시에 따르지 않았음을 이유로 변호인의 피의자신문 참여권을 제한하는 것은 허용될 수 없다.**(대법원 2008. 9.12. 2008모793 변호인 퇴실명령 사건) 인천지검 소속 수사관이 피의자를 신문하는 과정에 변호인이 참여하였다. 변호인이 수사관에게 피의자신문 진술의 녹취·녹화신청서를 제출하였지만 수사관은 그 녹취·녹화신청의 철회를 요청하였고, 이에 변호인 등이 응하지 않자 수사관은 "당신들이 스스로 신문내용을 녹취하세요."라고 말한 다음, 변호인에게 "변호인 당신, 피의자로부터 떨어진 곳으로 옮겨 앉으세요."라고 요구하였다. 이후 변호인이 "나는 피의자 옆에 앉아 있을 권리가 있다."라고 주장하니까 수사관이 "수사에 방해되니까 당신 나가세요. 퇴실을 명합니다."라고 한 사건이다. ▶ 22 경찰승진, 19 경찰채용

> **형사소송법(2025. 3.18. 법률 제20796호로 일부개정된 것)**
>
> **제244조의5【장애인 등 특별히 보호를 요하는 자에 대한 특칙】** 검사 또는 사법경찰관은 피의자를 신문하는 경우 다음 각 호의 어느 하나에 해당하는 때에는 직권 또는 피의자·법정대리인의 신청에 따라 피의자와 신뢰관계에 있는 자를 동석하게 할 수 있다.
> 1. 피의자가 신체적 또는 정신적 장애로 사물을 변별하거나 의사를 결정·전달할 능력이 미약한 때
> 2. 피의자의 연령·성별·국적 등의 사정을 고려하여 그 심리적 안정의 도모와 원활한 의사소통을 위하여 필요한 경우

> **선생님의 TIP**
>
> 변호인의 참여와는 달리 신뢰관계자를 동석하게 할 것인지의 여부는 검사 또는 사법경찰관의 재량사항이다.

10 피의자신문시 신뢰관계자 동석 관련 판례

구체적인 사안에서 (신뢰관계자의) 동석을 허락할 것인지는 원칙적으로 검사 또는 사법경찰관이 피의자의 건강 상태 등 여러 사정을 고려하여 재량에 따라 판단하여야 할 것이나, 이를 허락하는 경우에도 동석한 사람으로 하여금 피의자를 대신하여 진술하도록 하여서는 아니되는 것이고 만약 동석한 사람이 피의자를 대신하여 진술한 부분이 조서에 기재되어 있다면 그 부분은 피의자의 진술을 기재한 것이 아니라 동석한 사람의 진술을 기재한 조서에 해당하므로 그 사람에 대한 진술조서로서의 증거능력을 취득하기 위한 요건을 충족하지 못하는 한 이를 유죄 인정의 증거로 사용할 수 없다.(대법원 2009. 6.23. 2009도1322 한나라당 자원봉사팀장 사건) 2008년 제18대 국회의원선거 경남양산 지역구 한나라당 후보의 자원봉사팀장인 이모씨(女, 51세, 甲)가 공직선거법위반 혐의로 고발되어 구속까지 되었고, 이후 강도 높은 조사를 계속 받게 되자 결국 실신하여 병원에서 입원·치료를 받게 되었다. 울산지청 검사가 甲을 소환하여 신문함에 있어서 그 건강상태 등을 고려하여 이모씨의 남편 정모씨(乙)를 신문과정에 동석시키고 신문하였는데, 甲에 대한 피의자신문조서에 乙이 甲을 대신하여 진술한 부분이 일부 포함되어 있었는 바, 이 '乙의 진술 부분'의 증거능력 유무는 피의자신문조서가 아니라 참고인진술조서에 관한 형사소송법 제312조 제4항에 의하여 판단하여야 한다는 취지의 판례이다.

▶ 24 경찰채용, 23 경찰승진,
23 소방간부, 22 경찰승진,
22 소방간부, 20 경찰채용,
19 경찰채용, 18 경찰승진,
18 경간부, 17 경찰채용,
16 국가9급, 16 경찰채용

> **형사소송법(2025. 3.18. 법률 제20796호로 일부개정된 것)**
>
> 제244조【피의자신문조서의 작성】① 피의자의 진술은 조서에 기재하여야 한다.
> ② 제1항의 조서는 피의자에게 열람하게 하거나 읽어 들려주어야 하며, 진술한 대로 기재되지 아니하였거나 사실과 다른 부분의 유무를 물어 피의자가 증감 또는 변경의 청구 등 이의를 제기하거나 의견을 진술한 때에는 이를 조서에 추가로 기재하여야 한다. 이 경우 피의자가 이의를 제기하였던 부분은 읽을 수 있도록 남겨두어야 한다.
> ③ 피의자가 조서에 대하여 <u>이의나 의견이 없음을 진술한 때에는 피의자로 하여금 그 취지를 자필로 기재하게 하고 조서에 간인한 후 기명·날인 또는 서명하게 한다.</u>
> 제244조의4【수사과정의 기록】① 검사 또는 사법경찰관은 피의자가 조사장소에 도착한 시각, 조사를 시작하고 마친 시각, 그 밖에 조사과정의 진행경과를 확인하기 위하여 필요한 사항을 피의자신문조서에 기록하거나 별도의 서면에 기록한 후 수사기록에 편철하여야 한다. 〈수사과정 기록〉
> ② 제244조 제2항 및 제3항은 제1항의 조서 또는 서면에 관하여 준용한다.
> ③ 제1항 및 제2항은 피의자가 아닌 자를 조사하는 경우에 준용한다. 〈조사과정 기록〉

선생님의 TIP

아래는 사법경찰관 작성 피의자신문조서의 서식 및 사례이다(편의상 약간의 변형을 가하였다). 검사 작성 피의자신문조서도 이에 준한다. 다시 한번 형사소송법 제244조의3 제2항과 제244조 제3항을 읽어보기 바란다.

서식 및 사례   **피의자신문조서**

피의자신문조서

피 의 자 : 남궁한
위의 사람에 대한 절도 피의사건에 관하여 20X5. 6. 12. 동작경찰서 수사과 사무실에서 사법경찰관 경위 류미혜는 사법경찰리 경사 윤경근을 참여하게 하고, 아래와 같이 피의자임에 틀림없음을 확인하다.

문 : 피의자의 성명, 주민등록번호, 직업, 주거, 등록기준지 등을 말하십시오.
답 : 성명은 남궁한(南宮翰)   주민등록번호는 01042X - 3X60157
    직업은 무직   주거는 경기도 고양시 덕양구 북한동 산1-1
    등록기준지는 서울시 은평구 불광동 246-1번지   직장 주소는 없음
    연락처는 휴대전화 010-3320-1161입니다.

사법경찰관은 피의사건의 요지를 설명하고 사법경찰관의 신문에 대하여 형사소송법 제244조의3에 따라 진술을 거부할 수 있는 권리 및 변호인의 참여 등 조력을 받을 권리가 있음을 피의자에게 알려주고 이를 행사할 것인지 그 의사를 확인하다.

진술거부권 및 변호인 조력권 고지 등 확인

1. 귀하는 일체의 진술을 하지 아니하거나 개개의 질문에 대하여 진술을 하지 아니할 수 있습니다.
1. 귀하가 진술을 하지 아니하더라도 불이익을 받지 아니합니다.
1. 귀하가 진술을 거부할 권리를 포기하고 행한 진술은 법정에서 유죄의 증거로 사용될 수 있습니다.
1. 귀하가 신문을 받을 때에는 변호인을 참여하게 하는 등 변호인의 조력을 받을 수 있습니다.

문 : 피의자는 위와 같은 권리들이 있음을 고지받았는가요?
답 : 예, 고지받았습니다. 남궁한㊞[2]
문 : 피의자는 진술거부권을 행사할 것인가요?
답 : 행사하지 않겠습니다. 남궁한㊞
문 : 피의자는 변호인의 조력을 받을 권리를 행사할 것인가요?
답 : 행사하지 않겠습니다. 남궁한㊞

이에 사법경찰관은 피의사실에 관하여 다음과 같이 피의자를 신문하다.
㊞[3]
문 : 피의자는 남궁한이 맞습니까?
답 : 예, 맞습니다.
                                      ㊞[4]
문 : 피해자 남궁투와는 어떤 관계입니까?
답 : 아무런 관계가 없습니다.
(중략)
문 : 이상의 진술이 사실입니까?
답 : *예, 사실입니다.*[5]
문 : 더 할 말이 있습니까?
답 : *죄송합니다. 한번만 용서해 주십시오.*

위의 조서를 진술자에게 열람하게 하였던 바(읽어준 바) 진술한 대로 오기나 증감·변경할 것이 없다고 말하므로 간인한 후 서명(기명·날인)하게 하다.

                진술자 남궁한㊞

                20×5. 6. 12.

           사법경찰관 경위 류미혜㊞
           사법경찰리 경사 윤경근㊞

---

2 기명·날인을 한 모습이다. 실무상 서명이나 서명·날인 또는 서명·무인(拇印)을 하는 경우도 있을 것이다.
3 사법경찰관이 한 간인(間印)이다.
4 피의자가 한 간인이다.
5 반드시 자필로 기재하도록 하여야 한다. 그 다음 답변도 마찬가지이다.

> **선생님의 TIP**
> 제244조의4 제1항은 피의자에 대한 수사과정 기록에 관한 것이고, 제3항은 피의자 아닌 자에 대한 조사과정 기록에 관한 것이다. 아래 판례들은 피의자 아닌 자로부터 진술서를 받은 것인데 모두 조사과정 기록을 하지 않았다.

[서식] 수사 과정 확인서

사법경찰관 작성	검사 작성

수사 과정 확인서(조서미작성)		
대상자	성 명	사건관련 신분
	주민등록번호	전화번호
	주 소	

구 분	내 용
1. 조사장소 도착시각	
2. 조사장소 떠난 시각	
3. 조서 미작성 이유	
4. 조사 외 실시한 활동	
5. 참여 변호인	
6. 이의제기 등	

사법경찰관/리 직위 성명 는 조사대상자 를 조사한 후, 위와 같은 사항에 대해 조사대상자 로부터 확인받음

년 월 일
확인자 : 조사대상자 ㊞
사법경찰관/리 직위 성명 ㊞

수사 과정 확인서(조서를 작성하지 않는 경우)		
구 분		내 용
관련사건	피의자	
	사건번호	
	죄명	
피조사자 · 면담자	성명(생년월일)	
	사건과의 관계	
	연락처	
수사경과	조사장소 도착 시각	
	조사장소 떠난 시각	
	조서 미작성 이유	
	조사 외 실시 활동	
	변호인 참여 여부	

검사는 위 피조사(면담)자를 조사한 후, 위와 같은 사항에 대해 피조사(면담)자로부터 확인받음

년 월 일
확인자 ㊞
검 사 ㊞

11 조사과정 기록의 취지

1. 형사소송법 제244조의4 제3항, 제1항에서 수사기관으로 하여금 피의자가 아닌 자를 조사할 수 있도록 하면서도 그 조사과정을 기록하도록 한 취지는 수사기관이 조사과정에서 **피조사자로부터 진술증거를 취득하는 과정을 투명하게 함으로써 그 과정에서의 절차적 적법성을 제도적으로 보장하려는 데** 있다. 따라서 수사기관이 수사에 필요하여 피의자가 아닌 자를 조사하는 과정에서 그 진술을 청취하여 증거로 남기는 방법으로 진술조서가 아닌 진술서를 작성·제출받는 경우에도 그 절차는 준수되어야 한다.(대법원 2015. 4.23. 2013도3790 조사과정 기록 누락사건) [12] 1. 판례 참고 ▶ 19 경찰채용

2. 검사 또는 사법경찰관이 피의자가 아닌 자의 출석을 요구하여 조사하는 경우에는 피의자를 조사하는 경우와 마찬가지로 조사장소에 도착한 시각, 조사를 시작하고 마친 시각, 그 밖에 조사과정의 진행경과를 확인하기 위하여 필요한 사항을 조서에 기록하거나 별도의 서면에 기록한 후 수사기록에 편철하도록 하는 등 조사과정을 기록하게 한 형사소

송법 제221조 제1항, 제244조의4 제1·3항의 취지는 수사기관이 조사과정에서 피조사자로부터 진술증거를 취득하는 과정을 투명하게 함으로써 그 과정에서의 절차적 적법성을 제도적으로 보장하려는 것이다.(대법원 2022.10.27. 2022도9510 입당원서 사건) [12] 2. 판례 참고

12 조사과정 기록이 누락되어 진술서의 증거능력이 부정되는 경우

1. 피고인이 아닌 자가 수사과정에서 진술서를 작성하였지만 수사기관이 그에 대한 조사과정을 기록하지 아니하여 형사소송법 제244조의4 제3항, 제1항에서 정한 절차를 위반한 경우에는 특별한 사정이 없는 한 '적법한 절차와 방식'에 따라 수사과정에서 진술서가 작성되었다 할 수 없으므로 그 증거능력을 인정할 수 없다.(대법원 2015. 4.23. 2013도3790 조사과정 기록 누락사건) 참고인이 검찰청으로 소환되어 검사의 요구로 진술서를 작성하였지만(수사과정이므로 형사소송법 제312조 제5항이 적용된다) 그 조사과정 기록을 하지 않았던 사건이다.

> 24 경찰승진, 23 경찰채용, 23 법원9급, 23 소방간부, 21 경찰채용, 19 국가7급, 18 변호사, 18 국가9급, 18 법원9급, 17 변호사, 16 변호사, 16 국가7급

2. 수사기관이 수사에 필요하여 피의자가 아닌 자로부터 진술서를 작성·제출받는 경우에도 그 절차는 준수되어야 하므로 피고인이 아닌 자가 수사과정에서 진술서를 작성하였지만 수사기관이 조사과정의 진행경과를 확인하기 위하여 필요한 사항을 그 진술서에 기록하거나 별도의 서면에 기록한 후 수사기록에 편철하는 등 적절한 조치를 취하지 아니하여 형사소송법 제244조의4 제1·3항에서 정한 절차를 위반한 경우에는 그 진술증거 취득과정의 절차적 적법성의 제도적 보장이 침해되지 않았다고 볼 만한 특별한 사정이 없는 한 적법한 절차와 방식에 따라 수사과정에서 진술서가 작성되었다고 할 수 없어 증거능력을 인정할 수 없다.(대법원 2022.10.27. 2022도9510 입당원서 사건) 경찰관이 입당원서 작성자의 주거지·근무지를 방문하여 입당원서 작성 경위 등을 질문한 후 진술서 작성을 요구하여 이를 제출받았지만(수사과정이므로 형사소송법 제312조 제5항이 적용된다) 그 조사과정 기록을 하지 않았던 사건이다.

형사소송법(2025. 3.18. 법률 제20796호로 일부개정된 것)

제221조【제3자의 출석요구 등】 ① 검사 또는 사법경찰관은 수사에 필요한 때에는 피의자가 아닌 자의 출석을 요구하여 진술을 들을 수 있다. 이 경우 그의 동의를 받아 영상녹화할 수 있다.

제244조의2【피의자진술의 영상녹화】 ① 피의자의 진술은 영상녹화할 수 있다. 이 경우 미리 영상녹화사실을 알려주어야 하며, 조사의 개시부터 종료까지의 전 과정 및 객관적 정황을 영상녹화하여야 한다.
② 제1항에 따른 영상녹화가 완료된 때에는 피의자 또는 변호인 앞에서 지체 없이 그 원본을 봉인하고 피의자로 하여금 기명·날인 또는 서명하게 하여야 한다.
③ 제2항의 경우에 피의자 또는 변호인의 요구가 있는 때에는 영상녹화물을 재생하여 시청하게 하여야 한다. 이 경우 그 내용에 대하여 이의를 진술하는 때에는 그 취지를 기재한 서면을 첨부하여야 한다.

경찰수사규칙(2024. 5.24. 행정안전부령 제483호로 일부개정된 것)

제39조【조서와 진술서】 ① 사법경찰관리가 법 제244조 제1항에 따라 피의자의 진술을 조서에 적는 경우에는 별지 제27호 서식 또는 별지 제28호 서식의 피의자신문조서에 따른다.
② 사법경찰관리가 피의자가 아닌 사람의 진술을 조서에 적는 경우에는 별지 제29호 서식 또는 별지 제30호 서식의 진술조서에 따른다.
③ 사법경찰관리는 피의자 또는 피의자가 아닌 사람의 진술을 듣는 경우 진술 사항이 복잡하거나 진술인이 서면진술을 원하면 진술서를 작성하여 제출하게 할 수 있다.
④ 피의자신문조서와 진술조서에는 진술자로 하여금 간인(間印)한 후 기명·날인 또는 서명하게 한다.

검찰사건사무규칙(2025. 6. 4. 법무부령 제1098호로 일부개정된 것)

제38조【조서와 진술서】 ① 검사가 피의자를 신문하고 조서를 작성하는 경우에는 별지 제38호 서식 및 별지 제39호 서식(피의자를 추가로 신문하는 경우로 한정한다)의 피의자신문조서에 따른다.
② 검사가 피의자가 아닌 사람으로부터 진술을 듣고 조서를 작성하는 경우에는 별지 제40호 서식 및 별지 제41호 서식(피의자가 아닌 사람으로부터 진술을 추가로 듣는 경우로 한정한다)의 진술조서에 따른다.
③ 검사는 피의자 또는 피의자가 아닌 사람의 진술을 듣는 경우에 다음 각 호의 어느 하나에 해당하는 경우에는 별지 제42호 서식의 진술서를 작성하도록 할 수 있다.
1. 진술인이 서면 진술을 원하는 경우
2. 진술 사항이 복잡하고 진술인이 서면 진술에 동의하는 경우
3. 그 밖에 서면 진술을 하는 것이 상당하다고 인정하는 경우

> **선생님의 TIP**
>
> 1. 피의자신문조서에 대해서는 앞에서 살펴 보았다. '피의자가 아닌 사람'을 참고인이라고 하고 참고인의 진술을 기재하는 조서가 바로 참고인진술조서이며, 때로는 이 조서 작성을 대신하여 진술서를 작성하여 제출하게 할 수 있다. 아래는 사법경찰관 작성 참고인진술조서 그리고 진술서의 서식 및 사례이다(편의상 약간의 변형을 가하였다). 검사 작성 참고인진술조서 그리고 진술서도 이에 준한다.
> 2. 참고인에 대한 영상녹화물은 (성폭력처벌법이나 청소년성보호법 등 특별법에 의할 때에는 본증으로 사용할 수 있으나) 형사소송법에서는 본증으로 사용할 수 없다. 형사소송법상 영상녹화물의 용도는 '참고인진술조서의 성립의 진정 증명'이나 '기억의 환기'뿐이다(제312조 제4항, 제318조의2 제2항).

서식 및 사례 참고인진술조서

진술조서

성 명 : 남궁투	주민등록번호 : 01032X - 4X60157
직 업 : 무직	주 거 : 경기도 고양시 덕양구 북한동 산2
등록기준지 : 서울시 은평구 불광동 247-1번지	직장주소 : 없음
연 락 처 : 휴대전화 010-3320-1162	

위의 사람은 피의자 남궁한에 대한 폭행 피의사건에 관하여 20X5. 6. 12. 동작경찰서 수사과 사무실에 임의 출석하여 다음과 같이 진술하다.

1. 피의자와의 관계
    저는 남궁한과 지인 관계에 있습니다.

2. 피의사실과의 관계
    저는 피의사실과 관련하여 피해자의 자격으로서 출석하였습니다.

이 때 진술의 취지를 더욱 명백히 하기 위하여 다음과 같이 임의로 문답하다.

문 : 피의자 남궁한을 만난 시간은 언제입니까?
답 : 20X5. 6. 10. 저녁 7시경 만났습니다.
문 : 피의자 남궁한을 만나 무엇을 하였습니까?
답 : 동네 근처 술집 "들꽃"으로 갔습니다.

(중략)

〈날인〉6

문 : 이상의 진술이 사실입니까?   〈인〉7
답 : 예. 사실입니다.
문 : 더 할 말이 있습니까?
답 : 피의자를 엄벌해 처해 주시기 바랍니다.

위의 조서를 진술자에게 열람하게 하였던 바 진술한 대로 오기나 증감·변경할 것이 없다고 말하므로 서명(기명·날인)하게 하다.

진술자 남궁투㊞

20×5. 6. 12.

사법경찰관 경위 노정원㊞

---

6 사법경찰관이 한 간인(間印)이다.
7 참고인이 한 간인이다.

| 서식 및 사례 | 진술서 |

진술서

성   명 : 남궁투   주민등록번호 : 01032X - 4X60157
직   업 : 무직   주   거 : 경기도 고양시 덕양구 북한동 산2
등록기준지 : 서울시 은평구 불광동 247-1번지   직장주소 : 없음
연 락 처 : 휴대전화 010-3320-1162

본인은 20X5. 6. 12. 동작경찰서 수사과 사무실에 폭행 피의사건의 (피의자, <u>피해자</u>, 목격자, 참고인)으로서 출석하여 다음과 같이 임의로 서면 진술하다.

저는 남궁찬과 지인 관계에 있습니다. 20X5. 6. 10. 저녁 6시경 피의자가 저에게 전화를 걸어왔고, 이에 둘이 7시경 술집 "들꽃"에서 만나기로 약속했습니다.

印[8]

(중략)

20X5. 6. 12.

진술인 남궁투 ㊞

---

13 수사기관이 참고인을 조사하는 과정에서 작성한 영상녹화물을 공소사실을 입증하는 본증으로 사용할 수 있는지의 여부(소극)

1. 수사기관이 제작한 영상녹화물의 증거능력 내지 증거로서의 사용 범위는 더욱 엄격하게 제한되어 있다. 즉 검사 또는 사법경찰관이 피고인이 아닌 자를 조사하는 과정에서 형사소송법 제221조 제1항에 따라 제작한 영상녹화물은 다른 법률에서 달리 규정하고 있는 등의 특별한 사정이 없는 한 공소사실을 직접 증명할 수 있는 독립적인 증거로 사용할 수 없다. (대법원 2024. 3. 28. 2023도15133 피해자 면담 진술분석관 작성 CD사건) 대검찰청 과학수사부 법과학분석과 소속 진술분석관이 담당 검사의 의뢰에 따라 피해자를 면담하는 과정을 녹화한 영상녹화물이다. 진술분석관은 '피해자 진술분석 과정 영상녹화 CD'를 제작하여 검사에게 제출하였지만 결국 증거능력이 부정되었다. ▶ 25 경찰승진

2. (1) (2007. 6. 1. 법률 제8496호로 개정되기 전의 형사소송법에는 없던 수사기관에 의한 참고인 진술의 영상녹화를 새로 정하면서 그 용도를 참고인에 대한 진술조서의 실질적 진정성립을 증명하거나 참고인의 기억을 환기시키기 위한 것으로 한정하고 있는 현행 형사소송법의 규정 내용을 영상물에 수록된 성범죄 피해자의 진술에 대하여 독립적인 ▶ 24 경찰승진, 24 경찰채용, 23 경간부, 22 소방간부, 21 변호사, 21 경간부, 21 법원9급, 20 변호사, 20 경찰승진, 20 경찰채용, 20 법원9급, 17 법원9급, 17 경간부, 16 국가7급, 15 변호사

---

[8] 참고인이 한 간인이다.

증거능력을 인정하고 있는 성폭력처벌법 제30조 제6항[25년 현재 제30조의2] 또는 청소년성보호법 제26조 제6항[25년 현재 제26조의2]의 규정과 대비하여 보면) 수사기관이 참고인을 조사하는 과정에서 형사소송법 제221조 제1항에 따라 작성한 영상녹화물은 다른 법률에서 달리 규정하고 있는 등의 특별한 사정이 없는 한 공소사실을 직접 증명할 수 있는 독립적인 증거로 사용될 수는 없다. (2) 피고인의 동의가 없는 이상 참고인에 대한 진술조서의 작성이 없는 상태에서 수사기관이 그의 진술을 영상녹화한 영상녹화물만을 독자적인 증거로 쓸 수 없고 그 녹취록 또한 증거로 사용할 수 없는 위 영상녹화물의 내용을 그대로 녹취한 것이므로 역시 증거로 사용할 수 없다.(대법원 2014. 7.10. 2012도5041 역술인진술 영상녹화 사건)

CHAPTER 02 | 강제처분과 강제수사

제1절 | 체포와 구속

I 체포와 구속의 요건과 절차

 선생님의 TIP

1. 대인적 강제처분에는 소환, 체포·구속, 감정유치 등이 있지만 가장 기본이 되는 것은 체포와 구속이다. 체포는 비교적 단기간 피의자의 신병을 확보하는 강제처분이고, 구속은 비교적 장기간 피의자·피고인의 신병을 확보하는 강제처분이다.
2. 피의자에 대해서는 체포와 구속이 다 가능하지만, 피고인에 대해서는 오직 구속만이 가능하다. 체포의 종류에는 통상체포[1]·긴급체포·현행범체포가 있다. 긴급체포와 현행범체포는 영장 없이 하는 것이므로 영장주의의 예외에 해당한다. 피의자는 통상체포·긴급체포·현행범체포를 거쳐서 구속될 수도 있고(이때 발부되는 것을 사후구속영장이라고 한다), 체포를 거치지 않고 곧장 구속될 수도 있다(이때 발부되는 것을 사전구속영장이라고 한다). 즉 형사소송법은 체포를 구속의 사전절차로 규정하는 이른바 체포전치주의(逮捕前置主義)를 취하고 있지 않다. 형사소송법은 법원의 피고인 구속을 규정하고(제69조 이하) 이를 피의자 체포와 구속에 준용하는 형식을 취하고 있다(제200조의6, 제209조).
3. 먼저 공통사항인 미란다 원칙의 고지[2] 등에 관한 판례를 수록하고, 이후 통상체포, 긴급체포, 현행범체포, 피의자 구속 그리고 피고인 구속에 관한 판례를 차례대로 수록한다. 형사소송법에서 피의자와 피고인의 구별은 절대적이다. 저자가 수시로 이 점을 환기시켜 주겠다.

형사소송법(2025. 3.18. 법률 제20796호로 일부개정된 것)

제200조의5 【체포와 피의사실 등의 고지】 검사 또는 사법경찰관은 피의자를 체포하는 경우에는 피의사실의 요지, 체포의 이유와 변호인을 선임할 수 있음을 말하고 변명할 기회를 주어야 한다. 〈통상체포, 긴급체포〉

제213조의2 【준용규정】 (중략) 제200조의5의 규정은 검사 또는 사법경찰관리가 현행범인을 체포하거나 현행범인을 인도받은 경우에 이를 준용한다. 〈현행범체포〉

제209조 【준용규정】 (중략) 제85조 (중략) 및 제200조의5는 검사 또는 사법경찰관의 피의자 구속에 관하여 준용한다. 〈피의자 구속〉

제200조의6 【준용규정】 (중략) 제85조 제1항 (중략) 규정은 검사 또는 사법경찰관이 피의자를 체포하는 경우에 이를 준용한다. 이 경우 "구속"은 이를 "체포"로, "구속영장"은 이를 "체포영장"으로 본다.

▶ 위 형사소송법 규정과 아래 수사준칙은 <u>피의자에 관한</u> 조항이고, 아래 형사소송법과 형사소송규칙은 <u>피고인에 관한</u> 조항이다.

---

[1] '체포' 또는 '영장체포'라고 하기도 한다.
[2] '미란다 고지'라고도 하는데 같은 의미이다.

제72조【구속과 이유의 고지】피고인에 대하여 범죄사실의 요지, 구속의 이유와 변호인을 선임할 수 있음을 말하고 변명할 기회를 준 후가 아니면 구속할 수 없다. 다만, 피고인이 도망한 경우에는 그러하지 아니하다. 〈피고인 구속 – 사전청문〉

제72조의2【수명법관】법원은 합의부원으로 하여금 제72조의 절차를 이행하게 할 수 있다.

제88조【구속과 공소사실 등의 고지】피고인을 구속한 때에는 즉시 공소사실의 요지와 변호인을 선임할 수 있음을 알려야 한다. 〈피고인 구속 – 사후청문〉

제85조【구속영장집행의 절차】① 구속영장을 집행함에는 피고인에게 반드시 이를 제시하여야 하며 신속히 지정된 법원 기타 장소에 인치하여야 한다. 〈피고인 구속, 피의자 체포·구속에 준용됨〉
② 〈생략〉
③ 구속영장을 소지하지 아니한 경우에 급속을 요하는 때에는 피고인에 대하여 공소사실의 요지와 영장이 발부되었음을 고하고 집행할 수 있다.
④ 전항의 집행을 완료한 후에는 신속히 구속영장을 제시하고 그 사본을 교부하여야 한다.

수사준칙(2023. 10. 7. 대통령령 제33808호로 일부개정된 것)

제32조【체포·구속영장 집행 시의 권리 고지】① 검사 또는 사법경찰관은 피의자를 체포하거나 구속할 때에는 법 제200조의5(법 제209조에서 준용하는 경우를 포함한다)에 따라 피의자에게 피의사실의 요지, 체포·구속의 이유와 변호인을 선임할 수 있음을 말하고, 변명할 기회를 주어야 하며, 진술거부권을 알려주어야 한다.

형사소송규칙(2025. 2. 28. 대법원규칙 제3202호로 일부개정된 것)

제52조【구속과 범죄사실등의 고지】법원 또는 법관은 법 제72조 및 법 제88조의 규정에 의한 고지를 할 때에는 법원사무관 등을 참여시켜 조서를 작성하게 하거나 피고인 또는 피의자로 하여금 확인서 기타 서면을 작성하게 하여야 한다.

> **선생님의 TIP**
>
> 영화나 드라마에서 나오는 경찰의 미란다 원칙의 고지는 피의자를 현실적으로 체포·구속할 때 하는 것이다(아래 왼쪽 이미지). 형사소송법 제72조는 법원이 구속영장을 발부하기 전에 피고인에게 고지해 주는 것이고(사전청문절차 – 아래 오른쪽 이미지), 제88조는 피고인을 구속한 후에 한번 더 고지해 주는 것이다(사후청문절차). 피의자와 피고인은 반드시 구별을 요한다.

피의자에 대한 미란다 고지(체포·구속시)[3]

피고인에 대한 미란다 고지 시점(구속영장 발부 전)[4]

---

[3] 이미지 출처 – 대한민국 정책브리핑(https://www.korea.kr/news/reporterView.do?newsId=148855661)
[4] 이미지 출처 – 한국인터넷언론인협동조합(http://m.kimcoop.org/news/articleView.html?idxno=70231)

01 피의자를 체포·구속하는 경우의 미란다 고지

1. 사법경찰관 등이 체포영장을 소지하고 피의자를 체포하기 위해서는 체포영장을 피의자에게 제시하고, 피의사실의 요지, 체포의 이유와 변호인을 선임할 수 있음을 말하고 변명할 기회를 주어야 한다. 이와 같은 체포영장의 제시나 고지 등은 체포를 위한 실력행사에 들어가기 이전에 미리 하여야 하는 것이 원칙이다. 그러나 달아나는 피의자를 쫓아가 붙들거나 폭력으로 대항하는 피의자를 실력으로 제압하는 경우에는 붙들거나 제압하는 과정에서 하거나, 그것이 여의치 않은 경우에는 일단 붙들거나 제압한 후에 지체 없이 하여야 한다. (대법원 2017. 9.21. 2017도10866 미란다원칙 고지는 나중에 사건)
   ▶ 21 변호사, 19 변호사, 17 소방간부

2. 검사 또는 사법경찰관이 피의자를 긴급체포하는 경우에는 반드시 피의사실의 요지, 체포의 이유와 변호인을 선임할 수 있음을 말하고, 변명할 기회를 주어야 한다. 이와 같은 고지는 긴급체포를 위한 실력행사에 들어가기 이전에 미리 하여야 하는 것이 원칙이나 달아나는 피의자를 쫓아가 붙들거나 폭력으로 대항하는 피의자를 실력으로 제압하는 경우에는 붙들거나 제압하는 과정에서 하거나 그것이 여의치 않은 경우에는 일단 붙들거나 제압한 후에 지체없이 하여야 한다. (대법원 2008. 7.24. 2008도2794 전기충격기 발사 마약사범 체포사건)
   ▶ 25 변호사, 20 변호사, 20 경찰승진, 17 소방간부

3. 사법경찰관리가 현행범인을 체포하는 경우에는 반드시 범죄사실의 요지, 체포의 이유와 변호인을 선임할 수 있음을 말하고 변명할 기회를 주어야 하고 이와 같은 고지는 체포를 위한 실력행사에 들어가기 이전에 미리 하여야 하는 것이 원칙이나 달아나는 피의자를 쫓아가 붙들거나 폭력으로 대항하는 피의자를 실력으로 제압하는 경우에는 붙들거나 제압하는 과정에서 하거나 그것이 여의치 않은 경우에라도 일단 붙들거나 제압한 후에 지체없이 행하였다면 경찰관의 현행범인 체포는 적법한 공무집행이라고 할 수 있다. (대법원 2008.10. 9. 2008도3640 내성지구대 사건)
   ▶ 25 변호사, 25 경간부, 22 변호사, 22 경간부, 19 국가9급, 18 경간부, 17 국가7급, 17 경찰승진, 17 경간부, 17 소방간부, 16 국가9급

4. 검사 또는 사법경찰관리는 현행범인을 체포하거나 일반인이 체포한 현행범인을 인도받는 경우 피의자에 대하여 피의사실의 요지, 체포의 이유와 변호인을 선임할 수 있음을 말하고 변명할 기회를 주어야 하고, 이와 같은 고지는 체포를 위한 실력행사에 들어가기 전에 미리 하여야 하는 것이 원칙이지만, 달아나는 피의자를 쫓아가 붙들거나 폭력으로 대항하는 피의자를 실력으로 제압하는 경우에는 붙들거나 제압하는 과정에서 하거나 그것이 여의치 않은 경우에는 일단 붙들거나 제압한 후에 지체없이 하면 된다. (대법원 2012. 2. 9. 2011도7193 노사모 회원 시위 사건)
   ▶ 25 경찰채용

5. 사법경찰관 등이 피의자에 대한 구속영장을 소지하였다 하더라도 피의자를 체포하기 위하여는 체포 당시에 피의자에 대한 범죄사실의 요지, 구속의 이유와 변호인을 선임할 수 있음을 말하고 변명할 기회를 준 후가 아니면 체포할 수 없고, 이와 같은 절차를 밟지 아니한 채 실력으로 연행하려 하였다면 적법한 공무집행으로 볼 수 없다. (대법원 1996.12.23. 96도2673 범민련 남측본부 의장 사건)

02 공무집행방해죄 등이 성립하지 않는 경우

경찰관들이 체포영장을 소지하고 메스암페타민 투약 등 혐의로 피고인을 체포하려는 과정에서 피고인이 도망가려는 태도를 보이거나 먼저 폭력을 행사하며 대항한 바 없는 등 경찰관들이 체포를 위한 실력행사에 나아가기 전에 **체포영장을 제시하고 미란다 원칙을 고지할 여유가 있었음에도** 애초부터 미란다 원칙을 체포 후에 고지할 생각으로 먼저 체포행위에 나선 행위는 적법한 공무집행이라고 볼 수 없으므로 비록 피고인이 이에 거세게 저항하는 과정에서 경찰관들에게 상해를 가하였더라도 **공무집행방해죄나 상해죄는 성립하지 아니한다.**(대법원 2017. 9. 21. 2017도10866 미란다원칙 고지는 나중에 사건)

▶ 22 경찰승진, 21 경찰채용, 20 경찰승진, 18 경찰채용

03 피고인을 구속하는 경우의 미란다 고지(사전청문 절차)

형사소송법 제72조는 "피고인에 대하여 범죄사실의 요지, 구속의 이유와 변호인을 선임할 수 있음을 말하고 변명할 기회를 준 후가 아니면 구속할 수 없다."라고 규정하고 있는바, 이는 피고인을 구속함에 있어 법관에 의한 사전 청문절차를 규정한 것으로서 구속영장을 집행함에 있어 집행기관이 취하여야 하는 절차가 아니라 구속영장 발부함에 있어 수소법원 등 법관이 취하여야 하는 절차라 할 것이므로 법원이 피고인에 대하여 구속영장을 발부함에 있어 사전에 위 규정에 따른 절차를 거치지 아니한 채 구속영장을 발부하였다면 그 발부결정은 위법하다고 할 것이나, 위 규정은 피고인의 절차적 권리를 보장하기 위한 규정이므로 이미 변호인을 선정하여 공판절차에서 변명과 증거의 제출을 다하고 그의 변호 아래 판결을 선고받은 경우 등과 같이 위 규정에서 정한 절차적 권리가 실질적으로 보장되었다고 볼 수 있는 경우에는 이에 해당하는 절차의 전부 또는 일부를 거치지 아니한 채 구속영장을 발부하였다 하더라도 이러한 점만으로 그 발부결정이 위법하다고 볼 것은 아니다.(대법원 2000. 11. 10. 2000모134 형소법 제72조·제88조 간과사건)

▶ 23 경찰채용, 22 법원9급, 22 소방간부, 21 경간부, 21 경찰채용, 17 국가9급

04 피고인을 구속하는 경우의 미란다 고지(사후청문 절차)

형사소송법 제88조는 "피고인을 구속한 때에는 즉시 공소사실의 요지와 변호인을 선임할 수 있음을 알려야 한다."고 규정하고 있는바, 이는 **사후 청문절차에 관한 규정으로서 이를 위반하였다 하여 구속영장의 효력에 어떠한 영향을 미치는 것은 아니다.**(대법원 2000. 11. 10. 2000모134 형소법 제72조·제88조 간과사건)

▶ 23 경찰채용, 22 법원9급, 21 경간부, 19 소방간부, 18 경찰승진, 16 경찰채용

05 영사통보권 등이 있음을 고지하지 않고 외국인을 체포한 것이 위법한지의 여부(적극)

영사관계에 관한 비엔나협약(Vienna Convention on Consular Relations, 이하 '협약'이라 한다) 제36조 제1항은 "파견국의 국민에 관련되는 영사기능의 수행을 용이하게 할 목적으로 다음의 규정이 적용된다."라고 하면서 (b)호에서 "파견국의 영사관할구역 내에서 파견국의 국민이 체포되는 경우 재판에 회부되기 전에 구금되거나 유치되는 경우 또는 그 밖의 방법으로 구속되는 경우에 그 국민이 파견국의 영사기관에 통보할 것을 요청하면 접수국의 권한 있는 당국은 지체 없이 통보하여야 한다. 체포, 구금, 유치되거나 구속되어 있는 자가 영사기관에 보내는 어떠한 통신도 위 당국에 의하여 지체 없이 전달되어야

▶ 25 경찰채용, 23 경찰채용

한다. 위 당국은 관계자에게 (b)호에 따른 그의 권리를 지체 없이 통보하여야 한다."라고 정하고 있다. 이에 따라 경찰수사규칙 제91조 제2항, 제3항은 "사법경찰관리는 외국인을 체포·구속하는 경우 국내 법령을 위반하지 않는 범위에서 영사관원과 자유롭게 접견·교통할 수 있고, 체포·구속된 사실을 영사기관에 통보해 줄 것을 요청할 수 있다는 사실을 알려야 한다. 사법경찰관리는 체포·구속된 외국인이 제2항에 따른 통보를 요청하는 경우에는 영사기관 체포·구속 통보서를 작성하여 지체 없이 해당 영사기관에 체포·구속 사실을 통보해야 한다."라고 정하고 있다. 위와 같이 협약 제36조 제1항 (b)호, 경찰수사규칙 제91조 제2항, 제3항이 외국인을 체포·구속하는 경우 지체 없이 외국인에게 영사통보권 등이 있음을 고지하고, 외국인의 요청이 있는 경우 영사기관에 체포·구금 사실을 통보하도록 정한 것은 외국인의 본국이 자국민의 보호를 위한 조치를 취할 수 있도록 협조하기 위한 것이다. 따라서 수사기관이 외국인을 체포하거나 구속하면서 지체 없이 영사통보권 등이 있음을 고지하지 않았다면 체포나 구속 절차는 국내법과 같은 효력을 가지는 협약 제36조 제1항 (b)호를 위반한 것으로 위법하다.(대법원 2022. 4.28. 2021도17103 불법체류 인도네시아인 체포사건) 다만, 판례는 체포나 구속 절차에 협약 제36조 제1항 (b)호를 위반한 위법이 있더라도 절차 위반의 내용과 정도가 중대하거나 절차조항이 보호하고자 하는 외국인 피고인의 권리나 법익을 본질적으로 침해하였다고 볼 수 없다고 하여, 체포나 구속 이후 수집된 증거와 이에 기초한 증거들은 유죄 인정의 증거로 사용할 수 있다고 판시하였다.

형사소송법(2025. 3.18. 법률 제20796호로 일부개정된 것)

제200조의2【영장에 의한 체포】 ① 피의자가 죄를 범하였다고 의심할 만한 상당한 이유가 있고, 정당한 이유없이 제200조의 규정에 의한 출석요구에 응하지 아니하거나 응하지 아니할 우려가 있는 때에는 검사는 관할 지방법원판사에게 청구하여 체포영장을 발부받아 피의자를 체포할 수 있고, 사법경찰관은 검사에게 신청하여 검사의 청구로 관할지방법원판사의 체포영장을 발부받아 피의자를 체포할 수 있다. 다만, 다액 50만원 이하의 벌금, 구류 또는 과료에 해당하는 사건에 관하여는 피의자가 일정한 주거가 없는 경우 또는 정당한 이유없이 제200조의 규정에 의한 출석요구에 응하지 아니한 경우에 한한다.
② 제1항의 청구를 받은 지방법원판사는 상당하다고 인정할 때에는 체포영장을 발부한다. 다만, 명백히 체포의 필요가 인정되지 아니하는 경우에는 그러하지 아니하다.
③ 제1항의 청구를 받은 지방법원판사가 체포영장을 발부하지 아니할 때에는 청구서에 그 취지 및 이유를 기재하고 서명·날인하여 청구한 검사에게 교부한다.
④ 검사가 제1항의 청구를 함에 있어서 동일한 범죄사실에 관하여 그 피의자에 대하여 전에 체포영장을 청구하였거나 발부받은 사실이 있는 때에는 다시 체포영장을 청구하는 취지 및 이유를 기재하여야 한다.
⑤ 체포한 피의자를 구속하고자 할 때에는 체포한 때부터 48시간 이내에 제201조의 규정에 의하여 구속영장을 청구하여야 하고, 그 기간내에 구속영장을 청구하지 아니하는 때에는 피의자를 즉시 석방하여야 한다.
제200조의6【준용규정】 제75조, 제81조 제1항 본문 및 제3항, 제82조, 제83조, 제85조 제1항·제3항 및 제4항, 제86조, 제87조, 제89조부터 제91조까지, 제93조, 제101조 제4항 및 제102조 제2항 단서의 규정은 검사 또는 사법경찰관이 피의자를 체포하는 경우에 이를 준용한다. 이 경우 "구속"은 이를 "체포"로, "구속영장"은 이를 "체포영장"으로 본다.

> 서식 및 사례 | 체포영장

체 포 영 장

【통상】

영장번호	20X5 - 1222		죄　　명	절도
피 의 자	성　　명	남궁한	직　　업	회사원
	주민등록번호	97042X - 1X60157	국　　적	대한민국
	주　　거	경기도 고양시 덕양구 북한동 산1-1		
청구한 검사	노정원		청구일자	20X5. 6. 12.
변 호 인			유효기간	20X5. 6. 20. 24:00까지
범죄사실의 요지	별지 기재와 같다.		인치할 장소	동작경찰서 유치장
구금할 장소	동작경찰서 유치장			

■ 피의자는 정당한 이유 없이 수사기관의 출석요구에 응하지 아니하였다.

☐ 피의자는 정당한 이유 없이 수사기관의 출석요구에 응하지 아니할 우려가 있다.

☐ 피의자는 일정한 주거가 없다(다액 50만원 이하의 벌금, 구류 또는 과료에 해당하는 사건).

피의자가 별지 기재와 같은 죄를 범하였다고 의심할 만한 상당한 이유가 있고, 체포의 사유 및 체포의 필요가 있으므로 피의자를 체포한다.

유효기간이 경과하면 체포에 착수할 수 없고, 유효기간이 경과한 경우 또는 유효기간 내라도 체포의 필요가 없어진 경우에는 영장을 반환하여야 한다.

20X5. 6. 13. 판사 김향남 ㊞[5]

체포일시		체포장소	
인치일시		인치장소	
구금일시		구금장소	
집행불능사유			
처리자의 소속 관서·관직		처리자 서명·날인	

---

[5] 체포영장에는 반드시 판사가 서명·날인을 하여야 한다.(제41조 제1항)

06 체포영장을 제시하지 않았어도 위법하지 않은 경우

> 25 경찰채용, 24 국가7급, 23 경찰채용

원심은, 피고인에 대해 성폭력처벌법 위반(비밀준수등) 범행으로 체포영장이 발부되어 있었던 사실, '피고인의 차량이 30분 정도 따라온다'는 내용의 112신고를 받고 현장에 출동한 경찰관들이 승용차에 타고 있던 피고인의 주민등록번호를 조회하여 피고인에 대한 체포영장이 발부된 것을 확인한 사실, 경찰관들이 피고인에게 '성폭력처벌법위반으로 수배가 되어 있는바, 변호인을 선임할 수 있고 묵비권을 행사할 수 있으며, 체포적부심을 청구할 수 있고 변명의 기회가 있다'고 고지하며 하차를 요구한 사실을 인정한 후, 사건 당시 경찰관들이 체포영장을 소지할 여유 없이 우연히 그 상대방을 만난 경우로서 체포영장의 제시 없이 체포영장을 집행할 수 있는 '급속을 요하는 때'에 해당하므로 경찰관들이 체포영장의 제시 없이 피고인을 체포하려고 시도한 행위는 적법한 공무집행이라고 판단하였다. 나아가 원심은, 위와 같이 경찰관들이 체포영장을 근거로 체포절차에 착수하였으나 피고인이 흥분하며 타고 있던 승용차를 출발시켜 경찰관들에게 상해를 입히는 범죄를 추가로 저지르자, 경찰관들이 승용차를 멈춘 후 저항하는 피고인을 별도 범죄인 특수공무집행방해치상의 현행범으로 체포한 사실을 인정한 후, 이와 같이 경찰관이 체포영장에 기재된 범죄사실이 아닌 새로운 피의사실인 특수공무집행방해치상을 이유로 피고인을 현행범으로 체포하였고, 현행범 체포에 관한 제반 절차도 준수하였던 이상 피고인에 대한 체포 및 그 이후 절차에 위법이 없다고 판단한 후 공소사실을 유죄로 판단한 제1심판결을 그대로 유지하였다. 원심이 든 위 사정들과 함께 사건 당시 체포영장에 의한 체포절차가 착수된 단계에 불과하였고, 피고인에 대한 체포가 체포영장과 관련 없는 새로운 피의사실인 특수공무집행방해치상을 이유로 별도의 현행범 체포 절차에 따라 진행된 이상 집행 완료에 이르지 못한 체포영장을 사후에 피고인에게 제시할 필요는 없는 점까지 더하여 보면, 피고인에 대한 체포절차가 적법하다는 원심의 판단이 타당하다.(대법원 2021. 6.24. 2021도4648 공집방으로 별도 체포 사건) 경찰이 피의자 甲을 성폭력처벌법위반죄의 혐의로 체포하려고 하였으나, 甲이 경찰을 상대로 특수공무집행방해치상의 죄를 범하자 경찰이 후자의 현행범인으로 甲을 체포한 사건이다. 이 경우 전자의 범행에 대한 체포영장을 甲에게 제시할 필요는 없다.

> **형사소송법(2025. 3.18. 법률 제20796호로 일부개정된 것)**
>
> **제200조의3 【긴급체포】** ① 검사 또는 사법경찰관은 피의자가 사형·무기 또는 장기 3년 이상의 징역이나 금고에 해당하는 죄를 범하였다고 의심할 만한 상당한 이유가 있고, 다음 각 호의 어느 하나에 해당하는 사유가 있는 경우에 긴급을 요하여 지방법원판사의 체포영장을 받을 수 없는 때에는 그 사유를 알리고 영장없이 피의자를 체포할 수 있다. <u>이 경우 긴급을 요한다 함은 피의자를 우연히 발견한 경우 등과 같이 체포영장을 받을 시간적 여유가 없는 때를 말한다.</u>
> 1. 피의자가 증거를 인멸할 염려가 있는 때
> 2. 피의자가 도망하거나 도망할 우려가 있는 때
>
> **제200조의4 【긴급체포와 영장청구기간】** ① 검사 또는 사법경찰관이 제200조의3의 규정에 의하여 피의자를 체포한 경우 피의자를 구속하고자 할 때에는 지체 없이 검사는 관할지방법원판사에게 구속영장을 청구하여야 하고, 사법경찰관은 검사에게 신청하여 검사의 청구로 관할지방법원판사에게 구속영장을 청구하여야 한다. 이 경우 구속영장은 피의자를 체포한 때부터 48시간 이내에 청구하여야 하며, 제200조의3 제3항에 따른 긴급체포서를 첨부하여야 한다.
> ② 제1항의 규정에 의하여 구속영장을 청구하지 아니하거나 발부받지 못한 때에는 피의자를 즉시 석방하여야 한다.
> ③ 제2항의 규정에 의하여 석방된 자는 <u>영장 없이는 동일한 범죄사실에 관하여 체포하지 못한다.</u>
> ④ 검사는 제1항에 따른 구속영장을 청구하지 아니하고 피의자를 석방한 경우에는 <u>석방한 날부터 30일 이내에 서면으로 다음 각 호의 사항을 법원에 통지하여야 한다.</u> 이 경우 긴급체포서의 사본을 첨부하여야 한다.
> 1. 긴급체포 후 석방된 자의 인적사항
> 2. 긴급체포의 일시·장소와 긴급체포하게 된 구체적 이유
> 3. 석방의 일시·장소 및 사유
> 4. 긴급체포 및 석방한 검사 또는 사법경찰관의 성명
> ⑤ 긴급체포 후 석방된 자 또는 그 변호인·법정대리인·배우자·직계친족·형제자매는 통지서 및 관련 서류를 열람하거나 등사할 수 있다.
> ⑥ 사법경찰관은 긴급체포한 피의자에 대하여 구속영장을 신청하지 아니하고 석방한 경우에는 즉시 검사에게 보고하여야 한다.

선생님의 TIP

판례가 비교적 많은 것이 긴급체포이지만 그렇게 어렵지는 않다. 아래 [7] 판례들의 경우 모두 甲이 긴급체포된 사례이다.

07 긴급체포가 위법한 경우

1. 甲이 필로폰을 투약한다는 제보를 받은 경찰관이 제보된 주거지에 甲이 살고 있는지 등 제보의 정확성을 사전에 확인한 후에 제보자를 불러 조사하기 위하여 甲의 주거지를 방문하였다가, 현관에서 담배를 피우고 있는 甲을 발견하고 사진을 찍어 제보자에게 전송하여 사진에 있는 사람이 제보한 대상자가 맞다는 확인을 한 후, 가지고 있던 甲의 전화번호로 전화를 하여 차량 접촉사고가 났으니 나오라고 하였으나 나오지 않고, 또한 경찰관임을 밝히고 만나자고 하는데도 현재 집에 있지 않다는 취지로 거짓말을 하자 甲의 집 문을 강제로 열고 들어가 甲을 긴급체포하였다.(대법원 2016.10.13. 2016도5814 마약사범 긴급체포 사건) "甲이 마약에 관한 죄를 범하였다고 의심할 만한 상당한 이유가 있었다고 하더라도 경찰관이 이미 甲의 신원과 주거지 및 전화번호 등을 모두 파악하고 있었고, 당시 마약

▶ 22 경찰채용, 21 경간부, 19 변호사, 19 법원9급, 18 소방간부, 17 국가9급

투약의 범죄 증거가 급속하게 소멸될 상황도 아니었다고 보이는 점 등의 사정을 감안하면, 원심이 甲에 대한 긴급체포가 미리 체포영장을 받을 시간적 여유가 없었던 경우에 해당하지 아니한다고 본 것은 수긍이 된다."라고 판시하였다.

2. 乙이 2000. 8.21. 인터넷 신문고를 통해 피고인을 고발하여 2000. 9. 4. 서울지방검찰청에 진정사건으로 수리됨으로써 수사가 개시되었는데, 검사로서는 그 때부터 甲을 긴급체포한 2000. 9.14. 16:00경까지 체포영장을 발급받을 시간적 여유가 충분히 있었던 것으로 보이고, 乙은 피고인을 고발하였지 甲을 고발한 것이 아니었으며, 甲과 관련된 비자금 부분은 2000. 9.15. 丙에 대하여 조사하면서 비로소 밝혀졌는데 검사 등은 그 전에 甲을 긴급체포하였고 또한 등은 甲을 긴급체포하고 조사를 하고서도 甲을 입건도 하지 않았다. (대법원 2007. 1.12. 2004도8071 인터넷 신문고 사건) "긴급체포는 그 당시로 보아서도 형사소송법 제200조의3 제1항의 요건을 갖추지 못하였음을 쉽게 알 수 있어 이를 실행한 검사 등의 판단은 현저히 합리성을 잃었다고 할 것이다."라고 판시하였다.

3. 위증교사죄 등으로 기소된 변호사 乙이 2002.11.25. 인천지방법원 부천지원에서 무죄를 선고받자, 검사는 이에 불복·항소한 후 보완수사를 한다며 乙의 변호사사무실 사무장 甲에게 대질조사(참고인조사)를 위한 출석을 요구하였다. 이후 2003. 1. 3. 자진출석한 甲에 대하여 검사는 참고인조사를 하지 아니한 채 곧바로 위증 및 위증교사 혐의로 피의자신문조서를 받기 시작하자 甲은 인적사항만을 진술한 후 乙에게 전화를 하였다. 甲의 전화을 받고 검사실로 찾아온 乙은 "참고인조사만을 한다고 하여 임의수사에 응한 것인데 甲을 피의자로 조사하는 데 대해서는 협조를 하지 않겠다."는 취지로 말하며 甲에게 "여기서 나가라."고 지시하였다. 이후 甲이 일어서서 검사실을 나가려 하자 검사는 甲에게 "지금부터 긴급체포하겠다"고 말하면서 甲의 퇴거를 제지하려 하였다. (대법원 2006. 9. 8. 2006도148 사무장 긴급체포 사건) "검사의 행위는 적법한 공무집행을 벗어나 甲을 불법하게 체포하려고 한 것으로 볼 수밖에 없으므로 乙이 甲에 대한 체포를 제지하는 과정에서 검사에게 상해를 가한 것은 정당방위에 해당하여 위법성이 조각된다."라고 판시하였다. ▶ 18 경간부, 16 경찰승진, 15 국가9급

4. 甲은 도로교통법위반 피의사건으로 기소유예 처분을 받은 이후 담당 경찰관의 처벌을 구하는 진정을 하였고 이 진정사건을 담당하게 된 서울지방검찰청 서부지청 검사 P는 이미 기소유예로 종결된 甲에 대한 피의사건을 재기하였다. 이후 甲은 P의 사무실에 전화를 걸어 "다른 검사가 사건을 담당하게 하여 달라, P로부터는 조사를 받을 수 없다"고 하면서 지청 부장검사 부속실에서 담당 검사의 교체를 요구하고자 부장검사와의 면담을 기다리고 있던 중 P에 의하여 긴급체포되어 유치장에 구금되었다. (대법원 2003. 3.27. 2002모81 황당한 체포 사건) "긴급체포는 체포영장을 발부받을 수 없을 정도로 긴급을 요하는 경우에 해당한다고 도저히 볼 수 없어 긴급성의 요건을 갖추지 못하였을 뿐만 아니라 형사소송법 제70조 제1항 제2호나 제3호의 요건 또한 갖추지 못한 것으로서 위법하다."라고 판시하였다. ▶ 17 경간부

5. 검사 P1는 1999.11.29. 甲에게 뇌물을 주었다는 乙 등의 진술을 먼저 확보한 다음, 현직 군수인 甲을 소환·조사하기 위하여 검사의 명을 받은 검찰주사보 P2가 1999.12. 8. 군청 군수실에 도착하였으나 甲은 없고 도시행정계장인 丙이 "甲이 검사가 자신을 소환하려 한 ▶ 17 경간부

다는 사실을 미리 알고 자택 옆에 있는 농장 농막에서 기다리고 있을 것이니 수사관이 오거든 그 곳으로 오라고 하였다"고 하므로 위 농장으로 가서 甲을 긴급체포하였다.(대법원 2002. 6.11. 2000도5701 박종진 광주군수 수뢰사건) "甲은 현직 군수직에 종사하고 있어 검사로서도 甲의 소재를 쉽게 알 수 있었고, 1999.11.29. 乙의 진술 이후 시간적 여유도 있었으며, 甲도 도망이나 증거인멸의 의도가 없었음은 물론, 언제든지 검사의 소환조사에 응할 태세를 갖추고 있었고, 그 사정을 P2도 충분히 알 수 있었다 할 것이어서 긴급체포는 위법하다."라고 판시하였다.

08 위법한 긴급체포에 의한 유치중에 작성된 피의자신문조서의 증거능력 유무(소극)

긴급체포는 영장주의원칙에 대한 예외인 만큼 형사소송법 제200조의3 제1항의 요건을 모두 갖춘 경우에 한하여 예외적으로 허용되어야 하고, 요건을 갖추지 못한 긴급체포는 법적 근거에 의하지 아니한 영장 없는 체포로서 위법한 체포에 해당하는 것이고, 여기서 긴급체포의 요건을 갖추었는지 여부는 사후에 밝혀진 사정을 기초로 판단하는 것이 아니라 체포 당시의 상황을 기초로 판단하여야 하고, 이에 관한 검사나 사법경찰관 등 수사주체의 판단에는 상당한 재량의 여지가 있다고 할 것이나, 긴급체포 당시의 상황으로 보아서도 그 요건의 충족 여부에 관한 검사나 사법경찰관의 판단이 경험칙에 비추어 현저히 합리성을 잃은 경우에는 그 체포는 위법한 체포라 할 것이고 이러한 위법은 영장주의에 위배되는 중대한 것이니 그 체포에 의한 유치 중에 작성된 피의자신문조서는 위법하게 수집된 증거로서 특별한 사정이 없는 한 이를 유죄의 증거로 할 수 없다.(대법원 2008. 3.27. 2007도11400 공갈·협박범 긴급체포 사건) 시험문제의 기본 바탕으로 깔고 가는 판례이다.

> 25 경찰채용, 25 소방간부,
> 23 경찰승진, 23 경찰채용,
> 23 법원9급, 22 경찰승진,
> 22 법원9급, 22 소방간부,
> 21 경찰승진, 21 경찰채용,
> 20 경찰승진, 20 경간부,
> 20 소방간부, 19 경간부,
> 19 국가9급, 19 법원9급,
> 18 경찰승진, 18 경찰채용,
> 18 소방간부, 17 경간부,
> 17 경찰채용, 17 소방간부,
> 16 경찰승진, 15 경찰승진

09 검사가 구속영장 청구 전에 긴급체포된 피의자를 대면조사할 권한이 있는지의 여부(한정 적극)

(1) 사법경찰관이 검사에게 긴급체포된 피의자에 대한 긴급체포 승인 건의와 함께 구속영장을 신청한 경우 검사는 긴급체포의 승인 및 구속영장의 청구가 피의자의 인권에 대한 부당한 침해를 초래하지 않도록 긴급체포의 적법성 여부를 심사하면서 수사서류 뿐만 아니라 피의자를 검찰청으로 출석시켜 직접 대면 조사할 수 있는 권한을 가진다고 보아야 한다. 따라서 검사가 구속영장 청구 전에 피의자를 대면 조사하기 위하여 사법경찰관리에게 피의자를 검찰청으로 인치할 것을 명하는 것은 적법하고 타당한 수사지휘 활동에 해당하고, 수사지휘를 전달받은 사법경찰관리는 이를 준수할 의무를 부담한다. (2) 다만 체포된 피의자의 구금 장소가 임의적으로 변경되는 점, 법원에 의한 영장실질심사제도를 도입하고 있는 현행 형사소송법 하에서 체포된 피의자의 신속한 법관 대면권 보장이 지연될 우려가 있는 점 등을 고려하면, 위와 같은 검사의 구속영장 청구 전 피의자 대면 조사는 긴급체포의 적법성을 의심할 만한 사유가 기록 기타 객관적 자료에 나타나고 피의자의 대면 조사를 통해 그 여부의 판단이 가능할 것으로 보이는 예외적인 경우에 한하여 허용될 뿐, 긴급체포의 합당성이나 구속영장 청구에 필요한 사유를 보강하기 위한 목적으로 실시되어서는 아니 된다. 나아가 검사의 구속영장 청구 전 피의자 대면 조사는 강제수사가

> 24 경찰승진, 24 국가7급,
> 22 경찰채용, 20 경찰채용,
> 19 경찰채용, 19 국가9급,
> 18 국가7급, 18 경찰채용,
> 17 경간부, 17 국가9급

아니므로 피의자는 검사의 출석 요구에 응할 의무가 없고, 피의자가 검사의 출석 요구에 동의한 때에 한하여 사법경찰관리는 피의자를 검찰청으로 호송하여야 한다.(대법원 2010.10.28. 2008도11999 인치명령 불응사건) 2005년 12월 당시 충남지방경찰청 광역수사대 팀장으로 재직하던 김OO 경감은 피의자 甲을 상습사기 혐의로 긴급체포한 다음 검사에게 긴급체포 승인 건의와 함께 구속영장을 신청하였다. 그런데 수사지휘 검사가 기록을 검토한 결과, 수사과정의 적법성 및 적정성에 의문이 있어 자신이 직접 甲을 신문함이 상당하다고 판단해 甲을 검사실로 데려올 것을 2회나 명했다. 그러나 김경감은 구속 전 검사의 피의자 면담제도라는 것을 들어본 적이 없고, 경찰청에서 내려온 「구속영장 청구 전 피의자 직접면담제 검토」라는 경찰 내부문건을 검토한 뒤 검사의 지시를 거부하며 이행하지 않았다. 이로 인하여 김경감은 인권옹호직무명령불준수죄와 직무유기죄로 기소되었고, 결국 양자의 상상적 경합범으로 징역 6월의 선고유예 판결을 선고받고 이 판결이 확정되었다. 유명한 사건이고 앞으로도 계속 시험에 출제될 예정이다.

10 긴급체포되었다가 수사기관에 의하여 석방된 후 법원이 발부한 구속영장에 의하여 구속한 것이 위법한지의 여부(소극)

1. 형사소송법 제200조의4 제3항은 "영장 없이는 긴급체포 후 석방된 피의자를 동일한 범죄사실에 관하여 체포하지 못한다."는 규정으로, 위와 같이 석방된 피의자라도 법원으로부터 구속영장을 발부받아 구속할 수 있음은 물론이고, 같은 법 제208조 소정의 '구속되었다가 석방된 자'라 함은 구속영장에 의하여 구속되었다가 석방된 경우를 말하는 것이지 긴급체포나 현행범으로 체포되었다가 사후영장발부 전에 석방된 경우는 포함되지 않는다.(대법원 2001. 9.28. 2001도4291 긴급체포 → 석방 → 법정구속 사건) '체포 → 석방 → 체포'를 재체포라고 하고, '구속 → 석방 → 구속'을 재구속이라고 한다. 따라서 '체포 → 석방 → 구속'은 재체포도 아니고 재구속도 아니다(이 경우 형사소송법 제208조는 적용되지 않는다). ▶ 24 경찰승진, 23 경찰승진, 20 경간부, 20 경찰채용, 20 소방간부

2. 피고인이 수사 당시 긴급체포되었다가 수사기관의 조치로 석방된 후 법원이 발부한 구속영장에 의하여 구속이 이루어진 경우 위법한 구속이라고 볼 수 없다.(대법원 2001. 9.28. 2001도4291 긴급체포 → 석방 → 법정구속 사건) ▶ 24 경찰승진, 24 소방간부, 22 법원9급, 20 국가9급, 19 변호사, 19 법원9급, 18 국가7급, 18 경찰채용, 17 경간부, 16 변호사, 15 경찰채용

11 법원에 석방통지를 하지 않은 경우 긴급체포에 의한 유치중에 작성된 피의자신문조서의 증거능력 유무(적극)

피의자가 2009.11. 2. 22:00경 긴급체포되어 조사를 받고 구속영장이 청구되지 아니하여 2009.11. 4. 20:10경 석방되었음에도 검사가 30일 이내에 법원에 석방통지를 하지 않았더라도 긴급체포 당시의 상황과 경위, 긴급체포 후 조사 과정 등에 특별한 위법이 있다고 볼 수 없는 이상, 단지 사후에 석방통지가 이루어지지 않았다는 사정만으로 그 긴급체포에 의한 유치 중에 작성된 피의자신문조서들의 작성이 소급하여 위법하게 된다고 볼 수는 없다.(대법원 2014. 8.26. 2011도6035 이기하 오산시장 수뢰사건) ▶ 24 경찰승진, 24 법원9급, 22 경찰채용, 21 경찰채용, 20 경간부, 18 소방간부, 17 경찰채용

> **형사소송법(2025. 3.18. 법률 제20796호로 일부개정된 것)**
>
> **제200조의2【영장에 의한 체포】** ⑤ 체포한 피의자를 구속하고자 할 때에는 체포한 때부터 48시간 이내에 제201조의 규정에 의하여 구속영장을 청구하여야 하고, 그 기간 내에 구속영장을 청구하지 아니하는 때에는 피의자를 즉시 석방하여야 한다.
>
> **제211조【현행범인과 준현행범인】** ① 범죄를 실행하고 있거나 실행하고 난 직후의 사람을 현행범인이라 한다.
> ② 다음 각 호의 어느 하나에 해당하는 사람은 현행범인으로 본다.
> 1. 범인으로 불리며 추적되고 있을 때
> 2. 장물이나 범죄에 사용되었다고 인정하기에 충분한 흉기나 그 밖의 물건을 소지하고 있을 때
> 3. 신체나 의복류에 증거가 될 만한 뚜렷한 흔적이 있을 때
> 4. 누구냐고 묻자 도망하려고 할 때
>
> **제212조【현행범인의 체포】** 현행범인은 누구든지 영장없이 체포할 수 있다.
>
> **제213조【체포된 현행범인의 인도】** ① 검사 또는 사법경찰관리 아닌 자가 현행범인을 체포한 때에는 즉시 검사 또는 사법경찰관리에게 인도하여야 한다.
> ② 사법경찰관리가 현행범인의 인도를 받은 때에는 체포자의 성명, 주거, 체포의 사유를 물어야 하고 필요한 때에는 체포자에 대하여 경찰서에 동행함을 요구할 수 있다.
>
> **제213조의2【준용규정】** 제87조, 제89조, 제90조, 제200조의2 제5항 및 제200조의5의 규정은 검사 또는 사법경찰관리가 현행범인을 체포하거나 현행범인을 인도받은 경우에 이를 준용한다.

12 형사소송법 제211조 제1항 소정의 '범죄의 실행의 즉후인 자'의 의미

형사소송법 제211조가 현행범인으로 규정한 '범죄의 실행의 즉후인 자[6]'라고 함은 범죄의 실행행위를 종료한 직후의 범인이라는 것이 체포하는 자의 입장에서 볼 때 명백한 경우를 일컫는 것으로서 '범죄의 실행행위를 종료한 직후'라고 함은 범죄행위를 실행하여 끝마친 순간 또는 이에 아주 접착된 시간적 단계를 의미하는 것으로 해석되므로 시간적으로나 장소적으로 보아 체포를 당하는 자가 방금 범죄를 실행한 범인이라는 점에 관한 죄증이 명백히 존재하는 것으로 인정되는 경우에만 현행범인으로 볼 수 있다.(대법원 2007. 4.13. 2007도1249 청전지구대 사건) [14] 1. 판례 참고

▶ 25 경간부, 23 경찰채용, 20 변호사, 20 경찰승진, 20 경간부, 18 국가7급, 18 경간부, 16 국가7급, 16 국가9급, 16 경찰승진, 16 경찰채용

13 현행범체포가 적법한 경우

1. 甲이 목욕탕 탈의실에서 乙을 구타하고 약 1분여 동안 목을 잡고 있다가 다른 사람들이 말리자 잡고 있던 목을 놓았고, 그 무렵 목욕탕에서 이발소를 운영하고 있는 丙이 甲에게 "옷을 입고 가라."고 하여 甲이 옷을 입고 있었다. 목욕탕 주인 丁이 112 신고를 하여 경찰관 P1, P2가 바로 출동하였는데 **경찰관들이 현장에 출동하여 甲을 현행범으로 체포한 때가 바로 甲이 탈의실에서 옷을 입고 있었던 시점이었다.**(대법원 2006. 2.10. 2005도7158 목욕탕 폭행 사건) 범죄 실행의 직후라고 볼 수 있다. 아래 2. 판례도 마찬가지이다.

2. 112 신고를 받고 **출동한 경찰관들이 甲을 체포하려고 할 때는 甲이 무학여고 앞길에서 피해자 乙의 자동차를 발로 걷어차고 그와 싸우는 범행을 한 지 겨우 10분 후에 지나지 않고 그 장소도 범행 현장에 인접한 학교의 운동장이었다.** 또한 피해자의 친구 丙은 112 신고를

▶ 24 경찰채용, 17 경간부, 15 경찰승진

---

[6] 2025년 현재의 법조문 문구와는 차이가 있지만, 대략 같은 의미로 보아도 무방하다.

하고 나서 甲이 도주하는지 여부를 계속 감시하고 있었다.(대법원 1993. 8.13. 93도926 무학여고 사건)

14 현행범체포가 위법한 경우 I

1. 사고신고를 받고 출동한 제천경찰서 청전지구대 소속 경찰관 P가 **음주운전을 종료한 후 40분 이상이 경과한 시점에서** 길가에 앉아 있던 甲에게서 술 냄새가 난다는 점만을 근거로 음주운전의 현행범으로 甲을 체포하였다.(대법원 2007. 4.13. 2007도1249 청전지구대 사건) 범죄 실행 후 40분이 경과한 시점에서 피의자를 체포한 사건으로 이는 도저히 '현행범(現行犯)'이라고 볼 수 없다. 아래 2. 판례도 마찬가지이다.

   ▶ 22 소방간부, 21 경찰승진, 20 경간부, 20 소방간부, 19 경찰승진, 18 경찰승진, 15 경간부

2. 김해여자중학교 교사 甲은 교장실에 들어가 약 5분 동안 식칼을 휘두르며 교장을 협박하는 등의 소란을 피웠고, 이에 신고를 받고 출동한 김해경찰서 소속 경찰관들이 甲을 연행(현행범체포)하려고 하자 甲의 동료교사인 乙은 경찰관들의 멱살을 잡아당기고 경찰차의 문짝을 잡아당기는 등 폭행을 가하였다. 다만, 출동한 경찰관들이 甲을 체포한 시점은 **범죄의 실행행위가 종료된 때로부터 40여분 정도가 지난 후이고, 체포한 장소도 교장실이 아닌 서무실이었다.**(대법원 1991. 9.24. 91도1314 김해여중 사건) 자신이 전교조에 가입한 사실을 교장이 학부모들에게 알렸다는 이유로 교사가 교장에게 식칼을 휘두르며 위협한 사건이다.

   ▶ 19 경찰승진, 16 경간부

15 현행범체포가 위법한 경우 II

1. **경찰관이 적법절차를 준수하지 않은 채 실력으로 현행범인을 연행하려 하였다면 적법한 공무집행이라고 할 수 없다.**(대법원 2017. 3.15. 2013도2168 권영국 변호사 공집방 사건) 「제2편 제2장 제1절 Ⅱ. 구제수단」을 참고하기 바란다.

   ▶ 18 경간부

2. **현행범인으로서의 요건을 갖추고 있었다고 인정되지 않는 상황에서 경찰관들이 동행을 거부하는 자를 체포하거나 강제로 연행하려고 하였다면 이는 적법한 공무집행이라고 볼 수 없다.**(대법원 2002. 5.10. 2001도300 순찰차에서 경찰 가격사건)

   ▶ 25 변호사, 16 경찰채용, 15 경찰승진

16 준현행범으로 체포할 수 있는 경우

순찰중이던 경찰관이 교통사고를 낸 차량이 도주하였다는 무전연락을 받고 주변을 수색하다가 범퍼 등의 파손상태로 보아 사고차량으로 인정되는 차량에서 내리는 사람을 발견한 경우 형사소송법 제211조 제2항 제2호 소정의 '장물이나 범죄에 사용되었다고 인정함에 충분한 흉기 기타의 물건을 소지하고 있는 때'에 해당하므로 **준현행범으로서 영장없이 체포할 수 있다.**(대법원 2000. 7. 4. 99도4341 인천 신흥동 뺑소니사건)

▶ 22 변호사, 21 경간부, 20 변호사, 19 경찰승진, 19 경간부, 19 법원9급, 17 소방간부, 15 경찰승진

17 현행범 체포의 적법성 판단 기준

공무집행방해죄는 공무원의 적법한 공무집행이 전제로 되는바, 추상적인 권한에 속하는 공무원의 어떠한 공무집행이 적법한지 여부는 **행위 당시의 구체적 상황에 기하여 객관적·합리적으로 판단하여야 하고 사후적으로 순수한 객관적 기준에서 판단할 것은 아니다.**

▶ 24 국가7급, 20 경찰채용, 17 소방간부

마찬가지로 현행범 체포의 적법성은 체포 당시의 구체적 상황을 기초로 객관적으로 판단하여야 하고, 사후에 범인으로 인정되었는지에 의할 것은 아니다.(대법원 2013. 8.23. 2011도4763 화전민식당 사건) [18] 판례 참고

18 현행범체포가 적법한 경우

비록 피고인이 식당 안에서 소리를 지르거나 양은그릇을 부딪치는 등의 소란행위가 업무방해죄의 구성요건에 해당하지 않아 사후적으로 무죄로 판단된다고 하더라도 피고인이 상황을 설명해 달라거나 밖에서 얘기하자는 경찰관의 요구를 거부하고 경찰관 앞에서 소리를 지르고 양은그릇을 두드리면서 소란을 피운 당시 상황에서는 객관적으로 보아 피고인이 업무방해죄의 현행범이라고 인정할 만한 충분한 이유가 있으므로 경찰관들이 피고인을 체포하려고 한 행위는 적법한 공무집행이라고 보아야 하고, 그 과정에서 피고인이 체포에 저항하며 피해자들을 폭행하거나 상해를 가한 것은 공무집행방해죄 등을 구성한다. (대법원 2013. 8.23. 2011도4763 화전민식당 사건)

▶ 21 경간부, 20 경간부, 18 경찰채용, 16 국가9급

선생님의 TIP

다른 체포나 구속의 경우 체포·구속의 필요성, 즉 '도망 또는 증거인멸의 염려'가 적극적 또는 소극적 요건에 해당한다. 현행범 체포의 경우에도 체포의 필요성이 있어야 하는지 문제되는데 판례를 적극적으로 판시하고 있다. 다시 말하면 비록 현행범이더라도 체포의 필요성, 즉 '도망 또는 증거인멸의 염려'가 없으면 그를 현행범으로 체포할 수는 없다.

19 현행범 체포에 있어 '도망 또는 증거인멸의 염려'가 필요한지의 여부(적극) 그 판단기준

1. 현행범인으로 체포하기 위하여는 행위의 가벌성, 범죄의 현행성과 시간적 접착성, 범인·범죄의 명백성 이외에 체포의 필요성, 즉 도망 또는 증거인멸의 염려가 있어야 한다. 이러한 요건을 갖추지 못한 현행범인 체포는 법적 근거에 의하지 아니한 영장 없는 체포로서 위법한 체포에 해당한다. 여기서 현행범인 체포의 요건을 갖추었는지 여부는 체포 당시의 상황을 기초로 판단하여야 하고, 이에 관한 검사나 사법경찰관 등 수사주체의 판단에는 상당한 재량의 여지가 있지만, 체포 당시의 상황으로 볼 때 그 요건의 충족 여부에 관한 검사나 사법경찰관 등의 판단이 경험칙에 비추어 현저히 합리성을 잃은 경우에는 그 체포는 위법하다.(대법원 2017. 4. 7. 2016도19907 제주 음주측정 거부사건) [21] 판례 참고

▶ 25 경찰승진, 25 소방간부, 24 경찰채용, 23 국가9급, 23 소방간부, 22 변호사, 22 경간부, 21 경찰승진, 20 경찰채용, 20 경찰채용, 19 국가7급, 18 경찰승진, 18 경찰채용, 18 소방간부, 17 경간부, 16 경찰승진, 16 경찰채용

2. 현행범인 체포의 요건을 갖추었는지 여부에 관한 검사나 사법경찰관 등의 판단에는 상당한 재량의 여지가 있으나, 체포 당시 상황으로 보아도 요건 충족 여부에 관한 검사나 사법경찰관 등의 판단이 경험칙에 비추어 현저히 합리성을 잃은 경우 그 체포는 위법하다. 그리고 범죄의 고의는 확정적 고의뿐만 아니라 결과 발생에 대한 인식이 있고 이를 용인하는 의사인 이른바 미필적 고의도 포함하므로 피고인이 인신구속에 관한 직무를 집행하는 사법경찰관으로서 체포 당시 상황을 고려하여 경험칙에 비추어 현저하게 합리성을 잃지 않은 채 판단하면 체포 요건이 충족되지 아니함을 충분히 알 수 있었는데도, 자신의 재량 범위를 벗어난다는 사실을 인식하고 그와 같은 결과를 용인한 채 사람을 체포하

▶ 17 국가7급

여 그 권리행사를 방해하였다면 직권남용체포죄와 직권남용권리행사방해죄가 성립한다.(대법원 2017. 3. 9. 2013도16162 쌍용차사태 권영국 변호사 사건) 2009. 6.26. 경기지방경찰청 전투경찰대 중대장 류○○ 경감은 쌍용차 평택공장 점거농성 현장에서 민주사회를 위한 변호사모임(민변) 소속 권영국 변호사를 '위법하게' 공무집행방해죄의 현행범으로 체포하였다. 이 판례에서 피고인은 바로 류○○ 경감이다. 자세한 것은 「제2편 제2장 제1절 Ⅱ. 구제수단」을 참고하기 바란다.

20 현행범 체포의 필요성이 인정되어 적법한 체포에 해당하는 경우

甲이 열쇠로 乙의 차를 긁고 있다가 乙이 나타나자 이를 부인하면서 도망하려고 하자, 乙이 甲을 도망하지 못하게 멱살을 잡고 흔들어 그에게 전치 14일의 흉부찰과상을 가한 경우 (대법원 1999. 1.26. 98도3029 팽성읍 차손괴 사건) 乙이 자신의 범행을 부인하면서 도망하려고 하였으므로 체포의 필요성이 인정된다.

▶ 16 국가9급, 16 경찰승진

21 현행범 체포의 필요성이 인정되지 않아 위법한 체포에 해당하는 경우

1. 甲이 술을 마신 뒤 식당 건너편 빌라 주차장에 차량을 그대로 둔 채 귀가하였다가 다음날 아침 차량을 이동시켜 달라는 전화를 받고 현장에 도착하여 차량을 약 2m 가량 운전하여 이동·주차하였고, 차량을 완전히 뺄 것을 요구하던 공사장 인부들과 시비가 된 상태에서 누군가 "甲이 음주운전을 하였다"고 신고를 하여 출동한 경찰관이 음주감지기에 의한 확인을 요구하였으나 응하지 아니하고 임의동행도 거부하자, 경찰관이 甲을 도로교통법위반(음주운전)죄의 현행범으로 체포하여 지구대로 데리고 가 음주측정을 요구한 경우 (대법원 2017. 4. 7. 2016도19907 제주 음주측정 거부사건) 甲이 도로교통법상 음주운전죄를 저지른 범인임이 명백하다고 쉽게 속단하기는 어렵고, 사안 자체가 경미할 뿐더러 甲이 도망하거나 증거를 인멸하려 하였다고 단정하기도 어려워, 경찰관이 甲을 현행범으로 체포한 것은 위법하고, 그와 같이 위법한 체포상태에서 이루어진 음주측정 요구 또한 위법하므로 甲이 음주측정 요구에 불응하였더라도 도로교통법상 음주측정거부죄가 성립하지 않는다는 취지의 판례이다.

2. 甲이 경찰관의 불심검문을 받아 운전면허증을 교부한 후 경찰관에게 큰 소리로 욕설을 하자, 경찰관이 甲을 모욕죄의 현행범으로 체포한 경우. 다만, 甲은 경찰관의 불심검문에 응하여 이미 운전면허증을 교부한 상태이고, 경찰관뿐 아니라 인근 주민도 욕설을 직접 들었으므로 도망하거나 증거를 인멸할 염려가 있다고 보기는 어려움 (대법원 2011. 5.26. 2011도3682 서교동 불심검문 사건) 甲이 경찰관을 폭행하여 상해를 가하였는바, 체포가 위법하므로 결론적으로 모욕죄는 유죄[7], 공무집행방해는 (정당방위에 의하여 위법성이 조각되는 것이 아니라) 구성요건해당성 자체가 부정되어 무죄 그리고 상해는 정당방위에 해당하여 무죄가 선고되었다.

▶ 22 변호사, 22 경찰승진, 22 경찰채용, 20 경찰채용, 19 경찰승진, 18 변호사, 16 변호사, 16 경간부, 16 경찰채용, 15 경간부, 15 경찰채용, 15 국가9급

---

[7] 이 사건에서 모욕죄도 성립하지 않는다고 오해하는 수험생이 있는데, 체포를 하지 못할 뿐 모욕죄 자체는 성립한다. 그래도 이해를 못하겠다면 지나가는 경찰관에게 큰 소리로 "×같은 경찰 새끼, 니 에미 ○지다."라고 욕을 한번 해 보아라. 아... 발생결과에 대해 저자는 책임이 없음을 미리 밝힌다.

22 현행범인체포서 관련 판례

경찰관의 현행범인 체포경위 및 그에 관한 현행범인체포서와 범죄사실의 기재에 다소 차이가 있더라도 그것이 논리와 경험칙상 장소적·시간적 동일성이 인정되는 범위 내라면 그 체포행위가 공무집행방해죄의 요건인 적법한 공무집행에 해당한다.(대법원 2008.10. 9. 2008도3640 내성지구대 사건) 경찰관이 피고인을 체포한 실제 일시·장소가 '2007. 7.23. 10:50경, 동성장 여관 앞 노상'임에도 현행범인체포서에는 '2007. 7.23. 11:00, 동성장 여관 302호내'라고 기재되었더라도 그런 지엽적인 차이 때문에 체포가 위법하다고 볼 수 없다고 판시한 판례이다.

> 24 소방간부, 17 경찰채용, 16 경간부, 16 경찰채용

23 형사소송법 제213조 제1항에서 '즉시'의 의미 및 사인에 의하여 현행범인이 체포된 후 검사 등에게 인도된 경우 구속영장 청구기간인 48시간의 기산점(=검사 등이 현행범인을 인도받은 때)

(1) 현행범인은 누구든지 영장 없이 체포할 수 있고, 검사 또는 사법경찰관리(이하 '검사 등') 아닌 이가 현행범인을 체포한 때에는 즉시 검사 등에게 인도하여야 한다. 여기서 '즉시'라고 함은 반드시 체포시점과 시간적으로 밀착된 시점이어야 하는 것은 아니고, 정당한 이유 없이 인도를 지연하거나 체포를 계속하는 등으로 불필요한 지체를 함이 없이라는 뜻으로 볼 것이다. (2) 검사 등이 아닌 이에 의하여 현행범인이 체포된 후 불필요한 지체 없이 검사 등에게 인도된 경우 구속영장 청구기간인 48시간의 기산점은 체포시가 아니라 검사 등이 현행범인을 인도받은 때라고 할 것이다.(대법원 2011.12.22. 2011도12927 소말리아 해적 사건) "청해부대 소속 군인들이 소말리아 해적인 피고인들을 현행범인으로 체포한 것은 검사 등이 아닌 이에 의한 현행범인 체포에 해당하고, 체포 이후 국내로 이송하는 데에 약 9일이 소요된 것은 공간적·물리적 제약상 불가피한 것으로 정당한 이유 없이 인도를 지연하거나 체포를 계속한 경우로 볼 수 없으며, 경찰관들이 피고인들의 신병을 인수한 때로부터 48시간 이내에 청구하여 발부된 구속영장에 의하여 피고인들이 구속되었으므로 피고인들은 적법한 체포, 즉시 인도 및 적법한 구속에 의하여 공소제기 당시 국내에 구금되어 있다 할 것이다."라고 판시하였다. 아래 이미지 오른쪽에서 보듯이 아덴만(Gulf of Aden)에서 소말리아 해적들을 체포하여 대한민국 부산까지 9일만에 압송한 사건이다. 뭐 하루만에 부산으로 압송해야 '즉시'인가? 이해할 수 있으리라 믿는다.

> 24 경찰채용, 24 소방간부, 23 경찰채용, 23 법원9급, 22 경간부, 22 국가7급, 21 경찰승진, 21 경찰채용, 20 변호사, 20 경찰승진, 20 경찰채용, 19 변호사, 19 경간부, 19 법원9급, 18 변호사, 18 경찰승진, 18 경간부, 17 경간부, 17 경찰채용, 16 국가7급, 16 국가9급, 16 경간부, 16 경찰채용, 15 경간부, 15 경찰채용

8

9

> **형사소송법(2025. 3.18. 법률 제20796호로 일부개정된 것)**
>
> **제201조【구속】** ① 피의자가 죄를 범하였다고 의심할 만한 상당한 이유가 있고 제70조 제1항 각 호의 1에 해당하는 사유가 있을 때에는 검사는 관할지방법원판사에게 청구하여 구속영장을 받아 피의자를 구속할 수 있고 사법경찰관은 검사에게 신청하여 검사의 청구로 관할지방법원판사의 구속영장을 받아 피의자를 구속할 수 있다. 다만, 다액 50만원 이하의 벌금, 구류 또는 과료에 해당하는 범죄에 관하여는 피의자가 일정한 주거가 없는 경우에 한한다.
> ② 구속영장의 청구에는 구속의 필요를 인정할 수 있는 자료를 제출하여야 한다.
> ③ 제1항의 청구를 받은 지방법원판사는 신속히 구속영장의 발부여부를 결정하여야 한다.
> ④ 제1항의 청구를 받은 지방법원판사는 상당하다고 인정할 때에는 구속영장을 발부한다. 이를 발부하지 아니할 때에는 청구서에 그 취지 및 이유를 기재하고 서명·날인하여 청구한 검사에게 교부한다.
> ⑤ 검사가 제1항의 청구를 함에 있어서 동일한 범죄사실에 관하여 그 피의자에 대하여 전에 구속영장을 청구하거나 발부받은 사실이 있을 때에는 다시 구속영장을 청구하는 취지 및 이유를 기재하여야 한다.
>
> **제201조의2【구속영장 청구와 피의자 심문】** ① 제200조의2·제200조의3 또는 제212조에 따라 체포된 피의자에 대하여 구속영장을 청구받은 판사는 지체 없이 피의자를 심문하여야 한다. 이 경우 특별한 사정이 없는 한 구속영장이 청구된 날의 다음날까지 심문하여야 한다.
> ② 제1항 외의 피의자에 대하여 구속영장을 청구받은 판사는 피의자가 죄를 범하였다고 의심할 만한 이유가 있는 경우에 구인을 위한 구속영장을 발부하여 피의자를 구인한 후 심문하여야 한다. 다만, 피의자가 도망하는 등의 사유로 심문할 수 없는 경우에는 그러하지 아니하다.

> **선생님의 TIP**
>
> 위 조문은 '피의자' 구속에 관한 것이다. 피의자와 피고인의 구별은 절대적이다.

---

8 이미지 출처 – 연합뉴스(https://www.yna.co.kr/view/AKR20160120183200014)
9 이미지 출처 – The JoongAng(https://www.joongang.co.kr/article/24108721)

서식 및 사례 　**구속영장**

구 속 영 장

【체포된 피의자용】　　　　　　　　　　　　　　　　　　　의정부지방법원 고양지원

영장번호	20X5 - 1223		죄　　명	강간
피 의 자	성　　　명	남궁한	직　　업	회사원
	주민등록번호	97042X - 1X60157	국　　적	대한민국
	주　　　거	경기도 고양시 덕양구 북한동 산1-1		
청구한 검사	노정원		변호인	류미혜
체포된 형식	긴급체포		체포일시	20X5. 6. 12. 20:00
청구서 접수일시	20X5. 6. 14. 14:00 ㊞[10]		기록반환일시	20X5. 6. 16. 18:00 ㊞
심문여부	■ 심문(20X5. 6. 15. 15:00)		□ 심문하지 아니함	
범죄사실의 요지	별지 기재와 같다.		유효기간	20X5. 6. 24. 24:00까지
구금할 장소	□ [　　] 경찰서 유치장　　□ [　　] 구치소　　■ [의정부] 교도소			
□ 피의자는 일정한 주거가 없다. □ 피의자는 증거를 인멸할 염려가 있다. □ 피의자는 도망하였다. ■ 피의자는 도망할 염려가 있다. □ 피의자는 소년으로서 구속하여야 할 부득이 한 사유가 있다			피의자가 별지 기재와 같은 죄를 범하였다고 의심할 만한 상당한 이유가 있고, 구속의 사유가 있으므로 피의자를 구금한다. 유효기간이 경과하면 집행에 착수하지 못하며 영장을 반환하여야 한다. 　　　　　20X5. 6. 16. 판사 김성희㊞	
집행일시			집행장소	
구금일시			구금장소	
집행불능사유				
처리자의 소속 관서·관직			처리자 서명·날인	

[10] 법원사무관 등이 날인한다. 기록반환일시의 경우도 마찬가지이다.

24 구속 전 피의자심문절차에서 심문기일을 속행하는 것이 가능한지의 여부(원칙적 적극)

구속영장이 청구되는 경우 구속영장 발부 여부의 결정은 최대한 신속하게 이루어져야 하고, 구속영장 발부 여부를 결정하기 위한 피의자심문절차는 구속 여부를 판단하는 데 필요한 사항에 한하여 신속하고 간결하게 이루어져야 한다. 따라서 특별한 사정이 없는 한 구속 전 피의자심문절차에서 심문기일을 속행하는 것은 바람직하지 않다. 구속영장을 청구받은 판사가 피의자심문을 진행하면서 심문기일을 자유롭게 속행한다면 신속히 구속영장의 발부 여부를 결정하도록 정하고 있는 형사소송법령의 규정과 취지에 부합하지 않을 뿐만 아니라 피의자의 구속 여부가 장기간 유동적인 상태에 놓여 헌법과 형사소송법령이 적법절차 및 영장주의의 원칙을 통하여 보호하고자 하는 신체의 자유에 관한 기본권이 부당하게 제한될 우려가 있기 때문이다. 그런데 구속 전 피의자심문을 요체로 하는 구속영장실질심사제도는 검사로부터 구속영장을 청구받은 판사가 구속 여부를 결정하기 전에 피의자를 대면하여 직접 심문함으로써 구속 사유를 더욱 신중히 판단하기 위하여 마련된 제도이다. 판사가 피의자를 심문하는 과정에서 심문기일을 속행하는 것은 그와 같은 직접 심문을 더욱 충실히 하기 위한 소송지휘권의 일환일 수 있고 그 과정에서 피의자에게 의견진술의 기회를 추가적으로 보장하는 의미도 있음을 부정할 수 없다. 따라서 별다른 사유 없이 심문절차가 지연됨으로써 구속영장이 발부되지 않은 상태로 피의자의 신체의 자유가 장기간 제한되어 실질적으로 불법구금에 해당한다고 볼 정도에 이른 것이 아니라면 단지 심문기일을 속행하였다는 사정만으로는 구속영장의 적법성과 효력에 어떠한 영향을 미친다고 볼 수 없다.(대법원 2025. 3.13. 2022도9819 심문기일 속행 사건) '심문(審問)'이란 (예를 들어 고문을 가하면서 진술을 사실상 강요하는 '신문(訊問)'이 아니라) "의견을 듣는다"라는 의미가 있다. 한자가 다르다는 점을 주의할 것!! 기일을 속행하여 스스로 억울하다고 생각하는 피의자의 의견을 한 번 들어주는 것을 가지고 위법이라고 보기는 어렵다.

25 구속영장 발부 후 영장집행이 정당한 사유 없이 지체된 경우 그 기간 동안의 체포 내지 구금이 위법한지의 여부(적극)

법관이 검사의 청구에 의하여 체포된 피의자의 구금을 위한 구속영장을 발부하면 검사와 사법경찰관리는 지체 없이 신속하게 구속영장을 집행하여야 한다. 피의자에 대한 구속영장의 제시와 집행이 그 발부 시로부터 정당한 사유 없이 시간이 지체되어 이루어졌다면 구속영장이 그 유효기간 내에 집행되었다고 하더라도 위 기간 동안의 체포 내지 구금상태는 위법하다.(대법원 2021. 4.29. 2020도16438 구속영장 집행 지체 사건) [26] 판례 참고

> 25 경찰채용, 23 법원9급, 23 소방간부, 22 경찰채용

26 구속영장 발부 후 영장집행이 정당한 사유 없이 지체되어 체포 내지 구금이 위법한 경우

피고인에 대한 구속영장이 2020. 2. 8. 발부되고 구속영장 청구 사건의 수사관계 서류와 증거물이 같은 날 17:00경 검찰청에 반환되어 그 무렵 검사의 집행지휘가 있었는데도 사법경찰리가 그로부터 만 3일 가까이 경과한 2020. 2.11. 14:10경 구속영장을 집행한 경우 사법경찰리의 피고인에 대한 구속영장 집행은 지체 없이 이루어졌다고 볼 수 없고, 위

'구속영장 집행에 관한 수사보고'상의 사정은 구속영장 집행절차 지연에 대한 정당한 사유에 해당한다고 보기도 어려우므로 **정당한 사유 없이 지체된 기간 동안의 피고인에 대한 체포 내지 구금 상태는 위법하다.**(대법원 2021. 4.29. 2020도16438 구속영장 집행 지체 사건) '구속영장 집행에 관한 수사보고'에는 "구속영장이 주말인 2020. 2. 8.(토) 발부되어 경찰서 송치담당자가 2020. 2.10.(월) 인천지방검찰청 부천지청 사건과에서 이를 찾아 왔는데, 사건 담당자가 외근 수사 중이었기 때문에 부득이 2020. 2.11.(화) 구속영장을 집행하였다"라는 취지의 기재가 있었다. 이 사건을 정리하면 "사법경찰관 2020. 2. 6. 17:10 피의자 甲을 업무방해 및 공연음란죄의 현행범으로 체포 → 검사 2020. 2. 7. 18:15 법원 판사에 구속영장 청구 → 법원 판사 2020. 2. 8. 16:00 영장실질심사를 진행하고 유효기간을 2020. 2.14.까지로 기재한 구속영장 발부 → 검사 사법경찰관에 대한 구속영장 집행 지휘 → 사법경찰관 2020. 2.11. 14:10 구속영장 집행"이다. 사법경찰관이 '공휴일이었다 그리고 담당자가 외근 중이었다'라는 이유로 영장발부 후 거의 3일 뒤에 구속영장을 집행한 것이다. 체포기간도 구속기간에 산입되므로(구속기간 10일은 체포한 때부터 기산하므로) 피의자 甲의 입장에서는 큰 불이익이 없어 보이지만, 甲은 체포된 때부터 거의 5일 동안 아무런 영장 없이 체포·구금된 것이므로 대법원은 체포·구속의 관련 조문의 '즉시' 또는 '지체 없이' 등을 원용하여 위와 같이 구속영장의 집행이 지체된 경우 그 상태에서의 체포·구금은 위법하다고 판시하였다.

27 체포·구속영장청구 또는 구속기간연장신청에 대한 지방법원판사의 재판에 대하여 불복할 수 있는지의 여부(소극)

1. **검사의 체포 또는 구속영장청구에 대한 지방법원판사의 재판은 항고의 대상이 되는 '법원의 결정'에 해당되지 아니하고 준항고의 대상이 되는 '재판장 또는 수명법관의 구금 등에 관한 재판'에도 해당되지 아니한다.**(대법원 2006.12.18. 2006모646 론스타 대표 사건) 체포·구속영장을 발부하는 판사는 이른바 수임판사(受任判事)로서 아래 형사소송법에 규정된 '법원, 재판장, 수명법관'이 아니다. 결국 항고나 준항고를 할 수 없다는 결론에 이른다. 검사가 불복이 있으면 구속사유를 추가 확보하고 소명하여 영장을 재청구하면 된다. 아래 2. 판례도 같은 취지이다.

> 25 법원9급, 23 법원9급, 22 국가7급, 22 소방간부, 21 변호사, 21 경간부, 21 경찰채용, 21 국가7급, 21 국가9급, 20 법원9급, 20 소방간부, 19 경찰승진, 19 경찰채용, 19 법원9급, 18 경찰채용, 18 소방간부, 17 경간부, 17 국가9급, 17 소방간부, 15 경간부, 15 경찰채용

> **형사소송법**(2025. 3.18. 법률 제20796호로 일부개정된 것)
> 제402조【항고할 수 있는 재판】법원의 결정에 대하여 불복이 있으면 항고를 할 수 있다. 단, 이 법률에 특별한 규정이 있는 경우에는 예외로 한다.
> 제416조【준항고】① 재판장 또는 수명법관이 다음 각 호의 1에 해당한 재판을 고지한 경우에 불복이 있으면 그 법관소속의 법원에 재판의 취소 또는 변경을 청구할 수 있다.
> 　1. 기피신청을 기각한 재판　〈이하 생략〉

2. **구속기간의 연장을 허가하지 아니하는 지방법원판사의 결정에 대하여는 항고의 방법으로는 불복할 수 없고 나아가 그 지방법원판사는 수소법원으로서의 재판장 또는 수명법관도 아니므로 그가 한 재판은 준항고의 대상이 되지도 않는다.**(대법원 1997. 6.16. 97모1 구속기간연장기각 재항고 사건)

> 23 경찰채용, 18 경찰승진, 17 경찰승진

> **선생님의 TIP**
>
> 구속영장의 효력단위와 관련하여 ㉠ 구속영장은 원칙적으로 구속영장에 기재된 피의사실(공소사실)에 대하여만 미친다는 사건단위설(事件單位說)과 ㉡ 구속영장의 효력은 구속된 사람을 기준으로 정한다는 인단위설(人單位說)의 견해대립이 있으나, 사건단위설이 통설과 판례의 입장이다. 즉, 약간 이상해 보이지만 '사람'을 구속하는 것이 아니라 '범죄'를 구속한다는 개념으로 이를 이해하여야 한다.

28 구속영장의 효력이 미치는 공소사실의 범위 및 그 판단 기준 I

구속영장의 효력은 구속영장에 기재된 범죄사실 및 그 사실의 기초가 되는 사회적 사실관계가 기본적인 점에서 동일한 공소사실에 미치고, 이러한 기본적 사실관계의 동일성을 판단함에 있어서는 그 사실의 동일성이 갖는 기능을 염두에 두고 피고인의 행위와 그 사회적인 사실관계를 기본으로 하되 규범적 요소도 아울러 고려하여야 한다.(대법원 2001. 5.25. 2001모85 횡령구속 사기기소 사건) [29] 1. 판례 참고

▶ 21 소방간부, 18 소방간부

29 구속영장의 효력이 미치는 공소사실의 범위 및 그 판단 기준 II

1. **구속영장에 기재된 횡령죄의 범죄사실과 공소장에 기재된 사기죄의 공소사실이 범행일시 및 장소, 범행의 목적물과 그 행위의 내용에 있어서는 같으나 그 영득행위에 대한 법적인 평가만이 다를 뿐이므로 그 기본적인 사실관계는 동일하여 구속영장의 효력이 공소사실에 미친다.**(대법원 2001. 5.25. 2001모85 횡령구속 사기기소 사건) 검사가 횡령죄로 구속영장을 발부받은 후 피고인을 사기죄로 공소제기한 사건이다. 양자는 기본적 사실관계가 동일하므로 피고인의 구속취소청구[11]는 이유 없다고 판시한 사건이다. 아래 2. 판례도 대략 같은 취지이다.
2. **죄명이 '상습사기'로 발부된 구속영장에 기재된 범죄사실과 단순사기의 공소사실을 비교 고찰한 결과 피고인이 1982. 7.27. 피해자로부터 전세보증금 명목으로 900만원을 편취하였다는 점에 양자가 모두 일치한 이상 위 구속영장은 단순사기의 피고사건에도 효력이 미친다.**(대법원 1983. 7. 6. 83모30 전세보증금 편취 사건)

▶ 25 경찰승진, 24 소방간부

---

[11] "피고인은 사기죄를 범한 것이지 횡령죄를 범한 것이 아니므로 횡령죄로 발부된 구속영장에 의한 구속은 취소되어야 한다."라는 취지로 청구한 것이다. 물론 기각당했다.

> **형사소송법(2025. 3.18. 법률 제20796호로 일부개정된 것)**
>
> 제69조【구속의 정의】본법에서 구속이라 함은 구인과 구금을 포함한다.
> 제70조【구속의 사유】① 법원은 피고인이 죄를 범하였다고 의심할 만한 상당한 이유가 있고 다음 각 호의 1에 해당하는 사유가 있는 경우에는 피고인을 구속할 수 있다. 〈피고인 구속〉
>   1. 피고인이 일정한 주거가 없는 때
>   2. 피고인이 증거를 인멸할 염려가 있는 때
>   3. 피고인이 도망하거나 도망할 염려가 있는 때
> ② 법원은 제1항의 구속사유를 심사함에 있어서 범죄의 중대성, 재범의 위험성, 피해자 및 중요참고인 등에 대한 위해우려 등을 고려하여야 한다.
> ③ 다액 50만원 이하의 벌금, 구류 또는 과료에 해당하는 사건에 관하여는 제1항 제1호의 경우를 제한 외에는 구속할 수 없다.
> 제73조【영장의 발부】피고인을 소환함에는 소환장을, 구인 또는 구금함에는 구속영장을 발부하여야 한다.

선생님의 TIP

위 형사소송법 조문은 '피고인' 구속에 관한 것이다. 대략 지금까지는 '피의자 체포·구속'에 관한 판례들이고, 아래는 '피고인 구속'에 관한 판례들이다. 피의자와 피고인의 구별은 절대적이다.

30 법원이 피고인에 대하여 구속영장을 발부하는 경우에 검사의 청구가 있어야 하는지의 여부(소극)

헌법상 영장제도의 취지에 비추어 볼 때 헌법 제12조 제3항은 헌법 제12조 제1항과 함께 이른바 적법절차의 원칙을 규정한 것으로서 범죄수사를 위하여 구속 등의 강제처분을 함에 있어서는 법관이 발부한 영장이 필요하다는 것과 수사기관 중 검사만 법관에게 영장을 신청할 수 있다는 데에 그 의의가 있고, 형사재판을 주재하는 법원이 피고인에 대하여 구속영장을 발부하는 경우에도 검사의 신청이 있어야 한다는 것이 그 규정의 취지라고 볼 수는 없다.(대법원 1996. 8.12. 96모46 노태우 전대통령 사건) 아래 헌법 제12조 제3항을 보면 법원이 피고인을 구속함에 있어서도 검사의 영장청구가 필요한 것처럼 보인다. 그러나 아래 헌법 조항은 수사단계에서만 적용되는 것이라고 판례는 판시하고 있다. 법원이 '피고인'을 구속할 때에는 검사의 영장청구는 필요하지 않다.

▶ 19 소방간부, 17 경간부, 16 국가7급

> **헌법(1987.10.29. 헌법 제10호로 전부개정된 것)**
>
> 제12조 ③ 체포·구속·압수 또는 수색을 할 때에는 적법한 절차에 따라 검사의 신청에 의하여 법관이 발부한 영장을 제시하여야 한다. 다만, 현행범인 경우와 장기 3년 이상의 형에 해당하는 죄를 범하고 도피 또는 증거인멸의 염려가 있을 때에는 사후에 영장을 청구할 수 있다. 〈피의자 구속〉

31 구속기간이 만료될 무렵 종전 구속영장에 기재된 범죄사실과 다른 범죄사실로 피고인을 구속할 수 있는지의 여부(적극)

구속의 효력은 원칙적으로 구속영장에 기재된 범죄사실에만 미치는 것이므로 구속기간이 만료될 무렵에 종전 구속영장에 기재된 범죄사실과 다른 범죄사실로 피고인을 구속하였

▶ 25 법원9급, 24 경간부, 24 국가7급, 24 국가9급, 23 경찰승진, 23 경찰채용, 22 경찰승진, 22 경간부, 22 소방간부, 21 경찰채용, 20 국가7급, 20 소방간부, 19 경찰채용, 18 경간부, 18 법원9급, 18 소방간부, 17 경찰승진, 17 경간부

다는 사정만으로는 피고인에 대한 구속이 위법하다고 할 수 없다.(대법원 1996. 8. 12. 96모46 노태우 전대통령 사건) 사건단위설이 통설과 판례의 입장이다. 노태우 전(前)대통령이 Ⓐ로 구속되었는데 Ⓐ에 대한 구속기간 만료될 무렵에 다른 범죄인 Ⓑ로 또 구속해도 위법이 아니라는 취지의 판례이다. 약간 이상해 보이지만 대한민국 형사소송법이 그렇다. "사람을 구속시키는 것이 아니라 범죄를 구속시킨다."라고 기억하여야 한다. 이번에도 김용현 전(前)국방부장관이 내란죄(중요임무종사)로 구속되었다가 구속 만기(2025. 6.25. 24:00) 3시간 정도를 앞두고 공무집행방해죄와 증거인멸교사죄로 구속영장이 발부되어 또 구속되었다.

노태우·전두환 전(前)대통령[12]

김용현 전(前)국방부장관[13]

32 재구속 제한에 관한 형사소송법 제208조의 규정이 법원이 피고인을 구속하는 경우에도 적용되는지의 여부(소극)

수소법원의 구속에 관하여는 검사 또는 사법경찰관이 피의자를 구속함을 규율하는 형사소송법 제208조의 규정은 적용되지 아니하므로 구속기간의 만료로 피고인에 대한 구속의 효력이 상실된 후 항소법원이 피고인에 대한 판결을 선고하면서 피고인을 구속하였다 하여 형사소송법 제208조의 규정에 위배되는 재구속 또는 이중구속이라 할 수 없다.(대법원 1985. 7. 23. 85모12 항소심 무리한 구속 사건) 피의자 구속과 피고인 구속은 구별을 요한다.

> 24 국가9급, 24 경찰채용,
> 23 경찰채용, 21 국가7급,
> 20 국가9급, 19 국가7급,
> 18 법원9급

> **형사소송법**(2025. 3. 18. 법률 제20796호로 일부개정된 것)
>
> 제208조【재구속의 제한】① 검사 또는 사법경찰관에 의하여 구속되었다가 석방된 자는 다른 중요한 증거를 발견한 경우를 제외하고는 동일한 범죄사실에 관하여 재차 구속하지 못한다. ← 법원에 의하여 구속되었다가 석방된 자에게는 적용되지 않는다.
> ② 전항의 경우에는 1개의 목적을 위하여 동시 또는 수단결과의 관계에서 행하여진 행위는 동일한 범죄사실로 간주한다.

---

12 이미지 출처 – 채널코리아뉴스(http://m.chkorea.news/news/articleView.html?idxno=8286)
13 이미지 출처 – 경향신문(https://v.daum.net/v/20250625212028023)

> **형사소송법(2025. 3.18. 법률 제20796호로 일부개정된 것)**
>
> 제105조【상소와 구속에 관한 결정】상소기간 중 또는 상소중의 사건에 관하여 구속기간의 갱신, 구속의 취소, 보석, 구속의 집행정지와 그 정지의 취소에 대한 결정은 소송기록이 원심법원에 있는 때에는 원심법원이 하여야 한다.

> **형사소송규칙(2025. 2.28. 대법원규칙 제3202호로 일부개정된 것)**
>
> 제57조【상소등과 구속에 관한 결정】① 상소기간 중 또는 상소중의 사건에 관한 피고인의 구속, 구속기간갱신, 구속취소, 보석, 보석의 취소, 구속집행정지와 그 정지의 취소의 결정은 소송기록이 상소법원에 도달하기까지는 원심법원이 이를 하여야 한다.
> ② 이송, 파기환송 또는 파기이송중의 사건에 관한 제1항의 결정은 소송기록이 이송 또는 환송법원에 도달하기까지는 이송 또는 환송한 법원이 이를 하여야 한다.

33 형사소송규칙 제57조 제1항이 형사소송법 제105조의 규정에 저촉되는지의 여부(소극)

상소제기 후 소송기록이 상소법원에 도달하지 않고 있는 사이에는 피고인을 구속할 필요가 있는 경우에도 기록이 없는 상소법원에서 구속의 요건이나 필요성 여부에 대한 판단을 하여 피고인을 구속하는 것이 실질적으로 불가능하다는 점 등을 고려하면, 상소기간 중 또는 상소 중의 사건에 관한 피고인의 구속을 소송기록이 상소법원에 도달하기까지는 원심법원이 하도록 규정한 형사소송규칙 제57조 제1항의 규정이 형사소송법 제105조의 규정에 저촉된다고 보기는 어렵다.(대법원 2007. 7.10. 2007모460 본안재판 원심 피고인 구속 가부사건) 이 사건은 "제1심 2007. 4. 5. 징역 1년 6월 선고 → 피고인 4.11. 항소제기 → 제1심 4.17. 구속영장 발부 → 4.20. 소송기록 항소심 도달 → 5.16. 피고인 구금" 순서로 진행되었다. 위 조문을 보면 형사소송법에 규정되어 있지 않고 또한 피고인에게 불리한 내용인 '피고인 구속'이 하위 법령인 형사소송규칙에 규정되어 있는데, 어쨌든 판례는 이 규칙 조항은 형사소송법에 위반되지 않는다고 판시하고 있다.

> 25 법원9급, 20 소방간부, 17 경찰승진

34 법원이 불구속 피고인을 구속할 때 유의할 사항

피고인이 불구속인 상태에서 형사공판절차를 진행하는 법원은 기초가 되는 증거나 사실관계의 변경이 객관적으로나 외부적으로 분명하지 않은 상태라면 피고인을 구속하는 데 매우 신중할 필요가 있다. 왜냐하면 피고인이 특별한 사정이 없음에도 어느 때나 갑작스럽게 일상생활로부터 격리되어 구속될 수 있다면 형사소송절차에서 피고인의 지위를 과도하게 불안정하게 하고 방어권의 현실적인 행사를 현저히 곤란하게 할 염려가 있기 때문이다. (대법원 2025. 7. 3. 2023도7405 갑작스러운 구속과 자백 사건)

II 구제수단

헌법(1987.10.29. 헌법 제10호 전문개정)

제12조 ④ 누구든지 체포 또는 구속을 당한 때에는 즉시 변호인의 조력(助力)을 받을 권리를 가진다.
제37조 ② 국민의 모든 자유와 권리는 국가안전보장·질서유지 또는 공공복리를 위하여 필요한 경우에 한하여 법률로써 제한할 수 있으며, 제한하는 경우에도 자유와 권리의 본질적인 내용을 침해할 수 없다.

형사소송법(2025. 3.18. 법률 제20796호로 일부개정된 것)

제34조 【피고인·피의자와의 접견, 교통, 진료[1]】 변호인이나 변호인이 되려는 자는 신체가 구속된 피고인 또는 피의자와 접견하고 서류나 물건을 수수할 수 있으며 의사로 하여금 피고인이나 피의자를 진료하게 할 수 있다.

선생님의 TIP

1. 헌법 제12조 제4항에 규정된 변호인의 조력을 받을 권리의 가장 핵심은 '변호인과의 접견교통권[2]'이다. 비록 헌법상 기본권이지만 헌법 제37조 제2항에 의하여 얼마든지 법률이나 그 위임을 받은 명령(이들을 통틀어 '법령'이라고 할 수 있다)에 의한 제한이 가능하다.
2. 변호인과의 접견교통권은 아래 형집행법에서 보듯이 특별히 보장되고 있다(접촉차단시설이 설치되지 않은 장소에서의 접견, 교도관 참여 및 내용 청취·녹취의 금지, 시간과 횟수 제한의 금지). 다음 면 오른쪽 이미지에서 보듯이 자유롭게 행사할 수 있도록 하여야 한다. 배우 박신양과 이미연이 주연인 영화 「인디안 썸머」에 나오는 장면이다.

형의 집행 및 수용자의 처우에 관한 법률(2022.12.27. 법률 제19105호로 일부개정된 것)

제41조 【접견】 ② 수용자의 접견은 접촉차단시설이 설치된 장소에서 하게 한다. 다만, 다음 각 호의 어느 하나에 해당하는 경우에는 접촉차단시설이 설치되지 아니한 장소에서 접견하게 한다.
  1. 미결수용자가 변호인(변호인이 되려는 사람을 포함한다)과 접견하는 경우
  2. 수용자가 소송사건의 대리인인 변호사와 접견하는 경우 등 수용자의 재판청구권 등을 실질적으로 보장하기 위하여 대통령령으로 정하는 경우로서 교정시설의 안전 또는 질서를 해칠 우려가 없는 경우
⑥ 접견의 횟수·시간·장소·방법 및 접견내용의 청취·기록·녹음·녹화 등에 관하여 필요한 사항은 대통령령으로 정한다.
제84조 【변호인과의 접견 및 편지수수】 ① 제41조 제4항에도 불구하고 미결수용자와 변호인과의 접견에는 교도관이 참여하지 못하며 그 내용을 청취 또는 녹취하지 못한다. 다만, 보이는 거리에서 미결수용자를 관찰할 수 있다.
② 미결수용자와 변호인 간의 접견은 시간과 횟수를 제한하지 아니한다.
③ 제43조 제4항 단서에도 불구하고 미결수용자와 변호인 간의 편지는 교정시설에서 상대방이 변호인임을 확인할 수 없는 경우를 제외하고는 검열할 수 없다.

형의 집행 및 수용자의 처우에 관한 법률 시행령(2020. 8. 5. 대통령령 제30909호로 일부개정된 것)

제58조 【접견】 ① 수용자의 접견은 매일(공휴일 및 법무부장관이 정한 날은 제외한다) 「국가공무원 복무규정」 제9조에 따른 근무시간 내에서 한다.

---

[1] 2020.12. 8. 형사소송법 개정으로 '수진(受診)'에서 '진료'로 용어가 바뀌었다.
[2] 정확하게는 접견교통진료권(개정 전에는 접견교통수진권)이라고 해야 하지만, 일반적으로 '접견교통권'이라고 약칭한다.

<일반인 접견>[3]   <변호인 접견>[4]

01 헌법상 보장되는 기본권에 해당하는 경우

1. 미결수용자가 가지는 변호인과의 접견교통권은 그와 표리 관계인 변호인(변호인이 되려고 하는 사람을 포함한다)의 접견교통권과 함께 헌법상 기본권으로 보장되고 있다.(대법원 2022. 6. 22. 2021도244 6명의 집사변호사 사건) ▶ 24 경찰승진

2. '변호인이 되려는 자'의 접견교통권은 피의자 등을 조력하기 위한 핵심적인 부분으로서 헌법상의 기본권인 '변호인이 되려는 자'와의 접견교통권과 표리의 관계에 있으므로 피의자 등이 가지는 '변호인이 되려는 자'의 조력을 받을 권리가 실질적으로 확보되기 위해서는 '변호인이 되려는 자'의 접견교통권 역시 헌법상 기본권으로서 보장되어야 한다.(헌법재판소 2019. 2. 28. 2015헌마1204 접견신청 묵살 사건) 아래 판례들은 '사실상' 폐기된 것이지만, 아무 생각 없는 출제자가 시험에 낼 수도 있는데 그렇다면 눈치껏 문제를 풀어야 한다. ▶ 22 국가7급

> 1. 변호인 자신의 구속된 피의자·피고인과의 접견교통권은 헌법상의 권리라고는 말할 수 없으며 단지 형사소송법 제34조에 의하여 비로소 보장되는 권리임에 그친다.(헌법재판소 1991. 7. 8. 89헌마181 안기부 거듭된 접견불허 사건)
> 2. 변호인의 구속된 피고인 또는 피의자와의 접견교통권은 피고인 또는 피의자 자신이 가지는 변호인과의 접견교통권과는 성질을 달리하는 것으로서 헌법상 보장된 권리라고는 할 수 없고, 형사소송법 제34조에 의하여 비로소 보장되는 권리이다.(대법원 2002. 5. 6. 2000모112 국정원추천 의사 참여 요구사건) 23 경찰채용, 15 경찰채용

02 임의동행된 피의자 또는 피내사자에게도 변호인과의 접견교통권이 인정되는지의 여부(적극)

임의동행의 형식으로 수사기관에 연행된 피의자에게도 변호인 또는 변호인이 되려는 자와의 접견교통권은 당연히 인정된다고 보아야 하고 임의동행의 형식으로 연행된 피내사자의 경우에도 이는 마찬가지이다.(대법원 1996. 6. 3. 96모18 이병기 〈종로저널〉 발행인 사건)

▶ 24 경찰승진, 22 소방간부, 21 변호사, 21 경간부, 20 경찰승진, 20 경간부, 20 국가7급, 19 경찰승진, 16 국가9급, 16 경간부, 15 경찰승진, 15 국가7급

---

[3] 이미지 출처 – 법무부 교정본부(https://www.corrections.go.kr/corrections/1061/subview.do)
[4] 이미지 출처 – 작품 백개하면 접을 팬블로그(https://yeochidang.tistory.com/36)

03 신체구속을 당하지 않은 피의자에게도 변호인과의 접견교통권이 인정되는지의 여부(적극)

비록 법에는 접견교통권 등 변호인의 조력을 받을 권리의 주체를 체포 또한 구속을 당한 피의자·피고인이라고 규정하고 있으나(헌법 제12조 제4항, 형사소송법 제34조 등), 신체구속 상태에 있지 않은 피의자도 당연히 접견교통권의 주체가 될 수 있다.(헌법재판소 2004. 9.23. 2000헌마138 총선시민연대 낙선운동 사건)

▶ 22 소방간부, 20 변호사, 20 경찰승진, 17 경찰승진, 16 경찰승진

04 재심개시절차에서도 형사소송법 제34조가 그대로 적용되는지의 여부(소극)

형사소송법 제34조는 형이 확정되어 집행중에 있는 수형자에 대한 재심개시의 여부를 결정하는 재심청구절차[5]에는 그대로 적용될 수 없다.(대법원 1998. 4.28. 96다48831 사노맹 중앙상임위원 사건) 유죄가 확정된 기결수(既決囚)이므로 변호인이나 그 기결수에게 접견교통권을 인정할 실익이 많지는 않을 것이다.

▶ 22 소방간부, 20 국가7급, 17 경간부

05 '변호인이 되려는 자' 관련 판례

(1) 변호인이 되려는 의사를 표시한 자가 객관적으로 변호인이 될 가능성이 있다고 인정되는데도 형사소송법 제34조에서 정한 '변호인 또는 변호인이 되려는 자'가 아니라고 보아 신체구속을 당한 피고인 또는 피의자와 접견하지 못하도록 제한하여서는 아니 된다. (2) 변호사 A가 노동조합으로부터 근로자들이 연행될 경우 적절한 조치를 취해 줄 것을 부탁한다는 내용의 공문을 받고 조합원 B에 대한 체포현장에서 변호사 신분증을 제시하면서 변호인이 되려는 자로서 접견을 요청하였다면 형사소송법 제34조에서 정한 접견교통권이 인정된다.(대법원 2017. 3. 9. 2013도16162 쌍용차사태 권영국 변호사 사건) 민주사회를 위한 변호사모임(민변) 노동위원회 권영국 위원장은 2009. 6.26. 쌍용자동차 평택공장 정문 부근 인도에서 체포 이유도 고지받지 못한 채 전경대원들에게 억류되어 있던 쌍용자동차지부 조합원들과의 (변호인이 되려는 자의 자격에서 변호사 신분증을 제시하며) 접견을 요구하였으나 경찰은 접견 요청을 묵살하고 권영국 위원장에 대하여 물리력을 행사하며 접견을 방해한 것에 더 나아가 오히려 공무집행방해죄의 현행범으로 체포·연행하였다. 잘 아시겠지만 권영국 변호사는 21대 대통령선거에서 후보자로 출마한 바 있다. [9] 판례 참고

▶ 25 변호사, 23 변호사, 23 경찰승진, 23 경찰채용, 21 변호사, 20 경찰승진, 19 경찰채용, 18 경간부, 18 경찰채용, 17 국가7급

<이미지 출처 - 민주사회를 위한 변호사모임(https://www.minbyun.or.kr/?p=10699)>

---

[5] 판례는 '재심청구절차'라고 하지만 일반적으로 '재심개시절차'라는 용어가 더 많이 사용된다.

06 변호인과의 접견교통권을 제한할 수 있는지의 여부(=법령에 의한 제한이 없는 한 불가)

1. **변호인의 접견교통권**은 신체구속을 당한 피고인이나 피의자의 인권보장과 방어준비를 위하여 필수불가결한 권리이므로 **법령에 의한 제한이 없는 한 수사기관의 처분은 물론 법원의 결정으로도 이를 제한할 수 없다.**(대법원 1991. 3. 28. 91모24 박노해 시인 접견불허사건) (아래 박스) 91헌마111 판례는 구속된 자와 변호인 간의 접견이 실제로 이루어지는 경우에 있어서의 '자유로운 접견', 즉 '대화내용에 대하여 비밀이 완전히 보장되고 어떠한 제한, 영향, 압력 또는 부당한 간섭 없이 자유롭게 대화할 수 있는 접견'을 제한할 수 없다는 것이지, 변호인과의 접견 자체에 대해 아무런 제한도 가할 수 없다는 것을 의미하는 것이 아니므로 미결수용자의 변호인 접견권 역시 국가안전보장·질서유지 또는 공공복리를 위해 필요한 경우에는 법률로써 제한될 수 있음은 당연하다.(헌법재판소 2011. 5. 26. 2009헌마341) 아래 박스 판례에 너무 꽂혀있으면 안 된다.

   ▶ 23 경찰승진, 20 국가7급, 19 경찰채용, 16 경찰승진, 16 경간부, 16 경찰채용

   > 변호인과의 '자유로운 접견'은 신체구속을 당한 사람에게 보장된 변호인의 조력을 받을 권리의 가장 중요한 내용이어서 국가안전보장·질서유지·공공복리 등 어떠한 명분으로도 제한될 수 있다.(헌법재판소 1992. 1. 28. 91헌마111 유상덕 전교조 정책실장 사건) 17 법원9급

   ▶

2. 변호인의 조력을 받을 권리 역시 다른 모든 헌법상 기본권과 마찬가지로 국가안전보장질서유지 또는 공공복리를 위하여 필요한 경우에는 **법률**[6]**로써 제한할 수 있다.**(헌법재판소 2011. 5. 26. 2009헌마341 현충일 접견제한 사건)

   ▶ 20 경간부, 15 경찰채용

3. **변호인의 접견교통권**은 피의자 등의 인권보장과 방어준비를 위하여 필수불가결한 권리이므로 수사기관의 처분 등으로 이를 제한할 수 없고, 다만 법령에 의해서만 제한할 수 있다. (대법원 2018. 12. 27. 2016다266736 유우성 접견거부 사건)

4. **변호인의 구속된 피고인 또는 피의자와의 접견교통권**은 신체구속을 당한 피고인 또는 피의자의 인권보장과 방어준비를 위하여 필수불가결한 권리이므로 **수사기관의 처분 등에 의하여 이를 제한할 수 없고, 다만 법령에 의하여서만 제한이 가능하다.**(대법원 2002. 5. 6. 2000모112 국정원추천 의사 참여 요구사건)

   ▶ 20 경간부, 19 경간부, 17 법원9급, 17 경찰승진

07 신체구속을 당한 피고인 또는 피의자가 범하였다고 의심받는 범죄행위에 자신의 변호인이 관련되었다는 사정만으로 그 변호인과의 접견교통을 금지할 수 있는지 여부(소극)

신체구속을 당한 피의자 또는 피고인이 범한 것으로 의심받고 있는 범죄행위에 해당 변호인이 관련되어 있다는 등의 사유에 기하여 그 변호인의 변호활동을 광범위하게 규제하는 변호인의 제척과 같은 제도를 두고 있지 아니한 우리 법제 아래에서는 **변호인의 접견교통의 상대방인 신체구속을 당한 사람이 그 변호인을 자신의 범죄행위에 공범으로 가담시키려고 하였다는 등의 사정만으로 그 변호인의 신체구속을 당한 사람과의 접견교통을 금지**

▶ 23 경찰승진, 23 경찰채용, 23 국가9급, 22 소방간부, 20 경간부, 20 국가7급, 19 경찰승진, 19 경찰채용, 19 국가7급, 18 경간부, 18 경찰채용, 17 경찰채용, 15 국가7급

---

[6] 이 파트에서 '법률'과 '법령'은 같은 의미인데, 헌법재판소는 '법률'이라는 용어를 그리고 대법원은 '법령'이라는 용어를 사용한다.

하는 것이 정당화될 수는 없다. 이러한 법리는 신체구속을 당한 사람의 변호인이 1명이 아니라 여러 명이라고 하여 달라질 수 없고, 어느 변호인의 접견교통권의 행사가 그 한계를 일탈한 것인지의 여부는 해당 변호인을 기준으로 하여 개별적으로 판단하여야 한다. (대법원 2007. 1. 31. 2006모656 일심회 마이클장 사건 ㅣ)

08 변호인 등의 접견교통권의 한계

변호인 또는 변호인이 되려는 자의 접견교통권은 신체구속제도 본래의 목적을 침해하지 아니하는 범위 내에서 행사되어야 하므로 변호인 또는 변호인이 되려는 자가 구체적인 시간적·장소적 상황에 비추어 현실적으로 보장할 수 있는 한계를 벗어나 피고인 또는 피의자를 접견하려고 하는 것은 정당한 접견교통권의 행사에 해당하지 아니하여 허용될 수 없다. 다만, 접견교통권이 그와 같은 한계를 일탈한 것이어서 허용될 수 없다고 판단함에 있어서는 신체구속을 당한 사람의 헌법상 기본적 권리인 변호인의 조력을 받을 권리의 본질적인 내용이 침해되는 일이 없도록 신중을 기하여야 한다.(대법원 2022. 6. 22. 2021도244 6명의 집사변호사 사건) [9] 판례 참고

09 접견교통권의 한계를 일탈하지 않은 경우

노동조합 파업 현장에서 **변호사 A가 경찰을 지휘하던 지휘관 甲에게 계속하여 체포된 근로자들에 대한 접견을 요청한 것은** 체포된 근로자들의 변호인이 되려는 자로서 **접견교통권을 신체구속제도 본래의 목적을 침해하지 아니하는 범위 내에서 행사한 것이고 그 한계를 일탈한 것으로 볼 수 없다.**(대법원 2017. 3. 9. 2013도16162 쌍용차사태 권영국 변호사 사건)

▶ 22 경간부

10 '미결수용자와 변호인 간의 접견은 시간과 횟수를 제한하지 아니한다'라는 형집행법 제84조 제2항의 취지

형집행법 제84조 제2항에 의해 금지되는 접견시간 제한의 의미는 접견에 관한 일체의 시간적 제한이 금지된다는 것으로 볼 수는 없고, 수용자와 변호인의 접견이 현실적으로 실시되는 경우 그 접견이 미결수용자와 변호인의 접견인 때에는 미결수용자의 방어권 행사로서의 중요성을 감안하여 자유롭고 충분한 변호인의 조력을 보장하기 위해 **접견 시간을 양적으로 제한하지 못한다는 의미**로 이해하는 것이 타당하므로 형집행법 제84조 제2항에도 불구하고 같은 법 제41조 제4항[25년 현재 제41조 제6항]의 위임에 따라 수용자의 접견이 이루어지는 일반적인 시간대를 대통령령으로 규정하는 것은 가능하다.(헌법재판소 2011. 5. 26. 2009헌마341 현충일 접견제한 사건) 교도관이 변호인에게 "접견시간을 2시간으로 제한합니다." 이런 식의 제한은 허용되지 않지만, "평일 그리고 교도관 근무시간 내에서 접견하세요." 이런 식의 일반적인 시간대 설정은 당연히 가능한다. [13] 3. 판례 참고

11 형집행법 시행령 제58조 제1항의 적용 범위

"수용자의 접견은 매일(공휴일 및 법무부장관이 정한 날은 제외한다) 「국가공무원 복무규정」 제9조에 따른 근무시간(09:00~18:00) 내에서 한다"라는 형집행법 시행령 제58조 제1항은 교도소장·구치소장이 그 허가[7] 여부를 결정하는 변호인 등의 접견신청의 경우에 적용되는 조항으로서, 검사 또는 사법경찰관이 그 허가 여부를 결정하는 피의자신문 중 변호인 등의 접견신청의 경우에는 적용된다고 볼 수 없다.(헌법재판소 2019. 2. 28. 2015헌마1204 접견신청 묵살 사건) [14] 1. 판례 참고

12 피의자와의 접견교통 허가 여부의 결정 주체(원칙적으로 교도소장 등, 다만 피의자신문의 경우에는 검사 또는 사법경찰관)

1. 수용자에 대한 접견신청이 있는 경우 이는 수용자의 처우에 관한 사항이므로 그 장소가 교도관의 수용자 계호 및 통제가 요구되는 공간이라면 교도소장·구치소장 또는 그 위임을 받은 교도관이 그 허가 여부를 결정하는 것이 원칙이다.(헌법재판소 2019. 2. 28. 2015헌마1204 접견신청 묵살 사건)

2. 형사소송법 제243조의2 제1항은 피의자신문 중에 변호인 접견신청이 있는 경우에는 검사 또는 사법경찰관으로 하여금 그 허가 여부를 결정하도록 하고 있고, 형사소송법 제34조는 변호인의 접견교통권과 '변호인이 되려는 자'의 접견교통권에 차이를 두지 않고 함께 규정하고 있으므로 '변호인이 되려는 자'가 피의자신문 중에 형사소송법 제34조에 따라 접견신청을 한 경우에도 그 허가 여부를 결정할 주체는 검사 또는 사법경찰관이다.(헌법재판소 2019. 2. 28. 2015헌마1204 접견신청 묵살 사건) [14] 1. 판례 참고

> **선생님의 TIP**
> 변호인과의 접견교통권이라도 얼마든지 법령으로 시간, 장소 등의 제한이 가능하다. 새벽 4시에 접견을 신청한다. 구치소 근처 호프집에서의 접견을 신청한다. 당연히 이런 신청은 허용되지 않는다. 법령에 정한 범위 내에서만 접견교통권이 인정되는 것이다.

13 법령에 의한 변호인과의 접견교통권 제한으로 위법하지 않은 경우

1. 교도관이 미결수용자와 변호인 간에 주고받는 서류를 확인하고 소송관계서류처리부에 그 제목을 기재하여 등재한 행위는 형집행법 제43조 제3항과 제8항에 근거를 두고 이루어진 것으로, 변호인 접견이 종료된 뒤 이루어지고 교도관은 변호인과 미결수용자가 지켜보는 가운데 서류를 확인하여 그 제목 등을 소송관계처리부에 기재하여 등재할 뿐 내용에 대한 검열이 이루어지는 것이 아니므로 변호인의 조력을 받을 권리나 개인정보자기결정권을 침해하지 않는다.(헌법재판소 2016. 4. 28. 2015헌마243 접견실내 CCTV와 수수서류 확인사건) ▶ 20 경찰승진, 18 경찰채용, 17 경찰채용

2. 구치소 내의 변호인접견실에 CCTV를 설치하여 미결수용자와 변호인 간의 접견을 관찰한 행위는 형집행법 제94조 제1항과 제4항에 근거를 두고 이루어진 것으로, 교도관의 육안에 ▶ 20 경찰승진

---

[7] 변호인이나 변호인이 되려는 자는 헌법 및 형사소송법상 권리로서 피의자나 피고인을 접견하는 것이지 누구의 허가를 받아야만 접견할 수 있는 것이 아니므로 판례 중에 '허가'라는 용어는 적절하지 않다.

의한 시선계호를 CCTV 장비에 의한 시선계호로 대체한 것에 불과하고 또한 (CCTV는 영상만 실시간으로 촬영할 뿐 영상녹화기능이나 음성수신기능이 활성화되어 있지 않고 확대기능도 없으므로) 접견내용의 비밀이 침해되거나 접견교통에 방해가 되지 않으므로 변호인의 조력을 받을 권리를 침해하지 않는다.(헌법재판소 2016. 4. 28. 2015헌마243 접견실 내 CCTV와 수수서류 확인사건)

3. (1) 미결수용자 또는 변호인이 원하는 특정한 시점에 접견이 이루어지지 못하였다 하더라도 그것만으로 곧바로 변호인의 조력을 받을 권리가 침해되었다고 단정할 수는 없고, 변호인의 조력을 받을 권리가 침해되었다고 하기 위해서는 접견이 불허된 특정한 시점을 전후한 수사 또는 재판의 진행 경과에 비추어 보아, 그 시점에 접견이 불허됨으로써 피의자 또는 피고인의 방어권 행사에 어느 정도는 불이익이 초래되었다고 인정할 수 있어야만 하며, 그 시점을 전후한 변호인 접견의 상황이나 수사 또는 재판의 진행 과정에 비추어 미결수용자가 방어권을 행사하기 위해 변호인의 조력을 받을 기회가 충분히 보장되었다고 인정될 수 있는 경우에는 비록 미결수용자 또는 그 상대방인 변호인이 원하는 특정 시점에는 접견이 이루어지지 못하였다 하더라도 변호인의 조력을 받을 권리가 침해되었다고 할 수 없다. (2) 불구속 상태에서 재판을 받은 후 선고기일에 출석하지 않아 구속된 피고인을, 국선변호인이 접견하고자 하였으나 공휴일(2009. 6. 6.)이라는 이유로 접견이 불허되었다가 그로부터 이틀 후 접견이 이루어지고, 다시 그로부터 열흘 넘게 지난 후 공판이 이루어진 경우 피고인의 변호인의 조력을 받을 권리를 침해했다고 할 수 없다.(헌법재판소 2011. 5. 26. 2009헌마341 현충일 접견제한 사건)

> 23 경찰채용, 18 경찰채용, 15 경찰채용

4. 행형법시행령 제176조는 '형사소송법 제34조, 제89조, 제209조의 규정에 의하여 피고인 또는 피의자가 의사의 진찰을 받는 경우에는 <u>교도관 및 의무관이 참여하고</u> 그 경과를 신분장부에 기재하여야 한다'고 규정하고 있는바 행형법시행령 제176조의 규정은 변호인의 수진권 행사에 대한 법령상의 제한에 해당한다고 보아야 할 것이고, 그렇다면 국가정보원 사법경찰관이 경찰서 유치장에 구금되어 있던 피의자에 대하여 의사의 진료를 받게 할 것을 신청한 변호인에게 국가정보원이 추천하는 의사의 참여를 요구한 것은 행형법시행령 제176조의 규정에 근거한 것으로서 적법하고 이를 가리켜 변호인의 수진권을 침해하는 위법한 처분이라고 할 수는 없다.(대법원 2002. 5. 6. 2000모112 국정원추천 의사 참여 요구사건) 아래에서 보듯이 지금은 조금 다르게 규정하고 있다.

> 19 경찰채용, 18 경찰승진, 17 경찰승진, 16 경찰채용

> **형의 집행 및 수용자의 처우에 관한 법률 시행령(2020. 8. 5. 대통령령 제30909호로 일부개정된 것)**
>
> 제106조【외부의사의 진찰 등】미결수용자가 형사소송법 제34조, 제89조 및 제209조에 따라 외부의사의 진료를 받는 경우에는 <u>교도관이 참여하고</u> 그 경과를 수용기록부에 기록하여야 한다.

> **선생님의 TIP**
>
> 헌법 제12조 제4항은 "누구든지 체포 또는 구속을 당한 때에는 <u>즉시</u> 변호인의 조력을 받을 권리를 가진다."라고 되어 있다. 접견이 지연되거나 접견의 비밀을 침해하거나 구금장소의 임의적 변경은 모두 접견교통권 침해에 해당한다.

14 변호인 등과의 접견교통권을 침해한 경우

1. 체포되어 구속영장이 청구된 피의자를 검사가 신문하는 과정에서, 피의자 가족의 의뢰를 받아 '변호인이 되려는' 변호사가 검사에게 접견신청을 하였음에도 검사가 **별다른 조치를 취하지 아니한 것은 실질적으로 접견신청을 불허한 것과 동일하게 평가할 수 있다**(변호인 되려는 변호사의 헌법상 보장된 접견교통권을 침해한다).(헌법재판소 2019. 2.28. 2015헌마1204 접견신청 묵살 사건) 피의자 甲은 체포된 후 구속영장이 청구되었다. 변호사인 乙은 甲의 가족들의 의뢰를 받아 2015.10. 6. 19:00경 검사실을 방문하여 검사에게 접견신청을 하였다. 甲 호송을 담당한 교도관은 같은 날 17:00경 검사실에서 甲를 인계받아 검찰청 내 구치감에 대기시켰다가 같은 날 19:10경 검사로부터 야간 피의자신문을 위한 甲 소환을 요청받고 甲을 검사실로 인치하였다. 검사는 교도관에게 乙의 접견신청이 있었음을 알렸고, 교도관은 乙에게 국가공무원 복무규정상 근무시간(09:00~18:00)이 경과하여 변호인 접견을 허용할 수 없다고 통보하였다. 검사는 그 후 乙의 접견신청에 대하여 더 이상의 조치를 취하지 아니하였고 乙은 검사실에서 머무르다가 결국 甲을 접견하지 못한 채로 퇴실하였다.

   ▶ 21 경간부, 20 변호사, 20 경간부

2. **접견신청일이 경과하도록 접견이 이루어지지 아니한 것은 실질적으로 접견불허가처분이 있는 것과 동일시된다.**(대법원 1991. 3.28. 91모24 박노해 시인 접견불허사건)

   ▶ 19 경찰승진, 17 경찰채용, 16 경찰승진, 15 경간부, 15 경찰채용

3. 피의자들에 대한 접견이 접견신청일로부터 상당한 기간(약 10일)이 경과하도록 허용되지 않고 있는 것은 접견불허처분이 있는 것과 동일시된다고 봄이 상당하다.(대법원 1990. 2.13. 89모37 서경원 의원 접견불허사건)

   ▶ 19 경찰승진, 16 경찰승진, 15 경간부, 15 국가7급

4. 피의자가 국가안전기획부 면회실에서 그의 변호인과 접견할 때 국가안전기획부 소속 직원이 **참여하여 대화내용을 듣거나 기록한 것은 변호인의 조력을 받을 권리를 침해한 것이다.**(헌법재판소 1992. 1.28. 91헌마111 유상덕 전교조 정책실장 사건)

5. **변호인이 피의자를 접견할 때 국가정보원 직원이 승낙 없이 사진촬영을 한 것은 접견교통권 침해에 해당한다.**(대법원 2003. 1.10. 2002다56628 민혁당 관련 구속자 사건)

   ▶ 17 법원9급

6. **피의자에 대한 사실상의 구금장소의 임의적 변경은 피의자의 방어권이나 접견교통권의 행사에 중대한 장애를 초래하는 것이므로 위법하다.**(대법원 1996. 5.15. 95모94 전창일 범민련 부의장 사건) 구속영장에 피의자를 구금할 수 있는 장소로 '서초경찰서 유치장'으로 기재되어 있었음에도 1995.11.30. 07:50경 서초경찰서 유치장에 구속이 집행되었다가 같은 날 08:00 피의자의 신병이 국가안전기획부 직원에게 인도된 후 국가안전기획부 청사에 사실상 계속 구금되어 있었던 사건이다. 변호인은 현재 피의자가 어디에 있는지 모르므로 피의자를 접견할 수 없게 되는 문제가 발생한다.

   ▶ 20 경간부, 20 국가9급, 19 경찰승진, 19 경간부, 17 경찰승진, 17 소방간부, 16 경찰승진, 16 경찰채용, 15 경찰승진

15 위법한 변호인접견불허 기간 중에 작성된 피의자신문조서의 증거능력 유무(소극)

1. 변호인의 접견교통권 제한은 헌법이 보장하는 기본권을 침해하는 것으로서 이러한 위법한 상태에서 얻어진 피의자의 자백은 그 증거능력을 부인하여 유죄의 증거에서 배제하여야 하며 이러한 위법증거의 배제는 실질적이고 완전하게 증거에서 제외함을 뜻한다.(대법원 2007.12.13. 2007도7257 일심회 사건) ▶ 24 경찰승진

2. 검사 작성의 피의자신문조서가 검사에 의하여 피의자에 대한 변호인의 접견이 부당하게 제한되고 있는 동안에 작성된 경우에는 증거능력이 없다.(대법원 1990. 8.24. 90도1285 서경원 의원 방북사건) ▶ 24 법원9급, 23 경찰승진, 21 경간부, 20 변호사, 15 변호사

16 변호인의 피의자 등에 대한 접견교통권이 침해된 경우 변호인이 국가배상을 청구할 수 있는지의 여부(적극)

변호인의 접견신청을 허용하지 않고 변호인의 접견교통권을 침해한 경우에는 접견 불허 결정을 한 공무원에게 고의나 과실이 있다고 볼 수 있다. 그리고 변호인이 피의자 등에 대한 접견신청을 하였을 때 피의자 등이 헌법 제12조 제4항에서 보장한 기본권의 의미와 범위를 정확히 이해하면서도 이성적 판단에 따라 자발적으로 그 권리를 포기한 경우가 아닌 한 수사기관이 접견을 허용하지 않는 것은 변호인의 접견교통권을 침해하는 것이고, 이 경우 국가는 변호인이 입은 정신적 고통을 배상할 책임이 있다.(대법원 2018.12.27. 2016다266736 유우성 접견거부 사건) ▶ 22 소방간부, 19 경찰채용

형사소송법(2025. 3.18. 법률 제20796호로 일부개정된 것)

제214조의2【체포와 구속의 적부심사】 ① 체포되거나 구속된 피의자 또는 그 변호인, 법정대리인, 배우자, 직계친족, 형제자매나 가족, 동거인 또는 고용주는 관할법원에 체포 또는 구속의 적부심사를 청구할 수 있다.

② 피의자를 체포하거나 구속한 검사 또는 사법경찰관은 체포되거나 구속된 피의자와 제1항에 규정된 사람 중에서 피의자가 지정하는 사람에게 제1항에 따른 적부심사를 청구할 수 있음을 알려야 한다.

③ 법원은 제1항에 따른 청구가 다음 각 호의 어느 하나에 해당하는 때에는 제4항에 따른 심문 없이 결정으로 청구를 기각할 수 있다.
1. 청구권자 아닌 사람이 청구하거나 동일한 체포영장 또는 구속영장의 발부에 대하여 재청구한 때
2. 공범이나 공동피의자의 순차청구가 수사 방해를 목적으로 하고 있음이 명백한 때

④ 제1항의 청구를 받은 법원은 청구서가 접수된 때부터 48시간 이내에 체포되거나 구속된 피의자를 심문하고 수사 관계 서류와 증거물을 조사하여 그 청구가 이유 없다고 인정한 경우에는 결정으로 기각하고, 이유 있다고 인정한 경우에는 결정으로 체포되거나 구속된 피의자의 석방을 명하여야 한다. 심사 청구 후 피의자에 대하여 공소제기가 있는 경우에도 또한 같다.

⑤ 법원은 구속된 피의자(심사청구 후 공소제기된 사람을 포함한다)에 대하여 피의자의 출석을 보증할 만한 보증금의 납입을 조건으로 하여 결정으로 제4항의 석방을 명할 수 있다. 다만, 다음 각 호에 해당하는 경우에는 그러하지 아니하다.
1. 범죄의 증거를 인멸할 염려가 있다고 믿을 만한 충분한 이유가 있는 때
2. 피해자, 당해 사건의 재판에 필요한 사실을 알고 있다고 인정되는 사람 또는 그 친족의 생명·신체나 재산에 해를 가하거나 가할 염려가 있다고 믿을 만한 충분한 이유가 있는 때

⑥ 제5항의 석방 결정을 하는 경우에는 주거의 제한, 법원 또는 검사가 지정하는 일시·장소에 출석할 의무, 그 밖의 적당한 조건을 부가할 수 있다.
⑦ 제5항에 따라 보증금 납입을 조건으로 석방을 하는 경우에는 제99조와 제100조를 준용한다.
⑧ 제3항과 제4항의 결정에 대해서는 항고할 수 없다.
⑨ 검사·변호인·청구인은 제4항의 심문기일에 출석하여 의견을 진술할 수 있다.
⑩ 체포되거나 구속된 피의자에게 변호인이 없는 때에는 제33조를 준용한다.
⑪ 법원은 제4항의 심문을 하는 경우 공범의 분리심문이나 그 밖에 수사상의 비밀보호를 위한 적절한 조치를 하여야 한다.
⑫ 체포영장이나 구속영장을 발부한 법관은 제4항부터 제6항까지의 심문·조사·결정에 관여할 수 없다. 다만, 체포영장이나 구속영장을 발부한 법관 외에는 심문·조사·결정을 할 판사가 없는 경우에는 그러하지 아니하다.
⑬ 법원이 수사 관계 서류와 증거물을 접수한 때부터 결정 후 검찰청에 반환된 때까지의 기간은 제200조의2 제5항(제213조의2에 따라 준용되는 경우를 포함한다) 및 제200조의4 제1항을 적용할 때에는 그 제한기간에 산입하지 아니하고, 제202조·제203조 및 제205조를 적용할 때에는 그 구속기간에 산입하지 아니한다.

선생님의 TIP

체포·구속적부심사에 관한 판례는 사실상 아래 2개뿐이다.

17 체포적부심사에서 체포된 피의자를 보증금납입을 조건으로 석방할 수 있는지의 여부(소극)

형사소송법은 수사단계에서의 체포와 구속을 명백히 구별하고 있고 이에 따라 체포와 구속의 적부심사를 규정한 같은 법 제214조의2에서 체포와 구속을 서로 구별되는 개념으로 사용하고 있는바, 같은 조 제4항[25년 현재 제5항]에 기소전 보증금 납입을 조건으로 한 석방의 대상자가 '구속된 피의자'라고 명시되어 있고, 같은 법 제214조의3 제2항의 취지를 체포된 피의자에 대하여도 보증금 납입을 조건으로 한 석방이 허용되어야 한다는 근거로 보기는 어렵다 할 것이어서 **현행법상 체포된 피의자에 대하여는 보증금 납입을 조건으로 한 석방이 허용되지 않는다.**(대법원 1997. 8.27. 97모21 긴급체포적부심 사건) 체포기간은 48시간 정도이므로 보석을 인정할 실익이 거의 없다.

> 25 변호사, 25 소방간부,
> 23 경간부, 22 변호사,
> 22 경찰승진, 21 경간부,
> 20 경찰승진, 20 국가9급,
> 19 국가9급, 18 경간부,
> 18 국가9급, 16 변호사

18 보증금납입조건부석방(피의자보석) 결정에 대하여 불복할 수 있는지의 여부(=보통항고)

기소 후 보석결정에 대하여 항고가 인정되는 점에 비추어 그 보석결정과 성질 및 내용이 유사한 기소전 보증금납입조건부 석방결정에 대하여도 항고할 수 있도록 하는 것이 균형에 맞는 측면도 있으므로 **형사소송법 제214조의2 제4항[25년 현재 제214조의2 제5항]의 석방결정에 대하여는 피의자나 검사가 그 취소의 실익이 있는 한 제402조에 의하여 항고할 수 있다.**(대법원 1997. 8.27. 97모21 긴급체포적부심 사건) 형사소송법 제214조의2 제8항은 "제3항과 제4항의 결정에 대해서는 항고할 수 없다."라고 하여 피의자보석에 관한 제5항은 이에서 제외하고 있다.

> 25 변호사, 25 소방간부,
> 24 경찰승진, 23 변호사,
> 23 경찰채용, 22 경찰승진,
> 21 변호사, 21 국가9급,
> 19 변호사, 19 국가9급,
> 15 국가7급

형사소송법(2025. 3.18. 법률 제20796호로 일부개정된 것)

제94조【보석의 청구】 피고인, 피고인의 변호인·법정대리인·배우자·직계친족·형제자매·가족·동거인 또는 고용주는 법원에 구속된 피고인의 보석을 청구할 수 있다.

제95조【필요적 보석】 보석의 청구가 있는 때에는 다음 이외의 경우에는 보석을 허가하여야 한다.
1. 피고인이 사형, 무기 또는 장기 10년이 넘는 징역이나 금고에 해당하는 죄를 범한 때
2. 피고인이 누범에 해당하거나 상습범인 죄를 범한 때
3. 피고인이 죄증을 인멸하거나 인멸할 염려가 있다고 믿을 만한 충분한 이유가 있는 때
4. 피고인이 도망하거나 도망할 염려가 있다고 믿을 만한 충분한 이유가 있는 때
5. 피고인의 주거가 분명하지 아니한 때
6. 피고인이 피해자, 당해 사건의 재판에 필요한 사실을 알고 있다고 인정되는 자 또는 그 친족의 생명·신체나 재산에 해를 가하거나 가할 염려가 있다고 믿을만한 충분한 이유가 있는 때

제96조【임의적 보석】 법원은 제95조의 규정에 불구하고 상당한 이유가 있는 때에는 직권 또는 제94조에 규정한 자의 청구에 의하여 결정으로 보석을 허가할 수 있다.

제97조【보석, 구속의 취소와 검사의 의견】 ① 재판장은 보석에 관한 결정을 하기 전에 검사의 의견을 물어야 한다.
② 구속의 취소에 관한 결정을 함에 있어서도 검사의 청구에 의하거나 급속을 요하는 경우외에는 제1항과 같다.
③ 검사는 제1항 및 제2항에 따른 의견요청에 대하여 지체 없이 의견을 표명하여야 한다.

제102조【보석조건의 변경과 취소 등】 ① 법원은 직권 또는 제94조에 규정된 자의 신청에 따라 결정으로 피고인의 보석조건을 변경하거나 일정기간 동안 당해 조건의 이행을 유예할 수 있다.
② 법원은 피고인이 다음 각 호의 어느 하나에 해당하는 경우에는 직권 또는 검사의 청구에 따라 결정으로 보석 또는 구속의 집행정지를 취소할 수 있다. 다만, 제101조 제4항에 따른 구속영장의 집행정지는 그 회기 중 취소하지 못한다.
1. 도망한 때
2. 도망하거나 죄증을 인멸할 염려가 있다고 믿을 만한 충분한 이유가 있는 때
3. 소환을 받고 정당한 사유 없이 출석하지 아니한 때
4. 피해자, 당해 사건의 재판에 필요한 사실을 알고 있다고 인정되는 자 또는 그 친족의 생명·신체·재산에 해를 가하거나 가할 염려가 있다고 믿을 만한 충분한 이유가 있는 때
5. 법원이 정한 조건을 위반한 때

제103조【보증금 등의 몰취】 ① 법원은 보석을 취소하는 때에는 직권 또는 검사의 청구에 따라 결정으로 보증금 또는 담보의 전부 또는 일부를 몰취할 수 있다.
② 법원은 보증금의 납입 또는 담보제공을 조건으로 석방된 피고인이 동일한 범죄사실에 관하여 형의 선고를 받고 그 판결이 확정된 후 집행하기 위한 소환을 받고 정당한 사유 없이 출석하지 아니하거나 도망한 때에는 직권 또는 검사의 청구에 따라 결정으로 보증금 또는 담보의 전부 또는 일부를 몰취하여야 한다.

형사소송규칙(2025. 2.28. 대법원규칙 제3202호로 일부개정된 것)

제56조【보석 등의 취소에 의한 재구금절차】 ① 법 제102조 제2항에 따른 보석취소 또는 구속집행정지취소의 결정이 있는 때 또는 기간을 정한 구속집행정지결정의 기간이 만료된 때에는 검사는 그 취소결정의 등본 또는 기간을 정한 구속집행정지결정의 등본에 의하여 피고인을 재구금하여야 한다. 다만, 급속을 요하는 경우에는 재판장, 수명법관 또는 수탁판사가 재구금을 지휘할 수 있다.
② 제1항 단서의 경우에는 법원사무관등에게 그 집행을 명할 수 있다. 이 경우에 법원사무관등은 그 집행에 관하여 필요한 때에는 사법경찰관리 또는 교도관에게 보조를 요구할 수 있으며 관할구역외에서도 집행할 수 있다.

> **선생님의 TIP**
> 아래 보석에 관한 판례들이 가끔 시험에 출제된다.

19 집행유예기간 중에 있는 피고인에 대하여 보석을 허가할 수 있는지의 여부(적극)

피고인이 집행유예의 기간 중에 있어 집행유예의 결격자라고 하여 보석을 허가할 수 없는 것은 아니고 형사소송법 제95조는 그 제1 내지 5호[25년 현재 제95조 제1 내지 6호] 이외의 경우에는 필요적으로 보석을 허가하여야 한다는 것이지, 여기에 해당하는 경우에는 보석을 허가하지 아니할 것을 규정한 것이 아니므로 **집행유예기간 중에 있는 피고인의 보석을 허가한 것이** 누범과 상습범에 대하여는 보석을 허가하지 아니할 수 있다는 형사소송법 제95조 제2호의 취지에 위배되어 위법이라고 할 수 없다.(대법원 1990. 4. 18. 90모22 집행유예 결격자 보석허가 사건) 집행유예의 결격자가 반드시 누범이나 상습범인 것은 아니다. 집행유예 결격사유에 대하여는 「NEW 트렌드 형법 판례」를 참고하기 바란다.

▶ 24 경찰승진, 23 국가7급, 23 법원9급, 21 소방간부, 19 경찰채용, 18 법원9급, 18 소방간부, 16 경찰승진

20 검사의 의견청취절차를 거치지 아니한 보석허가결정의 효력(한정적극)

검사의 의견청취의 절차는 보석에 관한 결정의 본질적 부분이 되는 것은 아니므로 **설사 법원이 검사의 의견을 듣지 아니한 채 보석에 관한 결정을 하였다고 하더라도 그 결정이 적정한 이상 절차상의 하자만을 들어 그 결정을 취소할 수는 없다.**(대법원 1997.11.27. 97모88 검사 의견청취X 사건)

▶ 25 법원9급, 24 경찰승진, 23 법원9급, 21 국가7급, 21 소방간부, 19 경찰채용, 18 국가7급, 17 법원9급

21 보석보증금 몰수결정은 반드시 보석취소와 동시에 해야 하는지의 여부(소극)

보석보증금이 소송절차 진행 중의 피고인의 출석을 담보하는 기능 외에 형 확정 후의 형 집행을 위한 출석을 담보하는 기능도 담당하는 것이고 형사소송법 제102조 제2항[25년 현재 제103조 제1항]의 규정에 의한 보증금몰수결정은 반드시 보석취소결정과 동시에 하여야만 하는 것이 아니라 보석취소결정 후에 별도로 할 수도 있다.(대법원 2002. 5.17. 2001모53 보증금몰수 관할 오인사건)

▶ 23 법원9급, 19 경찰채용, 19 법원9급, 16 변호사, 16 국가9급

22 보석취소와 피고인 재구금 절차

보석허가결정의 취소는 그 취소결정을 고지하거나 결정 법원에 대응하는 검찰청 검사에게 **결정서를 교부 또는 송달함으로써 즉시 집행할 수 있는 것이고, 그 결정등본이 피고인에게 송달 또는 고지되어야 집행할 수 있는 것은 아니다.**(대법원 1983. 4.21. 83모19 보석취소 피고인 재구금 사건) 재판의 집행은 검사가 하는 것이 원칙이다.

▶ 19 경찰채용

> 형사소송법(2025. 3.18. 법률 제20796호로 일부개정된 것)
>
> 제93조【구속의 취소】 구속의 사유가 없거나 소멸된 때에는 법원은 직권 또는 검사, 피고인, 변호인과 제30조 제2항에 규정한 자의 청구에 의하여 결정으로 구속을 취소하여야 한다.
> 제97조【보석, 구속의 취소와 검사의 의견】 ④ 구속을 취소하는 결정에 대하여는 검사는 즉시항고를 할 수 있다.
> 제101조【구속의 집행정지】 ① 법원은 상당한 이유가 있는 때에는 결정으로 구속된 피고인을 친족·보호단체 기타 적당한 자에게 부탁하거나 피고인의 주거를 제한하여 구속의 집행을 정지할 수 있다.
> ② 전항의 결정을 함에는 검사의 의견을 물어야 한다. 단, 급속을 요하는 경우에는 그러하지 아니하다.
> ▶
> 제410조【즉시항고와 집행정지의 효력】 즉시항고의 제기기간 내와 그 제기가 있는 때에는 재판의 집행은 정지된다[8].

선생님의 TIP

구속의 취소나 구속의 집행정지에 관한 판례가 의외로 많지 않고 그 때문에 사실상 시험에 출제되지도 않는다(조문은 물론 시험에 출제된다). 2025년 3월 7일 서울중앙지방법원 형사합의25부(재판장 지귀연 부장판사)는 윤석열 전(前)대통령에 대하여 구속취소결정을 한 바가 있다. 몇 개 되지 않는 판례를 아래 이미지 3개로 갈음한다.

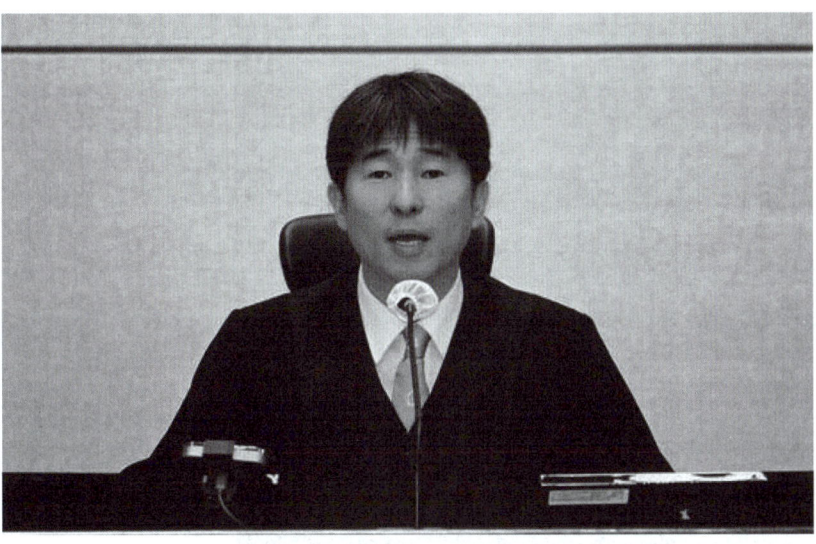

윤석열 전(前)대통령 대하여 구속취소결정을 한 지귀연 서울중앙지방법원 부장판사
<이미지 출처 – JTBC(https://v.daum.net/v/20250522114409032)>

---

[8] 형사소송법 제97조 제4항에 의할 때 윤석열 전(前)대통령에 대한 구속취소결정에 대하여 즉시항고할 수 있다. 또한 그 기간(7일) 내에는 재판의 집행이 정지되는데, 여기서 재판의 집행이란 바로 '윤 전대통령의 석방'을 말한다. 따라서 구속취소 결정일인 2025. 3. 7.부터 즉시항고를 제기할 수 있는 2025. 3.14. 24:00까지 윤 전대통령을 석방해서는 안 되지만, 심우정 검찰총장이 즉시항고권을 포기하였다.

구속취소결정이 있자마자 즉시항고권을 포기하고 윤 전(前)대통령을 석방한 심우정 검찰총장
<이미지 출처 - 한국경제(https://v.daum.net/v/20250310091104899)>

석방(구속취소)된 후 지지자들에게 손을 흔들며 인사하는 윤 전(前)대통령
<이미지 출처 - 동아일보(https://www.donga.com/news/Society/article/all/20250308/131167437/1)>

제 2 절 | 압수·수색과 검증

> **선생님의 TIP**
>
> 1. 형사소송법에서 최근의 대세 내지 트렌드는 압수·수색, 특히 전자정보 압수·수색과 이와 관련된 위법수집증거배제법칙이다. 영장에 의하든 영장에 의하지 않든 도대체 압수·수색의 범위가 어디까지인지, 적법하게 압수한 것인지, 위법하게 압수한 것이지만 그것이 적법절차의 실질적인 내용을 침해한 것인지 등은 형사소송법의 신(神)이 와도 판단하기 어려울 것이다. '검증'은 판례가 거의 없으므로 시험과 관련해서는 사실상 무시해도 된다. 따라서 이 교재에서는 '압수·수색'만 논하는 것을 원칙으로 한다.
> 2. 이 교재를 통하여 판례를 완벽히 설명하고 학생분을 이해시키는 데에는 한계가 있다. 복잡한 사실관계을 알아야 비로소 이해되는 판례가 상당히 많기 때문이다. 이에 대하여 저자가 별도 연구자료인 「윤경근 선생님의 압수·수색 완전정복 자료[1]」를 아래 카페에 올려 놓았으므로 좀 더 깊이 있는 공부를 위해서라면 보기 바란다.
> 3. 중복되는 듯한 판례가 많지만 압수·수색에 관한 판례가 시험에 출제가 잘 되기 때문에 반복해서 읽어야 한다.
>
> — DAUM 또는 NAVER 카페 "윤경근 선생님의 민형사법 교실" —

I 일반원칙

1. 적법절차의 원칙

01 압수·수색과 적법절차의 원칙 관련 판례 I

우리 헌법은 '누구든지 법률에 의하지 아니하고는 체포·구속·압수·수색 또는 심문을 받지 아니하며, 법률과 적법한 절차에 의하지 아니하고는 처벌·보안처분 또는 강제노역을 받지 아니한다.'(제12조 제1항 후문), '체포·구속·압수 또는 수색을 할 때에는 적법한 절차에 따라 검사의 신청에 의하여 법관이 발부한 영장을 제시하여야 한다.'(제12조 제3항 본문)라고 정하여 압수·수색에 관한 적법절차와 영장주의의 근간을 선언하고 있다. 형사소송법은 이와 같은 헌법 정신을 이어받아 압수·수색절차에 관한 다양한 구체적 기준을 마련하였다. 특히 형사소송법은 제121조, 제219조에서 압수·수색 절차에서 피고인과 피의자의 참여권 일반을 정하는 한편 제123조, 제219조에서 압수·수색이 이루어지는 장소의 특수성을 고려하여 특정 장소에서 압수·수색영장을 집행할 때는 그 장소의 책임자가 참여하게 함으로써 압수·수색영장의 집행과정에서 절차적 권리로서의 참여권이 적법절차와 영장주의의 이념을 실질적으로 구현하는 장치로 기능하도록 하였다. 이와 같이 기본권 보장을 위하여 압수·수색에 관한 적법절차와 영장주의의 근간을 선언한 헌법과 실체적 진실 규명과 개인의 권리보호 이념을 조화롭게 실현할 수 있도록 그 구체적인 절차를 정하고 있는 형사소송법의 규범력은 확고히 유지되어야 하고, 참여권에 관한 규정을 비롯하여 형사소송법이 정한 압수·수색절차에 관한 구체적 규정들은 헌법 원칙인 적법절차와 영장주의를 구현하는 관점에 따라 해석·실현되어야 한다.(대법원 2024. 10. 8. 2020도11223 이른바 참여능력 사건)

---

[1] 사례와 실력문제·기출문제를 포함한 자료이다.

02 압수·수색과 적법절차의 원칙 관련 판례 II

1. 수사기관이 압수 또는 수색을 할 때에는 **처분을 받는 사람에게 반드시 적법한 절차에 따라 법관이 발부한 영장을 사전에 제시하여야 하고 처분을 받는 자가 피의자인 경우에는 영장 사본을 교부하여야 하며, 피의자·피압수자 또는 변호인(이하 '피의자 등'이라 한다)은 압수·수색영장의 집행에 참여할 권리가 있으므로 수사기관이 압수·수색영장을 집행할 때에도 원칙적으로는 피의자 등에게 미리 집행의 일시와 장소를 통지하여야 하고, 수사기관은 압수영장을 집행한 직후에 압수목록을 곧바로 작성하여 압수한 물건의 소유자·소지자·보관자 기타 이에 준하는 사람에게 교부하여야 한다.** 헌법과 형사소송법이 정한 절차와 관련 규정, 그 입법 취지 등을 충실히 구현하기 위하여 수사기관은 압수·수색영장의 집행기관으로서 피압수자로 하여금 법관이 발부한 영장에 의한 압수·수색이라는 강제처분이 이루어진다는 사실을 확인할 수 있도록 형사소송법이 압수·수색영장에 필요적으로 기재하도록 정한 사항이나 그와 일체를 이루는 내용까지 구체적으로 충분히 인식할 수 있는 방법으로 압수·수색영장을 제시하고 피의자에게는 그 사본까지 교부하여야 하며, 증거인멸의 가능성이 최소화됨을 전제로 영장 집행 과정에 대한 참여권이 충실히 보장될 수 있도록 사전에 피의자 등에 대하여 집행 일시와 장소를 통지하여야 함은 물론 피의자 등의 참여권이 형해화되지 않도록 그 통지의무의 예외로 규정된 '피의자 등이 참여하지 아니한다는 의사를 명시한 때 또는 급속을 요하는 때'라는 사유를 엄격하게 해석하여야 한다.(대법원 2023.10.18. 2023도8752 원주경찰서 셀프·짜깁기 압수·수색 사건)

2. (1) 강제수사는 범죄수사 목적을 위하여 필요 최소한의 범위 내에서만 이루어져야 하므로(형사소송법 제199조 제1항), 수사기관의 압수·수색 또한 범죄수사에 필요한 경우에 한하여 피의자가 죄를 범하였다고 의심할 만한 정황이 있고 해당 사건과 관계가 있다고 인정할 수 있는 것에 한정하여 이루어져야 한다(형사소송법 제215조). 수사기관이 압수 또는 수색을 할 때에는 **처분을 받는 사람에게 반드시 적법한 절차에 따라 법관이 발부한 영장을 사전에 제시하여야 하고**(헌법 제12조 제3항 본문, 형사소송법 제219조 및 제118조), 피의자·피압수자 또는 변호인(이하 '피의자 등'이라 한다)은 압수·수색영장의 집행에 참여할 권리가 있으므로(형사소송법 제219조, 제121조) 수사기관이 압수·수색영장을 집행할 때에도 원칙적으로는 피의자 등에게 미리 집행의 일시와 장소를 통지하여야 한다(형사소송법 제219조, 제122조). 한편 수사기관은 압수영장을 집행한 직후에 압수목록을 곧바로 작성하여 압수한 물건의 소유자·소지자·보관자 기타 이에 준하는 사람에게 교부하여야 한다(형사소송법 제219조, 제129조). (2) 헌법과 형사소송법이 정한 이러한 규정의 체계·내용을 종합하여 보면 압수·수색영장은 수사기관의 범죄수사 목적을 위하여 필요한 최소한의 범위 내에서만 신청·청구·발부되어야 하고, 이를 전제로 한 수사기관의 압수·수색영장 집행에 대한 사전적 통제수단으로 ① 압수·수색의 대상자에게 집행 이전에 반드시 영장을 제시하도록 함으로써 법관이 발부한 영장 없이 압수·수색을 하는 것을 방지하여 **영장주의 원칙을 절차적으로 보장**하고, 압수·수색영장에 기재된 물건·장소·신체에 한정하여 압수·수색이 이루어질 수 있도록 함으로써 **개인의 사생활과 재산권의 침해를 최소화**하며 ② 피의자 등에게 미리 압수·수색영장의 집행 일시와 장소를 통지함

> 25 소방간부

으로써 압수·수색영장의 집행 과정에 대한 참여권을 실질적으로 보장하고, 나아가 압수·수색영장의 집행 과정에서 피의사실과 관련성이 있는 압수물의 범위가 부당하게 확대되는 것을 방지함으로써 영장 집행절차의 적법성·적정성을 확보하도록 하였다. (3) 또한 수사기관의 압수·수색영장 집행에 대한 사후적 통제수단 및 피의자 등의 신속한 구제절차로 마련된 준항고 등(형사소송법 제417조)을 통한 불복의 기회를 실질적으로 보장하기 위하여 수사기관으로 하여금 압수·수색영장의 집행을 종료한 직후에 압수목록을 작성·교부할 의무를 규정하였다. (4) 헌법과 형사소송법이 정한 절차와 관련 규정, 그 입법 취지 등을 충실히 구현하기 위하여 수사기관은 압수·수색영장의 집행기관으로서 피압수자로 하여금 법관이 발부한 영장에 의한 압수·수색이라는 강제처분이 이루어진다는 사실을 확인할 수 있도록 형사소송법이 압수·수색영장에 필요적으로 기재하도록 정한 사항이나 그와 일체를 이루는 내용까지 구체적으로 충분히 인식할 수 있는 방법으로 압수·수색영장을 제시하여야 하고, 증거인멸의 가능성이 최소화됨을 전제로 영장 집행과정에 대한 참여권이 충실히 보장될 수 있도록 사전에 피의자 등에 대하여 집행 일시와 장소를 통지하여야 함은 물론 피의자 등의 참여권이 형해화되지 않도록 그 통지의무의 예외로 규정된 '피의자 등이 참여하지 아니한다는 의사를 명시한 때 또는 급속을 요하는 때'라는 사유를 엄격하게 해석하여야 하며, 준항고 등을 통한 권리구제가 신속하면서도 실질적으로 이루어질 수 있도록 압수목록을 작성할 때 압수방법·장소·대상자별로 명확히 구분하여 압수물의 품종·종류·명칭·수량·외형상 특징 등을 최대한 구체적이고 정확하게 특정하여 기재하여야 한다.(대법원 2022. 7. 14. 2019모2584 엉망진창 압수·수색 사건) 이렇게 판례가 같은 말을 두 번 세 번 반복한 이유는 그만큼 압수·수색절차가 완전히 엉망이었기 때문이다. '법적 절차'라는 개념을 상실한 사건이었다. 대법관이 약간 열받은 느낌도 있다.

2. 비례의 원칙

> **형사소송법(2025. 3.18. 법률 제20796호로 일부개정된 것)**
>
> 제199조【수사와 필요한 조사】① 수사에 관하여는 그 목적을 달성하기 위하여 필요한 조사를 할 수 있다. 다만, 강제처분은 이 법률에 특별한 규정이 있는 경우에 한하며 필요한 최소한도의 범위 안에서만 하여야 한다.
> 제106조【압수】① 법원은 필요한 때에는 피고사건과 관계가 있다고 인정할 수 있는 것에 한정하여 증거물 또는 몰수할 것으로 사료하는 물건을 압수할 수 있다. 단, 법률에 다른 규정이 있는 때에는 예외로 한다.
> 제215조【압수, 수색, 검증】① 검사는 범죄수사에 필요한 때에는 피의자가 죄를 범하였다고 의심할 만한 정황이 있고 해당 사건과 관계가 있다고 인정할 수 있는 것에 한정하여 지방법원판사에게 청구하여 발부받은 영장에 의하여 압수, 수색 또는 검증을 할 수 있다.
> ② 사법경찰관이 범죄수사에 필요한 때에는 피의자가 죄를 범하였다고 의심할 만한 정황이 있고 해당 사건과 관계가 있다고 인정할 수 있는 것에 한정하여 검사에게 신청하여 검사의 청구로 지방법원판사가 발부한 영장에 의하여 압수, 수색 또는 검증을 할 수 있다.

> **선생님의 TIP**
>
> 압수·수색도 국가 공권력의 행사이므로 당연히 비례의 원칙이 준수되어야 한다. 형사소송법 조문상 필요성의 원칙이라고 할 수도 있지만, 일반적으로 비례의 원칙이라는 용어가 사용된다.

03 압수·수색과 비례의 원칙

형사소송법 제215조에 의하면 검사나 사법경찰관이 범죄수사에 필요한 때에는 영장에 의하여 압수를 할 수 있으나, 여기서 '범죄수사에 필요한 때'라 함은 단지 수사를 위해 필요할 뿐만 아니라 강제처분으로서 압수를 행하지 않으면 수사의 목적을 달성할 수 없는 경우를 말하고 그 필요성이 인정되는 경우에도 무제한적으로 허용되는 것은 아니며, 압수물이 증거물 내지 몰수하여야 할 물건으로 보이는 것이라 하더라도 범죄의 형태나 경중, 압수물의 증거가치 및 중요성, 증거인멸의 우려 유무, 압수로 인하여 피압수자가 받을 불이익의 정도 등 제반 사정을 종합적으로 고려하여 판단해야 한다.(대법원 2004. 3. 23. 2003모126 공장 싹쓸이 압수사건) 2025년 현재와는 형사소송법 제215조 조문 내용이 달랐던 시기의 판례이다. [4] 판례 참고

> 17 경간부

04 비례의 원칙에 위반한 위법한 압수·수색에 해당하는 경우

원심은 검사가 피의자들의 폐수무단방류 혐의가 인정된다는 이유로 피의자들의 공장부지, 건물, 기계류 일체 및 폐수운반차량 7대에 대하여 한 압수처분은 수사상의 필요에서 행하는 압수의 본래의 취지를 넘는 것으로 상당성이 없을 뿐만 아니라 비례성의 원칙에 위배되어 위법하다고 판단하였는바 원심의 위와 같은 판단은 정당하다.(대법원 2004. 3. 23. 2003모126 공장 싹쓸이 압수사건)

> 17 경간부, 15 경찰채용

05 전자정보 압수·수색과 비례의 원칙

오늘날 개인 또는 기업의 업무는 컴퓨터나 서버, 저장매체가 탑재된 정보처리장치 없이 유지되기 어려운데, 전자정보가 저장된 각종 저장매체는 대부분 대용량이어서 수사의 대상이 된 범죄혐의와 관련이 없는 개인의 일상생활이나 기업경영에 관한 정보가 광범위하게 포함되어 있다. 이러한 전자정보에 대한 수사기관의 압수·수색은 사생활의 비밀과 자유, 정보에 대한 자기결정권, 재산권 등을 침해할 우려가 크므로 포괄적으로 이루어져서는 안 되고, 비례의 원칙에 따라 수사의 목적상 필요한 최소한의 범위 내에서 이루어져야 한다.(대법원 2021. 11. 18. 2016도348 숭숙 대학교수 제자들 추행·촬영 사건)

> 25 소방간부, 21 법원9급

3. 관련성의 원칙

형사소송법(2025. 3.18. 법률 제20796호로 일부개정된 것)

제106조【압수】① 법원은 필요한 때에는 <u>피고사건과 관계가 있다고 인정할 수 있는 것에 한정하여</u> 증거물 또는 몰수할 것으로 사료하는 물건을 압수할 수 있다. 단, 법률에 다른 규정이 있는 때에는 예외로 한다. 〈아래칸 과거 형사소송법 조문과 비교할 것〉

제215조【압수, 수색, 검증】① 검사는 범죄수사에 필요한 때에는 피의자가 죄를 범하였다고 의심할 만한 정황이 있고 <u>해당 사건과 관계가 있다고 인정할 수 있는 것에 한정하여</u> 지방법원판사에게 청구하여 발부받은 영장에 의하여 압수, 수색 또는 검증을 할 수 있다.
② 사법경찰관이 범죄수사에 필요한 때에는 피의자가 죄를 범하였다고 의심할 만한 정황이 있고 <u>해당 사건과 관계가 있다고 인정할 수 있는 것에 한정하여</u> 검사에게 신청하여 검사의 청구로 지방법원판사가 발부한 영장에 의하여 압수, 수색 또는 검증을 할 수 있다.

형사소송법(2011. 7.18. 법률 제10864호로 일부개정되기 전의 것)

제106조【압수】① 법원은 필요한 때에는 증거물 또는 몰수할 것으로 사료하는 물건을 압수할 수 있다. 단, 법률에 다른 규정이 있는 때에는 예외로 한다.

제215조【압수, 수색, 검증】① 검사는 범죄수사에 필요한 때에는 지방법원판사에게 청구하여 발부받은 영장에 의하여 압수, 수색 또는 검증을 할 수 있다.
② 사법경찰관이 범죄수사에 필요한 때에는 검사에게 신청하여 검사의 청구로 지방법원판사가 발부한 영장에 의하여 압수, 수색 또는 검증을 할 수 있다.

(1) 관련성의 원칙 일반론

> **선생님의 TIP**
>
> 압수·수색영장에는 <u>혐의사실</u>[2]이 기재되는데(아래 [서식 및 사례]에서 보듯이 이를 '<u>압수·수색을 요하는 사유</u>'라고 한다), 만약 여기에 강간 혐의사실이 기재되어 있다면 당연히 '강간 혐의사실'과 관련된 증거물이나 몰수물을 압수하여야 하고, 이와 다른 혐의사실 예를 들어 '횡령 혐의사실'과 관련된 증거물이나 몰수물을 압수할 수는 없다. 후자의 경우 영장 없이 압수한 결과가 되어 특별한 사정이 없는 한 그 압수물은 유죄 인정의 증거로 사용할 수 없다. 이를 관련성의 원칙 또는 관련성의 법리라고 하고[3] 다른 말로 하면 영장주의라고도 할 수 있다. 아래 판례들은 2011. 7.18. 개정 형사소송법 시행 이후에 판시된 것이다.

---

[2] 판례는 범죄사실, 혐의사실 또는 범죄혐의사실이라는 용어를 혼용하고 있다. 이 책에서는 '혐의사실'로 통일하는 것을 원칙으로 하였다.
[3] 판례는 이를 '관련성의 제한'이라고 한다.(대법원 2024. 7.25. 2021도1181 SSD 카드 투척사건 참고) 다만 이 책에서는 용어의 통일을 위하여 '관련성의 원칙'이라고 하겠다. 학설이나 판례가 '영장주의의 원칙'라는 용어를 사용하지 '영장주의의 제한'이라는 용어를 사용하지 않는 것과 같은 맥락이다.

| 서식 | 압수·수색·검증영장[4] |

압수·수색·검증영장

【일반용】

영장번호	20X5 - 1224		죄 명	강간, 카메라등이용촬영
피의자	성 명	남궁한	직 업	회사원
	주민등록번호	97042X - 1X60157		
	주 거	경기도 고양시 덕양구 북한동 산1-1		
청구한 검사	노정원		변 호 인	
압수·수색·검증을 요하는 사유	별지 기재와 같다.		유효기간[5]	20X5. 6. 20. 24:00까지
수색·검증할 장소, 신체, 물건	피의자의 신체 및 주거			
압수할 물건	정보처리장치(컴퓨터, 노트북, 테블릿 등) 및 정보저장매체(USB, 외장하드 등)에 저장되어 있는 본 건 범죄사실 관련 전자정보		작성기간(압수·수색할 물건이 전기통신인 경우)	
일부기각 및 기각의 취지	□ 장소 □ 신체 □ 물건 □ 압수방법제한 □ 기타( )			

위 사건의 범죄수사에 필요하고 피의자가 죄를 범하였다고 의심할만한 정황이 있으며 해당 사건과 관계가 있다고 인정할 수 있으므로 위와 같이 압수·수색·검증을 한다. 유효기간을 경과하면 집행에 착수하지 못하며 영장을 반환하여야 한다.

20X5. 6. 13. 판사 이슬 (인)

집행일시	20 . . . :	집행장소	
집행불능사유			
처리자의 소속 관서, 관직		처리자 기명·날인	

---

4 형사소송법 제215조 제1항·제2항에 의하여 검사가 판사에게 압수·수색·검증영장을 청구했을 때 판사가 발부하는 영장이다.
5 영장집행에 착수할 수 있는 종기(終期)를 의미한다.

06 영장 기재 혐의사실과 관련성을 인정할 수 있는 경우 증거능력을 인정할 수 있는지의 여부 (적극)

영장 발부의 사유로 된 범죄혐의사실과 무관한 별개의 증거를 압수하였을 경우 이는 원칙적으로 유죄 인정의 증거로 사용할 수 없다. 그러나 압수·수색의 목적이 된 범죄나 이와 관련된 범죄의 경우에는 그 압수·수색의 결과를 유죄의 증거로 사용할 수 있다.(대법원 2022. 12. 29. 2018도3119 전자진료차트 사건)

▶ 22 국가9급, 21 소방간부, 21 법원9급, 20 소방간부

07 영장 기재 혐의사실과 관련성을 인정할 수 없는 경우 증거능력을 인정할 수 있는지의 여부 (소극)

1. 영장 발부의 사유로 된 범죄혐의사실과 관련된 증거가 아니라면 적법한 압수·수색이 아니므로 영장 발부의 사유로 된 범죄혐의사실과 무관한 별개의 증거를 압수하였을 경우 이는 원칙적으로 유죄 인정의 증거로 사용할 수 없다.(대법원 2018. 4. 26. 2018도2624 정호성 비서관 사건)

▶ 23 경찰승진, 21 변호사, 19 법원9급

2. 압수·수색은 영장 발부의 사유로 된 범죄혐의사실과 관련된 증거에 한하여 할 수 있는 것이므로 영장 발부의 사유로 된 범죄혐의사실과 무관한 별개의 증거를 압수하였을 경우 이는 원칙적으로 유죄 인정의 증거로 사용할 수 없다. 다만 수사기관이 그 별개의 증거를 피압수자 등에게 환부하고 후에 이를 임의제출받아 다시 압수하였다면 그 증거를 압수한 최초의 절차 위반행위와 최종적인 증거수집 사이의 인과관계가 단절되었다고 평가할 수 있는 사정이 될 수 있으나 환부 후 다시 제출하는 과정에서 수사기관의 우월적 지위에 의하여 임의제출의 명목으로 실질적으로 강제적인 압수가 행하여질 수 있으므로 그 제출에 임의성이 있다는 점에 관하여는 검사가 합리적 의심을 배제할 수 있을 정도로 증명하여야 하고, 임의로 제출된 것이라고 볼 수 없는 경우에는 그 증거능력을 인정할 수 없다.(대법원 2016. 3. 10. 2013도11233 광우병의심 소고기 유통사건)

▶ 23 경찰승진, 23 국가7급, 21 경찰채용, 20 국가7급, 18 국가9급, 18 법원9급, 17 국가7급, 16 국가7급

▶

3. 헌법 제12조의 영장주의와 형사소송법 제199조 제1항 단서의 강제처분 법정주의는 수사기관의 증거수집뿐만 아니라 강제처분을 통하여 획득한 증거의 사용까지 아우르는 형사절차의 기본원칙이다. 따라서 수사기관은 영장 발부의 사유로 된 범죄혐의사실과 관계가 없는 증거를 압수할 수 없고, 별도의 영장을 발부받지 아니하고서는 압수물 또는 압수한 정보를 그 압수의 근거가 된 압수·수색영장 혐의사실과 관계가 없는 범죄의 유죄 증거로 사용할 수 없다.(대법원 2023. 6. 1. 2018도18866 불법압수 메모지 2장 사건)

▶ 24 경찰채용

▶

4. 수사기관은 영장 발부의 사유로 된 범죄 혐의사실과 관계가 없는 증거를 압수할 수 없고, 별도의 영장을 발부받지 아니하고서는 압수물 또는 압수한 정보를 그 압수의 근거가 된 압수·수색영장 혐의사실과 관계가 없는 범죄의 유죄 증거로 사용할 수 없다. 증거 수집단계의 관련성과 증거 사용을 위한 관련성은 구분되므로 수사기관이 영장 집행 당시까지 알거나 알 수 있었던 사정에 비추어 관련성을 인정할 수 있는 물건 등을 압수하였다면 그 후 관련성을 부정하는 사정이 밝혀졌다고 하더라도 이미 이루어진 압수처분이 곧바로 위법하게 된다고 할 수는 없다.(대법원 2025. 2. 27. 2021도8284 국방전비태세검열단 검열관 사건)

(2) 관련성 여부의 판단

1) 영장에 의한 압수의 경우

> **선생님의 TIP**
>
> 압수·수색영장에 기재된 혐의사실(예를 들어 필로폰 수수)과 전혀 무관한 혐의사실(예를 들어 횡령)에 대한 증거물이나 몰수물은 압수할 수 없다는 점은 앞에서 본 바와 같다. 그러나 압수·수색영장에 기재된 혐의사실(예를 들어 필로폰 수수)과 관련된 혐의사실(예를 들어 필로폰 투약)에 대한 증거물이나 몰수물은 압수할 수 있는데, 이때 어느 정도 관련성이 있어야 하는지 약간 애매한 면이 있다. 아래에서 보듯이 판례는 관련성을 비교적 넓게 해석하고 있다. 물론 사건마다 약간씩의 차이는 있다.

08 압수·수색에 있어 '영장 기재 혐의사실과의 객관적 관련성'의 의미 및 판단기준 I

압수의 대상을 압수·수색영장의 범죄사실 자체와 직접적으로 연관된 물건에 한정할 것은 아니고 압수·수색영장의 범죄사실과 기본적 사실관계가 동일한 범행 또는 동종·유사의 범행과 관련된다고 의심할 만한 상당한 이유가 있는 범위 내에서는 압수를 실시할 수 있다. 그리고 피의자와 사이의 인적 관련성은 압수·수색영장에 기재된 대상자의 공동정범이나 교사범 등 공범이나 간접정범은 물론 필요적 공범 등에 대한 피고사건에 대해서도 인정될 수 있다.(대법원 2018.10.12. 2018도6252 부정 당내경선운동 사건) 아래 [9] 판례들(특히 밑줄 부분)과는 약간 뉘앙스가 다르다. 아래 [9] 판례와 같이 판시한 경우가 대부분이고 [8] 판례와 같이 판시한 것은 이것이 유일하다. 틀린 것처럼 보일지 몰라도 이 판례가 시험에 출제되면 옳은 것으로 보아야 한다. 구별의 포인트는 [8] 판례에서는 "상당한 이유가 있는 범위 내에서는"이고 [9] 판례들에서는 "단순히"이다.

▶ 24 소방간부, 22 경간부, 21 변호사, 20 국가9급

09 압수·수색에 있어 '영장 기재 혐의사실과의 객관적 관련성'의 의미 및 판단기준 II

1. 형사소송법 제215조 제1항에서 '해당 사건과 관계가 있다고 인정할 수 있는 것'은 압수·수색영장의 범죄혐의사실과 관련되고 이를 증명할 수 있는 최소한의 가치가 있는 것으로서 압수·수색영장의 범죄혐의사실과 객관적 관련성이 인정되고 압수·수색영장 대상자와 피의자 사이에 인적 관련성이 있는 경우를 뜻한다. 그 중 혐의사실과 객관적 관련성이 있는지는 압수·수색영장에 기재된 혐의사실 자체 또는 그와 기본적 사실관계가 동일한 범행과 직접 관련되어 있는 경우는 물론 범행 동기와 경위, 범행 수단과 방법, 범행 시간과 장소 등을 증명하기 위한 간접증거나 정황증거 등으로 사용될 수 있는 경우에도 인정될 수 있다. 이러한 객관적 관련성은 압수·수색영장 범죄혐의사실과 단순히 동종 또는 유사 범행에 관한 것이라는 사유만으로 인정되는 것이 아니고, 혐의사실의 내용, 수사의 대상과 경위 등을 종합하여 구체적·개별적 연관관계가 있으면 인정된다.(대법원 2021.12.30. 2019도10309 엉뚱한 몰카 발견 사건)

2. 형사소송법 제215조 제1항에서 '해당 사건과 관계가 있다고 인정할 수 있는 것'은 압수·수색영장의 범죄 혐의사실과 관련되고 이를 증명할 수 있는 최소한의 가치가 있는 것으로서 압수·수색영장의 범죄 혐의사실과 객관적 관련성이 인정되고 압수·수색영장 대상자와 피의자 사이에 인적 관련성이 있는 경우를 의미한다. 그 중 혐의사실과의 객관적

관련성은 압수·수색영장에 기재된 혐의사실 자체 또는 그와 기본적 사실관계가 동일한 범행과 직접 관련되어 있는 경우는 물론 범행 동기와 경위, 범행 수단과 방법, 범행 시간과 장소 등을 증명하기 위한 간접증거나 정황증거 등으로 사용될 수 있는 경우에도 인정될 수 있다. 이러한 객관적 관련성은 압수·수색영장 범죄 혐의사실의 내용과 수사의 대상, 수사 경위 등을 종합하여 구체적·개별적 연관관계가 있는 경우에만 인정된다고 보아야 하고, 혐의사실과 단순히 동종 또는 유사 범행에 관한 것이라는 사유만으로 객관적 관련성이 있다고 할 것은 아니다. 한편 객관적 관련성을 인정할 수 있는 구체적·개별적 연관관계가 있는 경우인지 여부는, 관련성을 요구하는 이유가 혐의사실과 완전히 무관한 별개의 범죄에 관한 증거가 압수됨으로써 헌법이 정한 적법절차의 원칙과 영장주의가 잠탈되고 궁극적으로 국민의 기본권이 침해되는 결과를 방지하기 위한 것임을 염두에 두고, 범죄의 속성, 압수·수색영장에 기재된 혐의사실의 내용, 증거의 특징, 수사의 경위, 수사기관의 인식, 추가 수사의 개연성, 압수·수색의 필요성, 압수·수색을 허용할 경우 침해될 수 있는 기본권 내지 무관정보에 대한 이익 등을 종합적으로 고려하여, 적법절차의 원칙과 실체적 진실 규명의 조화를 도모하고 이를 통하여 형사사법정의를 실현하려는 헌법과 형사소송법의 궁극적 취지가 몰각되지 않도록 신중히 판단하여야 한다. (대법원 2025. 2. 13. 2024도17385 이병노 담양군수 사건)

10 압수·수색에 있어 '영장 기재 혐의사실과의 객관적 관련성 및 인적 관련성'의 의미 및 판단기준

1. 형사소송법 제215조 제1항에서 '해당 사건과 관계가 있다'는 것은 압수·수색영장에 기재한 혐의사실과 관련되고 이를 증명할 수 있는 최소한의 가치가 있는 것으로서 압수·수색영장의 혐의사실과 사이에 객관적, 인적 관련성이 인정되는 것을 말한다. 혐의사실과의 객관적 관련성은 압수·수색영장에 기재된 혐의사실 자체 또는 그와 기본적 사실관계가 동일한 범행과 직접 관련되어 있는 경우를 의미하지만, 범행 동기와 경위, 범행 수단과 방법, 범행 시간과 장소 등을 증명하기 위한 간접증거나 정황증거 등으로 사용될 수 있는 경우에도 인정할 수 있다. 이 때 객관적 관련성은 압수·수색 영장에 기재된 혐의사실의 내용과 수사의 대상, 수사 경위 등을 종합하여 구체적·개별적 연관관계가 있는 경우에만 인정할 수 있고, 혐의사실과 단순히 동종 또는 유사 범행이라는 사유만으로 객관적 관련성이 있다고 볼 수는 없다. 그리고 피의자 또는 피고인과의 인적 관련성은 압수·수색영장에 기재된 대상자의 공동정범이나 교사범 등 공범이나 간접정범은 물론 필요적 공범 등에 대한 사건에 대해서도 인정할 수 있다. (대법원 2023. 6. 1. 2018도18866 불법압수 메모지 2장 사건) 객관적 관련성 부분은 위 [9] 판례와 중복되기 때문에 별도로 고딕체 처리를 하지 않았다.

> 24 경찰채용, 22 변호사,
> 22 국가9급, 22 법원9급,
> 21 소방간부, 20 경찰채용,
> 19 경찰채용

2. 군사법원법 제146조 제1항, 제149조 제1항이 규정하고 있는 '사건과 관계가 있다'는 것은 압수·수색영장에 기재한 혐의사실과 관련되고 이를 증명할 수 있는 최소한의 가치가 있는 것으로서 압수·수색영장의 혐의사실과 객관적, 인적 관련성이 인정되는 것을 말한다. 혐의사실과의 객관적 관련성은 압수·수색영장에 기재된 혐의사실 자체 또는

그와 기본적 사실관계가 동일한 범행과 직접 관련되어 있는 경우를 의미하지만, 범행 동기와 경위, 범행 수단과 방법, 범행 시간과 장소 등을 증명하기 위한 간접, 정황증거나 자백의 보강증거로 사용될 수 있는 경우에도 인정할 수 있다. 객관적 관련성은 압수·수색영장에 기재된 혐의사실의 내용과 수사의 대상, 수사 경위 등을 종합하여 구체적·개별적 연관관계가 있는 경우에만 인정할 수 있고, 혐의사실과 단순히 동종 또는 유사 범행이라는 사유만으로 객관적 관련성이 있다고 볼 수는 없다. 그리고 피의자 또는 피고인과의 인적 관련성은 압수·수색영장에 기재된 대상자의 공동정범이나 교사범 등 공범이나 간접정범은 물론 필요적 공범 등에 대한 사건에 대해서도 인정할 수 있다.(대법원 2025. 2.27. 2021도8284 국방전비태세검열단 검열관 사건)

11 신분적 재판권에 관하여 군사법원법 제2조가 정한 군인, 군무원 등이 아닌 사람이 소유·소지·보관하고 있는 물건도 군사법원법상 압수의 대상이 될 수 있는지의 여부 (적극)

군사법원법 제258조, 제146조 제1항은 압수의 대상을 '해당 사건과 관계가 있다고 인정할 수 있는 것에 한정하여 증거물 또는 몰수될 것으로 생각되는 물건'이라고 정하고 있고, 피의자 이외의 자가 소유·소지·보관하는 물건도 필요성이 있는 한 압수의 대상이 될 수 있다. 따라서 압수·수색영장에서 특별히 제한하지 않는 이상 신분적 재판권에 관하여 군사법원법 제2조가 정한 군인, 군무원 등이 아닌 사람이 소유·소지·보관하고 있는 물건도 해당 압수·수색영장의 범죄 혐의사실과의 관련성과 압수할 필요성이 인정되는 경우에는 군사법원법상 압수의 대상이 될 수 있다.(대법원 2025. 5. 15. 2024도16239 택지개발정보 누설 군인 사건) '군판사가' 발부한 압수·수색영장에 의하여 '민간인들로부터' 휴대전화 메신저 대화내역을 압수해도 위법이 아니라는 취지의 판례이다.

2) 임의제출물 압수의 경우

> **선생님의 TIP**
>
> 임의제출에 의한 압수의 경우 영장에 의한 압수가 아니므로 위 "(2) 1) 영장에 의한 압수의 경우" 판례의 법리가 적용되기 어렵다. 이 경우 임의제출자의 의사를 알 수 있으면 그 의사에 따라 압수의 대상이 결정되고, 의사를 알 수 없으면 임의제출에 따른 압수의 동기가 된 범죄혐의사실과 관련되고 이를 증명할 수 있는 최소한의 가치가 있는 것이 압수의 대상이 된다. 컴퓨터도 있지만 대부분 휴대폰 임의제출이 문제된다. 아래 판례들을 천천히 음미하면서 읽어보기 바란다.

12 전자정보매체 임의제출 압수에 있어 제출자의 의사확인 의무

정보저장매체와 그 안에 저장된 전자정보는 개념적으로나 기능적으로나 별도의 독자적 가치와 효용을 지닌 것으로 상호 구별될 뿐만 아니라 임의제출된 전자정보의 압수가 적법한 것은 어디까지나 제출자의 자유로운 제출 의사에 근거한 것인 이상, <u>범죄혐의사실과 관련된 전자정보와 그렇지 않은 전자정보가 혼재되어 있는 정보저장매체나 복제본을 수사기관에 임의제출하는 경우 제출자는 제출 및 압수의 대상이 되는 전자정보를 개별적으로 지정하거나 그 범위를 한정할 수 있다.</u> 이처럼 정보저장매체 내 전자정보의 임의제출 범위는 제출자의 의사에 따라 달라질 수 있는 만큼 이러한 **정보저장 매체를**

임의제출받는 수사기관은 제출자로부터 임의제출의 대상이 되는 전자정보의 범위를 확인함으로써 압수의 범위를 명확히 특정하여야 한다.(대법원 2021.11.18. 2016도348 숭습 대학교수 제자들 추행·촬영 사건) 이것이 '임의제출 휴대폰 압수·수색[6] 범위와 절차 등'에 관한 리딩 케이스 판례이다.

13 전자정보매체 임의제출 압수에 있어 제출자의 의사표시 해석의 엄격성

헌법과 형사소송법이 구현하고자 하는 적법절차, 영장주의, 비례의 원칙은 물론, 사생활의 비밀과 자유, 정보에 대한 자기결정권 및 재산권의 보호라는 관점에서 정보저장매체 내 전자정보가 가지는 중요성에 비추어 볼 때 정보저장매체를 임의제출하는 사람이 거기에 담긴 전자정보를 지정하거나 제출 범위를 한정하는 취지로 한 의사표시는 엄격하게 해석하여야 하고, 확인되지 않은 제출자의 의사를 수사기관이 함부로 추단하는 것은 허용될 수 없다. 따라서 수사기관이 제출자의 의사를 쉽게 확인할 수 있음에도 이를 확인하지 않은 채 특정 범죄혐의사실과 관련된 전자정보와 그렇지 않은 전자정보가 혼재된 정보저장매체를 임의제출받은 경우 그 정보저장매체에 저장된 전자정보 전부가 임의제출되어 압수된 것으로 취급할 수는 없다. 이 경우 제출자의 임의제출 의사에 따라 압수의 대상이 되는 전자정보의 범위를 어떻게 특정할 것인지가 문제된다.(대법원 2022. 1.27. 2021도11170 정경심 교수 사건)

▶ 22 경찰채용

14 전자정보매체 임의제출 압수에 있어 제출자의 의사가 명확하지 않은 경우 전자정보 압수의 범위

1. 전자정보를 압수하고자 하는 수사기관이 정보저장매체와 거기에 저장된 전자정보를 피의자로부터 임의제출의 방식으로 압수할 때 제출자의 구체적인 제출범위에 관한 의사를 제대로 확인하지 않는 등의 사유로 인해 임의제출자의 의사에 따른 전자정보 압수의 대상과 범위가 명확하지 않거나 이를 알 수 없는 경우에는 임의제출에 따른 압수의 동기가 된 범죄혐의사실과 관련되고 이를 증명할 수 있는 최소한의 가치가 있는 전자정보에 한하여 압수의 대상이 된다.(대법원 2022. 1.13. 2016도9596 2천개 이상 올카 사건)
▶

2. 수사기관이 전자정보를 담은 매체를 피의자로부터 임의제출 받아 압수하면서 거기에 담긴 정보 중 무엇을 제출하는지 명확히 확인하지 않은 경우 임의제출의 동기가 된 범죄혐의사실과 관련되고 이를 증명할 수 있는 최소한의 가치가 있는 정보여야 압수의 대상이 되는데, 범행 동기와 경위, 수단과 방법, 시간과 장소 등에 관한 간접증거나 정황증거로 사용될 수 있는 정보도 그에 포함될 수 있다.(대법원 2022. 2.17. 2019도4938 임의제출 순수자백 올카범 사건)

▶ 25 경찰채용, 24 변호사

---

[6] 압수의 대상이 되는 것은 휴대폰 자체가 아니라 그 안에 저장되어 있는 파일 등 전자정보이므로 이를 압수하기 위해서는 수색(탐색·복제·출력 중에서 탐색)이라는 절차가 필요하다. 그래서 '임의제출 휴대폰 압수·수색'이라는 용어를 사용하였다.

3. 전자정보를 압수하고자 하는 수사기관이 정보저장매체와 거기에 저장된 전자정보를 임의제출의 방식으로 압수할 때 제출자의 구체적인 제출범위에 관한 의사를 제대로 확인하지 않는 등의 사유로 인해 임의제출자의 의사에 따른 전자정보 압수의 대상과 범위가 명확하지 않거나 이를 알 수 없는 경우에는 임의제출에 따른 압수의 동기가 된 범죄혐의사실과 관련되고 이를 증명할 수 있는 최소한의 가치가 있는 전자정보에 한하여 압수의 대상이 된다. 이때 범죄혐의사실과 관련된 전자정보에는 범죄혐의사실 그 자체 또는 그와 기본적 사실관계가 동일한 범행과 직접 관련되어 있는 것은 물론 범행 동기와 경위, 범행 수단과 방법, 범행 시간과 장소 등을 증명하기 위한 간접증거나 정황증거 등으로 사용될 수 있는 것도 포함될 수 있다. 다만 그 관련성은 임의제출에 따른 압수의 동기가 된 범죄혐의사실의 내용과 수사의 대상, 수사의 경위, 임의제출의 과정 등을 종합하여 구체적·개별적 연관관계가 있는 경우에만 인정되고, <u>범죄혐의사실과 단순히 동종 또는 유사 범행이라는 사유만으로 관련성이 있다고 할 것은 아니다.</u>(대법원 2022. 1. 27. 2021도11170 정경심 교수 사건) 〉 25 경간부, 22 경찰채용

4. 수사기관이 전자정보를 담은 매체를 피의자로부터 임의제출 받아 압수하면서 거기에 담긴 정보 중 무엇을 제출하는지 명확히 확인하지 않은 경우 임의제출의 동기가 된 범죄혐의사실과 관련되고 이를 증명할 수 있는 최소한의 가치가 있는 정보여야 압수의 대상이 되는데, <u>범행 동기와 경위, 수단과 방법, 시간과 장소 등에 관한 간접증거나 정황증거로 사용될 수 있는 정보도 그에 포함될 수 있다.</u> 한편 카메라의 기능과 정보저장매체의 기능을 함께 갖춘 휴대전화기인 스마트폰을 이용한 불법촬영 범죄와 같이 범죄의 속성상 해당 범행의 상습성이 의심되거나 성적 기호 내지 경향성의 발현에 따른 일련의 범행의 일환으로 이루어진 것으로 의심되고, 범행의 직접증거가 스마트폰 안에 이미지 파일이나 동영상 파일의 형태로 남아 있을 개연성이 있는 경우에는 그 안에 저장되어 있는 같은 유형의 전자정보에서 그와 관련한 유력한 간접증거나 정황증거가 발견될 가능성이 높다는 점에서 이러한 간접증거나 정황증거는 범죄혐의사실과 구체적·개별적 연관관계를 인정할 수 있다.(대법원 2023. 6. 1. 2020도2550 오산·서울 몰카촬영 사건)

15 피의자 아닌 사람이 피의자가 소유·관리하는 정보저장매체를 임의제출한 경우 전자정보 압수의 범위

피의자가 소유·관리하는 정보저장매체를 피의자 아닌 피해자 등 제3자가 임의제출하는 경우에는 그 임의제출 및 그에 따른 수사기관의 압수가 적법하더라도 임의제출의 동기가 된 범죄혐의사실과 구체적·개별적 연관관계가 있는 전자정보에 한하여 압수의 대상이 되는 것으로 더욱 제한적으로 해석하여야 한다. 임의제출의 주체가 소유자 아닌 소지자·보관자이고 그 제출행위로 소유자의 사생활의 비밀 기타 인격적 법익이 현저히 침해될 우려가 있는 경우에는 임의제출에 따른 압수·수색의 필요성과 함께 임의제출에 동의하지 않은 소유자의 법익에 대한 특별한 배려도 필요한바, 피의자 개인이 소유·관리하는 정보저장매체에는 그의 사생활의 비밀과 자유, 정보에 대한 자기결정권 등 인격적 법익에 관한 모든 것이 저장되어 있어 제한 없이 압수·수색이 허용될 경우 피의자의 인격적 법익이 〉 25 경찰채용, 22 국가9급

현저히 침해될 우려가 있기 때문이다. 그러므로 임의제출자인 제3자가 제출의 동기가 된 범죄혐의사실과 구체적·개별적 연관관계가 인정되는 범위를 넘는 전자정보까지 일괄하여 임의제출한다는 의사를 밝혔더라도 그 정보저장매체 내 전자정보 전반에 관한 처분권이 그 제3자에게 있거나 그에 관한 피의자의 동의 의사를 추단할 수 있는 등의 특별한 사정이 없는 한 그 임의제출을 통해 수사기관이 영장 없이 적법하게 압수할 수 있는 전자정보의 범위는 범죄혐의사실과 관련된 전자정보에 한정된다.(대법원 2021. 11. 18. 2016도348 숭습 대학교수 제자들 추행·촬영 사건) 아래 박스 사례 참고

> **2016도348 판결 사례**
> (1) 원심판결 이유 및 적법하게 채택된 증거에 의하면 다음의 사실을 알 수 있다. ① <u>피고인은 2014. 12. 11. 자기 집에서 피해자 공소외 1(이하 '공소외 1'이라고 한다)의 의사에 반해 성기를 촬영한 범행(이하 '2014년 범행'이라 한다)을 저질렀다. 공소외 1은 즉시 피해 사실을 경찰에 신고하면서 피고인의 집에서 가지고 나온 피고인 소유의 휴대전화 2대(아이폰 및 삼성휴대폰)에 피고인이 촬영한 동영상과 사진이 저장되어 있다는 취지로 말하고 이를 범행의 증거물로 임의제출하였다.</u> ② 경찰관들은 위 휴대전화 2대를 영장 없이 압수하면서 공소외 1에게 위 휴대전화에 저장된 동영상과 사진 등 전자정보 전부를 제출하는 취지인지 등 제출 범위에 관한 의사를 따로 확인하지는 않았다. ③ 피고인은 경찰에 휴대전화 1대(아이폰)에 대한 비밀번호를 제공하고 그 파일 이미징 과정에 참여한 반면, 다른 휴대전화 1대(삼성휴대폰)에 대해서는 사실상 비밀번호 제공을 거부하고, 저장된 동영상 파일의 복원·추출 과정에 참여하지 않았다. 경찰은 전자의 휴대전화(아이폰)에 저장된 동영상 파일을 통해 공소외 1에 대한 2014년 범행을 확인한 다음 후자의 휴대전화(삼성휴대폰)에서 2014년 범행의 증거 영상을 추가로 찾던 중 공소외 1이 아닌 다른 남성 2인이 침대 위에서 잠든 모습, 누군가가 손으로 그들의 성기를 잡고 있는 모습 등이 촬영된 동영상 30개와 사진 등을 발견하고, 그 내용을 확인한 후 이를 CD에 복제하였다. ④ 경찰은 공소외 1을 소환하여 위 동영상에 등장하는 남성 2인의 인적 사항 등에 대해 조사하여 그들이 피해자 공소외 2, 공소외 3이라는 사실을 알게 되고, 추가 수사를 통해 피고인이 2013. 12.경 피해자 공소외 2, 공소외 3이 술에 취해 잠든 사이 성기를 만지고 위 동영상을 촬영한 범행(이하 '2013년 범행'이라 한다)을 저지른 사실을 인지하였다. ⑤ 그 후 경찰은 압수·수색영장을 발부받아 2013년 범행 영상의 전자정보를 복제한 CD를 증거물로 압수하였다. (2) 공소외 1은 경찰에 피고인의 휴대전화를 증거물로 제출할 당시 그 안에 수록된 전자정보의 제출 범위를 명확히 밝히지 않았고, 담당 경찰관들도 제출자로부터 그에 관한 확인절차를 거치지 않은 이상 위 휴대전화에 담긴 전자정보의 제출 범위에 관한 제출자의 의사가 명확하지 않거나 이를 알 수 없는 경우에 해당한다. 따라서 위 휴대전화에 담긴 전자정보 중 임의제출을 통해 적법하게 압수된 범위는 임의제출 및 압수의 동기가 된 피고인의 2014년 범행 자체와 구체적·개별적 연관관계가 있는 전자정보로 제한적으로 해석하는 것이 타당하다. 이에 비추어 볼 때 <u>범죄발생 시점 사이에 상당한 간격이 있고 피해자 및 범행에 이용한 휴대전화도 전혀 다른 피고인의 2013년 범행에 관한 동영상</u>은 간접증거와 정황증거를 포함하는 구체적·개별적 연관관계 있는 관련 증거의 법리에 의하더라도 임의제출에 따른 압수의 동기가 된 범죄혐의사실(2014년 범행)과 구체적·개별적 연관관계 있는 전자정보로 보기 어려우므로 <u>수사기관이 사전영장 없이 이를 취득한 이상 증거능력이 없고, 사후에 압수·수색영장을 받아 압수절차가 진행되었더라도 달리 볼 수 없다.</u>(대법원 2021. 11. 18. 2016도348 숭습 대학교수 제자들 추행·촬영 사건)

16 불법촬영 범죄 등과 관련하여 정보저장매체를 임의제출한 경우 전자정보 압수의 범위

전자정보 또는 전자정보저장매체에 대한 압수·수색에서 혐의사실과 관련된 전자정보인지 여부를 판단할 때는 혐의사실의 내용과 성격, 압수·수색의 과정 등을 토대로 구체적·개별적 연관관계를 살펴볼 필요가 있다. 특히 카메라의 기능과 전자정보저장매체의 기능을 함께 갖춘 휴대전화인 스마트폰을 이용한 **불법촬영** 등 범죄와 같이 범죄의 속성상 해당 범행의 상습성이 의심되거나 성적 기호 내지 경향성의 발현에 따른 일련의 범행의 일환으로 이루어진 것으로 의심되고, 범행의 직접증거가 스마트폰 안에 이미지 파일이나 동영상 파일의 형태로 남아 있을 개연성이 있는 경우에는 그 안에 저장되어 있는 같은 유형의 전자정보에서 그와 관련한 유력한 간접증거나 정황증거가 발견될 가능성이 높다는 점에서 이러한 간접증거나 정황증거는 혐의사실과 구체적·개별적 연관관계를 인정할 수 있다. 이처럼 범죄의 대상이 된 피해자의 인격권을 현저히 침해하는 성격의 전자정보를 담고 있는 촬영물은 범죄행위로 인해 생성된 것으로서 몰수의 대상이기도 하므로, 휴대전화에서 해당 전자정보를 신속히 압수·수색하여 촬영물의 유통가능성을 적시에 차단함으로써 피해자를 보호할 필요성이 크다. <u>나아가 이와 같은 경우에는 간접증거나 정황증거이면서 몰수의 대상이자 압수·수색의 대상인 전자정보의 유형이 이미지 파일 내지 동영상 파일 등으로 비교적 명확하게 특정되어 그와 무관한 사적 전자정보 전반의 압수·수색으로 이어질 가능성이 적어 상대적으로 폭넓게 관련성을 인정할 여지가 많다는 점에서도 그렇다.</u>(대법원 2024. 6. 27. 2024도1881 집요한 화장실 몰카범 사건) 다른 범죄는 몰라도 몰카(카메라등이용촬영) 범죄에 있어서는 관련성의 원칙이 대폭 완화된다는 취지의 판례이다. 다시 한번 판례를 읽어보아라.

3) 유류물 압수의 경우

> **선생님의 TIP**
>
> 유류물 압수의 경우 영장에 의한 압수도 아니고 임의제출에 의한 압수도 아니므로 지금까지 보았던 '관련성의 원칙에 관한 판례의 법리'는 적용되기 어렵다. 물론 참여권의 보장도 필요하지 않다[7].

17 유류물 압수·수색에 있어 영장에 의한 압수·수색·검증이나 임의제출물 압수에 관하여 적용되는 '관련성의 제한'이 적용되거나 피압수자가 존재한다고 평가할 수 있는지의 여부(원칙적 소극)

▶ 25 경찰승진, 25 국가9급, 25 소방간부

(1) 형사소송법 제215조 제1항은 "범죄수사에 필요한 때에는 피의자가 죄를 범하였다고 의심할 만한 정황이 있고 해당 사건과 관계가 있다고 인정할 수 있는 것에 한정하여 지방법원판사에게 청구하여 발부받은 영장에 의하여 압수, 수색 또는 검증을 할 수 있다."고 규정하고 있다. 그러나 유류물 압수의 근거인 형사소송법 제218조는 유류물을 압수하는 경우에 사전, 사후에 영장을 받을 것을 요구하지 않는다. 유류물 압수와 같은 조문

---

[7] 예를 들어 살인 범죄현장에서 경찰관이 범행에 사용된 칼을 압수하였다. 이것은 유류물로 보는 것이 맞는데 이 경우 관련성의 원칙이나 참여권의 보장 문제는 발생할 여지는 거의 없다. 그런거 다 필요 없고 빨리 범인을 잡아야 한다.

에 규정된 임의제출물 압수의 경우 제출자가 제출·압수의 대상을 개별적으로 지정하거나 그 범위를 한정할 수 있으나 유류물 압수는 그와 같은 제출자의 존재를 생각하기도 어렵다. 따라서 유류물 압수·수색에 대해서는 원칙적으로 영장에 의한 압수·수색·검증에 관하여 적용되는 형사소송법 제215조 제1항이나 임의제출물 압수에 관하여 적용되는 형사소송법 제219조에 의하여 준용되는 제106조 제1항·제3항·제4항에 따른 관련성의 제한이 적용된다고 보기 어렵다. (2) 정보저장매체에 대한 압수·수색에 있어 압수·수색 당시 또는 이와 시간적으로 근접한 시기까지 정보저장매체를 현실적으로 지배·관리하면서 그 정보저장매체 내 전자정보 전반에 관한 전속적인 관리처분권을 보유·행사하고 달리 이를 자신의 의사에 따라 제3자에게 양도하거나 포기하지 아니한 경우에는 그 지배·관리자인 피의자를 정보저장매체에 저장된 전자정보 전반에 대한 실질적인 압수·수색 당사자로 평가할 수 있다. 그러나 유류물 압수는 수사기관이 소유권이나 관리처분권이 처음부터 존재하지 않거나 존재하였지만 적법하게 포기된 물건 또는 그와 같은 외관을 가진 물건 등의 점유를 수사상 필요에 따라 취득하는 수사방법을 말한다. 따라서 유류물 압수에 있어서는 정보저장매체의 현실적 지배·관리 혹은 이에 담겨있는 전자정보 전반에 관한 전속적인 관리처분권을 인정하기 어렵다. 정보저장매체를 소지하고 있던 사람이 이를 분실한 경우와 같이 그 권리를 포기하였다고 단정하기 어려운 경우에도 수사기관이 그러한 사정을 알거나 충분히 알 수 있었음에도 이를 유류물로서 영장 없이 압수하였다는 등의 특별한 사정이 없는 한 영장에 의한 압수나 임의제출물 압수와 같이 수사기관의 압수 당시 참여권 행사의 주체가 되는 피압수자가 존재한다고 평가할 수는 없다. (3) 따라서 범죄수사를 위해 정보저장매체의 압수가 필요하고, 정보저장매체를 소지하던 사람이 그에 관한 권리를 포기하였거나 포기한 것으로 인식할 수 있는 경우에는 수사기관이 형사소송법 제218조에 따라 피의자 기타 사람이 유류한 정보저장매체를 영장 없이 압수할 때 <u>해당 사건과 관계가 있다고 인정할 수 있는 것에 압수의 대상이나 범위가 한정된다거나 참여권자의 참여가 필수적이라고 볼 수는 없다.</u>(대법원 2024. 7.25. 2021도1181 SSD 카드 투척사건) 경찰의 영장 집행 사실을 알게 된 음란물제작·배포 피의자가 증거를 인멸하기 위하여 거주지인 고층 아파트 바깥으로 '동영상 파일이 저장된 SSD 카드 등'이 든 신발주머니를 투척한 사건이다. 원심인 서울고등법원은 위 SSD 카드를 유류물이 아니라고 보았으나(그런 취지로 보여진다), 대법원은 유류물이라고 보면서 이와 같이 판시하였다.

II 압수·수색 일반

1. 영장주의의 의의

> **형사소송법(2025. 3. 18. 법률 제20796호로 일부개정된 것)**
>
> 제215조【압수, 수색, 검증】① 검사는 범죄수사에 필요한 때에는 피의자가 죄를 범하였다고 의심할 만한 정황이 있고 해당 사건과 관계가 있다고 인정할 수 있는 것에 한정하여 지방법원판사에게 청구하여 발부받은 영장에 의하여 압수, 수색 또는 검증을 할 수 있다.
> ② 사법경찰관이 범죄수사에 필요한 때에는 피의자가 죄를 범하였다고 의심할 만한 정황이 있고 해당 사건과 관계가 있다고 인정할 수 있는 것에 한정하여 검사에게 신청하여 검사의 청구로 지방법원판사가 발부한 영장에 의하여 압수, 수색 또는 검증을 할 수 있다.

> **선생님의 TIP**
>
> 압수·수색도 강제수사이므로 영장에 의하는 것이 원칙이지만, 이에 대한 예외도 많다. 영장주의의 예외에 관한 판례는 Ⅳ. 영장주의의 예외에서 다루는 것을 원칙으로 한다. 그리고 이하 판례들은 주로 수사기관의 압수·수색에 관한 것들이다.

01 압수·수색과 영장주의

수사기관의 압수·수색은 법관이 발부한 압수·수색영장에 의하여야 하는 것이 원칙이고, 그 영장에는 피의자의 성명, 압수할 물건, 수색할 장소·신체·물건과 압수·수색의 사유 등이 특정되어야 하며(형사소송법 제215조, 제219조, 제114조 제1항, 형사소송규칙 제58조), 영장은 처분을 받는 자에게 반드시 제시되어야 하고(형사소송법 제219조, 제118조), 압수물을 압수한 경우에는 목록을 작성하여 소유자, 소지자 등에게 교부하여야 한다. (대법원 2017. 9. 7. 2015도10648 안재구 경북대 교수 사건)

▶ 19 경찰채용

02 지방법원판사의 압수영장 발부재판에 대하여 불복할 수 있는지의 여부(소극)

형사소송법 제416조는 재판장 또는 수명법관이 한 재판에 대한 준항고에 관하여 규정하고 있는바, 여기에서 말하는 '재판장 또는 수명법관'이라 함은 수소법원의 구성원으로서의 재판장 또는 수명법관만을 가리키는 것이어서 수사기관의 청구에 의하여 압수영장 등을 발부하는 독립된 재판기관인 지방법원 판사가 이에 해당된다고 볼 수 없으므로 **지방법원 판사가 한 압수영장발부의 재판에 대하여는 위 조항에서 정한 준항고로 불복할 수 없**고, 나아가 같은 법 제402조, 제403조에서 규정하는 항고는 법원이 한 결정을 그 대상으로 하는 것이므로 법원의 결정이 아닌 지방법원 판사가 한 압수영장발부의 재판에 대하여 그와 같은 **항고의 방법으로도 불복할 수 없다.** (대법원 1997. 9. 29. 97모66 압수영장발부에 대한 준항고 사건) 압수·수색영장을 발부하는 판사는 이른바 <u>수임판사(受任判事)</u>로서 형사소송법에 규정된 '법원, 재판장, 수명법관'이 아니다. 결국 항고나 준항고를 할 수 없다는 결론에 이른다.

▶ 25 변호사, 18 경찰채용, 16 변호사

2. 영장의 효력[1]

03 다시 압수·수색을 할 수 있는 경우

압수·수색·검증영장의 '압수·수색·검증할 장소 및 신체'란에 피고인의 주거지와 피고인의 신체 등이 기재되어 있으므로 비록 영장이 제시되어 피고인의 신체에 대한 압수·수색이 종료되었다고 하더라도 국가정보원 수사관들이 영장에 의하여 피고인의 주거지에 대한 압수·수색을 집행한 조치는 위법한 것이라 할 수 없다.(대법원 2013. 7.26. 2013도2511 왕재산 간첩단 사건) '피고인의 주거지'와 '피고인의 신체'는 분명히 다르다.

04 다시 압수·수색을 할 수 없는 경우

형사소송법 제215조에 따른 압수·수색영장은 수사기관의 압수·수색에 대한 허가장으로서 거기에 기재되는 유효기간은 집행에 착수할 수 있는 종기(終期)를 의미하는 것이므로 수사기관이 압수·수색영장을 제시하고 집행에 착수하여 압수·수색을 실시하고 그 집행을 종료하였다면 이미 그 영장은 목적을 달성하여 효력이 상실되는 것이고, 동일한 장소 또는 목적물에 대하여 다시 압수·수색할 필요가 있는 경우라면 그 필요성을 소명하여 법원으로부터 새로운 압수·수색영장을 발부받아야 하는 것이지 앞서 발부받은 압수·수색영장의 유효기간이 남아있다고 하여 이를 제시하고 다시 압수·수색을 할 수 없다.(대법원 2023.10.18. 2023도8752 원주경찰서 셀프·짜깁기 압수·수색 사건)

> 25 국가9급, 24 경찰승진,
> 24 경간부, 24 경찰채용,
> 24 소방간부, 24 법원9급,
> 22 변호사, 21 경찰승진,
> 21 국가9급, 19 변호사,
> 19 경찰승진, 19 경간부,
> 19 소방간부, 18 경찰승진,
> 18 경찰채용, 17 변호사,
> 17 경찰승진, 17 소방간부,
> 17 국가7급, 17 국가9급,
> 16 변호사, 16 경찰승진,
> 15 경찰승진, 15 경간부

05 압수·수색영장에 기재된 '압수할 물건'의 해석의 엄격성

1. 헌법과 형사소송법이 구현하고자 하는 적법절차와 영장주의의 정신에 비추어 볼 때 법관이 압수·수색영장을 발부하면서 '압수할 물건'을 특정하기 위하여 기재한 문언은 엄격하게 해석하여야 하고 함부로 피압수자 등에게 불리한 내용으로 확장 또는 유추해석하여서는 안 된다.(대법원 2025. 4.10. 2024도15789 박차훈 새마을금고 중앙회장 사건) 마치 죄형법정주의와 유사하다.

> 22 경간부

2. 법관이 압수·수색영장을 발부하면서 '압수할 물건'을 특정하기 위하여 기재한 문언은 이를 엄격하게 해석하여야 하고 함부로 피압수자 등에게 불리한 내용으로 확장 또는 유추해석하는 것은 허용될 수 없다. 압수·수색영장에서 압수할 물건을 '압수장소에 보관 중인 물건'이라고 기재하고 있는 것을 '압수장소에 현존하는 물건'으로 해석할 수 없다.(대법원 2009. 3.12. 2008도763 김태환 제주지사 사건) '보관'과 '현존'은 다른 개념이다. 가끔 벌이나 벌레가 저자의 방으로 들어오는데, 이런 벌 등은 저자의 방에 '현존'한다고는 할 수 있으나 저자가 '보관'한다고는 할 수 없다.

> 24 소방간부, 19 경찰승진,
> 19 경찰채용, 18 경찰승진,
> 18 경간부, 18 경찰채용,
> 17 경찰승진, 16 경찰채용

---

[1] p.198 [서식 및 사례] 압수·수색·검증영장을 다시 한번 보기 바란다.

06 압수·수색영장에 기재된 '압수할 물건'에 휴대전화에 저장된 전자정보가 포함되어 있지 않은 경우 그 영장으로 휴대전화에 저장된 전자정보를 압수할 수 있는지의 여부(원칙적 소극)

<u>휴대전화</u>는 정보처리장치나 정보저장매체의 특성을 가지고 있기는 하나 <u>기본적으로 통신매체의 특성을 가지고 있어 컴퓨터, 노트북 등 정보처리장치나 USB, 외장하드 등 정보저장매체와는 명확히 구별되는 특성을 가지고 있다.</u> 휴대전화 특히 스마트폰에는 전화·문자메시지·SNS 등 통신, 개인 일정, 인터넷 검색기록, 전화번호, 위치정보 등 통신의 비밀이나 사생활에 관한 방대하고 광범위한 정보가 집적되어 있다. 이와 같이 휴대전화에 저장된 전자정보는 컴퓨터나 USB 등에 저장된 전자정보와는 그 분량이나 내용, 성격 면에서 현저한 차이가 있으므로 휴대전화에 대한 압수·수색으로 얻을 수 있는 전자정보의 범위와 그로 인한 기본권 침해의 정도도 크게 다르다. 따라서 압수·수색영장에 기재된 '압수할 물건'에 휴대전화에 저장된 전자정보가 포함되어 있지 않다면 특별한 사정이 없는 한 그 영장으로 휴대전화에 저장된 전자정보를 압수할 수는 없다.(대법원 2024. 9.25. 2024모2020 기부금품법위반 휴대전화 압수사건) 영장에 압수할 물건으로 '정보처리장치(컴퓨터, 노트북, 태블릿 등) 및 정보저장매체(USB, 외장하드 등)에 저장되어 있는 회계, 회의 관련 전자정보'가 기재되어 있었음에도 이 영장으로 피의자의 휴대전화를 압수한 사건인데 물론 이는 위법하다. 우리는 휴대전화를 정보처리장치나 정보저장매체로 인식하지 않는다.

> 25 경찰승진, 25 국가9급, 25 법원9급

07 이메일 등 전자정보가 수색장소에 있는 컴퓨터 등 정보처리장치 내에 있지 않고 원격지 서버 등의 저장매체에 저장되어 있는 경우에도 이메일 등 전자정보에 대한 압수·수색이 허용되는지의 여부(적극)

1. (1) 인터넷서비스이용자는 인터넷서비스제공자와 체결한 서비스이용계약에 따라 그 인터넷서비스를 이용하여 개설한 이메일 계정과 관련 서버에 대한 접속권한을 가지고, 해당 이메일 계정에서 생성한 이메일 등 전자정보에 관한 작성·수정·열람·관리 등의 처분권한을 가지며, 전자정보의 내용에 관하여 사생활의 비밀과 자유 등의 권리보호이익을 가지는 주체로서 해당 전자정보의 소유자 내지 소지자라고 할 수 있다. 또한 인터넷서비스제공자는 서비스이용약관에 따라 전자정보가 저장된 서버의 유지·관리책임을 부담하고, 해당 서버 접속을 위해 입력된 아이디와 비밀번호 등이 인터넷서비스이용자가 등록한 것과 일치하면 접속하려는 자가 인터넷서비스이용자인지 여부를 확인하지 아니하고 접속을 허용하여 해당 전자정보를 정보통신망으로 연결되어 있는 컴퓨터 등 다른 정보처리장치로 이전, 복제 등을 할 수 있도록 하는 것이 일반적이다. 따라서 수사기관이 인터넷서비스이용자인 피의자를 상대로 피의자의 컴퓨터 등 정보처리장치 내에 저장되어 있는 이메일 등 전자정보를 압수·수색하는 것은 전자정보의 소유자 내지 소지자를 상대로 해당 전자정보를 압수·수색하는 대물적 강제처분으로 형사소송법의 해석상 허용된다.
(2) 나아가 압수·수색할 전자정보가 압수·수색영장에 기재된 수색장소에 있는 컴퓨터 등 정보처리장치 내에 있지 아니하고 그 정보처리장치와 정보통신망으로 연결되어 제3자가 관

> 24 국가7급, 23 경찰승진, 23 경찰채용, 22 변호사, 22 경찰승진, 22 경간부, 21 경간부, 21 국가9급, 19 변호사, 19 경찰채용, 19 법원9급, 18 경찰채용

리하는 원격지의 서버 등 저장매체에 저장되어 있는 경우에도 수사기관이 피의자의 이메일 계정에 대한 접근권한에 갈음하여 발부받은 영장에 따라 영장 기재 수색장소에 있는 컴퓨터 등 정보처리장치를 이용하여 적법하게 취득한 피의자의 이메일 계정 아이디와 비밀번호를 입력하는 등 피의자가 접근하는 통상적인 방법에 따라 그 원격지의 저장매체에 접속하고 그곳에 저장되어 있는 피의자의 이메일 관련 전자정보를 수색장소의 정보처리장치로 내려받거나 그 화면에 현출시키는 것 역시 피의자의 소유에 속하거나 소지하는 전자정보를 대상으로 이루어지는 것이므로 그 전자정보에 대한 압수·수색을 위와 달리 볼 필요가 없다. 비록 수사기관이 위와 같이 원격지의 저장매체에 접속하여 그 저장된 전자정보를 수색장소의 정보처리장치로 내려받거나 그 화면에 현출시킨다 하더라도 이는 인터넷서비스제공자가 허용한 피의자의 전자정보에 대한 접근 및 처분권한과 일반적 접속 절차에 기초한 것으로서 특별한 사정이 없는 한 인터넷서비스제공자의 의사에 반하는 것이라고 단정할 수 없다. 또한 형사소송법 제109조 제1항, 제114조 제1항에서 영장에 수색할 장소를 특정하도록 한 취지와 정보통신망으로 연결되어 있는 한 정보처리장치 또는 저장매체 간 이전, 복제가 용이한 전자정보의 특성 등에 비추어 보면 수색장소에 있는 정보처리장치를 이용하여 정보통신망으로 연결된 원격지의 저장매체에 접속하는 것이 위와 같은 형사소송법의 규정에 위반하여 압수·수색영장에서 허용한 집행의 장소적 범위를 확대하는 것이라고 볼 수 없다. 수색행위는 정보통신망을 통해 원격지의 저장매체에서 수색장소에 있는 정보처리장치로 내려받거나 현출된 전자정보에 대하여 위 정보처리장치를 이용하여 이루어지고, 압수행위는 위 정보처리장치에 존재하는 전자정보를 대상으로 그 범위를 정하여 이를 출력 또는 복제하는 방법으로 이루어지므로 수색에서 압수에 이르는 일련의 과정이 모두 압수·수색영장에 기재된 장소에서 행해지기 때문이다. 위와 같은 사정들을 종합하여 보면 피의자의 이메일 계정에 대한 접근권한에 갈음하여 발부받은 압수·수색영장에 따라 원격지의 저장매체에 적법하게 접속하여 내려받거나 현출된 전자정보를 대상으로 하여 범죄혐의사실과 관련된 부분에 대하여 압수·수색하는 것은 압수·수색영장의 집행을 원활하고 적정하게 행하기 위하여 필요한 최소한도의 범위 내에서 이루어지며 그 수단과 목적에 비추어 사회통념상 타당하다고 인정되는 대물적 강제처분 행위로서 허용되며, 형사소송법 제120조 제1항에서 정한 압수·수색영장의 집행에 필요한 처분에 해당한다. 그리고 이러한 법리는 원격지의 저장매체가 국외에 있는 경우라 하더라도 그 사정만으로 달리 볼 것은 아니다.(대법원 2017.11.29. 2017도9747 원격 이메일 압수·수색사건) 영장에 압수·수색할 물건으로 '<u>중국 인터넷서비스제공자인 X회사와 Y회사가 제공하는 이메일서비스의 총 10개 계정</u>'이라고 기재되어 있었던 사건이다. [8] 판례와 비교

2. 수사기관이 인터넷서비스이용자인 피의자를 상대로 피의자의 컴퓨터 등 정보처리장치 내에 저장되어 있는 이메일 등 전자정보를 압수·수색하는 것은 전자정보의 소유자 내지 소지자를 상대로 해당 전자정보를 압수·수색하는 대물적 강제처분으로 형사소송법의 해석상 허용된다. 압수·수색할 전자정보가 압수·수색영장에 기재된 수색장소에 있는 컴퓨터 등 정보처리장치 내에 있지 아니하고 그 정보처리장치와 정보통신망으로 연결되어 제

▶ 24 변호사, 24 경찰승진, 24 경찰채용, 24 국가7급, 24 소방간부, 23 경찰채용, 22 국가7급

3자가 관리하는 원격지의 서버 등 저장매체에 저장되어 있는 경우에도 수사기관이 피의자의 이메일 계정에 대한 접근권한에 갈음하여 발부받은 영장에 따라 영장 기재 수색장소에 있는 컴퓨터 등 정보처리장치를 이용하여 적법하게 취득한 피의자의 이메일 계정 아이디와 비밀번호를 입력하는 등 피의자가 접근하는 통상적인 방법에 따라 그 원격지의 저장매체에 접속하고 그곳에 저장되어 있는 피의자의 이메일 관련 전자정보를 수색장소의 정보처리장치로 내려 받거나 그 화면에 현출시키는 것 역시 피의자의 소유에 속하거나 소지하는 전자정보를 대상으로 이루어지는 것이므로 그 전자정보에 대한 압수·수색을 위와 달리 볼 필요가 없다. 피의자가 휴대전화를 임의제출하면서 휴대전화에 저장된 전자정보가 아닌 클라우드 등 제3자가 관리하는 원격지에 저장되어 있는 전자정보를 수사기관에 제출한다는 의사로 수사기관에게 클라우드 등에 접속하기 위한 아이디와 비밀번호를 임의로 제공하였다면 위 클라우드 등에 저장된 전자정보를 임의제출하는 것으로 볼 수 있다.(대법원 2021. 7.29. 2020도14654 꼴통 음란 형 사건) 임의제출이므로 압수·수색의 대상은 '임의제출자의 의사'에 따라야 하는데, 이 사건에서는 피의자가 원격지에 저장되어 있는 전자정보를 수사기관에 제출한다는 의사로 수사기관에게 클라우드 등에 접속하기 위한 아이디와 비밀번호를 임의로 제공하였다. 이 판례의 경우 밑줄 친 부분이 시험에 주로 출제된다.

08 압수·수색영장에 적힌 '압수할 물건'에 컴퓨터 등 정보처리장치 저장 전자정보만 기재되어 있는 경우 컴퓨터 등 정보처리장치를 이용하여 원격지 서버 저장 전자정보를 압수할 수 있는지의 여부(소극)

압수할 전자정보가 저장된 저장매체로서 압수·수색영장에 기재된 수색장소에 있는 컴퓨터, 하드디스크, 휴대전화와 같은 컴퓨터 등 정보처리장치와 수색장소에 있지는 않으나 컴퓨터 등 정보처리장치와 정보통신망으로 연결된 원격지의 서버 등 저장매체(이하 '원격지 서버'라 한다)는 소재지, 관리자, 저장 공간의 용량 측면에서 서로 구별된다. 원격지 서버에 저장된 전자정보를 압수·수색하기 위해서는 컴퓨터 등 정보처리장치를 이용하여 정보통신망을 통해 원격지 서버에 접속하고 그곳에 저장되어 있는 전자정보를 컴퓨터 등 정보처리장치로 내려 받거나 화면에 현출시키는 절차가 필요하므로 컴퓨터 등 정보처리장치 자체에 저장된 전자정보와 비교하여 압수·수색의 방식에 차이가 있다. 원격지 서버에 저장되어 있는 전자정보와 컴퓨터 등 정보처리장치에 저장되어 있는 전자정보는 그 내용이나 질이 다르므로 압수·수색으로 얻을 수 있는 전자정보의 범위와 그로 인한 기본권 침해 정도도 다르다. 따라서 수사기관이 압수·수색영장에 적힌 '수색할 장소'에 있는 컴퓨터 등 정보처리장치에 저장된 전자정보 외에 원격지 서버에 저장된 전자정보를 압수·수색하기 위해서는 압수·수색영장에 적힌 '압수할 물건'에 별도로 원격지 서버 저장 전자정보가 특정되어 있어야 한다. 압수·수색영장에 적힌 '압수할 물건'에 컴퓨터 등 정보처리장치 저장 전자정보만 기재되어 있다면 컴퓨터 등 정보처리장치를 이용하여 원격지 서버 저장 전자정보를 압수할 수는 없다.(대법원 2022. 6.30. 2020모735 Virtual Desktop Infrastructure 수색사건) 영장에 기재된 압수·수색할 물건 그 어디를 보더라도 '원격지 서

> 25 변호사, 24 변호사,
> 24 경간부, 24 경찰채용,
> 24 국가9급, 23 변호사,
> 23 경찰채용, 23 소방간부,
> 23 국가9급

버에 저장된 전자정보'라는 기재가 없었던 사건이다. "수사기관이 압수·수색영장으로 압수한 휴대전화가 클라우드 서버에 로그인되어 있는 상태를 이용하여 클라우드 서버에서 불법촬영물을 다운로드받아 압수한 경우 압수·수색영장에 적힌 '압수할 물건'에 원격지 서버 저장 전자정보가 기재되어 있지 않았다면 압수한 불법촬영물은 유죄의 증거로 사용할 수 없다."라는 (옳은) 지문으로도 출제된다.

3. 영장의 제시·교부

> **형사소송법(2025. 3.18. 법률 제20796호로 일부개정된 것)**
>
> 제118조【영장의 제시와 사본교부】 압수·수색영장은 처분을 받는 자에게 반드시 제시하여야 하고, 처분을 받는 자가 피고인인 경우에는 그 사본을 교부하여야 한다. 다만, 처분을 받는 자가 현장에 없는 등 영장의 제시나 그 사본의 교부가 현실적으로 불가능한 경우 또는 처분을 받는 자가 영장의 제시나 사본의 교부를 거부한 때에는 예외로 한다.
> 제219조【준용규정】 제106조, 제107조, 제109조 내지 제112조, 제114조, 제115조 제1항 본문, 제2항, 제118조부터 제132조까지, 제134조, 제135조, 제140조, 제141조, 제333조 제2항, 제486조의 규정은 검사 또는 사법경찰관의 본장의 규정에 의한 압수, 수색 또는 검증에 준용한다. 단, 사법경찰관이 제130조, 제132조 및 제134조에 따른 처분을 함에는 검사의 지휘를 받아야 한다.

09 피압수자에게 압수·수색영장을 제시하도록 한 규정의 취지

헌법 제12조 제3항 본문, 형사소송법 제219조, 제118조는 '수사기관이 압수·수색영장을 집행할 때에는 처분을 받는 자에게 반드시 압수·수색영장을 제시하여야 한다'는 취지로 규정하고 있다. 그리고 형사소송법 제219조, 제114조 제1항 본문, 형사소송규칙 제58조는 압수·수색영장에 피의자의 성명, 죄명, 압수할 물건, 수색할 장소, 신체, 물건, 발부연월일, 유효기간, 압수·수색의 사유 등이 기재되어야 한다는 취지로 규정하고 있다. 그 취지는 **영장주의의 절차적 보장과 더불어 압수·수색영장에 기재된 물건, 장소, 신체에 대해서만 압수·수색을 하도록 하여 개인의 사생활과 재산권의 침해를 최소화하는 한편, 준항고 등 피압수자의 불복신청의 기회를 실질적으로 보장하기 위한 것이다.**(대법원 2020. 4.16. 2019모3526 영장을 구체적으로 확인해 달라 사건)

▶ 25 경찰채용, 23 경찰채용

10 압수·수색영장의 제시 방법

1. 압수·수색영장을 집행하는 수사기관은 피압수자로 하여금 법관이 발부한 영장에 의한 압수·수색이라는 사실을 확인함과 동시에 형사소송법이 **압수·수색영장에 필요적으로 기재하도록 정한 사항이나 그와 일체를 이루는 사항을 충분히 알 수 있도록 압수·수색영장을 제시하여야 한다.**(대법원 2020. 4.16. 2019모3526 영장을 구체적으로 확인해 달라 사건)
2. 압수·수색영장은 현장에서 처분을 받는 자가 여러 명일 경우에는 그들 모두에게 개별적으로 영장을 제시해야 하는 것이 원칙이고, 수사기관이 압수·수색에 착수하면서 그 장소의 관리책임자에게 영장을 제시하였다고 하더라도 물건을 소지하고 있는 다른 사람으로부터 이를 압수하고자 하는 때에는 그 사람에게 따로 영장을 제시하여야 한다.(대법원 2024.12.24. 2022도2071 시험지 유출 숙명여고 쌍둥이 사건)

▶ 21 경찰채용, 20 경간부, 19 변호사

▶ 25 국가9급, 24 경간부, 24 경찰채용, 23 법원9급, 22 경찰채용, 22 국가9급, 21 변호사, 20 경찰승진, 20 경간부, 20 소방간부, 19 경찰채용, 18 경찰승진, 18 경간부, 18 경찰채용, 17 변호사, 17 경찰승진, 17 국가9급, 16 경찰승진, 16 경찰채용, 16 국가7급, 16 국가9급, 15 경찰승진, 15 경찰채용

11 압수·수색영장을 제시하지 않은 것이 위법하지 않은 경우

형사소송법 제219조가 준용하는 제118조는 '압수·수색영장은 처분을 받는 자에게 반드시 제시하여야 한다'고 규정하고 있으나 이는 영장제시가 현실적으로 가능한 상황을 전제로 한 규정으로 보아야 하고, **피처분자가 현장에 없거나 현장에서 그를 발견할 수 없는 경우 등 영장제시가 현실적으로 불가능한 경우에는 영장을 제시하지 아니한 채 압수·수색을 하더라도 위법하다고 볼 수 없다.**(대법원 2015. 1. 22. 2014도10978 숨숨 이석기 의원 사건) 이 판례는 2025년 현재와는 달리 "압수·수색영장은 처분을 받는 자에게 반드시 제시하여야 한다."라고 규정하였던 구 형사소송법 제118조(제219조에서 준용한다)가 시행하던 당시에 나온 것이다(앞면 조문과 비교). 개정법 시행 후에 이 판례를 출제하는 것을 적절하지 않지만 그래도 출제위원들은 계속 시험에 내고 있다.

▶ 24 경찰승진, 22 변호사, 22 국가9급, 21 변호사, 21 경찰승진, 21 경간부, 21 국가9급, 20 소방간부, 19 변호사, 19 경찰승진, 18 경찰승진, 18 경간부, 18 경찰채용, 17 변호사, 17 경찰승진, 17 소방간부, 17 국가9급, 16 변호사, 16 경찰승진, 16 경간부, 15 경찰채용

> **형사소송법(2022. 2. 3. 법률 제18799호로 일부개정되기 전의 것)**
> 제118조【영장의 제시】 압수·수색영장은 처분을 받는 자에게 반드시 제시하여야 한다.
> 제219조【준용규정】 〈생략〉

12 압수·수색절차 과정에서 처분을 받는 자가 의사능력이 있는 미성년자인 경우 영장제시의 상대방과 영장집행의 참여자

수사기관의 압수·수색절차 과정에서 처분을 받는 자가 미성년자인 경우 **의사능력이 있는 한 미성년자에게 영장이 반드시 제시되어야 하고 그 친권자에 대한 영장제시로 이를 갈음할 수 없다. 또한 의사능력이 있는 미성년자나 그 변호인에게 압수·수색영장 집행 절차에 참여할 기회가 보장되어야 하고, 그 친권자에게 참여의 기회가 보장되었다는 이유만으로 압수·수색이 적법하게 되는 것은 아니다.**(대법원 2024. 12. 24. 2022도2071 시험지 유출 숙명여고 쌍둥이 사건) 우리는 앞에서 "의사능력이 있으면 소송능력이 있다."라는 원칙을 수회 학습한 바 있다.

13 압수·수색영장을 제시하지 않아 증거능력이 부정되는 경우

수사기관이 이메일에 대한 압수·수색영장을 집행할 당시 피압수자인 네이버 주식회사에 **팩스로 영장 사본을 송신했을 뿐 그 원본을 제시하지 않았고, 압수조서와 압수물 목록을 작성하여 피압수·수색 당사자에게 교부하였다고 볼 수 없는 경우 이러한 방법으로 압수된 이메일은 위법수집증거로 원칙적으로 유죄의 증거로 삼을 수 없다.**(대법원 2017. 9. 7. 2015도10648 안재구 경북대 교수 사건)

▶ 23 경찰승진, 23 경찰채용, 21 경간부, 21 국가9급, 20 소방간부, 19 변호사

14 사후영장의 경우에도 영장을 제시해야 하는지의 여부(소극)

압수·수색영장의 제시에 관한 형사소송법 제118조는 사후에 영장을 받아야 하는 경우에 관한 형사소송법 제216조 등에 대하여는 적용되지 아니한다.(대법원 2014. 9. 4. 2014도3263 사후영장 제시 요부 사건) 제시를 요하는 것은 사전영장뿐이고 사후영장은 이를 제시할 필요가 없다. 사후영장은 Ⅳ. 영장주의의 예외에 나온다.

15 금융계좌추적용 압수·수색영장의 집행에서 수사기관이 금융기관으로부터 금융거래자료를 수신하기에 앞서 금융기관에 영장 원본을 사전에 제시하지 않은 경우 적법한 집행 방법인지의 여부(원칙적 소극) 및 이때 예외적으로 영장의 적법한 집행 방법에 해당한다고 볼 수 있는 경우

수사기관의 압수·수색은 법관이 발부한 압수·수색영장에 의하여야 하는 것이 원칙이고, 영장의 원본은 처분을 받는 자에게 반드시 제시되어야 하므로 금융계좌추적용 압수·수색영장의 집행에 있어서도 수사기관이 금융기관으로부터 금융거래자료를 수신하기에 앞서 금융기관에 영장 원본을 사전에 제시하지 않았다면 원칙적으로 적법한 집행 방법이라고 볼 수는 없다. 다만 수사기관이 금융기관에 금융실명법 제4조 제2항에 따라서 금융거래정보에 대하여 영장 사본을 첨부하여 그 제공을 요구한 결과 금융기관으로부터 회신받은 금융거래자료가 해당 영장의 집행 대상과 범위에 포함되어 있고, 이러한 모사전송 내지 전자적 송수신 방식의 금융거래정보 제공요구 및 자료 회신의 전 과정이 해당 금융기관의 자발적 협조의사에 따른 것이며, 그 자료 중 범죄혐의사실과 관련된 금융거래를 선별하는 절차를 거친 후 최종적으로 영장 원본을 제시하고 위와 같이 선별된 금융거래자료에 대한 압수절차가 집행된 경우로서 그 과정이 금융실명법에서 정한 방식에 따라 이루어지고 달리 적법절차와 영장주의 원칙을 잠탈하기 위한 의도에서 이루어진 것이라고 볼 만한 사정이 없어 이러한 일련의 과정을 전체적으로 '하나의 영장에 기하여 적시에 원본을 제시하고 이를 토대로 압수·수색하는 것'으로 평가할 수 있는 경우에 한하여 예외적으로 영장의 적법한 집행 방법에 해당한다고 볼 수 있다.(대법원 2022. 1.27. 2021도11170 정경심 교수 사건)

▶ 25 경찰채용

4. 참여권의 보장 등[2] 및 압수목록 작성·교부

> **형사소송법(2025. 3.18. 법률 제20796호로 일부개정된 것)**
>
> 제121조【영장집행과 당사자의 참여】 검사, 피고인 또는 변호인은 압수·수색영장의 집행에 참여할 수 있다.
> 제122조【영장집행과 참여권자에의 통지】 압수·수색영장을 집행함에는 미리 집행의 일시와 장소를 전조에 규정한 자에게 통지하여야 한다. 단, 전조에 규정한 자가 참여하지 아니한다는 의사를 명시한 때 또는 급속을 요하는 때에는 예외로 한다.
> 제123조【영장의 집행과 책임자의 참여】 ① 공무소, 군사용 항공기 또는 선박·차량 안에서 압수·수색영장을 집행하려면 그 책임자에게 참여할 것을 통지하여야 한다.
> ② 제1항에 규정한 장소 외에 타인의 주거, 간수자 있는 가옥, 건조물, 항공기 또는 선박·차량 안에서 압수·수색영장을 집행할 때에는 주거주, 간수자 또는 이에 준하는 사람을 참여하게 하여야 한다.
> ③ 제2항의 사람을 참여하게 하지 못할 때에는 이웃 사람 또는 지방공공단체의 직원을 참여하게 하여야 한다.
> 제129조【압수목록의 교부】 압수한 경우에는 목록을 작성하여 소유자, 소지자, 보관자 기타 이에 준할 자에게 교부하여야 한다.

---

[2] '참여권의 보장 등'이란 형사소송법 제121조, 제122조에 규정된 참여권 보장과 제123조에 규정된 책임자 등의 참여를 말한다.

> **제219조【준용규정】** 제106조, 제107조, 제109조 내지 제112조, 제114조, 제115조 제1항 본문, 제2항, 제118조부터 제132조까지, 제134조, 제135조, 제140조, 제141조, 제333조 제2항, 제486조의 규정은 검사 또는 사법경찰관의 본장의 규정에 의한 압수, 수색 또는 검증에 준용한다. 단, 사법경찰관이 제130조, 제132조 및 제134조에 따른 처분을 함에는 검사의 지휘를 받아야 한다.

선생님의 TIP
참여권의 보장도 최근 매우 핫(hot)한 테마인데, 앞으로 이에 관한 판례들이 계속 나온다.

16 압수·수색영장 집행시 사전통지를 생략할 수 있는 '급속을 요하는 때'의 의미

피의자 또는 변호인은 압수·수색영장의 집행에 참여할 수 있고(형사소송법 제219조, 제121조), 압수·수색영장을 집행함에는 원칙적으로 미리 집행의 일시와 장소를 피의자 등에게 통지하여야 하나(형사소송법 제122조 본문), '급속을 요하는 때'에는 위와 같은 통지를 생략할 수 있다(형사소송법 제122조 단서). 여기서 '급속을 요하는 때'라고 함은 압수·수색영장 집행 사실을 미리 알려주면 증거물을 은닉할 염려 등이 있어 압수·수색의 실효를 거두기 어려울 경우라고 해석함이 옳고, 그와 같이 합리적인 해석이 가능하므로 형사소송법 제122조 단서가 명확성의 원칙 등에 반하여 위헌이라고 볼 수 없다.(대법원 2012.10.11. 2012도7455 범민련 남측본부 사건)

> 25 경찰채용, 23 경찰채용, 22 경찰채용, 17 국가7급

17 형사소송법상 참여가 허용된 사람 이외의 제3자를 임의로 참여하여 하여 압수·수색영장을 집행하거나 영장 없이 압수·수색을 한 것이 위법한지의 여부(적극)

압수·수색은 주거의 자유나 사생활의 비밀과 자유를 중대하게 제한하는 강제처분이다. 따라서 수사기관은 강제채혈, 강제채뇨 등과 같이 강제처분이 법률상 의료인 아닌 자가 수행할 수 없는 의료행위를 수반하는 경우, 잠금장치 해제, 전자정보의 복호화나 중량 압수물의 운반과 같이 단순한 기술적, 사실적 보조가 필요한 경우, 압수·수색 후 환부 대상이 될 도품의 특정을 위하여 필요한 경우 등 제한적 범위 내에서 압수·수색영장의 집행기관인 사법경찰관리의 엄격한 감시·감독 하에 제3자의 집행 조력이 정당화될 수 있는 예외적인 경우가 아닌 이상 압수·수색 현장에 형사소송법상 참여권자나 참여할 수 있도록 규정된 사람 이외의 사람을 참여시킬 수는 없고, 참여가 허용된 사람 이외의 제3자를 임의로 참여케 하여 압수·수색영장을 집행하거나 영장 없이 압수·수색을 한 것은 위법하다. (대법원 2024.12.16. 2020모3326 치과위생사 참여 압수·수색 사건) [18] 판례 참고

18 형사소송법상 참여가 허용된 사람 이외의 제3자를 임의로 참여시키고 한 압수·수색이어서 위법한 경우

압수처분이 법률상 의료기사인 치과위생사만이 할 수 있는 행위를 수반한다고 보기 어렵고, 치과위생사가 압수처분 당시 한 압수 대상물 분류, PC 탐색 등과 같은 행위는 전자정보 복호화, 잠금장치 해제나 중량 압수물 운반과 같이 단순한 기술적, 사실적 보조에 그친다고 보기 어려우며, 압수처분을 통하여 압수된 유체물이나 전자정보가 치과위생사 혹은 생명보험협회에게 환부되어야 할 물건이나 전자정보로 보기도 어렵다. 그 밖

에 치과위생사가 영장에 기한 사법경찰관의 압수·수색 과정에 참여한 것이 정당화될 수 있는 예외적인 경우에 해당한다고 볼 만한 특별한 사정을 찾을 수 없다. 치과위생사는 보험사기의 피해자인 개별 생명보험회사의 공동 이익 증진 등을 위해 설립된 단체인 생명보험협회의 사용인으로 이들과 이해관계를 같이한다고 볼 여지도 있다. 그렇다면 사법경찰관이 압수처분 당시 형사소송법이 규정한 압수·수색 참여권자 또는 압수·수색에 참여할 수 있도록 규정된 사람 이외의 제3자인 치과위생사를 약 3시간 동안 압수·수색 전과정에 참여케 한 행위는 강제처분에 있어 헌법과 형사소송법이 정한 절차에 따르지 아니한 것으로 위법하고, 헌법 제12조에서 정한 적법절차 원칙과 헌법 제16조, 제17조에서 규정하고 있는 기본권인 주거의 자유와 사생활의 비밀과 자유의 중요성에 비추어 그 위반의 정도 역시 무겁다고 판단되므로 결국 압수처분은 취소되어야 한다.(대법원 2024.12.16. 2020모3326 치과위생사 참여 압수·수색 사건) 치과위생사를 압수·수색에 참여시킬 수 있는 아무런 법적 근거는 없다.

19 형사소송법 제123조 제2항·제3항, 제219조에 따라 압수·수색영장의 집행에 참여하는 주거주 등 또는 이웃 등이 최소한 압수·수색절차의 의미를 이해할 수 있는 정도의 능력을 갖추어야 하는지의 여부(적극)

(1) 형사소송법 제123조 제2항·제3항, 제219조가 주거지 등에서 압수·수색영장을 집행할 때 주거주 등이나 이웃 등을 참여하도록 한 것은 주거의 자유나 사생활의 비밀과 자유와 같은 기본권 보호의 필요성이 특히 요구되는 장소에 관하여 밀접한 이해관계를 갖는 사람을 참여시켜 영장집행절차의 적정성을 담보함으로써 수사기관이나 법원의 강제처분을 받는 당사자를 보호하고 궁극적으로 국민의 기본권을 보호하려는 데 그 취지가 있다. 이러한 점에 비추어 보면 형사소송법 제123조 제2항·제3항, 제219조에서 정한 바에 따라 압수·수색영장의 집행에 참여하는 주거주 등 또는 이웃 등은 최소한 압수·수색절차의 의미를 이해할 수 있는 정도의 능력(이하 '참여능력'이라고 한다)을 갖추고 있어야 한다. 압수·수색영장의 집행에 참여하는 주거주 등 또는 이웃 등이 참여능력을 갖추지 못한 경우에는 영장의 집행 과정에서 발생할 수 있는 위법·부당한 처분이나 행위로부터 당사자를 보호하고 영장집행절차의 적정성을 담보하려는 형사소송법의 입법 취지나 기본권 보호·적법절차·영장주의 등 헌법적 요청을 실효적으로 달성하기 어렵기 때문이다. (2) 형사소송법 제123조 제2항과 제3항은 주거주 등이나 이웃 등의 참여에 관하여 그 참여 없이 압수·수색영장을 집행할 수 있는 예외를 인정하지 않고 있다. 이는 형사소송법 제121조, 제122조에서 압수·수색영장의 집행에 대한 검사, 피의자, 변호인의 참여에 대하여 급속을 요하는 등의 경우 집행의 일시와 장소의 통지 없이 압수·수색영장을 집행할 수 있다고 한 것과 다른 점이다. 따라서 형사소송법 제123조 제2항에서 정한 주거지 등에 대한 압수·수색영장의 집행이 주거주 등이나 이웃 등의 참여 없이 이루어진 경우 특별한 사정이 없는 한 그러한 압수·수색영장의 집행은 위법하다. 나아가 주거주 등 또는 이웃 등이 참여하였다고 하더라도 그 참여자에게 참여능력이 없거나 부족한 경우에는 주거주 등이나 이웃 등의 참여 없이 이루어진 것과 마찬가지로 형사소송법 제123조

> 25 경찰승진, 25 국가9급, 25 소방간부

제2항·제3항에서 정한 압수·수색절차의 적법요건이 갖추어졌다고 볼 수 없으므로 그러한 압수·수색영장의 집행도 위법하다. (중략) (3) 이러한 법리는 주거지 등에 대한 압수·수색에서 피의자가 동시에 주거주 등인 경우에도 동일하게 적용된다. 형사소송법이 제121조, 제122조, 제219조에서 '당사자의 참여권'이라는 표제 아래 검사, 피의자, 변호인의 참여권을 규정하면서도 제123조에서 '책임자의 참여'라는 표제로 주거주 등이나 이웃 등의 필요적 참여를 별도로 정하고 있고, '당사자의 참여권'과 '책임자의 참여'는 그 취지나 목적, 보호법익이 동일하지 않기 때문이다. 따라서 피의자가 주거주 등인 주거지 등에서 압수·수색영장을 집행하는 경우 피의자에게 참여능력이 없다면 그 피의자만 참여하는 것으로는 부족하고 수사기관은 형사소송법 제123조 제3항에 따라 참여능력이 있는 이웃 등을 함께 참여시켜야 한다. 이때 참여능력이 없는 피의자만이 참여하였다면 그 압수·수색은 형사소송법 제123조 제2항·제3항을 위반한 것으로 원칙적으로 위법하다. (4) 위와 같이 형사소송법 제123조 제2항·제3항, 제219조에 따라 압수·수색절차에 참여한 **참여자**와 관련하여 해당 절차의 적법요건이 갖추어졌는지는 수사기관이 인식하였거나 인식할 수 있었던 사정 등을 포함하여 압수·수색 당시를 기준으로 외형적으로 인식 가능한 사실상의 상태를 살펴 판단하여야 한다. 압수·수색 당시 수사기관이 인식할 수 없었던 참여자의 내부적·주관적 사정이나 참여자의 객관적 능력에 관한 법률적·사후적인 판단은 고려대상이 아니다.(대법원 2024. 10. 8. 2020도11223 이른바 참여능력 사건) 경찰은 필로폰 투약 등의 피의자 乙(女, 25세)의 거주지인 아파트에서 압수·수색을 하였는데(이를 통해 얻은 압수물이 증거가 되어 乙의 아버지 甲이 기소되었다), 이 과정에 乙만 참여하였다. 문제는, 乙은 그 전에 심리평가결과에서 '전체지능 57, 사회성숙연령 11세 수준'이라고 평가되었고 결국 서울가정법원으로부터 성년후견개시의 심판(과거의 '금치산 선고')을 받은 상태이었다는 점이다. 乙은 이른바 참여능력이 없는 자이므로 경찰은 형사소송법 제123조 제3항, 제219조에 따라 이웃 사람 또는 지방공공단체의 직원을 압수·수색 과정에 참여하게 하였어야 했는데, 그렇지 않아 결국 위 압수물은 위법수집증거라는 판단을 받았다. 형사소송법 제123조, 제219조와 관련하여 사실상 최초로 나온 판례이다. '참여능력'이라는 새로운 용어도 사용하고 있다.

20 압수목록 작성·교부 방법 및 시기

1. 압수물 목록은 피압수자 등이 압수처분에 대한 준항고를 하는 등 권리행사절차를 밟는 가장 기초적인 자료가 되므로 수사기관은 이러한 권리행사에 지장이 없도록 **압수 직후 현장에서 압수물 목록을 바로 작성하여 교부해야 하는 것이 원칙이다. 그리고 압수된 정보의 상세목록에는 정보의 파일 명세가 특정되어 있어야 하고, 수사기관은 이를 출력한 서면을 교부하거나 전자파일 형태로 복사해 주거나 이메일을 전송하는 등의 방식으로도 할 수 있다.**(대법원 2018. 2. 8. 2017도13263 유흥주점 탈세 사건) 밑줄 친 부분이 주로 시험에 출제된다.

> 24 경간부, 24 국가9급, 23 변호사, 22 경간부, 21 국가7급, 20 경찰승진, 18 경찰채용, 18 국가7급, 16 변호사

2. 법원은 압수·수색영장의 집행에 관하여 범죄혐의사실과 관련 있는 정보의 탐색·복제·출력이 완료된 때에는 지체 없이 압수된 정보의 상세목록을 피의자 등에게 교부할 것을 정할 수 있다. **압수물 목록**은 피압수자 등이 압수처분에 대한 준항고를 하는 등 권리행사절차를 밟는 가장 기초적인 자료가 되므로 수사기관은 이러한 권리행사에 지장이 없도록 압수 직후 현장에서 압수물 목록을 바로 작성하여 교부해야 하는 것이 원칙이다. 이러한 압수물 목록 교부 취지에 비추어 볼 때 <u>압수된 정보의 상세목록에는 정보의 파일 명세가 특정되어 있어야 한다.</u>(대법원 2022. 1. 14. 2021모1586 zip 파일 사건) [24] 판례 참고

3. 압수조서에는 작성연월일과 함께 품종, 외형상의 특징과 수량을 기재하여야 하고, 그 내용은 객관적 사실에 부합하여야 하므로 **압수목록 역시 압수물의 특징을 객관적 사실에 맞게 구체적으로 기재하여야 하는데**, 압수방법·장소·대상자별로 명확히 구분한 후 <u>압수물의 품종·종류·명칭·수량·외형상 특징 등을 최대한 구체적이고 정확하게 특정하여 기재하여야 한다.</u> 이는 수사기관의 압수 처분에 대한 사후적 통제수단임과 동시에 피압수자 등이 압수물에 대한 환부·가환부 청구를 하거나 부당한 압수처분에 대한 준항고를 하는 등 권리행사절차를 밟는 데 가장 기초적인 자료가 되므로 이러한 권리행사에 지장이 없도록 압수 직후 현장에서 바로 작성하여 교부하는 것이 원칙이다.(대법원 2024. 1. 5. 2021모385 여인닷컴 사건)

서식 압수목록[3]

	소속관서		
제 0000-00000호			0000.00.00.
수 신 :			
제 목 : 압수목록 교부서			

○○○에 대한　　　피(혐)의사건에 관하여 ○○○로부터 다음 물건을 압수하였으므로 이에 압수목록을 교부합니다.

연번	품　　　종	수　량	비　고

소속관서

사법경찰관 계급　　　　㊞

---

[3] 형사소송법 제129조, 제219조에 의하여 사법경찰관이 피압수자에게 교부해야 하는 압수목록이다.

21 압수조서 및 압수목록 작성·교부 방법 및 시기

수사기관은 압수를 한 경우 압수경위를 기재한 압수조서와 압수물의 특징을 구체적으로 기재한 압수목록을 작성하고, 압수목록은 압수물의 소유자·소지자·보관자 기타 이에 준하는 사람에게 교부하여야 하며, 압수목록을 교부한 경우 압수조서에 그 취지를 기재하여야 한다(형사소송법 제219조, 제129조, 형사소송규칙 제109조, 제62조). 압수조서와 압수목록은 피압수자 등이 압수물에 대한 환부·가환부 청구를 하거나 부당한 압수처분에 대한 준항고를 하는 등 권리행사절차를 밟는 데 가장 기초적인 자료가 되므로 이러한 권리행사에 지장이 없도록 압수 직후 현장에서 바로 작성하여 교부하는 것이 원칙이다. (대법원 2024. 5. 17. 2023도8426 뒤늦은 압수조서 작성사건)

▶ 25 법원9급

22 임의제출물의 압수의 경우에도 압수목록을 작성·교부해야 하는지의 여부(적극)

임의제출에 따른 압수의 경우에도 압수물에 대한 수사기관의 점유 취득이 제출자의 의사에 따라 이루어진다는 점에서만 차이가 있을 뿐 범죄혐의를 전제로 한 수사 목적이나 압수의 효력은 영장에 의한 압수의 경우와 동일하므로 헌법상 기본권에 관한 수사기관의 부당한 침해로부터 신속하게 권리를 구제받을 수 있도록 수사기관은 영장에 의한 압수와 마찬가지로 객관적·구체적인 압수목록을 신속하게 작성·교부할 의무를 부담한다.(대법원 2024. 1. 5. 2021모385 여인닷컴 사건)

▶ 25 경찰승진, 25 경간부, 25 국가9급, 24 법원9급

23 압수영장을 집행한 후 일정한 기간이 경과하고서 후에 압수목록을 작성·교부할 수 있는 경우

적법하게 발부된 영장의 기재는 그 집행의 적법성 판단의 우선적인 기준이 되어야 하므로 예외적으로 압수물의 수량·종류·특성 기타의 사정상 압수 직후 현장에서 압수목록을 작성·교부하지 않을 수 있다는 취지가 영장에 명시되어 있고, 이와 같은 특수한 사정이 실제로 존재하는 경우에는 압수영장을 집행한 후 일정한 기간이 경과하고서 압수목록을 작성·교부할 수도 있으나, 압수목록 작성·교부 시기의 예외에 관한 영장의 기재는 피의자·피압수자 등의 압수 처분에 대한 권리구제절차 또는 불복절차가 형해화되지 않도록 그 취지에 맞게 엄격히 해석되어야 하고 나아가 예외적 적용의 전제가 되는 특수한 사정의 존재 여부는 수사기관이 이를 증명하여야 하며 그 기간 역시 필요 최소한에 그쳐야 한다. 또한 영장에 의한 압수 및 그 대상물에 대한 확인조치가 끝나면 그것으로 압수절차는 종료되고, 압수물과 혐의사실과의 관련성 여부에 관한 평가 및 그에 필요한 추가 수사는 압수절차 종료 이후의 사정에 불과하므로 이를 이유로 압수 직후 이루어져야 하는 압수목록 작성·교부의무를 해태·거부할 수는 없다.(대법원 2024. 1. 5. 2021모385 여인닷컴 사건)

▶ 25 경찰승진, 25 국가9급, 25 법원9급

24 범죄혐의사실과의 관련성에 대한 구분 없이 임의로 전체의 전자정보를 복제·출력하여 이를 하나의 압축파일로 보관하여 두고, 그와 같이 선별되지 않은 전자정보에 대해 구체적인 개별 파일 명세를 특정하여 상세목록을 작성하지 않고 그 압축파일 이름만을 기재하여 이를 상세목록이라고 하면서 피압수자에게 교부한 경우 그 압축파일 전체에 대한 압수의 적법 여부(소극)

수사기관이 압수·수색영장에 기재된 범죄혐의사실과의 관련성에 대한 구분 없이 임의로 전체의 전자정보를 복제·출력하여 이를 보관하여 두고, 그와 같이 선별되지 않은 전자정보에 대해 구체적인 개별 파일 명세를 특정하여 상세목록을 작성하지 않고 '….zip'과 같이 그 내용을 파악할 수 없도록 되어 있는 포괄적인 압축파일만을 기재한 후 이를 전자정보 상세목록이라고 하면서 피압수자 등에게 교부함으로써 범죄혐의사실과 관련성 없는 정보에 대한 삭제·폐기·반환 등의 조치도 취하지 아니하였다면, 이는 결국 수사기관이 압수·수색영장에 기재된 범죄혐의 사실과 관련된 정보 외에 범죄혐의 사실과 관련이 없어 압수의 대상이 아닌 정보까지 영장 없이 취득하는 것일 뿐만 아니라 범죄혐의와 관련 있는 압수 정보에 대한 상세목록 작성·교부 의무와 범죄혐의와 관련 없는 정보에 대한 삭제·폐기·반환 의무를 사실상 형해화하는 결과가 되는 것이어서 영장주의와 적법절차의 원칙을 중대하게 위반한 것으로 봄이 상당하다(만약 수사기관이 혐의사실과 관련 있는 정보만을 선별하였으나 기술적인 문제로 정보 전체를 1개의 파일 등으로 복제하여 저장할 수밖에 없다고 하더라도 적어도 압수목록이나 전자정보 상세목록에 압수의 대상이 되는 전자정보 부분을 구체적으로 특정하고, 위와 같이 파일 전체를 보관할 수밖에 없는 사정을 부기하는 등의 방법을 취할 수 있을 것으로 보인다). 따라서 이와 같은 경우에는 영장 기재 범죄혐의 사실과의 관련성 유무와 상관없이 수사기관이 임의로 전자정보를 복제·출력하여 취득한 정보 전체에 대해 그 압수는 위법한 것으로 취소되어야 한다고 봄이 상당하고, 사후에 법원으로부터 그와 같이 수사기관이 취득하여 보관하고 있는 전자정보 자체에 대해 다시 압수·수색영장이 발부되었다고 하여 달리 볼 수 없다.(대법원 2022. 1.14. 2021모1586 zip 파일 사건)

Ⅲ 전자정보 압수·수색의 특수문제

1. 영장에 의한 압수·수색

(1) 압수·수색의 방법

형사소송법(2025. 3.18. 법률 제20796호로 일부개정된 것)

제106조【압수】③ 법원은 압수의 목적물이 컴퓨터용디스크, 그 밖에 이와 비슷한 정보저장매체(이하 이 항에서 "정보저장매체등"이라 한다)인 경우에는 기억된 정보의 범위를 정하여 출력하거나 복제하여 제출받아야 한다. 다만, 범위를 정하여 출력 또는 복제하는 방법이 불가능하거나 압수의 목적을 달성하기에 현저히 곤란하다고 인정되는 때에는 정보저장매체등을 압수할 수 있다.

제219조【준용규정】제106조, 제107조, 제109조 내지 제112조, 제114조, 제115조 제1항 본문, 제2항, 제118조부터 제132조까지, 제134조, 제135조, 제140조, 제141조, 제333조 제2항, 제486조의 규정은 검사 또는 사법경찰관의 본장의 규정에 의한 압수, 수색 또는 검증에 준용한다. 단, 사법경찰관이 제130조, 제132조 및 제134조에 따른 처분을 함에는 검사의 지휘를 받아야 한다.

수사준칙(2023.10.17. 대통령령 제33808호로 일부개정된 것)

제41조【전자정보의 압수·수색 또는 검증 방법】① 검사 또는 사법경찰관은 법 제219조에서 준용하는 법 제106조 제3항에 따라 컴퓨터용디스크 및 그 밖에 이와 비슷한 정보저장매체(이하 이 항에서 "정보저장매체등"이라 한다)에 기억된 정보(이하 "전자정보"라 한다)를 압수하는 경우에는 해당 정보저장매체등의 소재지에서 수색 또는 검증한 후 범죄사실과 관련된 전자정보의 범위를 정하여 출력하거나 복제하는 방법으로 한다. 〈원칙 : 범죄사실과 관련된 전자정보만 출력 또는 복제〉
② 제1항에도 불구하고 제1항에 따른 압수 방법의 실행이 불가능하거나 그 방법으로는 압수의 목적을 달성하는 것이 현저히 곤란한 경우에는 압수·수색 또는 검증 현장에서 정보저장매체등에 들어 있는 전자정보 전부를 복제하여 그 복제본을 정보저장매체등의 소재지 외의 장소로 반출할 수 있다. 〈예외 1 : 전자정보 전부 복제[1] 및 외부 반출〉
③ 제1항 및 제2항에도 불구하고 제1항 및 제2항에 따른 압수 방법의 실행이 불가능하거나 그 방법으로는 압수의 목적을 달성하는 것이 현저히 곤란한 경우에는 피압수자 또는 법 제123조에 따라 압수·수색영장을 집행할 때 참여하게 해야 하는 사람(이하 "피압수자등"이라 한다)이 참여한 상태에서 정보저장매체등의 원본을 봉인(封印)하여 정보저장매체등의 소재지 외의 장소로 반출할 수 있다. 〈예외 2 : 정보저장매체등 자체 외부 반출〉

제42조【전자정보의 압수·수색 또는 검증 시 유의사항】① 검사 또는 사법경찰관은 전자정보의 탐색·복제·출력을 완료한 경우에는 지체 없이 피압수자등에게 압수한 전자정보의 목록을 교부해야 한다.
② 검사 또는 사법경찰관은 제1항의 목록에 포함되지 않은 전자정보가 있는 경우에는 해당 전자정보를 지체 없이 삭제 또는 폐기하거나 반환해야 한다. 이 경우 삭제·폐기 또는 반환확인서를 작성하여 피압수자등에게 교부해야 한다.

> **선생님의 TIP**
>
> 1. 질문을 하겠다. 하드카피나 이미징 그리고 복제본은 무엇을 말하는가? 각주 1)을 다시 읽어보기 바란다. 이것이 이 부분 공부의 시작이다. 이것은 모르면 이 파트 공부는 파멸에 이른다.
> 2. 전자정보 압수·수색은 정말 중요하고 시험에 자주 출제된다. 어려워 보이지만 원리를 알고 이 교재로 공부하면 크게 걱정할 것은 없다. 위 수사준칙 제41조 〈 〉부분을 다시 한번 확인하기 바란

---

[1] 이를 하드카피나 이미징(imaging)이라고 하고 그 매체를 복제본이라고 한다.(대법원 2022. 1.14. 2021모1586 zip 파일 사건 참고)

다. 수사준칙 제41조 제1항의 경우는 큰 문제가 없으나, 수사준칙 제41조 제2항·제3항의 경우에는 사생활이나 개인정보 보호 등에 있어 큰 문제가 발생한다. 당연히 후자에 대한 판례가 대부분이다. 수사준칙 제41조 제2항·제3항의 경우 '나의 모든 것'이 통째로 수사기관으로 넘어가게 된다. 그나마 수사기관이 혐의사실과 관련된 전자정보만 압수하고 나머지는 수사준칙 제42조 제2항에 따라 삭제·폐기하면 다행이다. 그러나 그것은 너무나 순진한 생각일지 모른다. 정보가 곧 권력인데 굳이 얻은 정보를 수사기관이 바보같이 스스로 포기할 이유는 없다. 전체를 하드카피나 이미징을 한 다음 무관정보를 삭제·폐기하지 않고 다음 수사를 할 때 또 써 먹는다(결과적으로 영장없이 무관정보를 압수한 것이 된다). 저자가 경찰이나 검사라고 가정할 때 정말 이런 유혹은 참기 힘들 것이다. 그러나 그것은 불법이다. 누구나, 특히 남자라면 하고 싶지만 간통이나 강간은 불법이다. 사람들은 오랜 동안의 경험을 통해 서로 지켜야 할 약속인 법(法)을 만들었지만 개새끼들은 그냥 본능에 충실할 뿐 이와 같은 법이 무엇인지 모른다. '극히 일부라고 하지만' 법을 무시하고 자신이나 그 소속 집단만의 이익을 위해서 행동하는 경찰이나 검사는 사람인가 아니면 개새끼인가? 아래 [3] 판례를 보면 좀 더 잘 알 수 있다(셀프 압수·수색이 요즘 유행인데, 영장전담 판사라면 이러한 유형의 영장청구를 싹 다 기각시키고 경우에 따라 직권남용죄로 공수처에 고발하여야 할 것이다). 앞으로 이를 '삭제·폐기 대상 정보 무단사용'이라고 하겠는데, 요즘에 가장 핫 핫(hot hot)하게 뜨고 있는 테마이다. 2022년부터 계속 이에 대한 판례가 판시되고 있다.
3. 다시 말하지만 이 교재를 통하여 판례를 완벽히 설명하고 학생분을 이해시키는 데에는 한계가 있다. 복잡한 사실관계를 알아야 비로소 이해되는 판례가 상당히 많기 때문이다. 이에 대하여 저자가 별도로 연구한 자료 「윤경근 선생님의 압수·수색 완전정복 자료」를 아래 카페에 올려 놓았으므로 좀 더 깊이 있는 공부를 위해서라면 보기 바란다.
　　　　－ DAUM 또는 NAVER 카페 "윤경근 선생님의 민형사법 교실" －

01 정보저장매체 자체나 그 복제본을 수사기관 사무실 등 외부로 반출하기 위한 요건

전자정보에 대한 압수·수색영장의 집행에 있어서는 원칙적으로 영장 발부의 사유로 된 혐의사실과 관련된 부분만을 문서 출력물로 수집하거나 수사기관이 휴대한 저장매체에 해당 파일을 복사하는 방식으로 이루어져야 하고, 집행현장의 사정상 위와 같은 방식에 의한 집행이 불가능하거나 현저히 곤란한 부득이한 사정이 존재하더라도 그와 같은 경우에 그 저장매체 자체를 직접 혹은 하드카피나 이미징(imaging) 등 형태로 수사기관 사무실 등 외부로 반출하여 해당 파일을 압수·수색할 수 있도록 영장에 기재되어 있고 실제 그와 같은 사정이 발생한 때에 한하여 예외적으로 허용될 수 있을 뿐이다.(대법원 2014. 2.27. 2013도12155 최태원 SK그룹회장 사건) 이 판례 이후에는 "영장에 기재되어 있고"라는 요건의 필요 여부에 대한 판례는 더 이상 나오지 않고 있다. ⓐ 실무상 정착돼서 더 이상 "___" 요건에 대한 판단을 하지 않은 것인지 ⓑ 형사소송법 제106조 제3항(제219조에서 이를 준용)이 신설되었으므로 "___" 부분이 더 이상 요건이 아니어서 그런지 애매하다. 형사소송법 제106조 제3항이 2011. 7.18. 신설되어 2012. 1. 1.부터 시행되었다. 이 판례 사건의 경우 형사소송법 제106조 제3항 시행 전인 2011.11. 8. 압수·수색이 이루어졌다. 영장을 받고 행하는 압수·수색도 있지만 영장 없이 행하는 압수·수색도 있다는 점을 감안할 때 ⓑ로 해석하는 것이 옳아 보인다.(대법원 2021.11.18. 2016도348 숭실 대학교수 제자들 추행·촬영 사건 참고) 다시 한번 형사소송법 제106조 제3항과 수사준칙 제41조를 읽어보아라. 이런 애매한 점이 있으므로 출제자는 이 판례를 내지 않는 것이 좋을 것이다. 오른쪽 표시 기출의 경우 모두 "___" 요건을 물어본 것이었다.

> 23 경찰승진, 22 소방간부,
> 21 경찰승진, 20 변호사,
> 20 경찰승진, 20 경찰채용,
> 19 경간부, 18 경찰승진,
> 15 변호사

02 정보저장매체 자체나 그 복제본을 수사기관 사무실 등 외부로 반출하여 압수·수색하는 과정에서 혐의사실 관련성에 대한 구분 없이 임의로 저장된 전자정보를 문서로 출력하거나 파일로 복제하는 행위가 허용되는지의 여부(소극)

1. 수사기관은 압수의 목적물이 전자정보가 저장된 저장매체인 경우에는 압수·수색영장 발부의 사유로 된 범죄혐의사실과 관련 있는 정보의 범위를 정하여 출력하거나 복제하여 이를 제출받아야 하고, 이러한 과정에서 혐의사실과 무관한 전자정보의 임의적인 복제 등을 막기 위한 적절한 조치를 취하는 등 영장주의 원칙과 적법절차를 준수하여야 한다. 따라서 저장매체의 소재지에서 압수·수색이 이루어지는 경우는 물론 예외적으로 저장매체에 들어 있는 전자파일 전부를 하드카피나 이미징(imaging) 등의 형태(이하 '복제본'이라 한다)로 수사기관 사무실 등으로 반출한 경우에도 **반출한 저장매체 또는 복제본에서 혐의사실 관련성에 대한 구분 없이 임의로 저장된 전자정보를 문서로 출력하거나 파일로 복제하는 행위는 원칙적으로 영장주의 원칙에 반하는 위법한 압수가 된다.**(대법원 2022. 1. 14. 2021모1586 zip 파일 사건)

2. (1) 수사기관의 전자정보에 대한 압수·수색은 원칙적으로 영장 발부의 사유로 된 범죄혐의사실과 관련된 부분만을 문서 출력물로 수집하거나 수사기관이 휴대한 저장매체에 해당 파일을 복제하는 방식으로 이루어져야 한다. 다만 예외적으로 저장매체 자체를 직접 반출하거나 그 저장매체에 들어 있는 전자파일 전부를 하드카피나 이미징(imaging) 등의 형태(이하 '복제본'이라 한다)로 수사기관 사무실 등 외부로 반출하는 방식으로 압수·수색하는 것이 허용될 수 있다. 가령 현장의 사정이나 전자정보의 대량성으로 말미암아 관련 정보 획득에 긴 시간이 들거나 전문 인력에 의한 기술적 조치가 필요한 경우 등과 같이 범위를 정하여 출력하거나 복제하는 방법이 불가능하거나 압수의 목적을 달성하기에 현저히 곤란하다고 인정되는 때에 한하여 저장매체 자체 또는 복제본을 외부에 반출하는 방식으로 압수·수색을 할 수 있다. (2) 저장매체 자체 또는 적법하게 획득한 복제본을 탐색하여 혐의사실과 관련된 전자정보를 문서로 출력하거나 파일로 복제하는 일련의 과정은 전체적으로 하나의 영장에 따른 압수·수색이라고 볼 수 있다. 문서출력 또는 파일복제의 대상은 저장매체 소재지에서 하는 압수·수색과 마찬가지로 혐의사실과 관련된 부분에 한정되어야 한다. 이러한 결론이 헌법과 형사소송법에서 정하고 있는 적법절차와 영장주의 원칙이나 비례의 원칙에 부합한다. 따라서 수사기관 사무실 등으로 반출된 저장매체 또는 복제본에서 혐의사실 관련성에 대한 구분 없이 임의로 저장된 전자정보를 문서로 출력하거나 파일로 복제하는 행위는 원칙적으로 영장주의 원칙에 반하는 위법한 압수가 된다.(대법원 2017. 11. 14. 2017도3449 권선택 대전시장 사건)

> 24 경찰채용, 23 경찰승진, 22 경찰승진, 22 경간부, 22 소방간부, 22 국가7급, 21 경찰승진, 20 경찰채용, 19 변호사, 19 경간부, 18 경찰승진, 17 경찰채용, 17 소방간부, 16 경찰채용, 16 국가7급, 16 국가9급, 16 법원9급, 15 변호사, 15 경찰승진, 15 경찰채용

> **선생님의 TIP**
>
> 1. 아래 [3] 판례 사례 자체는 시험에 출제되기 어렵지만, 시험에 출제되는 판례 및 관련 법리(法理)를 이해하기 위해서는 읽어 보아야 한다. 쉽지 않겠지만 2~3번 정도 꼼꼼히 읽어보기 바란다.
> 2. 정보저장매체 자체나 그 복제본에 담긴 전자정보를 탐색하여 혐의사실과 관련된 정보(이하 '유관정보'라 한다)를 선별하여 출력하거나 다른 저장매체에 저장하는 등으로 압수를 완료하면 혐의사실과 관련 없는 전자정보(이하 '무관정보'라 한다)를 삭제·폐기하여야 한다. 그런데 아래 [3] 판례 사례의 경우는 무관정보를 계속 보관하고 있다가 나중에 다른 사건의 수사를 위하여 사용했다는 공통점이 있다. 이것은 영장 없이 무관정보를 압수한 것과 다름이 아니다. 비록 별도의 압수·수색영장으로 이 무관정보를 압수했어도 위법성은 치유되지 않는다. 경찰(판례 1. 3.), 검찰(판례 5.), 군검사(판례 4.), 기무사(현 국군방첩사령부 판례 2.) 등 대한민국 모든 수사기관 단 하나 예외 없이 이런 불법적인 행태를 자행하고 있다.

03 영장 기재 혐의사실과 관련성을 인정할 수 없어 증거능력이 부정되는 경우(관련성의 원칙 관련, 삭제·폐기 대상 정보 무단사용[2])

1. (1) 원심결정 이유와 기록에 의하면 다음과 같은 사실을 알 수 있다. ① 수사기관은 "피의자 공소외 1이 의뢰인으로부터 사건무마를 위해 경찰에 전달한다는 명목으로 2018. 11.경부터 2019. 3. 하순경까지 3회에 걸쳐 합계 5,500만 원을 교부받고 1억 원을 약속받은 후 이를 준항고인에게 전달하여 뇌물공여를 하였다."는 내용의 변호사법 위반, 뇌물공여의 범죄혐의사실에 대해 수사를 하면서 2019. 5. 17. 법원으로부터 준항고인의 휴대전화 등에 대한 압수·수색영장(이하 '제1 압수·수색영장'이라 한다)을 발부받았다. ② 제1 압수·수색영장은 휴대전화 등에 있는 전자정보의 압수 대상 및 방법에 대해 '저장매체 자체를 반출하거나 복제본으로 반출하는 경우에도 혐의사실과 관련된 전자정보만을 출력 또는 복제하여야 하고, 완료된 후에는 지체 없이 피압수자 등에게 압수 대상 전자정보의 상세목록을 교부하여야 하고, 그 목록에서 제외된 전자정보는 삭제·폐기 또는 반환하고 그 취지를 통지하여야 한다.'고 제한하였다. 한편 준항고인은 수사기관에 제1 압수·수색영장에 따른 휴대전화기의 전자정보에 관한 탐색·복제·출력 과정에 대한 절차 참여를 포기한다는 의사를 밝혔다. ③ 수사기관은 제1 압수·수색영장에 따라 준항고인이 소지하던 이 사건 휴대전화를 압수하여 경찰청 디지털포렌식계에 분석의뢰하였는데, 담당분석관은 별도의 선별작업 없이 이 사건 휴대전화에 저장된 파일 대부분을 그대로 한 개의 파일(19-○○○호TF증1〈△△△ 휴대폰〉.zip, 이하 '이 사건 파일'이라 한다)로 압축해 저장매체에 복제하여 담당경찰관에게 건네주었다. 한편 담당경찰관이 작성한 압수조서 및 담당경찰관이 작성하여 준항고인에게 제시한 전자정보 상세목록에도 압수한 전자정보가 '(19-○○○호TF증1〈△△△ 휴대폰〉.zip'이라고 기재되어 있다. ④ 공소외 1은 앞서 본 의뢰인으로부터 사건청탁 명목으로 금원을 전달받았다는 내용의 변호사법 위반죄로만 기소되어 유죄판결이 선고·확정되었는데, 그 이후에도 이 사건 파일은 경찰청 내의 이미징(imaging) 자료 등을 보관하는 서버에 그대로 저장된 채로 삭제되지 않고 있었다. ⑤ 한편 수사기관은 "준항고인이 2016. 12.경부터 2017. 5.경까지 공소외 2로부터

---

[2] 이외에도 '영장의 제시·교부, 참여권의 보장 및 압수목록 작성·교부'와도 관련된다.

합계 5,000만 원을, 2018. 8.경 4,000만 원을 받았다."는 내용의 범죄혐의사실을 수사하면서 위와 같이 제1 압수·수색영장에 의하여 압수하여 취득한 이 사건 파일이 수사기관에 보관 중인 것을 확인한 후 이 사건 파일에 대한 압수·수색영장을 청구하였고, 법원은 2020. 4.16. 위 범죄혐의사실에 대해 수사기관에서 보관 중인 이 사건 파일 등에 대한 압수·수색영장(이하 '제2 압수·수색영장'이라 한다)을 발부하였다[3]. ⑥ 그런데 수사기관은 제2 압수·수색영장을 집행하면서 준항고인이나 그 변호인의 참여 기회를 보장하지 않았다. 이 때문에 수사기관은 다시 압수·수색영장을 청구하여 2021. 4. 7. 준항고인에 대한 일부 범죄혐의사실이 추가된 것 외에는 제2 압수·수색영장과 거의 동일한 내용의 압수·수색영장을 발부받아(이하 '제3 압수·수색영장'이라 한다) 준항고인과 변호인의 참여 기회를 보장하여 이 사건 파일의 압수를 집행하였다. (2) 수사기관이 제1 압수·수색영장을 집행하면서 기술적인 문제를 이유로 혐의사실 관련성에 대한 구분 없이 임의로 이 사건 휴대전화 내의 전자정보 전부를 1개의 압축파일인 이 사건 파일로 생성·복제하고 이후 이 사건 파일에서 혐의사실과 관련된 전자정보만을 탐색·선별하여 출력 또는 복제하는 절차를 밟지 아니한 채 이 사건 파일 1개 그대로에 대해 압수조서를 작성하고, 그 1개의 파일만을 기재한 것을 상세목록이라는 이름으로 준항고인에게 교부하였으며, 범죄혐의와 관련 없는 정보를 삭제·폐기·반환하는 등의 조치 역시 취하지 아니하고 오히려 이 사건 파일을 경찰청 내의 저장매체에 복제된 상태 그대로 보관하여 둔 이상 결국 수사기관은 영장주의와 적법절차의 원칙, 제1 압수·수색영장에 기재된 압수의 대상과 방법의 제한을 중대하게 위반하여 이 사건 파일을 압수·취득한 것이므로 결국 이 사건 파일 전체에 대한 압수는 취소되어야 한다. 나아가 수사기관이 위와 같이 위법하게 압수하여 취득한 이 사건 파일에 대해 별도의 범죄혐의사실로 제2 압수·수색영장, 제3 압수·수색영장이 발부되었다고 하더라도 그 위법성은 치유된다고 보기 어렵고 따라서 다른 점에 관하여 더 나아가 살펴볼 필요 없이 제2 압수·수색영장, 제3 압수·수색영장에 의하여 이루어진 압수 역시 취소되어야 한다.(대법원 2022. 1.14. 2021모1586 zip 파일 사건)

2. (1) 이 사건의 경위는 아래와 같다. ① 국군기무사령부(이하 '기무사'라 한다) 수사관은 공소외 1이 해외 방위산업체 컨설턴트 및 무역대리점 업무를 하면서 방위사업청 등이 발주하는 방위력개선사업과 관련한 군사기밀을 탐지·수집·누설하였다는 혐의로 수사를 진행하던 중, 2014. 6. 9. 서울중앙지방법원 판사로부터 공소외 1 등 6명의 신체, 사무실, 주거지 등에 대하여 압수·수색·검증영장(이하 '제1영장'이라 한다)을 발부받았다. 제1영장의 압수할 물건에는 위 군사기밀과 관련한 군 관련 자료, 이를 파일 형태로 담고 있는 컴퓨터, 노트북, 외장형 하드디스크, USB, CD, DVD, 휴대전화 등 정보저장매체와 그 정보저장매체에 수록된 내용, 수첩, 노트 등 범죄사실과 관련된 문서자료 등이 포함되었다. 제1영장의 압수 대상 및 방법에 관하여는 혐의사실과 관련된 전자정보만을 문서로 출력하거나 수사기관이 휴대한 저장매체에 복사하는 방법을 원칙으로 하

---

[3] 수사기관이 자신이 보관 중인 파일을 셀프 압수·수색하려고 압수·수색영장을 발부받은 것이다. 물론 이것은 영장을 통하여 위법수사를 합법수사로 가장하기 위한 것이다. 영장을 발부한 판사도 약간 문제가 있다고 보아야 한다.

되, 이러한 압수 집행이 불가능하거나 현저히 곤란한 경우 저장매체 전부를 하드카피·이미징하는 방식으로 복제할 수 있고, 집행 현장에서 복제가 불가능하거나 현저히 곤란한 경우에는 저장매체의 원본을 봉인, 반출한 뒤 복제작업을 마치고 지체 없이 반환하도록 하며, 복제한 저장매체에서 혐의사실과 관련된 전자정보만을 출력, 복사하여야 하고, 위와 같은 증거물 수집이 완료되고 복제한 저장매체를 보전할 필요성이 소멸된 후에는 혐의사실과 관련 없는 전자정보를 지체 없이 삭제·폐기하도록 하는 제한사항이 존재하였다. ② 기무사 수사관은 2014. 6. 10. 제1영장을 집행하면서 공소외 1의 주거지에 있던 공소외 1의 노트북, 메모리카드, 외장형 하드디스크 전부를 모두 이미징하는 방법으로 복제하여 '삼성 노트북 이미지', 'Transcend Flash 메모리 이미지', 'Micro SD Flash 메모리 이미지', 'Seagate 외장형 HDD 이미지 파일' 등(이하 '이미징 사본'이라 한다)을 생성하였다. ③ 서울중앙지방검찰청 검사는 2014. 7.경 공소외 1을 군사기밀 보호법 위반 등의 혐의로 기소하였다. 서울중앙지방법원은 2015. 1. 8. 공소외 1이 '특수전지원함/특수침투정', 'GPS 화물낙하산', '소형무장헬기', '고공침투장비', '기상레이더 2차' 사업 등과 관련한 군사기밀을 탐지·수집 및 누설하였다는 공소사실을 유죄로 인정하여 공소외 1에 대하여 징역 4년을 선고하고, 압수된 이미징 사본 중 일부를 몰수하는 판결을 선고하였다. 공소외 1과 검사는 위 판결에 불복하여 항소·상고하였으나 공소외 1의 일부 뇌물공여의 점이 추가로 유죄로 인정된 것 이외에 위 군사기밀 탐지·수집 및 누설에 관한 유죄 부분은 그대로 유지되었고, 위 판결은 2015. 9. 24. 대법원의 상고기각 판결로 확정되었다(이하 공소외 1에 대한 위 형사사건을 '선행사건'이라 한다). ④ 기무사 수사관은 2016. 7.경 군 내부 실무자가 공소외 1에게 '소형무장헬기' 사업과 관련한 군사기밀을 누설하였을 가능성을 확인하고 2016. 7. 19. 서울중앙지방검찰청에 보관되어 있던 선행사건의 기록과 압수물을 대출받았다. ⑤ 기무사 수사관은 2016. 7. 21.경 압수물 중 이미징 사본에 대한 분석(이하 '1차 탐색'이라 한다)을 하고[4], 이를 기초로 피고인이 공소외 1에게 '소형무장헬기' 사업 등과 관련한 군사기밀을 누설하였다는 혐의로 피고인에 대한 내사를 개시하였다. ⑥ 기무사 수사관은 2016. 8. 2. 국방부 보통군사법원 군판사로부터 피고인이 '특수전지원함/특수침투정', '소형무장헬기', '기상레이더 2차' 사업과 관련한 군사기밀을 누설하였다는 범죄사실에 관한 증거자료를 확보할 필요가 있다는 등의 사유로 서울중앙지방검찰청에 보관된 선행사건의 압수물 중 위 사업 관련 군사기밀 및 군 관련 자료, 범죄사실을 증명할 수 있는 자료 등에 관한 압수·수색·검증영장(이하 '제2영장'이라 한다)을 발부받았다[5]. ⑦ 기무사 수사관은 2016. 8. 4. 서울중앙지방검찰청 형사증거과 직원 공소외 2의 참여하에 제2영장을 집행하여 그곳에 보관되어 있던 선행사건 압수물인 이미징 사본에서 공소외 1의 이메일 기록을 추출하여 압수하였다. (2) 기무사는 1차 탐색 당시 제1영장 기재 혐의사실과 관련된 정보와 무관정보가 뒤섞여 있는 이미징 사본을 탐색의 대상으로 삼았다. 무관정보는 제1영장으로 적법하게 압수되었다고 보기 어려우므로 참여권 보장 여부와

---

[4] 기무사가 서울중앙지방검찰청에 보관되어 있던 선행사건의 기록과 압수물을 영장 없이 불법적으로 압수한 것과 같다.
[5] 이미 영장 없이 불법적으로 압수한 기록 등에 대한 '사전' 압수·수색영장을 발부받은 것이다.

관계없이 이미징 사본의 내용을 탐색하거나 출력한 행위는 위법하다. 따라서 이를 바탕으로 수집한 전자정보 등 2차적 증거는 위법수집증거에 해당하여 유죄의 증거로 사용할 수 없다. 공소외 1이 선행사건 수사 당시 이미징 사본에 관한 소유권을 포기하였다거나 제2영장을 발부받았다는 등 군검사가 상고이유로 주장하는 사유만으로는 위법수집증거라도 유죄의 증거로 사용할 수 있는 예외적인 경우에 해당한다고 보기 어렵다.(대법원 2023. 6. 1. 2018도19782 소형무장헬기사업 기밀누설 사건)

3. (1) 원심판결 이유 및 기록에 따르면 아래의 사실이 인정된다. 〈제1영장의 발부 및 1차 압수·수색〉 ① 경찰은 2022. 6. 2. "피고인이 2022. 4.17.경 아동·청소년인 피해자 공소외 1을 위력으로 유사성행위를 하고, 2022. 6. 1.부터 2022. 6. 2.까지 피해자에게 성을 팔도록 권유하고 피해자의 성을 사기 위하여 피해자를 유인하였다."는 혐의로 피고인을 긴급체포하였다. ② 경찰은 2022. 6. 4. 춘천지방법원 원주지원 판사로부터 피고인에 대한 구속영장 및 피고인의 휴대전화와 휴대전화에 저장된 전자정보에 대한 압수·수색영장을 발부받았다(이하 '제1영장'이라 한다). ③ 피고인은 2022. 6. 6. '전자정보확인서(모바일기기 반출용)'를 작성하면서 휴대전화 또는 그 복제본에 대한 탐색·복제·출력 과정에 참여하지 않겠다는 의사를 표시하였다. ④ 경찰은 2022. 6.24. 제1영장에 기하여 피고인과 피해자 공소외 1 사이에 주고받은 문자메시지 내역 등 전자정보를 압수하였고, 같은 날 피고인에게 압수목록을 교부하였다(이하 '1차 압수·수색'이라 한다). ⑤ 검사는 2022. 6.27. 피고인을 피해자 공소외 1에 대한 공소사실로 기소하였다. 〈2차 압수·수색〉 ① 경찰은 1차 압수·수색 당시 피고인의 휴대전화에서 추출한 전자정보에서 확인하였던 별도의 혐의 자료인 '피고인이 아동·청소년인 피해자 공소외 2를 간음하는 영상과 피해자 성명불상자들의 신체를 촬영한 영상 등'을 토대로[6] 피고인의 여죄를 수사한다는 명목으로 2022. 7.18. 피해자 공소외 2와 2022. 7.26. 피고인을 각 조사하였다. ② 경찰은 2022. 7.27. 1차 압수·수색 당시 피고인의 휴대전화에서 추출한 전자정보가 저장되어 있던 담당 경찰관의 컴퓨터에서 피고인과 피해자 공소외 2의 통화 기록, 문자메시지 내역, 피해자 공소외 2가 촬영된 영상물 등을 압수하였고[7], 같은 날 피고인에게 압수목록을 교부하였다(이하 '2차 압수·수색'이라 한다). 〈제2영장의 발부 및 3차 압수·수색〉 ① 검사는 2022. 8.23. 경찰에 2차 압수·수색으로 압수한 전자정보에 대하여 별도의 압수·수색영장을 발부받아 압수하라는 취지의 보완수사요구를 하였다[8]. ② 경찰은 2022. 9. 8. 춘천지방법원 원주지원 판사로부터 피고인의 휴대전화에서 추출한 전자정보가 저장되어 있는 담당 경찰관의 컴퓨터의 전자정보 중 피해자 공소외 2 및 피해자 성명불상자들에 대한 부분을 대상으로 하는 압수·수색영장을 발부받았다(이하 '제2영장'이라 한다). ③ 경찰은 2022. 9.10. 제2영장을 집행하면서 2차 압수·수색으로 압수하였던 피해자 공소외 2와 관련된 전자정보 외에 피해자 성명불상자들이 촬영된 영상물도 추가로 압수하였는데(이하 '3차 압수·수색'이라 한다), 작성일이 '2022. 9.10.'로 된 압수목록·압수조서의 참여인란에는 피고인

---

[6] 전에 압수한 압수물을 별건사건을 위하여 사용한 것이다.
[7] 경찰이 다른 경찰관의 컴퓨터에 저장된 전자정보를 압수한 것이다.
[8] 검사가 경찰의 압수·수색 절차상 문제점을 인지한 것이다.

의 서명·무인이 기재되어 있다[9]. ④ 경찰의 2022. 9.10.자 수사보고서에는 '2022. 9.10. 담당 경찰관의 컴퓨터에서 전자정보를 압수하였고, 2022. 9.15. 피고인을 교도소에서 접견하여 전자정보확인서·압수목록을 피고인에게 제공할 예정'이라는 취지가 기재되어 있고, 2022. 9.14.자 수사보고서에는 '2022. 9.14. 교도소를 방문하여 피고인에게 수사접견으로 압수영장 사본을 교부하였으며, 전자정보확인서 등 관련 서류에 날인을 받았다.'는 취지가 기재되어 있으며 '전자정보확인서' 역시 2022. 9.14.자로 작성되어 있다[10]. (2) 〈2차 압수·수색의 적법 여부〉 ① 압수·수색은 해당 혐의사실과 관련된 유관증거를 선별하여 출력하거나 다른 저장매체에 저장하는 등 필요한 절차를 마치면 종료하는 것이므로 압수·수색영장에 기하여 집행 대상인 전자정보의 선별, 출력 혹은 저장이 이루어지고 그 자리에서 압수목록 및 전자정보확인서까지 교부된 경우에는 원칙적으로 그 시점에 압수·수색이 종료된 것으로 볼 수 있다. 즉, 경찰이 2022. 6.24. 제1영장에 기해 피해자 공소외 1에 대한 전자정보를 압수하고 같은 날 피고인에게 압수목록까지 교부한 이상 이때 제1영장에 기한 압수·수색은 종료되었고, 이로써 제1영장은 그 목적을 달성하여 효력이 상실되었다고 보아야 하므로 2차 압수·수색이 제1영장을 이용한 것이라면 이는 효력을 상실한 영장을 재집행한 것이 되어 그 자체로 위법하다. ② 2차 압수·수색으로 피해자 공소외 2에 관한 전자정보를 압수한 2022. 7.27.까지 제1영장에 따른 집행이 종료되지 않고 계속되는 상태에 있었던 것으로 보이지 않고, 제1영장의 혐의사실인 피해자 공소외 1에 대한 공소사실에 대하여는 그 이전인 2022. 6.27. 이미 기소까지 이루어진 상태였다. 또한 제1영장의 집행이 종료된 때로부터 2차 압수·수색까지는 1개월 이상의 상당한 시간적 간격이 있었을 뿐만 아니라 2차 압수·수색 당시에는 피고인의 휴대전화가 압수된 상태였기에 그 전자정보에 대한 압수·수색 영장을 새로 발부받아 이를 집행하는 것이 곤란한 상황도 아니었다. 수사기관 스스로 제1영장에 기한 집행이 위법하다는 인식하에 제2영장을 발부받아 3차 압수·수색을 한 점에 비추어 보더라도 제1영장을 이용한 2차 압수·수색은 수사기관의 통상적·원칙적인 집행절차가 아니었음을 나타낸다. ③ 결국 경찰의 2차 압수·수색은 제1영장의 혐의사실인 '피해자 공소외 1에 대한 공소사실'과 별도의 범죄혐의인 '피해자 공소외 2에 대한 공소사실'에 대한 수사를 위하여 피해자 공소외 1에 대한 제1영장에 기한 전자정보 복제본을 대상으로 영장 없이 압수·수색한 것이다. 즉, 압수·수색절차의 종료로 삭제·폐기의 대상일 뿐 더 이상 수사기관의 탐색·복제·출력 대상이 될 수 없는 복제본을 대상으로 새로운 범죄혐의의 수사를 위하여 기존 압수·수색 과정에서 출력하거나 복제한 유관정보의 결과물에 대한 열람을 넘어 그 결과물을 이용하여 새로 영장 없이 압수·수색한 경우에 해당하여 이는 그 자체로 위법하다고 볼 수밖에 없다. ④ 따라서 경찰의 2차 압수·수색은 적법한 압수·수색절차에 요구되는 관련 규정을 준수하지 아니함으로써 영장주의 및 적법절차 원칙을 위반하여 위법하고, 아래에서 보는 바와 같이 그 이후에 제2영장을 발부받아 3차 압수·수색을 하였다는 사정만으로는 그 하자가 치유된다고 보기 어렵다. 〈3차 압수·수색의

---

[9] 뒤에서 보면 알겠지만 허위공문서를 작성한 것이다.
[10] 전반적으로 엉망진창 압수·수색이다. 원주경찰서에서 이런 일이 발생했다.

적법 여부〉 ① 3차 압수·수색은 피고인의 휴대전화가 아니라 제1영장에 기하여 실시한 1차 압수·수색에 따른 복제본이 저장된 경찰관 컴퓨터의 전자정보를 대상으로 발부된 제2영장을 집행한 것인바, 이는 제1영장의 집행이 종료됨에 따라 당연히 삭제·폐기되었어야 할 전자정보를 대상으로 한 것이어서 위법하다. 경찰이 검찰에 송치하는 사건에서 별도의 적법성 확보를 위한 조치(사건 분리 후 피압수자에 대한 참여권 보장하에 재복제 실시 등)를 하지 아니한 이상 압수·수색절차의 종료로 삭제·폐기되었어야 할 전자정보를 계속 소지하는 행위는 그 자체로서 위법하기 때문이다. ② 더욱이 경찰의 2022. 9.10.자 및 2022. 9.14.자 수사보고서에 따르면 3차 압수·수색은 2022. 9.10. 종료되었고, 경찰은 그 집행이 종료된 이후인 2022. 9.14. 피고인을 수사접견하면서 제2영장 사본은 물론 '전자정보확인서·압수목록'까지 교부한 것으로 보이는 이상 2022. 9.10.자 압수목록·압수조서의 참여인란에 기재된 피고인의 서명·무인 역시 2022. 9.14. 수사접견 과정에서 소급하여 작성된 것이라고 볼 여지가 많다. 이는 경찰이 3차 압수·수색을 할 때 피고인에게 제2영장을 사전에 제시하지 않았음은 물론 피고인에 대한 영장 사본의 교부의무와 3차 압수·수색의 집행 일시·장소의 통지의무까지 모두 해태하는 위법이 있었음을 의미한다. ③ 3차 압수·수색과 관련하여 수사기관으로 하여금 위와 같은 통지의무의 예외를 인정할 별다른 정황이 없고, 피고인이 제2영장의 집행에 참여하지 않겠다는 의사를 표시한 자료를 찾을 수 없으며, 피고인이 제1영장의 집행에 참여하지 않겠다는 의사를 표시하였다고 하여 제2영장에 대하여도 같은 의사를 표시한 것으로 볼 수 없는 이상 3차 압수·수색 과정에서 피고인의 참여권을 보장한 취지는 실질적으로 침해되었다고 봄이 타당하다. ④ 따라서 경찰의 3차 압수·수색 역시 피의자의 참여권 등 압수·수색의 절차 관련 규정을 준수하지 않는 등 영장주의와 적법절차 원칙을 위반한 것이어서 위법하고 그것이 제2영장에 따른 집행이라는 이유만으로 달리 보기 어렵다. 〈결론〉 그럼에도 원심은 피해자 공소외 2 및 피해자 성명불상자들과 관련된 전자정보에 대한 2·3차 압수·수색이 적법하다고 보아 압수물의 증거능력을 인정하였는바, 이러한 원심의 판단에는 판결에 영향을 미친 잘못이 있다.(대법원 2023.10.18. 2023도8752 원주경찰서 셀프·짜깁기 압수·수색 사건)

4. (1) 원심판결 이유 및 적법하게 채택된 증거에 의하면 다음의 사실을 알 수 있다. ① 피고인은 2017.12.21. 23:30경 저녁 모임 도중 이 사건 휴대전화를 분실하였다. 성명불상자는 이 사건 휴대전화를 습득하고 주인을 찾기 위해 휴대전화 안의 메시지 등을 확인하던 중 음란합성사진[11] 일부를 확인하였고 2017.12.22. 17:00경 이 사건 휴대전화를 피해자 공소외 3(이하 '공소외 3'이라고 한다)에게 건네주었다[12]. ② 공소외 3 등은 2017.12.23. 피고인을 경찰에 고소하면서 이 사건 휴대전화를 증거물로 임의제출하였고 사법경찰관은 같은 날 14:00경 위 휴대전화를 공소외 3로부터 영장 없이 압수하였다. 당시 압수조서(임의제출)에 의하면 '피고인에 대한 음화제조 피의사건에 관하여 이 사건 휴대전화를 압수한다. 공소외 3이 자신을 포함한 친구들의 음란합성사진들이 많이 있었다고 하면서 위 휴대전화를 임의제출하였다.'라는 취지로 기재되어 있었다[13]. 한편 사법경찰

---

11 요즘 문제되고 있는 딥페이크(deepfake) 기술을 이용한 사진을 말한다.
12 여기서부터 일단 상식적으로 이해가 잘 안 된다. 우연의 일치일까?

관은 이 사건 휴대전화를 압수하면서 공소외 3에게 위 휴대전화에 저장된 사진 등 전자정보 전부를 제출하는 취지인지 등 제출 범위에 관한 의사를 따로 확인하지는 않았다. ③ 사법경찰관은 공소외 3로부터 참여권 포기 서류를 제출받은 후 2018. 1. 19. 디지털포렌식 과정을 거쳐 이 사건 휴대전화에서 삭제된 전자정보 일체를 복원하였고, 2018. 2. 23. 복원된 전자정보를 탐색하는 과정에서 제1심 판시 별지1 범죄일람표 기재 피해자들에 대한 음란합성사진을 탐색·출력하여 증거기록에 편철하였으며[14], 나아가 원심 판시 별지 범죄일람표 기재 여고생들에 대한 불법촬영사진도 탐색하였다[15]. 그럼에도 사법경찰관은 위 불법촬영사진에 관한 별도의 압수·수색영장을 발부받지 않은 채 피고인에 대하여 두 차례 피의자신문을 실시하는 등 수사를 진행하였다. ④ 그리고 사법경찰관은 이 사건 휴대전화를 압수한 후 삭제된 전자정보를 복원하고 그 정보를 탐색·출력하는 과정에서 피고인에게 참여의 기회를 보장하거나 압수한 전자정보 목록을 교부하거나 또는 피고인이 그 과정에 참여하지 아니할 의사를 가지고 있는지 여부를 확인한 바가 없다[16]. ⑤ 이후 피고인이 군입대하여 ○○ 보통검찰부로 사건이 송치되었다. 군검사는 2018. 11. 2. 피고인을 피의자로 하여 성폭력처벌법 위반(카메라등이용촬영)을 혐의사실로 이 사건 휴대전화 내 전자정보 등에 관한 사전 압수·수색영장(이하 '이 사건 영장'이라고 한다)을 발부받았다. 군검사는 2018. 11. 12. 이 사건 휴대전화를 제출인인 공소외 3 측에 환부하였고, 공소외 3의 모친은 이 사건 휴대전화를 피고인이 소속된 군부대로 발송하였다[17]. ⑥ 군검사는 2018. 11. 15. 이 사건 영장에 의하여 위 휴대전화를 압수한 다음 재차 디지털포렌식 절차를 진행하여 원심 판시 별지 범죄일람표 기재 여고생들에 대한 불법촬영사진을 탐색·복원·출력하였다. 피고인 및 변호인은 군검사의 위 탐색 등 절차에 대한 참여권을 포기하였다. ⑦ 군검사는 2019. 1. 17. 피고인을 이 사건 공소사실[18]로 기소하였고, 경찰 수사과정에서 수집된 제1심 판시 별지1 범죄일람표 기재 피해자들에 대한 음란합성사진 출력물 및 군검사 수사과정에서 수집된 원심 판시 별지 범죄일람표 기재 여고생들에 대한 불법촬영사진 출력물, CD를 증거로 제출하였다. (2) 앞서 본 사실관계를 살펴본다. 〈참여권 보장 등과 관련하여〉 ① 피고인은 공소외 3이 이 사건 휴대전화를 임의제출한 시점과 시간적으로 근접한 시기까지 위 휴대전화를 현실적으로 지배·관리하면서 휴대전화 내 전자정보 전반에 관한 전속적인 관리처분권을 보유·행사하였고 달리 이를 자신의 의사에 따라 제3자에게 양도하거나 포기하지 않았다[19]. 따라서 이 사건 휴

---

13 피의자가 소유·관리하는 정보저장매체를 피의자 아닌 피해자 등 제3자가 임의제출하는 경우에는 임의제출의 동기가 된 범죄혐의사실과 구체적·개별적 연관관계가 있는 전자정보에 한하여 압수의 대상이 되는 것으로 더욱 제한적으로 해석하여야 한다. 공소외 3의 임의제출의 동기가 된 범죄혐의사실은 음화제조이다.
14 관련성의 원칙과 관련하여 여기까지는 좋았다.
15 이것이 관련성의 원칙을 위반한 압수·수색에 해당한다. 앞으로 이 부분이 주로 문제가 된다.
16 참여권의 보장 및 압수목록 작성·교부 의무 위반이다.
17 이것이 바로 자금세탁 비슷한 꼼수이다.
18 정보통신망법위반(명예훼손), 성폭력처벌법위반(카메라등이용촬영) 그리고 음화제조교사를 말한다.
19 피고인이 휴대전화를 분실하였는데도 판례는 이와 같이 (관련성의 원칙이 적용되지 않고 또한 참여권 보장 등이 필요하지 않은 유류물이 아닌) 임의제출물이라고 판시하고 있다. '자신의 의사에 따라' 제3자에게 양도하거나 포기하지 않았다는 점은 근거로 한다.

대전화에 저장된 전자정보 전반에 관하여 피고인을 실질적인 압수·수색 당사자로 평가할 수 있으므로 임의제출자가 아닌 피고인에 대하여도 참여권 등 절차적인 권리가 보장되어야 한다. 그럼에도 사법경찰관은 피고인에게 참여권을 보장하거나 전자정보 압수목록을 교부하는 등 절차적인 권리를 보호하기 위한 적절한 조치를 취하지 않은 채 이 부분 공소사실에 관한 전자정보를 탐색하는 등 압수·수색절차를 진행하였는바, 사법경찰관의 이러한 조치는 위법하다. 이러한 전제에서 음화제조교사 부분에 관하여 살펴보면 군검사가 제출한 증거들 중 사법경찰관이 임의로 탐색·복제·출력한 전자정보인 제1심 판시 별지1 범죄일람표 기재 피해자들에 대한 음란합성사진 출력물은 위법하게 수집된 증거로서 증거능력이 없다. ② 다음으로 성폭력처벌법 위반(카메라등이용촬영) 부분에 관하여 살펴보면 군검사는 이후 이 사건 영장에 의하여 압수된 이 사건 휴대전화에서 디지털포렌식 결과 탐색·복제·출력한 전자정보인 원심 판시 별지 범죄일람표 기재 여고생들에 대한 불법촬영사진 출력물, CD를 증거로 제출하였는바, 선행 절차위법과 사이에 인과관계가 희석 내지 단절되는지 문제된다. 앞서 본 바와 같이 사법경찰관은 피고인의 참여권 등 절차적인 권리를 전혀 보장하지 않은 채 이 사건 휴대전화에 저장된 성폭력처벌법 위반(카메라등이용촬영) 관련 전자정보를 탐색·복원하였고, 별도의 압수·수색영장을 발부받지 않고 여고생들에 대한 불법촬영 부분을 포함하여 피고인에 대하여 두 차례 피의자신문을 실시하는 등 수사를 진행하였다. 이후 사건이 군검사에게 송치되었는데 군검사는 이 사건 휴대전화를 피해자 측에 환부한 후 다시 제출받아 이 사건 영장에 따라 불법촬영사진을 탐색하기는 하였으나, 이는 군검사가 피해자에게 위 휴대전화를 환부하기 이전에 미리 이 사건 영장을 발부받은 다음 위 휴대전화를 피해자에게 환부하고 휴대전화가 피해자 측을 거쳐 피고인이 소속된 군부대에 도착하자 이 사건 영장을 집행하여 다시 위 불법촬영사진을 탐색·복원·출력한 것에 불과하다[20]. 따라서 군검사의 증거수집과 사법경찰관의 선행 절차위법 사이에는 여전히 직접적 인과관계가 있다고 볼 수 있고 그 인과관계가 희석되거나 단절되었다고 보기는 어려우며 결국 위 불법촬영사진 출력물, CD 역시 위법하게 수집된 증거로서 증거능력이 없다. 〈객관적 관련성과 관련하여〉 피고인이 지하철, 학원 등지에서 성명불상의 여고생들을 몰래 촬영한 사진은 임의제출에 따른 압수의 동기가 된 범죄혐의사실인 음화제조교사 부분과 구체적·개별적 연관관계 있는 전자정보로 보기 어렵다[21]. 그런데 사법경찰관은 별도의 범죄혐의와 관련된 전자정보를 우연히 발견하였음에도 더 이상의 추가 탐색을 중단하거나 법원으로부터 압수·수색영장을 발부받지 않았으므로 그러한 정보에 대한 압수·수색은 위법하다. 그리고 군검사가 약 9개월 이후 이 사건 영장을 발부받아 디지털포렌식 절차를 진행하여 무관증거인 불법촬영사진을 탐색·복원·출력하였더라도 위 증거수집과 선행 절차위법 사이에 인과관계가 희석되거나 단절되었다고 보기는 어렵다. 그렇다면 위 불법촬영사진 출력물, CD는 이 점에서도 위법하게 수집된 증거로서 증거능력이 없다.(대법원 2023. 12. 14. 2020도1669 군입대 변태남 사건) 일단 '음란합성사진 제작부탁(음화제조교사)'과 '카메라등이용촬영'은 좀 다른 범죄로서 대체로

---

20 군검사의 꼼수라는 점을 지적하고 있다.
21 '음란합성사진 제작부탁(음화제조교사)'과 '카메라등이용촬영'은 관련성이 없다는 취지이다.

관련성의 원칙에 위반된다고 보아야 한다. 경찰의 절차위반의 문제점을 인지한 군검사의 자금세탁 비슷한 꼼수가 돋보인 사건이다(밑줄 부분 참고). 그래도 군검사가 이 정도의 꼼수를 쓴 것을 보면(말이 좋아 꼼수이지 그냥 불법이다) 어느 정도 절차법적 지식이 있는 자라고 보아야 한다. 그리고 이 정도 꼼수를 부릴 정도가 돼야 '검사가 될 자격'이 있다. 그건 그렇고 이 판례는 처음부터 잘 이해되지 않는 정말 변태적 사건이므로 다시 한번 더 읽어보기를 바란다. 이 사건은 살인죄와 같은 중범죄가 아님에도 상고심에서 변호인이 무려 9명이나 달라 붙었다. 대략 피고인이 모 대기업 회장의 아들이나 손자가 아닐까 추측해 본다. 각주를 이렇게 많이 다는 것은 이 판례가 처음이다.

5. (1) 원심판결 이유와 기록에 의하면 다음과 같은 사실을 알 수 있다. ① 수사기관은 "피의자 공소외 7 등이 △△시 ○○동 소재 ◁◁택지의 개발행위허가를 받는 과정에서 지구단위계획 등 법령상 필요한 절차를 회피하고 간이한 절차로 개발행위허가를 받아 내기 위해 사업 부지를 일정 면적 이하로 쪼개어 각각 인허가를 받아 냈다."라는 내용의 국토계획법 위반 등 혐의사실에 대해 수사를 하면서 2018. 12. 12. 법원으로부터 △△시청 ☆☆국장 공소외 2의 휴대전화(이하 '이 사건 휴대전화'라 한다) 등에 대한 압수·수색영장(이하 '제1 영장'이라 한다)을 발부받아 이 사건 휴대전화를 압수하였다(이하 '제1차 압수'라 한다). ② 수사기관은 2018. 12. 20. 이 사건 휴대전화에 저장된 전자정보를 디지털 증거분석하여 이미징(imaging) 작업을 한 파일을 <u>대검찰청 통합디지털증거관리시스템(D-NET, 이하 '대검찰청 서버'라 한다)에 저장하고,</u> 제1 영장 기재 혐의사실과 관련된 전자정보를 탐색하던 중 우연히 피고인과 공소외 2 사이에 여러 차례 통화한 내역을 녹음한 녹음파일(이하 '이 사건 녹음파일'이라 한다), 일정내역표 내역, 문자메시지 내역 등(이하 합쳐서 '이 사건 녹음파일 등'이라 한다) 이 사건 공소사실인 청탁금지법 위반, 공무상비밀누설 혐의와 관련된 전자정보를 발견하였다. 이에 수사기관은 2018. 12. 21. 이 사건 녹음파일 중 이 사건 공소사실과 관련된 혐의사실 부분을 정리하여 이를 CD에 복제한 다음 수사기록에 편철하였다(이하 '제1 처분'이라 한다)22. ③ 이후에도 수사기관은 이 사건 녹음파일 등을 계속 대검찰청 서버에 그대로 저장한 채로 이를 통해 피고인이 공소외 2로부터 받은 구체적인 이 사건 청탁의 내용, 이 사건 청탁의 대상이 되는 수사인 형사사건의 진행 경과, 피고인과 공소외 2가 만난 일자, 장소 등에 관한 수사를 하였다. 그 과정에서 수사기관은 2019. 1. 22. 이 사건 녹음파일에 대한 녹취록을 작성한 다음 해당 부분을 CD에 저장하여 이를 수사기록에 첨부하고, 이 사건 휴대전화에 저장되어 있던 문자메시지 내역을 조사하여 공무상비밀누설 부분에 관한 증거를 수집하기도 하였다(이하 '제2 처분'이라 한다). ④ 수사기관은 2019. 1. 23. 이 사건 공소사실을 혐의사실로 하여 대검찰청 서버에 저장된 이 사건 녹음파일 등을 대상으로 유효기간이 2019. 2. 23.까지인 압수·수색영장(이하 '제2 영장'이라 한다)을 청구하여 발부받았다23. 제2 영장에는 '압수할 물건'으로 '공소외 2 소유 휴대전화기에 대하

---

22 무관정보를 삭제·폐기하지 않고 계속 보관한 것이다. 제1 압수·수색영장의 혐의사실은 '국토계획법 위반'이지 '청탁금지법 위반, 공무상비밀누설'이 아니다.
23 검찰이 대검찰청 서버에 저장된 녹음파일 등을 대상으로 한 압수·수색영장을 발부받은 것이다. 검찰은 자위(自慰) 속칭 딸딸이가 뭔지는 알 것인데, 이거 거의 자위 비슷한 거 아니냐? 내가 압수하여 저장해 둔 정보를 내가 다시 압수하려고 판사에게 영장을 청구한다??

여 2018.12.20. 디지털 증거분석 완료하여 대검찰청 서버에 업로드한 결과물 중 영장 기재 범죄사실과 관련된 디지털 자료'라고 기재되어 있고, '수색·검증할 장소'로 '○○지검 △△지청 내 디지털 포렌식팀 또는 대검찰청 서버에 접속이 가능한 PC 설치 장소'라고 기재되어 있다. 그러나 수사기관은 제2 영장을 집행하지 않은 상태에서 통신 및 계좌영장 등을 발부받아 집행하고 이 사건 녹음파일 등을 확인해 피고인과 공소외 2가 만난 장소를 조사하는 등 이 사건 공소사실에 대한 수사를 계속 진행하였다. ⑤ 수사기관은 2019. 2.22. 다시 이 사건 공소사실을 혐의사실로 대검찰청 서버에 저장된 이 사건 녹음파일 등에 대한 압수·수색영장(이하 '제3 영장'이라 한다)을 청구하여 발부받았다(제3 영장에 기재된 '압수할 물건'과 '수색·검증할 장소'는 제2 영장과 동일하다). 그러나 수사기관은 제3 영장을 집행하지 않은 상태에서 2019. 3.20. 피고인, 공소외 2, 공범으로 기소된 공소외 1 등 관련자들의 주거지, 사무실 등에 대한 압수·수색으로 이 사건 청탁 대상인 수사와 관련된 구속영장신청서, 수사지휘부 등의 수사기록을 수집하고, 피고인을 비롯한 관련자들을 소환하여 진술을 받기도 하였다. ⑥ 수사기관은 2019. 3.22. 앞서 발부받은 제3 영장으로 공소외 2로부터 압수절차에 참여할 의사가 없음을 확인한 다음, 대검찰청 서버에 저장되어 있는 이 사건 녹음파일 등을 압수(이하 '제2차 압수'라 한다)하였다. ⑦ 이후 수사기관은 피고인 등 관련자들을 소환하여 진술 조사를 하고, 이 사건 청탁의 대상인 수사의 진행 경과, 수사지연의 방법 등에 관한 증거들을 더 수집한 후 2019. 4.12. 이 사건 기소를 하였다. ⑧ 한편 피고인은 제1심법정에서 '사실관계는 인정하나 법리적인 부분에 다툼이 있다.'는 취지로 진술하면서 검사가 제출한 모든 서류에 대하여 증거로 함에 동의하였다. 피고인의 변호인은 제1심 제3회 공판기일에 이르러 최종의견 진술을 하면서 이 사건 녹음파일 등이 위법수집증거에 해당한다는 주장을 비로소 하였고 이에 변론이 재개되어 검사는 제4회 공판기일에 제2, 3 영장 사본 등을 증거로 제출하였다. (2) 피고인은 제1 영장의 대상자인 공소외 7 등과 사이에 인적 관련성이 있지 않고, 이 사건 휴대전화에 저장된 이 사건 녹음파일 등은 제1 영장의 범죄혐의사실인 **국토계획법 위반 등 혐의사실과 구체적·개별적 연관관계 있는 관련성이 있는 전자정보로 보기 어렵다.** 그런데 아래와 같은 사정들을 종합하면 이 사건에서 수사기관이 무관정보를 우연히 발견하였음에도 더 이상의 추가 탐색을 중단하고 법원으로부터 압수·수색영장을 발부받았다고 평가할 수 없다. ① 수사기관은 이 사건 휴대전화에 저장된 전자정보의 이미징파일에서 무관정보인 이 사건 녹음파일 등을 발견한 2018.12.21. 무렵부터 제2 영장의 발부를 청구한 날인 2019. 1.23.까지 약 1개월에 걸쳐 영장을 발부받지 않은 채 이 사건 녹음파일 등에 대한 탐색을 계속하면서 제1, 2 처분으로 이 사건 녹음파일을 취득하고 그에 기초하여 다른 증거를 수집하는 등 영장 없이 수사를 계속하였다. ② 이후에도 수사기관은 제2 영장은 집행하지 않은 채 제3 영장을 집행한 날인 2019. 3.22.까지 약 2개월에 걸쳐 무관정보인 이 사건 녹음파일 등을 탐색, 복제, 출력을 하면서 수사를 계속 진행하였다. ③ 제1 영장 혐의사실인 국토계획법 위반 등 사건과 이 사건은 피의자, 범행의 내용, 사건의 발생 시기, 관련자 등이 서로 전혀 달라 유관정보와 무관정보를 구별하기 어려웠다고 볼 수 없다. ④ 무관정보를 발견하고 제2 영장을 발부받기까지 약 한 달이라는 상당한 시간이 소요된 것은, 제1 영장 혐의사실에 대한 무관정보를 구별하기 위한 것이 아니라 오로지 무관정보를 기초로 한 이 사건 수사를 위한 것이었다고 보인다. ⑤ 기록상 이 사건 녹음파일 등을 발견하고 제2, 3 영장을 발부받을 무렵까지 제1 영장에 의한 집행이 종료되지 않고 계속되는 상태에 있었다고 볼 만한 아무런 자료가 없다. 따라서 제1 영장 집행 종료 후 무관정보를 삭제·폐기·반환 등의 조치를 취하지 않고 계속 보관하면서 이를 탐색·복제·출력하는 제1, 2 처분을 비롯한 일련의 수사상 조치는 모두 위법함이 명백하다. 나아가 제2차 압수 또한 제1 영장에 의한 압수에 따른 복제본이 저장된 대검찰청 서버의 전자정보를 대상으로 발부된 제3 영장을 집행한 것에 불과하다. 이는 제1 영장의 집행이 종료됨에 따라 당연히 삭제·폐기되었어야 할 전자정보를 대상으로 한 것이어서 그 자체로 위법하고, 제3 영장을 발부받아 제2차 압수를 하였다는 사정만으로는 그 하자가 치유된다고 보기 어렵다. 결국 이 사건 휴대전화에 저장된 전자정보인 이 사건 녹음파일 등은 제1, 2 처분과 제2차 압수에 의하여 취득한 것으로서 적법한 압수·수색절차에 요구되는 관련 규정을 준수하지 아니함으로써 영장주의와 적법절차 원칙을 위반하여 위법하게 수집된 증거에 해당한다.(대법원 2024. 4. 16. 2020도3050 D-NET 파일 무단사용 사건) 검찰이 D-NET(대검찰청 서버)에 무관정보를 계속 보관하면서 영장 없이 이를 탐색·복제·출력해 취득한 증거는 위법수집증거로 증거능력이 없다는 취지이다. D-NET의 문제점은 MBC 뉴스 "'디지털캐비닛' 논란 확산"을 보면 알 수 있다 (https://www.youtube.com/live/c8osoQVovSk).

(2) 무관정보 발견시 조치

> **선생님의 TIP**
>
> 아래 [4] 판례를 아무 생각 없이 읽으면 이해할 수가 없다. 예를 들어 '횡령 혐의'로 영장을 발부받아 피의자의 PC나 휴대전화를 수사기관 사무실로 반출하였다. 수사기관이 PC나 휴대전화 안에 있는 파일을 검색하는 과정에서 우연히 '조세포탈' 관련 파일을 발견하였다. [4] 판례는 그 상태에서 추가 탐색을 중단하라고 한다. 여기서 '추가 탐색'이란 '조세포탈'에 대한 증거를 수집하기 위한 탐색으로 보아야 한다. '횡령 혐의'에 대한 증거를 수집하기 위한 탐색은 당연히 허용된다. 이렇게 해석하지 않으면 즉, '횡령 혐의'에 대한 증거를 수집하기 위한 탐색까지 금지된다고 해석한다면 아주 이상하고 불합리하기 때문이다.
>
> 예를 들어 설명한다. Ⓐ 혐의사실로 발부받은 영장에 의하여 정보저장매체 자체나 그 복제본을 수사기관 사무실 등 외부로 반출하였다. 이 안에는 ㉠ Ⓐ 혐의사실 자체와 그와 관련된 전자정보 ㉡ 'Ⓐ 혐의사실 자체와 그와 관련된 전자정보'가 아닌 별도 Ⓑ 혐의사실에 대한 전자정보 ㉢ 범죄혐의사실과 전혀 상관없는 전자정보가 있었다. [4] 판례에서 '무관정보'란 바로 ㉡ 전자정보를 의미한다(㉠㉢ 전자정보의 경우 특별히 문제될 것이 없기 때문이다). 수사기관이 ㉠ 전자정보는 물론 ㉡ 전자정보도 계속 탐색하여 이를 복제하는 방식으로 압수하였다면 ㉡ 전자정보는 바로 '영장 없이 압수한' 위법수집증거에 해당한다. **나중에 검사가 Ⓐ 범죄사실은 물론 Ⓑ 범죄사실까지 공소를 제기하고 ㉠㉡ 전자정보를 증거로 제출한 경우 ㉡ 전자정보는 증거능력이 부정된다.** 판례들은 대략 밑줄 친 상황에서 나온 것이다. 밑줄 친 상황이 아니라면 유관정보, 무관정보 등을 따질 이유가 없기 때문이다.

04 전자정보를 탐색하는 과정에서 별도의 범죄혐의와 관련된 전자정보를 발견한 경우 수사기관이 취해야 할 조치

> 25 국가9급, 25 소방간부,
> 24 국가7급, 24 소방간부,
> 23 경찰승진, 23 경간부,
> 23 경찰채용, 21 경찰승진,
> 21 국가9급, 21 법원9급,
> 20 국가9급, 19 변호사,
> 19 경찰채용, 18 경간부,
> 17 경찰채용, 16 국가9급

1. 전자정보에 대한 압수·수색에 있어 그 저장매체 자체를 외부로 반출하거나 하드카피·이미징(imaging) 등의 형태로 복제본(이하 '복제본'이라 한다)을 만들어 외부에서 그 저장매체나 복제본에 대하여 압수·수색이 허용되는 예외적인 경우에도 혐의사실과 관련된 전자정보(이하 '유관정보'라 한다) 이외에 이와 무관한 전자정보(이하 '무관정보'라 한다)를 탐색·복제·출력하는 것은 원칙적으로 위법한 압수·수색에 해당하므로 허용될 수 없다. 그러나 전자정보에 대한 압수·수색이 종료되기 전에 유관정보를 적법하게 탐색하는 과정에서 **무관정보를 우연히 발견한 경우**라면 수사기관으로서는 더 이상의 추가 탐색을 중단하고 법원으로부터 별도의 범죄혐의에 대한 압수·수색영장을 발부받은 경우에 한하여 그러한 정보에 대하여도 적법하게 압수·수색을 할 수 있다.(대법원 2024. 4.16. 2020도3050 D-NET 파일 무단사용 사건) 앞에서도 말했지만 무관정보에 대한 추가탐색이 금지될 뿐 유관정보에 대한 추가탐색은 여전히 허용된다. 아래 2. 3. 판례의 경우도 마찬가지이다. [3] 5. 판례 참고

2. 전자정보에 대한 압수·수색이 종료되기 전에 혐의사실과 관련된 전자정보를 적법하게 탐색하는 과정에서 **별도의 범죄혐의와 관련된 전자정보를 우연히 발견하면** 수사기관은 더 이상의 추가 탐색을 중단하고 법원에서 별도의 범죄혐의에 대한 압수·수색영장을 발부받은 경우에 한하여 그러한 정보를 적법하게 압수·수색할 수 있다. 이 경우에도 특별한 사정이 없는 한 <u>피압수자에게 형사소송법 제219조, 제121조, 제129조에 따라 참여권을 보장하고 압수한 전자정보 목록을 교부하는 등 피압수자의 이익을 보호하기 위한 적절한 조치를 하여야 한다.</u>(대법원 2017.11.14. 2017도3449 권선택 대전시장 사건)

3. 전자정보에 대한 압수·수색에 있어 그 저장매체 자체를 외부로 반출하거나 하드카피·이미징(imaging) 등의 형태로 복제본을 만들어 외부에서 그 저장매체나 복제본에 대하여 압수·수색이 허용되는 예외적인 경우에도 혐의사실과 관련된 전자정보 이외에 이와 무관한 전자정보를 탐색·복제·출력하는 것은 원칙적으로 위법한 압수·수색에 해당하므로 허용될 수 없다. 그러나 전자정보에 대한 압수·수색이 종료되기 전에 혐의사실과 관련된 전자정보를 적법하게 탐색하는 과정에서 **별도의 범죄혐의와 관련된 전자정보를 우연히 발견한 경우**라면 수사기관으로서는 더 이상의 추가 탐색을 중단하고 법원으로부터 별도의 범죄혐의에 대한 압수·수색영장을 발부받은 경우에 한하여 그러한 정보에 대하여도 적법하게 압수·수색을 할 수 있다. 나아가 이러한 경우에도 별도의 압수·수색 절차는 최초의 압수·수색 절차와 구별되는 별개의 절차이고, 별도 범죄혐의와 관련된 전자정보는 최초의 압수·수색영장에 의한 압수·수색의 대상이 아니어서 저장매체의 원래 소재지에서 별도의 압수·수색영장에 기해 압수·수색을 진행하는 경우와 마찬가지로 피압수자는 최초의 압수·수색 이전부터 해당 전자정보를 관리하고 있던 자라 할 것이므로 특별한 사정이 없는 한 <u>그 피압수자에게 형사소송법 제219조, 제121조, 제129조에 따라 참여권을 보장하고 압수한 전자정보 목록을 교부하는 등 피압수자의 이익을 보호하기 위한 적절한 조치가 이루어져야 한다.</u>(대법원 2015. 7.19. 2011모1839 숲속 종근당 압수·수색사건)

05 영장 기재 범죄혐의사실과 관련이 없는 나머지 전자정보를 수사기관이 계속 보관할 수 있는지의 여부(소극)

법원은 압수·수색영장의 집행에 관하여 범죄혐의사실과 관련 있는 전자정보의 탐색·복제·출력이 완료된 때에는 지체 없이 영장 기재 범죄혐의사실과 관련이 없는 나머지 전자정보에 대해 삭제·폐기 또는 피압수자 등에게 반환할 것을 정할 수 있다[24]. 수사기관이 범죄혐의사실과 관련 있는 정보를 선별하여 압수한 후에도 그와 관련이 없는 나머지 정보를 삭제·폐기·반환하지 아니한 채 그대로 보관하고 있다면 범죄혐의사실과 관련이 없는 부분에 대하여는 압수의 대상이 되는 전자정보의 범위를 넘어서는 전자정보를 영장 없이 압수·수색하여 취득한 것이어서 위법하고, 사후에 법원으로부터 압수·수색영장이 발부되었다거나 피고인이나 변호인이 이를 증거로 함에 동의하였다고 하여 그 위법성이 치유된다고 볼 수 없다.(대법원 2022. 1.14. 2021모1586 zip 파일 사건) [3] 1. 판례 참고

▶ 25 소방간부, 24 변호사, 24 경찰채용, 23 경찰채용, 22 경찰채용

06 전자정보 압수·수색 과정에서 생성한 이미징(imaging) 사본 등의 복제본에 혐의사실과 관련 없는 전자정보가 남아 있는 경우 이를 새로운 범죄혐의의 수사를 위하여 탐색, 복제 또는 출력할 수 있는지의 여부(소극)

1. 수사기관은 하드카피나 이미징(imaging) 등(이하 '복제본'이라 한다)에 담긴 전자정보를 탐색하여 혐의사실과 관련된 정보(이하 '유관정보'라 한다)를 선별하여 출력하거나 다른 저장매체에 저장하는 등으로 압수를 완료하면 혐의사실과 관련 없는 전자정보(이하 '무관정보'라 한다)를 삭제·폐기하여야 한다. <u>수사기관이 새로운 범죄 혐의의 수사를 위하여 무관정보가 남아 있는 복제본을 열람하는 것은 압수·수색영장으로 압수되지 않은 전자정보를 영장 없이 수색하는 것과 다르지 않다</u>. 따라서 복제본은 더 이상 수사기관의 탐색, 복제 또는 출력 대상이 될 수 없으며, 수사기관은 새로운 범죄 혐의의 수사를 위하여 필요한 경우에도 기존 압수·수색 과정에서 출력하거나 복제한 유관정보의 결과물을 열람할 수 있을 뿐이다.(대법원 2023.10.18. 2023도8752 원주경찰서 셀프·짜집기 압수·수색 사건) [3] 3. 판례 참고

▶ 25 국가9급

2. 수사기관의 전자정보에 대한 압수·수색은 원칙적으로 영장 발부의 사유로 된 범죄혐의사실과 관련된 부분만을 문서 출력물로 수집하거나 수사기관이 휴대한 저장매체에 해당 파일을 복제하는 방식으로 이루어져야 한다. 수사기관이 저장매체 자체를 직접 반출하거나 그 저장매체에 들어 있는 전자파일 전부를 하드카피나 이미징(imaging) 등 형태(이하 '복제본'이라 한다)로 수사기관 사무실 등 외부에 반출하는 방식으로 압수·수색하는 것은 현장의 사정이나 전자정보의 대량성으로 인하여 관련 정보 획득에 긴 시간이 소요되거나 전문 인력에 의한 기술적 조치가 필요한 경우 등 범위를 정하여 출력 또는 복제하는 방법이 불가능하거나 압수의 목적을 달성하기에 현저히 곤란하다고 인정되는 때에 한하여 예외적으로 허용될 수 있을 뿐이다. 수사기관은 복제본에 담긴 전자정보를 탐색하여 혐의사실과 관련된 정보(이하 '유관정보'라 한다)를 선별하여 출력하거나 다른 저장

---

[24] 법원이 이와 같이 영장에서 정하지 않았더라도 수사기관은 수사준칙 제42조 제2항에 의하여 무관정보를 삭제·폐기하여야 한다. 이 규정은 2021. 1. 1.부터 시행되었다.

매체에 저장하는 등으로 압수를 완료하면 혐의사실과 관련 없는 전자정보(이하 '무관정보'라 한다)를 삭제·폐기하여야 한다. <u>수사기관이 새로운 범죄 혐의의 수사를 위하여 무관정보가 남아있는 복제본을 열람하는 것은 압수·수색영장으로 압수되지 않은 전자정보를 영장 없이 수색하는 것과 다르지 않다.</u> 따라서 복제본은 더 이상 수사기관의 탐색, 복제 또는 출력 대상이 될 수 없으며, 수사기관은 새로운 범죄 혐의의 수사를 위하여 필요한 경우에도 유관정보만을 출력하거나 복제한 기존 압수·수색의 결과물을 열람할 수 있을 뿐이다.(대법원 2023. 6. 1. 2018도19782 소형무장헬기사업 기밀누설 사건) [3] 2. 판례 참고

3. 전자정보에 대한 압수·수색에 있어 그 저장매체 자체를 외부로 반출하거나 하드카피·이미징(imaging) 등의 형태로 복제본(이하 '복제본'이라 한다)을 만들어 외부에서 그 저장매체나 복제본에 대하여 압수·수색이 허용되는 예외적인 경우에도 혐의사실과 관련된 전자정보(이하 '유관정보'라 한다) 이외에 이와 무관한 전자정보(이하 '무관정보'라 한다)를 탐색·복제·출력하는 것은 원칙적으로 위법한 압수·수색에 해당하므로 허용될 수 없다. 그러나 전자정보에 대한 압수·수색이 종료되기 전에 유관정보를 적법하게 탐색하는 과정에서 무관정보를 우연히 발견한 경우라면 수사기관으로서는 더 이상의 추가 탐색을 중단하고 법원으로부터 별도의 범죄혐의에 대한 압수·수색영장을 발부받은 경우에 한하여 그러한 정보에 대하여도 적법하게 압수·수색을 할 수 있다. 수사기관이 유관정보를 선별하여 압수한 후에도 무관정보를 삭제·폐기·반환하지 아니한 채 그대로 보관하고 있다면 무관정보 부분에 대하여는 압수의 대상이 되는 전자정보의 범위를 넘어서는 전자정보를 영장 없이 압수·수색하여 취득한 것이어서 위법하고, 사후에 법원으로부터 압수·수색영장이 발부되었다거나 피고인이나 변호인이 이를 증거로 함에 동의하였다고 하여 그 위법성이 치유된다고 볼 수 없다. <u>수사기관이 새로운 범죄혐의의 수사를 위하여 무관정보가 남아 있는 복제본을 열람하는 것은 압수·수색영장으로 압수되지 않은 전자정보를 영장 없이 수색하는 것과 다르지 않다. 따라서 복제본은 더 이상 수사 기관의 탐색, 복제 또는 출력 대상이 될 수 없으며, 수사기관은 새로운 범죄혐의의 수사를 위하여 필요한 경우에도 기존 압수·수색 과정에서 출력하거나 복제한 유관정보의 결과물을 열람할 수 있을 뿐이다.</u> 사후에 법원으로부터 복제본을 대상으로 압수·수색영장이 발부받아 집행하였다고 하더라도 이는 압수·수색절차가 종료됨에 따라 당연히 삭제·폐기되었어야 할 전자정보를 대상으로 한 것으로 위법하다.(대법원 2024. 4. 16. 2020도3050 D-NET 파일 무단사용 사건) [3] 5. 판례 참고

▶ 25 경찰승진, 24 경찰채용

(3) 참여권의 보장 및 압수목록 작성·교부 등

> **형사소송법(2025. 3.18. 법률 제20796호로 일부개정된 것)**
>
> 제121조【영장집행과 당사자의 참여】검사, 피고인 또는 변호인은 압수·수색영장의 집행에 참여할 수 있다.
> 제122조【영장집행과 참여권자에의 통지】압수·수색영장을 집행함에는 미리 집행의 일시와 장소를 전조에 규정한 자에게 통지하여야 한다. 단, 전조에 규정한 자가 참여하지 아니한다는 의사를 명시한 때 또는 급속을 요하는 때에는 예외로 한다.
> 제219조【준용규정】제106조, 제107조, 제109조 내지 제112조, 제114조, 제115조 제1항 본문, 제2항, 제118조부터 제132조까지, 제134조, 제135조, 제140조, 제141조, 제333조 제2항, 제486조의 규정은 검사 또는 사법경찰관의 본장의 규정에 의한 압수, 수색 또는 검증에 준용한다.

> **수사준칙(2023.10.17. 대통령령 제33808호로 일부개정된 것)**
>
> 제41조【전자정보의 압수·수색 또는 검증 방법】① 검사 또는 사법경찰관은 법 제219조에서 준용하는 법 제106조 제3항에 따라 컴퓨터용디스크 및 그 밖에 이와 비슷한 정보저장매체(이하 이 항에서 "정보저장매체등"이라 한다)에 기억된 정보(이하 "전자정보"라 한다)를 압수하는 경우에는 해당 정보저장매체등의 소재지에서 수색 또는 검증한 후 범죄사실과 관련된 전자정보의 범위를 정하여 출력하거나 복제하는 방법으로 한다. 〈원칙 : 범죄사실과 관련된 전자정보만 출력 또는 복제〉 ← 압수·수색은 이미 종료된 것이므로 수사기관 사무실에 피의자나 변호인에게 참여권을 보장해 주지 않아도 무방하다.
> ② 제1항에도 불구하고 제1항에 따른 압수 방법의 실행이 불가능하거나 그 방법으로는 압수의 목적을 달성하는 것이 현저히 곤란한 경우에는 압수·수색 또는 검증 현장에서 정보저장매체등에 들어 있는 전자정보 전부를 복제하여 그 복제본을 정보저장매체등의 소재지 외의 장소로 반출할 수 있다. 〈예외 1 : 전자정보 전부 복제[25] 및 외부 반출〉 ← 압수·수색이 앞으로도 계속 진행될 예정이므로 수사기관 사무실에 피의자와 변호인에게 참여권을 보장해 주어야 한다.
> ③ 제1항 및 제2항에도 불구하고 제1항 및 제2항에 따른 압수 방법의 실행이 불가능하거나 그 방법으로는 압수의 목적을 달성하는 것이 현저히 곤란한 경우에는 피압수자 또는 법 제123조에 따라 압수·수색영장을 집행할 때 참여하게 해야 하는 사람(이하 "피압수자등"이라 한다)이 참여한 상태에서 정보저장매체등의 원본을 봉인(封印)하여 정보저장매체등의 소재지 외의 장소로 반출할 수 있다. 〈예외 2 : 정보저장매체등 자체 외부 반출〉 ← 압수·수색이 앞으로도 계속 진행될 예정이므로 수사기관 사무실에 피의자와 변호인에게 참여권을 보장해 주어야 한다.
> 제42조【전자정보의 압수·수색 또는 검증 시 유의사항】④ 검사 또는 사법경찰관은 압수·수색 또는 검증의 전 과정에 걸쳐 피압수자등이나 변호인의 참여권을 보장해야 하며, 피압수자등과 변호인이 참여를 거부하는 경우에는 신뢰성과 전문성을 담보할 수 있는 상당한 방법으로 압수·수색 또는 검증을 해야 한다.
> ⑤ 검사 또는 사법경찰관은 제4항에 따라 참여한 피압수자등이나 변호인이 압수 대상 전자정보와 사건의 관련성에 관하여 의견을 제시한 때에는 이를 조서에 적어야 한다.

> **선생님의 TIP**
>
> 앞에서도 말했지만 참여권의 보장도 최근 매우 핫(hot)한 테마인데, 앞으로 계속 이에 관한 판례들이 나온다. 중복되는 내용이 있더라도 계속 읽어보아라.

---

[25] 이를 하드카피나 이미징(imaging)이라고 하고 그 매체를 복제본이라고 한다.(대법원 2022. 1.14. 2021모1586 zip 파일 사건 참고) 앞에서 말했지만 일부러 계속 반복한다.

07 압수·수색영장 집행에 있어 변호인의 참여권이 변호인의 고유권인지의 여부(적극)

형사소송법 제219조, 제121조가 규정한 변호인의 참여권은 피압수자의 보호를 위하여 변호인에게 주어진 고유권이다. 따라서 설령 피압수자가 수사기관에 압수·수색영장의 집행에 참여하지 않는다는 의사를 명시하였다고 하더라도 특별한 사정이 없는 한 그 변호인에게는 형사소송법 제219조, 제122조에 따라 미리 집행의 일시와 장소를 통지하는 등으로 압수·수색영장의 집행에 참여할 기회를 별도로 보장하여야 한다.(대법원 2020.11.26. 2020도10729 노래방 화장실 몰카 사건) 변호인의 고유권이라고 판시한 판례는 이것이 유일하다.

> 25 변호사, 25 경찰승진,
> 24 변호사, 24 경찰채용,
> 23 변호사, 23 소방간부,
> 23 국가7급, 23 법원9급,
> 22 경간부, 22 국가7급,
> 21 경찰승진, 21 경찰채용

08 전자정보에 대한 압수·수색 종료 후 수사기관 사무실에서 압수된 파일을 탐색·복제·출력하는 과정에서도 피의자 측에게 참여의 기회를 보장해 주어야 하는지의 여부(소극)

압수의 목적물이 컴퓨터용디스크 그 밖에 이와 비슷한 정보저장매체인 경우에는 영장 발부의 사유로 된 범죄혐의사실과 관련 있는 정보의 범위를 정하여 출력하거나 복제하여 이를 제출받아야 하고, 피의자나 변호인에게 참여의 기회를 보장하여야 한다. 만약 그러한 조치를 취하지 않았다면 이는 형사소송법에 정한 영장주의 원칙과 적법절차를 준수하지 않은 것이다. 수사기관이 정보저장매체에 기억된 정보 중에서 키워드 또는 확장자 검색 등을 통해 범죄 혐의 사실과 관련 있는 정보를 선별한 다음 정보저장매체와 동일하게 비트열 방식으로 복제하여 생성한 파일(이하 '이미지 파일'이라 한다)을 제출받아 압수하였다면 이로써 압수의 목적물에 대한 압수·수색 절차는 종료된 것이므로 수사기관이 수사기관 사무실에서 위와 같이 압수된 이미지 파일을 탐색·복제·출력하는 과정에서도 피의자 등에게 참여의 기회를 보장하여야 하는 것은 아니다.(대법원 2018. 2. 8. 2017도13263 유흥주점 탈세 사건) 위 수사준칙 제41조 제1항이 적용되는 경우이다.

> 24 경간부, 24 경찰채용,
> 23 경찰승진, 22 경찰승진,
> 22 경간부, 22 소방간부,
> 22 법원9급, 21 변호사,
> 21 국가9급, 20 경찰승진,
> 20 경찰채용, 19 경찰채용,
> 19 국가7급, 18 경찰채용

09 정보저장매체 자체나 그 복제본을 탐색하는 과정에서도 피압수자 측에게 참여의 기회를 보장해 주고 영장주의 원칙과 적법절차를 준수해야 하는지의 여부(적극)

1. 압수·수색이 정보저장매체에 대하여 이루어질 때 그 범위를 정하여 출력 또는 복제하는 방법이 불가능하거나 압수의 목적을 달성하기에 현저히 곤란한 예외적인 사정이 인정되어 전자정보가 담긴 저장매체 또는 복제본을 수사기관 사무실 등으로 옮겨 이를 복제·탐색·출력하는 경우에도 그와 같은 일련의 과정에서 형사소송법 제219조, 제121조에서 규정하는 압수·수색영장의 집행을 받는 당사자(이하 '피압수자'라 한다)나 그 변호인에게 참여의 기회를 보장하고 혐의사실과 무관한 전자정보의 임의적인 복제 등을 막기 위한 적절한 조치를 취하는 등 영장주의 원칙과 적법절차를 준수하여야 한다. 만약 그러한 조치가 취해지지 않았다면 피압수자 측이 참여하지 아니한다는 의사를 명시적으로 표시하였거나 절차 위반행위가 이루어진 과정의 성질과 내용 등에 비추어 피압수자 측에 절차 참여를 보장한 취지가 실질적으로 침해되었다고 볼 수 없을 정도에 해당한다는 등의 특별한 사정이 없는 이상 압수·수색이 적법하다고 평가할 수 없다.(대법원 2024.12.24. 2022도2071 시험지 유출 숙명여고 쌍둥이 사건) 위 수사준칙 제41조 제2항·제3항이 적용되는 경우이다. 아래 2. 판례도 마찬가지이다.

2. 저장매체에 대한 압수·수색 과정에서 범위를 정하여 출력하거나 복제하는 방법이 불가능하거나 압수의 목적을 달성하기에 현저히 곤란한 예외적인 사정이 인정되어 전자정보가 담긴 저장매체 또는 하드카피나 이미징(imaging) 등 형태(이하 '복제본'이라 한다)를 수사기관 사무실 등으로 옮겨 복제·탐색·출력하는 경우에도 그와 같은 일련의 과정에서 피압수자나 변호인에게 참여의 기회를 보장하고 혐의사실과 무관한 전자정보의 임의적인 복제 등을 막기 위한 적절한 조치를 취하는 등 영장주의 원칙과 적법절차를 준수하여야 한다. 만일 그러한 조치를 취하지 않았다면 피압수자 측이 참여하지 않겠다는 의사를 명시적으로 표시하였거나 절차 위반행위가 이루어진 과정과 내용 등에 비추어 피압수자 측에 절차참여를 보장한 취지가 실질적으로 침해되었다고 볼 수 없을 정도에 해당한다는 등의 특별한 사정이 없는 이상 압수·수색이 적법하다고 평가할 수 없다. <u>비록 수사기관이 저장매체 또는 복제본에서 혐의사실과 관련된 전자정보만을 복제·출력하였다고 하더라도 달리 볼 것은 아니다.</u>(대법원 2021.12.30. 2019도10309 엉뚱한 몰카 발견 사건)

▶ 24 국가9급, 23 변호사,
23 경찰채용, 23 국가9급,
22 소방간부, 21 변호사,
21 경찰채용, 21 법원9급,
19 경간부, 18 국가7급,
17 경찰채용, 16 국가9급

10 정보저장매체 자체나 그 복제본을 탐색하는 과정에서 피압수자 측에게 참여의 기회를 보장해 주지 않았고 또한 영장주의 원칙과 적법절차를 준수하지 않은 경우 그 전자정보의 증거능력 유무(소극)

압수의 대상이 되는 전자정보와 그렇지 않은 전자정보가 혼재된 정보저장매체나 그 복제본을 압수·수색한 수사기관이 정보저장매체 등을 수사기관 사무실 등으로 옮겨 이를 탐색·복제·출력하는 경우 그와 같은 일련의 과정에서 형사소송법 제219조, 제121조에서 규정하는 피압수·수색 당사자(이하 '피압수자'라 한다)나 변호인에게 참여의 기회를 보장하고 압수된 전자정보의 파일 명세가 특정된 압수목록을 작성·교부하여야 하며 범죄혐의사실과 무관한 전자정보의 임의적인 복제 등을 막기 위한 적절한 조치를 취하는 등 영장주의 원칙과 적법절차를 준수하여야 한다. 만약 그러한 조치가 취해지지 않았다면 피압수자 측이 참여하지 아니한다는 의사를 명시적으로 표시하였거나 절차 위반행위가 이루어진 과정의 성질과 내용 등에 비추어 피압수자 측에 절차 참여를 보장한 취지가 실질적으로 침해되었다고 볼 수 없을 정도에 해당한다는 등의 특별한 사정이 없는 이상 압수·수색이 적법하다고 평가할 수 없고, 비록 수사기관이 정보저장매체 또는 복제본에서 범죄혐의사실과 관련된 전자정보만을 복제·출력하였다 하더라도 달리 볼 것은 아니다. 따라서 수사기관이 피압수자 측에게 참여의 기회를 보장하거나 압수한 전자정보 목록을 교부하지 않는 등 영장주의 원칙과 적법절차를 준수하지 않은 위법한 압수·수색 과정을 통하여 취득한 증거는 위법수집증거에 해당하고, 사후에 법원으로부터 영장이 발부되었다거나 피고인이나 변호인이 이를 증거로 함에 동의하였다고 하여 위법성이 치유되는 것도 아니다. (대법원 2022.11.17. 2019도11967 몰카를 찍어 죄송합니다 사건)

▶ 25 변호사, 24 경찰채용,
22 경찰채용

2. 임의제출물 또는 유류물의 압수

형사소송법(2025. 3.18. 법률 제20796호로 일부개정된 것)

제218조【영장에 의하지 아니한 압수】 검사, 사법경찰관은 피의자 기타인의 유류한 물건이나 소유자, 소지자 또는 보관자가 임의로 제출한 물건을 영장없이 압수할 수 있다.

선생님의 TIP

위 "1. 영장에 의한 압수·수색"과 대략 같은 판례가 나온다. 조금 지겹더라도 계속 반복하는 이유에 관한 저자의 마음을 이해해 주기 바란다.

(1) 압수·수색의 방법

11 특정 범죄혐의와 관련하여 전자정보가 수록된 정보저장매체를 임의제출받아 그 안에 저장된 전자정보를 압수하기 위한 절차

수사기관의 전자정보에 대한 압수·수색은 원칙적으로 영장 발부의 사유로 된 범죄혐의사실과 관련된 부분만을 문서 출력물로 수집하거나 수사기관이 휴대한 정보저장매체에 해당 파일을 복제하는 방식으로 이루어져야 하고, 정보저장매체 자체를 직접 반출하거나 저장매체에 들어 있는 전자파일 전부를 하드카피나 이미징(imaging) 등 형태(이하 '복제본'이라 한다)로 수사기관 사무실 등 외부로 반출하는 방식으로 압수·수색하는 것은 현장의 사정이나 전자정보의 대량성으로 인하여 관련 정보 획득에 긴 시간이 소요되거나 전문 인력에 의한 기술적 조치가 필요한 경우 등 범위를 정하여 출력 또는 복제하는 방법이 불가능하거나 압수의 목적을 달성하기에 현저히 곤란하다고 인정되는 때에 한하여 예외적으로 허용될 수 있을 뿐이다. 위와 같은 법리는 정보저장매체에 해당하는 임의제출물의 압수에도 마찬가지로 적용된다. 임의제출물의 압수는 압수물에 대한 수사기관의 점유 취득이 제출자의 의사에 따라 이루어진다는 점에서 차이가 있을 뿐 범죄혐의를 전제로 한 수사 목적이나 압수의 효력은 영장에 의한 경우와 동일하기 때문이다. 따라서 수사기관은 특정 범죄혐의와 관련하여 전자정보가 수록된 정보저장매체를 임의제출받아 그 안에 저장된 전자정보를 압수하는 경우 그 동기가 된 범죄혐의 사실과 관련된 전자정보의 출력물 등을 임의제출받아 압수하는 것이 원칙이다. 다만 현장의 사정이나 전자정보의 대량성과 탐색의 어려움 등의 이유로 범위를 정하여 출력 또는 복제하는 방법이 불가능하거나 압수의 목적을 달성하기에 현저히 곤란하다고 인정되는 때에 한하여 예외적으로 정보저장매체 자체나 복제본을 임의제출받아 압수할 수 있다.(대법원 2021. 11. 18. 2016도348 全合 대학교수 제자들 추행·촬영 사건)

▶ 25 경찰채용, 25 소방간부

(2) 무관정보 발견시 조치

12 임의제출된 정보저장매체 탐색 과정에서 별도의 범죄혐의와 관련된 전자정보를 발견한 경우 수사기관이 취해야 할 조치

> 24 변호사, 24 국가7급,
> 23 경찰승진, 23 경찰채용,
> 23 법원9급, 22 국가7급,
> 22 국가9급, 22 법원9급

임의제출된 정보저장매체에서 압수의 대상이 되는 전자정보의 범위를 초과하여 수사기관 임의로 전자정보를 탐색·복제·출력하는 것은 원칙적으로 위법한 압수·수색에 해당하므로 허용될 수 없다. 만약 전자정보에 대한 압수·수색이 종료되기 전에 범죄혐의사실과 관련된 전자정보를 적법하게 탐색하는 과정에서 **별도의 범죄혐의와 관련된 전자정보를 우연히 발견한 경우라면 수사기관은 더 이상의 추가 탐색을 중단하고 법원으로부터 별도의 범죄혐의에 대한 압수·수색영장을 발부받은 경우에 한하여 그러한 정보에 대하여도 적법하게 압수·수색을 할 수 있다.** 따라서 임의제출된 정보저장매체에서 압수의 대상이 되는 전자정보의 범위를 넘어서는 전자정보에 대해 수사기관이 영장 없이 압수·수색하여 취득한 증거는 위법수집증거에 해당하고 사후에 법원으로부터 영장이 발부되었다거나 피고인이나 변호인이 이를 증거로 함에 동의하였다고 하여 그 위법성이 치유되는 것도 아니다.(대법원 2021.11.25. 2016도82 *지하철 올카 여친 올카 사건*)

(3) 참여권의 보장 및 압수목록 작성·교부 등

> **형사소송법(2025. 3.18. 법률 제20796호로 일부개정된 것)**
>
> 제121조【영장집행과 당사자의 참여】검사, 피고인 또는 변호인은 압수·수색영장의 집행에 참여할 수 있다.
> 제122조【영장집행과 참여권자에의 통지】압수·수색영장을 집행함에는 미리 집행의 일시와 장소를 전조에 규정한 자에게 통지하여야 한다. 단, 전조에 규정한 자가 참여하지 아니한다는 의사를 명시한 때 또는 급속을 요하는 때에는 예외로 한다.
> 제219조【준용규정】제106조, 제107조, 제109조 내지 제112조, 제114조, 제115조 제1항 본문, 제2항, 제118조부터 제132조까지, 제134조, 제135조, 제140조, 제141조, 제333조 제2항, 제486조의 규정은 검사 또는 사법경찰관의 본장의 규정에 의한 압수, 수색 또는 검증에 준용한다.

> **선생님의 TIP**
>
> 관련 조문을 위와 같이 다시 한번 보여준다. 영장에 의한 압수·수색의 경우 피의자 측에게 참여권을 보장해 주어야 한다. 그리고 압수목록 작성·교부도 이에 준한다. 피의자에 의한 임의제출의 경우 당연히 그 피의자에게 참여권을 보장해 주어야 한다. 문제는 피해자 등 제3자가 피의자의 소유물 등을 임의제출한 경우인데 이 때는 약간 애매한 점이 있다. 판례는 대체로 제3자(형식적 피압수자)에게는 물론 피의자(실질적 피압수자)에게도 참여권을 보장해 주어야 한다는 취지로 보인다. 특히 피의자에 대한 참여권 보장과 관련하여 최근 판례가 많이 판시되고 있다.

13 피의자가 임의제출한 정보저장매체를 탐색 등을 하는 경우 피압수자 측에게 참여의 기회를 보장해 주어야 하는지의 여부(적극)

압수의 대상이 되는 전자정보와 그렇지 않은 전자정보가 혼재된 정보저장매체나 그 복제본을 임의제출받은 수사기관이 정보저장매체 등을 수사기관 사무실 등으로 옮겨 이를 탐색·복제·출력하는 경우 그와 같은 일련의 과정에서 형사소송법 제219조, 제121조에서 규정하는 피압수·수색 당사자(이하 '피압수자'라 한다)나 변호인에게 참여의 기회를

보장하고 압수된 전자정보의 파일 명세가 특정된 압수목록을 작성·교부하여야 하며 범죄혐의사실과 무관한 전자정보의 임의적인 복제 등을 막기 위한 적절한 조치를 취하는 등 영장주의 원칙과 적법절차를 준수하여야 한다. 만약 그러한 조치가 취해지지 않았다면 피압수자 측이 참여하지 아니한다는 의사를 명시적으로 표시하였거나 임의제출의 취지와 경과 또는 그 절차 위반행위가 이루어진 과정의 성질과 내용 등에 비추어 피압수자 측에 절차 참여를 보장한 취지가 실질적으로 침해되었다고 볼 수 없을 정도에 해당한다는 등의 특별한 사정이 없는 이상 압수·수색이 적법하다고 평가할 수 없다.(대법원 2023. 6. 1. 2020도12157 짝퉁 SanDisk 메모리카드 사건)

14 피의자가 임의제출한 정보저장매체를 탐색 등을 하는 과정에서 피압수자 측에게 참여의 기회를 보장해 주지 않았더라도 압수·수색이 적법하다고 볼 수 있는 경우

수사기관이 피의자로부터 범죄혐의사실과 관련된 전자정보와 그렇지 않은 전자정보가 섞인 매체를 임의제출 받아 사무실 등지에서 정보를 탐색·복제·출력하는 경우 피의자나 변호인에게 참여의 기회를 보장하고 압수된 전자정보가 특정된 목록을 교부해야 하나, 그러한 조치를 하지 않았더라도 절차 위반행위가 이루어진 과정의 성질과 내용 등에 비추어 피의자의 절차상 권리가 실질적으로 침해되지 않았다면 압수·수색이 위법하다고 볼 것은 아니다.(대법원 2022. 2.17. 2019도4938 임의제출 순수자백 올가범 사건)

▶ 23 변호사

15 피해자 등 제3자가 피의자의 소유·관리에 속하는 정보저장매체를 임의제출하여 수사기관이 이를 탐색 등을 하는 경우 피의자 측에게도 참여의 기회를 보장해 주어야 하는지의 여부(적극)

1. 피해자 등 제3자가 피의자의 소유·관리에 속하는 정보저장매체를 임의제출한 경우에는 실질적 피압수자인 피의자가 수사기관으로 하여금 그 전자정보 전부를 무제한 탐색하는데 동의한 것으로 보기 어려울 뿐만 아니라 피의자 스스로 임의제출한 경우의 피의자의 참여권 등이 보장되어야 하는 것과 견주어 보더라도 특별한 사정이 없는 한 피의자에게 참여권을 보장하고 압수한 전자정보 목록을 교부하는 등 피의자의 절차적 권리를 보장하기 위한 적절한 조치가 이루어져야 한다. 이와 같이 정보저장매체를 임의제출한 피압수자에 더하여 임의제출자 아닌 피의자에게도 참여권이 보장되어야 하는 '피의자의 소유·관리에 속하는 정보저장매체'라 함은 피의자가 압수·수색 당시 또는 이와 시간적으로 근접한 시기까지 해당 정보저장매체를 현실적으로 지배·관리하면서 그 정보저장매체 내 전자정보 전반에 관한 전속적인 관리처분권을 보유·행사하고, 달리 이를 자신의 의사에 따라 제3자에게 양도하거나 포기하지 아니한 경우로서 피의자를 그 정보저장매체에 저장된 전자정보 전반에 대한 실질적인 압수·수색 당사자로 평가할 수 있는 경우를 말하는 것이다. 이에 해당하는지 여부는 민사법상 권리의 귀속에 따른 법률적·사후적 판단이 아니라 압수·수색 당시 외형적·객관적으로 인식 가능한 사실상의 상태를 기준으로 판단하여야 한다[26].(대법원 2023.12.14. 2020도1669 군입대 변태남 사건)
▶

▶ 25 변호사, 25 경찰승진, 25 경간부, 24 변호사, 24 경찰승진, 24 경간부, 24 국가9급, 24 법원9급, 23 변호사, 23 경찰채용, 23 소방간부, 22 경찰채용

---

[26] 민사법이라는 말이 나오니까 일단 머리가 아파오는데, 밑줄 친 부분을 앞으로 '외형적·객관적 지배·관리권의 법리'라고 하겠다.

2. 피해자 등 제3자가 피의자의 소유·관리에 속하는 정보저장매체를 임의제출한 경우에는 실질적 피압수자인 피의자가 수사기관으로 하여금 그 전자정보 전부를 무제한 탐색하는 데 동의한 것으로 보기 어려울 뿐만 아니라 피의자 스스로 임의제출한 경우 피의자의 참여권 등이 보장되어야 하는 것과 견주어 보더라도 특별한 사정이 없는 한 피의자에게 참여권을 보장하고 압수한 전자정보 목록을 교부하는 등 피의자의 절차적 권리를 보장하기 위한 적절한 조치가 이루어져야 한다. 이와 같이 정보저장매체를 임의제출한 피압수자에 더하여 임의제출자 아닌 피의자에게도 참여권이 보장되어야 하는 '피의자의 소유·관리에 속하는 정보저장매체'라 함은 피의자가 압수·수색 당시 또는 이와 시간적으로 근접한 시기까지 해당 정보저장매체를 현실적으로 지배·관리하면서 그 정보저장매체 내 전자정보 전반에 관한 전속적인 관리처분권을 보유·행사하고, 달리 이를 자신의 의사에 따라 제3자에게 양도하거나 포기하지 아니한 경우로서 피의자를 그 정보저장매체에 저장된 전자정보 전반에 대한 실질적인 압수·수색 당사자로 평가할 수 있는 경우를 말하는 것이다. 이에 해당하는지 여부는 민사법상 권리의 귀속에 따른 법률적·사후적 판단이 아니라 압수·수색 당시 외형적·객관적으로 인식 가능한 사실상의 상태를 기준으로 판단하여야 한다. <u>이러한 정보저장매체의 외형적·객관적 지배·관리 등 상태와 별도로 단지 피의자나 그 밖의 제3자가 과거 그 정보저장매체의 이용 내지 개별 전자정보의 생성·이용 등에 관여한 사실이 있다거나 그 과정에서 생성된 전자정보에 의해 식별되는 정보주체에 해당한다는 사정만으로 그들을 실질적으로 압수·수색을 받는 당사자로 취급하여야 하는 것은 아니다</u>[27].(대법원 2023. 9. 18. 2022도7453 숲슾 정경심 교수 참여배제 사건)

> 25 경찰승진, 25 소방간부, 24 변호사, 24 경찰승진, 24 법원9급, 22 국가9급

16 증거은닉범이 본범으로부터 증거은닉을 교사받아 소지·보관하고 있던 본범 소유·관리의 정보저장매체를 피의자의 지위에서 수사기관에 임의제출한 경우 임의제출자이자 피의자인 증거은닉범과 함께 본범에게도 참여권이 보장되어야 하는지의 여부(소극)

(1) 원심판결 이유 및 적법하게 채택된 증거에 의하면 다음의 사실을 알 수 있다. ① 수사기관은 2019. 8. 27.경 공소외 1, 공소외 2의 자녀 입시·학사 비리 혐의, 사모펀드 투자 비리 혐의, (명칭 1 생략) 학원 비리 혐의 등과 관련된 (명칭 2 생략) 대학교, (명칭 3 생략) 사무실, (명칭 1 생략) 학원 등에 대한 압수·수색을 기점으로 각종 의혹에 대한 수사를 본격화하였다. ② 공소외 1은 압수·수색 등 수사에 대비하여 혐의사실과 관련된 전자정보가 저장된 컴퓨터 등을 은닉하고자 2019. 8. 31.경 공소외 3에게 서재에 있던 컴퓨터에서 떼어 낸 정보저장매체 2개 중 1개(HDD 1개), 아들 공소외 4의 컴퓨터에서 떼어 낸 정보저장매체 2개(HDD 1개, SSD 1개) 등 공소외 1, 공소외 2, 공소외 4(이하 '공소외 1 등'이라 한다)가 주거지에서 사용하던 3개의 정보저장매체(이하 '이 사건 하드디스크'라 한다)를 건네주면서 "수사가 끝날 때까지 숨겨 놓으라."라는 취지로 지시하였다. 공소외 3은 이 사건 하드디스크를 서울 양천구 소재 상가 지하 1층 헬스장 개인 보관함 등에 숨겨 두었다. ③ 이 사건 하드디스크에는 공소외 1이 은닉하고자 했던 증거들, 즉 자녀들의 대학·대학원 입

> 25 경찰승진, 25 경찰채용

---

[27] 밑줄 친 부분을 앞으로 '잠시 관여, 정보주체 법리'라고 하겠다.

시에 활용한 인턴십 확인서 및 공소외 4, 피고인 등 관련자들의 문자메시지 등이 저장되어 있었다. ④ 수사기관은 2019. 9.10.경 공소외 3을 증거은닉혐의 피의자로 입건하였다. 공소외 3은 2019. 9.11. 수사기관에 이 사건 하드디스크를 임의제출하였다. ⑤ 수사기관은 이 사건 하드디스크 임의제출 및 그에 저장된 전자정보에 관한 탐색·복제·출력 과정에서 공소외 3과 그 변호인에게 참여 의사를 확인하고 참여 기회를 부여하는 등 참여권을 보장하였는데 공소외 3 측은 탐색·복제·출력 과정에 참여하지 않겠다는 의사를 밝혔다. 수사기관은 공소외 1 등에게는 위와 같은 참여 의사를 확인하거나 참여 기회를 부여하지 않았다. (2) 위 인정 사실에서 알 수 있는 다음과 같은 사정들을 종합하면 증거은닉범행의 피의자로서 이 사건 하드디스크를 임의제출한 공소외 3에 더하여 임의제출자가 아닌 공소외 1 등에게도 참여권이 보장되어야 한다고 볼 수 없다. 같은 취지에서 이 사건 하드디스크에 저장된 전자정보의 증거능력을 인정한 원심의 판단은 정당한 것으로 수긍할 수 있다. ① 공소외 3은 임의제출의 원인된 범죄혐의사실인 증거은닉범행의 피의자로서 자신에 대한 수사 과정에서 이 사건 하드디스크를 임의제출하였다. 이 사건 하드디스크 및 그에 저장된 전자정보는 본범인 공소외 1 등의 혐의사실에 관한 증거이기도 하지만 동시에 은닉행위의 직접적인 목적물에 해당하므로 공소외 3의 증거은닉 혐의사실에 관한 증거이기도 하다. 따라서 공소외 3은 이 사건 하드디스크와 그에 저장된 전자정보에 관하여 실질적 이해관계가 있는 자에 해당한다. 이 사건 하드디스크 자체의 임의제출을 비롯하여 증거은닉 혐의사실 관련 전자정보의 탐색·복제·출력 과정 전체에 걸쳐 공소외 3은 참여의 이익이 있다. ② 공소외 1은 자신과 공소외 2 등에 대한 수사가 본격화되자 공소외 3에게 은닉을 지시하면서 이 사건 하드디스크를 전달하였다. 공소외 3은 이 사건 하드디스크가 발각되지 않도록 자신만이 아는 장소에 임의로 은닉하였다. 이후 공소외 3은 증거은닉혐의에 관한 피의자로 입건되자 수사기관에 은닉 사실을 밝히면서 이 사건 하드디스크를 임의제출하였다. 이 사건 하드디스크의 은닉과 임의제출 경위, 그 과정에서 공소외 3과 공소외 1 등의 개입 정도 등에 비추어 압수·수색 당시 또는 이에 근접한 시기에 이 사건 하드디스크를 현실적으로 점유한 사람은 공소외 3이라고 할 것이다. 나아가 공소외 3이 그 무렵 위와 같은 경위로 이 사건 하드디스크를 현실적으로 점유한 이상 다른 특별한 사정이 없는 한 저장된 전자정보에 관한 관리처분권을 사실상 보유·행사할 수 있는 지위에 있는 사람도 공소외 3이라고 볼 수 있다. ③ 공소외 1은 임의제출의 원인된 범죄혐의사실인 증거은닉범행의 피의자가 아닐 뿐만 아니라 이 사건 하드디스크의 존재 자체를 은폐할 목적으로 막연히 '자신에 대한 수사가 끝날 때까지' 은닉할 것을 부탁하며 이 사건 하드디스크를 공소외 3에게 교부하였다. 이는 자신과 이 사건 하드디스크 및 그에 저장된 전자정보 사이의 외형적 연관성을 은폐·단절하겠다는 목적하에 그 목적 달성에 필요하다면 '수사 종료'라는 불확정 기한까지 이 사건 하드디스크에 관한 전속적인 지배·관리권을 포기하거나 공소외 3에게 전적으로 양도한다는 의사를 표명한 것으로 볼 수 있다. 이로써 결과적으로 공소외 3은 이 사건 하드디스크에 대한 현실적·사실적 지배 및 그에 저장된 전자정보 전반에 관한 전속적인 관리처분권을 사실상 보유·행사할 수 있는 상태가 되었고, 자신이 임의로 선택한 장소에 이 사건 하드디스크를 은닉하였다가 이후 이를 수사기관에 임의제출함으로써 그 권한을 실제로 행사하였다.(대법원 2023. 9.18. 2022도7453 숨숨 정경심 교수 참여배제 사건) 위 사건 당시 피고인은 최강욱 국회의원이고(업무방해죄), 공소외 1은 정경심 교수이며(증거은닉교사죄) 공소외 3은 자산관리인으로 알려진 김경록 씨이다(증거은닉죄). 최강욱 의원은 정경심 교수와 공모해 연세대·고려대 대학원 입학담당자들의 입학사정업무를 방해하였다는 공소사실로 기소되었고, 이에 대한 증거로서 위 하드디스크가 제출되었다. 대법원 다수의견은 이 하드디스크에 대한 탐색·복제·출력 과정에 김경록씨에게 참여권을 보장한 이상 정경심 교수에게 참여권을 보장해 주지 않았더라도 압수·수색이 위법하지 않다고 판시하였다. 그러나 대법원 소수의견은 '정보저장 매체(하드디스크)에 저장된 전자정보의 탐색·복제·출력시 사생활의 비밀과 자유 등을 침해받지 않을 실질적인 이익을 갖는' 정경심 교수에게 참여권을 보장해 주지 않았다는 점에서 압수·수색절차가 위법하다고 판시하였다. "<u>증거은닉범이 본범으로부터 증거은닉을 교사받아 소지·보관하고 있던 본범 소유·관리의 정보저장매체를 피의자의 지위에서 수사기관에 임의제출하였고, 본범이 그 매체 내 전자정보의 탐색·복제·출력 시 사생활의 비밀과 자유를 침해받지 않을 실질적인 이익을 갖는다고 평가될 수 있는 경우 그러한 실질적 이익을 갖는 본범에게 참여권이 보장되어야 한다.</u>"라는 (틀린) 지문으로 출제된다.

17 임의제출된 정보저장매체(위장형 카메라)를 탐색하는 과정에서 피압수자 측에게 별도로 참여의 기회를 보장해 줄 필요가 없는 경우

수사기관이 임의제출받은 정보저장매체가 그 기능과 속성상 임의제출에 따른 **적법한 압수**의 대상이 되는 전자정보와 그렇지 않은 전자정보가 혼재될 여지가 거의 없어 사실상 대부분 압수의 대상이 되는 전자정보만이 저장되어 있는 경우에는 소지·보관자의 임의제출에 따른 통상의 압수절차 외에 피압수자에게 참여의 기회를 보장하지 않고 전자정보 압수목록을 작성·교부하지 않았다는 점만으로 곧바로 증거능력을 부정할 것은 아니다.(대법원 2021.11.25. 2019도7342 모텔 몰카 압수사건) 모텔 투숙객이 위장형 카메라로 추정되는 물체를 발견했다고 경찰에 신고하였고, 이에 경찰이 모텔을 수색하여 총 8개의 위장형 카메라(메모리카드 포함)를 발견한 후 모텔 업주로부터 이를 임의제출받아 압수한 사건이다. 임의제출물에는 그저 모텔에서 열심히 성관계하는 커플들의 영상만 들어있을 뿐 실질적 피압수자인 피의자의 개인정보나 사생활 관련 자료는 전혀 없다. 이런 경우에까지 피의자에게 참여권을 보장해 줄 필요는 없다는 취지이다.

> 25 경찰승진, 24 경간부

18 전자정보가 제3자 소유·관리의 정보저장매체에 복제되어 임의제출되는 경우 그 임의제출자 외에 원본 전자정보 관리처분권자를 실질적 피압수자로 평가하여 그에게 참여권을 인정하여야 하는지의 여부(원칙적 소극)

(1) 전자정보가 제3자 소유·관리의 정보저장매체에 복제되어 임의제출되는 경우에 복제 전자정보와 원본 전자정보의 내용이 완전히 동일하다고 하더라도 복제 전자정보 생성 경위와 지배관리 상태, 복제 전자정보를 임의제출하게 된 경위, 원본 전자정보 임의제출이나 압수·수색 가능성 등 제반 사정과 전자정보 압수·수색에서 혐의사실과 무관한 전자정보

의 무분별한 탐색·복제·출력 등을 방지하려는 참여권의 의의 및 기능을 종합적으로 살펴, 원본 전자정보 임의제출이 충분히 가능함에도 오직 원본 전자정보 관리처분권자의 참여를 배제할 목적으로 원본 전자정보 대신 복제 전자정보를 임의제출하는 경우 등과 같이 복제 전자정보를 임의제출하는 사람에게만 참여의 기회를 부여 하는 것이 현저히 부당하다는 등의 특별한 사정이 없는 한 그 정보의 동일성을 들어 복제 전자정보 임의제출자 외에 원본 전자정보 관리처분권자를 실질적 피압수자로 평가하고 그에게 참여권을 인정해야 하는 것은 아니라고 보아야 한다. (2) ① 전자정보는 그 자체로는 무정형의 관념에 불과할 뿐 물리적 존재가 아니다. 전자정보는 복제가 용이하고 다수에게 손쉽게 전파·유통될 수 있으며 그 보유·사용·처분·변경 등이 다수에 의하여 동시다발적으로 이루어질 수 있는 비경합적·비배타적 성질을 가진다. 전자정보가 복제되어 유통·처분·변경되거나 여러 번 재복제되더라도 원본 전자정보나 복제되기 전 단계의 정보들은 마모되거나 훼손되지 않은 채 복제된 정보와 독립하여 존재할 수 있다. 이와 같은 전자정보의 특성을 고려하면 '제3자가 피의자 소유·관리의 정보저장매체 자체를 수사기관에 제출하는 방법으로 그 정보저장매체 내에 저장된 전자정보를 임의제출하는 것'과 '그 전자정보를 제3자 소유·관리의 정보저장매체에 복제한 후 복제 전자정보가 저장된 정보저장매체를 그 제3자가 수사기관에 제출하는 방법으로 복제 전자정보를 임의제출하는 것'은 적어도 그 임의제출 과정에서 보장되어야 하는 참여권의 관점에서는 동일하다고 평가할 수 없다. ② 참여권자로서의 실질적 피압수자에 해당하는지 여부는 임의제출(압수)되는 전자정보나 정보저장매체의 관리처분권에 관하여 민사법상 권리의 귀속에 따른 사후적 판단이 아니라 압수·수색 당시의 외형적·객관적인 기준에 의하여 즉 임의제출(압수)의 직접적 대상인 당해 정보저장매체의 현실적 지배관리 상태와 그로부터 외형적·객관적으로 추단되는 저장 전자정보에 대한 관리처분권 유무를 통하여 판단하여야 한다. ③ 원본 전자정보에 대한 관리처분권을 복제 전자정보 임의제출 시 참여권 인정의 근거로 새기게 되면 무한한 복제·유통·변형·합성 등이 가능한 전자정보의 압수절차에서 일일이 원본 전자정보나 그 관리처분권자를 특정해야 할 것이다. 이는 현실적으로 불가능할 뿐만 아니라 수사의 현장성·적시성·밀행성에도 어긋난다. ④ 복제 전자정보가 사인(私人)이 임의로 수집·제출한 증거로서 위법한지 여부는 전자정보 및 저장매체 임의제출(압수) 과정에서의 절차적 권리인 참여권 보장 문제와는 다른 측면에서 판단되어야 한다.(대법원 2024.12.24. 2023도3626 몰카파일 복제 USB 사건) 이 판례는 사건은 대략 이렇다. 甲이 A를 대상으로 몰카를 찍었는데, 이때 A가 甲의 휴대전화 자체를 경찰에 제출한 것이 아니라 甲의 휴대전화에서 자신에 대한 몰카 관련 파일을 복제하여 그 복제한 부분만 경찰에 제출한 사건이다. 이 경우 압수·수색 과정에 A에게만 참여권을 보장해 주면 족할 뿐 甲에게까지 참여권을 보장해 줄 필요가 없다는 취지의 판례이다.

Ⅳ 영장주의 예외

형사소송법(2025. 3.18. 법률 제20796호로 일부개정된 것)

제216조【영장에 의하지 아니한 강제처분】① 검사 또는 사법경찰관은 제200조의2·제200조의3·제201조 또는 제212조의 규정에 의하여 피의자를 체포 또는 구속하는 경우에 필요한 때에는 영장 없이 다음 처분을 할 수 있다.
  1. 타인의 주거나 타인이 간수하는 가옥, 건조물, 항공기, 선차 내에서의 피의자 수색. 다만, 제200조의2 또는 제201조에 따라 피의자를 체포 또는 구속하는 경우의 피의자 수색은 미리 수색영장을 발부받기 어려운 긴급한 사정이 있는 때에 한정한다. ← 사후영장 不要
  2. 체포현장에서의 압수, 수색, 검증
② 전항 제2호의 규정은 검사 또는 사법경찰관이 피고인에 대한 구속영장의 집행의 경우에 준용한다.
③ 범행 중 또는 범행직후의 범죄 장소에서 긴급을 요하여 법원판사의 영장을 받을 수 없는 때에는 영장없이 압수, 수색 또는 검증을 할 수 있다. <u>이 경우에는 사후에 지체없이 영장을 받아야 한다.</u>
제217조【영장에 의하지 아니하는 강제처분】① 검사 또는 사법경찰관은 제200조의3에 따라 체포된 자가 소유·소지 또는 보관하는 물건에 대하여 긴급히 압수할 필요가 있는 경우에는 체포한 때부터 24시간 이내에 한하여 영장 없이 압수·수색 또는 검증을 할 수 있다.
② <u>검사 또는 사법경찰관은 제1항 또는 제216조 제1항 제2호에 따라 압수한 물건을 계속 압수할 필요가 있는 경우에는 지체 없이 압수·수색영장을 청구하여야 한다.</u> 이 경우 압수·수색영장의 청구는 체포한 때부터 48시간 이내에 하여야 한다.
③ 검사 또는 사법경찰관은 제2항에 따라 청구한 압수·수색영장을 발부받지 못한 때에는 압수한 물건을 즉시 반환하여야 한다.
제218조【영장에 의하지 아니한 압수】검사, 사법경찰관은 피의자 기타인의 유류한 물건이나 소유자, 소지자 또는 보관자가 임의로 제출한 물건을 영장없이 압수할 수 있다. ← 사후영장을 요하지 아니한다.

> **선생님의 TIP**
>
> 영장주의 예외에 관한 판례도 시험에 출제가 잘 되고 있다. 특히 요즘에는 임의제출물의 압수에 관한 판례가 계속 나오는데, 예의주시하여야 한다.

01 형사소송법 제216조 제1항 제2호에 의한 적법한 사진촬영에 해당하는 경우

사법경찰관은 성매매알선 행위를 범죄사실로 하여 피고인을 현행범인으로 체포하였고 단속 경찰관들이 그 체포현장인 성매매업소를 수색하여 체포의 원인이 되는 성매매알선 혐의사실과 관련하여 사진 촬영을 하였다. 이는 형사소송법 제216조 제1항 제2호에 의하여 예외적으로 영장에 의하지 아니한 강제처분을 할 수 있는 경우에 해당한다고 봄이 상당하므로 그 수색이나 촬영이 영장 없이 이루어졌다고 하더라도 위법하다고 할 수 없다. 나아가 압수는 증거물 또는 몰수할 것으로 사료되는 물건의 점유를 취득하는 강제처분인데 범행현장에서 발견된 콘돔을 촬영하였다는 사정만으로는 단속 경찰관들이 강제로 그 점유를 취득하여 이를 압수하였다고 할 수 없으므로 사후에 압수영장을 받을 필요가 있었다고 보기도 어렵다. 따라서 이 사진은 증거능력이 인정된다.(대법원 2024. 5.30. 2020도9370 성매매업소 기습단속 사건) 콘돔을 사진촬영하였을 뿐 압수하지는 않았다.

▶ 25 변호사, 25 경찰승진

02 범죄장소에서의 압수·수색·검증 판례

1. 범행 중 또는 범행직후의 범죄 장소에서 긴급을 요하여 법원 판사의 영장을 받을 수 없는 때에는 영장 없이 압수·수색 또는 검증을 할 수 있으나, 사후에 지체없이 영장을 받아야 한다(형사소송법 제216조 제3항). 형사소송법 제216조 제3항의 요건 중 어느 하나라도 갖추지 못한 경우에 그러한 압수·수색 또는 검증은 위법하며, 이에 대하여 사후에 법원으로부터 영장을 발부받았다고 하여 그 위법성이 치유되지 아니한다.(대법원 2017.11. 29. 2014도16080 노래방 압수·수색 사건) [3] 판례 참고

   ▶ 25 경찰승진, 23 소방간부, 21 경찰채용, 21 국가7급, 19 경찰채용

2. 형사소송법 제216조 제3항에 따라 압수·수색영장을 청구하였다가 영장을 발부받지 못한 때에는 수사기관은 압수한 물건을 즉시 반환하여야 하고 즉시 반환하지 아니한 압수물은 유죄의 증거로 사용할 수 없으며, 헌법과 형사소송법이 선언한 영장주의의 중요성에 비추어 볼 때 피고인이나 변호인이 이를 증거로 함에 동의하였다고 하더라도 달리 볼 것은 아니다. 여기서 압수한 물건을 즉시 반환한다는 것은 수사기관이 압수한 물건을 곧바로 반환하는 것이 현저히 곤란하다는 등의 특별한 사정이 없는 한 영장을 청구하였다가 기각되는 바로 그 때에 압수물을 돌려주기 위한 절차에 착수하여 그 절차를 지연하거나 불필요하게 수사기관의 점유를 계속하는 등으로 지체함이 없이 적극적으로 압수 이전의 상태로 회복시켜주는 것을 의미한다.(대법원 2024.10. 8. 2024도10062 휴대전화 반환지연 사건)

   ▶ 25 경찰채용, 25 소방간부

3. 주취운전이라는 범죄행위로 당해 음주운전자를 구속·체포하지 아니한 경우에도 필요하다면 그 차량열쇠는 범행 중 또는 범행 직후의 범죄장소에서의 압수로서 형사소송법 제216조 제3항에 의하여 영장 없이 이를 압수할 수 있다.(대법원 1998. 5. 8. 97다54482 차키 음주운전자 반환사건) 실제 사례에서는 경찰관이 열쇠를 다시 운전자에게 주었고, 운전자가 그대로 차를 몰고 도망가다가 행인 2명을 사망하게 하여, 이에 대한 국가배상책임을 인정하였다.

   ▶ 19 경찰승진, 16 경간부, 15 국가9급

03 위법한 압수·수색에 해당하는 경우

경찰관들이 노래연습장에서의 주류 판매에 대한 신고를 받고 현장에 출동하여 위반 사실을 확인하기 위해 노래연습장 내부를 수색한 경우 형사소송법 제216조 제3항이 정한 '긴급을 요하여 법원 판사의 영장을 받을 수 없는 때'의 요건을 갖추지 못하였고, 현행범 체포에 착수하지 아니한 상태여서 형사소송법 제216조 제1항 제2호, 제212조가 정하는 '체포현장에서의 압수·수색' 요건을 갖추지 못하였으므로 영장 없는 압수·수색 업무로서의 적법한 직무집행으로 볼 수 없다.(대법원 2017.11.29. 2014도16080 노래방 압수·수색 사건)

04 수사기관이 피의자의 동의 없이 피의자의 혈액 또는 소변을 취득·보관하는 방법(=감정처분 또는 압수)

1. 수사기관이 범죄 증거를 수집할 목적으로 피의자의 동의 없이 피의자의 혈액을 취득·보관하는 행위는 법원으로부터 감정처분허가장을 받아 형사소송법 제221조의4 제1항, 제173조 제1항에 의한 '감정에 필요한 처분'으로도 할 수 있지만, 형사소송법 제219조, 제106조 제1항에 정한 압수의 방법으로도 할 수 있고, 압수의 방법에 의하는 경우 혈액의

   ▶ 21 경찰채용, 19 소방간부, 18 경찰채용, 18 국가9급

취득을 위하여 피의자의 신체로부터 혈액을 채취하는 행위는 그 혈액의 압수를 위한 것으로서 형사소송법 제219조, 제120조 제1항에 정한 '압수영장의 집행에 있어 필요한 처분'에 해당한다.(대법원 2012.11.15. 2011도15258 구로 강제채혈사건) [5] 판례 참고

2. 수사기관이 범죄 증거를 수집할 목적으로 피의자의 동의 없이 피의자의 소변을 채취하는 것은 법원으로부터 감정허가장을 받아 형사소송법 제221조의4 제1항, 제173조 제1항에서 정한 '감정에 필요한 처분'으로 할 수 있지만(피의자를 병원 등에 유치할 필요가 있는 경우에는 형사소송법 제221조의3에 따라 법원으로부터 감정유치장을 받아야 한다), 형사소송법 제219조, 제106조 제1항, 제109조에 따른 **압수·수색의 방법으로도** 할 수 있고, 이러한 압수·수색의 경우에도 수사기관은 원칙적으로 형사소송법 제215조에 따라 판사로부터 압수·수색영장을 적법하게 발부받아 집행해야 한다.(대법원 2018. 7.12. 2018도6219 부산 강제채뇨 사건) [6], [7] 판례 참고

> 24 변호사, 23 변호사,
> 23 소방간부, 22 경찰채용,
> 21 소방간부, 20 변호사,
> 19 국가7급

05 사전 영장을 받을 수 없는 긴급한 상황이 발생한 경우 수사기관이 피의자의 동의 없이 피의자의 혈액을 취득·보관하는 방법(=범죄장소에서의 긴급압수)

음주운전 중 교통사고를 야기한 후 피의자가 의식불명 상태에 빠져 있는 등으로 호흡조사에 의한 음주측정이 불가능하고 혈액 채취에 대한 동의를 받을 수도 없을 뿐만 아니라 법원으로부터 혈액 채취에 대한 감정처분허가장이나 사전 압수영장을 발부받을 시간적 여유도 없는 긴급한 상황이 생길 경우 피의자의 신체 내지 의복류에 주취로 인한 냄새가 강하게 나는 등 형사소송법 제211조 제2항 제3호가 정하는 범죄의 증적이 현저한 준현행범인으로서의 요건이 갖추어져 있고 교통사고 발생 시각으로부터 사회통념상 범행 직후라고 볼 수 있는 시간 내라면 피의자의 생명·신체를 구조하기 위하여 사고현장으로부터 곧바로 후송된 병원 응급실 등의 장소는 형사소송법 제216조 제3항의 **범죄장소에 준한다** 할 것이므로 검사 또는 사법경찰관은 피의자의 혈중알콜농도등 증거의 수집을 위하여 의료법상 의료인의 자격이 있는 자로 하여금 의료용 기구로 의학적인 방법에 따라 필요최소한의 한도 내에서 **피의자의 혈액을 채취하게 한 후 그 혈액을 영장 없이 압수할 수 있다.** 다만, 이 경우 형사소송법 제216조 제3항 단서, 형사소송규칙 제58조, 제107조 제1항 제3호에 따라 **사후에 지체 없이** 강제채혈에 의한 압수의 사유 등을 기재한 영장청구서에 의하여 법원으로부터 **압수영장을 받아야 한다.**(대법원 2012.11.15. 2011도15258 구로 강제채혈사건) 이 방법 외에도 [13] 2. 판례와 같이 임의제출의 형식으로 압수해도 된다. 경찰은 둘 중에 하나의 방식을 선택할 수 있다.

> 23 변호사, 22 변호사,
> 22 국가9급, 21 경간부,
> 21 경찰채용, 19 소방간부,
> 18 변호사, 18 경찰채용,
> 16 변호사

06 강제채뇨를 함에 있어 유형력의 행사가 허용되는지의 여부

압수·수색의 방법으로 소변을 채취하는 경우 압수대상물인 피의자의 소변을 확보하기 위한 수사기관의 노력에도 불구하고, 피의자가 인근 병원 응급실 등 소변 채취에 적합한 장소로 이동하는 것에 동의하지 않거나 저항하는 등 임의동행을 기대할 수 없는 사정이 있는 때에는 수사기관으로서는 소변 채취에 적합한 장소로 피의자를 데려가기 위해서 필요 최소한의 유형력을 행사하는 것이 허용되는데, 이는 형사소송법 제219조, 제120조 제1항

> 25 국가9급, 25 소방간부,
> 21 경찰채용, 21 국가9급

에서 정한 '압수·수색영장의 집행에 필요한 처분'에 해당한다.(대법원 2018. 7.12. 2018도6219 부산 강제채뇨 사건)

07 적법한 강제채뇨에 해당하는 경우

피고인에 대한 피의사실(필로폰 투약)이 중대하고 객관적 사실에 근거한 명백한 범죄 혐의가 있었다고 볼 수 있는 상황에서, 경찰관의 장시간에 걸친 설득에도 불구하고 피고인이 소변의 임의제출을 거부하면서 압수영장의 집행에 저항하자 경찰관이 다른 방법으로 수사 목적을 달성하기 곤란하다고 판단하여 강제로 피고인을 인근 병원 응급실로 데리고 가 의사의 지시를 받은 응급구조사로 하여금 강제로 소변을 채취하도록 하였고, 그 과정에서 피고인에 대한 강제력의 행사가 필요 최소한도를 벗어나지 않았다면 경찰관의 이러한 조치는 형사소송법 제219조, 제120조 제1항에서 정한 '압수영장의 집행에 필요한 처분'으로서 허용된다고 보는 것이 타당하다.(대법원 2018. 7.12. 2018도6219 부산 강제채뇨 사건)

08 형사소송법 제217조 제1항의 규정 취지 등

1. 형사소송법 제217조는 수사기관이 피의자를 긴급체포한 상황에서 피의자가 체포되었다는 사실이 공범이나 관련자들에게 알려짐으로써 관련자들이 증거를 파괴하거나 은닉하는 것을 방지하고, 범죄사실과 관련된 증거물을 신속히 확보할 수 있도록 하기 위한 것이다. 이 규정에 따른 압수·수색 또는 검증은 체포현장에서의 압수·수색 또는 검증을 규정하고 있는 형사소송법 제216조 제1항 제2호와 달리 **체포현장이 아닌 장소에서도 긴급체포된 자가 소유·소지 또는 보관하는 물건을 대상으로 할 수 있다.**(대법원 2017. 9.12. 2017도10309 필로폰 거래자 긴급체포사건) [9] 1. 판례 참고

> 21 경찰채용, 20 경찰승진, 19 변호사, 18 소방간부

2. 형사소송법 제217조 제1항 등에 의하면 검사 또는 사법경찰관은 피의자를 긴급체포한 경우 체포한 때부터 48시간[25년 현재 24시간] 이내에 한하여 영장 없이 긴급체포의 사유가 된 범죄사실 수사에 필요한 최소한의 범위 내에서 당해 범죄사실과 관련된 증거물 또는 몰수할 것으로 판단되는 피의자의 소유, 소지 또는 보관하는 물건을 압수할 수 있다. 이때, 어떤 물건이 긴급체포의 사유가 된 범죄사실 수사에 필요한 최소한의 범위 내의 것으로서 압수의 대상이 되는 것인지는 당해 범죄사실의 구체적인 내용과 성질, 압수하고자 하는 물건의 형상, 성질, 당해 범죄사실과의 관련 정도와 증거가치, 인멸의 우려는 물론 압수로 인하여 발생하는 불이익의 정도 등 압수 당시의 여러 사정을 종합적으로 고려하여 객관적으로 판단하여야 한다.(대법원 2008. 7.10. 2008도2245 전화사기범 압수·수색사건) [9] 2. 판례 참고

09 긴급체포된 자의 소유물 등에 대하여 적법하게 압수한 경우

1. 경찰관들이 저녁 8시경 도로에서 위장거래자와 만나서 마약류 거래를 하고 있는 피고인을 긴급체포하면서 현장에서 메트암페타민을 압수하고, 저녁 8시 24분경 체포 현장에서 약 2km 떨어진 피고인의 주거지에서 메트암페타민 약 4.82g을 추가로 찾아내어 이를 압수한 다음 법원으로부터 사후 압수·수색영장을 발부받은 경우 피고인에 대한 긴급체포 사유,

> 25 경찰채용, 21 경간부

압수·수색의 시각과 경위, 사후 영장의 발부 내역 등에 비추어 피고인의 주거지에서 긴급 압수한 메트암페타민 4.82g은 긴급체포의 사유가 된 범죄사실 수사에 필요한 범위 내의 것으로서 적법하게 압수되었다고 할 것이다.(대법원 2017. 9.12. 2017도10309 필로폰 거래자 긴급체포사건)

2. 경찰관이 이른바 전화사기죄 범행의 혐의자를 긴급체포하면서 그가 보관하고 있던 다른 사람의 주민등록증, 운전면허증 등을 압수한 경우 이는 구 형사소송법 제217조 제1항에서 규정한 해당 범죄사실의 수사에 필요한 범위 내의 압수로서 적법하므로 이를 위 혐의자의 점유이탈물횡령죄 범행에 대한 증거로 사용할 수 있다.(대법원 2008. 7.10. 2008도2245 전화사기범 압수·수색사건)

> 24 경찰채용, 23 국가7급, 20 소방간부, 18 경찰승진, 18 경간부, 17 경찰승진, 17 경간부, 16 변호사, 16 경찰승진, 15 경찰채용

10 임의제출물 압수 관련 판례

현행범 체포현장이나 범죄현장에서도 소지자 등이 임의로 제출하는 물건은 형사소송법 제218조에 따라 영장 없이 압수하는 것이 허용되고, 이 경우 검사나 사법경찰관은 별도로 사후에 영장을 받을 필요가 없다.(대법원 2022. 8.31. 2019도15178 검사 임의제출 입증실패 사건)

> 25 변호사, 25 경간부, 24 변호사, 24 경찰채용, 23 경간부, 23 경찰채용, 22 변호사, 21 변호사, 21 경찰승진, 21 경찰채용, 21 소방간부, 20 국가9급, 19 변호사, 19 경찰채용, 18 경찰채용, 18 소방간부, 17 국가9급

11 임의제출의 임의성에 대한 입증책임의 소재(=검사)

임의제출물을 압수한 경우 압수물이 형사소송법 제218조에 따라 실제로 임의제출된 것인지에 관하여 다툼이 있을 때에는 임의제출의 임의성을 의심할 만한 합리적이고 구체적인 사실을 피고인이 증명할 것이 아니라 검사가 그 임의성의 의문점을 없애는 증명을 해야 한다.(대법원 2024. 3.12. 2020도9431 휴대전화를 반환할 수 있다 사건)

> 25 변호사, 25 경찰채용, 25 국가9급, 25 법원9급, 25 소방간부

12 제출의 임의성의 증명이 없는 임의제출물의 증거능력 유무(소극)

1. 임의로 제출된 물건을 압수하는 경우 그 제출에 임의성이 있다는 점에 관하여는 검사가 합리적 의심을 배제할 수 있을 정도로 증명하여야 하고 임의로 제출된 것이라고 볼 수 없는 경우에는 증거능력을 인정할 수 없다.(대법원 2023. 6. 1. 2020도2550 오산·서울 올가 촬영 사건)

> 24 경찰채용

2. 압수·수색은 영장 발부의 사유로 된 범죄혐의사실과 관련된 증거에 한하여 할 수 있는 것이므로 영장 발부의 사유로 된 범죄혐의사실과 무관한 별개의 증거를 압수하였을 경우 이는 원칙적으로 유죄 인정의 증거로 사용할 수 없다. 다만 수사기관이 그 별개의 증거를 피압수자 등에게 환부하고 후에 이를 임의제출받아 다시 압수하였다면 그 증거를 압수한 최초의 절차 위반행위와 최종적인 증거수집 사이의 인과관계가 단절되었다고 평가할 수 있는 사정이 될 수 있으나 환부 후 다시 제출하는 과정에서 수사기관의 우월적 지위에 의하여 임의제출의 명목으로 실질적으로 강제적인 압수가 행하여질 수 있으므로 그 제출에 임의성이 있다는 점에 관하여는 검사가 합리적 의심을 배제할 수 있을 정도로 증명하여야 하고, 임의로 제출된 것이라고 볼 수 없는 경우에는 그 증거능력을 인정할 수 없다. (대법원 2016. 3.10. 2013도11233 광우병의심 소고기 유통사건)

> 23 경간부, 22 경찰승진, 21 국가9급

13 적법한 임의제출물의 압수에 해당하는 경우

1. 교도관이 재소자가 맡긴 비망록을 수사기관에 임의로 제출하였다면 그 비망록의 증거사용에 대하여도 재소자의 사생활의 비밀 기타 인격적 법익이 침해되는 등의 특별한 사정이 없는 한 반드시 그 재소자의 동의를 받아야 하는 것은 아니고 따라서 검사가 교도관으로부터 보관하고 있던 피고인의 비망록을 뇌물수수 등의 증거자료로 임의로 제출받아 이를 압수한 경우 그 압수절차가 피고인의 승낙 및 영장 없이 행하여졌다고 하더라도 이에 적법절차를 위반한 위법이 있다고 할 수 없다.(대법원 2008. 5.15. 2008도1097 김태촌 비망록 사건) 이 비방록은 폭력조직 서방파 두목 김태촌의 비서이자 운전기사인 구상렬씨가 쓴 것으로, 여기에는 김태촌을 비호하는 세력(경찰간부, 군장교, 교도관, 안기부 직원, 정치인, 사회유명인 등)과 김태촌과의 유착관계가 상세히 기록되어 있다고 한다. 이 비망록은 1992년 초에 세상에 처음 밝혀진 것인데, 그 이후에도 꾸준히 작성된 것으로 보이고 결국 이 사건에서 뇌물수수와 뇌물공여 공소사실에 대하여 유죄인정의 증거가 되었다.

   > 23 경간부, 21 경찰승진, 21 경간부, 19 소방간부, 18 경간부, 18 경찰채용, 18 국가7급, 17 변호사, 15 경간부

2. 의료인이 진료 목적으로 채혈한 환자의 혈액을 수사기관에 임의로 제출하였다면 그 혈액의 증거사용에 대하여도 환자의 사생활의 비밀 기타 인격적 법익이 침해되는 등의 특별한 사정이 없는 한 반드시 그 환자의 동의를 받아야 하는 것이 아니고 따라서 경찰관이 간호사로부터 진료 목적으로 이미 채혈되어 있던 피고인의 혈액 중 일부를 주취운전 여부에 대한 감정을 목적으로 임의로 제출 받아 이를 압수한 경우 그 압수절차가 피고인 또는 피고인의 가족의 동의 및 영장 없이 행하여졌다고 하더라도 이에 적법절차를 위반한 위법이 있다고 할 수 없다.(대법원 1999. 9. 3. 98도968 공주의료원 사건)

   > 25 소방간부, 24 변호사, 22 국가9급, 21 경찰승진, 21 경찰채용, 19 경찰승진, 18 경찰채용, 15 경간부, 15 국가9급

14 수사기관의 지시·요청에 따라 사인(私人)이 자기 외의 제3자가 지배·관리하는 물건을 취거하여 수사기관에 전달하는 등으로 수사기관이 직접 하였다면 강제처분인 압수·수색에 해당하는 행위를 한 경우 수사기관이 사인을 이용하여 강제처분을 하였다고 보아 형사소송법에서 규정하는 영장의 제시, 참여권의 보장 등 절차의 준수를 요구하여야 하는지의 여부 (원칙적 적극)

형사소송법이 헌법 제12조에서 선언한 적법절차와 영장주의 원칙을 이어받아 압수·수색절차에서 실체적 진실 규명과 개인의 권리보호 이념을 조화롭게 실현할 수 있도록 마련한 구체적 기준의 규범력은 확고히 유지되어야 한다. 수사기관의 지시·요청에 따라 사인(私人)이 자기 외의 제3자가 지배·관리하는 물건을 취거하여 수사기관에 전달하는 등으로 수사기관이 직접 하였다면 강제처분인 압수·수색에 해당하는 행위를 한 경우 이러한 사인의 행위가 오로지 자기의 이익이나 목적 추구를 위해 이루어진 것이라거나 수사기관이 해당 물건의 실제 점유자가 제3자임을 미처 인식·예견하지 못하였다는 등의 특별한 사정이 없는 이상, 수사기관이 사인을 이용하여 강제처분을 하였다고 보아 형사소송법에서 규정하는 영장의 제시, 참여권의 보장 등 절차의 준수를 요구하는 것이 헌법과 형사소송법이 구현하고자 하는 적법절차와 영장주의의 정신에 부합한다.(대법원 2024.12.24. 2022도2071 시험지 유출 숙명여고 쌍둥이 사건)

15 위법하게 수집된 압수물 등의 증거능력을 부정한 경우

1. 경찰이 (형사소송법 제215조 제2항에 위반하여) 피고인의 집에서 20m 떨어진 곳에서 피고인을 체포하여 수갑을 채운 후 피고인의 집으로 가서 집안을 수색하여 칼과 합의서를 압수하였을 뿐만 아니라 적법한 시간 내에 압수·수색영장을 청구하여 발부받지 않은 경우 위 칼과 합의서는 임의제출물이 아니라 영장없이 위법하게 압수된 것으로서 증거능력이 없고, 이를 기초로 한 2차 증거인 임의제출동의서, 압수조서 및 목록, 압수품 사진 역시 증거능력이 없다.(대법원 2010. 7.22. 2009도14376 칼과 합의서 압수사건)

   ▶ 23 경찰채용, 23 소방간부, 23 국가9급, 20 법원9급, 19 경찰승진, 18 법원9급, 16 경간부, 16 국가7급, 15 경간부

2. (사법경찰관이 피의자를 긴급체포하면서 그 체포현장에서 물건을 압수한 경우) 형사소송법 제217조 제2항, 제3항에 위반하여 압수·수색영장을 청구하여 이를 발부받지 아니하고도 즉시 반환하지 아니한 압수물은 이를 유죄 인정의 증거로 사용할 수 없는 것이고, 헌법과 형사소송법이 선언한 영장주의의 중요성에 비추어 볼 때 피고인이나 변호인이 이를 증거로 함에 동의하였다고 하더라도 달리 볼 것은 아니다.(대법원 2009.12.24. 2009도11401 긴급체포 사기범 사건)

   ▶ 23 경찰채용, 22 국가7급, 21 경찰승진, 21 경찰채용, 20 경찰승진, 20 경찰채용, 20 국가9급, 19 경간부, 17 경찰승진, 17 소방간부, 16 경찰승진, 16 경찰채용

3. 정보통신망법상 음란물 유포의 범죄혐의를 이유로 압수·수색영장을 발부받은 사법경찰리가 피고인의 주거지를 수색하는 과정에서 대마를 발견하자 피고인을 마약류관리법 위반죄의 현행범으로 체포하면서 대마를 압수하였으나, 그 다음날 피고인을 석방하였음에도 사후 압수·수색영장을 발부받지 않은 경우 압수물과 압수조서는 형사소송법상 영장주의를 위반하여 수집한 증거로서 증거능력이 부정된다.(대법원 2009. 5.14. 2008도10914 스와핑카페 운영자 사건)

   ▶ 24 소방간부, 23 국가7급, 20 경간부, 19 경찰승진, 18 경찰승진, 17 국가9급, 15 경찰승진

4. 수사기관이 법원으로부터 영장 또는 감정처분허가장을 발부받지 아니한 채 피의자의 동의없이 피의자의 신체로부터 혈액을 채취하고 더구나 사후적으로도 지체없이 이에 대한 영장을 발부받지 아니하고서 위와 같이 강제채혈한 피의자의 혈액 중 알코올농도에 관한 감정이 이루어졌다면 이러한 감정결과보고서 등은 피고인이나 변호인의 증거동의 여부를 불문하고 유죄인정의 증거로 사용할 수 없다.(대법원 2012.11.15. 2011도15258 구로 강제채혈사건)

   ▶ 25 소방간부, 23 변호사, 23 경찰승진, 22 변호사, 22 경간부, 21 경찰승진, 21 경찰채용, 21 국가9급, 20 법원9급, 19 경찰승진, 19 소방간부, 18 변호사, 18 경찰승진, 18 법원9급, 16 경찰승진, 16 경찰채용, 15 경찰승진

5. 사법경찰관사무취급이 작성한 실황조서가 사고발생 직후 사고장소에서 긴급을 요하여 판사의 영장없이 시행된 것으로서 형사소송법 제216조 제3항에 의한 검증에 따라 작성된 것이라면 사후영장을 받지 않는 한 유죄의 증거로 삼을 수 없다.(대법원 1989. 3.14. 88도1399 긴급실황조사 사건)

   ▶ 18 경찰채용

6. 형사소송법 제218조는 '사법경찰관은 소유자, 소지자 또는 보관자가 임의로 제출한 물건을 영장없이 압수할 수 있다'고 규정하고 있는바, 위 규정에 위반하여 소유자, 소지자 또는 보관자가 아닌 자로부터 제출받은 물건을 영장없이 압수한 경우 그 압수물 및 압수물을 찍은 사진은 이를 유죄 인정의 증거로 사용할 수 없는 것이고, 헌법과 형사소송법이 선언한 영장주의의 중요성에 비추어 볼 때 피고인이나 변호인이 이를 증거로 함에 동의하였다고 하더라도 달리 볼 것은 아니다.(대법원 2010. 1.28. 2009도10092 쇠파이프 압수사건)

   ▶ 25 경간부, 25 경찰채용, 25 국가9급, 23 경찰승진, 23 경간부, 23 국가7급, 22 변호사, 22 경찰승진, 22 소방간부, 21 경찰승진, 21 경찰채용, 20 변호사, 20 경간부, 20 경찰채용, 19 경찰승진, 18 변호사, 18 경찰채용, 17 경찰승진, 17 경간부, 17 국가9급, 16 경찰승진, 16 경찰채용, 15 경간부, 15 경찰채용

V 압수물 처리

형사소송법(2025. 3.18. 법률 제20796호로 일부개정된 것)

제130조【압수물의 보관과 폐기】① 운반 또는 보관에 불편한 압수물에 관하여는 간수자를 두거나 소유자 또는 적당한 자의 승낙을 얻어 보관하게 할 수 있다.
② 위험발생의 염려가 있는 압수물은 폐기할 수 있다.
③ 법령상 생산·제조·소지·소유 또는 유통이 금지된 압수물로서 부패의 염려가 있거나 보관하기 어려운 압수물은 소유자 등 권한 있는 자의 동의를 받아 폐기할 수 있다.

제131조【주의사항】압수물에 대하여는 그 상실 또는 파손 등의 방지를 위하여 상당한 조치를 하여야 한다.

제132조【압수물의 대가보관】① 몰수하여야 할 압수물로서 멸실·파손·부패 또는 현저한 가치 감소의 염려가 있거나 보관하기 어려운 압수물은 매각하여 대가를 보관할 수 있다.
② 환부하여야 할 압수물 중 환부를 받을 자가 누구인지 알 수 없거나 그 소재가 불명한 경우로서 그 압수물의 멸실·파손·부패 또는 현저한 가치 감소의 염려가 있거나 보관하기 어려운 압수물은 매각하여 대가를 보관할 수 있다.

제133조【압수물의 환부, 가환부】① 압수를 계속할 필요가 없다고 인정되는 압수물은 피고사건종결전이라도 결정으로 환부하여야 하고 증거에 공할 압수물은 소유자, 소지자, 보관자 또는 제출인의 청구에 의하여 가환부할 수 있다.
② 증거에만 공할 목적으로 압수한 물건으로서 그 소유자 또는 소지자가 계속 사용하여야 할 물건은 사진촬영 기타 원형보존의 조치를 취하고 신속히 가환부하여야 한다.

제134조【압수장물의 피해자환부】압수한 장물은 피해자에게 환부할 이유가 명백한 때에는 피고사건의 종결전이라도 결정으로 피해자에게 환부할 수 있다.

제135조【압수물처분과 당사자에의 통지】전3조의 결정을 함에는 검사, 피해자, 피고인 또는 변호인에게 미리 통지하여야 한다.

▶

제218조의2【압수물의 환부, 가환부】① 검사는 사본을 확보한 경우 등 압수를 계속할 필요가 없다고 인정되는 압수물 및 증거에 사용할 압수물에 대하여 공소제기 전이라도 소유자, 소지자, 보관자 또는 제출인의 청구가 있는 때에는 환부 또는 가환부하여야 한다.
② 제1항의 청구에 대하여 검사가 이를 거부하는 경우에는 신청인은 해당 검사의 소속 검찰청에 대응한 법원에 압수물의 환부 또는 가환부 결정을 청구할 수 있다.
③ 제2항의 청구에 대하여 법원이 환부 또는 가환부를 결정하면 검사는 신청인에게 압수물을 환부 또는 가환부하여야 한다.
④ 사법경찰관의 환부 또는 가환부 처분에 관하여는 제1항부터 제3항까지의 규정을 준용한다. 다만, 이 경우 사법경찰관은 검사의 지휘를 받아야 한다.

제219조【준용규정】제106조, 제107조, 제109조 내지 제112조, 제114조, 제115조 제1항 본문, 제2항, 제118조부터 제132조까지, 제134조, 제135조, 제140조, 제141조, 제333조 제2항, 제486조의 규정은 검사 또는 사법경찰관의 본장의 규정에 의한 압수, 수색 또는 검증에 준용한다. 단, 사법경찰관이 제130조, 제132조 및 제134조에 따른 처분을 함에는 검사의 지휘를 받아야 한다.

선생님의 TIP

압수물의 처리는 '전자정보 압수·수색에 완전히 밀려서' 최근에는 시험에 잘 출제되지 않는다. 그러나 시험에 출제되더라도 이상할 것이 전혀 없으므로 잘 공부해 두어야 한다. 법원이 하는 압수물의 처리인지([3] 판례) 수사기관이 하는 압수물의 처리인지(나머지 판례들) 잘 구별해야 한다.

01 부패의 염려가 있거나 보관하기 어려운 압수물이라 하더라도 이를 임의로 폐기한 행위가 위법한지의 여부(적극)

압수물은 검사의 이익을 위해서 뿐만 아니라 이에 대한 증거신청을 통하여 무죄를 입증하고자 하는 피고인의 이익을 위해서도 존재하므로 사건종결 시까지 이를 그대로 보존할 필요성이 있다. 다만 형사소송법은 '몰수하여야 할 압수물로서 멸실, 파손, 부패 또는 현저한 가치 감소의 염려가 있거나 보관하기 어려운 압수물은 매각하여 대가를 보관할 수 있다.'고 규정하면서(제132조 제1항), '법령상 생산·제조·소지·소유 또는 유통이 금지된 압수물로서 부패의 염려가 있거나 보관하기 어려운 압수물은 소유자 등 권한 있는 자의 동의를 받아 폐기할 수 있다.'고 규정하고 있다(제130조 제3항). 따라서 부패의 염려가 있거나 보관하기 어려운 압수물이라 하더라도 법령상 생산·제조·소지·소유 또는 유통이 금지되어 있고, 권한 있는 자의 동의를 받지 못하는 한 이를 폐기할 수 없고, 만약 그러한 요건이 갖추어지지 않았음에도 폐기하였다면 이는 위법하다.(대법원 2022. 1.14. 2019다282197 오징어채 가공·판매업자 사건)

02 증거에 사용할 압수물에 대한 가환부 청구가 있는 수사기관이 이를 가환부해 주어야 하는지의 여부(=원칙적으로 적극)

검사는 증거에 사용할 압수물에 대하여 가환부의 청구가 있는 경우 가환부를 거부할 수 있는 특별한 사정이 없는 한 형사소송법 제218조의2 제1항에 의하여 가환부에 응하여야 한다. 그리고 그러한 특별한 사정이 있는지 여부는 범죄의 태양, 경중, 몰수 대상인지 여부, 압수물의 증거로서의 가치, 압수물의 은닉·인멸·훼손될 위험, 수사나 공판수행 상의 지장 유무, 압수에 의하여 받는 피압수자 등의 불이익의 정도 등 여러 사정을 검토하여 종합적으로 판단하여야 한다.(대법원 2017. 9.29. 2017모236 자동차 가환부신청사건)

▶ 25 국가9급, 21 국가7급, 20 경찰채용, 18 국가7급

03 형사소송법 제133조 제1항 소정의 '증거에 공할 압수물'의 의미(=증거물로서의 성격과 몰수물로서의 성격을 가진 압수물)

(1) 형사소송법 제133조 제1항 후단이, 제2항의 '증거에만 공할' 목적으로 압수할 물건과는 따로이 '증거에 공할' 압수물에 대하여 법원의 재량에 의하여 가환부할 수 있도록 규정한 것을 보면 '증거에 공할 압수물'에는 증거물로서의 성격과 몰수할 것으로 사료되는 물건으로서의 성격을 가진 압수물이 포함되어 있다고 해석함이 상당하다. (2) 몰수할 것이라고 사료되어 압수한 물건 중 법률의 특별한 규정에 의하여 필요적으로 몰수할 것에 해당하거나 누구의 소유도 허용되지 아니하여 몰수할 것에 해당하는 물건에 대한 압수는 몰수재판의 집행을 보전하기 위하여 한 것이라는 의미도 포함된 것이므로 그와 같은 압수 물건은 가환부의 대상이 되지 않지만, 그 밖의 형법 제48조에 해당하는 물건에 대하여는 이를 몰수할 것인지는 법원의 재량에 맡겨진 것이므로 특별한 사정이 없다면 수소법원이 피고 본안사건에 관한 종국판결에 앞서 이를 가환부함에 법률상의 지장이 없다.(대법원 1998. 4.16. 97모25 증거물 가환부 사건)

▶ 19 경간부, 18 경찰승진, 17 법원9급

04 압수를 계속할 필요가 없어 환부를 해야 하는 경우

1. 외국산 물품(다이아몬드)을 관세장물의 혐의가 있다고 보아 압수하였다 하더라도 그것이 언제, 누구에 의하여 관세포탈된 물건인지 알 수 없어 **기소중지처분을 한 경우** (대법원 1996. 8.16. 94모51 숨은 다이아몬드 포기 사건) [5] 판례 참고 ▶ 20 경찰채용
2. 세관이 외국산시계를 관세장물의 혐의가 있다고 하여 압수하였던 것을 검사가 그것이 관세포탈품인지를 확인할 수 없어 그 사건을 **기소중지처분을 한 경우** (대법원 1988.12.14. 88모55 시계 국고귀속결정 취소사건) ▶ 18 경찰승진

05 피압수자가 압수물에 대한 소유권을 포기한 경우 수사기관의 압수물환부의무가 면제되는지의 여부(소극) 및 피압수자의 압수물환부청구권이 소멸하는지의 여부(소극)

피압수자 등 환부를 받을 자가 압수 후 그 소유권을 포기하는 등에 의하여 실체법상의 권리를 상실하더라도 그 때문에 압수물을 환부하여야 하는 수사기관의 의무에 어떠한 영향을 미칠 수 없고 또한 수사기관에 대하여 형사소송법상의 환부청구권을 포기한다는 의사표시를 하더라도 그 효력이 없어 그에 의하여 수사기관의 필요적 환부의무가 면제된다고 볼 수는 없으므로 압수물의 소유권이나 그 환부청구권을 포기하는 의사표시로 인하여 환부의무에 대응하는 압수물에 대한 환부청구권이 소멸하는 것은 아니다.(대법원 1996. 8.16. 94모51 숨은 다이아몬드 포기 사건) ▶ 24 국가9급, 22 경간부, 22 법원9급, 21 변호사, 20 국가7급, 18 소방간부, 17 변호사, 17 법원9급, 16 경간부, 16 경찰채용, 15 경찰승진, 15 경찰채용

Ⅵ 구제수단

> **형사소송법(2025. 3.18. 법률 제20796호로 일부개정된 것)**
>
> **제417조【동전】** 검사 또는 사법경찰관의 구금, 압수 또는 <u>압수물의 환부</u>에 관한 처분과 제243조의2에 따른 변호인의 참여 등에 관한 처분에 대하여 불복이 있으면 그 직무집행지의 관할법원 또는 검사의 소속검찰청에 대응한 법원에 그 처분의 취소 또는 변경을 청구할 수 있다.

> **선생님의 TIP**
>
> 수사기관의 압수 또는 압수물 환부에 관한 처분에 불복이 있으면 형사소송법 제417조에 따라 준항고를 제기할 수 있다. 판례가 그렇게 많은 것은 아니다.

01 압수처분에 대한 준항고의 방식

피압수자는 준항고인의 지위에서 불복의 대상이 되는 압수 등에 관한 처분을 특정하고 준항고취지를 명확히 하여 청구의 내용을 서면으로 기재한 다음 관할법원에 제출하여야 한다. 다만 준항고인이 불복의 대상이 되는 압수 등에 관한 처분을 구체적으로 특정하기 어려운 사정이 있는 경우에는 법원은 석명권 행사 등을 통해 준항고인에게 불복하는 압수 등에 관한 처분을 특정할 수 있는 기회를 부여하여야 한다.(대법원 2023. 1.12. 2022모1566 손준성 검사 사건)

02 형사소송법 제417조 준항고의 제기기간

형사소송법 제417조의 준항고에 관하여 같은 법 제419조는 같은 법 제409조의 보통항고의 효력에 관한 규정을 준용하고 있으므로 **형사소송법 제417조의 준항고는 항고의 실익이 있는 한 제기기간에 아무런 제한이 없다.**(대법원 2024. 3.12. 2022모2352 압수해제물 환부·가환부신청 사건)

03 준항고의 이익

1. (1) 수사기관의 압수물에 관한 처분의 취소를 구하는 준항고는 항고소송의 일종이므로 통상의 항고소송과 마찬가지로 그 이익이 있어야 하고, 준항고 절차의 계속 중 이로써 달성하려는 목적이 이미 이루어졌거나 시일의 경과 또는 그 밖의 사정으로 인하여 그 이익이 상실된 경우에는 준항고의 이익이 없어 부적법하다. (2) 담당검사 등은 영장의 집행이 종료된 직후에 압수물의 대부분을 압수목록교부서에 기재하지 아니하였고, 이로 인하여 준항고인이 압수처분에 근거한 압수물의 품목·종류·수량 등을 정확히 알 수 없는 상태에 이르렀으며, 압수목록교부서에 기재된 압수물의 상당 부분도 적법한 절차를 거쳐 준항고인에게 환부되지 않은 이상 재항고인이 압수처분에 근거한 압수물을 전혀 보관하고 있지 않더라도 담당검사 등의 압수처분으로 인하여 준항고인의 재산권에 대한 부당한 침해가 계속되고 있을 뿐만 아니라 준항고인·재항고인 사이에 압수처분으로 인한 압수물과 반환되지 않은 압수물의 범위에 대한 다툼이 해소되지 않았으므로 준항고인은 압수처분의 취소를 구할 법률상 이익이 있다.(대법원 2022. 7.14. 2019모2584 영장집행 압수·수색 사건)

2. (1) 수사기관의 압수물의 환부에 관한 처분의 취소를 구하는 준항고는 일종의 항고소송이므로 통상의 항고소송에서와 마찬가지로 그 이익이 있어야 하고, 소송 계속 중 준항고로써 달성하고자 하는 목적이 이미 이루어졌거나 시일의 경과 또는 그 밖의 사정으로 인하여 그 이익이 상실된 경우에는 준항고는 그 이익이 없어 부적법하게 된다. (2) 검사가 영장에 기재된 기간 내에 서버데크를 준항고인들에게 환부하지 아니하였다고 하더라도 검사가 원심 소송 계속 중 이를 준항고인들에게 환부한 이상 준항고를 통하여 달성하고자 하는 목적은 이미 이루어졌으므로 준항고는 그 이익이 없어 부적법하다.(대법원 2015.10.15. 2013모1970 통합진보당 압수서버 반환거부사건)

▶ 22 경간부, 21 경찰채용, 21 국가7급, 19 경찰승진, 18 경찰채용, 17 국가7급, 16 국가7급

04 준항고의 대상이 되지 않는 경우

검사가 압수·수색영장의 청구 등 강제처분을 위한 조치를 취하지 아니한 것 그 자체를 형사소송법 제417조 소정의 '압수에 관한 처분'으로 보아 이에 대해 준항고로써 불복할 수는 없다.(대법원 2007. 5.25. 2007모82 영장불청구 사건)

▶ 22 경간부, 21 경찰채용, 19 국가7급

05 전자정보 압수처분에 대한 준항고를 받은 법원의 판단방법

전자정보에 대한 압수·수색 과정에서 이루어진 현장에서의 저장매체 압수·이미징(imaging)·탐색·복제 및 출력행위 등 수사기관의 처분은 하나의 영장에 의한 압수·수색 과정에서 이루어지는 것이고, 그러한 일련의 행위가 모두 진행되어 압수·수색이 종료된 이후에는 특정단계의 처분만을 취소하더라도 그 이후의 압수·수색을 저지한다는 것을 상정할 수 없고 수사기관으로 하여금 압수·수색의 결과물을 보유하도록 할 것인지가 문제될 뿐이다. 그러므로 이 경우에는 준항고인이 전체 압수·수색 과정을 단계적·개별적으로 구분하여 각 단계의 개별 처분의 취소를 구하더라도 준항고법원으로서는 특별한 사정이 없는 한 그 구분된 개별 처분의 위법이나 취소 여부를 판단할 것이 아니라 당해 압수·수색 과정 전체를 하나의 절차로 파악하여 그 과정에서 나타난 위법이 압수·수색 절차 전체를 위법하게 할 정도로 중대한지 여부에 따라 전체적으로 그 압수·수색 처분을 취소할 것인지를 가려야 한다.(대법원 2015.10.15. 2013모1969 통합진보당 서버 압수사건) 면접을 볼 때 최종적으로 합격 또는 불합격으로 판단하여야 한다. 성실성은 합격, 의사소통능력은 불합격, 윤리의식은 합격, 책임감은 불합격... 이런 식으로 판단해서는 안 된다는 취지의 판례이다.

▶ 21 법원9급, 17 경찰채용, 16 국가9급

제 3 절 | 통신비밀보호 및 통신수사

I 통신비밀보호

> **통신비밀보호법(2025. 1.31. 법률 제20735호로 일부개정된 것)**
>
> 제2조【정의】이 법에서 사용하는 용어의 정의는 다음과 같다.
> 3. "전기통신"이라 함은 전화·전자우편·회원제정보서비스·모사전송·무선호출 등과 같이 유선·무선·광선 및 기타의 전자적 방식에 의하여 모든 종류의 음향·문언·부호 또는 영상을 송신하거나 수신하는 것을 말한다.
> 7. "감청"이라 함은 전기통신에 대하여 당사자의 동의없이 전자장치·기계장치등을 사용하여 통신의 음향·문언·부호·영상을 청취·공독하여 그 내용을 지득 또는 채록하거나 전기통신의 송·수신을 방해하는 것을 말한다.
>
> 제3조【통신 및 대화비밀의 보호】① 누구든지 이 법과 형사소송법 또는 군사법원법의 규정에 의하지 아니하고는 우편물의 검열·전기통신의 감청 또는 통신사실 확인자료의 제공을 하거나 공개되지 아니한 타인간의 대화를 녹음 또는 청취하지 못한다. 〈단서 생략〉
>
> 제4조【불법검열에 의한 우편물의 내용과 불법감청에 의한 전기통신내용의 증거사용 금지】 제3조의 규정에 위반하여 불법검열에 의하여 취득한 우편물이나 그 내용 및 불법감청에 의하여 지득 또는 채록된 전기통신의 내용은 재판 또는 징계절차에서 증거로 사용할 수 없다.
>
> 제14조【타인의 대화비밀 침해금지】① 누구든지 공개되지 아니한 타인간의 대화를 녹음하거나 전자장치 또는 기계적 수단을 이용하여 청취할 수 없다.
> ② 제4조 (중략) 규정은 제1항의 규정에 의한 녹음 또는 청취에 관하여 이를 적용한다.

> **선생님의 TIP**
>
> 압수·수색 못지않게 최근 시험에 출제가 잘 된다. 용어의 정의 파악 그리고 제3자녹음과 당사자녹음의 구별이 핵심이다.

01 전기통신과 대화의 구별

1. **전화통화**가 통신비밀보호법에서 규정하고 있는 전기통신에 해당함은 전화통화의 성질 및 법 규정 내용에 비추어 명백하므로 이를 법 제3조 제1항 소정의 '타인간의 대화'에 포함시킬 수는 없다.(대법원 2002.10. 8. 2002도123 귓불 뚫어 주느냐 사건) 통신비밀보호법 제2조 제3호를 다시 한번 더 읽어보아라. [3] 판례 참고

2. **무전기와 같은 무선전화기를 이용한 통화**가 통신비밀보호법에서 규정하고 있는 전기통신에 해당함은 전화통화의 성질 및 법 규정 내용에 비추어 명백하므로 이를 같은 법 제3조 제1항 소정의 '타인간의 대화'에 포함된다고 할 수 없다.(대법원 2003.11.13. 2001도6213 렉카 회사 사건)

▶ 20 경찰승진, 18 경간부, 16 국가7급, 16 경찰승진

02 인터넷개인방송이 전기통신에 해당하는지의 여부(적극)

방송자가 인터넷을 도관 삼아 인터넷서비스제공업체 또는 온라인서비스제공자인 인터넷개인방송 플랫폼업체의 서버를 이용하여 실시간 또는 녹화된 형태로 음성, 영상물을 방송함으로써 불특정 혹은 다수인이 이를 수신·시청할 수 있게 하는 **인터넷개인방송**은 그

▶ 24 소방간부

성격이나 통신비밀보호법의 위와 같은 규정에 비추어 **전기통신에 해당함은 명백하다.**(대법원 2022.10.27. 2022도9877 인터넷개인방송 비정상적 시청·녹화 사건) [8] 판례 참고

03 통신비밀보호법상 타인 간의 '대화'의 의미 등

(1) 통신비밀보호법에서 보호하는 타인 간의 '대화'는 원칙적으로 현장에 있는 당사자들이 육성으로 말을 주고받는 의사소통행위를 가리킨다. 따라서 사람의 육성이 아닌 **사물에서 발생하는 음향은 타인 간의 '대화'에 해당하지 않고** 또한 사람의 목소리라고 하더라도 상대방에게 의사를 전달하는 말이 아닌 단순한 비명소리나 탄식 등은 타인과 의사소통을 하기 위한 것이 아니라면 특별한 사정이 없는 한 타인 간의 '대화'에 해당한다고 볼 수 없다. (2) 甲이 乙과 통화를 마친 후 전화가 끊기지 않은 상태에서 휴대전화를 통하여 '우당탕', '악' 소리를 들었는데, '우당탕' 소리는 사물에서 발생하는 음향일 뿐 사람의 목소리가 아니므로 타인 간의 '대화'에 해당하지 않고, '악' 소리도 사람의 목소리이기는 하나 단순한 비명소리에 지나지 않아 그것만으로 상대방에게 의사를 전달하는 말이라고 보기는 어려워 특별한 사정이 없는 한 타인 간의 '대화'에 해당한다고 볼 수 없다.(대법원 2017. 3.15. 2016도19843 우당탕 악 사건)

▶ 25 경찰승진, 23 변호사, 22 경찰승진, 22 국가9급, 19 국가7급, 19 국가9급

04 통신비밀보호법 제14조 제1항의 '공개되지 않은'의 의미

통신비밀보호법 제14조 제1항에서 '공개되지 않았다'는 것은 반드시 비밀과 동일한 의미는 아니고 일반공중에게 공개되지 않았다는 의미이며, 구체적으로 공개된 것인지는 발언자의 의사와 기대, 대화의 내용과 목적, 상대방의 수, 장소의 성격과 규모, 출입의 통제 정도, 청중의 자격 제한 등 객관적인 상황을 종합적으로 고려하여 판단해야 한다.(대법원 2024. 1.11. 2020도1538 자녀 가방 녹음기 사건) [7] 1. 판례 참고

▶ 24 경찰승진

05 통신비밀보호법 제3조 제1항, 제14조 제1항 관련 판례

1. 통신비밀보호법 제3조 제1항이 공개되지 않은 타인 간의 대화를 녹음 또는 청취하지 못하도록 한 것은 대화에 원래부터 참여하지 않는 제3자가 대화를 하는 타인 간의 발언을 녹음하거나 청취해서는 안 된다는 취지이다. 따라서 대화에 원래부터 참여하지 않는 제3자가 일반공중이 알 수 있도록 공개되지 않은 타인 간의 발언을 녹음하거나 전자장치 또는 기계적 수단을 이용하여 청취하는 것은 특별한 사정이 없는 한 제3조 제1항에 위반된다. (대법원 2022. 8.31. 2020도1007 대화내용 녹음 교회 장로 전송사건)

2. 통신비밀보호법 제14조 제1항이 공개되지 않은 타인 간의 대화를 녹음 또는 청취하지 못하도록 한 것은 대화에 원래부터 참여하지 않는 제3자가 일반공중이 알 수 있도록 공개되지 않은 타인 간의 발언을 녹음하거나 전자장치 또는 기계적 수단을 이용하여 청취해서는 안 된다는 취지이다.(대법원 2024. 1.11. 2020도1538 자녀 가방 녹음기 사건)

▶ 17 국가7급

06 불법감청 등에 해당하여 증거능력이 부정되는 경우 (이른바 '제3자녹음'에 해당) Ⅰ

1. 제3자의 경우는 설령 전화통화 당사자 일방의 동의를 받고 그 통화 내용을 녹음하였다 하더라도 그 상대방의 동의가 없었던 이상 이는 여기의 감청에 해당하여 **통신비밀보호법 제3조 제1항** 위반이 되고, 이와 같이 제3조 제1항을 위반한 불법감청에 의하여 녹음된 전화통화의 내용은 제4조에 의하여 증거능력이 없다. 이는 피고인이나 변호인이 이를 증거로 함에 동의하였다고 하더라도 달리 볼 것은 아니다.(대법원 2019. 3. 14. 2015도1900 변호사 매형, 검사 처남 사건) [7] 2. 3. 판례 참고

> 24 경찰승진, 24 경찰채용,
> 23 변호사, 23 소방간부,
> 22 국가7급, 21 경찰승진,
> 21 경찰채용, 20 경찰승진,
> 18 경간부, 16 경찰승진,
> 16 국가7급, 16 법원9급

2. 전기통신의 감청은 제3자가 전기통신의 당사자인 송신인과 수신인의 동의를 받지 아니하고 통신비밀보호법 제2조 제7호 소정의 각 행위를 하는 것만을 말한다고 풀이함이 상당하므로 전기통신의 당사자의 일방이 상대방 모르게 통신의 음향·영상 등을 청취하거나 녹음하는 것은 여기의 감청에 해당하지 아니하지만, 제3자의 경우는 설령 당사자 일방의 동의를 받고 그 통신의 음향·영상을 청취하거나 녹음하였다 하더라도 그 상대방의 동의가 없었던 이상 사생활 및 통신의 불가침을 국민의 기본권의 하나로 선언하고 있는 헌법 규정과 통신비밀의 보호와 통신의 자유 신장을 목적으로 제정된 통신비밀보호법의 취지에 비추어 이는 **통신비밀보호법 제3조 제1항** 위반이 된다.(대법원 2022. 10. 27. 2022도9877 인터넷개인방송 비정상적 시청·녹화 사건) [8] 판례 참고

07 불법감청 등에 해당하여 증거능력이 부정되는 경우 (이른바 '제3자녹음'에 해당) Ⅱ

1. 피해아동의 부모가 피해아동의 가방에 녹음기를 넣어 수업시간 중 교실에서 피해아동의 담임교사인 피고인이 한 발언을 녹음한 녹음파일, 녹취록 등은 통신비밀보호법 제14조 제1항을 위반하여 공개되지 아니한 타인 간의 대화를 녹음한 것이므로 통신비밀보호법 제14조 제2항 및 제4조에 따라 **증거능력이 부정된다.**(대법원 2024. 1. 11. 2020도1538 자녀 가방 녹음기 사건) 피해아동의 담임교사인 피고인이 피해아동에게 수업시간 중 교실에서 "학교 안 다니다 온 애 같아."라고 말하는 등 정서적 학대행위를 하였다는 이유로 기소되었는데, 피해아동의 부모가 피해아동의 가방에 녹음기를 넣어 수업시간 중 교실에서 피고인이 한 발언을 몰래 녹음한 녹음파일, 녹취록 등의 증거능력이 문제된 사안이었다.

> 25 경간부

2. 甲, 乙이 A와의 통화 내용을 녹음하기로 합의한 후 甲이 스피커폰으로 A와 통화하고 乙이 옆에서 이를 녹음한 경우 전화통화의 당사자는 甲과 A이고, 乙은 제3자에 해당하므로 乙이 전화통화 당사자 일방인 甲의 동의를 받고 통화 내용을 녹음하였다고 하더라도 상대방인 A의 동의가 없었던 이상 이는 통신비밀보호법 제3조 제1항에 위반한 '전기7통신의 감청'에 해당하여 그 녹음파일은 증거로 사용할 수 없고, 이는 A가 녹음파일 및 이를 채록한 녹취록에 대하여 증거동의를 하였다 하더라도 마찬가지이다.(대법원 2019. 3. 14. 2015도1900 변호사 매형, 검사 처남 사건)

3. 수사기관이 구속수감된 자로 하여금 피고인의 범행에 관한 통화 내용을 녹음하게 한 행위는 수사기관 스스로가 주체가 되어 구속수감된 자의 동의만을 받고 상대방인 피고인의 동의가 없는 상태에서 그들의 통화 내용을 녹음한 것으로서 **불법감청에 해당**한다고 보아야 할 것이므로, 그 녹음 자체는 물론이고 이를 근거로 작성된 수사보고의 기재 내용과 첨부 녹취록 및 첨부 mp3파일도 모두 피고인과 변호인의 증거동의에 상관없이 **증거능력이 없다**. (대법원 2010.10.14. 2010도9016 공범자 통화 녹음사건)

▶ 23 변호사, 23 경찰승진, 23 국가9급, 22 경찰승진, 21 변호사, 21 경간부, 21 경찰채용, 20 변호사, 20 경찰승진, 20 경찰채용, 20 국가7급, 20 소방간부, 18 변호사, 18 경찰채용, 17 변호사, 16 국가9급

08 인터넷개인방송을 비정상적인 방법으로 시청·녹화하는 것이 통신비밀보호법상의 '감청'에 해당하는지의 여부

인터넷개인방송의 방송자가 비밀번호를 설정하는 등 그 수신 범위를 한정하는 **비공개 조치를 취하지 않고 방송을 송출하는 경우** 누구든지 시청하는 것을 포괄적으로 허용하는 의사라고 볼 수 있으므로 그 시청자는 인터넷개인방송의 당사자인 수신인에 해당하고, 이러한 시청자가 방송 내용을 지득·채록하는 것은 통신비밀보호법에서 정한 감청에 해당하지 않는다. 그러나 인터넷개인방송의 방송자가 비밀번호를 설정하는 등으로 **비공개 조치를 취한 후 방송을 송출하는 경우**에는 방송자로부터 허가를 받지 못한 사람은 당해 인터넷개인방송의 당사자가 아닌 '제3자'에 해당하고, 이러한 제3자가 비공개 조치가 된 인터넷개인방송을 비정상적인 방법으로 시청·녹화하는 것은 통신비밀보호법상의 감청에 해당할 수 있다. 다만, 방송자가 이와 같은 제3자의 시청·녹화 사실을 알거나 알 수 있었음에도 방송을 중단하거나 그 제3자를 배제하지 않은 채 방송을 계속 진행하는 등 허가받지 아니한 제3자의 시청·녹화를 사실상 승낙·용인한 것으로 볼 수 있는 경우에는 불특정인 혹은 다수인을 직·간접적인 대상으로 하는 인터넷개인방송의 일반적 특성상 그 제3자 역시 인터넷개인방송의 당사자에 포함될 수 있으므로 이러한 제3자가 방송 내용을 지득·채록하는 것은 통신비밀보호법에서 정한 감청에 해당하지 않는다. (대법원 2022.10.27. 2022도9877 인터넷개인방송 비정상적 시청·녹화 사건)

▶ 24 경찰승진, 24 소방간부

09 불법감청 등에 해당하지 않아 증거능력이 부정되지 않는 경우 (이른바 '당사자녹음'에 해당) I

1. 전기통신의 감청은 제3자가 전기통신의 당사자인 송신인과 수신인의 동의를 받지 아니하고 전기통신 내용을 녹음하는 등의 행위를 하는 것만을 말한다고 해석함이 타당하므로 **전기통신에 해당하는 전화통화 당사자의 일방이 상대방 모르게 통화 내용을 녹음하는 것은 통신비밀보호법 제2조 제7호의 감청에 해당하지 않는다.** (대법원 2019. 3.14. 2015도1900 변호사 매형, 검사 처남 사건) [10] 판례 참고

▶ 24 경찰승진, 23 변호사, 22 국가9급

2. 전기통신에 해당하는 **전화통화 당사자의 일방이 상대방 모르게 통화내용을 녹음(채록)하는 것은 감청에 해당하지 아니한다.** 따라서 전화통화 당사자의 일방이 상대방 몰래 통화내용을 녹음하더라도 대화 당사자 일방이 상대방 모르게 그 대화내용을 녹음한 경우와 마찬가지로 통신비밀보호법 제3조 제1항 위반이 되지 아니한다. (대법원 2002.10. 8. 2002도123 귓불 뚫어 주느냐 사건)

▶ 19 변호사, 16 경찰승진

3. 사인이 피고인 아닌 사람과의 대화내용을 대화 상대방 몰래 녹음하였다고 하더라도 그 녹음테이프가 위법하게 수집된 증거로서 증거능력이 없다고 할 수 없으며, 사인이 피고인 아닌 사람과의 대화내용을 상대방 몰래 비디오로 촬영·녹음한 경우에도 그 비디오테이프의 진술부분에 대하여도 위와 마찬가지로 취급하여야 한다.(대법원 1999. 3. 9. 98도3169 홍준표 의원 사건)

> 16 변호사, 16 국가9급, 15 경간부

4. 피고인이 범행 후 피해자에게 전화를 걸어오자 피해자가 증거를 수집하려고 그 전화내용을 녹음한 경우 그 녹음테이프가 피고인 모르게 녹음된 것이라 하여 이를 위법하게 수집된 증거라고 할 수 없다.(대법원 1997. 3.28. 97도240 강간범 통화 녹음사건)
▶

> 23 경찰승진, 22 소방간부, 21 경찰승진, 20 경찰승진, 20 법원9급, 19 경간부, 19 국가9급, 19 소방간부, 18 경간부, 16 국가9급, 16 경찰승진, 16 경찰채용, 15 경찰승진

5. 3인 간의 대화에서 그 중 한 사람이 그 대화를 녹음 또는 청취하는 경우에 다른 두 사람의 발언은 그 녹음자 또는 청취자에 대한 관계에서 통신비밀보호법 제3조 제1항에서 정한 '타인 간의 대화'라고 할 수 없으므로, 이러한 녹음 또는 청취하는 행위 및 그 내용을 공개하거나 누설하는 행위가 통신비밀보호법 제16조 제1항에 해당한다고 볼 수 없다.(대법원 2014. 5.16. 2013도16404 아이유 택시 사건) 피고인 임모씨는 2009년부터 자신의 택시 안에 웹캠과 무선인터넷 장치를 설치하고 승객들에게 고민상담을 해주거나 신청곡을 받아 즉석에서 노래를 불러주는 상황을 인터넷 방송사이트를 통해 생중계했다. 2010년 7월 가수 아이유가 우연히 이 택시를 타면서 '아이유 택시'로 화제가 됐고, 아이유의 초대로 방송에도 출연했다고 한다. 이 판례는 피고인 임모씨가 승객들 모르게 그들과의 대화 등을 인터넷 방송사이트를 통해 생중계했다고 하더라도 민법상 불법행위 책임을 지는 것은 별론으로 통신비밀보호법위반죄의 죄책은 지지 않는다라는 취지이다.

> 24 변호사, 24 국가9급, 22 경간부, 22 소방간부, 21 변호사, 19 경찰채용, 19 소방간부, 17 변호사, 15 국가9급

10 불법감청 등에 해당하지 않아 증거능력이 부정되지 않는 경우 (이른바 '당사자녹음'에 해당)Ⅱ

녹음파일의 대화당사자가 A와 甲, 乙이고, 당시 甲과 乙이 이 3인 간의 대화를 녹음한 경우 녹음파일은 통신비밀보호법 제3조 제1항에서 규정한 '타인 간의 대화'를 녹음한 경우에 해당하지 않고, 이들이 丙의 권유 또는 지시에 따라 녹음을 하였다고 하더라도 甲과 乙이 녹음의 주체이므로 제3자의 녹음행위로 볼 수 없다.(대법원 2019. 3.14. 2015도1900 변호사 매형, 검사 처남 사건)

11 대화가 이미 종료된 상태에서 그 대화의 녹음물을 재생하여 듣는 행위가 통신비밀보호법 제3조 제1항의 '청취'에 포함되는지의 여부(소극)

통신비밀보호법(이하 법명은 생략한다) 제3조 제1항은 누구든지 이 법과 형사소송법 또는 군사법원법의 규정에 의하지 아니하고는 우편물의 검열·전기통신의 감청 또는 공개되지 않은 타인 간의 대화를 녹음 또는 청취하지 못한다고 규정하고 있고, 제16조 제1항은 이를 위반하는 행위를 처벌하도록 규정하고 있다. 여기서 '청취'는 타인 간의 대화가 이루어지고 있는 상황에서 실시간으로 그 대화의 내용을 엿듣는 행위를 의미하고 대화가 이미 종료된 상태에서 그 대화의 녹음물을 재생하여 듣는 행위는 '청취'에 포함되지 않는다.

> 25 변호사, 25 경찰승진

(대법원 2024. 2.29. 2023도8603 홈캠 녹음 전송사건) 甲은 2020. 2. 배우자 A와 함께 거주하는 아파트 거실에 녹음기능이 있는 영상정보처리기기(이른바 '홈캠')를 설치하였고, 2020. 5. 1. 13:00경 거실에서 A와 그 부모 및 동생이 대화하는 내용이 위 기기에 자동녹음되었다. 甲은 이후 홈캠에 녹음된 내용을 들었고 또한 그 녹음파일을 다른 사람에게 전송하였는바, 대법원은 위와 같은 행위는 공개되지 아니한 타인간 대화를 '청취하고 그 내용을 누설'한 것에 해당하지 않는다고 판시하였다. 이 판례는 죄형법정주의도 언급하고 있으므로 형법에서도 출제될 수 있다.

2023도8603 판결의 논거

1. 제3조 제1항은 공개되지 아니한 타인 간 '대화'를 '청취'의 대상으로 규정하고 있다. '대화'는 '원칙적으로 현장에 있는 당사자들이 육성으로 말을 주고받는 의사소통행위'로서 이러한 의사소통행위가 종료되면 청취 대상으로서의 대화도 종료된다. 종료된 대화의 녹음물을 재생하여 듣는 것은 대화 자체의 청취라고 보기 어렵고, 제3조 제1항이 대화 자체 외에 대화의 녹음물까지 청취 대상으로 규정하고 있지도 않다. 이러한 '대화'의 의미나 제3조 제1항의 문언에 비추어 보면 '대화'와 구별되는 '대화의 녹음물'까지 청취 대상에 포함시키는 해석에는 신중함이 요구된다.

2. 제14조 제1항은 누구든지 공개되지 아니한 타인 간의 대화를 녹음하거나 전자장치 또는 기계적 수단을 이용하여 청취할 수 없다고 규정함으로서 금지되는 청취행위를 구체화하여 제한하고 있다. 이는 타인 간의 비공개 대화를 자신의 청력을 이용하여 듣는 등의 행위까지 처벌 대상으로 할 필요는 없다는 점에서 이를 실시간으로 엿들을 수 있는 전자장치 또는 기계적 수단을 이용하여 이루어지는 청취만을 금지하고자 하는 취지의 조항으로 보인다. 그런데 이미 종료된 대화의 녹음물을 재생하여 듣는 방식으로 이루어지는 청취는 이와 같이 제14조 제1항이 금지하고자 하는 청취에 포함되지 않는다.

3. 제3조 제1항, 제16조 제1항은 '녹음'과 '청취'를 나란히 금지 및 처벌 대상으로 규정하고 있으므로 '녹음'과 '청취'의 공통 대상이 되는 '대화'는 특별한 사정이 없는 한 동일한 의미로 해석할 필요가 있다. 그런데 '녹음'의 일상적 의미나 통신비밀보호법이 '녹음'을 금지하는 취지에 비추어 보면, 제3조 제1항에서 금지하는 타인 간 대화의 녹음은 특정 시점에 실제 이루어지고 있는 대화를 실시간으로 녹음하는 것을 의미할 뿐 이미 종료된 대화의 녹음물을 재생한 뒤 이를 다시 녹음하는 행위까지 포함한다고 보기는 어렵다. 이처럼 '녹음'의 대상인 '대화'가 녹음 시점에 실제 이루어지고 있는 대화를 의미한다면, 같은 조항에 규정된 '청취'의 대상인 '대화'도 특별한 사정이 없는 한 청취 시점에 실제 이루어지고 있는 대화를 의미한다고 해석하는 것이 타당하다.

4. 통신비밀보호법상 '전기통신의 감청'은 전기통신이 이루어지고 있는 상황에서 실시간으로 그 전기통신의 내용을 지득·채록하는 경우 등을 의미하는 것이지 이미 수신이 완료된 전기통신에 관하여 남아 있는 기록이나 내용을 열어보는 등의 행위는 포함하지 않는다. 한편 통신비밀보호법상 '전기통신의 감청'과 '공개되지 않은 타인 간 대화의 청취'는 대상('음향 등'과 '육성으로 주고받는 말'), 수단('전자장치·기계장치 등'과 '전자장치 또는 기계적 수단') 및 행위 태양('청취·공독하여 그 내용을 지득 또는 채록하는 것 등'과 '청취')에 있어서 서로 중첩되거나 유사하다(제2조 제3호, 제7호, 제14조 참조). 또한 통신비밀보호법은 '전기통신의 감청'에 관한 다수 규정들(제4조 내지 제8조, 제9조 제1항 전단 및 제3항, 제9조의2, 제11조 제1항, 제3항, 제4항, 제12조)을 '공개되지 않은 타인 간 대화의 청취'에도 적용함으로써 그 범위에서 양자를 공통으로 규율하고 있다(제14조 제2항). 이러한 '전기통신의 감청'과

'공개되지 않은 타인 간 대화의 청취'의 개념 및 규율의 유사성 등 양자의 체계적 관계에 비추어 보면, '전기통신의 감청'과 마찬가지로 '공개되지 않은 타인 간 대화의 청취' 역시 이미 종료된 대화의 녹음물을 듣는 행위는 포함하지 않는다고 해석하는 것이 타당하다.
5. <u>종료된 대화의 녹음물을 재생하여 듣는 행위도 제3조 제1항의 '청취'에 포함시키는 해석은 '청취'를 '녹음'과 별도 행위 유형으로 규율하는 제3조 제1항에 비추어 불필요하거나 '청취'의 범위를 너무 넓혀 금지 및 처벌 대상을 과도하게 확장할 수 있다.</u> 위법한 녹음 주체가 그 녹음물을 청취하는 경우에는 그 위법한 녹음을 금지 및 처벌 대상으로 삼으면 충분하고, 녹음에 사후적으로 수반되는 청취를 별도의 금지 및 처벌 대상으로 삼을 필요성이 크지 않다. 또한 적법한 녹음 주체 또는 제3자가 그 녹음물을 청취하거나, 위법한 녹음물을 녹음 주체 외의 제3자가 청취하는 경우까지 금지 및 처벌 대상으로 삼으면 이들의 행동의 자유를 과도하게 제한하게 된다. <u>나아가 이는 명문의 형벌법규 의미를 엄격하게 해석하기보다는 피고인에게 불리한 방향으로 지나치게 확장해석하거나 유추해석하는 것으로서 죄형법정주의의 원칙에 비추어 보더라도 타당하지 않다.</u>

II 통신수사

통신비밀보호법(2025. 1.31. 법률 제20735호로 일부개정된 것)

제2조 【정의】 이 법에서 사용하는 용어의 정의는 다음과 같다.
　7. "감청"이라 함은 전기통신에 대하여 당사자의 동의없이 전자장치·기계장치등을 사용하여 통신의 음향·문언·부호·영상을 청취·공독하여 그 내용을 지득 또는 채록하거나 전기통신의 송·수신을 방해하는 것을 말한다.
　11. "통신사실 확인자료"라 함은 다음 각목의 어느 하나에 해당하는 전기통신사실에 관한 자료를 말한다.
　　가. 가입자의 전기통신일시
　　나. 전기통신개시·종료시간
　　다. 발·착신 통신번호 등 상대방의 가입자번호
　　라.~사. 〈생략〉

제5조 【범죄수사를 위한 통신제한조치의 허가요건】 ① 통신제한조치는 다음 각호의 범죄를 계획 또는 실행하고 있거나 실행하였다고 의심할만한 충분한 이유가 있고 다른 방법으로는 그 범죄의 실행을 저지하거나 범인의 체포 또는 증거의 수집이 어려운 경우에 한하여 허가할 수 있다. 〈각호 생략〉

제12조 【통신제한조치로 취득한 자료의 사용제한】 제9조의 규정에 의한 통신제한조치의 집행으로 인하여 취득된 우편물 또는 그 내용과 전기통신의 내용은 <u>다음 각호의 경우 외에는 사용할 수 없다.</u>
　1. 통신제한조치의 목적이 된 제5조 제1항에 규정된 범죄나 이와 관련되는 범죄를 수사·소추하거나 그 범죄를 예방하기 위하여 사용하는 경우
　2. 제1호의 범죄로 인한 징계절차에 사용하는 경우
　3. 통신의 당사자가 제기하는 손해배상소송에서 사용하는 경우
　4. 기타 다른 법률의 규정에 의하여 사용하는 경우

제13조 【범죄수사를 위한 통신사실 확인자료제공의 절차】 ① 검사 또는 사법경찰관은 수사 또는 형의 집행을 위하여 필요한 경우 전기통신사업법에 의한 전기통신사업자에게 통신사실 확인자료의 열람이나 제출(이하 "통신사실 확인자료제공"이라 한다)을 요청할 수 있다.

제13조의5 【비밀준수의무 및 자료의 사용 제한】 제11조 및 <u>제12조의 규정</u>은 제13조의 규정에 의한 통신사실 확인자료제공 및 제13조의4의 규정에 의한 통신사실 확인자료제공에 따른 비밀준수의무 및 통신사실 확인자료의 사용제한에 관하여 이를 각각 준용한다.

선생님의 TIP

통신제한조치 대상범죄는 부록에 있는 「형법 범죄의 정리」를 통해 확인하기 바란다. 판례를 무작정 암기하려 하지 말고 통신비밀보호법 조문과 같이 봐야 좀 더 이해가 잘 된다.

01 이미 수신이 완료된 전기통신의 내용을 지득하는 행위가 '감청'에 포함되는지의 여부(소극)

1. '전기통신의 감청'은 전기통신이 이루어지고 있는 상황에서 실시간으로 그 전기통신의 내용을 지득·채록하는 경우와 통신의 송·수신을 직접적으로 방해하는 경우를 의미하는 것이지 이미 수신이 완료된 전기통신에 관하여 남아 있는 기록이나 내용을 열어보는 등의 행위는 포함하지 않는다.(대법원 2016.10.13. 2016도8137 코리아연대 사건) [3] 판례 참고

▶ 25 국가9급, 24 경찰채용, 23 변호사, 23 소방간부, 22 경찰승진, 22 경찰채용, 22 국가9급, 22 소방간부, 21 경찰승진, 20 경찰승진, 19 경찰채용, 19 국가7급, 18 경간부, 17 법원9급, 16 국가7급

2. '전기통신의 감청'은 현재 이루어지고 있는 전기통신의 내용을 지득·채록하는 경우와 통신의 송·수신을 직접적으로 방해하는 경우를 의미하는 것이지 전자우편이 송신되어 수신인

▶ 22 경간부, 21 경간부, 17 변호사, 17 국가9급

이 이를 확인하는 등으로 이미 수신이 완료된 전기통신에 관하여 남아 있는 기록이나 내용을 열어보는 등의 행위는 포함하지 않는다.(대법원 2013.11.28. 2010도12244 밀양시장 이메일 해킹사건)

3. 통신비밀보호법 제2조 제3호 및 제7호 규정의 문언이 송신하거나 수신하는 전기통신 행위를 감청의 대상으로 규정하고 있을 뿐 송·수신이 완료되어 보관 중인 전기통신 내용은 대상으로 규정하지 않은 점, 일반적으로 감청은 다른 사람의 대화나 통신 내용을 몰래 엿듣는 행위를 의미하는 점 등을 고려하여 보면, 통신비밀보호법상 '감청'이란 대상이 되는 전기통신의 송·수신과 동시에 이루어지는 경우만을 의미하고, 이미 수신이 완료된 전기통신의 내용을 지득하는 등의 행위는 포함되지 않는다.(대법원 2012.10.25. 2012도4644 송수신 완료 전기통신 사건)

02 허가된 '감청'의 방식이 아닌 다른 방식으로 취득한 전기통신 내용의 증거능력 유무(소극)

허가된 통신제한조치의 종류가 전기통신의 '감청'인 경우 수사기관 또는 수사기관으로부터 통신제한조치의 집행을 위탁받은 통신기관 등은 통신비밀보호법이 정한 감청의 방식으로 집행하여야 하고 그와 다른 방식으로 집행하여서는 아니 된다. 한편 수사기관이 통신기관 등에 통신제한조치의 집행을 위탁하는 경우에는 그 집행에 필요한 설비를 제공하여야 한다(통신비밀보호법 시행령 제21조 제3항). 그러므로 수사기관으로부터 통신제한조치의 집행을 위탁받은 통신기관 등이 그 집행에 필요한 설비가 없을 때에는 수사기관에 그 설비의 제공을 요청하여야 하고, 그러한 요청 없이 **통신제한조치허가서에 기재된 사항을 준수하지 아니한 채 통신제한조치를 집행하였다면** 그러한 집행으로 인하여 취득한 전기통신의 내용 등은 적법한 절차를 따르지 아니하고 수집한 증거에 해당하므로 이는 유죄 인정의 증거로 할 수 없다.(대법원 2016.10.13. 2016도8137 코리아연대 사건) [3] 판례 참고

> 23 변호사, 23 경찰승진,
> 19 경찰승진, 17 경찰채용

03 허가된 '감청'의 방식이 아닌 다른 방식으로 취득한 전기통신 내용의 증거능력을 부정한 경우

통신제한조치허가서에 기재된 통신제한조치의 종류는 전기통신의 '감청'이므로 수사기관으로부터 집행위탁을 받은 카카오는 통신비밀보호법이 정한 감청의 방식, 즉 전자장치 등을 사용하여 실시간으로 대상자들이 카카오톡에서 송·수신하는 음향·문언·부호·영상을 청취·공독하여 그 내용을 지득 또는 채록하는 방식으로 통신제한조치를 집행하여야 하고 임의로 선택한 다른 방식으로 집행하여서는 안 된다. 그런데도 카카오는 통신제한조치허가서에 기재된 기간 동안, 이미 수신이 완료되어 전자정보의 형태로 서버에 저장되어 있던 것을 3~7일마다 정기적으로 추출하여 수사기관에 제공하는 방식으로 통신제한조치를 집행하였다. 이러한 카카오의 집행은 동시성 또는 현재성 요건을 충족하지 못해 통신비밀보호법이 정한 감청이라고 볼 수 없으므로 통신제한조치허가서에 기재된 방식을 따르지 않은 것으로서 위법하고 따라서 **카카오톡 대화내용은 적법절차의 실질적 내용을 침해하는 것으로 위법하게 수집된 증거이므로 유죄인정의 증거로 삼을 수 없다.**(대법원 2016.10.13. 2016도8137 코리아연대 사건)

04 통신제한조치에 대한 기간연장결정이 원허가의 대상과 범위를 초과할 수 있는지의 여부 (소극)

통신제한조치에 대한 기간연장결정은 원허가의 내용에 대하여 단지 기간을 연장하는 것일 뿐 원허가의 대상과 범위를 초과할 수 없으므로 통신제한조치허가서에 의하여 허가된 통신제한조치가 '전기통신 감청 및 우편물 검열'뿐인 경우 그 후 연장결정서에 당초 허가 내용에 없던 '대화녹음'이 기재되어 있다 하더라도 이는 대화녹음의 적법한 근거가 되지 못한다.(대법원 1999. 9. 3. 99도2317 영남위원회 사건)

> 22 경찰승진, 19 경간부, 18 경찰승진

05 통신사실 확인자료의 사용 제한

1. (1) 통신사실 확인자료를 범죄의 수사·소추를 위하여 사용하는 경우 그 대상범죄는 통신사실 확인자료 제공요청의 목적이 된 범죄 및 이와 관련된 범죄에 한정되어야 하는데, 여기서 통신사실 확인자료제공 요청의 목적이 된 범죄와 관련된 범죄라 함은 통신사실 확인자료제공 요청허가서에 기재한 혐의사실과 객관적 관련성이 있고 자료제공 요청대상자와 피의자 사이에 인적 관련성이 있는 범죄를 의미한다. (2) 그 중 **혐의사실과의 객관적 관련성은, 통신사실 확인자료제공 요청허가서에 기재된 혐의사실 자체 또는 그와 기본적 사실관계가 동일한 범행과 직접 관련되어 있는 경우는 물론 범행 동기와 경위, 범행 수단 및 방법, 범행 시간과 장소 등을 증명하기 위한 간접증거나 정황증거 등으로 사용될 수 있는 경우에도 인정될 수 있다.** 그 관련성은 통신사실 확인자료제공 요청허가서에 기재된 혐의사실의 내용과 당해 수사의 대상 및 수사 경위 등을 종합하여 구체적·개별적 연관관계가 있는 경우에만 인정된다고 보아야 하고, 혐의사실과 단순히 동종 또는 유사 범행이라는 사유만으로 관련성이 있다고 할 것은 아니다. (3) 그리고 피의자와 사이의 인적 관련성은 통신사실 확인자료제공요청 허가서에 기재된 대상자의 공동정범이나 교사범 등 공범이나 간접정범은 물론 필요적 공범 등에 대한 피고사건에 대해서도 인정될 수 있다.(대법원 2017. 1.25. 2016도13489 부산 함바비리 사건) 압수·수색에서 보았던 '관련성의 원칙'과 같다.

> 23 변호사, 22 경찰채용

2. (1) 통신사실 확인자료 제공요청의 목적이 된 범죄와 관련된 범죄라 함은 통신사실 확인자료 제공요청 허가서에 기재한 혐의사실과 객관적 관련성이 있고 자료제공 요청 대상자와 피의자 사이에 인적 관련성이 있는 범죄를 의미한다. (2) 그 중 **혐의사실과의 객관적 관련성은, 통신사실 확인자료 제공요청 허가서에 기재된 혐의사실 자체 또는 그와 기본적 사실관계가 동일한 범행과 직접 관련되어 있는 경우는 물론 범행 동기와 경위, 범행 수단 및 방법, 범행 시간과 장소 등을 증명하기 위한 간접증거나 정황증거 등으로 사용될 수 있는 경우에도 인정될 수 있다.** 다만, 통신비밀보호법이 위와 같이 통신사실 확인자료의 사용 범위를 제한하고 있는 것은 특정한 혐의사실을 전제로 제공된 통신사실 확인자료가 별건의 범죄사실을 수사하거나 소추하는 데 이용되는 것을 방지함으로써 통신의 비밀과 자유에 대한 제한을 최소화하는 데 입법취지가 있으므로 그 관련성은 통신사실 확인자료 제공요청 허가서에 기재된 혐의사실의 내용과 당해 수사의 대상 및 수사 경위 등을 종합하여 구체적·개별적 연관관계가 있는 경우에만 인정된다고 보아야 하고, 혐의사실

과 단순히 동종 또는 유사 범행이라는 사유만으로 관련성이 있다고 할 것은 아니다. (3) 그리고 피의자와 사이의 인적 관련성은 통신사실 확인자료 제공요청 허가서에 기재된 대상자의 공동정범이나 교사범 등 공범이나 간접정범은 물론 필요적 공범 등에 대한 피고사건에 대해서도 인정될 수 있다.(대법원 2021. 9.16. 2021도2748 우병우 민정수석 사건)

제 4 절 | 판사에 의한 강제처분

형사소송법(2025. 3.18. 법률 제20796호로 일부개정된 것)

제184조【증거보전의 청구와 그 절차】① 검사, 피고인, 피의자 또는 변호인은 미리 증거를 보전하지 아니하면 그 증거를 사용하기 곤란한 사정이 있는 때에는 제1회 공판기일 전이라도 판사에게 압수, 수색, 검증, 증인신문 또는 감정을 청구할 수 있다.
② 전항의 청구를 받은 판사는 그 처분에 관하여 법원 또는 재판장과 동일한 권한이 있다.
③ 제1항의 청구를 함에는 서면으로 그 사유를 소명하여야 한다.
④ 제1항의 청구를 기각하는 결정에 대하여는 3일 이내에 항고할 수 있다.
제185조【서류의 열람등】검사, 피고인, 피의자 또는 변호인은 판사의 허가를 얻어 전조의 처분에 관한 서류와 증거물을 열람 또는 등사할 수 있다.
제221조【제3자의 출석요구 등】① 검사 또는 사법경찰관은 수사에 필요한 때에는 피의자가 아닌 자의 출석을 요구하여 진술을 들을 수 있다. 이 경우 그의 동의를 받아 영상녹화할 수 있다.
제221조의2【증인신문의 청구】① 범죄의 수사에 없어서는 아니될 사실을 안다고 명백히 인정되는 자가 전조의 규정에 의한 출석 또는 진술을 거부한 경우에는 검사는 제1회 공판기일 전에 한하여 판사에게 그에 대한 증인신문을 청구할 수 있다.
② 삭제〈2007. 6. 1.〉
③ 제1항의 청구를 함에는 서면으로 그 사유를 소명하여야 한다.
④ 제1항의 청구를 받은 판사는 증인신문에 관하여 법원 또는 재판장과 동일한 권한이 있다.
⑤ 판사는 제1항의 청구에 따라 증인신문기일을 정한 때에는 피고인·피의자 또는 변호인에게 이를 통지하여 증인신문에 참여할 수 있도록 하여야 한다.
⑥ 판사는 제1항의 청구에 의한 증인신문을 한 때에는 지체없이 이에 관한 서류를 검사에게 송부하여야 한다.

선생님의 TIP

판사에 의한 강제처분이므로 강제처분의 주체는 '판사'이지 수사기관이 아님을 주의하여야 한다. 판례가 시험에 출제가 잘 되는데 어려운 것은 없다.

핵심정리 판사에 의한 강제처분 청구 가능 기간

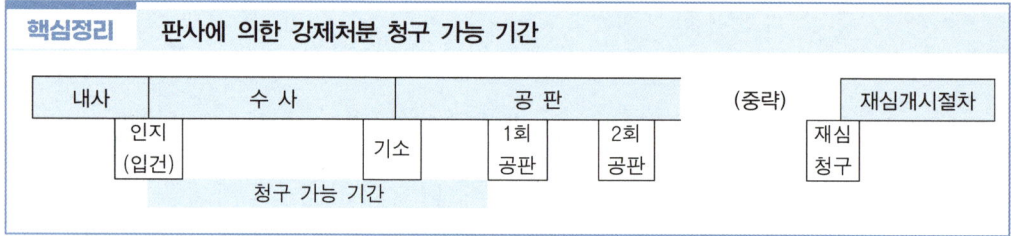

01 형사입건 전에 또는 재심청구사건에서 증거보전을 청구할 수 있는지의 여부(소극)

1. 증거보전은 피고인 또는 피의자가 **형사입건도 되기 전에는** 청구할 수 없다.(대법원 1979. 6.12. 79도792 사문서변조 증거보전 사건) ▶ 24 변호사, 23 경찰승진, 19 경찰승진, 16 경간부

2. 증거보전이란 장차공판에 있어 사용하여야 할 증거가 멸실되거나 또는 사용하기 곤란한 사정이 있을 경우에 당사자의 청구에 의하여 공판전에 미리 그 증거를 수집·보전하여 두는 제도로서 제1심 제1회 공판기일전에 한하여 허용되는 것이므로 재심청구를 한 사건에 증거보전절차는 허용되지 아니한다.(대법원 1984. 3.29. 84모15 재심 증거보전청구 사건) ▶ 23 경찰승진, 23 경찰채용, 22 경찰승진, 22 소방간부, 20 경간부, 17 경찰채용, 16 경찰승진, 15 국가7급

02 증거보전에서 피의자신문 또는 피고인신문을 청구할 수 있는지의 여부(소극)

1. 피의자신문에 해당하는 사항을 증거보전의 방법으로 청구할 수 없다.(대법원 1979. 6. 12. 79도792 사문서변조 증거보전 사건) 형사소송법 제184조 제1항에 의할 때 판사가 할 수 있는 것은 '압수, 수색, 검증, 증인신문 또는 감정'뿐이다. [3] 판례 참고

   ▶ 24 변호사, 23 경찰채용, 21 경간부, 20 경간부, 19 경간부, 18 경찰승진, 16 경간부, 15 경찰채용, 15 국가7급

2. 증거보전의 방법으로 피고인신문을 청구할 수 없다.(대법원 1972. 11. 28. 72도2104 증거보전 피고인신문 사건)

   ▶ 21 경간부

03 증거보전절차에서 작성된 조서에 기재된 '피의자 진술' 부분의 증거능력 유무(소극)

증인신문조서가 증거보전절차에서 피고인이 증인으로서 증언한 내용을 기재한 것이 아니라 증인 A의 증언내용을 기재한 것이고 다만 피의자였던 피고인이 당사자로 참여하여 자신의 범행 사실을 시인하는 전제하에 위 증인에게 반대신문한 내용이 기재되어 있을 뿐이라면 위 조서는 공판준비 또는 공판기일에 피고인 등의 진술을 기재한 조서도 아니고 반대신문 과정에서 피의자가 한 진술에 관한 한 형사소송법 제184조에 의한 증인신문조서도 아니므로 위 조서 중 피의자의 진술기재 부분에 대하여는 형사소송법 제311조에 의한 증거능력을 인정할 수 없다.(대법원 1984. 5. 15. 84도508 국일당구장 여주인 살해사건)

▶ 23 경간부, 18 경찰승진, 16 경찰채용, 15 경간부

04 수사단계에서 검사가 증거보전을 위하여 공범관계에 있는 공동피고인을 증인으로 신문할 수 있는지의 여부(적극)

공동피고인과 피고인이 뇌물을 주고받은 사이로 필요적 공범관계에 있다고 하더라도 검사는 수사단계에서 피고인에 대한 증거를 미리 보전하기 위하여 필요한 경우에는 판사에게 공동피고인을 증인으로 신문할 것을 청구할 수 있다.(대법원 1988. 11. 8. 86도1646 치안본부 경위 수뢰사건) 재판을 같이 받고 있는(변론이 분리되지 않은) 공범인 공동피고인들의 경우를 제외하고, 공범자들 상호간에 얼마든지 증인적격이 인정되므로 이 판례는 어쩌면 당연한 것이다.

▶ 25 법원9급, 24 국가7급, 23 경찰승진, 23 경찰채용, 23 소방간부, 22 경찰승진, 22 소방간부, 21 경간부, 20 경간부, 19 경찰승진, 18 변호사, 18 경찰채용, 17 변호사, 17 국가7급, 17 경찰채용, 17 소방간부, 16 경찰승진, 16 경간부, 15 국가7급

05 당사자의 참여권을 보장하지 않은 상태에서 작성한 증인신문조서의 증거능력 유무(=원칙적으로 증거능력이 없음)

증거보전절차에서 증인신문을 하면서 증인신문의 일시와 장소를 피의자 및 변호인에게 미리 통지하지 아니하여 증인신문에 참여할 수 있는 기회를 주지 아니하였고 또 변호인이 제1심 공판기일에 증인신문조서의 증거조사에 관하여 이의신청을 하였다면 증인신문조서는 증거능력이 없고, 그 증인이 후에 법정에서 그 조서의 진정성립을 인정한다 하여 다시 그 증거능력을 취득한다고 볼 수도 없다.(대법원 1992. 2. 28. 91도2337 화성 강제추행 사건) [6] 판례와 비교

▶ 17 경찰채용, 16 경간부, 15 경찰승진, 15 국가7급

06 당사자의 참여권을 보장하지 않은 상태에서 작성한 증인신문조서라도 책문권을 포기하여 증거능력이 인정되는 경우

판사가 형사소송법 제184조에 의한 증거보전절차로 증인신문을 하는 경우에는 동법 제163조에 따라 검사, 피의자 또는 변호인에게 증인신문의 시일과 장소를 미리 통지하여 증인신문에 참여할 수 있는 기회를 주어야 하나, 참여의 기회를 주지 아니한 경우라도 피고인과 변호인이 증인신문조서를 증거로 할 수 있음에 동의하여 별다른 이의없이 적법하게 증거조사를 거친 경우에는 증인신문조서는 증인신문절차가 위법하였는지의 여부에 관계없이 증거능력이 부여된다.(대법원 1988. 11. 8. 86도1646 치안본부 경위 수뢰사건)

▶ 25 경찰승진, 25 법원9급, 24 변호사, 23 변호사, 18 국가9급

07 증인신문청구시 증인의 진술로서 증명할 대상인 피의사실이 존재해야 하는지의 여부(적극)

증인신문청구를 하려면 증인의 진술로서 증명할 대상인 피의사실이 존재하여야 하고, 피의사실은 수사기관이 어떤 자에 대하여 내심으로 혐의를 품고 있는 정도의 상태만으로는 존재한다고 할 수 없고 고소, 고발 또는 자수를 받거나 또는 수사기관 스스로 범죄의 혐의가 있다고 보아 수사를 개시하는 범죄의 인지 등 수사의 대상으로 삼고 있음을 외부적으로 표현한 때에 비로소 그 존재를 인정할 수 있다.(대법원 1989. 6. 20. 89도648 염보현 서울시장 사건) 내사 단계에서는 증인신문을 청구할 수 없다는 취지의 판례이다.

▶ 23 경찰채용

CHAPTER 03 | 수사의 종결과 공소의 제기

제1절 | 불기소처분에 대한 불복

형사소송법(2025. 3.18. 법률 제20796호로 일부개정된 것)

제260조【재정신청】 ① 고소권자로서 고소를 한 자(형법 제123조부터 제126조까지의 죄에 대하여는 고발을 한 자를 포함한다)는 검사로부터 공소를 제기하지 아니한다는 통지를 받은 때에는 그 검사 소속의 지방검찰청 소재지를 관할하는 고등법원(이하 "관할 고등법원"이라 한다)에 그 당부에 관한 재정을 신청할 수 있다. 다만, 형법 제126조의 죄에 대하여는 피공표자의 명시한 의사에 반하여 재정을 신청할 수 없다.
② 제1항에 따른 재정신청을 하려면 검찰청법 제10조에 따른 항고를 거쳐야 한다. 다만, 다음 각 호의 어느 하나에 해당하는 경우에는 그러하지 아니하다.
1. 항고 이후 재기수사가 이루어진 다음에 다시 공소를 제기하지 아니한다는 통지를 받은 경우
2. 항고 신청 후 항고에 대한 처분이 행하여지지 아니하고 3개월이 경과한 경우
3. 검사가 공소시효 만료일 30일 전까지 공소를 제기하지 아니하는 경우
③ 제1항에 따른 재정신청을 하려는 자는 항고기각 결정을 통지받은 날 또는 제2항 각 호의 사유가 발생한 날부터 10일 이내에 지방검찰청검사장 또는 지청장에게 재정신청서를 제출하여야 한다. 다만, 제2항 제3호의 경우에는 공소시효 만료일 전날까지 재정신청서를 제출할 수 있다.
④ 재정신청서에는 재정신청의 대상이 되는 사건의 범죄사실 및 증거 등 재정신청을 이유있게 하는 사유를 기재하여야 한다.

제261조【지방검찰청검사장 등의 처리】 제260조 제3항에 따라 재정신청서를 제출받은 지방검찰청검사장 또는 지청장은 재정신청서를 제출받은 날부터 7일 이내에 재정신청서·의견서·수사 관계 서류 및 증거물을 관할 고등검찰청을 경유하여 관할 고등법원에 송부하여야 한다. 다만, 제260조 제2항 각 호의 어느 하나에 해당하는 경우에는 지방검찰청검사장 또는 지청장은 다음의 구분에 따른다.
1. 신청이 이유 있는 것으로 인정하는 때에는 즉시 공소를 제기하고 그 취지를 관할 고등법원과 재정신청인에게 통지한다.
2. 신청이 이유 없는 것으로 인정하는 때에는 30일 이내에 관할 고등법원에 송부한다.

제262조【심리와 결정】 ① 법원은 재정신청서를 송부받은 때에는 송부받은 날부터 10일 이내에 피의자에게 그 사실을 통지하여야 한다.
② 법원은 재정신청서를 송부받은 날부터 3개월 이내에 항고의 절차에 준하여 다음 각 호의 구분에 따라 결정한다. 이 경우 필요한 때에는 증거를 조사할 수 있다.
1. 신청이 법률상의 방식에 위배되거나 이유 없는 때에는 신청을 기각한다.
2. 신청이 이유 있는 때에는 사건에 대한 공소제기를 결정한다.
③ 재정신청사건의 심리는 특별한 사정이 없는 한 공개하지 아니한다.
④ <u>제2항 제1호의 결정에 대하여는 제415조에 따른 즉시항고를 할 수 있고, 제2항 제2호의 결정에 대하여는 불복할 수 없다. 제2항 제1호의 결정이 확정된 사건에 대하여는 다른 중요한 증거를 발견한 경우를 제외하고는 소추할 수 없다.</u>

⑤ 법원은 제2항의 결정을 한 때에는 즉시 그 정본을 재정신청인·피의자와 관할 지방검찰청검사장 또는 지청장에게 송부하여야 한다. 이 경우 제2항 제2호의 결정을 한 때에는 관할 지방검찰청 검사장 또는 지청장에게 사건기록을 함께 송부하여야 한다.
⑥ 제2항 제2호의 결정에 따른 재정결정서를 송부받은 관할 지방검찰청 검사장 또는 지청장은 지체 없이 담당 검사를 지정하고 지정받은 검사는 공소를 제기하여야 한다.

선생님의 TIP

불기소처분에 대한 불복수단으로 검찰항고와 헌법소원도 있지만, 시험은 주로 재정신청에서 출제된다. 조문도 시험에 잘 나오므로 조문과 판례를 함께 공부하여야 한다. 아래 핵심정리는 공부의 기본이라고 할 수 있으므로 가급적이면 암기하여야 한다.

핵심정리 검사의 사건처리[1]

구 분			내 용
공소제기			범죄의 객관적 혐의가 충분하고 유죄판결을 받을 수 있다고 인정되어 법원에 형사재판을 청구하는 것
불기소처분	협의의 불기소처분	혐의 없음	피의사실이 인정되지 아니하거나 충분한 증거가 없는 경우 또는 범죄를 구성하지 아니하는 경우
		죄가 안됨	피의사실에 법률상 범죄의 성립을 조각하는 사유가 있는 경우
		공소권 없음	피의사실에 대하여 소송조건이 구비되지 않은 경우나 형면제의 사유가 있는 경우
		각 하	고소·고발 사건에서 혐의없음·죄가안됨·공소권없음 사유가 있음이 명백한 경우 등
	기소유예		피의사실이 인정되나 형법 제51조 각호의 사항을 참작하여 공소를 제기하지 아니하는 처분
	기소중지		피의자의 소재불명 등의 사유로 수사를 종결할 수 없는 경우에 그 사유가 해소될 때까지 내리는 잠정적 수사종결처분
	참고인중지		참고인·고소인·고발인 또는 같은 사건 피의자의 소재불명으로 수사를 종결할 수 없는 경우에 그 사유가 해소될 때까지 내리는 처분
송 치			타관송치, 군검찰관 송치, 소년부송치, 가정보호사건송치, 성매매보호사건송치 등

01 검사의 내사종결처리가 재정신청의 대상이 되는 불기소처분인지의 여부(소극)

대통령에게 제출한 청원서를 대통령비서실로부터 이관받은 검사가 진정사건으로 내사 후 내사종결처리한 경우 **내사종결처리는 고소 또는 고발사건에 대한 불기소처분이라고 볼 수 없어 재정신청의 대상이 되지 아니한다.**(대법원 1991. 11. 5. 91모68 내사종결 재정신청 사건) 내사종결처리에 불만이 있으면 정식으로 고소하면 된다.

> 23 국가9급, 21 경간부, 20 경찰승진, 17 소방간부, 15 경찰승진

---

[1] 수사준칙상 검사의 수사종결 결정과는 약간 내용이 다르지만 이렇게 공부해도 충분히 문제를 풀 수 있다.

02 불기소처분 당시 공소시효가 완성된 경우 불기소처분에 대하여 재정신청이 허용되는지의 여부(소극)

검사의 불기소처분 당시에 공소시효가 완성되어 공소권이 없는 경우에는 위 불기소처분에 대한 재정신청은 허용되지 않는다.(대법원 1990. 7. 16. 90모34 시효완성 재정신청 사건) 재정신청을 제기할 아무런 실익이 없다.

03 재정신청절차와 형사재판절차의 차이점

재정신청절차는 고소·고발인이 검찰의 불기소처분에 불복하여 법원에 그 당부에 관한 판단을 구하는 절차로서 **검사가 공소를 제기하여 공판절차가 진행되는 형사재판절차와는 다르며 또한 고소·고발인인 재정신청인은 검사에 의하여 공소가 제기되어 형사재판을 받는 피고인과는 지위가 본질적으로 다르다.**(대법원 2015. 7. 16. 2013모2347 숙습 너무 짧은 3일 사건) [4] 2. 판례 참고

▶ 19 법원9급

04 재정신청서 등에 대하여도 재소자의 특칙이 적용되는지의 여부(소극)

1. 재정신청서에 대하여는 형사소송법에 제344조 제1항과 같은 특례규정이 없으므로 재정신청서는 같은 법 제260조 제2항[25년 현재 제260조 제3항]이 정하는 기간 안에 불기소처분을 한 검사가 소속한 지방검찰청의 검사장 또는 지청장에게 도달하여야 하고, 설령 구금 중인 고소인이 재정신청서를 그 기간 안에 교도소장 또는 그 직무를 대리하는 사람에게 제출하였다 하더라도 재정신청서가 위의 기간 안에 불기소처분을 한 검사가 소속한 지방검찰청의 검사장 또는 지청장에게 도달하지 아니한 이상 이를 적법한 재정신청서의 제출이라고 할 수 없다.(대법원 1998. 12. 14. 98모127 재정신청서 재소자특례 사건)

▶ 24 변호사, 23 변호사, 22 경찰승진, 20 소방간부, 18 경찰채용

> **형사소송법(2025. 3. 18. 법률 제20796호로 일부개정된 것)**
>
> 제344조【재소자에 대한 특칙】① 교도소 또는 구치소에 있는 피고인이 상소의 제기기간 내에 상소장을 교도소장 또는 구치소장 또는 그 직무를 대리하는 자에게 제출한 때에는 상소의 제기기간 내에 상소한 것으로 간주한다.

2. **재정신청 기각결정에 대한 재항고나 그 재항고 기각결정에 대한 즉시항고로서의 재항고에 대한 법정기간의 준수 여부는 도달주의 원칙에 따라 재항고장이나 즉시항고장이 법원에 도달한 시점을 기준으로 판단하여야 하고, 거기에 재소자 피고인 특칙은 준용되지 아니한다고 해석함이 타당하다.**(대법원 2015. 7. 16. 2013모2347 숙습 너무 짧은 3일 사건) 2025년 현재 즉시항고 제기기간은 3일이 아니라 7일이다.

▶ 25 국가9급, 23 국가7급, 23 국가9급, 22 법원9급, 19 변호사, 19 경찰채용, 19 국가9급, 17 국가9급

05 재정신청 제기기간 경과 후에 재정신청 대상을 추가할 수 있는지의 여부(소극)

재정신청 제기기간이 경과된 후에 재정신청보충서를 제출하면서 원래의 재정신청에 재정신청 대상으로 포함되어 있지 않은 고발사실을 재정신청의 대상으로 추가한 경우 그 재정신청보충서에서 추가한 부분에 관한 재정신청은 법률상 방식에 어긋난 것으로서 **부적법하다.**(대법원 1997. 4. 22. 97모30 김문수 후보 재정신청사건)

▶ 25 법원9급, 24 변호사, 23 변호사, 19 법원9급, 15 경간부

06 무혐의 불기소처분이 위법하더라도 기소유예를 할 만한 사건이라고 인정되는 경우 재정신청을 기각할 수 있는지의 여부(적극)

검사의 무혐의 불기소처분이 위법하다 하더라도 기록에 나타난 여러 가지 사정을 고려하여 기소유예의 불기소처분을 할 만한 사건이라고 인정되는 경우에는 재정신청을 기각할 수 있다.(대법원 1997. 4.22. 97모30 김문수 후보 재정신청사건)

▶ 24 소방간부, 23 국가7급, 22 경간부, 22 경찰채용, 19 경간부, 18 경찰채용, 17 경찰승진, 15 경간부

07 재기소를 제한한 '재정신청 기각결정이 확정된 사건'의 의미

다른 중요한 증거를 발견한 경우를 제외하고는 소추할 수 없도록 규정한 형사소송법 제262조 제4항 후문에서 말하는 '제2항 제1호의 결정(재정신청 기각결정)이 확정된 사건'은 재정신청사건을 담당하는 법원에서 공소제기의 가능성과 필요성 등에 관한 심리와 판단이 현실적으로 이루어져 재정신청 기각결정의 대상이 된 사건만을 의미하므로, 재정신청 기각결정의 대상이 되지 않은 사건은 '제2항 제1호의 결정이 확정된 사건'이라고 할 수 없고, 설령 재정신청 기각결정의 대상이 되지 않은 사건이 고소인의 고소내용에 포함되어 있었다 하더라도 이와 달리 볼 수 없다.(대법원 2015. 9.10. 2012도14755 횡령 일부 재정신청기각 사건) 피해자가 Ⓐ, Ⓑ로 고소를 하였는데 검사가 전부 불기소처분을 하였다. 이에 피해자가 Ⓐ에 대하여만 재정신청을 제기하였지만 이것이 기각되었다. 나중에 검사가 Ⓑ로 기소할 때에는 당연히 '다른 중요한 증거의 발견'은 필요하지 않다.

▶ 24 변호사, 19 법원9급, 18 경찰승진, 17 변호사

08 형사소송법 제262조 제4항 후문의 '다른 중요한 증거를 발견한 경우'의 의미

형사소송법 제262조 제4항 후문의 '다른 중요한 증거를 발견한 경우'란 재정신청 기각결정 당시에 제출된 증거에 새로 발견된 증거를 추가하면 충분히 유죄의 확신을 가지게 될 정도의 증거가 있는 경우를 말하고, 단순히 재정신청 기각결정의 정당성에 의문이 제기되거나 범죄피해자의 권리를 보호하기 위하여 형사재판절차를 진행할 필요가 있는 정도의 증거가 있는 경우는 여기에 해당하지 않는다. 그리고 관련 민사판결에서의 사실인정 및 판단은, 그러한 사실인정 및 판단의 근거가 된 증거자료가 새로 발견된 증거에 해당할 수 있음은 별론으로 하고 그 자체가 새로 발견된 증거라고 할 수는 없다.(대법원 2018.12.28. 2014도17182 관련 민사판결 발견 사건) 재정신청 기각결정이 확정된 후에 관련 민사판결이 선고되었음을 이유로 피해자가 재차 고소를 하였고 이에 검사가 공소제기를 한 사건이다. 그 민사판결의 주요 내용은 "매매계약이 적법하게 해제되었다."라는 것일 뿐 그 판결에 피고인의 기망행위나 편취의사 등에 관한 내용은 포함되어 있지 않았다. 이는 '다른 중요한 증거의 발견'이라고 할 수 없다. 약한 증거가 아니라 센 증거가 있어야 한다. [9] 판례 참고

▶ 23 변호사, 23 국가7급, 22 경찰승진, 21 경간부, 21 법원9급

핵심정리	다른 중요한 증거 발견시 할 수 있는 소송행위 vs 다시 할 수 없는 소송행위
구 분	내 용
다시 할 수 있음	1. 구속되었다가 석방된 피의자 다시 구속(제208조) 2. 재정신청기각결정이 있었던 사건에 대한 공소제기(제262조 제4항) 3. 공소를 취소한 후 다시 공소제기(제329조)
다시 할 수 없음	1. 친고죄에 있어 고소취소 후 다시 고소(제232조 제2항) 2. 반의사불벌죄에 있어 처벌희망 의사표시철회 후 다시 처벌희망 의사표시(제232조 제3항) 3. 재정신청취소 후 다시 재정신청(제264조 제2항) 4. 상소포기·취하 후 다시 상소(제354조) 5. 재심청구취하 후 동일한 이유로써 다시 재심청구(제429조 제2항) 6. 약식명령 또는 즉결심판에 대한 정식재판청구취하 후 다시 정식재판청구(제354조, 제458조, 즉결심판법 제14조 제4항)

09 공소제기의 절차가 법률의 규정에 위반하여 무효인 때에 해당하는 경우

재정신청 기각결정이 확정된 사건에 대하여 다른 중요한 증거 발견 없이 공소를 제기한 경우 공소제기의 절차가 법률의 규정에 위반하여 무효인 때에 해당하므로 형사소송법 제327조 제2호에 따라 공소를 기각하여야 한다.(대법원 2018.12.28. 2014도17182 관련 민사판결 발견 사건) 두문자 〈허기진 특정 모범 일본소년이 가면 고소·고발·처벌 재유발하고 특허·보험 남용한다〉로 암기하기 바란다.

10 공소제기 결정의 잘못을 그 본안사건에서 다툴 수 있는지의 여부(원칙적 소극)

1. 법원이 재정신청 대상 사건이 아님에도 이를 간과한 채 형사소송법 제262조 제2항 제2호에 따라 공소제기결정을 하였다고 하더라도 그에 따른 공소가 제기되어 본안사건의 절차가 개시된 후에는 다른 특별한 사정이 없는 한 본안사건에서 위와 같은 잘못을 다툴 수 없다.(대법원 2017.11.14. 2017도13465 후보자비방죄 재정신청 인용사건) 그 근거는 아래 3. 판례를 읽어보기 바란다. ▶ 24 소방간부, 23 변호사, 23 국가7급, 22 경간부, 19 경찰채용, 19 국가9급, 19 법원9급

2. 법원이 재정신청서를 송부받았음에도 송부받은 날부터 형사소송법 제262조 제1항에서 정한 기간 안에 피의자에게 그 사실을 통지하지 아니한 채 형사소송법 제262조 제2항 제2호에서 정한 공소제기결정을 하였다고 하더라도 그에 따른 공소가 제기되어 본안사건의 절차가 개시된 후에는 다른 특별한 사정이 없는 한 본안사건에서 위와 같은 잘못을 다툴 수 없다.(대법원 2017. 3. 9. 2013도16162 쌍용차사태 권영국 변호사 사건) ▶ 22 법원9급, 20 국가7급

3. 법원이 재정신청서에 재정신청을 이유 있게 하는 사유가 기재되어 있지 않음에도 이를 간과한 채 형사소송법 제262조 제2항 제2호 소정의 공소제기결정을 한 관계로 그에 따른 공소가 제기되어 본안사건의 절차가 개시된 후에는 다른 특별한 사정이 없는 한 이제 그 본안사건에서 위와 같은 잘못을 다툴 수 없다. 그렇지 아니하고 위와 같은 잘못을 본안사건에서 다툴 수 있다고 한다면 이는 재정신청에 대한 결정에 대하여 그것이 기각결정이든 인용결정이든 불복할 수 없도록 한[2] 법 제262조 제4항의 규정취지에 위배하여 형사소송절차의 ▶ 24 법원9급, 19 경찰승진, 17 경찰승진

안정성을 해칠 우려가 있기 때문이다. 또한 위와 같은 잘못은 본안사건에서 공소사실 자체에 대하여 무죄, 면소, 공소기각 등을 할 사유에 해당하는지를 살펴 무죄 등의 판결을 함으로써 그 잘못을 바로잡을 수 있는 것이다. 뿐만 아니라 본안사건에서 심리한 결과 범죄사실이 유죄로 인정되는 때에는 이를 처벌하는 것이 오히려 형사소송의 이념인 실체적 정의를 구현하는 데 보다 충실하다는 점도 고려하여야 한다.(대법원 2010.11.11. 2009도224 요건불비 재정신청 인용사건)

선생님의 TIP

헌법소원 청구권자가 가끔씩 출제되는데 그 해당 여부는 아래와 같다.

핵심정리 헌법소원 청구권자 해당 여부

구 분	내 용
청구권자 ○	1. 고소를 하지 않은 범죄피해자 (헌법재판소 2008.11.27. 2008헌마399) 24 경간부, 17 국가9급, 16 변호사 2. 피해자가 사망한 경우 그 부모 또는 배우자 (헌법재판소 1993. 3.11. 92헌마48, 헌법재판소 1996.10.31. 95헌마74) 15 국가9급 3. (기소유예처분에 대하여) 자신의 범죄혐의를 부인하는 피의자 (헌법재판소 2015. 9. 24. 2014헌마1110) 24 경간부, 16 변호사
청구권자 ×	1. 고소를 한 범죄피해자 (형사소송법 제260조 제1항, 헌법재판소법 제68조 제1항 단서) 2. 피해자가 상해를 입은 경우 그 부모 (헌법재판소 1998. 6.25. 97헌마379) 3. 고소를 제기하였다가 고소를 취소한 고소인 (헌법재판소 2005. 5.10. 2005헌마388) 4. 범죄피해자가 아닌 고발인 (헌법재판소 2013.10.24. 2012헌마41) 24 경간부, 17 국가9급

---

2 2016. 1. 6. 형사소송법이 개정되어 지금은 기각결정에 대하여는 대법원에 즉시항고로 불복할 수 있다.

제 2 절 | 공소제기 후 수사

> **선생님의 TIP**
>
> 공소가 제기되면 피고사건에 관한 모든 권한이 수사기관에서 법원으로 넘어가는 것이 원칙이다. 피고인 구속이나 압수·수색 등 강제처분은 법원만이 할 수 있다. 상대방의 동의를 받고 하는 임의수사는 공소제기 후에도 가능하지만 적법절차를 준수하여야 한다.

핵심정리 | 형사절차의 주체와 객체

내사(입건 전 조사)	수사	공판	형집행
	인지(입건)	공소제기	유죄확정
수사기관 ↓	수사기관 ↓	법 원 ↓	교정기관 ↓
피내사자(용의자)	피의자	검사 - 피고인	수형자

01 공소제기 후 피고사건에 대한 강제처분 등의 권한(=원칙적으로 법원이 행사함)

1. 공소가 제기된 후에는 그 사건에 관한 형사절차의 모든 권한이 사건을 주재하는 수소법원에 속하게 되며, 수사의 대상이던 피의자는 검사와 대등한 당사자인 피고인의 지위에서 방어권을 행사하게 된다.(대법원 2021. 6.10. 2020도15891 김학의 차관 사건) ▶ 21 경찰승진, 21 국가9급, 21 소방간부, 19 경간부, 17 국가7급

2. 공소가 제기된 후에는 그 피고사건에 관한 형사절차의 모든 권한이 사건을 주재하는 수소법원의 권한에 속하게 되며, 수사의 대상이던 피의자는 검사와 대등한 당사자인 피고인으로서의 지위에서 방어권을 행사하게 되므로 공소제기 후 구속·압수·수색 등 피고인의 기본적 인권에 직접 영향을 미치는 강제처분은 원칙적으로 수소법원의 판단에 의하여 이루어지지 않으면 안 된다.(대법원 2011. 4.28. 2009도10412 공정위 사무관 수뢰사건) [3] 판례 참고 ▶ 25 소방간부

3. 공소제기된 피고인의 구속상태를 계속 유지할 것인지 여부에 관한 판단은 전적으로 당해 수소법원의 전권에 속하는 것이다.(대법원 1997.11.27. 97모88 검사 의견청취× 사건) ▶ 21 소방간부, 19 경찰승진, 17 경찰승진

02 공소제기 후 검사가 형사소송법 제215조에 의하여 압수·수색을 할 수 있는지의 여부 (소극)

형사소송법은 제215조에서 검사가 압수·수색 영장을 청구할 수 있는 시기를 공소제기 전으로 명시적으로 한정하고 있지는 아니하나 헌법상 보장된 적법절차의 원칙과 재판받을 권리, 공판중심주의·당사자주의·직접주의를 지향하는 현행 형사소송법의 소송구조, 관련 법규의 체계, 문언 형식, 내용 등을 종합하여 보면 일단 공소가 제기된 후에는 그 피고사건에 관하여 검사로서는 법 제215조에 의하여 압수·수색을 할 수 없다.(대법원 2011. 4.28. 2009도10412 공정위 사무관 수뢰사건) [3] 판례 참고 ▶ 22 변호사

03 공소제기 후 검사가 압수한 증거물의 증거능력을 부정한 사례

검사가 공소제기 후 형사소송법 제215조에 따라 수소법원 이외의 지방법원판사에게 청구하여 발부받은 영장에 의하여 압수·수색을 하였다면 그와 같이 수집된 증거는 기본적 인권보장을 위해 마련된 적법한 절차에 따르지 않은 것으로서 원칙적으로 유죄의 증거로 삼을 수 없다.(대법원 2011. 4.28. 2009도10412 공정위 사무관 수뢰사건)

▶ 23 변호사, 23 경찰승진,
23 경찰채용, 23 소방간부,
22 경찰채용, 21 경찰승진,
21 경간부, 21 경찰채용,
20 경찰승진, 19 경간부,
19 소방간부, 18 경간부,
18 경찰채용, 18 법원9급,
18 소방간부, 17 경찰승진,
17 경간부, 17 국가9급,
16 변호사, 16 국가7급,
16 경찰승진, 16 경찰채용,
15 경찰채용, 15 법원9급

04 공소제기 후 검사가 작성한 피고인에 대한 진술조서의 증거능력 유무(적극)

검사 작성의 피고인에 대한 진술조서가 공소제기 후에 작성된 것이라는 이유만으로는 곧 그 증거능력이 없다고 할 수 없다.(대법원 1984. 9.25. 84도1646 검사 사기피고인 신문사건)

▶ 25 소방간부, 23 경찰승진,
22 경찰승진, 21 경찰승진,
21 경찰채용, 21 국가9급,
21 소방간부, 19 경찰승진,
18 변호사, 18 소방간부,
17 경찰승진, 16 경찰승진,
16 경간부

> **선생님의 TIP**
>
> 1. [5] 1.~3. 판례는 '조서'에 관한 것이고, 4. 판례는 '증언'에 관한 것으로 양자를 혼동하면 안 된다. 마찬가지로 [6] 판례는 '조서'에 관한 것이고, [7] 판례는 '증언'에 관한 것으로 역시 양자를 혼동하면 안 된다. 조서의 경우는 증거능력의 문제로 처리하지만, 증언의 경우는 증명력의 문제로 처리하는 것이 판례의 입장이다. <u>조서에는 참고인이 검사 앞에서</u> 행한 진술이 기재되지만, <u>증언은 증인이 법관 앞에서</u> 행한다는 점에서 다른 점이 있다.
> 2. 또한 [5] 판례는 이미 증언을 마친 자를 검사가 참고인으로 소환하여 조사한 경우지만, [6], [7] 판례는 앞으로 증언할 자를 검사가 참고인으로 소환하여 조사한 경우이다. [5] 판례처럼 진술번복 조서가 증거능력이 부정당하자, 검사가 약간 꼼수를 부린 것이 바로 [6], [7] 판례 사건들이다.

05 증언을 마친 증인을 검사가 소환한 후 피고인에게 유리한 증언내용을 추궁하여 일방적으로 번복시키는 방식으로 작성한 참고인진술조서 등의 증거능력 유무(=증거로 할 수 있음에 동의하지 않는 한 증거능력이 없음)

1. 공판준비 또는 공판기일에서 이미 증언을 마친 증인을 검사가 소환한 후 피고인에게 유리한 그 증언 내용을 추궁하여 이를 일방적으로 번복시키는 방식으로 작성한 진술조서를 유죄의 증거로 삼는 것은 당사자주의·공판중심주의·직접주의를 지향하는 현행 형사소송법의 소송구조에 어긋나는 것일 뿐만 아니라 헌법 제27조가 보장하는 기본권, 즉 법관의 면전에서 모든 증거자료가 조사·진술되고 이에 대하여 피고인이 공격·방어할 수 있는 기회가 실질적으로 부여되는 재판을 받을 권리를 침해하는 것이므로 이러한 진술조서는 피고인이 증거로 할 수 있음에 동의하지 아니하는 한 그 증거능력이 없고, 그 후 원진술자인 종전 증인이 다시 법정에 출석하여 증언을 하면서 그 진술조서의 성립의 진정함을 인정하고 피고인측에 반대신문의 기회가 부여되었다고 하더라도 그 증언 자체를 유죄의 증거로 할 수 있음은 별론으로 하고 위와 같은 진술조서의 증거능력이 없다는 결론은 달리할 것이 아니다.(대법원 2008. 9.25. 2008도6985 서울 합정동 강간사건)

▶ 25 소방간부, 23 경찰승진,
22 변호사, 22 경찰승진,
22 국가9급, 21 경찰승진,
21 소방간부, 20 변호사,
20 경찰승진, 20 소방간부,
19 경찰승진, 18 국가9급,
18 소방간부, 17 변호사,
17 국가7급, 17 경찰승진,
17 경간부, 16 국가7급,
16 경찰승진, 15 법원9급

2. 1.과 같은 법리는 검사가 공판준비기일 또는 공판기일에서 이미 증언을 마친 증인을 소환하여 피고인에게 유리한 그 증언 내용을 추궁한 다음 진술조서를 작성하는 대신 그로 하여금 본인의 증언 내용을 번복하는 내용의 진술서를 작성하도록 하여 법원에 제출한 경우에도 마찬가지로 적용된다.(대법원 2012. 6.14. 2012도534 천신일 회장 사건)

▶ 18 소방간부, 17 변호사

3. 1.과 같은 법리는 검사가 공판준비 또는 공판기일에서 이미 증언을 마친 증인에게 수사기관에 출석할 것을 요구하여 그 증인을 상대로 위증의 혐의를 조사한 내용을 담은 피의자신문조서의 경우도 마찬가지이다.(대법원 2013. 8.14. 2012도13665 지게차 절취사건) ▶ 25 소방간부, 23 변호사, 20 변호사, 19 국가9급

▶

4. 공판준비 또는 공판기일에서 이미 증언을 마친 증인을 검사가 소환한 후 피고인에게 유리한 그 증언 내용을 추궁하여 이를 일방적으로 번복시키는 방식으로 작성한 진술조서 또는 그 증인을 상대로 위증의 혐의를 조사한 내용을 담은 피의자신문조서는 피고인이 증거로 할 수 있음에 동의하지 아니하는 한 그 증거능력이 없다고 할 것이나, 그 후 원진술자인 종전 증인이 다시 법정에 출석하여 증언을 하였다면 그 증언 자체는 유죄의 증거로 할 수 있다.(대법원 2017. 5.31. 2017도1660 번복증언 채택 사건)

06 제1심에서 피고인에 대하여 무죄판결이 선고되어 검사가 항소한 후 수사기관이 항소심 공판기일에 증인으로 신청하여 신문할 수 있는 사람을 미리 수사기관에 소환하여 작성한 진술조서의 유무(=증거로 할 수 있음에 동의하지 않는 한 증거능력이 없음)

1. 제1심에서 피고인에 대하여 무죄판결이 선고되어 검사가 항소한 후 수사기관이 항소심 공판기일에 증인으로 신청하여 신문할 수 있는 사람을 특별한 사정 없이 미리 수사기관에 소환하여 작성한 진술조서는 피고인이 증거로 할 수 있음에 동의하지 않는 한 증거능력이 없다. 검사가 공소를 제기한 후 참고인을 소환하여 피고인에게 불리한 진술을 기재한 진술조서를 작성하여 이를 공판절차에 증거로 제출할 수 있게 한다면, 피고인과 대등한 당사자의 지위에 있는 검사가 수사기관으로서의 권한을 이용하여 일방적으로 법정 밖에서 유리한 증거를 만들 수 있게 하는 것이므로 당사자주의·공판중심주의·직접심리주의에 반하고 피고인의 공정한 재판을 받을 권리를 침해하기 때문이다. 참고인이 나중에 법정에 증인으로 출석하여 진술조서의 성립의 진정을 인정하고 피고인 측에 반대신문의 기회가 부여된다 하더라도 진술조서의 증거능력을 인정할 수 없음은 마찬가지이다.(대법원 2019.11.28. 2013도6825 양재동 화물터미널 복합개발사업 사건) ▶ 25 변호사, 25 경찰승진, 25 소방간부, 23 변호사, 23 경찰승진, 23 경찰채용, 23 소방간부, 22 경찰승진, 22 국가7급, 21 경찰채용, 21 법원9급

2. 제1심에서 피고인에 대하여 무죄판결이 선고되어 검사가 항소한 후 수사기관이 항소심 공판기일에 증인으로 신청하여 신문할 수 있는 사람을 특별한 사정 없이 미리 수사기관에 소환하여 작성한 진술조서나 피의자신문조서는 피고인이 증거로 삼는 데 동의하지 않는 한 증거능력이 없다. 참고인 등이 나중에 법정에 증인으로 출석하여 위 진술조서 등의 진정성립을 인정하고 피고인 측에 반대신문의 기회가 부여된다 하더라도 위 진술조서 등의 증거능력을 인정할 수 없음은 마찬가지이다. 참고인 등이 법정에서 위와 같이 증거능력이 없는 진술조서 등과 같은 취지로 피고인에게 불리한 내용의 진술을 한 경우 그 진술에 신빙성을 인정하여 유죄의 증거로 삼을 것인지는 증인신문 전 수사기관에서 진술조서 등이 작성된 경위와 그것이 법정진술에 영향을 미쳤을 가능성 등을 종합적으로 고려하여 신중하게 판단하여야 한다.(대법원 2020. 1.30. 2018도2236 순수 문화계 블랙리스트 사건) ▶ 22 경간부, 21 국가7급

07 검사가 증인이 될 사람을 미리 소환하여 면담하는 절차를 거친 후 그 증인이 법정에서 피고인에게 불리한 내용의 증언을 한 경우 그 증언의 증명력

검사가 공판기일에 증인으로 신청하여 신문할 사람을 특별한 사정 없이 미리 수사기관에 소환하여 면담하는 절차를 거친 후 증인이 법정에서 피고인에게 불리한 내용의 진술을 한 경우 검사가 증인신문 전 면담 과정에서 증인에 대한 회유나 압박, 답변 유도나 암시 등으로 증인의 법정진술에 영향을 미치지 않았다는 점이 담보되어야 증인의 법정진술을 신빙할 수 있다. 검사가 증인신문 준비 등 필요에 따라 증인을 사전 면담할 수 있다고 하더라도 법원이나 피고인의 관여 없이 일방적으로 사전 면담하는 과정에서 증인이 훈련되거나 유도되어 법정에서 왜곡된 진술을 할 가능성도 배제할 수 없기 때문이다. 증인에 대한 회유나 압박 등이 없었다는 사정은 검사가 증인의 법정진술이나 면담과정을 기록한 자료 등으로 사전면담 시점, 이유와 방법, 구체적 내용 등을 밝힘으로써 증명하여야 한다. (대법원 2021. 6.10. 2020도15891 김학의 차관 사건)

> 25 경찰채용, 24 변호사, 23 국가7급

제 3 절 | 공소의 제기

I 공소권과 공소제기의 기본원칙

> **선생님의 TIP**
>
> 권리는 남용하지 못한다.(민법 제2조 제2항) 공소권남용이란 공소제기가 형식적으로는 적법해 보이지만 실질적으로는 위법·부당한 경우를 말한다. 그리고 공소권남용 이론이란 공소권남용이 있을 때 공소기각판결 등의 형식재판으로 소송을 종결하여 검사의 공소권을 규제하자는 이론이다. 판례가 공소권남용이라고 본 것은 [2] 2개 판례 뿐이다. 나머지는 무조건 공소권남용이 아니다.

01 공소권남용의 요건

1. 검사의 기소편의주의에 의한 재량권 행사에 따라 공소를 제기하였다고 하여 공소권을 남용한 경우에 해당한다고 할 수 없다.(대법원 1990. 9.25. 90도1613 문규현·임수경 방북사건) ▶ 17 법원9급

2. 검사가 자의적으로 공소권을 행사하여 피고인에게 실질적인 불이익을 줌으로써 소추재량권을 현저히 일탈하였다고 보이는 경우에는 이를 공소권의 남용으로 보아 공소제기의 효력을 부인할 수 있다. 그러나 여기에서 자의적인 공소권의 행사라 함은 단순히 직무상의 과실에 의한 것만으로는 부족하고 적어도 미필적이나마 어떤 의도가 있어야 한다.(대법원 2021. 3.11. 2020도12583 원세훈 국정원장 사건) 공소제기의 효력이 부인되므로(공소제기는 무효이므로) 법원은 형사소송법 제327조 제2호에 의하여 공소기각판결을 선고하여야 한다. 두문자 〈허기진 특정 모범 일본소년이 가면 고소·고발·처벌 재유발하고 특허·보험 남용한다〉로 암기하기 바란다. ▶ 23 국가9급, 20 국가7급, 18 법원9급, 18 국가9급, 18 소방간부, 16 경간부

02 공소권남용에 해당하는 경우

1. 피고인 甲은 중국에 거주하는 乙과 공모하여, 탈북자들의 북한 거주 가족에 대한 송금의뢰 등 중국으로 송금을 원하는 사람들로부터 甲 등 명의의 계좌로 입금받은 돈을 乙이 지정·관리·사용하는 계좌로 재송금하는 방법으로 무등록 외국환업무를 영위하여 외국환거래법 위반으로 기소되었는 바, 검사는 종전에 기소유예 처분을 하였다가 4년여가 지난 시점에 다시 기소하였고, 종전 피의사실과 공소사실 사이에 이를 번복할 만한 사정변경이 없는 점 등 여러 사정을 종합하면 위 공소제기는 검사가 공소권을 자의적으로 행사한 것으로서 소추재량권을 현저히 일탈한 것에 해당한다.(대법원 2021.10.14. 2016도14772 4년만에 기소 사건) ▶ 24 국가7급

2. 피고인이 절취한 차량을 무면허로 운전하다가 적발되어 절도 범행의 기소중지자로 검거되었음에도 무면허 운전의 범행만이 기소되어 유죄의 확정판결을 받고 그 형의 집행중 가석방되면서 다시 그 절도 범행의 기소중지자로 긴급체포되어 절도 범행과 이미 처벌받은 무면허 운전의 일부 범행까지 포함하여 기소된 것이라면 종전 사건의 판결이 확정되고 나아가 피고인이 그 형을 복역하고 출소한 다음에서야 이미 처벌받은 종전 사건의 일부 범죄사실까지 포함하는 공소를 제기하여 다시 피고인에 대한 재판과 처벌을 반복하는 것은 관련 사건을 함께 재판받을 이익을 박탈함으로써 현저하게 피고인의 권리나 이익을 침해한다 할 것이어서 공소권을 자의적으로 행사한 것이 아닌가 하는 의심이 든다.(대법원 2001. 9. 7. 2001도3026 포터화물차 절취사건)

03 공소권남용에 해당하지 않는 경우

1. 어떤 사람에 대하여 공소가 제기된 경우 그 공소가 제기된 사람과 동일하거나 다소 중한 범죄구성요건에 해당하는 행위를 하였음에도 불기소된 사람이 있는 경우 (대법원 2014.12. 24. 2014도10199 한수원 원전 납품비리 사건) ▶ 20 국가9급, 18 소방간부
2. 검사가 피고인의 여러 범죄행위를 일괄하여 기소하지 아니하고 수사진행 상황에 따라 여러 번에 걸쳐 나누어 분리기소한 경우 (대법원 2007.12.27. 2007도5313 수사진행 상황에 따라 사건)
3. 피고인의 범죄사실 중 일부(무고)에 대하여 검사의 일차 무혐의결정이 있었고, 이에 대하여 고소인이 항고 등 아무런 이의를 제기하지 않고 있다가 그로부터 약 3년이 지난 뒤에야 뒤늦게 다시 피고인을 동일한 혐의로 고소함에 따라 검사가 새로이 수사를 재기한 후 공소를 제기한 경우 (대법원 1995. 3.10. 94도2598 3년뒤 재고소 사건) ▶ 18 소방간부
4. 검사가 사기죄에 대하여 약식명령의 청구를 한 다음 피고인이 약식명령의 고지를 받고 정식재판의 청구를 하여 그 사건이 제1심 법원에 계속중일 때 사기죄의 수단의 일부로 범한 사문서위조 및 동행사죄에 대하여 추가로 공소를 제기한 경우 (대법원 1990. 2.23. 89도2102 사기죄 수단 추가기소 사건) ▶ 18 국가7급

형사소송법(2025. 3.18. 법률 제20796호로 일부개정된 것)

제246조【국가소추주의】 공소는 검사가 제기하여 수행한다. 〈국가소추주의와 기소독점주의〉
제247조【기소편의주의】 검사는 형법 제51조의 사항을 참작하여 공소를 제기하지 아니할 수 있다. 〈기소편의주의〉
제255조【공소의 취소】 ① 공소는 제1심 판결의 선고전까지 취소할 수 있다. 〈기소변경주의〉
② 공소취소는 이유를 기재한 서면으로 하여야 한다. 단, 공판정에서는 구술로써 할 수 있다.
제329조【공소취소와 재기소】 공소취소에 의한 공소기각의 결정이 확정된 때에는 공소취소후 그 범죄사실에 대한 다른 중요한 증거를 발견한 경우에 한하여 다시 공소를 제기할 수 있다.

선생님의 TIP

1. 형사소송법은 공소제기의 기본원칙으로 국가소추주의, 기소독점주의, 기소편의주의 그리고 기소변경주의를 취하고 있다. 공소(公訴), 소추(訴追) 그리고 기소(起訴)는 모두 같은 말이다.
2. [5] 판례와 관련하여 형법에서 배운 내용과 혼동하면 안 된다. 「NEW 트렌드 형법 판례」에서도 말했듯이 낮에는 해[日]만 보일 뿐 달[月]은 보이지 않지만 그렇다고 달이 없는 것은 아니다. "작위범이 해이고, 부작위범이 달이다." 이런 식의 은유적 표현이라도 이해할 수 있으리라 믿는다.

04 공소제기에 있어 검사의 재량권

하나의 행위가 여러 범죄의 구성요건을 동시에 충족하는 경우 공소제기권자는 자의적으로 공소권을 행사하여 소추 재량을 현저히 벗어났다는 등의 특별한 사정이 없는 한 증명의 난이 등 여러 사정을 고려하여 그 중 일부 범죄에 관해서만 공소를 제기할 수도 있다.(대법원 2017.12. 5. 2017도13458 최명길 의원 사건) ▶ 21 국가7급

05 공소제기에 있어 검사에게 재량권이 부여되는 경우

1. 하나의 행위가 부작위범인 직무유기죄와 작위범인 허위공문서작성·행사죄의 구성요건을 동시에 충족하는 경우 공소제기권자는 재량에 의하여 작위범인 허위공문서작성·행사죄로 공소를 제기하지 않고 부작위범인 직무유기죄로만 공소를 제기할 수 있다.(대법원 2008. 2. 14. 2005도4202 불법체류 조선족 훈방사건) ▶ 23 경간부, 22 변호사, 21 경찰승진, 15 국가9급

2. 하나의 행위가 부작위범인 직무유기죄와 작위범인 범인도피죄의 구성요건을 동시에 충족하는 경우 공소제기권자는 재량에 의하여 작위범인 범인도피죄로 공소를 제기하지 않고 부작위범인 직무유기죄로만 공소를 제기할 수도 있다.(대법원 1999. 11. 26. 99도1904 박노항 원사 도피사건) ▶ 22 경간부

06 재심심판절차에서 공소취소를 할 수 있는지의 여부(소극)

제1심판결이 선고된 이상 동 판결이 확정되어 이에 대한 재심소송절차가 진행중에 있다 하여도 공소취소를 할 수 없다.(대법원 1976. 12. 28. 76도3203 재심 중 공소취소 사건) ▶ 22 경간부, 21 법원9급, 20 소방간부, 19 국가7급, 17 소방간부, 16 법원9급

형사소송법(2025. 3. 18. 법률 제20796호로 일부개정된 것)

제255조【공소의 취소】① 공소는 제1심 판결의 선고전까지 취소할 수 있다.
제298조【공소장의 변경】① 검사는 법원의 허가를 얻어 공소장에 기재한 공소사실 또는 적용법조의 추가, 철회 또는 변경을 할 수 있다. 이 경우에 법원은 공소사실의 동일성을 해하지 아니하는 한도에서 허가하여야 한다.

선생님의 TIP

1. 아래 첫 번째 핵심정리는 앞에서 한번 나왔지만 시험에 출제가 잘 되기 때문에 이렇게 한번 더 수록한다.
2. 공소취소와 공소장변경 중 특히 공소사실의 철회는 구분을 요한다. 아래 두 번째 핵심정리를 통하여 이해하기 바란다. ⓧ는 ⓐ~ⓓ로 구성된 포괄일죄이고, 이 범죄와 ⓨ는 실체적 경합범의 관계에 있다.

핵심정리 각종 소송행위의 취소·취하시기

구 분	내 용
제1심 판결 선고전까지	1. 친고죄에 있어 **고소**의 취소(제232조 제1항) 2. 반의사불벌죄에 있어 **처**벌희망의사표시의 철회(제232조 제3항) 3. **공소**의 취소(제255조 제1항) 4. **재**심청구의 취하(대법원 2024. 4. 12. 2023도13707) 5. 약식명령 또는 즉결심판에 대한 **정**식재판청구의 취하(제454조, 즉결심판법 제14조 제4항) ★ 공정재 고처
기 타	증거동의의 철회 – 증거조사 완료전까지(대법원 2015. 8. 27. 2015도3467)

핵심정리	공소취소 vs 공소장변경(공소사실의 철회)
공소취소	공소장변경
ⓐ ⓑ ⓒ ⓓ [X] [Y] → [Y]	ⓐ ⓑ ⓒ ⓓ [X] [Y] → ⓒ ⓓ [X] [Y]
[X]에 대한 공소를 취소한 것이다.	[X]의 공소사실 일부(ⓐ, ⓑ)를 철회한 것이다.

07 실체적 경합관계에 있는 수개의 공소사실 중 일부를 소추대상에서 철회하는 절차(=공소취소)

공소장변경의 방식에 의한 공소사실의 철회는 공소사실의 동일성이 인정되는 범위 내의 일부 공소사실에 한하여 가능하므로 공소장에 기재된 수 개의 공소사실이 서로 동일성이 없고 실체적 경합관계에 있는 경우에 그 일부를 소추대상에서 철회하려면 공소장변경의 방식에 의할 것이 아니라 공소의 일부 취소절차에 의하여야 한다.(대법원 2022. 4.14. 2022도772 정보통신망침해 부분을 철회한다 사건) 핵심정리 왼쪽 절차에 따라야 한다.

▶ 23 소방간부, 22 경간부, 19 경간부, 19 국가7급

08 검사가 공소취소의 취지가 담긴 공소장변경신청을 한 경우 법원이 취해야 할 조치(=공소취소로 간주하여 공소기각결정 고지)

실체적 경합관계에 있는 수 개의 공소사실 중 어느 한 공소사실을 전부 철회하는 검사의 공소장변경신청이 있는 경우 이것이 그 부분의 공소를 취소하는 취지가 명백하다면 비록 공소취소라는 형식을 갖추지 않았더라도 이를 공소취소로 보아야 한다.(대법원 2022. 4.14. 2022도772 정보통신망침해 부분을 철회한다 사건) 핵심정리 왼쪽 절차임에도 검사가 공소장변경신청을 한 경우 법원은 이를 공소취소로 선해(善解)하여 [X] 부분에 대하여 공소기각결정을 고지하여야 한다.

▶ 23 소방간부, 21 법원9급, 19 경찰채용

09 항소심에서 검사가 공소취소의 취지가 담긴 공소장변경신청을 한 경우 법원이 취해야 할 조치

공소취소는 제1심판결 선고 전까지만 가능하므로(형사소송법 제255조 제1항), 항소심으로서는 공소취소로 보아야 하는 검사의 공소장변경신청이 제1심판결 선고 후에 있는 때에는 이를 불허하고 심리를 그대로 진행하여 판단하여야 한다.(대법원 2022. 4.14. 2022도772 정보통신망침해 부분을 철회한다 사건)

10 공소취소 후 재기소의 요건인 '다른 중요한 증거를 발견한 때'의 의미

형사소송법 제329조는 "공소취소에 의한 공소기각의 결정이 확정된 때에는 공소취소 후 그 범죄사실에 대한 다른 중요한 증거를 발견한 경우에 한하여 다시 공소를 제기할 수 있다."라고 규정하고 있다. 공소취소 후 재기소는 헌법 제13조 제1항 후문 '거듭처벌금지의 원칙'의 정신에 따라 불안정한 지위에 놓이게 될 수 있는 피고인의 인권과 법적 안

▶ 22 경간부

정성을 보장한다는 관점에서 엄격하게 해석해야 한다. 따라서 '다른 중요한 증거를 발견한 경우'란 공소취소 전에 가지고 있던 증거 이외의 증거로서 공소취소 전의 증거만으로서는 증거불충분으로 무죄가 선고될 가능성이 있으나 새로 발견된 증거를 추가하면 충분히 유죄의 확신을 가지게 될 정도의 증거가 있는 경우를 말하고, 공소취소 전에 충분히 수집 또는 조사하여 제출할 수 있었던 증거들은 새로 발견된 증거에 해당한다고 보기 어렵다.(대법원 2024. 8.29. 2020도16827 막연한 재기소 사건)

11 공소취소 후 재기소에 관한 규정인 형사소송법 제329조가 종전의 범죄사실을 변경하여 재기소하는 경우에도 적용되는지의 여부(적극)

형사소송법 제329조는 "공소취소에 의한 공소기각의 결정이 확정된 때에는 공소취소 후 그 범죄사실에 대한 다른 중요한 증거를 발견한 경우에 한하여 다시 공소를 제기할 수 있다."고 규정하고 있는바, 이는 단순일죄인 범죄사실에 대하여 공소가 제기되었다가 공소취소에 의한 공소기각결정이 확정된 후 다시 종전 범죄사실 그대로 재기소하는 경우뿐만 아니라 **범죄의 태양, 수단, 피해의 정도, 범죄로 얻은 이익** 등 범죄사실의 내용을 추가 변경하여 재기소하는 경우에도 마찬가지로 적용된다. 따라서 단순일죄인 범죄사실에 대하여 공소취소로 인한 공소기각결정이 확정된 후에 종전의 범죄사실을 변경하여 재기소하기 위하여는 변경된 범죄사실에 대한 다른 중요한 증거가 발견되어야 한다.(대법원 2009. 8.20. 2008도9634 11개의 매출처 사건)

> 21 법원9급, 20 소방간부,
> 19 법원9급, 17 소방간부

핵심정리 판례들의 도식화

[11] 판례	[12] 판례
ⓐ ⓑ　　　　　　ⓐ ⓑ ⓒ ⓓ　공소취소　　재기소　ⓔ ⓕ 　Ⓧ　　　　→　　　　Ⓧ	ⓐ ⓑ　공소　　　　　공소　ⓐ ⓑ ⓒ ⓓ　사실　ⓒ ⓓ　사실　ⓒ ⓓ 　Ⓧ　철회　Ⓧ　추가　Ⓧ 　　　→　　　→
다른 중요한 증거 발견이 필요하다.	다른 중요한 증거 발견이 필요하지 않다.

12 포괄일죄의 공소사실 일부를 철회하였다가 다른 중요한 증거의 발견도 없이 다시 추가할 수 있는지의 여부(적극)

공소사실의 동일성이 인정되지 아니하고 실체적 경합관계에 있는 수개의 공소사실의 전부 또는 일부를 철회하는 공소취소의 경우 그에 따라 공소기각의 결정이 확정된 때에는 그 범죄사실에 대하여는 형사소송법 제329조의 규정에 의하여 다른 중요한 증거가 발견되지 않는 한 재기소가 허용되지 아니하지만, 이와 달리 포괄일죄로 기소된 공소사실 중 일부에 대하여 공소장변경의 방식으로 이루어지는 공소사실의 일부 철회의 경우에는 그러한 제한이 적용되지 아니한다.(대법원 2004. 9.23. 2004도3203 신용협동조합 상무 사건) 실제 사실관계를 읽어보면 약간 이해되지 않는 면이 있지만 시험과는 무관하다.

> 25 변호사, 23 소방간부,
> 20 국가9급

II 공소제기의 방식

형사소송법(2025. 3.18. 법률 제20796호로 일부개정된 것)

제254조【공소제기의 방식과 공소장】 ① 공소를 제기함에는 공소장을 관할법원에 제출하여야 한다.
② 공소장에는 피고인수에 상응한 부본을 첨부하여야 한다.
③ 공소장에는 다음 사항을 기재하여야 한다. 〈필요적 기재사항〉
1. 피고인의 성명 기타 피고인을 특정할 수 있는 사항
2. 죄명
3. 공소사실
4. 적용법조
④ 공소사실의 기재는 범죄의 시일, 장소와 방법을 명시하여 사실을 특정할 수 있도록 하여야 한다.
⑤ 수개의 범죄사실과 적용법조를 예비적 또는 택일적으로 기재할 수 있다. 〈임의적 기재사항〉

형사소송규칙(2025. 2.28. 대법원규칙 제3202호로 일부개정된 것)

제118조【공소장의 첨부서류】 ① 공소장에는, 공소제기전에 변호인이 선임되거나 보조인의 신고가 있는 경우 그 변호인선임서 또는 보조인신고서를, 공소제기전에 특별대리인의 선임이 있는 경우 그 특별대리인 선임결정등본을, 공소제기 당시 피고인이 구속되어 있거나 체포 또는 구속된 후 석방된 경우 체포영장, 긴급체포서, 구속영장 기타 구속에 관한 서류를 각 첨부하여야 한다.
② 공소장에는 제1항에 규정한 서류외에 사건에 관하여 법원에 예단이 생기게 할 수 있는 서류 기타 물건을 첨부하거나 그 내용을 인용하여서는 아니된다. 〈공소장일본주의〉

선생님의 TIP

판례가 정말 많지만 시험에는 간간이 출제되고 있다. 위 조문과 아래 서식 및 사례를 2~3번 정도 읽고 판례 공부를 시작하기 바란다.

서식 및 사례 | 공소장

의정부지방검찰청 고양지청

사건번호 20X5년 형제1763호
수 신 자 의정부지방법원 고양지원
제   목 공소장

검사 노정원은 아래와 같이 공소를 제기합니다.

피고인 관련사항	피고인	남궁한 (01042X – 3X60157), 24세 직업 무직 휴대전화번호 010-3320-1161 주거 경기도 고양시 덕양구 북한동 산1-1 등록기준지 서울시 은평구 불광동 246-1번지 ↑ 형사소송법 제254조 제3항 제1호에 의할 때 피고인을 특정할 수 있는 사항을 기재하여야 한다.
	죄명	강간 (인).1
	적용법조	형법 제297조
	구속여부	20X5. 1.24. 구속 (20X5. 1.22. 체포)
	변호인	변호사 류미혜
공소사실		피고인은 20X5. 1.19. 20:00경 피해자에게 전화를 하여 만나자고 한 후 20X5. 1.19. 20:20경 피해자의 주거지 근처인 (생략) 주차장에서 피해자를 불러 내 피고인의 카니발 승용차 조수석에 태운 다음 문을 잠그고, 피해자에게 "너 섹스해 봤냐?"라고 질문을 하면서 피해자의 양팔을 잡아 눌러 반항하지 못하게 한 후 피해자의 바지와 팬티를 벗겨 피해자를 1회 간음하여 강간하였다. ← 형사소송법 제254조 제4항에 의할 때 공소사실이 특정되어야 한다.
첨부서류[2]		1. 체포영장 2. 구속영장 3. 변호인선임서

검사 노정원(인) 또는 노정원[3]

20X5년 2월 8일

01 공소제기의 방식 관련 판례

1. 공무원이 작성하는 서류에는 법률에 다른 규정이 없는 때에는 작성 연월일과 소속공무소를 기재하고 기명·날인 또는 서명하여야 한다(형사소송법 제57조 제1항). 여기서 '공무원이 작성하는 서류'에는 검사가 작성하는 공소장이 포함되므로 **검사가 기명·날인 또는 서명이 없는 상태로 공소장을 관할법원에 제출하는 것은 형사소송법 제57조 제1항에 위반된다.** 이와 같이 법률이 정한 형식을 갖추지 못한 채 공소장을 제출한 경우에는 특별한 사정이 없는 한 공소제기의 절차가 법률의 규정을 위반하여 무효인 때에 해당한다. 다만

> 23 법원9급, 22 법원9급,
> 21 경간부, 21 국가7급,
> 20 경찰채용, 19 법원9급,
> 18 국가9급, 17 국가9급

---

[1] 검사가 간인(間印)한 것이다. 물론 간인이 첫 페이지 앞 장에 찍히는 일은 없지만 편의상 간인으로 보자. [1] 2. 판례 참고
[2] 형사소송규칙 제118조, 즉 공소장일본주의에 의할 때 이러한 사항을 제외한 나머지는 공소장에 기재하거나 첨부하지 못한다.
[3] [1] 1. 판례 참고

이 경우 공소를 제기한 검사가 공소장에 기명·날인 또는 서명을 추후 보완하는 등의 방법으로 공소제기가 유효하게 될 수 있다.(대법원 2021.12.16. 2019도17150 검사 서명·날인누락 공소장 사건) 공소장에 검사의 기명만 있었던 사건으로 공소기각판결이 선고·확정되었다. 두문자 〈허기진 특정 일본 소년 모위면 재고소·고발·처벌 유발하고 특허·보험 남용한다〉로 암기하기 바란다.

2. 공소를 제기하려면 공소장을 관할법원에 제출하여야 한다(형사소송법 제254조 제1항). 공무원이 작성하는 서류에는 간인하거나 이에 준하는 조치를 하여야 한다(형사소송법 제57조 제2항). 여기서 '공무원이 작성하는 서류'에는 검사가 작성하는 공소장이 포함된다. '간인'은 서류작성자의 간인으로서 1개의 서류가 여러 장으로 되어 있는 경우 그 서류의 각 장 사이에 겹쳐서 날인하는 것이다. 이는 서류 작성 후 그 서류의 일부가 누락되거나 교체되지 않았다는 사실을 담보하기 위한 것이다. 따라서 공소장에 검사의 간인이 없더라도 그 공소장의 형식과 내용이 연속된 것으로 일체성이 인정되고 동일한 검사가 작성하였다고 인정되는 한 그 공소장을 형사소송법 제57조 제2항에 위반되어 효력이 없는 서류라고 할 수 없다. 이러한 공소장 제출에 의한 공소제기는 그 절차가 법률의 규정에 위반하여 무효인 때에 해당한다고 할 수 없다.(대법원 2021.12.30. 2019도16259 간인누락 공소장 사건) 검사의 간인이 누락되었지만 서류의 일체성이 인정되었던 사건이다.

> 24 변호사, 24 경찰승진, 23 국가9급, 23 소방간부, 22 법원9급

02 공소제기의 효력 발생시기

공소제기는 공소장이 법원에 도달한 때 그 효력이 발생하므로 공소장의 제출일자와 법원직원이 접수인을 찍은 날짜가 다르다면 공소장 제출일자를 공소제기일로 보아야 하나, 통상의 경우 공소장에 접수일로 찍혀 있는 날짜는 공소제기일로 추정된다.(대법원 2002.4.12. 2002도690 공소장 접수인 사건) 도달주의가 적용되는데, 특별한 사정이 없는 한 아래와 같이 접수인에 나와 있는 2013. 8. 1.에 공소가 제기된 것으로 보아야 한다. 도달주의는 형사소송법은 말할 것도 없고, 모든 법률에 적용되는 대원칙이다. 앞으로도 계속 나온다.

> 24 소방간부

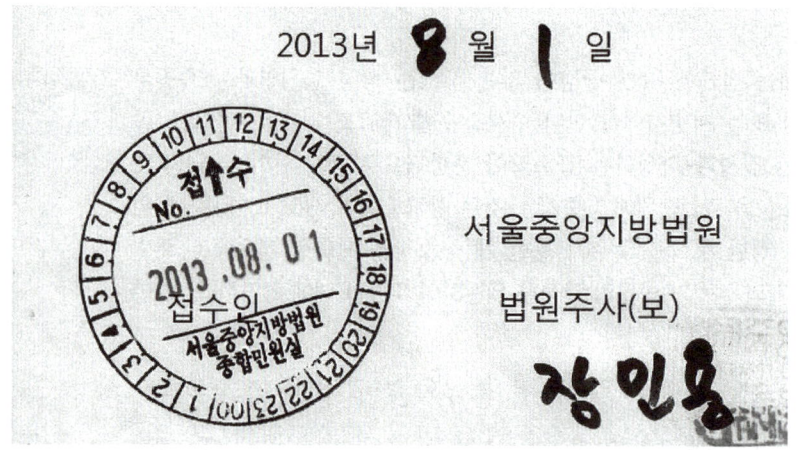

<이미지 출처 - 대재앙을 넘어서(https://cafe.daum.net/revelation1/DmOZ/25224?q=소장+접수인&re=1)>

03 공소장에 CD를 첨부한 경우 공소사실의 특정 여부의 판단

1. 검사가 전자문서나 저장매체를 이용하여 공소를 제기한 경우 법원은 저장매체에 저장된 전자문서 부분을 제외하고 서면인 공소장에 기재된 부분만으로 공소사실을 판단하여야 한다. 만일 그 기재 내용만으로는 공소사실이 특정되지 않은 부분이 있다면 검사에게 특정을 요구하여야 하고, 그런데도 검사가 특정하지 않는다면 그 부분에 대해서는 공소를 기각할 수밖에 없다.(대법원 2017. 4. 7. 2016도13263 홈플러스 개인정보 판매사건) 공소제기에는 엄격한 서면주의가 적용되므로 CD 등을 제출한 경우 이는 무시된다. 우리가 이미 「제1편 제3장 제2절 소송행위의 가치판단과 소송조건」에서 배웠던 내용이다. ▶ 22 법원9급, 19 국가7급

2. 검사가 공소사실의 일부가 되는 범죄일람표를 컴퓨터 프로그램을 통하여 열어보거나 출력할 수 있는 전자적 형태의 문서로 작성한 후 종이문서로 출력하여 제출하지 아니하고 위 전자적 형태의 문서가 저장된 저장매체 자체를 서면인 공소장에 첨부하여 제출한 경우 법원은 저장매체에 저장된 전자적 형태의 문서 부분을 고려함이 없이 서면인 공소장이나 공소장변경신청서에 기재된 부분만을 가지고 공소사실 특정 여부를 판단하여야 한다. 만일 공소사실이 특정되지 아니한 부분이 있다면, 검사에게 석명을 구하여 특정을 요구하여야 하고, 그럼에도 검사가 이를 특정하지 않는다면 그 부분에 대해서는 공소를 기각할 수밖에 없다.(대법원 2016.12.15. 2015도3682 공소장 CD별지 사건 I) ▶ 24 국가9급, 18 경간부, 18 경찰채용, 17 국가7급

> **선생님의 TIP**
>
> 1. 형사소송법 제254조 제4항은 "공소사실의 기재는 범죄의 시일, 장소와 방법을 명시하여 사실을 특정할 수 있도록 하여야 한다."라고 규정하고 있는바, 그 특정 여부에 관한 판례가 아주 많다. 그 특정을 타이트(tight)하게 요구하면 검사가 매우 곤란한 상황에 빠지게 되고[4], 반대로 그 특정을 루즈(loose)하게 허용하면 법원이나 피고인이 약간 이상해 지게 된다[5].
> 2. 공소사실이 특정되면 웬만하면 유죄판결이 선고되고[6] 공소사실이 특정되지 않으면 공소기각판결이 선고되는데, 후자의 경우 왠지 피고인이 승소했다는 느낌이 든다[7]. 변호인은 무조건 '공소사실 불특정'부터 물고 늘어진다. 참고로 형사사건에 성공보수금 약정은 무효이다[8].
> 3. 양자의 절충이 중요한데, 그렇기 때문에 판례가 아주 많다. 이 교재는 수험서이므로 시험과 관련하여 기출 및 중요한 판례들만 소개하기로 한다. 기타 설명은 각 판례에서 하겠다.

04 공소사실이 특정되지 아니한 부분에 대해서는 공소를 기각하여야 하는지 여부(적극)

범죄의 일시·장소 등을 특정 일시나 상당한 범위 내로 특정할 수 없는 부득이한 사정이 존재하지 아니함에도 공소의 제기 혹은 유지의 편의를 위하여 범죄의 일시·장소 등을 지나

---

[4] 검사가 신(神)이 아닌 이상 정확히 피고인이 언제 어디서 무슨 죄를 범했는지 알 수가 없다. 그럼에도 법원이 검사에게 "모두 정확히 기재해서 공소를 제기해라."라고 하면 검사는 공소제기 자체를 할 수 없는 상황에 빠질 수 있다.
[5] 예를 들어 공소사실이 "피고인 甲은 20X5년 1월부터 20X5년 6월까지 사이에 피해자 A를 폭행·협박하여 수회 강간을 하였다."라고 했을 때, 법원의 입장에서는 '죄가 몇 개야? 도대체 뭐가 심판대상이야?'라는 의문이 들 것이고, 피고인의 입장에서도 '뭘 처벌하겠다는 거야?'라는 의문이 들 것이다. 법원, 검사 그리고 피고인 모두 심판대상이 무엇인지 모르고 재판을 하고 재판을 받게 된다.
[6] 2023년 접수된 사건에 대한 재판 중에서 대략 95% 이상이 유죄판결이다(『2024년 사법연감』 참고).
[7] 경우에 따라 다르겠지만 공소기각판결은 승소도 아니고 패소도 아니다. 변호사 선임비용만 날릴 수 있다.
[8] 대법원 2015. 7.23. 2015다200111 숨슴 형사사건 성공보수금 사건 참고

치게 개괄적으로 표시함으로써 사실상 피고인의 방어권 행사에 지장을 가져오는 경우에는 형사소송법 제254조 제4항에서 정하고 있는 구체적인 범죄사실의 기재가 있는 공소장이라고 할 수 없다. 공소사실이 특정되지 아니한 부분이 있다면 그 부분에 대해서는 공소를 기각할 수밖에 없다.(대법원 2021.11.11. 2021도11454 날씨가 맑았다 사건) 공소사실을 특정하지 않으면 이는 형사소송법 제254조 제4항에 위반된다. 법원은 형사소송법 제327조 제2호에 의하여 공소기각판결을 선고하여야 한다. 두문자 〈허기진 특정 모범 일본소년이 가면 고소·고발·처벌 재유발하고 특허·보험 남용한다〉로 암기하기 바란다.

05 공소사실의 특정을 요구하는 취지 등(=심판범위의 한정 및 피고인의 방어권 보장)

1. 공소사실의 특정을 요구하는 법의 취지는 피고인의 방어권 행사를 쉽게 해주기 위한 데에 있다. 따라서 공소사실은 이러한 요소를 종합하여 구성요건 해당사실을 다른 사실과 식별할 수 있는 정도로 기재하면 충분하고, 공소장에 범죄의 일시, 장소 등이 구체적으로 적시되지 않았더라도 위의 정도에 반하지 않고, 공소범죄의 성격에 비추어 그 개괄적 표시가 부득이하며, 그에 대한 피고인의 방어권 행사에 지장이 없다면 그 공소내용이 특정되지 않았다고 볼 수 없다.(대법원 2018. 9.28. 2018도10447 文후보 아들 특혜채용 제보조작사건) ▶ 24 국가7급

　▶

2. 형사소송법 제254조 제4항에서 범죄의 일시·장소와 방법을 명시하여 공소사실을 특정하도록 한 취지는 법원에 대하여 심판의 대상을 한정하고 피고인에게 방어의 범위를 특정하여 그 방어권 행사를 용이하게 하기 위한 데 있으므로 공소제기된 범죄의 성격에 비추어 그 공소의 원인이 된 사실을 다른 사실과 구별할 수 있을 정도로 그 일시, 장소, 방법, 목적 등을 적시하여 특정하면 족하고, 그 일부가 다소 불명확하더라도 그와 함께 적시된 다른 사항들에 의하여 그 공소사실을 특정할 수 있고, 그리하여 피고인의 방어권 행사에 지장이 없다면 공소제기의 효력에 영향이 없다.(대법원 2022. 1.27. 2021도8833 몽골퍼시픽 운용자금 사건) ▶ 25 법원9급, 25 소방간부, 19 변호사

3. 공소사실의 기재는 범죄의 일시, 장소와 방법을 명시하여 사실을 특정할 수 있도록 하여야 하고(형사소송법 제254조 제4항), 이와 같이 공소사실의 특정을 요구하는 법의 취지는 심판의 대상을 한정함으로써 심판의 능률과 신속을 꾀함과 동시에 방어의 범위를 특정하여 피고인의 방어권 행사를 쉽게 해주기 위한 데에 있다. 공소사실 기재 범죄의 성격 및 관련 증거의 내용에 비추어 범죄의 일시·장소 등에 관한 개괄적 표시가 부득이한 경우가 있을 수 있으나, 검사는 가능한 한 기소나 공소장 변경 당시의 증거에 의하여 이를 특정함으로써 피고인의 정당한 방어권 행사에 지장을 초래하지 않도록 하여야 한다. 범죄의 일시·장소 등을 특정 일시나 상당한 범위 내로 특정할 수 없는 부득이한 사정이 존재하지 아니함에도 공소의 제기 혹은 유지의 편의를 위하여 범죄의 일시·장소 등을 지나치게 개괄적으로 표시함으로써 사실상 피고인의 방어권 행사에 지장을 가져오는 경우에는 형사소송법 제254조 제4항에서 정하고 있는 구체적인 범죄사실의 기재가 있는 공소장이라고 할 수 없다.(대법원 2022.12.29. 2020도14662 11. 4.경부터 11.15.경까지 불상 불상 불상 사건)

06 공소사실의 특정의 정도 I

1. 공소장에 범죄의 일시·장소·방법 등의 일부가 다소 불명확하더라도 그와 함께 적시된 다른 사항들에 의하여 공소사실을 특정할 수 있고 그리하여 피고인의 방어권 행사에 지장이 없다면 공소제기의 효력에는 영향이 없다.(대법원 2023. 6.29. 2020도3626 남양주 안마시술소 사건)

2. 공소제기된 범죄의 성격에 비추어 그 공소의 원인이 된 사실을 다른 사실과 구별할 수 있을 정도로 그 일시·장소·방법·목적 등을 적시하여 특정하면 족하고, 공모의 시간·장소·내용 등을 구체적으로 명시하지 아니하였다거나 그 일부가 다소 불명확하더라도 그와 함께 적시된 다른 사항들에 의하여 그 공소사실을 특정할 수 있고, 그리하여 피고인의 방어권 행사에 지장이 없다면 그와 같은 이유만으로 공소사실이 특정되지 아니하였다고 할 수 없다.(대법원 2018. 1.25. 2016도6757 상속재산 400억 편취실패 사건)

07 공소사실의 특정정도 II

공소장의 공소사실 기재는 법원에 대하여 심판의 대상을 한정하고 피고인에게 방어의 범위를 특정하여 그 방어권행사를 용이하게 하기 위하여 요구되는 것이므로 범죄의 '일시'는 이중기소나 시효에 저촉되지 않을 정도로, '장소'는 토지관할을 가늠할 수 있을 정도로 그리고 '방법'에 있어서는 범죄구성요건을 밝히는 정도로 기재하면 충분하다.(대법원 2023. 3.30. 2022도6758 와류발생기 장착사건)

▶ 19 변호사, 18 법원9급

08 공소사실의 특정정도 III

1. 포괄일죄에 관해서는 일죄의 일부를 구성하는 개개의 행위에 대하여 구체적으로 특정되지 아니하더라도 전체 범행의 시기와 종기, 범행방법, 피해자나 상대방, 범행횟수나 피해액의 합계 등을 명시하면 이로써 그 범죄사실은 특정되는 것이다.(대법원 2023. 6.29. 2020도3626 남양주 안마시술소 사건)

▶ 22 경간부, 22 소방간부, 21 법원9급, 20 경간부, 19 변호사, 19 국가7급, 18 국가9급, 17 국가7급

2. 포괄일죄에 있어서는 그 일죄의 일부를 구성하는 개개의 행위에 대하여 구체적으로 특정되지 아니하더라도 그 전체 범행의 시기와 종기, 범행방법, 피해자나 상대방, 범행횟수나 피해액의 합계 등을 명시하면 이로써 그 범죄사실은 특정되는 것이라고 할 것이나, 비록 공소범죄의 특성에 비추어 개괄적인 기재가 불가피한 경우가 있다 하더라도 사실상 피고인의 방어권행사에 지장을 가져오는 경우에는 형사소송법 제254조 제4항에서 정하고 있는 구체적인 범죄사실의 기재가 있는 공소장이라고 할 수 없다.(대법원 2017. 2.21. 2016도19186 간호사 의약품 제조 사건) [14] 1. 판례 참고
▶

▶ 21 국가7급

3. 여러 범행이 실체적 경합관계에 있는 경우에는 다른 범행과 구별이 가능하도록 **범행별로** 범죄의 시일, 장소와 방법을 명시하여 범죄사실을 특정하여야 한다.(대법원 2013. 7.26. 2011도1264 에이피코리아 사건)

▶ 22 소방간부

4. 여러 사람의 피해자에 대하여 따로 기망행위를 하여 각각 재물을 편취한 경우에는 비록 범의가 단일하고 범행방법이 동일하더라도 각 피해자의 피해법익은 독립한 것이므로 그

▶ 16 국가9급

전체가 포괄일죄로 되지 아니하고 피해자별로 독립한 여러 개의 사기죄가 성립되고, 이러한 경우 공소사실은 각 피해자와 피해자별 피해액을 특정할 수 있도록 기재하여야 한다. (대법원 2004. 7. 22. 2004도2390 유흥업주들 상대 사기사건)

▶

5. 교사범, 방조범의 사실 적시에 있어서도 정범의 범죄 구성요건이 되는 사실 전부를 적시하여야 하고, 이 기재가 없는 교사범, 방조범의 사실 적시는 죄가 되는 사실의 적시라고 할 수 없다.(대법원 1981. 11. 24. 81도2422 딸의 부탁으로 사건) 형법에서 배웠던 공범종속성과 연관이 된다. ▶ 22 소방간부, 20 경간부, 20 국가9급, 19 변호사

6. 방조범의 공소사실을 기재함에 있어서는 그 전제가 되는 **정범의 범죄구성을 충족하는 구체적 사실을 기재하여야 한다.**(대법원 2001. 12. 28. 2001도5158 염산날부핀 판매사건) ▶ 25 법원9급, 22 소방간부, 20 경찰채용, 19 변호사, 16 법원9급

09 공소사실의 특정정도 Ⅳ

1. 양벌규정을 적용하여 그 법인 또는 개인에 대하여 공소를 제기하는 경우에 그 공소사실에 법인 또는 개인의 업무에 관하여 **종업원의 법률위반행위를 방지하지 못한 귀책사유가 있는지를 판단할 수 있는 내용을 반드시 구체적으로 특정하여 기재하여야 하는 것은 아니다.** (대법원 2017. 4. 13. 2016도12551 아동복지법위반 양벌규정 기소사건)

2. 공모가 공모공동정범에 있어서의 '범죄될 사실'인 이상 **범죄에 공동가공하여 범죄를 실현하려는 의사결합이 있었다는 것은 실행행위에 직접 관여하지 아니한 자에게 다른 공범자의 행위에 대하여 공동정범으로서의 형사책임을 지울 수 있을 정도로 특정되어야 한다.** (대법원 2016. 4. 29. 2016도2696 밀수공모 불특정 사건)

3. 특정경제범죄법 제3조 제1항에 정한 이득액은 단순일죄의 이득액이나 혹은 포괄일죄가 성립되는 경우의 이득액의 합산액을 의미하는 것이지 경합범으로 처벌될 수죄에 있어서 그 이득액을 합한 금액을 말한다고 볼 수는 없으므로 **횡령행위를 포괄하여 특정경제범죄법 위반(횡령)죄로 의율하려면 원칙적으로 피해자 및 피해자별 피해액에 관한 공소사실의 특정을 요한다.**(대법원 2014. 2. 27. 2013도12155 최태원 SK그룹회장 사건) 피해자 및 피해자별 피해액을 알아야 이것이 '형법상 횡령죄의 실체적 경합범인지' 아니면 '특정경제범죄법 위반(횡령)의 포괄일죄인지' 판단할 수 있기 때문이다. 매우 어려운 판례 문구이다. ▶ 19 변호사

4. 저작재산권 침해행위에 관한 공소사실의 특정은 **침해 대상인 저작물 및 침해 방법의 종류, 형태 등 침해행위의 내용이 명확하게 기재되어 있어 피고인의 방어권 행사에 지장이 없는 정도이면 된다 할 것이고, 각 저작물의 저작재산권자가 누구인지 특정되어 있지 않다고 하여 공소사실이 특정되지 않았다고 볼 것은 아니다.**(대법원 2016. 12. 15. 2014도1196 성명불상 저작권자 사건) ▶ 20 경찰채용, 20 국가9급

> **선생님의 TIP**
> 아래 판례들 중에서 시험에 출제되지 않는 것도 많지만 공부와 이해를 위하여 이렇게 수록한다. 타이틀 ( ) 부분을 눈여겨 보아야 한다.

10 공소사실이 특정된 경우 (죄수 관련)

"피고인은 1994. 7. 7. 12:13경 미도파 백화점 상계점 지하 1층 식품판매장에서 **피해자 A를** 기망하여 소천엽 1개를 대금 2,440원에, 소양 1개를 대금 1,201원에 판매하여 그 대금 상당액을 편취하였다"라는 공소사실 [사기죄] (대법원 1996. 2.13. 95도2121 가공일 변조 사건 II) 사기죄는 원칙적으로 '피해자의 수'를 기준으로 죄수를 판단한다. 피해자가 'A'로 특정되어 있다. [11] 3. 판례와 비교

11 공소사실이 특정되지 않은 경우 (죄수 관련) I

1. "피고인들은 공동하여 성명불상 범종추측 승려 100여명의 전신을 손으로 때리고 떠밀며 발로 차서 위 **성명불상 피해자들에게** 폭행을 각 가한 것이다"라는 공소사실 [특수폭행죄] (대법원 1995. 3.24. 95도22 성명불상 폭행 피해자들 사건) 이 판례와 아래 판례들은 모두 죄수를 알 수 없는 경우에 해당한다.

2. "피고인들은 '애드스파이더 다잡아 프로그램'을 배포하여 그 프로그램이 설치된 각 컴퓨터에서는 넷피아닷컴, 유비즈커뮤니케이션 등 경쟁업체의 각 플러그인 프로그램이 정상적으로 작동되거나 설치되지 못하도록 하고 시작페이지를 고정시킴으로써 **컴퓨터 사용자들의** 컴퓨터 사용에 관한 업무를 방해하였다"라는 공소사실 [컴퓨터등장애업무방해죄] (대법원 2009. 3.12. 2008도11187 애드스파이더 다잡아 프로그램 사건)

3. "피고인은 1992. 9. 1.경부터 1994. 7.11.까지 사이에 미도파 백화점 상계점 지하 1층 식품판매장에서 **성명불상의 고객들에게** 가공일을 변작한 소양, 소천엽, 닭다리, 닭가슴살, 닭어깨살, 닭날개 등 소부산물 및 계육 등 1일 평균 10개, 대금 합계 25,000원 상당을 판매하여 그 대금 상당액을 편취하였다"라는 공소사실 [사기죄] (대법원 1996. 2.13. 95도2121 가공일 변조 사건 II) ▶ 21 경간부, 15 국가9급

4. "피고인은 전국기관차협의회 **회원들에 대하여** 불법파업을 하여 직무유기할 것을 결의하게 하고, 전국기관차협의회 회원 6,500여 명이 이에 따라 1994. 6.23. 04:00경부터 불법파업에 돌입하게 하여 직무유기를 교사하였다"라는 공소사실 [직무유기교사죄] (대법원 1997. 8.22. 95도984 전국기관차협의회 파업사건) ▶ 18 경간부

5. "피고인은 1992. 2.경부터 1996. 6. 7.경까지 피고인 경영의 기전사에서 성명불상자들이 관세를 포탈하여 반입한 로렉스 손목시계 9개 시가 합계 금 4,230만원 상당을 성명불상의 중간상인들로부터 **수회에 걸쳐** 구입하여 이를 취득하였다"라는 공소사실 [관세법위반] (대법원 1999. 1.26. 98도1480 밀수 로렉스 취득사건) ▶ 20 경간부

12 공소사실이 특정되지 않은 경우 (죄수 관련) II

"피고인은 1980.12. 일자 불상경부터 1981. 9. 5. 전일경까지 사이에 피해자를 협박하여 약 20여회 강간 또는 강제추행(택일적 공소사실)하였다"라는 공소사실 [미성년자의제강간죄 또는 미성년자의제강제추행죄] (대법원 1982.12.14. 82도2442 20여회 강간·추행 사건) 죄수는 알 수 있지만 각 범죄별로 시일, 장소와 방법이 특정되지 않았다.

13 공소사실이 특정된 경우 (포괄일죄 관련)

1. "피고인은 1996. 9.30.부터 1997. 5.30.경까지 사이에 피해자 경영의 서점에서 서적외판원으로 근무하면서 군산 및 익산 등지에서 아동도서를 판매하고 수금한 1,050만원을 피해자를 위하여 업무상 보관하던 중 그 무렵 군산시내 일원에서 생활비 등으로 임의소비하여 이를 횡령하였다"라는 공소사실 [업무상횡령죄] (대법원 1999.11.12. 99도2934 서적외판원 사건) [13] 판례들은 어느 정도 기간을 특정하였으나 아래 [14] 판례들은 그렇지 않다.

2. "피고인 甲은 2002. 5.26.부터 2002. 6. 1.까지의 교육출장 기간 중에 수원시 등 법무연수원 인근 도시에서 丙, 丁, 戊, 己 등 피고인 乙의 지인들을 통하여 1,000만원의 뇌물을 수수하고, 피고인 乙은 그와 같이 뇌물을 교부하였다"라는 공소사실 [수뢰죄 및 증뢰죄] (대법원 2008. 5.15. 2008도1097 김태촌 사건)

3. "피고인은 2006.12.14.경부터 2007. 2.15.경까지 2회에 걸쳐 합계 5천만원을 받았다"라는 공소사실 [변호사법위반] (대법원 2008.12.24. 2008도9414 법조브로커 5천 수수사건) ▶ 15 국가9급

14 공소사실이 특정되지 않은 경우 (포괄일죄 관련)

1. "피고인이 2010. 1. 1.부터 2014. 2.28.까지 의사인 본인이 의약품을 직접 조제하거나 또는 환자에 대한 복약지도를 전혀 하지 않고 간호사가 단독으로 입원환자에 대한 의약품을 조제하였음에도 마치 의사가 직접 의약품을 조제하고 입원환자에 대한 복약지도를 한 것처럼 약제비, 복약지도료 명목 등으로 국민건강보험공단, X회사 및 Y회사에 보험금을 청구하여 국민건강보험공단으로부터 수급자 2,907명과 관련하여 합계 18,470,704원을, X회사로부터 수급자 516명과 관련하여 합계 7,336,665원을, Y회사로부터 수급자 362명과 관련하여 합계 6,979,967원을 교부받아 이를 편취하였다"라는 공소사실 [사기죄] (대법원 2017. 2.21. 2016도19186 간호사 의약품 제조 사건) 날짜를 좀 보라고!!

2. "피고인은 2006년경부터 2008년경까지 회사 자금을 수시로 수표로 인출하여 합계 3억 8,000만원을 횡령하였다"라는 공소사실 [업무상횡령죄] (대법원 2012. 1.27. 2011도14247 트라이콤 대표 사건)

15 공소사실이 특정된 경우 (마약류 관련)

1. "피고인은 2009. 8.10.부터 2009. 8.19.까지 사이에 서울 또는 부산 이하 불상지에서 메스암페타민을 일정량 투약하였다"라는 공소사실(메스암페타민의 양성반응이 나온 소변의 채취일시, 메스암페타민의 투약 후 소변으로 배출되는 기간에 관한 자료와 피고인이 체포될 당시까지 거주 또는 왕래한 장소에 대한 피고인의 진술 등 기소 당시의 증거들에

의하여 범죄일시와 장소를 표시한 것이고, 피고인이 위 투약은 甲이 2009. 8.19. 몰래 음료에 메스암페타민을 넣어서 생긴 것이므로 투약에 관한 정을 몰랐다는 취지로 변소하자 이에 대응하여 甲에 대한 수사기관의 수사와 제1심의 증거조사까지 이루어졌음)(대법원 2010. 8.26. 2010도4671 서울 또는 부산 이하 불상 사건) 마약류 투약의 경우 공소사실 특정 여부의 기준은 이 고딕체와 같이 '10일'인 것이 원칙인데, 이에 대한 유일한 예외가 바로 아래 2. 판례이다.

2. "피고인은 甲과 공모하여 2010년 1월에서 3월 사이 일자불상 03:00경 서산시 소재 상호불상의 모텔에서, 甲이 불상의 경위로 소지한 필로폰 불상량을 일회용 주사기에 담아 생수로 희석한 다음 乙(女, 17세)의 팔에 주사하였다"라는 공소사실(공소사실은 투약 대상인 乙의 진술에 기초한 것이라는 점에서 피고인에 대한 모발 등의 감정결과에만 기초하여 공소사실을 기재한 경우와는 달리 볼 필요가 있고, 투약행위가 있었던 시기 전후하여 상당한 기간에는 공소사실의 구별을 곤란하게 하는 다른 유사한 내용의 투약행위가 존재할 가능성이 낮았음) (대법원 2014.10.30. 2014도6107 서산시 모텔 사건) ▶ 17 국가9급, 16 경간부

16 공소사실이 특정되지 않은 경우 (마약류 관련)

1. "피고인은 2010.11.경 부산 사하구 이하 불상지에서 (중략) 필로폰을 투약하였다"라는 공소사실(모발감정결과 등을 바탕으로 그 범행일시와 장소 및 투약방법을 단순히 추정한 것에 불과하고, 투약시기로 기재된 위 기간 내에 복수의 투약가능성을 부정하기 어려움) (대법원 2012. 4.26. 2011도11817 부산 사하구 이하 불상지 사건) 이 판례와 아래 2. 판례 모두 10일을 벗어나고 있다. 이에 관한 판례가 아주 많은데 위 [15] 2. 판례를 제외하고 기준은 무조건 10일이다. ▶ 15 국가9급

2. "피고인은 2000.11. 2.경부터 2001. 7. 2.경까지 사이에 인천 이하 불상지에서 메스암페타민 불상량을 불상의 방법으로 수회 투약하였다"라는 공소사실 (대법원 2002. 9.27. 2002도3194 인천 이하 불상지에서 사건) ▶ 21 경간부, 16 국가9급

17 공소사실이 특정된 경우 (구성요건 관련)

1. "피고인은 성명불상자와 공모공동하여 행사할 목적으로 1992. 봄 일자 불상경 피고인이 성명불상자에게 지시하여 성명불상자가 백지 부동산매매계약서 용지의 부동산 표시란에 '서울시 중구 신당동 202의1, 6평 9홉', 평당가격란에 '6.9×1,000,000원', 매매대금 총액란에 '69,000,000', 일자란에 '1990. 3.16.', 매도인란에 '서울 중구 신당동 200의8 A', 매수인란에 '서울 강동구 논현동 105 동현 1-305 B'라고 기재하고, 임의조각한 A의 인장을 날인한 뒤 중개인으로 C의 서명·날인을 받아 권리의무에 관한 사문서인 A 명의의 **부동산매매계약서 1매를 위조하였다**"라는 공소사실 [사문서위조죄] (대법원 1997. 7. 8. 97도632 서울 신당동 토지 사건) 이 이상 특정을 요구하는 것은 무리이다. 다시 말하자면 검사는 신(神)이 아니다. 아래 판례도 대략 그러하다.

2. "피고인 신정아는 2007. 4.경 불상의 장소에서 행사할 목적으로 권한 없이 '신정아가 2005. 5.23. 예일대학교 예술철학사 박사학위를 수여하였다'는 취지와 예일대학교 총장 하워드 알 라마 서명이 기재된 '예일대학교 박사학위기' 1매를 작성하여 **사실증명에 관한 사문서를 위조하고**, 2007. 5.20. 동국대학교에서 동국대학교 교직원으로부터 박사학위기 원본 제출을 요구받아 위조한 문서를 제출하여 행사하고, 2007. 7. 4. 광주비엔날레 사무실에서 광주비엔날레 직원에게 송부하여 행사하였다"라는 공소사실 [사문서위조 및 동행사죄] (대법원 2009. 1.30. 2008도6950 신정아 사건) ▶ 21 경간부, 15 경간부

18 공소사실이 특정되지 않은 경우 (구성요건 관련)

1. "피고인은 **성명불상** 3명과 합동하여 1975. 4. 2. 20:00경 부산 중구 충무동 2가58 소재 충남상회 앞길에서 자신 및 **성명불상** 1명은 통행중인 **성명불상** 여자의 양편에 붙어 서서 바람을 잡고, 다른 **성명불상** 2명은 어깨에 맨 그 여자 소유의 가방에서 **품명불상의 재물을 소매치기하여서 이를 절취하였다**"라는 공소사실 [특수절도죄] (대법원 1975.11.25. 75도2946 불상 불상 불상 특수절도 사건) 완전히 개판이지만 검사의 고충을 우리가 모르면 안 된다. 아래 2. 판례도 대략 이와 유사하다.

2. "피고인은 2018. 11. 4.경부터 11. 15.경까지 사이에 불상의 장소에서 피고인 명의의 새마을금고 계좌에 연결된 체크카드 1장 및 비밀번호를 **불상의 자**에게 **불상의 방법**으로 건네주어 접근매체를 양도하였다"라는 공소사실 [전자금융거래법위반] (대법원 2022.12.29. 2020도14662 일정기간 불상 불상 불상 사건)

19 공소사실이 특정된 경우 (기타)

1. 공모공동정범에 있어 실행정범의 인적사항이 적시되지 아니하고 범행일시나 장소가 명백히 표시되지 아니하였으나 그 공모 관계, 실행정범의 실행행위가 모두 표시되어 있는 경우라면 공소사실이 특정된 것으로 볼 수 있다. [사문서위조죄] (대법원 1997. 7. 8. 97도632 서울 신당동 토지 사건) [17] 1. 판례 참고 ▶ 18 경간부

▶

2. **살인죄**에 있어 범죄의 **일시장소와 방법**은 범죄의 구성요건이 아닐 뿐만 아니라 이를 구체적으로 명확히 인정할 수 없는 경우에는 **개괄적으로 설시하여도 무방**하다. 원심이 '2005. 1.28. 03:00경부터 05:20경 사이에 피고인의 집에서 불상의 방법으로 피해자를 살해하였다'는 내용의 주위적 공소사실의 기재가 특정되었다고 판단한 것은 정당한 것으로 수긍할 수 있다. [살인죄] (대법원 2008. 3.27. 2008도507 애인 토막살해 사건) ▶ 21 경간부, 15 경간부

3. 업무상과실치상 공소사실 중 그 일부 피해자에 대하여 **치료기간이 '미상'이라고 기재**하고 있다고 하더라도 공소사실의 기재는 범죄의 시일, 장소와 방법을 명시하여 사실을 특정할 수 있도록 하면 되는 것이고 '치상'의 경우 그 치료기간은 필요적 기재사항이라고 할 수는 없는 것이니 공소사실은 모두 특정되어 있다 할 것이다. [업무상과실치상죄] (대법원 1984. 3.13. 83도3006 버스 레이싱 사건) ▶ 15 경간부

4. 문서의 위조 여부가 문제되는 사건에서 그 위조된 문서가 압수되어 현존하고 있는 이상 그 범죄 일시와 장소, 방법 등은 범죄의 동일성 인정과 이중기소의 방지, 시효저촉 여부 등을 가름할 수 있는 범위에서 사문서의 위조사실을 뒷받침할 수 있는 정도로만 기재되어 있으면 충분하다. [사문서위조죄] (대법원 2018. 1. 25. 2016도6757 상속재산 400억 편취 실패 사건) [17] 2. 판례 참고 ▶ 16 경간부

5. 유가증권변조의 공소사실이 범행일자를 '2005. 1. 말경에서 같은 해 2. 4. 사이'로, 범행 장소를 '서울 불상지'로, 범행방법을 '불상의 방법으로 수취인의 기재를 삭제'한 것으로 되어 있다 하더라도 유가증권변조 여부가 문제로 된 사건에서 그 **변조된 유가증권이 압수되어 현존하고 있는 이상** 공소사실이 특정되지 아니하여 공소제기가 위법하다고 볼 수 없다. [유가증권변조죄] (대법원 2008. 3. 27. 2007도11000 유가증권 변조 공소사실 사건) ▶ 20 경찰채용, 18 경간부

6. 뇌물수수의 점에 관하여 **'2억원 상당'**으로 기재하였다고 하더라도 공소사실에 기재된 다른 사항들에 의하여 공소사실을 특정할 수 있다면 공소제기의 효력에 영향이 없다. [특정범죄가중법위반(수뢰)] (대법원 2010. 4. 29. 2010도2556 재건축조합장 2억 수뢰사건)

20 공소사실이 특정되지 않은 경우 (기타)

1. 불특정 다수인이 그 업무처리를 위하여 사용하는 컴퓨터 등 정보처리장치 등을 대상으로 하여 범죄가 저질러진 경우에는 최소한 그 컴퓨터 등 정보처리장치 등을 이용한 업무의 주체가 구체적으로 누구인지, 나아가 그 업무가 보호객체인 업무에 해당하는지를 심리·판단할 수 있을 정도로 특정되어야만 하고, 이에 이르지 못한 경우에는 공소사실로서 적법하게 특정되었다고 보기 어렵다. [컴퓨터등장애업무방해죄] (대법원 2009. 3. 12. 2008도11187 애드스파이더 다잡아 프로그램 사건) [11] 2. 판례 참고 ▶ 19 국가9급

2. 사문서변조의 공소사실에는 그 변조의 대상이 된 예금잔액증명서의 발급경위와 이미 금액란의 변조가 마쳐진 상태의 예금잔액증명서가 피고인에게 전달된 과정이 기재되어 있을 뿐 사문서변조의 범죄구성요건에 해당하는 구체적 사실에 관해서는 그 일시·장소와 방법의 기재가 모두 빠져 있고, 변조의 실행행위를 한 사람도 전혀 나타나 있지 않다(공범자도 성명불상자로만 기재되어 있을 뿐이다). 그 외에 공소장 내에 적시된 여타 사항들만으로는 다른 사실과 구별될 수 있는 사문서변조에 관한 구체적 공소사실을 파악하기 어려운 경우 형사소송법의 규정이 요구하는 특정한 사실의 기재로 볼 수 없다. [사문서변조죄] (대법원 2009. 1. 15. 2008도9327 예금잔액 변조사건) ▶ 20 국가9급

21 적용법조의 기재 관련 판례

1. 공소장에 적용법조를 기재하는 이유는 공소사실의 법률적 평가를 명확히 하여 공소의 범위를 확정하는 데 보조기능을 하도록 하고 피고인의 방어권을 보장하고자 함에 있을 뿐이고, 법률의 해석 및 적용 문제는 법원의 전권이라 할 것이므로 공소사실이 아닌 어느 처벌조항을 준용할지에 관한 해석 및 판단에 있어서는 법원은 검사의 공소장 기재 적용법조에 구속되지 않는다. (대법원 2018. 7. 24. 2018도3443 자전거 전도 사건) ▶ 22 경간부

2. 공소장에 적용법조를 기재하는 이유는 공소사실의 법률적 평가를 명확히 하여 피고인의 방어권을 보장하고자 함에 있으므로 적용법조의 기재에 오기나 누락이 있는 경우라 할지라도 이로 인하여 피고인의 방어에 실질적인 불이익을 주지 않는 한 공소제기의 효력에는 영향이 없다.(대법원 2012.11.15. 2010도11382 이계호 STC 회장 사건)

▶ 22 국가9급

> **선생님의 TIP**
>
> 예비적 기재 방식은 'Ⓐ if not Ⓑ'이고, 택일적 기재 방식은 'Ⓐ or Ⓑ'이다. 밑줄 친 부분은 그 기재를 반드시 요하는 것이 아니므로 이를 임의적 기재사항이라고 한다.

22 동일성이 없는 수개의 범죄사실도 예비적·택일적 기재가 허용되는지의 여부(적극)

형사소송법 제254조 5항에 "수개의 범죄사실과 적용법조를 예비적 또는 택일적으로 기재할 수 있다."함은 그들 수개의 범죄사실간에 범죄사실의 동일성이 인정되는 범위내에서 가능함은 물론 그들 범죄 상호간에 **범죄의 일시, 장소, 수단 및 객체 등이 달라서 수개의 범죄사실로 인정되는 경우에도 역시 가능하다.**(대법원 1966. 3.24. 65도114 순습 뇌물죄·횡령죄 택일적기소 사건) 쉽게 이해할 수 없는 판례이므로 암기를 요한다.

▶ 24 변호사, 22 경간부, 19 법원9급, 18 경찰채용

23 예비적·택일적 공소사실의 일부에 대한 상소제기의 효력(=전부 효력이 미침)

1. 주위적·예비적 공소사실의 일부에 대한 상소제기의 효력은 나머지 공소사실 부분에 대하여도 미치는 것이고, 동일한 사실관계에 대하여 서로 양립할 수 없는 적용법조의 적용을 주위적·예비적으로 구하는 경우에는 예비적 공소사실만 유죄로 인정되고 그 부분에 대하여 피고인만 상소하였다고 하더라도 주위적 공소사실까지 함께 상소심의 심판대상에 포함된다.(대법원 2006. 5.25. 2006도1146 재건축조합장 비리 사건) 별거 없는데 시험에 잘 나온다. 들러리 지문이라고 생각한다.

▶ 25 경찰승진, 24 경찰승진, 24 국가9급, 23 소방간부, 21 경찰채용, 18 국가9급

2. 주위적·예비적 공소사실의 일부에 대한 상고제기의 효력은 나머지 공소사실 부분에 대하여도 미치는 것이고, 동일한 사실관계에 대하여 서로 양립할 수 없는 적용법조의 적용을 주위적·예비적으로 구하는 경우에는 예비적 공소사실만 유죄로 인정되고 그 부분에 대하여 피고인만 상고하였다고 하더라도 주위적 공소사실까지 함께 상고심의 심판대상에 포함된다. 이때 상고심이 예비적 공소사실에 대한 원심판결이 잘못되었다는 이유로 원심판결을 전부 파기환송한다면 환송 후 원심은 예비적 공소사실은 물론 이와 동일체 관계에 있는 주위적 공소사실에 대하여도 이를 심리·판단하여야 한다.(대법원 2023.12.28. 2023도10718 상주시 주민센터 계약직 직원 사건) 밑줄 친 부분이 이번에 새롭게 판시된 내용이다.

> **형사소송규칙(2025. 2.28. 대법원규칙 제3202호로 일부개정된 것)**
>
> **제118조【공소장의 첨부서류】** ① 공소장에는, 공소제기전에 변호인이 선임되거나 보조인의 신고가 있는 경우 그 변호인선임서 또는 보조인신고서를, 공소제기전에 특별대리인의 선임이 있는 경우 그 특별대리인 선임결정등본을, 공소제기 당시 피고인이 구속되어 있거나 체포 또는 구속된 후 석방된 경우 체포영장, 긴급체포서, 구속영장 기타 구속에 관한 서류를 각 첨부하여야 한다.
> ② 공소장에는 제1항에 규정한 서류외에 사건에 관하여 법원에 예단이 생기게 할 수 있는 서류 기타 물건을 첨부하거나 그 내용을 인용하여서는 아니된다. 〈공소장일본주의〉

> **선생님의 TIP**
>
> 앞에서 소개했던 조문을 다시 한번 소개한다. 형사소송규칙 제118조 제2항이 바로 공소장일본주의를 말한다.

24 여사(餘事) 기재의 금지도 공소장일본주의의 내용에 포함되는지의 여부(적극)

1. 공소장에 법령이 요구하는 사항 이외의 사실[9]로서 법원에 예단이 생기게 할 수 있는 사유를 나열하는 것은 허용되지 않는다는 '기타 사실의 기재 금지' 역시 공소장일본주의의 내용에 포함된다.(대법원 2015. 1.29. 2012도2957 용산역전식구파 사건) 형사소송규칙 제118조 제2항은 '첨부와 인용'만 금지하고 있지만, 통설과 판례는 이와 같이 '여사 기재'도 금지된다고 한다. [30] 2. 판례 참고 ▶ 20 법원9급

2. 공소장에는 법령이 요구하는 사항만 기재하여야 한다. 공소사실의 첫머리에 공소사실과 관계없이 법원의 예단만 생기게 할 사유를 불필요하게 나열하는 것은 옳다고 할 수 없고, 공소사실과 관련이 있는 것도 원칙적으로 범죄의 구성요건에 적어야 하며 이를 첫머리 사실로서 불필요하게 길고 장황하게 나열하는 것을 적절하다고 할 수 없다.(대법원 2017.11. 9. 2014도15129 여대생 청부살해 사건) [30] 1. 판례 참고

25 공소장일본주의 위배여부의 판단기준

공소장일본주의의 위배 여부는 공소사실로 기재된 범죄의 유형과 내용 등에 비추어 볼 때에 공소장에 첨부 또는 인용된 서류 기타 물건의 내용, 그리고 법령이 요구하는 사항 외에 공소장에 기재된 사실이 법관 또는 배심원에게 예단을 생기게 하여 **법관 또는 배심원이 범죄사실의 실체를 파악하는 데 장애가 될 수 있는지 여부**를 기준으로 당해 사건에서 구체적으로 판단하여야 한다.(대법원 2020.10.29. 2020도3972 이명박 전대통령 사건) ▶ 23 국가7급

26 공소장일본주의에 위반되지 않는 경우

1. 공소장에 기재된 첫머리 사실이 공소사실의 범의나 공모관계, 공소범행에 이르게 된 동기나 경위 등을 명확히 나타내기 위하여 적시한 것으로 보이는 때에는 공소제기의 방식이 공소장일본주의에 위배되어 위법하다고 할 수 없고, 설령 범죄의 직접적인 동기가 아닌 경우에도 동기의 기재는 공소장의 효력에 영향을 미치지 아니한다.(대법원 2017.11. 9. 2014도15129 여대생 청부살해 사건)

---

[9] 이를 '여사(餘事)'라고 한다.

2. 살인, 방화 등의 경우 범죄의 직접적인 동기 또는 공소범죄사실과 밀접불가분의 관계에 있는 동기를 공소사실에 기재하는 것이 공소장일본주의 위반이 아님은 명백하고 설사 범죄의 직접적인 동기가 아닌 경우에도 동기의 기재는 공소장의 효력에 영향을 미치지 아니한다. (대법원 2007. 5.11. 2007도748 보험금 편취 목적 딸 살해 사건) ▶ 24 경찰승진, 21 경간부, 19 국가9급, 19 소방간부, 18 경찰승진

▶

3. 형사소송법 제254조 제3항은 공소장에 동항 소정의 사항들을 필요적으로 기재하도록 한 규정에 불과하고 그 이외의 사항의 기재를 금지하고 있는 규정이 아니므로 공소시효가 완성된 범죄사실을 공소범죄 사실 이외의 사실로 기재한 공소장이 형사소송법 제254조 제3항의 규정에 위배된다고 볼 수 없다.(대법원 1983. 11. 8. 83도1979 불필요한 시효완성 범죄 기재사건) ▶ 23 국가9급

▶

4. 공소장의 공소사실 첫머리에 피고인이 전에 받은 '소년부송치처분과 직업 없음'을 기재하였다 하더라도 이는 피고인을 특정할 수 있는 사항에 속하는 것이어서 그와 같은 내용의 기재가 있다 하여 공소제기의 절차가 법률의 규정에 위반된 것이라고 할 수 없다.(대법원 1990. 10. 16. 90도1813 소년부송치처분과 직업 없음 사건) 이 판례와 아래 5. 판례는 완전히 잘못된 것으로 앞으로 반드시 폐기되어야 한다. 피고인을 특정할 수 있는 사항은 성명, 주민등록번호, 직업, 주소, 등록기준지 등이지 전과(前科)과 아니기 때문이다. ▶ 25 법원9급, 25 소방간부, 24 경찰승진, 23 소방간부, 21 경찰승진, 20 국가7급, 18 경간부, 17 경찰승진, 16 경찰승진, 15 경찰채용

5. 공소장의 내용 가운데 범죄전력에 관한 기재는 피고인들을 특정할 수 있는 사항에 속하고, 공소사실 중 범죄구성요건사실과 관련이 없는 기재나 증거서류의 내용을 인용하고 있는 부분은 범의나 공모관계, 범행의 동기나 경위 등을 명확히 하기 위하여 구체적 사실을 적시할 필요성이 있는 것으로서 공소장일본주의에 위반된다고 할 수 없다.(대법원 2014. 8. 20. 2011도468 2009년 철도노조 파업사건)

> **선생님의 TIP**
>
> 공소장일본주의는 정식의 공소제기에 한하여 적용된다. 비교적 경미한 사건을 처리하는 약식명령이나 즉결심판 그리고 그에 관한 정식재판청구절차에서는 이 원칙이 적용되지 않는다.

27 약식명령 또는 즉결심판청구에 있어 공소장일본주의가 적용되는지의 여부(소극)

1. 검사가 약식명령의 청구와 동시에 증거서류 및 증거물이 법원에 제출되었다 하여 공소장일본주의를 위반하였다 할 수 없다.(대법원 2007. 7. 26. 2007도3906 야간·공동상해 피고인 사건) ▶ 24 법원9급, 19 소방간부, 18 경찰승진, 17 소방간부, 15 경간부

2. 즉결심판법이 즉결심판의 청구와 동시에 판사에게 증거서류 및 증거물을 제출하도록 한 것은 공소장일본주의가 배제되도록 한 것이라고 보아야 한다.(대법원 2011. 1. 27. 2008도7375 무전취식범 즉심청구 사건) ▶ 22 경간부

28 약식명령 또는 즉결심판에 대한 정식재판의 청구에 있어 공소장일본주의가 적용되는지의 여부(소극)

1. 약식명령에 대한 정식재판청구가 제기되었음에도 법원이 증거서류 및 증거물을 검사에게 반환하지 않고 보관하고 있다고 하여 그 이전에 이미 적법하게 제기된 공소제기의 절차가 위법하게 된다고 할 수도 없다.(대법원 2007. 7.26. 2007도3906 야간·공동상해 피고인 사건)

> 24 법원9급, 24 소방간부, 22 경간부, 22 국가7급, 19 국가9급, 18 경찰승진, 18 국가7급, 17 변호사, 17 소방간부, 15 변호사

2. 피고인이 경범죄처벌법 위반으로 즉결심판에 회부되었다가 정식재판을 청구한 경우 위 정식재판청구로 제1회 공판기일 전에 사건기록 및 증거물이 경찰서장, 관할 지방검찰청 또는 지청의 장을 거쳐 관할 법원에 송부된다고 하여 그 이전에 이미 적법하게 제기된 경찰서장의 즉결심판청구의 절차가 위법하게 된다고 볼 수 없고, 그 과정에서 정식재판이 청구된 이후에 작성된 피해자에 대한 진술조서 등이 사건기록에 편철되어 송부되었더라도 달리 볼 것은 아니다.(대법원 2011. 1.27. 2008도7375 무전취식범 즉심청구 사건)

> 21 경찰채용

선생님의 TIP

공소장일본주의에 위반한 공소제기는 공소제기의 절차가 법률의 규정(형사소송규칙[10] 제118조 제2항)을 위반하여 무효이므로 법원은 형사소송법 제327조 제2호에 의하여 공소기각판결을 선고하여야 한다. 이것이 원칙이지만 피고인 측에서 이의를 제기하지 않으면 그 하자가 치유된다. 두문자 〈허기진 특정 모범 일본소년이 가면 고소·고발·처벌 재유발하고 특허·보험 남용한다〉로 암기하기 바란다.

29 공소장일본주의 위반의 효과(=공소기각 판결) 및 그를 다툴 수 있는 시간적 한계(= 제1심의 증거조사절차 완료 전까지)

1. 공소장일본주의에 위배된 공소제기라고 인정되는 때에는 그 절차가 법률의 규정에 위반하여 무효인 때에 해당하는 것으로 보아 공소기각의 판결을 선고하는 것이 원칙이다. 그러나 공소장 기재의 방식에 관하여 피고인 측으로부터 아무런 이의가 제기되지 아니하였거나 이의가 제기되었다가 철회되었고 법원 역시 범죄사실의 실체를 파악하는 데 지장이 없다고 판단하여 그대로 공판절차를 진행한 결과 증거조사 절차가 마무리되어 법관의 심증형성이 이루어진 단계에서는 소송절차의 동적 안정성 및 소송경제의 이념 등에 비추어 볼 때에 이제는 더 이상 공소장일본주의 위배를 주장하여 이미 진행된 소송절차의 효력을 다툴 수는 없다.(대법원 2017.11. 9. 2014도15129 여대생 청부살해 사건) [30] 1. 판례 참고

> 25 법원9급, 24 경찰승진, 24 소방간부, 23 국가7급, 23 국가9급, 22 국가9급, 22 법원9급, 21 경찰채용, 21 법원9급, 20 법원9급, 19 국가7급, 18 경찰승진, 18 법원9급, 17 경간부, 17 국가9급, 16 국가9급, 15 경간부

2. 공소장일본주의에 위배된 공소제기라고 인정되는 때에는 그 절차가 법률의 규정에 위반하여 무효인 때에 해당하는 것으로 보아 공소기각의 판결을 선고하는 것이 원칙이다. 다만 공소장 기재의 방식에 관하여 피고인 측으로부터 아무런 이의가 제기되지 아니하였고 법원 역시 범죄사실의 실체를 파악하는 데 지장이 없다고 판단하여 그대로 공판절차를 진행한 결과 증거조사절차가 마무리되어 법관의 심증형성이 이루어진 단계에 이른 경우에는 소송절차의 동적 안정성 및 소송경제의 이념 등에 비추어 볼 때 더 이상 공소장일본주의 위배를 주장하여 이미 진행된 소송절차의 효력을 다툴 수 없으나 피고인 측으로

> 25 소방간부, 24 경찰승진, 24 국가9급, 19 소방간부, 17 국가7급

---

10 넓은 의미의 '법률'이라고 할 수 있다.

부터 이의가 유효하게 제기되어 있는 이상 공판절차가 진행되어 법관의 심증형성의 단계에 이르렀다고 하여 공소장일본주의 위배의 하자가 치유된다고 볼 수 없다.(대법원 2015. 1. 29. 2012도2957 용산역전식구파 사건) [30] 2. 판례 참고

30 공소장일본주의 위반의 하자가 치유되는 경우와 치유되지 않는 경우

1. 원심은, 제1심 제1회 공판기일에서 피고인이 공소사실 Ⅱ의 1항 및 2항에 관하여 공소장일본주의에 위배된다고 주장하여, 검사가 공소사실 Ⅱ의 1항 중 소결 부분 및 2항 중 검찰의 평가 부분을 삭제하고 공소사실을 진술하였고, 이후 검사가 위 소결 부분 및 위 검찰의 평가 부분을 삭제하는 내용의 공소장변경허가신청서를 제출하여 제2회 공판기일에 그에 따른 공소장변경이 이루어졌으며, 위 공소장변경 당시 및 그 이후 피고인이나 변호인은 이의를 하지 아니하였고, 공소사실 Ⅱ의 1항 및 2항 중 위와 같이 삭제되고 남은 부분은 허위진단서작성, 허위작성진단서행사, 배임수재 범죄의 동기 또는 경위에 해당하며, 위 범죄의 성격상 그 범의나 공모관계, 범행의 동기나 경위 등을 명확히 하기 위하여 구체적인 사정을 적시할 필요가 있다고 인정하고, 이에 비추어 보면 **공소장일본주의 위반을 이유로 하는 피고인의 항소이유 주장은 이유 없다고 판단하였던 바 이러한 원심의 판단은 정당하다.**(대법원 2017. 11. 9. 2014도15129 여대생 청부살해 사건)

2. 검사가 범죄 구성요건 사실의 특정에 필요한 적절한 정도를 넘어 공소장의 모두(冒頭) 사실에 '용산역전식구 세력화 이전 용산지역 폭력배의 이합집산, 용산역전식구의 세력화 배경, 운영자금 조달, 조직적 지휘, 통솔체계 확립 시도, 조직의 단합과 결속 도모 등'을 장황하게 기재하여 피고인이 충분히 기소된 범죄들을 저지를 수 있는 자라는 강한 유죄의 심증을 불러일으키게 하였고, 피고인의 변호인이 제1심 제1회 공판기일 전에 제출한 의견서에서 공소장이 공소장일본주의에 위배된다고 기재하였고 제1심 제1회 공판기일에서 공소사실 낭독 후에 그 의견서를 진술하여 공소장 기재 방식에 대하여 이의를 한 이상, 비록 제1심 법원이 공판절차 초기 쟁점정리 과정에서 "공소장 중 모두 사실은 범죄의 구성요건과 상관이 없어 심리하지 않겠다."고 고지하고 증거조사 등의 공판절차를 진행하였다 하더라도 공소장 기재 방식의 하자가 치유된다고 볼 수 없다. 따라서 이 부분 공소사실은 법관에게 예단을 생기게 하여 법관이 범죄사실의 실체를 파악하는 데 장애가 될 수 있도록 기재되어 있어 **공소장일본주의에 위배된다.**(대법원 2015. 1. 29. 2012도2957 용산역전식구파 사건)

> 24 경찰승진

Ⅲ 공소제기의 효과

형사소송법(2025. 3.18. 법률 제20796호로 일부개정된 것)

제248조【공소의 효력 범위】① 공소의 효력은 검사가 피고인으로 지정한 자에게만 미친다. 〈원칙〉
② 범죄사실의 일부에 대한 공소의 효력은 범죄사실 전부에 미친다. 〈공소불가분의 원칙〉

제253조【시효의 정지와 효력】① 시효는 공소의 제기로 진행이 정지되고, 공소기각 또는 관할위반의 재판이 확정된 때로부터 진행한다.
② 공범의 1인에 대한 전항의 시효정지는 다른 공범자에게 대하여 효력이 미치고 당해 사건의 재판이 확정된 때로부터 진행한다. 〈제248조 제1항 원칙에 대한 예외〉

선생님의 TIP

공소제기의 효과와 직접 관련된 판례는 많지 않은데, 이 교재 중간중간에 흩어져 있다. 비교적 중요한 위 조문을 꼼꼼히 읽어야 한다.

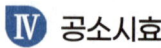 공소시효

> **형사소송법(2025. 3.18. 법률 제20796호로 일부개정된 것)**
>
> **제249조 【공소시효의 기간】** ① 공소시효는 다음 기간의 경과로 완성한다. 〈공소시효〉
>   1. 사형에 해당하는 범죄에는 25년
>   2. 무기징역 또는 무기금고에 해당하는 범죄에는 15년
>   3. 장기 10년 이상의 징역 또는 금고에 해당하는 범죄에는 10년
>   4. 장기 10년 미만의 징역 또는 금고에 해당하는 범죄에는 7년
>   5. 장기 5년 미만의 징역 또는 금고, 장기10년 이상의 자격정지 또는 벌금에 해당하는 범죄에는 5년
>   6. 장기 5년 이상의 자격정지에 해당하는 범죄에는 3년
>   7. 장기 5년 미만의 자격정지, 구류, 과료 또는 몰수에 해당하는 범죄에는 1년
>   ② 공소가 제기된 범죄는 판결의 확정이 없이 공소를 제기한 때로부터 25년을 경과하면 공소시효가 완성한 것으로 간주한다. 〈의제공소시효 또는 재판시효〉
> **제253조의2 【공소시효의 적용 배제】** 사람을 살해한 범죄(종범은 제외한다)로 사형에 해당하는 범죄에 대하여는 제249조부터 제253조까지에 규정된 공소시효를 적용하지 아니한다.
>
> **제326조 【면소의 판결】** 다음 경우에는 판결로써 면소의 선고를 하여야 한다.
>   1. 확정판결이 있은 때
>   2. 사면이 있은 때
>   3. <u>공소의 시효가 완성되었을 때</u>
>   4. 범죄 후의 법령개폐로 형이 폐지되었을 때

선생님의 TIP

1. 공소시효는 정말 중요하고 판례도 비교적 많은 편이다. 정말 중요한 공소시효에 관한 문제는 내지 않고, 이상한 학설 문제를 내는 경찰채용(순경, 경위)시험 출제자들은 반성을 좀 해야 한다. 혹시 '빠진 판례가 있는 거 아냐?'라고 생각할 수 있지만 그것은 「NEW 트렌드 형법 판례」에 수록되어 있거나 시험에 출제되지 않는 것이다.
2. 아래 첫 번째 핵심정리는 공소시효 규정 배제범죄이다. 두 번째 핵심정리 공소시효 기간은 필수 암기사항이다. 비록 형사소송법에는 공소시효 기간이 3년 또는 1년인 것도 있지만, 실제로 이에 해당하는 범죄는 없다. 가장 가벼운 경범죄의 공소시효 기간도 5년이다. 따라서 3년 또는 1년의 공소시효 기간을 물어보는 문제는 시험에 출제하지 않는 것이 맞다.

핵심정리 공소시효 규정 배제범죄

1. 사람을 살해한 범죄(종범은 제외)로 사형에 해당하는 범죄(제253조의2) 예 살인죄, 존속살해죄, 강도살인죄
2. 13세 미만의 사람 및 신체적인 또는 정신적인 장애가 있는 사람에 대한 강간 등 일정한 성폭력범죄(성폭력처벌법 제21조 제3항, 청소년성보호법 제20조 제3항) 예 12세강간죄, 장애인강간죄
3. 강간등살인죄(성폭력처벌법 제21조 제4항, 청소년성보호법 제20조 제4항) 예 강간살인죄
4. 헌정질서파괴범죄와 집단살해범죄(헌정범죄시효법 제3조) 예 내란죄[1], 반란죄

---

[1] 윤석열 전(前)대통령이 범한 죄는 내란이므로 해외로 도피하든 망명을 하든 상관 없어 윤 전(前)대통령 살아있는 한 언제든지 수사하고 공소제기를 하여 처벌할 수 있다.

> **핵심정리** 공소시효 기간의 암기

대 상 범 죄	시효기간	
사형에 해당하는 범죄	25년	사이오
무기징역 또는 무기금고에 해당하는 범죄	15년	무일오
장기 10년 **이**상의 징역 또는 금고에 해당하는 범죄	10년	십이십
장기 10년 **미**만의 징역 또는 금고에 해당하는 범죄	7년	십미칠
장기 5년 **미**만의 징역 또는 금고에 해당하는 범죄, **벌금**에 해당하는 범죄	5년	오미오, 금오(동)

공직선거법(2025. 4. 1. 법률 제20902호로 일부개정된 것)

제268조【공소시효】 ① 이 법에 규정한 죄의 공소시효는 당해 선거일 후 6개월(선거일후에 행하여진 범죄는 그 행위가 있는 날부터 6개월)을 경과함으로써 완성한다. 다만, 범인이 도피한 때나 범인이 공범 또는 범죄의 증명에 필요한 참고인을 도피시킨 때에는 그 기간은 3년으로 한다.

> **선생님의 TIP**
>
> 특별법에 형사소송법과 다른 공소시효 기간을 규정한 것이 몇 개 있는데, 가장 대표적인 것이 바로 공직선거법이다. 아래 판례가 유독 경찰시험에서만 출제된다.

01 공직선거법 제268조 제1항 본문의 단기 공소시효의 기산일인 '당해 선거일'의 의미(=선거범죄와 직접 관련된 선거의 투표일)

공직선거법 제268조 제1항 본문은 "이 법에 규정한 죄의 공소시효는 당해 선거일 후 6개월(선거일 후에 행하여진 범죄는 그 행위가 있는 날부터 6개월)을 경과함으로써 완성한다."라고 규정하고 있다. 여기서 말하는 '당해 선거일'이란 그 선거범죄와 직접 관련된 공직선거의 투표일을 의미한다. 이는 선거범죄가 당내경선운동에 관한 공직선거법위반죄인 경우에도 마찬가지이므로 그 선거범죄에 대한 공소시효의 기산일은 당내경선의 투표일이 아니라 그 선거범죄와 직접 관련된 공직선거의 투표일이다.(대법원 2019.10.31. 2019도8815 여론조사 방식의 당내경선 사건) '특정 공직선거'를 염두하고 당내경선운동 관련 선거범죄를 한 경우 '그 특정 공직선거의 투표일'이 공소시효의 기산점이 된다. 예를 들어 2025. 6. 3. 21대 대통령 선거가 있었는바, 甲이 당내경선 관련 선거범죄를 2025. 4.25. 범했고 당내 경선일이 2025. 5. 2.인 경우라도 공소시효는 2025. 6. 4.부터 진행하여 같은 해 12. 3. 24:00에 완성된다.

▶ 22 경간부, 21 경찰승진, 20 경찰채용

형사소송법(2025. 3.18. 법률 제20796호로 일부개정된 것)

제250조【두 개 이상의 형과 시효기간】 두 개 이상의 형을 병과하거나 두 개 이상의 형에서 한 개를 과할 범죄에 대해서는 무거운 형에 의하여 제249조를 적용한다.
제251조【형의 가중, 감경과 시효기간】 형법에 의하여 형을 가중 또는 감경한 경우에는 가중 또는 감경하지 아니한 형에 의하여 제249조의 규정을 적용한다.

> **선생님의 TIP**
>
> 1. 절도죄의 법정형은 6년 이하의 징역 또는 1천만원 이하의 벌금인바, 무거운 형인 '6년 이하의 징역'을 기준으로 하여 공소시효는 7년이 된다. 이것이 형사소송법 제250조의 취지이다. 질문을 하겠다. 사람을 살해한 자는 사형, 무기 또는 5년 이상의 징역에 처한다. 그럼 이 살인죄의 공소시효 기간은 얼마인가?[2]
> 2. 절도미수죄의 경우 형을 감경할 수 있다[3]. 절도미수죄라도 '3년 이하의 징역'이 아니라 여전히 '6년 이하의 징역'을 기준으로 하여 공소시효는 7년이 된다. 그리고 누범의 형은 그 죄에 정한 형의 장기 2배까지 가중한다. 절도죄가 누범이라도 '12년 이하의 징역'이 아니라 여전히 '6년 이하의 징역'을 기준으로 하여 공소시효는 7년이 된다. 이것이 형사소송법 제251조의 취지이다. 그러나 형법이 아니라 특별법에 의하여 형을 가중 또는 감경하는 경우에는 형사소송법 제251조가 적용되지 않는다. 예를 들어 횡령으로 취득한 이득액이 10억원인 경우 형법이 아닌 특정경제범죄법이 적용되어 공소시효는 10년이 된다.

형법(2025. 4. 8. 법률 제20908호로 일부개정된 것)

제355조【횡령, 배임】① 타인의 재물을 보관하는 자가 그 재물을 횡령하거나 그 반환을 거부한 때에는 5년 이하의 징역 또는 1천500만원 이하의 벌금에 처한다.

특정경제범죄 가중처벌 등에 관한 법률(2017.12.19. 법률 제15256호로 일부개정된 것)

제3조【특정재산범죄의 가중처벌】① 형법 제355조 (횡령·배임) (중략) 죄를 범한 사람은 그 범죄행위로 인하여 취득하거나 제3자로 하여금 취득하게 한 재물 또는 재산상 이익의 가액(이하 이 조에서 "이득액"이라 한다)이 5억원 이상일 때에는 다음 각 호의 구분에 따라 가중처벌한다.
1. 이득액이 50억원 이상일 때 : 무기 또는 5년 이상의 징역
2. 이득액이 5억원 이상 50억원 미만일 때 : 3년 이상의 유기징역

02 형법 이외의 특별법에 의하여 형이 가중·감경된 경우 공소시효의 기준이 되는 형(=가중·감경된 형)

형사소송법 제251조는 **형법 이외의 법률에 의하여 형을 가중·감경할 경우에는 적용되지 않는다.**(대법원 1973. 3.13. 72도2976 2회 이상 밀항사건)

▶ 15 경찰채용

03 상상적 경합범의 경우 각각의 범죄사실을 분리하여 별도로 공소시효를 계산해야 하는지의 여부(적극)

1개의 행위가 여러 개의 죄에 해당하는 경우 형법 제40조는 이를 과형상 일죄로 처벌한다는 것에 지나지 아니하고 **공소시효를 적용함에 있어서는 각 죄마다 따로 따져야 할 것인 바**, 변호사법위반죄의 공소시효가 완성되었다고 하여 그 죄와 상상적 경합관계에 있는 사기죄의 공소시효까지 완성되는 것은 아니다.(대법원 2006.12. 8. 2006도6356 변호사법위반 사기범 사건)

▶ 25 변호사, 25 경찰승진, 24 국가9급, 23 국가7급, 22 경간부, 21 경간부, 20 경찰승진, 20 경간부, 19 국가7급, 17 국가9급

---

[2] 25년 아니라 앞에서 말한대로 형사소송법 제253조의2에 의하여 공소시효 규정이 배제된다. 피의자가 살아있는 한 언제든지 수사하고 공소제기를 하여 처벌할 수 있다.
[3] 특별한 언급이 없으면 '미수'는 장애미수를 말한다.

> 형사소송법(2025. 3.18. 법률 제20796호로 일부개정된 것)
> 제298조 【공소장의 변경[4]】 ① 검사는 법원의 허가를 얻어 공소장에 기재한 공소사실 또는 적용법조의 추가, 철회 또는 변경을 할 수 있다.
> 제248조 【공소의 효력 범위】 ① 공소의 효력은 검사가 피고인으로 지정한 자에게만 미친다.
>   ② 범죄사실의 일부에 대한 공소의 효력은 범죄사실 전부에 미친다.
> 제253조 【시효의 정지와 효력】 ① 시효는 공소의 제기로 진행이 정지되고 공소기각 또는 관할위반의 재판이 확정된 때로부터 진행한다.

선생님의 TIP

1. 공소장변경이 있는 경우(Ⓐ → Ⓑ) 심판대상은 Ⓑ이지 더 이상 Ⓐ가 아니므로 Ⓑ를 기준으로 공소시효 완성 여부를 검토하여야 한다. 예를 들어 살인죄로 기소하였다가 업무상과실치사죄로 공소장변경이 된 경우 업무상과실치사죄에 관한 법정형을 기준으로 시효 완성 여부를 검토하여야 한다. [4] 판례가 이에 대한 것이다.
2. 공소시효는 공소의 제기로 진행이 정지되므로 어떤 범죄에 대하여 시효가 완성되었는지 여부는 언제나 공소제기시를 기준으로 한다. [5] 판례가 이에 대한 것이다.

핵심정리 공소제기로 인한 공소시효 정지

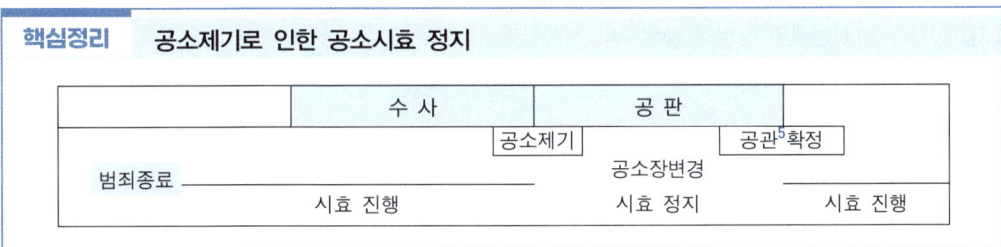

04 공소장변경이 있는 경우 공소시효의 기준이 되는 공소사실(=변경된 공소사실)

1. 공소장변경절차에 의하여 공소사실이 변경됨에 따라 그 법정형에 차이가 있는 경우에는 **변경된 공소사실에 대한 법정형이 공소시효기간의 기준이 된다.** (대법원 2013. 7.26. 2013도6182 강간범 공소시효완성 사건)

   ▶ 25 경찰승진, 25 국가9급, 24 법원9급, 23 변호사, 22 변호사, 22 국가7급, 22 법원9급, 22 소방간부, 20 경간부, 20 소방간부, 19 경찰승진, 18 변호사, 18 경찰채용, 18 법원9급, 17 변호사, 17 경간부, 16 국가7급, 16 국가9급, 15 경찰채용

2. 공소제기 당시의 공소사실에 대한 법정형을 기준으로 하면 공소제기 당시 아직 공소시효가 완성되지 않았으나 변경된 공소사실에 대한 법정형을 기준으로 하면 공소제기 당시 이미 공소시효가 완성된 경우에는 면소판결을 선고하여야 한다. (대법원 2013. 7.26. 2013도6182 강간범 공소시효완성 사건)

   ▶ 24 경찰승진, 24 법원9급, 23 국가7급, 22 변호사, 21 변호사, 21 경찰승진, 18 국가7급, 17 국가9급

---

4 공소장이라는 종이를 바꾸는 것이 아니라 심판대상을 바꾸는 것을 말한다. 즉, 공소장변경은 심판대상의 변경이다.
5 공소기각 또는 관할위반의 재판을 말한다. 유무죄판결이나 면소판결의 경우 기판력 때문에 다시 기소할 수 없어 공소시효를 논할 실익이 없다.

05 공소장변경이 있는 경우 공소시효 완성여부의 기준시점(=공소제기시)

1. 공소장변경이 있는 경우 공소시효의 완성 여부는 당초의 공소제기가 있었던 시점을 기준으로 판단할 것이고 공소장변경시를 기준으로 삼을 것이 아니다.(대법원 2018.10.12. 2018도6252 부정 당내경선운동 사건)
   ▶

   > 25 국가9급, 24 국가9급,
   > 23 변호사, 22 변호사,
   > 22 소방간부, 21 경찰채용,
   > 21 국가9급, 21 소방간부,
   > 20 법원9급, 20 소방간부,
   > 19 경찰승진, 19 경찰채용,
   > 18 경찰채용, 18 법원9급,
   > 17 국가7급, 17 경간부,
   > 16 법원9급, 16 국가7급,
   > 16 국가9급, 15 경찰채용,
   > 24 소방간부, 15 경간부

2. 사기죄로 공소가 제기된 범죄사실에 대하여 예비적으로 배임죄를 추가하는 공소장변경이 된 경우에는 배임죄에 대한 공소시효의 완성 여부는 본래의 공소제기시를 기준으로 하여야 하고 공소장변경시를 기준으로 삼아서는 아니된다.(대법원 1981. 2.10. 80도3245 추가 배임죄 공소시효 사건) 범죄사실의 일부에 대한 공소의 효력은 범죄사실 전부에 미친다.(제248조 제2항) 사기죄로 공소가 제기된 때에 이미 배임죄도 공소가 제기된 것이다.

형사소송법(2025. 3.18. 법률 제20796호로 일부개정된 것)

제252조 【시효의 기산점】 ① 시효는 범죄행위의 종료한 때로부터 진행한다.
② 공범에는 최종행위의 종료한 때로부터 전공범에 대한 시효기간을 기산한다.

선생님의 TIP

형사소송법 제252조 제1항은 "시효는 범죄행위의 종료한 때로부터 진행한다."라고 규정하고 있는데 '범죄 종료시' 판단이 쉬운 것이 아니다. 「NEW 트렌드 형법 판례」에서 잠시 배운 적이 있는데 아래와 같이 핵심정리를 한 번 수록한다. 출제가 잘 되는 편이므로 꼼꼼하게 읽어야 한다.

핵심정리 즉시범과 계속범 구분 도식화

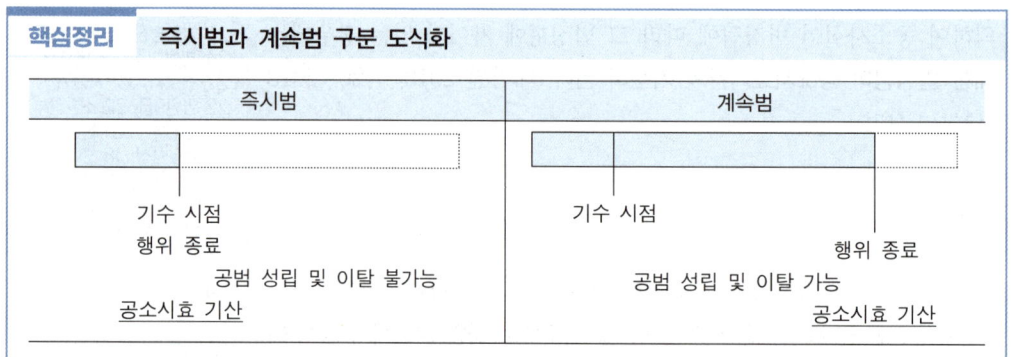

06 미수범의 공소시효 기산점(=더 이상 범죄가 진행될 수 없는 때)

미수범의 범죄행위는 행위를 종료하지 못하였거나 결과가 발생하지 아니하여 더 이상 범죄가 진행될 수 없는 때에 종료하고 그때부터 미수범의 공소시효가 진행한다.(대법원 2017. 7.11. 2016도14820 분양계약서 반환 사건) "피고인이 분양대책위원회에 대한 업무상 임무에 위배하여 주상복합아파트 2층 오피스텔 28세대에 관한 분양계약에 따라 소유권이전등기를 하여 재산상 이익을 취득하려다가 금전지급약정에 따라 2007. 2. 8. X회사 등에게

> 25 변호사, 25 경찰승진,
> 25 국가9급, 22 소방간부,
> 21 변호사, 21 경간부,
> 20 경찰채용, 20 법원9급,
> 19 법원9급, 18 경찰채용,
> 18 국가7급, 18 소방간부

분양계약서를 반환하여 더 이상 주상복합아파트 2층 28세대에 관한 소유권이전등기절차를 진행할 수 없게 됨으로써 미수에 그친 경우 업무상배임미수죄에 있어 범죄행위의 종료시기는 금전지급약정 및 분양계약서 반환으로 더 이상 소유권이전등기절차를 진행할 수 없게 된 때이다."라고 판시하였다.

07 업무상과실치사상죄의 공소시효 기산점(=결과발생시)

1. 공소시효의 기산점에 관하여 규정하는 형사소송법 제252조 제1항의 '범죄행위'는 당해 범죄행위의 결과까지도 포함하는 취지로 해석함이 상당하다.(대법원 2003. 9. 26. 2002도3924 경주 기림사 사건) ▶ 18 국가9급

2. 교량붕괴사고에 있어 업무상과실치사상죄, 업무상과실일반교통방해죄 및 업무상과실자동차추락죄의 공소시효도 교량붕괴사고로 인하여 피해자들이 사상에 이른 결과가 발생함으로써 그 범죄행위가 종료한 때로부터 진행한다.(대법원 1997. 11. 28. 97도1740 성수대교 붕괴사건) 결과가 발생하지 않으면 과실범이라는 범죄 자체가 성립하지 않는다. 당연히 결과가 발생할 때에 범죄가 성립하고 또한 대략 범죄가 종료한 것이므로 그때부터 공소시효가 진행한다.

3. 업무상과실치사상죄의 공소시효는 피해자들이 사상에 이른 결과가 발생함으로써 그 범죄행위가 종료한 때로부터 진행한다.(대법원 1996. 8. 23. 96도1231 삼풍백화점 붕괴사건) ▶ 24 소방간부

성수대교 붕괴사건[6]

삼풍백화점 붕괴사건[7]

08 포괄일죄의 공소시효 기산점(=최종행위 종료시)

1. 포괄일죄의 공소시효는 최종의 범죄행위가 종료한 때로부터 진행한다.(대법원 2015. 10. 29. 2014도5939 서울시 공무원 간첩사건) 위 핵심정리에서 보았던 계속범에 관한 법리가 적용된다. ▶ 21 국가7급, 18 법원9급, 15 경간부, 15 경찰채용

2. 범죄단체를 구성하거나 이에 가입한 자가 더 나아가 구성원으로 활동하는 경우 이는 포괄일죄의 관계에 있다고 봄이 타당하다. 한편 포괄일죄의 공소시효는 최종의 범죄행위가 종료한 때로부터 진행한다.(대법원 2015. 9. 10. 2015도7081 보이스피싱조직 가입·활동 사건) [9] 4. 판례와 약간 뉘앙스(nuance)가 다르다. ▶ 21 법원9급, 20 경간부, 17 경간부

---

6 이미지 출처 - 연합뉴스(https://www.yna.co.kr/view/AKR20201015084500005)
7 이미지 출처 - nate 뉴스(https://news.nate.com/view/20140417n23815)

3. 동일 죄명에 해당하는 수 개의 행위를 단일하고 계속된 범의로 일정 기간 계속하여 행하고 그 피해법익도 동일한 경우에는 이들 각 행위를 통틀어 포괄일죄로 처단하여야 하고, 그 경우 **공소시효는 최종의 범죄행위가 종료한 때로부터 진행한다.**(대법원 2021. 3. 11. 2020도12583 원세훈 국정원장 사건)

09 각종 범죄의 공소시효 기산점(즉시범 또는 상태범)

1. 서적·신문 등 기존의 매체에 명예훼손적 내용의 글을 게시하는 경우에 그 게시행위로써 명예훼손의 범행은 종료하는 것이며 그 서적이나 신문을 회수하지 않는 동안 범행이 계속된다고 보지는 않는다는 점을 고려해 보면, **정보통신망을 이용한 명예훼손의 경우에** 게시행위 후에도 독자의 접근가능성이 기존의 매체에 비하여 좀 더 높다고 볼 여지가 있다 하더라도 그러한 정도의 차이만으로 **정보통신망을 이용한 명예훼손의 경우에 범죄의 종료시기가 달라진다고 볼 수는 없다.** [명예훼손죄] (대법원 2007. 10. 25. 2006도346 인터넷 댓글 공소시효 사건) 정보통신망을 이용한 명예훼손의 경우 게시행위로써 범행이 종료하는 즉시범이므로 그때부터 공소시효가 진행한다는 취지의 판례이다.

2. 병역법 제70조 제3항, 제94조에서 규정하고 있는 **국외여행허가의무 위반으로 인한 병역법위반죄**는 국외여행의 허가를 받은 병역의무자가 기간만료 15일 전까지 기간연장허가를 받지 않고 정당한 사유 없이 허가된 기간 내에 귀국하지 않은 때에 성립함과 동시에 완성되는 이른바 즉시범으로서 그 이후에 귀국하지 않은 상태가 계속되고 있더라도 위 규정이 정한 범행을 계속하고 있다고 볼 수 없다. 따라서 이 범죄의 공소시효는 범행종료일인 국외여행허가기간 만료일부터 진행한다. [병역법위반] (대법원 2022. 12. 1. 2019도5925 병역회피 목적 미국체류 사건) 甲은 2002. 12. 31.까지 국외여행 기간연장허가를 받아 미국에 거주하던 중 기간만료 15일 전까지 기간연장허가를 받지 않고 정당한 사유 없이 허가된 기간에 귀국하지 아니하였고(병역법위반죄가 성립함과 동시에 종료하였다), 이후 2017. 4. 18. 귀국할 때까지 장기간 미국에서 체류하였다. 이 경우 2003. 1. 1.부터 공소시효가 진행되어야 할 것이지만 "범인이 형사처분을 면할 목적으로 국외에 있는 경우 그 기간 동안 공소시효는 정지된다."라는 형사소송법 제253조 제3항이 적용되어 즉, 공소시효가 완성되지 않은 것이므로 결국 甲은 처벌을 받았다.

> **병역법(2025. 4. 1. 법률 제20867호로 일부개정된 것)**
>
> **제70조【국외여행의 허가 및 취소】** ③ 국외여행의 허가를 받은 사람이 허가기간에 귀국하기 어려운 경우에는 기간만료 15일 전까지, 25세가 되기 전에 출국한 사람은 25세가 되는 해의 1월 15일까지 병무청장의 기간연장허가 또는 국외여행허가를 받아야 한다.
>
> **제94조【국외여행허가 의무 위반】** ② 제70조 제1항 또는 제3항에 따른 허가를 받지 아니하고 출국한 사람, 국외에 체류하고 있는 사람 또는 정당한 사유 없이 허가된 기간에 귀국하지 아니한 사람은 3년 이하의 징역에 처한다.

3. 정당법 제53조, 제22조 제1항에서 규정하는 공무원이나 사립학교의 교원이 정당의 당원이 된 죄와 국가공무원법 제84조, 제65조 제1항에서 규정하는 공무원이 정당 그 밖의 정치단체에 가입한 죄는 공무원이나 사립학교의 교원 등이 정당 등에 가입함으로써 즉시 성

립하고 그와 동시에 완성되는 즉시범이므로 그 범죄성립과 동시에 공소시효가 진행한다. [정당법위반 등] (대법원 2014. 5.16. 2012도12867 민노당 가입 교사들 사건)

> **병역법(2025. 4. 1. 법률 제20867호로 일부개정된 것)**
>
> **제22조【발기인 및 당원의 자격】** ① 16세 이상의 국민은 공무원 그 밖에 그 신분을 이유로 정당가입이나 정치활동을 금지하는 다른 법령의 규정에 불구하고 누구든지 정당의 발기인 및 당원이 될 수 있다. 다만, 다음 각 호의 어느 하나에 해당하는 자는 그러하지 아니하다.
> 1. 국가공무원법 제2조 또는 지방공무원법 제2조에 규정된 공무원 〈단서 생략〉
> 2. 고등교육법 제14조 제1항·제2항에 따른 교원을 제외한 사립학교의 교원
>
> **제53조【위법으로 발기인이나 당원이 된 죄】** 제22조 제1항 단서의 규정을 위반하여 정당의 발기인이나 당원이 된 자는 1년 이하의 징역이나 100만원 이하의 벌금에 처한다.

4. 폭력행위처벌법 제4조 소정의 단체 등의 구성죄는 같은 법에 규정된 범죄를 목적으로 한 단체 또는 집단을 구성함으로써 즉시 성립·완성되는 즉시범이므로 범죄성립과 동시에 공소시효가 진행된다. [폭력행위처벌법위반] (대법원 2013.10.17. 2013도6401 당진식구파 사건) 이 판례가 2025년 현재도 유효한지는 의문이 든다. 그러니까 출제위원들도 약 5년 간 출제를 못하고 있는 것이다. [8] 2. 판례와 비교

10 각종 범죄의 공소시효 기산점(계속범)

1. 공유수면인 바닷가를 허가 없이 점사용하는 행위는 그로 인하여 공유수면의 외부적 형상이 변경되었는지 여부와 관계 없이 그 공유수면을 무단으로 점사용하는 한 가벌적인 위법행위가 계속 반복되고 있는 계속범이라고 보아야 한다. [공유수면관리법위반] (대법원 2010. 9.30. 2008도7678 공유수면 컨테이너창고 사건) 피고인이 허가를 받지 않고 1990.경 공유수면 486㎡를 매립하고 그 위에 컨테이너 4개동을 설치하여 2006.11.10.경까지 이를 창고 등으로 사용하였는바, 이 경우 2006.11.10.경까지는 공소시효가 진행하지 않는다. 감금죄를 생각하면 이해하기 쉽다. 甲이 A를 20X5. 6.18. 모종(某種)의 장소에 감금하였다가 20X5.12.24. 풀어주었다고 가정한다. 공소시효는 언제 진행할까? 당연히 범죄행위가 종료한 20X5.12.24.부터 진행하여 그로부터 7년이 지난 20Y2.12.23. 24:00에 완성된다.

2. 공익법인이 주무관청의 승인을 받지 않은 채 수익사업을 하는 행위는 시간적 계속성이 구성요건적 행위의 요소로 되어 있다는 점에서 계속범에 해당한다고 보아야 할 것이니 승인을 받지 않은 수익사업이 계속되고 있는 동안에는 아직 공소시효가 진행하지 않는다. [공익법인법위반] (대법원 2006. 9.22. 2004도4751 어린이 회관 무단임대 사건) 피고인 재단은 주무관청의 승인을 받지 않고 기본재산인 어린이 회관 중 일부를 1994.10. 1. 임대한 이후 2003. 2.18.까지 계속 임대하여 왔는바, 이 경우 2003. 2.18.까지는 공소시효가 진행하지 않는다.

3. 지정문화재 등을 은닉하는 경우 그러한 은닉범행이 계속되는 한 발견을 곤란케 하는 등의 상태는 계속되는 것이어서 공소시효는 진행하지 아니한다. [문화재보호법위반] (대법원 2004. 2.12. 2003도6215 장취 문화재 은닉사건) 피고인이 1989.12.23.경부터 장취된 관음보살좌상 등을 2001. 2.19. 감정을 의뢰하려다 적발될 때까지 대구 달서구 소재 포교당

방안에 은닉하였는바, 이 경우 2001. 2.19.까지는 공소시효가 진행하지 않는다. 이제는 느낌 알겠나?

11 각종 범죄의 공소시효 기산점

1. 법원으로부터 패소판결을 선고받고 그 판결이 확정되는 등 소송이 종료됨으로써 미수에 그친 경우 그러한 소송사기미수죄에 있어 범죄행위의 종료시기는 소송이 종료된 때이다. [사기죄] (대법원 2000. 2.11. 99도4459 상고기각시부터 시효진행 사건) 소송종료시는 물론 패소판결 확정시이다. ▶ 20 국가9급

2. 피고인이 회사의 대표이사로서 임원들과 사이에 무효인 주식매수선택권 부여계약을 체결한 것만으로는 회사에 현실적인 손해가 발생하거나 재산상 실해발생의 위험이 초래되었다고 볼 수 없고, 이후 **임원들의 주식매수선택권 행사에 응하여 신주를 발행해 준 때에 비로소** 배임의 범죄행위가 완성되어 그 때부터 **공소시효가 진행된다**. [배임죄] (대법원 2011.11.24. 2010도11394 오상수 만도 대표 사건) "회사의 대표이사가 그 회사 명의로 체결한 계약이 관련 법령이나 정관에 위배되어 법률상 효력이 없는 경우에는 그로 인하여 회사가 계약의 상대방에게 민법상 불법행위책임을 부담하게 되는 등의 특별한 사정이 없는 한 그 계약의 체결행위만으로 회사에 현실적인 손해가 발생하거나 재산상 실해 발생의 위험이 초래되었다고 할 수 없어서 그것만으로 배임죄의 구성요건이 모두 충족되어 범행이 기수에 이르렀거나 그 범행이 종료되었다고 볼 수 없다."라고 판시하였다. 즉 무효인 계약체결만으로는 배임죄가 성립하지 않고, 그 이후 실제 신주를 발행할 때 배임죄가 성립한다.

3. 강제집행 면탈의 목적으로 채무자가 그의 제3채무자에 대한 채권을 허위로 양도한 경우에 제3채무자에게 채권양도의 통지가 행하여짐으로써 통상 제3채무자가 채권 귀속의 변동을 인식할 수 있게 된 시점에서는 채권 실현의 이익이 해하여질 위험이 실제로 발현되었다고 할 것이므로 늦어도 그 통지가 있는 때에는 그 범죄행위가 종료하여 그때부터 공소시효가 진행된다. [강제집행면탈죄] (대법원 2011.10.13. 2011도6855 급여채권 허위양도 사건) 채권양도의 통지를 한 날부터 공소시효가 진행하는 것이지 이후 확정일자를 받은 날부터 진행하는 것이 아니다. ▶ 17 변호사

4. 허위의 채무를 부담하는 내용의 채무변제계약 공정증서를 작성한 후 이에 기하여 채권압류 및 추심명령을 받은 때에 강제집행면탈죄가 성립함과 동시에 그 범죄행위가 종료되어 공소시효가 진행한다. [강제집행면탈죄] (대법원 2009. 5.28. 2009도875 강집면 시효완성 사건) ▶ 17 경찰승진, 16 변호사

5. 공무원이 그 직무에 관하여 금전을 무이자로 차용한 경우에는 그 차용 당시에 금융이익 상당의 뇌물을 수수한 것으로 보아야 하므로 그 **공소시효는 금전을 무이자로 차용한 때로부터 기산한다**. [수뢰죄] (대법원 2012. 2.23. 2011도7282억 무이자 차용사건) ▶ 25 경간부, 21 변호사, 21 경찰승진, 19 경찰승진, 19 경간부, 16 경찰승진, 16 경간부

6. 공무원이 뇌물로 투기적 사업에 참여할 기회를 제공받을 경우 **뇌물수수죄의 기수 시기**는 **투기적 사업에 참여하는 행위가 종료한 때로 보아야 한다**(이때부터 공소시효가 진행한다). [수뢰죄] (대법원 2011. 7.28. 2009도9122 엔지니어링 공사 참여사건)

7. 피고인이 허위사실이 기재된 귀화허가신청서를 담당공무원에게 제출하여 그에 따라 귀

화허가업무를 담당하는 행정청이 그릇된 행위나 처분을 하여야만 위계에 의한 공무집행방해죄가 기수 및 종료에 이르고, 한편 단지 허위사실이 기재된 귀화허가신청서를 제출하여 접수되게 한 사정만으로는 구체적인 직무집행을 저지하거나 현실적으로 곤란하게 하는 데까지 이르렀다고 단정할 수 없다. [위계공무집행방해죄] (대법원 2017. 4. 27. 2017도2583 조선족 귀화허가신청 사건) 대한민국에서 불법체류자로 생활하다가 적발되어 중국으로 강제퇴거 당한 피고인이 중국에서 성명과 생년월일이 변경된 신분증과 호구부를 발급받아 위장결혼을 통해 재입국하여 외국인등록을 마친 후, 2007.12.24. 법무부에 그와 같은 사실을 숨긴 채 변경된 인적사항으로 귀화허가신청서를 작성하여 이를 접수·심사하는 담당공무원에게 제출하여 2009.12. 9.경 귀화를 허가받았는바, 이 경우 공소시효는 2007.12.24.부터가 아니라 2009.12. 9.경부터 진행한다는 취지의 판례이다.

▶

8. 변호사법 제113조 제5호, 제31조 제1항 제3호 위반죄의 공소시효는 그 범죄행위인 '수임' 행위가 종료한 때로부터 진행된다고 봄이 타당하고, 수임에 따른 '수임사무의 수행'이 종료될 때까지 공소시효가 진행되지 않는다고 해석할 수는 없다. [변호사법위반] (대법원 2022. 1. 14. 2017도18693 수임행위 공소시효 기산점 사건) 변호사인 피고인들이 진실화해를위한과거사정리위원회 등에서 공무원으로 재직하면서 조사를 담당한 사건과 관련된 소송사건을 공무원 퇴직 후 수임하여 소송수행을 한 사건인데, 이 경우 사건을 '수임한' 때부터 공소시효가 진행하는 것이지 '수임한 사건의 종료시'부터 공소시효가 진행하는 것이 아니라는 취지의 판례이다.

> **변호사법(2021. 1. 5. 법률 제17828호로 일부개정된 것)**
>
> 제31조 【수임제한】 ① 변호사는 다음 각 호의 어느 하나에 해당하는 사건에 관하여는 그 직무를 수행할 수 없다. 다만, 제2호 사건의 경우 수임하고 있는 사건의 위임인이 동의한 경우에는 그러하지 아니하다.
>   1. 2. 〈생략〉
>   3. 공무원·조정위원 또는 중재인으로서 직무상 취급하거나 취급하게 된 사건
> 제113조 【벌칙】 다음 각 호의 어느 하나에 해당하는 자는 1년 이하의 징역 또는 1천만원 이하의 벌금에 처한다.
>   1.~4. 〈생략〉
>   5. 제31조 제1항 제3호에 따른 사건을 수임한 변호사

9. 거짓이나 그 밖의 부정한 방법으로 북한이탈주민법에 따른 보호 및 지원을 받은 경우 그 공소시효는 북한이탈주민법에 의한 보호 또는 지원을 최종적으로 받은 때로부터 진행한다. [북한이탈주민법위반] (대법원 2015. 10. 29. 2014도5939 서울시 공무원 간첩사건) ▶ 18 소방간부

10. 공정거래법 제19조 제1항 제1호에서 정한 가격결정 등의 합의 및 그에 기한 실행행위가 있었던 경우 공정거래법 제66조 제1항 제9호 위반죄의 공소시효는 실행행위가 종료한 날부터 진행한다. [공정거래법위반] (대법원 2015. 9. 10. 2015도3926 판유리 담합사건) 다시 말하지만 형사소송법 제252조 제1항은 "시효는 범죄행위의 종료한 때로부터 진행한다."라고 규정하고 있다. ▶ 20 경찰채용

11. 부정수표 단속법 제2조 제2항 위반의 범죄(부정수표발행)는 예금부족으로 인하여 제시일에

지급되지 아니할 것이라는 결과 발생을 예견하고 발행인이 수표를 발행한 때에 바로 성립하는 것이고(이때부터 공소시효가 진행한다), 수표소지인이 발행일자를 보충기재하여 제시하고 그 제시일에 수표금의 지급이 거절된 때에 범죄가 성립하는 것은 아니다. [부정수표 단속법위반] (대법원 2003. 9. 26. 2003도3394 아파트 매도대금 횡령사건) 판례는 아래 밑줄 "~ 제시기일에 지급되지 아니하게 한 경우"를 객관적 처벌조건으로 취급하는 것으로 보인다. 판례 변경이 필요한 대목일 수 있다.

> **부정수표 단속법(2010. 3. 24. 법률 제10185호로 일부개정된 것)**
>
> **제2조【부정수표 발행인의 형사책임】** ① 다음 각 호의 어느 하나에 해당하는 부정수표를 발행하거나 작성한 자는 5년 이하의 징역 또는 수표금액의 10배 이하의 벌금에 처한다.
> 1. 가공인물의 명의로 발행한 수표
> 2. 금융기관과의 수표계약 없이 발행하거나 금융기관으로부터 거래정지처분을 받은 후에 발행한 수표
> 3. 금융기관에 등록된 것과 다른 서명 또는 기명·날인으로 발행한 수표
> ② 수표를 발행하거나 작성한 자가 수표를 발행한 후에 <u>예금부족, 거래정지처분이나 수표계약의 해제 또는 해지로 인하여 제시기일에 지급되지 아니하게 한 경우</u>에도 제1항과 같다.

> **형사소송법(2025. 3. 18. 법률 제20796호로 일부개정된 것)**
>
> **제253조【시효의 정지와 효력】** ① 시효는 공소의 제기로 진행이 정지되고 공소기각 또는 관할위반의 재판이 확정된 때로부터 진행한다.
> ② 공범의 1인에 대한 전항의 시효정지는 다른 공범자에게 대하여 효력이 미치고 당해 사건의 재판이 확정된 때로부터 진행한다.
> ③ 범인이 형사처분을 면할 목적으로 국외에 있는 경우 그 기간 동안 공소시효는 정지된다.
> ④ 피고인이 형사처분을 면할 목적으로 국외에 있는 경우 그 기간 동안 제249조 제2항에 따른 기간의 진행은 정지된다.

선생님의 TIP

1. 민형사법상 시효는 그 완성 전에 정지될 수도 있고 중단될 수도 있다. 시효 정지는 기간이 잠깐 멈추는 것인데 비하여, 시효 중단은 그 동안 진행되었던 기간을 없애버리고 다시 처음부터 기간이 진행한다는 점에 차이가 있다. 예를 들어 시효가 5년인데, 3년만에 시효가 '정지'되었다면 나중에 2년만 더 경과하면 시효가 완성되지만, 3년만에 시효가 '중단'되었다면 처음부터 다시 5년이 경과하여야 시효가 완성된다. 공소시효의 경우 정지만 인정되고, 중단은 인정되지 않는다.
2. 공소시효 정지 사유에는 아래 핵심정리 외에 더 있는데, 이 교재는 판례집이므로 그 내용은 생략한다. 이하 핵심정리 순서대로 판례를 설명한다.

핵심정리 공소시효 정지 사유

1. 자신 또는 공범에 대한 공소의 제기(제253조 제1항·제2항)
2. 범인의 해외도피(제253조 제3항·제4항)
3. 대통령으로서의 재직(대법원 2020. 10. 29. 2020도3972)

12 공소제기와 공소시효 정지

> 21 경찰채용, 18 소방간부

피고인의 신병이 확보되기 전에 공소가 제기되었다고 하더라도 그러한 사정만으로 공소제기가 부적법한 것이 아니고, 공소가 제기되면 형사소송법 제253조 제1항에 따라 **공소시효의 진행이 정지된다**.(대법원 2017. 1. 25. 2016도15526 패터슨 이태원 살인사건) 1997. 4. 3. 22:00경 서울시 용산구 이태원동 소재 버거킹 남자 화장실에서 미국인 패터슨(Arthur John Patterson)이 한국인 조중필(당시 22세)을 별다른 이유 없이 흉기로 아홉 차례 찔러 살해한 사건이다[8]. 당시 범행 현장에 함께 있었던 에드워드 리(Edward Kun Lee)가 범인으로 지목되어 재판을 받았으나 대법원에서 무죄가 확정되었고, 그 사이 진범 패터슨은 미국으로 도주했다가 2015. 9. 23. 한국으로 송환되었고 이후 대법원에서 징역 20년이 확정되어 현재 교도소에 수감 중이다. 공소시효 완성을 우려한 검사가 2011. 12. 22. 먼저 공소를 제기하였지만 패터슨의 신병을 확보한 시점은 2015. 9. 23.인바, 위와 같이 판례는 신병확보 전이라도 공소를 제기하면 공소시효가 정지된다고 판시하였다.

<이미지 출처 - 연합뉴스(https://www.yna.co.kr/view/AKR20150924141852004)>

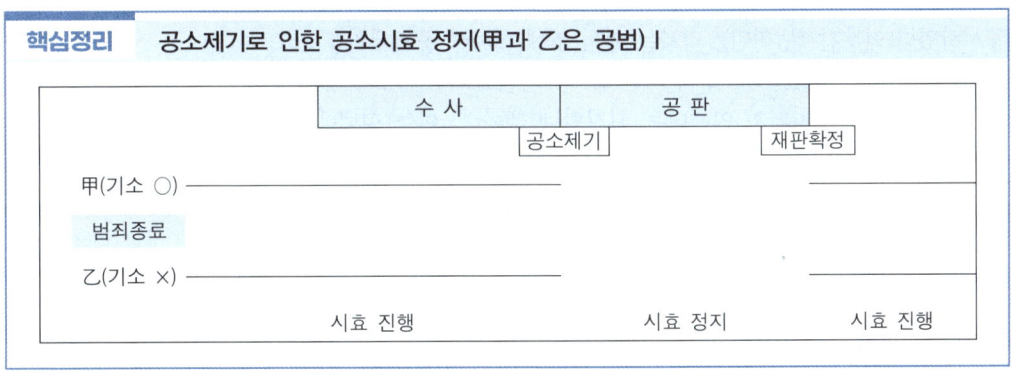

핵심정리   공소제기로 인한 공소시효 정지(甲과 乙은 공범) I

---

[8] 범행 당시의 법률에 의하면 살인죄의 공소시효 기간은 15년이었다(지금은 앞에서 말한대로 공소시효에 관한 규정을 적용하지 아니한다). 1997. 4. 3. 22:00경의 범죄이므로 이는 2012. 4. 2. 24:00에 공소시효가 완성된다.

13 형사소송법 제253조 제2항의 '공범' 해석에 관한 판례

형사소송법은 제248조 제1항에서 "공소의 효력은 검사가 피고인으로 지정한 자에게만 미친다."고 규정하고, 제253조에서 "시효는 공소의 제기로 진행이 정지되고 공소기각 또는 관할위반의 재판이 확정된 때로부터 진행한다(제1항). 공범의 1인에 대한 전항의 시효정지는 다른 공범자에게 대하여 효력이 미치고 당해 사건의 재판이 확정된 때로부터 진행한다(제2항)."고 규정하고 있다. 이와 같이 **형사소송법은 공범 사이의 처벌에 형평을 기하기 위하여 공범 중 1인에 대한 공소의 제기로 다른 공범자에 대하여도 공소시효가 정지되도록 규정하면서 위 공범의 개념이나 유형에 관하여는 따로 언급이 없다. 따라서 형사소송법 제253조 제2항의 공범을 해석할 때에는 공범 사이의 처벌의 형평이라는 위 조항의 입법취지, 국가 형벌권의 적정한 실현이라는 형사소송법의 기본이념, 국가형벌권 행사의 대상을 규정한 형법 등 실체법과의 체계적 조화 등의 관점을 종합적으로 고려하여야 한다.**(대법원 2025. 5. 1. 2024도15290 뒤늦은 회사 기소 사건) [14] 판례 참고

14 형사소송법 제253조 제2항에서 정한 '공범'에 양벌규정에서 사업주(법인 또는 개인)와 행위자(대리인, 사용인, 그 밖의 종업원) 관계에 있는 사람이 포함되는지의 여부(소극)

양벌규정은 법인의 대표자나 법인 또는 개인의 대리인, 사용인, 그 밖의 종업원 등 행위자가 법규위반행위를 저지른 경우 일정한 요건 아래 이를 행위자가 아닌 법인 또는 개인이 직접 법규위반행위를 저지른 것으로 평가하여 행위자와 같이 처벌하는 조항이다. 이때의 '행위자가 아닌 법인 또는 개인'은 국가형벌권 행사의 대상으로서 구성요건에서 정한 위반행위의 방지를 위한 주의와 감독의 해태 등을 근거로 별도의 형벌규정에 따라 법인 또는 개인의 직접책임 내지 자기책임에 기초하여 처벌되는 것이므로 <u>양벌규정에서의 사업주와 행위자의 관계는 2인 이상이 가공하여 공동의 구성요건을 실현하는 공범관계에 있는 자와 동일하게 볼 수 없다.</u> 따라서 이러한 양벌규정의 제도적 취지와 법적 성격, 사업주·행위자 관계와 공범 관계의 차이, 형법 등 실체법과의 체계적 조화의 관점, 죄형법정주의의 정신 등에 비추어 보면 **형사소송법 제253조 제2항의 '공범'에는 양벌규정에서 사업주와 행위자 관계에 있는 사람은 포함되지 않는다고 해석하여야 한다.**(대법원 2025. 5. 1. 2024도15290 뒤늦은 회사 기소 사건) X회사의 사용인 甲은 업무에 관하여 거짓으로 재무제표를 작성·공시하였다(외부감사법위반). 검사는 먼저 甲에 대하여 공소제기를 하고 나중에 X회사에 대하여 공소제기를 하였는바, 甲에 대한 공소제기만으로 X회사에 대한 공소사실에 관한 공소시효의 진행은 정지되지 않는다는 취지의 판례이다. 이는 형법에서도 출제될 수 있는 매우 중요한 판례이다. 또한 아래 비교판례와 혼동하면 안 된다. <u>피고인에게 유리하게 해석할 것!!</u> 아래 [15] 판례도 대체로 피고인에게 유리하게 판시하고 있다. 그리고 양벌규정을 정확히 알기 위해서는 「NEW 트렌드 형법 판례」를 꼭 보아야 한다.

비교판례

(1) 양벌규정에 따라 처벌되는 행위자와 행위자가 아닌 법인 또는 개인 간의 관계는, 행위자가 저지른 법규위반행위가 사업주의 법규위반행위와 사실관계가 동일하거나 적어도 중요부분을 공유한다는 점에서 내용상 불가분적 관련성을 지니므로 <u>형법총칙의 공범관계 등과 마찬가지로 인권보장적인 요청에 따라 형사소송법 제312조 제3항이 이들 사이에서도 적용된다.</u>

(2) 피고인 甲(병원 경영자)이 법정에서 사법경찰관 작성의 乙(병원 사무국장)에 대한 피의자신문조서를 증거로 함에 동의하지 않았고 오히려 그 내용을 부인하고 있는 이상 검사 이외의 수사기관이 양벌규정의 행위자인 乙에 대하여 작성한 피의자신문조서에 관해서는 형사소송법 제312조 제3항이 적용되어 증거능력이 없고, 이 경우 형사소송법 제314조를 적용하여 피의자신문조서의 증거능력을 인정할 수도 없다.(대법원 2020. 6.11. 2016도9367 병원 사무국장 사망 사건) 25 경찰승진, 24 국가9급, 23 변호사, 22 경간부, 22 국가9급, 22 법원9급, 21 변호사, 21 경간부, 21 국가7급

15 공소시효 정지에 관한 형사소송법 제253조 제2항의 '공범'에 뇌물공여죄와 뇌물수수죄 사이와 같은 대향범 관계에 있는 자가 포함되는지의 여부(소극)

(1) 뇌물공여죄와 뇌물수수죄 사이와 같은 이른바 대향범 관계에 있는 자는 강학상으로는 필요적 공범이라고 불리고 있으나, 서로 대향된 행위의 존재를 필요로 할 뿐 각자 자신의 구성요건을 실현하고 별도의 형벌규정에 따라 처벌되는 것이어서, 2인 이상이 가공하여 공동의 구성요건을 실현하는 공범관계에 있는 자와는 본질적으로 다르다. (2) '공범의 1인에 대한 시효정지는 다른 공범자에 대하여 효력이 미친다'라고 규정한 형사소송법 제253조 제2항에서 '공범'에는 뇌물공여죄와 뇌물수수죄 사이와 같은 대향범 관계에 있는 자는 포함되지 않는다.(대법원 2015. 2.12. 2012도4842 제3자뇌물교부 공범사건) 甲과 乙이 공모하여 공무원 A에게 전해주라고 하면서 丙에게 6,000만원을 주었고 이후 丙이 A에게 그 돈을 뇌물로 준 경우 甲과 乙은 제3자뇌물교부죄의 죄책을, 丙은 제3자뇌물취득죄의 죄책을 그리고 A는 뇌물수수죄의 죄책을 진다. 검사가 먼저 乙, A를 기소하여 재판이 확정된 경우(乙, A에 대한 기소 시점이나 판결확정 시점이 다르다), 甲의 경우 임의적 공범인 乙이 기소된 때부터 판결이 확정된 때까지 공소시효가 정지되는 것이지, 필요적 공범인 A가 기소된 때부터 판결이 확정된 때까지 공소시효가 정지되는 것이 아니라는 취지의 판례이다.

> 24 국가9급, 23 법원9급, 22 변호사, 22 경찰승진, 21 경간부, 20 변호사, 20 경찰승진, 20 법원9급, 19 국가9급, 18 경간부, 18 국가9급, 18 법원9급, 17 변호사, 17 경간부, 16 변호사, 16 국가7급, 16 국가9급, 16 경간부, 15 경찰채용

16 피고인의 공범이 공소제기된 후 유죄판결이 확정된 경우 피고인에 대한 공소시효 진행이 정지되는지의 여부(적극)

피고인과 공범관계에 있는 자가 같은 범죄사실로 공소제기가 된 후 대법원에서 상고기각됨으로써 유죄판결이 확정된 사실이 명백하다면 공범자인 피고인에 대하여도 적어도 그 공범이 공소제기된 때부터 그 재판이 확정된 때까지의 기간 동안은 공소시효의 진행이 정지되었음이 명백하다.(대법원 1995. 1.20. 94도2752 광주 조폭 공범자 기소사건)

> 22 경찰승진

17 공소제기된 후 판결이 확정된 경우 공소시효가 다시 진행하는지의 여부

형사소송법 제253조 제2항은 공범 중 1인에 대한 공소의 제기로 다른 공범자에 대한 공소시효까지 정지한다고 규정하면서도 다시 공소시효가 진행하는 시점에 관해서는 위 제253조 제1항과 달리 공소가 제기된 당해 사건의 재판이 확정된 때라고만 하고 있을 뿐 그 판결이 공소기각 또는 관할위반의 재판인 경우로 한정하고 있지 않다. 따라서 공범 중 1인에 대한 공소의 제기로 다른 공범자에 대한 공소시효의 진행이 정지되더라도 공소

> 22 경찰승진

가 제기된 공범 중 1인에 대한 재판이 확정되면 그 재판의 결과가 형사소송법 제253조 제1항이 규정한 공소기각 또는 관할위반인 경우뿐 아니라 유죄, 무죄, 면소인 경우에도 그 재판이 확정된 때로부터 다시 공소시효가 진행된다고 볼 것이고, 이는 약식명령이 확정된 때에도 마찬가지이다.(대법원 2012. 3.29. 2011도15137 불법 명의신탁 공범 시효사건) [18] 판례 참고

18 공범 중 1인에 대해 약식명령이 확정된 후 그에 대한 정식재판청구권회복결정이 있는 경우 그 사이의 기간 동안 다른 공범자에 대한 공소시효 진행이 정지되는지의 여부(원칙적 소극)

> 25 변호사, 25 국가9급,
> 22 국가7급, 22 소방간부,
> 21 국가9급, 20 경간부,
> 18 경찰승진, 17 국가9급

공범 중 1인에 대해 약식명령이 확정되고 그 후 정식재판청구권이 회복되었다고 하는 것만으로는 그 사이에 검사가 다른 공범자에 대한 공소를 제기하지 못할 법률상 장애사유가 있다고 볼 수 없을 뿐만 아니라 그 기간 동안 다른 공범자에 대한 공소시효가 정지된다고 볼 아무런 근거도 찾을 수 없다. 더욱이 정식재판청구권이 회복되었다는 사정이 약식명령의 확정으로 인해 다시 진행된 공소시효기간을 소급하여 무효로 만드는 사유가 된다고 볼 수도 없다. 또한 형사소송법이 공범 중 1인에 대한 공소의 제기로 다른 공범자에 대하여도 공소시효가 정지되도록 한 것은 공소제기 효력의 인적 범위를 확장하는 예외를 마련하여 놓은 것이므로 이는 엄격하게 해석하여야 하고 피고인에게 불리한 방향으로 확장하거나 축소하여 해석해서는 아니 된다. 그렇다면 공범 중 1인에 대해 약식명령이 확정된 후 그에 대한 정식재판청구권회복결정이 있었다고 하더라도 그 사이의 기간 동안에는 특별한 사정이 없는 한 다른 공범자에 대한 공소시효는 정지함이 없이 계속 진행한다.(대법원 2012. 3.29. 2011도15137 불법 명의신탁 공범 시효사건) 甲, 乙은 공모하여 2005. 7.12. 부동산실명법위반의 죄를 범하였다(불법 명의신탁으로 그 당시의 공소시효기간은 5년이었다)[9]. 乙에 대한 공소시효는 공범인 甲에 대하여 약식명령이 청구된 2010. 6.24. 일단 정지되었다가 벌금 500만원의 약식명령이 확정된 때인 2010.10. 8.부터 다시 진행하여 甲에 대한 정식재판청구권회복결정이 내려진 2010.11.17. 이전에 공소시효기간 5년이 이미 경과하였다. 검사는 2011. 2.16. 乙에 대하여 공소제기를 하였는바, 법원은 시효완성을 이유로 면소판결을 선고한 원심이 정당하다고 판시하였다. 아래 핵심정리 파란색 부분의 시효 진행 여부에 관한 판례이다.

핵심정리	공소제기로 인한 공소시효 정지(甲과 乙은 공범) II[10]

	수 사	약식절차	공판절차
		약 청구 약 확정	정 회복청구
甲(기소 ○)	────────────────────		
범죄종료			
乙(기소 ×)	────────	────	────
	대략 4년 11개월 시효 진행	시효 정지	대략 1개월만에 시효 완성

---

[9] 공소시효는 2010. 7.11. 24:00에 완성된다.
[10] '약'은 약식명령을 말하고, '정'은 정식재판청구권을 말한다.

19 공범 중 1인이 범죄의 증명이 없다는 이유로 무죄판결을 받고 확정된 경우 진범에 대한 공소시효 진행이 정지되는지의 여부(소극)

공범의 1인으로 기소된 자가 구성요건에 해당하는 위법행위를 공동으로 하였다고 인정되기는 하나 책임조각을 이유로 무죄로 되는 경우와는 달리 **범죄의 증명이 없다는 이유로 공범 중 1인이 무죄의 확정판결을 선고받은 경우에는** 그를 공범이라고 할 수 없어 그에 대하여 제기된 공소로써는 진범에 대한 공소시효정지의 효력이 없다.(대법원 1999. 3. 9. 98도4621 표현공범자 기소 사건) 이 판례는 "공범의 1인으로 기소된 자가 구성요건에 해당하는 위법행위를 공동으로 하였다고 인정되기는 하나 책임조각을 이유로 무죄로 되는 경우라면 그는 공범에 해당한다."라고 해석할 수 있다. 판례는 이른바 제한적 종속형식을 취하고 있다고 해석된다. 「NEW 트렌드 형법 판례」를 참고하기 바란다.

> 24 경찰승진, 23 국가7급, 22 경찰승진, 22 경간부, 20 경찰승진, 20 소방간부, 19 법원9급, 18 경찰채용, 16 국가7급, 16 경간부

20 형사소송법 제253조 제3항의 취지

형사소송법 제253조 제3항은 "범인이 형사처분을 면할 목적으로 국외에 있는 경우 그 기간 동안 공소시효는 정지된다."라고 규정하고 있다. 위 규정의 입법 취지는 범인이 우리나라의 사법권이 실질적으로 미치지 못하는 국외에 체류한 것이 도피 수단으로 이용된 경우에 그 체류기간 동안은 공소시효가 진행되는 것을 저지하여 범인을 처벌할 수 있도록 함으로써 형벌권을 적정하게 실현하고자 하는 데 있다.(대법원 2024. 7. 31. 2024도8683 3개월간 홍콩 도피사건)

> 25 법원9급

21 '범인이 형사처분을 면할 목적으로 국외에 있는 경우'의 의미

1. 형사소송법 제253조 제3항이 정한 '형사처분을 면할 목적'은 국외 체류의 유일한 목적으로 되는 것에 한정되지 않고 범인이 가지는 여러 국외 체류 목적 중에 포함되어 있으면 족하다.(대법원 2022. 12. 1. 2019도5925 병역회피 목적 미국체류 사건)

> 17 법원9급, 17 경간부, 16 경간부, 16 경찰채용, 15 경찰승진, 15 법원9급

2. 형사소송법 제253조 제3항이 정한 '범인이 형사처분을 면할 목적으로 국외에 있는 경우'는 범인이 국내에서 범죄를 저지르고 형사처분을 면할 목적으로 국외로 도피한 경우에 한정되지 아니하고, **범인이 국외에서 범죄를 저지르고 형사처분을 면할 목적으로 국외에서 체류를 계속하는 경우도 포함된다.**(대법원 2024. 7. 31. 2024도8683 3개월간 홍콩 도피사건)

> 25 변호사, 24 국가9급, 24 소방간부, 23 변호사, 22 법원9급, 21 변호사, 21 경찰승진, 21 경찰승진, 20 경찰채용, 19 경찰승진, 19 경찰채용, 19 법원9급, 18 경찰채용, 18 소방간부, 17 법원9급, 17 국가7급, 16 국가7급, 16 국가9급, 16 경찰채용

22 '형사처분을 면할 목적'이 계속 유지되는 경우

범인이 국외에 있는 것이 형사처분을 면하기 위한 방편이었다면 '형사처분을 면할 목적'이 있었다고 볼 수 있고, 위 '형사처분을 면할 목적'과 양립할 수 없는 범인의 주관적 의사가 명백히 드러나는 객관적 사정이 존재하지 않는 한 국외 체류기간 동안 '형사처분을 면할 목적'은 계속 유지된다.(대법원 2022. 12. 1. 2019도5925 병역회피 목적 미국체류 사건)

> 25 법원9급

23 '범인이 형사처분을 면할 목적으로 국외에 있는 경우'에 대한 입증책임의 소재

국외에 체류 중인 범인에게 '형사처분을 면할 목적'이 계속 존재하였는지가 의심스러운 사정이 발생한 경우 그 기간 동안 '형사처분을 면할 목적'이 있었는지는 당해 범죄의 공소시효기간, 범인이 귀국할 수 없는 사정이 초래된 경위, 그러한 사정이 존속한 기간이 당해 범죄의 공소시효기간과 비교하여 도피 의사가 인정되지 않는다고 보기에 충분할 만큼 연속적인 장기인지, 귀국 의사가 수사기관이나 영사관에 통보되었는지, 피고인의 생활근거지가 어느 곳인지 등의 제반 사정을 참작하여 판단하여야 한다. 그리고 '형사처분을 면할 목적'이 유지되지 않았다고 볼 사정이 있는 경우 그럼에도 그러한 목적이 유지되고 있었다는 점은 검사가 증명하여야 한다.(대법원 2012. 7. 26. 2011도8462 취업 때문에 일본 밀항사건)

24 '형사처분을 면할 목적'을 인정할 수 없어 공소시효 진행이 정지되지 않는 경우

1. 피고인이 당해 사건으로 처벌받을 가능성이 있음을 인지하였다고 보기 어려운 경우라면 피고인이 다른 고소사건과 관련하여 형사처분을 면할 목적으로 국외에 있는 경우라고 하더라도 당해 사건의 형사처분을 면할 목적으로 국외에 있었다고 볼 수 없다.(대법원 2014. 4. 24. 2013도9162 짝퉁 미술품 판매사건) '당해 사건'과 '다른 고소사건'을 구별하여야 한다. '당해 사건'의 경우 공소시효가 진행하지만, '다른 고소사건'의 경우 공소시효 진행이 정지된다. ▶ 18 국가7급, 17 법원9급, 16 경찰채용

2. **통상 범인이 외국에서 다른 범죄로 외국의 수감시설에 수감된 경우** 그 범행에 대한 법정형이 당해 범죄의 법정형보다 월등하게 높고, 실제 그 범죄로 인한 수감기간이 당해 범죄의 공소시효 기간보다도 현저하게 길어서 범인이 수감기간 중에 생활근거지가 있는 우리나라로 돌아오려고 했을 것으로 넉넉잡아 인정할 수 있는 사정이 있다면 그 수감기간에는 '형사처분을 면할 목적'이 유지되지 않았다고 볼 여지가 있다.(대법원 2008. 12. 11. 2008도4101 중국 수감 피고인 사건) 법정최고형이 징역 5년인 부정수표단속법위반죄를 범한 甲이 중국으로 출국하여 체류하다가 그곳에서 사기죄로 징역 14년을 선고받고 8년 이상 복역한 후 우리나라로 추방되어 부정수표단속법위반죄로 공소제기된 사건이다. 중국에서 8년 이상 복역하는 기간 동안 甲은 우리나라로 돌아오고 싶었을 것이므로 즉, 복역하는 기간 동안은 '형사처분을 면할 목적으로' 국외에 있는 것이 아니므로 위 수감기간 동안에는 공소시효의 진행이 정지되지 않는다(공소시효가 그대로 진행한다)라는 취지의 판례이다. ▶ 18 국가7급

25 대통령 재직중에 공소시효의 진행이 당연히 정지되는지의 여부(적극)

헌법 제84조는 "대통령은 내란 또는 외환의 죄를 범한 경우를 제외하고는 재직 중형사상의 소추를 받지 아니한다."라고 규정하여, 재직 중인 대통령에 대한 공소권행사의 헌법상 장애사유를 규정하고 있다. 위 규정은 비록 대통령으로 재직하는 기간 동안 내란 또는 외환의 죄를 제외한 범죄에 대하여 공소시효가 정지된다고 명시하여 규정하지는 않았으나 공소시효의 진행에 대한 소극적 요건을 규정한 것이므로 공소시효의 정지에 관한 규정이라고 보아야 한다.(대법원 2020. 10. 29. 2020도3972 이명박 전대통령 사건) ▶ 17 경간부

03

공판

CHAPTER 01 | 공판절차

제1절 | 공판절차의 기본원칙

> **선생님의 TIP**
>
> 학설상 공판절차의 기본원칙에는 공판중심주의, 직접주의, 공개주의, 구두변론주의 그리고 집중심리주의가 있다. 판례는 이외에도 다른 '원칙'이나 '주의'를 거론하기도 한다. 판례가 의외로 많은데 그에 비하여 시험에는 간간이 출제되고 있다. 약간 어려울 수 있는 판례 내용들이다.

01 공판중심주의, 직접주의 등 관련 판례

1. 형사소송법은 헌법이 요구하는 적법절차를 구현하기 위하여 사건의 실체에 대한 심증형성은 법관의 면전에서 본래증거에 대한 반대신문이 보장된 증거조사를 통하여 이루어져야 한다는 **실질적 직접심리주의와 전문법칙**을 채택하고 있다.(대법원 2019. 11. 21. 2018도13945 순습 필로폰 매수인 증언거부사건) ▶ 22 경찰채용

2. 헌법은 제12조 제1항 후문에서 적법절차원칙을 천명하고, 제27조에서 '법률에 의한 재판을 받을 권리'를 보장하고 있다. 형사소송법은 이를 실질적으로 구현하기 위하여 피고사건에 대한 실체 심리는 공개된 법정에서 검사와 피고인 양 당사자의 공격·방어활동에 의하여 행해져야 한다는 **당사자주의와 공판중심주의 원칙** 및 공소사실의 인정은 법관의 면전에서 직접 조사한 증거만을 재판의 기초로 해야 한다는 **직접심리주의와 증거재판주의 원칙**을 기본원칙으로 채택하고 있다.(대법원 2024. 9. 12. 2020도14843 말레이시아 소재 증인 영상신문 사건)

3. 형사소송법은 형사사건의 실체에 대한 유죄·무죄의 심증형성은 법정에서의 심리에 의하여야 한다는 **공판중심주의의 한 요소**로서 법관의 면전에서 직접 조사한 증거만을 재판의 기초로 삼을 수 있고 증명 대상이 되는 사실과 가장 가까운 원본증거를 재판의 기초로 삼아야 하며 원본증거의 대체물 사용은 원칙적으로 허용되어서는 안 된다는 **실질적 직접심리주의**를 채택하고 있다. 이는 법관이 법정에서 직접 원본증거를 조사하는 방법을 통하여 사건에 대한 신선하고 정확한 심증을 형성할 수 있고 피고인에게 원본증거에 관한 직접적인 의견진술의 기회를 부여함으로써 실체적 진실을 발견하고 공정한 재판을 실현할 수 있기 때문이다.(대법원 2024. 1. 4. 2023도13081 자폐성 장애인 지하철 추행사건) ▶ 24 경찰승진

02 수사기관이 작성한 조서의 증거가치의 한계

수사기관이 작성한 진술조서는 수사기관이 피조사자에 대하여 상당한 시간에 걸쳐 이루어진 문답 과정을 그대로 옮긴 '녹취록'과는 달리 수사기관의 관점에서 조사결과를 요약·정리하여 기재한 것에 불과할 뿐만 아니라 진술의 신빙성 유무를 판단할 때 가장 중요한 요소 중 하나인 진술 경위는 물론 피조사자의 진술 당시 모습·표정·태도, 진술의 뉘앙스, 지적능력·판단능력 등과 같은 피조사자의 상태 등을 정확히 반영할 수 없는 본질적 한계가 있다. 따라서 피고인이 수사과정에서 공소사실을 부인하였고 그 내용이 기재된 피의자신문조서 등에 관하여 증거동의를 한 경우에는 형사소송법에 따라 증거능력 자체가 부인되는 것은 아니지만, 전체적 내용이나 진술의 맥락·취지를 고려하지 않은 채 그 중 일부만을 발췌하여 유죄의 증거로 사용하는 것은 함부로 허용할 수 없다. 특히 지적능력·판단능력 등과 같이 본질적으로 수사기관이 작성한 진술조서에 나타나기 어려운 피고인의 상태에 대해서는 공판중심주의 및 실질적 직접심리주의 원칙에 따라 검사가 제출한 객관적인 증거에 대하여 적법한 증거조사를 거친 후 이를 인정하여야 할 것이지 공소사실을 부인하는 취지의 피고인의 진술이 기재된 피의자신문조서 중 일부를 근거로 이를 인정하여서는 아니 된다.(대법원 2024. 1. 4. 2023도13081 자폐성 장애인 지하철 추행사건)

03 제1심과 항소심의 증언의 신빙성 평가방법의 차이

제1심이 증인신문 절차를 진행한 뒤 그 진술의 신빙성 유무를 판단할 때에는 진술 내용 자체의 합리성·논리성·모순 또는 경험칙 부합 여부나 다른 증거들과의 부합 여부 등은 물론, 공개된 법정에서 진술에 임하고 있는 증인의 모습이나 태도, 진술의 뉘앙스 등 증인신문조서에는 기록하기 어려운 여러 사정을 직접 관찰함으로써 얻게 된 심증까지 모두 고려하여 신빙성 유무를 평가하게 된다. 이에 비하여 제1심 증인이 한 진술에 대한 항소심의 신빙성 유무 판단은 원칙적으로 증인신문조서를 포함한 기록만을 그 자료로 삼게 되므로 진술의 신빙성 유무 판단을 할 때 가장 중요한 요소 중의 하나라 할 수 있는 진술 당시 증인의 모습이나 태도, 진술의 뉘앙스 등을 그 평가에 반영하기가 어렵다.(대법원 2019. 7. 24. 2018도17748 유상증자에 동의하였다 사건) [4] 판례 참고

04 항소심이 제1심 증인이 한 진술의 신빙성 유무에 대한 제1심의 판단을 뒤집을 수 있는지의 여부(원칙적 소극)

1. 형사소송법이 채택하고 있는 직접심리주의의 정신에 따라 제1심 증인의 진술에 대한 제1심과 항소심의 신빙성 평가 방법의 차이를 고려해 보면, 제1심판결 내용과 제1심에서 적법하게 증거조사를 거친 증거들에 비추어 제1심 증인이 한 진술의 신빙성 유무에 대한 제1심의 판단이 명백하게 잘못되었다고 볼 특별한 사정이 있거나 제1심의 증거조사 결과와 항소심 변론종결 시까지 추가로 이루어진 증거조사 결과를 종합하면 제1심 증인이 한 진술의 신빙성 유무에 대한 제1심의 판단을 그대로 유지하는 것이 현저히 부당하다고 인정되는 예외적인 경우가 아니라면 항소심으로서는 제1심 증인이 한 진술의 신빙성 유무에 대한 제1심의 판단이 항소심의 판단과 다르다는 이유만으로 이에 대한 제1심의 판단을 함부로 뒤집어서는 아니 된다.(대법원 2024. 11. 28. 2024도12324 펜션 여소대장 추행사건)

> 22 법원9급

2. 항소심이 제1심 증인 등을 다시 신문하는 등의 추가 증거조사를 거쳐 그 신빙성을 심사하여 본 결과 제1심이 들고 있는 의심과 일부 어긋날 수 있는 사실의 개연성이 드러남으로써 제1심의 판단에 의문이 생긴다 하더라도 제1심이 제기한 의심이 금품 제공과 양립할 수 없거나 그 진술의 신빙성 인정에 장애가 되는 사실의 개연성에 대한 합리성 있는 근거에 기초하고 있고 제1심의 증거조사 결과와 항소심의 추가 증거조사 결과에 의하여도 제1심이 일으킨 이러한 합리적인 의심을 충분히 해소할 수 있을 정도에까지 이르지 아니한다면, 그와 같은 일부 반대되는 사실에 관한 개연성 또는 의문만으로 그 진술의 신빙성 및 범죄의 증명이 부족하다는 제1심의 판단에 사실오인의 위법이 있다고 단정하여 **공소사실을 유죄로 인정하여서는 아니 된다.**(대법원 2016. 6.23. 2016도2889 전직 세관장 수뢰사건)

▶ 17 변호사

05 제1심이 채용한 증거에 대하여 항소심이 그 신빙성에 의문을 가질 경우 취해야 할 조치

형사재판에서 항소심은 사후심 겸 속심의 구조이므로 제1심이 채용한 증거에 대하여 그 신빙성에 의문은 가지만 그렇다고 직접 증거조사를 한 제1심의 자유심증이 명백히 잘못되었다고 볼 만한 합리적인 사유도 나타나 있지 아니한 경우에는 비록 동일한 증거라고 하더라도 다시 한번 증거조사를 하여 항소심이 느끼고 있는 의문점이 과연 그 증거의 신빙성을 부정할 정도의 것인지 알아보거나, 그 증거의 신빙성에 대하여 입증의 필요성을 느끼지 못하고 있는 검사에 대하여 항소심이 가지고 있는 의문점에 관하여 입증을 촉구하는 등의 방법으로 그 증거의 신빙성에 대하여 더 심리하여 본 후 그 채부를 판단하여야 하고, 그 증거의 신빙성에 의문이 간다는 사유만으로 더 이상 아무런 심리를 함이 없이 그 증거를 곧바로 배척하여서는 아니된다.(대법원 1996.12. 6. 96도2461 성남 교통사고 사건)

▶ 20 경간부, 15 국가9급

헌법(1987.10.29. 헌법 제10호로 전부개정된 것)

제109조 재판의 심리와 판결은 공개한다. 다만, 심리는 국가의 안전보장 또는 안녕질서를 방해하거나 선량한 풍속을 해할 염려가 있을 때에는 법원의 결정으로 공개하지 아니할 수 있다.

법원조직법(2024.10.16. 법률 제20465호로 일부개정된 것)

제57조【재판의 공개】① 재판의 심리와 판결은 공개한다. 다만, 심리는 국가의 안전보장, 안녕질서 또는 선량한 풍속을 해칠 우려가 있는 경우에는 결정으로 공개하지 아니할 수 있다.
② 제1항 단서의 결정은 이유를 밝혀 선고한다.
③ 제1항 단서의 결정을 한 경우에도 재판장은 적당하다고 인정되는 사람에 대해서는 법정 안에 있는 것을 허가할 수 있다.

선생님의 TIP

공개주의는 어려운 것이 없다. 법원조직법 제57조 제1항·제2항을 잘 읽어보아야 한다.

06 공개주의가 적용되지 않는 경우

1. 헌법 제109조에 규정된 **재판공개의 원칙이 법원이 판결하기 전에 당사자에게 미리 그 내용을 알려줄 것을 의미하는 것은 아니다.**(대법원 2008.12.24. 2006도1427 자회사 주식 고가매수 사건)

2. 헌법 제109조는 재판공개의 원칙을 규정하고 있는 것으로서 검사의 공소제기 절차에는 적용될 여지가 없다. 따라서 공소가 제기되기 전까지 피고인이 그 내용이나 공소제기 여부를 알 수 없었다거나 피고인의 소송기록 열람·등사권이 제한되어 있었다고 하더라도 그 공소제기 절차가 헌법 규정을 위반하였다고는 할 수 없다.(대법원 2008.12.24. 2006도1427 자회사 주식 고가매수 사건)

> 18 국가9급

07 공개주의에 위반되는 경우

1. 헌법 제109조, 법원조직법 제57조 제1항이 정한 공개금지사유가 없음에도 불구하고 재판의 심리에 관한 공개를 금지하기로 결정하였다면 그러한 공개금지결정은 피고인의 공개재판을 받을 권리를 침해한 것으로서 그 절차에 의하여 이루어진 증인의 증언은 증거능력이 없고, 변호인의 반대신문권이 보장되었더라도 달리 볼 수 없으며, 이러한 법리는 공개금지결정의 선고가 없는 등으로 공개금지결정의 사유를 알 수 없는 경우에도 마찬가지이다. (대법원 2015.10.29. 2014도5939 서울시 공무원 간첩사건) (同旨 대법원 2013. 7.26. 2013도2511 왕재산 간첩단 사건)

> 25 국가9급, 24 국가7급, 24 법원9급, 23 변호사, 23 국가7급, 23 법원9급, 22 변호사, 22 국가7급, 21 변호사, 21 경찰채용, 18 국가7급, 18 경찰채용, 15 국가9급

2. 증거보전절차의 제1회 기일에서 이루어진 증인에 대한 증인신문은 비공개로 진행되었다고 봄이 상당한데, 증거보전기일에서 비공개결정의 선고가 되지 않아 비공개사유를 알 수 없으므로 이 부분 증거는 공개재판을 받을 권리를 침해한 것으로 증거능력이 없다.(대법원 2015.10.29. 2014도5939 서울시 공무원 간첩사건)

3. 제1심법원이 공개금지결정을 선고하지 않은 채 공개되지 않은 상태에서 증인에 대한 증인신문절차를 진행한 경우 그 증인에 대한 증인신문조서는 유죄의 증거로 쓸 수 없다.(대법원 2013. 7.26. 2013도2511 왕재산 간첩단 사건)

4. 원심이 증인신문절차의 공개금지사유로 삼은 사정이 '국가의 안녕질서를 방해할 우려가 있는 때'에 해당하지 아니하고 달리 헌법 제109조, 법원조직법 제57조 제1항이 정한 공개금지사유를 찾아볼 수도 없는 경우 그 절차에 의하여 이루어진 증인의 증언은 증거능력이 없다. (대법원 2005.10.28. 2005도5854 마음약한 증인 사건)

> 17 변호사, 17 국가9급

08 공개주의에 위반되지 않는 경우

법원이 법정의 규모, 질서의 유지, 심리의 원활한 진행 등을 고려하여 방청을 희망하는 피고인들의 가족, 친지 기타 일반 국민에게 미리 **방청권을 발행**하게 하고 그 소지자에 한하여 방청을 허용하는 등의 방법으로 방청인의 수를 제한하는 조치를 취하는 것이 공개재판주의의 취지에 반하는 것은 아니다.(대법원 1990. 6. 8. 90도646 문익환 목사 방북사건)

> 19 경간부

> **형사소송법(2025. 3.18. 법률 제20796호로 일부개정된 것)**
>
> 제297조【피고인등의 퇴정】① 재판장은 증인 또는 감정인이 피고인 또는 어떤 재정인의 면전에서 충분한 진술을 할 수 없다고 인정한 때에는 그를 퇴정하게 하고 진술하게 할 수 있다. 피고인이 다른 피고인의 면전에서 충분한 진술을 할 수 없다고 인정한 때에도 같다.
> ② 전항의 규정에 의하여 피고인을 퇴정하게 한 경우에 증인, 감정인 또는 공동피고인의 진술이 종료한 때에는 퇴정한 피고인을 입정하게 한 후 법원사무관등으로 하여금 진술의 요지를 고지하게 하여야 한다.

선생님의 TIP

반대신문권은 비교적 중요한 권리이고, 이에 관한 판례도 상당수 있다. '지금부터 증거 끝까지' 잊을만 하면 반대신문권이라는 단어가 나올 것이다. 반대신문권을 부여하지 않는 경우 증거능력이 부정되기도 하고 증명력이 부정되기도 한다.

09 피고인 퇴정과 증인에 대한 반대신문권의 보장 I

형사소송법 제297조의 규정에 따라 재판장은 증인이 피고인의 면전에서 충분한 진술을 할 수 없다고 인정한 때에는 **피고인을 퇴정하게 하고 증인신문을 진행함으로써** 피고인의 직접적인 증인 대면을 제한할 수 있지만, 이러한 경우에도 **피고인의 반대신문권을 배제하는 것은 허용되지 않는다**.(대법원 2012. 2.23. 2011도15608 아동강간 피고인 퇴정명령 사건) (同旨 대법원 2010. 1.14. 2009도9344 접대부 폭행·추행 사건) 형사소송법 제297조 제2항은 "~ 진술의 요지를 고지하게 하여야 한다."라고 규정되어 있으나, 이에 더 나아가 증인을 반대신문할 기회를 피고인에게 부여하여야 한다. [10] 판례 참고

▶ 25 국가9급, 25 소방간부,
23 변호사, 22 변호사,
22 경찰승진, 22 법원9급,
19 경찰채용, 19 법원9급,
18 소방간부

10 피고인 퇴정과 증인에 대한 반대신문권의 보장 II

1. 재판장이 피해자들을 증인으로 신문할 때 증인들이 피고인의 면전에서 충분한 진술을 할 수 없다고 인정하여 피고인의 퇴정을 명하고 증인신문을 진행하였는데, 증인신문을 실시하는 과정에 변호인을 참여시키는 한편 피고인을 입정하게 하고 법원사무관 등으로 하여금 진술의 요지를 고지하게 한 다음 **변호인을 통하여 반대신문의 기회를 부여한 경우 증인신문절차 등 공판절차에 어떠한 위법이 있다고 볼 수 없다**.(대법원 2012. 2.23. 2011도 15608 아동강간 피고인 퇴정명령 사건) 변호인이 재정(在廷)하였던 사건이다. 아래 2. 판례와 비교

▶ 22 국가7급

2. 변호인이 없는 피고인을 일시 퇴정하게 하고 증인신문을 한 다음 **피고인에게 실질적인 반대신문권의 기회를 부여하지 아니한 채 이루어진 증인의 법정진술은 위법한 증거로서 증거능력이 없다고 볼 여지가 있다. 그러나 재판장이 증인신문 결과 등을 공판조서에 의하여 고지하였는데 피고인은 '변경할 점과 이의할 점이 없다'고 진술한 사실을 알 수 있는바, 이와 같이 피고인이 책문권 포기 의사를 명시함으로써 실질적인 반대신문의 기회를 부여받지 못한 하자가 치유되었다고 할 수 있으므로 증인의 법정진술이 위법한 증거라고 볼 수 없다.** (대법원 2010. 1.14. 2009도9344 접대부 폭행·추행 사건) 변호인이 없었던 사건이다.

▶ 24 국가7급, 24 소방간부,
23 경찰승진, 23 법원9급,
21 변호사, 21 국가7급,
18 국가7급, 17 경간부,
15 경찰채용

제 2 절 | 공판심리의 범위

I 불고불리의 원칙과 심판대상

> **선생님의 TIP**
>
> 불고불리(不告不理[1]) 원칙상 법원은 공소가 제기되지 아니한 사실에 대해서는 심판을 할 수 없다. 즉 법원은 '피고인이 공소사실과 같은 죄를 범했는가'를 판단하면 족하고, 그 이상 판단할 의무도 권한도 없다.

01 불고불리의 원칙

1. 불고불리 원칙상 법원은 검사가 공소제기한 사건에 한하여 심판하여야 하고, **검사의 공소제기가 없으면 법원이 심판할 수 없다.**(대법원 2022. 7. 28. 2022도5388 불고불리 상습상해 사건)
2. 불고불리의 원칙상 **검사의 공소제기가 없으면 법원이 심판할 수 없고, 법원은 검사가 공소제기한 사건에 한하여 심판하여야 한다.**(대법원 2017. 12. 22. 2017도12649 대우조선 분식회계·사기대출 사건) ▶ 23 경찰승진, 19 국가7급
3. 검사는 공소장에 범죄의 일시, 장소와 방법을 명시하여 사실을 특정할 수 있도록 하여야 한다(형사소송법 제254조 제4항). 이는 법원의 심판대상을 한정하고 피고인의 방어의 범위를 특정하여 그 방어권 행사를 용이하게 하기 위한 데에 있으므로 **법원은 검사가 공소제기한 범위 내에서만 심판하여야 한다. 그러나 관할위반, 소송요건의 존부 등 직권조사사유에 관하여는 공소장에 기재되지 않았거나 공소장변경이 없다고 하더라도 법원이 반드시 심판하여야 한다.**(대법원 2020. 3. 12. 2019도15117 군사시설에서 폭행 사건)

02 심판대상의 판단방법

법원은 검사가 공소제기한 사건에 대하여 심판한다. **검사가 어떠한 행위를 기소한 것인지는 기본적으로 공소장 기재 자체를 기준으로 하되, 심리의 경과 및 검사의 주장 내용 등도 고려하여 판단하여야 한다.**(대법원 2023. 3. 30. 2022도6758 와류발생기 장착사건)

03 불고불리의 원칙에 위반되는 경우

1. **검사가 실체적 경합관계에 있는 두 개의 범죄 중 하나만을 기소하였다면 법원은 검사의 기소내용에 따라 당해 범죄로 처벌을 할 뿐 기소된 바 없는 다른 범죄로 처벌할 수는 없다.** (대법원 2006. 1. 26. 2005도7281 허가외 장소 폐기물 매립사건) ▶ 24 소방간부
2. **상상적 경합의 관계에 있는 범죄 중에 어느 한 죄로만 공소가 제기된 경우에 법원이 공소장변경절차를 거치지 아니하고 다른 죄로 바꾸어 인정하거나 다른 죄를 추가로 인정하는 것은 불고불리의 원칙에 위배된다.**(대법원 2007. 5. 10. 2007도2372 공무원 청탁 기망사건) ▶ 21 국가7급

---

[1] '불고불리'에서 '告'는 공소제기를 말하고, '理'는 심판을 말한다.

3. 형법 제49조 단서는 "행위자에게 유죄의 재판을 하지 아니할 때에도 몰수의 요건이 있는 때에는 몰수만을 선고할 수 있다."고 규정하고 있으므로 몰수뿐만 아니라 몰수에 갈음하는 추징도 위 규정에 근거하여 선고할 수 있으나, 우리 법제상 공소의 제기 없이 별도로 몰수나 추징만을 선고할 수 있는 제도가 마련되어 있지 아니하므로 위 규정에 근거하여 몰수나 추징을 선고하기 위하여서는 몰수나 추징의 요건이 공소가 제기된 공소사실과 관련되어 있어야 하고 공소가 제기되지 아니한 별개의 범죄사실을 법원이 인정하여 그에 관하여 몰수나 추징을 선고하는 것은 불고불리의 원칙에 위반되어 허용되지 아니한다. (대법원 2010. 5. 13. 2009도11732 약속 금품 추징사건) ▶ 21 국가7급

04 불고불리의 원칙에 위반되지 않는 경우

추징은 일종의 형으로서 검사가 공소를 제기함에 있어 관련 추징규정의 적용을 빠뜨렸다 하더라도 법원은 직권으로 이를 적용하여야 한다. (대법원 2007. 1. 25. 2006도8663 인사처 복지담당관 사건) ▶ 16 경간부

05 직권으로 당초 공소사실과 다른 공소사실로 유죄 판단을 위한 공소장변경절차의 요부(원칙) 및 예외적으로 공소장변경절차가 필요하지 않는 경우

공소사실은 법원의 심판대상을 한정하고 피고인의 방어범위를 특정함으로써 피고인의 방어권을 보장하는 의미를 가지므로 법원이 당초 공소사실과 다른 공소사실을 심판대상으로 삼아 유죄를 인정하기 위해서는 불고불리 원칙 및 피고인의 방어권 보장 등 형사소송의 기본원칙에 따라 공소장변경절차를 거치는 것이 원칙이다. 다만, 공소사실의 기본적 요소에 실질적인 영향을 미치지 않은 단순한 일시·장소·수단 등에 관한 사항 또는 명백한 오기의 정정에 해당하는 등 피고인이 방어권을 실질적으로 행사함에 지장이 없는 경우에는 예외적으로 공소장변경절차를 거치지 않고서도 직권으로 당초 공소사실과 동일성이 인정되는 범위 내의 다른 공소사실에 대하여 유죄를 인정할 수 있다. 따라서 공소장변경절차를 거쳐야 하는 경우임에도 이를 거치지 않은 채 직권으로 당초 공소사실과 다른 공소사실에 대하여 유죄를 인정하는 것은 피고인의 방어권을 침해하거나 불고불리 원칙에 위반되어 허용될 수 없지만, 공소장변경절차를 거치지 않고서도 직권으로 당초 공소사실과 다른 공소사실에 대하여 유죄를 인정할 수 있는 예외적인 경우임에도 공소장변경절차를 거친 다음 변경된 공소사실을 유죄로 인정하는 것은 심판대상을 명확히 특정함으로써 피고인의 방어권 보장을 강화하는 것이므로 특별한 사정이 없는 한 위법하다고 볼 수 없다. (대법원 2022. 12. 15. 2022도10564 범행방법 추가·정정 사건)

06 공소장변경절차 없이 오기(誤記)를 바로잡는 것이 불고불리의 원칙에 위반되는지의 여부 (소극)

1. 공소장에 적용법조의 기재에 오기나 누락이 있는 경우라 할지라도 이로 인하여 피고인의 방어에 실질적인 불이익을 주지 않는 한 공소제기의 효력에는 영향이 없고, 법원으로서도 공소장변경의 절차를 거침이 없이 곧바로 공소장에 기재되어 있지 않은 법조를 적용할 수 있다. (대법원 2012. 11. 15. 2010도11382 이계호 STC 회장 사건) ▶ 24 경찰승진, 18 국가9급, 17 경간부

2. 적용법조의 기재에 오기·누락이 있거나 또는 적용법조에 해당하는 구성요건이 충족되지 않을 때에는 공소사실의 동일성이 인정되는 범위 내로서 피고인의 방어에 실질적인 불이익을 주지 않는 한도에서 **법원이 공소장변경의 절차를 거침이 없이 직권으로 공소장 기재와 다른 법조를 적용할 수 있지만**, 공소장에 기재된 적용법조를 단순한 오기나 누락으로 볼 수 없고 구성요건이 충족됨에도 법원이 공소장변경의 절차를 거치지 아니하고 임의적으로 다른 법조를 적용하여 처단할 수는 없다.(대법원 2015.11.12. 2015도12372 부산 조폭·공갈범 사건)

> 18 법원9급, 17 국가7급

선생님의 TIP

법원의 심판대상은 피고인과 공소사실이다. 피고인은 변경되지 않는다. 그러나 공소사실은 소송의 진행에 따라 유동적(流動的)으로 변화하는데 이를 소송의 동적·발전적 성격이라고 한다. 소송의 동적·발전적 성격으로 인하여 공소사실이 변경되기 때문에 법원의 심판대상이 무엇인지 문제가 된다. 이에 관하여 견해의 대립은 있으나 공소장에 기재된 공소사실(아래 A)이 현실적 심판의 대상이고, 공소사실과 동일성이 인정되는 사실(아래 A')이 잠재적 심판대상이라는 이원설(二元說)이 다수설과 판례의 입장이다. 이원설에 의할 때 잠재적 심판대상은 공소장변경에 의하여 현실적 심판의 대상이 된다.

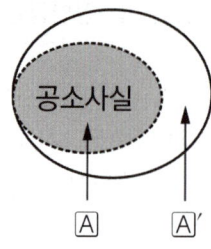

07 법원의 심판대상(=이원설)

형사재판에 있어서 법원의 심판대상이 되는 것은 공소장에 기재된 공소사실과 예비적 또는 택일적으로 기재된 공소사실 그리고 소송의 발전에 따라 추가 또는 변경된 사실에 한하는 것이고, 공소사실과 동일성이 인정되는 사실이라 할지라도 공소장이나 공소장변경신청서에 공소사실로 기재되어 현실로 판결의 대상이 되지 아니한 사실은 법원이 그 사실을 인정하더라도 피고인의 방어에 실질적 불이익을 초래할 염려가 없는 경우가 아니면 법원이 임의로 공소사실과 다르게 인정할 수 없는 것이며, 이와 같은 사실을 인정하려면 공소장변경을 요한다.(대법원 1991.5.28. 90도1977 허위 호적정정허가신청서 작성사건)

> 17 경간부

Ⅱ 공소장변경(심판대상 변경)

1. 총설

형사소송법(2025. 3.18. 법률 제20796호로 일부개정된 것)

제298조【공소장의 변경】① 검사는 법원의 허가를 얻어 <u>공소장에 기재한 공소사실 또는 적용법조의[1] 추가, 철회 또는 변경</u>을 할 수 있다. 이 경우에 법원은 공소사실의 동일성을 해하지 아니하는 한도에서 허가하여야 한다.
② 법원은 심리의 경과에 비추어 상당하다고 인정할 때에는 공소사실 또는 적용법조의 추가 또는 변경을 요구하여야 한다.
③ 법원은 공소사실 또는 적용법조의 추가, 철회 또는 변경이 있을 때에는 그 사유를 신속히 피고인 또는 변호인에게 고지하여야 한다.
④ 법원은 전3항의 규정에 의한 공소사실 또는 적용법조의 추가, 철회 또는 변경이 피고인의 불이익을 증가할 염려가 있다고 인정한 때에는 직권 또는 피고인이나 변호인의 청구에 의하여 피고인으로 하여금 필요한 방어의 준비를 하게 하기 위하여 결정으로 필요한 기간 공판절차를 정지할 수 있다.

선생님의 TIP

1. 공소장변경은 이해가 쉽지 않기 때문에 계속하여 조문과 조언을 반복하겠다.
2. 공소장변경은 공소장이라는 종이를 바꾸는 것이 아니라 심판대상을 변경하는 것이다. 즉, 형사소송법 제298조 제1항에서와 같이 다음 면 서식 및 사례 음영색 부분을 바꾸는 것을 말한다. 따라서 앞에서 보았지만 심판대상을 변경하는 것이 아니라 단순한 오기(誤記)를 바로 잡는 경우에는 공소장변경을 요하지 아니한다.
3. 공소장변경의 절차는 '검사의 신청 → 법원의 허가 → 피고인 또는 변호인에 대한 고지 → (임의적) 공판절차의 정지' 순서에 의한다. 이 중에서 가장 중요한 것은 '피고인 또는 변호인에 대한 고지'이다. 심판대상이 바뀌었으니까 방어준비를 할 시간이나 기회를 주는 것이다. 다음 면 서식 및 사례에서와 같이 '강간죄'로 피고인이 기소되었는데 법원이 별다른 언급없이 "피고인을 '강간치상죄'로 징역 3년에 처한다."라는 판결을 선고하면 피고인은 불의타(不意打)를 맞게 된다. 불의타 방지가 공소장변경제도의 가장 큰 취지이다.

---

[1] 당연히 '죄명'도 추가, 철회 또는 변경을 할 수 있다.

서식 및 사례 공소장

의정부지방검찰청 고양지청

사건번호 20X5년 형제1763호
수 신 자 의정부지방법원 고양지원
제   목 공소장

검사 노정원은 아래와 같이 공소를 제기합니다.

피고인 관련사항	피고인	남궁한 (01042X - 3X60157), 24세 직업 무직 휴대전화번호 010-3320-1161 주거 경기도 고양시 덕양구 북한동 산1-1 등록기준지 서울시 은평구 불광동 246-1번지
	죄명	강간
	적용법조	형법 제297조
	구속여부	20X5. 1.24. 구속 (20X5. 1.22. 체포)
	변호인	변호사 윤지원
공소사실		피고인은 20X5. 1.19. 20:00경 피해자에게 전화를 하여 만나자고 한 후 20X5. 1.19. 20:20경 피해자의 주거지 근처인 (생략) 주차장에서 피해자를 불러 내 피고인의 카니발 승용차 조수석에 태운 다음 문을 잠그고, 피해자에게 "너 섹스해 봤냐?"라고 질문을 하면서 피해자의 양팔을 잡아 눌러 반항하지 못하게 한 후 피해자의 바지와 팬티를 벗겨 피해자를 1회 간음하여 강간하였다.
첨부서류		1. 체포영장 2. 구속영장 3. 변호인선임서

검사 노정원㊞ 또는 노정원

20X5년 2월 8일

01 공소장변경제도의 취지(=피고인의 방어권 행사를 실질적으로 보장)

공소장변경제도는 당사자주의적 견지에서 공소사실의 동일성이 인정되는 범위 내라 할지라도 공소장변경 절차에 의하여 심판의 대상을 명확히 한정하지 아니하면 심판대상이 되지 아니하는 것으로 함으로써 피고인이 예상하지 아니한 처벌을 받는 불이익을 방지하려는 것으로 **형벌권의 적정한 실현과 소송경제를 도모하는 한편 피고인의 방어권을 실질적으로 보장하는 데에 그 제도적 가치가 있다.**(대법원 2024.12.12. 2020도11949 철회 공소사실 재추가 사건) 조언에서는 이를 '불의타 방지'라고 하였다. [2] 판례 참고

02 공소장변경허가신청이 있는 경우 그 허용 가부를 판단하는 기준

동적·발전적인 성격의 형사소송절차에서 처음 공소제기된 사실관계가 소송 진행에 따라 다르게 나타나는 등의 사정이 있을 수 있으므로 **공소사실의 동일성이 인정되는 범위 내에서 특정 공소사실을 철회하였다가 다시 추가하는 등과 같은 공소장변경도 불가능한 것은 아니다.** 그러나 헌법 제13조 제1항 후문 '거듭처벌금지의 원칙'의 정신에 비추어 소송절

차에서 불안정한 지위에 놓이게 될 수 있는 피고인의 인권과 법적 안정성 보장의 관점에서 그러한 공소장변경이 얼마든지 허용된다고 볼 수는 없다. 공소장변경이 소송절차에서 피고인의 지위를 과도하게 불안정하게 하고, 피고인의 방어권을 본질적으로 침해하는 것과 같은 특별한 사정이 있는 경우 그러한 공소장변경은 원칙적으로 허용될 수 없다. 이때 그러한 특별한 사정이 있는지 여부는 검사의 공소장변경허가신청의 실질적 의도와 시기, 특히 검사가 공소장변경허가신청 기회가 충분히 있는데도 불구하고 장기간 권한행사를 하지 않다가 피고인의 방어가 성공한 단계 이후에 전격적으로 공소장변경허가신청을 한 것인지 여부, 공소장변경허가신청의 횟수, 경과 및 공소사실의 철회·추가·변경 등 유형, 특히 검사의 신청이 특정 공소사실에 대하여 현실적 심판대상에서 제외하였다가 다시 이를 번복하는 취지인지 여부, 기존 공소사실과 변경하려는 공소사실에 대한 방어 내용의 차이, 공소장변경허가 신청을 전후로 이루어진 피고인의 방어권 행사 내용과 과정 등 심리의 경과에 비추어 공소장변경으로 인해 그 이전에 해 온 피고인의 방어활동이 무위로 돌아가는지 여부 및 변경하려는 공소사실에 대한 피고인의 실질적이고도 충분한 방어가 가능한지 여부 등 제반 사정들을 종합적으로 고려하여 판단하여야 한다. 다만, 위와 같은 특별한 사정이 있더라도 공소장변경 없이는 적정절차에 의한 신속한 실체적 진실의 발견이라는 형사소송의 목적에 비추어 현저히 정의와 형평에 반하는 결과를 초래하는 경우에는 예외적으로 그러한 공소장변경도 허용될 여지가 있으나, 그러한 예외가 인정되는지 여부도 피고인의 법적 안정성 보장과 공소장변경제도의 가치 등을 고려하여 매우 엄격하고 신중하게 판단해야 한다.(대법원 2024.12.12. 2020도11949 철회 공소사실 재추가 사건) 구체적 사실관계는 시험과 거리가 멀기 때문에 따로 설명하지 않는다.

2. 공소장변경의 한계

> **형사소송법(2025. 3.18. 법률 제20796호로 일부개정된 것)**
>
> 제298조【공소장의 변경】 ① 검사는 법원의 허가를 얻어 공소장에 기재한 공소사실 또는 적용법조의 추가, 철회 또는 변경을 할 수 있다. <u>이 경우에 법원은 공소사실의 동일성을 해하지 아니하는 한도에서 허가하여야 한다.</u>

> **선생님의 TIP**
>
> 1. 공소장변경은 무한정 허용되는 것이 아니고 공소사실의 동일성이 인정되는 범위 내에서만 허용된다. 예를 들어 폭행죄의 공소사실을 폭행치상죄, 상해미수죄, 강요죄 등의 공소사실로 변경할 수는 있으나(<u>다음 면 이미지 참고</u>), 폭행죄의 공소사실을 사기죄, 문서위조죄, 수뢰죄 등의 공소사실로 변경할 수는 없다(이 경우에는 추가로 기소하여야 한다). 이는 「3. 공소장변경의 필요성」 문제와 구별해야 한다.
> 2. 공소사실의 동일성 판단은 일응 형법상 죄수개념으로 해결할 수 있다. 즉 일죄(단순일죄, 포괄일죄 그리고 상상적 경합범)는 공소사실의 동일성이 있는 경우이고, 수죄(실체적 경합범)는 공소사실의 동일성이 없는 경우이다. 「NEW 트렌드 형법 판례」에서 배웠지만 다음 면 핵심정리를 다시 보기 바란다.
> 3. 공소사실의 동일성 판단 기준과 관련하여 복잡한 견해대립은 있으나 통설과 판례는 원칙적으로 공소사실을 그 기초가 되는 사회적 사실로 환원하여 그러한 사실 사이에 다소의 차이가 있더라도 기

본적인 점에서 동일하면 동일성을 인정하는 '기본적 사실동일설'을 취하고 있다. 다만, 판례는 "규범적 요소도 아울러 고려하여야 한다."라고 하여 약간 법률적 측면을 가미하고 있다.
4. 관련 판례가 공개된 것만도 엄청 많고, 공개되지 않은 것은 수만개에 이르지만 이 교재는 수험서이므로 시험과 관련된 것들만 소개한다. 출제위원이 틀리라고 마음먹고 시험에 내면, 저자를 포함하여 판검사나 변호사나 '이거 뭐야?'하면서 그냥 정답을 찍을 수밖에 없다. 너무 걱정하지 말고 이 교재에 수록된 판례만 보기 바란다.

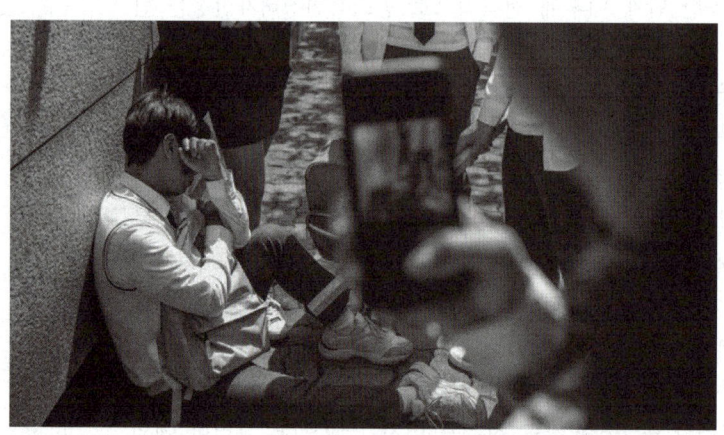

<이미지 출처 - 더스쿠프(https://www.thescoop.co.kr/news/articleView.html?idxno=50107)>

| 핵심정리 | 일죄의 정리 |

구 분				내 용
단순일죄				하나의 행위가 1개의 구성요건에 해당하여 일죄가 성립하는 경우
	협의의 단순일죄			하나의 행위가 명백히 1개의 구성요건에 해당하여 일죄가 성립하는 경우
	법조경합			하나의 행위가 외견상 수개의 구성요건에 해당하는 것처럼 보이지만, 실제로는 어떤 구성요건이 다른 구성요건을 배척하기 때문에 일죄만 성립하는 경우
		특별관계		어떤 구성요건(특별법)이 다른 구성요건(일반법)의 모든 요소를 포함하는 이외에 다른 특별한 요소를 구비한 경우로서, 특별법만 적용되고 일반법은 적용되지 않음
			가감적 구성요건과 기본적 구성요건	- 존속살해죄가 적용되면 보통살인죄 비적용 - 특수절도죄가 적용되면 절도죄 비적용
			결합범과 기본범죄	- 강도죄가 적용되면 폭행·협박죄 또는 절도죄 비적용 - 상해치사죄가 적용되면 상해죄 비적용
			특별법과 형법	- 성폭력처벌법상 특수강간죄가 적용되면 형법상 강간죄 비적용 - 특정범죄가중법상 뇌물죄가 적용되면 형법상 뇌물죄 비적용

2 상상적 경합범은 소송상 일죄 또는 과형상 일죄라고 「NEW 트렌드 형법 판례」에서 배운 바가 있다.

		보충관계	어떤 구성요건(보충법)이 다른 구성요건(기본법)의 적용이 없을 때에만 보충적으로 적용되는 경우로서, 기본법이 적용되지 않을 때에만 보충법이 적용됨(기본법이 적용되면 보충법 비적용)
		명시적 보충관계	– 모병이적죄·시설제공이적죄가 적용되지 않을 때에만 일반이적죄 적용 – 현주건조물·공용건조물방화죄가 적용되지 않을 때에만 일반건조물방화죄 적용
		묵시적 보충관계	– 기수·미수가 적용되지 않을 때에만 예비 적용 그리고 기수가 적용되지 않을 때에만 미수 적용 – 정범이 적용되지 않을 때에만 교사·방조범 적용 그리고 교사범이 적용되지 않을 때에만 방조범 적용 – 작위범이 적용되지 않을 때에만 부작위범 적용
	흡수관계		어떤 구성요건(흡수법)이 경험칙상 또는 당연히 다른 구성요건(피흡수법)의 불법내용을 포함하고 특별관계나 보충관계에 해당하지 않는 경우로서, 흡수법만 성립하고 피흡수법은 성립하지 않음
		불가벌적 수반행위	사람을 살해한 경우 살인죄만 성립하고 (피해자가 입고 있던 옷에 대한) 손괴죄 불성립
		불가벌적 사후행위	재물을 절취한 후 그 장물을 처분한 경우 절도죄만 성립하고 장물죄 불성립
포괄일죄	수개의 행위가 포괄적으로 1개의 구성요건에 해당하여 일죄가 성립하는 경우		
	협의의 포괄일죄		1개의 구성요건에 수개의 행위태양이 규정되어 있는 경우 수개의 태양에 해당하는 행위를 하더라도 일죄만 성립 – 같은 사람으로부터 뇌물을 요구·약속한 후 수수하더라도 수뢰의 일죄만 성립 – 피해자를 체포한 후 감금하더라도 감금의 일죄만 성립
	결합범		수개의 독립된 범죄를 결합하여 한 개의 범죄구성요건으로 규정한 경우 그 수개의 독립된 범죄를 하더라도 일죄만 성립 – 야간에 주거에 침입하여 절도를 하더라도 (주거침입죄와 절도죄의 경합범이 아니라) 야간주거침입절도의 일죄만 성립 – 강도가 강간을 하더라도 (강도죄와 강간죄의 경합범이 아니라) 강도강간의 일죄만 성립
	계속범		범죄의 기수에 이른 이후 법익침해 행위를 계속 하더라도 일죄만 성립 – 피해자를 1년 동안 감금하더라도 감금의 일죄만 성립 – 비어있는 피해자의 집에 몰래 들어가 1년 동안 생활하더라도 주거침입의 일죄만 성립
	접속범		수개의 행위가 단일한 범죄의사에 의하여 시간적·장소적으로 접속되고 피해법익이 동일한 경우 일죄만 성립 – 절도범이 피해자의 집에서 1시간 동안 여러 가지의 재물을 절취하더라도 절도의 일죄만 성립 – 한번 선서한 증인이 여러 가지 사실에 관하여 허위의 진술을 하더라도 위증의 일죄만 성립
	연속범		수개의 행위가 단일한 범죄의사에 의하여 일정 기간 동안 계속되고 피해법익이 동일한 경우 일죄만 성립(수개의 행위가 시간적·장소적으로 접속될 것을 요하지 않기 때문에 접속범과 구별됨)

		- 공무원이 1년 동안 같은 증뢰자로부터 수십 회에 걸쳐 뇌물을 받더라도 수뢰의 일죄만 성립 - 회사의 공금 보관자가 1년 동안 수십 회에 걸쳐 횡령을 하더라도 업무상횡령의 일죄만 성립
	집합범	범죄구성요건 자체가 단일한 범죄의사에 의하여 수개의 행위를 하더라도 일죄로 처벌할 것을 예상하고 있기 때문에 일죄만 성립 - 상습적으로 수회에 걸쳐 절취하더라도 상습절도의 일죄만 성립(상습범) - 의료인이 아닌 자가 수개월에 걸쳐 무면허 의료행위를 하더라도 의료법 위반의 일죄만 성립(영업범 또는 직업범)

핵심정리 수죄의 정리

구 분	내 용
상상적 경합범	하나의 행위가 실질적으로 수개의 구성요건을 충족하는 경우로서 실체법(형법)적으로는 수죄로 취급하지만, 절차법(형사소송법)적으로는 일죄로 취급함 - 동종의 상상적 경합범 : 하나의 폭탄을 던져 수인을 살해한 경우 수개의 살인죄의 상상적 경합범 성립 - 이종의 상상적 경합범 : 총을 한번 쏴서 사람과 개를 살해한 경우 살인죄와 손괴죄의 상상적 경합범 성립
(실체적) 경합범[3]	수개의 행위가 실질적으로 수개의 구성요건을 충족하는 경우로서 실체법(형법)적으로나 절차법(형사소송법)적으로나 수죄로 취급함 - 동종의 실체적 경합범 : 범인이 하루는 A를 살해하고 그 다음날 B를 살해한 경우 2개의 살인죄의 실체적 경합범 성립 - 이종의 실체적 경합범 : 범인이 하루는 A의 재물을 절취하고 그 다음날 B를 강간한 경우 절도죄와 강간죄의 실체적 경합범 성립

03 공소사실의 동일성 여부의 판단 기준

1. **공소사실의 동일성**은 그 사실의 기초가 되는 사회적 사실관계가 기본적인 점에서 동일하면 그대로 유지되며, 이러한 기본적 사실관계의 동일성을 판단할 때에는 그 사실의 동일성이 갖는 기능을 염두에 두고 피고인의 행위와 그 사회적인 사실관계를 기본으로 하되 규범적 요소도 아울러 고려하여야 한다.(대법원 2024.12.12. 2020도3273 토지매매대금 횡령 사건) 이런 취지의 판례가 정말 많은데, 그냥 판례 문구를 암기하기 바란다. ▶ 25 국가9급, 21 법원9급, 20 경찰채용, 19 법원9급, 17 법원9급, 17 경간부, 16 법원9급, 15 법원9급

2. **포괄일죄**에서는 공소장변경을 통한 종전 공소사실의 철회 및 새로운 공소사실의 추가가 가능한 점에 비추어 공소장변경허가 여부를 결정할 때는 포괄일죄를 구성하는 개개 공소사실별로 종전 것과의 동일성 여부를 따지기보다는 변경된 공소사실이 전체적으로 포괄일죄의 범주 내에 있는지 여부, 즉 단일하고 계속된 범의하에 동종의 범행을 반복하여 행하고 피해법익도 동일한 경우에 해당한다고 볼 수 있는지에 초점을 맞추어야 한다.(대법원 2025.4.15. 2025도903 네 번의 금원편취 사건) 포괄일죄이므로 말 그대로 포괄적 그리고 전체적으로 동일성 여부를 판단하여야 한다. [4] 2. 판례 참고 ▶ 25 소방간부, 24 변호사, 23 국가7급, 22 소방간부, 21 경찰채용, 19 경찰채용, 19 국가9급

---

[3] 단순히 '경합범'이라고 하면 실체적 경합범을 말한다.

3. 공소사실의 동일성의 여부는 그 사실의 기초가 되는 사회적 사실관계가 기본적인 점에서 동일한가의 여부를 구체적 사실에 관하여 개별적으로 판단하여 결정하여야 할 것인바, 최초의 공소사실과 변경된 공소사실간에 그 일시만 달리하는 경우 사안의 성질상 두 개의 공소사실이 양립할 수 있다고 볼 사정이 있는 경우에는 그 기본인 사회적 사실을 달리할 위험이 있다 할 것이므로 기본적 사실은 동일하다고 볼 수 없지만, 일방의 범죄가 성립되는 때에는 타방의 범죄의 성립은 인정할 수 없다고 볼 정도로 양자가 밀접한 관계에 있는 경우에는 양자의 기본적 사실관계는 동일한 것이다.(대법원 2007. 5.10. 2007도1048 신명석 휘튼 대표 사건) 양립할 수 있으면 동일성이 없는 것이고, 양립할 수 없으면 동일성이 있는 것이다. 예를 들어 살인죄와 절도죄는 양립할 수 있다(전자의 예). 그러나 같은 교통사고로 인한 피해자 사망에 있어 살인죄와 업무상과실치사죄는 양립할 수 없다(후자의 예)[4].

> 22 소방간부

04 공소사실의 동일성이 인정되는 경우 I

1. (1) "피고인은 1999. 5. 일자 불상 04:00경 피해자와 전화통화 중 다른 남자와의 관계를 아들에게 폭로하겠다고 말하여 협박하였다"라는 공소사실과 (2) "피고인은 2000. 8. 4. 새벽경 (1)과 동일한 방법으로 동일한 피해자를 협박하였다"라는 공소사실 [협박죄] (대법원 2005. 7.14. 2003도1166 아들에게 폭로하겠다 사건) 같은 사건인데 검사가 범행일시를 증거에 맞게 바꾼 정도이다.

> 20 경찰채용

2. (1) "피고인 甲은 2001. 6. 하순경부터 2002.12. 하순경까지 총 18회에 걸쳐 乙로부터 퇴폐 스포츠마사지 업소 단속 무마용으로 총 7,020만원을 수수하였다(그 중 2회는 2002. 1. 하순경 및 2002. 9. 하순경 서대문경찰서 부근 상호불상 다방에서 수수한 것임)"라는 공소사실과 (2) "피고인 甲은 (1)과 같은 기간에 총 18회에 걸쳐 乙로부터 퇴폐 스포츠마사지 업소 단속 무마용으로 총 7,020만원을 수수하였다(그 중 2회는 2002. 2. 초순경 및 2002. 9. 중순경 서대문경찰서 형사계 당직사무실에서 수수한 것임)"라는 공소사실 [특정범죄가중법위반(수뢰)] (대법원 2006. 4.27. 2006도514 18회 뇌물수수 사건) 포괄일죄를 구성하는 일부 사실이 약간 다를 뿐 전체적으로 동일한 사건으로 보아야 한다. 이 판례 자체는 시험에 나오지 않지만 시험에 나오는 위 [3] 2. 판례를 이해하자는 차원에서 이렇게 수록하였다.

▶

3. (1) "피고인은 임차권 양도계약을 중개한 후 A로부터 법정 수수료 상한을 초과한 중개수수료를 교부받았다"라는 공소사실과 (2) "피고인은 (1)과 같은 일시, 장소에서 임차권 양도계약을 중개한 후 B로부터 법정 수수료 상한을 초과한 중개수수료를 교부받았다"라는 공소사실 [공인중개사법위반] (대법원 2010. 6.24. 2009도9593 초과 중개수수료 수수사건) 누구한테 받아먹든 어쨌든 받아먹은 사실 자체는 동일하다.

> 19 경간부, 17 경찰채용, 15 경찰채용

▶

---

[4] 같은 교통사고이므로 살인죄에 해당하면 업무상과실치사죄는 성립할 수 없고, 업무상과실치사죄에 해당하면 살인죄는 성립할 수 없다.

4. (1) "피고인은 피해자를 살해하려고 목을 누르는 등 폭행을 가하였으나 미수에 그쳤다"라는 ▶ 20 경찰채용, 19 경간부
공소사실과 (2) "피고인은 피해자를 강간하려고 목을 누르는 등 폭행을 가하였으나 미수에 그치고 피해자에게 상해를 입혔다"라는 공소사실 [살인미수죄 + 강간치상죄] (대법원 1984. 6. 26. 84도666 살해하려고 강간하려고 사건) 피고인의 고의가 다를 뿐 사실 자체는 동일하다.

5. (1) "피고인은 B의 절도범행을 신고하고 경찰에서 참고인 진술을 한 A에 대하여 '차회 ▶ 16 국가9급
조사시에는 위 진술내용을 번복하여 B는 A가 목격한 범인이 아니다'라고 허위진술을 하여 달라고 요구하면서 이에 불응하면 어떠한 위해를 가할 듯한 태세를 보여 외포케 하여 A를 협박하였다"라는 공소사실과 (2) "피고인은 '차회 ~ 아니다'와 같은 내용으로 진술할 것을 강요하여 이에 겁을 먹은 A로 하여금 제2회 참고인진술을 함에 있어서 '전회에 B가 절도범인이라고 진술한 것은 잘못된 진술이고, B는 A가 목격한 범인이 아니다'라고 허위로 진술케 함으로써 경찰에 검거되어 신병이 확보된 채 조사를 받고있던 B를 증거불충분으로 풀려나게 하여 성환, 평택 이하 미상 등지로 약 65일간 도피케 하였다"라는 공소사실 [협박죄 → 범인도피죄] (대법원 1987. 2. 10. 85도897 절도범인이 아니다 사건) '허위진술 요구 또는 강요'에 대한 법적 평가만 달리하는 경우이다.

05 공소사실의 동일성이 인정되는 경우 II

1. 하나의 사건에 관하여 한번 선서한 증인이 같은 기일에 여러 가지 사실에 관하여 기억에 ▶ 22 경간부
반하는 허위의 공술을 한 것으로서 포괄하여 1개의 위증죄를 구성하는 것으로 보아야 하고, 그 일부의 범죄사실에 대하여 공소가 제기된 뒤에 항소심에서 나머지 부분을 추가하였다고 하여 공소사실의 동일성을 해하는 것이라고 볼 수 없다. [위증죄] (대법원 1992. 12. 22. 92도2047 나이트클럽 양도 서류위조 사건) 위증의 포괄일죄에 대하여는 「NEW 트렌드 형법판례」에서 공부한 바와 같다.

2. 검사는 "피고인들이 흉기를 휴대하고 다방에 모여 강도예비를 하였다"는 공소사실과 그 적 ▶ 19 경간부, 16 국가9급
용법조를 법원의 허가를 받아 "정당한 이유없이 폭력범죄에 공용될 우려가 있는 흉기를 휴대하고 있었다"는 폭력행위처벌법 제7조 소정의 죄로 변경을 하였는바, 그 변경전의 공소사실과 변경후의 공소사실은 그 기본적 사실이 동일하다. [강도예비죄 → 폭력행위처벌법위반] (대법원 1987. 1. 20. 86도2396 흉기휴대 다방 집결사건) '흉기휴대 다방 집결'에 대한 법적 평가만 달리하는 경우이다.

06 공소사실의 동일성이 인정되지 않는 경우

1. (1) "피고인은 1999. 6. 9. 법무사 사무실에서 甲으로부터 피해자 A를 위한 합의금 1,315만원을 교부받아 이를 보관 중 1999. 6. 말경 A로부터 그 반환요구를 받고도 거부하여 이를 횡령하였다"라는 공소사실과 (2) "피고인은 1999. 6. 7. 서울 이하 불상지에서 A를 기망하여 다음 날 A로부터 수사사건에 관한 일체의 권한을 피고인에게 위임한다는 취지의 위임장을 팩스로 송부받아 위임장 사본 1매를 편취한 것이다"라는 공소사실 [횡령죄 + 사기죄] (대법원 2001. 3. 27. 2001도116 합의금 횡령 위임장 편취 사건) 실체적 경합범으로

완전히 다른 범죄이다. 아래 2. 판례도 마찬가지이다. [25] 판례 참고

2. (1) "피고인은 2008.10. 하순경 성남시 모란시장 부근 도로에 정차한 승용차 안에서 A에게 필로폰 약 0.3g을 건네주어 이를 교부하였다"라는 공소사실과 (2) "피고인은 2008.10. 중순경 장소 불상지에서 A에게 전화로 350만원을 주면 필로폰 10g을 구해다 주겠다고 거짓말하여 A, B로부터 같은 달 하순경 성남 모란역에서 필로폰 대금 및 수고비 합계 370만원을 교부받았다"라는 공소사실 [마약류관리법위반 + 사기죄] (대법원 2012. 4.13. 2010도16659 모란시장 필로폰 거래사건)

> 22 변호사, 22 국가9급, 20 경찰채용, 19 경간부, 19 국가7급

3. 공소장변경의 필요성

> 형사소송법(2025. 3.18. 법률 제20796호로 일부개정된 것)
>
> 제254조【공소제기의 방식과 공소장】③ 공소장에는 다음 사항을 기재하여야 한다.
>   1. 피고인의 성명 기타 피고인을 특정할 수 있는 사항
>   2. 죄명
>   3. <u>공소사실</u>
>   4. 적용법조
> 제323조【유죄판결에 명시될 이유】① 형의 선고를 하는 때에는 판결이유에 <u>범죄사실</u>[5], 증거의 요지와 법령의 적용을 명시하여야 한다.

선생님의 TIP

1. 우리가 위 「2. **공소장변경의 한계 – 공소장변경의 가부(可否)**」에서 배운 것은 공소장변경을 할 수 있는가, 할 수 없는가의 문제이었다. 그러나 지금 「3. **공소장변경의 필요성 – 공소장변경의 요부(要否)**」는 공소장변경을 할 수는 있지만, 과연 공소장변경절차[6]를 거칠 필요가 있는가, 없는가의 문제이다. 밑줄 친 것의 차이점을 이해할 수 있어야 한다.
2. 공소장변경의 절차 순서는 어떻게 되는가? 그 중에 가장 중요한 것이 무엇인가? 공소장변경제도의 가장 큰 취지는 무엇인가? 잘 모르겠다면 다시 앞의 내용을 보고 이 곳으로 오기 바란다.
3. 불의타(不意打) 방지가 공소장변경제도의 가장 큰 취지이므로 그러한 염려가 있으면 공소장변경을 요하지만, 그러한 염려가 없으면 공소장변경을 요하지 않는다. 판례에 대한 학설의 이름을 붙이자면 '실질적 불이익설'이다. 유형별로 아래와 같이 나눈다.

유형	사례	해결
〈1〉	같은 죄명[7]	(1) 같은 죄명이지만 일자, 장소 등이 바뀌는데 그 차이가 비교적 중대하여 피고인이 불의타를 맞을 염려가 있으면 <u>공소장변경을 요한다</u>. (2) 같은 죄명이고 일자, 장소 등이 바뀌지만 별다른 차이가 없어 피고인이 불의타를 맞을 염려가 없으면 <u>공소장변경을 요하지 않는다</u>.

〈2〉	다른 죄명[8]	(1) 다른 죄명이므로 원칙적으로 <u>공소장변경을 요한다</u>[9].
		(2) 다른 죄명이더라도 아래와 같은 경우는 <u>공소장변경을 요하지 않는다</u>.
		  ㉠ 축소사실을 인정하는 경우에는 '大는 小를 포함한다'라는 이론에 의하여 공소장변경을 요하지 않는다.
		  ㉡ 동일한 범죄사실에 대하여 형이 무겁지 않게 법률적용만을 달리하는 경우에는 공소장변경을 요하지 않는다.

---

[5] 원래 법조문에는 '범죄될 사실'이라고 되어 있으나 편의상 이를 범죄사실로 바꿔 버렸다.

07 법원이 공소장변경 없이 공소사실과 다른 범죄사실을 인정하기 위한 요건(=피고인의 방어권 행사에 실질적으로 불이익을 초래할 염려가 없을 것)

1. 법원이 공소장의 변경 없이 직권으로 공소장에 기재된 공소사실과 다른 범죄사실을 인정하기 위하여는 공소사실의 동일성이 인정되는 범위 내이어야 할 뿐더러 또한 피고인의 방어권 행사에 실질적 불이익을 초래할 염려가 없어야 한다.(대법원 2022. 9.29. 2020도11754 골프연습장 운영자 아들 사건)

2. 피고인의 방어권 행사에 실질적인 불이익을 초래할 염려가 없는 경우에는 공소사실과 기본적 사실이 동일한 범위 내에서 법원이 공소장변경절차를 거치지 아니하고 다르게 사실을 인정하였다고 할지라도 불고불리의 원칙에 위배되지 아니한다.(대법원 2017. 3. 9. 2014도144 신한사태 사건) ▶ 19 소방간부, 17 법원9급, 17 경찰승진, 16 경찰채용, 15 변호사, 15 법원9급

3. 법원은 공소사실의 동일성이 인정되는 범위 내에서 심리의 경과에 비추어 피고인의 방어권 행사에 실질적인 불이익을 초래할 염려가 없다고 인정되는 때에는 공소장이 변경되지 않았더라도 직권으로 공소장에 기재된 공소사실과 다른 범죄사실을 인정할 수 있다.(대법원 2015. 7.23. 2015도3080 프로야구선수협의회 사무총장 사건) ▶ 25 국가9급

4. 법원은 공소사실의 동일성이 인정되는 범위 내에서 공소가 제기된 범죄사실보다 가벼운 범죄사실이 인정되는 경우 그 심리의 경과 등에 비추어 볼 때 피고인의 방어에 실질적인 불이익을 주는 것이 아니라면 공소장변경 없이 직권으로 가벼운 범죄사실을 인정할 수 있다. (대법원 2018. 9.13. 2018도7658 인천 초등생 살인사건) ▶ 24 국가9급

   ▶

5. 피고인의 방어권 행사에 실질적인 불이익을 초래할 염려가 없는 경우에는 법원이 공소장변경절차 없이 일부 다른 사실을 인정하거나 적용법조를 수정하더라도 불고불리의 원칙에 위배되지 않는다. 그러나 피고인의 방어권 행사에 실질적인 불이익을 초래하는지는 공소사실의 기본적 동일성이라는 요소와 함께 법정형의 경중과 그러한 경중의 차이에 따라 피고인이 자신의 방어에 들일 노력·시간·비용에 관한 판단을 달리할 가능성이 뚜렷한지 여부 등 여러 요소를 종합하여 판단하여야 한다.(대법원 2023.11.16. 2023도11810 13세 여학생과의 원조교제 사건) ▶ 21 경찰채용, 21 법원9급

08 공소장변경의 필요성 관련 판례

1. 단독범으로 기소된 것을 다른 사람과 공모하여 동일한 내용의 범행을 한 것으로 인정하는 경우에 이로 말미암아 피고인에게 예기치 않은 타격을 주어 방어권 행사에 실질적 불이익을 줄 우려가 없다면 공소장 변경이 필요한 것은 아니다.(대법원 2018. 7.12. 2018도5909 장기요양급여비 편취사건) [16] 1. 판례 참고 ▶ 20 소방간부

---

6 '검사의 신청 → 법원의 허가 → 피고인 또는 변호인에 대한 고지 → (임의적) 공판절차의 정지'를 말한다.
7 강간죄에서 강간죄로 바뀐다(물론 일자, 장소 등 세부적인 것이 바뀌게 된다).
8 살인죄에서 폭행치사죄로 바뀐다(죄명도 바뀌고 경우에 따라 일자, 장소 등 세부적인 것이 바뀔 수도 있다).
9 원칙이므로 판례가 수만개가 있지만, 시험에는 나오는 것만 나온다.

2. 일반적으로 범죄의 일시는 공소사실의 특정을 위한 것이지 범죄사실의 기본적 요소는 아니므로 그 일시가 다소 다르다 하여 공소장변경의 절차를 요하는 것은 아니나, 범죄의 시일이 그 간격이 길고 범죄의 인정 여부에 중대한 관계가 있는 경우에는 피고인의 방어에 실질적 불이익을 가져다 줄 염려가 있으므로 이러한 경우에는 공소장변경절차를 밟아야 한다. (대법원 2019. 1. 31. 2018도17656 목사 안수기도 추행 사건) [9] 1. 2. [10] 1. 2. 판례 참고

> 22 경간부

선생님의 TIP
아래 [9], [10] 판례들은 같은 죄명에 관한 것이다(유형 〈1〉). 이 자체는 시험에 잘 나오지 않지만 위 [7], [8] 판례를 이해하자는 차원에서 이렇게 수록한다.

09 공소장변경을 요하는 경우

1. (1) "피고인은 1991. 5. 14. 피해자 A부터 금 2,000만원을 차용의 명목으로 편취하였다"라는 공소사실에 대하여 (2) "피고인은 1991. 6. 14. ~ 편취하였다"라는 범죄사실을 인정하는 경우 [사기죄] (대법원 1993. 1. 15. 92도2588 그림매매사업자 사건) [10] 1. 2. 판례와 비교

2. (1) "피고인은 1985. 5. 중순 일자 불상경 조직폭력단체인 '시라소니파'에 지휘부 조직원으로 가입하였다"라는 공소사실에 대하여 (2) "피고인은 1986. 5.경 ~ 가입하였다"라는 범죄사실을 인정하는 경우 [폭력행위처벌법위반] (대법원 1992. 12. 22. 92도2596 시라소니파 가입 사건)
▶

3. (1) "피고인은 횡단보도 앞에서 횡단보행자가 있는지 여부를 잘 살피지 아니하고 또 신호에 따라 정차하지 아니하고 시속 50km로 진행한 과실로 인하여 피해자들을 사상에 이르게 하였다"라는 공소사실에 대하여 (2) "피고인은 **보조제동장치나 조향장치를 조작하지 아니한 과실로** 피해자들을 사상에 이르게 하였다"라는 범죄사실을 인정하는 경우 [교통사고처리법위반] (대법원 1989. 10. 10. 88도1691 제동장치 고장 버스 사건) [10] 3. 판례와 비교
▶

4. (1) "피고인은 '토지를 매입한 후 건물을 신축하여 분양할 계획인데 **토지매입계약금으로 1억원을 투자하면 9일 이내에 투자원리금으로 1억 2,500만원을 상환하겠다**'라는 취지로 거짓말하여 피해자로부터 투자금 명목으로 1억원을 교부받았다"라는 공소사실에 대하여 (2) "피고인은 의사들로부터 건물을 분양받아 병·의원을 개업하겠다는 제안을 받고 분양계약체결만 앞두고 있는 것처럼 피해자를 기망한 뒤 토지 구입 등 위 건물신축사업과 관련한 투자금 명목으로 1억원을 편취하였다"라는 범죄사실을 인정하는 경우 [사기죄] (대법원 2010. 4. 29. 2010도2414 토지구입대금 편취사건) [10] 4. 판례와 비교

5. (1) "피고인은 1999. 1. 9. B를 석방시켜 줄 의사나 능력이 없음에도 A를 기망하여 이에 속은 A로부터 교제비 명목으로 금 500만원을 교부받아 편취한 것이다"라는 공소사실에 대하여 (2) "피고인은 변호사 사무실에 성공사례금을 지급할 것처럼 기망하여 A로부터 500

만원을 받아 편취하였다"라는 범죄사실을 인정하는 경우 [사기죄] (대법원 2002. 2. 5. 2001도6311 강간 및 사기 사건)

10 공소장변경을 요하지 않는 경우

1. (1) "피고인 甲은 2012. 3.21. 14:00경 피고인 乙에게 전화를 걸어 비례대표 공천대가로 50억원을 빌려달라 ~"라는 공소사실에 대하여 (2) "피고인 甲은 2012. 3.21. 피고인 乙과 전화를 이용하여 비례대표 공천대가로 50억원을 빌려달라 ~"라는 범죄사실을 인정하는 경우 [공직선거법위반] (대법원 2013.12.12. 2013도9515 김영주 의원 사건)

2. (1) "피고인은 2006. 9.22.경 A를 협박하여 ~"라는 공소사실에 대하여 (2) "피고인은 2006. 9.23.경 A를 협박하여 ~"라는 범죄사실을 인정하는 경우 [협박죄] (대법원 2008. 3.27. 2007도11400 공갈·협박범 긴급체포 사건)
   ▶

3. (1) "피고인은 사고 지점에 이르러 전방 및 좌우를 잘 살피지 않고 진행하였다는 과실로 ~"라는 공소사실에 대하여 (2) "피고인은 사고 지점에 이르러 도로 우측에 앞서가던 시외버스가 정차하는 것을 발견하였으면 일단 속도를 줄이거나 정차하여 혹시 버스의 앞이나 뒤쪽으로 건너가는 사람이 없는지를 살펴보지 않고, 아무 일 없으리라고 생각하고 만연히 버스를 추월하여 나갔다는 과실로 ~"라는 범죄사실을 인정하는 경우 [특정범죄가중법위반(도주차량)] (대법원 1998. 3.27. 97도3079 급정차 사고범 뺑소니 사건)
   ▶

4. (1) "피고인은 A에게 '甲은 일본 회사로부터 50억원의 투자자금이 유치된 상태이다. 위 50억원이 별단예금으로 확보되어 있다. 현재 회사 운영자금이 부족하니 1억원을 차용해 주면 3일 안에 틀림없이 변제하겠다'고 거짓말하여 1억원을 편취하였다"라는 공소사실에 대하여 (2) "피고인은 A에게 '甲은 해외에서 곧 돈이 투자될 예정이다. 현재 회사 운영자금이 부족하니 1억원을 차용해 주면 3일 안에 틀림없이 변제하겠다'고 거짓말하여 1억원을 편취하였다"라는 범죄사실을 인정하는 경우 [사기죄] (대법원 2011.11.10. 2011도10539 영남에어 대표 사건)

5. (1) "피고인은 '상도동 산1 일대 주택재개발조합장이 내 친구인데, 현대건설이 시공사로 참여할 것이다. 내가 담당인데, 철거공사를 도급받으려면 조합에 돈을 주어야 하니 4억원만 달라. 건축 부지가 15,000평은 되는데 최소 28억원은 보장해 주겠다. 5개월 이내에 공사가 시작된다'는 취지로 거짓말을 하여 피해자로부터 4억원을 송금받았다"라는 공소사실에 대하여 (2) "피고인이 '4억원을 주면 상도동 산1 일대 주택재개발 사업을 추진하는데 철거공사를 도급받도록 하여 주겠다'는 취지로 거짓말을 하여 피해자로부터 4억원을 송금받았다"라는 범죄사실을 인정하는 경우 [사기죄] (대법원 2011. 6.24. 2011도5690 철거공사를 도급받게 해 주겠다 사건)
   ▶

6. (1) "피고인은 甲, 乙 등과 공동하여 A에게 폭행을 가하여 약 4개월간의 치료를 요하는 상해를 가하였다"라는 공소사실에 대하여 (2) "피고인은 ~ 약 8개월간의 치료를 요하는 상해를 가하였다"라는 범죄사실을 인정하는 경우 [상해죄] (대법원 1984.10.23. 84도1803 전치 8월 사건)   ▶ 16 경찰채용

> **선생님의 TIP**
> 아래 [11], [12] 판례들은 다른 죄명에 관한 것이다(유형 ⟨2⟩). [11] 원칙에 관한 것이고, [12] 축소사실을 인정하는 경우이다.

11 공소장변경을 요하는 경우

1. 살인죄 → 폭행치사죄[10] (대법원 2001. 6.29. 2001도1091 해변가 직장동료 폭행사건)   ▶ 24 법원9급, 21 경찰채용, 19 변호사, 17 소방간부, 16 국가9급, 16 경찰채용
2. 특수폭행죄 → 특수협박죄 (대법원 2008. 3.27. 2007도8772 쇠망치로 때려불라 사건)
3. 사실적시 명예훼손죄 → 허위사실적시 명예훼손죄 (대법원 2001.11.27. 2001도5008 허위 구안 사건)   ▶ 16 경찰채용
4. 성폭력처벌법 제6조 제4항(장애인 간음·추행) → 형법 제302조(위력에 의한 심신미약자 간음·추행) (대법원 2014. 3.27. 2013도13567 중국집 여종업원 성폭행사건)   ▶ 15 경간부
5. 뇌물수수죄 → 알선수뢰죄 (대법원 2009. 8.20. 2009도4391 강원도 건설방재국장 사건)
   ▶
6. 성폭력처벌법상 주거침입강간미수죄 → 동법 주거침입강제추행죄 (대법원 2008. 9.11. 2008도2409 미수를 기수로 사건)
7. 특정범죄가중법상 미성년자약취후 재물취득미수죄 → 동법 미성년자약취후 재물요구죄 (대법원 2008. 7.10. 2008도3747 부산 학생유괴 사건)
   ▶
8. 문화재보호법상 비지정문화재 수출미수죄 → 동법 비지정문화재 수출예비음모죄[11] (대법원 1999.11.26. 99도2461 청화백자 매도 실패사건)   ▶ 18 경간부, 18 국가9급, 18 소방간부, 15 경찰채용, 15 국가7급
9. 특정범죄가중법상 관세포탈미수죄 → 동법 관세포탈예비죄 (대법원 1983. 4.12. 82도2939 다이아·손목시계 밀수사건)   ▶ 19 소방간부, 18 국가9급, 18 소방간부, 15 변호사, 15 국가7급

12 공소장변경을 요하지 않는 경우

1. 허위사실적시 명예훼손죄 → 사실적시 명예훼손죄 (대법원 2011. 5.13. 2009도14442 노회찬 의원 사건)
2. 허위사실적시 출판물명예훼손죄 → 사실적시 출판물명예훼손죄 (대법원 2008.11.13. 2006도7915 효산콘도 감사중단 폭로사건)   ▶ 17 변호사, 15 국가7급
3. 강간죄 → 폭행죄 (대법원 2010.11.11. 2010도10512 옥안 졸랐다 사건)   ▶ 17 소방간부
4. 강간치상죄 → 강간죄 (대법원 2002. 7.12. 2001도6777 주병진 사건)

---
[10] 폭행치사죄가 살인죄의 축소사실이 아님을 주의하여야 한다.
[11] 예비·음모가 미수의 축소사실이 아님을 주의하여야 한다.

5. 성폭력처벌법 제7조 제3항(13세미만자강제추행) → 동법 제7조 제5항(13세미만자위력추행) ▶ 19 경찰채용
   (대법원 2013.12.12. 2013도12803 10여 차례 추행 사건)
   ▶
6. 강간치사죄 → 강간미수치사죄, 강간죄 또는 강간미수죄[12] (대법원 1969. 2.18. 68도1601 ▶ 15 국가7급
   이불속에서 손을 녹이다가 사건)
7. 향정법상 히로뽕투약기수죄 → 동법 히로뽕투약미수죄 (대법원 1999.11. 9. 99도3674 ▶ 15 국가7급
   히로뽕 맥주 한잔씩 사건)

> **선생님의 TIP**
>
> [13], [14] 동일한 범죄사실에 대하여 형이 무겁지 않게 법률적용만을 달리하는 경우이다. 피고인이 실질적으로 입는 불이익은 없다.

13 형이 무겁지 않게 법률적용만을 달리하기 때문에 공소장변경을 요하지 않는 경우

1. 횡령죄 → 배임죄 (대법원 2015.10.29. 2013도9481 2억 배임적 대여사건) [14] 판례 참고 ▶ 22 소방간부, 19 경찰채용
2. 배임죄 → 횡령죄 (대법원 1999.11.26. 99도2651 지분 1/2 근저당·매매 사건) ▶ 17 경간부, 17 소방간부, 16 국가9급, 16 경찰채용, 15 변호사
   ▶
3. 실체적 경합범 → 포괄일죄 (대법원 1987. 7.21. 87도546 상호신용금고 대표 부실대출 사건) ▶ 22 경간부
4. 실체적 경합범 → 상상적 경합범 (대법원 1980.12. 9. 80도2236 솔벤트 혼합 가짜 휘발유 사건)
5. 포괄일죄 → 실체적 경합범 (대법원 2005.10.28. 2005도5996 배임적 어음할인대출 사건) ▶ 24 국가7급, 24 법원9급, 22 국가9급, 21 소방간부, 20 변호사, 19 국가9급, 18 국가9급, 18 소방간부, 17 소방간부

14 배임죄와 횡령죄의 관계

1. 횡령죄와 배임죄는 다 같이 신임관계를 기본으로 하고 있는 같은 죄질의 재산범죄로서 그에 대한 형벌에서도 경중의 차이가 없고 동일한 범죄사실에 대하여 단지 법률적용만을 달리하는 경우에 해당하므로 특별한 사정이 없는 한 법원은 횡령죄로 기소된 공소사실에 대하여 공소장변경 없이도 배임죄를 적용하여 처벌할 수 있다.(대법원 2015.10.29. 2013도9481 2억 배임적 대여사건)
2. 횡령죄와 배임죄는 다같이 신임관계를 기본으로 하고 있는 같은 죄질의 재산범죄로서 그 형벌에 있어서도 경중의 차이가 없고 동일한 범죄사실에 대하여 단지 법률적용만을 달리하는 경우에 해당하므로 법원은 배임죄로 기소된 공소사실에 대하여 공소장변경 없이도 횡령죄를 적용하여 처벌할 수 있다.(대법원 1999.11.26. 99도2651 지분 1/2 근저당·매매 사건)

---

[12] 미수는 기수의 축소사실이다.

> **선생님의 TIP**
>
> [15] **공판과정에서 전혀 언급된 바 없으므로** 피고인이 불의타를 맞는 경우이고 [16] **공판과정에서 충분한 심리가 이루어졌으므로** 피고인이 불의타를 맞지 않는 경우이다. 실제 문제에서는 밑줄과 같은 취지의 문장이 주어질 것이다.

15 공소장변경을 요하는 경우(공판과정에서 언급된 바 없음)

1. 단독범 → 공동정범 (대법원 1997. 5. 23. 96도1185 공소인과 공모하여 삽입 사건)
2. 공동정범 → 방조범 (대법원 2006. 3. 9. 2004도206 미승인 방송채널사용사업 사건) ▶ 22 변호사
3. 단독범 → 방조범 (대법원 1991. 5. 28. 91도676 주한미국 PX 지배인 사건)
4. 간접정범 → 방조범 (대법원 2007. 10. 25. 2007도4663 누나 명의로 등기 사건) ▶ 19 소방간부, 15 변호사

16 공소장변경을 요하지 않는 경우(공판과정에서 충분한 심리가 이루어짐)

1. 단독범 → 공동정범 (대법원 2018. 7. 12. 2018도5909 장기요양급여비 편취사건) ▶ 22 소방간부, 20 소방간부, 19 국가9급, 19 법원9급, 18 경찰승진, 15 경간부
2. 공동정범 → 방조범 (대법원 2018. 9. 13. 2018도7658 인천 초등생 살인사건) ▶ 21 국가9급, 19 경찰채용
3. 공동정범 → 간접정범(대법원 2017. 3. 16. 2016도21075 간접정범 의율 사건)
4. 직접정범의 공범 → 간접정범의 공범(대법원 2010. 4. 29. 2010도875 자생식물원 준공검사조서 사건)

17 공소장변경 절차 없이도 법원이 심리·판단할 수 있는 죄가 여러 개인 경우 법원이 취해야 할 조치

공소장변경 절차 없이도 법원이 심리·판단할 수 있는 죄가 한 개가 아니라 여러 개인 경우에는 법원으로서는 그 중 어느 하나를 임의로 선택할 수 있는 것이 아니라 **검사에게 공소사실 및 적용법조에 관한 석명을 구하여 공소장을 보완하게 한 다음 이에 따라 심리·판단하여야 한다.**(대법원 2005. 7. 8. 2005도279 야간협박 위헌 사건)

▶ 24 소방간부, 22 변호사, 22 법원9급, 21 국가7급, 18 경찰승진, 17 경찰승진, 16 경찰채용, 15 경간부

> **선생님의 TIP**
>
> [12] 판례에서 보았듯이 축소사실을 인정하는 경우 공소장변경을 요하지 않는다. 축소사실이 인정되는데도 검사가 공소장변경을 하지 않은 경우 법원이 의무적으로 그 축소사실을 인정하여 유죄판결을 선고해야 하는가의 문제가 발생한다. 축소사실의 인정은 [18] 판례처럼 원칙적으로 법원의 의무가 아니지만(이를 기소편의주의와 대응하여 판결편의주의라고 한다) [19], [20] 판례처럼 예외적으로 법원의 의무인 경우도 있다.

18 법원이 공소장변경 없이 직권으로 공소사실 내용보다 가벼운 범죄사실을 인정하지 아니할 수 있는 경우 (=사안이 중대하지 않고 이를 처벌하지 않더라도 현저히 정의와 형평에 반하지 않는 경우)

법원은 공소사실의 동일성이 인정되는 범위 내에서 공소가 제기된 범죄사실에 포함된 보다 가벼운 범죄사실이 인정되는 경우에 심리의 경과에 비추어 피고인의 방어권 행사

에 실질적인 불이익을 초래할 염려가 없다고 인정되는 때에는 공소장이 변경되지 않았더라도 직권으로 공소장에 기재된 공소사실과 다른 범죄사실을 인정할 수 있지만, 이와 같은 경우라고 하더라도 공소가 제기된 범죄사실과 대비하여 볼 때 실제로 인정되는 범죄사실의 사안이 중대하여 공소장이 변경되지 않았다는 이유로 이를 처벌하지 않는다면 적정절차에 의한 신속한 실체적 진실의 발견이라는 형사소송의 목적에 비추어 현저히 정의와 형평에 반하는 것으로 인정되는 경우가 아닌 한 법원이 직권으로 그 범죄사실을 인정하지 아니하였다고 하여 위법한 것이라고까지 볼 수는 없다.(대법원 2016. 8. 30. 2013도658 이호진 태광그룹회장 사건)

19 법원이 공소장변경 없이 직권으로 공소장에 기재된 공소사실과 다른 범죄사실을 의무적으로 인정해야 하는 경우 (=사안이 중대하여 이를 처벌하지 않는다면 현저히 정의와 형평에 반하는 것으로 인정될 경우)

법원은 공소사실의 동일성이 인정되는 범위 내에서 심리의 경과에 비추어 피고인의 방어권 행사에 실질적인 불이익을 초래할 염려가 없다고 인정되는 때에는 공소장이 변경되지 않았더라도 직권으로 공소장에 기재된 공소사실과 다른 범죄사실을 인정할 수 있고, 이와 같은 경우 공소가 제기된 범죄사실과 대비하여 볼 때 실제로 인정되는 범죄사실의 사안이 가볍지 아니하여 공소장이 변경되지 않았다는 이유로 이를 처벌하지 않는다면 적정절차에 의한 신속한 실체적 진실의 발견이라는 형사소송의 목적에 비추어 현저히 정의와 형평에 반하는 것으로 인정되는 경우라면 법원으로서는 직권으로 그 범죄사실을 인정하여야 한다.(대법원 2024. 4. 12. 2021도9043 차에 가서 잠을 자야겠다 사건)

▶ 24 국가7급, 17 국가7급

20 의무적으로 인정되는 사실을 유죄로 인정해야 하는 경우

기소된 공소사실의 재산상 피해자와 공소장에 기재된 피해자가 다른 것이 판명된 경우에는 공소사실의 동일성을 해하지 않고 피고인의 방어권 행사에 실질적 불이익을 주지 않는 한 공소장변경절차 없이 직권으로 공소장 기재의 피해자와 다른 실제의 피해자를 적시하여 이를 유죄로 인정하여야 한다.(대법원 2017. 6. 19. 2013도564 위조근저당 빌라 경매사건)

▶ 22 경간부, 19 국가9급, 18 경간부, 16 경찰채용

4. 공소장변경의 절차 및 관련문제

> **형사소송법(2025. 3. 18. 법률 제20796호로 일부개정된 것)**
>
> 제298조 【공소장의 변경】 ① 검사는 법원의 허가를 얻어 공소장에 기재한 공소사실 또는 적용법조의 추가, 철회 또는 변경을 할 수 있다. 이 경우에 법원은 공소사실의 동일성을 해하지 아니하는 한도에서 허가하여야 한다.
> ② 법원은 심리의 경과에 비추어 상당하다고 인정할 때에는 공소사실 또는 적용법조의 추가 또는 변경을 요구하여야 한다.
> ③ 법원은 공소사실 또는 적용법조의 추가, 철회 또는 변경이 있을 때에는 그 사유를 신속히 피고인 또는 변호인에게 고지하여야 한다.
> ④ 법원은 전3항의 규정에 의한 공소사실 또는 적용법조의 추가, 철회 또는 변경이 피고인의 불이

익을 증가할 염려가 있다고 인정한 때에는 직권 또는 피고인이나 변호인의 청구에 의하여 피고인으로 하여금 필요한 방어의 준비를 하게 하기 위하여 결정으로 필요한 기간 공판절차를 정지할 수 있다.

> **형사소송규칙(2025. 2.28. 대법원규칙 제3202호로 일부개정된 것)**
>
> 제142조【공소장의 변경】① 검사가 법 제298조 제1항에 따라 공소장에 기재한 공소사실 또는 적용법조의 추가, 철회 또는 변경(이하 "공소장의 변경"이라 한다)을 하고자 하는 때에는 그 취지를 기재한 공소장변경허가신청서를 법원에 제출하여야 한다.
> ② 제1항의 공소장변경허가신청서에는 피고인의 수에 상응한 부본을 첨부하여야 한다.
> ③ 법원은 제2항의 부본을 피고인 또는 변호인에게 즉시 송달하여야 한다.
> ④ 공소장의 변경이 허가된 때에는 검사는 공판기일에 제1항의 공소장변경허가신청서에 의하여 변경된 공소사실・죄명 및 적용법조를 낭독하여야 한다. 다만, 재판장은 필요하다고 인정하는 때에는 공소장변경의 요지를 진술하게 할 수 있다.
> ⑤ 법원은 제1항의 규정에도 불구하고 피고인이 재정하는 공판정에서는 피고인에게 이익이 되거나 피고인이 동의하는 경우 구술에 의한 공소장변경을 허가할 수 있다.

> **선생님의 TIP**
>
> 공소장변경의 절차 및 관련문제도 출제가 잘 되는 편인데 그렇게 어렵지는 않다.

21 공소사실에 대한 검사의 의견을 기재한 서면을 공소장변경허가신청서로 볼 수 있는지의 여부(소극)

검사가 공소장변경허가신청서를 제출하지 않고 공소사실에 대한 검사의 의견을 기재한 서면을 제출하였다고 하더라도 이를 곧바로 공소장변경허가신청서를 제출한 것이라고 볼 수는 없다.(대법원 2022. 1.13. 2021도13108 유치원비・지원금 편취사건) ▶ 23 소방간부

22 공소장변경이 가능한 시한(=원칙적으로 변론종결전)

1. 공소장의 변경은 그 변경사유가 변론종결 이후에 발생하는 등 특별한 사정이 없는 한 법원에서 공판의 심리를 종결하기 전에 한 신청에 한하여 공소사실의 동일성을 해하지 아니하는 한도에서 허가하여야 하는 것이지, 법원이 적법하게 공판의 심리를 종결한 뒤에 이르러 검사가 공소장변경허가신청을 한 경우에는 반드시 공판의 심리를 재개하여 공소장변경을 허가하여야 하는 것은 아니다.(대법원 2010. 4.29. 2007도6553 1인주주 전횡 사건) ▶ 20 소방간부, 19 경간부

2. 법원이 공판의 심리를 종결하기 전에 한 공소장의 변경에 대하여는 공소사실의 동일성을 침해하지 않는 한도에서 허가하여야 한다. 그러나 적법하게 공판의 심리를 종결하고 판결선고기일까지 고지한 후에 이르러서 한 검사의 공소장변경에 대하여는 그것이 변론재개신청과 함께 된 것이더라도 법원이 종결한 심리를 재개하여 공소장변경을 허가할 의무는 없다.(대법원 2022. 7.14. 2022도4624 변론재개・공소장변경허가신청 예기각 사건) ▶ 25 변호사, 24 국가9급, 23 국가7급, 22 경간부

23 공소장변경신청이 공소사실의 동일성을 해하지 아니하는 경우 법원은 이를 의무적으로 허가해야 하는지의 여부(적극)

1. 형사소송법 제298조 제1항은 "검사는 법원의 허가를 얻어 공소장에 기재한 공소사실 또는 적용법조의 추가·철회 또는 변경을 할 수 있다. 이 경우에 법원은 공소사실의 동일성을 해하지 아니하는 한도에서 허가하여야 한다."라고 규정하고 있으므로 검사의 공소장변경허가신청이 공소사실의 동일성의 범위 안에 있는 것이면 법원은 이를 허가하여야 한다. (대법원 2025. 4. 15. 2025도903 네 번의 금원편취 사건)

2. 일죄의 관계에 있는 여러 범죄사실 중 일부에 대한 기판력은 현실적으로 심판대상이 되지 아니한 다른 부분에도 미치므로, 그 일부의 범죄사실에 대하여 공소가 제기된 뒤에 항소심에서 나머지 부분을 추가하였다고 하여 공소사실의 동일성을 해하는 것이라고 볼 수 없으므로 법원은 이를 허가하여야 한다. (대법원 2016. 1. 14. 2013도8118 안티2MB 후원금 모금사건)

24 공소장변경신청이 공소사실의 동일성을 해하는 경우 법원의 조치

공소장변경은 공소사실의 동일성이 인정되는 범위 내에서만 허용되고 공소사실의 동일성이 인정되지 않는 범죄사실을 공소사실로 추가하는 취지의 공소장변경신청이 있는 경우 법원은 그 변경신청을 기각하여야 한다. (대법원 2022. 12. 29. 2022도10660 상습성착취물 제작·배포 사건)

25 공소장변경허가결정을 한 법원이 스스로 이를 취소할 수 있는지의 여부(적극)

공소사실의 동일성이 인정되지 않는 등의 사유로 공소장변경허가결정에 위법사유가 있는 경우에는 공소장변경허가를 한 법원이 스스로 이를 취소할 수 있다. (대법원 2001. 3. 27. 2001도116 합의금 횡령 위임장 편취 사건)

26 검사의 공소장변경허가신청에 대한 법원의 허부결정의 방법

법원은 검사의 공소장변경허가신청에 대해 결정의 형식으로 이를 허가 또는 불허가하고, 법원의 허가 여부 결정은 공판정 외에서 별도의 결정서를 작성하여 고지하거나 공판정에서 구술로 하고 공판조서에 기재할 수도 있다. 만일 공소장변경허가 여부 결정을 공판정에서 고지하였다면 그 사실은 공판조서의 필요적 기재사항이다(형사소송법 제51조 제2항 제14호). 공소장변경허가신청이 있음에도 공소장변경 허가 여부 결정을 명시적으로 하지 않은 채 공판절차를 진행하면 현실적 심판대상이 된 공소사실이 무엇인지 불명확하여 피고인의 방어권 행사에 영향을 줄 수 있으므로 공소장변경 허가 여부 결정은 위와 같은 형식으로 명시적인 결정을 하는 것이 바람직하다. (대법원 2023. 6. 15. 2023도3038 병원장 기여금·보험료 횡령사건)

27 공소장변경허가결정에 대하여 독립하여 불복할 수 있는지의 여부(소극)

1. 판결 전의 소송절차에 관한 결정에 대하여는 특히 즉시항고를 할 수 있는 경우 외에는 항고를 하지 못하는데, 공소사실 또는 적용법조의 추가·철회 또는 변경의 허가에 관한 결정은 판결 전의 소송절차에 관한 결정으로서 그 결정에 관한 위법이 판결에 영향을 미친 경우에는 그 판결에 대하여 상소를 하는 방법으로만 불복할 수 있다.(대법원 2023. 6.15. 2023도3038 병원장 기여금·보험료 횡령사건)

2. 공소사실 또는 적용법조의 추가, 철회 또는 변경의 허가에 관한 결정은 판결전의 소송절차에 관한 결정이라 할 것이므로 그 결정을 함에 있어서 저지른 위법이 판결에 영향을 미친 경우에 한하여 그 판결에 대하여 상소를 하여 다툼으로써 불복하는 외에는 당사자가 이에 대하여 독립하여 상소할 수 없다.(대법원 1987. 3.28. 87모17 공소장변경불허 검사 재항고 사건)

▶ 24 변호사, 22 법원9급, 21 국가7급, 21 소방간부, 19 경간부, 19 법원9급, 19 소방간부, 17 변호사, 16 국가7급, 16 국가9급, 16 경찰채용, 15 변호사

28 공소장변경요구가 법원의 재량에 속하는지의 여부(적극)

법원이 검사에게 공소장변경을 요구할 것인지 여부는 재량에 속하는 것이므로 법원이 검사에게 공소장의 변경을 요구하지 아니하였다고 하여 위법하다고 할 수 없다.(대법원 2012. 7.12. 2010도5835 전자문서 변조 사건) 비록 형사소송법 제298조 제2항에는 "법원은 (중략) 공소사실 또는 적용법조의 추가 또는 변경을 요구하여야 한다."라고 되어 있지만, 판례는 이를 법원의 재량이라고 판시하고 있다. 공소장변경'허가'와 공소장변경'요구'를 혼동하면 안 된다.

▶ 25 변호사, 25 경찰승진, 25 소방간부, 18 경찰채용, 17 경찰채용, 17 법원9급, 17 경간부, 15 경찰채용

29 공소장변경과 피고인 등에 대한 고지·송달

1. 형사소송규칙 제142조 제3항은 공소장변경허가신청서가 제출된 경우에 법원은 그 부본을 피고인 또는 변호인에게 즉시 송달하여야 한다고 규정하고 있는데, 피고인과 변호인 모두에게 부본을 송달하여야 하는 취지가 아님은 문언상 명백하므로, 공소장변경신청서 부본을 피고인과 변호인 중 어느 한 쪽에 대해서만 송달하였다고 하여 절차상 잘못이 있다고 할 수 없다.(대법원 2015. 2.16. 2014도14843 수표위조 범죄단 사건)

▶ 20 경간부, 20 국가7급, 18 변호사, 18 국가7급, 17 경찰승진, 15 국가9급

▶

2. 검사가 제출한 공소장변경허가신청서는 즉시 그 부본을 피고인에게 송달하여야 하므로 이를 송달하지 않은 채 공판절차를 진행한 원심의 조치에는 절차상의 법령위반이 있다. 그러나 그러한 경우에도 피고인의 방어권이나 변호인의 변호권 등이 본질적으로 침해되었다고 볼 정도에 이르지 않는 한 그것만으로 판결에 영향을 미친 위법이라고 할 수 없다. (대법원 2018.12.13. 2018도16117 대검 3자루 절취사건)

▶ 23 국가9급

3. 검사의 서면에 의한 공소장변경허가신청이 있는데도 법원이 피고인 또는 변호인에게 공소장변경허가신청서 부본을 송달·교부하지 않은 채 공소장변경을 허가하고 공소장변경허가신청서에 기재된 공소사실에 관하여 유죄판결을 하였다면, 공소장변경허가신청서 부본을 송달·교부하지 않은 법원의 잘못은 판결에 영향을 미친 법령위반에 해당한다. 다만 공소장변경 내용이 피고인의 방어권과 변호인의 변호권 행사에 지장이 없는 것이거나 피고인

과 변호인이 공판기일에서 변경된 공소사실에 대하여 충분히 변론할 기회를 부여받는 등 피고인의 방어권이나 변호인의 변호권이 본질적으로 침해되지 않았다고 볼 만한 특별한 사정이 있다면 판결에 영향을 미친 법령 위반이라고 할 수 없다.(대법원 2021. 6.30. 2019도7217 공연음란죄 추가 공소장변경 사건) "항소심은 검사의 공소장변경허가신청서 부본을 피고인 또는 변호인에게 송달하거나 교부하지 않은 채 공판절차를 진행하여 당일 변론을 종결한 다음 기존 공소사실에 대하여 무죄로 판단한 제1심 판결을 파기하고 예비적 공소사실을 유죄로 판단하였는 바, 이는 피고인의 방어권이나 변호인의 변호권을 본질적으로 침해한 것으로 볼 수 있어 항소심판결에는 공소장변경절차에 관한 법령을 위반하여 판결에 영향을 미친 잘못이 있다."라고 판시한 사건이다.

30 공소장변경과 공판절차의 정지 관련 판례

공소사실의 일부 변경이 있고 법원이 그 변경을 이유로 공판절차를 정지하지 않았다고 하더라도 공판절차의 진행상황에 비추어 그 변경이 피고인의 방어권 행사에 실질적 불이익을 주지 않는 것으로 인정될 때에는 이를 위법하다고 할 수 없다.(대법원 2015.11.12. 2015도6809 숨숨 세월호 사건)

▶ 24 국가7급

31 항소심에서도 공소장변경을 할 수 있는지의 여부(적극)

1. 공소장변경은 제1심은 물론 항소심에서도 가능하고, 검사의 공소장변경허가신청이 공소사실의 동일성을 해하지 아니하는 한 법원은 이를 허가하여야 한다.(대법원 2010. 4.29. 2007도6553 1인주주 전횡 사건)

▶ 21 법원9급, 20 소방간부, 17 경간부, 16 법원9급, 16 국가9급, 15 경찰채용

2. 변경된 공소사실이 변경 전의 공소사실과 기본적 사실관계에서 동일하다면 그것이 새로운 공소의 추가적 제기와 다르지 않다고 하더라도 항소심에서도 공소장변경을 할 수 있다. 항소심에서 공소장변경을 하더라도 제1심에서 판단한 공소사실과 기본적 사실관계가 동일한 범위 내에서만 허용되기 때문에 그 변경된 공소사실의 기초를 이루는 사실관계는 제1심에서 이미 심리되었으므로, 항소심에서의 공소장변경이 피고인의 심급의 이익을 박탈한다고 보기도 어렵다.(대법원 2017. 9.21. 2017도7843 회사자금으로 벌금 납부사건)

▶ 22 변호사, 19 법원9급

3. 현행법상 형사 항소심의 구조가 오로지 사후심으로서의 성격만을 가지고 있는 것은 아니어서 공소장의 변경은 항소심에서도 할 수 있는 것이므로 이를 허가한 항소심 법원의 조처에 피고인의 제1심 판결을 받을 기회를 박탈하여 헌법 제27조 제1항의 법률에 의한 재판을 받을 권리를 침해한 위법이 있다고 할 수 없다.(대법원 1995. 2.17. 94도3297 극동산업 대표 횡령사건)

▶ 24 소방간부, 18 경찰채용

▶

4. 피고인의 상고에 의하여 상고심에서 원심판결을 파기하고 사건을 항소심에 환송한 경우에도 공소사실의 동일성이 인정되면 공소장변경을 허용하여 심판대상으로 삼을 수 있다.(대법원 2004. 7.22. 2003도8153 동아건설 건설업면허 대여사건)

▶ 25 경찰승진, 24 국가7급, 24 법원9급, 23 국가9급, 22 변호사, 22 소방간부, 21 소방간부, 20 국가7급, 19 경간부, 18 변호사, 18 경간부, 18 국가9급, 17 변호사, 15 경찰채용, 15 국가7급

32 항소심에서 공소장변경으로 항소심의 심판대상이 제1심과 실질적으로 달라졌다고 평가되지 않는 경우에도 제1심판결을 직권으로 파기해야 하는지의 여부(소극)

공소장변경과 심판대상에 관한 법리오해 주장에 대하여 검사가 항소심에 이르러 법원의 허가를 얻어 공소사실의 동일성을 해하지 아니하는 한도에서 공소장변경을 하였고, 이로 인하여 공소사실이 변경되거나 심판의 대상이 제1심과 달라진 경우에는 항소심은 제1심판결을 파기하고 변경된 공소사실에 대하여 새로이 심리하여 판단하여야 한다. 그러나 항소심에서의 공소장변경이 피고인 또는 변호인의 주장 내용과 취지, 소송 절차의 진행경과 등에 비추어 단순한 오기를 정정하거나 기존 공소사실의 내용을 보충하거나 상세하게 설명하는 정도에 불과하여 항소심의 심판대상이 제1심과 실질적으로 달라졌다고 평가되지 않는다면 공소장변경 절차를 거쳤다는 이유로 반드시 제1심판결을 직권으로 파기할 필요는 없다.(대법원 2025. 3. 13. 2024도2200 비트코인 상장 확약 사건)

> **선생님의 TIP**
>
> 1. 검사가 포괄일죄를 이루는 일부 범죄사실을 먼저 기소하고, 사후에 나머지 범죄사실을 기소한 경우 이것이 이중기소이므로 법원이 공소기각판결을 선고해야 하는가 아니면 공소장변경으로 볼 수 있어 공소기각판결을 선고할 필요없이 그대로 실체판결을 할 수 있는가 문제가 된다.
> 2. 아래 판례들 모두 '이론적으로' 이중기소(특히 [36] 판례의 경우는 4중기소)에 해당하므로 법원은 공소기각판결을 선고하여야 한다.(제327조 제3호) 이것이 바로 [33] 판례이다. 다만, 법원은 소송경제와 피고인의 방어권 행사에 불이익을 주지 않는다고 하여 (이중기소 등을 공소장변경으로 간주하거나 공소장에 누락된 것을 추가·보충하는 것으로 간주하여) 전체 범죄에 대하여 실체재판을 하고 있다. 이것이 [34]~[36] 판례이다.
> 3. [33] 판례는 <u>상습범행이 먼저 기소된 후</u> 또다시 상습범행이 추가로 기소된 경우로서 이중기소에 해당하므로 법원은 공소기각판결을 선고해야 한다고 한다. [34] 판례들은 <u>단순범행이 먼저 기소된 후</u> 상습범행이 추가로 기소된 경우로써 법원은 원칙적으로 실체재판을 해야 한다고 한다. 미묘한 차이점이 있다는 점을 주의하기 바란다.

33 상습범행이 먼저 기소된 후 범행이 추가로 기소되었으나 심리과정에서 기소된 범죄사실이 포괄하여 하나의 상습범을 구성하는 것으로 밝혀진 경우 법원의 조치(=뒤에 제기된 공소에 대해서 공소기각판결 선고)

▶ 25 소방간부, 23 소방간부, 20 국가7급, 17 경간부

상습범에 있어서 공소제기의 효력은 공소가 제기된 범죄사실과 동일성이 인정되는 범죄사실 전체에 미치는 것이며 또한 공소제기의 효력이 미치는 시적 범위는 사실심리의 가능성이 있는 최후의 시점인 판결 선고시를 기준으로 삼아야 할 것이므로 **검사가 일단 상습사기죄로 공소제기한 후 그 공소의 효력이 미치는 위 기준시까지의 사기행위 일부를 별개의 독립된 상습사기죄로 공소제기를 하는 것은 비록 그 공소사실이 먼저 공소제기를 한 상습사기의 범행 이후에 이루어진 사기 범행을 내용으로 한 것일지라도 공소가 제기된 동일사건에 대한 이중기소에 해당되어 허용될 수 없다.**(대법원 2004. 8. 20. 2004도3331 상습무전취식 사건)

34 단순범행이 먼저 기소된 후 상습범행이 추가로 기소되었으나 심리과정에서 기소된 범죄사실이 포괄하여 하나의 상습범을 구성하는 것으로 밝혀진 경우 법원의 조치(=공소장변경으로 간주하여 실체판단을 해야 함)

1. 검사가 단순일죄라고 하여 존속상해 범행을 먼저 기소하고 다시 포괄일죄인 폭력행위처벌법 위반(상습존속상해) 범행을 추가로 기소하였는데 이를 병합하여 심리하는 과정에서 전후에 기소된 각각의 범행이 모두 포괄하여 하나의 폭력행위처벌법 위반(상습존속상해)죄를 구성하는 것으로 밝혀진 경우 법원이 각각의 범행을 포괄하여 하나의 폭력행위처벌법 위반(상습존속상해)죄로 인정한다고 하여 이중기소를 금하는 법의 취지에 반하는 것이 아닌 점과 법원은 실체적 경합범으로 기소된 범죄사실에 대하여 그 범죄사실을 그대로 인정하면서 다만 죄수에 관한 법률적인 평가만을 달리하여 포괄일죄로 처단하더라도 이는 피고인의 방어에 불이익을 미치는 것이 아니므로 공소장변경 없이도 포괄일죄로 처벌할 수 있는 점에 비추어 보면, 비록 폭력행위처벌법 위반(상습존속상해)죄의 포괄일죄로 공소장을 변경하는 절차가 없었다거나 추가기소의 공소장의 제출이 포괄일죄를 구성하는 행위로서 먼저 기소된 공소장에 누락된 것을 추가·보충하는 취지의 것이라는 석명절차를 거치지 아니하였다 하더라도 법원은 전후에 기소된 범죄사실 전부에 대하여 실체판단을 할 수 있고, 추가기소된 부분에 대하여 공소기각판결을 할 필요는 없다.(대법원 2012. 1. 26. 2011도15356 맏나니 아들 사건Ⅱ) 석명절차를 거치지 않았다.

2. 검사가 단순일죄라고 하여 사기범행을 먼저 기소하고 포괄일죄인 상습사기범행을 추가로 기소하였으나 그 심리과정에서 전후에 기소된 범죄사실이 모두 포괄하여 상습사기의 일죄를 구성하는 것으로 밝혀진 경우에는 검사로서는 원칙적으로 먼저 기소한 사건의 범죄사실에 추가기소의 공소장에 기재한 범죄사실을 추가하여 전체를 상습범행으로 변경하고 그 죄명과 적용법조도 이에 맞추어 변경하는 공소장변경신청을 하고 추가 기소한 사건에 대하여는 공소취소를 하는 것이 형사소송법의 규정에 충실한 온당한 처리라고 할 것이나 이와 같은 처리에 의하지 않더라도 검사의 추가기소에는 전후에 기소된 각 범죄사실 전부를 포괄일죄로 처벌할 것을 신청하는 취지가 포함되었다고 볼 수 있어 공소사실을 추가하는 등의 공소장변경과는 절차상 차이가 있을 뿐 그 실질에 있어서 별 차이가 없으므로, 석명에 의하여 추가기소의 공소장의 제출은 포괄일죄를 구성하는 행위로서 먼저 기소된 공소장에 누락된 것을 추가·보충하고 죄명과 적용법조를 포괄일죄의 죄명과 적용법조로 변경하는 취지의 것으로서 1개의 죄에 대하여 중복하여 공소를 제기한 것이 아님이 분명하여진 경우에는 위의 추가기소에 의하여 공소장변경이 이루어진 것으로 보아 전후에 기소된 범죄사실 전부에 대하여 실체판단을 하여야 하고 추가기소에 대하여 공소기각판결을 할 필요는 없다.(대법원 1999. 11. 26. 99도3929 삼성자동차카드 사건) 석명절차를 거쳤다.

> 20 경간부, 18 국가7급

35 상상적 경합관계에 있는 공소사실 중 일부가 먼저 기소된 후 나머지 공소사실이 추가기소되고 이들이 상상적 경합관계에 있음이 밝혀진 경우 법원의 조치(=공소장변경으로 간주하여 실체판단을 해야 함)

상상적 경합관계에 있는 공소사실 중 일부가 먼저 기소된 후 나머지 공소사실이 추가기소되고 이들 공소사실이 상상적 경합관계에 있음이 밝혀진 경우라면 추가기소에 의하여 전후에 기소된 각 공소사실 전부를 처벌할 것을 신청하는 취지가 포함되었다고 볼 수 있어, 공소사실을 추가하는 등의 공소장변경과는 절차상 차이가 있을 뿐 실질에 있어서 별 차이가 없다. 따라서 법원으로서는 석명권을 행사하여 검사로 하여금 추가기소의 진정한 취지를 밝히도록 하여 검사의 석명에 의하여 추가기소가 상상적 경합관계에 있는 행위 중 먼저 기소된 공소장에 누락된 것을 추가 보충하는 취지로서 1개의 죄에 대하여 중복하여 공소를 제기한 것이 아님이 분명해진 경우에는, 추가기소에 의하여 공소장변경이 이루어진 것으로 보아 전후에 기소된 공소사실 전부에 대하여 실체판단을 하여야 하고 추가기소에 대하여 공소기각판결을 할 필요가 없다.(대법원 2012. 6.28. 2012도2087 으뜸상호저축은행 대표 사건) 석명절차를 거쳤다.

36 수 개의 협박 범행이 먼저 기소된 후 다시 별개의 협박 범행이 추가로 기소되었으나 심리과정에서 기소된 범죄사실이 포괄하여 하나의 협박죄를 구성하는 것으로 밝혀진 경우 법원의 조치(=전후에 기소된 범죄사실 전부에 대하여 실체판단을 해야함)

검사가 수 개의 협박 범행을 먼저 기소하고 다시 별개의 협박 범행을 추가로 기소하였는데 이를 병합하여 심리하는 과정에서 전후에 기소된 각각의 범행이 모두 포괄하여 하나의 협박죄를 구성하는 것으로 밝혀진 경우 비록 협박죄의 포괄일죄로 공소장을 변경하는 절차가 없었다거나 추가로 공소장을 제출한 것이 포괄일죄를 구성하는 행위로서 기존의 공소장에 누락된 것을 추가·보충하는 취지의 것이라는 석명절차를 거치지 아니하였다 하더라도 법원은 전후에 기소된 범죄사실 전부에 대하여 실체판단을 할 수 있고 추가기소된 부분에 대하여 공소기각판결을 할 필요는 없다.(대법원 2007. 8.23. 2007도2595 쿨하지 못한 동거남 사건) 석명절차를 거치지 않았다.

▶ 22 변호사, 21 국가7급, 16 경간부

제 3 절 | 공판준비절차

형사소송법(2025. 3.18. 법률 제20796호로 일부개정된 것)

제266조의3 【공소제기 후 검사가 보관하고 있는 서류 등의 열람·등사】 ① 피고인 또는 변호인은 검사에게 공소제기된 사건에 관한 서류 또는 물건(이하 "서류등"이라 한다)의 목록과 공소사실의 인정 또는 양형에 영향을 미칠 수 있는 다음 서류등의 열람·등사 또는 서면의 교부를 신청할 수 있다. 다만, 피고인에게 변호인이 있는 경우에는 피고인은 열람만을 신청할 수 있다.
1. 검사가 증거로 신청할 서류등
2. 검사가 증인으로 신청할 사람의 성명·사건과의 관계 등을 기재한 서면 또는 그 사람이 공판기일 전에 행한 진술을 기재한 서류등
3. 제1호 또는 제2호의 서면 또는 서류등의 증명력과 관련된 서류등
4. 피고인 또는 변호인이 행한 법률상·사실상 주장과 관련된 서류등(관련 형사재판확정기록, 불기소처분기록 등을 포함한다)
② 검사는 국가안보, 증인보호의 필요성, 증거인멸의 염려, 관련 사건의 수사에 장애를 가져올 것으로 예상되는 구체적인 사유 등 열람·등사 또는 서면의 교부를 허용하지 아니할 상당한 이유가 있다고 인정하는 때에는 열람·등사 또는 서면의 교부를 거부하거나 그 범위를 제한할 수 있다.
③ 검사는 열람·등사 또는 서면의 교부를 거부하거나 그 범위를 제한하는 때에는 지체 없이 그 이유를 서면으로 통지하여야 한다.
④ 피고인 또는 변호인은 검사가 제1항의 신청을 받은 때부터 48시간 이내에 제3항의 통지를 하지 아니하는 때에는 제266조의4 제1항의 신청을 할 수 있다.
⑤ 검사는 제2항에도 불구하고 서류등의 목록에 대하여는 열람 또는 등사를 거부할 수 없다.
⑥ 제1항의 서류등은 도면·사진·녹음테이프·비디오테이프·컴퓨터용 디스크, 그 밖에 정보를 담기 위하여 만들어진 물건으로서 문서가 아닌 특수매체를 포함한다. 이 경우 특수매체에 대한 등사는 필요 최소한의 범위에 한한다.

제266조의4 【법원의 열람·등사에 관한 결정】 ① 피고인 또는 변호인은 검사가 서류등의 열람·등사 또는 서면의 교부를 거부하거나 그 범위를 제한한 때에는 법원에 그 서류등의 열람·등사 또는 서면의 교부를 허용하도록 할 것을 신청할 수 있다.
② 법원은 제1항의 신청이 있는 때에는 열람·등사 또는 서면의 교부를 허용하는 경우에 생길 폐해의 유형·정도, 피고인의 방어 또는 재판의 신속한 진행을 위한 필요성 및 해당 서류등의 중요성 등을 고려하여 <u>검사에게 열람·등사 또는 서면의 교부를 허용할 것을 명할 수 있다</u>. 이 경우 열람 또는 등사의 시기·방법을 지정하거나 조건·의무를 부과할 수 있다.
③ 법원은 제2항의 결정을 하는 때에는 검사에게 의견을 제시할 수 있는 기회를 부여하여야 한다.
④ 법원은 필요하다고 인정하는 때에는 검사에게 해당 서류등의 제시를 요구할 수 있고, 피고인이나 그 밖의 이해관계인을 심문할 수 있다.
⑤ 검사는 제2항의 열람·등사 또는 서면의 교부에 관한 법원의 결정을 지체 없이 이행하지 아니하는 때에는 해당 증인 및 서류등에 대한 증거신청을 할 수 없다.

선생님의 TIP

공판준비절차에는 여러 가지가 있지만 가장 중요한 것은 '서류 등의 열람·등사'인데 이를 증거개시라고 한다. 조문에서도 시험에 출제가 잘 되고 있다. 이 교재는 판례집이므로 나머지 공판준비절차에 관한 내용은 생략한다.

01 법원의 열람등사 허용 결정에 대하여 불복할 수 있는지의 여부(=소극)

1. 법원이 검사에게 수사서류 등의 열람·등사 또는 서면의 교부를 허용할 것을 명한 결정은 피고사건 소송절차에서의 증거개시와 관련된 것으로서 '판결 전의 소송절차에 관한 결정'에 해당한다 할 것인데, 위 결정에 대하여는 즉시항고에 관한 규정을 두고 있지 않으므로 형사소송법 제402조에 의한 항고의 방법으로 불복할 수 없다.(대법원 2013. 1.24. 2012모1393 피해자 영상녹화물 열람·등사신청 거부사건) 형사소송법 제266조의4 제2항에 관한 판례이다. ▶ 25 경찰승진, 23 국가7급, 22 국가9급, 20 국가7급, 15 국가7급

2. 형사소송법 제266조의4는 검사의 열람·등사 거부처분에 대하여 법원이 그 허용 여부를 결정하도록 하면서도 법원의 열람·등사 허용 결정에 대하여 집행정지의 효력이 있는 즉시항고로 불복할 수 있는 명문의 규정을 두고 있지 않으므로 법원의 열람·등사 허용 결정은 그 결정이 고지되는 즉시 집행력이 발생한다.(대법원 2012.11.15. 2011다48452 용산참사 사건) ▶ 22 경간부, 22 국가9급, 15 국가7급

02 법원의 열람등사 허용 결정을 이행하지 않는 검사의 조치가 피고인의 헌법상 기본권을 침해하는지의 여부(적극)

1. (증거개시절차에 있어) 법원의 열람등사 허용 결정에도 불구하고 검사가 이를 신속하게 이행하지 아니하는 경우에는 해당 증인 및 서류 등을 증거로 신청할 수 없는 불이익을 받는 것에 그치는 것이 아니라, 그러한 검사의 거부행위는 피고인의 열람등사권을 침해하고, 나아가 피고인의 신속공정한 재판을 받을 권리 및 변호인의 조력을 받을 권리까지 침해하게 되는 것이다.(헌법재판소 2017.12.28. 2015헌마632 2013년 민변 시위사건) (同旨 헌법재판소 2010. 6.24. 2009헌마257 용산참사 사건) ▶ 18 국가9급, 15 국가7급

2. (증거개시절차에 있어) 검사가 법원의 수사서류 열람·등사 허용 결정 이후 해당 수사서류에 대한 열람은 허용하고 등사만을 거부한 경우 변호인이 수사서류를 열람은 하였지만 등사가 허용되지 않는다면 변호인은 형사소송절차에서 피고인들에게 유리한 수사서류의 내용을 법원에 현출할 수 있는 방법이 없어 불리한 지위에 놓이게 되고, 그 결과 피고인들을 충분히 조력할 수 없음이 명백하므로 검사가 수사서류에 대한 등사만을 거부하였다 하더라도 피고인들의 신속·공정한 재판을 받을 권리 및 변호인의 조력을 받을 권리가 침해되었다고 보아야 한다.(헌법재판소 2017.12.28. 2015헌마632 2013년 민변 시위사건)

제 4 절 | 공판정의 구성 등

I 공판정의 구성

형사소송법(2025. 3.18. 법률 제20796호로 일부개정된 것)

제275조【공판정의 심리】① 공판기일에는 공판정에서 심리한다.
② 공판정은 판사와 검사, 법원사무관등이 출석하여 개정한다.
③ 검사의 좌석과 피고인 및 변호인의 좌석은 대등하며, 법대의 좌우측에 마주 보고 위치하고, 증인의 좌석은 법대의 정면에 위치한다. 다만, 피고인신문을 하는 때에는 피고인은 증인석에 좌석한다.

선생님의 TIP

아래 이미지에서 보듯이 당사자가 법정에 출석하여야 하지만, 핵심정리와 같은 예외도 많이 존재한다. 판례들이 결코 쉽지 않으므로 꼼꼼히 음미하면서 공부하여야 한다.

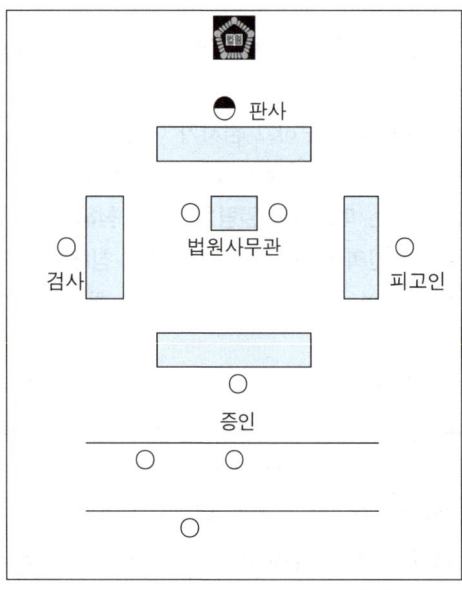

01 피고인의 출석없이 판결선고한 것이 위법한 경우

피고인의 귀책사유에 의하지 않고 공판기일에 피고인이 출석하지 못한 경우에는 **피고인이 출석하지 아니한대로 그 진술 없이 판결할 수 없다.**(대법원 1962. 6.14. 62도70 집달리 과실 통지서송달× 사건)

▶ 15 경찰채용

핵심정리	당사자의 출석없이 개정할 수 있는 경우
구 분	내 용
검사의 출석 불요	공판기일의 통지를 2회 이상 받고 출석하지 않거나 판결만을 선고하는 경우(제278조)

피고인의 출석 불요	1. 피고인이 의사무능력자인 경우(제26조, 제28조)
	2. 피고인이 법인인 경우(제27조, 제28조)
	3. 경미하거나 유리한 사건인 경우Ⅰ(제277조)
	  (1) 다액 500만원 이하의 벌금 또는 과료에 해당하는 사건
	  (2) 공소기각 또는 면소의 재판을 할 것이 명백한 사건
	  (3) 장기 3년 이하의 징역 또는 금고, 다액 500만원을 초과하는 벌금 또는 구류에 해당하는 사건에서 피고인의 불출석허가신청이 있고 법원이 이를 허가한 사건(다만, 인정신문절차를 진행하거나 판결을 선고하는 공판기일은 예외)
	  (4) 약식명령에 대하여 피고인만이 정식재판의 청구를 하여 판결을 선고하는 사건
	4. 경미하거나 유리한 사건인 경우Ⅱ
	  (1) 즉결심판절차에서 피고인에게 벌금 또는 과료를 선고하는 경우(즉결심판법 제8조의2 제1항)
	  (2) 피고인이 심신상실 상태에 있거나 또는 질병에 걸려 있고, 무죄·면소·형의 면제·공소기각의 재판을 할 것이 명백한 경우(제306조 제4항)
	5. 구속된 피고인이 정당한 사유없이 출석을 거부하고, 교도관에 의한 인치가 불가능하거나 현저히 곤란하다고 인정되는 경우(제277조의2)
	6. 피고인이 퇴정하거나 퇴정명령을 받은 경우(제330조)
	7. 항소심과 약식명령에 대한 정식재판청구사건에서 피고인이 정당한 사유없이 2회 이상 출정하지 아니한 경우(제365조 제1항·제2항, 제458조 제2항)
	8. 상고심과 약식절차의 경우(제389조의2)
	9. 소송촉진법상 궐석재판
	10. 치료감호청구사건에서 피치료감호청구인이 심신장애로 공판기일에 출석이 불가능한 경우(치료감호법 제9조)

형사소송법(2025. 3.18. 법률 제20796호로 일부개정된 것)

제278조【검사의 불출석】검사가 공판기일의 통지를 2회 이상 받고 출석하지 아니하거나 판결만을 선고하는 때에는 검사의 출석없이 개정할 수 있다.

02 검사의 출석없이 개정할 수 있는 경우

1. 검사가 공판기일의 통지를 받고 2회나 출석하지 아니하여 검사의 출석없이 개정하였다고 하여 위법하다 할 수 없고 동 공판에서 다음 기일을 고지한 이상 그 명령을 받은 소송관계인 전원에 대하여 효력이 있다.(대법원 1967. 2.21. 66도1710 기일해태 검사 사건) 예를 들어 법원이 검사에게 "제1회 공판기일은 20X5. 6.19. 10:00입니다."라고 통지하였는데 검사가 그 기일에 출석하지 않은 경우 공판심리를 진행할 수 없다. 법원이 검사에게 "제1회 공판기일은 20X5. 6.26. 10:00입니다."라고 다시 통지하였는데 검사가 그 기일에 또 출석하지 않은 경우 바로 20X5. 6.26. 10:00에 공판심리를 진행할 수 있다. 또한 제1공판기일에서 재판장이 "제2회 공판기일은 20X5. 7. 3. 11:00입니다."라고 고지한 경우 그 고지의 효력은 출석하지 않은 검사에게도 미친다.

▶ 24 법원9급

2. 판결선고기일에는 검사의 출석 없이 개정할 수 있으므로 검사에게 선고기일 통지를 하지 아니하였다고 판결에 영향을 미친 절차법규의 위반이 있다고 보기 어렵다.(대법원 2008. 7.10. 2008도3435 허접한 영업비밀 사건)

> **형사소송법(2025. 3.18. 법률 제20796호로 일부개정된 것)**
>
> **제277조【경미사건 등과 피고인의 불출석】** 다음 각 호의 어느 하나에 해당하는 사건에 관하여는 피고인의 출석을 요하지 아니한다. 이 경우 피고인은 대리인을 출석하게 할 수 있다.
> 1. 다액 500만원 이하의 벌금 또는 과료에 해당하는 사건
> 2. 공소기각 또는 면소의 재판을 할 것이 명백한 사건
> 3. 장기 3년 이하의 징역 또는 금고, 다액 500만원을 초과하는 벌금 또는 구류에 해당하는 사건에서 피고인의 불출석허가신청이 있고 법원이 피고인의 불출석이 그의 권리를 보호함에 지장이 없다고 인정하여 이를 허가한 사건. 다만, 제284조에 따른 절차를 진행하거나 판결을 선고하는 공판기일에는 출석하여야 한다.
> 4. 제453조 제1항에 따라 피고인만이 정식재판의 청구를 하여 판결을 선고하는 사건
>
> **제277조의2【피고인의 출석거부와 공판절차】** ① 피고인이 출석하지 아니하면 개정하지 못하는 경우에 구속된 피고인이 정당한 사유없이 출석을 거부하고, 교도관에 의한 인치가 불가능하거나 현저히 곤란하다고 인정되는 때에는 피고인의 출석없이 공판절차를 진행할 수 있다.
> ② 제1항의 규정에 의하여 공판절차를 진행할 경우에는 출석한 검사 및 변호인의 의견을 들어야 한다.
>
> **제330조【피고인의 진술없이 하는 판결】** 피고인이 진술하지 아니하거나 재판장의 허가없이 퇴정하거나 재판장의 질서유지를 위한 퇴정명령을 받은 때에는 피고인의 진술없이 판결할 수 있다.

03 '다액 500만원 이하의 벌금 또는 과료'에 해당하는 경우 항소심에서도 피고인의 출석 없이 개정할 수 있는지의 여부(적극)

항소심에서도 피고인의 출석 없이는 원칙적으로 개정하지 못한다(형사소송법 제370조, 제276조 본문). 피고인이 항소심 공판기일에 출정하지 않은 때에는 다시 기일을 정하여야 하고 피고인이 정당한 사유 없이 다시 정한 기일에도 출정하지 않은 때에는 피고인의 진술 없이 판결할 수 있다(형사소송법 제365조). 다만 법정형이 '다액 500만원 이하의 벌금 또는 과료'에 해당하여 중형 선고의 가능성이 없는 사건에서는 항소심에서도 피고인의 출석 없이 개정할 수 있다(형사소송법 제370조, 제277조 제1호).(대법원 2024. 9.13. 2024도8185 절도피고인 궐석재판 사건) [4] 판례 참고

04 '다액 500만원 이하의 벌금 또는 과료에 해당하는 사건'에 해당하지 않는 경우

공소사실인 절도죄에 대하여 적용되는 형법 제329조의 법정형은 '6년 이하의 징역 또는 1천만원 이하의 벌금'이므로 이는 형사소송법 제370조, 제277조 제1호에 따라 항소심에서 불출석 재판이 허용되는 사건에 해당하지 않는다.(대법원 2024. 9.13. 2024도8185 절도피고인 궐석재판 사건) 형사소송법 제277조 제1호는 법정형을 의미한다.

> 25 법원9급

05 형사소송법 제277조 제4호(피고인만 정식재판을 청구하여 판결을 선고하는 사건) 관련 판례

약식명령에 대하여 피고인만이 정식재판의 청구를 한 경우 항소심은 형사소송법 제370조, 제277조 제4호에 따라 당초 지정한 선고기일에 **피고인이 출석하지 아니한 상태에서도 판결을 선고할 수 있다.** 그럼에도 굳이 그 기일을 연기하고 선고기일을 다시 지정한 이상 새로 정한 기일에 대하여 적법한 기일소환의 통지를 하여야 할 것이므로 이러한 절차를 거치지 않은 항소심의 조치는 위법하다.(대법원 2012. 6.28. 2011도16166 그냥 선고하면 되는 사건) 형사소송법 제277조 제4호에 해당하는 사건이므로 법원은 미리 통지된 선고기일에 피고인이 출석하지 않더라도 판결을 선고할 수 있다. 그럼에도 법원이 "선고기일은 20X5. 6.26. 10:00입니다."라고 연기하였다면 그 선고기일을 피고인에게 통지하여야 하고 만약 통지하지 않았다면 20X5. 6.26. 10:00에 판결을 선고할 수 없다.

> 25 법원9급

06 형사소송법 제277조의2 제1항에 의해 피고인의 출석없이 개정하기 위한 요건

형사소송법 제277조의2의 규정에 의하여 피고인의 출석 없이 공판절차를 진행하기 위해서는 단지 구속된 피고인이 정당한 사유 없이 출석을 거부하였다는 것만으로는 부족하고 더 나아가 교도관리에 의한 인치가 불가능하거나 현저히 곤란하다고 인정되어야 하는 것이므로 구속된 피고인이 출석하지 않는 경우에 법원이 피고인의 출석 없이 공판절차를 진행하기 위해서는 피고인의 출석거부사유가 정당한 것인지 여부뿐만 아니라 교도관에 의한 인치가 불가능하거나 현저히 곤란하였는지 여부 등 위 조문에 규정된 사유가 존재하는가의 여부를 조사하여야 하는 것이다.(대법원 2001. 6.12. 2001도114 구속피고인 출정거부 사건)

> 24 국가7급, 24 법원9급, 20 법원9급

07 피고인 등이 무단으로 퇴정한 경우 피고인이나 변호인의 재정 없이도 심리판결을 할 수 있는지의 여부(적극)

1. 필요적 변호사건이라 하여도 피고인이 재판거부의 의사를 표시하고 재판장의 허가 없이 퇴정하고 변호인마저 이에 동조하여 퇴정해 버린 것은 모두 피고인측의 방어권의 남용 내지 변호권의 포기로 볼 수밖에 없는 것이므로 수소법원으로서는 형사소송법 제330조에 의하여 피고인이나 변호인의 재정 없이도 심리판결 할 수 있다. 피고인과 변호인들이 출석하지 않은 상태에서 증거조사를 할 수밖에 없는 경우에는 형사소송법 제318조 제2항의 규정상 피고인의 진의와는 관계없이 형사소송법 제318조 제1항의 동의가 있는 것으로 간주하게 되어 있다.(대법원 1991. 6.28. 91도865 무단퇴정 사건)

2. 비록 필요적 변호사건이라 하더라도 피고인 및 변호인의 의견진술을 듣는 것 이외의 모든 절차가 종료된 상태에서 피고인이 재판절차의 진행을 저해할 의도로 허가 없이 퇴정하고 변호인들이 이에 동조하는 취지에서 재판장의 여러차례에 걸친 의견진술촉구에도 불구하고 의견을 진술하지 아니한 채 퇴정한 사건의 경우에는 변호인이 그 소송절차상 갖고 있는 재정의 이익이 포기 또는 상실되었다고 볼 수밖에 없는 것으로서 형사소송법 제330조의 규정에 의하여 피고인의 진술 없이 판결할 수 있는 것과 마찬가지로 변호인의 진술 없이

> 24 소방간부, 22 경찰승진, 22 국가9급, 21 경간부, 20 변호사, 20 경찰채용, 20 국가9급, 19 소방간부, 18 경찰승진, 18 경간부, 18 법원9급, 17 경찰채용, 16 법원9급, 16 국가7급, 15 경찰채용

소송절차를 진행하여 판결을 선고한 것이 위법하다 할 수 없다.(대법원 1990. 6.12. 90도672 현대중공업 파업 사건)

> **형사소송법(2025. 3.18. 법률 제20796호로 일부개정된 것)**
>
> 제365조【피고인의 출정】① 피고인이 공판기일에 출정하지 아니한 때에는 다시 기일을 정하여야 한다.
> ② 피고인이 정당한 사유없이 다시 정한 기일에 출정하지 아니한 때에는 피고인의 진술없이 판결을 할 수 있다.
> 제458조【준용규정】② 제365조의 규정은 정식재판절차의 공판기일에 정식재판을 청구한 피고인이 출석하지 아니한 경우에 이를 준용한다.

08 항소심에서 형사소송법 제365조에 따라 피고인의 진술 없이 판결하기 위한 요건

1. 형사소송법 제370조, 제276조에 의하면 항소심에서도 공판기일에 피고인의 출석없이는 개정하지 못하나, 같은 법 제365조가 피고인이 항소심 공판기일에 출석하지 아니한 때에는 다시 기일을 정하고, 피고인이 정당한 사유 없이 다시 정한 기일에도 출석하지 아니한 때에는 피고인의 진술 없이 판결할 수 있도록 정하고 있으므로 **피고인의 출석 없이 개정하려면 불출석이 2회 이상 계속된 바가 있어야 한다.**(대법원 2016. 4.29. 2016도2210 1회 3회 불출석 사건) '불출석 → 불출석' 이런 식으로 2회 이상 연속되어야 밑줄 친 기일에 피고인이 출석하지 않았더라도 공판심리를 진행할 수 있다. 따라서 '불출석 → 출석 → 불출석' 이런 식이라면 밑줄 친 기일에 피고인이 출석하지 않았다면 공판심리를 진행할 수 없다. [9] 1. 판례 참고 ▶ 24 변호사, 18 국가9급, 18 법원9급, 17 국가7급

2. 피고인이 항소심 공판기일에 출정하지 않아 다시 기일을 정하였는데도 정당한 사유 없이 그 기일에도 출정하지 않은 때에는 피고인의 진술 없이 판결할 수 있는데, 이와 같이 피고인이 불출석한 상태에서 그 진술 없이 판결할 수 있기 위해서는 피고인이 **적법한 공판기일 통지를 받고서도 2회 연속으로 정당한 이유 없이 출정하지 않은 경우**에 해당하여야 한다.(대법원 2019.10.31. 2019도5426 3회 5회 불출석 사건) [9] 2. 판례 참고 ▶ 22 국가7급, 22 법원9급

3. 피고인이 항소심 공판기일에 출정하지 않아 다시 기일을 정하였는데도 정당한 사유 없이 그 기일에도 출정하지 않은 때에는 피고인의 진술 없이 판결할 수 있다. 이와 같이 피고인이 불출석한 상태에서 그 진술 없이 판결하기 위해서는 피고인이 **적법한 공판기일 통지를 받고서도 2회 연속으로 정당한 이유 없이 출정하지 않은 경우에 해당하여야 한다.** '적법한 공판기일 통지'란 소환장의 송달(형사소송법 제76조) 및 소환장 송달의 의제(형사소송법 제268조)의 경우에 한정되는 것이 아니라 적어도 피고인의 이름·죄명·출석 일시·출석 장소가 명시된 공판기일 변경명령을 송달받은 경우(형사소송법 제270조)도 포함된다.(대법원 2022.11.10. 2022도7940 사기피고인 공시송달 재판진행 사건) ▶ 23 법원9급

09 피고인의 진술 없이 판결한 것이 위법한 경우

1. 피고인들이 제1회 공판기일에 불출석하였으나 제2회 공판기일에는 출석하였으므로 원심으로서는 피고인들이 제3회 공판기일에 불출석하였다고 하여 바로 개정할 수 없고 제4회 공판기일을 다시 정하여 제4회 공판기일에도 불출석한 때 비로소 피고인들의 출석 없이 개정할 수 있다. 그럼에도 원심은 피고인들이 2회 이상 계속하여 불출석한 것으로 보고 피고인들의 출석 없이 제3회 공판기일을 개정하였으니, 거기에는 소송절차에 관한 법령을 위반하여 판결에 영향을 미친 위법이 있다. 이를 지적하는 취지의 상고이유 주장은 이유 있다.(대법원 2016. 4. 29. 2016도2210 '1회 3회 불출석 사건') '제1회 불출석 → 제2회 출석 → 제3회 불출석' 이런 식으로 진행된 사건이다.

2. 피고인이 고지된 선고기일인 원심 제5회 공판기일에 출석하지 않았더라도 원심 제4회 공판기일에 출석한 이상, 피고인이 2회 연속으로 정당한 이유 없이 출정하지 않은 경우에는 해당하지 않으므로 원심으로서는 형사소송법 제365조 제2항에 따라 제5회 공판기일을 개정할 수 없다. 그런데도 원심은 피고인의 출석 없이 제5회 공판기일을 개정하여 판결을 선고하였으므로 원심의 조치에는 소송절차에 관한 형사소송법 제365조에 반하여 판결에 영향을 미친 잘못이 있다.(대법원 2019. 10. 31. 2019도5426 '3회 5회 불출석 사건') '제3회 불출석 → 제4회 출석 → 제5회 불출석' 이런 식으로 진행된 사건이다. ▶ 22 법원9급

10 약식명령에 대한 정식재판청구사건에서 소송촉진법 제23조 및 그 시행규칙 제19조가 정하는 '송달불능보고서가 접수된 때부터 6개월이 지나도록 피고인의 소재를 확인할 수 없는 경우'에 이르지 않아도 공시송달의 방법에 의하여 피고인의 진술 없이 재판할 수 있는지의 여부(적극)

"약식명령에 대한 정식재판청구사건에서 '피고인이 적법한 소환을 받고도 정당한 사유 없이 2회 이상 불출석하면 피고인의 진술 없이 판결을 할 수 있다.'라고 규정한 형사소송법 제458조 제2항 및 제365조는 제1심 공판절차에서의 피고인 불출석 재판에 관한 소송촉진법 제23조 및 그 시행규칙 제19조에 대한 특례규정으로서, 약식명령에 대한 정식재판청구사건에서 제1심은 소송촉진법 제23조 및 그 시행규칙 제19조가 정하는 '피고인에 대한 송달불능보고서가 접수된 때로부터 6개월이 지나도록 피고인의 소재를 확인할 수 없는 경우'에까지 이르지 않더라도 공시송달의 방법에 의하여 피고인의 진술 없이 재판할 수 있다.(대법원 2013. 3. 28. 2012도12843 '6개월 경과 불요 사건')

> **소송촉진 등에 관한 특례법(2024. 1.16. 법률 제20006호로 일부개정된 것)**
>
> 제23조【제1심 공판의 특례】 제1심 공판절차에서 피고인에 대한 송달불능보고서가 접수된 때부터 6개월이 지나도록 피고인의 소재를 확인할 수 없는 경우에는 대법원규칙으로 정하는 바에 따라 피고인의 진술 없이 재판할 수 있다. 다만, 사형, 무기 또는 장기 10년이 넘는 징역이나 금고에 해당하는 사건의 경우에는 그러하지 아니하다.
>
> 제23조의2【재심】 ① 제23조 본문에 따라 유죄판결을 받고 그 판결이 확정된 자가 책임을 질 수 없는 사유로 공판절차에 출석할 수 없었던 경우 형사소송법 제424조에 규정된 자는 그 판결이 있었던 사실을 안 날부터 14일 이내(재심청구인이 책임을 질 수 없는 사유로 위 기간에 재심청구를 하지 못한 경우에는 그 사유가 없어진 날부터 14일 이내)에 제1심 법원에 재심을 청구할 수 있다.
>
> **소송촉진 등에 관한 특례규칙(2024.10. 4. 대법원규칙 제3163호로 일부개정된 것)**
>
> 제18조【주소의 보고와 보정】 ① 재판장은 피고인에 대한 인정신문을 마친 뒤 피고인에 대하여 그 주소의 변동이 있을 때에는 이를 법원에 보고할 것을 명하고, 피고인의 소재가 확인되지 않는 때에는 그 진술없이 재판할 경우가 있음을 경고하여야 한다.
> ② 피고인에 대한 송달이 불능인 경우에 재판장은 그 소재를 확인하기 위하여 소재조사촉탁[1], 구인장의 발부 기타 필요한 조치를 취하여야 한다.
> ③ 공소장에 기재된 피고인의 주소가 특정되어 있지 아니하거나 그 기재된 주소에 공소제기 당시 피고인이 거주하지 아니한 사실이 인정된 때에는 재판장은 검사에게 상당한 기간을 정하여 그 주소를 보정할 것을 요구하여야 한다.
>
> 제19조【불출석피고인에 대한 재판】 ① 피고인에 대한 송달불능보고서가 접수된 때로부터 6월이 경과하도록 제18조 제2항 및 제3항의 규정에 의한 조치에도 불구하고 피고인의 소재가 확인되지 아니한 때에는 그 후 피고인에 대한 송달은 공시송달의 방법에 의한다.
> ② 피고인이 제1항의 규정에 의한 공판기일의 소환을 2회 이상 받고도 출석하지 아니한 때에는 법 제23조의 규정에 의하여 피고인의 진술없이 재판할 수 있다.

11 소재탐지불능보고서를 소송촉진법상 '송달불능보고서 접수'로 볼 수 있는지의 여부(적극)

소재탐지불능보고서의 경우는 경찰관이 직접 송달 주소를 방문하여 거주자나 인근 주민 등에 대한 탐문 등의 방법으로 피고인의 소재 여부를 확인하므로 송달불능보고서보다 더 정확하게 피고인의 소재 여부를 확인할 수 있기 때문에 송달불능보고서와 동일한 기능을 한다고 볼 수 있으므로 소재탐지불능보고서의 접수는 소송촉진법이 정한 '송달불능보고서의 접수'로 볼 수 있다.(대법원 2014.10.16. 2014모1557 인도네시아 출국 피고인 사건) [12] 판례와 비교

▶ 23 국가7급, 20 법원9급

12 구속영장 집행불능을 소송촉진법상 '송달불능보고서 접수'로 볼 수 있는지의 여부(소극)

소송촉진법 제23조와 같은 법 시행규칙 제19조 제1항에 의하면 피고인의 소재를 확인하기 위하여 필요한 조치를 취하였음에도 불구하고 피고인에 대한 송달불능보고서가 접수된 때로부터 6월이 경과하도록 피고인의 소재가 확인되지 아니한 때에 비로소 공시송달의 방법에 의하도록 하고 있는데, 피고인 주소지에 피고인이 거주하지 아니한다는 이유로 구속영장이 여러 차례에 걸쳐 집행불능되어 반환된 바 있었다고 하더라도 이를 소송촉진

▶ 16 법원9급

---

[1] "법원은 직권 또는 검사, 피고인이나 변호인의 신청에 의하여 공무소 또는 공사단체에 조회하여 필요한 사항의 보고 또는 그 보관서류의 송부를 요구할 수 있다."라는 형사소송법 제272조 제1항이 소재조사촉탁의 근거 법령이다.

법이 정한 '송달불능보고서의 접수'로 볼 수는 없다.(대법원 2014.10.16. 2014모1557 인도네시아 출국 피고인 사건)

13 공시송달의 방법으로 소환한 피고인이 최초 공판기일에 불출석한 경우 곧바로 피고인의 진술 없이 재판절차를 진행할 수 있는지의 여부(소극)

소송촉진규칙 제19조 제2항의 규정에 의하면 제1심 공판절차에서 피고인에 대한 소환이 공시송달로 행하여지는 경우에도 법원이 피고인의 진술 없이 재판을 하기 위하여는 공시송달의 방법으로 소환받은 피고인이 2회 이상 불출석할 것이 요구된다. 그러므로 공시송달의 방법으로 소환한 피고인이 불출석하는 경우 다시 공판기일을 지정하고 공시송달의 방법으로 피고인을 재소환한 후 그 기일에도 피고인이 불출석하여야 비로소 피고인의 불출석 상태에서 재판절차를 진행할 수 있다.(대법원 2011. 5.13. 2011도1094 무면허운전 피고인 불출석 사건)

▶ 23 경찰승진, 23 국가7급

14 확정된 항소심판결에 대하여 항소심에 소송촉진법 제23조의2에 의한 재심청구를 할 수 있는지의 여부(적극)

소송촉진법 제23조 규정에 따라 진행된 제1심의 불출석 재판에 대하여 검사만 항소하고 항소심도 불출석 재판으로 진행한 후에 제1심판결을 파기하고 새로 또는 다시 유죄판결을 선고하여 그 유죄판결이 확정된 경우 소송촉진법 제23조의2 제1항 규정을 유추적용하여 귀책사유 없이 제1심과 항소심의 공판절차에 출석할 수 없었던 피고인은 항소심 법원에 그 유죄판결에 대한 재심을 청구할 수 있다.(대법원 2015. 6.25. 2014도17252 全合 소송촉진법 제2심 재심청구사건) 소송촉진법 제23조, 제23조의2 제1항에 의할 때 피고인은 제1심 판결에 대하여만 재심을 청구할 수 있다. 이 조항은 피고인에게 유리한 것이므로 대법원은 이 조항을 제2심 판결에 대하여도 유추적용하고 있다.

▶ 22 변호사, 17 국가7급, 17 경간부

II 소송지휘권

형사소송법(2025. 3.18. 법률 제20796호로 일부개정된 것)

제279조【재판장의 소송지휘권】 공판기일의 소송지휘는 재판장이 한다.

형사소송규칙(2025. 2.28. 대법원규칙 제3202호로 일부개정된 것)

제141조【석명권등】 ① 재판장은 소송관계를 명료하게 하기 위하여 검사, 피고인 또는 변호인에게 사실상과 법률상의 사항에 관하여 석명을 구하거나 입증을 촉구할 수 있다.
② 합의부원은 재판장에게 고하고 제1항의 조치를 할 수 있다.
③ 검사, 피고인 또는 변호인은 재판장에 대하여 제1항의 석명을 위한 발문을 요구할 수 있다.

선생님의 TIP

재판장의 소송지휘권 중에서 가장 중요한 것이 석명권이다. 다만 민사소송과는 달리 형사소송에서는 당사자 중에 한명이 법률전문가인 검사이므로 석명권과 관련된 판례는 많지 않다.

01 재판장의 정당한 소송지휘권에 해당하는 경우

변호인의 중복되고 상당하지 아니한 신문에 대하여 재판장이 제한을 명하는 것은 재판장의 소송지휘권에 속하는 것으로서 그 신문의 제한이 현저하게 부당하거나 부적절한 경우가 아닌 한 신문을 제한한 재판장의 조치가 위법하다고 할 수 없다.(대법원 2008. 3.27. 2007도4116 동일한 신문은 삼가해 달라 사건) ▶ 15 국가9급

02 형사소송에 있어서 '석명'의 의미

재판장은 소송지휘의 일환으로 검사, 피고인 또는 변호인에게 석명을 구하거나 입증을 촉구할 수 있는데, 여기에서 석명을 구한다는 것은 사건의 소송관계를 명확하게 하기 위하여 당사자에 대하여 사실상 및 법률상의 사항에 관하여 질문을 하고 그 진술 내지 주장을 보충 또는 정정할 기회를 부여하는 것을 말한다.(대법원 2011. 2.10. 2010도14391 여아 음부 손가락 삽입 사건)

03 석명을 요하는 경우

1. 공소사실이 특정되지 아니한 부분이 있다면 법원은 검사에게 석명을 구하여 특정을 요구하여야 하고, 그럼에도 검사가 이를 특정하지 않는다면 그 부분에 대해서는 공소를 기각할 수밖에 없다.(대법원 2023. 4.27. 2023도2102 칠곡 필로폰 투약사건) ▶ 25 소방간부, 21 법원9급

2. 공소장의 기재가 불분명한 경우 법원은 형사소송규칙 제141조에 따라 검사에게 석명을 한 다음, 그래도 검사가 이를 명확하게 하지 않은 때에야 공소사실의 불특정을 이유로 공소를 기각해야 한다.(대법원 2022. 1.13. 2021도13108 유치원비·지원금 편취사건) ▶ 24 경찰승진, 23 소방간부, 22 소방간부, 20 경간부, 19 변호사, 16 법원9급

3. 공소사실의 취지가 명료하면 법원이 이에 대하여 석명권을 행사할 필요가 없으나 공소사실의 기재가 오해를 불러일으키거나 명료하지 못한 경우에는 형사소송규칙 제141조에 의하여 검사에 대하여 석명권을 행사하여 그 취지를 명확하게 하여야 한다.(대법원 2025. 3.13. 2024도19846 처제 신용카드 이용 검사기 사건) ▶ 23 국가7급, 18 법원9급

제 5 절 | 공판기일의 절차

> **형사소송법(2025. 3.18. 법률 제20796호로 일부개정된 것)**
>
> 제294조【당사자의 증거신청】① 검사, 피고인 또는 변호인은 서류나 물건을 증거로 제출할 수 있고, 증인·감정인·통역인 또는 번역인의 신문을 신청할 수 있다.
> ② 법원은 검사, 피고인 또는 변호인이 고의로 증거를 뒤늦게 신청함으로써 공판의 완결을 지연하는 것으로 인정할 때에는 직권 또는 상대방의 신청에 따라 결정으로 이를 각하할 수 있다.
> 제295조【증거신청에 대한 결정】법원은 제294조 및 제294조의2의 증거신청에 대하여 결정을 하여야 하며 직권으로 증거조사를 할 수 있다.

> **형사소송규칙(2025. 2.28. 대법원규칙 제3202호로 일부개정된 것)**
>
> 제132조의2【증거신청의 방식】① 검사, 피고인 또는 변호인이 증거신청을 함에 있어서는 그 증거와 증명하고자 하는 사실과의 관계를 구체적으로 명시하여야 한다.
> ② 피고인의 자백을 보강하는 증거나 정상에 관한 증거는 보강증거 또는 정상에 관한 증거라는 취지를 특히 명시하여 그 조사를 신청하여야 한다.
> ③ 서류나 물건의 일부에 대한 증거신청을 함에 있어서는 증거로 할 부분을 특정하여 명시하여야 한다.
> 제134조【증거결정의 절차】① 법원은 증거결정을 함에 있어서 필요하다고 인정할 때에는 그 증거에 대한 검사, 피고인 또는 변호인의 의견을 들을 수 있다.
> ② 법원은 서류 또는 물건이 증거로 제출된 경우에 이에 관한 증거결정을 함에 있어서는 제출한 자로 하여금 그 서류 또는 물건을 상대방에게 제시하게 하여 상대방으로 하여금 그 서류 또는 물건의 증거능력 유무에 관한 의견을 진술하게 하여야 한다. 다만, 법 제318조의3의 규정에 의하여 동의가 있는 것으로 간주되는 경우에는 그러하지 아니하다.
> ③ 삭제〈2021. 12. 31.〉
> ④ 법원은 증거신청을 기각·각하거나 증거신청에 대한 결정을 보류하는 경우 증거신청인으로부터 당해 증거서류 또는 증거물을 제출받아서는 아니 된다.

선생님의 TIP

공판기일의 절차는 진술거부권 고지 → 인정신문 → 검사의 모두진술 → 피고인의 모두진술 → 재판장의 쟁점질문 및 당사자의 주장·입증계획 진술 → 증거조사 → 피고인신문 → 최후변론 → 판결선고 순서로 이루어진다. 이 중에서 가장 중요한 것은 사실심리절차라고 하는 '증거조사, 피고인신문 그리고 최후변론'이다.

01 증거신청시 그 입증취지를 명시하여 개별적으로 하도록 한 취지

형사소송규칙 제132조의2 제2항, 제132조의3 제1항이 증거신청은 그 입증취지를 명시하여 개별적으로 하도록 한 취지는 **증거능력이 없거나 불필요한 증거에 대한 증거신청을 효율적으로 가려내고 쟁점을 명확히 하며 상대방의 반박준비 기회를 보장하기 위한 것**으로, 입증취지의 명시 등은 증거신청의 요건이지 증거조사의 적법요건은 아닌바, 증거동의를 거쳐 법원이 증거로 채택하는 결정을 하였다면 그 결정이 취소되지 않는 이상 단순히 입증취지를 명시하여 개별적으로 신청하지 않았다는 이유만을 내세워 그 증거에 대한 조사가 위법하다고 할 수는 없다.(대법원 2009.10.29. 2009도5945 공정택 교육감 사건)

▶ 21 국가7급

02 증거신청의 시기

형사소송법 제294조에 의한 검사의 증거신청은 법원에서 공판의 심리를 종결하기 전에 한 것에 한하여 법원이 그 신청에 대한 채택 여부를 결정하는 것이지, 법원이 적법하게 공판의 심리를 종결한 뒤에 이르러 검사가 증거신청을 하였다 하여 반드시 공판의 심리를 재개하여 증거채부 결정을 하여야 하는 것은 아니다.(대법원 2008. 2. 28. 2007도9354 짝퉁 법무사 사건)

03 증거신청에 대한 채택 여부가 법원의 재량인지의 여부(원칙적 적극)

1. **증거신청의 채택 여부는 법원의 재량**으로서 법원이 필요하지 아니하다고 인정할 때에는 이를 조사하지 아니할 수 있는 것이다.(대법원 2018. 3. 15. 2017도18706 짝퉁 경찰 사건)

   ▶ 25 법원9급, 24 국가9급, 22 경찰승진, 22 국가9급, 20 경찰승진, 20 경간부, 20 법원9급, 15 국가7급

2. 원칙적으로 증거의 채부는 법원의 재량에 의하여 판단할 것이지만 **형사사건의 실체를 규명하는 데 가장 직접적이고 핵심적인 증거**는 법정에서 증거조사를 하기 곤란하거나 부적절한 경우 또는 다른 증거에 비추어 굳이 추가 증거조사를 할 필요가 없다는 등 특별한 사정이 없는 한 공개된 법정에서 그 증거방법에 가장 적합한 방식으로 **증거조사를 하고**, 이를 통해 형성된 유죄무죄의 심증에 따라 사건의 실체를 규명하는 것이 형사사건을 처리하는 법원이 마땅히 취하여야 할 조치이다.(대법원 2011. 11. 10. 2011도11115 버스기사 운전방해 사건)

   ▶ 23 경찰승진

04 증거신청에 대한 법원의 결정에 독립하여 불복할 수 있는지의 여부(소극)

당사자의 증거신청에 대한 법원의 채택여부의 결정은 판결 전의 소송절차에 관한 결정으로서 이의신청을 하는 외에는 달리 **불복할 수 있는 방법이 없고**, 다만 그로 말미암아 사실을 오인하여 판결에 영향을 미치기에 이른 경우에만 이를 상소의 이유로 삼을 수 있을 뿐이다.(대법원 1990. 6. 8. 90도646 문익환 목사 방북사건)

▶ 25 국가9급, 25 법원9급, 24 변호사, 21 경찰채용, 17 경간부

05 증거능력이 없어 증거로 채택되지 아니한 증거서류 또는 증거물에 대하여 법원이 취해야 할 조치

형사소송규칙 제134조 제4항은 "법원은 증거신청을 기각·각하하거나 증거신청에 대한 결정을 보류하는 경우 증거신청인으로부터 당해 증거서류 또는 증거물을 제출받아서는 아니 된다."라고 규정하고 있으므로 법원은 증거능력이 없어 증거로 채택되지 아니한 증거서류 또는 증거물을 제출받아서는 안 되고, 일단 제출받은 경우에는 이를 증거신청인에게 반환하여야 한다.(대법원 2021. 7. 21. 2018도3226 피신조서 증거기록편철 사건)

06 증거조사의 방법

범죄사실의 인정을 위한 증거조사는 특별한 사정이 없는 한 공개된 법정에서 법률이 그 증거방법에 따라 정한 방식으로 하여야 하고, 이를 토대로 형성된 심증에 따라 공소가 제기된 범죄사실이 합리적인 의심이 없는 정도로 증명되었는지 여부를 판단하여야 한다.(대법원 2024. 9. 12. 2020도14843 말레이시아 소재 증인 영상신문 사건)

07 피고인이 철회한 증인을 법원이 신문할 수 있는지의 여부(적극)

증인은 법원이 직권에 의하여 신문할 수도 있고 증거의 채부는 법원의 직권에 속하는 것이므로 피고인이 철회한 증인을 법원이 직권신문하고 이를 채증하더라도 위법이 아니다.(대법원 1983. 7.12. 82도3216 신청철회 증인 직권채택 사건)

▶ 25 법원9급, 23 경찰승진, 21 국가9급, 20 법원9급, 20 소방간부, 19 경간부, 16 경찰채용

08 전문심리위원 관련 판례

형사재판의 담당 법원은 전문심리위원에 관한 규정들을 지켜야 하고 이를 준수함에 있어서도 적법절차원칙을 특별히 강조하고 있는 헌법 제12조 제1항을 고려하여 전문심리위원과 관련된 절차 진행 등에 관한 사항을 당사자에게 적절한 방법으로 적시에 통지하여 당사자의 참여 기회가 실질적으로 보장될 수 있도록 세심한 배려를 하여야 한다.(대법원 2019. 5.30. 2018도19051 어린이집 학대사건)

▶ 23 국가9급, 20 국가7급

형사소송법(2025. 3.18. 법률 제20796호로 일부개정된 것)

제292조【증거서류에 대한 조사방식】① 검사, 피고인 또는 변호인의 신청에 따라 증거서류를 조사하는 때에는 신청인이 이를 낭독하여야 한다.
② 법원이 직권으로 증거서류를 조사하는 때에는 소지인 또는 재판장이 이를 낭독하여야 한다.
③ 재판장은 필요하다고 인정하는 때에는 제1항 및 제2항에도 불구하고 내용을 고지하는 방법으로 조사할 수 있다.
④ 재판장은 법원사무관등으로 하여금 제1항부터 제3항까지의 규정에 따른 낭독이나 고지를 하게 할 수 있다.
⑤ 재판장은 열람이 다른 방법보다 적절하다고 인정하는 때에는 증거서류를 제시하여 열람하게 하는 방법으로 조사할 수 있다.

제292조의2【증거물에 대한 조사방식】① 검사, 피고인 또는 변호인의 신청에 따라 증거물을 조사하는 때에는 신청인이 이를 제시하여야 한다.
② 법원이 직권으로 증거물을 조사하는 때에는 소지인 또는 재판장이 이를 제시하여야 한다.
③ 재판장은 법원사무관등으로 하여금 제1항 및 제2항에 따른 제시를 하게 할 수 있다.

---

09 '증거물인 서면'의 증거조사 방법

본래 증거물이지만 증거서류의 성질도 가지고 있는 이른바 '증거물인 서면'을 조사하기 위해서는 증거서류의 조사방식인 낭독·내용고지 또는 열람의 절차와 증거물의 조사방식인 제시의 절차가 함께 이루어져야 하므로 원칙적으로 증거신청인으로 하여금 그 서면을 제시하면서 낭독하게 하거나 이에 갈음하여 그 내용을 고지 또는 열람하도록 하여야 한다. (대법원 2013. 7.26. 2013도2511 왕재산 간첩단 사건) 증거조사 방식에 따라 증거방법은 증거서류(낭독 또는 내용고지, 제시열람), 증거물(제시), 증거물인 서면(제시 및 낭독 또는 내용고지)으로 분류되는데, 증거서류는 서류에 기재된 내용이 증거자료로 되는 것이고, 증거물이란 어떤 물건의 존재 및 상태가 증거자료로 되는 것이다. 한편 증거물인 서면은 그 기재된 내용 외에 서류의 존재 또는 상태도 증거자료로 되는 것을 말한다.(서울고등법원 2013. 2. 8. 2012노805 왕재산 간첩단 사건)

▶ 24 변호사, 20 경간부, 17 국가9급, 16 경찰채용, 15 국가9급

> **형사소송법(2025. 3.18. 법률 제20796호로 일부개정된 것)**
>
> **제296조의2【피고인신문】** ① 검사 또는 변호인은 증거조사 종료 후에 순차로 피고인에게 공소사실 및 정상에 관하여 필요한 사항을 신문할 수 있다. 다만, 재판장은 필요하다고 인정하는 때에는 증거조사가 완료되기 전이라도 이를 허가할 수 있다.
> ② 재판장은 필요하다고 인정하는 때에는 피고인을 신문할 수 있다.

10 피고인신문을 하겠다는 의사를 표시한 변호인에게 일체의 피고인신문을 허용하지 않는 것이 소송절차의 법령위반에 해당하는지의 여부(적극)

재판장은 변호인이 피고인을 신문하겠다는 의사를 표시한 때에는 피고인을 신문할 수 있도록 조치하여야 하고, 변호인이 피고인을 신문하겠다는 의사를 표시하였음에도 변호인에게 일체의 피고인신문을 허용하지 않는 것은 변호인의 피고인신문권에 관한 본질적 권리를 해하는 것으로서 소송절차의 법령위반에 해당한다.(대법원 2020.12.24. 2020도10778 변호인 피고인신문 불허 사건)

▶ 24 변호사, 21 경찰채용, 21 국가9급, 21 법원9급

> **형사소송법(2025. 3.18. 법률 제20796호로 일부개정된 것)**
>
> **제302조【증거조사후의 검사의 의견진술】** 피고인신문과 증거조사가 종료한 때에는 검사는 사실과 법률적용에 관하여 의견을 진술하여야 한다.
> **제303조【피고인의 최후진술】** 재판장은 검사의 의견을 들은 후 피고인과 변호인에게 최종의 의견을 진술할 기회를 주어야 한다.

11 검사의 최종의견 진술권 관련 판례

1. 재판장의 사실심리 및 증거조사 종료선언 후 검사에게 의견진술의 기회가 주어진 경우에는 검사가 사실과 법률적용에 관하여 의견을 진술하지 않더라도 공판절차가 무효로 되는 것은 아니다.(대법원 1977. 5.10. 74도3293 검사 의견진술 누락사건) ▶ 19 법원9급

2. 재판장이 피고인신문과 증거조사가 종료되었음을 선언한 후 검사에게 의견진술의 기회를 준 경우에는 검사가 양형에 관한 의견진술을 하지 않았다 하더라도 판결에 영향을 미친 법률위반이 있는 경우에 해당한다고 할 수 없고, 검사의 구형은 양형에 관한 의견진술에 불과하여 법원이 그 의견에 구속된다고 할 수 없다.(대법원 2001.11.30. 2001도5225 특정범죄가중법사기 피고인 항변사건) ▶ 22 법원9급, 19 국가7급

3. 검사의 구형은 양형에 관한 의견진술에 불과하고 법원이 그 의견에 구속되는 것은 아니므로 피고인에 대한 형을 정함에 있어 검사의 구형에 포함되지 아니한 벌금형을 병과하였다 하여 위법이 될 수 없다.(대법원 1984. 4.24. 83도1789 구형에 없는 벌금형 사건) ▶ 20 국가9급

[사례] 검사의 논고와 구형[1]

> 본건 피고인은 한 때 자신의 여자친구였고 후에는 자신의 아내가 된 여자를 수회에 걸쳐 폭행하였고, 그 폭행으로 인하여 여배우인 피해자의 얼굴에 심한 상처를 입혔습니다.
>
> 피고인은 본 법정에서 범행을 모두 자백하고, 자신의 범행을 깊이 뉘우치고 반성하고 있다고 진술하였으나 폭행의 원인 및 그 경위에 대하여 피해자의 평소 언행을 들먹이면서 결국 피해자가 '맞을 짓'을 하였기 때문에 때렸다는 취지로 사건의 발단에 대한 모든 책임을 피해자에게 돌리고 있습니다.
>
> 피해자의 평소 언행에 대한 피고인과 피해자의 각 주장의 진위 여부를 차치하고, 본 검사가 피고인에게 또한 본 법정에 묻고 싶은 것은 세상에 과연 "맞을 짓"이라는 것이 존재하느냐 하는 점입니다. 법은 누군가 자신에게 서운하게 대하였다고 하여, 상대와 내가 생각이 맞지 않는다고 하여 그 사람을 때리고 폭행할 권리를 그 누구에게도 부여한 사실이 없습니다.
>
> (중략)
>
> 이러한 피해자의 실질적인 피해와 상처, 정신적인 충격, 피고인의 폭력성, 폭행의 상습성 등을 고려하여 피고인에게 징역 1년 6월을 선고하여 주시기 바랍니다.

12 피고인과 변호인의 최종의견 진술권 관련 판례

1. 최종의견 진술의 기회는 피고인과 변호인 모두에게 주어져야 하는데, 이러한 최종의견 진술의 기회는 피고인과 변호인의 소송법상 권리로서 피고인과 변호인이 사실관계의 다툼이나 유리한 양형사유를 주장할 수 있는 마지막 기회이므로 **피고인이나 변호인에게 최종의견 진술의 기회를 주지 아니한 채 변론을 종결하고 판결을 선고하는 것은 소송절차의 법령위반에 해당한다.**(대법원 2018. 3.29. 2018도327 피고인 최후진술기회 박탈사건) ▶ 24 변호사, 22 국가7급, 22 법원9급, 21 변호사, 18 국가7급

2. 피고인의 **변호인이 공판기일통지서를 받고도 공판기일에 출석하지 아니하여 변호인 없이 변론을 종결한 경우에는 변호인에게 변론의 기회를 주지 아니하였다고 볼 수 없다.**(대법원 1977. 2.22. 76도4376 변호인 불출석 변론종결 사건) ▶ 24 법원9급

---

[1] 저자의 과거 기본서 형사소송법 원고에서 가져온 것인데, 실제 사건에서 검사가 했던 논고와 구형이다. 다만 사건이나 출처가 잘 기억이 나지 않는다.

제 6 절 | 증거조사

I 증인신문

형사소송법(2025. 3.18. 법률 제20796호로 일부개정된 것)

제146조【증인의 자격】 법원은 법률에 다른 규정이 없으면 누구든지 증인으로 신문할 수 있다.

헌법재판소법(2025. 1.31. 법률 제20769호로 일부개정된 것)

제40조【준용규정】 ① 헌법재판소의 심판절차에 관하여는 이 법에 특별한 규정이 있는 경우를 제외하고는 헌법재판의 성질에 반하지 아니하는 한도에서 민사소송에 관한 법령을 준용한다. 이 경우 탄핵심판의 경우에는 형사소송에 관한 법령을 준용하고, 권한쟁의심판 및 헌법소원심판의 경우에는 행정소송법을 함께 준용한다.

> **선생님의 TIP**
>
> 1. 증거조사에는 여러 가지가 있지만 증인신문이 가장 중요하고 판례가 제일 많다.
> 2. 증인적격이란 증인으로 선서하고 진술할 수 있는 자격을 말한다. 소송주체(법관, 검사 그리고 피고인)를 제외한 제3자라면 누구든지 증인이 될 수 있다. 공범이 약간 문제가 된다.
> 3. 증인적격과 증거능력을 혼동하는 학생이 가끔 있다. "피고인의 증인적격은 부정된다."는 말을 "피고인의 진술 또는 자백은 증거가 되지 않는다."라고 오해하면 안된다. 피고인은 증인적격이 없기 때문에 즉, 증인이 될 수 없기 때문에 증인과 같은 선서를 할 필요가 없을 뿐 피고인이 한 공판정에서의 진술 또는 자백은 얼마든지 증거가 될 수 있다. 증인은 원칙적으로 선서를 하여야 하고 따라서 위증죄의 주체가 될 수 있지만, 피고인은 선서를 하지 않고 따라서 위증죄의 주체가 될 수 없다. 이 차이뿐이다.

곽종근 전(前) 육군 특수전사령관이 증인으로 출석하여 선서를 하였다. 만약 이 분이 선서하지 않고 증언을 하였다면 그 증언은 증거능력이 인정되지 않는다.[1]

윤석열 전(前)대통령은 선서를 하지 않았다. 그렇지만 이 분의 법정진술은 얼마든지 증거능력이 인정된다. 물론 진술의 증명력은 별개의 문제이다.[2]

---

[1] 이미지 출처 – 뉴스1(https://www.news1.kr/photos/7117954)
[2] 이미지 출처 – 한국일보(https://www.hankookilbo.com/News/Read/A2025022020480001885)

01 수사경찰관의 증인적격 유무(적극)

1. 형사소송에 있어서 경찰공무원은 당해 피고인에 대한 수사를 담당하였는지의 여부에 관계없이 피고인에 대한 공판과정에서는 제3자라고 할 수 있어 수사 담당 경찰공무원이라 하더라도 증인의 지위에 있을 수 있음을 부정할 수 없다.(헌법재판소 2001.11.29. 2001헌바41 수사 경찰관 증인신문사건)

   ▶ 22 경간부, 20 경찰승진, 20 국가7급, 19 경찰채용, 17 소방간부, 16 경간부

2. 현행범을 체포한 경찰관의 진술이라 하더라도 범행을 목격한 부분에 관하여는 여느 목격자와 다름없이 증거능력이 있고, 위와 같은 경찰관의 체포행위를 도운 자가 범인의 범행을 목격하였다는 취지의 진술은 그 사람이 경찰정보원이라 하더라도 그 증거능력을 부인할 아무런 이유가 없다.(대법원 1995. 5. 9. 95도535 소매치기 검거 경찰관 사건)

   ▶ 24 소방간부, 21 경찰승진, 21 국가7급, 20 경찰채용, 15 경찰승진

02 공범의 증인적격 유무(변론이 분리되지 않으면 소극, 분리되면 적극)

1. 공범인 공동피고인은 당해 소송절차에서는 피고인의 지위에 있어 다른 공동피고인에 대한 공소사실에 관하여 증인이 될 수 없으나, 소송절차가 분리되어 피고인의 지위에서 벗어나게 되면 다른 공동피고인에 대한 공소사실에 관하여 증인이 될 수 있다.(대법원 2024. 2.29. 2023도7528 특경법 피고사건 인위적 변론분리 사건) 소송절차의 분리를 '변론의 분리'라고도 한다. [4], [5] 판례 참고

   ▶ 25 변호사, 25 경간부, 25 경찰채용, 25 법원9급, 25 소방간부, 24 소방간부, 23 변호사, 23 경간부, 23 경찰채용, 23 소방간부, 22 국가9급, 21 변호사, 21 경찰채용, 21 법원9급, 20 경찰승진, 20 법원9급, 19 경간부, 19 국가9급, 18 경간부, 18 경찰채용, 17 변호사, 17 법원9급, 17 경간부. 16 변호사, 15 경간부, 15 국가9급, 15 법원9급

2. 피고인의 지위에 있는 공동피고인은 다른 공동피고인에 대한 공소사실에 관하여 증인이 될 수 없으나, 소송절차가 분리되어 피고인의 지위를 벗어나게 되면 다른 공동피고인에 대한 공소사실에 관하여 증인이 될 수 있고 이는 대향범인 공동피고인의 경우에도 다르지 않다.(대법원 2012. 3.29. 2009도11249 증수뢰자 상호 증언 사건) [22] 2. 판례 참고

   ▶ 22 경찰승진, 22 국가9급, 21 경간부, 21 경찰채용, 21 국가7급, 20 국가7급, 19 변호사, 18 변호사, 18 국가7급, 16 변호사, 15 국가7급, 15 국가9급

핵심정리　피고인의 증인적격 도식화

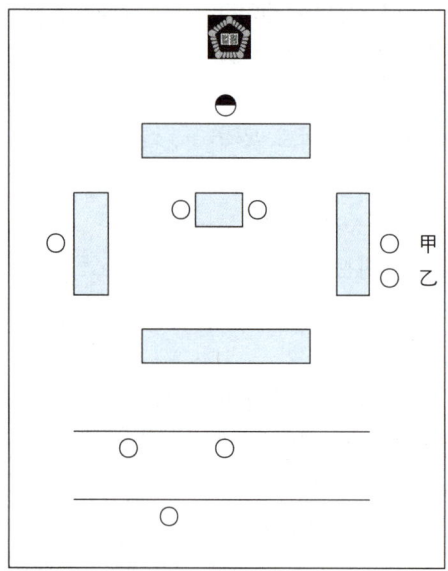

공범 甲, 乙이 변론이 분리되지 않고 공동피고인으로 재판을 받으면 전부 피고인의 지위에 있으므로 상호간에 증인이 될 수 없다.

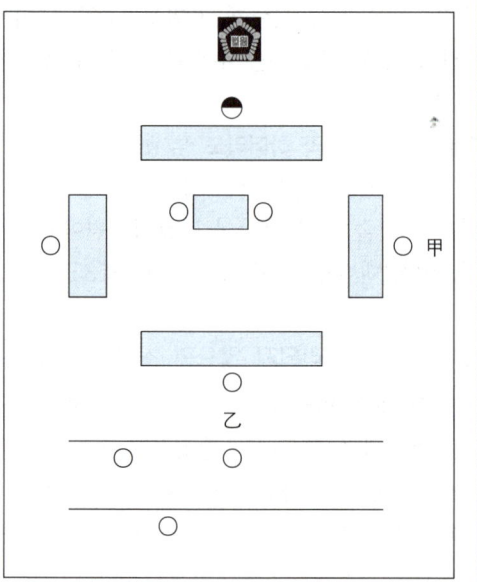

공범 乙에 대한 소송절차를 분리하여 甲만 피고인으로 재판을 받고 있다면 법원은 乙을 증인으로 소환하여 신문할 수 있다. 법원이나 검사의 꼼수 비슷한 행태라고 생각한다.

03　소송절차가 분리된 공범에게 증인적격을 인정하고 그 자신의 범죄사실에 대하여 신문하는 것이 진술거부권 등을 침해하는지의 여부(소극)

형사소송법 제148조는 피고인의 자기부죄거부특권을 보장하기 위하여 자기가 유죄판결을 받을 사실이 드러날 염려가 있는 증언을 거부할 수 있는 권리를 인정하고 있고, 그와 같은 증언거부권 보장을 위하여 형사소송법 제160조는 재판장이 신문 전에 증언거부권을 고지하여야 한다고 규정하고 있으므로 **소송절차가 분리된 공범인 공동피고인에 대하여 증인적격을 인정하고 그 자신의 범죄사실에 대하여 신문한다 하더라도 피고인으로서의 진술거부권 내지 자기부죄거부특권을 침해한다고 할 수 없다.** 따라서 증인신문절차에서 형사소송법 제160조에 따라 증언거부권이 고지되었음에도 불구하고 증인적격이 인정되는 피고인이 자기의 범죄사실에 대하여 증언거부권을 행사하지 아니한 채 허위로 진술하였다면 위증죄가 성립된다.(대법원 2024. 2. 29. 2023도7528 특정법 피고사건 인위적 변론분리 사건) [5] 1. 판례 참고

▶ 25 국가9급

04 증인적격이 인정되지 않아 위증죄가 성립하지 않는 경우

피고인 甲은 "甲은 게임장 종업원, 乙은 게임장 운영자로서 공모하여 관할관청의 허가를 받지 않고 게임장 영업행위를 하였다"는 게임산업법위반의 공소사실로 乙과 공동으로 수원지방법원 성남지원에 기소되었다. 이후, 甲은 乙과의 변론이 분리되지 아니한 상태에서 乙에 대한 공소사실에 관하여 증인으로 채택되어 선서한 후 허위의 진술을 하였다.(대법원 2008. 6.26. 2008도3300 게임장 종업원 위증사건) 공모하였다는 말이 나오므로 甲, 乙은 공범관계에 있는데 변론을 분리하지 않았다. [5] 판례와 비교

> 24 국가9급

05 증인적격이 인정되어 위증죄가 성립하는 경우

1. 피고인들이 공모하여 특정경제범죄법위반(횡령) 등을 범하였다는 공소사실로 기소된 사건의 제1심 공판기일에서 검사가 甲을 乙에 대한 증인으로, 乙을 甲에 대한 증인으로 각 신청하자 재판부는 이를 채택하였다. 법원은 제37회 공판기일에서는 피고인들에 대하여, 제38회 공판기일에서는 甲에 대하여, 각각의 피고사건을 다른 공동피고인에 대한 피고사건으로부터 분리한다는 결정을 고지한 뒤에 피고인들을 증인으로 신문하였다. 법원의 재판장은 피고인들에 대하여 증언거부권이 있음을 고지하였음에도 피고인들은 증인으로서 선서한 뒤 자기의 범죄사실에 관한 검사의 질문에 대하여 증언거부권을 행사하지 아니하고 **허위로 진술하였다.**(대법원 2024. 2.29. 2023도7528 특정법 피고사건 인위적 변론분리 사건) 소송절차를 분리하였다. 아래 2. 3. 판례도 마찬가지이다.

2. 피고인 甲, 乙, 丙은 성폭력처벌법위반(특수강간) 등으로 인천지방법원에 기소되었는 바, 제2회 공판기일에 검사가 피고인 甲을 피고인 乙, 丙의 공소사실에 대한 증인으로 신청하여 법원이 이를 채택하였다. 법원은 제3회 공판기일에 피고인 甲에 대한 피고사건을 다른 공동피고인에 대한 피고사건으로부터 소송절차를 분리한다는 결정을 고지한 뒤 甲을 증인으로 신문하였는데, **甲은 증언거부권이 있음을 고지받았음에도 검사의 질문에 대하여 허위의 진술을 하였다.**(대법원 2012.10.11. 2012도6848 특수강간범 증언 사건)

3. 피고인 甲은 "甲은 乙로부터 뇌물을 수수하고 사행성 게임장 단속 관련 정보 등을 알려주거나 丙, 丁 등 단속 경찰관들에게 乙이 운영하던 게임장에 관한 형사사건을 잘 처리하여 달라는 취지로 부탁하였다"라는 특정범죄가중법위반죄 등으로 인천지방법원에 기소되었다. 법원은 甲의 피고사건을 다른 공동피고인 乙, 丙, 丁 등에 대한 소송절차로부터 분리하고 甲에게 증언거부권을 고지한 뒤 증인으로 신문하였는데, 甲은 증언거부권을 행사하지 아니하고 **허위로 진술하였다.**(대법원 2012. 9.27. 2012도6079 부평서 기능직공무원 수뢰사건)

06 공범이 아닌 공동피고인의 증인적격 유무(적극)

1. 피고인과 별개의 범죄사실로 기소되어 병합심리되고 있던 공동피고인은 피고인에 대한 관계에서는 증인의 지위에 있음에 불과하므로 선서없이 한 그 공동피고인의 법정 및 검찰진술은 피고인에 대한 공소범죄사실을 인정하는 증거로 할 수 없다.(대법원 1982. 6.22. 82도898 다이아 밀수범 사건) 공범이 아니므로 피고인에 대한 관계에서 제3자의 지위에 있다.

> 23 변호사, 22 국가9급,
> 21 변호사, 20 변호사,
> 19 경찰채용, 18 변호사,
> 18 경찰채용, 17 변호사,
> 17 법원9급, 17 경간부,
> 15 국가7급, 15 국가9급

2. 공동피고인인 절도범과 그 장물범은 서로 다른 공동피고인의 범죄사실에 관하여는 증인의 지위에 있으므로 피고인이 증거로 함에 동의한 바 없는 공동피고인에 대한 피의자신문조서는 공동피고인의 증언에 의하여 그 성립의 진정이 인정되지 아니하는 한 피고인의 공소범죄사실을 인정하는 증거로 할 수 없다.(대법원 2006. 1.12. 2005도7601 절취수표 교환사건) 절도범과 장물범은 공범이 아니다.

> 24 국가7급, 24 국가9급, 21 국가7급, 20 국가9급, 19 변호사, 19 국가9급, 18 경찰채용, 18 국가7급, 17 경간부, 17 경찰채용, 16 경간부, 15 국가9급

07 증언능력의 의미 및 유아의 증언능력 판단 기준

증인의 증언능력은 증인 자신이 과거에 경험한 사실을 그 기억에 따라 공술할 수 있는 정신적인 능력이므로 유아의 증언능력에 관해서도 그 유무는 단지 공술자의 연령만에 의할 것이 아니라 그의 지적수준에 따라 개별적이고 구체적으로 결정되어야 함은 물론 공술의 태도 및 내용 등을 구체적으로 검토하고, 경험한 과거의 사실이 공술자의 이해력, 판단력 등에 의하여 변식될 수 있는 범위 내에 속하는가의 여부도 충분히 고려하여 판단하여야 한다.(대법원 2006. 4.14. 2005도9561 대전 관저동 여아 강간사건) [8] 판례 참고

> 24 경찰승진, 17 소방간부

08 유아 등의 증언능력을 인정한 경우

1. 사고 당시 만 3세 3개월 내지 만 3세 7개월 가량이던 피해자의 증언능력 인정 (대법원 2006. 4.14. 2005도9561 대전 관저동 여아 강간사건)

> 24 경찰승진

2. 사건 당시 만 4년 6개월 및 만 3년 7개월 남짓된 유아들의 증언능력 인정 (대법원 2004. 9.13. 2004도3161 원장 할아버지가 때렸어 사건)
3. 사건 당시 만 4세 6개월 남짓된 여아의 증언능력 인정 (대법원 2001. 7.27. 2001도2891 아저씨와 놀자 사건)
4. 사고 당시 10세 남짓한 국민학교 5학년생의 증언능력 인정 (대법원 1984. 9.25. 84도619 프로축구 개막식 풍선폭발사건)

> 18 경간부

형사소송법(2025. 3.18. 법률 제20796호로 일부개정된 것)

제150조의2【증인의 소환】① 법원은 소환장의 송달, 전화, 전자우편, 그 밖의 상당한 방법으로 증인을 소환한다.
② 증인을 신청한 자는 증인이 출석하도록 합리적인 노력을 할 의무가 있다.

제151조【증인이 출석하지 아니한 경우의 과태료 등】① 법원은 소환장을 송달받은 증인이 정당한 사유 없이 출석하지 아니한 때에는 결정으로 당해 불출석으로 인한 소송비용을 증인이 부담하도록 명하고, 500만원 이하의 과태료를 부과할 수 있다. 제153조에 따라 준용되는 제76조 제2항·제5항에 따라 소환장의 송달과 동일한 효력이 있는 경우에도 또한 같다.
② 법원은 증인이 제1항에 따른 과태료 재판을 받고도 정당한 사유 없이 다시 출석하지 아니한 때에는 결정으로 증인을 7일 이내의 감치에 처한다.

제152조【소환불응과 구인】정당한 사유없이 소환에 응하지 아니하는 증인은 구인할 수 있다.

제166조【동행명령과 구인】① 법원은 필요한 때에는 결정으로 지정한 장소에 증인의 동행을 명할 수 있다.
② 증인이 정당한 사유없이 동행을 거부하는 때에는 구인할 수 있다.

> **선생님의 TIP**
> 증인은 원칙적으로 출석, 선서 그리고 증언의 의무가 있다. 이하 차례대로 설명한다.

09 형사소송법이 증인의 법정 출석을 강제할 수 있는 권한을 법원에 부여한 취지

형사소송법이 증인의 법정 출석을 강제할 수 있는 권한을 법원에 부여한 취지는, 다른 증거나 증인의 진술에 비추어 굳이 추가 증인신문을 할 필요가 없다는 등 특별한 사정이 없는 한 사건의 실체를 규명하는 데 가장 직접적·핵심적인 증인으로 하여금 공개된 법정에 출석하여 선서 후 증언하도록 하고, 법원은 출석한 증인의 진술을 토대로 형성된 유죄·무죄의 심증에 따라 사건의 실체를 규명하도록 하기 위함이다.(대법원 2024.10.31. 2024모358 법의학자 증인출석 거부사건)

10 증인이 정당한 사유 없이 법정에 출석하지 아니하거나 소환에 응하지 아니하는 경우 또는 증인 소환장이 송달되지 아니한 경우 법원이 증인의 법정 출석을 강제할 수 있는 조치 내용

모든 국민은 법정에 출석하여 증언할 의무를 부담한다. 법원은 소환장을 송달받은 증인이 정당한 사유 없이 출석하지 아니한 경우에 당해 불출석으로 인한 소송비용을 증인이 부담하도록 명하고, 500만원 이하의 과태료를 부과할 수 있으며(형사소송법 제151조 제1항 전문), 정당한 사유 없이 소환에 응하지 아니하는 경우에는 구인할 수 있다(형사소송법 제152조). 또한 법원은 증인 소환장이 송달되지 아니한 경우에는 공무소 등에 대한 조회의 방법으로 직권 또는 검사, 피고인, 변호인의 신청에 따라 소재탐지를 할 수도 있다(형사소송법 제272조 제1항 참조). 이는 특정범죄신고자 등 보호법이 직접 적용되거나 준용되는 사건에 대해서도 마찬가지이다.(대법원 2020.12.10. 2020도2623 핵심증인 채택취소 사건)

> 21 법원9급

11 핵심 증인에 대하여 소재탐지나 구인장 발부 없이 증인채택 결정을 취소하는 것이 위법한지의 여부(적극)

다른 증거나 증인의 진술에 비추어 굳이 추가 증거조사를 할 필요가 없다는 등 특별한 사정이 없고 소재탐지나 구인장 발부가 불가능한 것이 아님에도 불구하고 불출석한 핵심 증인에 대하여 소재탐지나 구인장 발부 없이 증인채택 결정을 취소하는 것은 법원의 재량을 벗어나는 것으로서 위법하다.(대법원 2020.12.10. 2020도2623 핵심증인 채택취소 사건) 제보자가 사실상 유일한 증인이지만 특정범죄신고자 등 보호법에 의하여 보호되는 자라는 점을 이유로 그 제보자에 대한 소재탐지촉탁 및 구인을 하지 않았던 사건이다.

> 25 소방간부, 23 경찰승진, 23 국가7급, 23 국가9급, 21 경찰채용

12 증인구인의 사유에 해당하지 않는 경우

형사공판절차에서 증인의 구인은 증인이 정당한 사유 없이 소환에 불응하거나 법원에 출석해 있는 증인이 정당한 사유 없이 동행명령에 따른 동행을 거부하는 때에 한하여 허용되므로 원심 재판과정에서 증인소환장을 송달받은 적이 없고 법원에 출석하지도 아니한 증인을 구인하여 달라는 검사의 신청을 기각한 원심의 조치는 정당하다.(대법원 2008.9.25. 2008도6985 서울 합정동 강간사건)

> 21 경찰채용

> **형사소송법(2025. 3.18. 법률 제20796호로 일부개정된 것)**
>
> 제156조【증인의 선서】증인에게는 신문 전에 선서하게 하여야 한다. 단, 법률에 다른 규정이 있는 경우에는 예외로 한다.
> 제157조【선서의 방식】① 선서는 선서서에 따라 하여야 한다.
> ② 선서서에는 "양심에 따라 숨김과 보탬이 없이 사실 그대로 말하고 만일 거짓말이 있으면 위증의 벌을 받기로 맹세합니다."라고 기재하여야 한다.
> ③ 재판장은 증인에게 선서서를 낭독하고 기명·날인하거나 서명하게 하여야 한다. 다만, 증인이 선서서를 낭독하지 못하거나 서명을 하지 못하는 경우에는 참여한 법원사무관등이 대행한다.
> ④ 선서는 일어서서 엄숙하게 하여야 한다.
> 제158조【선서한 증인에 대한 경고】재판장은 선서할 증인에 대하여 선서 전에 위증의 벌을 경고하여야 한다.
> 제159조【선서무능력】증인이 다음 각 호의 1에 해당한 때에는 선서하게 하지 아니하고 신문하여야 한다.
> 1. 16세 미만의 자
> 2. 선서의 취지를 이해하지 못하는 자

13 선서무능력자가 선서하고 증언한 경우 선서와 증언의 효력(=선서는 무효, 증언은 유효)

선서무능력자에 대하여 선서케하고 신문한 경우라 할지라도 그 선서만이 무효가 되고 그 증언의 효력에 관하여는 영향이 없고 유효하다.(대법원 1957. 3. 8. 57도23 무능력자 선서 사건)

▶ 23 소방간부, 21 법원9급, 19 경찰채용, 18 소방간부, 17 소방간부, 16 변호사

> **형사소송법(2025. 3.18. 법률 제20796호로 일부개정된 것)**
>
> 제148조【근친자의 형사책임과 증언 거부】누구든지 자기나 다음 각 호의 어느 하나에 해당하는 자가 형사소추 또는 공소제기를 당하거나 유죄판결을 받을 사실이 드러날 염려가 있는 증언을 거부할 수 있다.
> 1. 친족이거나 친족이었던 사람
> 2. 법정대리인, 후견감독인
> 제149조【업무상비밀과 증언거부】변호사, 변리사, 공증인, 공인회계사, 세무사, 대서업자, 의사, 한의사, 치과의사, 약사, 약종상, 조산사, 간호사, 종교의 직에 있는 자 또는 이러한 직에 있던 자가 그 업무상 위탁을 받은 관계로 알게 된 사실로서 타인의 비밀에 관한 것은 증언을 거부할 수 있다. 단, 본인의 승낙이 있거나 중대한 공익상 필요있는 때에는 예외로 한다.
> 제150조【증언거부사유의 소명】증언을 거부하는 자는 거부사유를 소명하여야 한다.
> 제160조【증언거부권의 고지】증인이 제148조, 제149조에 해당하는 경우에는 재판장은 신문 전에 증언을 거부할 수 있음을 설명하여야 한다.

> **선생님의 TIP**
>
> 이 부분 판례가 약간 어려울 수 있는데 천천히 음미하면서 판례를 읽어야 한다. 이해의 차원에서 시험에 출제되지 않았던 판례도 수록하였다.

14 증언거부권 행사 대상에 해당하는 경우

증언거부권의 대상으로 규정한 '공소제기를 당하거나 유죄판결을 받을 사실이 발로될 염려 있는 증언'에는 자신이 범행을 한 사실뿐 아니라 범행을 한 것으로 오인되어 유죄판결을 받을 우려가 있는 사실 등도 포함된다. 따라서 범행을 하지 아니한 자가 범인으로 공소제기가 되어 피고인의 지위에서 범행사실을 허위자백하고, 나아가 공범에 대한 증인의 자격

▶ 25 국가9급, 24 국가9급, 23 국가9급, 23 법원9급, 22 경찰승진, 22 경간부, 21 경찰채용, 20 경간부, 18 국가7급, 17 국가7급

에서 증언을 하면서 그 공범과 함께 범행하였다고 허위의 진술을 한 경우에도 그 증언은 자신에 대한 유죄판결의 우려를 증대시키는 것이므로 증언거부권의 대상은 된다.(대법원 2012.12.13. 2010도10028 허위 살인자백 사건)

15 증언거부권 행사 대상에 해당하지 않는 경우

1. 이미 유죄의 확정판결을 받은 경우에는 일사부재리의 원칙에 의해 다시 처벌받지 아니하므로 자신에 대한 유죄판결이 확정된 증인은 공범에 대한 피고사건에서 **증언을 거부할 수 없고**, 설령 증인이 자신에 대한 형사사건에서 시종일관 그 범행을 부인하였다 하더라도 그러한 사정만으로 증인이 진실대로 진술할 것을 기대할 수 있는 가능성이 없는 경우에 해당한다고 할 수 없으므로 허위의 진술에 대하여 위증죄의 성립을 부정할 수 없다. 자신에 대한 유죄판결이 확정된 증인이 공범에 대한 피고사건에서 증언할 당시 앞으로 재심을 청구할 예정이라고 하여도 이를 이유로 증인에게 형사소송법 제148조에 의한 증언거부권이 인정되지는 않는다.(대법원 2011.11.24. 2011도11994 진해 필로폰 매매알선사건) [16] 1. 판례 참고

   > 25 법원9급, 23 변호사,
   > 23 소방간부, 23 국가9급,
   > 23 법원9급, 22 경찰승진,
   > 22 경간부, 22 법원9급,
   > 21 경찰채용, 21 법원9급,
   > 20 경찰승진, 19 경찰채용,
   > 18 경찰채용, 17 법원9급,
   > 17 국가7급, 17 경간부,
   > 16 국가9급

2. 이미 유죄의 확정판결을 받은 경우에는 일사부재리의 원칙에 의해 다시 처벌되지 아니하므로 **증언을 거부할 수 없는바**, 이는 사실대로의 진술 즉 자신의 범행을 시인하는 진술을 기대할 수 있기 때문인 점 등에 비추어 보면 피고인은 강도상해죄로 이미 유죄의 확정판결을 받았으므로 그 범행에 대한 증언을 거부할 수 없을 뿐만 아니라 **나아가 사실대로 증언하여야 한다.**(대법원 2008.10.23. 2005도10101 황제룸주점 강도상해사건) [16] 2. 판례 참고

   > 22 국가7급, 21 경찰승진,
   > 21 경간부, 20 변호사,
   > 20 법원9급, 20 국가7급,
   > 20 경찰승진, 19 변호사,
   > 19 국가9급, 19 경간부,
   > 19 경찰채용, 18 변호사,
   > 18 경찰채용, 17 변호사,
   > 16 변호사, 16 경찰채용,
   > 15 국가9급, 15 경간부

16 증언거부권이 없어 위증죄가 성립하는 경우

1. (1) 甲은 "피고인 甲은 A로부터 필로폰을 구해달라는 부탁을 받고, 乙에게 구입을 의뢰하여 乙과 함께 2006.10.20. 진해시 덕산동 소재 여관방에서 A를 만나 필로폰 4g을 판매하였다"라는 공소사실로 기소되어 2009.12.10. 대법원에서 징역 6월의 확정판결을 선고받았다. (2) 이후 甲은 2010. 1.18. 필로폰 매매혐의로 기소된 공범 乙에 대한 공판기일에 증인으로 출석·선서한 후 판사의 신문에 "甲, 乙, A 3명이 함께 만난 사실은 없다", "A로부터 필로폰을 구해달라는 부탁을 받은 사실이 없다", "乙이 A에게 필로폰을 주는 것을 본 적이 없다"라는 취지의 허위진술을 하였다. 다만, 증언에 앞서 甲은 재판장으로부터 증언거부권이 있음을 고지받지 못했다.(대법원 2011.11.24. 2011도11994 진해 필로폰 매매알선사건)

2. 피고인 甲은 2004. 4. 7. 부산고등법원에서 **강도상해죄로 징역 4년을 선고받고** 2004. 4. 16. 그 판결이 확정된 사람으로서, 사실은 2002. 9.27. 새벽 부산 동래구 소재 황제룸주점 앞길에서 A와 어깨를 부딪치며 시비를 걸어 멱살을 잡고 주먹으로 얼굴을 때리는 등으로 A의 지갑을 강취하였음에도 불구하고, 2005. 1.14. 위 강도상해 사건과 관련하여 피고인과 공범으로 기소된 乙에 대한 사건에 증인으로 출석·선서한 후 "A와 어깨를 부딪친 후 멱살을 잡고 시비한 사실이 있는가요"라는 검사의 질문에 "그런 사실은 없습니다"라고 허위의 진술을 하였다.(대법원 2008.10.23. 2005도10101 황제룸주점 앞 강도상해사건)

17 증언거부권 고지대상이 아닌 경우

(1) 형사소송법 제148조에서 '형사소추'는 증인이 이미 저지른 범죄사실에 대한 것을 의미한다고 할 것이므로 증인의 증언에 의하여 비로소 범죄가 성립하는 경우에는 증언거부권 고지대상이 된다고 할 수 없다. (2) 피고인이 "장수산업이 검찰과의 친분관계를 이용하여 피고인 측을 협박하였다"는 취지로 증언한 것은 피고인이 이미 저지른 범죄사실에 대한 것이 아님이 분명하므로 증언거부권 고지대상에 해당한다고 볼 수 없고, "장수산업이 등록한 상표 중 실제 사용하고 있는 것은 '장수돌침대 ☆☆☆☆☆'에 불과하고 나머지 상표는 전혀 사용하지 않고 고소권원 상표로만 사용하고 있다"는 취지로 한 증언 역시 자기의 형사소추 또는 공소제기를 당할 사실이 발로될 염려 있는 경우에 해당하지 않으므로 증언거부권 고지대상에 해당한다고 볼 수 없다.(대법원 2011.12. 8. 2010도2816 장수돌침대 사건) 증인의 증언에 의하여 비로소 성립하는 범죄는 위증죄밖에 없다. 약간 문맥이 어려운데 고딕체 부분을 암기하여야 한다.

▶ 25 국가9급, 23 국가9급, 23 법원9급, 22 경찰승진, 22 경간부, 17 국가7급

18 형사소송절차에서 증인보호 규정이 지켜지지 않은 경우 위증죄 성립 여부(원칙적 소극)

1. (1) 증인신문절차에서 **법률에 규정된 증인보호를 위한 규정이 지켜진 것으로 인정되지 않은 경우**에는 증인이 허위의 진술을 하였다고 하더라도 위증죄의 구성요건인 '법률에 의하여 선서한 증인'에 해당하지 아니한다고 보아 이를 위증죄로 처벌할 수 없는 것이 원칙이다. (2) 다만, 법률에 규정된 증인보호 절차라 하더라도 개별 보호절차 규정들의 내용과 취지가 같지 아니하고, 당해 신문 과정에서 지키지 못한 절차 규정과 그 경위 및 위반의 정도 등 제반 사정이 개별 사건마다 각기 상이하므로 이러한 사정을 전체적・종합적으로 고려하여 볼 때 당해 사건에서 증인보호에 사실상 장애가 초래되었다고 볼 수 없는 경우에까지 예외 없이 위증죄의 성립을 부정할 것은 아니다.(대법원 2010. 1.21. 2008도942 순슴 해운대 노점 싸움사건) (1) [19] 판례, (2) [20] 판례 참고

▶ 24 경간부, 20 변호사, 16 경간부

2. **증언거부권을 고지하지 아니하고 증언하게 하였다면** 그 진술은 '법률에 의하여 선서한 증인'의 진술이 아니므로 설사 그 진술 내용이 허위라 하더라도 위증죄로 처벌할 수 없는 것이 원칙이다. 다만, 재판장이 신문 전에 증인에게 증언거부권을 고지하지 않은 경우에도 당해 사건에서 증언 당시 증인이 처한 구체적인 상황, 증언거부사유의 내용, 증인이 증언거부사유 또는 증언거부권의 존재를 이미 알고 있었는지 여부, 증언거부권을 고지받았더라도 허위진술을 하였을 것이라고 볼 만한 정황이 있는지 등을 전체적・종합적으로 고려하여 증인이 침묵하지 아니하고 진술한 것이 자신의 진정한 의사에 의한 것인지 여부를 기준으로 위증죄의 성립 여부를 판단하여야 한다.(대법원 2012.12.13. 2010도10028 허위 살인자백 사건) 증언거부권을 고지받았더라도 허위의 진술을 하였을 것이라고 판단된다면 비록 증언거부권을 고지받지 못했다고 하더라도 허위 진술에 의한 위증죄가 성립한다는 취지의 판례이다. [23] 1. 판례 참고

▶ 18 경찰채용

19 형사소송절차에서 증언거부권을 고지받지 못하여 증언거부권을 행사하는 데 사실상 장애가 초래된 경우 위증죄의 성립 여부(소극)

헌법 제12조 제2항에 정한 불이익 진술의 강요금지 원칙을 구체화한 자기부죄거부특권에 관한 것이거나 기타 증언거부사유가 있음에도 증인이 증언거부권을 고지받지 못함으로 인하여 그 증언거부권을 행사하는 데 사실상 장애가 초래되었다고 볼 수 있는 경우에는 위증죄의 성립을 부정하여야 한다.(대법원 2010. 1.21. 2008도942 숲슾 해운대 노점 싸움사건) [22] 판례 참고

> 24 경찰채용, 24 국가7급, 23 변호사, 23 경찰승진, 22 경찰승진, 20 국가7급, 18 변호사, 18 경간부, 18 경찰채용, 18 소방간부, 16 변호사, 16 경간부

20 형사소송절차에서 위증의 벌을 경고하지 않은 경우 위증죄의 성립 여부(적극)

재판장이 선서할 증인에 대하여 선서 전에 위증의 벌을 경고하지 않았다는 등의 사유는 그 증인신문절차에서 증인 자신이 위증의 벌을 경고하는 내용의 선서서를 낭독하고 기명・날인 또는 서명한 이상 위증의 벌을 몰랐다고 할 수 없을 것이므로 증인보호에 사실상 장애가 초래되었다고 볼 수 없고 따라서 위증죄의 성립에 지장이 없다.(대법원 2010. 1.21. 2008도942 숲슾 해운대 노점 싸움사건) 위증의 벌, 즉 위증죄를 모르는 사람은 한 명도 없을 것이다.

21 민사소송절차에서 증언거부권을 고지받지 못한 경우 위증죄의 성립 여부(적극)

(형사소송절차와는 달리 증언거부권 고지 규정을 두지 아니한) 민사소송절차에서 재판장이 증인에게 증언거부권을 고지하지 아니하였다 하여 절차위반의 위법이 있다고 할 수 없고, 따라서 적법한 선서 절차를 마쳤음에도 허위진술을 한 증인에 대해서는 달리 특별한 사정이 없는 한 위증죄가 성립한다.(대법원 2011. 7.28. 2009도14928 농약 판매사원 위증사건) [23] 2. 판례 참고

> 24 국가7급, 18 경간부, 16 변호사, 16 경간부

22 증언거부권을 고지받지 못하여 위증죄가 성립하지 않는 경우

1. 甲은 乙, 丙에 대한 사기 피고사건의 증인으로 출석하여 선서한 후 (사실은 乙, 丙이 대금을 지급할 의사 없이 피해자들로부터 육류를 공급받아 편취하고 사기죄로 고소를 당하자, 甲이 애초의 공모 내용에 따라 그 형사책임을 모두 떠안기로 하고 그 대가로 乙, 丙으로부터 1억 8,000만원을 받았음에도) "乙, 丙으로부터 ~ 돈을 받은 사실이 전혀 없습니다"라고 허위의 진술을 하였다. 다만, 甲은 진술 전에 재판장으로부터 증언거부권을 고지받지 못하였다.(대법원 2013. 5.23. 2013도3284 육류사기 공범 위증사건)

2. (1) 뇌물공여 및 뇌물수수의 공소사실(甲・乙・丙은 공무원 丁에게 뇌물을 공여하였다)로 기소된 공동피고인 甲・乙・丙 및 丁은 공판과정에서 일관하여 뇌물을 주고받은 사실을 부인하였다. (2) 제1심 법원은 변론을 분리하여 제3회 공판기일에 丁을 甲・乙・丙의 뇌물공여에 대한 증인으로, 제4회 공판기일에서는 甲・乙・丙을 丁의 뇌물수수에 대한 증인으로 채택하여 선서를 하게 한 후 각 증인신문을 하였다. 다만, 각 증인신문에 있어 재판장은 증인들에게 증언거부권을 고지하지 아니하여 甲・乙・丙・丁이 종전 주장을 그대로 되풀이하게 하여 결국 거짓 진술을 하게 이르렀다.(대법원 2012. 3.29. 2009도11249 증수뢰자 상호 증언 사건)

3. (1) 甲은 "내국인 출입이 제한된 라마다호텔 카지노에 내국인 乙 등을 입장시켜 도박을 하게 하였다"는 관광진흥법위반의 공소사실로 기소되었으나, 공판과정에서 "乙이 카지노에 출입한 적은 있으나 도박을 한 적은 없습니다"라며 범행을 부인하였고, 이에 검사는 乙의 도박행위를 입증하기 위하여 乙의 사촌형인 丙을 증인으로 신청하였다. (2) 증인으로 출석·선서한 丙은 자신이 乙과 사촌관계에 있음을 밝혔음에도 재판장으로부터 증언거부권을 고지받지 못한 채 검사의 "乙이 카지노에서 바카라 게임을 한 것을 본 적이 있습니까?"라는 신문에 대하여 (乙이 전에 도박으로 처벌받은 전력이 있어 이번에도 도박을 하였다고 하면 크게 처벌될 것 같아) "본 적이 없습니다"라고 허위진술을 하였다.(대법원 2010. 2. 25. 2009도13257 사촌형 위증사건)

4. 甲은 2006. 8. 13. 부산 해운대 근처에서 노점 가판대 문제로 乙과 시비가 붙어 싸우다가 서로 다치게 했다는 쌍방 상해의 공소사실로 기소되어 공동피고인으로 재판을 받으면서 "나는 폭행한 사실이 없다, 오히려 내가 피해자이다"라고 주장하였고, 이후 **변론이 분리**되어 乙의 상해사건에 대한 증인으로 출석·선서한 후 (재판장으로부터 증언거부권이 있음을 고지받지 못한 채) 일관하여 폭행사실을 부인하는 허위의 진술을 하였다. 다만, 이후 甲은 2008. 1. 위 상해죄로 벌금 50만원의 확정판결을 받았다.(대법원 2010. 1. 21. 2008도942 순습 해운대 노점 싸움사건)

23 증언거부권을 고지받지 못했다고 하더라도 위증죄가 성립하는 경우

1. 도로교통법위반(음주운전)으로 기소된 피고인 甲이 공판과정에서 "저는 음주운전을 한 사실이 없고, 저의 처였던 乙이 운전하던 차에 타고 있었을 뿐입니다"라며 공소사실을 부인하자, 이에 변호인의 신청에 따라 乙이 증인으로 출석·선서한 후 (재판장으로부터 증언거부권이 있음을 고지받지 채) "만취한 甲을 집으로 돌려보내기 위해 제가 甲을 차에 태우고 운전하였습니다"라고 허위진술을 하였다. 이후 재판장의 "증언을 하지 않을 수 있다는 사실을 알았다면 증언을 거부했을 것입니까?"는 신문에 대하여 乙은 "그렇다 하더라도 증언을 했을 겁니다"라는 취지로 답변을 하였다.(대법원 2010. 2. 25. 2007도6273 전처 위증사건) 증언거부권 고지 여부와 상관 없이 증인은 위증을 하기로 결심한 사건이다.

2. 甲(男, 46세)은 2007. 10. 17.경 Y회사가 P농협을 상대로 제기한 **물품대금 사건(민사소송)**의 증인으로 출석·선서한 후, 사실은 Y회사가 P농협으로부터 받아야 할 농약대금을 甲이 乙로부터 계좌이체 받은 것임에도 불구하고, Y회사 대리인 丙의 "돈은 Y회사가 P농협으로부터 받아야 할 돈을 증인이 받은 것인가요, 아니면 거래주선과 상관없이 개인적으로 빌린 것인가요"라는 질문에 "개인적으로 빌린 것입니다"라고 허위의 진술을 하였다. 다만, 증언에 앞서 甲은 재판장으로부터 증언거부권이 있음을 고지받지 못했다.(대법원 2011. 7. 28. 2009도14928 농약 판매사원 위증사건) 민사사건에서 위증한 사건이다.

> 형사소송법(2025. 3.18. 법률 제20796호로 일부개정된 것)
>
> 제163조【당사자의 참여권, 신문권】① 검사, 피고인 또는 변호인은 증인신문에 참여할 수 있다.
> ② 증인신문의 시일과 장소는 전항의 규정에 의하여 참여할 수 있는 자에게 미리 통지하여야 한다. 단, 참여하지 아니한다는 의사를 명시한 때에는 예외로 한다.

24 증인신문과 당사자의 참여권

법원이 공판기일에 증인을 채택하여 다음 공판기일에 증인신문을 하기로 피고인에게 고지하였는데 그 다음 공판기일에 증인은 출석하였으나 피고인이 정당한 사유 없이 출석하지 아니한 경우 이미 출석하여 있는 증인에 대하여 공판기일 외의 신문으로서 증인신문을 하고 다음 공판기일에 그 증인신문조서에 대한 서증조사를 하는 것은 증거조사절차로서 적법하다.(대법원 2000.10.13. 2000도3265 공판기일외 증인신문 사건) '공판기일 외의 신문'이라는 개념이 애매한데, 시험에 잘 나오므로 판례 문구를 암기하여야 한다.

▶ 25 소방간부, 23 국가9급, 23 소방간부, 22 변호사, 22 경찰승진, 21 법원9급, 19 법원9급, 18 국가7급

> 형사소송법(2025. 3.18. 법률 제20796호로 일부개정된 것)
>
> 제165조의2【비디오 등 중계장치 등에 의한 증인신문】① 법원은 다음 각 호의 어느 하나에 해당하는 사람을 증인으로 신문하는 경우 상당하다고 인정할 때에는 검사와 피고인 또는 변호인의 의견을 들어 비디오 등 중계장치에 의한 중계시설을 통하여 신문하거나 가림 시설[3] 등을 설치하고 신문할 수 있다.
> 1. 「아동복지법」 제71조 제1항 제1호·제1호의2·제2호·제3호에 해당하는 죄의 피해자
> 2. 「아동·청소년의 성보호에 관한 법률」 제7조, 제8조, 제11조부터 제15조까지 및 제17조 제1항의 규정에 해당하는 죄의 대상이 되는 아동·청소년 또는 피해자
> 3. 범죄의 성질, 증인의 나이, 심신의 상태, 피고인과의 관계, 그 밖의 사정으로 인하여 피고인 등과 대면하여 진술할 경우 심리적인 부담으로 정신의 평온을 현저하게 잃을 우려가 있다고 인정되는 사람
> ② 법원은 증인이 멀리 떨어진 곳 또는 교통이 불편한 곳에 살고 있거나 건강상태 등 그 밖의 사정으로 말미암아 법정에 직접 출석하기 어렵다고 인정하는 때에는 검사와 피고인 또는 변호인의 의견을 들어 비디오 등 중계장치에 의한 중계시설을 통하여 신문할 수 있다.
> ③ 제1항과 제2항에 따른 증인신문은 증인이 법정에 출석하여 이루어진 증인신문으로 본다.

25 차폐시설 설치와 증인신문 관련 판례

법원은 형사소송법 제165조의2 제3호의 요건(피고인 등과 대면하여 진술하면 심리적인 부담으로 정신의 평온을 현저하게 잃을 우려가 있는 경우)이 충족될 경우 피고인뿐만 아니라 검사, 변호인, 방청인 등에 대하여도 차폐시설 등을 설치하는 방식으로 증인신문을 할 수 있으며, 이는 형사소송규칙 제84조의9에서 피고인과 증인 사이의 차폐시설 설치만을 규정하고 있다고 하여 달리 볼 것이 아니다. 다만 증인이 변호인을 대면하여 진술함에 있어 심리적인 부담으로 정신의 평온을 현저하게 잃을 우려가 있다고 인정되는 경우는 일반적으로 쉽게 상정할 수 없고, 피고인뿐만 아니라 변호인에 대해서까지 차폐시설을 설치하는 방식으로 증인신문이 이루어지는 경우 피고인과 변호인 모두 증인이 증언하는

▶ 23 국가9급, 22 변호사, 22 국가7급, 19 법원9급, 17 변호사, 15 경찰채용

---

[3] 2021. 8.17. 형사소송법 개정 전에는 이를 '차폐(遮蔽)시설'이라고 하였다.

모습이나 태도 등을 관찰할 수 없게 되어 그 한도에서 반대신문권이 제한될 수 있으므로 변호인에 대한 차폐시설의 설치는, 특정범죄신고자 등 보호법 제7조에 따라 범죄신고자 등이나 그 친족 등이 보복을 당할 우려가 있다고 인정되어 조서 등에 인적사항을 기재하지 아니한 범죄신고자 등을 증인으로 신문하는 경우와 같이, 이미 인적사항에 관하여 비밀조치가 취해진 증인이 변호인을 대면하여 진술함으로써 자신의 신분이 노출되는 것에 대하여 심한 심리적인 부담을 느끼는 등의 특별한 사정이 있는 경우에 예외적으로 허용될 수 있을 뿐이다.(대법원 2015. 5. 28. 2014도18006 칠성파 사건) 피고인에 대한 차폐시설의 설치는 큰 문제가 없으나, 변호인에 대한 차폐시설의 설치는 형사소송법 제165조의2 제1항이 예정한 바가 아니므로 아주 예외적으로만 허용된다는 취지의 판례이다.

<이미지 출처 - 뉴스1(https://www.news1.kr/society/court-prosecution/527273)>

형사소송법(2025. 3. 18. 법률 제20796호로 일부개정된 것)

제161조의2 【증인신문의 방식】 ① 증인은 신청한 검사, 변호인 또는 피고인이 먼저 이를 신문하고 다음에 다른 검사, 변호인 또는 피고인이 신문한다. 〈교호(交互)신문〉
② 재판장은 전항의 신문이 끝난 뒤에 신문할 수 있다.
③ 재판장은 필요하다고 인정하면 전2항의 규정에 불구하고 어느 때나 신문할 수 있으며 제1항의 신문순서를 변경할 수 있다. 〈교호신문의 수정〉

형사소송규칙(2025. 2. 28. 대법원규칙 제3202호로 일부개정된 것)

제75조 【주신문】 ① 법 제161조의2 제1항 전단의 규정에 의한 신문(이하 "주신문"이라 한다)은 증명할 사항과 이에 관련된 사항에 관하여 한다.
② 주신문에 있어서는 유도신문을 하여서는 아니된다. 〈단서 생략〉

제76조 【반대신문】 ① 법 제161조의2 제1항 후단의 규정에 의한 신문(이하 "반대신문"이라 한다)은 주신문에 나타난 사항과 이에 관련된 사항에 관하여 한다.
② 반대신문에 있어서 필요할 때에는 유도신문을 할 수 있다.

제78조 【재주신문】 ① 주신문을 한 검사, 피고인 또는 변호인은 반대신문이 끝난 후 반대신문에 나타난 사항과 이와 관련된 사항에 관하여 다시 신문(이하 "재주신문"이라 한다)을 할 수 있다.
② 재 주신문은 주신문의 예에 의한다.

26 증인에 대한 증거조사의 방법

형사소송법은 증인 등 인증(人證), 증거서류와 증거물 및 그 밖의 증거를 구분한 다음 각각의 증거방법에 대한 증거조사 방식을 개별적·구체적으로 규정하여 위와 같은 헌법적 형사소송의 이념을 구체화하고 있다. 특히 **형사소송법 제1편 제12장 및 형사소송규칙 제1편 제12장에서 증인에 대한 증거조사를 '신문'의 방식으로 하면서** 소환방법과 법정에 불출석할 경우의 제재와 조치, 출석한 증인에 대한 선서와 위증의 벌의 경고, 증언거부권 고지 및 신문의 구체적인 방식 등에 대하여 엄격한 절차 규정을 두는 한편, 법정 외 신문(제165조), 비디오 등 중계장치 등에 의한 증인신문(제165조의2) 규정에서 정한 사유 등이 있는 때에만 예외적으로 증인이 직접 법정에 출석하지 않고 증언할 수 있도록 정하였다. 이는 사건의 실체를 규명하는 데 가장 직접적이고 핵심적인 증인으로 하여금 원칙적으로 공개된 법정에 출석하여 법관 앞에서 선서한 후 정해진 절차에 따른 신문의 방식으로 증언하도록 하여 재판의 공정성과 증언의 확실성·진실성을 담보하고, 법관은 그러한 증인의 진술을 토대로 형성된 유·무죄의 심증에 따라 사건의 실체를 규명하도록 하기 위함이다. (대법원 2024. 9.12. 2020도14843 말레이시아 소재 증인 영상신문 사건) [27] 판례 참고

27 적법한 절차와 방식에 따른 증인신문을 거치지 아니하고 청취한 진술과 그 형식적 변형에 불과한 증거의 증거능력 유무(소극)

(1) 형사소송법에서 정한 절차와 방식에 따른 증인신문절차를 거치지 아니한 채 증인에 대하여 선서 없이 법관이 임의의 방법으로 청취한 진술과 그 진술의 형식적 변형에 불과한 증거(녹음파일 등)는 적법한 증거조사 절차를 거치지 않은 증거로서 증거능력이 없다. 따라서 사실인정의 자료로 삼을 수도 없고, 피고인이나 변호인이 그러한 절차 진행에 동의하였다거나 사후에 그와 같은 증거조사 결과에 대하여 이의를 제기하지 아니하고 그 녹음파일 등을 증거로 함에 동의하였더라도 그 위법성이 치유되지 않는다. (2) 원심은 증인 A가 해외 체류 중이어서 법정 출석에 따른 증인신문이 어렵다는 이유로, 형사소송법이 규정한 증인에 대한 증거조사 방식인 '신문'에 의하지 아니하고 A에게 증인으로서 부담해야 할 각종 의무를 부과하지 아니한 채 별다른 법적 근거 없이 A가 증인으로서 출석하지 않았음을 전제로 하면서도 인터넷 화상장치를 통해서 검사의 주신문, 변호인의 반대신문 등의 방식을 통해 A의 진술을 청취하는 방법으로 증거조사를 한 다음 진술의 형식적 변형에 해당하는 녹취서 등본, USB(녹취파일)를 검사로부터 제출받는 우회적인 방식을 취하였는바, 이와 같은 원심의 조치는 형사소송법이 정한 증거방법(증인)에 대한 적법한 증거조사로 볼 수 없으므로 그러한 진술청취의 결과물인 녹취서 등본, USB(녹취파일)는 증거능력이 없어 사실인정의 자료로 삼을 수 없고, 이는 피고인과 변호인이 그와 같은 절차 진행에 동의하였거나 사후에 그 증거조사 결과에 대하여 이의를 제기하지 아니하고 증거로 함에 동의하였더라도 마찬가지이다. (대법원 2024. 9.12. 2020도14843 말레이시아 소재 증인 영상신문 사건)

> 25 법원9급

28 피고인이 신청한 증인을 재판장이 먼저 신문한 것이 위법한지의 여부(소극) ▶ 25 소방간부, 22 경찰승진

증인신문의 방식에 있어서 피고인이 신청한 증인에 대하여 재판장이 먼저 신문하였다 하여 잘못이라 할 수 없다.(대법원 1971. 9.28. 71도1496 재판장 먼저 신문 사건)

29 실질적 반대신문권의 기회가 부여되지 아니한 채 이루어진 증인의 법정진술의 증거능력 (소극) ▶ 24 국가9급, 23 경찰채용, 23 법원9급

피고인에게 불리한 증거인 증인이 주신문의 경우와 달리 반대신문에 대하여는 답변을 하지 아니하는 등 진술내용의 모순이나 불합리를 그 증인신문 과정에서 드러내어 이를 탄핵하는 것이 사실상 곤란하였고, 그것이 피고인 또는 변호인에게 책임있는 사유에 기인한 것이 아닌 경우라면 관계 법령의 규정 혹은 증인의 특성 기타 공판절차의 특수성에 비추어 이를 정당화할 수 있는 특별한 사정이 존재하지 아니하는 이상, 이와 같이 실질적 반대신문권의 기회가 부여되지 아니한 채 이루어진 증인의 법정진술은 위법한 증거로서 증거능력을 인정하기 어렵다. 이 경우 피고인의 책문권 포기로 그 하자가 치유될 수 있으나 책문권 포기의 의사는 명시적인 것이어야 한다.(대법원 2022. 3.17. 2016도17054 상해 피해자 불출석 사건) 피해자가 제1심 제2회 공판기일에 증인으로 출석하여 검사의 주신문 및 변호인의 일부 반대신문에 대하여 진술하였으나, 변호인의 나머지 반대신문을 위하여 속행된 제1심 제4회 공판기일부터 출석하지 않은 사건이다. 증언의 증거능력이 부정된다. 그리고 이 판례는 '증언'에 관한 것이고, 아래 [30] 판례는 '조서'에 관한 것이라는 점을 주의하여야 한다.

30 원진술자의 출석 또는 반대신문이 이루어지지 못한 경우 원진술자의 진술을 기재한 조서의 증명력(소극) ▶ 23 경찰승진

피고인이 공소사실 및 이를 뒷받침하는 수사기관이 원진술자의 진술을 기재한 조서 내용을 부인하였음에도 불구하고 원진술자의 법정 출석과 피고인에 의한 반대신문이 이루어지지 못하였다면 그 조서는 진정한 증거가치를 가진 것으로 인정받을 수 없는 것이어서 이를 주된 증거로 하여 공소사실을 인정하는 것은 원칙적으로 허용될 수 없다. 이는 원진술자의 사망이나 질병 등으로 인하여 원진술자의 법정 출석 및 반대신문이 이루어지지 못한 경우는 물론 수사기관의 조서를 증거로 함에 피고인이 동의한 경우에도 마찬가지이다. (대법원 2006.12. 8. 2005도9730 대전 유성구 가요주점 사건) 피고인이 증거로 함에 동의하였으므로 조서는 증거능력은 인정되지만, 반대신문이 이루어지지 못했으므로 증명력[4]이 부정된다. 증거능력과 증명력이 어떤 개념상의 차이가 있는가 다시 한번 생각해 보아라. 저자의 "제가 보았는데, 피고인이 어제 삼겹살 100kg를 훔쳐 1시간만에 다 먹었습니다." 라는 진술이 기재된 조서에 대하여 피고인이 증거동의를 하였다. 학생분이 판사라면 위 조서를 '유일한 증거'로 하여 피고인에게 유죄판결을 선고할 수 있겠는가?

---

[4] 판례는 증명력을 '신빙성 또는 증거가치'라고 판시하는 경우가 많다.

31 책문권의 포기로 유도신문의 하자가 치유되는 경우

검사가 증인 등에게 주신문을 하면서 형사소송규칙상 허용되지 않는 유도신문을 하였다고 볼 여지가 있었는데, 그 다음 공판기일에 재판장이 증인신문 결과 등을 각 공판조서(증인신문조서)에 의하여 고지하였음에도 피고인과 변호인이 "변경할 점과 이의할 점이 없다"고 진술한 경우 피고인이 책문권 포기 의사를 명시함으로써 유도신문에 의하여 이루어진 주신문의 하자는 치유된다.(대법원 2012. 7.26. 2012도2937 원로변호사 사기사건)

> 24 변호사, 23 소방간부, 22 국가9급, 19 법원9급, 18 국가7급, 15 국가9급

형사소송법(2025. 3.18. 법률 제20796호로 일부개정된 것)

제294조의2【피해자등의 진술권】① 법원은 범죄로 인한 피해자 또는 그 법정대리인의 신청이 있는 때에는 그 피해자 등을 증인으로 신문하여야 한다. 〈단서 생략〉
② 법원은 제1항에 따라 피해자 등을 신문하는 경우 피해의 정도 및 결과, 피고인의 처벌에 관한 의견, 그밖에 당해 사건에 관한 의견을 진술할 기회를 주어야 한다.
③ 법원은 동일한 범죄사실에서 제1항의 규정에 의한 신청인이 여러 명인 경우에는 진술할 자의 수를 제한할 수 있다.

형사소송규칙(2025. 2.28. 대법원규칙 제3202호로 일부개정된 것)

제134조의10【피해자등의 의견진술】① 법원은 필요하다고 인정하는 경우에는 직권으로 또는 법 제294조의2 제1항에 정한 피해자등(이하 '피해자등'이라 한다)의 신청에 따라 피해자등을 공판기일에 출석하게 하여 법 제294조의2 제2항에 정한 사항으로서 범죄사실의 인정에 해당하지 않는 사항에 관하여 증인신문에 의하지 아니하고 의견을 진술하게 할 수 있다. 〈진술[5]〉
제134조의11【의견진술에 갈음한 서면의 제출】① 재판장은 재판의 진행상황, 그 밖의 사정을 고려하여 피해자등에게 제134조의10 제1항의 의견진술에 갈음하여 의견을 기재한 서면을 제출하게 할 수 있다. 〈서면〉
제134조의12【의견진술·의견진술에 갈음한 서면】제134조의10 제1항에 따른 진술과 제134조의11 제1항에 따른 서면은 범죄사실의 인정을 위한 증거로 할 수 없다.

---

32 피해자진술신청을 기각할 경우 그 판단기준

법원으로서는 동일한 범죄사실에 대하여 피해자 진술신청을 한 자가 수인인 경우에는 피고인과의 관계, 피해의 정도와 그 결과, 신청인들이 진술하려는 취지와 내용, 재판절차가 지연될 가능성 등 여러 사정을 고려하여 그 신청인들 중에서 가장 적합하다고 여겨지는 자의 신청만을 받아들이고 그 나머지 자의 신청은 이를 기각할 수 있다.(대법원 1996.11. 14. 96모94 전두환·노태우 재판 피해자진술신청 기각사건)

> 24 소방간부

33 공판과정에서 피해자가 제출한 탄원서를 유죄의 증거로 사용할 수 있는지의 여부(소극)

피해자는 제1심 및 원심에서의 재판 절차 진행 중 수회에 걸쳐 탄원서 등 피해자의 의견을 기재한 서류를 제출하였는바, 이러한 탄원서 등은 결국 피해자가 형사소송규칙 제134조의10 제1항에 규정된 의견진술에 갈음하여 제출한 서면에 해당하므로 범죄사실의 인정을 위한 증거로 할 수 없다. 그런데 원심은 피고인의 사실오인 내지 법리오해 주장에 관하여 판단하면서 피해자가 한 진술의 신빙성이 인정되는 사정의 하나로 피해자가 제출한 탄

---

[5] 구두, 즉 말로 하는 것이다.

원서의 일부 기재 내용을 적시하여 공소사실을 유죄로 판단하였다. 이는 피해자의 의견을 기재한 서면의 증거능력에 관한 법리를 오해하여 범죄사실의 인정을 위한 증거로 할 수 없는 탄원서를 유죄의 증거로 사용한 잘못이 있다 할 것이다.(대법원 2024. 3.12. 2023도11371 상해피해자 탄원서 사건) 형사소송규칙 제134조의11 제1항과 제134조의12가 적용되는 사건이다.

II 검증 및 감정

> **형사소송법(2025. 3.18. 법률 제20796호로 일부개정된 것)**
>
> 제139조【검증】법원은 사실을 발견함에 필요한 때에는 검증을 할 수 있다.
> 제169조【감정】법원은 학식경험 있는 자에게 감정을 명할 수 있다.
> 제177조【준용규정】감정에 관하여는 제12장(구인에 관한 규정은 제외한다)을 준용한다.
> 제179조【감정증인】특별한 지식에 의하여 알게 된 과거의 사실을 신문하는 경우에는 본장(제13장 감정)의 규정에 의하지 아니하고 전장(제12장 증인신문)의 규정에 의한다.
> ▶
> 제221조【제3자의 출석요구 등】② 검사 또는 사법경찰관은 수사에 필요한 때에는 감정·통역 또는 번역을 위촉할 수 있다.

01 법원의 검증 관련 판례

법원이 공판기일에 CCTV에 대한 검증을 행한 경우에는 그 **검증결과 즉 법원이 오관(五官)의 작용에 의하여 판단한 결과가 바로 증거가 되고, 그 검증의 결과를 기재한 검증조서가 서증으로서 증거가 되는 것은 아니다.**(대법원 2009.11.12. 2009도8949 송일국 사건) ▶ 17 변호사

02 감정 및 감정인의 의의

감정인은 특정한 분야에 특별한 학식과 경험을 가진 사람으로 그 학식과 경험에 의하여 알고 있거나 그 전문적 학식과 경험에 의하여 얻은 일정한 원리 또는 판단을 법원에 진술·보고한다.(대법원 2024.10.31. 2024모358 법의학자 증인출석 거부사건) [3] 판례 참고

03 경험한 과거의 사실을 진술할 지위에 있지 않은 감정인에 대하여 증인 또는 감정증인으로 소환한 경우 소환장을 송달받고 불출석한 감정인에 대하여 불출석에 대한 제재로 과태료를 부과할 수 있는지의 여부(소극)

감정에 관하여는 형사소송법의 증인에 관한 규정이 준용되나, 감정인이 소환에 응하지 않더라도 구인할 수는 없다(형사소송법 제177조). 감정인이라 하더라도 특별한 지식에 의하여 알게 된 과거의 사실에 관하여 진술하여야 하는 경우에는 증인의 지위에 해당하는 감정증인으로서 증인신문절차에 따라 신문하여야 하나(형사소송법 제179조), 감정인이 감정을 하여 감정서(형사소송법 제171조 제1항)를 제출한 경우에 그 기재된 의견에 관한 설명을 추가로 듣는 절차(형사소송법 제171조 제4항) 등은 감정인이 과거의 사실을 진술하는 지위에 있지 않은 이상 증인신문이 아니라 형사소송법 제1편 제13장의 감정에 관한 규정에 따라 소환하여 진행하는 감정인신문으로 하여야 한다. 따라서 **경험한 과거의 사실을 진술할 지위에 있지 않음이 명백한 감정인을 법원이 증인 또는 감정증인으로 소환한 경우 감정인이 소환장을 송달받고 출석하지 않았더라도 그 불출석에 대한 제재로서 형사소송법 제151조 제1항에 따른 과태료를 부과할 수는 없다.** 이러한 법리는 법원으로부터 감정의 명을 받아 형사소송법 제169조 내지 제177조에서 정한 선서 등 절차를 거쳐 감정을 행한 감정인에게 적용됨은 물론, 형사소송법 제221조 제2항에 따라 수사기관에 의하여 감정을 위촉받은 사람이 감정의 결과로 감정서를 제출한 경우 그에 관한 법정에

서의 진술이 그가 경험한 과거의 사실에 관한 것이 아니라 오로지 감정인으로서의 학식과 경험에 의하여 얻은 일정한 원리 또는 판단을 진술하는 것임이 명백한 때에도 마찬가지로, 이때에는 필요한 범위 내에서 형사소송법 제1편 제13장의 관련 절차를 거쳐 감정인신문으로 하여야 할 것이다. 따라서 형사소송법 제221조 제2항에 근거한 검사 또는 사법경찰관의 위촉에 응하여 감정을 수행한 사람이 공판절차에서 전문적 학식과 경험에 의하여 얻은 자신의 의견이나 판단을 진술하게 되는 것으로 명백히 볼 수 있는 경우 그러한 진술은 다른 감정인을 통해서도 이루어질 수 있는 성질의 것인바, 그럼에도 이와 다른 전제에서 그를 증인 또는 감정증인으로 소환하여 신문한다면, 사안의 실체 규명을 위해 대체가능성이 없는 증인에게 인정되는 구인 등 조치를 비롯한 법정 출석 의무를 감정인신문을 하여야 할 지위에 있는 자에게 부과하는 부당한 결과가 되어 관련 형사소송법의 취지에 부합하지 않는다.(대법원 2024.10.31. 2024모358 법의학자 증인출석 거부사건)
의과대학 소속 법의학자인 F는 경기남부경찰청으로부터 피해자에게 발생한 골절의 경위 등에 관한 감정을 위촉받고, 함께 제공받은 의료기록, 영상자료, 사진 등을 분석한 다음 피해자의 손상소견, 사망상황 분석, 아동학대의 가능성 등에 관한 전문가로서의 판단을 기재한 감정서를 회보하였다. 제1심은 'F가 증인으로 출석하라는 고지를 받고도 증인신문기일에 정당한 사유 없이 출석하지 않았다.'는 이유로 형사소송법 제151조 제1항에 따라 F에게 과태료 500만원을 부과하였다. 대법원은 F가 증인이나 감정증인의 지위에 있지 않다는 취지로 제1심 및 제2심 결정을 모두 파기하고 사건을 제2심으로 환송하였다.

제7절 | 공판절차의 특칙

I 간이공판절차

> **형사소송법**(2025. 3.18. 법률 제20796호로 일부개정된 것)
>
> 제286조【피고인의 모두진술】① 피고인은 검사의 모두진술이 끝난 뒤에 공소사실의 인정 여부를 진술하여야 한다. 다만, 피고인이 진술거부권을 행사하는 경우에는 그러하지 아니하다.
> 제286조의2【간이공판절차의 결정】피고인이 공판정에서 공소사실에 대하여 자백한 때에는 법원은 그 공소사실에 한하여 간이공판절차에 의하여 심판할 것을 결정할 수 있다.
> 제297조의2【간이공판절차에서의 증거조사】제286조의2의 결정이 있는 사건에 대하여는 제161조의2, 제290조 내지 제293조, 제297조의 규정을 적용하지 아니하며 법원이 상당하다고 인정하는 방법으로 증거조사를 할 수 있다. 〈증거조사의 간이화〉
> 제318조의3【간이공판절차에서의 증거능력에 관한 특례】제286조의2의 결정이 있는 사건의 증거에 관하여는 제310조의2, 제312조 내지 제314조 및 제316조의 규정에 의한 증거에 대하여 제318조 제1항의 동의가 있는 것으로 간주한다. 단 검사, 피고인 또는 변호인이 증거로 함에 이의가 있는 때에는 그러하지 아니하다. 〈전문증거에 대한 증거동의의 간주〉
> ▶
> 제364조【항소법원의 심판】③ 제1심법원에서 증거로 할 수 있었던 증거는 항소법원에서도 증거로 할 수 있다.

> **선생님의 TIP**
>
> 간이공판절차는 그다지 중요해 보이지 않는데 의외로 시험에 출제가 잘 되고 있다. 판례가 많지도 않고 어렵지도 않다.

01 간이공판절차의 요건인 '공소사실의 자백'의 의미 등

1. 간이공판절차 결정의 요건인 '공소사실의 자백'이라 함은 공소장 기재사실을 인정하고 나아가 위법성이나 책임조각사유가 되는 사실을 진술하지 아니하는 것으로 충분하고 명시적으로 유죄를 자인하는 진술이 있어야 하는 것은 아니다.(대법원 1987. 8.18. 87도1269 진술 중 부인하였던 점은 잘못이다 사건)

2. 피고인이 공소사실에 대하여 검사가 신문을 할 때에는 "공소사실을 모두 사실과 다름없다"고 진술하였으나 변호인이 신문을 할 때에는 범의나 공소사실을 부인하였다면 그 공소사실은 간이공판절차에 의하여 심판할 대상이 아니다.(대법원 1998. 2.27. 97도3421 조직원들의 소재를 밝혀라 사건)

▶ 25 소방간부, 24 국가7급, 22 경찰승진, 22 경간부, 22 국가7급, 21 변호사, 20 국가9급, 19 경찰승진, 19 국가7급, 18 경찰채용, 17 소방간부, 16 경찰채용, 15 국가7급

▶ 25 변호사, 25 국가9급, 24 국가7급, 23 국가7급, 23 소방간부, 22 경찰승진, 19 국가7급, 18 경찰채용

02 간이공판절차에 의하여 심판할 수 있는 경우

1. 피고인이 검사가 신문을 할 때에는 "공소사실은 모두 사실과 다름없다"고 진술하였고, 변호인이 신문을 할 때에는 공소사실을 시인하면서도 "그 폭행의 정도가 공소사실과 같이 무거운 것이 아니고 경미하나 잘못을 반성하고 있다"는 취지로 진술한 경우 [특수폭행죄] (대법원 1998. 2.27. 97도3421 조직원들의 소재를 밝혀라 사건)

2. 피고인이 검사의 "피고인은 甲으로부터 밀항자인 乙을 부산까지 인솔하여 달라는 부탁을 받고, 乙의 밀항을 용이하게 하여 이를 방조한 사실이 있는가요?"라는 물음에 대하여 **"甲은 피고인의 딸이어서 甲이 피고인에게 乙을 데리고 가서 丙에게 인도하여 주라고 하여 실행하였을 뿐입니다"**라고 답변한 경우 [밀항단속법위반] (대법원 1981.11.24. 81도2422 딸의 부탁으로 사건)

03 간이공판절차에 의하여 심판할 수 없는 경우

1. 피고인이 공소사실에 관한 검사의 질문에 "예"라고 대답을 하면서도 "실랑이를 하는 과정에서 일어난 사실로 일방적으로 때린 것은 아닙니다"라고 진술하였고 또 피고인의 변호인은 공소사실에 부합하는 A의 수사기관에서의 진술 및 상해진단서에 대해서는 "증거로 함에 동의하지 않는다"고 진술한 경우 [상습상해죄 등] (대법원 2006. 5.11. 2004도6176 7급 공무원 부부싸움 사건) 조금이라도 다투면 간이공판절차에 의한 심판은 허용되지 않는다. 아래 2. 판례도 마찬가지이다.

> 25 소방간부, 20 국가9급

2. 피고인이 검사의 신문에 대하여 "공소사실은 모두 사실과 다름없다"고 진술한 것으로 되어 있지만, 변호인의 반대신문에 대하여는 "사고를 낼 때에는 어떻게 술을 마신 채 운전하였는지 모르겠고, 경찰서에 가서도 왜 그 곳에 있는지조차 모를 지경이었으며, 새벽에 어렴풋이 사고를 낸 생각이 들었고 피고인으로서는 술에 너무 취해 무슨 행동을 하였는지조차 알 수 없다"는 취지로 진술한 경우 [특정범죄가중법위반(도주차량)] (대법원 2004. 7. 9. 2004도2116 그랜저 음주뺑소니 사건)

> 25 법원9급, 21 국가7급, 20 소방간부, 19 경찰승진, 18 경찰승진, 17 법원9급, 17 경찰승진, 16 경찰채용

04 간이공판절차에서의 증거조사 방법

피고인이 공판정에서 공소사실을 자백한 때에 법원이 취하는 심판의 간이공판절차에서의 증거조사는 **증거방법을 표시하고 증거조사내용을 '증거조사함'이라고 표시하는 방법으로** 하였다면 간이절차에서의 증거조사에서 법원이 인정채택한 상당한 증거방법이라고 인정할 수 있다.(대법원 1980. 4.22. 80도333 증거조사함 사건)

> 22 경찰승진, 21 국가7급, 20 국가9급

05 간이공판절차와 전문증거에 대한 증거동의 간주

피고인이 제1심법원에서 공소사실에 대하여 자백하여 제1심법원이 간이공판절차에 의하여 심판할 것을 결정하고, 이에 따라 제1심법원이 제1심판결 명시의 증거들을 증거로 함에 피고인 또는 변호인의 이의가 없어 형사소송법 제318조의3의 규정에 따라 증거능력이 있다고 보고 상당하다고 인정하는 방법으로 증거조사를 한 이상, 가사 항소심에 이르러 범행을 부인하였다고 하더라도 제1심법원에서 증거로 할 수 있었던 증거는 항소법원에서도 증거로 할 수 있는 것이므로 제1심법원에서 이미 증거능력이 있었던 증거는 항소심에서도 증거능력이 그대로 유지되어 심판의 기초가 될 수 있고 다시 증거조사를 할 필요가 없다.(대법원 2005. 3.11. 2004도8313 음비법위반피의자 항소심 공소사실 부인사건)

> 25 국가9급, 25 소방간부, 24 경찰승진, 23 국가7급, 22 경찰승진, 22 경간부, 22 법원9급, 21 경찰채용, 20 경간부, 20 소방간부, 19 변호사, 19 국가7급, 19 국가9급, 17 경찰승진, 16 법원9급

II 변론의 분리·병합·재개

> **형사소송법(2025. 3.18. 법률 제20796호로 일부개정된 것)**
> 제300조【변론의 분리와 병합】법원은 필요하다고 인정한 때에는 직권 또는 검사, 피고인이나 변호인의 신청에 의하여 결정으로 변론을 분리하거나 병합할 수 있다.
> 제305조【변론의 재개】법원은 필요하다고 인정한 때에는 직권 또는 검사, 피고인이나 변호인의 신청에 의하여 결정으로 종결한 변론을 재개할 수 있다.

선생님의 TIP
원칙적으로 재량이라고 보면 되지만, 최근 주목할 만한 [3] 판례가 나왔다.

01 변론의 병합심리가 법원의 재량에 속하는지의 여부(적극)

1. 변론병합의 신청이 있는 경우에 **변론을 병합하느냐의 여부는 법원의 재량에 속한다.**(대법원 1987. 6.23. 87도706 김문수 경기지사 서노련 사건)
2. 동일한 피고인에 대하여 각각 별도로 2개 이상의 사건이 공소제기되었을 경우 **반드시 병합심리하여 동시에 판결을 선고하여야만 되는 것은 아니다.**(대법원 2005.12. 8. 2004도5529 LP파워 사건) ▶ 23 국가7급
3. 검사가 다수인의 집합에 의하여 구성되는 집합범이나 2인 이상이 공동하여 죄를 범한 공범의 관계에 있는 피고인들에 대하여 여러 개의 사건으로 나누어 공소를 제기한 경우에 법원이 변론을 병합하지 아니하였다고 하여 형사소송절차에서의 구두변론주의와 직접심리주의에 위반한 것이라고 볼 수 없다.(대법원 1990. 6.22. 90도764 동의대 참사 사건) ▶ 24 법원9급, 23 국가7급

02 변론의 재개가 법원의 재량에 속하는지의 여부(적극)

1. 법원이 적법하게 공판의 심리를 종결한 뒤에 피고인이 증인신청을 하였다 하여 **반드시 공판의 심리를 재개하여 증인신문을 하여야 하는 것은 아니다.**(대법원 2011. 1.27. 2010도7947 이광재 강원지사 사건) ▶ 20 국가9급, 19 국가7급, 19 국가9급
2. **종결한 변론을 재개하느냐의 여부는 법원의 재량에 속하는 사항**으로서 항소심이 변론종결 후 선임된 변호인의 변론재개신청을 들어주지 아니하였다 하여 심리미진의 위법이 있는 것은 아니다.(대법원 1986. 6.10. 86도769 강도사건 변론재개x 사건) ▶ 24 변호사, 22 법원9급
3. 변론종결 후 변론재개신청이 있는 경우에도 종결한 변론을 재개하느냐의 여부는 법원의 재량에 속하므로 검사나 피고인에게 주장 및 입증을 위한 충분한 기회를 부여하였다가 변론을 종결한 이상 다른 특별한 사정이 없는 한 그 후에 이루어진 변론재개신청을 법원이 받아들이지 아니하였다고 하여 이를 위법하다고 할 수는 없다.(대법원 2014. 4.24. 2014도1414 충분한 변론기회 사건) ▶ 24 법원9급, 19 경찰채용

03 변론종결 후 피고인에게 불리한 새로운 양형조건에 관한 자료가 제출된 경우 법원이 취해야 할 조치

> 25 변호사, 23 경찰승진

사실심 변론종결 후 검사나 피해자 등에 의해 피고인에게 불리한 새로운 양형조건에 관한 자료가 법원에 제출되었다면 사실심 법원으로서는 변론을 재개하여 그 양형자료에 대하여 피고인에게 의견진술 기회를 주는 등 필요한 양형심리절차를 거침으로써 **피고인의 방어권을 실질적으로 보장해야 한다.**(대법원 2021. 9.30. 2021도5777 강간치상 피해자 사망사건) 피고인은 청소년성보호법위반(강간등치상)죄로 제1심에서 징역 4년을 선고받았다. 항소심은 '변론종결 후 제출된 피해자의 사망진단서를 근거로' 피해자가 피고인의 범행으로 인한 고통 때문에 자살하였다고 단정한 뒤 변론을 재개하여 새로운 양형조건에 관하여 추가로 심리하지 않은 채 이를 가중적 양형조건의 중대한 변경 사유로 보아 제1심판결을 파기하고 징역 9년을 선고하였다. 대법원은 원심의 조치에 변론종결 후 피고인에게 불리한 양형자료가 제출된 경우 사실심법원이 취해야 할 양형심리절차에 관한 법리를 오해한 잘못이 있다고 하여 원심판결을 파기환송하였다.

제 8 절 | 국민참여재판

국민의 형사재판 참여에 관한 법률(2017. 7.26. 법률 제14839호로 일부개정된 것)

제5조【대상사건】① 다음 각 호에 정하는 사건을 국민참여재판의 대상사건(이하 "대상사건"이라 한다)으로 한다.
1. 법원조직법 제32조 제1항(제2호 및 제5호는 제외한다)에 따른 합의부 관할 사건[1]
2. 제1호에 해당하는 사건의 미수죄·교사죄·방조죄·예비죄·음모죄에 해당하는 사건
3. 제1호 또는 제2호에 해당하는 사건과 형사소송법 제11조에 따른 관련 사건으로서 병합하여 심리하는 사건

② 피고인이 국민참여재판을 원하지 아니하거나 제9조 제1항에 따른 배제결정이 있는 경우는 국민참여재판을 하지 아니한다.

선생님의 TIP

국민참여재판에 관한 문제가 시험당 1개 정도 출제되는 것이 과거의 약간의 불문율이었지만, 최근에는 반드시 그렇지는 않다. 그러나 언제든지 출제해도 이상하지 않기 때문에 조문과 판례를 잘 알고 있어야 한다. 버리면 안 된다.

<이미지 출처 - 법률신문(https://www.lawtimes.co.kr/news/103493)>

---

[1] 앞에서도 말했지만 2023년 접수된 형사사건 총 236,981건 중 단독판사 관할사건이 215,484건으로 약 91%를 차지하고 있다(『2024년 사법연감』 참고). 따라서 약 9% 정도의 사건만 국민참여재판의 대상이 된다. 다만 단독판사 사건이라도 국민참여재판의 대상에서 완전히 배제되는 것은 아니다.(국민참여재판규칙 제3조의2 참고)

01 국민참여재판을 권리가 헌법상 기본권인지의 여부(소극)

1. 헌법상 헌법과 법률이 정한 법관에 의한 재판을 받을 권리는 직업법관에 의한 재판을 주된 내용으로 하는 것이므로 **국민참여재판을 받을 권리가 헌법 제27조 제1항에서 규정한 재판을 받을 권리의 보호범위에 속한다고 볼 수 없다.**(대법원 2019. 1. 18. 2018모3457 재심피고인 국참재 신청사건) 헌법은 국민참여재판에 관하여 아무런 규정을 두고 있지 않다. 국민참여재판을 받을 수 있는 피고인이나 사건의 범위는 입법정책의 문제에 속한다.

2. **국민참여재판을 받을 권리는 헌법상 기본권으로서 보호될 수는 없지만, 국민참여재판법에서 정하는 대상 사건에 해당하는 한 피고인은 원칙적으로 국민참여재판으로 재판을 받을 법률상 권리를 가진다고 할 것이고, 이러한 형사소송절차상의 권리를 배제함에 있어서는 헌법에서 정한 적법절차의 원칙을 따라야 한다.**(헌법재판소 2014. 1. 28. 2012헌바298 국민참여재판법 제9조 제1항 제4호 위헌소원 사건)

> 24 경찰승진, 20 경간부,
> 19 경찰승진, 16 변호사,
> 16 국가9급, 16 경찰승진,
> 15 국가7급

> 18 국가7급

국민의 형사재판 참여에 관한 법률(2017. 7. 26. 법률 제14839호로 일부개정된 것)

제8조【피고인 의사의 확인】 ① 법원은 대상사건의 피고인에 대하여 국민참여재판을 원하는지 여부에 관한 의사를 서면 등의 방법으로 반드시 확인하여야 한다. 이 경우 피고인 의사의 구체적인 확인 방법은 대법원규칙으로 정하되, 피고인의 국민참여재판을 받을 권리가 최대한 보장되도록 하여야 한다.
② 피고인은 공소장 부본을 송달받은 날부터 7일 이내에 국민참여재판을 원하는지 여부에 관한 의사가 기재된 서면을 제출하여야 한다. 이 경우 피고인이 서면을 우편으로 발송한 때, 교도소 또는 구치소에 있는 피고인이 서면을 교도소장·구치소장 또는 그 직무를 대리하는 자에게 제출한 때에 법원에 제출한 것으로 본다.
③ 피고인이 제2항의 서면을 제출하지 아니한 때에는 국민참여재판을 원하지 아니하는 것으로 본다.
④ 피고인은 제9조 제1항의 배제결정 또는 제10조 제1항의 회부결정이 있거나 공판준비기일이 종결되거나 제1회 공판기일이 열린 이후에는 종전의 의사를 바꿀 수 없다.

제9조【배제결정】 ① 법원은 공소제기 후부터 공판준비기일이 종결된 다음날까지 다음 각 호의 어느 하나에 해당하는 경우 국민참여재판을 하지 아니하기로 하는 결정을 할 수 있다.
1. 배심원·예비배심원·배심원후보자 또는 그 친족의 생명·신체·재산에 대한 침해 또는 침해의 우려가 있어서 출석의 어려움이 있거나 이 법에 따른 직무를 공정하게 수행하지 못할 염려가 있다고 인정되는 경우
2. 공범 관계에 있는 피고인들 중 일부가 국민참여재판을 원하지 아니하여 국민참여재판의 진행에 어려움이 있다고 인정되는 경우
3. 「성폭력범죄의 처벌 등에 관한 특례법」 제2조의 범죄로 인한 피해자 또는 법정대리인이 국민참여재판을 원하지 아니하는 경우
4. 그 밖에 국민참여재판으로 진행하는 것이 적절하지 아니하다고 인정되는 경우
② 법원은 제1항의 결정을 하기 전에 검사·피고인 또는 변호인의 의견을 들어야 한다.
③ 제1항의 결정에 대하여는 즉시항고를 할 수 있다.

---

02 의사확인서를 제출하지 않은 피고인이 제1회 공판기일이 열리기 전까지 국민참여재판을 신청할 수 있는지의 여부(적극)

공소장부본을 송달받은 날부터 7일 이내에 의사확인서를 제출하지 아니한 피고인도 제1회 공판기일이 열리기 전까지는 국민참여재판 신청을 할 수 있고 법원은 그 의사를 확인하여 국민참여재판으로 진행할 수 있다.(대법원 2009. 10. 23. 2009모1032 유흥주점 종업원 강도상해 사건) 무슨 법리나 사례를 떠나 무조건 암기하여야 한다.

> 24 경찰승진, 24 국가7급,
> 23 법원9급, 22 국가7급,
> 20 변호사, 20 법원9급,
> 19 경찰승진, 19 국가9급,
> 18 경간부, 17 경찰채용,
> 16 법원9급, 16 국가9급,
> 15 경간부

03 국민참여재판으로 진행하기로 하는 제1심 법원의 결정에 대하여 항고할 수 있는지의 여부(소극)

국민참여재판법에 의하면 제1심 법원이 국민참여재판 대상사건을 피고인의 의사에 따라 국민참여재판으로 진행함에 있어 별도의 국민참여재판 개시결정을 할 필요는 없고, 그에 관한 이의가 있어 제1심 법원이 국민참여재판으로 진행하기로 하는 결정에 이른 경우 이는 판결전의 소송절차에 관한 결정에 해당하며 그에 대하여 특별히 즉시항고를 허용하는 규정이 없으므로 위 결정에 대하여는 항고할 수 없다.(대법원 2009.10.23. 2009모1032 유흥주점 종업원 강도상해 사건) 역시 무조건 암기하여야 한다.

> 25 경찰승진, 25 법원9급, 24 국가9급, 21 경간부, 21 국가9급, 20 경간부, 20 국가9급, 20 소방간부, 19 경찰승진, 19 국가9급, 19 소방간부, 18 변호사, 17 국가9급, 17 소방간부, 16 변호사

04 피고인의 국민참여재판을 받을 권리를 침해한 경우 그 공판절차에서 이루어진 소송행위의 효력(무효)

1. 국민참여재판 대상사건에 관하여 제1심 법원이 피고인이 국민참여재판을 원하는지에 관한 의사의 확인절차를 거치지 아니한 채 통상의 공판절차로 재판을 진행하였다면 이는 피고인의 국민참여재판을 받을 권리에 대한 중대한 침해로서 그 절차는 위법하고 이러한 위법한 공판절차에서 이루어진 소송행위도 무효라고 보아야 한다.(대법원 2013. 1.31. 2012도13896 중국집배달원 내연녀 추행사건) 국민참여재판법 제8조 제1항을 위반한 경우이다.

> 24 국가9급, 22 국가7급, 21 소방간부, 20 법원9급, 16 법원9급, 15 국가9급

2. 피고인이 법원에 국민참여재판을 신청하였음에도 불구하고 법원이 이에 대한 배제결정도 하지 않은 채 통상의 공판절차로 재판을 진행하는 것은 피고인의 국민참여재판을 받을 권리 및 법원의 배제결정에 대한 항고권 등의 중대한 절차적 권리를 침해한 것으로서 위법하다 할 것이고, 이와 같이 위법한 공판절차에서 이루어진 소송행위는 무효라고 보아야 한다.(대법원 2011. 9. 8. 2011도7106 김천 다방아가씨 강간사건) 국민참여재판법 제9조 제1항을 위반한 경우이다.

> 23 법원9급, 22 국가9급, 19 경찰채용, 19 소방간부, 18 변호사, 18 경찰승진, 18 경간부, 16 변호사

05 피고인에게 국민참여재판 신청의 기회를 제공하지 않은 하자가 치유되기 위한 요건

피고인이 항소심에서 국민참여재판을 원하지 아니한다고 하면서 (국민참여재판의 대상사건임을 간과하여 피고인의 의사를 확인하지 아니한 채 통상의 공판절차로 재판을 진행한) 제1심의 절차적 위법을 문제삼지 아니할 의사를 명백히 표시하는 경우에는 그 하자가 치유되어 제1심 공판절차는 전체로서 적법하게 된다고 봄이 상당하지만, 제1심 공판절차의 하자가 치유된다고 보기 위해서는 피고인에게 국민참여재판절차 등에 관한 충분한 안내가 이루어지고 그 희망 여부에 관하여 숙고할 수 있는 상당한 시간이 사전에 부여되어야 한다.(대법원 2013. 1.31. 2012도13896 중국집배달원 내연녀 추행사건) [6] 판례 참고

> 24 국가9급, 22 변호사, 22 경간부, 22 국가9급, 21 국가9급, 20 변호사, 20 국가7급, 20 법원9급, 19 경찰채용, 18 경간부, 17 경찰채용, 16 법원9급, 16 국가7급, 15 경간부

06 피고인에게 국민참여재판 신청의 기회를 제공하지 않은 하자가 치유되는 경우와 치유되지 않는 경우

1. 제1심이 강제추행치상 사건의 피고인에게 국민참여재판을 원하는지 확인하지 아니한 채 통상의 공판절차에 따라 재판을 진행하여 유죄를 인정하였는데, 항소심이 제7회 공판기일에 국민참여재판으로 재판받기를 원하는지 물어보고 그에 관한 안내서를 교부한 후 선고기

> 24 소방간부

일을 연기한 다음 피고인이 답변서와 국민참여재판 의사 확인서를 제출하면서 '국민참여재판으로 진행하기를 원하지 않는다'는 의사를 밝히자 제8회 공판기일에 제1심판결을 파기하고 무죄를 선고한 경우 제1심의 공판절차상 하자는 치유되었다고 할 것이다.(대법원 2012. 6.14. 2011도15484 대구 내연녀 갈취·감금·추행사건)

▶

2. 제1심이 성폭력처벌법위반사건의 피고인에게 국민참여재판을 원하는지 확인하지 아니한 채 통상의 공판절차에 따라 재판을 진행하여 유죄판결을 선고하였는데, 항소심이 피고인에게 국민참여재판절차 등에 관한 충분한 안내를 하고 그 희망 여부에 관하여 숙고할 수 있는 상당한 시간을 부여하지 않은 채 그대로 재판을 진행하여 유죄판결을 선고한 것은 위법하다.(대법원 2013. 1.31. 2012도13896 중국집배달원 내연녀 추행사건) [7] 판례 참고 ▶ 20 변호사

3. 국민참여재판 대상사건임에도 제1심법원이 피고인에게 국민참여재판 신청 여부에 관한 의사를 묻지 아니한 채 통상의 공판절차에 따라 재판을 진행하였고 항소심 제1회 공판기일에 피고인과 변호인이 이에 대하여 이의가 없다고 진술한 바 있으나 그 진술에 앞서 국민참여재판절차 등에 관한 충분한 안내와 그 희망 여부에 관하여 숙고할 수 있는 상당한 시간이 부여되지 않았다면 제1심 공판절차의 위법이 치유된 것으로 볼 수 없다.(대법원 2012. 4.26. 2012도1225 대전 대덕구 강도사건)

07 피고인에게 국민참여재판 신청의 기회를 제공하지 않은 제1심 재판의 하자가 치유되지 않는 경우 항소심이 취해야 할 조치

항소심은 제1심법원이 피고인에 대하여 국민참여재판을 원하는지에 관한 의사를 확인하였는지 여부를 먼저 심리한 다음, 만약 제1심법원이 이를 확인하지 않았다면 피고인에게 국민참여재판절차 등에 관한 충분한 안내를 하고 그 희망 여부에 관하여 숙고할 수 있는 상당한 시간을 부여한 후 그럼에도 피고인이 국민참여재판을 원하지 않으면서 제1심의 절차적 위법을 문제삼지 아니할 의사를 명백히 표시하는 등 제1심의 공판절차상 하자가 치유되었다고 볼 수 있는 사정이 있는지를 판단하여 결국 그 하자가 치유되지 않는 경우에 해당하면 제1심 공판절차에서 이루어진 소송행위를 무효라고 보아 직권으로 제1심판결을 파기하고 사건을 제1심법원으로 환송하여야 한다.(대법원 2013. 1.31. 2012도13896 중국집배달원 내연녀 추행사건) 항소심은 파기자판을 원칙으로 하지만, 이 판례는 "항소심은 파기환송을 하여야 한다."라고 판시하고 있다. 그 이유는 국민참여재판은 제1심에서만 허용되기 때문이다. ▶ 24 국가7급

08 국민참여재판 배제결정 관련 판례

(1) 피고인이 국민참여재판을 원하는 사건에서 "성폭력범죄의 피해자 또는 법정대리인이 국민참여재판을 원하지 아니하는 경우 법원은 국민참여재판을 하지 아니하기로 하는 결정을 할 수 있다."는 국민참여재판법 제9조 제1항 제3호를 근거로 배제결정을 하기 위해서는 여러 사정을 고려하여 신중하게 판단하여야 할 것이고, 성폭력범죄의 피해자나 법정대리인이 국민참여재판을 원하지 아니한다는 이유만으로 배제결정을 하는 것은 바람직하다고 할 ▶ 17 경간부

수 없다. (2) 피해자의 법정대리인은 국민참여재판을 원하지 아니한다는 의사를 명백하게 밝히고 있는 점, 피해자는 14세의 지적장애인인 점, 심리과정에서 피해자의 인격이나 명예손상, 사생활에 관한 비밀의 침해, 성적 수치심, 공포감 유발 등 추가적인 피해가 발생할 우려가 있는 점 등에 비추어 국민참여재판 배제결정을 한 제1심 결정을 그대로 유지한 원심의 결정은 정당하다.(대법원 2016. 3.16. 2015모2898 장애인 부모 국참재 거부사건)

> **국민의 형사재판 참여에 관한 법률(2017. 7.26. 법률 제14839호로 일부개정된 것)**
>
> 제42조【선서 등】① 배심원과 예비배심원은 법률에 따라 공정하게 그 직무를 수행할 것을 다짐하는 취지의 선서를 하여야 한다.
> ② 재판장은 배심원과 예비배심원에 대하여 배심원과 예비배심원의 권한·의무·재판절차, 그 밖에 직무수행을 원활히 하는 데 필요한 사항을 <u>설명하여야 한다</u>. 〈최초 설명의무〉
> 제46조【재판장의 설명·평의·평결·토의 등】① 재판장은 변론이 종결된 후 법정에서 배심원에게 공소사실의 요지와 적용법조, 피고인과 변호인 주장의 요지, 증거능력, 그 밖에 유의할 사항에 관하여 <u>설명하여야 한다</u>. 이 경우 필요한 때에는 증거의 요지에 관하여 설명할 수 있다. 〈최후 설명의무〉
> ② 심리에 관여한 배심원은 제1항의 설명을 들은 후 유·무죄에 관하여 평의하고, 전원의 의견이 일치하면 그에 따라 평결한다. 다만, 배심원 과반수의 요청이 있으면 심리에 관여한 판사의 의견을 들을 수 있다.
> ③ 배심원은 유·무죄에 관하여 전원의 의견이 일치하지 아니하는 때에는 평결을 하기 전에 심리에 관여한 판사의 의견을 들어야 한다. 이 경우 유·무죄의 평결은 다수결의 방법으로 한다. 심리에 관여한 판사는 평의에 참석하여 의견을 진술한 경우에도 평결에는 참여할 수 없다.
> ④ 제2항 및 제3항의 평결이 유죄인 경우 배심원은 심리에 관여한 판사와 함께 양형에 관하여 토의하고 그에 관한 의견을 개진한다. 재판장은 양형에 관한 토의 전에 처벌의 범위와 양형의 조건 등을 설명하여야 한다.
> ⑤ 제2항부터 제4항까지의 평결과 의견은 <u>법원을 기속하지 아니한다</u>.

09 재판장이 배심원과 예비배심원에게 <u>최초 설명의무</u> 대상에 검사가 아직 공소장에 의하여 낭독하지 아니한 공소사실 등이 포함되는지의 여부(원칙적 소극)

> 19 경찰승진, 16 국가9급, 15 경찰채용

국민참여재판법 제42조 제2항은 재판장의 공판기일에서의 최초 설명의무를 규정하고 있는데, 이러한 재판장의 최초 설명은 재판절차에 익숙하지 아니한 배심원과 예비배심원을 배려하는 차원에서 국민참여재판규칙 제35조 제1항에 따라 피고인에게 진술거부권을 고지하기 전에 이루어지는 것으로 원칙적으로 설명의 대상에 검사가 아직 공소장에 의하여 낭독하지 아니한 공소사실 등이 포함된다고 볼 수 없다.(대법원 2014. 11. 13. 2014도8377 미흡했던 설명 사건)

10 재판장이 <u>최종 설명의무</u>가 있는 사항을 배심원에게 설명하지 않는 것이 위법한 조치인지의 여부 등

국민참여재판법 제46조 제1항과 국참규칙 제37조 제1항에 규정된 재판장의 최종 설명은 배심원이 올바른 평결에 이를 수 있도록 지도하고 조력하는 기능을 담당하는 것으로서 배심원의 평결에 미치는 영향이 크므로 재판장이 이에 따라 설명의무가 있는 사항을 설명하지 않는 것은 원칙적으로 위법한 조치이다. 다만, 재판장의 최종 설명이 미흡하다고

하더라도 평의 과정에서 재판장이 배심원들에게 의견을 제시하면서 최종 설명을 보완하거나 보충할 수 있는 점 등을 종합하여 보면, 재판장이 최종 설명 때 공소사실에 관한 설명을 일부 빠뜨렸거나 미흡하게 한 잘못이 있다고 하더라도 이를 두고 그 전까지 절차상 아무런 하자가 없던 소송행위 전부를 무효로 할 정도로 판결에 영향을 미친 위법이라고 쉽게 단정할 것은 아니다.(대법원 2014. 11. 13. 2014도8377 미흡했던 설명 사건)

11 국민참여재판에서 배심원의 평결의 효력

국민참여재판의 형식으로 진행된 형사공판절차에서 배심원이 한 평결과 의견은 증거의 취사와 사실의 인정에 관한 전권을 가지는 사실심 법관의 판단을 돕기 위한 권고적 효력을 가지는 것으로서 법원을 기속하지는 아니한다.(대법원 2013. 4. 26. 2013도1222 술집 상해치사사건) 국민참여재판법 제46조 제5항과 관련된다.

12 국민참여재판에서 배심원이 만장일치의 의견으로 내린 무죄의 평결이 재판부의 심증에 부합하여 그대로 채택된 경우 증거의 취사 및 사실의 인정에 관한 제1심의 판단을 항소심에서 뒤집을 수 있는지의 여부(원칙적 소극)

배심원이 증인신문 등 사실심리의 전 과정에 함께 참여한 후 증인이 한 진술의 신빙성 등 증거의 취사와 사실의 인정에 관하여 만장일치의 의견으로 내린 무죄의 평결이 재판부의 심증에 부합하여 그대로 채택된 경우라면 이러한 절차를 거쳐 이루어진 증거의 취사 및 사실의 인정에 관한 제1심의 판단은 실질적 직접심리주의 및 공판중심주의의 취지와 정신에 비추어 항소심에서의 새로운 증거조사를 통해 그에 명백히 반대되는 충분하고도 납득할 만한 현저한 사정이 나타나지 않는 한 한층 더 존중될 필요가 있다.(대법원 2010. 3. 25. 2009도14065 원조교제 빌미 금목걸이 강취사건) [13] 판례 참고

▶ 24 소방간부, 19 경간부, 15 경간부

13 국민참여재판으로 진행된 제1심에서 배심원 전원일치 무죄평결이 채택되어 무죄가 선고된 경우 항소심에서의 추가적이거나 새로운 증거조사의 범위

배심원이 참여하는 형사재판 즉 국민참여재판을 거쳐 제1심 법원이 배심원의 만장일치 무죄평결을 받아들여 피고인에 대하여 무죄판결을 선고한 경우 국민참여재판을 도입한 입법 취지, 실질적 직접심리주의의 의미와 정신 등에 비추어 '증거의 취사 및 사실의 인정'에 관한 제1심 법원의 판단은 한층 더 존중될 필요가 있고 그런 면에서 제1심 법원의 무죄판결에 대한 항소심에서의 추가적이거나 새로운 증거조사는 형사소송법과 형사소송규칙 등에서 정한 바에 따라 신중하게 이루어져야 한다.(대법원 2024. 7. 25. 2020도7802 트럭사기범 국민참여재판 사건)

> 2020도7802 판결의 논거
> 1. 사법의 민주적 정당성과 신뢰를 높이기 위해 도입된 국민참여재판의 형식으로 진행된 형사공판절차에서 엄격한 선정절차를 거쳐 양식 있는 시민으로 구성된 배심원이 사실의 인정에 관하여 재판부에 제시하는 집단적 의견은 실질적 직접심리주의 및 공판중심주의 아래에서 증거의 취사와 사실의 인정에 관한 전권을 가지는 사실심 법관의 판단을 돕기 위한 권고적

효력을 가지는 것인바, 배심원이 증인신문 등 사실심리의 전 과정에 함께 참여한 후 증인이 한 진술의 신빙성 등 증거의 취사와 사실의 인정에 관하여 만장일치의 의견으로 내린 무죄의 평결이 재판부의 심증에 부합하여 그대로 채택된 경우라면, 이러한 절차를 거쳐 이루어진 증거의 취사 및 사실의 인정에 관한 제1심의 판단은 우리 형사소송법이 채택하고 있는 실질적 직접심리주의 및 공판중심주의의 취지와 정신에 비추어 항소심에서의 새로운 증거조사를 통해 그에 명백히 반대되는 충분하고도 납득할 만한 현저한 사정이 나타나지 않는 한 함부로 뒤집어서는 안 될 것이고 한층 더 존중될 필요가 있다. 제1심 법정에서 집중적으로 이루어진 '당사자의 주장과 증거조사'를 직접 보고 들으면서 심증을 갖게 된 배심원들이 서로의 관점과 의견을 나누며 숙의한 결과 '피고인은 무죄'라는 일치된 평결에 이르렀다면 이는 피고인에 대한 유죄 선고를 주저하게 하는 합리적 의심이 일반적으로 존재한다는 점이 분명하게 확인된 경우로 볼 수 있기 때문이다. 따라서 이러한 대법원 법리의 취지와 정신은, 배심원의 만장일치 무죄평결을 채택한 제1심 법원의 판결에 대하여 검사가 항소하여 진행되는 항소심에서 제2심 법원이 추가적이거나 새로운 증거조사를 실시할지 여부 등을 판단함에 있어서도 충분하게 고려되어야 한다.

2. 형사소송법이 채택하고 있는 실질적 직접심리주의의 취지, 형사재판 항소심 심급 구조의 특성, 증거조사절차에 관한 형사소송법령의 내용 등을 종합하여 보면 항소심에서의 증거신청 및 증거조사는 제1심에서보다 제한된다.

가. 형사소송법은 ① 공판준비절차제도를 도입하여 증거조사와 관련해서는 입증취지와 내용을 명확히 한 증거신청을 하게 하고, 증거신청에 관한 상대방의 의견을 듣고 증거 채택 여부를 결정한 다음 증거조사의 순서 및 방법을 공판준비절차에서 미리 정할 수 있게 하였고(제266조의5 내지 제266조의9), ② 공판준비기일 종결의 효과로서 공판준비기일에서 신청하지 못한 증거는 '중대한 과실 없이 공판준비기일에 제출하지 못하는 등 부득이한 사유를 소명할 때' 등에 한하여 공판기일에 신청할 수 있다고 규정하였다(제266조의13 제1항). 한편 형사소송규칙도 ③ 검사·피고인 또는 변호인은 특별한 사정이 없는 한 필요한 증거를 일괄하여 신청하여야 한다고 정하고 있다(제132조). 위와 같은 규정들을 통하여 형사소송법령은, 형사소송절차를 주재하는 법원으로 하여금 형사소송절차의 진행과 심리 과정에서 법정을 중심으로, 특히 당사자의 주장과 증거조사가 집중적으로 이루어지는 원칙적인 절차인 제1심의 법정에서 실질적 직접심리주의의 정신을 충분하고도 완벽하게 구현할 것을 상정하고 있다. 이와 관련하여 「국민의 형사재판 참여에 관한 법률」 제36조 제1항은 국민참여재판의 경우 공판준비절차를 반드시 거치도록 규정하고 있는데, 이는 배심원이 참여하는 재판의 특성상 실질적 직접심리주의의 정신을 보다 완벽하게 구현하기 위해서는 제1심 법원의 심리가 집중되어야 할 필요성이나 당위성이 매우 큰 점을 고려한 입법으로 볼 수 있다.

나. 제1심 법원에서 증거로 할 수 있었던 증거는 항소법원에서도 증거로 할 수 있다(형사소송법 제364조 제3항). 즉 제1심 법원에서 증거능력이 있었던 증거는 항소심에서도 증거능력이 그대로 유지되어 재판의 기초가 될 수 있고 다시 증거조사를 할 필요가 없으며, 항소심 재판장이 증거조사절차에 들어가기에 앞서 제1심의 증거관계와 증거조사결과의 요지를 고지하면 된다(형사소송규칙 제156조의5 제1항). 한편 형사소송규칙 제156조의5 제2항에 의하면 항소심의 증거조사 중 증인신문의 경우 항소심 법원은 '제1심에서 조사되지 아니한 데에 대하여 고의나 중대한 과실이 없고, 그 신청으로 인하여 소송을 현저하게 지연시키지 아니하는 경우 (제1호)', '제1심 에서 증인으로 신문하였으나 새로운 중요한 증거의 발견 등으로 항소심에서 다시 신문하는 것이 부득이하다고 인정되는 경우 (제2호)', '그 밖에 항소의 당부에 관한 판단을 위하여 반드시 필요하다고 인정되는 경우 (제3호)'에 한하여 증인

을 신문할 수 있다. 위 규정은 형사재판의 사실인정에 있어서 제1심 법원과 항소심 법원의 역할 및 관계 등에 관한 입법 취지 등에 비추어 항소심에서의 증거조사는 필요 최소한에 그쳐야 한다는 점을 반영한 것이다. 이를 고려하면 형사소송규칙 제156조의5 제2항 제3호는 비록 포괄적 사유이기는 하지만 항소심 법원에 증인신문에 관한 폭넓은 재량을 부여한 것으로 볼 것이 아니라 제1, 2호가 규정한 사유에 준하는 '예외적 사유'로 보아야 한다. 따라서 실체적 진실발견이라는 형사소송의 이념에 비추어 항소심에서의 추가적인 증거조사가 필요한 경우가 있음을 긍정하더라도 피해자가 범죄의 성격과 다양한 사정에서 비롯된 심리적 부담 등으로 인하여 제1심 법원에 증인으로 출석하지 못하거나 제대로 증언할 수 없었던 경우 등과 같은 특별한 사정이 없는 이상 항소심 법원으로서는 형사소송규칙 제156조의5 제2항의 규정 취지와 내용에 유념하여야 한다.

3. <u>요컨대</u> 국민참여재판제도를 도입한 배경과 취지, 실질적 직접심리주의의 의미와 정신, 형사재판 항소심 심급구조의 특성, 증거조사절차에 관한 형사소송법령의 내용 등에 비추어 볼 때, <u>공판준비기일을 필수적으로 거친 다음 국민참여재판으로 진행한 제1심 법원에서 배심원이 만장일치의 의견으로 내린 무죄의 평결이 재판부의 심증에 부합하여 그대로 채택된 경우라면 그 무죄판결에 대한 항소심에서의 추가적이거나 새로운 증거조사는 형사소송법과 형사소송규칙 등에서 정한 바에 따라 증거조사의 필요성이 분명하게 인정되는 예외인 경우에 한정하여 실시하는 것이 바람직하다.</u> 그럼에도 항소심이 위에서 언급한 점들에 관한 충분한 고려 없이 증거신청을 채택하여 증거조사를 실시한 다음 가령 제1심 법원에서 이미 고려하였던 사정, 같거나 유사한 취지로 반복된 진술, 유·무죄 판단에 관건적이라고 보기 어려운 부수적·지엽적 사정들에 주목하여 의미를 크게 둔 나머지 제1심 법원의 판단을 쉽게 뒤집는다면 그로써 증거의 취사 및 사실의 인정에 관한 배심원의 만장일치 의견의 무게를 존중하지 않은 채 앞서 제시한 법리에 반하는 결과가 될 수 있으므로 이를 경계할 필요가 있다.

CHAPTER 02 | 증거

제1절 | 증명의 기본원칙

I 증거재판주의

> **형사소송법(2025. 3.18. 법률 제20796호로 일부개정된 것)**
>
> 제307조【증거재판주의】① 사실의 인정은 증거에 의하여야 한다. ← "범죄사실 기타 주요사실의 인정은 증거능력이 있고 적법한 증거조사를 거친 증거에 의하여야 한다."라는 규범적인 의미이다(엄격한 증명).
> ② 범죄사실의 인정은 합리적인 의심이 없는 정도의 증명에 이르러야 한다.

선생님의 TIP

1. **증거법에서 가장 중요한 것은 증거능력과 증명력의 구별이다.** 이것이 증거능력에 관한 판례인지, 증명력에 관한 판례인지 항상 신경쓰기 바란다. 증거능력과 증명력의 구별은 생각보다 매우 힘들다[1].
2. (1) 증거능력이란 엄격한 증명의 자료로 사용될 수 있는 법률상의 자격을 말하는데, 이와 관련된 증거법칙에는 증거재판주의, 자백배제법칙, 위법수집증거배제법칙, 전문법칙, 증거동의 그리고 통신비밀보호법 등이 있다. (2) 증명력이란 증거가 가지는 실질적인 가치를 말하는데, 이와 관련된 증거법칙에는 자유심증주의, 자백보강법칙, 탄핵증거 그리고 공판조서의 증명력이 있다. 판례는 증명력이란 용어 대신 신빙성 또는 증거가치라는 용어를 사용하기도 한다.
3. 어떤 자료가 유죄인정의 증거가 되기 위해서는 증거능력, 적법한 증거조사 그리고 증명력이 필요하다. 이 3개 중에서 하나라도 결여되면 유죄인정의 증거가 될 수 없다. 그리고 증거능력이 있고 적법한 증거조사를 거친 증거에 의한 증명을 '엄격한 증명'이라고 한다. 반대로 증거능력이 없는 증거나 적법한 증거조사를 거치지 않은 증거에 의해서도 할 수 있는 증명을 '자유로운 증명'이라고 한다. 증거조사에 관하여는 「제3편 제1장 제5절 공판기일의 절차와 제6절 증거조사」에서 공부한 바 있다.

증거능력	적법한 증거조사	증명력	유죄인정의 증거
○	○	○	○
○	○	×[2]	×
○	×[3]		×
×[4]			×

---

[1] "증거능력과 증명력 구별이 그렇게 어렵지 않은데 선생님은 왜 어렵다고 합니까?"라는 질문을 줄 수 있다. 물론 저자도 그렇게 생각했지만, 지금은 그렇지 않다. 이와 관련해서는 전문법칙에서 다시 보기로 한다.
[2] 판사가 믿지 않는 것으로 그 증거는 배척된다.
[3] 적법한 증거조사를 거치지 않으면 증명력 유무와 상관 없이 유죄인정의 증거로 사용할 수 없다.

01 증거능력과 증명력의 관계

> 24 경찰승진, 21 경찰승진, 21 소방간부

1. 검찰에서의 피고인의 자백이 임의성이 있어 그 증거능력이 부여된다 하여 자백의 진실성과 신빙성까지도 당연히 인정되어야 하는 것은 아니므로 그 자백이 증명력이 있다고 하기 위해서는 그 자백의 진술내용 자체가 객관적인 합리성을 띠고 있는가, 그 자백의 동기나 이유 및 자백에 이르게 된 경위가 어떠한가, 자백 외의 정황증거 중 자백과 저촉되거나 모순되는 것이 없는가 하는 점을 합리적으로 따져 보아야 한다.(대법원 2007. 9. 6. 2007도4959 그랜저로 친 후 강간시도사건)

2. 증거능력이란 증거가 엄격한 증명의 자료로 사용될 수 있는 자격을 의미할 뿐이고, 당해 증거가 가지는 실질적 가치인 증명력과는 엄격히 구별되는 개념으로서 비록 증거능력이 인정되는 증거라고 하더라도 그것이 과연 믿을 만한 것인가의 문제 즉 증명력의 유무는 오로지 법관의 자유심증에 맡겨진 것이어서 피고인은 자유로운 방법으로 그 증명력을 탄핵할 수 있으므로 어떤 증거의 증거능력의 유무와 그에 의한 요증사실의 증명 내지는 범죄사실의 인정과는 필연적인 연관성이 있는 것도 아니다.(헌법재판소 1995. 6.29. 93헌바45 형소법 제312조 제1항 단서 위헌소원사건)

3. 피고인의 자백이 임의성이 있어 그 증거능력이 인정된다고 하여 자백의 진실성과 신빙성까지도 당연히 인정되는 것은 아니다. 그 자백이 증명력이 있다고 하기 위해서는 그 자백의 진술 내용 자체가 객관적인 합리성을 띠고 있는가, 그 자백의 동기나 이유 및 자백에 이르게 된 경위가 어떠한가, 자백 외의 정황증거 중 자백과 저촉되거나 모순되는 것이 없는가 하는 점을 합리적으로 따져 보아야 한다. 특히 수사나 재판 과정에서 구속된 사람은 허위자백을 하고라도 자유를 얻고자 하는 유혹을 느끼는 경우가 있으므로 부인하던 피고인이 법원의 구속 이후 갑자기 자백한 사건에서 단순히 "공소사실을 인정한다."고 한 진술의 신빙성이나 증명력을 평가할 때는 위와 같은 사정을 각별히 유의하여야 한다. (대법원 2025. 7. 3. 2023도7405 갑작스러운 구속과 자백 사건) 피고인이 트랙터 운전 중 업무상 과실로 피해자를 사망에 이르게 하였다는 교통사고 처리특례법위반(치사)으로 기소되었는데, 제1심에서 피고인의 업무상 과실이나 업무상 과실과 피해자의 사망 사이 인과관계를 인정할 증거가 없다는 이유로 공소사실이 무죄로 판단된 후 검사가 항소하였다. 그 후 항소심 제1회 공판기일에서 검사의 증인신청이 이뤄졌으나 증인이 제2회 공판기일에 불출석하였는데, 항소심이 제2회 공판기일 종료 후 출석한 피고인을 법정에서 구속하자 피고인이 제3회 공판기일에서 "변경된 공소사실을 인정한다."라고 진술하였다. 대법원은 임의성 없는 자백이라고 할 수 없어 자백의 증거능력은 부정되지 않는다고 하였으나, 제반 사정에 비추어 자백의 증명력(진실성과 신빙성)이 없다고 보아 유죄를 선고한 원심 판결을 파기하고 사건으로 원심으로 환송하였다.

---

4 증거능력이 없으면 그에 대한 증거조사는 허용되지 않는다. 증거조사를 하는 것이 무의미하기 때문이다. 물론 증명력 유무와 상관 없이 유죄인정의 증거로 사용할 수 없다.

02 증거재판주의의 의의

1. 범죄사실의 인정은 증거능력이 있고 적법한 증거조사를 거친 증거에 의한 증명(이른바 엄격한 증명)에 의하여야 한다.(대법원 1989.10.10. 87도966 마산청과시장 조세포탈사건) ▶ 15 법원9급

2. 형사재판에 있어서 사실의 인정은 증거에 의하여야 하고(형사소송법 제307조), 이는 증거능력 있고 적법한 증거조사를 거친 증거에 의해서만 공소가 제기된 범죄사실을 인정할 수 있음을 뜻한다.(대법원 2023. 1.12. 2022도14645 여친 필로폰 주입사건)

3. 구성요건에 해당하는 사실은 엄격한 증명에 의하여 이를 인정하여야 하고, **증거능력이 없는 증거는 구성요건 사실을 추인하게 하는 간접사실이나 구성요건 사실을 입증하는 직접증거의 증명력을 보강하는 보조사실의 인정자료로도 사용할 수 없다.**(대법원 2015. 1.22. 2014도10978 숲속 이석기 의원 사건) 대낮에 20세의 남자 甲과 15세의 여자 乙이 모텔에 들어갔다가 2시간 뒤에 나왔다. 둘이 합의하에 성관계를 했더라도 甲에게는 형법 제305조 제2항의 의제강간죄가 성립한다. 甲의 성관계에 대한 자백이나 목격자의 증언은 직접증거이다. 이런 직접증거가 없을 때 '~ 모텔에 들어가서 2시간 뒤에 나왔다'는 사실이 간접사실이고 이를 증명하는 것이 바로 간접증거이다(이를 통해 의제강간죄를 증명할 수 있다). 이와 같은 간접사실의 인정도 엄격한 증명에 의하여야 한다. [3] 2. 판례 참고 ▶ 25 국가9급, 24 경찰승진, 24 소방간부, 23 경찰승진, 22 경찰승진, 22 경간부, 22 경찰채용, 20 경간부, 20 국가9급, 18 국가7급, 17 국가9급

4. 피고인이나 변호인이 무죄에 관한 자료로 제출한 서증 가운데 도리어 유죄임을 뒷받침하는 내용이 있다 하여도 법원은 상대방의 원용(동의)이 없는 한 그 서류의 진정성립 여부 등을 조사하고 아울러 그 서류에 대한 피고인이나 변호인의 의견과 변명의 기회를 준 다음이 아니면 그 서증을 유죄인정의 증거로 쓸 수 없다. 그러나 당해 서류를 제출한 당사자는 그것을 증거로 함에 동의하고 있음이 명백한 것이므로 상대방인 검사의 원용이 있으면 그 서증을 유죄의 증거로 사용할 수 있다.(대법원 2017. 9.21. 2015도12400 정상혁 보은군수 사건) 서증은 전문증거이므로 전문법칙의 예외에 해당하거나 상대방이 증거동의를 해야만 유죄인정의 증거로 쓸 수 있다는 취지의 판례이다. ▶ 25 국가9급, 24 경찰채용, 19 국가7급

> **선생님의 TIP**
> 엄격한 증명과 자유로운 증명의 대상을 두문자로 암기하는 수험생이 있는 것 같다. 그것은 저급한 공부방법으로 두문자는 필요 없고 아래와 같이 범죄사실 또는 구성요건 등 주요사실이면 '엄(嚴)'이고, 그렇지 않은 사실은 '자(自)'이다.

03 엄격한 증명의 대상이 되는 경우 I

1. 형법 제6조 단서의 '행위지의 법률에 의하여 범죄를 구성하는지 여부'에 대해서는 엄격한 증명에 의하여 검사가 이를 입증하여야 할 것이다.(대법원 2017. 3.22. 2016도17465 파이시티 사건)
▶ ▶ 25 소방간부, 23 경찰승진, 23 경찰채용, 22 국가7급, 20 소방간부, 19 경찰채용, 19 국가7급, 18 경찰채용, 16 국가9급

2. 간접사실이나 보조사실도 범죄의 구성요건과 관련된 것인 이상 합리적인 의심의 여지가 없는 엄격한 증명을 요한다.(대법원 2015. 1.22. 2014도10978 숲속 이석기 의원 사건)

3. 엄격한 증명의 대상에는 검사가 공소장에 기재한 구체적 범죄사실이 모두 포함되고, 특히 공소사실에 특정된 범죄의 일시는 피고인의 방어권 행사의 주된 대상이 되므로 엄격한 증명을 통해 그 특정한 대로 범죄사실이 인정되어야 하며, 그러한 증명이 부족한데도 다른 시기에 범행을 하였을 개연성이 있다는 이유로 범죄사실에 대한 증명이 있다고 인정하여서는 아니된다.(대법원 2017. 3.30. 2013도10100 금품공여자 진술 배척사건) ▶ 20 법원9급, 15 법원9급

4. 범죄구성요건사실을 인정하기 위하여 과학공식 등의 경험칙을 이용하는 경우에 그 법칙 적용의 전제가 되는 개별적·구체적 사실에 대하여는 엄격한 증명을 요한다.(대법원 2022. 5.12. 2021도14074 대낮 음주운전 사건) ▶ 23 경찰승진, 21 국가9급, 20 국가7급, 19 경간부, 19 국가7급

5. 위드마크 공식은 알코올을 섭취하면 최고 혈중알코올농도가 높아지고, 흡수된 알코올은 시간의 경과에 따라 일정하게 분해된다는 과학적 사실에 근거한 수학적인 방법에 따른 계산결과를 통해 운전 당시 혈중알코올농도를 추정하는 경험칙의 하나이므로 그 적용을 위한 자료로 섭취한 알코올의 양·음주시각·체중 등이 필요하고 이에 관하여는 엄격한 증명이 필요하다.(대법원 2022. 5.12. 2021도14074 대낮 음주운전 사건) ▶ 25 경간부, 20 국가9급, 17 경찰승진, 16 국가9급, 15 경간부

04 엄격한 증명의 대상이 되는 경우 II

1. 공동정범에서 있어서 **공모관계를** 인정하기 위해서는 엄격한 증명이 요구된다.(대법원 2018. 4.19. 2017도14322 슴슴 국정원 대선개입 사건) ▶ 25 법원9급, 23 경찰채용, 21 변호사, 20 경찰채용, 20 소방간부, 18 소방간부, 16 국가9급

2. 공모공동정범에서 **공모나 모의는** 범죄사실을 구성하는 것으로서 이를 인정하기 위해서는 엄격한 증명이 요구된다.(대법원 2017.12.22. 2017도12649 대우조선 분식회계·사기대출 사건) ▶ 25 소방간부, 23 경간부, 20 경찰승진, 20 국가9급, 19 경찰채용, 18 경찰채용, 17 경찰승진, 17 경찰채용, 16 경찰승진, 16 경간부, 16 경찰채용

3. 교사범에 있어서의 **교사사실은** 범죄사실을 구성하는 것으로서 이를 인정하기 위하여 엄격한 증명이 요구된다.(대법원 2000. 2.25. 99도1252 남원 협박교사사건) ▶ 24 경찰채용, 17 경찰채용, 16 경찰승진

4. **공연성은** 명예훼손죄의 구성요건으로서 특정 소수에 대한 사실적시의 경우 공연성이 부정되는 유력한 사정이 될 수 있으므로 전파될 가능성에 관하여는 검사의 엄격한 증명이 필요하다.(대법원 2021.10.14. 2020도11004 보험사기 의심 발언사건) ▶ 25 법원9급, 23 경찰채용, 22 변호사

5. **공연성은** 명예훼손죄와 모욕죄의 구성요건으로서 명예훼손이나 모욕에 해당하는 표현을 특정 소수에게 한 경우 공연성이 부정되는 유력한 사정이 될 수 있으므로 전파될 가능성에 관해서는 검사의 엄격한 증명이 필요하다.(대법원 2022. 7.28. 2020도8336 누수공사 관련 막말 사건) ▶ 23 법원9급

6. 불법영득의사를 실현하는 행위로서의 **횡령행위가 있다는 점은** 검사가 입증하여야 하는 것으로서 그 입증은 법관으로 하여금 합리적인 의심을 할 여지가 없을 정도의 확신을 생기게 하는 증명력을 가진 엄격한 증거에 의하여야 한다.(대법원 2017. 2.15. 2013도14777 특별수선충당금 사용사건) ▶ 24 소방간부, 16 국가9급

7. 목적과 용도를 정하여 위탁한 금전을 수탁자가 임의로 소비하면 횡령죄를 구성할 수 있으나 이 경우 피해자 등이 목적과 용도를 정하여 금전을 위탁한 사실 및 그 목적과 용도가 무엇인지는 엄격한 증명의 대상이라고 보아야 한다.(대법원 2013.11.14. 2013도8121 스포츠토토 사건) ▶ 25 법원9급, 24 경찰채용, 23 변호사, 20 법원9급, 19 경찰채용, 16 국가9급, 15 법원9급

8. 횡령한 재물의 가액이 특정경제범죄법의 적용 기준이 되는 하한 금액을 초과한다는 점도 다른 구성요건 요소와 마찬가지로 엄격한 증거에 의하여 증명되어야 한다.(대법원 2017. 5.30. 2016도9027 이석채 KT회장 사건) ▶ 20 경찰승진, 19 경찰채용

9. 뇌물죄에서의 수뢰액은 그 많고 적음에 따라 범죄구성요건이 되므로 엄격한 증명의 대상이 된다.(대법원 2024. 3.12. 2023도17394 포항이인지구도시개발조합 사건) ▶ 24 소방간부, 19 경간부, 17 경찰승진, 16 국가9급

10. '범죄단체의 구성·가입행위' 자체는 엄격한 증명을 요하는 범죄의 구성요건이다.(대법원 2005. 9. 9. 2005도3857 송악파 사건)

11. 공정거래법 제66조 제1항 제9호, 제19조 제1항 위반죄의 경우 '부당한 공동행위의 합의'에 대한 입증의 정도는 법관으로 하여금 합리적 의심을 할 여지가 없을 정도로 엄격한 증명을 요한다.(대법원 2008. 5.29. 2006도6625 용인동백지구 아파트 분양가 담합사건)

12. (정당한 사유 없이 도로관리청의 적재량 측정요구에 불응한 도로법위반죄에 있어) '측정요구가 있었다는 점'은 범죄사실을 구성하는 중요 부분으로서 이를 인정하기 위하여는 엄격한 증명이 요구된다.(대법원 2005. 6.24. 2004도7212 과적차량측정 불응사건) ▶ 16 경찰승진

05 엄격한 증명의 대상이 되는 경우 III

1. 뇌물수수죄에서 공무원의 직무에 관하여 수수하였다는 범의를 인정하기 위해서는 **엄격한 증명**이 요구되지만, 피고인이 금품 등을 수수한 사실을 인정하면서도 범의를 부인하는 경우에는 범의와 상당한 관련성이 있는 간접사실을 증명하는 방법에 의하여 이를 입증할 수밖에 없다.(대법원 2017.12.22. 2017도11616 김수천 부장판사 수뢰사건) ▶ 19 경찰채용

2. 특정범죄가중법 제3조의 알선수재죄에 있어서 공무원의 직무에 속한 사항의 알선에 관하여 금품이나 이익을 수수·요구 또는 약속하였다는 **범의는 범죄사실을 구성하는 것으로서 이를 인정하기 위해서는 엄격한 증명이 요구된다.**(대법원 2013. 9.12. 2013도6570 민간인 불법사찰·인허가비리 사건) ▶ 17 경찰채용

3. 국헌문란의 목적은 범죄 성립을 위하여 고의 외에 요구되는 초과주관적 위법요소로서 **엄격한 증명 사항에 속하나, 확정적 인식임을 요하지 아니하며, 다만 미필적 인식이 있으면 족하다.**(대법원 2015. 1.22. 2014도10978 숨숨 이석기 의원 사건) ▶ 20 경찰채용, 20 국가9급, 19 경찰채용

4. 특정범죄가중법 제5조의9 제1항 위반의 죄의 행위자에게 **보복의 목적이 있었다는 점** 또한 검사가 증명하여야 하고 그러한 증명은 법관으로 하여금 합리적인 의심을 할 여지가 없을 정도의 확신을 생기게 하는 **엄격한 증명에 의하여야 한다.**(대법원 2014. 9.26. 2014도9030 옆집여 보복살해사건) ▶ 20 소방간부, 19 경찰채용, 15 국가9급

5. 물가안정법 제26조, 제7조 위반죄는 초과주관적 위법요소인 폭리 목적을 범죄 성립요건으로 하는 목적범이므로 폭리 목적은 고의와 별도로 요구됨은 물론 엄격한 증명의 대상이

된다. 폭리 목적에 대한 증명책임도 검사에게 있으므로 행위자가 「마스크 및 손소독제 매점매석 행위 금지 등에 관한 고시」 제5조에서 정한 매점매석행위를 하였다는 사실만으로 폭리 목적을 추정할 수는 없다.(대법원 2024. 1. 4. 2023도2836 마스크 매점매석 사건)

06 심신장애 유무 및 정도의 판단방법

심신장애의 유무 및 정도의 판단은 법률적 판단으로서 반드시 전문감정인의 의견에 기속되어야 하는 것은 아니고, 정신질환의 종류와 정도, 범행의 동기, 경위, 수단과 태양, 범행 전후의 피고인의 행동, 반성의 정도 등 여러 사정을 종합하여 법원이 독자적으로 판단할 수 있다.(대법원 2007.11.29. 2007도8333 양모 살해사건)

▶ 20 경간부, 19 법원9급, 17 변호사, 17 경간부, 15 국가9급, 15 경찰채용

07 몰수·추징의 증명방법

1. 몰수, 추징의 대상이 되는지 여부나 추징액의 인정은 엄격한 증명을 필요로 하지 아니하다. (대법원 2015. 4.23. 2015도1233 사설 선물거래사이트 사건)

▶ 23 소방간부, 22 국가7급, 21 소방간부, 20 경찰채용, 19 경간부, 19 경찰채용, 19 국가7급, 18 경찰채용, 18 소방간부, 17 경찰채용, 16 국가9급, 16 경간부

2. 몰수대상이 되는지 여부나 추징액의 인정 등 몰수·추징의 사유는 범죄구성요건 사실에 관한 것이 아니어서 엄격한 증명은 필요 없지만 역시 증거에 의하여 인정되어야 한다. (대법원 2023. 5.18. 2023도1014 유사수신 10억 편취사건)

▶ 25 경찰채용, 25 국가9급

08 자유로운 증명의 대상이 되는 경우

1. 친고죄에서 적법한 고소가 있었는지는 자유로운 증명의 대상이 된다.(대법원 2011. 6.24. 2011도4451 인천 계산동 여아 약취사건)

▶ 25 경찰채용, 24 경찰승진, 23 변호사, 22 경찰채용, 22 국가9급, 21 국가7급, 20 경찰승진, 20 법원9급, 19 경간부, 18 경찰승진, 18 소방간부, 17 법원9급, 17 경찰승진, 17 경찰채용, 16 국가9급, 16 경찰승진, 16 경간부, 16 경찰채용, 15 경찰채용, 15 국가7급, 15 법원9급

2. 반의사불벌죄에서 처벌을 희망하지 않는다는 의사표시 또는 처벌희망 의사표시 철회의 유무나 그 효력 여부에 관한 사실은 자유로운 증명의 대상이다.(대법원 2010.10.14. 2010도5610 창 길잡이의 집 성폭행사건)

▶ 25 국가9급, 24 경찰승진, 23 경간부, 23 국가9급, 21 경찰채용, 17 국가9급

3. 출입국사범 사건에서 지방출입국·외국인관서의 장의 적법한 고발이 있었는지 여부가 문제되는 경우에 법원은 증거조사의 방법이나 증거능력의 제한을 받지 아니하고 제반사정을 종합하여 적당하다고 인정되는 방법에 의하여 자유로운 증명으로 그 고발 유무를 판단하면 된다.(대법원 2021.10.28. 2021도404 적법한 고발 간과사건)

▶ 24 소방간부, 23 경찰채용

4. 피고인의 검찰 진술의 임의성의 유무가 다투어지는 경우에는 법원은 구체적인 사건에 따라 증거조사의 방법이나 증거능력의 제한을 받지 아니하고 제반 사정을 종합 참작하여 적당하다고 인정되는 방법에 의하여 자유로운 증명으로 그 임의성 유무를 판단하면 된다.(대법원 2004. 3.26. 2003도8077 안종길 양산시장 수뢰사건)

> 22 국가7급, 18 경찰채용, 18 소방간부, 17 경찰채용, 16 경찰채용, 15 경찰승진

5. 피고인이 피의자신문조서에 기재된 피고인의 진술 및 공판기일에서의 피고인의 **진술의 임의성**을 다투면서 그것이 허위자백이라고 다투는 경우 법원은 구체적인 사건에 따라 피고인의 학력, 경력, 직업, 사회적 지위, 지능 정도, 진술의 내용, 피의자신문조서의 경우 그 조서의 형식 등 제반 사정을 참작하여 자유로운 심증으로 진술이 임의로 된 것인지의 여부를 판단할 수 있다.(대법원 2012.11.29. 2010도3029 백남욱 간첩조작사건)

> 22 법원9급, 20 경찰승진, 20 경간부

6. 형사소송법 제312조 제4항에서 '특히 신빙할 수 있는 상태'는 증거능력의 요건에 해당하므로 검사가 그 존재에 대하여 구체적으로 주장·증명하여야 하지만, 이는 소송상의 사실에 관한 것이므로 엄격한 증명을 요하지 아니하고 자유로운 증명으로 족하다.(대법원 2012. 7.26. 2012도2937 원로변호사 사기사건)

> 20 경찰채용, 20 법원9급, 19 국가7급, 18 경간부, 18 경찰채용, 16 국가9급, 16 경찰채용

7. 형사소송법 제313조 단서에 의하여 그 진술이 특히 신빙할 수 있는 상태하에서 행하여진 때에는 증거능력이 있고, 이러한 '특신상태'는 증거능력의 요건에 해당하므로 검사가 그 존재에 대하여 구체적으로 주장·입증하여야 하는 것이지만, 이는 소송상의 사실에 관한 것이므로 엄격한 증명을 요하지 아니하고 자유로운 증명으로 족하다.(대법원 2001. 9. 4. 2000도1743 길메리유치원 여직원 횡령사건)

> 23 경찰채용, 20 경간부, 15 변호사

▶

8. 어떤 소송절차가 진행된 내용이 공판조서에 기재되지 않았다고 하여 당연히 그 소송절차가 당해 공판기일에 행하여지지 않은 것으로 추정되는 것은 아니고 **공판조서에 기재되지 않은 소송절차의 존재**가 공판조서에 기재된 다른 내용이나 공판조서 이외의 자료로 증명될 수 있고, 이는 소송법적 사실이므로 자유로운 증명의 대상이 된다.(대법원 2023. 6.15. 2023도3038 병원장 기여금·보험료 횡령사건)

> 25 변호사, 25 경찰채용, 24 경찰채용, 24 국가9급

▶

9. 양형의 기초가 되는 정상관계 사실은 매우 복잡하고 비유형적일 뿐만 아니라 형사소송법 제307조가 규정한 엄격한 증명의 대상에도 해당하지 않는다.(대법원 2021. 1.28. 2020도2642 허위 입금확인증 사건)

10. (1) 법원은 범죄의 구성요건이나 법률상 규정된 형의 가중·감면의 사유가 되는 경우를 제외하고는 법률이 규정한 증거로서의 자격이나 증거조사방식에 구애됨이 없이 상당한 방법으로 조사하여 양형의 조건이 되는 사항을 인정할 수 있다. 나아가 형의 양정에 관한 절차는 범죄사실을 인정하는 단계와 달리 취급하여야 하므로 당사자가 직접 수집하여 제출하기 곤란하거나 필요하다고 인정되는 경우 등에는 직권으로 양형조건에 관한 형법 제51조의 사항을 수집·조사할 수 있다. (2) 제1심법원이 법원 소속 조사관에게 양형의 조건이 되는 사항을 수집·조사하여 제출하게 하고, 이를 피고인에 대한 정상관계 사실과 함께 참작하여 피고인에게 징역 3년 8월을 선고한 것은 법리오해 등의 잘못이 있다고 할 수 없다.(대법원 2010. 4.29. 2010도750 법원조사관 양형자료수집 사건)

> 25 경찰채용, 25 국가9급, 24 경찰채용, 22 경찰승진, 20 소방간부, 18 국가7급, 15 국가7급

> 형사소송법(2025. 3.18. 법률 제20796호로 일부개정된 것)
> 제307조【증거재판주의】① 사실의 인정은 증거에 의하여야 한다.
> ② 범죄사실의 인정은 합리적인 의심이 없는 정도의 증명에 이르러야 한다.

09 형사소송법 제307조 제2항의 취지

형사소송법 제307조 제2항이 "범죄사실의 인정은 합리적인 의심이 없는 정도의 증명에 이르러야 한다."라고 정한 것의 의미는 법관은 검사가 제출하여 공판절차에서 적법하게 채택·조사한 증거만으로 유죄를 인정하여야 하고, 법관이 합리적인 의심을 할 여지가 없을 만큼 확신을 가지는 정도의 증명력을 가진 엄격한 증거에 의하여 공소사실을 증명할 책임은 검사에게 있다는 것이다. 결국 검사가 법관으로 하여금 그만한 확신을 가지게 하는 정도로 증명하지 못한 경우에는 설령 피고인의 주장이나 변명이 모순되거나 석연치 않은 면이 있는 등 유죄의 의심이 가는 사정이 있다고 하더라도 피고인의 이익으로 판단하여야 한다.(대법원 2024.11.14. 2024도3794 5천만원에 끝내겠다 사건) [10] 판례 참고

10 피고인이 제출한 증거가 피고인의 주장 사실을 인정하기에 부족하다는 이유로 유죄를 선고할 수 있는지의 여부(소극)

피고인이 유리한 증거를 제출하면서 범행을 부인하는 경우에도 공소사실에 대한 증명책임은 여전히 검사에 있고, 피고인이 공소사실과 배치되는 자신의 주장 사실에 관하여 증명할 책임까지 부담하는 것은 아니므로 검사가 제출한 증거와 피고인이 제출한 증거를 종합하여 볼 때 공소사실에 관하여 조금이라도 합리적인 의심이 있는 경우에는 무죄를 선고하여야 할 것이지, 피고인이 제출한 증거만으로 피고인의 주장 사실을 인정하기에 부족하다는 이유를 들어 공소사실에 관하여 유죄판결을 선고하는 것은 헌법상 무죄추정의 원칙은 물론 형사소송법상 증거재판주의 및 검사의 증명책임에 반하는 것이어서 허용될 수 없다.(대법원 2024.11.14. 2024도3794 5천만원에 끝내겠다 사건)

11 유죄인정을 위한 증거의 증명력의 정도(=합리적인 의심의 여지가 없는 확신)

1. 형사재판에서 유죄의 인정은 법관으로 하여금 합리적인 의심을 할 여지가 없을 정도로 공소사실이 진정하다는 확신을 가지게 할 수 있는 증명력을 가진 증거에 의하여야 하며, 이와 같은 증명이 없다면 설령 피고인에게 유죄의 의심이 간다고 하더라도 유죄로 판단할 수 없다.(대법원 2022. 5.26. 2021도12218 메인엔진 정비작업 사건) 이 판례와 [12] 판례는 모순되는 것이라 할 수 없다. ▶ 21 국가7급, 20 소방간부

2. 형사재판에서 범죄사실의 인정은 법관으로 하여금 합리적인 의심을 할 여지가 없을 정도의 확신을 가지게 하는 증명력을 가진 엄격한 증거에 의하여야 하므로 검사의 증명이 그만한 확신을 가지게 하는 정도에 이르지 못한 경우에는 설령 피고인의 주장이나 변명이 모순되거나 석연치 않은 면이 있어 유죄의 의심이 가는 등의 사정이 있다고 하더라도 피고인의 이익으로 판단하여야 한다.(대법원 2023. 1.12. 2022도14645 여친 필로폰 주입사건) ▶ 16 국가7급

12 유죄인정을 위한 증거의 증명력의 정도(=압도적으로 우월한 증명)

유죄의 인정은 범행 동기, 범행수단의 선택, 범행에 이르는 과정, 범행 전후 피고인의 태도 등 여러 간접사실로 보아 피고인이 범행한 것으로 보기에 충분할 만큼 **압도적으로 우월한 증명**이 있어야 하고, 피고인이 범행한 것이라고 보기에 의심스러운 사정이 병존하고 증거관계 및 경험법칙상 위와 같이 의심스러운 정황을 확실하게 배제할 수 없다면 유죄로 인정할 수 없다. 피고인은 무죄로 추정된다는 것이 헌법상의 원칙이고, 그 추정의 번복은 직접증거가 존재할 경우에 버금가는 정도가 되어야 한다.(대법원 2023. 1.12. 2022도14645 여친 필로폰 주입사건) '압도적으로 우월한 증명' 법리가 대법원 2017. 5.30. 2017도1549 95억 보험살인 의심사건 판례를 시작으로 계속 판시되고 있다.

▶ 25 법원9급, 22 경찰채용

13 공동정범 인정을 위한 증거의 증명력의 정도(=합리적인 의심의 여지가 없는 확신)

1. 공동정범으로 인정하려면 범죄 실행의 전 과정을 통하여 각자의 지위와 역할, 공범에 대한 권유내용 등을 구체적으로 검토하고 이를 종합하여 **상호이용의 관계가 합리적인 의심을 할 여지가 없을 정도로 증명**되어야 하고, 그와 같은 증명이 없다면 설령 피고인에게 유죄의 의심이 간다 하더라도 피고인의 이익으로 판단할 수밖에 없다.(대법원 2023.12.21. 2018도20415 코스피200 지수 조종사건)

2. 공모공동정범의 성립 여부는 범죄 실행의 전 과정을 통하여 각자의 지위와 역할, 공범에 대한 권유내용 등을 구체적으로 검토하고 이를 종합하여 **상호이용의 관계가 합리적인 의심을 할 여지가 없을 정도로 증명**되어야 하고, 그와 같은 증명이 없다면 설령 피고인에게 유죄의 의심이 간다고 하더라도 피고인의 이익으로 판단할 수밖에 없다.(대법원 2018. 9.13. 2018도7658 인천 초등생 살인사건)

14 의료행위 등으로 인한 업무상과실치사상죄를 인정하기 위한 증명의 대상 및 정도(=합리적인 의심의 여지가 없는 확신)

1. 의사에게 의료행위로 인한 업무상과실치사상죄를 인정하기 위해서는 의료행위 과정에서 공소사실에 기재된 업무상과실의 존재는 물론 그러한 업무상과실로 인하여 환자에게 상해·사망 등 결과가 발생한 점에 대하여도 엄격한 증거에 따라 합리적 의심의 여지가 없을 정도로 증명이 이루어져야 한다. 검사는 공소사실에 기재한 업무상과실과 상해·사망 등 결과 발생 사이에 인과관계가 있음을 합리적인 의심의 여지가 없을 정도로 증명하여야 하고, 의사의 업무상 과실이 증명되었다는 사정만으로 인과관계가 추정되거나 증명정도가 경감되는 것은 아니다.(대법원 2023. 8.31. 2021도1833 마취과 전문의 수술실 이탈사건)

▶ 24 경찰승진

2. 작업치료사에게 작업치료행위 과정에서 발생한 사고에 대하여 업무상과실치상죄를 인정하기 위해서는 해당 행위 과정에서 공소사실에 기재된 업무상과실의 존재는 물론 그러한 업무상과실로 인하여 치료대상자에게 상해 등 결과가 발생한 점에 대하여도 엄격한 증거에 따라 합리적 의심의 여지가 없을 정도로 증명이 이루어져야 한다. 설령 작업치료행위와 환자에게 발생한 상해 등 결과 사이에 인과관계가 인정되는 경우에도 검사가 공소사실에서 업무상과실로 평가할 수 있는 행위의 존재 또는 그 업무상과실의 내용을 구체적으로 특정하고 이를 증명하지 못하였다면 작업치료행위 과정에서 치료대상자에게 상해 등 결

과가 발생하였다는 사정만으로 작업치료사의 업무상과실을 추정하거나 단순한 가능성·개연성 등 막연한 사정을 근거로 함부로 이를 인정할 수는 없다.(대법원 2025. 4.15. 2024도20371 감각통합치료사 사건)

> **선생님의 TIP**
>
> 형사소송법에서는 무죄추정의 원칙과 의심스러울 때에는 피고인의 이익으로(in dubio pro reo) 원칙이 지배하므로 입증책임[5]은 원칙적으로 검사가 부담한다. 다만 [16], [17] 2개의 경우에는 입증책임이 피고인에게 있다.

15 공소사실에 대한 입증책임의 소재(=검사)

1. **형사재판에서 공소가 제기된 범죄사실에 대한 입증책임은 검사에게 있고**, 유죄의 인정은 법관으로 하여금 합리적인 의심을 할 여지가 없을 정도로 공소사실이 진실한 것이라는 확신을 가지게 하는 증명력을 가진 증거에 의하여야 하므로 그와 같은 증거가 없다면 설령 피고인에게 유죄의 의심이 간다 하더라도 피고인의 이익으로 판단할 수밖에 없다.(대법원 2010. 7.22. 2009도1151 수원 노숙소녀 상해치사사건)

2. **형사재판에 있어서 공소가 제기된 범죄사실에 대한 입증책임은 검사에 있고, 민사재판이었더라면 입증책임을 지게 되었을 피고인이 그 쟁점이 된 사항에 대하여 자신에게 유리한 입증을 하지 못하고 있다 하여 위와 같은 원칙이 달리 적용되는 것은 아니다.**(대법원 2007.10.11. 2007도6406 옵셔널캐피탈 사건) ▶ 23 경찰승진

3. 형사재판에서 공소가 제기된 범죄의 구성요건을 이루는 사실은 그것이 주관적 요건이든 객관적 요건이든 그 증명책임이 검사에게 있으므로 해당 표현이 학문의 자유로서 보호되는 영역에 속하지 않는다는 점은 검사가 증명하여야 한다.(대법원 2023.10.26. 2017도18697 〈제국의 위안부〉 사건) ▶ 25 국가9급

16 형법 제263조 관련 행위와 상해의 결과 사이의 인과관계 부존재에 대한 입증책임의 소재(=피고인)

동시범의 특례에 관한 형법 제263조를 적용하기 위하여 검사는 실제로 발생한 상해를 야기할 수 있는 구체적인 위험성을 가진 가해행위의 존재를 입증하여야 하므로 이를 통하여 상해의 결과에 대하여 아무런 책임이 없는 피고인이 형법 제263조로 처벌되는 것을 막을 수 있고, 피고인도 자신의 행위와 상해의 결과 사이에 개별 인과관계가 존재하지 않음을 입증하여 상해의 결과에 대한 책임에서 벗어날 수 있으므로 형법 제263조는 책임주의 원칙에 반한다고 볼 수 없다.(헌법재판소 2018. 3.29. 2017헌가10 형법 제263조 위헌제청 사건) ▶ 19 국가9급

---

5 거증책임(擧證責任)이라고도 한다.

17 형법 제310조 관련 명예훼손죄의 위법성조각사유에 대한 입증책임의 소재(=피고인)

1. 공연히 사실을 적시하여 사람의 명예를 훼손한 행위가 형법 제310조의 규정에 따라서 위법성이 조각되어 처벌대상이 되지 않기 위하여는 그것이 진실한 사실로서 오로지 공공의 이익에 관한 때에 해당된다는 점을 행위자가 증명하여야 하는 것이고, 법원이 적법하게 증거를 채택하여 조사한 다음 형법 제310조 소정의 위법성조각사유의 요건이 입증되지 않는다면 그 불이익은 피고인이 부담하는 것이다.(대법원 2004. 5.28. 2004도1497 제약회사 비방사건)

   > 25 국가9급, 24 경찰채용,
   > 23 경찰승진, 21 변호사,
   > 20 소방간부, 19 국가7급,
   > 18 경간부, 18 경찰채용,
   > 17 국가9급

2. 공연히 사실을 적시하여 사람의 명예를 훼손한 행위가 형법 제310조의 규정에 따라서 위법성이 조각되어 처벌대상이 되지 않기 위하여는, 그것이 진실한 사실로서 오로지 공공의 이익에 관한 때에 해당된다는 점을 행위자가 증명하여야 하는 것이나, 그 증명은 유죄의 인정에 있어 요구되는 것과 같이 법관으로 하여금 의심할 여지가 없을 정도의 확신을 가지게 하는 증명력을 가진 엄격한 증거에 의하여야 하는 것은 아니므로, 이때에는 전문증거에 대한 증거능력의 제한을 규정한 형사소송법 제310조의2는 적용될 여지가 없다. (대법원 1996.10.25. 95도1473 재건축사업 방해사건)

   > 25 경찰채용, 24 소방간부,
   > 22 경찰승진, 22 국가7급,
   > 21 경찰채용, 21 소방간부,
   > 20 경간부, 20 국가9급,
   > 16 변호사, 15 경간부

Ⅱ 자유심증주의

형사소송법(2025. 3.18. 법률 제20796호로 일부개정된 것)
제308조 【자유심증주의】 증거의 증명력은 법관의 자유판단에 의한다.

> **선생님의 TIP**
> 자유심증주의는 쉬워 보이지만 판례도 아주 많고 깊게 들어가면 정말 어렵다. 그러나 시험에는 그다지 어렵지 않게 출제되므로 너무 걱정할 것은 없다. 아래와 같이 시험에 나오는 정도만 간단히 정리하였다.

01 자유심증주의의 의의

1. **증거의 취사와 이를 근거로 한 사실의 인정은 그것이 경험칙에 위배된다는 등의 특단의 사정이 없는 한 사실심 법원의 전권에 속한다.**(대법원 2010. 2.25. 2009도5824 제한높이 초과 차량 사건) ▶ 23 소방간부

2. 범죄사실의 인정은 합리적인 의심이 없는 정도의 증명에 이르러야 하나, **사실 인정의 전제로 행하여지는 증거의 취사선택 및 증거의 증명력은 사실심 법원의 자유판단에 속한다.** 이는 법관이 증거능력 있는 증거 중 필요한 증거를 채택·사용하고 증거의 실질적인 가치를 평가하여 사실을 인정하는 것은 법관의 자유심증에 속한다는 것을 의미한다. 따라서 충분한 증명력이 있는 증거를 합리적인 근거 없이 배척하거나 반대로 객관적인 사실에 명백히 반하는 증거를 아무런 합리적인 근거 없이 채택·사용하는 등으로 논리와 경험의 법칙에 어긋나는 것이 아닌 이상 법관은 자유심증으로 증거를 채택하여 사실을 인정할 수 있다. (대법원 2019. 3.28. 2018도16002 술을 만취한 것으로 오해 사건) ▶ 20 경찰채용

3. 자유심증주의를 규정한 형사소송법 제308조가 증거의 증명력을 법관의 자유판단에 의하도록 한 것은 그것이 실체적 진실발견에 적합하기 때문이라 할 것이므로 증거판단에 관한 전권을 가지고 있는 사실심 법관은 사실인정에 있어 공판절차에서 획득된 인식과 조사된 증거를 남김없이 고려하여야 한다.(대법원 2018. 1.25. 2016도6757 상속재산 400억 편취 실패 사건)

02 자백의 신빙성 판단기준

자백의 신빙성 유무를 판단할 때에는 자백의 진술 내용 자체가 객관적으로 합리성을 띠고 있는지, 자백의 동기나 이유가 무엇이며, 자백에 이르게 된 경위는 어떠한지 그리고 자백 이외의 정황증거 중 자백과 저촉되거나 모순되는 것이 없는지 하는 점 등을 고려하여 피고인의 자백에 형사소송법 제309조에 정한 사유 또는 자백의 동기나 과정에 합리적인 의심을 갖게 할 상황이 있었는지를 판단하여야 한다.(대법원 2019.10.31. 2018도2642 광주 필로폰 매매사건) ▶ 24 경찰채용

03 피고인의 진술이 번복되는 경우 증명력(=법관의 자유판단)

1. 피고인의 수사기관에서나 제1심 법정에서의 자백이 그 후의 제1심 내지 항소심에서의 법정진술과 다르다는 사유만으로는 그 자백의 증명력 내지 신빙성이 의심스럽다고 할 수는 없다. (대법원 2008. 6.26. 2008도1994 IQ67 정신지체아 상해치사사건) ▶ 21 경찰채용

2. 검찰에서의 피고인의 자백이 법정진술과 다르다거나 피고인에게 지나치게 불리한 내용이라는 사유만으로는 그 자백의 신빙성이 의심스럽다고 할 수는 없다. (대법원 2019.10.31. 2018도2642 광주 필로폰 매매사건) ▶ 22 경찰승진, 19 경찰채용

3. 공동피고인 중의 1인이 다른 공동피고인들과 공동하여 범행을 하였다고 자백한 경우 반드시 그 자백을 전부 믿어 공동피고인들 전부에 대하여 유죄를 인정하거나 그 전부를 배척하여야 하는 것은 아니고, 자유심증주의의 원칙상 법원으로서는 자백한 피고인 자신의 범행에 관한 부분만을 취신하고 다른 공동피고인들이 범행에 관여하였다는 부분을 배척할 수도 있다. (대법원 1995.12. 8. 95도2043 이종사촌 동생 유괴사건) ▶ 25 국가9급, 20 국가7급, 15 국가9급

04 증인의 진술이 번복되는 경우 증명력(=법관의 자유판단)

1. 같은 사람의 검찰에서의 진술과 법정에서의 증언이 다를 경우 반드시 후자를 믿어야 된다는 법칙은 없으므로 같은 사람의 법정에서의 증언과 다른 검찰에서의 진술을 믿고서 범죄사실을 인정하더라도 그것이 위법하게 진술된 것이 아닌 이상 자유심증에 속한다. (대법원 1988. 6.28. 88도740 연대보증서 위조사건) ▶ 21 경찰채용, 17 변호사

2. 경찰에서의 진술조서의 기재와 당해 사건의 공판정에서의 같은 사람의 증인으로서의 진술이 상반되는 경우 반드시 공판정에서의 증언에 따라야 한다는 법칙은 없고 그 중 어느 것을 채용하여 사실인정의 자료로 할 것인가는 오로지 사실심법원의 자유심증에 속하는 것이다. (대법원 1987. 6. 9. 87도691 물적증거나 목격자가 없다 사건) ▶ 25 국가9급, 23 경찰채용

3. 경찰에서의 자술서, 검사 작성의 각 피의자신문조서, 다른 형사사건의 공판조서의 기재와 당해 사건의 공판정에서의 같은 사람의 증인으로서의 진술이 상반되는 경우 반드시 공판정에서의 증언은 믿어야 된다는 법칙은 없고, 상반된 증언, 감정 중에 그 어느 것을 사실인정의 자료로 인용할 것인가는 오로지 사실심 법원의 자유심증에 속한다. (대법원 1986. 9.23. 86도1547 김근태 의원 사건 민청련 사건) ▶ 25 경찰승진, 24 국가9급, 15 경간부

05 감정의 증명력(=법관의 자유판단)

감정의견이 상충된 경우 다수 의견을 안 따르고 소수 의견을 채용해도 되고 여러 의견 중에서 그 일부씩을 채용하여도 무방하며 여러 개의 감정의견이 일치되어 있어도 이를 배척하려면 특별한 이유를 밝히거나 또는 반대감정의견을 구하여야 된다는 법리도 없다. (대법원 1976. 3.23. 75도2068 손수레 역과사건) ▶ 24 국가9급

06 증거보전절차에서의 진술의 증명력(=법관의 자유판단)

증거보전절차에서의 진술이 법원의 관여하에 행하여지는 것으로서 수사기관에서의 진술보다 임의성이 더 보장되는 것이기는 하나 보전된 증거가 항상 진실이라고 단정지울 수는 없 ▶ 24 국가9급

는 것이므로 법원이 그것을 믿지 않을 만한 사유가 있어서 믿지 않는 것에 자유심증주의의 남용이 있다고 볼 수 없다.(대법원 1980. 4. 8. 79도2125 통관 급행료 사건)

07 각종 조서의 증명력(=법관의 자유판단)

1. 진술조서의 기재 중 일부분을 믿고 다른 부분을 믿지 아니하여도 그것이 곧 부당하다고 할 수 없다.(대법원 1980. 3.11. 80도145 조서 일부 취신사건) ▶ 22 경찰승진

2. 동일한 사항에 관하여 두개의 서로 다른 내용이 기재된 공판조서가 병존하는 경우 양자는 동일한 증명력을 가지는 것으로서 그 증명력에 우열이 있을 수 없다고 보아야 할 것이므로 그 중 어느 쪽이 진실한 것으로 볼 것인지는 공판조서의 증명력을 판단하는 문제로서 법관의 자유로운 심증에 따를 수밖에 없다.(대법원 1988.11. 8. 86도1646 치안본부 경위 수뢰사건) ▶ 24 국가9급, 23 법원9급, 21 경간부, 20 국가7급, 19 소방간부

08 간접증거의 증명력

1. 형사재판에 유죄의 심증이 반드시 직접증거에 의하여 형성되어야만 하는 것은 아니고 경험칙과 논리법칙에 위반되지 아니하는 한 간접증거에 의하여 형성되어도 무방하며, 간접증거가 개별적으로는 범죄사실에 대한 완전한 증명력을 가지지 못하더라도 전체 증거를 상호 관련하에 종합적으로 고찰할 경우 그 단독으로는 가지지 못하는 종합적 증명력이 있는 것으로 판단되면 그에 의하여도 범죄사실을 인정할 수 있다.(대법원 2013. 6.27. 2013도4172 부산 시신없는 살인 사건Ⅱ) ▶ 22 국가9급, 21 경찰승진, 18 국가9급, 17 경간부, 15 경간부

▶

2. 살인죄 등과 같이 법정형이 무거운 범죄의 경우에도 직접증거 없이 간접증거만에 의하여 유죄를 인정할 수 있고, 살해의 방법이나 피해자의 사망경위에 관한 중요한 단서인 피해자의 사체가 멸실된 경우라 하더라도 간접증거를 상호 관련하에서 종합적으로 고찰하여 살인죄의 공소사실을 인정할 수 있다. 이 경우 범행 전체를 부인하는 피고인에 대하여 살인죄의 죄책을 인정하기 위해서는 피해자의 사망이 살해의사를 가진 피고인의 행위로 인한 것임이 합리적인 의심의 여지가 없을 정도로 증명되어야 한다.(대법원 2012. 9.27. 2012도2658 부산 시신없는 살인 사건Ⅰ) 피해자를 살해한 후 곧장 화장하고 바닷가에 유골을 뿌렸더라도 그 전의 피고인의 범죄전력과 수많은 보험가입 사실 그리고 피해자를 유인한 제반 정황을 참작하여 유죄취지의 판결을 선고한 사례이다. ▶ 25 경찰승진, 25 경간부, 21 경찰승진, 20 경찰승진, 19 변호사, 15 경간부

3. 살인죄와 같이 법정형이 무거운 범죄의 경우에도 직접증거 없이 간접증거만으로도 유죄를 인정할 수 있으나 그 경우에도 주요사실의 전제가 되는 간접사실의 인정은 합리적 의심을 허용하지 않을 정도의 증명이 있어야 하고, 그 하나하나의 간접사실이 상호 모순, 저촉이 없어야 함은 물론 논리와 경험칙, 과학법칙에 의하여 뒷받침되어야 한다.(대법원 2017. 5.30. 2017도1549 95억 보험살인 의심사건) ▶ 25 국가9급, 25 소방간부, 22 경간부, 18 국가9급

4. 살인죄 등과 같이 법정형이 무거운 범죄의 경우에도 직접증거 없이 간접증거만으로 유죄를 인정할 수 있으나, 그러한 유죄 인정에 있어서는 공소사실에 대한 관련성이 깊은 간접증거들에 의하여 신중한 판단이 요구되므로 간접증거에 의하여 주요사실의 전제가 되는 ▶ 24 경찰승진

간접사실을 인정함에 있어서는 그 증명이 합리적인 의심을 허용하지 않을 정도에 이르러야 하고, 그 하나 하나의 간접사실은 그 사이에 모순, 저촉이 없어야 함은 물론 논리와 경험칙, 과학법칙에 의하여 뒷받침되어야 한다.(대법원 2013. 9.12. 2013도4381 인천 낙지 살인사건)

▶

5. 목격자의 진술 등 직접증거가 전혀 없는 사건에 있어서는 적법한 증거들에 의하여 인정되는 간접사실들에 논리법칙과 경험칙을 적용하여 공소사실이 합리적인 의심을 할 여지가 없이 진실한 것이라는 확신을 가지게 할 정도로 추단될 수 있을 경우에만 이를 유죄로 인정할 수 있고, 이러한 정도의 심증을 형성할 수 없다면 설령 피고인에게 유죄의 의심이 간다고 하더라도 피고인의 이익으로 판단할 수밖에 없다는 것이 형사소송의 대원칙이다. (대법원 2011. 1.13. 2010도13226 병원 컴퓨터파일 삭제사건)

▶ 25 경찰승진

09 자유심증주의의 한계 내지 기준(=논리와 경험칙)

1. 형사소송법은 증거재판주의와 자유심증주의를 기본원칙으로 하면서, 범죄사실의 인정은 증거에 의하되 증거의 증명력은 법관의 자유판단에 의하도록 하고 있다. 그러나 이는 그것이 실체적 진실발견에 적합하기 때문이지 법관의 자의적인 판단을 인용한다는 것은 아니므로 비록 사실의 인정이 사실심의 전권이라 하더라도 범죄사실이 인정되는지 여부는 논리와 경험법칙에 따라야 하고, 충분한 증명력이 있는 증거를 합리적 이유 없이 배척하거나 반대로 객관적인 사실에 명백히 반하는 증거를 근거 없이 채택·사용하는 것은 자유심증주의의 한계를 벗어나는 것으로서 법률 위반에 해당한다.(대법원 2023.12.21. 2022도13402 가짜 아스팔트 공급 세금계산서 사건)

▶ 21 경간부, 21 소방간부, 17 변호사

2. 자유심증주의를 규정한 형사소송법 제308조가 증거의 증명력을 법관의 자유판단에 의하도록 한 것은 그것이 실체적 진실발견에 적합하기 때문이지 법관의 자의적인 판단을 인용한다는 것은 아니므로, 증거판단에 관한 전권을 가지고 있는 사실심 법관은 사실인정에 있어 공판절차에서 획득된 인식과 조사된 증거를 남김없이 고려하여야 한다. 그리고 증거의 증명력은 법관의 자유판단에 맡겨져 있으나 그 판단은 논리와 경험법칙에 합치하여야 하고, 형사재판에서 유죄로 인정하기 위한 심증형성의 정도는 합리적인 의심을 할 여지가 없을 정도여야 한다.(대법원 2010. 3.11. 2009도5858 개발예상임야 편취사건)

▶ 25 국가9급

3. 증거의 증명력은 법관의 자유판단에 맡겨져 있으나 그 판단은 논리와 경험의 법칙에 합치하여야 하고, 형사재판에 있어서 유죄로 인정하기 위한 심증형성의 정도는 합리적인 의심을 할 여지가 없을 정도여야 하나, 이는 모든 가능한 의심을 배제할 정도에 이를 것까지 요구하는 것은 아니며, 증명력이 있는 것으로 인정되는 증거를 합리적인 근거가 없는 의심을 일으켜 이를 배척하는 것은 자유심증주의의 한계를 벗어나는 것으로 허용될 수 없다. (대법원 2022. 3.31. 2018도19037 해군함장 부하여장교 강간사건)

▶ 24 경찰승진, 22 경간부, 21 경간부, 18 국가9급

4. 형사재판에 있어 심증형성은 반드시 직접증거에 의하여 형성되어야만 하는 것은 아니고 간접증거에 의할 수도 있는 것이며, 간접증거는 이를 개별적·고립적으로 평가하여서는 아니 되고 모든 관점에서 빠짐없이 상호 관련시켜 종합적으로 평가하고, 치밀하고 모순

▶ 23 국가9급, 22 경찰채용, 21 경간부, 17 변호사, 17 경간부

없는 논증을 거쳐야 한다. 그리고 증거의 증명력은 법관의 자유판단에 맡겨져 있으나 그 판단은 논리와 경험칙에 합치하여야 하고, 형사재판에 있어서 유죄로 인정하기 위한 심증형성의 정도는 합리적인 의심을 할 여지가 없을 정도여야 하나, 이는 모든 가능한 의심을 배제할 정도에 이를 것까지 요구하는 것은 아니며, 증명력이 있는 것으로 인정되는 증거를 합리적인 근거가 없는 의심을 일으켜 이를 배척하는 것은 자유심증주의의 한계를 벗어나는 것으로 허용될 수 없다 할 것인바, 여기에서 말하는 '합리적 의심'이라 함은 모든 의문, 불신을 포함하는 것이 아니라 논리와 경험칙에 기하여 요증사실과 양립할 수 없는 사실의 개연성에 대한 합리성 있는 의문을 의미하는 것으로서, 피고인에게 유리한 정황을 사실인정과 관련하여 파악한 이성적 추론에 그 근거를 두어야 하는 것이므로 단순히 관념적인 의심이나 추상적인 가능성에 기초한 의심은 합리적 의심에 포함된다고 할 수 없다. (대법원 2018. 1.25. 2016도6757 상속재산 400억 편취실패 사건) 뒤 부분이 이해가 잘 되지 않는 판례인데 쉽게 말하면 "공소사실이 인정되는데도 피고인에게 유리한 일부 정황에 너무 집착하여 이를 무리하게 확대해석하여 무죄판결을 선고해서는 안 된다."라는 취지이다.

10 진단서 등의 증거가치

1. 상해사건 발생 직후 피해자를 진찰한 바 있는 의사의 진술 및 상해진단서를 발행한 의사의 진술이나 진단서는 가해자의 상해사실 자체에 대한 직접적인 증거가 되는 것은 아니고, 다른 증거에 의하여 상해의 가해행위가 인정되는 경우에 그에 대한 상해의 부위나 정도의 점에 대한 증거가 된다.(대법원 1995. 9.29. 95도852 종로 신혼예식장 자해사건) ▶ 21 경찰승진, 15 경간부

2. 상해죄의 피해자가 제출하는 상해진단서는 일반적으로 의사가 당해 피해자의 진술을 토대로 상해의 원인을 파악한 후 의학적 전문지식을 동원하여 관찰·판단한 상해의 부위와 정도 등을 기재한 것으로서 거기에 기재된 상해가 곧 피고인의 범죄행위로 인하여 발생한 것이라는 사실을 직접 증명하는 증거가 되기에 부족한 것이지만, 그 상해에 대한 진단일자 및 상해진단서 작성일자가 상해 발생시점과 시간상으로 근접하고 상해진단서 발급 경위에 특별히 신빙성을 의심할 만한 사정이 없으며 거기에 기재된 상해 부위와 정도가 피해자가 주장하는 상해의 원인 내지 경위와 일치하는 경우에는, 그 무렵 피해자가 제3자로부터 폭행을 당하는 등으로 달리 상해를 입을 만한 정황이 발견되거나 의사가 허위로 진단서를 작성한 사실이 밝혀지는 등의 특별한 사정이 없는 한, 그 상해진단서는 피해자의 진술과 더불어 피고인의 상해 사실에 대한 유력한 증거가 되고, 합리적인 근거 없이 그 증명력을 함부로 배척할 수 없다.(대법원 2011. 1.27. 2010도12728 유리컵 조각을 던진 사건) ▶ 24 경찰채용, 15 국가9급

3. 형사사건에서 상해진단서는 피해자의 진술과 함께 피고인의 범죄사실을 증명하는 유력한 증거가 될 수 있다. 그러나 상해 사실의 존재 및 인과관계 역시 합리적인 의심이 없는 정도의 증명에 이르러야 인정할 수 있으므로 상해진단서의 객관성과 신빙성을 의심할 만한 사정이 있는 때에는 그 증명력을 판단하는 데 매우 신중하여야 한다. 특히 상해진단서가 주로 통증이 있다는 피해자의 주관적인 호소 등에 의존하여 의학적인 가능성만으로 발급된 ▶ 21 소방간부

때에는 그 진단 일자 및 진단서 작성일자가 상해 발생 시점과 시간상으로 근접하고 상해 진단서 발급 경위에 특별히 신빙성을 의심할 만한 사정은 없는지, 상해진단서에 기재된 상해 부위 및 정도가 피해자가 주장하는 상해의 원인 내지 경위와 일치하는지, 피해자가 호소하는 불편이 기왕에 존재하던 신체 이상과 무관한 새로운 원인으로 생겼다고 단정 할 수 있는지, 의사가 그 상해진단서를 발급한 근거 등을 두루 살피는 외에도 피해자가 상해 사건 이후 진료를 받은 시점, 진료를 받게 된 동기와 경위, 그 이후의 진료 경과 등을 면밀히 살펴 논리와 경험법칙에 따라 그 증명력을 판단하여야 한다.(대법원 2017. 4. 7. 2017도1286 저 여자 찍었다 사건)

11 기타 증명력 관련 판례

1. **공소사실의 내용 자체로 전후 연속되거나 견련되어 있는 여러 범죄사실에 대하여 그 중 일부는 무죄로 판단하면서도 나머지는 유죄로 인정하려면 그와 같이 무죄로 본 근거가 되는 사정들이 나머지 부분의 유죄 인정에 방해가 되지 않는다는 점이 합리적으로 설명될 수 있어야 한다.**(대법원 2013. 9. 26. 2012도3722 해병대 대령 성추행사건) ▶ 22 경간부

2. 공소사실을 인정할 증거로 사실상 피해자의 진술이 유일한 경우에 **피고인의 진술이 경험칙상 합리성이 없고 그 자체로 모순되어 믿을 수 없다고 하여 그것이 공소사실을 인정하는 직접증거가 되는 것은 아니지만 이러한 사정은 법관의 자유판단에 따라 피해자 진술의 신빙성을 뒷받침하거나 직접증거인 피해자 진술과 결합하여 공소사실을 뒷받침하는 간접정황이 될 수 있다.**(대법원 2022. 12. 15. 2021도14234 넣지 말라고 했잖아 사건) ▶ 24 경찰승진, 20 경찰채용

3. 범행에 관한 간접증거만이 존재하고 더구나 그 간접증거의 증명력에 한계가 있는 경우 범인으로 지목되고 있는 자에게 범행을 저지를 만한 동기가 발견되지 않는다면 만연히 무엇인가 동기가 분명히 있는데도 이를 범인이 숨기고 있다고 단정할 것이 아니라 반대로 간접증거의 증명력이 그만큼 떨어진다고 평가하는 것이 형사증거법의 이념에 부합한다. (대법원 2022. 6. 16. 2022도2236 구미 아이 바꿔치기 사건) ▶ 24 경찰승진, 24 경찰채용

12 확정판결의 증명력

1. **동일한 사실관계에 관하여 이미 확정된 형사판결이 인정한 사실은 유력한 증거자료가 되므로 그 형사재판의 사실 판단을 채용하기 어렵다고 인정되는 특별한 사정이 없는 한 이와 배치되는 사실은 인정할 수 없다.**(대법원 2009. 12. 24. 2009도11349 독산동 위장결혼사건) ▶ 22 경찰승진

2. 형사재판에 있어서 **이와 관련된 다른 형사사건의 확정판결에서 인정된 사실은 특별한 사정이 없는 한 유력한 증거자료가 되는 것이나, 당해 형사재판에서 제출된 다른 증거 내용에 비추어 관련 형사사건의 확정판결에서의 사실판단을 그대로 채택하기 어렵다고 인정될 경우에는 이를 배척할 수 있다.**(대법원 2014. 3. 27. 2014도1200 약사면허증 불법대여 사건) ▶ 25 경찰승진, 25 경찰채용, 25 소방간부, 24 국가9급, 23 경찰채용, 23 국가9급, 23 소방간부, 20 경간부, 17 변호사, 15 국가9급

13 과학적 증거방법의 증명력

유전자검사나 혈액형검사 등 과학적 증거방법은 그 전제로 하는 사실이 모두 진실임이 입증되고 그 추론의 방법이 과학적으로 정당하여 오류의 가능성이 전무하거나 무시할 정도로 극소한 것으로 인정되는 경우에는 법관이 사실인정을 함에 있어 **상당한 정도로 구속력**을 가지므로 비록 사실의 인정이 사실심의 전권이라 하더라도 아무런 합리적 근거 없이 함부로 이를 배척하는 것은 자유심증주의의 한계를 벗어나는 것으로서 허용될 수 없다.(대법원 2009. 3. 12. 2008도8486 방배래미안타워 필로폰 투약사건) 유전자검사나 혈액형검사 등 과학적 증거방법은 그 정확도가 99% 이상이므로 법관도 그에 구속된다라는 취지의 판례이다.

▶ 22 경찰승진, 21 국가9급

14 범인식별 절차의 방식(원칙적으로 다자대면 line-up, 예외적으로 일대일대면 show-up)

1. 범인식별 절차에 있어 목격자의 진술의 신빙성을 높게 평가할 수 있게 하려면 범인의 인상착의 등에 관한 목격자의 진술 내지 묘사를 사전에 상세히 기록화한 다음, **용의자를 포함하여 그와 인상착의가 비슷한 여러 사람을 동시에 목격자와 대면시켜 범인을 지목하도록** 하여야 하고, 용의자와 목격자 및 비교대상자들이 상호 사전에 접촉하지 못하도록 하여야 하며, 사후에 증거가치를 평가할 수 있도록 대질 과정과 결과를 문자와 사진 등으로 서면화하는 등의 조치를 취하여야 하고, 사진제시에 의한 범인식별 절차에 있어서도 기본적으로 이러한 원칙에 따라야 한다. 그리고 이러한 원칙은 동영상제시·가두식별 등에 의한 범인식별 절차와 사진제시에 의한 범인식별 절차에서 목격자가 용의자를 범인으로 지목한 후에 이루어지는 동영상제시·가두식별·대면 등에 의한 범인식별 절차에도 적용되어야 한다.(대법원 2008. 1. 17. 2007도5201 부산 좌천동 여아강간사건) 다자대면 line-up을 말한다. [15] 판례 참고.

   ▶ 21 경간부, 17 경간부

2. 범죄 발생 직후 목격자의 기억이 생생하게 살아있는 상황에서 현장이나 그 부근에서 범인식별 절차를 실시하는 경우에는 목격자에 의한 생생하고 정확한 식별의 가능성이 열려 있고 범죄의 신속한 해결을 위한 즉각적인 대면의 필요성도 인정할 수 있으므로 **용의자와 목격자의 일대일 대면도 허용된다.**(대법원 2009. 6. 11. 2008도12111 부산 대연동 강제추행사건) 일대일대면 show-up을 말한다. [16] 판례 참고.

   ▶ 17 경간부, 15 경간부

15 범인식별 절차에 하자가 있는 경우

용의자의 인상착의 등에 의한 범인식별 절차에서 **용의자 한 사람을 단독으로 목격자와 대질시키거나 용의자의 사진 한 장만을 목격자에게 제시하여 범인 여부를 확인하게 하는 것**은 사람의 기억력의 한계 및 부정확성과 구체적인 상황하에서 용의자나 그 사진상의 인물이 범인으로 의심받고 있다는 무의식적 암시를 목격자에게 줄 수 있는 가능성으로 인하여, 그러한 방식에 의한 범인식별 절차에서의 목격자의 진술은, 그 용의자가 종전에 피해자와 안면이 있는 사람이라든가 피해자의 진술 외에도 그 용의자를 범인으로 의심할 만한 다른 정황이 존재한다든가 하는 등의 부가적인 사정이 없는 한 그 **신빙성이 낮다.**(대법원 2008. 1. 17. 2007도5201 부산 좌천동 여아강간사건)

▶ 17 경간부, 15 경찰채용

16 범인식별 절차에 하자가 없는 경우

피고인이 피해자를 강제로 추행하고 도주하자 피해자가 범인을 뒤쫓아 가다가 때마침 순찰활동 중이던 경찰차에 탑승하여 범인을 추적하게 되었고, 이후 경찰관들이 피고인이 숨어 들어간 것으로 추측되는 주택 2층의 피고인 방에 피해자를 데려와 피고인과 대면을 시킨 다음 범인이 맞는지 물어보아 맞다는 대답을 들은 경우 [강제추행치상죄] (대법원 2009. 6. 11. 2008도12111 부산 대연동 강제추행사건)

제 2 절 | 자백배제법칙과 위법수집증거배제법칙

I 자백배제법칙

헌법(1987.10.29. 헌법 제10호로 전부개정된 것)

제12조 ⑦ 피고인의 자백이 고문·폭행·협박·구속의 부당한 장기화 또는 기망 기타의 방법에 의하여 자의로 진술된 것이 아니라고 인정될 때 또는 정식재판에 있어서 피고인의 자백이 그에게 불리한 유일한 증거일 때에는 이를 유죄의 증거로 삼거나 이를 이유로 처벌할 수 없다.

형사소송법(2025. 3.18. 법률 제20796호로 일부개정된 것)

제309조 【강제등 자백의 증거능력】 피고인의 자백이 고문, 폭행, 협박, 신체구속의 부당한 장기화 또는 기망 기타의 방법으로 임의로 진술한 것이 아니라고 의심할 만한 이유가 있는 때에는 이를 유죄의 증거로 하지 못한다.

> **선생님의 TIP**
> 자백배제법칙은 어려운 것이 없으므로 시험에 출제되면 틀리는 일이 없어야 한다.

<이미지 출처 - The JoongAng(https://www.joongang.co.kr/article/23582827)[1]>

01 임의성 없는 자백의 증거능력을 부정하는 취지(=절충설)

임의성 없는 진술의 증거능력을 부정하는 취지는 허위진술을 유발 또는 강요할 위험성이 있는 상태에서 이루어진 진술은 그 자체가 실체적 진실에 부합하지 아니하여 오판을 일으킬 소지가 있을 뿐만 아니라 그 진위 여부를 떠나서 진술자의 기본적 인권을 침해하는 위법·부당한 압박이 가하여지는 것을 사전에 막기 위한 것이다.(대법원 2015. 9.10. 2012도9879 중정 불법감금 사건)

▶ 22 국가7급, 17 경간부

---

[1] 영화 〈살인의 추억〉의 한 장면으로 엉뚱한 피의자가 고문을 당하고 있는 모습이다. 지금으로서는 상상할 수 없는 일들이 과거에 많이 발생하였다.

02 형사소송법 제309조에 규정된 사유의 해석

형사소송법 제309조는 "피고인의 자백이 고문, 폭행, 협박, 신체구속의 부당한 장기화 또는 기망 기타의 방법으로 임의로 진술한 것이 아니라고 의심할만한 이유가 있을 때에는 이를 유죄의 증거로 하지 못한다."고 규정하고 있는바, 위 법조에서 규정된 피고인의 진술의 자유를 침해하는 위법사유는 원칙적으로 예시사유로 보아야 하고 고문, 폭행, 협박, 신체구속의 부당한 장기화 또는 기망 방법 등은 일응 진술의 자유를 침해하는 위법사유의 예시에 불과함은 같은 법조의 문리적 해석의 당연한 귀결이라 할 것이며 문면상 '기타의 방법'은 또한 다종다양할 것임은 말할 나위도 없다.(대법원 1985. 2. 26. 82도2413 윤경화 노파 피살사건)

> 18 경찰채용

03 자백의 증거능력이 부정되는 경우 I

1. 참고인에 대한 검찰 진술조서가 **강압상태 또는 강압수사로 인한 정신적 강압상태가 계속된 상태에서** 작성된 것으로 의심되어 그 임의성을 의심할 만한 사정이 있는데도 검사가 그 임의성의 의문점을 없애는 증명을 하지 못하였다면 유죄의 증거로 사용할 수 없다.(대법원 2006. 11. 23. 2004도7900 서세원 프로덕션 사건)

   > 19 경찰승진

2. 별건으로 수감 중인 자를 약 1년 3개월의 기간 동안 무려 270회나 검찰청으로 소환하여 밤 늦은 시각 또는 그 다음날 새벽까지 조사를 하였거나 국외로 출국하여야 하는 상황에 놓여 있는 자를 심리적으로 압박하여 조사를 하였을 가능성이 충분하다면 그들에 대한 진술조서는 임의성을 의심할 만한 사정이 있다.(대법원 2006. 1. 26. 2004도517 경성비리 사건Ⅲ)

   > 20 경간부

3. 알선수재사건의 공여자 등이 별건으로 구속된 상태에서 10여 일 내지 수십여 일 동안 거의 매일 검사실로 소환되어 밤늦게까지 조사를 받았다면 이들은 과도한 육체적 피로, 수면부족, 심리적 압박감 속에서 진술을 한 것으로 보여지므로 이들에 대한 진술조서는 그 임의성을 의심할 만한 사정이 있다.(대법원 2002. 10. 8. 2001도3931 경성비리 사건Ⅱ)

4. 피고인의 검찰에서의 자백은 피고인이 검찰에 연행된 때로부터 약 30시간 동안 잠을 재우지 아니한 채 검사 2명이 교대로 신문을 하면서 회유한 끝에 받아낸 것으로 임의로 진술한 것이 아니라고 의심할 만한 이유가 있는 때에 해당한다고 보아 그 피의자신문조서는 증거능력이 없다.(대법원 1997. 6. 27. 95도1964 조흥은행 연산동지점장 수뢰사건)

   > 15 경간부

5. 피고인의 자백이 심문에 참여한 검찰주사가 '피의사실을 자백하면 피의사실부분은 가볍게 처리하고 보호감호의 청구를 하지 않겠다'는 각서를 작성하여 주면서 자백을 유도한 것에 기인한 것이라면 위 자백은 기망에 의하여 임의로 진술한 것이 아니라고 의심할 만한 이유가 있는 때에 해당하여 증거로 할 수 없다.(대법원 1985. 12. 10. 85도2182 보호감호를 청구하지 않겠다 사건)

   > 25 경찰승진, 23 경찰채용, 23 소방간부, 20 경간부, 19 소방간부, 18 경찰승진, 15 변호사, 15 경찰승진

04 자백의 증거능력이 부정되는 경우 II

1. 피고인이 검사 이전의 수사기관에서 고문 등 가혹행위로 인하여 임의성 없는 자백을 하고 그 후 검사의 조사단계에서도 임의성 없는 심리상태가 계속되어 동일한 내용의 자백을 하였다면 검사의 조사단계에서 고문 등 자백의 강요행위가 없었다고 하여도 검사 앞에서의

   > 22 경찰승진, 19 국가9급, 19 소방간부, 18 국가7급, 18 경찰승진, 15 국가9급

자백도 임의성 없는 자백이라고 볼 수밖에 없다.(대법원 2013. 7.11. 2011도14044 긴급조치 제1호·제4호 위반사건)

2. 피고인이 수사기관에서 가혹행위 등으로 인하여 임의성 없는 자백을 하고 그 후 **법정에서도 임의성 없는 심리상태가 계속되어 동일한 내용의 자백을 하였다면 법정에서의 자백도 임의성 없는 자백이라고 보아야 한다.**(대법원 2012.11.29. 2010도3029 백남욱 간첩조작사건)

▶ 25 소방간부, 23 경찰승진, 23 소방간부, 22 경간부, 21 경찰승진, 21 소방간부, 20 경간부, 18 국가7급, 18 경찰승진, 18 경찰채용, 15 변호사, 15 국가9급

05 자백의 증거능력이 부정되지 않는 경우 I [2]

1. 제1회 피의자신문조서가 사건의 송치를 받은 당일에 작성된 것이었다 하여 그와 같은 조서의 작성시기만으로 그 조서에 기재된 피고인의 자백진술이 임의성이 없거나 특히 신빙할 수 없는 상태에서 된 것이라 의심하여 증거능력을 부정할 수 없다.(대법원 1984. 5.29. 84도378 함주명 간첩조작사건) 서울고등법원은 2005. 7.15. '고문기술자 이근안에 의한 불법체포와 가혹한 고문 등'을 인정하여 피고인들의 재심을 받아들여 무죄를 선고한 바 있고, 이후에 이 판결이 확정되었다.

▶ 22 경찰승진

2. 피고인의 자백이 임의성이 없다고 의심할 만한 사유가 있는 때에 해당한다 할지라도 그 **임의성이 없다고 의심하게 된 사유들과 피고인의 자백과의 사이에 인과관계가 존재하지 않은 것이 명백한 때에는 그 자백은 임의성이 있는 것으로 인정된다.**(대법원 1984.11.27. 84도2252 송씨 일가 간첩조작사건) 사건 당시 안기부가 유죄판결을 하도록 고등법원과 대법원 판사들에게 압력을 행사했다고 밝혀졌는데, 그 압력 때문에 고등법원과 대법원을 왔다 갔다하는 재판을 하였고(고등법원 판결 → 상고 → 대법원 1차 파기환송 → 고등법원 1차 파기환송심 → 재상고 → 대법원 2차 파기환송 → 고등법원 2차 파기환송심 → 재재상고 → 대법원 상고기각), 결국 유죄가 확정된 바 있었다. 그러나, 서울고등법원은 2009. 8.28. '유일한 증거인 자백의 임의성을 의심할 사유가 충분하다'고 하여 피고인들의 재심을 받아들여 무죄를 선고하였고, 서울고등법원도 2012. 1.15. 피해자 송기준씨 등 피해자와 가족 39명에게 총 132억원의 국가배상을 명하는 판결을 선고하였다.

▶ 25 경찰채용, 25 소방간부, 24 경찰채용, 23 소방간부, 22 경간부, 20 경간부, 20 경찰채용, 19 경찰채용, 18 소방간부, 16 변호사

06 자백의 증거능력이 부정되지 않는 경우 II

1. 자백의 약속이 검사의 강요나 위계에 의하여 이루어졌다든가 또는 불기소나 경한 죄의 소추 등 이익과 교환조건으로 된 것이라고 인정되지 아니하므로 위와 같이 **일정한 증거가 발견되면 자백하겠다는 약속 하에 된 자백을 곧 임의성이 없는 자백이라고 단정할 수는 없다.**(대법원 1983. 9.13. 83도712 정재파·박상은 사건) 예전에 강의할 때 저자가 직접 연기를 하면서 자세하게 설명했던 기억이 난다.

▶ 25 소방간부, 23 경찰채용, 22 경찰승진, 21 경찰승진, 20 경찰채용, 19 경찰채용, 19 국가9급, 18 경찰승진, 18 경찰채용, 18 소방간부, 16 국가7급, 15 변호사

---

[2] 원판결 당시에는 자백의 증거능력이 인정되었지만, 재심을 통하여 증거능력이 없는 것으로 확정되었다. 어쨌든 시험에 출제되면 '증거능력이 인정된다'라고 보고 문제를 풀어야 한다.

<이미지 출처 - 네이버 뉴스 라이브러리, 동아일보(https://newslibrary.naver.com)>

2. 검사의 접견금지결정으로 피고인들의 (비변호인간의) 접견이 제한된 상황하에서 피의자신문조서가 작성되었다는 사실만으로 바로 그 조서가 임의성이 없는 것이라고는 볼 수 없다. (대법원 1984. 7.10. 84도846 녹용밀수단 사건)

▶ 18 경간부, 15 경찰승진

07 자백의 증명력이 부정되는 경우

피고인이 처음 검찰조사시에 범행을 부인하다가 뒤에 자백을 하는 과정에서 200만원을 뇌물로 받은 것으로 하면 특정범죄가중법위반으로 중형을 받게 되니 200만원 중 30만원을 술값을 갚은 것으로 조서를 허위작성한 것이라면 이는 단순 수뢰죄의 가벼운 형으로 처벌되도록 하겠다고 약속하고 자백을 유도한 것으로 위와 같은 상황하에서 한 자백은 그 임의성에 의심이 가고 따라서 진실성이 없다는 취지에서 이를 배척하였다 하여 자유심증주의의 한계를 벗어난 위법이 있다고는 할 수 없다.(대법원 1984. 5. 9. 83도2782 단순수뢰로 해 주겠다 사건) 증거능력을 부정하지 않고 증명력을 부정한 판례이다. 이 판례에서 '200만원'은 2025년 현재 3,000만원을 말한다.

08 진술(자백)의 임의성에 대한 입증책임의 소재(=검사)

진술의 임의성에 다툼이 있을 때에는 그 임의성을 의심할 만한 합리적이고 구체적인 사실을 피고인이 증명할 것이 아니고 검사가 그 임의성의 의문점을 없애는 증명을 하여야 할 것이고, 검사가 그 임의성의 의문점을 없애는 증명을 하지 못한 경우에는 그 진술증거는 증거능력이 부정된다.(대법원 2015. 9.10. 2012도9879 중정 불법감금 사건)

▶ 25 경찰승진, 25 국가9급, 25 소방간부, 23 경찰승진, 23 경찰채용, 22 경간부, 22 경찰채용, 22 국가7급, 21 경찰승진, 20 경찰채용, 20 소방간부, 19 소방간부, 18 국가7급, 18 경간부, 18 소방간부, 17 법원9급, 16 국가7급, 16 경찰승진, 15 경찰승진, 15 국가9급, 15 법원9급

09 피고인이 피의자신문조서에 기재된 진술에 대하여 임의성을 부인하면서 허위의 자백이라고 다투는 경우 임의성 유무의 판단 방법

피고인이 피의자신문조서에 기재된 **피고인 진술의 임의성을 다투면서 그것이 허위 자백**이라고 주장하는 경우 법원은 구체적인 사건에 따라 피고인의 학력, 경력, 직업, 사회적 지위, 지능 정도, 진술 내용, 피의자신문조서의 경우 조서 형식 등 **제반 사정을 참작하여 자유로운 심증으로 진술이 임의로 된 것인지를 판단하되**, 자백의 진술 내용 자체가 객관적인 합리성을 띠고 있는가, 자백의 동기나 이유 및 자백에 이르게 된 경위는 어떠한가, 자백 외 정황증거 중 자백과 저촉되거나 모순되는 것이 없는가 하는 점 등을 고려하여 신빙성 유무를 판단하여야 한다.(대법원 2013. 7.25. 2011도6380 동대문경찰서 수사관들 가혹행위 사건)

> 23 경찰승진, 23 소방간부, 22 경간부, 22 경찰채용, 20 경찰채용, 19 소방간부, 16 경찰승진, 15 경찰승진, 15 국가9급

10 임의성이 인정되지 아니하여 증거능력이 없는 진술이 증거동의의 대상이 되는지의 여부 (소극)

임의성이 인정되지 아니하여 증거능력이 없는 진술증거는 피고인이 증거로 함에 동의하더라도 증거로 삼을 수 없다.(대법원 2013. 7.11. 2011도14044 긴급조치 제1호·제4호 위반사건) 임의성 없는 자백의 증거능력 부정은 절대적이다. 헌법 제12조 제7항을 위반한 것이다.

> 24 경찰승진, 23 경찰승진, 23 법원9급, 22 경찰채용, 22 법원9급, 21 경간부, 19 경찰승진, 19 법원9급, 19 소방간부, 18 경간부, 18 경찰채용, 18 국가9급, 16 법원9급, 15 변호사, 15 경찰승진

II 위법수집증거배제법칙

형사소송법(2025. 3. 18. 법률 제20796호로 일부개정된 것)

제308조의2 【위법수집증거의 배제】 적법한 절차에 따르지 아니하고 수집한 증거는 증거로 할 수 없다.

> **선생님의 TIP**
>
> 최근 가장 핫(hot)한 테마는 압수·수색과 위법수집증거배제법칙이다. 압수·수색은 매우 어렵지만, 위법수집증거배제법칙 그 자체는 그다지 어려운 것이 없다. 자백배제법칙은 절대적 증거법칙이지만, 위법수집증거배제법칙은 예외가 인정되는 상대적 증거법칙이라는 점을 주의하여야 한다(**헌법 위반과 형사소송법상의 단순한 절차조항 위반은** 분명히 차이가 있다). 비록 위법하게 수집하였더라도 '적법절차의 실질적인 내용을 침해하였는지 여부'나 '인과관계가 희석 또는 단절되었는지 여부' 등에 따라 증거능력이 인정될 수도 있다.

01 위법수집증거배제법칙의 취지

형사소송법 제308조의2는 위법한 압수·수색을 비롯한 수사과정의 위법행위를 억제하고 재발을 방지함으로써 국민의 기본적 인권보장이라는 헌법 이념을 실현하고자 위법수집증거배제 원칙을 명시한 것이다.(대법원 2025. 4. 24. 2024도19106 구질구질한 성폭행 및 스토킹 사건) 위법수집증거배제법칙의 이론적 근거는 (이념적 차원에서) 적법절차의 보장과 (정책적 차원에서) 위법수사의 억제에 있다. 이 판례도 대략 같은 취지이다.

> 22 소방간부

02 위법수집증거배제법칙 관련 위법성의 치유의 문제

수사기관이 영장주의 원칙과 적법절차를 준수하지 않은 위법한 압수·수색 과정을 통하여 취득한 증거는 위법수집증거에 해당하고, 사후에 법원으로부터 영장이 발부되었다고 하여 위법성이 치유되는 것도 아니다.(대법원 2025. 4. 10. 2024도15789 박차훈 새마을금고 중앙회장 사건) 헌법 위반으로 위법성이 치유될 수 없다.

03 위법하게 수집된 증거 및 이를 기초로 하여 획득한 2차적 증거의 증거능력의 유무

1. 적법한 절차에 따르지 아니한 위법행위를 기초로 하여 증거가 수집된 경우에는 당해 증거뿐 아니라 그에 터잡아 획득한 2차적 증거에 대해서도 그 증거능력은 부정되어야 한다. 다만 위와 같은 위법수집증거배제의 원칙은 수사과정의 위법행위를 억지함으로써 국민의 기본적 인권을 보장하기 위한 것이므로 적법절차에 위배되는 행위의 영향이 차단되거나 소멸되었다고 볼 수 있는 상태에서 수집한 증거는 그 증거능력을 인정하더라도 적법절차의 실질적 내용에 대한 침해가 일어나지는 않는다 할 것이니 그 증거능력을 부정할 이유는 없다. 따라서 증거수집 과정에서 이루어진 적법절차 위반행위의 내용과 경위 및 그 관련 사정을 종합하여 볼 때 당초의 적법절차 위반행위와 증거수집 행위의 중간에 그 행위의 위법 요소가 제거 내지 배제되었다고 볼 만한 다른 사정이 개입됨으로써 인과관계가 단절된 것으로 평가할 수 있는 예외적인 경우에는 이를 유죄 인정의 증거로 사용할 수 있다. (대법원 2013. 3. 14. 2010도2094 군산 강제연행 사건) [8] 1. 판례 참고

> 22 국가7급, 21 경찰승진, 20 경찰채용, 19 경간부, 15 국가9급

2. 형사소송법 제308조의2에 따라 적법한 절차에 따르지 아니하고 수집한 증거는 증거로 할 수 없다. 수사기관이 헌법과 형사소송법이 정한 절차에 따르지 아니하고 수집한 증거는 물론, 이를 기초로 하여 획득한 2차적 증거 역시 유죄 인정의 증거로 삼을 수 없는 것이 원칙이다. 다만 수사기관의 절차 위반행위가 적법절차의 실질적인 내용을 침해하는 경우에 해당하지 아니하고, 오히려 그 증거의 증거능력을 배제하는 것이 헌법과 형사소송법이 형사소송에 관한 절차조항을 마련하여 적법절차의 원칙과 실체적 진실 규명의 조화를 도모하고, 이를 통하여 형사사법 정의를 실현하려고 한 취지에 반하는 결과를 초래하는 것으로 평가되는 예외적인 경우라면 법원은 그 증거를 유죄 인정의 증거로 사용할 수 있다. 법원이 2차적 증거의 증거능력 인정 여부를 최종적으로 판단할 때에는 먼저 절차에 따르지 아니한 1차적 증거수집과 관련된 모든 사정들, 즉 절차조항의 취지와 그 위반의 내용 및 정도, 구체적인 위반 경위와 회피가능성, 절차조항이 보호하고자 하는 권리 또는 법익의 성질과 침해 정도 및 피고인과의 관련성, 절차 위반행위와 증거수집 사이의 인과관계 등 관련성의 정도, 수사기관의 인식과 의도 등을 살피는 것은 물론, 나아가 1차적 증거를 기초로 하여 다시 2차적 증거를 수집하는 과정에서 추가로 발생한 모든 사정들까지 구체적인 사안에 따라 주로 인과관계 희석 또는 단절 여부를 중심으로 전체적 · 종합적으로 고려하여야 한다.(대법원 2024. 4. 16. 2020도3050 검찰수사관 부당한 수사지연 사건)

24 경찰채용, 23 경찰승진, 22 국가9급, 20 경찰채용, 20 소방간부, 18 국가9급, 16 경찰승진, 15 경간부, 15 경찰채용, 15 법원9급

3. (1) 헌법과 형사소송법이 정한 절차에 따르지 아니하고 수집된 증거는 물론, 이를 기초로 하여 획득한 2차적 증거 역시 유죄 인정의 증거로 삼을 수 없는 것이 원칙이다. 수사기관의 절차 위반행위가 적법절차의 실질적인 내용을 침해하는 경우에 해당하지 않고, 오히려 그 증거의 증거능력을 배제하는 것이 헌법과 형사소송법이 형사소송에 관한 절차조항을 마련하여 적법절차의 원칙과 실체적 진실 규명의 조화를 도모하고, 이를 통하여 형사사법 정의를 실현하려고 한 취지에 반하는 결과를 초래하는 것으로 평가되는 예외적인 경우에 한하여 유죄 인정의 증거로 사용될 수 있다. 따라서 2차적 증거의 경우에도 절차에 따르지 아니한 1차적 증거수집과 관련된 모든 사정들, 즉 절차 조항의 취지와 그 위반의 내용 및 정도, 구체적인 위반 경위와 회피가능성, 절차 조항이 보호하고자 하는 권리 또는 법익의 성질과 침해 정도 및 피고인과의 관련성, 절차 위반행위와 증거수집 사이의 인과관계 등 관련성의 정도, 수사기관의 인식과 의도 등은 물론, 나아가 1차적 증거를 기초로 하여 다시 2차적 증거를 수집하는 과정에서 추가로 발생한 모든 사정들까지 전체적 · 종합적으로 고려하여 인과관계가 희석 또는 단절되었다고 평가되는 예외적인 경우에 한하여 유죄 인정의 증거로 사용될 수 있다. (2) 구체적 사안이 위와 같은 예외적인 경우에 해당하는지를 판단함에 있어서 적법한 절차를 따르지 않고 수집된 증거나 이를 기초로 획득된 2차적 증거를 유죄의 증거로 삼을 수 없다는 원칙이 훼손되지 않도록 유념하여야 하고, 그러한 예외적인 경우에 해당한다고 볼 만한 구체적이고 특별한 사정이 존재한다는 점은 검사가 증명하여야 한다. (3) 나아가, 이러한 법리는 2차적 증거가 피고인의 법정진술인 경우에도 그대로 적용된다. 따라서 2차적 증거인 피고인의 법정진술을 유죄 인정의 증거로 사용할 수 있는지 역시 위와 같은 법리에 의하여 판단하여야 하는데, 특히 수사기관이 위법하게 수집한 1차적 증거가 수사개시의 단서가 되었거나

사실상 유일한 증거 내지 핵심증거이고 위법의 정도 역시 상당할뿐더러 피고인이 수사기관에서 1차적 증거를 제시받거나 1차적 증거의 내용을 전제로 신문받은 바가 있다면, 특별한 사정이 없는 이상 법정진술도 1차적 증거를 직접 제시받고 한 것과 다름 없거나 적어도 1차적 증거의 존재를 전제로 한 것으로 볼 수 있으므로 이는 절차 위반행위와의 인과관계의 희석 또는 단절을 인정하기 어려운 정황에 속한다. 이러한 경우더라도 피고인의 법정진술이 다른 독립된 증거에서 기인하는 등 1차적 증거와 무관하게 이루어졌다고 평가된다면 인과관계의 희석 또는 단절을 인정할 수 있으나 그러한 특별한 사정이 존재한다는 점은 검사가 증명하여야 한다.(대법원 2025. 1. 9. 2024도12689 합성대마 공범 휴대폰 분실사건) (1) 甲은 합성대마 매수자인 乙의 부탁에 따라 합성대마를 수거한 후 건네주어 합성대마 매수자와 공모하여 합성대마를 매수하였다는 마약류관리법위반(향정)으로 기소되었다. 乙은 그 이후 택시에서 휴대전화를 분실하였고, 택시기사가 이를 경찰에 습득물로 제출하였는데, 경찰관은 휴대전화 소유자의 인적사항을 파악하기 위해 저장되어 있던 정보를 확인하던 중 필로폰 구매 정황으로 의심되는 텔레그램 대화내역 등을 목격하고 이를 다른 경찰관에게 인계하였으며, 이를 인계받은 경찰관은 공소사실과 관련된 甲과 乙 사이의 카카오톡 대화내역 등을 발견하고 이를 복제·출력하거나 사진으로 촬영하였다(乙에게 참여의 기회를 보장한 바 없다). 경찰관은 위 전자정보로 甲의 인적사항을 파악하여 수사를 진행하고, 甲에 대한 피의자신문 과정에서 카카오톡 대화내역 등 전자정보의 출력물 내지 촬영물을 제시하였다. 이후 검사는 甲을 기소하였는데(乙은 별도로 기소되었다), 甲은 제1심에서 "공소사실 기재 행위는 인정하나, 검사 제출 증거는 위법수집증거이므로 무죄가 선고되어야 한다."는 취지로 주장하였고, 관련사건으로 기소된 乙도 해당 사건 1심에서 동일한 취지로 주장하였다. (2) <u>원심인 대전고등법원은 카카오톡 대화내역 등 전자정보는 영장주의를 위반하고 참여권을 보장하지 않은 채 위법하게 수집된 증거로서 증거능력이 부정되나, 甲의 제1심 법정진술과 乙의 관련사건 제1심 법정진술은 절차 위반행위와의 인과관계가 희석 또는 단절되어 증거능력이 인정된다고 보고, 甲의 제1심 법정진술과 관련사건 공소장 출력물, 관련사건 제1심 제1회 공판준비기일조서 사본 등을 유의의 증거로 삼아 공소사실을 유죄로 판단하였다.</u> (3) 그러나 대법원은 위와 같은 법리를 설시하면서 ① 수사기관의 카카오톡 대화내역 등 전자정보에 관한 수집절차에는 영장주의 위반, 참여권 미보장 등의 위법이 존재하는 점 ② 甲과 乙에 대한 수사가 오로지 위법하게 수집된 카카오톡 대화내역 등 전자정보를 기초로 개시되었고, 甲의 인적사항 역시 위 전자정보에 근거하여 특정된 것으로 위법수집증거인 카카오톡 대화내역 등 전자정보가 없었다면 甲 및 乙에 대한 수사진행이나 기소가 어려웠을 것이고 따라서 甲 및 乙이 법정에서 진술하게 되지도 않았을 것으로 보이는 점 ③ 甲과 乙이 수사기관 피의자신문 과정에서 카카오톡 대화내역 출력물 등을 제시받거나 그에 관한 질문을 받아 수사기관이 이를 증거로 확보하고 있다는 사정을 알고 있었으므로 그러한 사정이 甲과 乙의 법정진술에 영향을 미쳤다고 볼 수밖에 없고, 이는 법정진술 당시 면전에서 카카오톡 대화내역 출력물 등을 제시받지 않았더라도 마찬가지인 점 ④ 甲과 乙의 법정진술 취지에 비추어 보더라도 甲과 乙은 카카오톡 대화내역 등 전자정보가 증거로 확보되어 있다는 사정을 의식하면서 위 증거가 위법수집증거라는 법률적 주장과 함께 그러한 법률적 주장이 받아들여지지 않을 경우 공소사실 기재 행위 자체를 인정하는지 여부가 양형에 참작될 수 있음을 고려하여 공소사실 기재 행위 자체는 인정하는 듯한 법정진술을 하게 되었던 것으로 보여 그러한 법정진술의 직접적 원인은 위법하게 수집된 카카오톡 대화내역 등 전자정보였던 것으로 보이는 점 ⑤ 수사기관이 수집한 적법한 증거는 전혀 존재하지 않고, 甲 및 乙이 위법수집증거인 카카오톡 대화내역 등 전자정보 외에 다른 독립된 증거에 기인하여 공소사실 인정 취지의 법정진술을 하였다고 인정할 만한 특별한 사정이 보이지 않으며 그에 관한 검사의 증명도 존재하지 않는 점 등에 비추어 보면, 甲의 법정진술 및 乙의 관련사건 법정진술은 위법하게 수집된 카카오톡 대화내역 등 전자정보에 기초한 2차적 증거들로, 절차 위반행위와의 인과관계의 희석 또는 단절을 인정할 특별한 사정이 존재하지 않으므로 증거능력이 부정되어야 한다고 보아, 이와 달리 각 법정진술에 증거능력이 인정된다는 전제에서 공소사실을 유죄로 판단한 원심판결을 파기·환송하였다. [9] 판례와 비교

04 위법하게 수집된 증거의 증거능력 인정을 위한 입증책임의 소재(=검사)

적법한 절차에 따르지 아니하고 수집한 증거는 증거로 할 수 없다(형사소송법 제308조의2). 다만 수사기관의 증거수집 과정에서 이루어진 절차 위반행위와 관련된 모든 사정을 전체적·종합적으로 살펴볼 때 수사기관의 절차 위반행위가 적법절차의 실질적인 내용을 침해하는 경우에 해당하지 않고, 오히려 그 증거의 증거능력을 배제하는 것이 헌법과 형사소송법이 형사소송에 관한 절차조항을 마련하여 적법절차의 원칙과 실체적 진실 규명의 조화를 도모하고 이를 통하여 형사사법 정의를 실현하려고 한 취지에 반하는 결과를 초래하는 것으로 평가되는 예외적인 경우라면 법원은 그 증거를 유죄 인정의 증거로 사용할 수 있다. 이때 구체적 사안이 위와 같은 예외적인 경우에 해당하는지를 판단하는 과정에서 적법한 절차를 따르지 않고 수집된 증거를 유죄의 증거로 삼을 수 없다는 원칙이 훼손되지 않도록 유념하여야 하고, 그러한 예외적인 경우에 해당한다고 볼 만한 구체적이고 특별한 사정이 존재한다는 점은 검사가 증명하여야 한다.(대법원 2021. 12. 30. 2019도10309 엉뚱한 올카 발견 사건)

> 23 소방간부, 21 국가9급, 20 경찰채용

선생님의 TIP

[5], [6] 판례들은 우리가 앞에서 배운바 있는데 복습 차원에서 이렇게 다시 수록하였다.

05 위법하게 수집된 '진술증거'의 증거능력을 부정한 경우

1. 통역인이 사건에 관하여 증인으로 증언한 때에는 직무집행에서 제척되고, **제척사유가 있는 통역인이 통역한 증인의 증인신문조서는 유죄 인정의 증거로 사용할 수 없다.**(대법원 2011. 4. 14. 2010도13583 사기당한 띵정 사건)

> 23 국가7급, 17 국가9급, 16 변호사, 15 경찰채용

2. 수사기관이 피의자를 신문함에 있어서 피의자에게 미리 진술거부권을 고지하지 않은 때에는 그 피의자의 진술은 위법하게 수집된 증거로서 진술의 임의성이 인정되는 경우라도 증거능력이 부인되어야 한다.(대법원 2024. 5.30. 2020도9370 성매매업소 기습단속 사건)

   > 25 경찰채용, 25 법원9급, 25 소방간부, 24 변호사, 24 경찰승진, 24 법원9급, 24 소방간부, 23 변호사, 23 경찰승진, 23 경찰채용, 23 법원9급, 23 소방간부, 22 경간부, 22 국가7급, 21 경찰승진, 20 경간부, 20 경찰채용, 19 경찰승진, 19 경찰채용, 19 국가9급, 19 법원9급, 18 경찰승진, 18 경간부, 18 경찰채용, 18 법원9급, 17 법원9급, 17 경찰승진, 17 경간부, 17 경찰채용, 17 소방간부, 16 변호사, 16 국가9급, 16 경찰승진, 15 변호사, 15 경찰승진, 15 경찰채용

3. 필요적 변호사건에서 변호인이 없는 피고인에 대하여 국선변호인을 선정하지 아니한 채로 개정하여 증거조사와 피고인신문 등 심리가 이루어진 경우 그 소송행위는 모두 무효이고 따라서 증거조사 결과와 피고인의 진술은 유죄의 증거로 삼을 수 없다.(대법원 2011. 9. 8. 2011도6325 폭력행위처벌법형벌 간과 사건)

   > 22 국가7급, 19 국가7급

4. 피고인의 공판조서에 대한 열람 또는 등사청구에 법원이 불응하여 피고인의 열람 또는 등사청구권이 침해된 경우에는 그 공판조서를 유죄의 증거로 할 수 없을 뿐만 아니라 공판조서에 기재된 당해 피고인이나 증인의 진술도 증거로 할 수 없다.(대법원 2012.12.27. 2011도15869 2번의 기록열람·등사신청 간과 사건)

   > 23 법원9급, 21 경간부, 20 소방간부, 19 변호사, 19 소방간부, 18 경찰승진, 18 법원9급

5. 피의자가 동행을 거부하는 의사를 표시하였음에도 불구하고 경찰관들이 피의자를 강제로 연행한 행위는 수사상의 강제처분에 관한 형사소송법상의 절차를 무시한 채 이루어진 것으로 위법한 체포에 해당하고, 이와 같이 위법한 체포상태에서 마약 투약 혐의를 확인하기 위한 채뇨 요구가 이루어진 경우 그와 같은 위법한 채뇨 요구에 의하여 수집된 소변검사시인서는 유죄 인정의 증거로 삼을 수 없다.(대법원 2013. 3.14. 2012도13611 부산 마약피의자 강제연행 사건) [9] 4. 판례 참고

   > 25 소방간부, 24 경찰승진, 21 경간부, 20 변호사

6. 경찰이 피고인이 아닌 제3자들(유흥업소 손님과 그 여종업원)을 사실상 강제연행하여 불법체포한 상태에서 이들의 성매매행위나 피고인들의 유흥업소 영업행위를 처벌하기 위하여 진술을 받고 진술조서를 작성한 경우 각 진술서 및 진술조서는 위법수사로 얻은 진술증거에 해당하여 증거능력이 없으므로 피고인들의 식품위생법위반 혐의에 대한 유죄 인정의 증거로 삼을 수 없다.(대법원 2011. 6.30. 2009도6717 충북장 강제연행 사건)

   > 25 경찰승진, 25 경간부, 23 경찰승진, 22 변호사, 22 경찰채용, 22 법원9급, 21 경찰채용, 20 경찰채용, 19 경간부, 18 법원9급, 17 소방간부

7. 선거관리위원회 위원·직원이 관계인에게 진술이 녹음된다는 사실을 미리 알려주지 아니한 채 진술을 녹음하였다면, 그와 같은 조사절차에 의하여 수집한 녹음 파일 내지 그에 터잡아 작성된 녹취록은 원칙적으로 유죄의 증거로 쓸 수 없다.(대법원 2014.10.15. 2011도3509 돈받은 할머니 사건)

   > 23 소방간부, 19 경찰채용, 18 경찰승진, 18 경간부, 17 법원9급, 17 경찰승진, 17 경찰채용, 16 국가9급, 16 경찰승진, 16 경간부, 15 경찰채용

8. 사법경찰관이 피의자에게 진술거부권을 행사할 수 있음을 알려 주고 그 행사 여부를 질문하였다 하더라도 형사소송법 제244조의3 제2항에 규정한 방식에 위반하여 **진술거부권 행사 여부에 대한 피의자의 답변이 자필로 기재되어 있지 아니하거나 그 답변 부분에 피의자의 기명·날인 또는 서명이 되어 있지 아니한 사법경찰관 작성의 피의자신문조서는 특별한 사정이 없는 한 증거능력을 인정할 수 없다.**(대법원 2014. 4.10. 2014도1779 대구 필로폰 매매사건)

> 25 경찰승진, 24 국가7급,
> 23 법원9급, 22 국가9급,
> 20 경찰승진, 20 국가9급,
> 20 법원9급, 20 경찰채용,
> 19 법원9급, 18 경찰채용,
> 17 국가9급, 16 국가9급,
> 15 국가7급

9. 피의자가 변호인의 참여를 원한다는 의사를 명백하게 표시하였음에도 수사기관이 정당한 사유 없이 변호인을 참여하게 하지 아니한 채 피의자를 신문하여 작성한 피의자신문조서는 증거로 할 수 없다.(대법원 2013. 3.28. 2010도3359 공항버스 운전기사 횡령사건)

> 25 변호사, 25 소방간부,
> 24 소방간부, 23 경찰승진,
> 22 경찰승진, 20 경간부,
> 19 경찰승진, 18 경찰채용,
> 17 변호사, 17 경찰채용,
> 16 경찰승진, 16 경찰채용,
> 15 경찰승진, 15 경간부,
> 15 국가7급, 15 법원9급

10. 피고인이 아닌 자가 수사과정에서 진술서를 작성하였지만 수사기관이 그에 대한 조사과정을 기록하지 아니하여 형사소송법 제244조의4 제3항, 제1항에서 정한 절차를 위반한 경우에는 특별한 사정이 없는 한 증거능력을 인정할 수 없다.(대법원 2015. 4.23. 2013도3790 조사과정 기록 누락사건)

> 24 경찰승진, 23 경찰채용,
> 23 법원9급, 23 소방간부,
> 21 경찰채용, 19 국가7급,
> 18 변호사, 18 국가9급,
> 18 법원9급, 17 변호사,
> 16 변호사, 16 국가7급

11. **위법한 긴급체포에 의한 유치 중에 작성된 피의자신문조서는 위법하게 수집된 증거로서 특별한 사정이 없는 한 이를 유죄의 증거로 할 수 없다.**(대법원 2008. 3.27. 2007도11400 공갈·협박범 긴급체포 사건)

> 25 경찰채용, 25 소방간부,
> 23 경찰승진, 23 경찰채용,
> 23 법원9급, 22 경찰승진,
> 22 법원9급, 22 소방간부,
> 21 경찰승진, 21 경찰채용,
> 20 경찰승진, 20 경간부,
> 20 소방간부, 19 경간부,
> 19 국가9급, 19 법원9급,
> 18 경찰승진, 18 경찰채용,
> 18 소방간부, 17 경간부,
> 17 경찰채용, 17 소방간부,
> 16 경찰승진, 15 경찰승진

12. 변호인의 접견교통권 제한은 헌법이 보장하는 기본권을 침해하는 것으로서 이러한 위법한 상태에서 얻어진 피의자의 자백은 그 증거능력을 부인하여 유죄의 증거에서 배제하여야 하며 이러한 위법증거의 배제는 실질적이고 완전하게 증거에서 제외함을 뜻한다.(대법원 2007.12.13. 2007도7257 일심회 사건)

> 24 경찰승진

13. 검사 작성의 피의자신문조서가 검사에 의하여 피의자에 대한 변호인의 접견이 부당하게 제한되고 있는 동안에 작성된 경우에는 증거능력이 없다.(대법원 1990. 8.24. 90도1285 서경원 의원 방북사건)

> 24 법원9급, 23 경찰승진,
> 21 경간부, 20 변호사,
> 15 변호사

14. 수사기관이 이메일에 대한 압수·수색영장을 집행할 당시 피압수자인 네이버 주식회사에 팩스로 영장 사본을 송신했을 뿐 그 원본을 제시하지 않았고, 압수조서와 압수물 목록을 작성하여 피압수·수색 당사자에게 교부하였다고 볼 수 없는 경우 이러한 방법으로 압수된 이메일은 위법수집증거로 원칙적으로 유죄의 증거로 삼을 수 없다.(대법원 2017. 9. 7. 2015도10648 안재구 경북대 교수 사건)

> 23 경찰승진, 23 경찰채용,
> 21 경간부, 21 국가9급,
> 20 소방간부, 19 변호사

15. 사법경찰관사무취급이 작성한 실황조서가 사고발생 직후 사고장소에서 긴급을 요하여 판사의 영장없이 시행된 것으로서 형사소송법 제216조 제3항에 의한 검증에 따라 작성된 것이라면 **사후영장을 받지 않는 한** 유죄의 증거로 삼을 수 없다.(대법원 1989. 3.14. 88도1399 긴급실황조사 사건)

16. 증거보전절차에서 증인신문을 하면서 증인신문의 일시와 장소를 피의자 및 변호인에게 미리 통지하지 아니하여 증인신문에 참여할 수 있는 기회를 주지 아니하였고 또 변호인이 제1심 공판기일에 증인신문조서의 증거조사에 관하여 이의신청을 하였다면 증인신문조서는 증거능력이 없다.(대법원 1992. 2.28. 91도2337 화성 강제추행 사건)

17. 공판준비 또는 공판기일에서 이미 증언을 마친 증인을 검사가 소환한 후 피고인에게 유리한 그 증언 내용을 추궁하여 이를 일방적으로 번복시키는 방식으로 작성한 진술조서는 피고인이 증거로 할 수 있음에 동의하지 아니하는 한 그 증거능력이 없다.(대법원 2013. 8.14. 2012도13665 지게차 절취사건)

18. 제1심에서 피고인에 대하여 무죄판결이 선고되어 검사가 항소한 후 수사기관이 항소심 공판기일에 증인으로 신청하여 신문할 수 있는 사람을 특별한 사정 없이 미리 수사기관에 소환하여 작성한 진술조서는 피고인이 증거로 할 수 있음에 동의하지 않는 한 증거능력이 없다.(대법원 2019.11.28. 2013도6825 양재동 화물터미널 복합개발사업 사건)

19. 헌법 제109조, 법원조직법 제57조 제1항이 정한 공개금지사유가 없음에도 불구하고 재판의 심리에 관한 공개를 금지하기로 결정하였다면 그러한 공개금지결정은 피고인의 공개재판을 받을 권리를 침해한 것으로서 그 절차에 의하여 이루어진 증인의 증언은 증거능력이 없고, 변호인의 반대신문권이 보장되었더라도 달리 볼 수 없으며, 이러한 법리는 공개금지결정의 선고가 없는 등으로 공개금지결정의 사유를 알 수 없는 경우에도 마찬가지이다.(대법원 2015.10.29. 2014도5939 서울시 공무원 간첩사건)

20. 피고인과 별개의 범죄사실로 기소되어 병합심리되고 있던 공동피고인은 피고인에 대한 관계에서는 증인의 지위에 있음에 불과하므로 선서없이 한 그 공동피고인의 법정 및 검찰진술은 피고인에 대한 공소범죄사실을 인정하는 증거로 할 수 없다.(대법원 1982. 6.22. 82도898 다이아 밀수범 사건)

06 위법하게 수집된 '비진술증거'의 증거능력을 부정한 경우

1. 검사가 공소제기 후 형사소송법 제215조에 따라 수소법원 이외의 지방법원판사에게 청구하여 발부받은 영장에 의하여 압수·수색을 하였다면 그와 같이 수집된 증거는 기본적 인권보장을 위해 마련된 적법한 절차에 따르지 않은 것으로서 원칙적으로 유죄의 증거로 삼을 수 없다.(대법원 2011. 4.28. 2009도10412 공정위 사무관 수뢰사건)
▶

2. 피고인이 국제항공특송화물 속에 필로폰을 숨겨 수입할 것이라는 정보를 입수한 검사가, 이른바 통제배달(controlled delivery, 적발한 금제품을 감시하에 배송함으로써 거래자를 밝혀 검거하는 수사기법)을 하기 위해 **세관공무원의 협조를 받아 특송화물을 통관절차를 거치지 않고 가져와 개봉하여 그 속의 필로폰을 취득한 것은** 구체적인 범죄사실에 대한 증거수집을 목적으로 한 압수·수색이므로 **사전 또는 사후에 영장을 받지 않았다면 압수물 등의 증거능력이 부정된다.**(대법원 2017. 7. 18. 2014도8719 통제배달사건 II)

   ▶ 20 경간부

3. 경찰이 (형사소송법 제215조 제2항에 위반하여) 피고인의 집에서 20m 떨어진 곳에서 피고인을 체포하여 수갑을 채운 후 피고인의 집으로 가서 집안을 수색하여 칼과 합의서를 압수하였을 뿐만 아니라 **적법한 시간 내에 압수·수색영장을 청구하여 발부받지도 않았음을 알 수 있는바**, 위 칼과 합의서는 임의제출물이 아니라 영장없이 위법하게 압수된 것으로서 증거능력이 없고, 따라서 이를 기초로 한 2차 증거인 임의제출동의서, 압수조서 및 목록, 압수품 사진 역시 증거능력이 없다.(대법원 2010. 7. 22. 2009도14376 칼과 합의서 압수사건)

   ▶ 23 경찰채용, 23 국가9급, 23 소방간부, 20 법원9급, 19 경찰승진, 18 법원9급, 16 국가7급, 16 경간부, 15 경간부

4. (사법경찰관이 피의자를 긴급체포하면서 그 체포현장에서 물건을 압수한 경우) 형사소송법 제217조 제2항, 제3항에 위반하여 압수·수색영장을 청구하여 이를 발부받지 아니하고도 즉시 반환하지 아니한 압수물은 이를 유죄 인정의 증거로 사용할 수 없는 것이고, 헌법과 형사소송법이 선언한 영장주의의 중요성에 비추어 볼 때 피고인이나 변호인이 이를 증거로 함에 동의하였다고 하더라도 달리 볼 것은 아니다.(대법원 2009. 12. 24. 2009도11401 긴급체포 사기범 사건)

   ▶ 23 경찰채용, 22 국가7급, 21 경찰승진, 21 경찰채용, 20 경찰승진, 20 국가9급, 19 경간부, 17 경찰승진, 17 소방간부, 16 경찰채용

5. 정보통신망법상 음란물 유포의 범죄혐의를 이유로 압수·수색영장을 발부받은 사법경찰리가 피고인의 주거지를 수색하는 과정에서 대마를 발견하자, **피고인을 마약류관리법위반죄의 현행범으로 체포하면서 대마를 압수하였으나, 그 다음날 피고인을 석방하였음에도 사후 압수·수색영장을 발부받지 않은 경우** 위 압수물과 압수조서는 형사소송법상 영장주의를 위반하여 수집한 증거로서 증거능력이 부정된다.(대법원 2009. 5. 14. 2008도10914 스와핑 카페 운영자 사건)

   ▶ 24 소방간부, 23 국가7급, 20 경간부, 19 경찰승진, 18 경찰승진, 17 국가9급, 15 경찰승진

6. 수사기관이 법원으로부터 영장 또는 감정처분허가장을 발부받지 아니한 채 피의자의 동의없이 피의자의 신체로부터 혈액을 채취하고 더구나 사후적으로도 지체없이 이에 대한 영장을 발부받지 아니하고서 위와 같이 강제채혈한 피의자의 혈액 중 알코올농도에 관한 감정이 이루어졌다면 이러한 감정결과보고서 등은 피고인이나 변호인의 증거동의 여부를 불문하고 유죄인정의 증거로 사용할 수 없다.(대법원 2012. 11. 15. 2011도15258 구로 강제채혈사건)

   ▶ 25 소방간부, 23 변호사, 23 경찰승진, 22 변호사, 22 경간부, 21 경찰승진, 21 경찰채용, 21 국가9급, 20 법원9급, 19 경찰승진, 19 소방간부, 18 변호사, 18 경찰승진, 18 법원9급, 16 경찰승진, 16 경찰채용, 15 경찰승진

7. 형사소송법 제218조 규정에 위반하여 소유자, 소지자 또는 보관자가 아닌 자로부터 제출받은 물건을 영장없이 압수한 경우 그 압수물 및 압수물을 찍은 사진은 이를 유죄 인정의 증거로 사용할 수 없는 것이고, 헌법과 형사소송법이 선언한 영장주의의 중요성에 비추어 볼 때 피고인이나 변호인이 이를 증거로 함에 동의하였다고 하더라도 달리 볼 것은 아니다.(대법원 2010. 1. 28. 2009도10092 쇠파이프 압수사건)

   ▶ 25 경간부, 25 경찰채용, 25 국가9급, 23 경찰승진, 23 경간부, 23 국가7급, 22 변호사, 22 경찰승진, 22 소방간부, 21 경찰승진, 21 경찰채용, 20 변호사, 20 경간부, 20 경찰채용, 19 경찰승진, 18 변호사, 18 경찰채용, 17 경찰승진, 17 경간부, 17 국가9급, 16 경찰승진, 16 경찰채용, 15 경간부, 15 경찰채용

07 적법절차의 실질적인 내용을 침해하지 않아 증거능력을 인정한 경우

1. 압수·수색·검증영장 법관의 서명·날인란에 서명만 있고 날인이 없는 경우 형사소송법이 정한 요건을 갖추지 못하여 적법하게 발부되었다고 볼 수 없으나, 위와 같은 결함은 피고인의 기본적 인권보장 등 법익침해 방지와 관련성이 적으므로 절차조항 위반의 내용과 정도가 중대하지 않고 절차조항이 보호하고자 하는 권리나 법익을 본질적으로 침해하였다고 볼 수 없다. 오히려 이러한 경우에까지 공소사실과 관련성이 높은 파일 출력물의 증거능력을 배제하는 것은 적법절차의 원칙과 실체적 진실규명의 조화를 도모하고 이를 통하여 형사사법 정의를 실현하려는 취지에 반하는 결과를 초래할 수 있다.(대법원 2019. 7.11. 2018도20504 판사 날인 누락사건) ▶ 25 경간부, 23 소방간부, 22 경찰채용, 21 국가9급, 20 경찰승진

2. 수사관들이 하남평생교육원 건물을 압수·수색하면서 건물에 들어간 2013. 8.28. 07:30경부터 하남시 신장2동 주민센터 직원 甲이 압수·수색에 참여한 같은 날 09:46경까지 주거주 등이나 지방공공단체의 직원 등의 참여가 없어 압수·수색은 형사소송법 제219조, 제123조 제2항, 제3항에 위배되나, 수사관들은 건물에 진입한 이후 수색절차를 진행하지 않은 채 대기하다가 甲이 도착한 이후에야 본격적인 수색절차를 진행하였고, 압수·수색과정을 영상녹화하는 등 절차의 적정성을 담보하기 위해 상당한 조치를 취하였다면 압수·수색과정에서 수집된 증거들은 유죄 인정의 증거로 사용할 수 있는 예외적인 경우에 해당한다.(대법원 2015. 1.22. 2014도10978 숨은 이석기 의원 사건) ▶ 21 경간부

3. 유류물인 강판조각 및 임의제출물인 보강용 강판과 페인트를 영장 없이 적법하게 압수한 경우 위 압수 후 압수조서의 작성 및 압수목록의 작성·교부 절차가 제대로 이행되지 아니한 잘못이 있다 하더라도 그것이 적법절차의 실질적인 내용을 침해하는 경우에 해당한다거나 그 증거능력의 배제가 요구되는 경우에 해당한다고 볼 수는 없다.(대법원 2011. 5.26. 2011도1902 장흥 방호벽충돌 아내살해사건) ▶ 23 경찰채용, 21 국가7급

08 인과관계의 단절 또는 희석에 해당하지 않아 2차적 증거의 증거능력을 부정한 경우

1. 체포의 이유와 변호인 선임권의 고지 등 적법한 절차를 무시한 채 이루어진 강제연행은 전형적인 위법한 체포에 해당하고, 위법한 체포 상태에서 이루어진 호흡조사에 의한 음주측정 요구는 주취운전의 범죄행위에 대한 증거수집을 목적으로 한 일련의 과정에서 이루어진 것이므로 그 측정결과는 물론 (호흡조사에 불복하여 피고인의 자발적인 요구에 의하여 이루어진) 혈액채취에 의한 혈중알콜농도 감정서 등도 증거능력을 인정할 수 없다. (대법원 2013. 3.14. 2010도2094 군산 강제연행 사건) ▶ 22 경간부, 21 변호사, 20 변호사, 20 경간부, 19 경찰채용, 18 경찰승진, 17 경찰승진, 16 국가9급, 16 경간부, 15 변호사, 15 경간부

2. 검찰청 수사관이 2009. 2. 6.자 압수·수색영장에 의하여 甲으로부터 'PC 1대, 서류 23박스, 매입·매출 등 전산자료 저장 USB 1개 등'을 압수하였으나 그 압수물들이 영장 기재 혐의사실과 무관한 것임에도(또한 압수목록을 작성·교부하지 않았고 압수조서도 작성하지 않았음), 검사는 甲에게 반환하는 등의 조치를 취하지 않고 보유하고 있다가 2009. 5. 1.에 이르러 피고인 丙의 동생 乙을 검사실로 불러 '일시 보관 서류 등의 목록', '압수물건 수령서 및 승낙서'를 작성하게 한 다음(이 서류에는 USB는 기재되어 있지 않았음) 당시 검사실로 오게 한 세무공무원 丁에게 이를 제출하도록 한 경우 설령 乙이 USB를 세무공무원

에게 제출하였다고 하더라도 그 제출에 임의성이 있는지가 증명되었다고 할 수 없다면 乙이 압수물건 수령서 및 승낙서를 제출하였다는 사정만으로 영장 기재 혐의사실과 무관한 USB가 압수되었다는 절차위반행위와 최종적인 증거수집 사이의 인과관계가 단절되었다고 보기 어려워 USB 및 그에 저장되어 있던 영업실적표는 증거능력이 없다.(대법원 2016. 3.10. 2013도11233 광우병의심 소고기 유통사건)

09 인과관계의 단절 또는 희석에 해당하여 2차적 증거의 증거능력을 인정한 경우

1. (1) 수사기관이 범죄의 수사를 목적으로 '거래정보 등'을 획득하기 위해서는 법관의 영장이 필요하다고 할 것이고, 신용카드에 의하여 물품을 거래할 때 금융회사 등이 발행하는 매출전표의 거래명의자에 관한 정보 또한 금융실명법에서 정하는 '거래정보 등'에 해당한다고 할 것이므로 수사기관이 금융회사 등에 그와 같은 정보를 요구하는 경우에도 법관이 발부한 영장에 의하여야 한다. (2) 피고인의 제1심 법정 자백은 (수사기관이 법관의 영장 없이 그 거래명의자에 관한 정보를 알아낸 후 그 정보에 기초하여 긴급체포함으로써 구금 상태에 있던 피고인으로부터 받아낸) 최초 자백 이후 약 3개월이 지난 시점에 공개된 법정에서 적법한 절차를 통하여 임의로 이루어진 것이라는 점 등을 고려하여 볼 때 유죄 인정의 증거로 사용할 수 있는 경우에 해당한다. 나아가 피해자들 작성의 진술서는 제3자인 피해자들이 범행일로부터 약 3개월, 11개월 이상 지난 시점에서 기존의 수사절차로부터 독립하여 자발적으로 자신들의 피해 사실을 임의로 진술한 것이므로 역시 유죄 인정의 증거로 사용할 수 있는 경우에 해당한다.(대법원 2013. 3.28. 2012도13607 대구 할머니 절도사건)

   ▶ 20 경찰승진, 20 경간부, 20 경찰채용, 19 변호사, 18 경찰승진, 15 변호사

2. 사전에 구속영장을 제시하지 아니한 채 구속영장을 집행하고, 그 구속 중 수집한 피고인의 진술증거 중 피고인의 제1심 법정진술은, 피고인이 구속집행절차의 위법성을 주장하면서 청구한 구속적부심사의 심문 당시 구속영장을 제시받은 바 있어 그 이후에는 구속영장에 기재된 범죄사실에 대하여 숙지하고 있었던 것으로 보이고, 구속 이후 원심에 이르기까지 구속적부심사와 보석의 청구를 통하여 구속집행절차의 위법성만을 다투었을 뿐 그 구속중 이루어진 진술증거의 임의성이나 신빙성에 대하여는 전혀 다투지 않았을 뿐만 아니라 변호인과의 충분한 상의를 거친 후 공소사실 전부에 대하여 자백한 것이라면 유죄 인정의 증거로 삼을 수 있는 예외적인 경우에 해당한다.(대법원 2009. 4.23. 2009도526 강남경찰서 경위 수뢰사건)

   ▶ 22 소방간부, 19 국가9급, 16 법원9급

3. (강도 현행범으로 체포된 피고인에게 진술거부권을 고지하지 아니한 채 강도범행에 대한 자백을 받고, 이를 기초로 여죄에 대한 진술과 증거물을 확보한 후 진술거부권을 고지하여 피고인의 임의자백 및 피해자의 피해사실에 대한 진술을 수집한 사안에서) 제1심 법정에서의 피고인의 자백은 진술거부권을 고지받지 않은 상태에서 이루어진 최초 자백 이후 40여 일이 지난 후에 변호인의 충분한 조력을 받으면서 공개된 법정에서 임의로 이루어진 것이고, 피해자의 진술은 법원의 적법한 소환에 따라 자발적으로 출석하여 위증의 벌을 경고받고 선서한 후 공개된 법정에서 임의로 이루어진 것이어서 예외적으로 유죄 인정의 증거로 사용할 수 있는 2차적 증거에 해당한다.(대법원 2009. 3.12. 2008도11437 40여 일 뒤 자백 사건)

   ▶ 22 경찰승진, 22 경간부, 20 경찰승진, 20 법원9급, 20 소방간부, 19 변호사, 19 경간부, 17 경간부, 17 소방간부, 16 경찰승진, 15 경찰채용, 15 국가7급

4. 수사기관의 연행이 위법한 체포에 해당하고 그에 이은 제1차 채뇨에 의한 증거 수집이 위법하다고 하더라도 피고인은 이후 법관이 발부한 구속영장에 의하여 적법하게 구금되었고 법관이 발부한 압수영장에 의하여 2차 채뇨 및 채모 절차가 적법하게 이루어진 이상, 그와 같은 2차적 증거 수집이 위법한 체포·구금절차에 의하여 형성된 상태를 직접 이용하여 행하여진 것으로는 쉽사리 평가할 수 없다. 메스암페타민 투약 범행과 같은 중대한 범행의 수사를 위하여 피고인을 경찰서로 동행하는 과정에서 위법이 있었다는 사유만으로 법원의 영장 발부에 기하여 수집된 2차적 증거의 증거능력마저 부인한다면, 이는 오히려 헌법과 형사소송법이 형사소송에 관한 절차조항을 마련하여 적법절차의 원칙과 실체적 진실 규명의 조화를 도모하고 이를 통하여 형사사법 정의를 실현하려 한 취지에 반하는 결과를 초래하게 될 것이라는 점도 아울러 참작하면 **법관이 발부한 압수영장에 의하여 이루어진 2차 채뇨 및 채모 절차를 통해 획득된 감정서는 모두 증거능력이 인정된다.** (대법원 2013. 3. 14. 2012도13611 부산 마약피의자 강제연행 사건) ▶ 15 변호사, 15 경간부

10 위법수집증거에 해당하지 않는 경우

1. (처벌기준치에 미달한 호흡측정 결과에 오류가 있다고 인정할 만한 객관적이고 합리적인 사정이 있어) 교통사고 조사를 담당한 경찰관이 피고인의 음주운전 혐의를 제대로 밝히기 위하여 피고인의 자발적인 동의를 얻어 혈액 채취에 의한 측정방법으로 다시 음주측정을 한 조치를 위법하다고 할 수 없고, 이를 통하여 획득한 혈액측정 결과 또한 위법한 절차에 따라 수집한 증거라고 할 수 없으므로 그 증거능력을 부정할 수 없다.(대법원 2015. 7. 9. 2014도16051 멍청한 음주운전자 사건) ▶ 25 소방간부

2. (1) 범죄의 피해자인 검사가 그 사건의 수사에 관여하거나 압수·수색영장의 집행에 참여한 검사가 다시 수사에 관여하였다는 이유만으로 바로 그 수사가 위법하다거나 그에 따른 참고인이나 피의자의 진술에 임의성이 없다고 볼 수는 없다. (2) 압수·수색영장의 집행과정에서 폭행 등의 피해를 당한 검사 등이 수사에 관여하였다는 이유만으로 그 검사 등이 작성한 참고인진술조서 등의 증거능력이 부정될 수 없다.(대법원 2013. 9. 12. 2011도12918 한화그룹 압수·수색 방해사건) ▶ 24 경찰승진, 23 국가9급, 19 경찰승진, 18 경찰승진, 17 경찰채용, 16 법원9급

3. 검찰관이 피고인 甲을 뇌물수수 혐의로 기소한 후 형사사법공조절차를 거치지 아니한 채 과테말라공화국에 현지출장하여 그 곳 호텔에서 뇌물공여자 乙을 상대로 참고인진술조서를 작성한 경우 피고인에 대한 국내 형사소송절차에서 위와 같은 사유로 인하여 위법수집증거배제법칙이 적용된다고 할 수 없다.(대법원 2011. 7. 14. 2011도3809 해병대 소령 수뢰 사건) 만약 乙이 과테말라에서 그 나라 법이 정한 형법 등을 위반하여 피의자 신분이 되었거나 기소되어 형사절차의 대상이 되었음에도 불구하고 우리 군검찰관이 위와 같은 조사와 수사를 했다면 과테말라의 주권을 침해하였다고 볼 수도 있으나, 이 사건은 그런 것이 아니기 때문에 과테말라의 주권침해 문제 등은 발생하지 않는다. 실제사건에서는 위법수집증거배제법칙이 아니라 전문법칙에 의하여 (형사소송법 제314조가 적용되는데[1] 특신상태가 인정되지 않아) 참고인진술조서의 증거능력이 부정되었음을 주의하여야 한다. ▶ 24 국가7급, 23 변호사, 22 경찰승진, 19 경찰승진, 17 국가9급, 15 경간부

---

[1] 원진술자인 乙이 '외국거주' 상태에 있다.

4. 범행 현장에서 지문채취 대상물(맥주병, 맥주컵, 물컵)에 대한 지문채취가 먼저 이루어진 이상 수사기관이 그 이후에 지문채취 대상물을 적법한 절차에 의하지 아니한 채 압수하였다고 하더라도 위와 같이 채취된 지문은 위법하게 압수한 지문채취 대상물로부터 획득한 2차적 증거에 해당하지 아니함이 분명하여 이를 가리켜 위법수집증거라고 할 수 없다.(대법원 2008.10.23. 2008도7471 인천 주점 강도강간 사건)

▶ 24 경찰승진, 24 국가7급, 23 변호사, 22 변호사, 22 소방간부, 21 경찰승진, 21 법원9급, 20 경간부, 20 국가7급, 19 국가9급, 18 경찰승진, 18 경찰채용, 17 국가7급, 15 변호사, 15 경찰승진, 15 경찰채용

선생님의 TIP

위법수집증거배제법칙은 국가기관(일반적으로 수사기관)이 위법하게 수집한 증거의 증거능력을 부정하는 증거법칙이다. 판례는 일반 사인이 불법적으로 수집한 증거의 증거능력에 대해서는 위법수집증거배제법칙 대신에 공익(형사소추 및 형사소송에서의 진실발견)과 사익(개인의 인격적 이익 등)을 비교형량하여 결정하고 있다. 다만 실제 사례에서는 공익을 우선시켜 모두 증거사용이 가능하다고 판시하였다. 즉, 일반 사인의 불법수집 증거의 증거능력이 부정한 사례는 단 한 건도 없다.

11 일반사인의 불법수집 증거의 증거능력 판단기준(=비교형량설)

1. 국민의 인간으로서의 존엄과 가치를 보장하는 것은 국가기관의 기본적인 의무에 속하고 이는 형사절차에서도 당연히 구현되어야 하지만, 국민의 사생활 영역에 관계된 모든 증거의 제출이 곧바로 금지되는 것으로 볼 수는 없으므로 법원으로서는 효과적인 형사소추 및 형사소송에서 진실발견이라는 공익과 개인의 인격적 이익 등 보호이익을 비교형량하여 그 허용 여부를 결정하여야 한다.(대법원 2020.10.29. 2020도3972 이명박 전대통령 사건)

▶ 24 경찰승진, 24 국가9급, 21 국가9급

2. 국민의 인간으로서의 존엄과 가치를 보장하는 것은 국가기관의 기본적인 의무에 속하는 것이고 이는 형사절차에서도 당연히 구현되어야 하는 것이지만, 국민의 사생활 영역에 관계된 모든 증거의 제출이 곧바로 금지되는 것으로 볼 수는 없으므로 법원으로서는 효과적인 형사소추 및 형사소송에서의 진실발견이라는 공익과 개인의 인격적 이익 등의 보호이익을 비교형량하여 그 허용 여부를 결정하여야 한다. 이때 법원이 그 비교형량을 함에 있어서는 증거수집 절차와 관련된 모든 사정 즉, 사생활 내지 인격적 이익을 보호하여야 할 필요성 여부 및 그 정도, 증거수집 과정에서 사생활 기타 인격적 이익을 침해하게 된 경위와 그 침해의 내용 및 정도, 형사소추의 대상이 되는 범죄의 경중 및 성격, 피고인의 증거동의 여부 등을 전체적·종합적으로 고려하여야 하고, 단지 형사소추에 필요한 증거라는 사정만을 들어 곧바로 형사소송에서의 진실발견이라는 공익이 개인의 인격적 이익 등의 보호이익보다 우월한 것으로 섣불리 단정하여서는 아니된다.(대법원 2013.11.28. 2010도12244 밀양시장 이메일 해킹사건)

▶ 24 소방간부

12 일반 사인의 불법수집 증거의 증거능력을 인정한 경우

1. 甲이 乙과 통화를 마친 후 전화가 끊기지 않은 상태에서 휴대전화를 통하여 '우당탕', '악' 소리를 들었는데, 甲의 청취행위가 乙 등의 사생활의 영역에 관계된 것이라 하더라도 甲이 그와 같은 소리를 들었다는 진술을 상해 부분에 관한 증거로 사용하는 것이 乙 등의 사생활의 비밀과 자유 또는 인격권을 위법하게 침해한다고 볼 수 없어 그 증거의 제출은 허용된다.(대법원 2017. 3.15. 2016도19843 우당탕 악 사건)

▶ 21 국가9급

2. 시청 소속 공무원인 제3자가 권한 없이 전자우편에 대한 비밀 보호조치를 해제하는 방법을 통하여 전자우편을 수집(정보통신망법위반 행위)했다고 하더라도 공직선거법위반죄(공무원의 지위를 이용한 선거운동행위)는 중대한 범죄에 해당할 뿐만 아니라 피고인이 전자우편을 증거로 함에 동의한 점 등을 종합하면, 전자우편을 증거로 제출하는 것은 허용되어야 할 것이고 이로 말미암아 피고인의 사생활의 비밀이나 통신의 자유가 일정 정도 침해되는 결과를 초래한다 하더라도 이는 피고인이 수인하여야 할 기본권의 제한에 해당한다. (대법원 2013.11.28. 2010도12244 밀양시장 이메일 해킹사건) ▶ 24 국가9급, 23 경찰채용

3. 고소인 甲 측의 의뢰를 받은 乙이 피고인 주식회사 운영의 '토토로사' 사이트에 적용된 검색제한 조치를 무력화하는 기술인 패치프로그램을 이용하여 '침해자료 목록 및 화면출력 자료'를 수집하였는데, 위 자료는 피고인들에 대한 형사소추를 위하여 반드시 필요한 증거이므로 공익의 실현을 위해서 위 자료를 증거로 제출하는 것이 허용되어야 하며, 이로 말미암아 피고인들의 영업의 자유나 재산권적 기본권 등이 일정 정도 침해되는 결과를 초래한다 하더라도 이는 피고인들이 수인하여야 할 기본권의 제한에 해당된다. (대법원 2013. 9.26. 2011도1435 파일공유사이트 사건)

4. 피고인들 사이의 간통 범행을 고소한 피고인 甲의 남편 乙이 甲의 주거에 침입하여 수집한 후 수사기관에 제출한 혈흔이 묻은 휴지들 및 침대시트를 목적물로 하여 이루어진 감정의뢰회보에 대하여, 乙이 甲의 주거에 침입한 시점은 甲이 그 주거에서의 실제상 거주를 종료한 이후이고, 감정의뢰회보는 피고인들에 대한 형사소추를 위하여 반드시 필요한 증거라 할 것이므로 공익의 실현을 위해서 감정의뢰회보를 증거로 제출하는 것이 허용되어야 하고, 이로 말미암아 甲의 주거의 자유나 사생활의 비밀이 일정 정도 침해되는 결과를 초래한다 하더라도 이는 甲이 수인하여야 할 기본권의 제한에 해당된다. (대법원 2010. 9. 9. 2008도3990 별거 배우자 원룸침입사건) ▶ 20 법원9급, 19 경간부, 16 법원9급, 15 변호사

5. 사문서위조·위조사문서행사 및 소송사기로 이어지는 일련의 범행에 대하여 피고인을 형사소추하기 위해서는 업무일지가 반드시 필요한 증거로 보이므로 설령 그것이 제3자에 의하여 절취된 것으로서 소송사기 등의 피해자측이 이를 수사기관에 증거자료로 제출하기 위하여 대가를 지급하였다 하더라도 공익의 실현을 위하여는 업무일지를 범죄의 증거로 제출하는 것이 허용되어야 하고, 이로 말미암아 피고인의 사생활 영역을 침해하는 결과가 초래된다 하더라도 이는 피고인이 수인하여야 할 기본권의 제한에 해당된다. (대법원 2008. 6.26. 2008도1584 위조연습 업무일지 사건) ▶ 24 변호사, 24 국가9급, 23 경찰채용, 21 경찰승진, 19 경간부, 18 국가9급, 16 국가9급, 15 경간부

6. 피고인의 동의하에 촬영된 나체사진의 존재만으로 피고인의 인격권과 초상권을 침해하는 것으로 볼 수 없고 가사 사진을 촬영한 제3자가 그 사진을 이용하여 피고인을 공갈할 의도였다고 하더라도 사진의 촬영이 임의성이 배제된 상태에서 이루어진 것이라고 할 수는 없으며 그 사진은 범죄현장의 사진으로서 피고인에 대한 형사소추를 위하여 반드시 필요한 증거로 보이므로 공익의 실현을 위하여는 그 사진을 범죄의 증거로 제출하는 것이 허용되어야 하고, 이로 말미암아 피고인의 사생활의 비밀을 침해하는 결과를 초래한다 하더라도 이는 피고인이 수인하여야 할 기본권의 제한에 해당된다. (대법원 1997. 9.30. 97도1230 나체사진 사건) ▶ 25 경찰승진, 15 경찰승진

제3절 | 전문법칙

I 전문증거와 전문법칙

형사소송법(2025. 3.18. 법률 제20796호로 일부개정된 것)

제310조의2 【전문증거와 증거능력의 제한】 제311조 내지 제316조에 규정한 것 이외에는 공판준비 또는 공판기일에서의 진술에 대신하여 진술을 기재한 서류나 공판준비 또는 공판기일 외에서의 타인의 진술을 내용으로 하는 진술은 이를 증거로 할 수 없다.

제318조 【당사자의 동의와 증거능력】 ① 검사와 피고인이 증거로 할 수 있음을 동의한 서류 또는 물건은 진정한 것으로 인정한 때에는 증거로 할 수 있다.

선생님의 TIP

1. 증거법칙 중에서 판례가 가장 많고 어려우면서도 시험에 출제가 잘 되는 것이 바로 전문법칙이다. 그러나 이 교재에 있는 내용을 잘 소화하면 실전에서 충분히 문제를 풀 수 있으리라 생각한다. 최대한 이해 위주로 그리고 반복하여 설명을 하겠다. 최소한 3번 이상은 보기 바란다.
2. 요증사실을 경험한 자가 직접 법원에 진술하지 않고 다른 매체(서류나 다른 사람)[1]를 통해서 간접적으로 법원에 보고하는 경우 그러한 매체를 전문증거라고 한다. 전문증거에 대립하는 개념은 원본증거(原本證據) 또는 본래증거(本來證據)이고[2] 전문법칙에 의할 때 이러한 원본증거만 증거능력이 있다. 전문증거의 종류는 아래와 같다.

전문서류	진술서	요증사실을 경험한 자가 그 경험내용을 서면에 기재하여 법원에 제출할 때 그 서면을 말한다(예 피의자나 피고인의 진술서, 의사의 진단서, 감정인의 감정서)
	진술녹취서	요증사실을 경험한 자로부터 그 경험내용을 전해들은 자가 그 내용을 서면에 기재하여 법원에 제출할 때 그 서면을 말한다(예 피의자신문조서, 참고인진술조서).
전문진술		요증사실을 경험한 자로부터 그 경험내용을 전해들은 자가 그 내용을 법원에 진술할 때 그 진술을 말한다(예 "피고인으로부터 ~ 진술을 전해 들었다." 또는 "피해자로부터 ~ 진술을 전해 들었다."라는 내용의 증인의 증언).

3. 전문서류와 전문진술의 구별은 가장 기본으로 전문법칙 공부의 처음이자 마지막이다. 전자는 형사소송법 제311조부터 제315조가 적용되고, 후자는 형사소송법 제316조가 적용된다. 저자와 약속하기 바란다. "나는 전문서류와 전문진술을 구별할 수 있다."라고 말이다[3].

피의자신문조서와 참고인진술조서인데 이들은 전문서류에 해당한다. 이외에 진술서나 다른 진술녹취서도 마찬가지이다.

증인들이 직접 본 것이 아니라 전해들은 것을 내용으로 하는 증언이라면 이들은 전문진술에 해당한다.[4]

4. 한 번 더 형사소송법 조문을 읽어보자.

> **형사소송법(2025. 3.18. 법률 제20796호로 일부개정된 것)**
>
> **제310조의2【전문증거와 증거능력의 제한】** 제311조 내지 제316조에 규정한 것 이외에는 공판준비 또는 공판기일에서의 진술에 대신하여 진술을 기재한 <u>서류</u>[5]나 공판준비 또는 공판기일 외에서의 타인의 진술을 내용으로 하는 <u>진술</u>[6]은 이를 증거로 할 수 없다.

5. 마지막으로 한 마디 더 하자면 전문법칙은 증거능력에 관한 증거법칙이지 증명력에 관한 증거법칙이 아니다. '증명력(신빙성 또는 증거가치)이 없는데 어떻게 증거능력이 있다는 것이지?'라고 오해하지 말아라. 전문법칙의 예외에 해당하여 증거능력이 인정된다고 하여 무조건 유죄인정의 증거가 되는 것은 아니다. 증거능력이 있더라도 증명력이 없으면 판사가 이를 배척할 것이므로 유죄인정의 증거가 될 수 없다.

01 전문법칙의 의의

형사소송법은 제310조의2에서 **원칙적으로 전문증거의 증거능력을 인정하지 않고**, 제311조부터 제316조까지 정한 요건을 충족하는 경우에만 **예외적으로 증거능력을 인정한다.**(대법원 2024. 3.28. 2023도15133 피해자 면담 진술분석관 작성 CD사건) 형사소송법 제311조부터 제316조까지 정한 요건을 충족하지 않더라도 당사자가 증거로 함에 동의하면 증거능력이 인정된다. 즉 전문증거는 '형사소송법 제311조부터 제316조까지 정한 요건의 충족' 또는 '증거동의' 둘 중에 하나만 있으면 증거능력이 인정된다.

02 전문법칙의 이론적 근거(=직접주의와 반대신문권의 보장)

1. 형사소송법은 헌법 제12조 제1항이 규정한 적법절차의 원칙 그리고 헌법 제27조가 보장하는 공정한 재판을 받을 권리를 구현하기 위하여 공판중심주의·구두변론주의·직접심리주의를 기본원칙으로 하고 있다. 따라서 **법관의 면전에서 조사·진술되지 아니하고 그에 대하여 피고인이 공격·방어할 수 있는 반대신문의 기회가 실질적으로 부여되지 아니한 진술은 원칙적으로 증거로 할 수 없다.**(형사소송법 제310조의2).(대법원 2014. 2.21. 2013도12652 돈주고 한거냐 그냥 한거냐 사건) 법관이 요증사실을 경험한 자의 진술을 직접 들어보아야 한다(직접주의). 요증사실을 경험한 자가 진술하는 경우 그 자에 대하여 반대신문을 할 수 있는 권리를 피고인에게 부여하여야 한다(반대신문권의 보장). 전문서류나 전문진술은 '직접주의와 반대신문권의 보장'에 위배되므로[7] 증거능력이 없는 것이 원칙이다.

> 24 경찰승진

---

[1] 판례는 이를 '어떠한 사실을 직접 경험한 사람의 진술에 갈음하는 대체물'이라고 한다.
[2] 이 교재에서는 양 단어를 혼용하여 사용하기로 한다.
[3] '이 사람 이거 우리를 무시하는거 아냐?'라고 오해하지 않았으면 한다. 사례문제를 풀면서 이 양자를 혼동하는 학생들을 너무 많이 보아왔기 때문이다. 다시 물어보겠다. 전문서류와 전문진술에 대하여 각각 형사소송법 몇 조가 적용되는가?
[4] 이미지 출처 – 브릿지경제(https://www.viva100.com/article/20250225501462)
[5] 전문서류를 말한다. 이에 대하여 형사소송법 몇 조가 적용되는가?
[6] 전문진술을 말한다. 이에 대하여 형사소송법 몇 조가 적용되는가?
[7] 서류에 대하여는 반대신문을 할 수 없고, 전해들은 자에 대하여는 반대신문을 하는 의미가 없다.

2. 형사소송법은 제161조의2에서 피고인의 반대신문권을 포함한 교호신문제도를 규정하는 한편, 제310조의2에서 법관의 면전에서 진술되지 아니하고 피고인에 의한 반대신문의 기회가 부여되지 아니한 진술에 대하여는 원칙적으로 그 증거능력을 부여하지 아니함으로써 형사재판에서 증거는 법관의 면전에서 진술·심리되어야 한다는 **직접주의**와 피고인에게 불리한 증거에 대하여 반대신문할 수 있는 권리를 원칙적으로 보장하고 있는데, 이러한 반대신문권의 보장은 피고인에게 불리한 주된 증거의 증명력을 탄핵할 수 있는 기회가 보장되어야 한다는 점에서 형식적·절차적인 것이 아니라 실질적·효과적인 것이어야 한다.(대법원 2022. 3.17. 2016도17054 상해 피해자 불출석 사건)

03 전문법칙이 적용되지 않는 경우

1. (1) 피고인이 수표를 발행하였으나 예금부족 또는 거래정지처분으로 지급되지 아니하게 하였다는 부정수표단속법위반의 공소사실을 증명하기 위하여 제출되는 **수표는 그 서류의 존재 또는 상태 자체가 증거가 되는 것이어서 증거물인 서면에 해당**하고 어떠한 사실을 직접 경험한 사람의 진술에 갈음하는 대체물이 아니므로 그 증거능력은 증거물의 예에 의하여 판단하여야 하고, 이에 대하여는 형사소송법 제310조의2에서 정한 **전문법칙이 적용될 여지가 없다**. (2) 이때 수표 원본이 아니라 전자복사기를 사용하여 복사한 사본이 증거로 제출되었고 피고인이 이를 증거로 하는 데 부동의한 경우 수표 사본을 증거로 사용하기 위해서는 수표 원본을 법정에 제출할 수 없거나 그 제출이 곤란한 사정이 있고 수표 원본이 존재하거나 존재하였으며 증거로 제출된 수표 사본이 이를 정확하게 전사한 것이라는 사실이 증명되어야 한다.(대법원 2015. 4.23. 2015도2275 당좌수표사본 사건) 아래 당좌수표는 '어떠한 사실을 직접 경험한 사람의 진술에 갈음하는 대체물'이 아니라 증거물인 서면에 해당한다. 마치 문서위조죄에서 위조문서가 증거로 제출된 것과 같다. '복사본이므로 신빙할 수 없다'라는 점은 증명력의 문제이지 증거능력, 즉 전문법칙의 문제가 아니다.

> 25 경찰채용, 24 경찰승진,
> 23 경간부, 22 경찰채용,
> 22 국가7급, 20 법원9급,
> 19 경찰채용, 19 국가7급,
> 18 소방간부, 17 법원9급,
> 17 국가7급, 17 경간부,
> 16 변호사, 16 국가7급

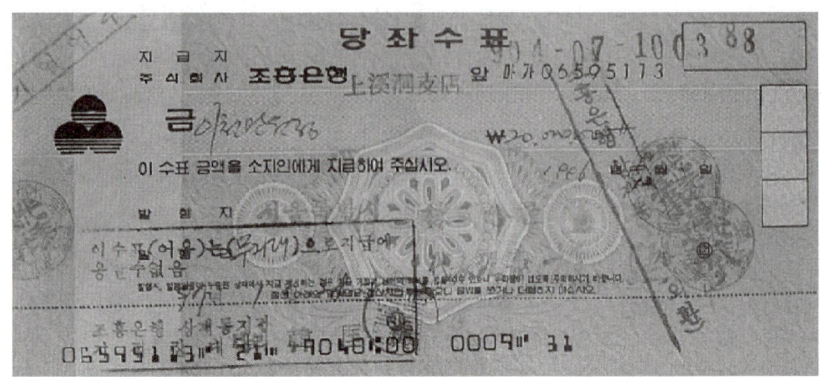

<이미지 출처 - 화폐수집 1090(https://cafe.naver.com/dodohi0607)>

2. (1) "정보통신망을 통하여 공포심이나 불안감을 유발하는 글을 반복적으로 상대방에게 도달하게 하는 행위를 하였다"는 공소사실에 대하여 휴대전화기에 저장된 문자정보가 그 증거가 되는 경우와 같이 그 문자정보가 범행의 직접적인 수단이 될 뿐 경험자의 진술에 갈음하는 대체물에 해당하지 않는 경우에는 형사소송법 제310조의2에서 정한 **전문법칙이 적용될 여지가 없다.** (2) 검사가 문자정보가 저장되어 있는 휴대전화기를 법정에 제출하는 경우 휴대전화기에 저장된 문자정보는 그 자체가 범행의 직접적인 수단으로서 이를 증거로 사용할 수 있다. 또한 검사는 휴대전화기 이용자가 그 문자정보를 읽을 수 있도록 한 휴대전화기의 화면을 촬영한 사진을 증거로 제출할 수도 있을 것인바, 이를 증거로 사용하기 위해서는 문자정보가 저장된 휴대전화기를 법정에 제출할 수 없거나 그 제출이 곤란한 사정이 있고, 그 사진의 영상이 휴대전화기의 화면에 표시된 문자정보와 정확하게 같다는 사실이 증명되어야 한다.(대법원 2008.11.13. 2006도2556 횡설수설 문자협박 사건) 피고인 甲이 아래와 같은 문자메시지를 보낸 사건으로 이는 범행의 수단에 불과할 뿐 '어떠한 사실을 직접 경험한 사람의 진술에 갈음하는 대체물'이라고 할 수는 없다. 뒤에서 배우겠지만 '내용의 진실성'이 증명의 대상이 되는 것이 아니라 '존재 자체'가 증명의 대상이 되므로 원본증거에 해당한다[8].

> 24 소방간부, 23 경간부,
> 23 경찰채용, 22 경찰승진,
> 22 경찰채용, 22 법원9급,
> 21 변호사, 21 경간부,
> 21 경찰채용, 20 변호사,
> 20 경찰승진, 20 경찰채용,
> 19 변호사, 19 경간부,
> 19 경찰채용, 19 국가9급,
> 19 소방간부, 18 경찰승진,
> 18 경간부, 18 국가9급,
> 17 국가7급, 17 국가9급,
> 16 법원9급, 16 국가7급,
> 16 경찰채용

> 1. 땅에 떨어진 당신의 악함을 지켜보고 있으리라. 甲(2003.12.18. 11:42)
> 2. 나요 만사 다 포기했음, 내 인생도 포기했음, 만신창이 되는 길을 선택합니다. A씨에게 개 취급 당했는데 둘 다 불구덩이 속으로 가 봅시다. 그 속이 얼마나 뜨거운지 봅시다, 누가 이기나 봅시다.(2003.12.18. 17:52~17:57경) 〈이하 생략〉

선생님의 TIP

아래와 같은 문자가 저자나 학생분에게 왔다고 가정한다. 위 [3] 2. 판례는 아래 오른쪽 이미지와 같은 것으로 범행의 수단에 불과할 뿐이므로 전문법칙이 적용되지 않는다(원본증거에 해당한다). 그에 비하여 왼쪽 이미지와 같은 것은 '어떠한 사실을 직접 경험한 사람의 진술에 갈음하는 대체물'에 해당하여 전문법칙이 적용된다(Ⅱ. [33] 판례 참고).

---

[8] 사람의 진술내용이 증거가 되므로 비진술증거가 아니라 진술증거라고 보아야 한다.

핵심정리 전문증거 해당 여부의 구별 I

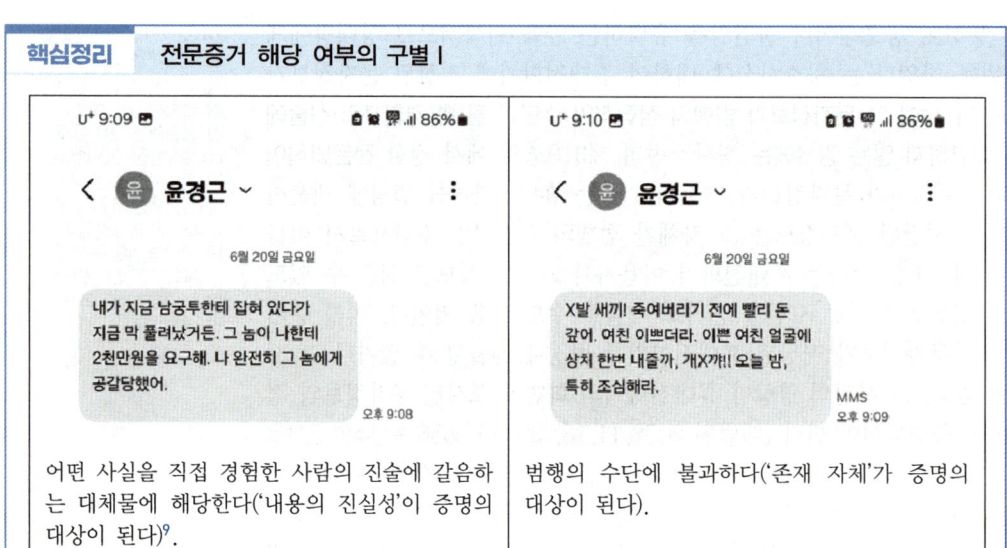

| 어떤 사실을 직접 경험한 사람의 진술에 갈음하는 대체물에 해당한다('내용의 진실성'이 증명의 대상이 된다)[9]. | 범행의 수단에 불과하다('존재 자체'가 증명의 대상이 된다). |

선생님의 TIP

'전문법칙이 적용되지 않는다'는 말과 '본래증거이다'라는 말은 같은 뜻은 아니다. 다만 **본래증거의 경우 전문법칙이 적용되지 않기 때문에** 시험과 관련해서는 같은 뜻으로 보아도 큰 무리는 없겠다.

비진술증거		전문법칙이 적용되지 않는다(예 위조된 문서, 범행에 사용된 흉기, 피해자의 사체).
진술증거	본래증거	전문법칙이 적용되지 않는다(예 피고인의 법정 자백, 피해자의 법정 증언)
	전문증거	전문법칙이 적용된다(예 진술서, 피의자신문조서, 피고인으로부터 전해들은 것을 그 내용으로 하는 증언).

---

9 판례는 이를 피해자의 진술서에 준하는 것으로 취급한다.(대법원 2010.11.25. 2010도8735 공갈당했다 문자 사건)

04 전문증거에 해당하는지 여부의 판단 I

1. 피고인 또는 피고인 아닌 사람의 진술을 녹음한 녹음파일은 실질에 있어서 피고인 또는 피고인 아닌 사람이 작성한 진술서나 그 진술을 기재한 서류와 크게 다를 바 없어 그 녹음파일에 담긴 진술 내용의 진실성이 증명의 대상이 되는 때에는 전문법칙이 적용된다고 할 것이나, 녹음파일에 담긴 진술 내용의 진실성이 아닌 그와 같은 진술이 존재하는 것 자체가 증명의 대상이 되는 경우에는 전문법칙이 적용되지 아니한다.(대법원 2015. 1.22. 2014도10978 숨슴 이석기 의원 사건) 이 판례의 전문(前文)은 아래 핵심정리 왼쪽에 해당하고, 후문(後文)은 오른쪽에 해당한다. 이것을 이해하기가 쉽지 않겠지만 그래도 이해하여야 한다. 전문법칙은 증거능력을 따지는 문제이므로 증명력을 여기에 집어넣으면 안 된다.

> 23 변호사, 22 경찰채용, 18 소방간부

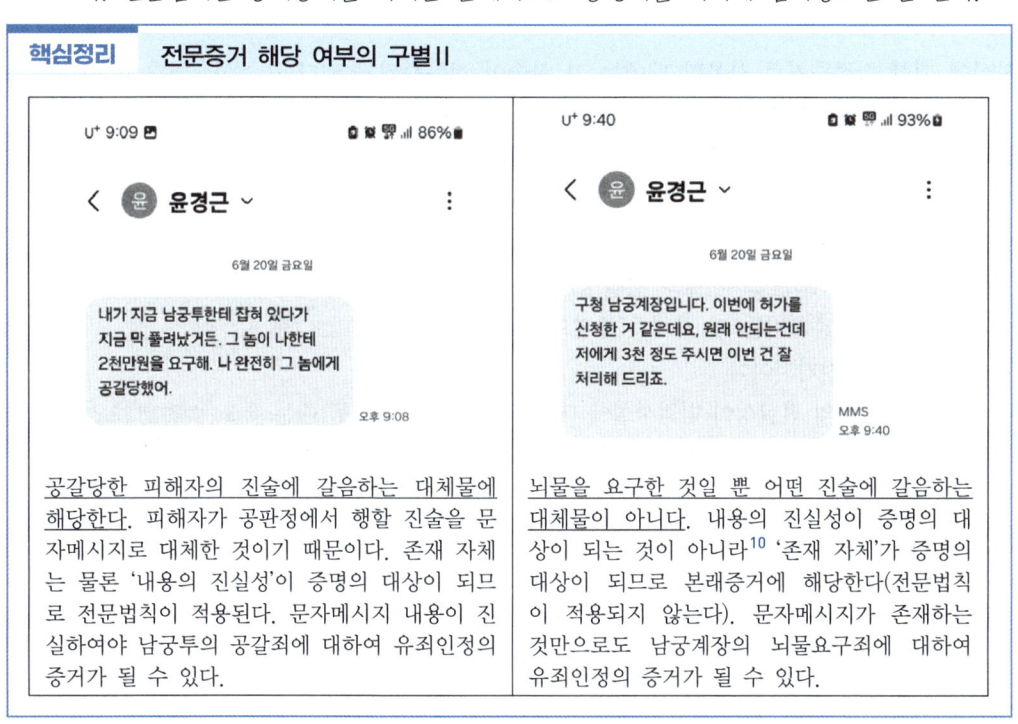

핵심정리 전문증거 해당 여부의 구별 II

공갈당한 피해자의 진술에 갈음하는 대체물에 해당한다. 피해자가 공판정에서 행할 진술을 문자메시지로 대체한 것이기 때문이다. 존재 자체는 물론 '내용의 진실성'이 증명의 대상이 되므로 전문법칙이 적용된다. 문자메시지 내용이 진실하여야 남궁투의 공갈죄에 대하여 유죄인정의 증거가 될 수 있다.

뇌물을 요구한 것일 뿐 어떤 진술에 갈음하는 대체물이 아니다. 내용의 진실성이 증명의 대상이 되는 것이 아니라[10] '존재 자체'가 증명의 대상이 되므로 본래증거에 해당한다(전문법칙이 적용되지 않는다). 문자메시지가 존재하는 것만으로도 남궁계장의 뇌물요구죄에 대하여 유죄인정의 증거가 될 수 있다.

2. 정보저장매체에 기억된 문자정보의 내용의 진실성이 아닌 그와 같은 내용의 문자정보의 존재 그 자체가 직접 증거로 되는 경우에는 전문법칙이 적용되지 아니한다.(대법원 2013. 7.26. 2013도2511 왕재산 간첩단 사건) 존재 자체가 증거가 되는 경우이다.

> 25 경찰승진, 19 변호사

05 전문증거에 해당하는지 여부의 판단 II

1. 다른 사람의 진술을 내용으로 하는 진술이 전문증거인지는 요증사실이 무엇인지에 따라 정해진다. 다른 사람의 진술, 즉 원진술의 내용인 사실이 요증사실인 경우에는 전문증거이지만, 원진술의 존재 자체가 요증사실인 경우에는 본래증거이지 전문증거가 아니다.(대법원

> 25 법원9급, 24 경찰채용, 21 변호사, 21 경찰채용

---

10 내용의 진실성은 증거능력이 아니라 증명력의 문제에 해당한다.

2021. 2.25. 2020도17109 추행했다는 말을 들었다 사건) '원진술의 내용인 사실이 요증사실인 경우'는 '원진술의 내용의 진실성이 증명의 대상이 되는 경우'라고 해석하여야 하고, '원진술의 존재 자체가 요증사실인 경우'는 '원진술이 존재하는 것 자체가 증명의 대상이 되는 경우'라고 해석하여야 한다. 아래 2. 판례도 마찬가지이다. [7] 1. 판례 참고

2. 타인의 진술을 내용으로 하는 진술이 전문증거인지 여부는 요증사실과의 관계에서 정해지는데, 원진술의 내용인 사실이 요증사실인 경우에는 전문증거이나, 원진술의 존재 자체가 요증사실인 경우에는 본래증거이지 전문증거가 아니다.(대법원 2018. 5.15. 2017도19499 정유라 이대 입시비리 사건)

▶ 25 국가9급, 22 경찰채용, 22 국가9급, 19 변호사, 19 국가7급, 18 국가9급

06 전문증거에 해당하는지 여부의 판단Ⅲ

1. 어떤 진술을 범죄사실에 대한 직접증거로 사용할 때에는 그 진술이 전문증거가 된다고 하더라도 그와 같은 진술을 하였다는 것 자체 또는 그 진술의 진실성과 관계없는 간접사실에 대한 정황증거로 사용할 때에는 반드시 전문증거가 되는 것은 아니다.(대법원 2015. 1.22. 2014도10978 숨은 이석기 의원 사건) '어떤 진술을 범죄사실에 대한 직접증거로 사용할 때'는 '원진술의 내용의 진실성이 증명의 대상이 되는 경우'라고 해석하여야 하고, '그와 같은 진술을 하였다는 것 자체 또는 그 진술의 진실성과 관계없는 간접사실에 대한 정황증거로 사용할 때'는 '원진술이 존재하는 것 자체가 증명의 대상이 되는 경우'라고 해석하여야 한다. 아래 2. 판례도 마찬가지이다.

▶ 19 국가9급, 18 소방간부, 16 법원9급, 15 국가7급

2. 어떤 진술이 기재된 서류가 그 내용의 진실성이 범죄사실에 대한 직접증거로 사용될 때는 전문증거가 된다고 하더라도 그와 같은 진술을 하였다는 것 자체 또는 그 진술의 진실성과 관계없는 간접사실에 대한 정황증거로 사용될 때는 반드시 전문증거가 되는 것은 아니다. (대법원 2018. 5.15. 2017도19499 정유라 이대 입시비리 사건)

▶ 24 법원9급, 23 경찰승진, 18 경찰승진, 17 경간부, 16 국가9급

07 전문증거에 해당하는지 여부의 판단Ⅳ

1. 어떤 진술 내용의 진실성이 범죄사실에 대한 직접증거로 사용될 때는 전문증거가 되지만, 그와 같은 진술을 하였다는 것 자체 또는 진술의 진실성과 관계없는 간접사실에 대한 정황증거로 사용될 때는 반드시 전문증거가 되는 것이 아니다. 어떠한 내용의 진술을 하였다는 사실 자체에 대한 정황증거로 사용될 것이라는 이유로 진술의 증거능력을 인정한 다음 그 사실을 다시 진술 내용이나 그 진실성을 증명하는 간접사실로 사용하는 경우에 그 진술은 전문증거에 해당한다. 그 진술에 포함된 원진술의 내용인 사실을 증명하는 데 사용되어 원진술의 내용인 사실이 요증사실이 되기 때문이다. 이러한 경우 형사소송법 제311조부터 제316조까지 정한 요건을 충족하지 못한다면 증거능력이 없다.(대법원 2021. 2.25. 2020도17109 추행했다는 말을 들었다 사건) 증인 B가 "피해자 A로부터 '피고인 甲이 추행했다.'는 취지의 말을 들었다."라고 증언한 사건이다. 당연히 전문진술에 해당하여 형사소송법 제316조 제2항이 적용되어야 한다. 원심인 인천지방법원은 이 증언의 경우 '甲이 A를 추행했다.'라는 부분에 대하여 증거로 사용할 때에는 전문증거에 해당하지만 B가 'A로부터 들었다.'라고 한 것은 경험자의 진술에 해당하므로 전문법칙이 적용되지 않고 따

라서 이는 A의 진술에 부합한다고 하여 甲에게 유죄판결을 선고하였다. 그러나 대법원은 "B의 증언이 A의 진술에 부합한다고 보아 B의 증언을 A의 진술내용의 진실성을 증명하는 간접사실로 사용한 것은 잘못이다."라고 판시하며 원심판결을 파기·환송하였다. 밑줄 친 부분이 간접사실로 사용한 것에 해당한다.

2. 어떤 진술이 기재된 서류가 그 내용의 진실성이 범죄사실에 대한 직접증거로 사용될 때는 전문증거가 되지만, 그와 같은 진술을 하였다는 것 자체 또는 진술의 진실성과 관계없는 간접사실에 대한 정황증거로 사용될 때는 반드시 전문증거가 되는 것이 아니다. 그러나 어떠한 내용의 진술을 하였다는 사실 자체에 대한 정황증거로 사용될 것이라는 이유로 서류의 증거능력을 인정한 다음 그 사실을 다시 진술 내용이나 그 진실성을 증명하는 간접사실로 사용하는 경우에 그 서류는 전문증거에 해당한다. 서류가 그곳에 기재된 원진술의 내용인 사실을 증명하는 데 사용되어 원진술의 내용인 사실이 요증사실이 되기 때문이다. (대법원 2019. 8.29. 2018도14303 승승 국정농단 박근혜 전대통령 사건) 청와대 경제수석비서관이었던 안종범 수석이 작성한 업무수첩에는 '박근혜 전(前)대통령이 면담자와 나눈 대화내용을 안종범 수석에게 불러준 내용(ⓐ)'과 '박 전(前)대통령이 안종범 수석에게 지시한 내용(ⓑ)'이 기재되어 있었다. 이들이 기재된 업무수첩(일종의 진술서)이므로 전자(ⓐ)에 대해서는 형사소송법 제316조 제1항과 제313조 제1항이 적용되고(전문진술이 기재된 전문서류), 후자(ⓑ)에 대해서는 형사소송법 제313조 제1항이 적용된다(단순한 전문서류)[11]. 안종범 수석이 작성한 업무수첩 중 'ⓐ' 부분은 전문증거로서 증거능력이 부정되므로 이를 박 전(前)대통령과 면담자가 나눈 대화 내용을 추단할 수 있는 간접사실의 증거로 사용할 수 없다는 취지이다. 만약 이를 증거로 사용하면 대화 내용을 증명하기 위한 직접증거로 사용할 수 없는 것을 결국 대화 내용을 증명하는 간접증거로 사용하는 결과가 되기 때문이다. 밑줄 친 부분이 간접사실로 사용한 것에 해당한다.

> 25 소방간부, 24 경찰승진,
> 24 경간부, 24 경찰채용,
> 24 법원9급, 23 경찰채용,
> 23 국가9급, 22 경찰채용,
> 22 국가7급, 21 변호사,
> 21 경찰채용

08 원본증거(본래증거)에 해당하는 경우

1. 피해자 A 등이 "피고인이 88체육관 부지를 공시지가로 매입하게 해 주고 KBS와의 시설이주협의도 2개월 내로 완료하겠다고 말하였다"고 진술한 경우 피고인의 위와 같은 원진술의 존재 자체가 사기죄 또는 변호사법위반죄에 있어서의 요증사실이므로 이를 직접 경험한 A 등이 피고인으로부터 위와 같은 말을 들었다고 하는 진술은 전문증거가 아니라 본래증거에 해당한다.(대법원 2012. 7.26. 2012도2937 원로변호사 사기사건) 원진술이 존재하는 것 자체가 증명의 대상이 되는 경우이다. 진술 내용의 진실성은 증명력의 문제에 해당한다. 아래 2. 판례도 마찬가지이다. "요증사실의 경험자인 사기죄 등의 피해자가 법정에서 한 증언이므로 본래증거이다."라고 이해해도 무방하다.

> 19 국가9급, 17 경간부

2. A가 "피고인으로부터 '건축허가 담당 공무원이 외국연수를 가므로 사례비를 주어야 한다'는 말과 '건축허가 담당 공무원이 4,000만원을 요구하는데 사례비로 2,000만원을 주어야 한다'는 말을 들었다"는 취지로 진술한 경우 피고인의 위와 같은 원진술의 존재 자체가 알선수

> 24 국가7급, 23 경찰채용,
> 22 법원9급, 21 경간부,
> 20 변호사, 19 변호사,
> 18 국가7급

---

[11] 판례의 판시 내용에는 전문증거와 전문법칙에 대한 구체적인 내용이 생략되어 있어 읽어봐도 잘 이해가 되지 않을 것이다.

재죄에 있어서의 요증사실이므로 이를 직접 경험한 A가 피고인으로부터 위와 같은 말들을 들었다고 하는 진술들은 전문증거가 아니라 본래증거에 해당된다.(대법원 2008.11.13. 2008도8007 사례비를 주어야 한다 사건) "요증사실의 경험자인 알선증재자가 법정에서 한 증언이므로 본래증거이다."라고 이해해도 무방하다.

> **특정범죄 가중처벌 등에 관한 법률(2025. 4. 8. 법률 제20907호로 일부개정된 것)**
>
> 제3조【알선수재】공무원의 직무에 속한 사항의 알선에 관하여 금품이나 이익을 수수·요구 또는 약속한 사람은 5년 이하의 징역 또는 1천만원 이하의 벌금에 처한다.

Ⅱ 전문법칙의 예외

> **선생님의 TIP**
>
> 아래 핵심정리는 필수 암기사항이다. 그리고 주의할 사항은 다음과 같다.
> 1. 앞에서도 말했지만 어떤 판례에서 문제되는 것이 **전문서류인가 전문진술인가** 먼저 파악해야 한다. 전문서류라면 형사소송법 제311조부터 제315조가 적용되고, 전문진술이라면 제316조가 적용된다.
> 2. 원진술자가 **피고인인가 피고인이 아닌 자인가** 구별해야 한다. 피고인이면 형사소송법 제313조 제1항 단서, 제316조 제1항이 적용되지만, 피고인이 아닌 자이면 제313조 제1항 본문, 제316조 제2항이 적용된다.
> 3. 전문법칙의 예외에 해당하여 증거능력을 인정하기 위한 대전제는 '적법한 절차'와 '진술의 임의성'이다. 아무리 성립의 진정, 특신상태, 내용의 인정 등의 요건을 구비했더라도 **적법한 절차에 따르지 않고 수집했거나 진술의 임의성이 인정되지 않으면 증거능력이 부정된다.**(제308조의2, 제309조) 이하에서는 특별한 언급이 없는 한 적법한 절차와 진술의 임의성은 인정되는 것으로 간주한다.

핵심정리 전문법칙의 예외

구 분	적용 대상	증거능력 인정요건
제311조	법원 또는 법관의 조서	당연히 증거능력 인정
제312조 제1항·제3항	검사 또는 사법경찰관 작성 피의자신문조서	적법절차 + 내용의 인정
제312조 제4항	검사 또는 사법경찰관 작성 참고인진술조서	적법절차 + 성립의 진정 + 특신상태 + 원진술자 신문가능성
제312조 제6항	검사 또는 사법경찰관 작성 검증조서	적법절차 + 성립의 진정
제313조	사인 작성 진술서·진술녹취서, 감정서 ★ 다만 수사과정에서 작성한 진술서 등은 제312조 제1항부터 제4항 적용(제312조 제5항)	성립의 진정(+ 특신상태 + 작성자 신문가능성)
제314조	제312조 및 제313조의 증거에 적용 ★ 다만, 피의자신문조서에는 적용되지 않음 (판례)	사망·질병·외국거주·소재불명 기타 + 특신상태
제315조	당연히 증거능력이 있는 서류	당연히 증거능력 인정

↑ 위는 전문서류, ↓ 아래는 전문진술이다.

제316조 제1항	피고인의 진술을 그 내용으로 하는 전문진술	특신상태
제316조 제2항	피고인 아닌 타인의 진술을 그 내용으로 하는 전문진술	사망·질병·외국거주·소재불명 기타 + 특신상태

1. 적법절차(적법한 절차와 방식에 따라 작성) : 일차적으로 형식적 진정성립(기명·날인·서명 등의 진정)을 의미하며, 나아가 제243조(피의자신문과 참여자), 제244조(피의자신문조서 작성), 제243조의2(변호인의 참여 등), 제244조의4(수사과정의 기록) 등의 절차와 방식에 따라 작성된 것으로 해석된다.
2. 내용의 인정 : 서류에 기재된 내용이 실제 객관적 사실과 부합한다[1].
3. 성립의 진정 : 진술자가 진술한 내용과 동일하게 기재되어 있다.
4. 특 신 상 태 : 진술이 특히 신빙할 수 있는 상태 하에서 행하여졌다.
5. 신문가능성 : 피고인 또는 변호인이 조서 또는 진술서 등의 내용에 관하여 원진술자나 작성자를 신문할 수 있었다.

1. 법원 또는 법관의 조서

> **형사소송법(2025. 3.18. 법률 제20796호로 일부개정된 것)**
>
> **제311조【법원 또는 법관의 조서】** 공판준비 또는 공판기일에 피고인이나 피고인 아닌 자의 진술을 기재한 조서와 법원 또는 법관의 검증의 결과를 기재한 조서는 증거로 할 수 있다. 제184조 및 제221조의2의 규정에 의하여 작성한 조서도 또한 같다.

선생님의 TIP

법원 또는 법관의 조서는 그 성립이 진정하고 신용성의 정황적 보장이 높기 때문에 당연히 증거능력이 인정된다. 공판조서, 증인신문조서, 검증조서 그리고 증거보전절차나 증인신문절차에서 작성된 조서 등이 이에 해당한다.

서식 및 사례 — 공판조서와 증인신문조서

공판조서

제2회
사건 20X5고합123 강간
재판장 판사 노정원   기일 : 20X5. 6.21. 14:00
판사   이병헌   장소 : 1호법정
판사   유해진   공개여부 : 공개
법원사무관 김혜수   다음기일 : 20X5.6.29. 10:00

피고인 남궁한 출석   검사 이서우 출석
변호인 변호사 윤소중 출석   증인 남궁투 출석
―――――――――――――――――――――――――
재판장
  전회 공판심리에 관한 주요사항의 요지를 공판조서에 의하여 고지
별지 조서와 같이 증인신문
재판장
  증거조사결과에 대한 의견을 묻고 권리를 보호함에 필요한 증거조사를 신청할 수 있음을 고지

(중략)
20X5. 6.21.
법원사무관 김혜수 ㊞
재판장 판사 노정원 ㊞

증인신문조서

사건 20X5고합123 강간
증인   이 름 남궁투
        생년월일 20×1. 3. 22.
        주 소 경기도 고양시 덕양구 북한동 산2
―――――――――――――――――――――――――
재판장
  증인에게 선서의 취지를 명시하고 위증의 벌을 경고한 다음 별지 선서서에 의하여 선서를 하게 하였다.
  다음에 신문할 증인은 법정 안에 있지 아니하였다.

증인에 대한 신문내용은 법정녹음시스템의 녹음파일(고유번호 : 1Y3)과 같다

20X5. 6.29.
법원사무관 김혜수 ㊞
재판장 판사 노정원 ㊞

---

1 피고인이 공판정에서 자백하는 것을 의미한다.

01 당해 사건의 공판조서의 증거능력(=당연히 증거능력 인정)

피고인이나 피고인 아닌 자의 진술을 기재한 당해 사건의 공판조서는 형사소송법 제311조 전문의 규정에 의하여 당연히 증거능력이 있다.(대법원 2003.10.10. 2003도3282 2회 공판기일 공판조서 사건) '다른' 사건의 공판조서는 형사소송법 제315조 제3호에 의하여 당연히 증거능력이 인정된다. [50] 1. 판례 참고

02 법원 작성 검증조서의 증거능력(=당연히 증거능력 인정)

녹음테이프에 대한 검증의 내용이 그 진술 당시 진술자의 상태 등을 확인하기 위한 것인 경우에는 녹음테이프에 대한 검증조서의 기재 중 진술내용을 증거로 사용하는 경우에 관한 법리는 적용되지 아니하고 따라서 검증조서는 법원의 검증의 결과를 기재한 조서로서 형사소송법 제311조에 의하여 당연히 증거로 할 수 있다.(대법원 2008. 7.10. 2007도10755 음주 횡설수설 여부 확인사건) 법원이 검증한 녹음테이프는 甲이 乙과 전화통화를 하면서 녹음한 것인데, 검증의 목적이 甲과 乙간의 진술내용을 알아보기 위한 것이 아니라 통화 당시 甲이 술에 취한 상태에서 횡설수설 이야기한 것인지 여부 등을 확인하기 위한 것이었다.

> 24 경찰승진, 24 국가7급, 23 경찰승진, 22 경찰승진, 18 변호사, 18 경간부, 16 국가9급

2. 검사 또는 사법경찰관의 조서 등

(1) 총설

형사소송법(2025. 3.18. 법률 제20796호로 일부개정된 것)

제312조【검사 또는 사법경찰관의 조서 등】① 검사가 작성한 피의자신문조서는 <u>적법한 절차와 방식에 따라</u> 작성된 것으로서 공판준비, 공판기일에 그 피의자였던 피고인 또는 변호인이 그 내용을 인정할 때에 한정하여 증거로 할 수 있다.
② 삭제 〈2020. 2. 4.〉
③ 검사 이외의 수사기관이 작성한 피의자신문조서는 <u>적법한 절차와 방식에 따라</u> 작성된 것으로서 공판준비 또는 공판기일에 그 피의자였던 피고인 또는 변호인이 그 내용을 인정할 때에 한하여 증거로 할 수 있다.
④ 검사 또는 사법경찰관이 피고인이 아닌 자의 진술을 기재한 조서는 <u>적법한 절차와 방식에 따라</u> 작성된 것으로서 그 조서가 검사 또는 사법경찰관 앞에서 진술한 내용과 동일하게 기재되어 있음이 원진술자의 공판준비 또는 공판기일에서의 진술이나 영상녹화물 또는 그 밖의 객관적인 방법에 의하여 증명되고, 피고인 또는 변호인이 공판준비 또는 공판기일에 그 기재 내용에 관하여 원진술자를 신문할 수 있었던 때에는 증거로 할 수 있다. 다만, 그 조서에 기재된 진술이 특히 신빙할 수 있는 상태하에서 행하여졌음이 증명된 때에 한한다.
⑤ 제1항부터 제4항까지의 규정은 피고인 또는 피고인이 아닌 자가 수사과정에서 작성한 진술서에 관하여 준용한다.
⑥ 검사 또는 사법경찰관이 검증의 결과를 기재한 조서는 <u>적법한 절차와 방식에 따라</u> 작성된 것으로서 공판준비 또는 공판기일에서의 작성자의 진술에 따라 그 성립의 진정함이 증명된 때에는 증거로 할 수 있다.

> **선생님의 TIP**
> 1. 피의자신문조서 등 조서의 양식에 관하여는 「제2편 제1장 제3절 Ⅱ. 임의수사」를 참고하기 바란다.
> 2. 과거에도 그런 면이 없진 않았지만 법원은 대략 2013년부터 수사기관이 작성한 조서 등의 증거능력을 엄격하게 제한하려는 경향이 있다. 약간이라도 절차나 방식을 위반하면 증거능력이 부정되는데 어쩌면 형사소송법 제312조의 해석상 당연한 것인지도 모른다.

03 수사기관 작성 조서 등의 증거능력 인정의 엄격성

헌법 제12조 제1항이 규정한 적법절차의 원칙과 헌법 제27조에 의하여 보장된 공정한 재판을 받을 권리를 구현하기 위하여 형사소송법은 공판중심주의와 구두변론주의 및 직접심리주의를 기본원칙으로 하고 있다. 따라서 형사소송법이 수사기관에서 작성된 조서 등 서면증거에 대하여 일정한 요건을 충족하는 경우에 증거능력을 인정하는 것은 실체적 진실발견의 이념과 소송경제의 요청을 고려하여 예외적으로 허용하는 것일 뿐이므로 **증거능력 인정 요건에 관한 규정은 엄격하게 해석·적용하여야 한다.**(대법원 2024.11.14. 2024도11314 형사조정조서 사건)

▶ 24 경찰채용, 22 국가7급

04 형사소송법 제312조에 규정된 '적법한 절차와 방식'의 의미

1. 형사소송법 제312조 제3항에 규정된 '적법한 절차와 방식'이라 함은 피의자에 대한 조서 작성 과정에서 지켜야 할 진술거부권의 고지 등 형사소송법이 정한 제반 절차를 준수하고 조서의 작성 방식에도 어긋남이 없어야 한다는 것을 의미한다.(대법원 2013. 3.28. 2010도3359 공항버스 운전기사 횡령사건) 이에 관하여는 「제3편 제2장 제2절 Ⅱ. 위법수집증거배제법칙」을 참고하기 바란다.

2. 형사소송법 제312조 제4항에 규정된 적법한 절차와 방식에 따라 작성한다는 것은 형사소송법이 피고인 아닌 사람의 진술에 대한 조서 작성 과정에서 지켜야 한다고 정한 여러 **절차를 준수하고 조서의 작성 방식에도 어긋나지 않아야 한다는 것을 의미한다.**(대법원 2017. 7.18. 2015도12981 대구 여대생 성폭행 스리랑카인 사건)

▶ 23 경찰승진, 21 국가9급

05 적법한 절차와 방식에 따라 작성되지 않은 것으로 볼 수 없어 진술조서의 증거능력이 부정되지 않는 경우

진술자와 피고인의 관계, 범죄의 종류, 진술자 보호의 필요성 등 여러 사정으로 볼 때 **상당한 이유가 있는 경우에는 수사기관이 진술자의 성명을 가명으로 기재하여 조서를 작성하였다고 해서 그 이유만으로 그 조서가 '적법한 절차와 방식'에 따라 작성되지 않았다고 할 것은 아니다. 그러한 조서라도 공판기일 등에 원진술자가 출석하여 자신의 진술을 기재한 조서임을 확인함과 아울러 그 조서의 실질적 진정성립을 인정하고 나아가 그에 대한 반대신문이 이루어지는 등 형사소송법 제312조 제4항에서 규정한 요건이 모두 갖추어진 이상 그 증거능력을 부정할 것은 아니다.**(대법원 2012. 5.24. 2011도7757 조폭이 무서워 가명으로 사건)

▶ 23 경찰승진, 21 경찰채용, 19 국가9급, 16 변호사

06 적법한 절차와 방식에 따라 작성되지 않아 증거능력이 부정되는 경우

1. 조서 말미에 피고인의 서명만이 있고 그 날인(무인 포함)이나 간인이 없는 검사 작성의 피의자신문조서는 증거능력이 없다.(대법원 1999. 4. 13. 99도237 날인·간인 거부 피의자 사건)

    ▶ 24 국가9급, 20 경찰승진, 20 경간부, 19 소방간부, 18 국가9급, 17 소방간부, 16 변호사

2. 검사 작성의 피의자신문조서에 작성자인 **검사의 서명·날인이 되어 있지 아니한 경우** 그 피의자신문조서는 공무원이 작성하는 서류로서의 요건을 갖추지 못한 것으로서 형사소송법 제57조 제1항에 위반되어 무효이고 따라서 이에 대하여 증거능력을 인정할 수 없으며, 피의자신문조서에 진술자인 피고인의 서명·날인이 되어 있다거나 피고인이 법정에서 그 피의자신문조서에 대하여 진정성립과 임의성을 인정하였다고 하여 달리 볼 것은 아니다.(대법원 2001. 9. 28. 2001도4091 민원사무처리부 변조사건)

    ▶ 18 경찰채용, 16 국가7급

3. 사법경찰리 작성의 피해자에 대한 진술조서가 피해자의 화상으로 인한 서명불능을 이유로 입회하고 있던 피해자의 동생에게 대신 읽어 주고 그 동생으로 하여금 서명·날인하게 하는 방법으로 작성된 경우 이는 증거로 사용할 수 없다.(대법원 1997. 4. 11. 96도2865 동생이 서명·날인 사건)

    ▶ 22 경찰승진, 22 경간부, 20 경찰승진, 16 국가9급, 15 경찰승진, 15 경간부

(2) 피의자신문조서[2]

형사소송법(2025. 3. 18. 법률 제20796호로 일부개정된 것)

제312조【검사 또는 사법경찰관의 조서 등】① 검사가 작성한 피의자신문조서는 적법한 절차와 방식에 따라 작성된 것으로서 공판준비, 공판기일에 그 피의자였던 피고인 또는 변호인이 <u>그 내용을 인정할 때에 한정하여</u> 증거로 할 수 있다.
② 삭제 〈2020. 2. 4.〉
③ 검사 이외의 수사기관이 작성한 피의자신문조서는 적법한 절차와 방식에 따라 작성된 것으로서 공판준비 또는 공판기일에 그 피의자였던 피고인 또는 변호인이 <u>그 내용을 인정할 때에 한하여</u> 증거로 할 수 있다.

형사소송법(2020. 2. 4. 법률 제16924호로 일부개정되기 전의 것)

제312조【검사 또는 사법경찰관의 조서 등】① 검사가 피고인이 된 피의자의 진술을 기재한 조서는 적법한 절차와 방식에 따라 작성된 것으로서 <u>피고인이 진술한 내용과 동일하게 기재되어 있음이</u> 공판준비 또는 공판기일에서의 <u>피고인의 진술에 의하여 인정되고</u>, 그 조서에 기재된 진술이 특히 신빙할 수 있는 상태하에서 행하여졌음이 증명된 때에 한하여 증거로 할 수 있다.
② 제1항에도 불구하고 피고인이 그 조서의 성립의 진정을 부인하는 경우에는 그 조서에 기재된 진술이 피고인이 진술한 내용과 동일하게 기재되어 있음이 영상녹화물이나 그 밖의 객관적인 방법에 의하여 증명되고, 그 조서에 기재된 진술이 특히 신빙할 수 있는 상태 하에서 행하여졌음이 증명된 때에 한하여 증거로 할 수 있다.
③ 검사 이외의 수사기관이 작성한 피의자신문조서는 적법한 절차와 방식에 따라 작성된 것으로서 공판준비 또는 공판기일에 그 피의자였던 피고인 또는 변호인이 <u>그 내용을 인정할 때에 한하여</u> 증거로 할 수 있다.

---

[2] 이를 앞으로 '피신조서'라고 약칭할 수도 있다.

> **선생님의 TIP**
>
> 1. 2020. 2. 4. 형사소송법 개정 전에는(개정법은 2022. 1. 1.부터 시행되었다) 검사 작성 피의자신문조서와 사법경찰관 작성 피의자신문조서의 증거능력 인정요건이 달랐으므로 이를 가지고 장난치는 문제들이 많았다. 그러나 2025년 현재는 증거능력 인정요건이 같기 때문에 양자를 가지고 장난치는 문제는 출제되지 않는다.
> 2. 그리고 다시 말하지만 2025년 현재 위 2개의 피의자신문조서는 그 증거능력 인정요건이 같기 때문에 판례 중에서 '검사 이외의 수사기관'이라는 부분은 그냥 '검사 또는 사법경찰관'이라고 보아도 무방하다.
> 3. 형사소송법 개정 전 제312조 제1항에 관한 판례는 2025년 현재는 적용되지 않지만, 그 취지만큼은 형사소송법 제312조 제4항에 규정된 참고인진술조서에 적용할 수 있는데, 그것은 다음 (3) 참고인진술조서에서 논하기로 한다.

07 형사소송법 제312조 제3항의 '검사 이외의 수사기관[3]'의 의미

(1) 형사소송법 제312조 제3항의 '검사 이외의 수사기관'에는 달리 특별한 사정이 없는 한 외국의 권한 있는 수사기관도 포함된다. (2) 미국 범죄수사대(CID), 연방수사국(FBI)의 수사관들이 작성한 수사보고서 및 피고인이 위 수사관들에 의한 조사를 받는 과정에서 작성하여 제출한 진술서는 피고인이 그 내용을 부인하는 이상 증거로 쓸 수 없다.(대법원 2006. 1. 13. 2003도6548 이태원 미국여대생 피살사건) 피고인 '켄지 노리스 엘리자베스 스나이더(女, 20세)'는 동료 교환 여대생 '제이미 린 페니치(女, 21세)'를 상해치사케 했다는 혐의로, 한미 범죄인인도조약에 따라 국내로 신병이 인도된 최초의 미국인이다. 스나이더는 2001. 3. 사건 이후 미국으로 출국했으나 미국 수사관의 현지 수사과정에서 범죄를 자백하였고, 2002.12. 국내로 신병이 인도되었으나 결국 대법원에서 무죄가 확정되었다.

> 20 소방간부, 19 경찰승진, 17 경찰채용, 15 경찰승진

<이미지 출처 - Newspapers(https://www.newspapers.com/article/st-cloud-times/9924862/)>

---

[3] 다시 말하지만 앞으로 '검사 이외의 수사기관'이라는 판례 문구는 그냥 '검사 또는 사법경찰관'이라고 보아도 무방하다.

08 형사소송법 제312조 제1항·제3항 소정의 '내용을 인정할 때'의 의미(= 진술한 내용이 실제사실과 부합한다는 것을 인정한 때)

1. 형사소송법 제312조 제1항에서 '그 내용을 인정할 때'라 함은 피의자신문조서의 기재 내용이 진술 내용대로 기재되어 있다는 의미가 아니고 그와 같이 진술한 내용이 실제 사실과 부합한다는 것을 의미한다.(대법원 2024. 8.29. 2024도8200 필로폰 매수자 피신조서 사건) '내용의 인정'은 쉽게 말해 피고인이 자백하는 것을 말한다. 피고인이 자백하지 않으면 피의자신문조서는 증거능력이 부정된다. [9] 판례 참고

   ▶ 24 경찰채용

2. 형사소송법 제312조 제3항에서 '그 내용을 인정할 때'라 함은 피의자신문조서의 기재 내용이 진술 내용대로 기재되어 있다는 의미가 아니고 그와 같이 **진술한 내용이 실제 사실과 부합한다는 것을 의미한다.**(대법원 2024. 8.29. 2024도8200 필로폰 매수자 피신조서 사건)

   ▶ 25 경찰채용, 22 국가9급, 22 소방간부, 20 경찰승진, 19 소방간부, 18 경찰채용, 16 경찰채용, 15 경찰채용

3. 형사소송법 제312조 제3항에서 '그 내용을 인정할 때'라 함은 피의자신문조서의 기재 내용이 진술 내용대로 기재되어 있다는 의미가 아니고 그와 같이 **진술한 내용이 실제 사실과 부합한다는 것을 의미하므로** 피고인이 공소사실을 부인하는 경우 수사기관이 작성한 피의자신문조서 중 공소사실을 인정하는 취지의 진술 부분은 그 내용을 인정하지 않았다고 보아야 한다.(대법원 2024. 5.30. 2020도16796 압수조서·변호인의견서 증거능력 사건)

09 '공소사실의 부인 또는 증거부동의'가 내용을 인정하지 않는 것인지의 여부(적극)

1. 피고인이 공소사실을 부인하는 경우 검사가 작성한 피의자신문조서 중 공소사실을 인정하는 취지의 진술 부분은 그 내용을 인정하지 않았다고 보아야 한다.(대법원 2023. 4.27. 2023도2102 칠곡 필로폰 투약사건)

   ▶ 24 국가9급

2. 공소사실이 최초로 심리된 공판기일부터 피고인이 **공소사실을 일관되게 부인하여 경찰 작성** 피의자신문조서의 진술 내용을 인정하지 않는 경우 공판기일에 피고인이 서증의 내용을 인정한 것으로 공판조서에 기재된 것은 착오 기재 등으로 보아 피의자신문조서의 증거능력을 부정하여야 한다.(대법원 2013. 3.28. 2010도3359 공항버스 운전기사 횡령사건)

   ▶ 23 법원9급, 22 국가9급, 20 경찰채용, 19 경찰승진

3. 사법경찰리 작성의 피의자신문조서등본은 피고인이나 그 변호인이 **증거로 함에 동의하지 아니한 서류인 것이 분명한 바** 이는 그 내용을 인정하지 않는다는 취지와 같은 것이다. (대법원 1996. 7.12. 96도667 피신조서등본 증거부동의 사건)

4. 피고인과 공범관계에 있는 甲, 乙에 대한 사법경찰관리 작성의 각 피의자신문조서와 乙 작성의 자술서(경찰 수사단계에서 작성된 것이다)는 피고인이나 그 변호인이 **증거로 함에 동의하지 아니하였는바** 이는 그 내용을 인정하지 않는다는 취지로 보아야 한다.(대법원 2004. 7.15. 2003도7185 숨슴 허위 신용카드매출전표 사건)

선생님의 TIP

1. 판례는 제312조 제3항의 입법취지를 엄격히 실현하고 있다. 즉 판례는 공범인 다른 피고인이나 피의자에 대한 사법경찰관 작성 피의자신문조서에 대하여도 제312조 제3항을 적용한다(아래 이미지 왼쪽 참고). 또한 판례는 사법경찰관 작성 피의자신문조서에 대해서는 사망 등 사유로 인하여 법정에서 진술할 수 없는 때에 증거능력을 인정하는 규정인 제314조가 적용되지 않는다고 한다(아래 이미지 오른쪽 참고). 별개 사건에서의 사법경찰관 작성 피의자신문조서의 경우도 마찬가지이다.
2. 위와 같은 판례의 입장은 2025년 현재 제312조 제1항에 규정된 검사 작성 피의자신문조서의 경우에도 그대로 적용된다.

핵심정리 | 피의자신문조서의 증거능력 관련 판례의 도식화

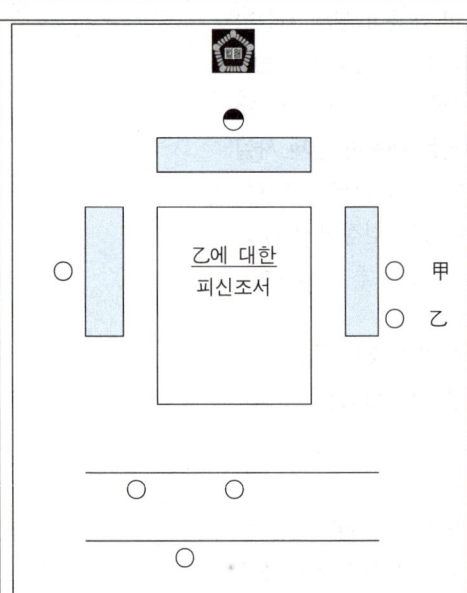
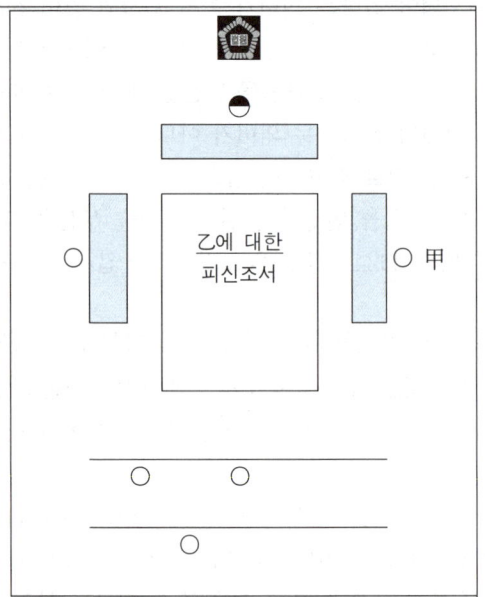

乙에 대한 피의자신문조서는 (乙에 대하여는 물론) 그와 공범관계에 있는 甲에 대하여도 형사소송법 제312조 제1항·제3항이 적용된다. 따라서 乙이 성립의 진정을 인정하거나 내용을 인정하더라도 甲이 그 내용을 부정하면 이 조서는 甲에 대한 관계에서 증거능력이 부정된다.

乙이 사망 등으로 인하여 공판정에 출석하여 진술할 수 없고 특신상태가 증명되어 형사소송법 제314조의 요건이 구비되었다고 하더라도, 乙과 공범관계에 있는 甲이 그 내용을 부정하면 이 조서는 甲에 대한 관계에서 증거능력이 부정된다.

10 형사소송법 제312조 제1항·제3항이 '다른 피고인이나 피의자에 대한 피의자신문조서'에도 적용되는지의 여부(적극)

1. 형사소송법 제312조 제1항에서 정한 검사가 작성한 피의자신문조서란 당해 피고인에 대한 피의자신문조서만이 아니라 당해 피고인과 공범관계에 있는 다른 피고인이나 피의자에 대하여 검사가 작성한 피의자신문조서도 포함되고, 여기서 말하는 '공범'에는 형법 총칙의 공범 이외에도 서로 대향된 행위의 존재를 필요로 할 뿐 각자의 구성요건을 실현하고 별도의 형벌 규정에 따라 처벌되는 강학상 필요적 공범 또는 대향범까지 포함한다. 따라서 피고인이 자신과 공범관계에 있는 다른 피고인이나 피의자에 대하여 검사가 작성한 피의자신

▶ 25 소방간부, 24 변호사, 24 경찰승진, 24 경찰채용, 24 국가7급, 24 국가9급

문조서의 내용을 부인하는 경우에는 형사소송법 제312조 제1항에 따라 유죄의 증거로 쓸 수 없다.(대법원 2024. 8.29. 2024도8200 필로폰 매수자 피신조서 사건)

2. 피고인과 공범관계가 있는 다른 피의자에 대한 검사 이외의 수사기관 작성의 피의자신문조서는 그 피의자의 법정진술에 의하여 성립의 진정이 인정되더라도 당해 피고인이 공판기일에서 그 조서의 내용을 부인하면 증거능력이 부정된다.(대법원 2015.10.29. 2014도5939 서울시 공무원 간첩사건)

▶ 24 경간부, 23 경찰승진, 23 경간부, 23 경찰채용, 22 국가9급, 21 변호사, 21 법원9급, 20 경찰채용, 19 변호사, 19 소방간부, 18 경찰채용, 17 변호사, 17 경간부, 17 국가9급, 16 변호사, 16 국가9급, 16 경찰채용

3. 형사소송법 제312조 제3항은 검사 이외의 수사기관이 작성한 당해 피고인에 대한 피의자신문조서를 유죄의 증거로 하는 경우뿐만 아니라 검사 이외의 수사기관이 작성한 당해 피고인과 공범관계에 있는 다른 피고인이나 피의자에 대한 피의자신문조서를 당해 피고인에 대한 유죄의 증거로 채택할 경우에도 적용되는바, 여기서 말하는 '공범'에는 형법 총칙의 공범 이외에도 서로 대향된 행위의 존재를 필요로 할 뿐 각자의 구성요건을 실현하고 별도의 형벌 규정에 따라 처벌되는 강학상 필요적 공범 내지 대향범도 포함된다.(대법원 2024. 8.29. 2024도8200 필로폰 매수자 피신조서 사건)

4. 형사소송법 제312조 제3항은 검사 이외의 수사기관이 작성한 당해 피고인에 대한 피의자신문조서를 유죄의 증거로 하는 경우뿐만 아니라 검사 이외의 수사기관이 작성한 당해 피고인과 공범관계에 있는 다른 피고인이나 피의자에 대한 피의자신문조서를 당해 피고인에 대한 유죄의 증거로 채택할 경우에도 적용된다. 따라서 당해 피고인과 공범관계가 있는 다른 피의자에 대하여 검사 이외의 수사기관이 작성한 피의자신문조서는 그 피의자의 법정진술에 의하여 그 성립의 진정이 인정되는 등 형사소송법 제312조 제4항의 요건을 갖춘 경우라고 하더라도 당해 피고인이 공판기일에서 그 조서의 내용을 부인한 이상 이를 유죄 인정의 증거로 사용할 수 없다.(대법원 2019.11.14. 2019도11552 새마을금고 이사장 선거 사건)

▶ 25 변호사, 25 경찰채용, 23 국가9급, 21 경찰채용, 20 변호사, 20 경찰승진, 19 국가9급, 18 변호사, 18 경간부, 18 경찰채용, 18 국가9급, 15 경찰승진, 15 국가9급

5. 형사소송법 제312조 제3항은 검사 이외의 수사기관이 작성한 해당 피고인에 대한 피의자신문조서를 유죄의 증거로 하는 경우뿐만 아니라 검사 이외의 수사기관이 작성한 해당 피고인과 공범관계에 있는 다른 피고인이나 피의자에 대한 피의자신문조서를 해당 피고인에 대한 유죄의 증거로 채택할 경우에도 적용된다. 따라서 해당 피고인과 공범관계가 있는 다른 피의자에 대하여 검사 이외의 수사기관이 작성한 피의자신문조서는 그 피의자의 법정진술에 의하여 그 성립의 진정이 인정되는 등 형사소송법 제312조 제4항의 요건을 갖춘 경우라고 하더라도 해당 피고인이 공판기일에서 그 조서의 내용을 부인한 이상 이를 유죄 인정의 증거로 사용할 수 없고, 그 당연한 결과로 위 피의자신문조서에 대하여는 사망 등 사유로 인하여 법정에서 진술할 수 없는 때에 예외적으로 증거능력을 인정하는 규정인 형사소송법 제314조가 적용되지 아니한다. 그리고 이러한 법리는 공동정범이나 교사범, 방조범 등 공범관계에 있는 자들 사이에서뿐만 아니라 법인의 대표자나 법인 또는 개인의 대리인, 사용인, 그 밖의 종업원 등 행위자의 위반행위에 대하여 행위자가 아닌 법인 또는 개인이 양벌규정에 따라 기소된 경우, 이러한 법인 또는 개인과 행위자 사이의 관계에서도 마찬가지로 적용된다.(대법원 2020. 6.11. 2016도9367 병원 사무국장 사망 사건) [11] 판례 참고

6. 당해 피고인과 공범관계에 있는 공동피고인에 대해 검사 이외의 수사기관이 작성한 피의자신문조서는 그 공동피고인의 법정진술에 의하여 성립의 진정이 인정되더라도 당해 피

▶ 25 경간부, 22 변호사, 17 국가9급

고인이 공판기일에서 그 조서의 내용을 부인하면 증거능력이 부정된다. 그리고 이러한 경우 그 공동피고인이 법정에서 경찰 수사 도중 피의자신문조서에 기재된 것과 같은 내용으로 진술하였다는 취지로 증언하였다고 하더라도 이러한 증언은 원진술자인 공동피고인이 그 자신에 대한 경찰 작성의 피의자신문조서의 진정성립을 인정하는 취지에 불과하여 위 조서와 분리하여 독자적인 증거가치를 인정할 것은 아니므로 위 조서의 증거능력이 부정되는 이상 위와 같은 증언 역시 이를 유죄 인정의 증거로 쓸 수 없다.(대법원 2009.10.15. 2009도1889 포승창고 유사휘발유 사건) 이 판례는 피의자신문조서가 아니라 증언의 증거능력 유무에 관한 것임을 주의하여야 한다.

11 형사소송법 제312조 제3항이 '양벌규정에 있어 행위자에 대한 사법경찰관 작성 피의자신문조서'에도 적용되는지의 여부(적극)

(1) 양벌규정에 따라 처벌되는 행위자와 행위자가 아닌 법인 또는 개인 간의 관계는, 행위자가 저지른 법규위반행위가 사업주의 법규위반행위와 사실관계가 동일하거나 적어도 중요부분을 공유한다는 점에서 내용상 불가분적 관련성을 지니므로 형법총칙의 공범관계 등과 마찬가지로 인권보장적인 요청에 따라 형사소송법 제312조 제3항이 이들 사이에서도 적용된다. (2) 피고인 甲(병원 경영자)이 법정에서 사법경찰관 작성의 乙(병원 사무국장)에 대한 피의자신문조서를 증거로 함에 동의하지 않았고 오히려 그 내용을 부인하고 있는 이상 검사 이외의 수사기관이 양벌규정의 행위자인 乙에 대하여 작성한 피의자신문조서에 관해서는 형사소송법 제312조 제3항이 적용되어 증거능력이 없고, 이 경우 형사소송법 제314조를 적용하여 피의자신문조서의 증거능력을 인정할 수도 없다.(대법원 2020. 6.11. 2016도9367 병원 사무국장 사망 사건) 이 판례는 제312조 제1항에 규정된 검사 작성 피의자신문조서의 경우에도 그대로 적용된다.

> 25 경찰승진, 24 국가9급, 23 변호사, 22 경간부, 22 국가9급, 22 법원9급, 21 변호사, 21 경간부, 21 국가7급

12 사법경찰관 작성 피의자신문조서에 대하여 형사소송법 제314조가 적용되는지의 여부(소극)

형사소송법 제312조 제3항은 검사 이외의 수사기관이 작성한 당해 피고인에 대한 피의자신문조서를 유죄의 증거로 하는 경우뿐만 아니라 검사 이외의 수사기관이 작성한 당해 피고인과 공범관계에 있는 다른 피고인이나 피의자에 대한 피의자신문조서를 당해 피고인에 대한 유죄의 증거로 채택할 경우에도 적용되는바, 당해 피고인과 공범관계가 있는 다른 피의자에 대한 검사 이외의 수사기관 작성의 피의자신문조서는 그 피의자의 법정진술에 의하여 그 성립의 진정이 인정되더라도 당해 피고인이 공판기일에서 그 조서의 내용을 부인하면 증거능력이 부정되므로 그 당연한 결과로 그 피의자신문조서에 대하여는 사망 등 사유로 인하여 법정에서 진술할 수 없는 때에 예외적으로 증거능력을 인정하는 규정인 형사소송법 제314조가 적용되지 아니한다.(대법원 2009.11.26. 2009도6602 필로폰 매수인 사망사건) [11] 판례 참고

> 25 경간부, 23 변호사, 23 경간부, 22 변호사, 22 국가9급, 21 경간부, 20 변호사, 20 경찰승진, 19 변호사, 18 경찰채용, 17 변호사, 17 국가7급, 17 경찰채용, 15 변호사

13 형사소송법 제312조 제3항이 '전혀 별개 사건에서의 사법경찰관 작성 피의자신문조서'에도 적용되는지의 여부(적극)

형사소송법 제312조 제2항[25년 현재 제312조 제3항]은 그 입법취지와 법조의 문언에 비추어 볼 때 당해 사건에서 피의자였던 피고인에 대한 검사 이외의 수사기관 작성의 피의자신문조서에만 적용되는 것은 아니고, 전혀 별개의 사건에서 피의자였던 피고인에 대한

> 21 경찰채용

검사 이외의 수사기관 작성의 피의자신문조서도 그 적용대상으로 하고 있는 것이라고 보아야 한다.(대법원 1995. 3. 24. 94도2287 별건 사경 피의자신문조서 사건)

선생님의 TIP

아래 [14] 판례는 진정한 의미의 사법경찰관 작성 검증조서가 아니라 아래 이미지와 같이 '피의자의 현장검증 내지 범행재현(행동을 통한 자백)'을 기재한 검증조서에 해당한다. 피의자가 사법경찰관 앞에서 자백을 하였고, 그 내용이 피의자신문조서에 기재된 이후에 자백한 내용에 따라 범행재현을 한 것인데, 이 모두 그 본질은 '사법경찰관 앞에서의 진술'과 같기 때문에 형사소송법 제312조 제6항이 아니라 제312조 제3항이 적용된다. 이는 검사 작성 검증조서의 경우에도 그대로 적용된다.

<이미지 출처 - 경남뉴스(https://www.knnews.co.kr/news/articleView.php?idxno=1179324)[4]>

14 사법경찰관 작성 검증조서 관련 판례

1. 사법경찰관이 작성한 검증조서에 피고인이 검사 이외의 수사기관 앞에서 '**자백한 범행내용을 현장에 따라 진술·재연한 내용이 기재되고 그 재연 과정을 촬영한 사진**'이 첨부되어 있다면 그러한 기재나 사진은 피고인이 공판정에서 실황조사서에 기재된 진술내용 및 범행재연의 상황을 모두 부인하는 이상 증거능력이 없다.(대법원 2006. 1. 13. 2003도6548 이태원 미국여대생 피살사건)

   ▶ 24 국가7급, 24 소방간부, 23 소방간부, 20 변호사, 19 경찰채용, 18 변호사, 17 경찰채용

2. 사법경찰관 작성의 검증조서에 기재된 '**진술내용 및 범행을 재연한 부분**'에 대하여 피고인이 그 성립의 진정 및 내용을 인정한 흔적을 찾아 볼 수 없고 오히려 이를 부인하고 있는 경우에는 그 증거능력을 인정할 수 없다.(대법원 1998. 3. 13. 98도159 술취한 아버지 폭행치사사건)

   ▶ 22 변호사, 21 변호사

3. 사법경찰관 작성의 검증조서 중 '**피고인의 진술기재 부분과 범행재연의 사진 영상**'에 관한 부분에 대하여 원진술자이며 행위자인 피고인에 의하여 진술 및 범행 재연의 진정함이 인정되지 아니하는 경우 그 부분은 증거능력이 없다.(대법원 1988. 3. 8. 87도2692 상해치사범 범행재연 사건)

   ▶ 23 경찰승진

---

4 '무학산 살인사건' 현장검증이라고 한다.

(3) 참고인진술조서[5]

형사소송법(2025. 3.18. 법률 제20796호로 일부개정된 것)

제312조【검사 또는 사법경찰관의 조서 등】④ 검사 또는 사법경찰관이 피고인이 아닌 자의 진술을 기재한 조서는 적법한 절차와 방식에 따라 작성된 것으로서 그 조서가 검사 또는 사법경찰관 앞에서 진술한 내용과 동일하게 기재되어 있음이 원진술자의 공판준비 또는 공판기일에서의 진술이나 영상녹화물 또는 그 밖의 객관적인 방법에 의하여 증명되고, 피고인 또는 변호인이 공판준비 또는 공판기일에 그 기재 내용에 관하여 원진술자를 신문할 수 있었던 때에는 증거로 할 수 있다. 다만, 그 조서에 기재된 진술이 특히 신빙할 수 있는 상태하에서 행하여졌음이 증명된 때에 한한다.

> **선생님의 TIP**
> 참고인진술조서에 관한 판례이다. 어렵지 않지만, 출제위원들이 장난을 치면 어려울 수도 있다. 저자를 믿기 바란다. 일단 핵심정리 이해가 필수이다.

---

[5] 이를 앞으로 '참진조서'라고 약칭할 수도 있다.

| 핵심정리 | 참고인진술조서의 증거능력 관련 판례의 도식화 |

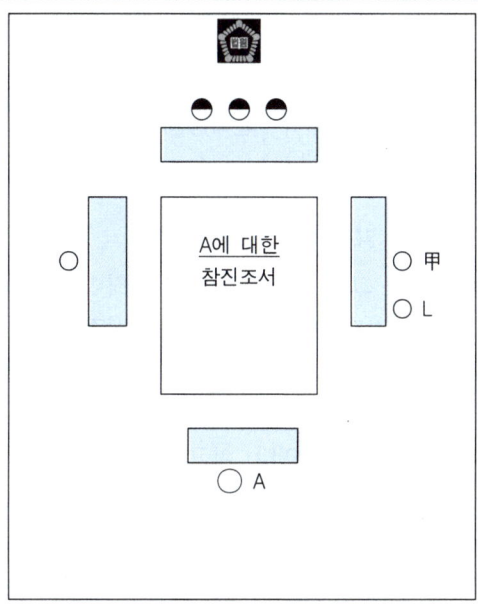

1. A에 대한 참고인진술조서가 증거능력이 인정되려면 A가 공판정에 출석한 후에 선서를 해야 한다[6](형사소송법 제314조는 일단 논외로 한다). 그리고 아래와 같이 경우의 수를 나누어 본다.
   (1) A가 성립의 진정을 인정하였다[7]. 이 경우 피고인 甲 또는 변호인 L이 조서의 내용에 관하여 A를 신문할 수 있었던 때에는 증거로 할 수 있다[8]. 다만, 그 조서에 기재된 진술이 특히 신빙할 수 있는 상태하에서 행하여졌음이 증명된 때에 한한다[9].
   (2) A가 성립의 진정을 인정하지 않았다. 그렇다면 검사는 영상녹화물 또는 그 밖의 객관적인 방법에 의하여 성립의 진정을 증명하여야 한다. 이 경우 피고인 甲 또는 변호인 L이 조서의 내용에 관하여 A를 신문할 수 있었던 때에는 증거로 할 수 있다. 다만, 그 조서에 기재된 진술이 특히 신빙할 수 있는 상태하에서 행하여졌음이 증명된 때에 한한다.
2. "A가 공판정에 출석했으면 그냥 증인신문을 해서 그 증언을 증거로 채택하면 되지 왜 참고인진술조서를 증거로 채택하느냐?"라는 의문이 들 수도 있다. 그것은 선택의 문제이다. 상황에 따라 성립의 진정이 인정된 참고인진술조서를 증거로 채택할 수도 있고, A에 대한 증인신문을 통하여 얻은 증언을 증거로 채택할 수도 있다[10].

---

6 선서와 위증의 벌 때문에 참고인진술조서가 A가 진술한대로 기재되어 있다는 것을 어느 정도 담보할 수 있다.
7 "제가 진술한대로 기재되어 있습니다."라고 한 것이다.
8 만약 피고인 甲 등의 반대신문에 대하여 A가 묵비하는 등 전혀 반대신문이 이루어지지 않았다면 참고인진술조서는 증거능력이 부정된다.
9 이에 관한, 즉 '특신상태'에 관한 판례는 별로 없는데 특별한 사정이 없는 한 '특신상태'는 대체로 인정된다고 볼 것이다.
10 예를 들어 50페이지에 달하는 참고인진술조서의 경우 '성립의 진정이 인정된' 그 조서를 증거로 채택하는 것이 편하지 굳이 별도로 증인신문을 하는 것은 소송경제에 반한다. 물론 피고인 측에서 이에 대한 의견을 제시할 수 있을 것이다.

> **선생님의 TIP**
>
> 아래 [15]~[19] 판례들은 '성립의 진정'을 증거능력 인정요건으로 하였던 2020. 2. 4. 형사소송법 개정 전(개정법은 2022. 1. 1.부터 시행되었다) 검사 작성 피의자신문조서에 관한 것이다. 앞에서도 말했지만 이 판례들은 검사 작성 피의자신문조서에는 적용되지 않지만, 그 취지만큼은 형사소송법 제312조 제4항에 규정된 참고인진술조서에 적용할 수 있다. 피의자신문조서를 참고인진술조서로 대체하고 보기 바란다. 그리고 아래는 과거 판례이므로 '특신상태'와 '원진술자 신문가능성'이 빠져있는 경우도 있는데, 그 요건은 다 충족된 것으로 간주하고 판례를 보아야 한다.

15 검사 작성 피의자신문조서의 성립의 진정의 의미와 방법

검사가 피고인이 된 피의자의 진술을 기재한 조서는 그 작성절차와 방식의 적법성과 별도로 그 내용이 검사 앞에서 진술한 것과 동일하게 기재되어 있다는 점, 즉 실질적 진정성립이 인정되어야 증거로 사용할 수 있다. 여기서 기재내용이 동일하다는 것은 적극적으로 **진술한 내용이 그 진술대로 기재되어 있어야 한다는 것 뿐 아니라 진술하지 아니한 내용이 진술한 것처럼 기재되어 있지 아니할 것을 포함하는 의미이다.** 피고인 본인의 진술에 의한 실질적 진정성립의 인정은 공판준비 또는 공판기일에서 한 명시적인 진술에 의하여야 하고, 단지 피고인이 실질적 진정성립에 대하여 이의하지 않았다거나 조서 작성절차와 방식의 적법성을 인정하였다는 것만으로 실질적 진정성립까지 인정한 것으로 보아서는 아니될 것이다. 또한 특별한 사정이 없는 한 이른바 '입증취지 부인'이라고 진술한 것만으로 이를 조서의 진정성립을 인정하는 전제에서 그 증명력만을 다투는 것이라고 가볍게 단정해서도 안 된다.(대법원 2013. 3. 14. 2011도8325 실질적 진정성립 사건)

▶ 19 경간부, 19 소방간부, 18 법원9급, 17 소방간부

16 검사 작성 피의자신문조서의 성립의 진정을 인정하였다가 이를 번복한 경우 그 조서의 증거능력 유무

피고인이나 그 변호인이 검사 작성의 당해 피고인에 대한 피의자신문조서의 **성립의 진정함을 인정하는 진술을 하였다 하더라도 그 피의자신문조서에 대하여 형사소송법 제292조에서 정한 증거조사가 완료되기 전에는 최초의 진술을 번복함으로써 그 피의자신문조서를 유죄 인정의 자료로 사용할 수 없도록 할 수 있으나 그 피의자신문조서에 대하여 위의 증거조사가 완료된 뒤에는 그와 같은 번복의 의사표시에 의하여 이미 인정된 조서의 증거능력이 당연히 상실되는 것은 아니다.** 다만, 적법절차 보장의 정신에 비추어 성립의 진정함을 인정한 최초의 진술에 그 효력을 그대로 유지하기 어려운 중대한 하자가 있고 그에 관하여 진술인에게 귀책사유가 없는 경우에 한하여 예외적으로 증거조사 절차가 완료된 뒤에도 그 진술을 취소할 수 있고, 그 취소 주장이 이유 있는 것으로 받아들여지게 되면 법원은 형사소송규칙 제139조 제4항의 증거배제결정을 통하여 그 조서를 유죄 인정의 자료에서 제외하여야 한다.(대법원 2008. 7. 10. 2007도7760 신우·삼천리주택재건축조합장 수재사건)

▶ 24 법원9급, 22 경간부, 20 경찰승진, 19 변호사, 18 변호사, 16 경간부

17 검사 작성 피의자신문조서의 증거능력 관련 판례

1. 수사기관이 작성한 조서의 내용이 원진술자가 진술한 대로 기재된 것이라 함은 조서 작성 당시 원진술자의 진술대로 기재되었는지의 여부만을 의미하는 것으로 그와 같이 진술하게 된 연유나 그 진술의 신빙성 여부는 고려할 것이 아니다.(대법원 2008. 3. 27. 2007도11400 공갈·협박범 긴급체포 사건) 누차 말하지만 전문법칙은 증거능력의 문제이지 증명력의 문제가 아니다.

   ▶ 25 경찰승진, 22 경간부, 20 소방간부, 18 변호사

2. 피고인이 그 진술을 기재한 검사 작성의 피의자신문조서 중 일부에 관하여만 실질적 진정성립을 인정하는 경우에는 법원은 당해 조서 중 어느 부분이 그 진술대로 기재되어 있고 어느 부분이 달리 기재되어 있는지 여부를 구체적으로 심리한 다음 진술한 대로 기재되어 있다고 하는 부분에 한하여 증거능력을 인정하여야 하고 그밖에 실질적 진정성립이 인정되지 않는 부분에 대해서는 증거능력을 부정하여야 한다.(대법원 2013. 3. 14. 2011도8325 실질적 진정성립 사건) 조서의 '일부에 대한' 성립의 진정 인정도 가능한다.

   ▶ 22 경간부, 20 경찰승진, 18 경간부, 17 경찰채용, 16 경간부, 16 경찰채용, 15 변호사

18 검사 작성 공동피고인(乙)에 대한 피의자신문조서를 그 공동피고인이 성립 및 임의성을 인정한 경우 피고인(甲)에 대한 그 조서의 증거능력 유무(=적극)

검사 작성의 공동피고인(乙)에 대한 피의자신문조서는 그 공동피고인이 법정에서 진정성립을 인정하고 그 임의성이 인정되는 경우에는 다른 공동피고인(甲)이 이를 증거로 함에 부동의하였다고 하더라도 그 다른 공동피고인의 범죄사실에 대한 유죄의 증거로 삼을 수 있다. (대법원 1998. 12. 22. 98도2890 국립식물검역소 사무과장 수뢰사건)

▶ 22 경간부, 19 국가9급, 17 경간부, 16 변호사

19 검사 작성 피의자신문조서의 실질적 진정성립 증명수단인 '영상녹화물이나 그 밖의 객관적인 방법'의 의미 및 조사관 또는 통역인 등의 증언이 이에 해당하는지의 여부(소극)

(1) 검사 작성의 피의자신문조서에 대한 실질적 진정성립을 증명할 수 있는 수단으로서 형사소송법 제312조 제2항[11]에 규정된 '영상녹화물이나 그 밖의 객관적인 방법'이라 함은 형사소송법 및 형사소송규칙에 규정된 방식과 절차에 따라 제작된 영상녹화물 또는 그러한 영상녹화물에 준할 정도로 피고인의 진술을 과학적·기계적·객관적으로 재현해 낼 수 있는 방법만을 의미한다고 봄이 타당하고, 그 외에 조사관 또는 조사 과정에 참여한 통역인 등의 증언은 이에 해당한다고 볼 수 없다. (2) 원심이 형사소송법 제312조 제2항의 '객관적 방법'은 영상녹화물에 필적할 만큼 강력한 증명력을 갖춘 것이어야 하므로 검사의 피고인에 대한 피의자신문 당시 피고인의 진술을 통역한 통역인의 증언은 객관적인 방법에 해당한다고 볼 수 없다고 판단한 것은 정당하다.(대법원 2016. 2. 18. 2015도16586 통역인 진정성립 증언사건)

▶ 24 경간부, 20 법원9급, 19 경찰승진, 18 변호사, 18 경찰승진, 18 국가9급, 18 법원9급, 17 국가7급, 17 경간부, 17 경찰채용, 17 국가9급, 16 국가7급

---

[11] 형사소송법 제312조 제2항은 삭제된 조항이다. '영상녹화물 또는 그 밖의 객관적인 방법'은 형사소송법 제312조 제4항에 규정되어 있다.

20 형사소송법 제312조 제4항의 실질적 진정성립의 증명정도

형사소송법 제312조 제4항에 따라 사법경찰관이 작성한 피고인 아닌 자의 진술을 기재한 조서의 증거능력을 인정하기 위해서는 **실질적 진정성립**, 즉 그 조서의 기재 내용이 원진술자가 사법경찰관 앞에서 진술한 것과 동일하다는 점이 증명되어야 하고, **그 경우 증명의 정도는 합리적인 의심을 배제할 정도에 이르러야 한다.**(대법원 2015. 1. 22. 2014도10978 숨숨 이석기 의원 사건)

21 형사소송법 제312조 제4항에 규정된 '영상녹화물'의 의미

형사소송법 제312조 제4항이 실질적 진정성립을 증명할 수 있는 방법으로 규정하는 영상녹화물에 대하여는 형사소송법 및 형사소송규칙에서 영상녹화의 과정, 방식 및 절차 등을 엄격하게 규정하고 있으므로 수사기관이 작성한 피고인 아닌 자의 진술을 기재한 조서에 대한 실질적 진정성립을 증명할 수 있는 수단으로서 **형사소송법 제312조 제4항에 규정된 '영상녹화물'이라 함은 형사소송법 및 형사소송규칙에 규정된 방식과 절차에 따라 제작되어 조사·신청된 영상녹화물을 의미한다.**(대법원 2022. 6. 16. 2022도364 유흥업소 상납금 강요사건) [22] 판례 참고

22 형사소송규칙 제134조의3 제2항·제3항에 위반하여 작성한 영상녹화물에 의하여 진술조서의 실질적 진정성립을 인정할 수 있는지의 여부(소극)

수사기관이 작성한 피고인이 아닌 자의 진술을 기재한 조서에 대하여 실질적 진정성립을 증명하기 위해 영상녹화물의 조사를 신청하려면 영상녹화를 시작하기 전에 피고인 아닌 자의 동의를 받고 그에 관해서 피고인 아닌 자가 기명·날인 또는 서명한 **영상녹화동의서를 첨부하여야 하고, 조사가 개시된 시점부터 조사가 종료되어 참고인이 조서에 기명·날인 또는 서명을 마치는 시점까지 조사 전 과정이 영상녹화되어야 하므로 이를 위반한 영상녹화물에 의하여는 특별한 사정이 없는 한 피고인 아닌 자의 진술을 기재한 조서의 실질적 진정성립을 증명할 수 없다.**(대법원 2022. 6. 16. 2022도364 유흥업소 상납금 강요사건) 사법경찰관은 피해자들로부터 영상녹화 동의서를 받지 않았고 또한 (피해자들이 조서를 열람하는 도중 영상녹화가 중단되어) 피해자들의 조서 열람과정 중 일부와 조서에 기명·날인 또는 서명을 마치는 과정이 영상녹화되지 않았다.

23 성립의 진정이 인정되지 않아 진술조서의 증거능력이 부정되는 경우

1. 피고인 甲이 사법경찰리 작성의 乙에 대한 피의자신문조서, 진술조서 및 검사 작성의 피고인 甲에 대한 피의자신문조서 중 乙의 진술기재 부분을 증거로 함에 부동의하였고 원진술자인 乙이 증인으로 나와 그 진술기재의 내용을 열람하거나 고지받지 못한 채 단지 검사나 재판장의 신문에 대하여 "수사기관에서 사실대로 진술하였다"는 취지의 증언만을 하고 있을 뿐이라면 **그 피의자신문조서와 진술조서는 증거능력이 없어 이를 유죄의 증거로 삼을 수 없다.**(대법원 1994. 11. 11. 94도343 가마솥 절취사건)

▶ 22 경찰승진, 17 변호사

2. 검사 또는 사법경찰관리 작성의 참고인에 대한 각 진술조서에 관하여 원진술자가 법정에서 "진술조서들의 진술기재 내용이 자기가 진술한 것과 다른데도 검사 또는 사법경찰관리가 마음대로 공소사실에 부합되도록 기재한 다음 '괜찮으니 서명·날인하라'고 요구하여서 할 수 없이 각 진술조서의 끝 부분에 서명·날인한 것이다"라고 진술하였다면 진술조서들은 증거능력이 없다.(대법원 1990.10.16. 90도1474 괜찮으니 서명·날인하라 사건) ▶ 15 경찰승진

3. 피의자 아닌 자의 진술을 기재한 조서는 공판정에서 원진술자의 진술에 의하여 그 성립의 진정함이 인정된 것이 아니면 설사 공판정에서 피고인이 그 성립을 인정하여도 이를 증거로 할 수 있음에 동의한 것이 아닌 이상 증거로 할 수 없다.(대법원 1983.8.23. 83도196 대표이사 사임서 위조사건) ▶ 17 경찰채용

24 형사소송법 제312조 제4항에서 '특히 신빙할 수 있는 상태'의 의미

형사소송법 제312조 제4항에서 '특히 신빙할 수 있는 상태'라 함은 진술 내용이나 조서의 작성에 허위개입의 여지가 거의 없고, 진술 내용의 신빙성이나 임의성을 담보할 구체적이고 외부적인 정황이 있는 것을 말한다. 그리고 이러한 '특히 신빙할 수 있는 상태'는 증거능력의 요건에 해당하므로 검사가 그 존재에 대하여 구체적으로 주장·입증하여야 하는 것이다.(대법원 2015.10.29. 2014도5939 서울시 공무원 간첩사건) 참고인이 부당하게 장기간 계속된 사실상의 구금 상태에 있었음에도 변호인의 조력을 받을 권리도 보장받지 못한 채 심리적 불안감과 위축 속에서 수사관의 회유에 넘어가 진술한 것으로서 그 진술이 특히 신빙할 수 있는 상태하에서 행하여졌다고 보기 어려워 증거능력이 부정된 사건이다. ▶ 25 경찰승진

(4) 수사과정에서 작성한 진술서

> **형사소송법(2025. 3.18. 법률 제20796호로 일부개정된 것)**
>
> 제312조【검사 또는 사법경찰관의 조서 등】① 검사가 작성한 피의자신문조서는 적법한 절차와 방식에 따라 작성된 것으로서 공판준비, 공판기일에 그 피의자였던 피고인 또는 변호인이 그 내용을 인정할 때에 한정하여 증거로 할 수 있다.
> ② 삭제 〈2020. 2. 4.〉
> ③ 검사 이외의 수사기관이 작성한 피의자신문조서는 적법한 절차와 방식에 따라 작성된 것으로서 공판준비 또는 공판기일에 그 피의자였던 피고인 또는 변호인이 그 내용을 인정할 때에 한하여 증거로 할 수 있다.
> ④ 검사 또는 사법경찰관이 피고인이 아닌 자의 진술을 기재한 조서는 적법한 절차와 방식에 따라 작성된 것으로서 그 조서가 검사 또는 사법경찰관 앞에서 진술한 내용과 동일하게 기재되어 있음이 원진술자의 공판준비 또는 공판기일에서의 진술이나 영상녹화물 또는 그 밖의 객관적인 방법에 의하여 증명되고, 피고인 또는 변호인이 공판준비 또는 공판기일에 그 기재 내용에 관하여 원진술자를 신문할 수 있었던 때에는 증거로 할 수 있다. 다만, 그 조서에 기재된 진술이 특히 신빙할 수 있는 상태하에서 행하여졌음이 증명된 때에 한한다.
> ⑤ 제1항부터 제4항까지의 규정은 피고인 또는 피고인이 아닌 자가 수사과정에서 작성한 진술서에 관하여 준용한다. 〈수사과정에서 작성한 진술서〉
>
> 제313조【진술서등】① 전2조의 규정 이외에 피고인 또는 피고인이 아닌 자가 작성한 진술서나 그 진술을 기재한 서류로서 그 작성자 또는 진술자의 자필이거나 그 서명 또는 날인이 있는 것은 공판준비나 공판기일에서의 그 작성자 또는 진술자의 진술에 의하여 그 성립의 진정함이 증명된 때

에는 증거로 할 수 있다. 단, 피고인의 진술을 기재한 서류는 공판준비 또는 공판기일에서의 그 작성자의 진술에 의하여 그 성립의 진정함이 증명되고 그 진술이 특히 신빙할 수 있는 상태하에서 행하여진 때에 한하여 피고인의 공판준비 또는 공판기일에서의 진술에 불구하고 증거로 할 수 있다. 〈수사과정 외에서 작성한 진술서〉

> **선생님의 TIP**
>
> 1. 피의자가 검사 또는 사법경찰관의 면전에서(당연히 이는 수사과정에 해당한다) 작성한 진술서 등[12]은 피의자신문조서와 마찬가지로 형사소송법 제312조 제1항·제3항이 적용되고, 참고인이 검사 또는 사법경찰관의 면전에서 작성한 진술서 등은 참고인진술조서와 마찬가지로 형사소송법 제312조 제4항이 적용된다.
> 2. 피의자나 참고인이 <u>수사과정이지만 검사 또는 사법경찰관이 아닌 자(형사조정위원과 대검찰청 과학수사부 소속 진술분석관)의 면전에서</u> 작성한 진술서 등의 경우 판례는 형사소송법 형사소송법 제312조도 적용할 수 없고 제313조도 적용할 수 없다고 보아 증거능력이 부정하고 있다([32] 판례 참고).

25. 형사소송법 제312조 제5항의 적용대상인 '수사과정에서 작성한 진술서'의 의미

형사소송법 제312조 제5항의 적용대상인 '수사과정에서 작성한 진술서'란 수사가 시작된 이후에 수사기관의 관여 아래 작성된 것이거나 개시된 수사와 관련하여 수사과정에 제출할 목적으로 작성한 것으로 작성 시기와 경위 등 여러 사정에 비추어 그 실질이 이에 해당하는 이상 명칭이나 작성된 장소 여부를 불문한다.(대법원 2022.10.27. 2022도9510 입당원서 사건) [29] 1. 판례 참고

▶ 25 경찰채용, 24 변호사

26. 수사기관에서의 조사과정에서 작성된 진술조서, 진술서, 자술서 등의 증거능력 판단

피의자의 진술을 녹취 내지 기재한 서류 또는 문서가 수사기관에서의 조사과정에서 작성된 것이라면 그것이 '진술조서, 진술서, 자술서'라는 형식을 취하였다고 하더라도 피의자신문조서와 달리 볼 수 없다.(대법원 2024. 5.30. 2020도9370 성매매업소 기습단속 사건)

▶ 25 법원9급, 23 경간부, 25 소방간부, 22 소방간부, 19 소방간부, 18 경찰채용, 17 경간부, 17 소방간부, 16 경간부, 16 경찰채용, 15 변호사, 15 경찰승진

27. 수사기관이 조사과정에서 작성한 압수조서에 기재된 피의자 진술의 증거능력

피의자의 진술을 기재한 서류 내지 문서가 수사기관의 수사과정에서 작성된 것이라면 그 서류나 문서의 형식과 관계없이 피의자신문조서와 달리 볼 이유가 없으므로 수사기관이 작성한 압수조서에 기재된 피의자였던 피고인의 자백 진술 부분은 피고인 또는 변호인이 내용을 부인하는 이상 증거능력이 없다.(대법원 2024. 5.30. 2020도16796 압수조서·변호인의견서 증거능력 사건) 다음 면 압수조서 중 압수경위 ㉠ 부분을 말한다. [28] 판례 참고

▶ 25 경찰채용, 25 법원9급, 24 경찰채용

---

[12] 피의자가 직접 쓴 것이라면 진술서, 자술서, 시말서 등 그 명칭을 묻지 않는다.

28 **수사기관에 제출된 변호인의견서에 기재된 피고인 진술을 유죄의 증거로 사용할 수 없는 경우**

> 25 법원9급

수사기관에 제출된 변호인의견서 즉, 변호인이 피의사건의 실체나 절차에 관하여 자신의 의견 등을 기재한 서면에 피의자가 당해사건 수사기관에 한 진술이 인용되어 있는 경우가 있다. 변호인의견서에 기재된 이러한 내용의 진술은 수사기관의 수사과정에서 작성된 '피의자의 진술이 기재된 신문조서나 진술서 등'으로부터 독립하여 증거능력을 가질 수 없는 성격의 것이고 '피의자의 진술이 기재된 신문조서나 진술서 등'의 증거능력을 인정하지 않는 경우에 변호인의견서에 기재된 동일한 내용의 피의자 진술 부분을 유죄의 증거로 사용할 수 있다면 피의자였던 피고인에게 불의의 타격이 될 뿐만 아니라 피의자 등의 보호를 목적으로 하는 변호인의 지위나 변호인 제도의 취지에도 반하게 된다. 따라서 피고인이 피의자였을 때 수사기관에 한 진술이 기재된 조서나 수사과정에서 작성된 진술서 등의 증거능력을 인정할 수 없다면 수사기관에 제출된 변호인의견서에 기재된 같은 취지의 피의자 진술 부분도 유죄의 증거로 사용할 수 없다.(대법원 2024. 5. 30. 2020도16796 압수조서·변호인의견서 증거능력 사건)

서식 및 사례 **압수조서**

압수조서
남궁한에 대한 성폭력처벌법(카메라등이용촬영) 피의사건에 관하여 20X5. 6. 22. 15:00 피의자 주거지에서 사법경찰관 경위 노정원은 사법경찰리 경장 윤지훈을 참여하게 하고, 별지 목록의 물건을 다음과 같이 압수하다.

압수경위
(중략)
㉠ 피의자 남궁한은 "제가 20X5. 6. 3. 21:30경 피해자 윤요크의 신체를 그 의사에 반하여 촬영하였다."라고 혐의를 순순히 인정하였다.
(중략)
㉡ 20X5. 6. 3. 21:30경 지하철 3호선 구파발역 승강장 게이트 앞에서 경찰관이 소매치기 및 성폭력 등 지하철범죄 예방·검거를 위한 비노출 잠복근무 중 검정 재킷, 검정 바지, 흰색 운동화를 착용한 20대 가량 남성이 짧은 치마를 입고 에스컬레이터를 올라가는 여성을 쫓아가 뒤에 밀착하여 치마 속으로 휴대폰을 집어넣는 등 해당 여성의 신체를 몰래 촬영하는 행동을 하였다.

참여인	성 명	주민등록번호	주　　소	서명 또는 날인
	남궁한	01042X - 3X60157	경기도 고양시 덕양구 북한동 산1-1	남궁한
			이하 여백	

20X5. 6. 22.

사법경찰관 경위 노정원㊞
사법경찰리 경장 윤지훈㊞

29 형사소송법 제312조 제5항의 적용대상인 '수사과정에서 작성한 진술서'에 해당하는 경우

1. 원심은, 경찰관이 입당원서 작성자의 주거지·근무지를 방문하여 입당원서 작성 경위 등을 질문한 후 진술서 작성을 요구하여 이를 제출받은 이상 형사소송법 제312조 제5항이 적용되어야 한다는 이유로 형사소송법 제244조의4에서 정한 절차를 준수하지 않은 각 증거의 증거능력이 인정되지 않는다고 판단하고 이와 달리 위 진술서는 경찰서에서 작성한 것이 아니라 작성자가 원하는 장소를 방문하여 받은 것이므로 각 절차에 관한 규정이 적용되지 아니한다는 검사의 주장을 배척하였는 바, 이러한 원심의 판단에는 판결에 영향을 미친 잘못이 없다.(대법원 2022.10.27. 2022도9510 입당원서 사건)   ▶ 24 변호사, 24 경찰채용, 23 법원9급

2. 휴대전화기에 대한 압수조서 중 '압수경위'란에 기재된 내용은 피고인이 공소사실과 같은 범행을 저지르는 현장을 직접 목격한 사람의 진술이 담긴 것으로서 형사소송법 제312조 제5항에서 정한 '피고인이 아닌 자가 수사과정에서 작성한 진술서'에 준하는 것으로 볼 수 있고, 이에 따라 휴대전화기에 대한 임의제출절차가 적법하였는지 여부에 영향을 받지 않는 별개의 독립적인 증거에 해당하므로 피고인이 증거로 함에 동의한 이상 유죄를 인정하기 위한 증거로 사용할 수 있다.(대법원 2019.11.14. 2019도13290 지하철 몰카 사건 I) 위 압수조서 중 압수경위 ⓒ 부분을 말한다.   ▶ 22 변호사, 22 경찰승진, 21 경찰채용, 21 국가7급, 20 국가9급

(5) 수사기관 작성 검증조서

형사소송법(2025. 3.18. 법률 제20796호로 일부개정된 것)

제312조【검사 또는 사법경찰관의 조서 등】⑥ 검사 또는 사법경찰관이 검증의 결과를 기재한 조서는 적법한 절차와 방식에 따라 작성된 것으로서 공판준비 또는 공판기일에서의 작성자의 진술에 따라 그 성립의 진정함이 증명된 때에는 증거로 할 수 있다.

선생님의 TIP

순수한 검증조서에 관한 판례는 찾아보기 어렵다. 검사나 사법경찰관이 자신들이 작성한 검증조서에 대하여 성립의 진정을 부정할 이유는 전혀 없기 때문이다.

3. 수사과정 외에서 작성한 진술서

> **형사소송법(2025. 3.18. 법률 제20796호로 일부개정된 것)**
>
> 제313조【진술서등】 ① 전2조의 규정 이외에 피고인 또는 피고인이 아닌 자가 작성한 진술서나 그 진술을 기재한 서류로서 그 작성자 또는 진술자의 자필이거나 그 서명 또는 날인이 있는 것(피고인 또는 피고인 아닌 자가 작성하였거나 진술한 내용이 포함된 문자·사진·영상 등의 정보로서 컴퓨터용디스크, 그 밖에 이와 비슷한 정보저장매체에 저장된 것을 포함한다)은 공판준비나 공판기일에서의 그 작성자 또는 진술자의 진술에 의하여 그 성립의 진정함이 증명된 때에는 증거로 할 수 있다. 단, 피고인의 진술을 기재한 서류는 공판준비 또는 공판기일에서의 그 작성자의 진술에 의하여 그 성립의 진정함이 증명되고 그 진술이 특히 신빙할 수 있는 상태하에서 행하여 진 때에 한하여 피고인의 공판준비 또는 공판기일에서의 진술에 불구하고 증거로 할 수 있다.
> ② 제1항 본문에도 불구하고 진술서의 작성자가 공판준비나 공판기일에서 그 성립의 진정을 부인하는 경우에는 과학적 분석결과에 기초한 디지털포렌식 자료, 감정 등 객관적 방법으로 성립의 진정함이 증명되는 때에는 증거로 할 수 있다. 다만, 피고인 아닌 자가 작성한 진술서는 피고인 또는 변호인이 공판준비 또는 공판기일에 그 기재 내용에 관하여 작성자를 신문할 수 있었을 것을 요한다.
> ③ 감정의 경과와 결과를 기재한 서류도 제1항 및 제2항과 같다.

30 형사소송법 제313조 제1항에 규정된 '서류'의 의미

수사과정에서 작성된 서류의 증거능력에 관하여 형사소송법 제313조 제1항보다 더욱 엄격한 요건을 규정한 형사소송법 제312조의 취지에 비추어 보면 **형사소송법 제313조 제1항이 규정하는 서류는 수사과정 외에서 작성된 서류를 의미한다.**(대법원 2024.11.14. 2024도11314 형사조정조서 사건)

31 형사소송법 제313조 제1항에 규정된 '서류'에 해당하지 않는 경우

1. 피고인의 진술을 기재한 서류가 비록 수사기관이 아닌 자에 의하여 작성되었다고 하더라도 수사가 시작된 이후 수사기관의 관여나 영향 아래 작성된 경우로서 서류를 작성한 자의 신분이나 지위, 서류를 작성한 경위와 목적, 작성 시기와 장소 및 진술을 받는 방식 등에 비추어 실질적으로 고찰할 때 그 서류가 수사과정 외에서 작성된 것이라고 보기 어렵다면, 이를 형사소송법 제313조 제1항의 '전 2조의 규정 이외에 피고인의 진술을 기재한 서류'에 해당한다고 할 수 없다. 나아가 전문증거의 증거능력은 이를 인정하는 법적 근거가 있는 때에만 예외적으로 인정된다는 원칙 및 피고인 또는 피고인이 아닌 자의 진술서가 수사과정에서 작성된 경우 그 증거능력에 관하여 형사소송법 제313조 제1항보다 더욱 엄격한 요건을 규정한 형사소송법 제312조의 취지 등에 비추어 보면 수사기관이 아닌 자가 수사과정에서 작성한 피고인의 진술을 기재한 서류의 증거능력도 엄격하게 제한할 필요가 있다.(대법원 2024.11.14. 2024도11314 형사조정조서 사건) [32] 1. 판례 참고
2. 피고인이 아닌 자의 진술을 기재한 서류가 비록 수사기관이 아닌 자에 의하여 작성되었다고 하더라도 수사가 시작된 이후 수사기관의 관여나 영향 아래 작성된 경우로서 서류를 작성한 자의 신분이나 지위, 서류를 작성한 경위와 목적, 작성 시기와 장소 및 진술을 받는 방식 등에 비추어 실질적으로 고찰할 때 그 서류가 수사과정 외에서 작성된 것이라고 보기 어렵다면 이를 형사소송법 제313조 제1항의 '전2조의 규정 이외에 피고인이 아닌 자의

▶ 24 경찰채용

진술을 기재한 서류'에 해당한다고 할 수 없다. 나아가 전문증거의 증거능력은 이를 인정하는 법적 근거가 있는 때에만 예외적으로 인정된다는 원칙 및 수사기관이 제작한 영상녹화물의 증거능력 내지 증거로서의 사용 범위를 다른 전문증거보다 더욱 엄격하게 제한하는 관련 판례의 취지에 비추어 보면 수사기관이 아닌 자가 수사과정에서 피고인이 아닌 자의 진술을 녹화한 영상녹화물의 증거능력도 엄격하게 제한할 필요가 있다.(대법원 2024. 3. 28. 2023도15133 피해자 면담 진술분석관 작성 CD사건) [32] 2. 판례 참고

32 형사소송법 제312조 또는 제313조 제1항에 규정된 '서류'에 해당하지 않는 경우

1. **형사조정조서 중 '피의자의 주장'란에 피고인의 진술을 기재한 부분은 비록 수사기관이 아닌 자에 의하여 작성되었다고 하더라도 수사가 시작된 이후 수사기관의 관여나 영향 아래 작성된 경우로서 실질적으로 고찰할 때 수사과정 외에서 작성된 것이라고 볼 수 없으므로 형사소송법 제313조 제1항에 따라 증거능력을 인정할 수 없다. 이는 수사기관이 작성한 피의자신문조서나 피고인이 아닌 자의 진술을 기재한 조서가 아니고, 피고인 또는 피고인이 아닌 자가 작성한 진술서라 보기도 어려우므로 형사소송법 제312조에 의하여 증거능력을 인정할 수도 없다.**(대법원 2024. 11. 14. 2024도11314 형사조정조서 사건) 조정이 이루어지지 않자 형사조정위원이 형사조정조서를 작성하였는바, 그 조서 중 '피의자의 주장'란에는 '피해자에게 성추행 및 간음 미수 피해를 입혔음'이라고 기재되어 있고, 말미에는 형사조정절차에 참여한 조정장과 조정위원 및 출석한 피고인의 각 성명과 서명이 기재되어 있었으며 간사인 검찰수사관도 조서의 말미에 성명을 기재하고 서명을 하였다.

    > **범죄피해자 보호법(2024. 9. 20. 법률 제20433호로 일부개정된 것)**
    >
    > 제41조【형사조정 회부】① 검사는 피의자와 범죄피해자(이하 "당사자"라 한다) 사이에 형사분쟁을 공정하고 원만하게 해결하여 범죄피해자가 입은 피해를 실질적으로 회복하는 데 필요하다고 인정하면 당사자의 신청 또는 직권으로 수사 중인 형사사건을 형사조정에 회부할 수 있다.

2. **성폭력처벌법 제33조 제4항·제1항에 따라 검사로부터 피해자 진술의 신빙성 여부에 대한 분석을 의뢰받은 대검찰청 과학수사부 법과학분석과 소속 진술분석관이 창원지방검찰청 여성·아동조사실에서 피해자를 면담하면서 그 과정을 영상녹화하여 제작한 CD 등은 수사과정 외에서 작성된 것이라고 볼 수 없으므로 형사소송법 제313조 제1항에 따라 증거능력을 인정할 수 없고 또한 이는 수사기관이 작성한 피의자신문조서나 피고인이 아닌 자의 진술을 기재한 조서가 아니고 피고인 또는 피고인이 아닌 자가 작성한 진술서도 아니므로 형사소송법 제312조에 의하여 증거능력을 인정할 수도 없다.**(대법원 2024. 3. 28. 2023도15133 피해자 면담 진술분석관 작성 CD사건) ▶ 25 변호사

    > **성폭력범죄의 처벌 등에 관한 특례법(2024. 12. 20. 법률 제20575호로 일부개정된 것)**
    >
    > 제33조【전문가의 의견 조회】① 법원은 정신건강의학과의사, 심리학자, 사회복지학자, 그 밖의 관련 전문가로부터 행위자 또는 피해자의 정신·심리 상태에 대한 진단 소견 및 피해자의 진술 내용에 관한 의견을 조회할 수 있다.
    > ②③ 〈생략〉

④ 제1항부터 제3항까지의 규정은 수사기관이 성폭력범죄를 수사하는 경우에 준용한다. 다만, 피해자가 13세 미만이거나 신체적인 또는 정신적인 장애로 사물을 변별하거나 의사를 결정할 능력이 미약한 경우에는 관련 전문가에게 피해자의 정신·심리 상태에 대한 진단 소견 및 진술 내용에 관한 의견을 조회하여야 한다.

선생님의 TIP

형사소송법 제313조의 해석이 아주 어려운데 아래 핵심정리와 같이 이해하고 암기하여야 한다[13]. 관련된 판례가 다음 "7. 기타 증거방법"에서 또 나온다.

핵심정리 형사소송법 제313조

서 류	조 문	증거능력 인정요건
피고인이 작성한 진술서	제313조 제1항 본문, 제2항	작성자 또는 진술자[14]의 진술에 의하여 성립의 진정 증명 〈또는〉 작성자 또는 진술자가 성립의 진정 부인시 디지털 포렌식 자료, 감정 등 객관적 방법으로 성립의 진정 증명
피고인 아닌 자가 작성한 진술서	〃	작성자 또는 진술자[15]의 진술에 의하여 성립의 진정 증명 〈또는〉 작성자 또는 진술자가 성립의 진정 부인시 디지털 포렌식 자료, 감정 등 객관적 방법으로 성립의 진정 증명 + 작성자 신문가능성
피고인의 진술을 기재한 서류(진술녹취서)	제313조 제1항 단서	작성자(피고인 아닌 자)의 진술에 의하여 성립의 진정 증명 + 특신상태
피고인 아닌 자의 진술을 기재한 서류(진술녹취서)	제313조 제1항 본문	진술자(피고인 아닌 자)의 진술에 의하여 성립의 진정 증명
감정서	제313조 제1항 본문, 제2항, 제3항	감정인의 진술에 의하여 성립의 진정 증명 〈또는〉 감정인이 성립의 진정 부인시 디지털포렌식 자료, 감정 등 객관적 방법으로 성립의 진정 증명 + 감정인 신문가능성

33 피고인 아닌 자가 작성한 진술서 관련 판례

(피해자 A가 남동생 B에게 도움을 요청하면서 피고인이 협박한 말을 포함하여 공갈 등 피해를 입은 내용이 들어 있는) 문자메시지의 내용을 촬영한 사진은 피해자의 진술서에 준하는 것으로 취급함이 상당할 것인바, 진술서에 관한 형사소송법 제313조에 따라 문자메시지의 작성자인 A가 법정에 출석하여 자신이 문자메시지를 작성하여 동생에게 보낸 것과 같음을 확인하고, 동생인 B도 법정에 출석하여 A가 보낸 문자메시지를 촬영한 사진이 맞다고 확인한 이상, 문자메시지를 촬영한 사진은 그 성립의 진정함이 증명되었다고 볼

▶ 24 경찰채용, 23 변호사, 23 경간부, 19 경간부, 18 경찰채용, 17 변호사, 17 국가9급, 15 국가7급

---

[13] 워낙 어려운 조문이므로 이와 다른 해석이 있을 수 있다. 다만 적어도 판례와 관련해서는 이와 같이 이해하고 암기하면 충분하다.
[14] 모두 피고인이다.
[15] 모두 피고인 아닌 자이다.

수 있으므로 이를 증거로 할 수 있다.(대법원 2010.11.25. 2010도8735 공갈당했다 문자 사건) 형사소송법 제313조 제1항 본문이 적용된다.

34 피고인의 진술을 기재한 서류(진술녹취서) 관련 판례

피고인이 피고인의 진술을 기재한 서류를 증거로 할 수 있음에 동의하지 않은 이상 그 서류에 기재된 피고인의 진술 내용을 증거로 사용하려면 형사소송법 제313조 제1항 단서에 따라 공판준비 또는 공판기일에서 작성자의 진술에 의하여 그 서류에 기재된 피고인의 진술 내용이 피고인이 진술한 대로 기재된 것임이 증명되고 나아가 진술이 특히 신빙할 수 있는 상태하에서 행하여진 것임이 인정되어야 한다. 여기서 '특히 신빙할 수 있는 상태'라 함은 진술 내용이나 서류의 작성에 허위개입의 여지가 거의 없고, 진술 내용의 신빙성이나 임의성을 담보할 구체적이고 외부적인 정황이 있는 것을 말한다.(대법원 2022. 4.28. 2018도3914 점검단원 작성 확인서 사건) 국무조정실 산하 정부합동공직복무점검단 소속 점검단원 乙이 피고인 甲의 진술을 기재한 확인서(금품수수 일람표 포함)에 관한 판례로서 형사소송법 제313조 제1항 단서가 적용된다. 원심은 작성자인 乙의 진술에 의하여 성립의 진정함이 증명되고 나아가 진술이 특히 신빙할 수 있는 상태하에서 행하여졌다고 보아 형사소송법 제313조 제1항 단서에 따라 확인서의 증거능력을 인정하였고, 대법원도 이를 수긍하였다. [35] 판례도 같은 취지이다.

35 조세범칙조사 담당 세무공무원 작성 심문조서(진술녹취서)의 증거능력에 관하여 형사소송법 제312조의 적용 여부(소극)

조세범칙조사를 담당하는 <u>세무공무원이 피고인이 된 혐의자 또는 참고인에 대하여 심문한 내용을 기재한 조서는</u> 검사·사법경찰관 등 수사기관이 작성한 조서와 동일하게 볼 수 없으므로 형사소송법 제312조에 따라 증거능력의 존부를 판단할 수는 없고, 피고인 또는 피고인이 아닌 자가 작성한 진술서나 그 진술을 기재한 서류에 해당하므로 형사소송법 제313조에 따라 공판준비 또는 공판기일에서 작성자·진술자의 진술에 따라 성립의 진정함이 증명되고 나아가 그 진술이 특히 신빙할 수 있는 상태 아래에서 행하여 진 때에 한하여 증거능력이 인정된다.(대법원 2022.12.15. 2022도8824 범칙혐의자심문조서 사건) 조세범칙조사 담당 세무공무원은 수사기관이 아니라고 「제2편 제1장 제1절 Ⅰ. 수사기관과 피의자」에서 배운바가 있다. 역시 형사소송법 제313조 제1항 단서가 적용된다. [36] 판례 참고

> 24 변호사

36 조세범칙조사를 담당하는 세무공무원 작성 심문조서의 증거능력에 관하여 형사소송법 제313조의 '특히 신빙할 수 있는 상태' 판단 시 고려사항

형사소송법 제313조에서 '특히 신빙할 수 있는 상태'란 조서 작성 당시 그 진술내용이나 조서 또는 서류의 작성에 허위 개입의 여지가 거의 없고, 그 진술내용의 신빙성과 임의성을 담보할 구체적이고 외부적인 정황이 있는 경우를 의미하는데, 조세범 처벌절차법 및 이에 근거한 시행령·시행규칙·훈령(조사사무처리규정) 등의 조세범칙조사 관련 법

령에서 구체적으로 명시한 진술거부권등 고지, 변호사 등의 조력을 받을 권리 보장, 열람·이의제기 및 의견진술권 등 심문 조서의 작성에 관한 절차규정의 본질적인 내용의 침해·위반 등도 '특히 신빙할 수 있는 상태' 여부의 판단에 있어 고려되어야 한다.(대법원 2022.12.15. 2022도8824 범칙혐의자심문조서 사건)

> **선생님의 TIP**
>
> '수사보고서'의 법적 성질이 약간 애매한 점이 있는데 판례는 형사소송법 제313조가 적용되는 서류라고 한다. 자체로는 이해할 수 없는 [39] 판례는 무조건 암기사항이다. 진짜로 잊을만하면 출제되는 판례이다.

37 수사보고서의 증거능력 인정요건

수사기관이 작성한 수사보고서는 전문증거로서 형사소송법 제311조·제312조·제315조·제316조의 적용대상이 아님이 분명하므로 **형사소송법 제313조의 서류에 해당하여야만 증거능력이 인정될 수 있는바**, 형사소송법 제313조가 적용되기 위해서는 그 서류에 진술자의 서명 또는 날인이 있어야 한다.(대법원 2023. 1.12. 2022도14645 여친 필로폰 주입사건) 이것이 수사보고서에 관한 판례의 기본적인 입장으로 보인다. [38] 판례 참고

38 적법한 절차와 방식에 따라 작성되지 않아 수사보고서의 증거능력이 부정되는 경우

1. 검사가 참고인인 피해자와의 전화통화 내용을 기재한 수사보고서는 형사소송법 제313조 제1항 본문에 정한 피고인 아닌 자의 진술을 기재한 서류인 전문증거에 해당하나, 그 **진술자의 서명 또는 날인이 없을 뿐만 아니라 진술자의 진술에 의해 성립의 진정함이 증명되지도 않았으므로 증거능력이 없다.**(대법원 2010.10.14. 2010도5610 창 길잡이의 집 원장 성폭행사건) 검사가 피해자와 전화통화를 한 후 작성한 수사보고서이므로 피해자의 서명 또는 날인이 있을 수 없다. 형사소송법 제313조 제1항에 위반되므로 증거능력이 부정된다. ▶ 20 변호사

2. 외국에 거주하는 참고인과의 전화 대화내용을 문답형식으로 기재한 검찰주사보 작성의 수사보고서에는 검찰주사보의 기명·날인만 되어 있을 뿐 원진술자인 A나 B의 서명 또는 기명·날인이 없으므로 각 **수사보고서는 제313조에 정한 진술을 기재한 서류가 아니어서 제314조에 의한 증거능력의 유무를 따질 필요가 없다.**(대법원 1999. 2.26. 98도2742 중국교포 사기사건) 원진술자인 A나 B의 서명 또는 기명·날인이 없는 수사보고서이므로 그 자체가 무효이고, 이 보고서에는 '외국거주 등 및 특신상태'에 관한 형사소송법 제314조는 적용되지 않는다. ▶ 23 경간부, 15 국가7급

39 수사보고서의 증거능력이 인정되지 않는 경우

수사보고서에 검증의 결과에 해당하는 기재가 있는 경우 그 기재 부분은 검찰사건사무규칙 제17조에 의하여 검사가 범죄의 현장 기타 장소에서 실황조사를 한 후 작성하는 실황조서 또는 사법경찰관리집무규칙 제49조 제1항, 제2항에 의하여 사법경찰관이 수사상 필 ▶ 25 소방간부, 23 경간부, 23 소방간부, 16 경찰채용

요하다고 인정하여 범죄현장 또는 기타 장소에 임하여 실황을 조사할 때 작성하는 **실황조사서에 해당하지 아니하며**, 단지 수사의 경위 및 결과를 내부적으로 보고하기 위하여 작성된 서류에 불과하므로 그 안에 검증의 결과에 해당하는 기재가 있다고 하여 이를 형사소송법 제312조 제1항[25년 현재 제312조 제6항]의 '검사 또는 사법경찰관이 **검증의 결과를 기재한 조서**'라고 할 수 없을 뿐만 아니라 이를 같은 법 제313조 제1항의 '피고인 또는 피고인이 아닌 자가 작성한 진술서나 그 진술을 기재한 서류'라고 할 수도 없고, 같은 법 제311조, 제315조, 제316조의 적용대상이 되지 아니함이 분명하므로 그 기재 부분은 증거로 할 수 없다.(대법원 2001. 5.29. 2000도2933 안양 백운나이트 폭행사건) 아래와 같은 단순한 내부적 보고문서(밑줄 친 부분)는 검증조서나 진술서가 아니므로 형사소송법 제310조의2에 의하여 증거능력을 인정할 수 없다는 취지의 판례이다.

> 수 신 : 경찰서장
> 참 조 : 형사과장
> 제 목 : 수사보고
>   1998. 2.23. 02:00경 안양시 동안구 관양2동 소재 백운나이트 앞 노상에서 발생한 폭력행위처벌법위반 피의사건에 대하여 다음과 같이 수사하였기 보고합니다.
> 1. 견적서 미첨부에 대하여, 피의자 甲이 날이 밝으면 견적서를 제출한다 하고,
> 2. 진단서 미제출에 대하여, <u>피의자 甲, 乙 서로 왼쪽 눈 부위에 타박상이 있고, 피의자 甲은 무릎에도 찰과상이 있는데</u> 현재 심야인 관계로 날이 밝으면 치료 후 진단서 제출한다 하기에 이상과 같이 수사 보고합니다.

4. 형사소송법 제314조

형사소송법(2025. 3.18. 법률 제20796호로 일부개정된 것)

제314조【증거능력에 대한 예외】제312조 또는 제313조의 경우에 공판준비 또는 공판기일에 진술을 요하는 자가 사망·질병·외국거주·소재불명 그밖에 이에 준하는 사유로 인하여 진술할 수 없는 때에는 그 조서 및 그 밖의 서류를 증거로 할 수 있다. 다만, 그 진술 또는 작성이 특히 신빙할 수 있는 상태하에서 행하여졌음이 증명된 때에 한한다.

선생님의 TIP

형사소송법 제314조는 피고인에게 매우 불리한 조항으로 최근 판례는 이 조항의 적용을 엄격히 제한하는 경향이 있다([41] 판례 참고). 출제가 비교적 잘 되므로 꼼꼼히 공부하여야 한다. 그리고 앞에서도 말했지만 검사 또는 사법경찰관 작성 피의자신문조서에 대하여는 이 조항은 적용되지 않는다. 따라서 이 조항은 "제312조 제4항부터 제6항 또는 제313조의 경우에 ~"라고 해석하여야 한다.

40 형사소송법 제314조의 내용

형사소송법 제314조에 의하면 같은 법 제312조 소정의 조서나 같은 법 제313조 소정의 서류 등을 증거로 하기 위해서는, 첫째로 진술을 요할 자가 사망, 질병, 외국거주 기타 사유로 인하여[25년 현재 사망·질병·외국거주·소재불명, 그 밖에 이에 준하는 사유로

인하여] 공판준비 또는 공판기일에 진술할 수 없는 경우이어야 하고(필요성의 요건), 둘째로 그 진술 또는 서류의 작성이 특히 신빙할 수 있는 상태하에서 행하여진 것이어야 한다(신용성 정황적 보장의 요건).(대법원 2006. 5.25. 2004도3619 외상후 스트레스증후군 사건)

41 형사소송법 제314조 적용의 엄격성

1. 형사소송법 제312조, 제313조는 진술조서 등에 대하여 피고인 또는 변호인의 반대신문권이 보장되는 등 엄격한 요건이 충족될 경우에 한하여 증거능력을 인정할 수 있도록 함으로써 직접심리주의 등 기본원칙에 대한 예외를 정하고 있는데, 형사소송법 제314조는 원진술자 또는 작성자가 사망·질병·외국거주·소재불명 등의 사유로 공판준비 또는 공판기일에 출석하여 진술할 수 없는 경우에 그 진술이 특히 신빙할 수 있는 상태 하에서 행하여졌다는 점이 증명되면 원진술자 등에 대한 반대신문의 기회조차도 없이 증거능력을 부여할 수 있도록 함으로써 보다 중대한 예외를 인정한 것이므로 그 요건을 더욱 엄격하게 해석·적용하여야 한다.(대법원 2022. 3.17. 2016도17054 상해 피해자 불출석 사건)

2. 법원은 실질적 직접심리주의와 전문법칙이 형사소송절차 진행 및 심리 과정에서 원칙적이고 실질적인 지배원리로서 충실히 기능할 수 있도록 하여야 하고, 그 예외는 직접심리주의와 공판중심주의에 의한 공정한 공개재판을 받을 권리와 무죄추정을 받을 권리를 본질적으로 침해하거나 형해화하는 결과가 초래되지 않도록 형사소송법이 정한 필요한 최소한도에 그쳐야 한다. (중략) 형사소송법 제314조는 예외적으로 전문증거의 증거능력이 인정되기 위해 갖추어야 할 요건에 대하여 다시 그 요건마저 갖추지 않아도 되는 예외를 규정한 것이므로 그 적용 범위를 더욱 제한적으로 해석해야 한다.(대법원 2019.11.21. 2018도13945 손습 필로폰 매수인 증언거부사건)

42 형사소송법 제314조 관련 판례

1. '질병'은 진술을 요할 자가 공판이 계속되는 동안 임상신문이나 출장신문도 불가능할 정도의 중병임을 요한다고 할 것이고, '기타 사유'는 사망 또는 질병에 준하여 증인으로 소환될 당시부터 기억력이나 분별력의 상실 상태에 있다거나 증인소환장을 송달받고 출석하지 아니하여 구인을 명하였으나 끝내 구인의 집행이 되지 아니하는 등으로 진술을 요할 자가 공판준비 또는 공판기일에 진술할 수 없는 예외적인 사유가 있어야 한다.(대법원 2006. 5.25. 2004도3619 외상후 스트레스증후군 사건) [44] 1. 판례 참고 ▶ 22 국가7급

2. '외국거주'는 진술을 하여야 할 사람이 단순히 외국에 있다는 것만으로는 부족하고, 가능하고 상당한 수단을 다하더라도 그 사람을 법정에 출석하게 할 수 없는 사정이 있어야 예외적으로 그 요건이 충족될 수 있다고 할 것인데, 통상적으로 그 요건이 충족되었는지는 소재의 확인, 소환장의 발송과 같은 절차를 거쳐 확정되는 것이기는 하지만 항상 그러한 절차를 거쳐야만 되는 것은 아니고, 경우에 따라서는 비록 그러한 절차를 거치지 않더라도 법원이 그 사람을 법정에서 신문하는 것을 기대하기 어려운 사정이 있다고 인정할 수 있다면 그 요건은 충족된다고 보아야 한다.(대법원 2016.10.13. 2016도8137 ▶ 22 경찰승진, 21 국가9급, 16 법원9급

코리아연대 사건) [43] 3.~7. 판례 참고

3. '외국거주'라고 함은 진술을 요하는 자가 외국에 있다는 것만으로는 부족하고, 수사과정에서 수사기관이 그 진술을 청취하면서 그 진술자의 외국거주 여부와 장래 출국 가능성을 확인하고, 만일 그 진술자의 거주지가 외국이거나 그가 가까운 장래에 출국하여 장기간 외국에 체류하는 등의 사정으로 향후 공판정에 출석하여 진술을 할 수 없는 경우가 발생할 개연성이 있다면 그 진술자의 외국 연락처를, 일시 귀국할 예정이 있다면 그 귀국 시기와 귀국시 체류 장소와 연락 방법 등을 사전에 미리 확인하고, 그 진술자에게 공판정 진술을 하기 전에는 출국을 미루거나 출국한 후라도 공판 진행 상황에 따라 일시 귀국하여 공판정에 출석하여 진술하게끔 하는 방안을 확보하여 그 진술자로 하여금 공판정에 출석하여 진술할 기회를 충분히 제공하며, 그 밖에 그를 공판정에 출석시켜 진술하게 할 모든 수단을 강구하는 등 가능하고 상당한 수단을 다하더라도 그 진술을 요할 자를 법정에 출석하게 할 수 없는 사정이 있어야 예외적으로 그 적용이 있다.(대법원 2016. 2.18. 2015도17115 호주 증인사건) [44] 3. 판례 참고 〉 17 국가9급

4. 진술을 요하는 자가 외국에 거주하고 있어 공판정 출석을 거부하면서 공판정에 출석할 수 없는 사정을 밝히고 있다고 하더라도 증언 자체를 거부하는 의사가 분명한 경우가 아닌 한 거주하는 외국의 주소나 연락처 등이 파악되고, 해당 국가와 대한민국 간에 국제형사사법공조조약이 체결된 상태라면 우선 **사법공조의 절차에 의하여 증인을 소환할 수 있는지 여부를 검토해 보아야 하고, 소환을 할 수 없는 경우라고 하더라도 외국의 법원에 사법공조로 증인신문을 실시하도록 요청하는** 등의 절차를 거쳐야 한다고 할 것이고, 이러한 절차를 전혀 시도해 보지도 아니한 것은 가능하고 상당한 수단을 다하더라도 그 진술을 요하는 자를 법정에 출석하게 할 수 없는 사정이 있는 때에 해당한다고 보기 어렵다.(대법원 2016. 2.18. 2015도17115 호주 거주 증인사건) [44] 3. 판례 참고 〉 22 국가7급

5. '소재불명 그 밖에 이에 준하는 사유로 인하여 진술할 수 없는 때'라고 함은 소환장이 주소불명 등으로 송달불능이 되어 소재탐지촉탁까지 하여 소재수사를 하였는데도 그 소재를 확인할 수 없는 경우라야 이에 해당하고, 단지 소환장이 주소불명 등으로 송달불능되었다는 것만으로는 이에 해당한다고 보기에 부족하다.(대법원 2010. 9. 9. 2010도2602 종로3가역 폭행사건) [44] 7. 판례 참고 〉 18 변호사

6. 법원이 증인이 '소재불명이거나 그 밖에 이에 준하는 사유로 인하여 진술할 수 없는 때'에 해당한다고 인정할 수 있으려면 증인의 법정 출석을 위한 가능하고도 충분한 노력을 다하였음에도 불구하고 부득이 증인의 법정 출석이 불가능하게 되었다는 사정을 검사가 입증한 경우이어야 한다.(대법원 2013.10.17. 2013도5001 법정출석 의사확인× 사건) [44] 8. 판례 참고 〉 22 변호사, 21 변호사, 18 변호사, 18 소방간부, 17 국가9급

43 형사소송법 제314조의 필요성의 요건을 충족한 경우

1. 진술을 요할 자가 **중풍·언어장애** 등 장애등급 3급 5호의 장애로 인하여 법정에 출석할 수 없었고, 그 후 신병을 치료하기 위하여 속초로 간 후에는 그에 대한 소재탐지가 불가능하게 된 경우 (대법원 1999. 5. 14. 99도202 가등기를 위한 서류위조 사건) ▶ 17 경찰승진, 16 경찰승진

2. 피해자가 증인으로 소환당할 당시부터 **노인성 치매**로 인한 기억력 장애, 분별력 상실 등으로 인하여 진술할 수 없는 경우 (대법원 1992. 3. 13. 91도2281 노인성 치매 증인 사건) ▶ 21 소방간부, 16 법원9급, 16 경찰승진, 15 국가9급
▶

3. 이메일의 작성자인 乙은 프랑스에 거주하고 있고, 코리아연대의 총책으로 피고인 甲 등에 대한 공소사실 중 코리아연대 구성에 의한 국가보안법위반(이적단체의 구성 등) 부분의 공동정범에 해당하기 때문에 법원으로부터 소환장을 송달받는다고 하더라도 법정에 증인으로 출석할 것을 기대하기 어려운 경우 (대법원 2016. 10. 13. 2016도8137 코리아연대 사건)

4. 진술을 요할 자가 **일본으로 이주**한 이래 전자우편에 의한 연락 이외에 그 주거지나 거소 등이 파악되지 않았고, 수사기관이 전자우편 주소로 증인 출석을 수차례 권유하였으나 자필진술서를 통하여 증언을 거부할 뜻을 명확히 표시한 경우 (대법원 2013. 7. 26. 2013도2511 왕재산 간첩단 사건) ▶ 16 경찰승진

5. 증인이 **미국으로 출국**하여 그곳에 거주하고 있음이 밝혀지고 또한 증인이 제1심 법원에 경위서를 제출하면서 장기간 귀국할 수 없음을 통보한 경우 (대법원 2007. 6. 14. 2004도5561 신승남 전검찰총장 사건) ▶ 17 경찰승진, 15 국가9급

6. 진술을 요할 자가 차량공급업체 선정과 관련한 특정범죄가중법위반(알선수재) 혐의로 수사를 받던 중 미국으로 불법도피하여 그 곳에 거주하고 있는 경우 (대법원 2002. 3. 26. 2001도5666 로비스트 최만석 사건)

7. 일본에 거주하는 사람을 증인으로 채택하여 환문(喚問)[16]하고자 하였으나 외무부로부터 현재 일본측에서 형사사건에 대하여는 양국 형법체계상의 상이함을 이유로 송달에 응하지 않고 있어 그 송달이 불가능하다는 취지의 회신을 받은 경우 (대법원 1987. 9. 8. 87도1446 간첩 김병련 사건) ▶ 21 소방간부
▶

8. 증인에 대한 소환장이 송달불능되어 수회에 걸쳐 그 소재탐지촉탁을 하였으나 그 소재를 알지 못하게 된 경우 (대법원 2004. 3. 11. 2003도171 사기피고인 전문증거 다툼사건) ▶ 25 경찰승진

9. 진술을 요할 자가 일정한 주거를 가지고 있더라도 **법원의 소환에 계속 불응하고 구인하여도 구인장이 집행되지 않는 경우** (대법원 1995. 6. 13. 95도523 소매치기 목격자 사건) ▶ 25 경찰승진, 21 소방간부, 16 법원9급

10. 법원이 수회에 걸쳐 진술을 요할 자에 대한 증인소환장이 송달되지 아니하여 그 소재탐지촉탁까지 하였으나 그 소재를 알지 못하게 된 경우 또는 진술을 요할 자가 일정한 주거를 가지고 있더라도 법원의 소환에 계속 불응하고 구인하여도 구인장이 집행되지 않는 경우 (대법원 2005. 9. 30. 2005도2654 무쏘 그랜져 추돌사건) ▶ 22 변호사
▶

---

[16] "소환하여 신문한다."라는 뜻이다.

11. 원진술자가 공판정에서 진술을 한 경우라도 증인신문 당시 일정한 사항에 관하여 "기억이 나지 않는다"는 취지로 진술하여 그 진술의 일부가 재현 불가능하게 된 경우 (대법원 2006. 4. 14. 2005도9561 대전 관저동 여아 강간사건) (同旨 대법원 1999. 11. 26. 99도3786 후암동 방화살인 사건) 99도3786 사건의 경우 피고인 甲의 살인죄 등의 공판과정에서 A(女, 사건 당시 만 4세 6개월 남짓, 제1심 증언 당시는 만 6세 11개월 남짓이었다)가 증인으로 출석하여 아래와 같이 증언한 사건이다(애기아저씨는 피고인 甲이고, 김양은 A를 말한다). 판례에 의할 때 이 경우도 형사소송법 제314조의 필요성의 요건을 충족되므로 A에 대한 진술조서의 증거능력을 인정할 수 있다고 판시하였다.

> 24 경찰승진, 23 경찰채용, 22 경간부, 22 국가7급, 18 경찰승진, 17 경찰승진, 17 국가9급, 17 소방간부

〈검사의 증인신문 내용〉
검사 : 애기아저씨가 낮에 놀러온 적도 있어?
김양 : <u>모르겠어.</u>
검사 : 애기아저씨 이마에 점 있지?
김양 : 있어.
검사 : 애기아저씨가 엄마와 미○○(김양의 일본 이름)를 때렸어?
김양 : 때렸어.
검사 : 그때 다쳐서 병원에서 치료를 받았는데 기억나?
김양 : <u>잘 모르겠어.</u>
검사 : 병원에서 퇴원해서 96년 9월 7일 경찰관에게 엄마와 미○○를 때린 사람이 애기아저씨라고 얘기한 것 기억나?
김양 : <u>모르겠어.</u>
검사 : 작년에 경찰관하고 검사 아저씨에게 가서 엄마와 미○○를 때린 사람에 대해 이야기한 거 기억나?
김양 : <u>모르겠어.</u>

〈변호인 증인신문 내용〉
변호인 : 엄마와 미○○를 때린 사람(애기아저씨)이 아침에 집에 왔었어?
김양 : 왔어.
변호인 : 아침에 (애기아저씨가) 엄마와 무슨 이야기를 했는지 생각나?
김양 : <u>모르겠어.</u>
변호인 : 애기아저씨가 집에 여러 번 왔었어?
김양 : <u>모르겠어.</u>
변호인 : 아저씨가 엄마와 손도 잡고 껴안은 적도 있었어?
김양 : <u>모르겠어.</u>

(중략)

〈재판장 증인신문 내용〉
재판장 신문에서도 김양의 대답은 같았다.

44 형사소송법 제314조의 필요성의 요건을 충족하지 못한 경우

1. 진술자가 만 5세 무렵에 당한 성추행으로 인하여 외상후 스트레스 증후군을 앓고 있다는 등의 이유로 공판정에 출석하지 아니한 경우 (대법원 2006. 5.25. 2004도3619 외상후 스트레스증후군 사건) ▶ 16 경찰승진

2. 원진술자가 공판기일에 증인으로 소환받고도 출산을 앞두고 있다는 이유로 출석하지 아니한 경우 (대법원 1999. 4.23. 99도915 출산을 앞두고 있다 사건) ▶ 24 변호사, 21 소방간부, 17 소방간부, 15 경간부, 15 국가9급
   ▶

3. 증인으로 소환받은 자가 "현재 호주에 거주하고 있고, 비자 조건이 외국 또는 대한민국으로 방문을 하였을 시 3년간 호주 입국을 할 수 없는 임시 체류 비자 'E'라는 조건으로 있어 증인으로 참석이 불가능하다"라는 이유로 불출석하자, (대한민국과 호주 양국 간에 형사사법공조 양자조약이 체결되어 발효되어 있음에도) 법원이 증인에 대하여 국제형사사법공조를 통한 증인소환이나 호주 법원에 대한 증인신문 요청 등의 조치를 전혀 시도해 보지 않고 증인채택을 취소한 경우 (대법원 2016. 2.18. 2015도17115 호주 거주 증인사건)
   ▶

4. (소재탐지촉탁 등으로 소재수사를 하지 않고) 단순히 소환장이 주소불명으로 송달불능된 경우 (대법원 1985. 2.26. 84도1697 송달불능 환운취소 사건)

5. 단지 소환장이 주소불명 등으로 송달불능되었다거나 소재탐지촉탁을 하였으나 그 회보가 오지 않은 경우 (대법원 1996. 5.14. 96도575 송달불능 증인채택취소 사건) or로는 부족하고 and가 필요하다.

6. 증인의 주소지가 아닌 곳으로 소환장을 보내 송달불능이 되고 그곳을 중심으로 소재탐지를 하여 불능 회보를 받은 경우 (대법원 2006.12.22. 2006도7479 잘못 보정된 주소 사건) ▶ 22 경찰승진, 18 경찰승진

7. 피해자 등을 증인으로 채택하여 수회에 걸쳐 증인소환장의 송달을 실시하였으나 송달이 되지 아니하자 증인에 대한 소재탐지촉탁을 하는 등 소재수사를 한 바 없이 증인 채택을 취소한 경우 (대법원 2010. 9. 9. 2010도2602 종로3가역 폭행사건) ▶ 22 변호사

8. 증인소환장이 송달되지 아니함에 따라 검사의 주소보정, 소재탐지촉탁 등을 거친 경우. 다만, 검사가 직접 또는 경찰을 통하여 수사기록에 기재된 증인의 휴대전화번호들로 연락하여 법정 출석의사가 있는지를 확인하는 등의 방법으로 증인의 법정 출석을 위하여 상당한 노력을 기울였다는 자료가 보이지 않음 (대법원 2013.10.17. 2013도5001 법정출석 의사확인x 사건)

9. 증인에 대한 소환장이 송달불능되자 소재탐지를 촉탁하여 소재탐지 불능보고서를 제출받은 경우. 다만, 검사가 직접 또는 경찰을 통하여 기록에 나타난 증인의 전화번호로 연락하여 법정 출석의사가 있는지 확인하는 등의 방법으로 증인의 법정 출석을 위하여 상당한 노력을 기울이지 않았음 (대법원 2013. 4.11. 2013도1435 대구 동구 술집싸움사건) ▶ 17 소방간부
   ▶

10. 증거서류의 진정성립을 묻는 검사의 질문에 대하여 피고인이 진술거부권을 행사하여 진술을 거부한 경우 (대법원 2013. 6.13. 2012도16001 이언주 의원 선거사무장 사건) ▶ 25 법원9급, 23 경찰승진, 22 경간부, 19 변호사, 19 국가9급, 17 소방간부, 16 법원9급, 15 국가7급
    ▶

11. 법정에 출석한 증인이 증언거부권을 행사하여 **증언을 거부한 경우** (대법원 2012. 5. 17. 2009도6788 숙승 법률의견서 사건)

> 25 경찰승진, 25 소방간부, 23 국가9급, 22 국가9급, 21 경간부, 20 변호사, 20 소방간부, 19 변호사, 19 경찰승진, 18 경찰채용, 17 법원9급, 17 국가7급, 17 경찰승진, 17 국가9급, 17 소방간부, 16 변호사, 16 법원9급, 15 변호사, 15 국가9급, 15 법원9급

12. 법정에 출석한 증인이 증언거부권이 없는데도 **증언을 거부한 경우**. 다만, 피고인이 증인의 증언거부 상황을 초래하였다는 등의 특별한 사정이 없었음 (대법원 2019. 11. 21. 2018도13945 숙승 필로폰 매수인 증언거부사건[17]) 각주 밑줄 부분을 조심하여야 한다. 乙은 "피고인 乙은 2017. 3. 27. 19:10경 고양시 (중략) 노상에서 丙에게 매매할 필로폰 약 41.5g을 소지한 채 丙을 기다리던 중 경찰관에게 체포되어 미수에 그쳤다."라는 공소사실로 징역 4년을 선고받았고 이것이 2018. 5. 15. 대법원에서 상고기각판결로 확정되었다. 한편 甲은 "피고인 甲은 2017. 3. 27. 19:10경 고양시 (중략) 노상에서 乙로부터 640만원을 지급받기로 하고 乙에게 필로폰 약 41.5g을 교부하여 필로폰을 매매하였다."라는 공소사실로 기소되었다. 甲에 대한 공판과정에서 乙은 2018. 6. 19. 증인으로 공판기일에 출석하였으나 선서 및 증언을 거부하였는바[18], 이때 乙에 대한 참고인진술조서 등이 형사소송법 제314에 의하여 증거능력이 인정될 수 있는지 여부가 문제된 사건이었다.

> 25 경찰승진, 25 국가9급, 25 법원9급, 24 변호사, 23 변호사, 23 경찰승진, 23 경찰채용, 23 국가7급, 23 법원9급, 22 변호사, 22 경찰승진, 22 경간부, 22 국가7급, 21 경찰채용, 21 법원9급, 21 소방간부, 20 국가7급

45 형사소송법 제314조의 '특히 신빙할 수 있는 상태하에서 행하여진 때'의 의미 및 증명방법

1. 형사소송법 제314조에서 '그 진술 또는 작성이 특히 신빙할 수 있는 상태하에서 행하여졌음'이란 그 진술내용이나 조서 또는 서류의 작성에 허위가 개입할 여지가 거의 없고 그 진술 내지 작성 내용의 신빙성이나 임의성을 담보할 구체적이고 외부적인 정황이 있는 경우를 가리킨다.(대법원 2024. 4. 12. 2023도13406 강간범 유서 사건)

> 18 경찰채용

▶

2. 형사소송법 제314조에서 '그 진술이 특히 신빙할 수 있는 상태 하에서 행하여졌음'이라 함은 그 진술 내용이나 조서의 작성에 허위개입의 여지가 거의 없고, 그 진술내용의 신

> 25 경찰승진, 23 경찰채용

---

[17] "수사기관에서 진술한 참고인이 법정에서 증언을 거부하여 피고인이 반대신문을 하지 못한 경우에는 정당하게 증언거부권을 행사한 것이 아니라도 피고인이 증인의 증언거부 상황을 초래하였다는 등의 특별한 사정이 없는 한 형사소송법 제314조의 '그 밖에 이에 준하는 사유로 인하여 진술할 수 없는 때'에 해당하지 않는다고 보아야 한다. 따라서 증인이 정당하게 증언거부권을 행사하여 증언을 거부한 경우와 마찬가지로 수사기관에서 그 증인의 진술을 기재한 서류는 증거능력이 없다. 다만 피고인이 증인의 증언거부 상황을 초래하였다는 등의 특별한 사정이 있는 경우에는 형사소송법 제314조의 적용을 배제할 이유가 없다. 이러한 경우까지 형사소송법 제314조의 '그 밖에 이에 준하는 사유로 인하여 진술할 수 없는 때'에 해당하지 않는다고 보면 사건의 실체에 대한 심증 형성은 법관의 면전에서 본래증거에 대한 반대신문이 보장된 증거조사를 통하여 이루어져야 한다는 실질적 직접심리주의와 전문법칙에 대하여 예외를 정한 형사소송법 제314조의 취지에 반하고 정의의 관념에도 맞지 않기 때문이다."라고 판시하였다.

[18] 乙 자신에 대하여 이미 유죄판결이 확정된 상태이므로 증언거부권이 인정되지 않는다. 이것이 바로 "법정에 출석한 증인이 증언거부권이 없는데도 증언을 거부한 경우"에 해당한다.

빙성이나 임의성을 담보할 구체적이고 외부적인 정황이 있는 경우를 가리키고, 이에 대한 증명은 단지 그러할 개연성이 있다는 정도로는 부족하며 합리적 의심의 여지를 배제할 정도에 이르러야 한다.(대법원 2022. 3.17. 2016도17054 상해 피해자 불출석 사건)

3. 형사소송법 제312조, 제313조는 진술조서 등에 대하여 피고인 또는 변호인의 반대신문권이 보장되는 등 엄격한 요건이 충족될 경우에 한하여 증거능력을 인정할 수 있도록 함으로써 직접심리주의 등 기본원칙에 대한 예외를 정하고 있는데, 형사소송법 제314조는 원진술자 또는 작성자가 사망·질병·외국거주·소재불명 등의 사유로 공판준비 또는 공판기일에 출석하여 진술할 수 없는 경우에 그 진술이 특히 신빙할 수 있는 상태하에서 행하여졌다는 점이 증명되면 원진술자 등에 대한 반대신문의 기회조차도 없이 증거능력을 부여할 수 있도록 함으로써 보다 중대한 예외를 인정한 것이므로 그 요건을 더욱 엄격하게 해석·적용하여야 한다. 따라서 형사소송법 제314조에서 '특히 신빙할 수 있는 상태하에서 행하여졌음에 대한 증명'은 단지 그러할 개연성이 있다는 정도로는 부족하고 합리적 의심의 여지를 배제할 정도, 즉 법정에서의 반대신문 등을 통한 검증을 굳이 거치지 않더라도 진술의 신빙성을 충분히 담보할 수 있어 실질적 직접심리주의와 전문법칙에 대한 예외로 평가할 수 있는 정도에 이르러야 한다.(대법원 2024. 4.12. 2023도13406 강간범 유서 사건)

> 24 경찰채용, 22 소방간부, 20 경간부, 20 소방간부, 19 국가7급, 19 국가9급, 17 법원9급

5. 당연히 증거능력이 인정되는 서류

형사소송법(2025. 3.18. 법률 제20796호로 일부개정된 것)

제315조【당연히 증거능력이 있는 서류】다음에 게기한 서류는 증거로 할 수 있다.
1. 가족관계기록사항에 관한 증명서, 공정증서등본[19] 기타 공무원 또는 외국공무원의 직무상 증명할 수 있는 사항에 관하여 작성한 문서
2. 상업장부[20], 항해일지 기타 업무상 필요로 작성한 통상문서
3. 기타 특히 신용할 만한 정황에 의하여 작성된 문서

선생님의 TIP

형사소송법 제315조는 그렇게 어렵지 않은데, 암기 위주로 공부하는 것이 요령이다.

46 제315조 제2호 서류 관련 판례

상업장부, 항해일지, 진료일지 또는 이와 유사한 금전출납부 등과 같이 **범죄사실의 인정 여부와 상관없이 자기에게 맡겨진 사무를 처리한 내역을 그때그때 계속적, 기계적으로 기재한 문서**는 사무처리 내역을 증명하기 위하여 존재하는 문서로서 **형사소송법 제315조 제2호에 따라 당연히 증거능력이 인정된다.** 이러한 문서는 업무의 기계적·반복성으로 말미암아 허위로 작성될 여지가 적고 또 문서의 성질에 비추어 고도의 신용성이 인정되어 반

> 22 경찰채용, 19 국가9급, 18 경찰승진

---

[19] 「NEW 트렌드 형법 판례」 공정증서원본등부실기재죄 파트에 자세히 설명되어 있다.
[20] 상업장부란 '회계장부와 대차(貸借)대조표'를 말한다.(상법 제29조 제1항) 이외에 손익계산서, 자본변동표, 이익잉여금 처분계산서 등 다양한 서류가 있다.

대신문의 필요가 없거나 작성자를 소환해도 서면제출 이상의 의미가 없기 때문에 당연히 증거능력을 인정한 것이다.(대법원 2019. 8.29. 2018도14303 숨슴 국정농단 박근혜 전 대통령 사건) [51] 1. 판례 참고

47 제315조 제3호 서류 관련 판례

형사소송법 제315조 제3호에서 규정한 '기타 특히 신용할 만한 정황에 의하여 작성된 문서'는 형사소송법 제315조 제1호와 제2호에서 열거된 공권적 증명문서 및 업무상 통상문서에 준하여 '굳이 반대신문의 기회 부여 여부가 문제되지 않을 정도로 고도의 신용성의 정황적 보장이 있는 문서'를 의미한다.(대법원 2017.12. 5. 2017도12671 건보심사평가원 회신자료 사건) [51] 2. 판례 참고

▶ 20 국가7급, 18 소방간부

48 제315조 제1호에 의하여 당연히 증거능력이 인정되는 서류

1. 시가감정 업무에 4~5년 종사해 온 세관공무원이 세관에 비치된 기준과 수입신고서에 기재된 가격을 참작하여 작성한 감정서 (대법원 1985. 4. 9. 85도225 벤츠 밀수사건)

▶ 20 국가7급, 18 법원9급

2. 일본 하관(下關)세관서 통괄심리관 작성의 범칙물건감정서등본과 분석의뢰서 및 분석회답서등본 (대법원 1984. 2.28. 83도3145 시모노세키 필로폰 밀수출사건) 하관(下關)은 '시모노세키'의 한자어(漢字語)에 해당한다. 형사소송법 제315조 제1호에는 분명히 '외국공무원'도 포함되어 있다.

▶ 23 소방간부, 19 경찰승진, 16 경찰승진, 15 경찰채용

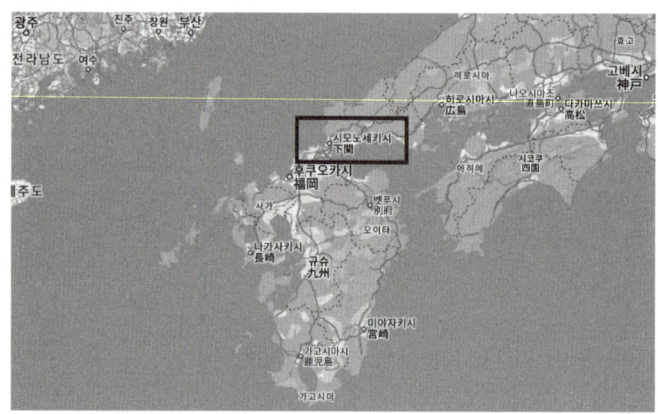

<이미지 출처 - 구글 지도>

3. 국립과학수사연구소장 작성의 감정의뢰회보서 (대법원 1982. 9.14. 82도1504 기소후 아버지 고소 사건) 2025년 현재는 '국립과학수사연구원장'이라고 해야 한다.

▶ 15 경찰채용

4. 군의관이 작성한 진단서 (대법원 1972. 6.13. 72도922 군의관 진단서 사건) '군의관들은 돌팔이가 많던데, 이 판례 이상한거 아닙니까?'라는 질문을 할 수도 있다. 지금까지 수차 강조했지만, 전문법칙은 증거능력의 문제이지 증명력의 문제가 아니다. 판사가 안 믿으면 그만인데, 그것은 증명력의 문제라고!!!

▶ 18 국가9급

49 제315조 제2호에 의하여 당연히 증거능력이 인정되는 서류

성매매업소에서 영업에 참고하기 위하여 성매매 상대방에 관한 정보를 입력하여 작성한 메모리카드의 내용 (대법원 2007. 7.26. 2007도3219 성매매일지 사건) 위 메모리카드는 인터넷 채팅(성매매) 사이트에 고용된 여성들이 성매매를 전후하여 상대 남성의 아이디와 전화번호 및 성매매 방법 등을 아래 박스와 같이 기록한 것이다. 이중에 "23-1, 보통"은 23만원을 주고 1회 성매매를 했다는 뜻으로, 이것이 바로 유죄인정의 자료가 되었던 판례 사례이다.

> 25 변호사, 23 경찰승진, 23 소방간부, 22 소방간부, 20 국가9급, 19 경찰승진, 18 법원9급, 17 경찰채용, 15 경찰승진, 15 경찰채용, 15 국가7급

> "안", "전화한다구 하구 소식없음", "안 바람 씹새, 쳇만", "번호교환", "약속했다 취소됨", "쳇만하는 놈", "스탈 안맞어 취소", "전번따고 연락 없음", "종로 소식없음 20-2", "상습 채팅쟁이", "15-2", "온다구 하는 사람이 채팅하고 있음", "온다해서 말라했음", "소식두절", "장난질 쳇만하는 놈", "문자오더니 돈이 모자라고 안되겠다고", "신촌 25-2인데 계속 체팅만함", "갑자기 일이 생겼다구 담에 보자구함", "얼굴보더니 갸감", "못한다고 했더니 딴년 만남", "입사원하고 질문이 많음", "그냥 그랬음", "23-1, 보통", "말이 조금 많음", "착함", "매너있음", "뚱", "빠름", "순진", "밝힘", "왕매너", "최고 짱짱짱", "변태", "링힘", "괜찮음", "좀 오래함"

50 제315조 제3호에 의하여 당연히 증거능력이 인정되는 서류

1. **다른 피고사건의 공판조서** (대법원 2005. 1.14. 2004도6646 김운용 태권도연맹회장 사건) '당해' 사건의 공판조서는 형사소송법 제311조가 적용된다고 앞에서 배운바 있다.

   > 24 경찰승진, 21 변호사, 20 변호사, 17 법원9급, 17 경찰채용, 16 변호사

2. **다른 피고인에 대한 형사사건의 공판조서 및 그 공판조서 중 일부인 증인신문조서** (대법원 2005. 4.28. 2004도4428 인신매매 윤락강요 사건)

   > 23 소방간부, 20 국가7급, 19 경찰승진

3. **법원이 구속피의자를 심문하고 그 진술을 기재한 구속적부심문조서** (대법원 2004. 1.16. 2003도5693 구속적부심문조서 사건) 구속적부심문조서는 '공판준비 또는 공판기일에 피고인이나 피고인 아닌 자의 진술을 기재한 조서'가 아니므로 형사소송법 제311조가 아니라 제315조 제3호가 적용된다.

   ▶

   > 25 국가9급, 25 소방간부, 24 경찰승진, 24 법원9급, 23 변호사, 23 국가7급, 22 경찰채용, 21 변호사, 21 경간부, 20 경찰승진, 19 경찰승진, 19 경찰채용, 19 국가9급, 18 경찰채용, 18 법원9급, 17 경간부, 17 경찰채용, 15 경찰승진

4. **사법경찰관 작성의 '새세대 16호'에 대한 수사보고서**(피고인이 검찰에서 소지 탐독사실을 인정하고 있는 '새세대 16호'라는 유인물의 내용을 분석하고 이를 기계적으로 복사하여 그 말미에 그대로 첨부한 문서) (대법원 1992. 8.14. 92도1211 전대협 대변인 사건) 암기사항이다.

   > 20 국가9급

51 제315조가 적용되지 않아 당연히 증거능력이 인정된다고 할 수 없는 서류

1. **청와대 경제수석비서관이 사무처리의 편의를 위하여 자신이 경험한 사실 등을 기재한 업무수첩** (대법원 2019. 8.29. 2018도14303 순실 국정농단 박근혜 전대통령 사건) 안종범 수석이 작성한 업무수첩은 사무처리의 편의를 위하여 자신이 경험한 사실 등을 기재해 놓은 것에 불과하다고 판시하였다.

<이미지 출처 - 경향신문(http://news.khan.co.kr/kh_news)>

2. 보험사기 사건에서 건강보험심사평가원이 수사기관의 의뢰에 따라 그 보내온 자료를 토대로 입원진료의 적정성에 대한 의견을 제시하는 내용의 '건강보험심사평가원의 입원진료 적정성 여부 등 검토의뢰에 대한 회신' (대법원 2017. 12. 5. 2017도12671 건보심사평가원 회신자료 사건) "사무처리 내역을 계속적, 기계적으로 기재한 문서가 아니라 범죄사실의 인정 여부와 관련 있는 어떠한 의견을 제시하는 내용을 담고 있는 문서는 형사소송법 제315조 제3호에서 규정하는 당연히 증거능력이 있는 서류에 해당한다고 볼 수 없다."라고 판시하였다.

> 24 변호사, 24 법원9급,
> 23 소방간부, 22 경찰승진,
> 22 국가7급, 22 법원9급,
> 21 경간부, 20 변호사,
> 20 국가9급, 19 경찰승진,
> 19 경찰채용, 18 법원9급

보험사기방지 특별법(2024. 2.13. 법률 제20303호로 일부개정된 것)

제7조【수사기관의 입원적정성 심사의뢰 등】① 수사기관은 보험사기행위 수사를 위하여 보험계약자등의 입원이 적정한 것인지 여부(이하 "입원적정성"이라 한다)에 대한 심사가 필요하다고 판단되는 경우 국민건강보험법 제62조에 따른 건강보험심사평가원(이하 "건강보험심사평가원"이라 한다)에 그 심사를 의뢰할 수 있다.
② 건강보험심사평가원은 제1항에 따른 의뢰를 받은 경우 보험계약자등의 입원적정성을 심사하여 그 결과를 수사기관에 통보하여야 한다.

3. 유치장 근무자가 작성한 **체포·구속인접견부 사본** (대법원 2012. 10. 25. 2011도5459 체포·구속인접견부 사건)

> 24 경찰채용, 24 법원9급,
> 23 경찰승진, 19 국가7급,
> 16 국가9급

4. 대한민국 주중국 대사관 영사가 작성한 **사실확인서** 중 공인 부분을 제외한 나머지 부분(공적인 증명보다는 상급자 등에 대한 보고를 목적으로 하는 것임) (대법원 2007. 12. 13. 2007도7257 일심회 사건)

> 24 경찰승진, 24 법원9급,
> 21 변호사, 20 국가9급

5. 범행 직후 미합중국 주검찰 수사관이 작성한 피해자 및 공범에 대한 **질문서(interrogatory)**와 우리나라 법원의 형사사법공조요청에 따라 미합중국 법원의 지명을 받은 **수명자(미합중국 검사)**가 작성한 피해자 및 공범에 대한 **증언녹취서(deposition)** (대법원 1997. 7. 25. 97도1351 일본계 미국인여성 강간사건) 미국의 수사기관이 작성한 문서에 해당한다.

> 25 소방간부, 19 경찰채용

6. 육군과학수사연구소 실험분석관이 작성한 **감정서** (대법원 1976. 10. 12. 76도2960 육과수 사건) '실험분석관은 공무원인데 왜 안됩니까?'라는 질문이 있을 수 있지만, 맨 처음의 조언을 읽어보아라.

> 23 소방간부, 16 경찰승진,
> 15 경찰채용

6. 전문진술

(1) 증거의 구별

형사소송법(2025. 3.18. 법률 제20796호로 일부개정된 것)

제316조【전문의 진술】① 피고인이 아닌 자(공소제기 전에 피고인을 피의자로 조사하였거나 그 조사에 참여하였던 자를 포함한다)의 공판준비 또는 공판기일에서의 진술이 <u>피고인의 진술을 그 내용으로 하는 것</u>인 때에는 그 진술이 특히 신빙할 수 있는 상태하에서 행하여졌음이 증명된 때에 한하여 이를 증거로 할 수 있다.
② 피고인 아닌 자의 공판준비 또는 공판기일에서의 진술이 <u>피고인 아닌 타인의 진술을 그 내용으로 하는 것</u>인 때에는 원진술자가 사망, 질병, 외국거주, 소재불명 그밖에 이에 준하는 사유로 인하여 진술할 수 없고, 그 진술이 특히 신빙할 수 있는 상태하에서 행하여졌음이 증명된 때에 한하여 이를 증거로 할 수 있다.

선생님의 TIP

1. 우리가 지금까지 배운 것은 제311조부터 제315조에 규정된 전문서류이고, 여기서 배울 것은 형사소송법 제316조에 규정된 전문진술이다. 일단 아래 핵심정리 사례를 통하여 관련 증거들의 차이점을 잘 파악하기 바란다.
2. 판례는 아래 핵심정리에서 밑줄 친 용어를 사용할 뿐 '재전문증거'라는 용어는 사용하지 않는다. '재전문증거'라는 용어가 시험에 나온 적도 있는데 그 출제위원은 반성을 하여야 한다.

| 핵심정리 | 전문진술 등의 사례 |

甲은 A를 강제추행하였다. 甲은 자신의 추행범행 사실을 乙에게 말하였고, 乙도 甲으로부터 들은 추행범행 사실을 丙에게 말하였다. A는 자신의 추행피해 사실을 B에게 말하였고, B도 A로부터 들은 추행피해 사실을 C에게 말하였다. 강제추행죄의 공소사실로 기소된 甲에 대한 재판과정에서 아래와 같은 증거가 제출되었다.

유형	제출증거	적용법조[21]
⟨1-1⟩	甲이 강제추행죄의 공소사실에 관하여 자백하였다.	자백 - 원본증거
⟨1-2⟩	검사 또는 사법경찰관이 甲을 신문하고 작성한 피의자신문조서를 제출하였다.	피신조서 - 제312조 제1항·제3항
⟨1-3⟩	乙이 甲으로부터 들은 추행범행 사실에 관하여 증언을 하였다.	피고인의 진술을 그 내용으로 하는 <u>전문진술</u> - 제316조 제1항
⟨1-4⟩	검사 또는 사법경찰관이 乙을 조사하고 작성한 참고인진술조서(甲으로부터 들은 추행범행 사실이 기재되어 있다)를 제출하였다.	피고인의 진술을 그 내용으로 하는 <u>전문진술이 기재된 조서</u> - 제312조 내지 제314조 + 제316조 제1항[22]
⟨1-5⟩	丙이 乙로부터 들은 甲의 추행범행 사실에 관하여 증언을 하였다.	<u>재전문진술</u> - 피고인이 증거로 함에 동의하지 않는 한 증거능력 부정[23]
⟨1-6⟩	검사 또는 사법경찰관이 丙을 조사하고 작성한 참고인진술조서(乙로부터 들은 甲의 추행범행 사실이 기재되어 있다)를 제출하였다.	<u>재전문진술이 기재된 조서</u> - 피고인이 증거로 함에 동의하지 않는 한 증거능력 부정
⟨2-1⟩	A가 추행피해 사실에 관하여 증언을 하였다.	증언 - 원본증거
⟨2-2⟩	검사 또는 사법경찰관이 A를 조사하고 작성한 참고인진술조서를 제출하였다.	참진조서 - 제312조 제4항
⟨2-3⟩	B가 A로부터 들은 추행피해 사실에 관하여 증언을 하였다.	피고인 아닌 자의 진술을 그 내용으로 하는 <u>전문진술</u> - 제316조 제2항
⟨2-4⟩	검사 또는 사법경찰관이 B를 조사하고 작성한 참고인진술조서(A로부터 들은 추행피해 사실이 기재되어 있다)를 제출하였다.	피고인 아닌 자의 진술을 그 내용으로 하는 <u>전문진술이 기재된 조서</u> - 제312조 내지 제314조 + 제316조 제2항
⟨2-5⟩	C가 B로부터 들은 A의 추행피해 사실에 관하여 증언을 하였다.	<u>재전문진술</u> - 피고인이 증거로 함에 동의하지 않는 한 증거능력 부정
⟨2-6⟩	검사 또는 사법경찰관이 C를 조사하고 작성한 참고인진술조서(B로부터 들은 A의 추행피해 사실이 기재되어 있다)를 제출하였다.	<u>재전문진술이 기재된 조서</u> - 피고인이 증거로 함에 동의하지 않는 한 증거능력 부정

---

21 '형사소송법'은 생략하였다.
22 여기까지는 어떻게든 형사소송법으로 커버할 수 있지만, ⟨1-5⟩, ⟨1-6⟩ 이들은 아무리 해도 형사소송법으로 커버할 수 없다. 이는 ⟨2-5⟩, ⟨2-6⟩ 사례의 경우도 마찬가지이다.
23 제316조 자체가 적용되지 않기 때문에 원칙으로 돌아가 제310조의2가 적용된다. 이것은 재전문진술이 기재된 조서도 마찬가지이다.

52. 피고인의 진술을 그 내용으로 하는 전문진술이 기재된 조서의 증거능력 인정 요건 (=제312조 내지 제314조의 요건과 제316조 제1항의 요건 충족) 유형 〈1-4〉

피고인의 진술을 그 내용으로 하는 전문진술이 기재된 조서는 형사소송법 제312조 내지 제314조의 규정에 의하여 그 증거능력이 인정될 수 있는 경우에 해당하여야 함은 물론, 나아가 형사소송법 제316조 제1항의 규정에 따른 조건을 갖춘 때에 예외적으로 증거능력을 인정하여야 할 것이다.(대법원 2012. 5.24. 2010도5948 대전 동거남 폭행치사사건)

> 24 변호사, 22 경찰채용,
> 22 국가9급, 19 변호사,
> 19 경찰채용

53. 피고인 아닌 자의 진술을 그 내용으로 하는 전문진술이 기재된 조서의 증거능력 인정 요건 (=제312조 내지 제314조의 요건과 제316조 제2항의 요건 충족) 유형 〈2-4〉

1. 피고인 아닌 자의 진술을 그 내용으로 하는 전문진술이 기재된 조서는 형사소송법 제312조 또는 제314조에 따라 증거능력이 인정될 수 있는 경우에 해당하여야 함은 물론 형사소송법 제316조 제2항에 따른 요건을 갖추어야 예외적으로 증거능력이 있다.(대법원 2017. 7.18. 2015도12981 대구 여대생 성폭행 스리랑카인 사건)

> 25 변호사, 24 변호사,
> 23 국가7급, 22 변호사,
> 22 경찰채용, 19 경간부,
> 19 경찰채용, 18 변호사,
> 16 변호사

2. 전문진술이나 전문진술을 기재한 조서는 형사소송법 제310조의2의 규정에 따라 원칙적으로 증거능력이 없고, 다만 전문진술은 형사소송법 제316조 제2항의 규정에 따라 원진술자가 사망, 질병, 외국거주 기타 사유로 인하여 진술할 수 없고, 그 진술이 특히 신빙할 수 있는 상태하에서 행하여진 때에 한하여 예외적으로 증거능력이 있으며, 전문진술이 기재된 조서는 형사소송법 제312조 또는 제314조의 규정에 따라 증거능력이 인정될 수 있는 경우에 해당하여야 함은 물론 형사소송법 제316조 제2항의 규정에 따른 요건을 갖추어야 예외적으로 증거능력이 있다.(대법원 2004. 6.25. 2003도4934 동요작곡가 비방사건)

54. 재전문진술이나 재전문진술을 기재한 조서의 증거능력 유무(=피고인이 증거로 함에 동의하지 않는 한 증거능력 없음) 유형 〈1-5〉, 〈1-6〉, 〈2-5〉, 〈2-6〉

형사소송법은 전문진술에 대하여 제316조에서 실질상 단순한 전문의 형태를 취하는 경우에 한하여 예외적으로 그 증거능력을 인정하는 규정을 두고 있을 뿐 재전문진술이나 재전문진술을 기재한 조서에 대하여는 달리 그 증거능력을 인정하는 규정을 두고 있지 아니하고 있으므로 피고인이 증거로 하는 데 동의하지 아니하는 한 형사소송법 제310조의2의 규정에 의하여 이를 증거로 할 수 없다.(대법원 2012. 5.24. 2010도5948 대전 동거남 폭행치사사건)

> 25 경찰채용, 25 국가9급,
> 25 법원9급, 25 소방간부,
> 24 경찰채용, 24 법원9급,
> 22 경찰승진, 22 경찰채용,
> 22 국가9급, 21 경찰채용,
> 21 국가7급, 21 법원9급,
> 20 변호사, 20 경찰승진,
> 20 경간부, 20 경찰채용,
> 17 변호사, 17 경찰승진,
> 17 경간부, 16 변호사,
> 16 경간부, 15 경찰채용

(2) 증거능력 인정요건

> **형사소송법(2025. 3.18. 법률 제20796호로 일부개정된 것)**
>
> 제316조【전문의 진술】① 피고인이 아닌 자(공소제기 전에 피고인을 피의자로 조사하였거나 그 조사에 참여하였던 자를 포함한다)의 공판준비 또는 공판기일에서의 진술이 <u>피고인의 진술을 그 내용으로 하는 것인 때에는</u> 그 진술이 특히 신빙할 수 있는 상태하에서 행하여졌음이 증명된 때에 한하여 이를 증거로 할 수 있다.
> ② 피고인 아닌 자의 공판준비 또는 공판기일에서의 진술이 <u>피고인 아닌 타인의 진술을 그 내용으로 하는 것인 때에는</u> 원진술자가 사망, 질병, 외국거주, 소재불명 그밖에 이에 준하는 사유로 인하여 진술할 수 없고, 그 진술이 특히 신빙할 수 있는 상태하에서 행하여졌음이 증명된 때에 한하여 이를 증거로 할 수 있다.

> **선생님의 TIP**
>
> 형사소송법 제316조 제2항이 약간 어렵다. 판례의 판시 내용이 약간 헷갈리게 되어 있는데 최대한 자세하게 설명을 하겠다.

55 형사소송법 제316조 제1항에 규정된 '그 진술이 특히 신빙할 수 있는 상태하에서 행하여졌음이 증명된 때'의 의미

1. 형사소송법 제316조 제1항의 규정된 '그 진술이 특히 신빙할 수 있는 상태하에서 행하여진 때'라 함은 그 진술을 하였다는 것에 허위 개입의 여지가 거의 없고, 그 진술 내용의 신빙성이나 임의성을 담보할 구체적이고 외부적인 정황이 있는 경우를 가리킨다.(대법원 2017. 3. 9. 2014도144 신한사태 사건) ▶ 17 경찰승진, 17 경간부, 15 경찰채용

2. 형사소송법은 검사, 사법경찰관 등 수사기관이 작성한 피의자신문조서는 그 피의자였던 피고인 또는 변호인이 공판준비 또는 공판기일에 내용을 인정하지 아니하면 증거능력을 부정하면서도(제312조 제1항·제3항) 검사, 사법경찰관 등 공소제기 전에 피고인을 피의자로 조사하였거나 그 조사에 참여하였던 자, 즉 조사자의 공판준비 또는 공판기일에서의 진술이 피고인의 수사기관 진술을 내용으로 하는 것인 때에는 그 진술이 '특히 신빙할 수 있는 상태하에서 행하여졌음이 증명된 때'에 한하여 이를 증거로 할 수 있다고 규정하고 있다(제316조 제1항). 여기서 '그 진술이 특히 신빙할 수 있는 상태하에서 행하여졌음'이란 그 진술을 하였다는 것에 허위 개입의 여지가 거의 없고 그 진술 내용의 신빙성이나 임의성을 담보할 구체적이고 외부적인 정황이 있음을 의미한다.(대법원 2023.10.26. 2023도7301 어정쩡한 필로폰 투약자 조사사건) 형사소송법 제316조 제1항 (　)에 규정된 이른바 조사자 증언에 관한 판례이다.

56 형사소송법 제316조 제1항의 '특히 신빙할 수 있는 상태하에서 행하여졌음'에 대한 증명의 정도(=합리적인 의심을 배제할 정도)

형사소송법 제316조 제1항의 특신상태는 증거능력의 요건에 해당하므로 검사가 그 존재에 대하여 구체적으로 주장·증명하여야 하는데, 피고인의 수사기관 진술이 '특히 신빙할 수 있는 상태하에서 행하여졌음에 대한 증명'은 단지 그러할 개연성이 있다는 정도로는 부족하고 합리적인 의심의 여지를 배제할 정도에 이르러야 한다. 피고인이나 변호인이 그 내용 ▶ 25 경찰승진

을 인정하지 않더라도 검사, 사법경찰관 등 조사자의 법정증언을 통하여 피고인의 수사기관 진술내용이 법정에 현출되는 것을 허용하는 것은 형사소송법 제312조 제1항·제3항이 피고인의 수사기관 진술은 신용성의 정황적 보장이 부족하다고 보아 피고인이나 변호인이 그 내용을 인정하지 않는 이상 피의자신문조서의 증거능력을 인정하지 않음으로써 그 진술내용이 법정에 현출되지 않도록 규정하고 있는 것에 대하여 중대한 예외를 인정하는 것이어서 이를 폭넓게 허용하는 경우 형사소송법 제312조 제1항, 제3항의 입법취지와 기능이 크게 손상될 수 있기 때문이다.(대법원 2023.10.26. 2023도7301 어정쩡한 필로폰 투약자 조사사건) 형사소송법 제312조 제1항·제3항과 형사소송법 제316조 제1항 ( )에 규정된 이른바 조사자 증언은 약간 모순된다. 즉, 검사 또는 사법경찰관이 작성한 피의자신문조서는 그 피의자였던 피고인이 공판정에서 그 내용을 부인하면 증거능력이 부정된다. 그럼에도 그 검사 또는 사법경찰관이 증인의 지위에서 피의자를 신문하면서 피의자로부터 들었던 것을 내용으로 하는 증언(전문진술)을 형사소송법 제316조 제1항에 의하여 증거능력을 인정하는 것은 모순이다. 그런 의미에서 조사자 증언의 증거능력을 인정한 판례는 찾아보기 어렵다.

57 형사소송법 제316조 제2항 소정의 '피고인 아닌 자'와 '피고인 아닌 타인'의 의미

형사소송법 제316조 제2항은 피고인 아닌 자(A)가 공판준비 또는 공판기일에서 한 진술이 피고인 아닌 타인(乙)의 진술을 그 내용으로 하는 것인 때에는 원진술자가 사망, 질병 기타 사유로 인하여[25년 현재 사망·질병·외국거주·소재불명, 그 밖에 이에 준하는 사유로 인하여] 진술할 수 없고 그 진술이 특히 신빙할 수 있는 상태하에서 행하여진 때에 한하여 이를 증거로 할 수 있다고 규정하고 있는데, 여기서 말하는 '피고인 아닌 자(乙)'에는 공동피고인이나 공범자도 포함된다.(대법원 2018. 5.15. 2017도19499 정유라 이대입시비리 사건) 하단 부분의 '피고인 아닌 자'는 그 해석상 위 부분의 '피고인 아닌 타인'을 말한다. 오해를 불러 일으킬 수 있으므로 대법원은 정확한 용어를 사용하여야 할 것이다. 아래 핵심정리 내용을 잘 보기 바란다.

> 25 변호사, 23 경간부,
> 23 경찰채용, 22 변호사,
> 21 경간부, 20 변호사,
> 20 경찰승진, 15 경간부,
> 15 경찰채용

핵심정리 　공동피고인과 형사소송법 제316조 제2항 관련 판례의 도식화

甲과 乙은 공모하여 절도죄를 범하였는데(특수절도죄), 이후 乙은 이 범행사실을 A에게 말해 주었다.

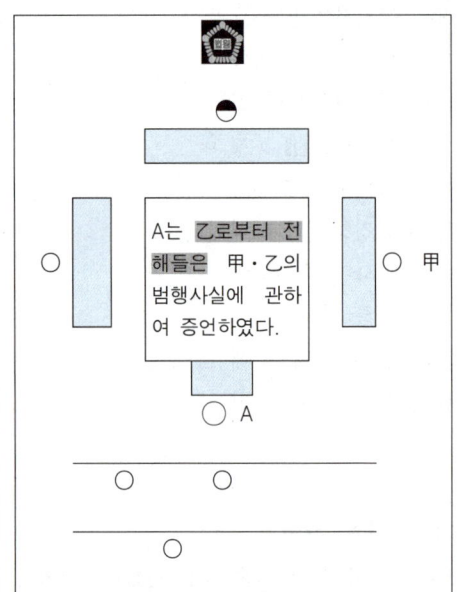

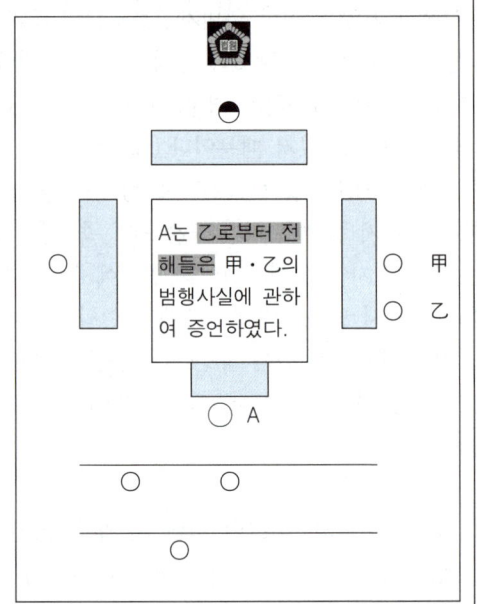

피고인 甲의 입장에서는 공범인 乙도 형사소송법 제316조 제2항에 규정된 '피고인 아닌 타인'에 해당하므로 乙이 사망 등으로 진술할 수 없고, 특신상태가 증명되어야 A의 증언이 甲의 공소사실에 관하여 증거능력이 인정된다.

1. 甲의 공소사실에 관하여 : 형사소송법 제316조 제2항이 적용되는데 '피고인 아닌 타인'인 乙이 법정에 출석하였으므로(乙이 사망 등으로 진술할 수 없다는 요건을 구비하지 못했다) A의 증언은 증거능력이 부정된다.
2. 乙의 공소사실에 관하여 : 형사소송법 제316조 제1항이 적용되므로 특신상태가 증명되면 A의 증언은 증거능력이 인정된다[24].

58 전문진술에 있어 원진술자가 증언능력에 준하는 능력을 갖춘 상태에 있어야 하는지의 여부(적극)

전문의 진술을 증거로 함에 있어서는 전문진술자가 원진술자로부터 진술을 들을 당시 **원진술자가 증언능력에 준하는 능력을 갖춘 상태에 있어야 할 것이다.**(대법원 2006. 4.14. 2005도9561 대전 관저동 여아 강간사건) 증언능력에 관해서는 「제3편 제1장 제6절 Ⅰ. 증인신문」을 참고하기 바란다.

▶ 25 소방간부, 24 경찰승진, 23 경찰채용, 22 소방간부, 20 경찰승진, 18 경찰승진, 17 경찰승진, 17 경간부, 15 경찰채용

---

24 '아니.. 공범인데 누구에겐 증거가 되고 누구에겐 증거가 안되고 이상한 거 아닙니까?'라는 질문을 줄 수 있다. 형사소송법 조문의 해석상 어쩔 수 없다. 이상한 점은 증명력의 문제로 해결해야 한다. 다시 말하지만 전문법칙은 증거능력에 관한 증거법칙이지 증명력에 관한 증거법칙이 아니다.

59 형사소송법 제316조 제2항에 의하여 증거능력이 인정되는 경우

증인 A가 "B도 저와 똑같은 방법으로 금품을 강취당하고 윤간을 당하였다고 하더라."라고 증언한 경우 B가 소재불명으로 인하여 진술할 수 없고 그 진술내용은 B가 범행을 당한 직후 같이 범행을 당한 A에게 한 그 범행 당한 경위와 내용에 관한 진술로서 **특히 신빙할 수 있는 상태**하에서 행하여진 것으로 인정되므로 A의 진술은 증거능력이 있다.(대법원 1981. 7. 7. 81도1282 윤간당했다 하더라 사건) 이 판례는 시험에 나온다고 할 수는 없으나, 이해의 차원에서 이렇게 수록한다.

60 형사소송법 제316조 제2항에 해당하지 않아 증거능력이 인정되지 않는 경우

1. 피해자가 제1심 법정에 출석하여 증언을 한 사건에 있어서는 원진술자인 피해자가 질병, 외국거주, 소재불명 그 밖에 이에 준하는 사유로 인하여 진술할 수 없는 때에 해당되지 아니하므로 피해자의 진술을 그 내용으로 하는 증인의 증언은 전문증거로서 증거능력이 없다.(대법원 2011.11.24. 2011도7173 추행당했다고 들었다 사건) ▶ 24 법원9급

2. 형사소송법 제316조 제2항에 따라 조사자의 증언에 증거능력이 인정되기 위해서는 원진술자가 사망, 질병, 외국거주, 소재불명, 그 밖에 이에 준하는 사유로 인하여 진술할 수 없어야만 하는 것이라서 원진술자가 법정에 출석하여 수사기관에서의 진술을 부인하는 취지로 증언을 한 이상 원진술자의 진술을 내용으로 하는 조사자의 증언은 증거능력이 없다.(대법원 2008. 9.25. 2008도6985 서울 합정동 강간사건) ▶ 24 경찰승진, 24 경찰채용, 23 국가9급, 23 소방간부, 20 경찰승진, 17 경찰승진, 17 경간부

3. 원진술자가 제1심법원에 출석하여 진술을 하였다가 항소심에 이르러 진술할 수 없게 된 경우를 형사소송법 제316조 제2항에서 정한 '원진술자가 진술할 수 없는 경우'에 해당한다고는 할 수 없다.(대법원 2001. 9.28. 2001도3997 강간당했다고 들었다 사건) ▶ 23 경찰채용

61 형사소송법 제316조 제2항의 '특히 신빙할 수 있는 상태하에서 행하여진 때'의 의미 및 증명방법

1. 형사소송법 제316조 제2항의 규정된 '그 진술이 특히 신빙할 수 있는 상태하에서 행하여진 때'라 함은 그 진술을 하였다는 것에 허위개입의 여지가 거의 없고, 그 진술내용의 신빙성이나 임의성을 담보할 구체적이고 외부적인 정황이 있는 경우를 가리킨다.(대법원 2014. 4.30. 2012도725 부산저축은행 전직원 공갈사건) ▶ 24 경찰승진, 23 변호사, 21 국가9급, 17 경찰승진, 17 경간부, 15 경찰채용

2. 형사소송법 제314조의 '특히 신빙할 수 있는 상태하에서 행하여졌음에 대한 증명'은 단지 그러할 개연성이 있다는 정도로는 부족하고 합리적인 의심의 여지를 배제할 정도에 이르러야 하고, 이러한 법리는 원진술자의 소재불명 등을 전제로 하고 있는 형사소송법 제316조 제2항의 '특신상태'에 관한 해석에도 그대로 적용된다.(대법원 2014. 4.30. 2012도725 부산저축은행 전직원 공갈사건) ▶ 25 경찰승진, 24 경간부, 23 경찰채용, 18 국가9급

7. 기타 증거방법

> **형사소송법(2025. 3.18. 법률 제20796호로 일부개정된 것)**
>
> 제313조【진술서등】① 전2조의 규정 이외에 피고인 또는 피고인이 아닌 자가 작성한 진술서나 그 진술을 기재한 서류로서 그 작성자 또는 진술자의 자필이거나 그 서명 또는 날인이 있는 것은 공판준비나 공판기일에서의 그 작성자 또는 진술자의 진술에 의하여 그 성립의 진정함이 증명된 때에는 증거로 할 수 있다. 단, 피고인의 진술을 기재한 서류는 공판준비 또는 공판기일에서의 그 작성자의 진술에 의하여 그 성립의 진정함이 증명되고 그 진술이 특히 신빙할 수 있는 상태하에서 행하여진 때에 한하여 피고인의 공판준비 또는 공판기일에서의 진술에 불구하고 증거로 할 수 있다.
> ② 제1항 본문에도 불구하고 진술서의 작성자가 공판준비나 공판기일에서 그 성립의 진정을 부인하는 경우에는 과학적 분석결과에 기초한 디지털포렌식 자료, 감정 등 객관적 방법으로 성립의 진정함이 증명되는 때에는 증거로 할 수 있다. 다만, 피고인 아닌 자가 작성한 진술서는 피고인 또는 변호인이 공판준비 또는 공판기일에 그 기재 내용에 관하여 작성자를 신문할 수 있었을 것을 요한다.

선생님의 TIP

1. 과거에는 주로 녹음테이프나 비디오테이프가 문제되었지만, 최근에는 당연히 스마트폰에 의한 녹음파일이 문제된다. 이러한 녹음내용이 진술증거로서 사용되는 경우 '서류'가 '테이프 또는 파일'로 대체된 것에 불과하기 때문에 전문법칙이 적용된다는 것이 통설과 판례의 입장이다. 그리고 주로 일반 사인이 녹음하기 때문에 형사소송법 제313조가 적용된다.
2. 앞에서도 말했지만 형사소송법 제313조의 해석이 아주 어려운데 아래 핵심정리 내용을 이해하고 암기하여야 한다. 특히 밑줄 친 부분이 핵심 포인트이다. 성립의 진정을 누가 인정해야 하는가? 특신상태가 필요한가? 이 점을 잘 파악하기 바란다.
3. 판례 중에 저자가 구분한 (1), (2), (3) 이것의 의미는 이해할 수 있으리라 믿는다. 이와 관련하여 5년 전에는 약간 지엽적인 판례가 출제되기도 하였는데, 이 책은 NEW 트렌드 교재이므로 싹 다 삭제하였다. 출제위원들도 좀 생각하면서 문제를 내기 바란다[25].

핵심정리 형사소송법 제313조

〈유형〉	서류	조문	증거능력 인정요건
〈1-1〉	피고인이 작성한 진술서	제313조 제1항 본문, 제2항	작성자 또는 진술자[26]의 진술에 의하여 성립의 진정 증명 〈또는〉 작성자 또는 진술자가 성립의 진정 부인시 디지털포렌식 자료, 감정 등 객관적 방법으로 성립의 진정 증명
〈1-2〉	피고인 아닌 자가 작성한 진술서	〃	작성자 또는 진술자[27]의 진술에 의하여 성립의 진정 증명 〈또는〉 작성자 또는 진술자가 성립의 진정 부인시 디지털포렌식 자료, 감정 등 객관적 방법으로 성립의 진정 증명 + 작성자 신문가능성
〈2〉	피고인의 진술을 기재한 서류(진술녹취서)	제313조 제1항 단서	작성자(피고인 아닌 자)의 진술에 의하여 성립의 진정 증명 + **특신상태**
〈3〉	피고인 아닌 자의 진술을 기재한 서류(진술녹취서)	제313조 제1항 본문	진술자(피고인 아닌 자)의 진술에 의하여 성립의 진정 증명

---

[25] 만점 방지용으로 지엽적인 판례 내용을 복사한 후 일부 문구를 바꿔가면서, 이런 식으로 출제하는 것은 진정한 출제자의 모습이 아니다. 그것은 순경시험 공부를 6개월 정도 한 학생도 할 수 있는 일이다. 난이도를 높이려면 사례문제와 응용문제 내지는 계산문제를 '직접 만들어' 출제하면 된다. 이런 문제 만들다가 잘못하면 출제오류가 생길 수 있는데, 그것을 무서워하는 자가 무슨 출제위원이라는 말인가?

핵심정리	녹음테이프 등의 증거능력 인정요건

유형	내용
⟨1⟩ 피고인 또는 피고인 아닌 자가 녹음 또는 입력	피고인 甲 또는 피고인 아닌 자 A가 스스로 녹음 또는 입력하였다.
⟨2⟩ 피고인과의 대화내용을 상대방이 녹음	피고인 甲과 乙이 대화를 하거나 전화통화를 하였는데, 이것을 상대방 乙이 녹음하였다[28].
⟨3⟩ 피고인 아닌 자와의 대화내용을 상대방이 녹음	피고인 아닌 A와 乙이 대화를 하거나 전화통화를 하였는데, 이것을 상대방 乙이 녹음하였다.

62 녹음파일의 증거능력 인정요건

피고인 또는 피고인 아닌 사람의 진술을 녹음한 녹음파일은 실질에 있어서 피고인 또는 피고인 아닌 사람이 작성한 진술서나 그 진술을 기재한 서류와 크게 다를 바 없어 그 녹음파일에 담긴 진술 내용의 진실성이 증명의 대상이 되는 때에는 전문법칙이 적용된다.(대법원 2015. 1. 22. 2014도10978 숙승 이석기 의원 사건)

63 녹음테이프 등의 증거능력 인정요건(진술서와 유사) 유형 ⟨1⟩

1. 피고인 또는 피고인 아닌 사람이 컴퓨터용디스크 그 밖에 이와 비슷한 정보저장매체에 입력하여 기억된 문자정보 또는 그 출력물을 증거로 사용하는 경우 그 내용의 진실성에 관하여는 전문법칙이 적용되고 따라서 원칙적으로 형사소송법 제313조 제1항에 의하여 그 작성자 또는 진술자의 진술에 의하여 성립의 진정함이 증명된 때에 한하여 이를 증거로 사용할 수 있다.(대법원 2013. 2. 15. 2010도3504 전교조 통일학교 사건) '진술서와 유사하므로' 성립의 진정만 증명되면 증거능력이 인정된다. '특신상태'는 필요하지 않다. 물론 2025년 현재는 작성자 또는 진술자가 성립의 진정을 부인하는 경우에는 과학적 분석결과에 기초한 디지털포렌식 자료, 감정 등 객관적 방법으로 성립의 진정함이 증명되는 때에는 증거로 할 수 있다 2.~5. 판례도 마찬가지이다. ▶ 21 경찰승진, 18 경찰승진

2. 피고인 또는 피고인 아닌 사람이 정보저장매체에 입력하여 기억된 문자정보 또는 그 출력물을 증거로 사용하는 경우 그 내용의 진실성에 관하여는 전문법칙이 적용되고 따라서 원칙적으로 **형사소송법 제313조 제1항**에 의하여 그 작성자 또는 진술자의 진술에 의하여 성립의 진정함이 증명된 때에 한하여 이를 증거로 사용할 수 있다.(대법원 2013. 7. 26. 2013도2511 왕재산 간첩단 사건)

3. 컴퓨터 디스켓에 담긴 문건이 증거로 사용되는 경우 그 기재 내용의 진실성에 관하여는 전문법칙이 적용된다 할 것이고, 따라서 피고인 또는 피고인 아닌 자가 작성하거나 또는 ▶ 21 국가9급, 18 국가7급, 16 경간부

---

[26] 모두 피고인이다.
[27] 모두 피고인 아닌 자이다.
[28] 乙이 甲 모르게 녹음하더라도 이는 당사자 녹음에 해당하여 통신비밀보호법에 의할 때는 증거능력이 부정되지 않는다. 그러나 전문법칙에 의하여 증거능력이 부정될 수 있다.

그 진술을 기재한 문건의 경우 원칙적으로 **형사소송법 제313조 제1항 본문**에 의하여 그 작성자 또는 진술자의 진술에 의하여 그 성립의 진정함이 인정된 때에 이를 증거로 사용할 수 있다.(대법원 2001. 3.23. 2000도486 영남위원회 사건)

4. (3) 압수물인 디지털 저장매체로부터 출력한 문건을 증거로 사용하기 위해서는 디지털 저장매체 원본에 저장된 내용과 출력한 문건의 동일성이 인정되어야 하고, 이를 위해서는 디지털 저장매체 원본이 압수시부터 문건 출력시까지 변경되지 않았음이 담보되어야 한다. (1) 그리고 압수된 디지털 저장매체로부터 출력한 문건을 진술증거로 사용하는 경우 그 기재 내용의 진실성에 관하여는 전문법칙이 적용되므로 (2) **형사소송법 제313조 제1항**에 따라 그 작성자 또는 진술자의 진술에 의하여 그 성립의 진정함이 증명된 때에 한하여 이를 증거로 사용할 수 있다.(대법원 2013. 6.13. 2012도16001 이언주 의원 선거사무장 사건)

▶ 21 경찰승진, 19 경간부, 19 소방간부, 18 국가7급, 17 법원9급, 17 경간부, 17 경찰채용, 16 국가7급, 16 법원9급, 16 국가9급, 16 경찰승진, 15 변호사, 15 경찰채용, 15 국가7급

5. (3) 디지털 저장매체에 저장된 로그파일의 원본이 아니라 그 복사본의 일부 내용을 요약·정리하는 방식으로 새로운 문서파일이 작성된 경우 그 문서파일 또는 거기에서 출력한 문서를 로그파일 원본의 내용을 증명하는 증거로 사용하기 위하여는 피고인이 이를 증거로 하는 데 동의하지 아니하는 이상 그 문서파일의 기초가 된 로그파일 복사본과 로그파일 원본의 동일성도 인정되어야 하고 (1) 나아가 새로운 문서파일 또는 거기에서 출력한 문서를 진술증거로 사용하는 경우 그 기재 내용의 진실성에 관하여는 전문법칙이 적용되므로 (2) **형사소송법 제313조 제1항**에 따라 공판준비기일이나 공판기일에서 그 작성자 또는 진술자의 진술에 의하여 성립의 진정함이 증명된 때에 한하여 이를 증거로 사용할 수 있다.(대법원 2015. 8.27. 2015도3467 구미 KEC사건)

▶ 19 경찰채용, 19 국가9급, 17 국가7급

64 녹음테이프 등의 증거능력 인정요건(피고인의 진술을 녹취한 진술녹취서와 유사) 유형 〈2〉

1. (1) 녹음테이프에 대하여 실시한 검증의 내용은 녹음테이프에 녹음된 대화의 내용이 검증조서에 첨부된 녹취서에 기재된 내용과 같다는 것에 불과하여 증거자료가 되는 것은 여전히 녹음테이프에 녹음된 대화의 내용이라 할 것인바, 그 중 피고인의 진술내용은 실질적으로 형사소송법 제311조, 제312조 규정 이외에 피고인의 진술을 기재한 서류와 다를 바 없으므로 피고인이 그 녹음테이프를 증거로 할 수 있음에 동의하지 않은 이상 그 녹음테이프 검증조서의 기재 중 피고인의 진술내용을 증거로 사용하기 위해서는 (2) **형사소송법 제313조 제1항 단서**에 따라 공판준비 또는 공판기일에서 그 작성자인 고소인의 진술에 의하여 녹음테이프에 녹음된 피고인의 진술내용이 피고인이 진술한 대로 녹음된 것이라는 점이 증명되고 그 진술이 특히 신빙할 수 있는 상태하에서 행하여진 것으로 인정되어야 한다.(대법원 2001.10. 9. 2001도3106 강간당했다 변명 사건) 피고인과의 대화내용을 상대방이 녹음한 경우로서 <u>상대방이</u> 성립의 진정을 인정하여야 한다. '특신상태'도 필요하다. 아래 2. 판례도 마찬가지이다.

▶ 16 변호사, 16 국가9급

2. (1) 피고인과 상대방 사이의 대화내용에 관한 녹취서가 공소사실의 증거로 제출되어 그 녹취서의 기재내용과 녹음테이프의 녹음내용이 동일한지 여부에 대하여 법원이 검증을 실시한 경우에, 증거자료가 되는 것은 녹음테이프에 녹음된 대화내용 그 자체이고, 그

▶ 25 경찰승진, 24 국가7급, 23 경찰채용, 20 경찰채용, 19 변호사, 19 경간부, 19 국가7급, 17 변호사, 17 국가7급, 16 국가7급, 16 국가9급

중 피고인의 진술내용은 실질적으로 형사소송법 제311조, 제312조의 규정 이외에 피고인의 진술을 기재한 서류와 다름없어 피고인이 그 녹음테이프를 증거로 할 수 있음에 동의하지 않은 이상 그 녹음테이프 검증조서의 기재 중 피고인의 진술내용을 증거로 사용하기 위해서는 (2) 형사소송법 제313조 제1항 단서에 따라 공판준비 또는 공판기일에서 그 작성자인 상대방의 진술에 의하여 녹음테이프에 녹음된 피고인의 진술내용이 피고인이 진술한 대로 녹음된 것임이 증명되고 나아가 그 진술이 특히 신빙할 수 있는 상태하에서 행하여진 것임이 인정되어야 하며 (3) 또한 녹음테이프 또는 녹음파일 등의 전자매체는 그 성질상 작성자나 진술자의 서명 혹은 날인이 없을 뿐만 아니라 녹음자의 의도나 특정한 기술에 의하여 그 내용이 편집, 조작될 위험성이 있음을 고려하여 그 대화내용을 녹음한 원본이거나 혹은 원본으로부터 복사한 사본일 경우에는 복사과정에서 편집되는 등의 인위적 개작 없이 원본의 내용 그대로 복사된 사본임이 증명되어야만 한다.(대법원 2012. 9.13. 2012도7461 김홍복 인천중구청장 사건)

65 녹음테이프 등의 증거능력 인정요건(피고인 아닌 자의 진술을 녹취한 진술녹취서와 유사) 유형 〈3〉

(1) 수사기관이 아닌 사인이 피고인 아닌 사람과의 대화내용을 녹음한 녹음테이프는 형사소송법 제311조, 제312조 규정 이외의 피고인 아닌 자의 진술을 기재한 서류와 다를 바 없으므로 피고인이 그 녹음테이프를 증거로 할 수 있음에 동의하지 아니하는 이상 그 증거능력을 부여하기 위해서는 (3) 첫째, 녹음테이프가 원본이거나 원본으로부터 복사한 사본일 경우에는 복사과정에서 편집되는 등의 인위적 개작 없이 원본의 내용 그대로 복사된 사본일 것, (2) 둘째 형사소송법 제313조 제1항에 따라 공판준비나 공판기일에서 원진술자의 진술에 의하여 그 녹음테이프에 녹음된 각자의 진술내용이 자신이 진술한 대로 녹음된 것이라는 점이 인정되어야 한다.(대법원 2011. 9. 8. 2010도7497 정신병이 있었다고 하더라 사건) 피고인 아닌 자와의 대화내용을 상대방이 녹음한 경우로서 피고인 아닌 자가 성립의 진정을 인정하여야 한다. '특신상태'는 필요하지 않다.

> 23 경찰승진, 19 소방간부, 17 경간부, 16 국가9급, 16 경간부, 15 변호사

수사준칙(2023.10.17. 대통령령 제33808호로 일부개정된 것)

제42조【전자정보의 압수·수색 또는 검증 시 유의사항】③ 검사 또는 사법경찰관은 전자정보의 복제본을 취득하거나 전자정보를 복제할 때에는 해시값(파일의 고유값으로서 일종의 전자지문을 말한다)을 확인하거나 압수·수색 또는 검증의 과정을 촬영하는 등 전자적 증거의 동일성과 무결성(無缺性)을 보장할 수 있는 적절한 방법과 조치를 취해야 한다.

선생님의 TIP

수사기관이 압수한 파일 또는 전자정보(이하 통틀어 '파일'이라고 한다)를 원본 그대로 법원에 증거로 제출한다면 동일성(同一性, 같다는 것이다)과 무결성(無缺性, 바뀌지 않았다는 것이다)의 문제는 발생하지 않는다. 그러나 수사기관은 일반적으로 범죄사실과 관련된 파일을 문서로 출력하여 녹취록 형식으로 법원에 제출하는 경우가 대부분인데, 이때 동일성과 무결성의 문제가 발생한다. 동일성과 무결성의 차이점은 아래 판례들 각주를 통하여 설명하겠다. 이론상은 구분되지만 실제 사건에서는 사실상 구분이 어렵다.

66 동일성과 무결성(無缺性)의 의미 및 증명방법

1. 압수물인 디지털 저장매체로부터 출력된 문건이 증거로 사용되기 위해서는 디지털 저장매체 원본에 저장된 내용과 출력된 문건의 동일성이 인정되어야 할 것인데[29], 그 동일성을 인정하기 위해서는 디지털 저장매체 원본이 압수된 이후 문건 출력에 이르기까지 변경되지 않았음이 담보되어야 하고[30] 특히 디지털 저장매체 원본에 변화가 일어나는 것을 방지하기 위해 디지털 저장매체 원본을 대신하여 디지털 저장매체에 저장된 자료를 하드카피·이미징한[31] 매체로부터 문건이 출력된 경우에는 디지털 저장매체 원본과 하드카피·이미징한 매체 사이에 자료의 동일성도 인정되어야 한다[32]. 나아가 법원 감정을 통해 디지털 저장매체 원본 혹은 하드카피·이미징한 매체에 저장된 내용과 출력된 문건의 동일성을 확인하는 과정에서 이용된 컴퓨터의 기계적 정확성, 프로그램의 신뢰성, 입력·처리·출력의 각 단계에서 조작자의 전문적인 기술능력과 정확성이 담보되어야 한다.(대법원 2007.12.13. 2007도7257 일심회 사건)

    > 20 법원9급

    ▶

2. 대화내용을 녹음한 파일은 그 성질상 작성자나 진술자의 서명 또는 날인이 없을 뿐만 아니라 녹음자의 의도나 특정한 기술에 의하여 내용이 편집·조작될 위험성이 있음을 고려하여, 대화내용을 직접 녹음한 원본이거나 혹은 원본으로부터 복사한 사본일 경우에는 복사 과정에서 편집되는 등 인위적 개작 없이 원본 내용 그대로 복사된 사본임이 증명되어야 하고, 그러한 증명이 없는 경우에는 쉽게 증거능력을 인정할 수 없다. 사인(私人)이 복사한 녹음파일 사본을 증거로 제출한 경우 그 복사 과정에서 편집되는 등 인위적 개작 없이 원본 내용을 그대로 복사한 사본이라는 점은 해쉬(Hash)값 비교 등 원본과 사본의 직접 비교를 통해 증명하는 것이 원칙이다. 다만, 원본 제출이 불가능하거나 곤란하여 원본과 사본을 직접 비교할 수 없는 때에는 법원이 녹음파일 생성과 전달 및 보관 등의 절차에 관여한 사람의 증언이나 진술, 녹음파일에 대한 검증·감정 결과, 수사 및 공판 심리의 경과 등 제반 사정을 종합하여 사본의 원본 동일성 증명 여부를 판단할 수 있다[33].(대법원 2025.2.27. 2022도1864 사기 피의자들 진술 녹음사건)

3. 전자문서를 수록한 파일 등의 경우에는 그 성질상 작성자의 서명 혹은 날인이 없을 뿐만 아니라 작성자·관리자의 의도나 특정한 기술에 의하여 그 내용이 편집·조작될 위험성이 있음을 고려하여, 원본임이 증명되거나 혹은 원본으로부터 복사한 사본일 경우에는 복사 과정에서 편집되는 등 인위적 개작 없이 원본의 내용 그대로 복사된 사본임이 증명되어야만 하고, 그러한 증명이 없는 경우에는 쉽게 그 증거능력을 인정할 수 없다. 그리고 증거로 제출된 전자문서 파일의 사본이나 출력물이 복사·출력 과정에서 편집되는 등 인위적 개작 없이 원본 내용을 그대로 복사·출력한 것이라는 사실은 전자문서 파일의 사본이나 출력물의 생성과 전달 및 보관 등의 절차에 관여한 사람의 증언이나 진술, 원본

    > 22 경찰채용, 22 소방간부, 21 변호사, 21 경찰승진, 20 경찰승진

---

[29] "원본 파일과 출력된 문건이 동일하여야 한다"이므로 이는 동일성을 의미한다.
[30] "변경되지 않았어야 한다"이므로 이는 무결성을 의미한다.
[31] 앞에서 배웠지만 하드카피 또는 이미징이란 전자정보 '전부'를 복제하는 것을 말한다.
[32] 당연히 '원본'과 복제본인 '하드카피·이미징한 매체' 사이에 자료의 동일성도 인정되어야 한다.
[33] 동일성·무결성 판단은 결국 제반 사정을 고려하여 종합판단할 수밖에 없다.

이나 사본 파일 생성 직후의 해시값의 비교, 전자문서 파일에 대한 검증·감정 결과 등 제반 사정을 종합하여 판단할 수 있다. 이러한 원본 동일성은 증거능력의 요건에 해당하므로 검사가 그 존재에 대하여 구체적으로 주장·증명해야 한다[34].(대법원 2018. 2. 8. 2017도13263 유흥주점 탈세 사건)

4. 정보저장매체에 입력하여 기억된 문자정보 또는 그 출력물(이하 '출력 문건')을 증거로 사용하기 위해서는 정보저장매체 원본에 저장된 내용과 출력 문건의 동일성이 인정되어야 하고, 이를 위해서는 정보저장매체 원본이 압수 시부터 문건 출력 시까지 변경되지 않았다는 사정, 즉 무결성이 담보되어야 한다. 특히 정보저장매체 원본을 대신하여 저장매체에 저장된 자료를 하드카피 또는 이미징한 매체로부터 출력한 문건의 경우에는 정보저장매체 원본과 하드카피 또는 이미징한 매체 사이에 자료의 동일성도 인정되어야 할 뿐만 아니라 이를 확인하는 과정에서 이용한 컴퓨터의 기계적 정확성, 프로그램의 신뢰성, 입력·처리·출력의 각 단계에서 조작자의 전문적인 기술능력과 정확성이 담보되어야 한다. 이 경우 출력 문건과 정보저장매체에 저장된 자료가 동일하고 정보저장매체 원본이 문건 출력 시까지 변경되지 않았다는 점은 피압수·수색 당사자가 정보저장매체 원본과 하드카피 또는 이미징한 매체의 해쉬(Hash) 값이 동일하다는 취지로 서명한 확인서면을 교부받아 법원에 제출하는 방법에 의하여 증명하는 것이 원칙이나, 그와 같은 방법에 의한 증명이 불가능하거나 현저히 곤란한 경우에는 정보저장매체 원본에 대한 압수, 봉인, 봉인해제, 하드카피 또는 이미징 등 일련의 절차에 참여한 수사관이나 전문가 등의 증언에 의해 정보저장매체 원본과 하드카피 또는 이미징한 매체 사이의 해쉬 값이 동일하다거나 정보저장매체 원본이 최초 압수 시부터 밀봉되어 증거 제출 시까지 전혀 변경되지 않았다는 등의 사정을 증명하는 방법 또는 법원이 그 원본에 저장된 자료와 증거로 제출된 출력 문건을 대조하는 방법 등으로도 그와 같은 무결성·동일성을 인정할 수 있으며, 반드시 압수·수색 과정을 촬영한 영상녹화물 재생 등의 방법으로만 증명하여야 한다고 볼 것은 아니다[35].(대법원 2013. 7. 26. 2013도2511 왕재산 간첩단 사건)

> 24 경찰승진, 19 국가9급, 17 경간부, 17 경찰채용, 15 국가7급

---

[34] 동일성·무결성 판단은 결국 제반 사정을 고려하여 종합판단할 수밖에 없다. 그리고 증거능력 인정 요건에 관한 입증책임은 당연히 검사에게 있다.

[35] 앞 판례들의 종합이다. 조금 어려울 수 있지만 실제 시험에서는 들러리 지문 정도로 출제되므로 너무 고민하지 말기 바란다.

> **선생님의 TIP**
>
> 거짓말탐지기의 검사결과는 형사소송법 제313조 제3항에 규정된 일종의 감정이라고 할 수 있다. 그러나 이것은 관련성의 법칙[36]에 따라 증거능력이 없을 뿐더러 (증거능력이 인정된다고 가정하더라도) 그 증명력은 제한적이다.

67 거짓말탐지기 검사결과의 증거능력 유무(소극)

거짓말탐지기의 검사결과에 대하여 사실적 관련성을 가진 증거로서 증거능력을 인정할 수 있으려면 첫째로 거짓말을 하면 반드시 일정한 심리상태의 변동이 일어나고, 둘째로 그 심리상태의 변동은 반드시 일정한 생리적 반응을 일으키며, 셋째로 그 생리적 반응에 의하여 피검사자의 말이 거짓인지 아닌지가 정확히 판정될 수 있다는 세 가지 전제요건이 충족되어야 할 것이며, 특히 마지막 생리적 반응에 대한 거짓여부 판정은 거짓말탐지기가 검사에 동의한 피검사자의 생리적 반응을 정확히 측정할 수 있는 장치이어야 하고, 질문사항의 작성과 검사의 기술 및 방법이 합리적이어야 하며, 검사자가 탐지기의 측정내용을 객관성 있고 정확하게 판독할 능력을 갖춘 경우라야만 그 정확성을 확보할 수 있는 것이므로 이상과 같은 여러 가지 요건이 충족되지 않는 한 **거짓말탐지기 검사결과에 대하여 형사소송법상 증거능력을 부여할 수는 없다**.(대법원 2005. 5.26. 2005도130 성남시 빵소니 사건) 위와 같이 극히 엄격한 요건을 충족할 때에 한하여 거짓말탐지기 검사결과의 증거능력을 인정할 수 있으므로 판례는 '사실상' 거짓말탐지기 검사결과의 증거능력을 부정하고 있다. 실제 사건에서 거짓말탐지기 검사결과를 직접적인 유죄의 증거로 사용한 경우는 단 한 건도 없다.

68 거짓말탐지기 검사결과의 증명력(=검사를 받는 사람의 진술의 신빙성을 가늠하는 정황증거)

1. 거짓말탐지기의 검사는 그 기구의 성능, 조작기술 등에 있어 신뢰도가 극히 높다고 인정되고 그 검사자가 적격자이며, 검사를 받는 사람이 검사를 받음에 동의하였으며 검사서가 검사자 자신이 실시한 검사의 방법, 경과 및 그 결과를 충실하게 기재하였다는 등의 전제조건이 증거에 의하여 확인되었을 경우에만 **형사소송법 제313조 제2항[25년 현재 제312조 제3항]에 의하여 이를 증거로 할 수 있는 것이고, 위와 같은 조건이 모두 충족되어 증거능력이 있는 경우에도 그 검사결과는 검사를 받는 사람의 진술의 신빙성을 가늠하는 정황증거로서의 기능을 하는데 그치는 것이다.**(대법원 1987. 7.21. 87도968 사기피의자 거짓말탐지기 사건) 물론 이 판례도 증거능력이 인정될 수 있는 요건과 그 증거가치를 이론적으로 판시한 것일 뿐 실제 사건에서 증거능력을 인정하여 '검사를 받는 사람의 진술의 신빙성을 가늠하는 정황증거'로 사용한 경우는 단 한 건도 없다.

---

[36] 甲이 A를 살해하였는바 이 사건과 아무런 상관이 없는 「NEW 트렌드 형사소송법 판례」가 증거로 제출된 경우 이 교재는 증거능력이 부정된다. 왜? 관련성이 없기 때문이다. 이를 '관련성의 법칙'이라고 하는데 너무나 당연하기 때문에 교재에 거의 언급되지 않는다. 마찬가지로 거짓말탐지기의 검사결과도 이와 유사하게 관련성이 없다고 보아야 한다.

2. 거짓말탐지기 검사결과 피고인 甲의 진술에 대하여는 거짓으로 진단할 수 있는 특이한 반응이 나타나지 않은 반면 乙의 진술에 대하여는 거짓으로 진단할 수 있는 현저한 반응이 나타났다. 그러나 거짓말탐지기 검사 결과가 항상 진실에 부합한다고 단정할 수 없을 뿐 아니라 검사를 받는 사람의 진술의 신빙성을 가늠하는 정황증거로서 기능을 하는 데 그치므로 그와 같은 검사결과만으로 범행 당시의 상황이나 범행 이후 정황에 부합하는 乙 진술의 신빙성을 부정할 수 없다.(대법원 2017. 1. 25. 2016도15526 패터슨 이태원 살인사건)

> 24 경찰승진, 23 국가7급, 21 경찰승진

제 4 절 | 증거동의와 탄핵증거

I 증거동의

> **형사소송법**(2025. 3.18. 법률 제20796호로 일부개정된 것)
>
> **제318조【당사자의 동의와 증거능력】** ① 검사와 피고인이 증거로 할 수 있음을 동의한 서류 또는 물건[1]은 진정한 것으로 인정한 때에는 증거로 할 수 있다.
> ② 피고인의 출정없이 증거조사를 할 수 있는 경우에 피고인이 출정하지 아니한 때에는 전항의 동의가 있는 것으로 간주한다. 단, 대리인 또는 변호인이 출정한 때에는 예외로 한다.

> **선생님의 TIP**
>
> 1. 증거동의는 증거법칙 중에서 가장 쉽다. 전문증거의 경우 증거능력이 부정되는 것이 원칙이지만 검사와 피고인이 증거로 함에 동의하면 증거능력이 인정된다. 앞에서도 말했지만 전문증거라도 형사소송법 제311조부터 제316조까지의 예외에 해당하거나 증거동의를 하면 증거능력이 생긴다. 넓게 보자면 증거동의는 전문법칙의 연장에 해당한다.
> 2. 전문증거에 대하여 증거동의를 하여 증거능력이 생기더라도 증명력은 별개의 문제이므로 법관이 이를 채택할지 배척할지는 자유심증에 속한다. "증거동의를 했는데 왜 **유죄**인정의 증거가 될 수 없습니까?"라는 질문을 주는 학생이 있는데, 법관이 증명력이 없다고 보아 배척하면 이는 유죄인정의 증거가 될 수 없다. 증거능력과 증명력을 구별할 수 있겠는가?

01 증거동의의 본질(=반대신문권의 포기)

형사소송법 제318조 제1항은 전문증거금지의 원칙에 대한 예외로서 **반대신문권을 포기**하겠다는 피고인의 의사표시에 의하여 서류 또는 물건의 증거능력을 부여하려는 규정이다. (대법원 1983. 3. 8. 82도2873 이철희·장영자 사건)

▶ 23 경찰채용, 15 경찰채용

02 증거동의가 있는 경우 법원이 '진정한 것으로 인정하는' 방법

형사소송법 제318조 제1항은 "검사와 피고인이 증거로 할 수 있음을 동의한 서류 또는 물건은 진정한 것으로 인정한 때에는 증거로 할 수 있다."고 규정하고 있을 뿐 진정한 것으로 인정하는 방법을 제한하고 있지 아니하므로 증거동의가 있는 서류 또는 물건은 법원이 제반 사정을 참작하여 진정한 것으로 인정하면 증거로 할 수 있다.(대법원 2015. 8.27. 2015도3467 구미 KEC사건)

▶ 25 경찰채용, 18 국가7급

03 변호인이 증거동의를 할 수 있는지의 여부(=피고인의 명시한 의사에 반하지 않는 한 가능)

1. 형사소송법 제318조에 규정된 증거동의의 주체는 소송주체인 검사와 피고인이고, **변호인은 피고인을 대리하여 증거동의에 관한 의견을 낼 수 있을 뿐이므로 피고인의 명시한 의사에 반하여 증거로 함에 동의할 수는 없다**[2]. 따라서 피고인이 출석한 공판기일에서 증거로

▶ 25 변호사, 25 경찰채용, 24 변호사, 24 국가7급, 23 변호사, 23 경찰채용, 23 법원9급, 22 경찰승진, 22 경간부, 22 경찰채용, 22 국가7급, 22 소방간부, 21 변호사, 20 변호사, 20 법원9급, 20 소방간부, 19 법원9급, 18 변호사, 18 국가7급, 16 경찰채용, 15 국가9급

---

[1] '물건'은 전문증거가 아니므로 이는 입법의 착오라는 견해도 있다.
[2] 피고인의 명시한 의사에 반하여 할 수 없는 변호인의 소송행위는 기피신청, 증거동의 그리고 상소의 제기가 있다. 두문자 〈**동**트면 **기상**〉으로 암기하기 바란다.

함에 부동의한다는 의견이 진술된 경우에는 그 후 피고인이 출석하지 아니한 공판기일에 변호인만이 출석하여 종전 의견을 번복하여 증거로 함에 동의하였다 하더라도 이는 특별한 사정이 없는 한 효력이 없다.(대법원 2013. 3.28. 2013도3 *피고인 부동의 변호인 동의 사건*)

2. 증거로 함에 대한 동의의 주체는 소송주체인 당사자라 할 것이지만 변호인은 피고인의 명시한 의사에 반하지 아니하는 한 피고인을 대리하여 증거로 함에 동의할 수 있으므로 피고인이 증거로 함에 동의하지 아니한다고 명시적인 의사표시를 한 경우 이외에는 변호인은 서류나 물건에 대하여 증거로 함에 동의할 수 있고, 이 경우 변호인의 동의에 대하여 피고인이 즉시 이의하지 아니하는 경우에는 변호인의 동의로 증거능력이 인정되어 증거조사 완료 전까지 그 동의가 취소 또는 철회하지 아니한 이상 일단 부여된 증거능력은 그대로 존속한다.(대법원 2005. 4.28. 2004도4428 *인신매매 윤락강요 사건*)

▶ 25 변호사, 25 경간부, 24 경찰승진, 24 국가7급, 23 경간부, 22 국가9급, 21 소방간부, 20 경찰채용, 19 국가9급, 18 경간부, 18 경찰채용, 18 국가9급, 18 법원9급, 16 국가7급

04 변호인 재정시에 한 피고인의 증거동의의 효력

피고인이 사법경찰관 작성의 피해자진술조서를 증거로 동의함에 있어서 그 동의가 법률적으로 어떠한 효과가 있는지를 모르고 한 것이었다고 주장하더라도 변호인이 그 동의시 공판정에 재정하고 있으면서 피고인이 하는 동의에 대하여 아무런 이의나 취소를 한 사실이 없다면 그 동의에 무슨 하자가 있다고 할 수 없다.(대법원 1983. 6.28. 83도1019 *동의의 법적효과를 몰랐다 사건*)

▶ 22 경간부, 18 변호사, 16 경찰채용

05 문서의 사본도 증거동의의 대상이 되는지의 여부(적극)

문서의 사본이라도 피고인이 증거로 함에 동의하였고 진정으로 작성되었음이 인정되는 경우에는 증거능력이 있다.(대법원 1996. 1.26. 95도2526 *부천시 세금횡령 사건*) 문서의 사본도 전문증거에 해당한다.

▶ 24 경찰승진

06 비진술증거인 사진도 증거동의의 대상이 된다고 판시한 경우

'상해부위를 촬영한 사진'은 비진술증거로서 전문법칙이 적용되지 않으므로 사진이 진술증거임을 전제로 전문법칙이 적용되어야 한다는 취지의 상고이유의 주장 또한 받아들일 수 없다. 피고인은 제1심 제1회 공판기일에 사진을 증거로 함에 동의하였고, 이에 따라 제1심 법원이 사진에 대한 증거조사를 완료하였음을 알 수 있으므로 피고인이 원심에 이르러 사진에 대한 증거동의의 의사표시를 취소 또는 철회하였다 하여 사진의 증거능력이 상실되지 않는다.(대법원 2007. 7.26. 2007도3906 *야간·공동상해 피고인 사건*) 약간 이해가 안 될 수도 있으므로 암기하는 것이 요령이다.

▶ 25 경찰승진, 24 변호사, 23 경간부, 23 소방간부, 17 변호사, 15 국가7급

07 증거동의의 방법

법원이 직권으로 증거조사를 할 때에는 양 당사자의 동의가 필요함은 물론이라 하겠으나 당해 서류를 제출한 당사자는 그것을 증거로 함에 동의하고 있음은 명백한 것이므로 상대방의 동의만 얻으면 충분하다.(대법원 1989.10.10. 87도966 *마산청과시장 조세포탈사건*)

▶ 24 경찰승진

08 묵시적·포괄적 증거동의도 가능한지의 여부(적극)

1. 피고인이 신청한 증인의 증언이 피고인 아닌 타인의 진술을 그 내용으로 하는 전문진술이라고 하더라도 피고인이 그 증언에 대하여 "별 의견이 없다"고 진술하였다면 그 증언을 증거로 함에 동의한 것으로 볼 수 있으므로 이는 증거능력이 있다.(대법원 1983. 9.27. 83도516 별 의견이 없다 사건)

   ▶ 25 소방간부, 24 법원9급, 23 소방간부, 20 경간부, 19 국가9급, 19 소방간부, 17 경찰채용, 16 국가7급

2. 피고인들의 의사표시가 하나 하나의 증거에 대하여 형사소송법상의 증거조사방식을 거쳐 이루어진 것이 아니라 "검사가 제시한 모든 증거에 대하여 증거로 함에 동의한다"는 방식으로 이루어진 것이라 하여 그 효력을 부정할 이유가 되지 못한다.(대법원 1983. 3. 8. 82도2873 이철희·장영자 사건)

   ▶ 25 경찰채용, 23 변호사, 23 법원9급, 21 경간부, 21 국가7급, 21 소방간부, 20 변호사, 20 경찰채용, 20 국가7급, 20 소방간부, 18 경찰채용, 17 경찰채용, 17 소방간부, 16 국가7급

09 '공판정 진술과 배치부분 부동의'라는 피고인 진술의 취지

검사 작성의 피고인 아닌 자에 대한 진술조서에 관하여 피고인이 "공판정 진술과 배치되는 부분은 부동의한다"고 진술한 것은 조서 내용의 특정부분에 대하여 증거로 함에 동의한다는 특별한 사정이 있는 때와는 달리 그 조서를 증거로 함에 동의하지 아니한다는 취지로 해석하여야 한다.(대법원 1984.10.10. 84도1552 공판정 진술과 배치부분 부동의 사건)

▶ 23 국가9급, 16 경찰채용

10 일부동의 관련 판례

1. 뇌물공여자가 작성한 고발장에 대하여 피고인의 변호인이 증거 부동의 의견을 밝히고 고발장을 첨부문서로 포함하고 있는 검찰주사보 작성의 수사보고에 대하여는 증거에 동의하여 증거조사가 행하여졌는데, 수사보고에 대한 증거동의가 있다는 이유로 아무런 지적 없이 그에 첨부된 고발장까지 증거로 채택해 두었다가 판결을 선고하는 단계에 이르러 이를 유죄 인정의 증거로 삼은 것은 실질적 적법절차의 원칙에 비추어 수긍할 수 없다. 결국 수사보고에 첨부된 고발장은 적법한 증거신청·증거결정·증거조사의 절차를 거쳤다고 볼 수 없거나 공소사실을 뒷받침하는 증명력을 가진 증거가 아니므로 이를 유죄의 증거로 삼을 수 없다.(대법원 2011. 7.14. 2011도3809 해병대 소령 수뢰사건)

   ▶ 25 변호사, 22 경찰채용, 20 경간부, 18 국가7급, 16 변호사

2. 피고인들이 제1심 법정에서 경찰의 검증조서 가운데 '범행부분'만 부동의하고 '현장상황 부분'에 대해서는 모두 증거로 함에 동의하였다면, 검증조서 중 '범행상황 부분'만을 증거로 채용한 제1심 판결에 잘못이 없다.(대법원 1990. 7.24. 90도1303 범행상황 부분만 동의 사건) 증거로 채용된 '범행상황 부분'은 '현장상황 부분'을 말한다.

   ▶ 22 경찰승진, 21 국가7급, 21 경찰승진, 18 변호사

11 피고인이나 변호인의 재정없이도 심리판결할 수 있어 증거동의가 간주되는 경우

1. 약식명령에 불복하여 정식재판을 청구한 피고인이 정식재판절차에서 2회 불출정하여 법원이 피고인의 출정 없이 증거조사를 하는 경우에 형사소송법 제318조 제2항에 따른 피고인의 증거동의가 간주된다.(대법원 2010. 7.15. 2007도5776 정식재판청구 피고인 2회 불출석 사건) [12] 3. 판례 참고

   ▶ 24 변호사, 23 소방간부, 22 경간부, 20 경찰승진, 20 법원9급, 18 국가9급, 18 법원9급

2. 소송촉진법 제23조에 의하여 피고인이 공시송달의 방법에 의한 공판기일의 소환을 2회 이상 받고도 출석하지 아니하여 법원이 피고인의 출정 없이 증거조사를 하는 경우에는 형사소송법 제318조 제2항에 따른 피고인의 증거동의가 있는 것으로 간주된다.(대법원 2011. 3.10. 2010도15977 사기피고인 궐석재판 사건) [12] 4. 판례 참고

> 24 국가7급, 20 변호사, 20 법원9급, 20 소방간부, 17 국가7급, 16 법원9급, 15 국가9급

12 증거동의의 철회 허용시기(=증거조사 완료전)

1. 형사소송법 제318조에 규정된 증거동의의 의사표시는 증거조사가 완료되기 전까지 취소 또는 철회할 수 있으나 일단 증거조사가 완료된 뒤에는 취소 또는 철회가 인정되지 아니하므로 취소 또는 철회 이전에 이미 취득한 증거능력은 상실되지 않는다.(대법원 2015. 8.27. 2015도3467 구미 KEC사건)

> 25 국가9급, 24 법원9급, 23 경간부, 22 경찰채용, 22 소방간부, 20 경간부, 19 소방간부, 18 경간부, 18 경찰채용, 18 법원9급, 17 변호사, 17 법원9급, 17 소방간부, 16 국가7급, 16 경찰승진, 16 경찰채용, 15 경찰채용

2. 형사소송법 제318조에 규정된 증거동의의 의사표시는 증거조사가 완료되기 전까지 취소 또는 철회할 수 있으나 일단 증거조사가 완료된 뒤에는 취소 또는 철회가 인정되지 아니하므로 제1심에서 한 증거동의를 제2심에서 취소할 수 없다.(대법원 2005. 4.28. 2004도4428 인신매매 윤락강요 사건)

> 25 경찰채용, 25 소방간부, 24 국가7급, 23 변호사, 19 소방간부, 18 법원9급, 17 경간부, 17 소방간부, 16 경간부

3. 약식명령에 불복하여 정식재판을 청구한 피고인이 정식재판절차의 1심에서 2회 불출정하여 형사소송법 제318조 제2항에 따른 증거동의가 간주된 후 증거조사를 완료한 이상, 간주의 대상인 증거동의는 증거조사가 완료되기 전까지 철회 또는 취소할 수 있으나 일단 증거조사를 완료한 뒤에는 취소 또는 철회가 인정되지 아니하는 점, 증거동의 간주가 피고인의 진의와는 관계없이 이루어지는 점 등에 비추어, 비록 피고인이 항소심에 출석하여 공소사실을 부인하면서 간주된 증거동의를 철회 또는 취소한다는 의사표시를 하더라도 그로 인하여 적법하게 부여된 증거능력이 상실되는 것이 아니다.(대법원 2010. 7.15. 2007도5776 정식재판청구 피고인 2회 불출석 사건)

> 25 변호사, 25 소방간부, 24 변호사, 24 경찰채용, 23 경찰채용, 23 법원9급, 23 소방간부, 22 경간부, 21 소방간부, 19 법원9급, 17 경찰승진, 17 경찰채용, 17 국가9급, 15 경찰채용

4. 피고인이 제1심에서 공시송달의 방법에 의한 공판기일의 소환을 2회 이상 받고도 출석하지 아니하여 형사소송법 제318조 제2항에 따른 증거동의가 간주된 후 증거조사를 완료한 이상, 간주의 대상인 증거동의는 증거조사가 완료되기 전까지 철회 또는 취소할 수 있으나 일단 증거조사를 완료한 뒤에는 철회 또는 취소가 인정되지 아니하는 점, 증거동의 간주가 피고인의 진의와는 관계없이 이루어지는 점 등에 비추어, 비록 피고인이 항소심에 출석하여 공소사실을 부인하면서 간주된 증거동의를 철회 또는 취소한다는 의사표시를 하더라도 그로 인하여 적법하게 부여된 증거능력이 상실되는 것은 아니다.(대법원 2011. 3.10. 2010도15977 사기피고인 궐석재판 사건)

II 탄핵증거

> **형사소송법(2025. 3.18. 법률 제20796호로 일부개정된 것)**
>
> **제318조의2 【증명력을 다투기 위한 증거】** ① 제312조부터 제316조까지의 규정에 따라 증거로 할 수 없는 서류나 진술이라도 공판준비 또는 공판기일에서의 피고인 또는 피고인이 아닌 자(공소제기 전에 피고인을 피의자로 조사하였거나 그 조사에 참여하였던 자를 포함한다)의 진술의 증명력을 다투기 위하여 증거로 할 수 있다.
> ② 제1항에도 불구하고 피고인 또는 피고인이 아닌 자의 진술을 내용으로 하는 영상녹화물은 공판준비 또는 공판기일에 피고인 또는 피고인이 아닌 자가 진술함에 있어서 기억이 명백하지 아니한 사항에 관하여 기억을 환기시켜야 할 필요가 있다고 인정되는 때에 한하여 피고인 또는 피고인이 아닌 자에게 재생하여 시청하게 할 수 있다.

선생님의 TIP

1. 전문법칙에 의하여 증거능력 없는 전문증거를 진술의 증명력을 다투기 위하여 사용되는 경우 이를 탄핵증거[1]라고 한다. 넓게 보자면 탄핵증거 역시 전문법칙의 연장에 해당한다. 아래 내용을 읽으면서 탄핵증거를 이해하여야 한다.

설문	(1) 甲이 乙을 강간하였는데 이를 지나가던 丙이 목격하였다. 수사에 착수한 검사 P는 참고인 丙을 조사하여 참고인진술조서를 작성하였다. 이 조서에는 丙이 "내가 분명히 보았는데 甲이 乙을 강간했습니다"라는 진술이 기재되어 있었다. (2) 이후 검사는 甲을 강간죄로 기소하였고 목격자인 丙이 출석하여 증언했다. 그런데 丙은 "내가 본 것은 사실은 甲이 아니고 다른 사람인 丁이고, 바로 丁이 乙을 강간한 것입니다"라고 증언하였다. 丙의 증언을 법관이 믿지 않게 하기 위하여 검사는 증거능력 없는 丙에 대한 참고인진술조서를 증거로 제출할 수 있는가?
해결	탄핵증거는 범죄사실을 인정하는 증거가 아니기 때문에 전문법칙에 의하여 증거능력이 없는 참고인진술조서라도 丙의 증언의 증명력을 다투기 위하여 증거를 할 수 있다. 이러한 전문증거를 탄핵증거라고 한다.

2. 형사소송법 제318조의2 제2항은 탄핵증거로의 사용금지를 규정하고 있다. 즉 영상녹화물은 탄핵증거로 사용할 수 없고, 기억환기용으로만 사용할 수 있다고 규정하고 있다. 영상녹화물을 탄핵증거로 사용할 수 없는 이유는 수사기관에서 만들어진 영상녹화물이 무분별하게 법정에 제출되고 또한 탄핵증거로 사용된다면 공판중심주의는 퇴색하고 영상녹화물에 의한 재판(이른바 '극장재판')이 이루어지는 폐단이 생기기 때문이다.

01 탄핵증거도 엄격한 증거능력을 요하는지의 여부(소극)

1. **탄핵증거는 범죄사실을 인정하는 증거가 아니어서 엄격한 증거능력을 요하지 아니한다.** (대법원 2012. 9.27. 2012도7467 경남은행 지배인 사건)

2. **탄핵증거는 범죄사실을 인정하는 증거가 아니므로 그것이 증거서류이던 진술이던간에 유죄증거에 관한 소송법상의 엄격한 증거능력을 요하지 아니한다.** (대법원 1985. 5.14. 85도441 무고 피고인 검사탄핵 성공사건)

> 23 국가7급, 21 경찰승진, 21 경찰채용, 21 소방간부, 20 국가9급, 18 변호사, 18 경찰채용, 16 법원9급, 16 경찰채용

---

[1] 여기서의 '탄핵(彈劾)'이란 대통령 탄핵에서의 '탄핵' 그런 의미가 아니라 '증명력 감쇄'를 의미한다.

02 탄핵증거를 범죄사실 또는 간접사실을 인정하기 위한 증거로 사용할 수 있는지의 여부 (소극)

탄핵증거는 진술의 증명력을 감쇄하기 위하여 인정되는 것이고 **범죄사실 또는 그 간접사실의 인정의 증거로서는 허용되지 않는다.**(대법원 2012.10.25. 2011도5459 체포·구속인접견부 사건) "원심이 검사가 탄핵증거로 신청한 체포·구속인접견부 사본은 피고인의 부인 진술을 탄핵한다는 것이므로 결국 검사에게 입증책임이 있는 공소사실 자체를 입증하기 위한 것에 불과하므로 피고인의 진술의 증명력을 다투기 위한 탄핵증거로 볼 수 없다는 이유로 그 증거신청을 기각한 것은 정당하다."라고 판시하였다.

> 25 소방간부, 24 경찰승진,
> 24 법원9급, 23 국가7급,
> 22 경간부, 22 소방간부,
> 21 경찰승진, 21 소방간부,
> 20 경찰채용, 20 국가9급,
> 19 경찰승진, 19 소방간부,
> 18 경간부, 18 경찰채용,
> 17 변호사, 17 국가9급,
> 16 국가7급, 16 법원9급,
> 15 국가7급

03 탄핵증거도(유죄증거에 대한 반대증거) 성립의 진정을 요하는지의 여부(소극)

1. 유죄의 자료가 되는 것으로 제출된 증거의 반대증거 서류에 대하여는 그것이 유죄사실을 인정하는 증거가 되는 것이 아닌 이상 반드시 그 진정성립이 증명되지 아니하거나 이를 증거로 함에 있어서의 상대방의 동의가 없다고 하더라도 증거판단의 자료로 할 수 있다.(대법원 1981.12.22. 80도1547 사기 무죄증거 사건) 약간 이해하기 어려운데 '유죄의 자료가 되는 것으로 제출된 증거의 반대증거 서류'는 탄핵증거 정도로 해석해도 무방하다. 아래 2. 판례도 마찬가지이다.

> 19 소방간부, 18 경간부,
> 17 경찰승진, 16 경간부,
> 15 국가7급

2. 검사가 지적하는 증거들은 유죄의 자료로 제출한 증거들로서 그 진정성립이 인정되지 아니하고 이를 증거로 함에 상대방의 동의가 없었기는 하나, 그러한 증거라고 하더라도 유죄사실을 인정하는 증거로 사용하는 것이 아닌 이상 공소사실과 양립할 수 없는 사실을 인정하는 자료로 쓸 수 있다.(대법원 1994.11.11. 94도1159 노조설립 제3자개입 사건)

> 23 소방간부

04 피고인이 내용을 부인하는 사법경찰리 작성의 피의자신문조서 등을 탄핵증거로 사용할 수 있는지의 여부(적극)

사법경찰리 작성의 피고인에 대한 피의자신문조서는 피고인이 그 내용을 부인하는 이상 증거능력이 없으나, 그것이 임의로 작성된 것이 아니라고 의심할 만한 사정이 없는 한 피고인의 법정에서의 진술을 탄핵하기 위한 반대증거로 사용할 수 있다.(대법원 2014. 3.13. 2013도12507 김태환 의원 비방사건) 학설의 다수는 이 판례에 대하여 비판적이다. 언젠가는 폐기가 예상되는 판례로 보이는데, 어쨌든 시험에 출제가 잘 되고 있다. 위 [2] 판례와 비교

> 25 소방간부, 25 경간부,
> 24 변호사, 24 경찰승진,
> 24 경찰채용, 24 법원9급,
> 23 변호사, 23 국가7급,
> 22 경간부, 22 소방간부,
> 21 변호사, 21 경찰승진,
> 21 경찰채용, 21 국가7급,
> 20 경찰채용, 20 국가9급,
> 19 소방간부, 18 변호사,
> 17 변호사, 16 국가7급,
> 16 경찰채용, 16 법원9급,
> 15 국가7급

> **선생님의 TIP**
> 그 이유는 잘 모르겠지만 아래 판례들은 정말 시험에 출제가 잘 된다. 대충 구색을 맞추기 위하여 내는 정도라고 보아야 한다.

05 탄핵증거의 증거조사 방법

1. 탄핵증거는 범죄사실을 인정하는 증거가 아니므로 엄격한 증거조사를 거쳐야 할 필요가 없음은 형사소송법 제318조의2의 규정에 따라 명백하다고 할 것이나 **법정에서 이에 대한 탄핵증거로서의 증거조사는 필요하다.**(대법원 2005. 8. 19. 2005도2617 탄핵증거라는 입증취지× 사건) [6], [7] 판례 참고

   ▶ 24 경찰승진, 24 법원9급, 22 경찰승진, 22 소방간부, 21 소방간부, 19 경찰승진, 19 소방간부, 18 경간부, 18 경찰채용, 17 변호사, 16 경찰채용, 15 경찰채용, 15 국가7급

2. 탄핵증거의 제출에 있어서도 상대방에게 이에 대한 공격방어의 수단을 강구할 기회를 사전에 부여하여야 한다는 점에서 그 증거와 증명하고자 하는 사실과의 관계 및 입증취지 등을 미리 구체적으로 명시하여야 할 것이므로 **증명력을 다투고자 하는 증거의 어느 부분에 의하여 진술의 어느 부분을 다투려고 한다는 것을 사전에 상대방에게 알려야 한다.** (대법원 2005. 8. 19. 2005도2617 탄핵증거라는 입증취지× 사건)

   ▶ 25 소방간부, 24 경찰승진, 24 경찰채용, 24 법원9급, 23 국가7급, 21 경찰승진, 21 경간부, 21 소방간부, 20 경찰채용, 20 국가7급, 20 국가9급, 19 경찰승진, 19 소방간부, 18 변호사, 18 경간부, 18 경찰채용, 17 변호사, 17 국가9급, 16 경찰채용, 15 경찰승진, 15 경찰채용

06 탄핵증거로서의 증거조사가 이루어진 경우

1. 피고인이 내용을 부인하여 증거능력이 없는 사법경찰리 작성의 피의자신문조서에 대하여 비록 당초 증거제출 당시 탄핵증거라는 입증취지를 명시하지 아니하였지만 **피고인의 법정 진술에 대한 탄핵증거로서의 증거조사절차가 대부분 이루어졌다고 볼 수 있는 점 등의 사정에 비추어 피의자신문조서를 피고인의 법정 진술에 대한 탄핵증거로 사용할 수 있다.** (대법원 2005. 8. 19. 2005도2617 탄핵증거라는 입증취지× 사건)

   ▶ 21 소방간부, 18 변호사, 18 경간부, 15 경찰승진, 15 경찰채용

2. 비록 증거목록에 기재되지 않았고 증거결정이 있지 아니하였다 하더라도 **공판과정에서 그 입증취지가 구체적으로 명시되고 제시까지 된 이상 각 서증들**(신용카드 사용내역승인서 사본 및 현금서비스 취급내역서 사본)**에 대하여 탄핵증거로서의 증거조사는 이루어졌다고 보아야 할 것이다.**(대법원 2006. 5. 26. 2005도6271 검사 탄핵증거 사용불가 주장사건)

   ▶ 25 소방간부, 24 경찰채용, 24 법원9급, 22 경간부, 22 소방간부, 21 경찰채용

07 탄핵증거서의 증거조사가 이루어지지 않은 경우

원심은 법정에서 증거로 제출된 바가 없어 전혀 증거조사가 이루어지지 아니한 채 수사기록에만 편철되어 있는 1995. 9월분 소득세징수액집계표를 피고인 및 그 사무실 직원 등의 진술을 탄핵하는 증거로 사용하였는바, **이러한 원심의 조치에는 탄핵증거의 조사방법에 관한 법리오해의 위법이 있다.**(대법원 1998. 2. 27. 97도1770 허인회 불고지죄 사건) 전혀 증거조사가 이루어지지 않았다. [6] 판례와 비교

▶ 22 경간부, 21 경찰채용

제 5 절 │ 자백보강법칙[1]

헌법(1987.10.29. 헌법 제10호로 전부개정된 것)

제12조 ⑦ 피고인의 자백이 고문·폭행·협박·구속의 부당한 장기화 또는 기망 기타의 방법에 의하여 자의로 진술된 것이 아니라고 인정될 때 또는 정식재판에 있어서 피고인의 자백이 그에게 불리한 유일한 증거일 때에는 이를 유죄의 증거로 삼거나 이를 이유로 처벌할 수 없다.

형사소송법(2025. 3.18. 법률 제20796호로 일부개정된 것)

제310조【불이익한 자백의 증거능력[2]】 피고인의 자백이 그 피고인에게 불이익한 유일의 증거인 때에는 이를 유죄의 증거로 하지 못한다.

> **선생님의 TIP**
>
> 1. 자백보강법칙의 취지는 인권침해의 방지(자백편중 수사의 억제)와 오판의 방지에 있다. 그리고 자백에 대한 보강증거는 증거능력이 있고, 자백과는 실질적으로 독립된 증거이어야 한다[3]. 시험에 출제가 잘 되는데 어려운 것이 별로 없다.
> 2. 자백보강법칙은 증거능력의 문제가 아니라 증명력의 문제를 다루고 있다. 따라서 이하 모든 증거는 증거능력이 있다는 것을 전제로 한다. '그것은 전문서류 또는 전해 들은 전문진술인데 왜 보강증거가 됩니까?'라는 질문을 하면 안 된다. 저자의 마지막 질문에 답을 하기 바란다. 당신은 증거능력과 증명력을 구분할 수 있겠는가?

01 소년보호사건에 있어서 자백만으로 유죄를 인정할 수 있는지의 여부(적극)

소년보호사건에 있어서는 비행사실의 일부에 관하여 **자백 이외의 다른 증거가 없다 하더라도** 법령적용의 착오나 소송절차의 법령위반이 있다고 할 수 없다.(대법원 1982.10.15. 82모36 비행소년 자백 사건) 소년보호사건과 즉결심판절차에서는 자백보강법칙이 적용되지 않는다. 둘 다 모두 헌법 제12조 제7항에 규정된 '정식재판'이라고 할 수 없다. 그러나 약식명령의 경우 자백보강법칙이 적용된다는 점의 주의하여야 한다.

▶ 18 국가9급, 17 법원9급

02 형사소송법 제310조의 '피고인의 자백'에 공범인 공동피고인의 자백이 포함되는지의 여부(소극)

1. 형사소송법 제310조의 '피고인의 자백'에는 공범인 공동피고인의 진술이 포함되지 아니하므로 공범인 공동피고인의 진술은 다른 공동피고인에 대한 범죄사실을 인정하는 데 있어서 증거로 쓸 수 있고 그에 대한 보강증거의 여부는 법관의 자유심증에 맡긴다.(대법원 1985. 3. 9. 85도951 대리점사기범 사건) 아래 핵심정리 왼쪽 참고

▶ 25 경찰채용, 25 국가9급, 24 경찰승진, 24 경간부, 24 국가7급, 23 경간부, 22 경찰승진, 22 국가9급, 20 변호사, 19 변호사, 18 경찰채용, 18 국가7급, 17 경간부, 16 변호사, 16 국가9급, 16 경찰채용, 15 경찰승진, 15 국가7급

---

[1] 저자는 지금까지 '자백의 보강법칙'이라고 하였으나 자백배제법칙과의 용어통일을 위하여 앞으로는 '자백보강법칙'이라는 용어를 쓰겠다. 어떤 용어를 사용하더라도 큰 문제는 없다.
[2] 형사소송법 제310조는 자백의 '증거능력'이 아니라 자백의 '증명력'에 관한 증거법칙이다. 즉 입법자가 용어를 잘못 사용한 것이다.
[3] 대법원 2017. 9.21. 2015도12400 정상혁 보은군수 사건 참고

2. 공범인 공동피고인의 진술은 다른 공동피고인에 대한 범죄사실을 인정하는 증거로 할 수 있는 것일 뿐만 아니라 **공범인 공동피고인들의 각 진술은 상호간에 서로 보강증거가 될 수 있다.**(대법원 1990.10.30. 90도1939 강도피고인들 자백 사건) 뒤에 다시 나오지만 이해의 차원에서 일단 이렇게 수록하였다. 아래 핵심정리 오른쪽 참고

> 25 경찰채용, 25 국가9급,
> 24 변호사, 24 경찰승진,
> 24 소방간부, 23 소방간부,
> 22 경간부, 21 법원9급,
> 21 소방간부, 20 경찰승진,
> 19 경찰채용, 19 소방간부,
> 18 경찰승진, 17 경찰승진,
> 17 국가9급, 17 소방간부,
> 16 국가9급, 16 경찰승진,
> 16 경찰채용, 15 경찰채용,
> 15 법원9급

핵심정리 | 공범자의 자백과 형사소송법 제310조 도식화

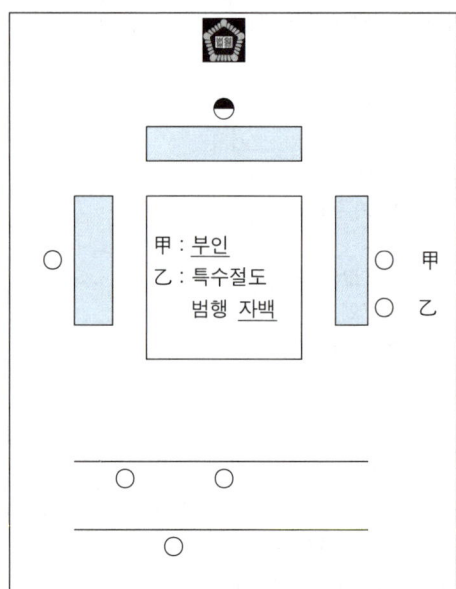
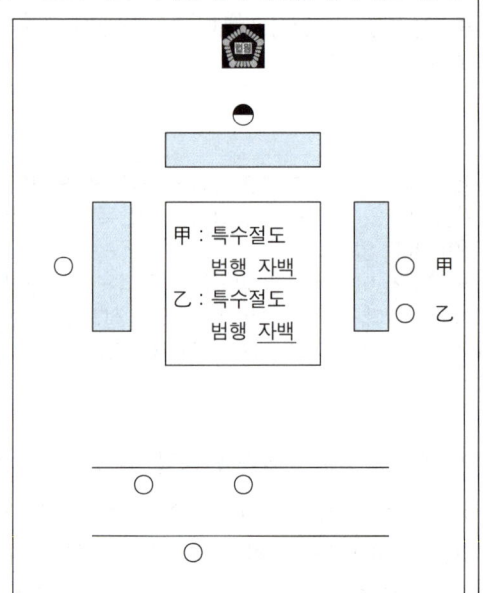

공범인 공동피고인(乙)의 진술은 형사소송법 제310조의 '피고인(甲)의 자백'에 포함되지 않는다. 乙의 진술은 甲에 대한 관계에서 일종의 증언처럼 취급된다. 따라서 판례 이론상 乙의 자백을 유일한 증거로 하여 甲에게 유죄판결을 선고할 수도 있다.[4]

乙의 진술은 甲에 대한 관계에서 증언처럼 취급되고 또한 甲의 진술도 乙에 대한 관계에서 증언처럼 취급되므로 상호간에 보강증거가 될 수 있다.

03 자백을 자백으로 보강할 수 있는지의 여부(소극)

1. **피고인의 법정에서의 진술과 피고인에 대한 검찰 피의자신문조서의 진술기재들은 피고인의 법정 및 검찰에서의 자백으로서 형사소송법 제310조에서 규정하는 자백의 개념에 포함되어 그 자백만으로는 유죄의 증거로 삼을 수 없다.**(대법원 2008. 2.14. 2007도10937 대구 신천동 필로폰 투약사건)

> 16 변호사

---

4 이것은 판례에 의한 이론적 가능성을 말하고, 실제로 공범자의 자백을 유일한 증거로 하여 다른 공범자에 대하여 유죄판결을 선고한 경우는 사실상 없다고 보아야 한다.

2. "피고인이 범행을 자인하는 것을 들었다"는 피고인 아닌 자의 진술 내용은 형사소송법 제310조의 피고인의 자백에는 포함되지 아니하나 이는 피고인의 자백의 보강증거로 될 수 없다.(대법원 2008. 2.14. 2007도10937 대구 신천동 필로폰 투약사건) 비록 자백은 아니지만 보강증거가 될 수 없다. 이것이 보강증거가 될 수 있다면 자백보강법칙의 취지가 완전히 몰각(沒却)된다.

▶ 25 경찰채용, 25 국가9급,
24 국가7급, 24 법원9급,
23 변호사, 23 경간부,
23 경찰채용, 22 변호사,
22 경찰승진, 22 법원9급,
21 법원9급, 21 소방간부,
20 경찰승진, 20 국가7급,
19 경찰승진, 19 국가7급,
19 소방간부, 18 경찰승진,
18 경찰채용, 18 국가9급,
18 소방간부, 17 변호사,
17 법원9급, 17 소방간부,
16 국가7급, 16 경찰채용,
15 경찰채용, 15 법원9급

04 피고인의 자백으로 볼 수 없는 경우

상업장부나 항해일지, 진료일지 또는 이와 유사한 금전출납부 등과 같이 **범죄사실의 인정 여부와는 관계없이 자기에게 맡겨진 사무를 처리한 사무내역을 그때그때 계속적, 기계적으로 기재한 문서** 등의 경우는 사무처리 내역을 증명하기 위하여 존재하는 문서로서 그 존재 자체 및 기재가 그러한 내용의 사무가 처리되었음의 여부를 판단할 수 있는 별개의 독립된 증거자료라고 할 것이고, 설사 그 문서가 우연히 피고인이 작성하였고, 그 문서의 내용 중 피고인의 범죄사실의 존재를 추론해 낼 수 있는, 즉 공소사실에 일부 부합되는 사실의 기재가 있다고 하더라도 이를 일컬어 **피고인이 범죄사실을 자백하는 문서라고 볼 수는 없다.**(대법원 1996.10.17. 94도2865 숲속 뇌물수첩 사건) [5] 판례 참고

▶ 25 경찰승진, 24 경찰채용,
19 변호사, 18 경간부,
18 국가7급, 18 소방간부

05 상업장부·항해일지·진료일지·금전출납부 등 사무 내역을 기재한 문서가 자백에 대한 보강증거가 될 수 있는지의 여부(적극)

피고인이 뇌물공여 혐의를 받기 전에 이와는 관계없이 준설공사에 필요한 각종 인·허가 등의 업무를 위임받아 이를 추진하는 과정에서 그 업무수행에 필요한 자금을 지출하면서 스스로 그 지출한 자금내역을 자료로 남겨두기 위하여 뇌물자금과 기타 자금을 구별하지 아니하고 그 **지출 일시, 금액, 상대방 등 내역을 그때그때 계속적, 기계적으로 기입한 수첩의 기재 내용은 피고인이 자신의 범죄사실을 시인하는 자백이라고 볼 수 없으므로** 증거능력이 있는 한 피고인의 금전출납을 증명할 수 있는 별개의 증거라고 할 것인즉 **피고인의 검찰에서의 자백에 대한 보강증거가 될 수 있다.**(대법원 1996.10.17. 94도2865 숲속 뇌물수첩 사건)

▶ 25 경간부, 24 국가7급,
19 변호사, 19 소방간부,
18 경간부, 18 경찰채용,
17 경찰승진, 17 소방간부,
16 국가9급, 16 경찰승진,
15 경찰승진

선생님의 TIP

자백에 대한 보강증거는 증거능력이 있고, 자백과는 실질적으로 독립된 증거이어야 한다. [6] 1. 2. 판례는 전자에 관한 것이고, 3. 판례는 후자에 관한 것이다.

06 공동피고인 자백이 보강증거가 될 수 있는지의 여부(적극)

1. **공동피고인의 자백**은 이에 대한 피고인의 반대신문권이 보장되어 있어 증인으로 신문한 경우와 다를 바 없으므로 **독립한 증거능력이 있다.**(대법원 2007.10.11. 2007도5577 금지금 폭탄업체 사건) 앞에서도 말했지만 증거능력과 증인적격을 혼동하면 안 된다.

▶ 25 변호사, 24 변호사,
24 경간부, 22 변호사,
22 경찰승진, 21 변호사,
21 경간부, 20 변호사,
19 변호사, 18 경찰채용,
17 변호사, 17 경간부,
15 국가7급

2. 공동피고인의 **자백**은 이에 대한 피고인의 반대신문권이 보장되어 있어 증인으로 신문한 경우와 다를 바 없으므로 **독립한 증거능력이 있고**, 이는 피고인들간에 이해관계가 상반된다고 하여도 마찬가지이다.(대법원 2006. 5.11. 2006도1944 납치강도 공범들 사건) ▸ 23 변호사, 23 경찰승진, 23 법원9급, 23 소방간부, 20 경찰승진, 19 국가9급, 18 소방간부, 17 법원9급, 17 국가7급

3. **공범인 공동피고인의 진술은 다른 공동피고인에 대한 범죄사실을 인정하는 증거로 할 수 있는 것일 뿐만 아니라 공범인 공동피고인들의 각 진술은 상호간에 서로 보강증거가 될 수 있다.**(대법원 1990.10.30. 90도1939 강도피고인들 자백 사건) ▸ 25 경찰채용, 25 국가9급, 24 변호사, 24 경찰승진, 24 소방간부, 23 소방간부, 22 경간부, 21 법원9급, 21 소방간부, 20 경찰승진, 19 경찰채용, 19 소방간부, 18 경찰승진, 17 경찰승진, 17 국가9급, 17 소방간부, 16 국가9급, 16 경찰승진, 16 경찰채용, 15 경찰채용, 15 법원9급

07 자백에 대한 보강증거의 정도

1. **자백에 대한 보강증거는 범죄사실의 전부 또는 중요 부분을 인정할 수 있는 정도가 되지 않더라도 피고인의 자백이 가공적인 것이 아닌 진실한 것임을 인정할 수 있는 정도만 되면 충분**하다. 또한 직접증거가 아닌 간접증거나 정황증거도 보강증거가 될 수 있고, 자백과 보강증거가 서로 어울려서 전체로서 범죄사실을 인정할 수 있으면 유죄의 증거로 충분하다.(대법원 2018. 3.15. 2017도20247 러미라 사건) 이런 판례의 입장을 진실성담보설이라고 하는데, 이에 의할 때 보강증거가 될 수 있는 경우가 대부분이다. [12] 판례 참고 ▸ 25 경간부, 25 경찰채용, 25 국가9급, 24 경찰승진, 24 경찰채용, 24 소방간부, 23 경찰채용, 23 법원9급, 22 경찰승진, 22 경간부, 22 소방간부, 21 법원9급, 20 경간부, 20 경찰채용, 19 변호사, 19 경찰승진, 19 경찰채용, 19 소방간부, 18 경찰승진, 18 경찰채용, 18 국가7급, 17 경찰승진, 17 국가7급, 17 소방간부, 16 국가7급, 16 국가9급, 16 경찰승진, 15 경찰채용, 15 법원9급

2. 사람의 기억에는 한계가 있는 만큼 자백과 보강증거 사이에 어느 정도의 차이가 있어도 중요부분이 일치하고 그로써 진실성이 담보되면 보강증거로서의 자격이 있다.(대법원 2008. 5.29. 2008도2343 이웃집 잡범 사건) [12] 1. 판례 참고 ▸ 23 법원9급, 17 소방간부

08 범의나 전과를 피고인의 자백만으로 인정할 수 있는지의 여부(적극)

1. **범의는 자백만으로 인정할 수 있다.**(대법원 1961. 8.16. 61도171 범의 자백 사건) ▸ 17 법원9급

2. **누범에 있어 전과에 관한 사실은 엄격한 의미에서의 범죄사실과는 구별되는 것으로서 피고인의 자백만으로서도 이를 인정할 수 있다.**(대법원 1979. 8.21. 79도1528 누범전과 자백 사건) ▸ 20 경찰승진, 18 변호사, 15 경간부

09 포괄일죄 및 실체적 경합범의 경우 각 행위에 대하여 보강증거를 요하는지의 여부(적극)

1. **실체적 경합범은 실질적으로 수죄이므로 각 범죄사실에 관하여 자백에 대한 보강증거가 있어야 한다.**(대법원 2008. 2.14. 2007도10937 대구 신천동 필로폰 투약사건) [11] 1. 판례 참고 ▸ 22 소방간부, 20 국가7급, 18 변호사, 16 경찰승진

2. 피고인의 습벽을 범죄구성요건으로 하며 포괄일죄인 상습범에 있어서도 이를 구성하는 각 행위에 관하여 개별적으로 보강증거를 요구하고 있는 점에 비추어 보면 실체적 경합범인 사건(수회의 메스암페타민 투약행위)의 각 범죄행위를 인정함에 있어서 투약습성에 관한 정 ▸ 24 소방간부, 23 경찰채용, 23 법원9급, 22 경찰승진, 20 경간부, 19 국가7급, 18 변호사, 15 경간부

황증거만으로는 범죄의 객관적 구성요건인 각 투약행위가 있었다는 점에 관한 보강증거로 삼을 수 없다.(대법원 1996. 2.13. 95도1794 투약과 소변채취 일자 사건) [11] 2. 판례 참고

10 자백보강법칙 위반의 효과

피고인의 자백이 그 피고인에게 불이익한 유일의 증거인 때에는 이를 유죄의 증거로 하지 못하는 것이므로 보강증거가 없이 피고인의 자백만을 근거로 공소사실을 유죄로 판단한 경우에는 그 자체로 판결 결과에 영향을 미친 위법이 있는 것으로 보아야 한다.(대법원 2007.11.29. 2007도7835 보강증거 적시× 판결 사건)

> 15 경찰채용

선생님의 TIP

보강증거가 될 수 없다고 판시한 판례는 아래 [11] 4개뿐이고 나머지는 판례가 모두 보강증거가 될 수 있다고 판시하였다. [12] 여기에는 대표적인 판례들 몇 개만 수록한 것이다. 아래 4개 판례만 암기하면 자백보강법칙은 끝이다.

11 보강증거가 될 수 없는 경우

1. "필로폰 약 0.03g을 투약하였다"라는 자백에 대한 '피고인 甲이 乙로부터 필로폰을 매수하면서 그 대금을 甲이 지정하는 은행계좌로 송금한 사실'에 대한 압수·수색검증영장 집행보고 및 필로폰 시가보고 [마약류관리법위반] (대법원 2008. 2.14. 2007도10937 대구 신천동 필로폰 투약사건) '투약'과 '매수'는 별개의 범죄이다.

    > 24 국가7급, 24 법원9급, 24 소방간부, 20 경간부, 19 경찰승진, 19 법원9급, 18 소방간부, 16 국가9급

2. "1994. 6. 중순, 7. 중순, 10. 중순, 11.20.에 각 메스암페타민 0.03g을 투약하였다"는 자백에 대한 '피고인이 검거된 1995. 1.18.에 채취한 소변에서 메스암페타민 양성반응이 나왔다'는 내용의 감정회보의뢰서와 '피고인으로부터 검거 당시 압수된 메스암페타민 7.94g'의 현존 [마약류관리법위반] (대법원 1996. 2.13. 95도1794 투약과 소변채취 일자 사건) 자백한 투약 일자와 소변에서 양성반응이 나온 일자가 너무 떨어져 있다. [12] 12. 판례와 비교

3. "현대자동차 점거로 乙이 처벌받은 것은 학교측의 제보 때문이라 하여 그 보복으로 학교총장실을 침입·점거했다"는 자백에 대한 '피고인 甲과 乙이 현대자동차 춘천영업소를 점거했다가 乙이 처벌받았다는 취지의 증거 [주거침입죄] (대법원 1990.12. 7. 90도2010 현대자동차 사건) 애매한 동기에 불과하다.

    > 22 국가9급

4. "봉고화물차 1대를 절취한 후 甲과 합동하여 충주시 불상길가에 지나는 성명불상인이 들고 가는 손가방 1개를 낚아채어 절취하였다"는 자백에 대한 '(봉고화물차 소유자) 乙은 1985. 4.30. 22:00경 성남시 태평동 자기집 앞에 세워 둔 봉고화물차 1대를 도난당하였다'는 내용의 사법경찰관사무취급 작성 乙에 대한 진술조서 [(충주시에서의 손가방에 대한) 절도죄] (대법원 1986. 2.25. 85도2656 충주시 성남시 사건) '충주시에서의 손가방 절취'와 '성남시에서의 화물차 절취'는 별개의 범죄이다.

12 보강증거가 될 수 있는 경우

1. "내가 거주하던 다세대주택의 여러 세대에서 7건의 절도행위를 하였다"는 자백에 대한 '각 절취품의 압수조서 및 압수물 사진'의 존재. 다만, 이 중 4건은 범행장소인 구체적 호수가 특정되지 않았지만 위 4건에 관한 피고인의 진술이 매우 사실적·구체적·합리적이고 그 진술의 신빙성을 의심할 만한 사유도 없었음 [절도죄] (대법원 2008. 5.29. 2008도2343 이웃집 잡범 사건) ▶ 22 변호사, 19 법원9급, 17 경찰승진, 17 경찰채용

2. "노루발못뽑이로 컨테이너 박스 출입문의 시정장치를 부수고 들어가 재물을 절취하려고 하였고, 甲은 망을 보았다"는 자백에 대한 '노루발못뽑이로 컨테이너 박스 출입문의 시정장치를 부수는 피고인을 현행범으로 체포하였다'는 피해자의 진술과 범행에 사용된 '노루발못뽑이와 손괴된 쇠창살 사진'이 첨부된 수사보고서 [특수절도미수죄] (대법원 2011. 9.29. 2011도8015 노루발 못뽑이 사건) ▶ 23 경간부, 22 국가9급, 20 경간부, 19 경찰승진, 17 경찰채용, 16 변호사, 16 국가7급

3. "위조신분증을 제시행사하였다"는 자백에 대한 '제시행사한 신분증'의 현존 [위조공문서행사죄] (대법원 1983. 2.22. 82도3107 위조신분증 현존 사건) ▶ 20 경찰채용, 18 국가9급, 18 소방간부, 15 경찰승진

4. "甲에게 잔여 공사를 하도급받아 시공할 수 있도록 편의를 제공한 데에 대한 사례금 명목으로 300만원을 교부하였다"는 자백에 대한 '甲은 피고인으로 하여금 잔여 공사를 하도급받도록 알선하고 그 하도급계약을 승인받을 수 있도록 하였으며 또한 그 공사대금도 피고인측에게 직접 지불하는 등 각종의 편의를 보아주었다'는 사실 [증뢰죄] (대법원 1998.12.22. 98도2890 국립식물검역소 사무과장 수뢰사건) ▶ 17 경찰채용

5. "甲에게 1988.10. 중순 200만원을 슬롯머신 영업허가를 해 달라는 취지로 교부하고, 1990. 3. 100만원, 같은 해 11. 현금 200만원을 슬롯머신 업소들의 위법행위시 잘 보살펴 달라는 취지로 각 교부하였다"는 자백에 대한 '뇌물을 주고 받은 각 일시경에 피고인을 만났던 사실 및 슬롯머신 영업허가에 관한 청탁을 받기도 한 사실'을 시인한 甲의 진술 [증뢰죄] (대법원 1995. 6.30. 94도993 천기호 치안감 수뢰사건) ▶ 24 법원9급, 20 경찰승진, 16 경찰채용

6. "2018. 3.26. 08:14경 지하철 ○호선 △△역 에스컬레이터에서 휴대전화기의 카메라를 이용하여 성명불상의 여성 피해자의 치마 속을 몰래 촬영하였다"라는 자백에 대한 "2018. 3.26. 08:15경 지하철 ○호선 △△역 승강장 및 ▫게이트 앞에서 경찰관이 비노출 잠복근무 중 검정재킷, 검정바지, 흰색 운동화를 착용한 20대 가량 남성이 짧은 치마를 입고 에스컬레이터를 올라가는 여성을 쫓아가 뒤에 밀착하여 치마 속으로 휴대폰을 집어넣는 등 해당 여성의 신체를 몰래 촬영하는 행동을 하였다"라는 내용의 압수조서의 '압수경위'란 진술 [성폭력처벌법위반] (대법원 2019.11.14. 2019도13290 지하철 몰카 사건Ⅰ) ▶ 24 경찰채용, 22 국가9급

7. "2010. 2.18. 02:00경 필로폰 약 0.03g을 커피에 타 마신 후 스타렉스 차량을 1km 가량 운전하였다"라는 자백에 대한 '2010. 2.18. 01:35경 스타렉스 차량을 타고 온 피고인으로부터 필로폰 0.06g을 건네받은 후 피고인이 차량을 운전해 갔다'는 甲의 진술과 '2010. 2.20. 피고인으로부터 채취한 소변에서 필로폰 양성 반응이 나왔다'는 감정의뢰회보 [도로교통법위반] (대법원 2010.12.23. 2010도11272 약물운전 자백 사건) ▶ 24 경찰승진, 19 법원9급, 18 변호사, 17 경찰채용

8. "면허없이 내 차량을 운전하였다"는 자백에 대한 '차량이 피고인의 소유로 등록되어 있다'는 내용의 자동차등록증 [도로교통법위반] (대법원 2000. 9. 26. 2000도2365 무면허운전 자백 사건) ▶ 24 경찰승진, 24 경찰채용, 24 소방간부, 22 국가9급, 19 국가7급, 19 법원9급, 19 소방간부, 16 경찰채용

9. "1988. 6. 29. 16:00경 일본 나리따(成田) 공항에서 甲을 만났고 그로부터 성명이 '청수장'으로 된 그의 명함 1장을 받았다"는 자백에 대한 '압수된 그 명함 1장'의 현존 [국가보안법위반] (대법원 1990. 6. 22. 90도741 청수장 명함 사건) ▶ 18 변호사

▶

10. "2006. 3. 초순 대마 1주를 집으로 가지고 와서 잎을 따고 약 0.5g을 놋쇠 담배파이프에 넣고 흡연하였다. 피워보니 질이 안 좋은 것 같았고, 남은 대마는 보관하고 있었다"는 자백에 대한 '2006. 4. 6.경 피고인의 주거지에서 압수된 대마 잎 약 14.32g 및 놋쇠 담배파이프'의 현존 [마약류관리법위반] (대법원 2007. 9. 20. 2007도5845 부산 구포동 대마흡연사건) ▶ 24 법원9급, 22 변호사

11. "2000. 10. 13. 22:00경 메스암페타민 약 0.03g을 투약하고, 10. 17. 23:00경 메스암페타민 약 0.03g을 투약하였다"는 자백에 대한 '2000. 10. 19. 21:50경 피고인으로부터 채취한 소변을 검사한 결과 메스암페타민 성분이 검출되었다'는 취지의 대구광역시 보건환경연구원장 작성의 시험성적서 [마약류관리법위반] (대법원 2002. 1. 8. 2001도1897 필로폰 커피 2잔 사건) ▶ 22 변호사

12. "1995. 1. 17. 메스암페타민 0.03g을 각 투약하고, 1995. 1. 18. 메스암페타민 9.04g을 매수하였다"는 자백에 대한 '피고인이 검거된 1995. 1. 18.에 채취한 피고인의 소변에서 메스암페타민 양성반응이 나왔다'는 내용의 감정회보의뢰서와 '피고인으로부터 검거 당시 압수된 메스암페타민 7.94g'의 현존 [마약류관리법위반] (대법원 1996. 2. 13. 95도1794 투약과 소변채취 일자 사건)

제 6 절 | 공판조서의 증명력

형사소송법(2025. 3.18. 법률 제20796호로 일부개정된 것)

제56조【공판조서의 증명력】공판기일의 소송절차로서 공판조서에 기재된 것은 그 조서만으로써 증명한다.

선생님의 TIP

1. 공판조서에 절대적 증명력을 인정하는 취지는 상소심에서 원심의 공판절차 진행의 적법여부를 둘러싼 분쟁 때문에 상소심의 심리가 지연되는 것을 방지하는데 그 목적이 있다. 즉 상소심에서 원심 공판절차의 적법여부에 대한 다툼이 있는 경우 원심 법관이나 법원사무관 등을 증인으로 소환하여 신문하는 것은 불합리하기 때문에 이를 미리 예방하고자 함에 있다.
2. '공판기일의 소송절차'란 아래 조서에서 밑줄 친 부분을 말한다. 증인신문조서도 공판조서의 일부이다.

서식 및 사례 | 공판조서와 증인신문조서

```
                공판조서
제2회
사건 20X5고합123 강간
재판장 판사 노정원      기일 : 20X5. 6.21. 14:00
판사 이병헌            장소 : 1호법정
판사 유해진            공개여부 : 공개
법원사무관 김혜수      다음기일 : 20X5. 6.29.
                                  10:00

피고인 남궁한 출석     검사 차지희 출석
변호인 변호사 임상익 출석   증인 남궁투 출석
─────────────────────────────
재판장
  전회 공판심리에 관한 주요사항의 요지를 공판조서
  에 의하여 고지
별지 조서와 같이 증인신문
재판장
  증거조사결과에 대한 의견을 묻고 권리를 보호함에
  필요한 증거조사를 신청할 수 있음을 고지

              (중략)
              20X5. 6.21.
            법원사무관 김혜수⑪
            재판장 판사 노정원⑪
```

```
              증인신문조서

사건 20X5고합123 강간
증인 이  름  윤요크
     생년월일  20X1. 3. 22.
     주    소  경기도 고양시 덕양구 북한동 산2
─────────────────────────────
재판장
  증인에게 선서의 취지를 명시하고 위증의 벌을 경고
  한 다음 별지 선서서에 의하여 선서를 하게 하였다.
  다음에 신문할 증인은 법정 안에 있지 아니하였다.

증인에 대한 신문내용은 법정녹음시스템의 녹음파일(고
유번호 : 1Y3)과 같다




              20X5. 6.29.
            법원사무관 김혜수⑪
            재판장 판사 노정원⑪
```

01 공판조서의 증명력(=명백한 오기인 경우를 제외하고는 절대적 증명력을 가짐)

1. 공판조서의 기재가 명백한 오기인 경우를 제외하고는 공판기일의 소송절차로서 공판조서에 기재된 것은 조서만으로써 증명하여야 하고, 그 증명력은 공판조서 이외의 자료에 의한 반증이 허용되지 않는 절대적인 것이다.(대법원 2018. 4.26. 2017도19019 사채 동원 경영권 인수사건) [3] 판례 참고

    > 25 경찰승진, 24 국가9급, 23 국가7급, 23 법원9급, 21 경간부, 19 변호사, 19 소방간부, 18 경찰승진, 18 법원9급, 17 변호사

2. 검사 제출의 증거에 관하여 동의 또는 진정성립 여부 등에 관한 피고인의 의견이 증거목록에 기재된 경우에는 그 증거목록의 기재는 공판조서의 일부로서 명백한 오기가 아닌 이상 절대적인 증명력을 가지게 된다.(대법원 2015. 8.27. 2015도3467 구미 KEC사건)

    > 21 경간부, 20 국가7급, 19 변호사, 18 경찰승진, 18 법원9급

02 공판조서의 기재가 명백한 오기인 경우 공판조서의 증명력(=올바른 내용대로 증명력을 가짐)

공판조서의 기재가 명백한 오기인 경우에는 공판조서는 그 올바른 내용에 따라 증명력을 가진다.(대법원 1995.12.22. 95도1289 불출석을 출석으로 사건)

> 24 국가9급, 19 법원9급, 19 소방간부

03 공판기일의 소송절차의 증명방법(=원칙적으로 공판조서만으로써 증명)

1. 원심 제4회 공판기일에 피고인과 변호인에게 변경된 공소장에 대한 진술의 기회와 증거제출의 기회가 부여되었고, 피고인의 변호인의 최종변론과 피고인의 최후진술이 있은 후 변론이 종결된 것으로 공판조서에 기재되어 있음을 알 수 있고 그 기재가 명백한 오기라고 볼 만한 자료가 없으므로 공판조서의 기재 내용을 다투는 상고이유는 받아들이지 않는다.(대법원 2017. 6. 8. 2017도5122 진술·증거제출 기회 부여사건) 관련 판례가 아주 많은데 대표적으로 몇 개만 소개한다.

2. 증거동의는 소송주체인 검사와 피고인이 하는 것이고, 변호인은 피고인을 대리하여 증거동의에 관한 의견을 낼 수 있을 뿐이므로 피고인이 변호인과 함께 출석한 공판기일의 공판조서에 검사가 제출한 증거에 대하여 동의한다는 기재가 되어 있다면 이는 피고인이 증거동의를 한 것으로 보아야 하고, 그 기재는 절대적인 증명력을 가진다.(대법원 2016. 3.10. 2015도19139 증거동의 기재 공판조서 사건)

    > 25 소방간부, 24 경찰채용, 23 경간부, 20 경간부, 20 국가7급, 19 경찰채용, 17 국가7급, 16 국가7급

3. 피고인에게 증거조사결과에 대한 의견을 묻고 증거조사를 신청할 수 있음을 고지하였을 뿐만 아니라 최종의견진술의 기회를 주었는지 여부와 같은 소송절차에 관한 사실은 공판조서에 기재된 대로 공판절차가 진행된 것으로 증명되고 다른 자료에 의한 반증은 허용되지 않는다.(대법원 1990. 2.27. 89도2304 적법한 항소심 절차 사건)

    > 23 법원9급

4. 공판조서에 재판장이 판결서에 의하여 판결을 선고하였음이 기재되어 있다면 동 판결선고 절차는 적법하게 이루어졌음이 증명되었다고 할 것이며 여기에는 다른 자료에 의한 반증을 허용하지 못하는 바이니 검찰서기의 판결서 없이 판결선고되었다는 내용의 보고서로써 공판조서의 기재내용이 허위라고 판정할 수 없다.(대법원 1983.10.25. 82도571 판결서에 의한 판결선고 사건)

    > 20 국가7급, 19 법원9급

04 어떤 소송절차가 진행된 내용이 공판조서에 기재되지 않은 경우 그 부존재가 추정되는지의 여부(소극)

공판기일의 소송절차로서 판결 기타의 재판을 선고 또는 고지한 사실은 공판조서에 기재되어야 하는데, 공판조서의 기재가 명백한 오기인 경우를 제외하고는 공판기일의 소송절차로서 공판조서에 기재된 것은 조서만으로써 증명하여야 하고 그 증명력은 공판조서 이외의 자료에 의한 반증이 허용되지 않는 절대적인 것이다. 반면에 어떤 소송절차가 진행된 내용이 공판조서에 기재되지 않았다고 하여 당연히 그 소송절차가 당해 공판기일에 행하여지지 않은 것으로 추정되는 것은 아니고 공판조서에 기재되지 않은 소송절차의 존재가 공판조서에 기재된 다른 내용이나 공판조서 이외의 자료로 증명될 수 있고, 이는 소송법적 사실이므로 자유로운 증명의 대상이 된다.(대법원 2023. 6.15. 2023도3038 병원장 기여금·보험료 횡령사건)

> 25 변호사, 25 경찰채용, 24 경찰채용, 24 국가9급

CHAPTER 03 | 재판

제1절 | 재판의 기초

형사소송법(2025. 3.18. 법률 제20796호로 일부개정된 것)

제37조【판결, 결정, 명령】① 판결은 법률에 다른 규정이 없으면 구두변론을 거쳐서 하여야 한다.
② 결정이나 명령은 구두변론을 거치지 아니할 수 있다.
제38조【재판서의 방식】재판은 법관이 작성한 재판서에 의하여야 한다. 단, 결정 또는 명령을 고지하는 경우에는 재판서를 작성하지 아니하고 조서에만 기재하여 할 수 있다.
제39조【재판의 이유】재판에는 이유를 명시하여야 한다. 단, 상소를 불허하는 결정 또는 명령은 예외로 한다.
제40조【재판서의 기재요건】① 재판서에는 법률에 다른 규정이 없으면 재판을 받는 자의 성명, 연령, 직업과 주거를 기재하여야 한다.
② 재판을 받는 자가 법인인 때에는 그 명칭과 사무소를 기재하여야 한다.
③ 판결서에는 기소한 검사와 공판에 관여한 검사의 관직, 성명과 변호인의 성명을 기재하여야 한다.
제41조【재판서의 서명 등】① 재판서에는 재판한 법관이 <u>서명·날인[1]하여야 한다</u>.
② 재판장이 서명·날인할 수 없는 때에는 다른 법관이 그 사유를 부기하고 서명·날인하여야 하며 다른 법관이 서명·날인할 수 없는 때에는 재판장이 그 사유를 부기하고 서명·날인하여야 한다.
③ 판결서 기타 대법원규칙이 정하는 재판서를 제외한 재판서에 대하여는 제1항 및 제2항의 <u>서명·날인에 갈음하여 기명·날인[2]할 수 있다</u>.
제42조【재판의 선고, 고지의 방식】재판의 선고 또는 고지는 공판정에서는 재판서에 의하여야 하고 기타의 경우에는 재판서등본의 송달 또는 다른 적당한 방법으로 하여야 한다. 단, 법률에 다른 규정이 있는 때에는 예외로 한다.
제43조【동전】재판의 선고 또는 고지는 재판장이 한다. 판결을 선고함에는 주문을 낭독하고 이유의 요지를 설명하여야 한다.

제318조의4【판결선고기일】① 판결의 선고는 변론을 종결한 기일에 하여야 한다. 다만, 특별한 사정이 있는 때에는 따로 선고기일을 지정할 수 있다.
② 변론을 종결한 기일에 판결을 선고하는 경우에는 판결의 선고 후에 판결서를 작성할 수 있다.
③ 제1항 단서의 선고기일은 변론종결 후 14일 이내로 지정되어야 한다.

형사소송규칙(2025. 2.28. 대법원규칙 제3202호로 일부개정된 것)

제25조의2【기명·날인할 수 없는 재판서】법 제41조 제3항에 따라 <u>서명·날인에 갈음하여 기명·날인할 수 없는</u> 재판서는 판결과 각종 영장(감정유치장 및 감정처분허가장을 포함한다)을 말한다.

---

[1] 앞에서도 말했지만 서명은 우리가 흔히 알고 있는 (싸인) 이런 식의 싸인(sign)이 아니라 이름을 제대로 알아볼 수 있도록 자필로 이름을 쓰는 것을 말한다.
[2] 역시 앞에서도 말했지만 기명은 (서명의 해석과의 관계상) 이름이 자필이 아닌 워드 등으로 된 것을 말한다.

> **선생님의 TIP**
> 이 부분에게 가끔 시험에 출제된다. 시험에 잘 나오지 않더라도 '시험에 잘 나오는 판례'를 이해하기 위하여 기본적으로 알고 있어야 하는 내용이다.

핵심정리 판결 vs 결정 vs 명령

구 분	판 결	결 정	명 령
주 체	법원	법원	법관 (재판장·수명법관·수탁판사)
재판의 시기	종국재판(원칙)	종국전 재판(원칙)	종국전 재판
구두변론 요부	要(원칙)	不要	不要
재판의 방식	선고 (공판정에서 구술의 방식)	고지 (적당한 방식)	고지 (적당한 방식)
재판서 요부	재판서 要	재판서 不要, 조서에만 기재하여 할 수 있음	재판서 不要, 조서에만 기재하여 할 수 있음
이유명시 요부	要	① 要(상소가 허용되는 결정) ② 不要(상소가 허용되지 않는 결정)	不要
상소의 형식	항소, 상고	항고	× (이의신청, 준항고는 상소가 아님)

서식 및 사례 판결서와 결정서

```
        의정부지방법원 고양지원
              판 결

사    건  20X5고단760 절도
피고인  남궁한 <이하 생략>
검    사  홍영지
판결선고  20X5. 6.23.

            주 문
피고인을 징역 1년에 처한다.

            이 유

범죄사실
증거의 요지      (생략)
법령의 적용      (생략)
                (생략)

              판사 노정원㊞
```

```
        의정부지방법원 고양지원
              결 정

사    건  20X5고단760 절도
피고인  남궁한 <이하 생략>
청구인  피고인
결정고지  20X5. 6.25.

            주 문
피고인의 구속을 취소한다.

            이 유

피고인에 대한 구속이 위법한바 급속을 요하므로
형사소송법 제93조에 따라 주문과 같이 결정한다.

          판사 노정원㊞ 또는 노정원㊞
```

01 재판서 관련 판례

1. 형사소송법 제38조에 따르면 재판은 법관이 작성한 재판서에 의하여야 하고, 제41조에 따르면 재판서에는 재판한 법관이 서명·날인하여야 하며, 재판장이 서명·날인할 수 없는 때에는 다른 법관이 그 사유를 부기하고 서명·날인하여야 한다. 이러한 **법관의 서명·날인이 없는 재판서에 의한 판결은 형사소송법 제383조 제1호가 정한 판결에 영향을 미친 법률의 위반이 있는 때에 해당하여 파기되어야 한다.**(대법원 2022. 7. 14. 2022도5129 공인중개사법위반 벌금형 분리선고 사건) ▶ 21 법원9급

2. 재판관의 서명·날인이 없는 재판서에 의한 판결은 군사법원법 제442조 제1호가 정한 판결에 영향을 미친 법률의 위반이 있는 때에 해당하여 파기되어야 한다. 이는 서명한 재판관의 인영이 아닌 다른 재판관의 인영이 날인되어 있는 경우에도 마찬가지이다.(대법원 2021. 4. 29. 2021도2650 군판사 엉뚱한 날인사건)

02 판결과 판결서의 관계

판결의 선고내용과 판결서의 내용이 다르면 선고된 내용에 따라 판결의 효력이 발생하고, 판결서는 판결의 내용을 확인하는 문서일 뿐 판결서가 판결 그 자체인 것은 아니다.(대법원 2019. 3. 21. 2015모2229 숲속 역순반란 희생자 재심사건) "판결서가 작성되지 않았거나 작성된 다음 멸실되었다고 하더라도 재심의 대상이 될 수 있다."라는 취지의 판례이다.

03 판결 주문의 표시방법

1. 상상적 경합범의 관계에 있는 공소사실의 일부에 대하여 무죄를 선고하여야 할 것으로 판단되는 경우에 이를 판결 주문에 따로 표시할 필요가 없으나 그것을 판결 주문에 표시하였다 하더라도 판결에 영향을 미친 위법사유가 되는 것은 아니다.(대법원 1999. 12. 24. 99도3003 무등록 비디오물 판매사건) 피고인에게 어떤 불이익도 주지 않는다. 아래 2. 3. 판례도 마찬가지이다.

2. 포괄일죄의 관계에 있는 공소사실에 대하여는 그 일부가 무죄로 판단되는 경우에도 이를 판결 주문에 따로 표시할 필요가 없으나 이를 판결 주문에 표시하였다 하더라도 판결에 영향을 미친 위법사유가 되는 것은 아니다.(대법원 1993. 10. 12. 93도1512 군용미 횡령 사건) ▶ 21 경찰채용, 17 변호사

3. 포괄일죄의 일부에 대하여는 유죄의 증거가 없고 나머지 부분에 대하여 공소시효가 완성된 경우에는 피고인에게 유리한 무죄를 주문에 표시하고 면소부분은 판결이유에서만 설명하면 족하다.(대법원 1977. 7. 12. 77도1320 면소 대신 무죄를 사건) ▶ 21 경찰채용, 17 국가9급

04 판결선고기일로 지정되지 않았던 일자에 판결을 선고한 것이 판결에 영향을 미친 잘못에 해당하는지의 여부

판결의 선고는 변론을 종결한 기일에 하여야 하나, 특별한 사정이 있는 때에는 따로 선고기일을 지정할 수 있다(제318조의4 제1항). 재판장은 공판기일을 정하거나 변경할 수 있는데(제267조, 제270조), 공판기일에는 피고인을 소환하여야 하고, 검사, 변호인에게

공판기일을 통지하여야 한다(제267조 제2항, 제3항). 다만 이와 같은 규정이 준수되지 않은 채로 공판기일의 진행이 이루어진 경우에도 그로 인하여 피고인의 방어권, 변호인의 변호권이 본질적으로 침해되지 않았다고 볼 만한 특별한 사정이 있다면 판결에 영향을 미친 법령 위반이라고 할 수 없다.(대법원 2023. 7. 13. 2023도4371 대출금리를 낮춰 주겠다 사건)

05 판결선고의 종료시점과 변경 선고가 가능한 한계

판결 선고는 전체적으로 하나의 절차로서 재판장이 판결의 주문을 낭독하고 이유의 요지를 설명한 다음 피고인에게 상소기간 등을 고지하고, 필요한 경우 훈계, 보호관찰 등 관련 서면의 교부까지 마치는 등 선고절차를 마쳤을 때에 비로소 종료된다. 재판장이 주문을 낭독한 이후라도 선고가 종료되기 전까지는 일단 낭독한 주문의 내용을 정정하여 다시 선고할 수 있다. 그러나 판결 선고절차가 종료되기 전이라도 변경 선고가 무제한 허용된다고 할 수는 없다. 재판장이 일단 주문을 낭독하여 선고 내용이 외부적으로 표시된 이상 재판서에 기재된 주문과 이유를 잘못 낭독하거나 설명하는 등 실수가 있거나 판결 내용에 잘못이 있음이 발견된 경우와 같이 특별한 사정이 있는 경우에 변경 선고가 허용된다.(대법원 2022. 5. 13. 2017도3884 재판이 개판이야 사건) [6] 판례 참고

06 판결의 변경 선고가 위법한 경우

제1심 재판장은 '피고인을 징역 1년에 처한다'는 주문을 낭독하여 선고 내용을 외부적으로 표시하였다. 제1심 재판장은 징역 1년이 피고인의 죄책에 부합하는 적정한 형이라고 판단하여 징역 1년을 선고하였다고 볼 수 있고, 피고인이 난동을 부린 것은 그 이후의 사정이다. 제1심 재판장은 선고절차 중 피고인의 행동을 양형에 반영해야 한다는 이유로 이미 주문으로 낭독한 형의 3배에 해당하는 징역 3년으로 선고형을 변경하였다. 위 선고기일에는 피고인의 변호인이 출석하지 않았고, 피고인은 자신의 행동이 위와 같이 양형에 불리하게 반영되는 과정에서 어떠한 방어권도 행사하지 못하였다. 그런데도 원심은 제1심 선고절차에 아무런 위법이 없다고 판단하였다. 원심판결에는 판결 선고절차와 변경 선고의 한계에 관한 법리를 오해하여 판결에 영향을 미친 잘못이 있다.(대법원 2022. 5. 13. 2017도3884 재판이 개판이야 사건) 제1심 재판장이 "피고인을 징역 1년에 처한다"는 주문을 낭독한 뒤 상소기간 등에 관한 고지를 하던 중 피고인이 "재판이 개판이야, 재판이 뭐이 따위야" 등의 말과 욕설을 하면서 난동을 부리기 시작하였고, 당시 그곳에 있던 교도관이 피고인을 제압하여 구치감으로 끌고 갔다. 재판장은 피고인에게 원래 선고를 듣던 자리로 돌아올 것을 명하였고, 결국 법정경위가 구치감으로 따라 들어가 피고인을 다시 법정으로 데리고 나왔다. 이후 재판장은 "선고가 아직 끝난 것이 아니고 선고가 최종적으로 마무리되기까지 법정에서 나타난 사정 등을 종합하여 선고형을 정정한다"는 취지로 말하고 피고인에게 '징역 3년'을 선고하였다.

> 형사소송법(2025. 3.18. 법률 제20796호로 일부개정된 것)
>
> 제400조【판결정정의 신청】① 상고법원은 그 판결의 내용에 오류가 있음을 발견한 때에는 직권 또는 검사, 상고인이나 변호인의 신청에 의하여 판결로써 정정할 수 있다. 〈대법원판결 정정〉
>
> 형사소송규칙(2025. 2.28. 대법원규칙 제3202호로 일부개정된 것)
>
> 제25조【재판서의 경정】① 재판서에 잘못된 계산이나 기재, 그 밖에 이와 비슷한 잘못이 있음이 분명한 때에는 법원은 직권으로 또는 당사자의 신청에 따라 경정결정을 할 수 있다. 〈재판서경정〉

07 이미 선고된 판결의 내용을 실질적으로 변경하는 재판서 경정이 허용되는지의 여부(소극)

법원은 재판서에 잘못된 계산이나 기재, 그 밖에 이와 비슷한 잘못이 있음이 분명한 때에는 경정결정을 통하여 위와 같은 재판서의 잘못을 바로잡을 수 있다(형사소송규칙 제25조 제1항). 그러나 이미 선고된 판결의 내용을 실질적으로 변경하는 것은 위 규정에서 예정하고 있는 경정의 범위를 벗어나는 것으로서 허용되지 않는다. 그리고 경정결정은 이를 주문에 기재하여야 하고, 판결 이유에만 기재한 경우 경정결정이 이루어졌다고 할 수 없다.(대법원 2021. 4.29. 2021도26 3개 범죄만 누범 사건) [8] 판례 참고

▶ 24 국가9급, 23 국가9급

08 위법한 재판서경정에 해당하는 경우

제1심은 피고인의 6개의 범죄 전부를 누범에 해당하는 것으로 잘못 판단하였고, 항소심이 6개의 범죄 중 3개의 범죄만이 누범에 해당하는 것으로 판단하였음에도 **제1심판결의 이유 중 법령의 적용 부분을 정정하여 누범에 해당하는 범행의 범위를 변경하는 것으로 경정하는 것은** 이미 선고된 제1심판결의 내용을 실질적으로 변경하는 것으로서 **경정의 범위를 벗어날 뿐더러** 판결 이유에서 직권으로 경정결정을 하였다고 하더라도 주문에 이를 기재하지 아니한 이상 경정결정으로서 효력도 생기지 않는다.(대법원 2021. 4.29. 2021도26 3개 범죄만 누범 사건)

제 2 절 | 종국재판

> **선생님의 TIP**
>
> 1. 종국재판이란 당해 심급을 종결시키는 재판을 말한다. 유죄판결, 무죄판결, 면소판결, 관할위반판결, 공소기각판결 그리고 공소기각결정이 있다(상소심의 종국재판은 별도로 논한다). 유죄판결과 무죄판결을 실체재판(實體裁判)이라고 하고, 면소판결, 관할위반판결, 공소기각판결 그리고 공소기각결정을 형식재판(形式裁判)이라고 한다.
> 2. 아래 종국재판의 사유는 반드시 암기하기 바란다. 이것을 암기하지 않으면, 합격 뭐 그런 것은 없다.

핵심정리 종국재판의 사유

구 분	사 유
유죄판결 (제321조)	범죄의 증명이 있는 때
무죄판결 (제325조)	피고사건이 범죄로 되지 아니하거나 범죄사실의 증명이 없는 때
면소판결 (제326조)	1. **확**정판결이 있은 때 2. **사**면이 있은 때 3. 공소의 **시**효가 완성되었을 때 4. 범죄후의 법령개**폐**로 형이 폐지되었을 때 ★ 확사시폐
관할위반판결 (제319조)	피고사건이 법원의 관할에 속하지 아니한 때
공소기각판결 (제327조)	1. 피고인에 대하여 재**판권**이 없는 때 2. 공소제기의 절차가 법률의 규정에 위반하여 **무효**인 때 3. 공소가 제기된 사건에 대하여 **다시** 공소가 제기되었을 때 4. 제329조의 규정에 **위반**하여 공소가 제기되었을 때 5. 친고죄에 있어 **고소**의 취소가 있은 때 6. 반의사불벌죄에 있어 처벌을 희망하지 아니하는 의사표시가 있거나 **처벌**을 희망하는 의사표시가 철회되었을 때 ★ 판권위반 무효 다시 고처
공소기각결정 (제328조 제1항)	1. 공소가 **취**소되었을 때 2. 피고인이 **사**망하거나 피고인인 법인이 존속하지 아니하게 되었을 때 3. 제12조 또는 제13조의 규정에 의하여 재판할 수 없는 때(**관**할의 경합) 4. 공소장에 기재된 사실이 진실하다 하더라도 범죄가 될만한 **사실**이 포함되지 아니하는 때 ★ 취사관실

형사소송법(2025. 3.18. 법률 제20796호로 일부개정된 것)

제321조【형선고와 동시에 선고될 사항】 ① 피고사건에 대하여 범죄의 증명이 있는 때에는 형의 면제 또는 선고유예의 경우 외에는 판결로써 형을 선고하여야 한다.
② 형의 집행유예, 판결 전 구금의 산입일수[1], 노역장의 유치기간은 형의 선고와 동시에 판결로써 선고하여야 한다.

제322조【형면제 또는 형의 선고유예의 판결】 피고사건에 대하여 형의 면제 또는 선고유예를 하는 때에는 판결로써 선고하여야 한다[2].

제323조【유죄판결에 명시될 이유】 ① 형의 선고를 하는 때에는 판결이유에 범죄될 사실, 증거의 요지와 법령의 적용을 명시하여야 한다.
② 법률상 범죄의 성립을 조각하는 이유[3] 또는 형의 가중, 감면의 이유[4]되는 사실의 진술이 있은 때에는 이에 대한 판단을 명시하여야 한다.

▶

제186조【피고인의 소송비용부담】 ① 형의 선고를 하는 때에는 피고인에게 소송비용의 전부 또는 일부를 부담하게 하여야 한다[5]. 다만, 피고인의 경제적 사정으로 소송비용을 납부할 수 없는 때에는 그러하지 아니하다.
② 피고인에게 책임지울 사유로 발생된 비용은 형의 선고를 하지 아니하는 경우에도 피고인에게 부담하게 할 수 있다.

제187조【공범의 소송비용】 공범의 소송비용은 공범인에게 연대부담하게 할 수 있다.

선생님의 TIP

1. 2023년 접수된 사건에 대한 재판 중에서 대략 95% 이상이 유죄판결이다[6]. 범죄가 성립하고 증거가 충분하다고 보아 법률전문가인 검사가 기소한 것이므로 어쩌면 이런 비율은 당연한 것이다. 다만 시험과 관련하여 유죄판결이 부분이 그다지 많이 출제되지는 않는다.
2. 형의 양정의 순서는 아래와 같다. 반드시 그리고 절대로 이 순서를 암기하여야 한다. 이것을 모르면 그것은 실패한 공부이다. 두문자 〈법선처선〉으로 무조건 암기하여야 한다!!!

구분	내용
법정형	법전에 규정된 형(예 살인죄의 경우 형법에 규정된 '사형, 무기, 5년 이상의 징역')
선택형	법정형 중에서 하나를 선택한 형(예 법원이 살인죄의 법정형 중 '5년 이상의 징역' 선택)
처단형	선택형을 가중·감경한 형(예 법원이 '5년 이상의 징역'의 형을 가중 또는 감경)
선고형	처단형의 범위 내에서 법원이 선고한 형(예 법원이 "피고인을 징역 7년에 처한다"라는 형선고)

---

1 판결선고전의 구금일수는 그 전부를 유기징역, 유기금고, 벌금이나 과료에 관한 유치 또는 구류에 산입한다.(형법 제57조 제1항) 이와 같이 미결구금일수 전부가 법정통산(法定通算)되므로 '판결 전 구금의 산입일수' 부분은 삭제되어야 한다.
2 "판결로써 형을 선고하여야 한다."라는 의미가 아니라 "결정이 아닌 판결로써 선고하여야 한다."라는 의미이다.
3 위법성조각사유와 책임조각사유를 말하므로 구성요건해당성 배제사유는 이에 포함되지 않는다.
4 형의 필요적 가중·감면의 사유를 말하므로 임의적 가중·감면의 사유는 이에 포함되지 않는다.
5 소송비용은 '형벌'이 아니라는 점을 주의하여야 한다
6 『2024년 사법연감』 참고

의정부지방법원 고양지원

판 결

사　　건　20X5고합1234 강간치상
피고인　남궁한 <이하 생략>
검　　사　장차숙(기소), 임상익(공판)
변호인　변호사 이영민
판결선고　20X5. 6.24.

주 문

피고인을 징역 3년에 처한다.

이 유

【범죄사실】
(중략) 피고인은 20X5. 2.17. 01:30경 투더맥스 모텔 203호에 들어가자마자 옷을 벗고 용 문신을 보여주며 "내가 연산동 조폭들은 다 안다. 씹할 년아." 등의 말로 피해자를 협박하고 손으로 피해자의 목을 잡고 무릎으로 피해자의 배를 누르는 등 폭행하여 반항을 억압한 후 피해자의 옷을 벗기고 피해자의 성기에 피고인의 성기를 삽입하였으나, 발기가 제대로 되지 않아 성욕이 충족되지 않는다는 이유로 방실 내에 있던 음료수 캔과 화장품 병을 피해자의 성기에 강제로 밀어 넣고 휘저어 피해자의 회음부가 찢어지게 하는 등으로 피해자에게 약 2주간의 치료를 요하는 회음부열상 등의 상해를 입게 하였다.[7]

【증거의 요지】
1. 피고인의 이 법정에서의 진술
1. 경찰 작성의 피해자에 대한 각 진술조서의 각 진술기재
1. 의사 최상덕 작성의 피해자에 대한 상해진단서의 기재

【법령의 적용】
형법 제301조, 제297조(유기징역형 선택)

【피고인 및 변호인의 주장에 대한 판단】
피고인과 그의 변호인은 피고인이 이 사건 범행 당시 술에 만취하여 심신상실 또는 심신미약의 상태에 있었다고 주장하므로 살피건대, (중략) 이 사건 범행 당시 피고인이 술에 취하여 사물을 변별할 능력이나 의사를 결정할 능력이 없거나 미약한 상태에 이르렀다고는 보이지 않는다. 따라서 피고인 측의 위 주장은 받아들이지 아니한다.

재판장 판사 노정원
판사 윤소중
판사 김정훈

---

[7] 부산지방법원 동부지원 2011. 9.30. 2011고합147 판결 내용 일부를 각색한 것이다.

01 유죄판결을 선고하면서 판결이유에 명시하여야 할 내용을 누락한 경우 파기사유가 되는지의 여부(적극)

형사소송법 제323조 제1항에 따르면 유죄판결의 판결이유에는 범죄사실, 증거의 요지와 법령의 적용을 명시하여야 하는바, 유죄판결을 선고하면서 판결이유에 이 중 어느 하나를 전부 누락한 경우에는 형사소송법 제383조 제1호에 정한 판결에 영향을 미친 법률 위반으로서 파기사유가 된다.(대법원 2022. 4.14. 2021도10761 폐기물 환경오염 사건)

▶ 25 변호사, 24 변호사, 23 소방간부, 21 국가7급, 18 법원9급, 17 경찰승진, 16 경간부, 15 국가9급

02 유죄판결 이유 관련 판례(범죄될 사실)[8]

1. 정범의 성립은 교사범, 방조범의 구성요건의 일부를 형성하고 교사범, 방조범이 성립함에는 먼저 정범의 범죄행위가 인정되는 것이 그 전제요건이 되는 것은 공범의 종속성에 연유하는 당연한 귀결이며 따라서 교사범, 방조범의 사실 적시에 있어서도 정범의 범죄 구성요건이 되는 사실 전부를 적시하여야 하고, 이 기재가 없는 교사범, 방조범의 사실 적시는 죄가 되는 사실의 적시라고 할 수 없다.(대법원 2020. 5.28. 2016도2518 이유불비 사기방조판결 사건)

2. 포괄일죄에 있어서는 그 일죄의 일부를 구성하는 개개의 행위에 대하여 구체적으로 특정되지 아니하더라도 그 전체범행의 시기와 종기, 범행방법, 범행횟수 또는 피해액의 합계 및 피해자나 상대방을 명시하면 이로써 그 범죄사실은 특정되는 것이므로 포괄일죄인 상습사기의 공소사실에 있어서 그 범행의 모든 피해자들(12,239명)의 성명이 명시되지 않았다 하여 범죄사실이 특정되지 아니하였다고 볼 수 없다.(대법원 1990. 6.26. 90도833 종친회 사칭 족보판매사건)

▶ 24 소방간부, 21 법원9급

3. 공모공동정범에 있어서의 공모나 모의는 '범죄될 사실'에 해당하므로 법원이 공모나 모의 사실을 인정하는 이상 당해 공모나 모의가 이루어진 일시, 장소 또는 실행방법, 각자 행위의 분담, 역할 등을 구체적으로 상세하게 판시할 것까지는 없더라도 적어도 공모나 모의가 성립되었다는 정도는 판결이유에서 밝혀야 한다.(대법원 1989. 6.27. 88도2381 피고인들은 공동하여 사건)

▶ 24 경찰승진, 20 경간부, 18 경찰채용

03 유죄판결 이유 관련 판례(증거의 요지)

1. 판결에 범죄사실에 대한 증거를 설시함에 있어 어느 증거의 어느 부분에 의하여 어느 범죄사실을 인정한다고 구체적으로 설시하지 아니하였다 하더라도 그 적시한 증거들에 의하여 판시 범죄사실을 인정할 수 있으면 이를 위법한 증거설시라고 할 수 없다.(대법원 2001. 7.27. 2000도4298 보안검색 직전 사건) '증거의 요지'이지 '증거의 전부 또는 상세'가 아니다.

▶ 23 경찰승진, 17 국가7급

2. '증거의 요지'는 어느 증거의 어느 부분에 의하여 범죄사실을 인정하였느냐 하는 이유 설명까지 할 필요는 없지만 적어도 어떤 증거에 의하여 어떤 범죄사실을 인정하였는가를 알아볼 정도로 증거의 중요 부분을 표시하여야 한다.(대법원 2010. 2.11. 2009도2338 겉보리 색소 사건)

▶ 17 경찰승진, 16 경간부

▶

---

[8] 마치 '공소사실의 특정'과 유사하다.

3. 유죄판결의 증거는 범죄될 사실을 증명할 적극적 증거를 거시하면 되므로 **범죄사실에 배치되는 증거들에 관하여 배척한다는 취지의 판단이나 이유를 설시하지 아니하여도 잘못이라 할 수 없다.**(대법원 1986. 10. 14. 86도1606 배척된 증거들 사건) 법원이 채택한 증거를 기재하면 족하다.

▶ 23 경찰승진, 21 국가7급, 17 경찰승진

4. 사실인정에 배치되는 증거에 대한 판단을 반드시 판결이유에 기재하여야 하는 것은 아니므로 피고인이 알리바이를 내세우는 증인들의 증언에 관한 판단을 하지 아니하였다 하여 위법이라 할 수 없다.(대법원 1982. 9. 28. 82도1798 알리바이 주장 판단× 사건)

▶ 23 소방간부, 16 경간부, 15 국가9급

04 유죄판결 이유 관련 판례(당사자 주장에 대한 판단)

1. '**형의 가중·감면의 이유되는 사실**'이란 형의 필요적 가중·감면의 이유되는 사실을 말하고 형의 감면이 법원의 재량에 맡겨진 경우 즉 임의적 감면사유는 이에 해당하지 않는다. (대법원 2017. 11. 9. 2017도14769 피해를 모두 변제하였다 사건)

▶ 23 소방간부, 20 경간부, 18 법원9급

▶

2. 형법 제52조 제1항에 의하면 자수는 그에 따른 형의 감면이 법원의 재량에 맡겨져 있다. 형의 임의적 감면사유인 자수사실에 관한 진술은 형사소송법 제323조에 따라 유죄판결의 이유에서 그에 대한 판단을 명시하여야 할 사항이라고 볼 수 없다.(대법원 2024. 7. 11. 2021도6051 도박개장범 자수 사건)

3. 자수가 인정되는 경우에도 법원이 임의로 형을 감경 또는 면제할 수 있으므로 **원심이 자수감경을 하지 않거나 자수감경 주장에 관한 판단을 하지 않았다고 하더라도 이를 위법하다고 할 수 없다.**(대법원 2023. 6. 1. 2023도3258 조광한 남양주시장 사건)

▶ 22 변호사, 20 경간부, 19 변호사, 19 국가9급, 18 법원9급, 17 국가9급

05 당사자 주장에 대한 판단을 판결이유에 명시해야 하는 경우

1. 피고인이 "통행로가 육로에 해당한다고 하여도 피고인의 행위는 **정당방위, 정당행위에 해당한다**"라고 주장한 경우 [교통방해죄] (대법원 2007. 2. 22. 2006도8750 2m 굴착 사건) 위법성조각사유의 주장이다.

2. 피고인이 법정 진술과 항소이유서를 통하여 "범행 당시 술에 만취하였기 때문에 **전혀 기억이 없다**"는 취지로 진술한 경우 [폭력행위처벌법위반] (대법원 1990. 2. 13. 89도2364 전혀 기억이 없다 사건) 책임조각사유의 주장이다. 아래 3. 판례도 마찬가지이다.

▶ 20 변호사

3. 피고인이 "**변호사들에게 전화 문의하여 본 바 문제가 없다는 말을 들었기에** 건물 중 3층을 제3자에게 무상으로 임대하였다"는 취지로 진술한 경우 [공무상표시무효죄] (대법원 2004. 10. 28. 2003도8238 카페영업 사건) 금지의 착오를 주장한 것이다.

06 당사자 주장에 대한 판단을 판결이유에 명시할 필요가 없는 경우

1. 피고인이 "**사기의 의사가 없었다**"라고 주장한 경우 [사기죄] (대법원 1983. 10. 11. 83도2281 사기범죄 부인 사건) 구성요건해당성 배제사유의 주장이다. 아래 2. 3. 판례도 마찬가지이다.

2. 피고인이 "문서명의인이 피고인에게 폐업신고서를 작성할 권한을 부여하였다"라고 주장한 경우 [사문서위조 및 동행사죄] (대법원 1992.12.22. 92도2047 나이트클럽 양도 서류위조 사건)
3. 피고인이 "소유권보존등기는 실체적 권리관계에 부합하는 유효한 등기이다"라고 주장한 경우 [공정증서원본부실기재죄] (대법원 1997. 7.11. 97도1180 실체권리관계에 부합한다 사건) ▶ 17 경찰승진, 16 경간부

07 소송비용의 재판에 대한 불복이 허용되는 경우 등

1. 소송비용부담의 재판은 본안의 재판에 종속한다. 따라서 소송비용부담의 재판에 대하여는 본안의 재판에 관하여 상소하는 경우에 한하여 불복할 수 있고, 소송비용부담의 재판에 대한 불복은 본안의 재판에 대한 상소의 전부 또는 일부가 이유 있는 경우에 한하여 받아들여질 수 있다.(대법원 2016.11.10. 2016도12437 소송비용 연대부담 사건) ▶ 20 국가9급, 18 소방간부

2. 소송비용의 재판에 대한 불복은 본안의 재판에 대한 상소의 전부 또는 일부가 이유 있는 경우에 한하여 허용되고, 본안의 상소가 이유 없는 경우에는 허용되지 아니하며, 이러한 법리는 형사소송절차에서 소송비용의 재판에 대한 불복이 있는 경우에도 마찬가지로 적용된다.(대법원 2016. 5.24. 2014도6428 점유이탈 휴대폰 사건) ▶ 19 경찰채용

형사소송법(2025. 3.18. 법률 제20796호로 일부개정된 것)

제325조【무죄의 판결】 피고사건이 범죄로 되지 아니하거나 범죄사실의 증명이 없는 때에는 판결로써 무죄를 선고하여야 한다.
▶

제194조의2【무죄판결과 비용보상】 ① 국가는 무죄판결이 확정된 경우에는 당해 사건의 피고인이었던 자에 대하여 그 재판에 소요된 비용을 보상하여야 한다.
② 다음 각 호의 어느 하나에 해당하는 경우에는 제1항에 따른 비용의 전부 또는 일부를 보상하지 아니할 수 있다.
 1. 피고인이었던 자가 수사 또는 재판을 그르칠 목적으로 거짓 자백을 하거나 다른 유죄의 증거를 만들어 기소된 것으로 인정된 경우
 2. 1개의 재판으로써 경합범의 일부에 대하여 무죄판결이 확정되고 다른 부분에 대하여 유죄판결이 확정된 경우
 3. 형법 제9조 및 제10조 제1항의 사유에 따른 무죄판결이 확정된 경우
 4. 그 비용이 피고인이었던 자에게 책임지울 사유로 발생한 경우

제194조의3【비용보상의 절차 등】 ① 제194조의2 제1항에 따른 비용의 보상은 피고인이었던 자의 청구에 따라 무죄판결을 선고한 법원의 합의부에서 결정으로 한다.
② 제1항에 따른 청구는 무죄판결이 확정된 사실을 안 날부터 3년, 무죄판결이 확정된 때부터 5년 이내에 하여야 한다.
③ 제1항의 결정에 대하여는 즉시항고를 할 수 있다.

선생님의 TIP

무죄판결은 특별히 문제될 것이 없다. 위헌결정에 따른 무죄판결에 대하여는 「NEW 트렌드 형법 판례」를 참고하기 바란다.

08 무죄판결의 이유명시의 정도

형사소송법 제39조 전단은 "재판에는 이유를 명시하여야 한다."라고 규정하고 있으므로 피고인에 대하여 무죄판결을 선고하는 때에도 공소사실에 부합하는 증거를 배척하는 이유까지 일일이 설시할 필요는 없다고 하더라도 그 증거들을 배척한 취지를 합리적인 범위 내에서 기재하여야 한다. 만일 주문에서 무죄를 선고하고도 그 판결이유에는 이에 관한 아무런 판단을 기재하지 아니하였다면 법 제361조의5 제11호 전단의 항소이유 또는 제383조 제1호의 상고이유로 할 수 있고, 주문으로부터는 판단의 유무가 명확히 판명되지 아니하는 경우라도 이유 중에 판단을 하지 않은 경우에는 재판의 누락이 있다고 보아야 한다. (대법원 2023. 8. 31. 2023도2715 해남 화산농협 조합장선거 사건)

> 25 국가9급, 21 국가7급

09 무죄판결 확정 후 비용보상의 소극적 요건 중 '수사 또는 심판을 그르칠 목적'에 관한 증명책임의 소재(= 형사보상청구권을 제한하고자 하는 측)

형사소송법 제194조의2 제2항 제1호에 따라 법원이 비용보상청구의 전부 또는 일부를 기각하기 위해서는 피고인이었던 사람이 단순히 거짓 자백을 하거나 다른 유죄의 증거를 만드는 것만으로는 부족하고 그에게 '수사 또는 심판을 그르칠 목적'이 있어야 한다. 여기서 '수사 또는 심판을 그르칠 목적'은 헌법 제28조가 보장하는 형사보상청구권을 제한하는 예외적인 사유임을 감안할 때 신중하게 인정하여야 하고, 형사보상청구권을 제한하고자 하는 측에서 이를 입증하여야 한다.(대법원 2024. 9. 10. 2023모1766 오락가락 명예훼손범 사건) 즉, 검사가 입증하여야 한다.

형사소송법(2025. 3. 18. 법률 제20796호로 일부개정된 것)

제326조 【면소의 판결】 다음 경우에는 판결로써 면소의 선고를 하여야 한다.
1. 확정판결이 있은 때
2. 사면이 있은 때
3. 공소의 시효가 완성되었을 때
4. 범죄후의 법령개폐로 형이 폐지되었을 때

---

10 기판력(일사부재리효력)과 면소판결

형사재판이 실체적으로 확정되면 동일한 범죄에 대하여 거듭 처벌할 수 없고, 확정판결이 있는 사건과 동일사건에 대하여 공소의 제기가 있는 경우에는 판결로써 면소의 선고를 하여야 한다.(대법원 2014. 1. 16. 2013도11649 불법 필러시술 사건)

> 22 소방간부

11 면소판결의 사유가 되는 '사면'의 의미(=일반사면)

1. 면소판결 사유인 형사소송법 제326조 제2호의 '사면'이란 일반사면을 의미할 뿐 형을 선고받아 확정된 자를 상대로 이루어지는 특별사면은 이에 해당하지 않으므로 특별사면으로 형 선고의 효력이 상실된 유죄의 확정판결을 대상으로 재심이 청구되어 재심개시결정이 확정된 경우에 재심심판절차를 진행하는 법원으로서는 특별사면이 있음을 들어 면소판결

> 25 변호사, 25 법원9급, 23 국가7급, 23 국가9급, 21 변호사

을 할 것이 아니고 그 심급에 따라 다시 심판하여 실체에 관한 유·무죄 등의 판단을 하여야 한다.(대법원 2015.10.29. 2012도2938 윤필용 수도경비사령관 사건)

2. 면소판결 사유인 형사소송법 제326조 제2호의 '사면이 있는 때'에서 말하는 '사면'이란 일반사면을 의미할 뿐 형을 선고받아 확정된 자를 상대로 이루어지는 특별사면은 여기에 해당하지 않으므로 재심대상판결 확정 후에 형 선고의 효력을 상실케 하는 특별사면이 있었다고 하더라도 재심심판절차를 진행하는 법원은 실체에 관한 유·무죄 등의 판단을 해야지 특별사면이 있음을 들어 면소판결을 하여서는 아니된다.(대법원 2015. 5.21. 2011도1932 손슝 윤필용 연루 사건)

> 21 국가7급, 20 소방간부, 19 국가9급, 18 경찰채용, 18 국가7급, 17 변호사, 17 경찰채용, 16 변호사

> **사면법(2021. 9.24. 법률 제18465호로 일부개정된 것)**
> 제5조【사면 등의 효과】① 사면, 감형 및 복권의 효과는 다음 각 호와 같다.
>   1. 일반사면 : 형 선고의 효력이 상실되며, 형을 선고받지 아니한 자[9]에 대하여는 공소권이 상실된다. 다만, 특별한 규정이 있을 때에는 예외로 한다. 〈면소판결〉
>   2. 특별사면 : 형의 집행이 면제된다. 다만, 특별한 사정이 있을 때에는 이후 형 선고의 효력을 상실하게 할 수 있다. 〈형집행면제〉

12 공소시효 완성의 효과(=면소판결)

공소제기 당시의 공소사실에 대한 법정형을 기준으로 하면 공소제기 당시 아직 공소시효가 완성되지 않았으나 변경된 공소사실에 대한 법정형을 기준으로 하면 공소제기 당시 이미 공소시효가 완성된 경우에는 면소판결을 선고하여야 한다.(대법원 2013. 7.26. 2013도6182 강간범 공소시효완성 사건)

> 24 경찰승진, 24 법원9급, 23 국가7급, 22 변호사, 21 변호사, 21 경찰승진, 18 국가7급, 17 국가9급

13 형법 제1조 제2항과 형사소송법 제326조 제4호의 적용 여부를 판단하기 위한 기준과 방법 및 위 규정들이 말하는 '법령의 변경'의 의미(이른바 '동기설'의 폐기 여부 - 적극)

(1) 범죄 후 법률이 변경되어 그 행위가 범죄를 구성하지 아니하게 되거나 형이 구법보다 가벼워진 경우에는 신법에 따라야 하고(형법 제1조 제2항), 범죄 후의 법령 개폐로 형이 폐지되었을 때는 판결로써 면소의 선고를 하여야 한다(형사소송법 제326조 제4호). 이러한 형법 제1조 제2항과 형사소송법 제326조 제4호의 규정은 입법자가 법령의 변경 이후에도 종전 법령 위반행위에 대한 형사처벌을 유지한다는 내용의 경과규정을 따로 두지 않는 한 그대로 적용되어야 한다. 따라서 범죄의 성립과 처벌에 관하여 규정한 형벌법규 자체 또는 그로부터 수권 내지 위임을 받은 법령의 변경에 따라 범죄를 구성하지 아니하게 되거나 형이 가벼워진 경우에는 종전 법령이 범죄로 정하여 처벌한 것이 부당하였다거나 과형이 과중하였다는 반성적 고려에 따라 변경된 것인지 여부를 따지지 않고 원칙적으로 형법 제1조 제2항과 형사소송법 제326조 제4호가 적용된다. 형벌법규가 대통령령, 총리령, 부령과 같은 법규명령이 아닌 고시 등 행정규칙·행정명령, 조례 등(이하 '고시 등 규정'이라고 한다)에 구성요건의 일부를 수권 내지 위임한 경우에도 이러한 고시 등 규정이 위임입법의 한계를 벗어나지 않는 한 형벌법규와 결합하여 법령을 보충하는 기능을 하

> 25 경간부, 25 경찰채용, 24 국가9급, 24 경찰채용, 23 국가9급, 23 경찰채용

---

[9] '유죄판결이 확정되지 아니한 자'라고 해석하여야 한다.

는 것이므로 그 변경에 따라 범죄를 구성하지 아니하게 되거나 형이 가벼워졌다면 마찬가지로 형법 제1조 제2항과 형사소송법 제326조 제4호가 적용된다. (2) 그러나 해당 형벌법규 자체 또는 그로부터 수권 내지 위임을 받은 법령이 아닌 다른 법령이 변경된 경우 형법 제1조 제2항과 형사소송법 제326조 제4호를 적용하려면, 해당 형벌법규에 따른 범죄의 성립 및 처벌과 직접적으로 관련된 형사법적 관점의 변화를 주된 근거로 하는 법령의 변경에 해당하여야 하므로 이와 관련이 없는 법령의 변경으로 인하여 해당 형벌법규의 가벌성에 영향을 미치게 되는 경우에는 형법 제1조 제2항과 형사소송법 제326조 제4호가 적용되지 않는다. (3) 한편 법령이 개정 내지 폐지된 경우가 아니라 스스로 유효기간을 구체적인 일자나 기간으로 특정하여 효력의 상실을 예정하고 있던 법령이 그 유효기간을 경과함으로써 더 이상 효력을 갖지 않게 된 경우도 형법 제1조 제2항과 형사소송법 제326조 제4호에서 말하는 법령의 변경에 해당한다고 볼 수 없다.(대법원 2022. 12. 22. 2020도16420 숲숨 동기설 폐기 사건)「NEW 트렌드 형법 판례」에서 이미 배운 바 있다. 형법 제1조 제2항과 형사소송법 제326조 제4호는 같은 취지의 조문이다.

형사소송법(2025. 3. 18. 법률 제20796호로 일부개정된 것)

제319조【관할위반의 판결】피고사건이 법원의 관할에 속하지 아니한 때에는 판결로써 관할위반의 선고를 하여야 한다.
제320조【토지관할 위반】① 법원은 피고인의 신청이 없으면 토지관할에 관하여 관할 위반의 선고를 하지 못한다.
② 관할 위반의 신청은 피고사건에 대한 진술 전에 하여야 한다.

선생님의 TIP

「제1편 제2장 제1절 법원」을 참고하기 바란다.

형사소송법(2025. 3. 18. 법률 제20796호로 일부개정된 것)

제327조【공소기각의 판결】다음 경우에는 판결로써 공소기각의 선고를 하여야 한다.
 1. 피고인에 대하여 재판권이 없는 때
 2. 공소제기의 절차가 법률의 규정에 위반하여 무효인 때
 3. 공소가 제기된 사건에 대하여 다시 공소가 제기되었을 때
 4. 제329조의 규정에 위반하여 공소가 제기되었을 때
 5. 고소가 있어야 죄를 논할 사건에 대하여 고소의 취소가 있은 때
 6. 피해자의 명시한 의사에 반하여 죄를 논할 수 없는 사건에 대하여 처벌을 희망하지 아니하는 의사표시가 있거나 처벌을 희망하는 의사표시가 철회되었을 때
제329조【공소취소와 재기소】공소취소에 의한 공소기각의 결정이 확정된 때에는 공소취소 후 그 범죄사실에 대한 다른 중요한 증거를 발견한 경우에 한하여 다시 공소를 제기할 수 있다.

선생님의 TIP

형사소송법 제327조는 제일 중요한 조문 중에 하나이고, 특히 제2호는 일반조항적 성격을 가지고 있어 판례가 제일 많다. 이에 관하여 우리가 앞에서 대부분 공부하였다. 두문자〈허기진 특정 모범 일본 소년이 가면 고소·고발·처벌 재유발하고 특허·보험 남용한다〉로 암기하기 바란다.

14 공소기각판결의 사유가 되는 경우(형사소송법 제327조 제2호 관련)

특허법 제225조 제1항 소정의 특허권침해죄는 피해자의 고소가 있어야 논할 수 있는 죄인바, **특허를 무효로 하는 심결이 확정된 때**에는 특허법 제133조 제1항 제4호의 경우에 해당되지 아니하는 한 그 특허권은 처음부터 없었던 것으로 보게 되므로 무효심결 확정 전의 고소라 하더라도 그러한 특허권에 기한 고소는 **무효심결이 확정되면 고소권자에 의한 적법한 고소로 볼 수 없고**, 이러한 고소를 기초로 한 공소는 형사소송법 제327조 제2호 소정의 공소제기의 절차가 법률의 규정에 위반되어 무효인 때에 해당한다.(대법원 2008. 4.10. 2007도6325 특허무효심결 확정 사건) 두문자 〈허기진 특정 모범 일본소년이 가면 고소·고발·처벌 재유발하고 특허·보험 남용한다〉로 암기하기 바란다.

15 공소기각판결의 사유가 되지 않는 경우(형사소송법 제327조 제2호 관련) ▶ 23 국가9급, 17 법원9급, 16 경간부

불법구금, 구금장소의 임의적 변경 등의 위법사유가 있다고 하더라도 그 위법한 절차에 의하여 수집된 증거를 배제할 이유는 될지언정 공소제기의 절차 자체가 위법하여 무효인 경우에 해당한다고 볼 수 없다.(대법원 1996. 5.14. 96도561 계급투쟁동맹 사건)

16 이중기소와 공소기각판결(형사소송법 제327조 제3호 관련)

1. 이중기소의 경우 공소기각판결을 하도록 규정한 형사소송법 제327조 제3호의 취지는 동일 사건에 대하여 피고인으로 하여금 이중위험을 받지 아니하게 하고 법원이 2개의 실체판결을 하지 아니하도록 함에 있다.(대법원 2004. 8.20. 2004도3331 상습무전취식 사건) ▶ 24 경찰승진

2. 기소 당시에는 이중기소된 위법이 있었다 하여도 그 후 공소사실과 적용법조가 적법하게 변경되어 새로운 사실의 소송계속상태가 있게 된 때에는 이중기소된 위법상태가 계속 존재한다고 할 수는 없다.(대법원 1989. 2.14. 85도1435 장물알선으로 변경 사건) 약간 어렵지만 이중기소의 위법상태가 공소장변경에 의하여 치유된 경우이다. ▶ 24 국가9급

3. '공소가 제기된 사건에 대하여 다시 공소가 제기되었을 때'라 함은 이미 공소가 제기된 사건에 대하여 다시 별개의 공소장에 의하여 이중으로 공소가 제기된 경우를 뜻하는 것이지 하나의 공소장에 범죄사실이 이중으로 기재되어 있는 경우까지 포함하는 것이라고는 해석되지 않는다.(대법원 1983. 5.24. 82도1199 수표 이중기재 사건) 단순한 착오에 불과하므로 공소기각판결을 선고할 것이 아니라 정정 내지 삭제하면 족하다.

형사소송법(2025. 3.18. 법률 제20796호로 일부개정된 것)

제328조【공소기각의 결정】 ① 다음 경우에는 결정으로 공소를 기각하여야 한다.
  1. 공소가 취소되었을 때
  2. 피고인이 사망하거나 피고인인 법인이 존속하지 아니하게 되었을 때
  3. 제12조 또는 제13조의 규정에 의하여 재판할 수 없는 때
  4. 공소장에 기재된 사실이 진실하다 하더라도 범죄가 될만한 사실이 포함되지 아니하는 때
  ② 전항의 결정에 대하여는 즉시항고를 할 수 있다.

> **선생님의 TIP**
> 사유가 너무 간단하고 명백하여 '판결'이 아니라 '결정'으로 공소를 기각하는 것이다.

17 형사소송법 제328조 제1항 제4호의 법리

형사소송법 제328조 제1항 제4호에 규정된 공소장에 기재된 사실이 진실하다 하더라도 범죄가 될만한 사실이 포함되지 아니한 때라 함은 **공소장 기재사실 자체에 대한 판단으로 그 사실자체가 죄가 되지 아니함이 명백한 경우**를 가리키는 것이다.(대법원 2014. 5.16. 2012도12867 민노당 가입 교사들 사건) [18] 판례 참고

▶ 25 국가9급, 23 소방간부, 22 법원9급, 15 법원9급

18 공소기각결정의 사유가 되는 경우(형사소송법 제328조 제1항 제4호 관련)

부정수표 단속법위반 사건에 있어서 수표가 그 제시기일에 제시되지 아니한 사실이 공소사실 자체에 의하여 명백하다면 공소사실에는 범죄가 될만한 사실이 포함되지 아니하는 때에 해당하므로 형사소송법 제328조 제1항 제4호에 의하여 **공소기각의 재판을 하여야 한다.** (대법원 1973.12.11. 73도2173 지급제시 누락 공소장 사건) 제328조 제1항 제4호로 공소기각결정을 고지한 사실상 유일한 판례이다.

▶ 22 경간부

> **부정수표 단속법**부정수표 단속법(2010. 3.24. 법률 제10185호로 일부개정된 것)
> 제2조【부정수표 발행인의 형사책임】② 수표를 발행하거나 작성한 자가 수표를 발행한 후에 예금부족, 거래정지처분이나 수표계약의 해제 또는 해지로 인하여 <u>제시기일에 지급되지 아니하게 한 경우</u>에도 제1항과 같다.

19 공소기각결정의 사유가 되지 않는 경우(형사소송법 제328조 제1항 제4호 관련)

공소사실 중 "정당법상 당원이 될 수 없는 피고인들이 민주노동당에 당원으로 가입하여 당비 명목으로 정치자금을 기부하였다"는 부분에 대하여는 피고인들의 당원 가입행위의 효력, 피고인들이 기부한 돈의 실질적인 성격 및 정치자금법의 구성요건 등을 검토하여 실체적 판단을 하여야 하는 것이므로 공소장 기재사실 자체에 대한 판단만으로도 그 사실 자체가 죄가 되지 아니함이 명백한 경우라고는 할 수 없다.(대법원 2014. 5.16. 2012도12867 민노당 가입 교사들 사건)

> **형사소송법**(2025. 3.18. 법률 제20796호로 일부개정된 것)
> 제335조【형의 집행유예 취소의 절차】① 형의 집행유예를 취소할 경우에는 검사는 피고인의 현재지 또는 최후의 거주지를 관할하는 법원에 청구하여야 한다.
> ② 전항의 청구를 받은 법원은 피고인 또는 그 대리인의 의견을 물은 후에 결정을 하여야 한다.
> ③ 전항의 결정에 대하여는 즉시항고를 할 수 있다.
> ④ 전2항의 규정은 유예한 형을 선고할 경우에 준용한다.

20 집행유예 취소청구에 대한 심리 절차

법원은 집행유예 취소 청구서 부본을 지체없이 집행유예를 받은 자에게 송달하여야 하고(형사소송규칙 제149조의3 제2항), 원칙적으로 집행유예를 받은 자 또는 그 대리인의 의견을 물은 후에 결정을 하여야 한다(형사소송법 제335조 제2항). 항고법원은 항고인이 그의 항고에 관하여 이미 의견진술을 한 경우 등이 아니라면 원칙적으로 항고인에게 소송기록접수통지서를 발송하고 그 송달보고서를 통해 송달을 확인한 다음 항고에 관한 결정을 하여야 한다.(대법원 2023. 6. 29. 2023모1007 사회봉사명령 불이행 피고인 사건)

제 3 절 | 재판의 확정과 효력

헌법(1987.10.29. 헌법 제10호로 전문개정된 것)

제13조 ① 모든 국민은 행위시의 법률에 의하여 범죄를 구성하지 아니하는 행위로 소추되지 아니하며, 동일한 범죄에 대하여 거듭 처벌받지 아니한다.

형사소송법(2025. 3.18. 법률 제20796호로 일부개정된 것)

제326조 【면소의 판결】 다음 경우에는 판결로써 면소의 선고를 하여야 한다.
  1. 확정판결이 있은 때
  2.~4. 〈생략〉
제457조 【약식명령의 효력】 약식명령은 정식재판의 청구기간이 경과하거나 그 청구의 취하 또는 청구기각의 결정이 확정한 때에는 확정판결과 동일한 효력이 있다.

즉결심판에 관한 절차법(2017. 7.26. 법률 제14839호로 일부개정된 것)

제16조 【즉결심판의 효력】 즉결심판은 정식재판의 청구기간의 경과, 정식재판청구권의 포기 또는 그 청구의 취하에 의하여 확정판결과 동일한 효력이 생긴다. 정식재판청구를 기각하는 재판이 확정된 때에도 같다.

선생님의 TIP

재판이 확정되면 여러 가지 효력이 생기는데 그 중 가장 중요한 것이 기판력(旣判力) 또는 일사부재리효력(一事不再理效力)이다. 학설의 견해는 대립하지만 양자를 같은 뜻으로 보아도 무방하다[1]. 모든 국민은 동일한 범죄에 대하여 거듭 처벌받지 아니한다.(헌법 제13조 제1항) 이는 일사부재리의 원칙을 선언한 것이며 또한 기판력의 내용을 이룬다. 기판력이 인정되는 실체재판과 면소판결이 확정된 경우 수사기관은 그 사건에 대하여 다시 수사할 수 없고, 설사 수사를 하여 공소제기를 하더라도 법원은 면소판결을 선고하여야 한다.(형사소송법 제326조 제1호) 먼저 기판력이 있는 것과 없는 것을 구별하여야 한다.

핵심정리 기판력 발생 유무

구 분	내 용
기판력 ○	1. (약식명령과 즉결심판을 포함한) 실체재판 　(1) 유죄판결　　　　　　　　(2) 무죄판결 2. 면소판결[2] 3. 범칙금 납부 내지 통고처분 이행
기판력 ×	1. 관할위반판결 및 공소기각재판　　2. 외국판결[3] 3. 소년법 또는 가정폭력처벌법상 보호처분　4. 불기소처분 5. 과태료　　　　　　　　　　　6. 형집행법상 징벌

---

[1] 특별한 사정이 없는 한 앞으로 '기판력'이라는 용어만을 사용하기로 한다.
[2] 면소판결은 형식재판이지만 특이하게도 기판력이 발생한다. 그 이유는 면소판결의 사유를 보면 알 수 있는데, 더 이상 소송수행의 이익이 없기 때문이다. 두문자는 〈확사시폐〉이다.
[3] 형법 제7조는 "죄를 지어 외국에서 형의 전부 또는 일부가 집행된 사람에 대해서는 그 집행된 형의 전부 또는 일부를 선고하는 형에 산입한다."라고 규정하고 있다. 이는 다시 유죄판결을 선고할 수 있음을

01 이중처벌금지원칙을 정한 헌법 제13조 제1항의 취지 등

헌법은 제13조 제1항에서 "모든 국민은 동일한 범죄에 대하여 거듭 처벌받지 아니한다."고 규정하여 이른바 이중처벌금지의 원칙 내지 일사부재리의 원칙을 선언하고 있다. 이는 한번 판결이 확정되면 그 후 동일한 사건에 대해서는 다시 심판하는 것이 허용되지 않는다는 원칙을 말한다. 여기에서 '처벌'이라고 함은 원칙적으로 범죄에 대한 국가의 형벌권 실행으로서의 과벌을 의미하는 것이고, 국가가 행하는 일체의 제재나 불이익처분이 모두 여기에 포함되는 것은 아니다.(대법원 2017. 8.23. 2016도5423 불처분결정 후 공소제기 사건) [3] 3. 판례 참고 ▶ 23 변호사, 23 국가9급

02 기판력이 발생하는 재판 또는 처분

1. 형사소송법 제326조 제1호에 의하면 확정판결이 있는 때에는 판결로써 면소의 선고를 하도록 규정되어 있는바, 여기에서 말하는 '확정판결'에는 정식재판에서 선고된 **유죄판결과 무죄의 판결 및 면소의 판결**뿐만 아니라 확정판결과 동일한 효력이 있는 **약식명령이나 즉결심판** 등이 모두 포함되는 것이다.(대법원 1992. 2.11. 91도2536 과태료처분의 기판력 사건) ▶ 18 국가9급

2. 도로교통법 제119조 제3항[25년 현재 제164조 제3항]은 "범칙금 납부통고서를 받은 사람이 그 범칙금을 납부한 경우 그 범칙행위에 대하여 <u>다시 벌받지 아니한다</u>."고 규정하고 있는바, 이는 **범칙금의 납부에 확정재판의 효력에 준하는 효력**을 인정하는 취지로 해석하여야 한다.(대법원 2002.11.22. 2001도849 방배동 교통사고 사건)

3. 경범죄처벌법 제7조 제3항, 제8조 제3항에 의하면 "범칙금납부의 통고처분을 받고 범칙금을 납부한 사람은 그 범칙행위에 대하여 <u>다시 벌받지 아니한다</u>."고 규정하고 있는 바, 이는 통고처분에 의한 **범칙금의 납부에 확정판결에 준하는 효력**을 인정한 것이다.(대법원 2012. 6.14. 2011도6858 장위지구대 사건) ▶ 21 국가7급, 19 경간부

03 기판력이 발생하지 않는 재판 또는 처분

1. 피고인이 동일한 행위에 관하여 **외국에서 형사처벌을 과하는 확정판결**을 받았다 하더라도 이런 외국판결은 우리나라에서는 기판력이 없으므로 여기에 일사부재리의 원칙이 적용될 수 없다.(대법원 1983.10.25. 83도2366 외국판결의 기판력 사건) ▶ 25 국가9급, 25 법원9급, 22 경찰승진, 20 국가9급, 19 소방간부, 18 경찰승진, 18 경간부, 16 경간부, 16 경찰채용, 15 국가9급
▶

2. 소년법 제32조의 **보호처분**을 받은 사건과 동일(상습죄 등 포괄일죄 포함)한 사건에 관하여 다시 공소제기가 되었다면 이는 공소제기 절차가 법률의 규정에 위배하여 무효인 때에 해당한 경우이므로 형사소송법 제327조 제2호의 규정에 의하여 **공소기각의 판결**을 하여야 한다.(대법원 1996. 2.23. 96도47 문제적 소년 사건) 두문자 〈허기진 특정 모범 <u>일본소년</u>이 가면 고소·고발·처벌 재유발하고 특허·보험 남용한다〉로 암기하기 바란다. ▶ 25 변호사, 23 소방간부, 22 변호사, 22 경찰승진, 22 경간부, 22 국가7급, 21 경간부, 20 변호사, 20 경찰승진, 19 경찰채용, 18 경찰채용, 18 국가9급, 18 법원9급, 16 변호사, 16 법원9급, 16 국가7급, 15 국가9급

전제로 한다.

> **소년법(2020.10.20. 법률 제17505호로 일부개정된 것)**
> 제53조 【보호처분의 효력】 제32조의 보호처분을 받은 소년에 대하여는 그 심리가 결정된 사건은 다시 공소를 제기하거나 소년부에 송치할 수 없다. ← 기판력을 인정한 것처럼 보이지만 그렇지는 않다. "~ 다시 벌받지 아니한다."라고 규정하지 않고 "~ 다시 공소를 제기할 수 없다."라고 규정하고 있다. [2] 2. 3. 판례와 비교

3. 가정폭력처벌법에 따른 보호처분의 결정이 확정된 경우에는 원칙적으로 그 가정폭력행위자에 대하여 같은 범죄사실로 다시 공소를 제기할 수 없으나 그 보호처분은 확정판결이 아니고 따라서 기판력도 없으므로 보호처분을 받은 사건과 동일한 사건에 대하여 다시 공소제기가 되었다면 이에 대해서는 면소판결을 할 것이 아니라 공소제기의 절차가 법률의 규정에 위배하여 무효인 때에 해당한 경우이므로 형사소송법 제327조 제2호의 규정에 의하여 공소기각의 판결을 하여야 한다.(대법원 2017. 8.23. 2016도5423 불처분결정 후 공소제기 사건) 두문자 〈허기진 특정 모범 일본소년이 가면 고소·고발·처벌 재유발하고 특허·보험 남용한다〉로 암기하기 바란다. ▶ 25 변호사, 24 국가7급, 23 경찰승진, 22 법원9급, 19 경찰채용, 19 국가9급

4. 가정폭력처벌법 제37조 제1항 제1호의 불처분결정이 확정된 후에 검사가 동일한 범죄사실에 대하여 다시 공소를 제기하였다거나 법원이 이에 대하여 유죄판결을 선고하였다고 하더라도 이중처벌금지의 원칙 내지 일사부재리의 원칙에 위배된다고 할 수 없다.(대법원 2017. 8.23. 2016도5423 불처분결정 후 공소제기 사건) ▶ 20 법원9급
▶

5. 검사의 불기소처분에는 확정재판에 있어서의 확정력과 같은 효력이 없어 일단 불기소처분을 한 후에도 공소시효가 완성되기 전이면 언제라도 공소를 제기할 수 있다.(대법원 2009.10.29. 2009도6614 서초세무서장 2회 고발사건) ▶ 24 소방간부, 22 경간부, 22 국가9급, 20 경찰승진, 19 경찰승진, 19 경간부, 18 경찰승진, 18 경간부, 16 경찰승진, 16 경찰채용

6. 일사부재리의 효력은 확정재판이 있을 때에 발생하는 것이므로 검사가 일차 무혐의결정을 하였다가 다시 공소를 제기하였다 하여도 이를 두고 일사부재리의 원칙에 위배하는 등의 법리오해가 있다 할 수 없다.(대법원 1988. 3.22. 87도2678 잠시 무혐의불기소 사건) ▶ 24 경간부

7. 검사가 절도죄에 관하여 일단 기소유예의 처분을 한 것을 그 후 다시 재기하여 기소하였다 하여도 기소의 효력에 아무런 영향이 없고, 법원이 그 기소사실에 대하여 유죄판결을 선고하였다 하여 그것이 일사부재리의 원칙에 반하는 것이라 할 수 없다.(대법원 1983.12.27. 83도2686 잠시 기소유예 사건) ▶ 21 국가7급, 19 소방간부
▶

8. 행정법상의 질서벌인 과태료의 부과처분과 형사처벌은 그 성질이나 목적을 달리하는 별개의 것이므로 행정법상의 질서벌인 과태료를 납부한 후에 형사처벌을 한다고 하여 이를 일사부재리의 원칙에 반하는 것이라고 할 수 없다.(대법원 1996. 4.12. 96도158 무등록차량 운전 사건) 위헌의 소지가 있어 보인다. ▶ 23 경찰승진, 18 국가9급

9. 피고인이 형집행법에 따른 징벌을 받아 그 집행을 종료하였다고 하더라도 형집행법상 징벌은 수형자의 교도소 내의 준수사항위반에 대하여 과하는 행정상 질서벌의 일종으로서 형법 법령에 위반한 행위에 대한 형사책임과는 그 목적, 성격을 달리하는 것이므로 징벌을 받은 뒤에 형사처벌을 한다고 하여 일사부재리의 원칙에 반하는 것은 아니다.(대법원 2024. 2. 8. 2023도12851 징벌 혐의 형사처벌 사건) ▶ 19 소방간부, 18 경찰승진, 16 경찰채용

> 헌법(1987.10.29. 헌법 제10호로 전문개정된 것)
>
> 제13조 ① 모든 국민은 행위시의 법률에 의하여 범죄를 구성하지 아니하는 행위로 소추되지 아니하며, <u>동일한 범죄에 대하여</u> 거듭 처벌받지 아니한다.

선생님의 TIP

1. 기판력은 무한정 인정되는 것이 아니다. 헌법 제13조 제1항은 "~ **동일한 범죄에 대하여** 거듭 처벌받지 아니한다."라고 하고 있으므로 **다른 범죄로** 처벌하는 것은 전혀 문제되지 않는다. 이것이 바로 기판력이 미치는 객관적 범위의 문제이다.

2. 기판력이 미치는 객관적 범위는 바로 형법상 죄수론(罪數論)과 일치한다. 즉 일죄(단순일죄, 포괄일죄 그리고 상상적 경합범[4])의 경우 동일한 범죄이므로 기판력이 미치고, 수죄(실체적 경합범)의 경우 동일한 범죄가 아니므로 기판력이 미치지 않는다. 아래 A에 대한 기판력은 동일성이 인정되는 A′에도 미치겠지만, 다른 범죄인 B에는 미치지 않는다. 결국 A′인가 B인가의 문제이므로 결국 이는 형법상 죄수론인 것이다. 그런 의미에서 아래 핵심정리 내용을 철저히 알고 있어야 한다.

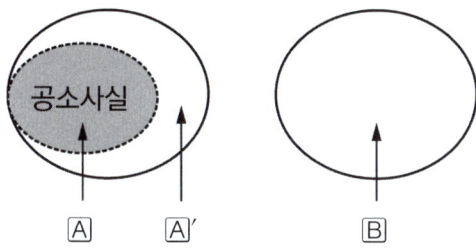

3. 형법상 죄수론에 관한 판례는 사실 상당수가 바로 기판력과 관련된다. 일죄의 경우 기판력이 미치고, 수죄의 경우 기판력이 미치지 않는데, 이에 대한 예외가 하나 존재한다. 그것은 이하 설명할 예정이다.

---

4 상상적 경합범은 소송상 일죄 또는 과형상 일죄라고 「NEW 트렌드 형법 판례」에서 배운 바가 있다.

핵심정리	일죄의 정리[5]		
구 분	내 용		
단순일죄	하나의 행위가 1개의 구성요건에 해당하여 일죄가 성립하는 경우		
	협의의 단순일죄	하나의 행위가 명백히 1개의 구성요건에 해당하여 일죄가 성립하는 경우	
	법조경합	하나의 행위가 외견상 수개의 구성요건에 해당하는 것처럼 보이지만, 실제로는 어떤 구성요건이 다른 구성요건을 배척하기 때문에 일죄만 성립하는 경우	
		특별관계	어떤 구성요건(특별법)이 다른 구성요건(일반법)의 모든 요소를 포함하는 이외에 다른 특별한 요소를 구비한 경우로서, 특별법만 적용되고 일반법은 적용되지 않음
		보충관계	어떤 구성요건(보충법)이 다른 구성요건(기본법)의 적용이 없을 때에만 보충적으로 적용되는 경우로서, 기본법이 적용되지 않을 때에만 보충법이 적용됨(기본법이 적용되면 보충법 비적용)
		흡수관계	어떤 구성요건(흡수법)이 경험칙상 또는 당연히 다른 구성요건(피흡수법)의 불법내용을 포함하고 특별관계나 보충관계에 해당하지 않는 경우로서, 흡수법만 성립하고 피흡수법은 성립하지 않음
포괄일죄	수개의 행위가 포괄적으로 1개의 구성요건에 해당하여 일죄가 성립하는 경우		
	협의의 포괄일죄	1개의 구성요건에 수개의 행위태양이 규정되어 있는 경우 수개의 태양에 해당하는 행위를 하더라도 일죄만 성립	
	결합범	수개의 독립된 범죄를 결합하여 한 개의 범죄구성요건으로 규정한 경우 그 수개의 독립된 범죄를 하더라도 일죄만 성립	
	계속범	범죄의 기수에 이른 이후 법익침해 행위를 계속 하더라도 일죄만 성립	
	접속범	수개의 행위가 단일한 범죄의사에 의하여 시간적·장소적으로 접속되고 피해법익이 동일한 경우 일죄만 성립	
	연속범	수개의 행위가 단일한 범죄의사에 의하여 일정 기간 동안 계속되고 피해법익이 동일한 경우 일죄만 성립(수개의 행위가 시간적·장소적으로 접속될 것을 요하지 않기 때문에 접속범과 구별됨)	
	집합범	범죄구성요건 자체가 단일한 범죄의사에 의하여 수개의 행위를 하더라도 일죄로 처벌할 것을 예상하고 있기 때문에 일죄만 성립 – 의료인이 아닌 자가 수개월에 걸쳐 무면허 의료행위를 하더라도 의료법위반의 일죄만 성립(영업범 또는 직업범) – 상습적으로 수회에 걸쳐 절취하더라도 상습절도의 일죄만 성립(상습범)	

[5] 앞에서 한번 나왔던 내용이므로 구체적 사례는 생략한다.

핵심정리	수죄의 정리

구 분	내 용
상상적 경합범	하나의 행위가 실질적으로 수개의 구성요건을 충족하는 경우로서 실체법(형법)적으로는 수죄로 취급하지만, 절차법(형사소송법)적으로는 일죄로 취급함 - 동종의 상상적 경합범 : 하나의 폭탄을 던져 수인을 살해한 경우 수개의 살인죄의 상상적 경합범 성립 - 이종의 상상적 경합범 : 총을 한번 쏴서 사람과 개를 살해한 경우 살인죄와 손괴죄의 상상적 경합범 성립
(실체적) 경합범	수개의 행위가 실질적으로 수개의 구성요건을 충족하는 경우로서 실체법(형법)적으로나 절차법(형사소송법)적으로나 수죄로 취급함 - 동종의 실체적 경합범 : 범인이 하루는 A를 살해하고 그 다음날 B를 살해한 경우 2개의 살인죄의 실체적 경합범 성립 - 이종의 실체적 경합범 : 범인이 하루는 A의 재물을 절취하고 그 다음날 B를 강간한 경우 절도죄와 강간죄의 실체적 경합범 성립

04 기판력의 기준이 되는 '범죄사실의 동일성'의 판단기준 및 기판력이 미치는 이유

공소사실이나 범죄사실의 동일성 여부는 사실의 동일성이 갖는 법률적 기능을 염두에 두고 피고인의 행위와 그 사회적인 사실관계를 기본으로 하면서 규범적 요소 또한 아울러 고려하여 판단하여야 한다.(대법원 2017. 8.23. 2015도11679 촛불 1주년 범국민대회 사건) 공소장변경에 있어 공소사실의 동일성 판단에 관한 판례와 같다.

▶ 22 국가9급, 22 소방간부

05 기판력이 미치는 객관적 범위 관련 판례

상상적 경합범에서 1개의 행위란 법적 평가를 떠나 사회관념상 행위가 사물자연의 상태로서 1개로 평가되는 것을 의미한다. 그리고 상상적 경합 관계의 경우에는 그 중 1죄에 대한 확정판결의 기판력은 다른 죄에 대하여도 미친다.(대법원 2017. 9.21. 2017도11687 사무실 행패 사건)

▶ 24 국가7급, 23 변호사, 22 경간부, 22 법원9급, 21 경간부, 20 법원9급, 20 소방간부, 19 경찰승진, 19 소방간부, 18 경찰승진, 17 변호사, 17 법원9급, 15 국가9급

> **선생님의 TIP**
>
> 1. 아래 판례들은 일죄인가 수죄인가에 관한 것이다. 법을 떠나 (1), (2) 이것이 동일한 사건인지 아니면 별개의 사건인지 대략 감(感)을 잡을 수 있어야 한다.
> 2. 판례들을 연구해 보면 과거에는 기판력이 미치는 범위를 비교적 넓게 인정하였으나([7] 판례), 최근에는 기판력이 미치는 범위를 엄격하게 제한하려는 추세이다([8] 판례). 편법적이지만 이 판례들이 시험에 출제되면 "즉결심판은 기판력이 미치고, 범칙금은 기판력이 미치지 않는다"라고 해결하면 될 것이다.

06 기판력이 미치지 않는 경우(일반 법리)

1. 범칙금의 납부에 따라 확정판결에 준하는 효력이 인정되는 범위는 범칙금 통고의 이유에 기재된 당해 범칙행위 자체 및 그 범칙행위와 동일성이 인정되는 범칙행위에 한정된다. 따라서 범칙행위와 같은 시간과 장소에서 이루어진 행위라 하더라도 **범칙행위의 동**

▶ 19 경찰승진, 17 경찰채용, 16 경간부, 16 경찰채용

일성을 벗어난 형사범죄행위에 대하여는 범칙금의 납부에 따라 확정판결에 준하는 일사부재리의 효력이 미치지 아니한다.(대법원 2012. 9.13. 2012도6612 광주 봉선동 협박사건) [8] 1. 판례 참고

2. 운전자가 차량을 운전함에 있어서 도로교통법 제43조[25년 현재 제48조 제1항] 소정의 안전운전의 의무를 위반하는 행위와 차량운전중 과실로 사람을 충격하여 인체에 상해를 입히는 소위 업무상과실치상행위는 별개의 것이므로 피고인이 안전운전의무 위반으로 통고처분에 따른 범칙금을 납부하였다 하여도 이는 별개의 행위인 교통사고처리법위반(업무상과실치상)의 점에 무슨 영향을 미칠 바 아니다.(대법원 1983. 7.12. 83도1296 안전의무 불이행 교통사고 사건) ▶ 15 국가9급

07 기판력이 미치는 경우 I

1. (1) 즉결심판이 확정된 "피고인은 1994. 7.30. 21:00경 B경영의 담배집 마당에서 음주소란을 피웠다"라는 공소사실과 (2) "피고인은 (1)과 같은 일시·장소에서 피해자 A와 말다툼을 하다가 도끼를 가지고 와 A를 향해 내리치며 도끼 머리 부분으로 뒷머리를 스치게 하여 A에게 약 2주간의 치료를 요하는 두부타박상 등을 가하였다"라는 공소사실 [경범죄처벌법위반(음주소란) → 특수상해죄] (대법원 1996. 6.28. 95도1270 도끼 폭행사건) ▶ 21 경찰채용

2. (1) 즉결심판이 확정된 "피고인은 1988. 5.20. 17:00경부터 23:00경 까지 사이에 포장주점에 찾아와 주점손님들에게 '이 새끼들, 나를 몰라보느냐. 누구든지 싸움을 해보자'고 시비를 걸고 주먹과 드라이버로 술 탁상을 마구치는 등 약 6시간 동안 악의적으로 영업을 방해하였다"라는 공소사실과 (2) "피고인은 (1)과 같은 일시·장소에서 술 주정을 하던 중 그곳의 손님인 피해자 A와 시비를 벌여 주먹으로 A의 얼굴을 1회 때리고 멱살잡이를 하다가 포장주점 밖으로 끌고 나와 주먹과 발로 복부 등을 수회 때리고 차 그 이튿날 출혈로 사망케 한 것이다"라는 공소사실 [경범죄처벌법위반(업무방해) → 상해치사죄] (대법원 1990. 3. 9. 89도1046 송림동 포장마차 사건) ▶ 15 국가9급

08 기판력이 미치지 않는 경우 I

1. (1) 범칙금의 통고처분을 받은 "피고인은 2010. 9.26. 18:00경 광주 남구 봉선동 소재 쌍용사거리 노상에서 음주소란 등의 범칙행위를 하였다"라는 범칙행위와 (2) "피고인은 2010. 9.26. 18:00경 광주 남구 봉선동 소재 할리스 커피숍 주차장에서 피고인과 다투던 A가 바닥에 넘어져 '사람 살려라'고 고함을 치자, 이에 격분하여 자신의 처가 운영하는 가게에서 과도를 들고 나와 A를 쫓아가며 '죽여 버린다'고 소리쳐 협박하였다"라는 공소사실 [경범죄처벌법위반(음주소란 등) → 특수협박죄] (대법원 2012. 9.13. 2012도6612 광주 봉선동 협박사건) ▶ 23 국가7급, 15 국가9급

2. (1) 범칙금의 통고처분을 받은 "피고인은 2009. 8.22. 20:35경 포항시 북구 대흥동 '킴스마트' 앞에서 인근소란행위를 하였다"라는 범칙행위와 (2) "피고인이 2009. 8.22. 20:20경 포항시 북구 대흥동 소재 '킴스클럽' 앞 인도 상에서 그곳 경비원인 피해자와 주차 문제로 시비가 되어 다투던 중 주먹으로 좌측 턱을 1회 때려 그 충격으로 피해자가

뒤로 넘어지면서 머리를 부딪치게 함으로써 16주간의 치료를 요하는 두개골 골절 등의 상해를 가하였다"라는 공소사실 [경범죄처벌법위반(인근소란 등) → 중상해죄] (대법원 2012. 9. 13. 2011도6911 대흥동 중상해 사건)

3. (1) 범칙금의 통고처분을 받은 "피고인은 2008. 6. 11. 12:30경 충남 당진군 소재 합덕재래시장 화장실 내에서 인근소란 등의 범칙행위를 하였다"라는 범칙행위와 (2) "피고인이 2008. 6. 11. 11:50경 충남 당진군 소재 합덕재래시장 앞길에서 노점상 자리 문제로 피해자와 다투던 중 손으로 피해자를 밀어 넘어뜨린 후 그곳에 있던 야채 손질용 칼 2자루를 들고 피해자의 다리 부위를 찔러 약 4주간의 치료를 요하는 상해를 가하였다"라는 공소사실 [경범죄처벌법위반(인근소란 등) → 특수상해죄] (대법원 2011. 4. 28. 2009도12249 합덕재래시장 사건)

> **선생님의 TIP**
>
> 아래 [9], [10] 판례 외에도 시험에 출제되는 판례가 약간 더 있는데, 그것은 「NEW 트렌드 형법 판례」에 수록하였다. 다시 말하지만 기판력의 객관적 범위란 결국 죄수론을 말한다.

09 기판력이 미치는 경우 II

1. (1) 약식명령이 확정된 "피고인은 공인중개사 자격이 없고 중개사무소 개설등록을 하지 않았는데도 甲, 乙과 공모하여 부동산 매매계약을 중개한 대가로 A에게서 甲, 乙 및 피고인의 수고비 합계 2천만원을 교부받아 중개행위를 하였다"라는 공소사실과 (2) "피고인은 피해자 A에게서 甲, 乙에 대한 소개비 조로 2천만원을 교부받아 A를 위하여 보관하던 중 임의로 사용하여 횡령하였다"라는 공소사실 [공인중개사법위반 → 횡령죄] (대법원 2012. 5. 24. 2010도3950 무자격 중개 사건)

2. (1) 1984. 9. 28. 약식명령이 발령되고 같은 해 10. 14. 확정된 "피고인은 1984. 4. 9. 03:40경 화물자동차를 운전하고 서울 성동구 구의동 234 앞길을 지나다가 진행방향을 잘 살피지 아니한 업무상과실로 진행방향 좌측에서 우측으로 직진하는 피해자 A 운전의 택시를 받아 손괴하였다"라는 공소사실과 (2) "피고인은 (1)과 동일한 교통사고로 그 택시에 타고 있던 승객들에게 상해를 입게 하였다"라는 공소사실 [도로교통법위반 → 교통사고처리법위반] (대법원 1986. 2. 11. 85도2658 택시와 충돌 사건) ▶ 20 변호사, 16 경간부

3. (1) 2008. 3. 19. 유죄판결이 선고되고 같은 해 3. 27. 확정된 "피고인은 2007. 5. 30. 00:23경 A가 사용하는 휴대폰으로 '너 진짜 죽을래 왜 내 전화 안 받고 무시해 빨랑 전화 받아 전화 안 받으면 너 진짜로 죽을 줄 알아'라는 내용의 문자메시지를 보낸 것을 비롯하여 그 시경부터 2007. 12. 16.경까지 총 539회에 걸쳐 공포심이나 불안감을 유발하는 문언을 반복적으로 도달하게 하였다"라는 공소사실과 (2) "피고인은 2006. 8. 18.경 자신과 이혼한 A의 휴대폰으로 '너는 진짜 인간쓰레기다. 너 같은 인간은 청소기로 확 쓸어버려야 한다. 이 벌레보다도 못한 인간아'라는 내용의 문자메시지를 발송한 것을 비롯하여 그 무렵부터 2007. 5. 9.까지 모두 33회에 걸쳐 문자메시지를 발송하는 등으로 불안감을 유발하는 글을 반복적으로 도달하게 하였다는 것이다"라는 공소사실 [정보통신망법위반 및 상습협박죄 → 정보통신망법위반] (대법원 2009. 2. 26. 2009도39 572회 문자 사건) ▶ 19 경간부

10 기판력이 미치지 않는 경우 II

1. (1) 유죄판결이 확정된 "피고인 甲은 1997. 2. 초순부터 1997. 4. 3. 22:00경까지 정당한 이유 없이 범죄에 공용될 우려가 있는 위험한 물건인 휴대용 칼을 소지하였고, 1997. 4. 3. 23:00경 乙이 범행 후 화장실에 버린 칼을 집어 들고 나와 용산 미8군영 내 하수구에 버려 타인의 형사사건에 관한 증거를 인멸하였다"라는 공소사실과 (2) "피고인 甲은 1997. 4. 3. 21:50경 서울 용산구 이태원동에 있는 햄버거 가게 화장실에서 피해자 A를 칼로 찔러 乙과 공모하여 A를 살해하였다"라는 공소사실 [증거인멸죄 등 → 살인죄] (대법원 2017. 1. 25. 2016도15526 패터슨 이태원 살인사건) ▶ 18 경간부, 17 경찰채용

2. (1) 유죄판결이 확정된 "피고인은 과실로 교통사고를 발생시켰다"라는 공소사실과 (2) "피고인은 고의로 교통사고를 낸 뒤 보험금을 청구하여 수령하거나 미수에 그쳤다"라는 공소사실 [교통사고처리법위반 → 사기 및 사기미수죄] (대법원 2010. 2. 25. 2009도14263 보험사기사건) ▶ 22 국가9급, 17 경찰채용, 16 국가9급

3. (1) 유죄판결이 확정된 "피고인은 (2) 호소문과 동일한 문서를 방송작가협회 회원 1,700명에게 우편으로 발송·도달하게 함으로써 A의 명예를 훼손하였다"라는 공소사실과 (2) "피고인은 2004. 7. 말경 '이토록 사람이 없단 말입니까, 우리 협회에?'라는 제목으로 A를 비방하는 내용의 호소문을 작성한 후 그 문서 말미의 피고인의 이름 위에 임의로 B의 이름을 기입하는 방법으로 B 명의의 호소문을 위조하였다"라는 공소사실 [명예훼손죄 → 사문서위조죄] (대법원 2009. 4. 23. 2008도8527 방송작가협회 사건) ▶ 18 경찰승진

4. (1) 유죄판결이 확정된 "피고인 甲은 乙, 丙과 공모하여 1992. 9. 24. 02:00경 서울 서초구 방배동에 있는 공중전화박스 옆에서 丁 등이 9. 23. 23:40경 서울 구로구 구로동 노상에서 피해자 A로부터 강취한 국민카드 1매를 장물인 정을 알면서도 교부받아 취득하였다"라는 공소사실과 (2) "피고인 甲은 乙·丙·丁·戊·己와 합동하여 1992. 9. 23. 23:40경 서울 구로구 구로동 번지불상 앞길에서 甲·丙·戊는 망을 보고 乙·丁·己는 술에 취하여 졸고 있던 A에게 다가가 주먹과 발로 얼굴 및 몸통부위를 수회 때리고 차 A의 반항을 억압한 후 A 소유의 국민카드 2매 등이 들어 있는 지갑 2개를 꺼내어 가 이를 강취하고, A에게 치료일수 미상의 안면부타박상 등을 입혔다"라는 공소사실 [장물취득죄 → 강도상해죄] (대법원 1994. 3. 22. 93도2080 숙승 구로동 퍽치기 사건) ▶ 15 국가9급

5. (1) 약식명령이 확정된 "피고인은 회사의 대표이사로써 업무상 보관하던 회사 자금을 빼돌려 횡령하였다"라는 공소사실과 (2) "피고인은 (1)과 같이 횡령한 다음 그 중 일부를 더 많은 장비 납품 등의 계약을 체결할 수 있도록 해달라는 취지의 묵시적 청탁과 함께 배임증재에 공여하였다"라는 공소사실 [횡령죄 → 배임증재죄] (대법원 2010. 5. 13. 2009도13463 교통량 조사장비 납품사건) ▶ 23 국가7급, 22 경찰승진, 19 변호사, 17 경찰채용

6. (1) 약식명령이 확정된 "피고인은 2004. 6. 24. 23:10경 PC방 내에서 컴퓨터를 이용 남녀간의 성행위 영상물을 다운받아 입력시킨 후 PC방을 찾아오는 손님들에게 1시간당 6,000원의 수수료를 받고 위 영상물을 시청토록 한 것이다"라는 공소사실과 (2) "피고인은 2003. 12. 중순경부터 2004. 6. 7.경까지 사이에 성인 PC방에서 음란한 동영상파일 32,739개를 저장하여 놓고 손님들에게 시간당 6,000원을 받고 음란한 동영상을 볼 수 ▶ 22 경찰승진, 20 경찰승진

있도록 함으로써 정보통신망을 통하여 음란한 영상을 공연히 전시하였다"라는 공소사실. 다만, 피고인은 2004. 6. 7. (2) 행위로 인하여 음란 동영상이 저장되어 있던 서버 컴퓨터 2대를 압수당한 후 다시 새로운 장비와 프로그램을 갖추고 영업을 재개한 행위로 인하여 (1)과 같이 약식명령에 의한 처벌을 받은 것임 [정보통신망법위반 → 청소년성보호법위반 및 정보통신망법위반] (대법원 2005. 9. 30. 2005도4051 라이브클럽 PC방 사건)

7. (1) 유죄판결이 확정된 "피고인은 유사석유제품을 판매하였다"라는 공소사실과 (2) "피고인은 (1)과 같은 유사석유제품을 제조하여 판매하고도 그에 관한 부가가치세 등을 신고·납부하지 않고 조세를 포탈하였다"라는 공소사실 [석유사업법위반 → 조세범처벌법위반] (대법원 2017. 12. 5. 2013도7649 짝퉁 기름 판매사건)

▶ 19 경간부

선생님의 TIP

1. 일죄의 일부에 대하여 판결이 확정되면 그 기판력은 공소사실의 동일성이 인정되는 나머지 범죄사실에까지 미치는 것이 원칙이지만, 이에 대한 중대한 예외가 있는데 그것이 바로 [11] 판례이다.
2. 甲이 ⓐⓑⓒⓓⓔ의 상습사기죄를 범하였다. 甲이 예를 들어 ⓐⓑⓒ의 '<u>상습</u>'사기죄로 기소되어 유죄의 확정판결을 받은 경우 그 기판력은 포괄일죄의 관계에 있는 나머지 ⓓⓔ에도 미치므로 검사가 나중에 ⓓⓔ를 기소하면 법원은 면소판결을 선고하여야 한다[6]. 그러나 甲이 예를 들어 ⓐ의 '<u>단순</u>'사기죄로 기소되어 유죄의 확정판결을 받은 경우 그 기판력은 포괄일죄의 관계에 있는 나머지 ⓑⓒⓓⓔ에는 미치지 않으므로 검사가 나중에 ⓑⓒⓓⓔ를 기소하면 법원은 유무죄의 실체재판을 할 수 있다[7]. 이것은 상습폭행죄, 상습상해죄, 상습절도죄 등 다른 상습범의 경우도 마찬가지이다.
3. 이런 판례의 입장은 형사소송법 전체를 관통하는 "하나의 사건은 소송법적으로 나눌 수 없다."라는 원칙과 "범죄사실의 일부에 대한 공소의 효력은 범죄사실 전부에 미친다."라는 형사소송법 제248조 제2항의 취지에 반하는 것이지만, 중한 죄를 범했음에도 경한 처벌을 받고 나머지에 대하여 처벌을 면하는 것은 부당하다는 점을 고려한 것으로 보인다. 자.. 세 번 정도 따라 한다. "<u>상습 미쳐, 단순 안 미쳐</u>", "<u>상습 미쳐, 단순 안 미쳐</u>", "<u>상습 미쳐, 단순 안 미쳐</u>". 의외로 쉽지 않은 테마이다.
4. 위 2. 3. 이와 같은 판례의 법리는 상습범에서만 적용될 수 있고, 상습범이 아닌 포괄일죄에는 적용되지 않는다. 상습범이 아닌 포괄일죄에서는 '상습' 또는 '단순' 이런 말이 나올 수 없기 때문이다. 따라서 상습범이 아닌 포괄일죄의 경우에는 위 1. 원칙에 따라 일죄의 일부에 대하여 판결이 확정되면 그 기판력은 공소사실의 동일성이 인정되는 나머지 범죄사실에까지 미친다. 자.. 역시 세 번 정도 따라 한다. "<u>상습범, 상습범 아닌 포괄일죄</u>", "<u>상습범, 상습범 아닌 포괄일죄</u>", "<u>상습범, 상습범 아닌 포괄일죄</u>". 깊게 들어가면 정말 어려운 테마이다.
5. [4] 판례부터 [11] 판례까지는 기판력의 객관적 범위에 관한 것이고 [12], [13] 판례는 기판력의 시간적 범위에 관한 것이다.

---

[6] 이는 甲이 예를 들어 ⓑⓒⓓ의 '상습'사기죄로 기소되어 유죄의 확정판결을 받은 경우도 마찬가지로 그 기판력은 포괄일죄의 관계에 있는 나머지 ⓐⓔ에도 미친다.
[7] 이는 甲이 예를 들어 ⓓ의 '단순'사기죄로 기소되어 유죄의 확정판결을 받은 경우도 마찬가지로 그 기판력은 포괄일죄의 관계에 있는 나머지 ⓐⓑⓒⓔ에는 미치지 않는다.

| 핵심정리 | 포괄일죄의 정리 |

구분	내 용	
협의의 포괄일죄	1개의 구성요건에 수개의 행위태양이 규정되어 있는 경우 수개의 태양에 해당하는 행위를 하더라도 일죄만 성립	상습범 아닌 포괄일죄
결합범	수개의 독립된 범죄를 결합하여 한 개의 범죄구성요건으로 규정한 경우 그 수개의 독립된 범죄를 하더라도 일죄만 성립	
계속범	범죄의 기수에 이른 이후 법익침해 행위를 계속 하더라도 일죄만 성립	
접속범	수개의 행위가 단일한 범죄의사에 의하여 시간적·장소적으로 접속되고 피해법익이 동일한 경우 일죄만 성립	
연속범	수개의 행위가 단일한 범죄의사에 의하여 일정 기간 동안 계속되고 피해법익이 동일한 경우 일죄만 성립(수개의 행위가 시간적·장소적으로 접속될 것을 요하지 않기 때문에 접속범과 구별됨)	
집합범	범죄구성요건 자체가 단일한 범죄의사에 의하여 수개의 행위를 하더라도 일죄로 처벌할 것을 예상하고 있기 때문에 일죄만 성립 - 의료인이 아닌 자가 수개월에 걸쳐 무면허 의료행위를 하더라도 의료법위반의 일죄만 성립(영업범 또는 직업범)	
	- 상습적으로 수회에 걸쳐 절취하더라도 상습절도의 일죄만 성립(상습범)	상습범

11 포괄일죄 관계에 있는 여러 상습사기의 범행 중 일부에 대하여 '단순사기죄'의 확정판결이 있는 경우에 그 확정판결의 기판력의 표준시 전에 저질러진 상습사기범죄에 대하여 위 확정판결의 기판력이 미치는지의 여부(소극)

상습범으로서 포괄적 일죄의 관계에 있는 여러 개의 범죄사실 중 일부에 대하여 유죄판결이 확정된 경우에, 그 확정판결의 사실심판결 선고 전에 저질러진 나머지 범죄에 대하여 새로이 공소가 제기되었다면 그 새로운 공소는 확정판결이 있었던 사건과 동일한 사건에 대하여 다시 제기된 데 해당하므로 이에 대하여는 판결로써 면소의 선고를 하여야 하는 것인바(형사소송법 제326호 제1호), 다만 이러한 법리가 적용되기 위해서는 전의 확정판결에서 당해 피고인이 상습범으로 기소되어 처단되었을 것을 필요로 하는 것이고, 상습범 아닌 기본 구성요건의 범죄로 처단되는 데 그친 경우에는 가사 뒤에 기소된 사건에서 비로소 드러났거나 새로 저질러진 범죄사실과 전의 판결에서 이미 유죄로 확정된 범죄사실 등을 종합하여 비로소 그 모두가 상습범으로서의 포괄적 일죄에 해당하는 것으로 판단된다 하더라도 뒤늦게 앞서의 확정판결을 상습범의 일부에 대한 확정판결이라고 보아 그 기판력이 그 사실심판결 선고 전의 나머지 범죄에 미친다고 보아서는 아니된다.(대법원 2004. 9. 16. 2001도3206 숨은 상습미쳐 단순안미쳐 사건)

> 25 변호사, 24 변호사,
> 24 국가7급, 23 변호사,
> 23 국가9급, 22 변호사,
> 22 경간부, 21 국가7급,
> 21 국가9급, 20 변호사,
> 20 경찰승진, 19 변호사,
> 19 경간부, 19 국가9급,
> 19 소방간부, 17 법원9급,
> 17 경간부, 17 국가9급,
> 16 변호사, 15 국가9급

선생님의 TIP

1. 상습범 등 포괄일죄에서 피고인이 일단 '상습범'으로 유죄의 확정판결을 받은 경우 그 기판력은 포괄일죄의 관계에 있는 나머지 모든 범죄에 미쳐 피고인은 나머지 모든 범죄에 대하여 영원히 처벌을 면하는 것인가? 그렇지는 않고 기판력은 사실심리가 가능한 최종 시점까지만 미친다. 이것이 바로 기판력의 시간적 범위의 문제이다.
2. 기판력의 시간적 범위는 재판시까지 미친다. 재판이란 구체적으로 '판결선고시[8], 결정시 그리고 약식명령 발령시'이다. 아래 핵심정리를 계속 보도록 한다.

핵심정리	기판력의 시간적 범위

구분	사례
판결 I (상습범에서 상습범 기소)	[제1회 공판] [제2회 공판] [제3회 공판] [기소] [변론종결] [판결선고] [판결확정] ⓐⓑⓒ⁹　　　ⓓ　　　ⓔ　　ⓕ　　ⓖ　　ⓗ　　ⓘ 1. 검사가 ⓐⓑⓒ를 상습범으로 기소하여 판결¹⁰이 확정된 경우 그 기판력은 ⓓⓔⓕ까지 미치고 ⓖⓗⓘ에는 미치지 않는다. 이론상 검사가 ⓓⓔⓕ를 공소장변경(공소사실의 추가)을 통하여 심판대상으로 삼을 수 있었고 법원도 심판할 수 있었기 때문이다. 피고인은 ⓐ부터 ⓕ까지 현실적 또는 잠재적으로 심판을 받았다고 볼 수 있다. 2. 판결이 확정된 후에 검사가 ⓓⓔⓕ를 기소한다면 법원은 면소판결을 선고하여야 하지만, ⓖⓗⓘ를 기소한다면 법원은 유무죄의 실체재판을 할 수 있다.
판결 II (상습범에서 단순범 기소)	[제1회 공판] [제2회 공판] [제3회 공판] [기소] [변론종결] [판결선고] [판결확정] ⓐ　ⓑ　ⓒ　　　ⓓ　　　ⓔ　　　ⓕ　　ⓖ　　ⓗ　ⓘ 검사가 ⓐ를 단순범으로 기소하여 판결이 확정된 경우 그 기판력은 ⓑ~ⓘ 모두에 미치지 않는다¹¹.
판결 III (상습범 아닌 포괄일죄)	[제1회 공판] [제2회 공판] [제3회 공판] [기소] [변론종결] [판결선고] [판결확정] ㉠ 무신고영업　　　㉡ 무신고영업　　㉢ 무신고영업 1. 검사가 ㉠ 무신고영업을 기소하여 판결이 확정된 경우 그 기판력은 ㉡ 무신고영업까지 미치고 ㉢ 무신고영업에는 미치지 않는다. 2. 판결이 확정된 후에 검사가 ㉡ 무신고영업을 기소한다면 법원은 면소판결을 선고하여야 하지만, ㉢ 무신고영업을 기소한다면 법원은 유무죄의 실체재판을 할 수 있다.
결정	[제1회 공판] [제2회 공판] [제3회 공판] [항소] [변론종결] [결정] [결정고지] [결정확정] ⓐⓑⓒ　　　ⓓ　　　ⓔ　　ⓕ　　ⓖ　　ⓗ　　ⓘ 위 판결 I과 유사하게 기판력은 ⓓⓔⓕ까지 미치고 ⓖⓗⓘ에는 미치지 않는다. 이는 상습범 아닌 포괄일죄의 경우도 마찬가지이다.
약식명령	[약식절차] [약 청구]　　　[약 발령¹²]　　[약 고지]　　[약 확정] ⓐⓑⓒ　　　ⓓ　　　ⓔ　　　ⓕ 위 판결 I과 유사하게 기판력은 ⓓ까지 미치고 ⓔⓕ에는 미치지 않는다. 이는 상습범 아닌 포괄일죄의 경우도 마찬가지이다.

---

8 사실심 판결선고시, 즉 제1심과 제2심의 판결선고시를 말한다. 상고심(제3심)판결선고시는 (파기자판이 아닌 한) 기판력의 시간적 범위의 기준이 될 수 없다.
9 ⓐⓑⓒ 등은 상습범을 구성하는 개개의 행위를 말한다.

12 기판력의 기준이 되는 '범죄사실의 동일성'의 판단기준 및 기판력이 미치는 이유

확정판결의 기판력이 확정판결에서 인정된 범죄사실과 공소사실의 동일성이 인정되는 범죄사실에까지 미치게 된다고 보는 것은 공소가 제기된 범죄사실과 공소사실의 동일성이 인정되는 범죄사실은 언제든지 공소장변경을 통하여 법원의 심판의 대상이 되어 유죄판결을 받을 위험성이 있다는 점을 근거로 한 것이다.(대법원 2012. 6.14. 2011도6858 장위 지구대 사건)

▶ 20 법원9급

13 확정판결의 기판력이 미치는 시간적 효력범위(=재판시 즉 판결선고시, 결정시 또는 약식명령 발령시까지 행한 범죄에 미침)

1. 포괄일죄의 관계에 있는 범행 일부에 대하여 판결이 확정된 경우에는 **사실심 판결선고시를 기준으로** 그 이전에 이루어진 범행에 대하여는 확정판결의 기판력이 미쳐 면소의 판결을 선고하여야 한다.(대법원 2020. 5.14. 2020도1355 집창촌 건물임대인 사건) 상습범 아닌 포괄일죄(성매매장소제공등)에 관한 판례이다.

▶ 24 국가9급, 22 경간부, 18 경찰채용, 16 변호사

2. 판결의 확정력은 사실심리의 가능성이 있는 최후의 시점인 판결선고시를 기준으로 하여 그때까지 행하여진 행위에 대하여만 미치는 것으로서, 제1심판결에 대하여 항소가 된 경우 판결의 확정력이 미치는 시간적 한계는 현행 형사항소심의 구조와 운용실태에 비추어 볼 때 **항소심 판결선고시**라고 보는 것이 상당하다.(대법원 2021. 2. 4. 2019도10999 기판력 불고불리 오해 항소심사건) 상습범 아닌 포괄일죄(허위세금계산서교부등)에 관한 판례이다.

▶ 23 경찰승진, 22 법원9급, 22 소방간부

▶

3. 항소이유서를 제출하지 아니하여 결정으로 항소가 기각된 경우에도 판결에 영향을 미친 사실오인이 있는 등 직권조사사유가 있으면 항소법원이 직권으로 심판하여 제1심 판결을 파기하고 다시 판결할 수도 있으므로 사실심리의 가능성이 있는 최후시점은 **항소기각 결정시**라고 보는 것이 옳다.(대법원 1993. 5.25. 93도836 항소기각결정시까지 사건) 상습범(상습사기)에 관한 판례이다.

▶ 23 변호사, 22 경간부, 20 경찰승진, 18 경간부

▶

4. 포괄일죄의 관계에 있는 범행의 일부에 대하여 약식명령이 확정된 경우에는 **그 약식명령의 발령시를 기준으로** 하여 그 이전에 이루어진 범행에 대하여는 면소의 판결을 선고하여야 한다.(대법원 2013. 6.13. 2013도4737 크릴새우 판매대금 횡령사건) 상습범 아닌 포괄일죄(업무상횡령)에 관한 판례이다.

▶ 25 변호사, 24 법원9급, 23 국가7급, 22 변호사, 22 국가7급, 22 소방간부, 21 경간부, 20 변호사, 19 경찰승진, 19 경간부, 19 경찰채용, 18 경찰승진, 18 경찰채용, 18 국가9급, 18 소방간부, 17 변호사, 16 변호사, 16 법원9급, 16 경찰채용, 15 법원9급

▶

5. 포괄일죄 관계인 범행의 일부에 대하여 판결이 확정된 경우에는 **사실심 판결선고시를 기준으로**, 약식명령이 확정된 경우에는 **약식명령 발령시를 기준으로** 그 이전에 이루어진 범행에 대하여는 확정판결의 기판력이 미친다.(대법원 2023. 6.29. 2020도3705 남자새끼들 개새끼들 사건) 상습범 아닌 포괄일죄(통신매체이용음란 및 명예훼손)에 관한 판례이다. 아래 6. 판례 참고

---

10 유죄판결. 무죄판결 그리고 면소판결을 말한다. 이하 마찬가지이다.
11 이는 검사가 ⓑ 또는 ⓒ를 단순범으로 기소하여 판결이 확정된 경우도 마찬가지이다.
12 약식명령에 법관이 기명·날인을 하는 것이라고 해석된다.

6. 포괄일죄 관계인 범행의 일부에 대하여 판결이 확정되거나 약식명령이 확정되었는데 그 사실심 판결선고시 또는 약식명령 발령시를 기준으로 그 이전에 이루어진 범행이 포괄일죄의 일부에 해당할 뿐만 아니라 그와 상상적 경합관계에 있는 다른 죄에도 해당하는 경우에는 확정된 판결 내지 약식명령의 기판력은 상상적 경합관계에 있는 다른 죄에 대하여도 미친다.(대법원 2023. 6.29. 2020도3705 남자새끼들 개새끼들 사건) 상습범 아닌 포괄일죄(통신매체이용음란 및 명예훼손)에 관한 판례이다. 〈약식명령 부분〉 甲은 "P 피고인은 2017.11. 5.부터 2017.12. 1.까지 총 21회에 걸쳐 (중략) A에게 성적 수치심을 유발하는 글을 도달하게 하였다."라는 범죄사실(통신매체이용음란의 포괄일죄)로 2018. 6.22. 약식명령을 발령받았고 이후 2018. 8. 8. 그 약식명령이 확정되었다. 그런데 이후 검사는 "Q 피고인은 2018. 2.15.부터 2018. 5.27.까지 동일한 기회에 (중략) A와 B에게 성적 수치심을 유발하는 글을 도달하게 하였다."라는 범죄사실(각 통신매체이용음란의 포괄일죄의 상상적 경합범)로 공소를 제기하였다[13]. 'A에 대한' PQ 범죄사실은 포괄일죄의 관계에 있고, 이 PQ 범죄사실과 'B에 대한' Q 범죄사실은 상상적 경합의 관계에 있다. 따라서 P 범죄사실에 대한 확정된 약식명령의 기판력은 Q 범죄사실에도 미친다. 〈판결선고 부분〉 甲은 "X 피고인은 2017. 4. 2.부터 2017.10.22.까지 총 30회에 걸쳐 (중략) A의 명예를 훼손하였다."라는 범죄사실(정보통신망법상 명예훼손의 포괄일죄)로 2019. 9.26. 유죄판결을 선고받았고 이후 2019.10. 5. 그 판결이 확정되었다. 그런데 이후 검사는 "Y 피고인은 2018. 3.16.부터 2018. 7.12.까지 동일한 기회에 (중략) A, B, C, D의 명예를 훼손하였다."라는 범죄사실(각 정보통신망법상 명예훼손의 포괄일죄의 상상적 경합범)로 공소를 제기하였다. 'A에 대한' XY 범죄사실은 포괄일죄의 관계에 있고, 이 XY 범죄사실과 'B, C, D에 대한' Y 범죄사실은 상상적 경합의 관계에 있다. 따라서 X 범죄사실에 대한 확정판결의 기판력은 Y 범죄사실에도 미친다. 이들 범죄 외에도 모욕죄도 있었는데 그것은 위 〈약식명령 부분〉과 유사하다.

> 24 변호사

> **선생님의 TIP**
>
> [14], [15] 판례는 기판력의 객관적 범위와 기판력의 시간적 범위 모두에 관한 것이다. 이 판례들은 형법 과목에서도 출제된다. 형법 제37조 후단의 사후적 경합범에 해당하는지 여부를 물어보는 것이다.

14 기판력이 미쳐 범죄가 분리되는 경우

1. 상습범에서 상습성에 의해 저질러진 일련의 범행 사이에 그것들과 동일한 습벽에 의해 저질러진 또 다른 범죄사실에 대한 유죄의 확정판결이 있는 경우에는 전후 범죄사실의 일죄성은 그 확정판결에 의해 분단되어 동일성이 없는 별개의 범죄가 된다. 이는 유죄의 확정판결 전후의 범죄사실은 그것이 동일한 습벽에 의해 저질러졌다 하더라도 동시에 심리할 가능성이 없기 때문이다.(대법원 2019. 6.20. 2018도20698 숨숨 재심판결의 확정력 사건) 상습범(상습절도)에 관한 판례이고, 상습절도죄로 유죄판결이 확정된 사건이다. 아래와 같이 검사가 ⓐⓑⓒ를 상습범으로 기소하여 판결이 확정된 경우 그 기판력은 ⓓⓔⓕ까지 미치고 ⓖⓗⓘ에는 미치지 않는다. 확정판결이 없었다면 ⓐ~ⓘ 모두가 포괄일죄이었을

> 20 경찰승진

[13] 실제의 공소사실과는 다르지만 이해의 편의를 위해 약간 각색을 하였다.

것이나 ⓐⓑⓒ에 대한 확정판결로 인하여 ⓐ~ⓘ의 포괄일죄는 동일성이 없는 X와 Y의 실체적 경합범으로 변한다. 만약 검사가 X와 Y를 기소한다면 법원은 X에 대하여는 면소판결을 선고하여야 하고, Y에 대하여는 유무죄의 실체재판을 할 수 있다.

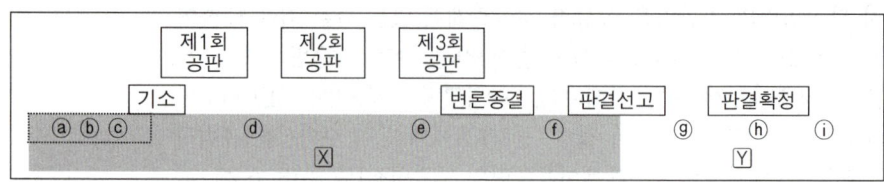

▶

2. 실체법상 포괄일죄의 관계에 있는 일련의 범행 중간에 동종의 죄에 관한 확정판결이 있는 경우에는 확정판결로 전후 범죄사실이 나뉘어져 원래 하나의 범죄로 포괄될 수 있었던 일련의 범행은 확정판결의 전후로 분리된다. 사실심판결 선고 시 이후의 범죄는 확정판결의 기판력이 미치지 않으므로 설령 확정판결 전의 범죄와 포괄일죄의 관계에 있다고 하더라도 별개의 독립적인 범죄가 된다.(대법원 2017. 5.17. 2017도3373 녹용액기스 사건) 상습범 아닌 포괄일죄(식품위생법위반)에 관한 판례이다. 아래와 같이 검사가 ㉠ 무신고영업을 기소하여 판결이 확정된 경우 그 기판력은 ㉡ 무신고영업까지 미치고 ㉢ 무신고영업에는 미치지 않는다. 확정판결이 없었다면 ㉠~㉢의 무신고영업이 포괄일죄이었을 것이나 ㉠ 무신고영업에 대한 확정판결로 인하여 ㉠~㉢의 무신고영업의 포괄일죄는 동일성이 없는 X와 Y의 실체적 경합범으로 변한다. 만약 검사가 X와 Y를 기소한다면 법원은 X에 대하여는 면소판결을 선고하여야 하고, Y에 대하여는 유무죄의 실체재판을 할 수 있다. 아래 3. 판례도 마찬가지이다.

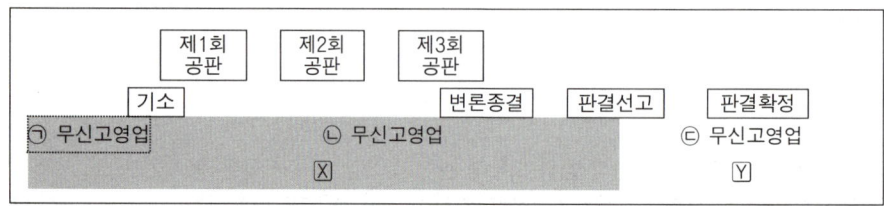

3. (1) 포괄일죄인 영업범에서 공소제기의 효력은 공소가 제기된 범죄사실과 동일성이 인정되는 범죄사실의 전체에 미치므로 공판심리 중에 그 범죄사실과 동일성이 인정되는 범죄사실이 추가로 발견된 경우에 검사는 공소장변경절차에 의하여 그 범죄사실을 공소사실로 추가할 수 있다. (2) 그러나 공소제기된 범죄사실과 추가로 발견된 범죄사실 사이에 그 범죄사실들과 동일성이 인정되는 또 다른 범죄사실에 대한 유죄의 확정판결이 있는 때에는 추가로 발견된 확정판결 후의 범죄사실은 공소제기된 범죄사실과 분단되어 동일성이 없는 별개의 범죄가 된다. 따라서 이때 검사는 공소장변경절차에 의하여 확정판결 후의 범죄사실을 공소사실로 추가할 수는 없고 별개의 독립된 범죄로 공소를 제기하여야 한다. (대법원 2017. 4.28. 2016도21342 무신고 분식점 사건) 상습범 아닌 포괄일죄(식품위생법위반)에 관한 판례이다. 피고인이 '2015. 1.20.부터 2016. 1. 7.까지' 무신고 분식점 영업행위를 하였다고 기소되었는데, 이후 피고인은 '2015. 1.20.부터 2015. 9.21.까지' 같은 범죄사실로 2016. 1.27. 벌금 50만원의 약식명령을 받아 그 무렵 약식명령이 확정된 사실이

▶ 23 국가9급, 22 변호사, 20 변호사, 20 경찰승진, 19 경찰채용, 19 국가7급, 18 국가7급

밝혀졌다. 이 경우 검사는 '2016. 1.28.부터 2016. 8. 18.까지'의 같은 범죄사실에 대하여 별개의 독립된 범죄로 공소제기를 하여야 하고, 공소장변경 통하여 이를 추가할 수 없다는 취지의 판례이다. 대략 검사가 ㉠ 무신고영업과 ㉡ 무신고영업을 기소하였는데, 그 전에 ㉠ 무신고영업에 대하여 약식명령이 발령되었음이 밝혀졌다. 이 경우 ㉠㉡ 무신고영업(X)와 ㉢ 무신고영업(Y)은 공소사실의 동일성이 인정되지 않는 별개의 행위이므로 공소장변경으로 ㉢ 무신고영업의 공소사실을 추가할 수 없고, 별개의 범죄로 기소하여야 한다. 다음 면 박스 참고판례 2. 판례 참고

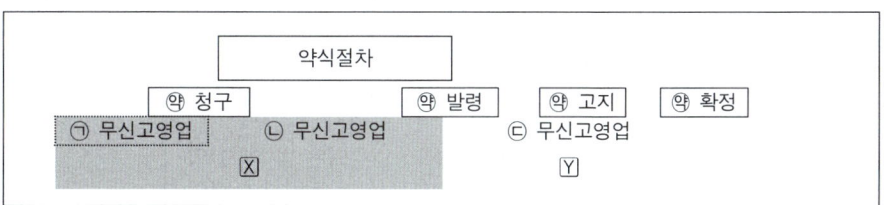

15 기판력이 미치지 않아 범죄가 분리되지 않는 경우

1. 상습사기의 범행이 단순사기죄의 확정판결의 전후에 걸쳐서 행하여진 경우에는 그 죄는 두 죄로 분리되지 않고 확정판결 후인 최종의 범죄행위 시에 완성되는 것이다.(대법원 2010. 7. 8. 2010도1939 단순사기 전후에 걸쳐 사건) 상습범(상습사기)에 관한 판례이다. 아래와 같이 검사가 ⓒ를 단순범으로 기소하여 판결이 확정된 경우 그 기판력은 ⓐⓑⓓ~ⓘ 모두에 미치지 않는다. 이 경우 ⓐⓑⓓ~ⓘ의 포괄일죄는 두 죄로 분리되지 않고 ⓒ에 대한 확정판결 후인 최종의 범죄행위시(ⓘ 행위시)에 완성되는 것이다. 즉 ⓒ와 ⓐⓑⓓ~ⓘ의 포괄일죄는 형법 제37조 후단의 경합범 관계에 있지 않다.

▶ 16 변호사

▶

2. 포괄일죄로 되는 개개의 범죄행위가 다른 종류의 죄의 확정판결의 전후에 걸쳐서 행하여진 경우에는 그 죄는 2죄로 분리되지 않고 확정판결 후인 최종의 범죄행위시에 완성되는 것이다.(대법원 2015. 9.10. 2015도7081 보이스피싱조직 가입·활동 사건) 상습범 아닌 포괄일죄(범죄단체가입·활동)에 관한 판례이다. 다른 종류의 죄로 확정판결을 받았으므로 기판력이 미치지 않는다. 아래와 같이 ⓐ~ⓓ의 포괄일죄 X는 A에 대한 판결확정 후에 완성되므로(판결확정 후의 범죄로 취급된다) A와 X는 형법 제37조 후단의 경합범 관계에 있지 않다.

▶ 23 경찰승진, 22 변호사, 21 법원9급, 20 경찰승진, 18 법원9급, 18 국가9급, 15 변호사

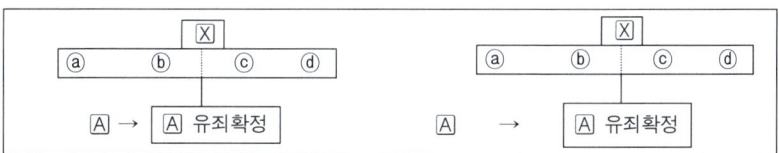

> **선생님의 TIP**
>
> 아래 참고판례는 확정판결을 받은 범죄가 **상습범인 경우에 한하여 유효하다.** 자.. 이 단계에서 또 따라한다. "상습 미쳐, 단순 안 미쳐", "상습 미쳐, 단순 안 미쳐", "상습 미쳐, 단순 안 미쳐".

참고판례

1. 원래 실체법상 상습사기의 일죄로 포괄될 수 있는 관계에 있는 일련의 사기 범행의 중간에 **동종의 죄에 관한 확정판결이 있는 경우에는 그 확정판결에 의하여 원래 일죄로 포괄될 수 있었던 일련의 범행은 그 확정판결의 전후로 분리되고**, 이와 같이 분리된 각 사건은 서로 동일성이 있다고 할 수 없어 이중으로 기소되더라도 각 사건에 대하여 각각의 주문을 선고하여야 한다. (대법원 2000. 2.11. 99도4797 담보가치 없는 주택 사건) 18 경찰채용

2. 상습범에 있어서 공소제기의 효력은 공소가 제기된 범죄사실과 동일성이 인정되는 범죄사실의 전체에 미치는 것이므로 상습범의 범죄사실에 대한 공판심리중에 그 범죄사실과 동일한 습벽의 발현에 의한 것으로 인정되는 범죄사실이 추가로 발견된 경우에는 검사는 공소장변경절차에 의하여 그 범죄사실을 공소사실로 추가할 수 있다고 할 것이나, 공소제기된 범죄사실과 추가로 발견된 범죄사실 사이에 **그것들과 동일한 습벽에 의하여 저질러진 또 다른 범죄사실에 대한 유죄의 확정판결이 있는 경우에는 전후 범죄사실의 일죄성은 그에 의하여 분단되어** 공소제기된 범죄사실과 판결이 확정된 범죄사실만이 포괄하여 하나의 상습범을 구성하고, 추가로 발견된 확정판결 후의 범죄사실은 그것과 경합범 관계에 있는 별개의 상습범이 되므로 검사는 공소장변경절차에 의하여 이를 공소사실로 추가할 수는 없고 어디까지나 별개의 독립된 범죄로 공소를 제기하여야 한다.(대법원 2000. 3.10. 99도2744 식당·포장마차 행패 사건) 20 법원9급

04

상소, 비상구제절차 등

CHAPTER 01 | 상소

제1절 | 상소 통칙

I 상소권자와 상소권

형사소송법(2025. 3.18. 법률 제20796호로 일부개정된 것)

제338조【상소권자】① 검사 또는 피고인은 상소를 할 수 있다. 〈고유의 상소권자〉
② 삭제 〈2007. 12. 21.〉
제339조【항고권자】검사 또는 피고인 아닌 자가 결정을 받은 때에는 항고할 수 있다. 〈고유의 상소권자〉
제340조【당사자 이외의 상소권자】피고인의 법정대리인은 피고인을 위하여 상소할 수 있다. 〈상소대리권자[1]〉
제341조【동전】① 피고인의 배우자, 직계친족, 형제자매 또는 원심의 대리인이나 변호인은 피고인을 위하여 상소할 수 있다. 〈상소대리권자〉
② 전항의 상소는 <u>피고인의 명시한 의사에 반하여 하지 못한다</u>[2].

> **선생님의 TIP**
>
> 1. 상소(上訴)란 다음 면 핵심정리 '항소, 상고, 항고, 재항고'를 통칭하는 용어이다. 용어를 암기해야 하는데, 이것이 상소 파트 공부의 가장 기본이다.
> 2. 상소 관련 판례는 깊게 들어가면 압수·수색이나 전문법칙 이상으로 어렵지만, 시험에는 그렇게 어렵게 출제되지도 않고 또한 많이 출제되지도 않는다. 시험에 출제된 것을 위주로 판례를 수록하도록 한다.
> 3. 위 법조문과 조언 이하는 상소권자에 관한 것이다. 변호인도 상소를 제기할 수 있지만, 이는 변호인의 고유권이 아니라 대리권에 해당한다. 본인인 피고인의 상소권이 소멸하면 변호인의 상소권도 당연히 소멸한다.

---

[1] 제341조의 반대해석상 고유의 상소권자라고 볼 수도 있다.
[2] 피고인의 명시한 의사에 반하여 할 수 없는 변호인의 소송행위는 기피신청, 증거동의 그리고 상소의 제기가 있다. 두문자 〈동트면 기상〉으로 암기하기 바란다.

핵심정리　상소[3]

	제1심		제2심		제3심
		판결 / 항소		판결 / 상고	
	지방법원(지원) 단독판사	→	지방법원본원 합의부	→	대법원
		결정 / 항고		결정 / 재항고	
		판결 / 항소		판결 / 상고	
	지방법원(지원) 합의부	→	고등법원	→	대법원
		결정 / 항고		결정 / 재항고	

01 피고인이 상소권이 소멸한 후에 변호인이 상소를 제기할 수 있는지의 여부(소극)

형사소송법 제341조 제1항에 "원심의 변호인은 피고인을 위하여 상소할 수 있다."함은 변호인에게 고유의 상소권을 인정한 것이 아니고 피고인의 상소권을 대리하여 행사하게 한 것에 불과하므로 **변호인은 피고인의 상소권이 소멸된 후에는 상소를 제기할 수 없고, 상소를 포기한 자는 형사소송법 제354조에 의하여 그 사건에 대하여 다시 상소를 할 수 없다.** (대법원 1998. 3.27. 98도253 상고포기 후 재상고 사건) [2] 판례 참고

> 21 소방간부, 20 소방간부,
> 19 경찰승진,17 소방간부,
> 16 법원9급, 15 경간부,
> 15 경찰채용

02 피고인의 상소권이 소멸하였기 때문에 피고인이나 변호인이 제기한 상소가 부적법한 경우

피고인은 2021. 7.22. 선고된 원심판결에 대하여 2021. 7.26. 상고포기서를 제출한 이후 2021. 7.28. 상고장을 제출하고, 피고인의 국선변호인이 2021. 9.10. '상고이유서'라는 서면을 제출하였음을 알 수 있다. 피고인과 변호인의 상고는 피고인의 **상고권 포기로 상고권이 소멸한 이후에 제기된 것이어서 부적법**하고, 국선변호인의 상고이유서를 상고장으로 보더라도 상고의 제기기간이 지나 상고권이 소멸한 이후에 제기된 것이어서 마찬가지로 부적법하다.(대법원 2023. 1.12. 2021도10861 조건만남 협박 피해금사건)

형사소송법(2025. 3.18. 법률 제20796호로 일부개정된 것)

제345조【상소권회복 청구권자】 제338조부터 제341조까지의 규정에 따라 상소할 수 있는 자는 자기 또는 대리인이 책임질 수 없는 사유로 상소 제기기간 내에 상소를 하지 못한 경우에는 상소권회복의 청구를 할 수 있다.

제346조【상소권회복 청구의 방식】 ① 상소권회복을 청구할 때에는 제345조의 사유가 해소된 날부터 상소 제기기간에 해당하는 기간 내에 서면으로 원심법원에 제출하여야 한다.
② 상소권회복을 청구할 때에는 제345조의 책임질 수 없는 사유를 소명하여야 한다.
③ 상소권회복을 청구한 자는 그 청구와 동시에 상소를 제기하여야 한다.

제347조【상소권회복에 대한 결정과 즉시항고】 ① 상소권회복의 청구를 받은 법원은 청구의 허부에 관한 결정을 하여야 한다.
② 전항의 결정에 대하여는 즉시항고를 할 수 있다.

---

[3] 제1심 판결에 대하여 곧장 대법원에 불복하는 '비약적 상고'도 있다.(제372조) 그에 비하여 제1심 결정에 대하여 곧장 대법원에 불복하는 '비약적 항고'는 없다.

> **제348조【상소권회복청구와 집행정지】** ① 상소권회복의 청구가 있는 때에는 법원은 전조의 결정을 할 때까지 재판의 집행을 정지하는 결정을 할 수 있다.
> ② 전항의 집행정지의 결정을 한 경우에 피고인의 구금을 요하는 때에는 구속영장을 발부하여야 한다. 단, 제70조의 요건이 구비된 때에 한한다.
> **제355조【재소자에 대한 특칙】** 제344조의 규정은 교도소 또는 구치소에 있는 피고인이 상소권회복의 청구 또는 상소의 포기나 취하를 하는 경우에 준용한다.

선생님의 TIP

1. 위 법조문과 조언 이하는 상소권회복청구에 관한 것이다. 상소권회복청구는 상소기간이 경과하여 확정된 재판에 대한 불복이라는 점에서 재심과 유사하지만 그 사유가 형사소송법 제345조로 제한된다. 그다지 중요해 보이지 않지만 은근히 시험에, 특히 국가직과 법원직 시험에 출제가 잘 되고 있다. 약간 헷갈리고 어려울 수 있으므로 신경을 좀 써야 한다.
2. 상소권회복청구는 어떤 경우에 하는 것인가? 책임질 수 없는 사유로 **상소 제기기간[4] 내에 상소를 하지 못한 경우**, 즉 상소기간이 경과한 후에만 할 수 있다. 따라서 상소기간이 경과하기 전에 회복청구를 할 수 있겠는가? 상소권회복청구는 때려 죽여도 상소제기 기간이 경과한 후에만 할 수 있다. 형사소송법 제345조를 다시 보기 바란다. [6] 판례 참고

03 적법하게 상소를 제기한 경우 상소권회복청구를 할 수 있는지의 여부(소극)

상소권회복은 상소권자가 자기 또는 대리인이 책임질 수 없는 사유로 인하여 상소의 제기기간 내에 상소를 하지 못한 경우에 한하여 청구할 수 있으므로 **재판에 대하여 적법하게 상소를 제기한 자는 다시 상소권회복을 청구할 수 없다**.(대법원 2023. 4. 27. 2023모350 판결확정 피고인 항소권회복청구 사건) 물론 피고인이나 변호인이 착오이든 아니든 마구잡이로 그냥 청구한 사건이다. [4] 판례 참고

04 항소심판결이 선고된 후 항소권회복청구를 할 수 있는지의 여부(원칙적 소극)

1. 제1심판결에 대하여 피고인 또는 검사가 항소하여 항소심판결이 선고되면 상고법원으로부터 사건이 환송되는 경우 등을 제외하고는 항소법원이 다시 항소심 소송절차를 진행하여 판결을 선고할 수 없으므로 **항소심판결이 선고되면 제1심판결에 대하여 당초 항소하지 않았던 자의 항소권회복청구도 적법하다고 볼 수 없다.** 따라서 항소심판결이 선고된 사건에 대하여 제기된 항소권회복청구는 항소권회복청구의 원인에 대한 판단에 나아갈 필요 없이 형사소송법 제347조 제1항에 따라 결정으로 이를 기각하여야 한다.(대법원 2023. 4. 27. 2023모350 판결확정 피고인 항소권회복청구 사건) 항소권회복청구는 "제가 책임질 수 없는 사유로 인하여 항소기간(7일) 내에 항소하지 못했으므로 이 회복청구를 통하여 항소심판결을 받고 싶습니다."라는 취지의 청구이다. 따라서 그 청구 당시 이미 항소심판결이 선고되었다면 이러한 회복청구는 아무런 실익이 없게 된다. "이익이 없으면 재판도 없다"라는 법리에 따라 이익이 없는 이와 같은 소(訴)[5]는 기각 또는 각하된다[6]. 아래 2.

> 25 국가9급

---

[4] 2025년 현재 모든 상소의 제기기간은 7일이다. 이 단계에서 물어본다. 상소의 종류에는 어떤 것이 있었는가? 정답은 바로 '항소, 상고, 항고, 재항고'이다.
[5] 상소(上訴)도 '소(訴)'의 일종이다.
[6] 형사소송법에서는 청구나 신청이 부적법하든 (적법하지만) 이유가 없든 불문하고 '기각(棄却)'이라는 용어만 사용하지만, 민사소송법에서는 청구나 신청이 부적법한 경우에는 '각하(却下)'라는 용어를, 적법하지만

판례도 마찬가지이다.

2. 제1심판결에 대하여 피고인 또는 검사가 항소하여 항소법원이 판결을 선고한 후에는 상고법원으로부터 사건이 환송 또는 이송되는 경우 등을 제외하고는 항소법원이 다시 항소심 소송절차를 진행하여 판결을 선고할 수 없다. 따라서 **항소심판결이 선고되면 제1심판결에 대한 항소권이 소멸되어 제1심판결에 대한 항소권회복청구와 항소는 적법하다고 볼 수 없다.** 이는 제1심 재판 또는 항소심 재판이 소송촉진법이나 형사소송법 등에 따라 피고인이 출석하지 않은 가운데 불출석 재판으로 진행된 경우에도 마찬가지이다. 따라서 제1심판결에 대하여 검사의 항소에 의한 항소심판결이 선고된 후 피고인이 동일한 제1심판결에 대하여 항소권회복청구를 하는 경우 이는 적법하다고 볼 수 없어 형사소송법 제347조 제1항에 따라 결정으로 이를 기각하여야 한다.(대법원 2017. 3.30. 2016모2874 확정 뒤 6년만에 회복청구 사건)

▶ 21 국가7급, 19 경찰채용, 18 법원9급

> **선생님의 TIP**
>
> 상소권회복청구는 '책임질 수 없는 사유로 상소 제기기간 내에 상소를 하지 못한 경우'에만 허용된다. 따라서 **상소 제기기간 내에 상소를 하지 못한 것이 아니라 상소를 포기하여 재판이 확정된 경우에는** 상소권회복청구가 허용되지 않는 것이 원칙이다. 다만 상소포기가 부존재 또는 무효이고 상소제기 기간이 경과한 경우라면 예외적으로 상소권회복청구를 할 수 있다.

05 상소를 포기한 후 상소권회복청구를 할 수 있는지의 여부(소극)

형사소송법 제345조에 의한 **상소권회복**은 피고인 등이 책임질 수 없는 사유로 상소제기기간을 준수하지 못하여 소멸한 상소권을 회복하기 위한 것일 뿐 상소의 포기로 인하여 소멸한 상소권까지 회복하는 것이라고 볼 수는 없다.(대법원 2002. 7.23. 2002모180 상소포기 경우에도 회복청구가 허용되어야 한다 사건) 다만, 아래 [6] 판례처럼 피고인의 상소포기에 부존재 또는 무효사유가 있고 상소기간이 경과한 경우라면 상소권회복청구를 할 수 있다.

▶ 21 법원9급, 19 소방간부

06 상소포기가 부존재 또는 무효인 경우 상소권회복청구를 할 수 있는지의 여부

1. 상소권회복은 자기 또는 대리인이 책임질 수 없는 사유로 인하여 상소제기기간 내에 상소를 하지 못한 사람이 이를 청구하는 것이고, 상고제기 기간이 경과하기 전에는 상고포기의 효력을 다투면서 상고를 제기하여 그 상고의 적법 여부에 대한 판단을 받으면 되고 별도로 상소권회복청구를 할 여지는 없다.(대법원 1999. 5.18. 99모40 가족들의 권유에 따라 사건) 상소기간 경과 전이므로 회복청구는 할 수 없다(그냥 상소를 제기하면 된다).

▶ 22 법원9급

2. 상소권회복은 자기 또는 대리인이 책임질 수 없는 사유로 인하여 상소제기기간 내에 상소를 하지 못한 사람이 이를 청구하는 것이므로 '상소권을 포기한 후 상소제기기간이 도과하기 전'에 상소포기의 효력을 다투면서 상소를 제기한 자는 원심 또는 상소심에서 그 상소의 적법 여부에 대한 판단을 받으면 되고 별도로 상소권회복청구를 할 여지는 없지만, '상소권을 포기한 후 상소제기기간이 도과한 다음'에 상소포기의 효력을 다투는 한편 자기

▶ 21 국가7급, 20 경간부, 20 국가9급, 19 법원9급, 17 경찰채용

이유가 없는 경우에는 '기각(棄却)'이라고 용어를 사용한다.

또는 대리인이 책임질 수 없는 사유로 인하여 상소제기기간 내에 상소를 하지 못하였다고 주장하는 사람은 상소를 제기함과 동시에 **상소권회복청구**를 할 수 있다.(대법원 2004. 1.13. 2003모451 강제적으로 상고포기를 하였다 사건) '상소포기가 부존재 또는 무효임을 전제로' 상소기간 경과 전이라면 회복청구는 할 수 없지만, 상소기간 경과 후라면 회복청구를 할 수 있다.

07 상소권회복 사유인 '책임질 수 없는 사유'의 의미

형사소송법 제345조에서 '책임질 수 없는 사유'란 상소를 하지 못한 사유가 상소권자 본인 또는 대리인의 고의 또는 과실에 기하지 아니함을 말한다.(대법원 1986. 9.17. 86모46 고혈압·뇌혈전증으로 입원 사건) [9] 4. 판례 참고

▶ 21 법원9급

08 상소권회복의 사유가 될 수 있는 경우

1. **공시송달의 방법**으로 피고인이 불출석한 가운데 공판절차가 진행되고 판결이 선고되었으며, 피고인으로서는 공소장부본 등을 송달받지 못한 관계로 공소가 제기된 사실은 물론이고 판결선고 사실에 대하여 알지 못한 나머지 항소기간 내에 항소를 제기하지 못한 경우에는 이와 같은 항소기간의 도과는 피고인의 책임질 수 없는 사유에 기인한 것으로 봄이 상당하다.(대법원 2007. 1.12. 2006모691 집떠난 아들 사건)

   ▶ 18 법원9급, 18 국가7급, 15 국가9급

2. 피고인이 소송이 계속 중인 사실을 알면서도 법원에 거주지 변경 신고를 하지 않았다 하더라도 **잘못된 공시송달**에 터 잡아 피고인의 진술 없이 공판이 진행되고 피고인이 출석하지 않은 기일에 판결이 선고된 이상 피고인은 자기 또는 대리인이 책임질 수 없는 사유로 인하여 상소제기기간 내에 상소를 하지 못한 것으로 봄이 상당하다.(대법원 2014.10.15. 2014모1557 인도네시아 출국 피고인 사건)

   ▶ 24 국가7급, 24 국가9급, 22 국가7급, 21 법원9급, 21 국가7급, 19 소방간부, 17 국가7급

3. 피고인이 재판이 계속 중인 사실을 알면서도 새로운 주소지 등을 법원에 신고하는 등 조치를 하지 않아 소환장이 송달불능되었더라도 법원은 기록에 주민등록지 이외의 주소가 나타나 있고 피고인의 집 전화번호 또는 휴대전화번호 등이 나타나 있는 경우에는 위 주소지 및 전화번호로 연락하여 송달받을 장소를 확인하여 보는 등의 시도를 해 보아야 하고, 그러한 조치 없이 곧바로 공시송달 방법으로 송달하는 것은 형사소송법 제63조 제1항, 소송촉진법 제23조에 위배되어 허용되지 아니하는데, 이처럼 허용되지 아니하는 **잘못된 공시송달**에 터잡아 피고인의 진술 없이 공판이 진행되고 피고인이 출석하지 않은 기일에 **판결이 선고된 경우**에는 피고인은 자기 또는 대리인이 책임질 수 없는 사유로 상소 제기기간 내에 상소를 하지 못한 것으로 봄이 타당하다.(대법원 2022. 5.26. 2022모439 음주운전 피고인 공시송달 사건)

   ▶ 23 법원9급

   ▶

4. 형사소송법 제345조의 '대리인'이란 피고인을 대신하여 상소에 필요한 행위를 할 수 있는 지위에 있는 자를 말하는 것이고 교도소장은 피고인을 대리하여 결정정본을 수령할 수 있을 뿐이고 상소권 행사를 돕거나 대신할 수 있는 자가 아니어서 이에 포함되지 아니하므로 만일 교도소장이 결정정본을 송달받고 1주일이 지난 뒤에 그 사실을 피고인에게

   ▶ 18 국가7급, 15 국가9급

알렸기 때문에 피고인이나 그 배우자가 소정 기간 내에 항고장을 제출할 수 없게 된 것이라면 상소권회복신청은 인용할 여지가 있다.(대법원 1991. 5. 6. 91모32 1주일 뒤에 전달 사건) 교도소 또는 구치소에 구속된 자에 대한 송달은 그 소장에게 송달하면 구속된 자에게 전달된 여부와 관계없이 효력이 생긴다.(대법원 1995. 1.12. 94도2687 운전면허발급 알선사건) 따라서 피고인이 결정정본 송달사실을 실제로 알았을 때에는 이미 즉시항고기간이 지난 상태였다. 이 당시는 즉시항고기간이 지금과는 달리 3일이었다.

09 상소권회복의 사유가 될 수 없는 경우

1. 형사피고사건으로 법원에 재판이 계속 중인 사람은 공소제기 당시의 주소지나 그 후 신고한 주소지를 옮길 때 **새로운 주소지를 법원에 신고하거나 기타 소송 진행 상태를 알 수 있는 방법을 강구하여야 하고, 만일 이러한 조치를 하지 않았다면 특별한 사정이 없는 한 소송서류가 송달되지 않아서 공판기일에 출석하지 못하거나 판결 선고사실을 알지 못하여 상소 제기기간을 도과하는 등 불이익을 면할 수 없다.**(대법원 2022. 5.26. 2022모439 음주운전 피고인 공시송달 사건) ▶ 23 법원9급, 18 경간부, 15 국가9급

2. **징역형의 실형이 선고되었으나 피고인이 형의 집행유예를 선고받은 것으로 잘못 전해 듣고 또한 판결 주문을 제대로 알아들을 수가 없어서 항소제기기간 내에 항소하지 못한 것이라면 그 사유만으로는** 형사소송법 제345조가 규정한 '자기 또는 대리인이 책임질 수 없는 사유로 상소제기기간 내에 상소하지 못한 경우'에 해당된다고 볼 수 없다.(대법원 2000. 6.15. 2000모85 실형 집행유예 착각 사건) ▶ 24 법원9급

3. 상소권회복청구는 오로지 상소할 수 있는 자가 자기 의사에 따라 그것을 할 것인지의 여부를 결정할 일이어서 **교도소 담당직원이 재항고인에게 상소권회복청구를 할 수 없다고 하면서 형사소송규칙 제177조에 따른 편의를 제공해 주지 아니하였다 하더라도 위 사유는 상소권회복청구를 이유있게 할 사유가 될 수 없다.**(대법원 1986. 9.27. 86모47 교도관 편의 미제공 사건) 교도소 담당직원의 말을 쉽게 믿고 상소를 하지 않은 피고인에게도 과실이 있다는 취지의 판례이다. ▶ 24 국가9급

4. **상소권자 또는 대리인이 단순히 질병으로 입원하였다거나 기거불능하였었기 때문에 상소를 하지 못하였다는 것은 상소권회복의 사유에 해당하지 아니한다.**(대법원 1986. 9.17. 86모46 고혈압·뇌혈전증으로 입원 사건) ▶ 24 국가9급, 18 법원9급

5. **상소권 포기가 비록 기망에 의한 것이라도** 형사소송법 제354조에 의하여 다시 상소를 할 수 없으며, 상소권회복은 자기가 책임질 수 없는 사유로 인하여 상소제기 기간내에 상소를 하지 못한 사람이 이를 청구하는 것이므로 **피고인이 상피고인의 기망에 의하여 항소권을 포기하였음을 항소제기 기간이 도과한 뒤에야 비로소 알게 되었다 하더라도 이러한 사정은 피고인이 책임질 수 없는 사유에 해당한다고 볼 수 없다.**(대법원 1984. 7.11. 84모40 공동피고인 기망 사건) ▶ 24 국가7급, 24 국가9급, 21 국가7급, 18 국가7급

10 상소권회복청구기간 관련 판례

1. 피고인에 대하여 공시송달로 공소장 등이 송달되고 피고인이 불출석한 가운데 판결이 선고되어 검사만이 양형부당을 이유로 항소하고 항소이유서를 제출하였는데, 피고인이 별건으로 구속되자 원심법원이 피고인에게 소송기록접수통지서와 검사의 항소이유서를 함께 송달하였고, 피고인이 소송기록접수통지서와 검사의 항소이유서 등을 통해서 대상판결의 선고일자, 사건번호, 죄명과 선고형량 등을 알게 된 경우에는, 특별한 사정이 없는 한 소송기록접수통지서와 검사의 항소이유서를 송달받은 날 상소권회복청구의 대상판결이 선고된 사실을 알았다고 할 것이고, 그로써 상소권회복청구의 사유가 종지되었다고 보아야 한다. 따라서 그날부터 상소 제기기간 내에 상소권회복청구와 상소를 하지 않았다면 **상소권회복청구를 할 수 없다.**(대법원 2019. 2.14. 2018도15109 별건으로 부산구치소 수감 사건)

2. 공시송달의 방법에 의하여 공소장 등이 송달되고 피고인이 불출석한 가운데 판결이 선고되어 확정된 후 검거되어 수용된 경우 특별한 사정이 없는 한 그 판결에 의한 형의 집행으로 수용된 날 상소권회복청구의 대상판결이 선고된 사실을 알았다 할 것이므로(그로써 상소를 하지 못한 책임질 수 없는 사유가 종지하였다고 보아야 하므로) 그날부터 상소제기기간 내에 상소권회복청구와 상소를 하지 않았다면 그 상소권회복청구는 방식을 위배한 것으로서 허가될 수 없다.(대법원 2017. 9.22. 2017모2521 청주교도소 수감자 사건)

▶ 25 국가9급, 24 법원9급

Ⅱ 상소의 이익

> **선생님의 TIP**
> 이익이 없으면 재판도 없다. 원심재판이 당사자의 법적 이익을 침해하고 있고 이를 시정할 필요가 있는 경우에만 상소가 허용되는데 이를 상소의 이익이라고 한다. 형사소송법에 명문의 규정은 없지만 통설과 판례는 상소의 이익이란 개념을 인정한다.

01 재판의 이유만을 다투며 상소하는 경우 상소의 이익이 있는지의 여부(소극)

검사는 공익의 대표자로서 법령의 정당한 적용을 청구할 임무를 가지므로 반대당사자에게 불이익한 재판에 대하여는 그것이 위법일 때에는 위법을 시정하기 위하여 상소로써 불복할 수 있지만 **불복은 재판의 주문에 관한 것이어야 하고 재판의 이유만을 다투기 위하여 상소하는 것은 허용되지 않는다.**(대법원 2023.12.14. 2021도2299 통화내용 자동저장 조작사건) [2] 판례 참고

▶ 25 경찰승진, 25 법원9급, 23 소방간부, 20 국가7급, 20 국가9급, 19 경찰승진, 18 소방간부, 15 국가7급

02 재판의 이유만을 다투며 상소하는 경우이므로 상소의 이익이 없는 경우

1. 검사는 원심이 유죄로 인정한 피고인에 대한 주식매수선택권 관련 업무상배임 및 업무상배임미수 부분에 대하여 기수시기에 관한 법리오해의 잘못이 있다는 취지로 주장하지만, 이는 유죄를 선고한 원심판결의 주문에 관한 것이 아니라 그 이유만을 다투기 위한 것임이 분명하므로 허용될 수 없다.(대법원 2022. 6.22. 2022도3784 신라젠 사건)
2. 검사의 상고이유는 일부 증거의 증거능력을 부정한 원심의 판단에 잘못이 있다는 취지이나, 이는 원심판결의 주문에 관한 것이 아니고 이유만을 다투기 위한 것임이 명백하므로 허용될 수 없다.(대법원 2017. 2.21. 2016도20488 증거능력 부정이 잘못되었다 사건)

03 피고인의 이익을 위한 검사의 상소가 허용되는지의 여부(적극)

검사는 피고인에게 불이익한 상소만이 아니라 피고인의 이익을 위한 상소도 가능하다.(대법원 2011. 8.25. 2011도6705 치료감호선고 누락 사건)

▶ 22 소방간부, 16 법원9급

04 피고인에게 불이익한 결과를 초래하는 피고인측의 상고이유의 적부(소극)

피고인에게 불이익한 결과를 초래하는 주장은 피고인측에서 상고이유로 삼을 수 없다.(대법원 2016.10.13. 2016도8347 신원 회장 사건) 피고인측에서 형이 경한 신법(채무자회생법) 대신 형이 중한 구법(파산법) 적용을 주장한 사건인데, 물론 이는 허용되지 않는다. 피고인에게 불리한 상소는 오직 검사만이 할 수 있다.

05 피고인의 상소의 이익

피고인을 위한 상소는 하급심 법원의 재판에 대한 불복으로서 피고인에게 불이익한 재판을 시정하여 유리한 재판을 청구하는 것이 본질이므로 하급심 법원의 재판이 피고인에게 불이익하지 않으면 이에 대하여 피고인은 상소권이 없다.(대법원 2022. 6.16. 2022도

▶ 16 법원9급

364 유흥업소 상납금 강요사건) 피고인은 원칙적으로 유죄판결에 대하여만 상소할 수 있다.
[6] 판례 참고

06 피고인 또는 변호인에게 상소의 이익이 없는 경우

1. 피고인에게 가장 유리한 판결인 **무죄판결**에 대한 피고인의 상고는 부적법하다.(대법원 2022. 6.16. 2022도364 유흥업소 상납금 강요사건) ▶ 22 소방간부

2. 피고인에게는 실체판결청구권이 없는 것이므로 **면소판결**에 대하여 무죄의 실체판결을 구하여 상소를 할 수는 없다.(대법원 1984.11.27. 84도2106 면소판결에 대한 항소사건) ▶ 18 국가9급, 17 변호사, 17 경간부, 17 국가9급, 18 법원9급, 15 국가7급
   [7] 판례와 비교

3. 공소기각의 재판이 있으면 피고인은 유죄판결의 위험으로부터 벗어나는 것이므로 그 재판은 피고인에게 불이익한 재판이라고 할 수 없어서 이에 대하여 피고인은 상소권이 없다.(대법원 2008. 5.15. 2007도6793 치한 무죄주장 항소사건) ▶ 24 국가9급, 23 국가7급, 22 법원9급, 22 소방간부, 20 국가9급, 20 소방간부, 19 국가9급, 18 경간부, 18 경찰채용, 18 국가9급, 17 경간부, 17 소방간부, 15 국가7급

07 면소판결에 대하여 예외적으로 피고인에게 상소의 이익이 있는 경우

면소판결에 대하여 무죄판결인 실체판결이 선고되어야 한다고 주장하면서 상고할 수 없는 것이 원칙이지만, (형벌에 관한 법령이 헌법재판소의 위헌결정으로 인하여 소급하여 그 효력을 상실하였거나 법원에서 위헌·무효로 선언된 경우) 피고인에게 무죄의 선고를 하여야 하므로 면소를 선고한 판결에 대하여 상고가 가능하다.(대법원 2010.12.16. 2010도5986 순심 긴급조치 제1호 위반사건) ▶ 25 법원9급, 24 경찰승진, 20 소방간부, 15 변호사

08 항소를 하지 않거나 항소를 포기한 피고인이 (검사의 항소에 대한) 항소기각판결에 대하여 상소의 이익이 있는지의 여부(소극)

1. 제1심 판결에 대하여 피고인은 항소하지 않고 검사만 항소하여 그 항소가 기각된 경우 항소심 판결은 피고인에게 불이익한 판결이 아니므로 피고인은 그 판결에 대하여 상고할 수 없다.(대법원 1990. 1.25. 89도2166 검사만의 항소 기각 사건Ⅰ) ▶ 22 법원9급

2. 제1심 유죄판결에 대하여 피고인은 항소권을 포기하고 검사만이 양형부당을 이유로 항소를 하였으나 이유 없다고 기각한 항소심판결은 피고인에게 불이익한 재판이 아니어서 피고인은 위 판결에 대하여 상소권이 없다.(대법원 1991. 2. 8. 90도2619 검사만의 항소 기각 사건Ⅱ) ▶ 15 국가7급

Ⅲ 상소의 제기와 포기·취하

1. 상소의 제기

> **형사소송법(2025. 3.18. 법률 제20796호로 일부개정된 것)**
>
> 제343조 【상소 제기기간】 ① 상소의 제기는 그 기간 내에 서면으로 한다.
> ② 상소의 제기기간은 재판을 선고 또는 고지한 날로부터 진행된다.
> 제344조 【재소자에 대한 특칙】 ① 교도소 또는 구치소에 있는 피고인이 상소의 제기기간 내에 상소장을 교도소장 또는 구치소장 또는 그 직무를 대리하는 자에게 제출한 때에는 상소의 제기기간 내에 상소한 것으로 간주한다.
> ② 전항의 경우에 피고인이 상소장을 작성할 수 없는 때에는 교도소장 또는 구치소장은 소속공무원으로 하여금 대서하게 하여야 한다.
> ▶
> 제358조 【항소제기기간】 항소의 제기기간은 7일로 한다.
> 제374조 【상고기간】 상고의 제기기간은 7일로 한다.
> 제404조 【보통항고의 시기】 항고는 즉시항고 외에는 언제든지 할 수 있다. 단, 원심결정을 취소하여도 실익이 없게 된 때에는 예외로 한다.
> 제405조 【즉시항고의 제기기간】 즉시항고의 제기기간은 7일로 한다
> 제415조 【재항고】 항고법원 또는 고등법원의 결정에 대하여는 재판에 영향을 미친 헌법·법률·명령 또는 규칙의 위반이 있음을 이유로 하는 때에 한하여 대법원에 즉시항고를 할 수 있다.
>
> **형사소송규칙(2025. 2.28. 대법원규칙 제3202호로 일부개정된 것)**
>
> 제148조 【피고인에 대한 판결서 등본 등의 송달】 ① 법원은 피고인에 대하여 판결을 선고한 때에는 선고일부터 7일 이내에 피고인에게 그 판결서 등본을 송달하여야 한다. 〈단서 생략〉

> **선생님의 TIP**
>
> 상소제기의 경우 기간의 계산이 중요하다. 형사소송법 제343조 제2항은 "상소의 제기기간은 재판을 선고 또는 고지한 날로부터 진행된다."라고 되어 있지만, 기간계산과 관련해서는 형사소송법 제66조 제1항이 적용되어 상소기간의 기산일은 재판의 선고 또는 고지한 날의 다음날이 된다.

01 상소기간의 기준일(=재판의 선고 또는 고지한 날)

형사소송법 제343조 제2항에서는 "상소의 제기기간은 재판을 선고 또는 고지한 날로부터 진행한다."고 규정하고 있으므로 **형사소송에 있어서는 판결등본이 당사자에게 송달되는 여부에 관계없이 공판정에서 판결이 선고된 날로부터 상소기간이 기산되며 이는 피고인이 불출석한 상태에서 재판을 하는 경우에도 마찬가지이다.**(대법원 2002. 9.27. 2002모6 7일 도과 상고장 사건) 이 판례에는 '기산'이라는 말이 나오지만 정확한 기산일은 '판결이 선고된 날의 다음날'이다. 문제를 풀어보기 바란다.

> 23 법원9급, 21 국가9급, 20 경찰승진

문 대전지방법원은 수요일인 2025. 7. 9. 14:00에 피고인에게 징역 1년을 선고하였고, 그 판결서등본이 동년 7.14. 피고인에게 송달되었다. 이 경우 피고인은 언제까지 항소를 제기하여야 하는가?

답 법원이 판결을 선고한 때에 선고일로부터 7일 이내에 판결서등본을 피고인에게 송달하여야 하지만(규칙 제148조 제1항) 상소제기기간은 판결서등본을 송달받은 날이 아니고 '재판을 선고 또는 고지한 날'로부터 진행된다.(제343조 제2항) 기간계산에 관하여는 일(日)로써 계산하는 것은 초일을 산입하지 아니한다.(제66조 제1항) 따라서 설문의 경우 2025. 7. 9. 유죄판결을 선고받았기 때문에 그 다음날인 7.10.부터 기산하여 7일이 되는 2025. 7.16. 24:00까지 항소를 제기하면 된다. 일부 학생은 토요일과 공휴일을 기간계산에서 제외하므로 정답을 2025. 7.18. 24:00로 알고 있는데, 그것은 옳지 않다. '토요일 또는 공휴일'이 기간계산에서 제외되는 것은 기간의 말일이 토요일 또는 공휴일일 경우에만 그러하다. 설문의 경우 7.12.과 7.13.은 기간의 말일이 아니므로 기간계산에 있어 그대로 산입된다는 점을 주의하여야 한다.

선생님의 TIP

형사소송법 제344조를 재소자의 특칙이라고 하는데, 아래 핵심정리 내용이 가끔 시험에 출제되므로 잘 알고 있어야 한다. 이 특칙이 적용되지 않는 서류에 관한 판례는 앞에서 배운바 있으므로 아래는 적용되는 서류에 관한 판례만 수록한다.

핵심정리 재소자의 특칙 적용여부

구 분	내 용
적용 ○	1. 상소장(제344조) 2. 상소이유서(제361조의3, 제379조) 3. 상소권회복청구서(제355조) 4. 상소포기서 및 취하서(제355조) 5. 재심청구서 및 그 취하서(제430조) 6. 소송비용집행면제신청서 및 그 취하서(제490조, 제487조) 7. 재판해석의의신청서 및 그 취하서(제490조, 제488조) 8. 재판집행이의신청서 및 그 취하서(제490조, 제489조) 9. 약식명령에 대한 정식재판청구서(대법원 2006.10.13. 2005모552) 10. 국민참여재판을 원하는지의 여부에 대한 서면(국민참여재판법 제8조)
적용 ×	1. 재정신청서(대법원 1998.12.14. 98모127) 2. 재정신청 기각결정에 대한 재항고장(대법원 2015. 7.16. 2013모2347 全合)

02 재소자의 특칙이 적용되는 서류

1. 형사소송법은 이른바 재소자에 대한 특칙(제344조 제1항)을 두고 이를 상소권회복의 청구 준용하도록 하고 있다(제355조). 즉시항고도 상소의 일종이므로 위와 같은 특칙은 **집행유예취소결정에 대한 즉시항고권회복청구서의 제출에도 마찬가지로 적용된다.**(대법원 2022.10.27. 2022모1004 즉시항고권회복청구 사건)「제2편 제3장 제1절 불기소처분에 대한 불복」을 참고하기 바란다.
2. **정식재판청구서의 제출에 관하여도 재소자에 대한 특칙 규정이 준용되는 것으로 해석함이 상당하다.**(대법원 2006.10.13. 2005모552 성동구치소장 수감 피고인 사건)

2. 상소의 포기와 취하

형사소송법(2025. 3.18. 법률 제20796호로 일부개정된 것)

제349조【상소의 포기, 취하】 검사나 피고인 또는 제339조에 규정한 자는 상소의 포기 또는 취하를 할 수 있다. 단, 피고인 또는 제341조에 규정한 자는 사형 또는 무기징역이나 무기금고가 선고된 판결에 대하여는 상소의 포기를 할 수 없다.

제350조【상소의 포기등과 법정대리인의 동의】 법정대리인이 있는 피고인이 상소의 포기 또는 취하를 함에는 법정대리인의 동의를 얻어야 한다. 단, 법정대리인의 사망 기타 사유로 인하여 그 동의를 얻을 수 없는 때에는 예외로 한다.

제351조【상소의 취하와 피고인의 동의】 피고인의 법정대리인 또는 제341조에 규정한 자는 피고인의 동의를 얻어 상소를 취하할 수 있다.

제352조【상소포기 등의 방식】 ① 상소의 포기 또는 취하는 서면으로 하여야 한다. 단, 공판정에서는 구술로써 할 수 있다.
② 구술로써 상소의 포기 또는 취하를 한 경우에는 그 사유를 조서에 기재하여야 한다.

제353조【상소포기 등의 관할】 상소의 포기는 원심법원에, 상소의 취하는 상소법원에 하여야 한다. 단, 소송기록이 상소법원에 송부되지 아니한 때에는 상소의 취하를 원심법원에 제출할 수 있다.

제354조【상소포기 후의 재상소의 금지】 상소를 취하한 자 또는 상소의 포기나 취하에 동의한 자는 그 사건에 대하여 다시 상소를 하지 못한다.

제355조【재소자에 대한 특칙】 제344조의 규정은 교도소 또는 구치소에 있는 피고인이 상소권회복의 청구 또는 상소의 포기나 취하를 하는 경우에 준용한다.

제356조【상소포기등과 상대방의 통지】 상소, 상소의 포기나 취하 또는 상소권회복의 청구가 있는 때에는 법원은 지체없이 상대방에게 그 사유를 통지하여야 한다.

선생님의 TIP

판례는 물론 조문에서도 출제될 수 있으므로 꼼꼼히 읽어보아야 한다.

03 변호인의 항소취하의 방법

변호인은 피고인의 동의를 얻어 상소를 취하할 수 있으므로 변호인의 상소취하에 피고인의 동의가 없다면 그 상소취하의 효력은 발생하지 아니한다. 한편 변호인이 상소취하를 할 때 원칙적으로 피고인은 이에 동의하는 취지의 서면을 제출하여야 하나, 피고인은 공판정에서 구술로써 상소취하를 할 수 있으므로 **변호인의 상소취하에 대한 피고인의 동의도 공판정에서 구술로써 할 수 있다.** 다만 상소를 취하하거나 상소의 취하에 동의한 자는 다시 상소를 하지 못하는 제한을 받게 되므로 **상소취하에 대한 피고인의 구술 동의는 명시적으로 이루어져야만 한다.**(대법원 2015. 9.10. 2015도7821 변호인 항소취하 사건)
[4] 판례 참고

> 20 경찰채용, 20 국가7급, 20 국가9급, 20 법원9급, 19 경찰승진, 19 경찰채용, 19 국가9급, 19 법원9급, 18 국가7급, 18 소방간부, 16 법원9급

04 변호인의 항소취하가 효력이 없는 경우

피고인의 변호인이 구술로써 항소를 취하한다고 진술하였으나 피고인이 이에 대하여 아무런 의견도 진술하지 아니한 상태에서, 원심이 피고인에게 변호인의 항소취하에 대하여 동의하는지 여부에 관한 명시적인 의사를 확인하지 아니한 채 변론을 종결한 경우 원심법정에서의 변호인의 항소취하에 피고인이 동의하였다고 인정하기 어려우므로 **변호인의 항소취**

하는 효력이 없다.(대법원 2015. 9.10. 2015도7821 변호인 항소취하 사건)

05 법정대리인의 동의가 없는 피고인의 상소 취하 또는 포기의 효력(무효)

미성년자인 피고인이 항소취하서를 제출하였고 법정대리인인 피고인 어머니가 항소취하에 동의하는 취지의 서면을 제출하였으나 **법정대리인인 피고인 아버지의 동의가 없는 경우 피고인의 항소취하는 효력이 없다.**(대법원 2019. 7.10. 2019도4221 어머니만 항소취하 동의 사건) 판례가 명시적으로 판시하고 있지는 않지만, 부모는 공동친권자이므로 항소취하에 대하여 부모 모두의 동의를 받지 않으면 이는 무효가 된다.

> 23 소방간부, 20 법원9급

> **민법**(2024. 9.20. 법률 제20432호로 일부개정된 것)
>
> 제909조【친권자】 ① 부모는 미성년자인 자의 친권자가 된다.
>   ② 친권은 부모가 혼인중인 때에는 부모가 공동으로 이를 행사한다.
> 제911조【미성년자인 자의 법정대리인】 친권을 행사하는 부 또는 모는 미성년자인 자의 법정대리인이 된다.

Ⅳ 일부상소

> **형사소송법(2025. 3.18. 법률 제20796호로 일부개정된 것)**
>
> **제342조【일부상소】** ① 상소는 재판의 일부에 대하여 할 수 있다.
> ② 일부에 대한 상소는 그 일부와 불가분의 관계에 있는 부분에 대하여도 효력이 미친다. 〈상소불가분의 원칙〉

선생님의 TIP

1. 일부상소에 관한 조문이 형사소송법 제342조 하나밖에 없는데, 판례가 비교적 많을 뿐더러 조금 어렵다. 형법적인 지식이 필요하므로 「NEW 트렌드 형법 판례」를 보면 도움이 많이 될 것이다. 최대한 자세하게 설명을 하겠다.
2. 일부상소를 하기 위해서는 **실체적 경합범 관계의 존재와 판결 주문(主文)의 분리가능성이 있어야 한다.** 판결의 대상이 된 사건이 실체적 경합범이 아니거나(일죄와 상상적 경합범) 판결 주문을 분리할 수 없으면(하나의 형이 선고된 실체적 경합범) 일부상소는 허용되지 않는다.

핵심정리 일부상소 허용 여부

구분	내용			
허용 ○	Ⓐ 무죄 / Ⓑ 무죄[1]		Ⓐ 징역 1년 / Ⓑ 무죄	
	Ⓐ 징역 1년 / Ⓑ 벌금 100만원[2]		Ⓐ 징역 1년 / Ⓑ 징역 2년[3]	
허용 ×	Ⓐ 일죄 징역 1년[4]		ⒶⒷ 상상적 경합범에 해당하여 징역 2년[5]	
	ⒶⒷ 형법 제37조 전단 경합범에 형법 제38조를 적용하여 징역 3년[6]			

---

[1] 무죄 대신 면소판결, 관할위반판결, 공소기각판결 그리고 공소기각결정이 있는 경우에도 일부상소가 허용된다. 이하 모두 마찬가지이다.
[2] 벌금 대신 다른 형벌이 있는 경우에도 일부상소가 허용된다.
[3] 형법 제37조가 적용되지 않는 경합범의 경우 이와 같은 2개의 판결 주문이 나올 수 있는데, 어쨌든 판결 주문의 분리가 가능하므로 일부상소가 허용된다.
[4] 일죄이므로 당연히 일부상소가 허용되지 않는다. 일죄란 단순일죄와 포괄일죄 모두를 말한다.
[5] 상상적 경합범은 소송상 일죄 또는 과형상 일죄라고 「NEW 트렌드 형법 판례」에서 배운 바가 있다. 일죄이므로 일부상소가 허용되지 않는다.
[6] 형법 제37조 전단 경합범의 경우 형법 제38조 제1항에 따라 경합범 가중을 하여 1개의 주문으로 처벌한다. 주문이 "피고인을 징역 3년에 처한다."라고 나오는데 도대체 Ⓐ에서는 얼마의 형이, Ⓑ에서는 얼마의 형이 나왔는지 알 수 없게 되므로 일부상소가 허용되지 않는다. 이것은 나중에 나오는 재심에서도 문제가 된다.

01 일부상소가 허용되는 경우

1. 형법 제37조 전단의 경합범으로 동시에 기소된 사건에 대하여 **일부 유죄, 일부 무죄**의 선고를 하거나 일부의 죄에 대하여 **징역형을**, 다른 죄에 대하여 **벌금형을 선고하는** 등 판결 주문이 수 개일 때에는 그 1개의 주문에 포함된 부분을 다른 부분과 분리하여 일부상소를 할 수 있다.(대법원 2013. 6.20. 2010도14328 숲습 베트남 엄마 사건)
2. 형법 제37조 전단의 경합범으로 동시에 기소된 수개의 공소사실에 대하여 각기 따로 유·무죄, 공소기각 및 면소를 선고하거나 형을 정하는 등으로 판결 주문이 수개일 때에는 그 1개의 주문에 포함된 부분을 다른 부분과 분리하여 일부상소를 할 수 있고 당사자 쌍방이 상소하지 않은 부분은 분리 확정된다.(대법원 2022. 1.13. 2021도13108 유치원비·지원금 편취사건)

02 일부상소가 허용되지 않는 경우 I

불가분의 관계에 있는 재판의 일부만을 불복대상으로 삼은 경우 그 상소의 효력은 상소불가분의 원칙상 피고사건 전부에 미쳐 그 전부가 상소심에 이심(移審)되는 것이고, 이러한 경우로는 일부 상소가 피고사건의 주위적 주문과 불가분적 관계에 있는 주문에 대한 것[7], 일죄의 일부에 대한 것, 경합범에 대하여 1개의 형이 선고된 경우 경합범의 일부 죄에 대한 것 등에 해당하는 경우를 들 수 있다.(대법원 2008.11.20. 2008도5596 숲습 광명 필로폰 매매알선사건) [3] 3. 판례 참고

▶ 18 경찰채용

03 일부상소가 허용되지 않는 경우 II

1. **단순일죄**의 관계에 있는 공소사실의 일부에 대하여만 유죄로 인정한 경우에 피고인만이 항소하여도 그 항소는 그 일죄의 전부에 미쳐서 항소심은 무죄부분에 대하여도 심판할 수 있다.(대법원 2001. 2. 9. 2000도5000 부실담보 대출 사건)
2. **포괄적 1죄**의 관계에 있는 공소사실의 일부에 대하여만 유죄로 인정하고 나머지는 무죄가 선고되어 검사는 무죄부분에 대하여 불복상고하고 피고인은 유죄부분에 대하여 상고하지 않은 경우 공소불가분의 원칙상 경합범의 경우와는 달리 포괄적 1죄의 일부만에 대하여 상고할 수는 없으므로 검사의 무죄부분에 대한 상고에 의해 상고되지 않은 원심에서 유죄로 인정된 부분도 상고심에 이심(移審)되어 심판의 대상이 된다.(대법원 1985.11.12. 85도1998 취락구조개선사업자금 횡령 사건 I)
3. **피고사건의 재판 가운데 몰수 또는 추징**에 관한 부분만을 불복대상으로 삼아 상소가 제기되었다 하더라도 상소심으로서는 이를 적법한 상소제기로 다루어야 하는 것이지, 몰수 또는 추징에 관한 부분만을 불복대상으로 삼았다는 이유로 그 상소의 제기가 부적법하다고 보아서는 아니되고 그 부분에 대한 상소의 효력은 그 부분과 불가분의 관계에 있는 본안에 관한 판단 부분에까지 미쳐 그 전부가 상소심으로 이심(移審)되는 것이다.(대법원 2008.11.20. 2008도5596 숲습 광명 필로폰 매매알선사건) 피고인은 마약류관리법위반죄로

▶ 24 법원9급, 23 소방간부, 20 경간부, 20 경찰채용, 20 국가9급, 20 법원9급, 18 변호사, 18 경찰채용, 18 국가9급

---

[7] 예를 들어 판결 주문 "피고인을 징역 3년에 처한다. <u>압수된 골드바를 피고인으로로부터 몰수한다.</u>"에서 밑줄 친 부분을 말한다. 즉, 밑줄 친 부분만에 대한 일부상소는 허용되지 않는다.

기소되었는 바, 제2심 법원은 이를 유죄로 인정하여 징역형을 선고하면서도 향정신성의약품을 몰수하거나 그 가액을 추징하지는 않았다. 이에 검사는 '몰수나 추징을 하지 아니한 부분만'을 불복대상으로 삼아 상고를 제기하고, 상고이유로 "원심판결에는 필수적 몰수 또는 추징에 관한 법리를 오해한 위법이 있다"고 주장한 사건이다.

▶

4. **상상적 경합관계에 있는 두 죄에 대하여 한 죄는 무죄, 한 죄는 유죄가 선고된 경우 검사만이 무죄부분에 대하여 상고하였다 하여도 유죄부분도 상고심의 심판대상이 된다.** (대법원 2008.10.23. 2008도4852 자기무고 방조사건) ▶ 17 경간부, 17 경찰채용

5. 항소심이 두개의 죄를 경합범으로 보고 한 죄는 유죄, 다른 한 죄는 무죄를 각 선고하자 검사가 무죄부분만에 대하여 불복상고 하였다고 하더라도 두 죄가 상상적 경합관계에 있다면 유죄부분도 상고심의 심판대상이 된다.(대법원 1980.12. 9. 80도384 숲속 고양주유소 가짜휘발류 사건) ▶ 25 소방간부, 24 법원9급, 23 소방간부, 18 경찰채용, 16 변호사, 16 법원9급

04 일부상소가 된 경우

제1심 법원이 절도의 점에 대해서는 징역 6월, 미성년자간음의 점에 대해서는 공소기각의 판결을 하였는데, 검사의 항소장에는 제1심의 판결 주문란에 '징역 6월, 미결구금 150일 산입'으로 기재되어 있다면(항소이유서에도 절도의 점에 대한 양형부당만을 항소이유로 기재하고 있음), 미성년자간음의 점에 대하여 공소기각을 선고한 부분에 대하여는 항소를 제기하지 아니하였음이 명백하다 할 것이다.(대법원 1984. 2.28. 83도216 주문란 징역 6월 사건) [5] 1. 판례와 비교

05 전부상소가 된 경우

1. **형법 제37조 전단 경합범 관계에 있는 공소사실 중 일부에 대하여 유죄, 나머지 부분에 대하여 무죄를 선고한 제1심판결에 대하여 검사만이 항소하면서 무죄부분에 관하여는 항소이유를 기재하고 유죄부분에 관하여는 이를 기재하지 않았으나 항소 범위는 '전부'로 표시하였다면, 이러한 경우 제1심판결 전부가 이심(移審)되어 원심의 심판대상이 되므로 원심이 제1심판결 무죄부분을 유죄로 인정하는 때에는 제1심판결 전부를 파기하고 경합범 관계에 있는 공소사실 전부에 대하여 하나의 형을 선고하여야 한다.**(대법원 2014. 3.27. 2014도342 항소범위 전부 사건) ▶ 19 경간부, 18 국가7급

▶

2. 비록 항소장에 경합범으로서 2개의 형이 선고된 죄 중 일죄에 대한 형만을 기재하고 나머지 일죄에 대한 형을 기재하지 아니하였다 하더라도 항소이유서에서 그 나머지 일죄에 대하여도 항소이유를 개진한 경우에는 판결 전부에 대한 항소로 봄이 상당하다.(대법원 2004.12.10. 2004도3515 부실・무면허 의료행위 사건) ▶ 22 법원9급

3. 검사가 '불복의 범위란'에 아무런 기재를 아니하고 '판결 주문란'에 유죄부분의 형만을 기재하고 무죄의 주문은 기재하지 아니한 항소장을 제출하였으나 항소이유서에 무죄부분에 대하여도 항소이유를 개진한 경우 판결전부에 대한 항소로 보아야 한다.(대법원 1991.11. 26. 91도1937 징역 1년 미통 150일 사건) ▶ 23 소방간부

> **선생님의 TIP**
>
> 1. 아래 [6], [7] 판례는 엄밀히 말하면 일부상소에 관한 것이 아니지만 '심판대상이 전부인가 일부인가?'라는 문제가 발생하기 때문에 여기에서 다룬다.
> 2. '이심(移審)된다'는 말과 '심판대상이 된다'는 말은 다르다. '이심된다'라는 말은 상소제기에 의하여 소송계속이 원심을 떠나 상소심으로 옮겨진다는 뜻이다. 그에 비하여 '심판대상이 된다'라는 말은 말 그대로 상소심이 심판대상으로 삼을 수 있다라는 뜻이다.
> 3. 이심되면 심판대상이 되는 것이 원칙인데, 이것이 바로 [6] 판례이다. 그러므로 이심되더라도 심판대상이 되지 않는 것은 예외인데, 이것이 바로 [7] 판례이다. 논리적으로 이것이 왜 그런지는 설명할 수 없고, 다만 '판례는 피고인에게 유리하게 판시하고 있다' 정도로 기억하기 바란다. 상소심의 심판대상이 어디까지인지는 범죄가 단순일죄, 포괄일죄, 상상적 경합범 중 무엇인가 그리고 누가 상소를 제기했는가에 따라 달라지므로 이 점을 구분할 수 있어야 한다.

06 형사소송법의 일반원칙에 따라 상소심에 이심이 되고 또한 상소심의 심판대상이 되는 경우

1. 단순일죄의 관계에 있는 공소사실의 일부에 대하여만 유죄로 인정한 경우에 **피고인만이 항소하여도 그 항소는 그 일죄의 전부에 미쳐서 항소심은 무죄부분에 대하여도 심판할 수 있다.**(대법원 2001. 2. 9. 2000도5000 부실담보 대출 사건) 이 판례는 단순일죄에 관한 것으로 그 결합도가 너무 강하여(저자 註) '무죄부분도 심판할 수 있다'고 판시하고 있다. 그에 비하여 [7] 1. 2. 판례는 포괄일죄에 관한 것으로 결합도가 조금 느슨하므로(저자 註) '무죄나 공소기각 부분은 심판할 수 없다'라고 판시하고 있다. 또한 [6] 1. 판례의 입장이 불이익변경금지의 원칙에 위반되지 않는가 하는 의문이 들 수 있겠지만, 형이 원심보다 중하지 않은 이상 무죄로 판단된 부분을 유죄로 인정하는 데에는 아무런 문제가 없다. ▸ 24 법원9급, 20 법원9급, 16 국가9급

2. 일죄의 관계에 있는 공소사실 중 일부 유죄, 나머지 무죄의 판결에 대하여 **검사만 무죄부분에 대한 상고를 하고 피고인은 상고하지 아니하였다고 하더라도 상소불가분의 원칙상 검사의 상고는 판결의 유죄부분과 무죄부분 전부에 미치는 것이어서 유죄부분도 상고심에 이전되어 심판대상이 된다.**(대법원 2017. 4.13. 2016도20518 선거구 공백기 기부행위 사건) ▸ 21 경간부, 20 국가7급

3. 포괄적 일죄의 관계에 있는 공소사실 중 일부 유죄, 나머지 무죄의 판결에 대하여 **검사만이 무죄부분에 대한 상고를 하고 피고인은 상고하지 아니하더라도 상소불가분의 원칙상 검사의 상고는 그 판결의 유죄부분과 무죄부분 전부에 미치는 것이므로 유죄부분도 상고심에 이전되어 그 심판대상이 된다.**(대법원 1989. 4.11. 86도1629 취락구조개선사업자금 횡령 사건Ⅱ) ▸ 24 국가9급, 20 법원9급

07 피고인의 이익을 위하여 상소심에 이심은 되지만 상소심의 심판대상이 되지 않는 경우

1. 포괄일죄의 일부만이 유죄로 인정된 경우 그 유죄부분에 대하여 피고인만이 항소하였을 뿐 공소기각으로 판단된 부분에 대하여 검사가 항소를 하지 않았다면 상소불가분의 원칙에 의하여 유죄 이외의 부분도 항소심에 이심(移審)되기는 하나 그 부분은 이미 당사자 간의 공격·방어의 대상으로부터 벗어나 사실상 심판대상에서부터도 이탈하게 되므로 **항소심으로서도 그 부분에까지 나아가 판단할 수 없다.**(대법원 2010. 1.14. 2009도12934 한의원 간호조무사 횡령사건) '공소기각 부분'이 심판대상이 되면 혹시라도 유죄판결이 나올 수 있는 ▸ 24 국가9급, 20 경간부

데, 이것은 피고인에게 불리하기 때문이다. 아래 2. 판례 이하도 마찬가지이다.

2. 포괄일죄의 일부만이 유죄로 인정된 경우 그 유죄부분에 대하여 피고인만이 상고하였을 뿐 무죄나 공소기각으로 판단된 부분에 대하여 검사가 상고를 하지 않았다면 상소불가분의 원칙에 의하여 유죄 이외의 부분도 상고심에 이심(移審)되기는 하나 그 부분은 이미 당사자간의 공격·방어의 대상으로부터 벗어나 사실상 심판대상에서 이탈하게 되므로 상고심으로서도 그 부분에까지 나아가 판단할 수 없다.(대법원 2004.10.28. 2004도5014 위사감지기 사건)

▶ 25 소방간부, 24 법원9급, 21 경간부, 21 국가7급, 20 법원9급, 18 경찰채용

▶

3. 환송 전 원심에서 상상적 경합 관계에 있는 수죄에 대하여 모두 무죄가 선고되었고, 이에 검사가 무죄부분 전부에 대하여 상고하였으나 그 중 일부 무죄부분에 대하여는 이를 상고 이유로 삼지 아니하였다면 비록 상고이유로 삼지 아니한 무죄부분도 상고심에 이심(移審)된다고는 하나 그 부분은 이미 당사자간의 공격방어의 대상으로부터 벗어나 사실상 심판대상에서부터도 이탈하게 되는 것이므로 상고심으로서도 그 무죄부분에까지 나아가 판단할 수 없고 따라서 상고심으로부터 다른 무죄부분에 대한 원심판결이 잘못되었다는 이유로 사건을 파기환송 받은 원심은 그 무죄부분에 대하여 다시 심리판단하여 유죄를 선고할 수 없다.(대법원 2008.12.11. 2008도8922 공군중사 상관 무고사건)

▶ 21 변호사, 20 경간부, 18 국가7급, 15 국가9급

▶

4. 제1심법원이 공소사실의 동일성이 인정되는 범위 내에서 공소가 제기된 범죄사실에 포함된 보다 가벼운 범죄사실을 유죄로 인정하면서 법정형이 보다 가벼운 다른 법조를 적용하여 피고인을 처벌하고, 유죄로 인정된 부분을 제외한 나머지 부분에 대하여는 범죄의 증명이 없다는 이유로 판결 이유에서 무죄로 판단한 경우 그에 대하여 피고인만이 유죄부분에 대하여 항소하고 검사는 무죄로 판단된 부분에 대하여 항소하지 아니하였다면 비록 그 죄 전부가 피고인의 항소와 상소불가분의 원칙으로 인하여 항소심에 이심(移審)되었다고 하더라도 무죄부분은 심판대상이 되지 않는다.(대법원 2008. 9. 25. 2008도4740 이주노동자 방송국 홈페이지 사건)

▶ 23 법원9급

형법(2025. 4. 8. 법률 제20908호로 일부개정된 것)

제37조【경합범】판결이 확정되지 아니한 수개의 죄 또는 금고 이상의 형에 처한 판결이 확정된 죄와 그 판결확정전에 범한 죄를 경합범으로 한다.

제38조【경합범과 처벌례】① 경합범을 동시에 판결할 때에는 다음 각 호의 구분에 따라 처벌한다.
← 형법 제37조 전단 경합범에 대한 처벌조항으로 판결 주문이 1개가 되어야 한다(아래 핵심정리를 읽고 다시 이곳으로 오기 바란다).
1. 가장 무거운 죄에 대하여 정한 형이 사형, 무기징역, 무기금고인 경우에는 가장 무거운 죄에 대하여 정한 형으로 처벌한다.
2. 각 죄에 대하여 정한 형이 사형, 무기징역, 무기금고 외의 같은 종류의 형인 경우에는 가장 무거운 죄에 대하여 정한 형의 장기 또는 다액에 그 2분의 1까지 가중하되 각 죄에 대하여 정한 형의 장기 또는 다액을 합산한 형기 또는 액수를 초과할 수 없다. 다만, 과료와 과료, 몰수와 몰수는 병과할 수 있다.
3. 각 죄에 대하여 정한 형이 무기징역, 무기금고 외의 다른 종류의 형인 경우에는 병과한다.

선생님의 TIP

1. 학생들을 괴롭히는 것이 바로 [8] 이하 판례들이다. 저자는 학생들로부터 "왜 전부를 파기하느냐? 왜 일부만 파기하느냐?"라는 질문을 많이 받았다. 이번에 확실하게 해결시켜 줄 것을 약속한다.
2. 문제해결의 출발점은 형법 제37조 전단 경합범과 제38조 제1항이다. ⒶⒷ가 형법 제37조 전단의 경합범 관계에 있고, 제38조 제1항에 따라 동시에 판결할 때에는 아래 왼쪽과 같이 1개의 주문으로 처벌하여야 하고, 오른쪽과 같이 2개의 주문으로 처벌할 수 없다. 만일 오른쪽과 같이 2개의 주문으로 처벌한다면 이는 형법 제38조 제1항에 위반되는 불법판결(不法判決)이 된다. 아래 핵심정리를 읽어보기 바란다. 나머지는 아래에서 설명하겠다.

Ⓐ Ⓑ 징역 3년	Ⓐ 징역 1년 Ⓑ 징역 2년
○	×

핵심정리 형법 제38조 제1항의 적용 사례

甲이 살인죄와 절도죄를 범한 후(이들은 형법 제37조 전단의 경합범 관계에 있다), 이들이 모두 기소되어 법원에서 재판을 받고 있다.

형법(2025. 4. 8. 법률 제20908호로 일부개정된 것)
제250조【살인】① 사람을 살해한 자는 사형, 무기 또는 5년 이상의 징역에 처한다.
제329조【절도】타인의 재물을 절취한 자는 6년 이하의 징역 또는 1천만원 이하의 벌금에 처한다.

선택형	적용법조 (제38조 제1항)	처단형	선고형 예시
살인죄 - 사형, 절도죄 - 6년 이하의 징역	제1호 (흡수주의)	사형	사형에 처한다.[8]
살인죄 - 사형, 절도죄 - 1천만원 이하의 벌금	〃	〃	징역 20년에 처한다.
살인죄 - 무기징역, 절도죄 - 6년 이하의 징역	〃	무기징역	징역 15년에 처한다.
살인죄 - 무기징역, 절도죄 - 1천만원 이하의 벌금	〃	〃	징역 20년에 처한다.
살인죄 - 5년 이상의 징역, 절도죄 - 6년 이하의 징역	제2호 (가중주의)	5년 이상 36년 이하의 징역[9]	징역 10년에 처한다.
살인죄 - 5년 이상의 징역, 절도죄 - 1천만원 이하의 벌금	제3호 (병과주의)	5년 이상의 징역 및 1천만원 이하의 벌금	징역 7년 및 벌금 500만원에 처한다.

---

[8] 주문 앞에 "피고인을 ~"이라는 단어는 생략하였다. 그리고 여러 가지 감경사유가 있으므로 법원이 반드시 사형을 선고해야 하는 것은 아니다.
[9] 살인죄의 경우 '5년 이상 30년 이하의 징역'이고, 절도죄의 경우 '1월 이상 6년 이하의 징역'이므로 경합범 가중을 하면 ('5년 이상 45년 이하의 징역'이 될 것 같지만, 각 죄에서 정한 형의 장기를 합산한 형기를 초과할 수 없으므로) 위와 같이 '5년 이상 36년 이하의 징역'이 된다.

08 형법 제37조 전단의 경합범 중 일부 유죄, 일부 무죄를 선고한 판결 전부에 대하여 상소를 제기하였으나 무죄부분에 대한 상소만이 이유 있는 경우 파기의 범위(=전부파기)

1. 수개의 범죄사실에 대하여 항소심이 일부는 유죄, 일부는 무죄의 판결을 하고, 그 판결에 대하여 피고인 및 검사 쌍방이 상고를 제기하였으나 유죄부분에 대한 피고인의 상고는 이유 없고, 무죄부분에 대한 검사의 상고만 이유 있는 경우 항소심이 유죄로 인정한 죄와 무죄로 인정한 죄가 형법 제37조 전단의 경합범 관계에 있다면 항소심판결의 유죄부분도 무죄부분과 함께 파기되어야 한다.(대법원 2020. 9. 24. 2020도9801 관리부장 유치권 침탈 사건) 아래 핵심정리를 참고하기 바란다. 그리고 아래 2. 판례도 같은 취지이다. ▶ 25 소방간부, 16 국가9급

2. 형법 제37조 전단의 경합범 관계에 있는 죄에 대하여 일부는 유죄, 일부는 무죄를 선고한 원심판결에 대하여 피고인은 상소하지 아니하고, 검사만이 무죄부분에 한정하지 아니하고 전체에 대하여 상소한 경우에 무죄부분에 대한 검사의 상소만 이유 있는 때에도 원심판결의 유죄부분은 무죄부분과 함께 파기되어야 하므로 상소심으로서는 원심판결 전부를 파기하여야 한다.(대법원 2012. 6. 14. 2011도12571 불복사유 없는 유죄부분 사건) ▶ 19 국가9급, 18 소방간부, 16 국가9급, 16 경간부

핵심정리 전부파기 관련 판례 도식화

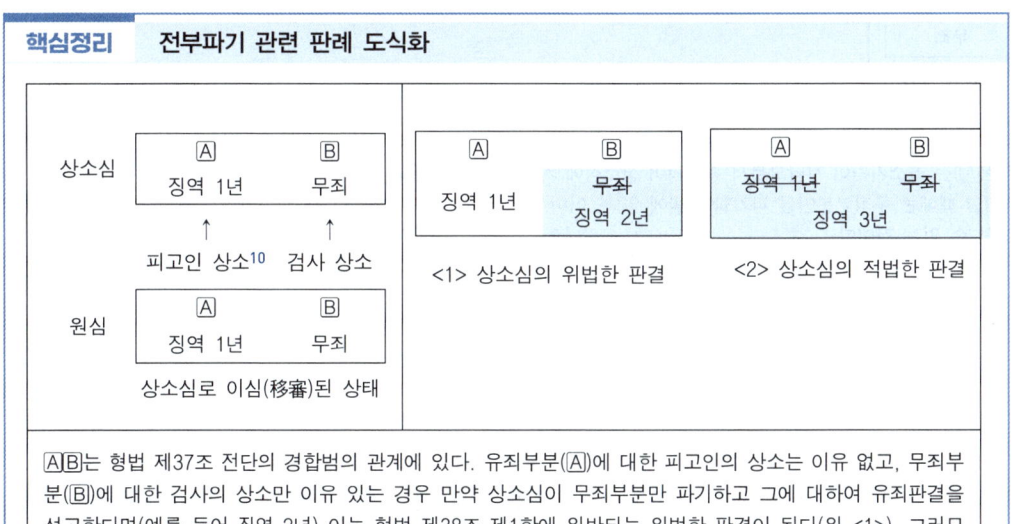

Ⓐ Ⓑ 는 형법 제37조 전단의 경합범의 관계에 있다. 유죄부분(Ⓐ)에 대한 피고인의 상소는 이유 없고, 무죄부분(Ⓑ)에 대한 검사의 상소만 이유 있는 경우 만약 상소심이 무죄부분만 파기하고 그에 대하여 유죄판결을 선고한다면(예를 들어 징역 2년) 이는 형법 제38조 제1항에 위반되는 위법한 판결이 된다(위 <1>). 그러므로 상소심은 판결 주문을 1개로 만들어 주기 위하여 무죄부분은 물론 유죄부분도 파기하여야 한다(위 <2>).

09 형법 제37조 전단의 경합범 중 일부 유죄, 일부 무죄를 선고한 판결에 대하여 검사만이 무죄부분에 대하여 상소를 제기하였고, 그 상소가 이유 있는 경우 파기의 범위(=일부파기)

1. 경합범 관계에 있는 공소사실 중 일부에 대하여는 유죄, 일부에 대하여는 무죄를 선고한 제1심판결에 대하여 검사만이 무죄부분에 대하여 항소한 경우 피고인과 검사가 항소하지 않은 유죄 부분은 항소기간이 지남으로써 확정되어 항소심에 계속된 사건은 무죄부분에 대한 공소뿐이고, 그에 따라 항소심에서 이를 파기할 때에는 그 부분만을 파기하여야 한다. (대법원 2020. 3. 12. 2019도18935 마약 유죄, 건조물침입 무죄 사건) ▶ 25 국가9급, 25 소방간부, 24 국가9급, 20 경간부, 20 소방간부, 18 국가9급, 17 변호사

---

10 물론 유죄판결에 대하여 검사도 양형과경(量刑過輕) 등을 이유로 상소할 수 있지만 사례의 단순화를 위하여 피고인이 상소한 것으로 가정하였다. 실제로 [8] 2. 판례의 경우 검사가 유죄부분에 대하여도 상소를 제기하였다.

2. 경합범 중 일부에 대하여 무죄, 일부에 대하여 유죄를 선고한 항소심 판결에 대하여 검사만이 무죄부분에 대하여 상고를 한 경우 피고인과 검사가 상고하지 아니한 유죄판결 부분은 상고기간이 지남으로써 확정되어 상고심에 계속된 사건은 무죄판결 부분에 대한 공소뿐이라 할 것이므로 상고심에서 이를 파기할 때에는 무죄부분만을 파기할 수밖에 없다. (대법원 1992. 1.21. 91도1402 숯슴 군산 대명동 포주 사건)

> 24 변호사, 24 국가7급, 22 법원9급, 19 변호사, 19 경간부, 16 변호사, 16 국가9급

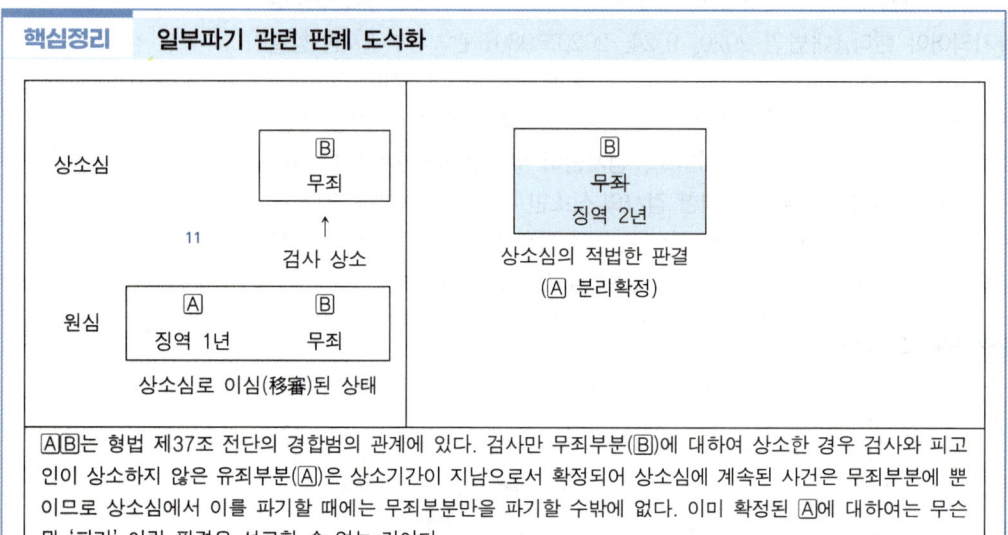

핵심정리 일부파기 관련 판례 도식화

Ⓐ Ⓑ는 형법 제37조 전단의 경합범의 관계에 있다. 검사만 무죄부분(Ⓑ)에 대하여 상소한 경우 검사와 피고인이 상소하지 않은 유죄부분(Ⓐ)은 상소기간이 지남으로서 확정되어 상소심에 계속된 사건은 무죄부분에 뿐이므로 상소심에서 이를 파기할 때에는 무죄부분만을 파기할 수밖에 없다. 이미 확정된 Ⓐ에 대하여는 무슨 뭐 '파기' 이런 판결은 선고할 수 없는 것이다.

10 확정판결 전후의 공소사실에 대하여 제1심이 두 개의 형을 선고하였는데 피고인만이 확정판결 전의 유죄판결 부분에 대하여만 항소한 경우 항소심의 심판범위

확정판결 전의 공소사실과 확정판결 후의 공소사실에 대하여 따로 유죄를 선고하여 두 개의 형을 정한 제1심판결에 대하여 피고인만이 확정판결 전의 유죄판결 부분에 대하여 항소한 경우 피고인과 검사가 항소하지 아니한 확정판결 후의 유죄판결 부분은 항소 기간이 지남으로써 확정되어 항소심에 계속된 사건은 확정판결 전의 유죄판결 부분뿐이고, 그에 따라 항소심이 심리·판단하여야 할 범위는 확정판결 전의 유죄판결 부분에 한정된다.(대법원 2018. 3.29. 2016도18553 항소하지 않은 산지관리법위반 사건) 약간 어려울 수 있어도 이 판례는 위 [9] 판례와 같은 취지이다. 「NEW 트렌드 형법 판례」를 참고하기 바란다.

> 22 변호사, 20 국가7급, 18 국가7급

11 경합범 중 일부 공소기각, 일부 무죄를 선고한 판결에 대하여 검사가 전부에 상소를 제기하였고, 그 중 공소기각 부분에 대한 상소가 이유가 있어 이를 파기하는 경우 무죄부분도 파기할 수 있는지의 여부(소극)

(1) 경합범 관계에 있는 공소사실 중 일부 유죄, 일부 무죄를 선고하여 판결 주문이 수개일 때 검사가 판결 전부에 대하여 상소하였는데 상소심에서 이를 파기할 때에는 유죄 부분과 파기되는 무죄 부분이 형법 제37조 전단의 경합범 관계에 있어 하나의 형이 선고

---

11 검사와 피고인이 상소하지 않으면 그 판결은 상소기간(7일)이 경과하면 그대로 확정된다.

되어야 하므로 유죄 부분과 파기되는 무죄 부분을 함께 파기하여야 한다. 그러나 위와 같이 하나의 형을 선고하기 위해서 파기하는 경우를 제외하고는 경합범의 관계에 있는 공소사실이라고 하더라도 개별적으로 파기되는 부분과 불가분의 관계에 있는 부분만을 파기하여야 한다. (2) 제1심은 경합범 관계에 있는 공소사실 중 피해자 대한민국에 대한 사기 부분을 주문 무죄로, 피해자 학부모들에 대한 사기 부분을 주문 공소기각으로 각 판단하였으므로 검사가 제1심판결 전부에 대하여 항소하였다고 하더라도 그 판결 전체가 불가분의 관계에 있다고 볼 수 없고, 원심으로서는 각 부분에 관한 항소이유를 개별적으로 판단하였어야 한다. 그런데도 원심은 공소사실 전체가 경합범 관계에 있어 불가분의 관계에 있다는 이유로 제1심판결 중 공소기각 부분을 파기하는 이상 제1심판결 중 무죄 부분도 함께 파기하여야 한다고 판단하였다. 이러한 원심의 판단에는 상소심의 심판대상과 파기의 범위에 관한 법리를 오해함으로써 제1심판결 중 무죄 부분에 대한 판단을 누락한 잘못이 있다.(대법원 2022. 1.13. 2021도13108 유치원비·지원금 편취사건) 이 사건의 경우 경합범 중 '일부 공소기각, 일부 무죄'이고 이들은 형법 제38조 제1항 따라 1개의 주문으로 형벌을 선고할 수 없는 경우이므로 불가분이라고 할 수 없다. 일부 공소기각, 일부 무죄가 선고된 원심판결에 대하여 전부 상소가 제기되었고 그 중 공소기각 부분에 대한 상소가 이유가 있어 그것을 파기할 때에 그것과 아무런 상관이 없는 무죄부분은 파기할 수는 없다.

12 검사와 피고인 양쪽이 상소를 제기한 경우 어느 일방의 상소는 이유 없으나 다른 일방의 상소가 이유 있어 원판결을 파기하고 다시 판결하는 때에는 판결 주문 표시방법

검사와 피고인 양쪽이 상소를 제기한 경우 어느 일방의 상소는 이유 없으나 다른 일방의 상소가 이유 있어 원판결을 파기하고 다시 판결하는 때에는 이유 없는 상소에 대해서는 판결이유 중에서 그 이유가 없다는 점을 적으면 충분하고 주문에서 그 상소를 기각해야 하는 것은 아니다.(대법원 2020. 6.25. 2019도17995 어깨를 톡톡 쳤다 사건)

▶ 21 변호사, 21 국가7급

Ⅴ 불이익변경금지의 원칙

> **형사소송법(2025. 3.18. 법률 제20796호로 일부개정된 것)**
>
> **제368조【불이익변경의 금지】** 피고인이 항소한 사건과 피고인을 위하여 항소한 사건에 대하여는 원심판결의 형보다 중한 형을 선고하지 못한다.
> **제396조【파기자판】** ① 상고법원은 원심판결을 파기한 경우에 그 소송기록과 원심법원과 제1심 법원이 조사한 증거에 의하여 판결하기 충분하다고 인정한 때에는 피고사건에 대하여 직접 판결을 할 수 있다.
> ② 제368조의 규정은 전항의 판결에 준용한다.
> **제439조【불이익변경의 금지】** 재심에는 원판결의 형보다 중한 형을 선고하지 못한다.

선생님의 TIP

1. 우리를 괴롭히는 테마 중에 하나가 바로 이 불이익변경금지의 원칙이다. 형이 불이익한지 아닌지에 대한 판단이 상당히 어렵기 때문에 사실상 암기사항이 대부분이다. 다만 공식 몇 개만 암기하면 대부분의 문제는 해결된다.
2. 약식명령과 즉결심판에 대한 정식재판청구사건의 경우 형종(刑種)상향금지의 원칙은 적용되지만, 불이익변경금지의 원칙이 적용되지 않기 때문에 이는 각 해당 파트에서 별도로 논하기로 한다.

01 불이익변경금지의 원칙의 취지(=피고인의 상소권 보장)

1. 불이익변경금지 원칙은 상소심에서 원심판결의 형보다 중한 형을 선고받을 수 있다는 우려로 말미암아 **피고인의 상소권 행사가 위축되는 것을 막기 위한 정책적 고려의 결과로 입법자가 채택하였다.**(대법원 2021. 5. 6. 2021도1282 배임무죄 징역 4년 사건) 이는 재심의 경우에도 마찬가지이다.
2. 불이익변경금지 원칙은 상소심에서 불이익한 결과를 받게 될 위험으로 인해 **상소권의 행사가 위축되는 것을 방지하기 위해 채택된 제도**로 상소심법원이 이미 선고받은 형보다 실질적으로 불이익한 형을 선고하지 못한다는 원칙일 뿐, 상소 제기 후의 상황 변화에도 불구하고 피고인에게 최대한 유리한 결과를 부여한다는 원칙은 아니다.(대법원 2020.10.22. 2020도4140 숨은 장기 15년 단기 7년 중간형 사건) [15] 판례 참고

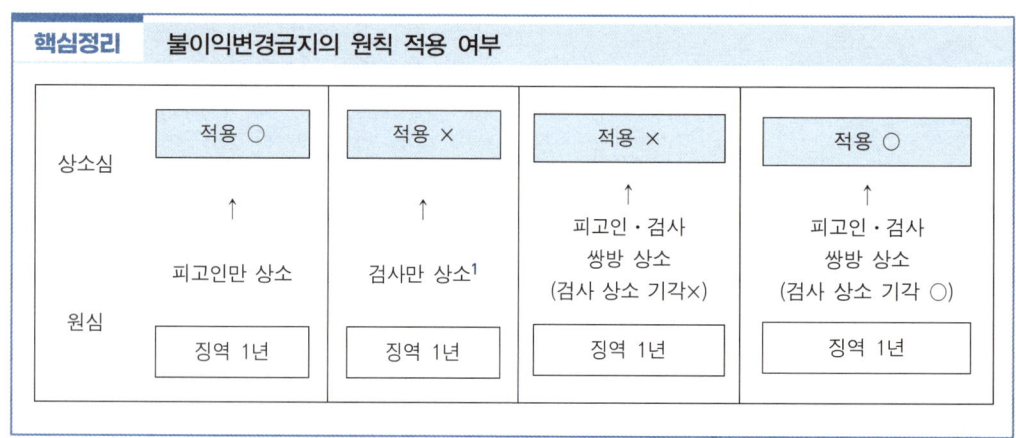

핵심정리 불이익변경금지의 원칙 적용 여부

1 물론 검사가 '피고인의 이익을 위하여' 상소한 경우에는 불이익변경금지의 원칙이 적용된다. 특별한 말이

02 불이익변경금지의 원칙이 적용되는 경우

1. 형사소송법 제368조, 제399조는 "피고인이 상소하거나 피고인을 위하여 상소한 사건에 대하여는 원심판결의 형보다 중한 형을 선고하지 못한다."고 규정하여 이른바 불이익변경금지 원칙을 설명하고 있는바, 피고인만이 항소한 항소심에서 공소장변경에 의하여 공소사실이 추가·철회·변경된 경우에도 형의 불이익변경은 허용되지 아니한다.(대법원 2025. 6.12. 2025도3487 항소심 보호관찰 추가 사건)

2. 피고인에 대한 제1심판결에 대하여는 피고인과 검사가 모두 항소하였음이 분명하고, 검사의 항소이유서에 의하면 제1심판결의 양형이 가벼워서 부당하다는 것이어서 **검사의 항소가 피고인의 이익을 위하여서 한 것으로 볼 수 없으니** 형사소송법 제368조의 불이익변경금지의 원칙이 적용될 여지가 없다.(대법원 2005. 9.29. 2005도4205 연합새마을파 사건) 이 판례를 반대해석하면 검사가 '피고인의 이익을 위하여' 상소한 경우에는 불이익변경금지의 원칙이 적용됨을 알 수 있다. ▶ 22 국가9급, 15 경간부

3. 피고인과 검사 쌍방이 항소하였으나 검사가 항소 부분에 대한 항소이유서를 제출하지 아니하여 결정으로 항소를 기각하여야 하는 경우에는 실질적으로 피고인만이 항소한 경우와 같게 되므로 항소심은 불이익변경금지의 원칙에 따라 제1심판결의 형보다 중한 형을 선고하지 못한다.(대법원 1998. 9.25. 98도2111 참깨 밀수입 사건) [3] 판례와 비교 ▶ 22 국가9급, 19 경간부, 19 경찰채용, 19 국가9급, 19 소방간부, 18 소방간부, 15 경간부

4. 피고인과 검사 쌍방이 항소하였으나 검사가 부착명령 청구사건에 대한 항소이유서를 제출하지 아니하여 부착명령 청구사건에 대한 검사의 항소를 기각하여야 하는 경우에는 실질적으로 부착명령 청구사건에 대해서는 피고인만이 항소한 경우와 같게 되므로 항소심은 불이익변경금지의 원칙에 따라 부착명령 청구사건에 관하여 제1심판결의 형보다 중한 형을 선고하지는 못한다.(대법원 2014. 3.27. 2013도9666, 2013전도199 부착기간 5년 → 10년 사건) ▶ 16 경간부

03 불이익변경금지의 원칙이 적용되지 않는 경우

1. 불이익변경금지의 원칙은 피고인이 상소한 사건과 피고인을 위하여 상소한 사건에서는 원심판결의 형보다 중한 형을 선고하지 못한다는 것이므로 피고인과 검사 양쪽이 상소한 사건에 대하여는 적용되지 않는다.(대법원 2018. 4.19. 2017도14322 쇼습 국정원 대선개입 사건) 물론 검사의 상소가 기각되지 않았음을 전제로 한다. ▶ 22 소방간부

2. 불이익변경금지의 원칙은 피고인의 상소권을 보장하기 위하여 피고인이 상소한 사건과 피고인을 위하여 상소한 사건에 있어서는 원심판결의 형보다 중한 형을 선고하지 못한다는 것이므로 피고인과 검사 쌍방이 상소한 결과 검사의 상소가 받아들여져 원심판결 전부가 파기됨으로써 피고인에 대한 형량 전체를 다시 정해야 하는 경우에는 적용되지 아니하는 것이며, 사건이 경합범에 해당한다고 하여 개개 범죄별로 불이익변경의 여부를 판단할 ▶ 22 경찰승진, 16 경찰채용

없으면 검사는 '피고인의 불이익을 위하여' 상소한 것으로 보아야 한다.

것은 아니다.(대법원 2007. 6. 28. 2005도7473 낙태전문 의사 사건Ⅱ) ABC 전체에 대한 원심의 형과 상소심의 형을 비교하여야 하지, A에 대한 원심의 형과 상소심의 형, B에 대한 원심의 형과 상소심의 형... 이런 식으로 개개 범죄별로 비교해서는 아니 된다.

04 불이익변경금지의 원칙이 적용되는 사건

1. 제1심 유죄판결에 대하여 검사의 항소가 없고 피고인만의 항소가 있는 제2심 유죄판결에 대하여 검사의 상고가 있는 경우에 상고심은 검사의 불복없는 제1심 판결의 형보다 중한 형을 과할 수 없다.(대법원 1957. 10. 4. 57오1 1심 → 3심 불변금 사건) 아래 사례에서 제3심은 제2심의 '징역 2년'보다 중한 형을 선고할 수 있으나 제1심의 '징역 3년'보다는 중한 형을 선고할 수 없다. 음영 부분이 없다고 보면 더 쉽게 이해할 수 있다.

> 18 국가9급, 17 국가7급

제1심		제2심		제3심
징역 3년	→ 피고인만 항소	징역 2년	→ 검사만 상고	징역 년

2. 피고인의 상고에 의하여 상고심에서 원심판결을 파기하고 사건을 항소심에 환송한 경우에는 환송 전 원심판결과의 관계에서도 불이익변경금지의 원칙이 적용되어 그 파기된 항소심판결보다 중한 형을 선고할 수 없다.(대법원 2006. 5. 26. 2005도8607 아들에게 폭로하겠다 사건) 아래 사례에서 제3심이 파기자판을 하는 경우 원심(제2심)의 '징역 3년'보다 중한 형을 선고할 수 없다. 같은 맥락에서 제3심이 파기환송을 하는 경우 환송 후 원심은 환송 전 원심의 '징역 3년'보다 중한 형을 선고할 수 없다. 아래 3. 판례도 마찬가지이다. [6] 판례 참고

> 22 경찰승진, 22 경간부, 22 소방간부, 21 법원9급, 20 국가7급, 20 법원9급, 19 경찰승진, 19 경찰채용, 19 법원9급, 18 변호사, 18 경간부, 18 국가9급, 18 소방간부, 17 국가7급, 15 법원9급

제2심		제3심
징역 3년	→ 피고인만 상고	파기자판 징역 년

제2심		제3심		제2심
징역 3년	→ 피고인만 상고	파기	→ 환송	징역 년

3. 피고인의 상고에 의하여 상고심에서 원심판결을 파기하고 사건을 항소심에 환송한 경우에 그 항소심에서는 환송 전 원심판결과의 관계에서도 불이익변경금지의 원칙이 적용되어 그 파기된 항소심판결보다 중한 형을 선고할 수 없다. 그리고 이러한 법리는 환송 후의 원심에서 적법한 공소장변경이 있어 이에 따라 그 항소심이 새로운 범죄사실을 유죄로 인정하는 경우에도 마찬가지이다.(대법원 2014. 8. 20. 2014도6472 공소장변경 후 중형 선고사건)

> 21 경찰채용

05 불이익변경금지의 원칙이 적용되지 않는 사건

판결을 선고한 법원에서 당해 판결서의 명백한 오류에 대하여 판결서의 경정을 통하여 그 오류를 시정하는 것은 피고인에게 유리 또는 불리한 결과를 발생시키거나 피고인의 상소권 행사에 영향을 미치는 것이 아니므로 여기에 불이익변경금지원칙이 적용될 여지는 없다.(대법원 2007. 7.13. 2007도3448 74일 미결구금일수 산입 삭제 사건) 판결서의 경정은 상소와는 아무런 관련이 없는 제도이다.

▶ 20 경찰승진, 19 법원9급, 17 경간부

> **형사소송규칙(2025. 2.28. 대법원규칙 제3202호로 일부개정된 것)**
> 제25조【재판서의 경정】① 재판서에 잘못된 계산이나 기재, 그 밖에 이와 비슷한 잘못이 있음이 분명한 때에는 법원은 직권으로 또는 당사자의 신청에 따라 경정결정을 할 수 있다.

> **선생님의 TIP**
> 사건이 병합되면 불이익변경금지의 원칙 위반여부를 판단하기가 매우 어려운데, 다행히 최근에는 아래 [6], [7] 판례를 제외하고는 거의 시험에 출제되지 않는다.

06 (사건을 병합심리한 후 선고한 형이) 불이익변경금지의 원칙에 위반되는 경우

환송 전 원심판결이 'A·B죄에 대하여 벌금 700만원, C·D죄에 대하여 벌금 200만원'을 선고한데 대하여, 상고심에서 원심판결을 파기하고 사건을 항소심에 환송한다는 판결이 선고되었는데 환송 후 원심이 'A·B·C·D 모든 죄에 대하여 징역 1년에 집행유예 2년 및 사회봉사명령 80시간'을 선고한 경우 (대법원 2006. 5.26. 2005도8607 아들에게 폭로하겠다 사건) 이후에 나오는 「불이익변경금지의 원칙 관련 공식 Ⅱ」를 참고하기 바란다.

▶ 22 경간부, 17 국가9급

07 (사건을 병합심리한 후 선고한 형이) 불이익변경금지의 원칙에 위반되지 않는 경우

제1심에서 별개의 사건으로 '징역 1년에 집행유예 2년과 추징금 1,000만원' 및 '징역 1년 6월과 추징금 100만원'의 형을 선고받고 항소한 피고인에 대하여 원심이 사건을 병합심리한 후 경합범으로 처단하면서 '징역 2년과 추징금 1,100만원'을 선고한 경우 (대법원 2001. 9.18. 2001도3448 병합전후 형 비교 사건) 둘 중에서 하나를 선택해 보아라.

▶ 19 경간부

08 법원이 항소심에서 처음 청구된 전자장치 부착명령 청구에 터잡아 부착명령을 선고하는 것이 불이익변경금지의 원칙에 위반되는지의 여부(소극)

피고인만이 항소한 경우라도 법원이 항소심에서 처음 청구된 검사의 부착명령 청구에 기하여 부착명령을 선고하는 것은 불이익변경금지의 원칙에 저촉되지 아니한다.(대법원 2010.11.25. 2010도9013 항소심 검사 부착명령 청구사건) 부착명령 부분은 검사가 항소심에서 처음 청구한 것이지 피고인이 제1심에서 상소한 것이 아니므로 불이익변경금지의 원칙이 적용될 수 없다.

▶ 21 소방간부, 17 변호사

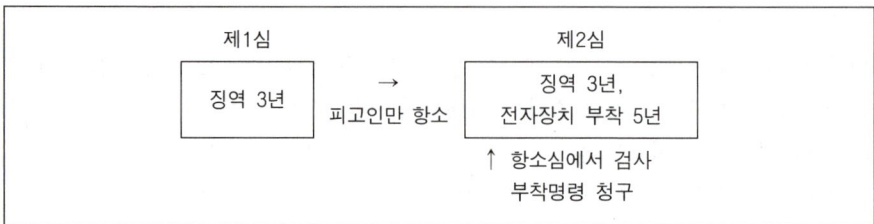

선생님의 TIP

불이익변경금지의 원칙을 중형(重刑)변경금지의 원칙이라고도 한다. 이 원칙은 상소심에 대한 강제적 양형규정으로 법정형에 없는 형벌도 선고할 수 있고 또한 그렇게 선고하여야 한다. 그리고 비교의 기준은 '선고형'으로 선고형이 중하지 않은 이상 어떤 범죄를 인정하는지 등은 전혀 문제되지 않는다. 예를 들어 절도죄를 강도죄로 인정하더라도 형이 중하지 않으면 불이익변경금지의 원칙에 위반되지 않는다. 다시 말하자면 중죄(重罪)변경금지의 원칙이 아니라 중형(重刑)변경금지의 원칙이다.

구분	내용
법정형	법전에 규정된 형(예 살인죄의 경우 형법에 규정된 '사형, 무기, 5년 이상의 징역')
선택형	법정형 중에서 하나를 선택한 형(예 법원이 살인죄의 법정형 중 '5년 이상의 징역' 선택)
처단형	선택형을 가중·감경한 형(예 법원이 '5년 이상의 징역'의 형을 가중 또는 감경)
선고형	처단형의 범위 내에서 법원이 선고한 형(예 법원이 "피고인을 징역 7년에 처한다"라는 형 선고)

09 불이익변경금지의 원칙에 의하여 법정형에 없는 형벌도 선고할 수 있는지의 여부(적극)

1. 원래 불이익변경의 금지라고 하는 것은 피고인이 상소권 행사를 주저하는 일이 없도록 상소권 행사를 보장하기 위한 것으로 그 원칙을 지키기 위하여 **필요한 경우에는 법률이 규정한 형기에 구애받지 않는 것**이므로 이미 선고된 형 이외에 다시 형을 선고하는 것이 피고인에게 불리한 결과가 된다면 그러한 이유로 형을 선고하지 아니한다는 주문을 선고할 수도 있다.(대법원 1992. 1.21. 91도1402 숲속 군산 대명동 포주 사건) ▶ 19 변호사

2. (사문서위조 및 위조사문서행사의 공소사실로 피고인을 벌금에 처한) 약식명령에 대하여 피고인만이 정식재판을 청구한 사건에서 피고인에 대하여 사서명위조와 위조사서명행사의 범죄사실이 인정되는 경우에는 비록 사서명위조죄와 위조사서명행사죄의 법정형에 유기징역형만 있다 하더라도 불이익변경금지의 원칙이 적용되어 벌금형을 선고할 수 있는 것이므로 공소사실의 동일성이 인정됨에도 불이익변경금지의 원칙 등을 이유로 공소장변경허가신청을 불허할 것은 아니다.(대법원 2013. 2.28. 2011도14986 타인 명의 LG파워콤 가입 사건) 지금은 취지만 유효하다. ▶ 21 국가9급, 18 국가9급, 17 변호사, 16 변호사, 16 국가7급

> **형법(2025. 4. 8. 법률 제20908호로 일부개정된 것)**
>
> 제231조【사문서등의 위조·변조】행사할 목적으로 권리·의무 또는 사실증명에 관한 타인의 문서 또는 도화를 위조 또는 변조한 자는 <u>5년 이하의 징역 또는 1천만원 이하의 벌금</u>에 처한다.
>
> 제239조【사인등의 위조, 부정사용】① 행사할 목적으로 타인의 인장, 서명, 기명 또는 기호를 위조 또는 부정사용한 자는 <u>3년 이하의 징역</u>에 처한다.
> ② 위조 또는 부정사용한 타인의 인장, 서명, 기명 또는 기호를 행사한 때에도 전항의 형과 같다.

10 불이익변경금지의 내용(=중형변경금지)

불이익변경금지의 원칙은 피고인 또는 피고인을 위한 상소사건에 있어서 원심의 형, 즉 판결 주문의 형보다 중한 형을 선고할 수 없다는 것에 불과하므로 그 내용에 있어서 제1심보다 불이익하게 변경되었더라도 결과적으로 선고한 형이 제1심보다 경한 경우에는 불이익변경금지의 원칙에 위배되었다고 할 수 없다.(대법원 1989. 6. 13. 88도1983 민방위기본법 징역형 선택사건) [11] 판례 참고

▶ 16 경간부

11 불이익변경금지의 원칙에 위반되지 않는 경우

1. 상소심이 원심법원이 인정한 범죄사실의 일부를 무죄로 인정하면서도 **원심법원과 동일한 형을 선고한 경우** (대법원 2021. 5. 6. 2021도1282 배임무죄 징역 4년 사건)
2. 살인죄에 대하여 원심이 유기징역형을 선택한 1심보다 중하게 무기징역형을 선택하였으나 결과적으로 **선고한 형이 중하게 변경되지 아니한 경우** (대법원 1999. 2. 5. 98도4534 무기징역 선택 사건) 선택형과 선고형은 분명히 다른 것이다. 유기징역을 선택하여 징역 12년을 선고한 것이나 무기징역을 선택한 후 이를 감경하여 징역 12년을 선고한 것이나 그 선고형에는 아무런 차이가 없다.
3. 항소심이 검사의 공소장변경신청에 의하여 제1심판결의 적용법조와는 달리 형법 제37조, 제38조 제1항 제2호를 의율하여 경합죄로 처단하였으나 그 선고형이 제1심과 동일한 경우 (대법원 1984. 4. 24. 83도3211 경합죄로 처단하기 위하여 사건)
4. 원심이 제1심이 인정한 죄보다 중한 죄를 인정하였으나 그 선고형이 같은 경우 (대법원 1981. 12. 8. 81도2779 중한 상습절도 인정 사건)

▶ 25 국가9급, 24 변호사, 23 변호사, 22 경찰승진, 22 국가7급

▶ 18 경간부, 18 경찰채용

▶ 17 변호사

▶ 16 경찰채용

선생님의 TIP

불이익변경금지의 원칙은 중형변경금지의 원칙인데, 일단 '형(刑)'이란 형법 제41조에 규정된 것을 말한다. 판례는 이에 더 나아가 형벌적 요소가 있는 보안처분에 대하여도 이 원칙을 적용하고 있다. 아래 [12], [13] 판례들을 암기하여야 한다. 위치추적 전자장치 부착명령의 경우 당연히 불이익변경금지의 원칙이 적용된다.

형법(2025. 4. 8. 법률 제20908호로 일부개정된 것)

제41조 【형의 종류】 형의 종류는 다음과 같다.
1. 사형 2. 징역 3. 금고 4. 자격상실 5. 자격정지 6. 벌금 7. 구류 8. 과료 9. 몰수(추징)

12 불이익변경금지의 원칙이 적용되는 처분

1. **추징**도 몰수에 대신하는 처분으로서 몰수와 마찬가지로 형에 준하여 평가하여야 할 것이므로 그에 관하여도 불이익변경금지의 원칙이 적용된다.(대법원 2006. 11. 9. 2006도4888 과천시 건설과 선임계장사건)
   ▶
2. 성폭력처벌법에 따라 병과하는 **수강명령 또는 이수명령**은 이른바 범죄인에 대한 사회 내 처우의 한 유형으로서 형벌 그 자체가 아니라 보안처분의 성격을 가지는 것이지만 의무적 강의 수강 또는 성폭력 치료프로그램의 의무적 이수를 받도록 함으로써 **실질적으로는**

▶ 22 소방간부, 19 경찰승진, 16 국가9급, 16 경간부

▶ 21 법원9급

신체적 자유를 제한하는 것이 되므로 원심이 제1심판결에서 정한 형과 동일한 형을 선고하면서 새로 수강명령 또는 이수명령을 병과하는 것은 전체적·실질적으로 볼 때 피고인에게 불이익하게 변경한 것이므로 허용되지 않는다.(대법원 2018.10. 4. 2016도15961 전역한 대위 사건) [18] 10. 판례 참고

3. **취업제한명령**은 범죄인에 대한 사회내 처우의 한 유형으로서 형벌 그 자체가 아니라 보안처분의 성격을 가지는 것이지만, 실질적으로 직업선택의 자유를 제한하는 것이므로 원심이 제1심판결에서 정한 형과 동일한 형을 선고하면서 제1심에서 정한 취업제한기간 보다 더 긴 취업제한명령을 부가하는 것은 전체적·실질적으로 피고인에게 불리하게 변경한 것이므로 피고인만이 항소한 경우에는 허용되지 않는다.(대법원 2019.10.17. 2019도11540 취업제한 2년 초과 사건Ⅱ) [18] 13. 판례 참고 ▸ 23 법원9급, 21 경찰채용, 21 소방간부, 20 국가7급

4. 피고인만이 상고한 사건에서 불이익변경금지의 원칙에 따라 원심보다 형을 피고인에게 불리하도록 변경할 수 없는 이상 (등록정보의 공개명령 및 고지명령을 하여야 함에도 불구하고) 원심이 등록정보의 공개명령 및 고지명령을 하지 아니한 잘못은 원심을 파기할 사유가 되지 못한다.(대법원 2014.12.24. 2014도13529 군인 추행 일반인 추행 사건) 아래 핵심정리와 설명을 참고하기 바란다. [13] 2. 판례와 비교

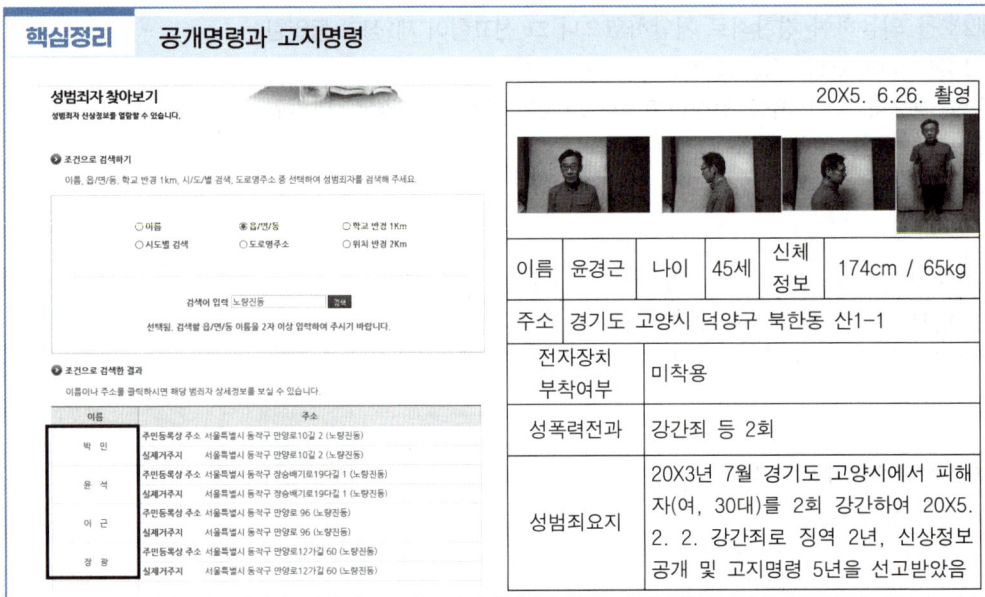

1. 공개명령이란 성범죄자의 신상정보 등을 인터넷에 공개하는 보안처분을 말한다.(성폭력처벌법 제47조, 청소년성보호법 제49조, 제52조) 인터넷 사이트는 "성범죄자 알림e(https://www.sexoffender.go.kr/indexN.nsc)"이고, 그곳에 들어가 검색하면 왼쪽과 같은 결과가 나오고, 박스 부분의 이름을 클릭하면 오른쪽과 같은 신상정보 등이 팝업창으로 뜬다. '실제의 신상정보 등'을 신문·잡지 등 출판물을 이용하여 공개하면 5년 이하의 징역 또는 5천만원 이하의 벌금에 처하므로 오른쪽은 저자를 성범죄자로 하여 저자가 임의적으로 만든 것이다.
2. 고지명령이란 성범죄자가 거주하는 읍·면·동의 아동·청소년이 속한 세대의 세대주 등에게 성범죄자의 신상정보 등(위 오른쪽 내용)을 우편 등을 통하여 알려주는 보안처분을 말한다.(성폭력처벌법 제49조, 청소년성보호법 제50조, 제51조) 지금은 오지 않지만 저자의 아들과 딸이 중·고등학생이었을 때 저자의 집으로 가끔 위와 같은 우편이 온 적이 있다. 저자가 근무하는 해커스경찰·공무원학원 관리반에도 가끔 위와 같은 우편이 온다.

13 불이익변경금지의 원칙이 적용되지 않는 처분

1. **소송비용의 부담**은 형이 아니고 실질적인 의미에서 형에 준하여 평가되어야 할 것도 아니므로 불이익변경금지 원칙이 적용되지 않는다.(대법원 2018. 4.10. 2018도1736 항소심 소송비용 추가 판결사건)

   ▶ 23 법원9급, 22 경간부, 22 국가7급, 21 변호사, 21 경찰채용, 21 국가9급, 21 법원9급, 19 경찰채용, 19 법원9급, 19 소방간부

2. 등록대상자의 **신상정보 제출의무**는 법원이 별도로 부과하는 것이 아니라 등록대상 성범죄로 유죄판결이 확정되면 성폭력처벌법의 규정에 따라 당연히 발생하는 것이므로 유죄판결을 선고하는 법원이 하는 신상정보 제출의무 등의 고지는 등록대상자에게 신상정보 제출의무가 있음을 알려 주는 것에 의미가 있을 뿐이다. 따라서 설령 법원이 유죄판결을 선고하면서 신상정보 제출의무 등의 고지를 누락한 경우 당해 법원 또는 상급심 법원이 적법한 내용으로 다시 고지할 수 있고, 상급심 법원에서 **신상정보 제출의무 등을 새로 고지하더라도** 형을 피고인에게 불리하게 변경하는 경우에 해당되지 아니한다.(대법원 2014.12.24. 2014도13529 군인 추행 일반인 추행 사건) 신상정보 제출의무는 일정한 성범죄자가 자신의 신상정보 등을 경찰관서의 장에게 제출하는 것을 말한다. [12] 4. 판례의 '공개명령이나 고지명령'은 법원이 선고하는 것이지만, 이 신상정보 제출의무는 법률의 규정에 의하여 당연히 발생한다. 즉 불이익변경금지의 원칙과는 아무런 상관이 없다.

   ▶ 19 경찰승진

형법(2025. 4. 8. 법률 제20908호로 일부개정된 것)

제41조【형의 종류】형의 종류는 다음과 같다.
  1. 사형 2. 징역 3. 금고 4. 자격상실 5. 자격정지 6. 벌금 7. 구류 8. 과료 9. 몰수(추징)

제50조【형의 경중】① 형의 경중은 제41조 각 호의 순서에 따른다. 다만, 무기금고와 유기징역은 무기금고를 무거운 것으로 하고 유기금고의 장기가 유기징역의 장기를 초과하는 때에는 유기금고를 무거운 것으로 한다.
② 같은 종류의 형은 장기가 긴 것과 다액이 많은 것을 무거운 것으로 하고 장기 또는 다액이 같은 경우에는 단기가 긴 것과 소액이 많은 것을 무거운 것으로 한다.

선생님의 TIP

선고된 형이 불이익하게 변경되었는지 여부의 판단은 일단 형법 제41조, 제50조에 의한다. 그러나 선고유예, 집행유예 등 각종 부수처분 때문에 형법 제41조, 제50조만으로는 한계가 있다. 걱정할 것은 없다. 다음에 나오는 핵심정리 공식 6개를 암기하면 모든 것이 다 해결된다. '이상한데? 모순되는거 아닌가?'라는 의문을 가질 수 있지만, 공식이니까 그냥 암기한다. 여러분의 개인적이 주관이 들어가는 순간 그냥 망(亡)한다. 형의 유불리 여부의 판단은 사람마다 다 다를 수 있기 때문인데, 예를 들어 '가난한 저자'와 '부자인 삼성 이재용 회장'이 받을 수 있는 "피고인을 벌금 1억원에 처한다."라는 형선고의 느낌은 완전히 다른 것이다.

14 불이익변경 여부의 판단 기준 및 불이익변경 여부의 판단 기준

1. 불이익변경금지 원칙은 선고되는 형에 있어서의 불이익이 금지되는 중형금지의 원칙임이 법문상 분명하므로 불이익한지 여부는 **선고된 형에 의하여 객관적으로 비교·판단**되어야 한다.(대법원 2020.10.22. 2020도4140 순습 장기 15년 단기 7년 중간형 사건)

2. **선고된 형이 피고인에게 불이익하게 변경되었는지 여부는 형법상 형의 경중을 기준으로 하되 이를 개별적·형식적으로 고찰할 것이 아니라 주문을 전체적으로 고려하여 피고인에게 실질적으로 불이익한지 여부에 따라 판단하여야 한다.**(대법원 2020.10.22. 2020도4140 숲솜 장기 15년 단기 7년 중간형 사건) '개별적·형식적으로' 고찰하면 안 된다.

15 소년형사사건에 있어 불이익변경금지의 원칙의 기준이 되는 형

부정기형과 실질적으로 동등하다고 평가될 수 있는 정기형은 부정기형의 장기와 단기의 정중앙에 해당하는 형(예를 들어 징역 장기 4년, 단기 2년의 부정기형의 경우 징역 3년의 형이다. 이하 '중간형'이라 한다)**이라고 봄이 적절하므로 피고인이 항소심 선고 이전에 19세에 도달하여 제1심에서 선고한 부정기형을 파기하고 정기형을 선고함에 있어 불이익변경금지 원칙 위반 여부를 판단하는 기준은 부정기형의 장기와 단기의 중간형이 되어야 한다.**(대법원 2020.10.22. 2020도4140 숲솜 장기 15년 단기 7년 중간형 사건) 제1심이 징역 장기 15년, 단기 7년을 선고하였고[2], 이에 대하여 피고인만이 항소한 경우 항소심은 장기인 15년과 단기인 7년의 중간형, 즉 징역 11년[=(15+7)/2]보다 중한 형을 선고할 수 없다라는 취지의 판례이다. 소년법과 특정강력범죄의 처벌에 관한 특례법 제4조 제2항이 적용되었던 사건이다.

▶ 24 경찰승진, 24 국가7급, 23 법원9급, 22 국가7급, 21 국가9급, 21 소방간부

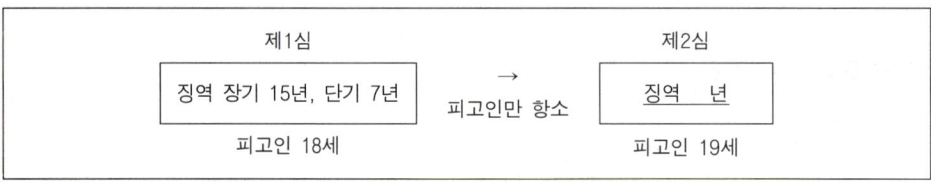

소년법(2020.10.20. 법률 제17505호로 일부개정된 것)

제60조【부정기형】 ① 소년이 법정형으로 장기 2년 이상의 유기형에 해당하는 죄를 범한 경우에는 그 형의 범위에서 장기와 단기를 정하여 선고한다. 다만, 장기는 10년, 단기는 5년을 초과하지 못한다.
② 소년의 특성에 비추어 상당하다고 인정되는 때에는 그 형을 감경할 수 있다.
③ 형의 집행유예나 선고유예를 선고할 때에는 제1항을 적용하지 아니한다.
④ 소년에 대한 부정기형을 집행하는 기관의 장은 형의 단기가 지난 소년범의 행형(行刑) 성적이 양호하고 교정의 목적을 달성하였다고 인정되는 경우에는 관할 검찰청 검사의 지휘에 따라 그 형의 집행을 종료시킬 수 있다.

특정강력범죄의 처벌에 관한 특례법(2023.10.24. 법률 제19743호로 일부개정된 것)

제4조【소년에 대한 형】 ② 특정강력범죄를 범한 소년에 대하여 부정기형을 선고할 때에는 소년법 제60조 제1항 단서에도 불구하고 장기는 15년, 단기는 7년을 초과하지 못한다.

---

[2] 피고인은 최장 징역 15년을, 최단 징역 7년을 집행받게 되므로 이를 부정기형(不定期刑)이라고 하는 것이다.

16 징역·금고와 불이익변경금지의 원칙

형기의 변경 없이 금고형을 징역형으로 바꾸어 집행유예를 선고하는 것은 불이익변경금지의 원칙에 위반되지 아니한다.(대법원 2013.12.12. 2013도6608 무면허 무보험 차량운전 사건) 예를 들어 '금고 5월'을 '징역 5월(집행유예 2년)'로 변경하는 것은 불이익변경금지의 원칙에 위반되지 않는다.

> 22 국가7급, 17 변호사

17 벌금·환형유치기간과 불이익변경금지의 원칙

1. 원심이 선고한 벌금형의 환형유치기간이 제1심에서 선고한 징역 1년의 형의 기간을 초과한다고 하더라도 원심에서 선고한 **벌금형이 형법상 징역형보다 경한 형**이라고 보아야 할 것이다.(대법원 1980. 5.13. 80도765 징역 초과 노역장유치기간 사건)

> 22 국가9급, 21 국가9급

2. 피고인에 대한 **벌금형이 감경**되었다면 그 벌금형에 대한 환형유치기간이 더 길어졌다 하더라도 전체적으로 비교하여 보면 형이 불이익하게 변경되었다고 할 수 없다.(대법원 1981.10.24. 80도2325 벌금 감경 노역장유치기간 가중 사건) [19] 8. 판례 참고

> 19 경간부, 19 경찰채용, 18 소방간부

선생님의 TIP

아래 공식이면 모든 것이 끝난다. 인터넷에서 하는 모든 이상한 글들은 더 이상 보지 말아라. 왜 시간 낭비를 하고 있는가?

핵심정리 불이익변경금지의 원칙 관련 공식

I. '**사**형 → **징**역 → **금**고 → **자**격상실 → **자**격정지 → **벌**금 → **구**류 → **과**료 → **몰**수(추징)' 순서로 무거운 형에서 가벼운 형이다. ★ 사징금자벌구과몰
II. '**형**집행면제[3] → (자유형 선고에 대한) **집**행유예 → **벌**금의 선고 → **선**고유예' 순서로 무거운 형에서 가벼운 형이다. ★ 형집벌선
III. 자유형의 형기를 줄이면서 집행유예를 없애거나 자유형의 형기를 늘리면서 집행유예를 붙인 것은 모두 불이익변경이다.
IV. 징역형의 실형을 집행유예로 하면서 벌금형을 새롭게 추가하거나 벌금액을 늘리는 것은 불이익변경이다.
V. 주형(징역, 벌금 등)은 동일함에도 부가형(몰수·추징, 노역장유치기간)이나 전자장치부착 등을 늘리는 것은 불이익변경이다.
VI. 주형을 줄이면서 부가형이나 전자장치부착 등을 늘리는 것은 불이익변경이 아니다.

---

[3] 2025년 현재 '형 면제'라는 판결은 있지만 '형집행 면제'라는 판결은 없다. 후자는 "판결은 관할관이 확인하여야 하며 형법 제51조 각호의 사항을 참작하여 그 형이 부당하다고 인정할 만한 사유가 있는 때에는 그 형을 감경 또는 <u>형의 집행을 면제할 수 있다</u>."라는 군사법원법 제379조 제1항에서 유래한다. 이와 같은 관할관 확인에 관한 제379조는 2021. 9.24. 군사법원법 개정시에 삭제되었다. 교재에 수록하면 안 되지만 혹시 이상한 출제위원이 낼 수 있다는 불안감에 이렇게 남겨 놓기로 한다.

18 불이익변경금지의 원칙에 위반되는 경우

1. 징역 6월(집행유예 1년) → 징역 8월(형집행 면제) (대법원 1963. 2. 14. 62도248 관할관 형집행 면제 사건) 〈공식 Ⅱ〉 2. 판례도 마찬가지이다.
2. 징역 6월(선고유예) → 벌금 2,000,000원 (대법원 1999. 11. 26. 99도3776 벌금이 유리한가 사건Ⅱ) ▶ 21 경간부, 21 소방간부, 20 법원9급, 18 경간부, 17 변호사, 16 국가9급
3. 징역 1년 6월(집행유예 3년) → 징역 1년 (대법원 2016. 3. 24. 2016도1131 폭처법위헌 재심 사건) 〈공식 Ⅲ〉 아래 4. 5. 판례도 마찬가지이다. ▶ 22 소방간부, 21 변호사, 21 법원9급, 20 법원9급, 19 변호사, 18 경찰채용, 18 국가9급, 17 국가9급
4. 징역 1년(집행유예 3년) → 징역 10월 (대법원 1965. 12. 10. 65도826 숲속 지리산도벌 사건) ▶ 16 변호사
5. 징역 6월 → 징역 8월(집행유예 2년) (대법원 1966. 12. 8. 66도1319 숲속 절도범 집행유예 사건)
6. 징역 1년 6월 및 추징 26,150,000원 → 징역 1년 6월(집행유예 3년), 벌금 50,000,000원 (금 50,000원을 1일로 환산한 환형유치기간 1,000일) 및 추징 26,150,000원 (대법원 2013. 12. 12. 2012도7198 주거이전비 지급 청탁사건) 〈공식 Ⅳ〉 아래 7. 판례도 마찬가지이다. ▶ 21 법원9급, 18 변호사
7. 징역 2년 6월 및 벌금 7,500,000원 → 징역 2년 6월(집행유예 3년) 및 벌금 15,000,000원 (대법원 1981. 1. 27. 80도2977 벌금 2배 증가 사건)
8. 징역 8월(집행유예 2년) → 징역 8월(집행유예 2년) 및 압수물 몰수 (대법원 1992. 12. 8. 92도2020 음화 몰수사건) 〈공식 Ⅴ〉 9. 판례 이하 마찬가지이다. ▶ 21 법원9급, 21 국가7급
9. 징역 2년 6월, 정보공개 5년, 정보고지 5년 및 전자장치부착 5년 → 징역 2년 6월, 정보공개 5년, 정보고지 5년 및 전자장치부착 10년 (대법원 2014. 3. 27. 2013도9666, 2013전도199 부착기간 5년 → 10년 사건) ▶ 19 경찰승진, 17 국가9급
10. 징역 2년(집행유예 3년) → 징역 1년(집행유예 2년)과 징역 1년(집행유예 2년) 및 성폭력치료강의수강 40시간 (대법원 2018. 10. 4. 2016도15961 전역한 대위 사건)
11. 벌금 300만원 → 벌금 300만원 및 성폭력치료프로그램이수 24시간 (대법원 2015. 9. 15. 2015도11362 성추행범 이수명령 병과사건) ▶ 21 소방간부, 17 변호사
12. 벌금 500만원 및 성폭력치료프로그램이수 40시간 → 벌금 500만원, 성폭력치료프로그램이수 40시간 및 아동·청소년관련기관등 취업제한 3년(취업제한 명령의 선고가 없었다면 개정 청소년성보호법 부칙에 따라 1년간 취업이 제한됨) (대법원 2019. 10. 17. 2019도4192 취업제한 2년 초과 사건Ⅰ)
13. 징역 1년, 성폭력치료프로그램이수 120시간 및 아동·청소년관련기관등 취업제한 5년 → 징역 1년, 성폭력치료프로그램이수 120시간, 아동·청소년관련기관등 취업제한 5년 및 장애인복지시설 취업제한 5년(취업제한 명령의 선고가 없었다면 개정 장애인복지법 부칙 제3조 제1항 제2호에 따라 장애인복지시설에 3년간 취업이 제한됨) (대법원 2019. 10. 17. 2019도11540 취업제한 2년 초과 사건Ⅱ)

19 불이익변경금지의 원칙에 위반되지 않는 경우

1. 추징 → 몰수 (대법원 2005.10.28. 2005도5822 최성규 총경 수뢰사건) 〈공식 Ⅰ〉   ▶ 18 소방간부
   ▶
2. 징역 1년(형집행 면제) → 징역 8월(집행유예 2년) (대법원 1985. 9.24. 84도2972 숨슈 전역한 육군준위 사건) 〈공식 Ⅱ〉 아래 3. 판례도 마찬가지이다.   ▶ 21 경간부, 20 법원9급, 18 변호사, 16 경찰채용
3. 징역 10월(집행유예 2년) → 벌금 10,000,000원 (대법원 1990. 9.25. 90도1534 벌금이 유리한가 사건Ⅰ)   ▶ 19 경찰채용, 19 소방간부
   ▶
4. 주형 → 주형 감축, 압수장물의 피해자 환부 (대법원 1990. 4.10. 90도16 압수장물 피해자환부 추가 사건) 〈공식 Ⅵ〉 (10. 판례는 제외하고) 아래 5. 판례 이하 마찬가지이다.   ▶ 19 소방간부, 18 경간부, 18 경찰채용, 16 국가9급
5. 징역 2년(집행유예 3년) 및 추징 536,240,000원 → 징역 1년(집행유예 2년) 및 추징 657,275,000원 (대법원 1998. 5.12. 96도2850 프랑스 아파트 매수사건)   ▶ 23 법원9급
6. 징역 1년 및 벌금 5,000,000원(금 20,000원을 1일로 환산한 환형유치기간 250일) → 징역 10월 및 벌금 5,000,000원(금 10,000원을 1일로 환산한 환형유치기간 500일) (대법원 1994. 1.11. 93도2894 유치기간 2배 가중 사건)
7. 징역 1년(선고유예) → 벌금 40,000,000원(선고유예) 및 추징 16,485,250원(선고유예) (대법원 1998. 3.26. 97도1716 숨슈 개별적·형식적 고찰 판례 폐기사건)   ▶ 15 국가9급
8. 징역 및 벌금 108,000,000원(금 3,600,000원을 1일로 환산한 환형유치기간 30일) → 징역 감경(집행유예) 및 벌금 85,000,000원(금 300,000원을 1일로 환산한 환형유치기간 283일) (대법원 1981.10.24. 80도2325 벌금 감경 노역장유치기간 가중 사건)
9. 징역 15년 및 전자장치부착 5년 → 징역 9년, 정보공개 5년 및 전자장치부착 6년 (대법원 2011. 4.14. 2010도16939 친딸 수회 강간사건)   ▶ 18 경찰채용
   ▶
10. 징역 5년, 성폭력치료프로그램이수 40시간 및 추징 18만원 → 징역 5년, 성폭력치료프로그램이수 40시간, 추징 18만원 및 아동·청소년관련기관등 취업제한 5년(취업제한 명령의 선고가 없더라도 개정 청소년성보호법 부칙 제4조 또는 제5조의 특례 규정에 따라 피고인은 아동·청소년관련기관등에 5년간 취업이 제한됨) (대법원 2018.10.25. 2018도13367 여중생 성매매알선 사건)

Ⅵ 파기판결의 구속력

법원조직법(2024.10.16. 법률 제20465호로 일부개정된 것)

제8조【상급심 재판의 기속력】상급법원 재판에서의 판단은 해당 사건에 관하여 하급심을 기속(羈束)한다[1].

민사소송법(2024. 1.16. 법률 제20003호로 일부개정된 것)

제436조【파기환송, 이송】① 상고법원은 상고에 정당한 이유가 있다고 인정할 때에는 원심판결을 파기하고 사건을 원심법원에 환송하거나, 동등한 다른 법원에 이송하여야 한다.
② 사건을 환송받거나 이송받은 법원은 다시 변론을 거쳐 재판하여야 한다. 이 경우에는 상고법원이 파기의 이유로 삼은 사실상 및 법률상 판단에 기속된다. ← 형사소송법에는 이와 같은 조항이 없다.
③ 원심판결에 관여한 판사는 제2항의 재판에 관여하지 못한다. ← 형사소송법에는 이와 같은 조항이 없기 때문에 원심판결에 관여한 판사가 파기환송심에 다시 관여하더라도 제척되지 않는다.

선생님의 TIP

앞으로도 계속 나오겠지만 항소심은 파기자판(破棄自判)을 원칙으로 하고[예 원심(제1심)판결을 파기하고, 피고인을 징역 4년에 처한다.], 상고심은 파기환송(破棄還送)을[2] 원칙으로 한다[예 원심판결을 파기하고, 사건을 □□고등법원 또는 ○○지방법원에 환송한다.]

01 파기판결을 선고한 상급심 자신에게도 구속력이 미치는지의 여부(적극)

파기환송을 받은 법원은 그 파기이유로 한 사실상 및 법률상의 판단에 기속되는 것이고, 그에 따라 판단한 판결에 대하여 다시 상고를 한 경우에 그 상고사건을 재판하는 상고법원도 앞서의 파기이유로 한 판단에 기속되므로 이를 변경하지 못한다.(대법원 2008. 2.28. 2007도5987 신한 회장 배임사건) 대법원의 파기환송판결의 취지에 따라 원심(항소심)이 판결하였고, 이에 대하여 재차 상고가 제기된 경우 대법원이 "우리가 저번에 한 파기환송판결은 잘못된 것이었다."라고 할 수 없다는 취지이다. 물론 종전 견해를 바꿀 수도 있지만, 그렇다면 대법원 전원합의체판결을 거쳐야 한다.

▶ 24 법원9급, 19 소방간부, 15 국가9급

02 구속력이 미치는 판단의 범위(=사실상 및 법률상 판단)

법원조직법 제8조는 "상급법원의 재판에 있어서의 판단은 당해 사건에 관하여 하급심을 기속한다."라고 규정하고, 민사소송법 제436조 제2항 후문은 상고법원이 파기의 이유로 삼은 사실상 및 법률상의 판단은 하급심을 기속한다는 취지를 규정하고 있는 반면, 형사소송법에서는 이에 상응하는 명문의 규정은 없지만 법률심을 원칙으로 하는 상고심도 형사소송법 제383조 또는 제384조에 의하여 사실인정에 관한 원심판결의 당부에 관하여 제한적으로 개입할 수 있는 것이므로 조리상 상고심판결의 파기이유가 된 사실상의 판단도 기속력을 가진다.(대법원 2024. 6.27. 2022오5 공격기피 사건) 상고심은 원칙적으

▶ 20 경간부, 19 국가7급, 19 소방간부, 17 국가7급

---

[1] '기속'은 일본식 한자어로 보이고 앞으로 이를 '구속'이라고 바꿔야 할 것이다. 우리가 '어디에 ~ 구속된다' 이런 말은 가끔 쓰지만 '어디에 ~ 기속된다' 이런 말은 쓰지 않기 때문이다. 그러므로 이 부분의 타이틀이 "파기판결의 구속력"이 된 것이다.
[2] 법적으로 파기이송(破棄移送)도 나올 수 있지만 시험과 관련된 파기이송 판례는 없으므로 무시해도 된다.

로 법률심이지만 예외적으로 사실심의 성격을 가질 수도 있는데 이 판례는 후자에 관한 것이다. [5] 판례 참고

03 구속력이 미치는 판단의 범위(=소극적 판단에만 미침)

환송판결의 하급심에 대한 기속력은 파기의 이유가 된 원심판결의 사실상 판단이나 법률상 판단이 위법하다는 소극적인 면에서만 발생하므로 환송 후의 심리과정에서 새로운 증거나 이에 준하는 새로운 간접사실이 제시되는 등의 사유로 그 판단의 기초가 된 증거관계 등에 변동이 있었다면 기속력이 미치지 않는다. 따라서 환송 후 법원이 파기이유가 된 잘못된 판단을 피하여 새로운 증거 등에 따라 환송 전의 판결과 같은 결론은 물론이고, 그보다 무거운 결론을 내리더라도 위법하지 않다.(대법원 2018. 4. 19. 2017도14322 숲슴 국정원 대선개입 사건) 대법원이 판시한 "원심(항소심) 판결이 ~ 위법하지 않다."라는 부분은 구속력이 없으므로(적극적 판단 부분) 파기환송을 받은 원심은 얼마든지 이와 달리 판단할 수 있다. 그에 비하여 대법원이 판시한 "원심 판결이 ~ 위법하다."라는 부분은 구속력이 있으므로(소극적 판단 부분) 파기환송을 받은 원심은 ([4] 판례와 같은 사정변경이 없는 한) 이에 구속된다.

▶ 24 법원9급, 23 국가7급, 19 소방간부

04 파기판결의 구속력이 없어지는 경우

1. **환송 후 원심에서 공소사실이 변경된 경우** 환송 후 원심이 이에 대하여 새롭게 사실인정을 할 재량권을 가지게 되는 것이므로 더 이상 파기환송판결이 한 사실판단에 기속될 필요는 없다.(대법원 2004. 4. 9. 2004도340 메디슨사 비리 제보사건) 공소장변경은 심판대상의 변경이라고 앞에서 배운바가 있다. 심판대상이 바뀌었으므로 '종전 심판대상에 관한 대법원 판단은' 의미를 상실했다고 보아야 한다.

▶ 15 국가9급

2. 상고법원으로부터 사건을 환송받아 심리하는 과정에서 상고법원의 기속적 판단의 기초가 된 **사실관계에 변동이 생긴 때**에는 상고법원이 파기이유로 한 법률적 판단의 기속력은 미치지 않는다.(대법원 2020. 3. 12. 2019도15117 군사시설에서 폭행 사건)

▶ 24 법원9급

3. 상고심으로부터 사건을 환송받은 법원은 그 사건을 재판함에 있어서 상고법원의 파기이유로 한 사실상 및 법률상의 판단에 기속되는 것이지만, 환송 뒤 심리과정에서 새로운 증거가 제출되어 기속적 판단의 기초가 된 증거관계에 변동이 생기는 경우에는 그러하지 아니하다.(대법원 2003. 2. 26. 2001도1314 불광동 치과의사 모녀살해사건)

▶ 19 변호사, 15 국가9급

05 기속적 판단의 기초가 된 증거관계의 변동이 없음에도 하급심이 상급심판결의 파기이유와 달리 판단한 경우 그 판결의 적부(위법)

상고심으로부터 사건을 환송받은 법원이 상고법원이 파기이유로 한 사실상 및 법률상의 판단에 대하여 심리하는 과정에서 새로운 증거가 제시되어 기속적 판단의 기초가 된 증거관계에 변동이 생기지 아니하는 한 그 판단에 기속된다. 기속적 판단의 기초가 된 증거관계에 변동이 생기지 아니하였음에도 하급심이 상급심판결의 파기이유와 달리 판단한 경우 그 하급심판결에는 파기판결의 기속력에 관한 법리를 위반한 위법이 있다고 보아야 한다.

▶ 25 국가9급

(대법원 2024. 6. 27. 2022오5 공격기피 사건) 대법원의 환송판결의 취지에 반하여 항소심이 판결을 선고한다면 피고인이나 검사는 재상고 또는 재재상고를 제기하여 항소심 판결의 시정을 구하면 된다. 다만 이 사건은 박정희 전(前)대통령의 서거(逝去)로 비상계엄이 선포되었다는 특수한 상황 때문에 피고인이 억울하지만 상고하지 못했던 경우이다(헌법 제110조 제4항 본문 단심제 참고). 사건명 '공격기피'란 군형법 제35조 제3호에 규정된 범죄로서 "직무상 공격하여야 할 적을 정당한 사유 없이 공격하지 아니하거나 직무상 당연히 감당하여야 할 위난으로부터 이탈한 사람은 무기 또는 1년 이상의 징역에 처한다."라고 규정하고 있다. 대법원은 검찰총장이 제기한 비상상고를 받아들여 원판결을 파기하고 피고인에게 무죄를 선고하였다. 가끔 나오지만 비상상고는 약간 멋있는 제도라고 생각한다.

제 2 절 | 항소

I 총설

선생님의 TIP

1. 상소심의 구조를 정확히 이해하고 각 구조의 차이점 등을 잘 파악하고 있어야 한다. 이것이 상소 공부의 50%이다.

제1심	→	제2심(항소심)		제3심(상고심)
		속심		사후심

2. 항소심은 속심으로 제1심의 속행으로 볼 수 있다. 판단의 기준시점은 항소심 판결선고시이다. 그리고 항소심은 제2의 사실심이므로 당연히 증인신문 등 증거조사를 할 수 있다. 또한 항소심은 원칙적으로 구두변론주의가 적용된다.
3. 상고심은 사후심으로 원심(항소심) 판결의 당부당을 판단한다. 판단의 기준시점은 원칙적으로 항소심 판결선고시이지만, 파기자판의 경우 상고심 판결선고시이다. 그리고 상고심은 법률심이므로 원칙적으로 증거조사를 할 수 없다. 또한 상고심은 서면주의가 적용된다(구두변론은 극히 예외이다).

핵심정리 상소심의 심리방법

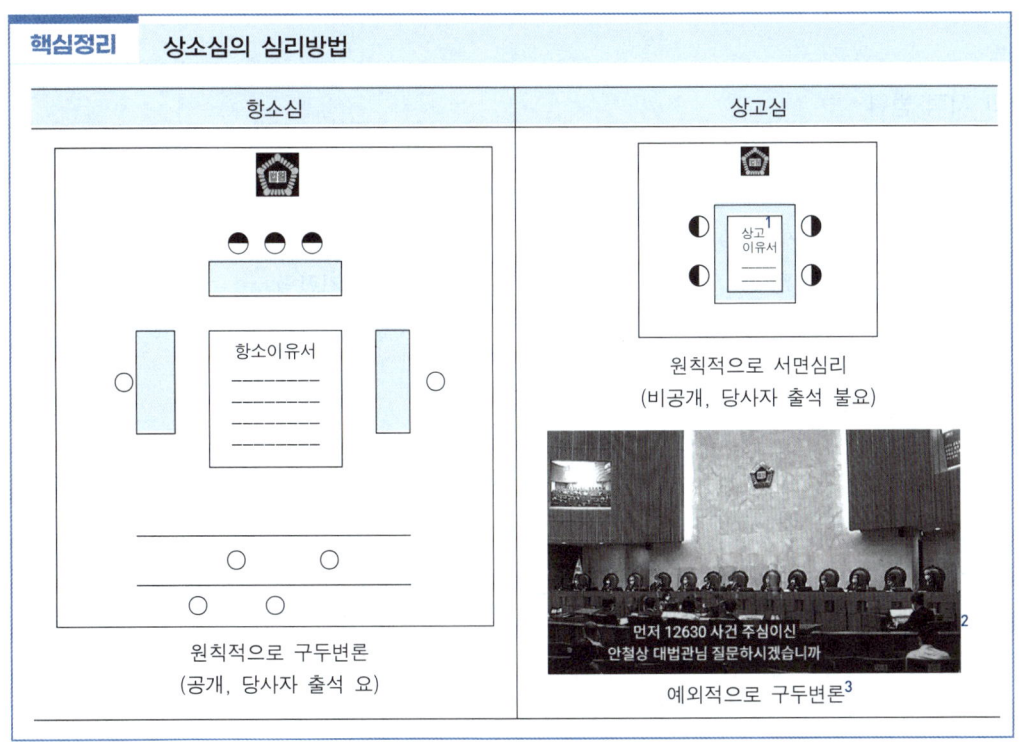

항소심	상고심
항소이유서	상고이유서[1]
원칙적으로 구두변론 (공개, 당사자 출석 요)	원칙적으로 서면심리 (비공개, 당사자 출석 불요)
	예외적으로 구두변론[3]

---

[1] 상고이유서이다. 형사소송법 제384조는 "상고법원은 <u>상고이유서에 포함된 사유에 관하여 심판하여야 한다</u>. 그러나, 전조 제1호 내지 제3호의 경우에는 상고이유서에 포함되지 아니한 때에도 직권으로 심판할 수 있다."라고 규정하고 있다.
[2] 이미지 출처 - 유튜브(https://www.youtube.com/watch?v=43DDzV-81YA) 위 이미지는 "외부인이 공동거

01 상소심의 구조

형사항소심의 소송구조에 관하여는 복심제, 사후심제, 속심제의 3가지 입법례가 있는바 **복심제**는 항소심을 제2의 1심으로 보아 1심의 심리와 판결이 없었던 것처럼 피고사건에 대하여 전반적으로 다시 심리하는 구조를 말하고, **사후심제**는 원심에 나타난 자료에 따라 원심판결시를 기준으로 하여 원판결의 당부를 사후적으로 심사하는 구조를 말하며, **속심제**는 1심의 심리를 토대로 항소심이 심리를 속행하는 구조를 말한다.(헌법재판소 1995. 11. 30. 92헌마44 소송기록송부지연 헌법소원사건)

02 항소심의 구조(=원칙적으로 속심)

1. 형사소송법상 항소심은 속심을 기반으로 하되 사후심의 요소도 상당 부분 들어 있는 이른바 **사후심적 속심의 성격**을 가지므로 항소심에서 제1심판결의 당부를 판단할 때에는 이러한 심급구조의 특성을 고려해야 한다.(대법원 2022. 8. 11. 2022도6743 스크린승마 사건)
2. 형사소송법상 **항소심**은 기본적으로 실체적 진실을 추구하는 면에서 **속심적 기능이 강조**되고 있고, 다만 사후심적 요소를 도입한 형사소송법의 조문들이 남상소의 폐단을 억제하고 항소법원의 부담을 감소시킨다는 소송경제상의 필요에서 항소심의 속심적 성격에 제한을 가하고 있음에 불과하다.(대법원 1983. 4. 26. 82도2829 기판력의 기준시점 사건) [3] 판례 참고

▶ 17 경간부

03 형사판결의 기판력의 시적 범위

공소의 효력과 판결의 기판력의 기준시점은 사실심리의 가능성이 있는 최후의 시점인 판결선고시라고 할 것이나, 항소된 경우 그 시점은 현행 항소심의 구조에 비추어 항소심 판결선고시라고 함이 타당하고 그것은 파기자판한 경우이든 항소기각된 경우든 다를 바가 없다.(대법원 1983. 4. 26. 82도2829 기판력의 기준시점 사건) 항소심은 속심이므로 기판력의 기준시점이 항소심 판결선고시가 된다.

▶ 17 법원9급

04 상고심의 구조(=사후심이자 법률심)

1. 상고심은 **사후심인 동시에 원칙적으로 법률심**이다.(대법원 2019. 3. 21. 2017도16593-1 숲승 상고이유 제한 법리 사건)
   ▶
2. 상고심은 항소법원 판결에 대한 사후심으로서 항소심에서 심판대상이 되지 않은 사항은 상고심의 심판범위에 들지 아니하므로 피고인이 항소심에서 항소이유로 주장한 사항 또는 항소심이 직권으로 심판대상으로 삼은 사항 이외의 사유에 대하여는 이를 상고이유로 삼을 수 없다.(대법원 2024. 4. 4. 2023도18846 예비후보자공약집 사건) [5] 판례 참고

▶ 20 경간부

주자의 일부가 부재중에 주거 내에 현재하는 거주자의 현실적인 승낙을 받아 통상적인 출입방법에 따라 공동주거에 들어간 경우라면 그것이 부재중인 다른 거주자의 추정적 의사에 반하는 경우에도 주거침입죄가 성립하지 않는다."라고 판시한 판례(대법원 2021. 9. 9. 2020도12630 숲승 유부녀 아파트에서 간통사건) 사건의 구두변론 장면이다.

3 대법원이 구두변론을 하는 사건은 1년에 몇 개 안 된다.

3. 상고심은 항소심판결에 대한 사후심으로서 항소심에서 심판대상으로 되었던 사항에 한하여 상고이유의 범위 내에서 그 당부만을 심사하여야 하므로 항소인이 항소이유로 주장하거나 항소심이 직권으로 심판대상으로 삼아 판단한 사항 이외의 사유는 상고이유로 삼을 수 없고 이를 다시 상고심의 심판범위에 포함시키는 것은 상고심의 사후심 구조에 반한다. (대법원 2019. 3. 21. 2017도16593-1 *숨은 상고이유 제한 법리 사건*)

▶ 25 소방간부, 24 변호사, 19 국가7급, 16 법원9급

4. 상고심은 사후심으로서 원심까지의 소송자료만을 기초로 삼아 원심판결의 당부를 판단하여야 하므로 직권조사 기타 법령에 특정한 경우를 제외하고는 새로운 증거조사를 할 수 없을 뿐더러 원심판결 후에 나타난 사실이나 증거의 경우 비록 그것이 상고이유서 등에 첨부되어 있다 하더라도 사용할 수 없음이 원칙이다.(대법원 2010. 10. 14. 2009도4894 *뒤늦은 사건기록 발견사건*)

▶ 24 법원9급, 22 경간부, 21 경찰채용

05 적법한 상고이유가 될 수 없는 경우

1. 피고인이 제1심판결에 대하여 양형부당만을 항소이유로 주장하여 항소한 경우 항소심 판결에 대하여 사실오인이나 법리오해를 상고이유로 삼을 수 없다.(대법원 2013. 9. 12. 2013도6570 *민간인 불법사찰·인허가비리 사건*) '사실오인이나 법리오해'는 항소심의 심판대상이 아니었다. 아래 2. 판례도 마찬가지이다.

▶ 23 국가7급, 19 변호사, 18 법원9급, 17 소방간부, 16 국가7급

2. 제1심판결에 대하여 검사만이 양형부당을 이유로 항소하였을 뿐이고 피고인은 항소하지 아니한 경우에는 피고인으로서는 항소심판결에 대하여 사실오인, 채증법칙 위반, 심리미진 또는 법령위반 등의 사유를 들어 상고이유로 삼을 수 없다.(대법원 2009. 5. 28. 2009도579 *손괴피고인 국선변호인선임x 사건*)

▶ 18 법원9급, 17 변호사

06 항소심에서 부정기형이 선고된 후 상고심 계속 중 성년이 된 경우 정기형으로 고칠 수 있는지의 여부(소극)

상고심에서의 심판대상은 항소심 판결 당시를 기준으로 하여 그 당부를 심사하는 데에 있는 것이므로 원심판결 선고 당시 미성년이었던 피고인이 상고 이후에 성년이 되었다고 하여 원심의 부정기형의 선고가 위법이 되는 것이 아니다.(대법원 1998. 2. 27. 97도3421 *조직원들의 소재를 밝혀라 사건*)

▶ 25 소방간부, 17 경찰채용, 16 법원9급, 16 국가7급

Ⅱ 항소심의 절차

형사소송법(2025. 3.18. 법률 제20796호로 일부개정된 것)

제357조【항소할 수 있는 판결】제1심법원의 판결에 대하여 불복이 있으면 지방법원 단독판사가 선고한 것은 지방법원 본원합의부에 항소할 수 있으며 지방법원 합의부가 선고한 것은 고등법원에 항소할 수 있다.

제358조【항소제기기간】항소의 제기기간은 7일로 한다.

제359조【항소제기의 방식】항소를 함에는 항소장을 원심법원에 제출하여야 한다.

제360조【원심법원의 항소기각 결정】① 항소의 제기가 법률상의 방식에 위반하거나 항소권소멸후인 것이 명백한 때에는 원심법원은 결정으로 항소를 기각하여야 한다.
② 전항의 결정에 대하여는 즉시항고를 할 수 있다.

제361조【소송기록과 증거물의 송부】제360조의 경우를 제외하고는 원심법원은 항소장을 받은 날로부터 14일 이내에 소송기록과 증거물을 항소법원에 송부하여야 한다.

제361조의2【소송기록접수와 통지】① 항소법원이 기록의 송부를 받은 때에는 즉시 항소인과 상대방에게 그 사유를 통지하여야 한다.
② 전항의 통지 전에 변호인의 선임이 있는 때에는 변호인에게도 전항의 통지를 하여야 한다.
← 통지 후에 변호인의 선임 또는 선정된 경우에는 그 변호인에게 통지할 필요가 없다.

제361조의3【항소이유서와 답변서】① 항소인 또는 변호인은 전조의 통지를 받은 날로부터 20일 이내에 항소이유서를 항소법원에 제출하여야 한다. 이 경우 제344조를 준용한다.
② 항소이유서의 제출을 받은 항소법원은 지체없이 부본 또는 등본을 상대방에게 송달하여야 한다.
③ 상대방은 전항의 송달을 받은 날로부터 10일 이내에 답변서를 항소법원에 제출하여야 한다.
④ 답변서의 제출을 받은 항소법원은 지체없이 그 부본 또는 등본을 항소인 또는 변호인에게 송달하여야 한다.

제361조의4【항소기각의 결정】① 항소인이나 변호인이 전조 제1항의 기간내에 항소이유서를 제출하지 아니한 때에는 결정으로 항소를 기각하여야 한다. 단, 직권조사사유가 있거나 항소장에 항소이유의 기재가 있는 때에는 예외로 한다.
② 전항의 결정에 대하여는 즉시항고를 할 수 있다.

제361조의5【항소이유】다음 사유가 있을 경우에는 원심판결에 대한 항소이유로 할 수 있다.
1. 판결에 영향을 미친 헌법·법률·명령 또는 규칙의 위반이 있는 때
2. 판결 후 형의 폐지나 변경 또는 사면이 있는 때
3. 관할 또는 관할위반의 인정이 법률에 위반한 때
4. 판결법원의 구성이 법률에 위반한 때
5. 삭제〈1963.12.13.〉
6. 삭제〈1963.12.13.〉
7. 법률상 그 재판에 관여하지 못할 판사가 그 사건의 심판에 관여한 때
8. 사건의 심리에 관여하지 아니한 판사가 그 사건의 판결에 관여한 때
9. 공판의 공개에 관한 규정에 위반한 때
10. 삭제〈1963.12.13.〉
11. 판결에 이유를 붙이지 아니하거나 이유에 모순이 있는 때
12. 삭제〈1963.12.13.〉
13. 재심청구의 사유가 있는 때
14. 사실의 오인이 있어 판결에 영향을 미칠 때
15. 형의 양정이 부당하다고 인정할 사유가 있는 때

제370조【준용규정】제2편 중 공판에 관한 규정은 본장에 특별한 규정이 없으면 항소의 심판에 준용한다.

> **선생님의 TIP**
>
> 항소의 경우 조문과 판례 모두 어느 정도 출제가 되므로 잘 보아야 한다. 가장 중요한 것은 소송기록 접수통지와 항소이유서의 제출이다. 왜냐하면 항소심의 심판대상은 원칙적으로 '항소이유서에 기재된 항소이유'이기 때문이다.

01 소송기록접수통지의 방법

소송기록접수통지는 법령에 다른 정함이 있다는 등의 특별한 사정이 없는 한 서면 이외에 **구술·전화·모사전송·전자우편·휴대전화 문자전송 그 밖에 적당한 방법으로도 할 수 있고, 통지의 대상자에게 도달됨으로써 효력이 발생한다.**(대법원 2017. 9.22. 2017모1680 서울구치소 서무계 사건)

02 항소법원이 피고인에게 소송기록 접수통지를 2회에 걸쳐 한 경우 항소이유서 제출기간의 기산일(=최초 송달의 다음날)

형사소송법 제361조의2 제1항에 따라 항소법원이 피고인에게 소송기록 접수통지를 함에 있어 2회에 걸쳐 그 통지서를 송달하였다고 하더라도 **항소이유서 제출기간의 기산일은 최초 송달의 효력이 발생한 날의 다음 날부터라고 보아야 한다.**(대법원 2010. 5.27. 2010도 3377 사기피고인 사건병합 사건) 같은 통지를 예를 들어 20×5. 6.26.과 20×5. 6.30. 두 번 한 경우 20×5. 6.26.의 다음날인 6.27.부터 항소이유서 제출기간 20일이 진행한다.

▶ 24 국가7급, 23 경찰승진

형사소송법(2025. 3.18. 법률 제20796호로 일부개정된 것)

제361조의2 【소송기록접수와 통지】 ① 항소법원이 기록의 송부를 받은 때에는 즉시 항소인과 상대방에게 그 사유를 통지하여야 한다.
② 전항의 통지 전에 변호인의 선임이 있는 때에는 변호인에게도 전항의 통지를 하여야 한다.
제361조의3 【항소이유서와 답변서】 ① 항소인 또는 변호인은 전조의 통지를 받은 날로부터 20일 이내에 항소이유서를 항소법원에 제출하여야 한다. 이 경우 제344조를 준용한다.

형사소송규칙(2025. 2.28. 대법원규칙 제3202호로 일부개정된 것)

제156조의2 【국선변호인의 선정 및 소송기록접수통지】 ① 기록의 송부를 받은 항소법원은 법 제33조 제1항 제1호부터 제6호까지의 필요적 변호사건에 있어서 변호인이 없는 경우에는 지체없이 변호인을 선정한 후 그 변호인에게 소송기록접수통지를 하여야 한다. 법 제33조 제3항에 의하여 국선변호인을 선정한 경우에도 그러하다.
② 항소법원은 항소이유서 제출기간이 도과하기 전에 피고인으로부터 법 제33조 제2항의 규정에 따른 국선변호인 선정청구가 있는 경우에는 지체없이 그에 관한 결정을 하여야 하고, 이 때 변호인을 선정한 경우에는 그 변호인에게 소송기록접수통지를 하여야 한다.
③ 제1항, 제2항의 규정에 따라 국선변호인 선정결정을 한 후 항소이유서 제출기간 내에 피고인이 책임질 수 없는 사유로 그 선정결정을 취소하고 새로운 국선변호인을 선정한 경우에도 그 변호인에게 소송기록접수통지를 하여야 한다.

> **선생님의 TIP**
>
> 변호인 선정 또는 선임과 그에 대한 소송기록접수통지가 약간 헷갈린다. 변호인 선정 또는 선임이 '통지 전인가 통지 후인가' 잘 파악하여야 한다.

03 변호인선임과 항소심의 소송기록접수통지

1. 피고인에게 소송기록접수통지를 한 후에 사선변호인이 선임된 경우에는 변호인에게 다시 같은 통지를 할 필요가 없고, 설령 사선변호인에게 같은 통지를 하였다 하여도 항소이유서의 제출기간은 피고인이 그 통지를 받은 날부터 계산하면 된다. 그리고 피고인에게 소송기록접수통지가 되기 전에 변호인의 선임이 있는 때에는 변호인에게도 소송기록접수통지를 하여야 하고, 변호인의 항소이유서 제출기간은 변호인이 이 통지를 받은 날부터 계산하여야 한다.(대법원 2011. 5.13. 2010모1741 추석연휴 공휴일 간과 사건) 전문은 통지 후이고, 후문은 통지 전이다.

   ▶ 25 소방간부, 22 경찰승진, 17 법원9급

2. 형사소송법은 항소법원이 피고인에게 소송기록접수통지를 하기 전에 변호인의 선임이 있는 때에는 변호인에게도 소송기록접수통지를 하도록 정하고 있으므로 피고인에게 소송기록접수통지를 한 다음에 변호인이 선임된 경우에는 변호인에게 다시 같은 통지를 할 필요가 없고, 이는 필요적 변호사건에서 항소법원이 국선변호인을 선정하고 <u>피고인과 그 변호인에게 소송기록접수통지를 한 다음</u> 피고인이 사선변호인을 선임함에 따라 항소법원이 국선변호인의 선정을 취소한 경우에도 마찬가지이다. 이러한 경우 항소이유서 제출기간은 국선변호인 또는 피고인이 소송기록접수통지를 받은 날부터 계산하여야 한다.(대법원 2018.11.22. 2015도10651 숲습 불성실한 사선변호인 사건) 통지 후이다. 국선변호인과 사선변호인을 혼동하면 안 된다. [4] 판례 참고

   ▶ 24 국가7급, 24 법원9급, 23 경찰승진, 23 소방간부, 22 경찰승진, 22 국가7급, 21 법원9급, 20 경간부, 20 경찰채용, 20 국가9급, 20 소방간부, 19 국가7급

3. 필요적 변호사건이 아니고 형사소송법 제33조 제3항에 의하여 국선변호인을 선정하여야 하는 경우도 아닌 사건에 있어서 피고인이 항소이유서 제출기간이 도과한 후에야 비로소 형사소송법 제33조 제2항의 규정에 따른 국선변호인 선정청구를 하고 법원이 국선변호인 선정결정을 한 경우에는 그 국선변호인에게 소송기록접수통지를 할 필요가 없고, 이러한 경우 설령 국선변호인에게 같은 통지를 하였다고 하더라도 국선변호인의 항소이유서 제출기간은 피고인이 소송기록접수통지를 받은 날로부터 계산된다.(대법원 2013. 6.27. 2013도4114 50일 경과 항소이유서 제출사건) 당연히 통지 후이다. 형사소송규칙 제156조의2 제2항과 관련된다.

   ▶ 19 법원9급

04 필요적 변호사건에서 피고인과 국선변호인에게 소송기록접수통지를 한 후 피고인이 사선변호인을 선임함에 따라 국선변호인 선정을 취소한 경우 사선변호인에게 다시 같은 통지를 해야 하는지의 여부(소극)

필요적 변호사건에서 항소법원이 국선변호인을 선정하고 피고인과 국선변호인에게 소송기록접수통지를 한 다음 피고인이 사선변호인을 선임함에 따라 국선변호인의 선정을 취소한 경우 항소법원은 사선변호인에게 다시 소송기록접수통지를 할 의무가 없으므로 사선변호인이 피고인 또는 국선변호인의 소송기록접수통지 수령일부터 항소이유서 제출기간이 지나도록 항소이유서를 제출하지 않았다면 항소이유서 부제출의 효과가 발생한다.(대법원 2018.11.22. 2015도10651 숲습 불성실한 사선변호인 사건)

▶ 25 변호사, 25 소방간부, 24 법원9급, 24 소방간부, 20 국가9급

05 필요적 변호사건에서 피고인의 귀책사유에 의하지 아니한 사정으로 국선변호인의 항소이 유서를 제출하지 않은 경우 또는 국선변호인이 교체된 경우 법원이 취해야 할 조치

1. 피고인과 국선변호인이 모두 법정기간 내에 항소이유서를 제출하지 아니하였다고 하더라도 국선변호인이 항소이유서를 제출하지 아니한 데 대하여 피고인에게 귀책사유가 있음이 특별히 밝혀지지 않는 한, 항소법원은 종전 국선변호인의 선정을 취소하고 새로운 국선변호 인을 선정하여 다시 소송기록접수통지를 함으로써 새로운 국선변호인으로 하여금 그 통지 를 받은 때로부터 형사소송법 제361조의3 제1항의 기간 내에 피고인을 위하여 항소이유 서를 제출하도록 하여야 한다.(대법원 2012. 2.16. 2009모1044 술습 불성실한 국선변호인 사건)

   ▶ 25 소방간부, 24 법원9급, 23 소방간부, 22 국가7급, 22 법원9급, 20 경찰채용, 20 국가9급, 19 변호사, 18 법원9급, 16 국가7급, 15 국가7급

2. 피고인과 국선변호인이 모두 법정기간 내에 항소이유서를 제출하지 아니하였다고 하더라도 국선변호인이 항소이유서를 제출하지 아니한 데 대하여 피고인에게 귀책사유가 있음이 특별히 밝혀지지 않는 한, 항소법원은 종전 국선변호인의 선정을 취소하고 새로운 국선변호 인을 선정하여 다시 소송기록접수통지를 함으로써 새로운 변호인으로 하여금 그 통지를 받 은 때로부터 형사소송법 제361조의3 제1항의 기간 내에 피고인을 위하여 항소이유서를 제출하도록 하여야 한다. 이러한 법리는 항소법원이 종전 국선변호인의 선정을 취소하 고 새로운 국선변호인을 선정하여 소송기록접수통지를 하기 이전에 피고인 스스로 변호 인을 선임한 경우 그 사선변호인에 대하여도 마찬가지로 적용되어야 한다.(대법원 2019. 7.10. 2019도4221 어머니만 항소취하 동의사건)

   ▶ 22 경간부

06 국선변호인에게 소송기록접수통지를 하지 않아 위법한 경우

1. 피고인이 항소한 경우 형사 항소심은 기본적으로 피고인 또는 변호인이 항소이유서 제 출기간 내에 제출한 항소이유서에 포함된 항소이유에 관하여 심판하는 구조이고(형사소 송법 제364조 제1항), 항소이유서 제출기간은 항소법원으로부터 소송기록 접수통지를 받은 날부터 기산하게 되므로(형사소송법 제361조의3 제1항, 제361조의2 제1항), 형사 소송규칙 제156조의2 제1항이 피고인과 별도로 국선변호인에게 소송기록 접수통지를 하도록 한 취지는 변호인의 조력을 받을 피고인의 권리를 보호하기 위하여 국선변호인 에게 피고인을 위한 항소이유서를 작성하여 제출할 수 있는 기회를 주기 위한 것이다. 따라서 항소법원이 국선변호인을 선정하고도 그에게 소송기록 접수통지를 하지 아니함으로 써 항소이유서 제출기회를 주지 아니한 채 판결을 선고하는 것은 위법하다.(대법원 2015. 4.23. 2015도2046 병합전후 모든 사건 통지× 사건)

2. 법원은 피고인이 빈곤 그 밖의 사유로 변호인을 선임할 수 없는 경우에 피고인의 청구가 있는 때에는 변호인을 선정하여야 하고, 기록을 송부받은 항소법원은 항소이유서 제출 기간이 도과하기 전에 이루어진 **형사소송법 제33조 제2항의 국선변호인 선정청구에 따라 변호인을 선정한 경우 그 변호인에게 소송기록 접수통지를 하여야 하며, 항소법원이 그와 같이 선정된 국선변호인에게 소송기록 접수통지를 하지 아니한 채 판결을 선고하는 것은 위 법하다.**(대법원 2011. 2.10. 2008도4558 국선변호인에 대한 통지누락 사건)

   ▶ 19 법원9급

> **형사소송법(2025. 3.18. 법률 제20796호로 일부개정된 것)**
> 제364조【항소법원의 심판】① 항소법원은 항소이유[1]에 포함된 사유에 관하여 심판하여야 한다.
> ② 항소법원은 판결에 영향을 미친 사유에 관하여는 항소이유서에 포함되지 아니한 경우에도 직권으로 심판할 수 있다.

> **선생님의 TIP**
> 항소심의 심판대상은 원칙적으로 '항소이유서에 기재된 항소이유'라고 말한 바가 있다.

07 항소이유서 제출의 효력발생 시기

항소이유서는 적법한 기간 내에 항소법원에 도달하면 되는 것으로 그 도달은 항소법원의 지배권 안에 들어가 사회통념상 일반적으로 알 수 있는 상태에 있으면 되고 나아가 항소법원의 내부적인 업무처리에 따른 문서의 접수, 결재과정 등을 필요로 하는 것은 아니다. (대법원 1997. 4.25. 96도3325 기간내 접수 → 송부 사건) 도달주의가 적용된다.

▶ 22 법원9급

08 항소이유서 제출기간 경과 전에 항소사건을 심판할 수 있는지의 여부(소극)

1. 항소심의 구조는 피고인 또는 변호인이 법정기간 내에 제출한 항소이유서에 의하여 심판되는 것이므로 항소이유서 제출기간의 경과를 기다리지 않고는 항소사건을 심판할 수 없다. (대법원 2024. 5. 9. 2024도3298 1심변호사 사무실에만 송달 사건)
2. 항소심의 구조는 피고인 또는 변호인이 법정기간 내에 제출한 항소이유서에 의하여 심판되는 것이고, 이미 항소이유서를 제출하였더라도 항소이유를 추가·변경·철회할 수 있으므로 항소이유서 제출기간의 경과를 기다리지 않고는 항소사건을 심판할 수 없다. 따라서 항소이유서 제출기간 내에 변론이 종결되었는데 그 후 위 제출기간 내에 항소이유서가 제출되었다면 특별한 사정이 없는 한 항소심법원으로서는 변론을 재개하여 항소이유의 주장에 대해서도 심리를 해 보아야 한다.(대법원 2018.11.29. 2018도12896 탄원서·반성문 추가제출 사건)

▶ 24 소방간부, 22 경찰승진, 20 경간부, 19 경간부, 19 법원9급, 16 변호사

09 항소이유서 부제출을 이유로 항소기각의 결정을 하기 위한 요건

항소이유서 부제출을 이유로 항소기각의 결정을 하기 위해서는 항소인이 적법한 소송기록 접수통지서를 받고서도 정당한 이유 없이 20일 이내에 항소이유서를 제출하지 않았어야 한다. 피고인의 항소대리권자인 배우자가 피고인을 위하여 항소한 경우에도 소송기록접수통지는 항소인인 피고인에게 하여야 하는데, 피고인이 적법하게 소송기록 접수통지서를 받지 못하였다면 항소이유서 제출기간이 지났다는 이유로 항소기각결정을 하는 것은 위법하다.(대법원 2018. 3.29. 2018모642 호주 출국 피고인 사건) 피고인의 배우자가 피고인을 대리하여 항소한 사건인데 이 경우 '피고인에게' 소송기록접수통지를 하여야 한다.

▶ 23 법원9급, 20 경간부, 19 법원9급, 19 소방간부

---

[1] 이는 '항소이유서'라고 해석하여야 한다.

10 법정기간 내에 항소이유서를 제출하였으나 항소이유를 특정하여 구체적으로 명시하지 아니한 경우 항소기각결정을 할 수 있는지의 여부(소극)

항소인이나 변호인이 항소이유서에 항소이유를 특정하여 구체적으로 명시하지 아니하였다고 하더라도 항소이유서가 법정의 기간 내에 적법하게 제출된 경우에는 이를 항소이유서가 법정의 기간 내에 제출되지 아니한 것과 같이 보아 형사소송법 제361조의4 제1항에 의하여 **결정으로 항소를 기각할 수는 없다.**(대법원 2006. 3. 30. 2005모564 당원집회제한위반 사건) 아래 상고이유서에 관한 판례와 비교하여야 한다. 항소심은 속심이자 사실심이고, 상고심은 사후심이자 법률심이고 또한 서면주의가 적용된다.

▶ 22 경찰승진, 22 법원9급

> **비교판례**
>
> 상고법원은 상고이유에 의하여 불복신청한 한도 내에서만 조사·판단할 수 있으므로 상고이유서에는 상고이유를 특정하여 원심판결의 구체적인 법령위반 사유를 명시적으로 설시하여야 한다. 따라서 상고이유서에 이와 같은 **구체적이고 명시적인 상고이유의 설시가 없다면 적법한 상고이유서가 제출되었다고 볼 수 없다.**(대법원 2023. 1. 12. 2022도14298 마약류 법리오해의 위법이 있다 사건)

11 불명확한 항소이유 철회의 효력(무효)

항소이유서를 제출한 자는 항소심의 공판기일에 항소이유서에 기재된 항소이유의 일부를 철회할 수 있으나 항소이유를 철회하면 이를 다시 상고이유로 삼을 수 없게 되는 제한을 받을 수도 있으므로 **항소이유의 철회는 명백히 이루어져야만 그 효력이 있다.**(대법원 2022. 12. 15. 2020도14049 허위 선수금자료 제출사건)

▶ 25 경찰승진

12 피고인이 자백한 것으로 볼 수 없는 경우

피고인이 제출한 항소이유서에 '피고인은 돈이 급해 지어서는 안될 죄를 지었습니다', '진심으로 뉘우치고 있습니다'라고 기재되어 있고 피고인은 항소심 제2회 공판기일에 위 항소이유서를 진술하였으나, 곧 이어서 있은 검사와 재판장 및 변호인의 각 심문에 대하여 피고인은 범죄사실을 부인하였고, 수사단계에서도 일관되게 그와 같이 범죄사실을 부인하여 온 점에 비추어 볼 때, 위와 같이 **추상적인 항소이유서의 기재만을 가지고 범죄사실을 자백한 것으로 볼 수 없다.**(대법원 1999. 11. 12. 99도3341 추상적인 항소이유서 사건)

▶ 23 경찰채용, 20 경간부, 19 변호사

III 항소심의 재판

형사소송법(2025. 3.18. 법률 제20796호로 일부개정된 것)

제362조【항소기각의 결정】 ① 제360조의 규정에 해당한 경우에 원심법원이 항소기각의 결정을 하지 아니한 때에는 항소법원은 결정으로 항소를 기각하여야 한다.
② 전항의 결정에 대하여는 즉시항고를 할 수 있다.

제363조【공소기각의 결정】 ① 제328조 제1항 각 호의 규정에 해당한 사유가 있는 때에는 항소법원은 결정으로 공소를 기각하여야 한다.
② 전항의 결정에 대하여는 즉시항고를 할 수 있다.

제364조【항소법원의 심판】 ① 항소법원은 <u>항소이유[1]</u>에 포함된 사유에 관하여 심판하여야 한다. 〈원칙〉
② 항소법원은 판결에 영향을 미친 사유에 관하여는 <u>항소이유서에 포함되지 아니한 경우에도 직권으로 심판할 수 있다.</u> 〈예외〉
③ 제1심법원에서 증거로 할 수 있었던 증거는 항소법원에서도 증거로 할 수 있다.
④ 항소이유 없다고 인정한 때에는 판결로써 항소를 기각하여야 한다.
⑤ 항소이유 없음이 명백한 때에는 항소장, 항소이유서 기타의 소송기록에 의하여 <u>변론없이 판결로써 항소를 기각할 수 있다.</u> ← 이 조항의 반대해석상 항소심은 원칙적으로 구두변론을 거쳐야 함을 알 수 있다.
⑥ 항소이유가 있다고 인정한 때에는 원심판결을 파기하고 다시 판결을 하여야 한다.

제364조의2【공동피고인을 위한 파기】 피고인을 위하여 원심판결을 파기하는 경우에 파기의 이유가 항소한 공동피고인에게 공통되는 때에는 그 공동피고인에게 대하여도 원심판결을 파기하여야 한다.

제365조【피고인의 출정】 ① 피고인이 공판기일에 출정하지 아니한 때에는 다시 기일을 정하여야 한다.
② 피고인이 정당한 사유없이 다시 정한 기일에 출정하지 아니한 때에는 피고인의 진술없이 판결을 할 수 있다.

제366조【원심법원에의 환송】 공소기각 또는 관할위반의 재판이 법률에 위반됨을 이유로 원심판결을 파기하는 때에는 판결로써 사건을 원심법원에 환송하여야 한다.

제367조【관할법원에의 이송】 관할인정이 법률에 위반됨을 이유로 원심판결을 파기하는 때에는 판결로써 사건을 관할법원에 이송하여야 한다. 단, 항소법원이 그 사건의 제1심관할권이 있는 때에는 제1심으로 심판하여야 한다.

제368조【불이익변경의 금지】 피고인이 항소한 사건과 피고인을 위하여 항소한 사건에 대해서는 원심판결의 형보다 무거운 형을 선고할 수 없다.

제369조【재판서의 기재방식】 항소법원의 재판서에는 항소이유에 대한 판단을 기재하여야 하며 원심판결에 기재한 사실과 증거를 인용할 수 있다.

제370조【준용규정】 제2편 중 공판에 관한 규정은 본장에 특별한 규정이 없으면 항소의 심판에 준용한다.

형사소송규칙(2025. 2.28. 대법원규칙 제3202호로 일부개정된 것)

제156조의3【항소이유 및 답변의 진술】 ① <u>항소인은 그 항소이유를 구체적으로 진술하여야 한다.</u>
② <u>상대방은</u> 항소인의 항소이유 진술이 끝난 뒤에 <u>항소이유에 대한 답변을 구체적으로 진술하여야 한다.</u>
③ 피고인 및 변호인은 이익이 되는 사실 등을 진술할 수 있다.

---

[1] 다시 말하지만 이는 '항소이유서'라고 해석하여야 한다.

> **선생님의 TIP**
>
> 항소심의 재판에 관한 판례가 비교적 많고 어렵지만 시험에는 그다지 많이 출제되지 않는다. 기출된 아래 판례 정도만 잘 이해하면 될 것이다. 그리고 시험을 떠나 전반적인 형사소송법의 이해를 위하여 아래 핵심정리를 꼼꼼히 읽어야 한다.

핵심정리   항소심의 재판

구 분	내 용
공소기각 결정	항소법원은 공소기각 결정사유가 있는 때에는 결정으로 공소를 기각하여야 한다.[2] (제363조 제1항, 제328조 제1항)
항소기각 결정	1. 항소의 제기가 법률상의 방식에 위반하거나 항소권 소멸후인 것이 명백한 때에 원심법원이 항소기각결정을 하지 아니한 때에는, 항소법원은 결정으로 항소를 기각하여야 한다. (제362조 제1항) 2. 항소인이나 변호인이 항소이유서를 제출하지 아니한 때에는 직권조사사유가 있거나 항소장에 항소이유의 기재가 있는 경우를 제외하고는 항소법원은 결정으로 항소를 기각한다. (제361조의4 제1항)
항소기각 판결	항소법원은 항소가 이유 없다고 인정한 때에는 판결로써 항소를 기각하여야 한다. (제364조 제4항)
파기판결	항소법원은 항소가 이유 있다고 인정한 때에는 원심판결을 파기하여야 한다. (제364조 제6항) 파기 후에는 파기자판을 원칙으로 한다. 항소심은 속심이기 때문이다.
	파기자판	항소법원이 원심판결을 파기하고 다시 판결하는 것을 말한다. (제364조 제6항)
	파기환송	공소기각 또는 관할위반의 재판이 법률에 위반됨을 이유로 원심판결을 파기하는 때에는 판결로써 사건을 원심법원에 환송하여야 한다. (제366조)
	파기이송	관할의 인정이 법률에 위반됨을 이유로 원심판결을 파기하는 때에는 판결로써 사건을 관할법원에 이송하여야 한다. (제367조)

01 항소심과 구두변론주의 관련 판례 I

1. '판결'은 항소심에서 항소이유가 없음이 명백하여 항소기각의 판결을 하는 때와 상고심의 판결 등 예외적으로 법률에 의하여 서면심리에 의한 판결이 가능하도록 규정되어 있는 경우를 제외하고는 **구두변론을 거쳐야 함이 원칙이다.** (대법원 1994.10.21. 94도2078 검사 항소이유 진술× 사건) [2] 2. 판례 참고

2. 검사가 공판정에서 구두변론을 통해 항소이유를 주장하지 않았고 피고인도 그에 대한 적절한 방어권을 행사하지 못하는 등 **검사의 항소이유가 실질적으로 구두변론을 거쳐 심리되지 않았다고 평가될 경우** 항소심법원이 이러한 검사의 항소이유 주장을 받아들여 피고인에게 불리하게 제1심판결을 변경하는 것은 허용되지 않는다. (대법원 2017.8.18. 2017도7134 노숙인으로 돈벌이 병원 사건) (同旨 대법원 2015.12.10. 2015도11696 항소심 구두변론 간과사건) [2] 1. 3. 판례 참고

▶ 17 국가9급

---
2 예를 들어 항소심 공판 도중에 피고인이 사망하면 항소심은 '공소'기각결정을 고지하여야 한다. '항소'기각결정이 아님을 주의하여야 한다.

02 항소심과 구두변론주의 관련 판례 II

1. 검사가 원심 제1회 공판기일에 항소이유서를 진술하면서 사실오인과 양형부당을 이유로 항소를 제기하였다고 항소이유의 요지를 진술한 사실을 알 수 있다. 따라서 검사가 공판정에서 구두변론을 통해 항소이유를 주장하지 않았다거나 피고인이 그에 대한 적절한 방어권을 행사하지 못하는 등 검사의 항소이유가 실질적으로 구두변론을 거쳐 심리되지 않았다는 피고인의 상고이유 주장은 받아들일 수 없다.(대법원 2017. 8. 18. 2017도7134 노숙인으로 돈벌이 병원 사건)

   ▶

2. 제1심판결의 유죄부분에 대하여 검사만이 양형부당을 이유로 항소하였는데 원심은 공판절차를 진행함에 있어, 그 모두절차에서는 피고인이 항소이유서에 의하여 항소이유를 진술하고 검사는 항소기각의 의견을 진술하였으며, 그 최종변론단계에서도 검사가 피고인의 항소를 기각함이 상당하다는 의견만을 진술하여 검사가 항소이유를 진술하거나 피고인이 이에 대하여 의견을 진술한 흔적이 전혀 없음에도 불구하고 변론을 종결한 다음 검사의 항소를 받아들여 양형부당을 이유로 제1심판결을 파기하였음이 명백하다. 그렇다면 원심은 검사의 항소이유에 대하여 구두변론을 거쳐 심리하지 아니함으로써 법률의 규정에 따라 공판절차를 진행하지 아니한 위법을 범하였다 할 것이다.(대법원 1994. 10. 21. 94도2078 검사 항소이유 진술× 사건) 위 1. 판례와 비교

3. 검사가 일부 유죄, 일부 무죄가 선고된 제1심판결 전부에 대하여 항소하면서 유죄부분에 대하여는 아무런 항소이유도 주장하지 않은 경우에는 유죄부분에 대하여 법정기간 내에 항소이유서를 제출하지 않은 것이 되고, 그 경우 설령 제1심의 양형이 가벼워 부당하다 하더라도 그와 같은 사유는 형사소송법 제361조의4 제1항 단서의 직권조사사유나 같은 법 제364조 제2항의 직권심판사항에 해당하지 않으므로 항소심이 제1심판결의 형보다 중한 형을 선고하는 것은 허용되지 않는데, 이러한 법리는 검사가 유죄부분에 대하여 아무런 항소이유를 주장하지 않은 경우뿐만 아니라 검사가 항소장이나 법정기간 내에 제출된 항소이유서에서 유죄부분에 대하여 양형부당 주장을 하였으나 그러한 항소이유 주장이 실질적으로 구두변론을 거쳐 심리되지 아니한 경우에도 마찬가지로 적용된다.(대법원 2015. 12. 10. 2015도11696 항소심 구두변론 간과사건) 검사가 일부 유죄, 일부 무죄가 선고된 제1심판결 전부에 대하여 항소하면서 유죄부분에 대하여는 아무런 항소이유도 주장하지 않은 경우 (무죄부분에 대한 검사의 항소는 기각되었다), 항소심이 제1심판결의 형보다 중한 형을 선고하는 것은 허용되지 않는데, 이러한 법리는 검사가 유죄부분에 대하여 아무런 항소이유를 주장하지 않은 경우뿐만 아니라 검사가 항소이유서에서 유죄부분에 대하여 양형부당 주장을 하였으나, 그러한 항소이유 주장이 실질적으로 구두변론을 거쳐 심리되지 아니한 경우에도 마찬가지로 적용된다는 취지의 판례이다. ▶ 23 국가7급, 18 경찰채용

03 제1심에서 증거능력이 있었던 증거에 대하여 항소심이 다시 증거조사를 하여야 하는지의 여부(소극)

제1심법원에서 이미 증거능력이 있었던 증거는 항소심에서도 증거능력이 그대로 유지되어 심판의 기초가 될 수 있고, 다시 증거조사를 할 필요가 없다. 다만 항소법원의 재판장은 증거조사 절차에 들어가기에 앞서 제1심의 증거관계와 증거조사 결과의 요지를 고지하여야 한다(형사소송규칙 제156조의5 제1항).(대법원 2018. 8. 1. 2018도8651 이상없는 항소심절차 사건)

▶ 21 변호사, 20 국가7급

04 항소심의 심판대상이 되지 않는 경우

피고인이나 변호인이 항소이유서에 포함시키지 아니한 사항을 항소심 공판정에서 진술한다 하더라도 그 진술에 포함된 주장과 같은 항소이유가 있다고 볼 수 없다.(대법원 2017. 5. 17. 2017도3373 녹용액기스 사건) 직권조사사유가 없는 한 항소심의 심판대상은 '항소이유서에 기재된 항소이유'로 제한된다. 항소이유서에 기재되지 않은 내용을 피고인이 진술하더라도 그 진술 부분은 항소심의 심판대상이 아니다. 아래 핵심정리 왼쪽을 참고하기 바란다.

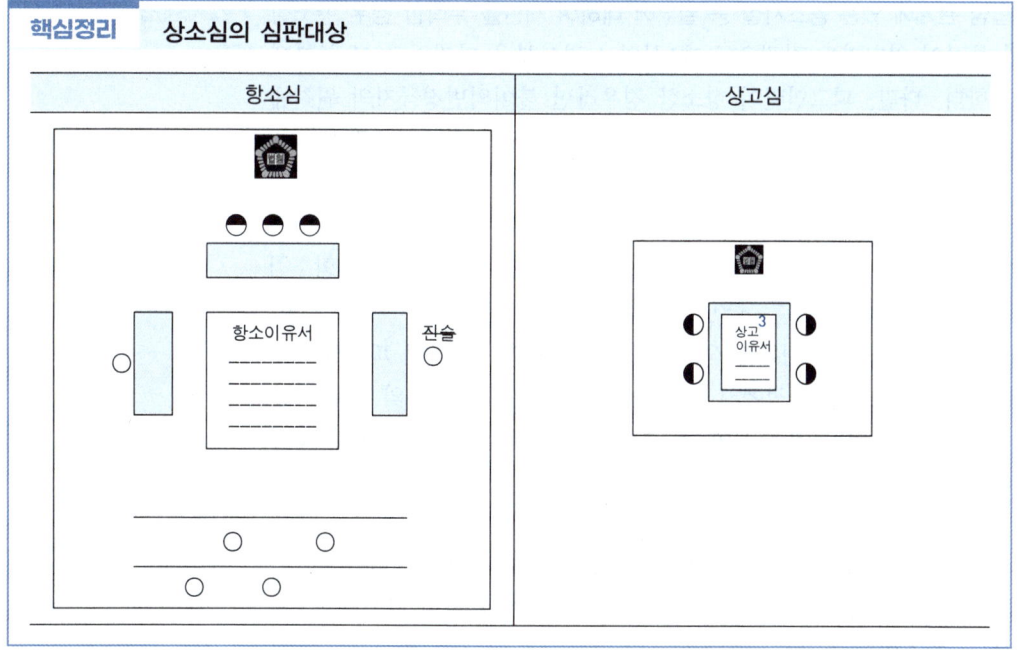

핵심정리 상소심의 심판대상

---

3 상고이유서이다. 형사소송법 제384조는 "상고법원은 상고이유서에 포함된 사유에 관하여 심판하여야 한다. 그러나, 전조 제1호 내지 제3호의 경우에는 상고이유서에 포함되지 아니한 때에도 직권으로 심판할 수 있다."라고 규정하고 있다.

05 항소심의 심판에 있어 '직권조사사유'의 의미

항소인이 항소이유서를 그 제출기간 내에 제출하지 아니한 경우에도 직권조사사유가 있는 때에는 항소법원은 항소기각의 결정을 하여서는 아니되고 직권으로 심리하여 법정의 항소이유가 있다고 인정하는 때에는 원심판결을 파기하여야 하는바, 여기서 직권조사사유라 함은 법령적용이나 법령해석의 착오 여부 등 당사자가 주장하지 아니한 경우에도 법원이 직권으로 조사하여야 할 사유를 말하는 것이다.(대법원 2011. 3. 24. 2009도7230 아파트 불법분양사건)

06 판결에 영향을 미친 사유로서 항소심이 '직권으로 심판'할 수 있는 경우

1. 검사만이 항소한 경우 항소심이 제1심의 양형보다 피고인에게 유리한 형량을 정할 수 없다는 제한이 있는 것도 아니다. 따라서 항소법원은 제1심의 형량이 너무 가벼워서 부당하다는 검사의 항소이유에 대한 판단에 앞서 직권으로 제1심판결에 양형이 부당하다고 인정할 사유가 있는지 여부를 심판할 수 있고, 그러한 사유가 있는 때에는 제1심판결을 파기하고 제1심의 양형보다 가벼운 형을 정하여 선고할 수 있다.(대법원 2010. 12. 9. 2008도1092 뜻밖의 가벼운 형선고 사건) 검사만 상소한 경우 '이익변경금지의 원칙' 이런 것은 적용되지 않는다. ▶ 22 법원9급, 22 소방간부, 20 경찰승진, 19 법원9급

2. 제1심이 실체적 경합범 관계에 있는 공소사실 중 일부에 대하여 재판을 누락한 경우 항소심으로서는 당사자의 주장이 없더라도 직권으로 제1심의 누락부분을 파기하고 그 부분에 대하여 재판하여야 한다. 다만, 피고인만이 항소한 경우라면 불이익변경금지의 원칙에 따라 제1심의 형보다 중한 형을 선고하지 못한다.(대법원 2009. 2. 12. 2008도7848 사우나 세신원 사건) ▶ 22 법원9급

07 항소심이 항소이유에 포함되지 아니한 사유를 직권으로 심리하여 파기자판할 때 항소이유의 당부에 관하여 따로 판단하지 않은 것이 위법한지의 여부(소극)

1. 항소심이 항소이유에 포함되지 아니한 사유를 직권으로 심리하여 제1심판결을 파기하고 다시 판결하는 경우에는 그 심리·판단 과정에서 공소사실을 다투는 항소이유의 당부에 관하여도 판단하였다고 보아야 하므로, 항소심이 그 판결에서 항소이유에 대한 판단을 따로 설시하지 아니하였다 하더라도 위법하다고 할 수 없다.(대법원 2017. 10. 26. 2017도10601 병합심리 후 재파기 사건)

2. 항소심이 항소이유에 포함되지 아니한 사유를 직권으로 심리하여 제1심판결을 파기하고 자판할 때에는 피고사건의 유죄 여부에 관한 사실인정 및 법률적용에 관하여 사실심으로서 심리·판단하게 되므로 항소인이 주장하는 항소이유의 당부도 위와 같은 피고사건의 심리·판단 과정에서 판단된 것으로 볼 것이고 별도로 그 항소이유의 당부에 대한 판단을 명시하지 아니하였다고 하여 판단누락이라고 볼 것이 아니다.(대법원 2012. 9. 13. 2010도11338 참사랑 요양병원 사건) ▶ 15 국가9급

08 항소심이 자신의 양형판단과 일치하지 아니한다고 하여 양형부당을 이유로 제1심판결을 파기한 것이 위법한지의 여부(소극)

항소심은 제1심에 대한 사후심적 성격이 가미된 속심으로서 제1심과 구분되는 고유의 양형재량을 가지고 있다고 보아야 하므로 항소심이 자신의 양형판단과 일치하지 아니한다고 하여 양형부당을 이유로 제1심판결을 파기하는 것이 바람직하지 아니한 점이 있다고 하더라도 이를 두고 양형심리 및 양형판단 방법이 위법하다고까지 할 수는 없다. 그리고 위와 같은 항소심의 판단에 근거가 된 양형자료와 그에 관한 판단 내용이 모순 없이 설시되어 있는 경우에는 양형의 조건이 되는 사유에 관하여 일일이 명시하지 아니하여도 위법하다고 할 수 없다.(대법원 2015. 7.23. 2015도3260 숨숨 징역 10월 → 징역 4년 사건)

> 23 국가7급, 22 경간부, 19 변호사

09 공소기각판결을 한 제1심판결이 법률에 위반되는 경우 항소심이 취해야 할 조치(=파기환송)

항소심은 제1심의 공소기각판결이 법률에 위배된다고 판단한 이상 본안에 들어가 심리할 것이 아니라 제1심판결을 파기하고 사건을 제1심법원에 환송하여야 한다.(대법원 2020. 1.30. 2019도15987 함정수사 인정 파기 사건) 제1심에서 사건의 실체에 대한 심판을 하지 않았기 때문에 3심제를 인정한 취지에 비추어(유무죄의 판단을 3번은 받게 해 주어라) 제1심법원에 환송하는 것이다.

> 25 국가9급, 21 경간부, 20 경찰채용

10 포괄일죄 중 일부 범죄사실을 유죄로 인정할 수 없는 경우 파기의 범위(=전부파기)

포괄일죄 중 일부 범죄사실을 유죄로 인정할 수 없는 경우에는 양형의 조건이 되는 사실이 같지 않게 되어 포괄일죄는 전부 파기되어야 한다.(2009. 7.23. 2007도541 효성그룹 회장 사건)

> 20 소방간부

11 상소심에서 원심의 주형 부분을 파기하는 경우 몰수·추징 또는 소송비용 부분도 함께 파기해야 하는지의 여부(적극)

1. 상소심에서 원심의 주형 부분을 파기하는 경우 부가형인 몰수 또는 추징 부분도 함께 파기하여야 하고, 몰수 또는 추징을 제외한 나머지 주형 부분만을 파기할 수는 없다.(대법원 2009. 6.25. 2009도2807 중국 보따리상 밀수사건)
2. 소송비용부담 부분은 본안 부분과 한꺼번에 심판되어야 하고 분리·확정될 수 없는 것이므로 제1심 본안 부분을 파기하는 경우에는 마땅히 소송비용부담 부분까지 함께 파기하여야 한다.(대법원 2009. 4.23. 2008도11921 삼성1호-허베이호 충돌 기름유출사건Ⅰ)

12 몰수 또는 추징 부분에만 파기사유가 있는 경우 상소심이 파기할 수 있는 범위

1. 주형과 몰수 또는 추징을 선고한 항소심 판결 중 몰수 또는 추징부분에 관해서만 파기사유가 있을 때에는 대법원은 그 부분만을 파기할 수 있다.(대법원 1992. 7.28. 92도700 이태리 바이올린 밀수사건) '몰수·추징을 <u>한 것에</u>' 위법이 있는 경우이다.

2. 주형과 몰수 또는 추징을 선고한 항소심 판결 중 몰수 또는 추징부분에 관해서만 파기사유가 있을 때에는 대법원이 그 부분만을 파기할 수 있으나, 항소심이 몰수나 추징을 선고하지 아니하였음을 이유로 파기하는 경우에는 항소심 판결에 몰수나 추징 부분이 없어 그 부분만 특정하여 파기할 수 없으므로 원심판결의 유죄부분 전부를 파기하여야 한다.(대법원 2017. 5.17. 2016도11941 제주양돈 조합장 사건) '몰수·추징을 <u>하지 않은 것에</u>' 위법이 있는 경우이다. ▶ 16 법원9급

13 공동피고인을 위한 파기규정의 취지

형사소송법 제364조의2 규정은 공동피고인 상호간의 재판의 공평을 도모하려는 취지인 바, 이 규정은 공동피고인 사이에서 파기의 이유가 공통되는 해당 범죄사실이 동일한 소송절차에서 병합심리된 경우에만 적용된다.(대법원 2019. 8.29. 2018도14303 숲속 국정농단 박근혜 전대통령 사건) 즉, 피고인들이 제1심이나 제2심에서 동일한 재판부에 의하여 재판을 같이 받았어야 한다. ▶ 20 국가7급, 20 법원9급

14 공동피고인을 위하여 원심판결을 파기한 경우

1. 피고인의 이익을 위하여 원심판결을 파기하는 경우이며 파기의 이유가 상고이유서를 제출하지 아니한 공동피고인들에게도 공통되므로 공동피고인들에 대하여도 원심판결을 파기한다.(대법원 2024. 3.12. 2023도7760 지방의회 의장선거 사건Ⅱ) ▶ 24 국가7급
2. 형사소송법 제364조의2에서 정한 '항소한 공동피고인'은 제1심의 공동피고인으로서 자신이 항소한 경우는 물론 그에 대하여 검사만 항소한 경우까지도 포함한다.(대법원 2022. 7.28. 2021도10579 검사의 항소로 무죄 사건) '항소한 공동피고인'에는 '검사로부터 항소제기를 받은 공동피고인'도 포함된다는 취지의 판례이다. ▶ 23 법원9급

제3절 | 상고

I 총설

형사소송법(2025. 3.18. 법률 제20796호로 일부개정된 것)

제383조 【상고이유】 다음 사유가 있을 경우에는 원심판결에 대한 상고이유로 할 수 있다.
1. 판결에 영향을 미친 헌법·법률·명령 또는 규칙의 위반이 있을 때
2. 판결후 형의 폐지나 변경 또는 사면이 있는 때
3. 재심청구의 사유가 있는 때
4. 사형, 무기 또는 10년 이상의 징역이나 금고가 선고된 사건에 있어서 중대한 사실의 오인이 있어 판결에 영향을 미친 때 또는 형의 양정이 심히 부당하다고 인정할 현저한 사유가 있는 때
   ← 피고인만 제기할 수 있는 상고이유이다.

선생님의 TIP

상고는 시험에 잘 출제되는 파트가 아니다. 먼저 상고심의 구조에 관하여는 「제4편 제1장 제2절 Ⅰ. 총설」을 참고하기 바란다. 상고의 경우 상고이유가 중요하다. 그리고 비약적 상고에 관한 비교적 중요한 판례가 나왔다. 이 두 테마를 이곳에 먼저 수록한다.

01 상고이유가 될 수 있는 경우(형사소송법 제383조 제1호 관련)

1. 범죄의 유무 등을 판단하기 위한 논리적 논증을 하는 데 반드시 필요한 사항에 대한 심리를 다하지도 아니한 채 합리적 의심이 없는 증명의 정도에 이르렀는지에 대한 판단에 섣불리 나아가는 것 역시 실체적 진실발견과 적정한 재판이 이루어지도록 하려는 형사소송법의 근본이념에 배치되는 것으로서 위법하다. 그러므로 **사실심 법원으로서는** 형사소송법이 사실의 오인을 항소이유로는 하면서도 상고이유로 삼을 수 있는 사유로는 규정하지 아니한 데에 담긴 의미가 올바르게 실현될 수 있도록 주장과 증거에 대하여 신중하고 충실한 심리를 하여야 하고, 그에 이르지 못하여 **자유심증주의의 한계를 벗어나거나 필요한 심리를 다하지 아니하는 등으로 판결 결과에 영향을 미친 때에는 사실인정을 사실심 법원의 전권으로 인정한 전제가 충족되지 아니하는 것이므로 당연히 상고심의 심판대상에 해당한다.** (대법원 2023. 12. 21. 2022도13402 가짜 아스팔트 공급 세금계산서 사건) 형사소송법 제307조와 제308조를 위반한 것이라고 보아야 한다. ▶ 17 변호사

2. 사실심법원이 피고인에게 공소가 제기된 범행을 기준으로 그 범행의 동기나 결과, 범행 후의 정황 등 형법 제51조가 정한 양형조건으로 포섭되지 않는 별도의 범죄사실에 해당하는 사정에 관하여 합리적인 의심을 배제할 정도의 증명력을 갖춘 증거에 따라 증명되지 않았는데도 핵심적인 형벌가중적 양형조건으로 삼아 형의 양정을 함으로써 피고인에 대하여 사실상 공소가 제기되지 않은 범행을 추가로 처벌한 것과 같은 실질에 이른 경우에는 단순한 양형판단의 부당성을 넘어 죄형균형원칙이나 책임주의 원칙의 본질적 내용을 침해하였다고 볼 수 있다. 따라서 그 부당성을 다투는 피고인의 주장은 이러한 사실심법원의 양형심리와 양형판단 방법의 위법성을 지적하는 것으로 보아 **적법한 상고이유라고 할 수 있다.** (대법원 2020. 9. 3. 2020도8358 필로폰판매 양형가중사유 사건) 형법 제51조 등을 위반한 것이라고 보아야 한다. [5] 2. 판례와 비교 ▶ 23 국가7급

02 상고이유가 될 수 없는 경우(형사소송법 제383조 제1호 관련)

1. 경찰의 압수·수색 등이 위법한 경우에는 형사소송법 제417조에 따라 법원에 그 처분의 취소나 변경을 청구하는 것은 별론으로 하고 그 처분이 위법하다는 사유만으로는 그 위법이 판결에 영향을 미친 것이 아닌 한 독립한 상고이유가 될 수 없다.(대법원 2005.10. 14. 2005도6333 경찰압수가 위법이다 사건)

2. 수사기관에서의 구금에 관한 처분에 대하여 형사소송법 제417조에 따라 법원에 그 처분의 취소 또는 변경을 청구하는 것은 별론으로 하고 그 처분이 위법한 것이라는 사실만으로는 그와 같은 위법이 판결에 영향을 미친 것이 아닌 한 독립한 상고이유가 될 수 없다. (대법원 1996. 5.14. 96도561 계급투쟁동맹 사건)

3. 판결내용 자체가 아니고 다만 피고인의 신병확보를 위한 구속 등 소송절차가 법령에 위반된 경우에는 그로 인하여 피고인의 방어권이나 변호인의 조력을 받을 권리가 본질적으로 침해되고 판결의 정당성마저 인정하기 어렵다고 보이는 정도에 이르지 않는 한, 그것 자체만으로는 판결에 영향을 미친 위법이라고 할 수 없다.(대법원 2019. 2.28. 2018도19034 형소법 제72조 간과 구속사건)

> 20 경찰채용, 19 경찰채용

03 상고이유가 될 수 없는 경우(형사소송법 제383조 제2호 관련)

형사소송법 제383조 제2호의 상고이유인 '판결 후 형의 폐지나 변경이 있는 때'는 원심판결 후 법령의 개폐로 인하여 형이 폐지되거나 변경된 경우를 뜻하는 것이고, **법령의 개폐 없이 단지 형을 감경하거나 면제할 수 있는 사유가 되는 사실이 발생한 것에 불과한 경우는 포함되지 않는다.**(대법원 2024. 6.27. 2024도5119 원심판결 선고후 사기 유죄확정 사건) 법령이 개폐된 바 없다.

04 상고이유가 될 수 없는 경우(형사소송법 제383조 제4호 관련) I

피고인에 대하여 사형, 무기 또는 10년 이상의 징역이나 금고의 형이 선고된 경우에도 형사소송법 제383조 제4호의 해석상 검사는 그 형이 너무 가볍다는 이유로는 상고할 수 없다. (대법원 2018. 9.13. 2018도7658 인천 초등생 살인사건) 항소심이 피고인 甲에게는 징역 13년을, 피고인 乙에게는 징역 20년을 각 선고하였는데, 검사가 甲에 대한 형이 너무 가볍다고 주장한 사건이다. 물론 이는 받아들여 지지 않는다. 다시 말하지만 형사소송법 제383조 제4호는 피고인만 제기할 수 있는 상고이유이다.

> 19 국가7급, 18 법원9급, 17 소방간부

05 상고이유가 될 수 없는 경우(형사소송법 제383조 제4호 관련) II

1. 형사소송법 제383조 제4호에 의하면 사형, 무기 또는 10년 이상의 징역이나 금고가 선고된 사건에서만 양형부당을 사유로 한 상고가 허용되므로 피고인에 대하여 그보다 가벼운 형이 선고된 사건에서 형이 너무 무거워 부당하다는 취지의 주장은 적법한 상고이유가 되지 못한다.(대법원 2023.12.28. 2020도12396 요트 수입 사건)

> 25 소방간부

2. 양형의 조건에 관하여 규정한 형법 제51조의 사항은 널리 형의 양정에 관한 법원의 재량사항에 속한다고 해석되므로 상고심으로서는 형사소송법 제383조 제4호에 따라 사형·무기 또는 10년 이상의 징역·금고가 선고된 사건에서 형의 양정의 당부에 관한 상고이유를 심판하는 경우가 아닌 이상, 사실심 법원이 양형의 기초 사실에 관하여 사실을 오인하였다거나 양형의 조건이 되는 정상에 관하여 심리를 제대로 하지 아니하였다는 주장은 적법한 상고이유가 될 수 없다.(대법원 2021. 3. 11. 2020도12583 원세훈 국정원장 사건) ▶ 23 국가7급

> **형사소송법(2025. 3. 18. 법률 제20796호로 일부개정된 것)**
> 제372조【비약적 상고】다음 경우에는 제1심판결에 대하여 항소를 제기하지 아니하고 상고를 할 수 있다.
>   1. 원심판결이 인정한 사실에 대하여 법령을 적용하지 아니하였거나 법령의 적용에 착오가 있는 때
>   2. 원심판결이 있은 후 형의 폐지나 변경 또는 사면이 있는 때
> 제373조【항소와 비약적 상고】제1심판결에 대한 상고는 그 사건에 대한 항소가 제기된 때에는 그 효력을 잃는다. 단, 항소의 취하 또는 항소기각의 결정이 있는 때에는 예외로 한다.

06 '결정'에 대하여 비약적 상고를 할 수 있는지의 여부(소극)

비약적 상고는 제1심판결에 대하여만 할 수 있는 것이고 판결이 아닌 **제1심 법원의 결정에 대하여는 할 수 없다.**(대법원 1984. 4. 16. 84모18 비약적 항고 사건) ▶ 23 국가9급

07 비약적 상고의 이유인 '법령적용의 착오가 있는 때'의 의미

비약적 상고의 사유인 '제1심판결이 인정한 사실에 대하여 법령을 적용하지 아니하거나 법령의 적용에 착오가 있는 때'라 함은, 제1심판결이 인정한 사실이 옳다는 것을 전제로 하여 볼 때 그에 대한 법령을 적용하지 아니하거나 법령의 적용을 잘못한 경우를 말한다.(대법원 2017. 2. 3. 2016도20069 형이 너무 무겁다 비약적상고 사건) ▶ 23 법원9급

08 제1심판결에 대한 피고인의 비약적 상고와 검사의 항소가 경합하여 형사소송법 제373조에 따라 피고인의 비약적 상고에 상고의 효력이 상실되고 검사의 항소에 기한 항소심이 진행되는 경우 피고인의 비약적 상고에 항소로서의 효력을 인정할 수 있는지의 여부(적극)

형사소송법 제372조, 제373조 및 관련 규정의 내용과 취지, 비약적 상고와 항소가 제1심판결에 대한 상소권 행사로서 갖는 공통성, 이와 관련된 피고인의 불복의사, 피고인의 상소권 보장의 취지 및 그에 대한 제한의 범위와 정도, 피고인의 재판청구권을 보장하는 헌법합치적 해석의 필요성 등을 종합하여 보면, 제1심판결에 대하여 피고인은 비약적 상고를, 검사는 항소를 각각 제기하여 이들이 경합한 경우 피고인의 비약적 상고에 상고의 효력이 인정되지는 않더라도 피고인의 비약적 상고가 항소기간 준수 등 항소로서의 적법요건을 모두 갖추었고, 피고인이 자신의 비약적 상고에 상고의 효력이 인정되지 않는 때에도 항소심에서는 제1심판결을 다툴 의사가 없었다고 볼 만한 특별한 사정이 없다면 피고인의 비약적 상고에 항소로서의 효력이 인정된다.(대법원 2022. 5. 19. 2021도17131 全合 피고인의 비약적 상고 항소의제 사건) ▶ 25 소방간부, 24 변호사, 23 법원9급

II 상고심의 절차

형사소송법(2025. 3.18. 법률 제20796호로 일부개정된 것)

제371조【상고할 수 있는 판결】제2심판결에 대하여 불복이 있으면 대법원에 상고할 수 있다.
제374조【상고기간】상고의 제기기간은 7일로 한다.
제375조【상고제기의 방식】상고를 함에는 상고장을 원심법원에 제출하여야 한다.
제376조【원심법원에서의 상고기각 결정】① 상고의 제기가 법률상의 방식에 위반하거나 상고권소멸 후인 것이 명백한 때에는 원심법원은 결정으로 상고를 기각하여야 한다.
② 전항의 결정에 대하여는 즉시항고를 할 수 있다.
제377조【소송기록과 증거물의 송부】제376조의 경우를 제외하고는 원심법원은 상고장을 받은 날부터 14일 이내에 소송기록과 증거물을 상고법원에 송부하여야 한다.
제378조【소송기록접수와 통지】① 상고법원이 소송기록의 송부를 받은 때에는 즉시 상고인과 상대방에 대하여 그 사유를 통지하여야 한다.
② 전항의 통지 전에 변호인의 선임이 있는 때에는 변호인에 대하여도 전항의 통지를 하여야 한다.
제379조【상고이유서와 답변서】① 상고인 또는 변호인이 전조의 통지를 받은 날로부터 20일 이내에 상고이유서를 상고법원에 제출하여야 한다. 이 경우 제344조를 준용한다.
② 상고이유서에는 소송기록과 원심법원의 증거조사에 표현된 사실을 인용하여 그 이유를 명시하여야 한다.
③ 상고이유서의 제출을 받은 상고법원은 지체없이 그 부본 또는 등본을 상대방에 송달하여야 한다.
④ 상대방은 전항의 송달을 받은 날로부터 10일 이내에 답변서를 상고법원에 제출할 수 있다.
⑤ 답변서의 제출을 받은 상고법원은 지체없이 그 부본 또는 등본을 상고인 또는 변호인에게 송달하여야 한다.
제380조【상고기각 결정】① 상고인이나 변호인이 전조 제1항의 기간 내에 상고이유서를 제출하지 아니한 때에는 결정으로 상고를 기각하여야 한다. 단, 상고장에 이유의 기재가 있는 때에는 예외로 한다.
② 상고장 및 상고이유서에 기재된 상고이유의 주장이 제383조 각 호의 어느 하나의 사유에 해당하지 아니함이 명백한 때에는 결정으로 상고를 기각하여야 한다.
제399조【준용규정】전장의 규정은 본장에 특별한 규정이 없으면 상고의 심판에 준용한다.

선생님의 TIP

소송기록접수통지와 상고이유서 제출은 항소심의 절차와 유사하다.

09 상고이유 기재의 방식

상고법원은 상고이유에 의하여 불복신청한 한도 내에서만 조사·판단할 수 있으므로 상고이유서에는 상고이유를 특정하여 원심판결의 구체적인 법령위반 사유를 명시적으로 설시하여야 한다. 따라서 상고이유서에 이와 같은 구체적이고 명시적인 상고이유의 설시가 없다면 적법한 상고이유서가 제출되었다고 볼 수 없다.(대법원 2023. 1. 12. 2022도14298 마약류 법리오해의 위법이 있다 사건)

10 변론요지서 또는 항소이유서에 기재된 내용을 그대로 상고이유로 원용할 수 있는지의 여부(소극)

1. 상고이유서에는 소송기록과 원심법원의 증거조사에 표현된 사실을 인용하여 그 이유를 명시하여야 하므로 **원심 변호인의 변론요지서에 기재된 주장을 그대로 원용하는 것은 적법한 상고이유가 될 수 없다.**(대법원 2006. 6. 9. 2006도1955 상고이유는 변론요지와 같다 사건) ▶ 19 법원9급

2. 상고이유서에는 소송기록과 원심법원의 증거조사에 표현된 사실을 인용하여 그 이유를 명시하여야 하므로 항소이유서에 기재된 항소이유 등을 그대로 원용하는 것은 적법한 상고이유가 될 수 없다.(대법원 2020. 2. 6. 2018도8808 국정농단 김종·차은택 사건)

III 상고심의 재판

형사소송법(2025. 3.18. 법률 제20796호로 일부개정된 것)

제381조【동전】제376조의 규정에 해당한 경우에 원심법원이 상고기각의 결정을 하지 아니한 때에는 상고법원은 결정으로 상고를 기각하여야 한다.

제382조【공소기각의 결정】제328조 제1항 각 호의 규정에 해당하는 사유가 있는 때에는 상고법원은 결정으로 공소를 기각하여야 한다.

제384조【심판범위】상고법원은 상고이유서에 포함된 사유에 관하여 심판하여야 한다. 그러나, 전조 제1호 내지 제3호의 경우에는 상고이유서에 포함되지 아니한 때에도 직권으로 심판할 수 있다.

제385조 삭제〈1961. 9. 1.〉

제386조【변호인의 자격】상고심에는 변호사 아닌 자를 변호인으로 선임하지 못한다.

제387조【변론능력】상고심에는 변호인 아니면 피고인을 위하여 변론하지 못한다.

제388조【변론방식】검사와 변호인은 상고이유서에 의하여 변론하여야 한다.

제389조【변호인의 불출석등】① 변호인의 선임이 없거나 변호인이 공판기일에 출정하지 아니한 때에는 검사의 진술을 듣고 판결을 할 수 있다. 단, 제283조의 규정에 해당한 경우에는 예외로 한다.
② 전항의 경우에 적법한 이유서의 제출이 있는 때에는 그 진술이 있는 것으로 간주한다.

제389조의2【피고인의 소환 여부】상고심의 공판기일에는 피고인의 소환을 요하지 아니한다.

제390조【서면심리에 의한 판결】① 상고법원은 상고장, 상고이유서 기타의 소송기록에 의하여 변론 없이 판결할 수 있다.
② 상고법원은 필요한 경우에는 특정한 사항에 관하여 변론을 열어 참고인의 진술을 들을 수 있다.

제391조【원심판결의 파기】상고이유가 있는 때에는 판결로써 원심판결을 파기하여야 한다.

제392조【공동피고인을 위한 파기】피고인의 이익을 위하여 원심판결을 파기하는 경우에 파기의 이유가 상고한 공동피고인에 공통되는 때에는 그 공동피고인에 대하여도 원심판결을 파기하여야 한다.

제393조【공소기각과 환송의 판결】적법한 공소를 기각하였다는 이유로 원심판결 또는 제1심판결을 파기하는 경우에는 판결로써 사건을 원심법원 또는 제1심법원에 환송하여야 한다.

제394조【관할인정과 이송의 판결】관할의 인정이 법률에 위반됨을 이유로 원심판결 또는 제1심판결을 파기하는 경우에는 판결로써 사건을 관할있는 법원에 이송하여야 한다.

제395조【관할위반과 환송의 판결】관할위반의 인정이 법률에 위반됨을 이유로 원심판결 또는 제1심판결을 파기하는 경우에는 판결로써 사건을 원심법원 또는 제1심법원에 환송하여야 한다.

제396조【파기자판】① 상고법원은 원심판결을 파기한 경우에 그 소송기록과 원심법원과 제1심법원이 조사한 증거에 의하여 판결하기 충분하다고 인정한 때에는 피고사건에 대하여 직접판결을 할 수 있다.
② 제368조의 규정은 전항의 판결에 준용한다.

제397조【환송 또는 이송】전4조의 경우 외에 원심판결을 파기한 때에는 판결로써 사건을 원심법원에 환송하거나 그와 동등한 다른 법원에 이송하여야 한다.

제398조【재판서의 기재방식】재판서에는 상고의 이유에 관한 판단을 기재하여야 한다.

제399조【준용규정】전장의 규정은 본장에 특별한 규정이 없으면 상고의 심판에 준용한다.

제400조【판결정정의 신청】① 상고법원은 그 판결의 내용에 오류가 있음을 발견한 때에는 직권 또는 검사, 상고인이나 변호인의 신청에 의하여 판결로써 정정할 수 있다.
② 전항의 신청은 판결의 선고가 있는 날로부터 10일 이내에 하여야 한다.
③ 제1항의 신청은 신청의 이유를 기재한 서면으로 하여야 한다.

제401조【정정의 판결】① 정정의 판결은 변론없이 할 수 있다
② 정정할 필요가 없다고 인정한 때에는 지체없이 결정으로 신청을 기각하여야 한다.

> **선생님의 TIP**
>
> 역시 시험을 떠나 전반적인 형사소송법의 이해를 위하여 아래 핵심정리를 꼼꼼히 읽어야 한다.

핵심정리 상고심의 재판

구 분	내 용
공소기각결정	상고법원은 공소기각 결정사유가 있는 때에는 결정으로 공소를 기각하여야 한다. (제382조, 제328조 제1항)
상고기각결정	1. 상고의 제기가 법률상의 방식에 위반하거나 상고권 소멸후인 것이 명백한 때에 원심법원이 상고기각결정을 하지 아니한 때에는, 상고법원은 결정으로 상고를 기각하여야 한다.(제381조) 2. 상고인 또는 변호인이 상고이유서를 제출하지 아니한 때에는 상고장에 상고이유의 기재가 있는 경우를 제외하고는 상고법원은 결정으로 상고를 기각하여야 한다. (제380조)
상고기각판결	상고법원은 상고가 이유 없다고 인정한 때에는 판결로써 상고를 기각하여야 한다. (제399조, 제364조 제4항)
파기판결	상고법원은 상고가 이유있다고 인정한 때에는 원심판결을 파기하여야 한다.(제391조) 파기 후에는 환송을 원칙으로 한다. 상고심은 사후심이기 때문이다.
파기판결 - 파기환송	1. 적법한 공소를 기각하였다는 이유로 원심판결 또는 제1심 판결을 파기하는 경우에는 판결로써 사건을 원심법원 또는 제1심법원에 환송하여야 한다.(제393조) 관할위반의 인정이 법률에 위반됨을 이유로 원심판결 또는 제1심 판결을 파기하는 경우에는 판결로써 사건을 원심법원 또는 제1심 법원에 환송하여야 한다.(제395조) 2. 이 이외의 사유로 원심판결을 파기한 때에도 자판하는 경우가 아니면 판결로써 사건을 원심법원에 환송하거나 그와 동등한 다른 법원에 이송하여야 한다.(제397조)
파기판결 - 파기이송	관할의 인정이 법률에 위반됨을 이유로 원심판결 또는 제1심 판결을 파기하는 경우에는 판결로써 사건을 관할권 있는 법원에 이송하여야 한다. (제394조)
파기판결 - 파기자판	상고법원은 원심판결을 파기한 경우에 그 소송기록과 원심법원과 제1심 법원이 조사한 증거에 의하여 판결하기 충분하다고 인정한 때에는 피고사건에 대하여 직접 판결을 할 수 있다.(제396조 제1항)

01 상고심의 직권조사 사유

상고법원은 판결에 영향을 미친 법률의 위반이 있는 경우에는 상고이유서에 포함되지 아니한 때에도 직권으로 심판할 수 있는바, 이는 법률의 해석·적용을 그르친 나머지 피고인을 유죄로 잘못 인정한 원심판결에 대하여 피고인은 상고를 제기하지 아니하고 검사만이 다른 사유를 들어 상고를 제기하였고, 검사의 상고가 피고인의 이익을 위하여 제기된 것이 아님이 명백한 경우라 하더라도 마찬가지이다.(대법원 2016.10.27. 2015도16764 대전미래경제연구포럼 사건)

> 23 국가7급

02 상고기각결정의 효력발생 시기

형사소송법 제42조는 "재판의 선고 또는 고지는 공판정에서는 재판서에 의하여야 하고 기타의 경우에는 재판서등본의 송달 또는 다른 적당한 방법으로 하여야 한다. 단, 법률에 다른 규정이 있는 때에는 예외로 한다."라고 규정하고 있는데, 피고인의 상고에 대하여 형사소송법 제380조 본문에 따라 상고기각결정을 한 경우에는 법률에 다른 규정이 있지 않는 한 형사소송법 제42조 본문의 규정에 의하여 그 등본을 피고인에게 송달하거나 다른 적당한 방법으로 고지하였을 때 그 효력이 생긴다.(대법원 2023. 7. 13. 2021도15745 임시보호명령·피해자보호명령 위반 사건)

03 대법원판결의 확정시기(=선고시)

상고심에서 상고이유 주장이 이유 없다고 판단되어 배척된 부분은 그 판결 선고와 동시에 확정력이 발생하여 이 부분에 대해 피고인은 더 이상 다툴 수 없고 또한 환송받은 법원으로서도 이와 배치되는 판단을 할 수 없다. 따라서 피고인으로서는 더 이상 이 부분에 대한 주장을 상고이유로 삼을 수 없고, 이는 확정력이 발생한 부분에 대하여 새로운 주장이 추가된 경우에도 마찬가지이다.(대법원 2018. 4. 19. 2017도14322 숲속 국정원 대선개입 사건)

> 24 법원9급, 17 소방간부

제4절 | 항고

I 항고와 재항고

형사소송법(2025. 3.18. 법률 제20796호로 일부개정된 것)

제402조 【항고할 수 있는 재판】 법원의 결정에 대하여 불복이 있으면 항고를 할 수 있다. 단, 이 법률에 특별한 규정이 있는 경우에는 예외로 한다. 〈항고에 관한 일반규정〉

제403조 【판결 전의 결정에 대한 항고】 ① 법원의 관할 또는 판결 전의 소송절차에 관한 결정에 대하여는 특히 즉시항고를 할 수 있는 경우 외에는 항고를 하지 못한다. 〈항고를 할 수 없는 결정과 즉시항고를 할 수 있는 결정〉
② 전항의 규정은 구금, 보석, 압수나 압수물의 환부에 관한 결정 또는 감정하기 위한 피고인의 유치에 관한 결정에 적용하지 아니한다. 〈보통항고를 할 수 있는 결정〉

제404조 【보통항고의 시기】 항고는 즉시항고 외에는 언제든지 할 수 있다. 단, 원심결정을 취소하여도 실익이 없게 된 때에는 예외로 한다.

제405조 【즉시항고의 제기기간】 즉시항고의 제기기간은 7일로 한다.

제406조 【항고의 절차】 항고를 함에는 항고장을 원심법원에 제출하여야 한다.

제407조 【원심법원의 항고기각 결정】 ① 항고의 제기가 법률상의 방식에 위반하거나 항고권 소멸 후인 것이 명백한 때에는 원심법원은 결정으로 항고를 기각하여야 한다.
② 전항의 결정에 대하여는 즉시항고를 할 수 있다.

제408조 【원심법원의 갱신결정[1]】 ① 원심법원은 항고가 이유있다고 인정한 때에는 결정을 경정하여야 한다.
② 항고의 전부 또는 일부가 이유없다고 인정한 때에는 항고장을 받은 날로부터 3일 이내에 의견서를 첨부하여 항고법원에 송부하여야 한다.

제409조 【보통항고와 집행정지】 항고는 즉시항고 외에는 재판의 집행을 정지하는 효력이 없다. 단, 원심법원 또는 항고법원은 결정으로 항고에 대한 결정이 있을 때까지 집행을 정지할 수 있다.

제410조 【즉시항고와 집행정지의 효력】 즉시항고의 제기기간 내와 그 제기가 있는 때에는 재판의 집행은 정지된다.

제411조 【소송기록등의 송부】 ① 원심법원이 필요하다고 인정한 때에는 소송기록과 증거물을 항고법원에 송부하여야 한다.
② 항고법원은 소송기록과 증거물의 송부를 요구할 수 있다.
③ 전2항의 경우에 항고법원이 소송기록과 증거물의 송부를 받은 날로부터 5일 이내에 당사자에게 그 사유를 통지하여야 한다.

제412조 【검사의 의견진술】 검사는 항고사건에 대하여 의견을 진술할 수 있다.

제413조 【항고기각의 결정】 제407조의 규정에 해당한 경우에 원심법원이 항고기각의 결정을 하지 아니한 때에는 항고법원은 결정으로 항고를 기각하여야 한다.

제414조 【항고기각과 항고이유 인정】 ① 항고를 이유없다고 인정한 때에는 결정으로 항고를 기각하여야 한다.
② 항고를 이유있다고 인정한 때에는 결정으로 원심결정을 취소하고 필요한 경우에는 항고사건에 대하여 직접 재판을 하여야 한다.

제415조 【재항고】 항고법원 또는 고등법원의 결정에 대하여는 재판에 영향을 미친 헌법·법률·명령 또는 규칙의 위반이 있음을 이유로 하는 때에 한하여 대법원에 즉시항고를 할 수 있다.

---

[1] 표제에는 '갱신'이라고 하면서 본문에는 '경정'이라고 하고 있는데, 이는 분명히 잘못된 것이다.

선생님의 TIP

1. '법원의 결정[2]'에 대한 상소에는 항고와 재항고가 있는데, '항고'가 전자만 말하는 경우도 있고 전자와 후자를 포괄하여 말하는 경우도 있다. 재항고를 특별항고라고도 하지만 이는 올바른 용어사용이 아니다[3]. 그리고 별로 언급되고 있지는 않지만, 그 구조는 대략 항소심이나 상고심과 유사하다고 보아야 한다.

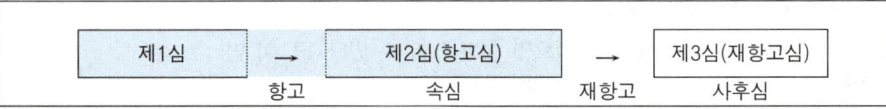

2. 절차의 지연방지를 위하여[4] 법원의 결정에 대하여 항고가 언제나 허용되는 것은 아니다. 형사소송법 제403조 제1항·제2항을 보면 법원의 결정은 3가지로 구분되는데, 그것은 바로 즉시항고를 할 수 있는 결정, 보통항고를 할 수 있는 결정 그리고 항고를 할 수 없는 결정이다. 다음 면 핵심정리는 이에 관한 것이다. 이 3개의 결정을 두문자로 암기하는 학생이 있는 것 같은데, 말할 것도 없이 그것은 완전히 실패한 공부이다. 왜 그럴까?

3. 그 이유는 이렇다. 핵심정리 〈1〉 3.~14.는 돈(과태료 등)과 감치에 대한 것으로 모두 즉시항고가 허용된다. 핵심정리 〈1〉 15.~25.는 대체로 재판청구가 '기각'된 것으로 모두 즉시항고가 허용된다. 〈1〉 26. 이하는 시험에 거의 나오지 않는다. 도대체 두문자가 왜 필요한 것인가? 기출표시된 판례들은 우리가 이미 앞에서 대부분 공부했던 내용들이다.

4. 아래 핵심정리 내용으로 포함하여 항고와 준항고에서 대략 1문제가 출제된다. 오히려 항소나 상고보다 이 항고와 준항고가 출제가 더 잘 된다고 보아도 무방하다. 이 교재는 판례집이므로 판례가 있는 것만 기출표시를 하였다.

5. 마지막으로 한 마디 더 하자면 형사소송법 제402조는 제403조의 해석상 아무런 의미가 없는 조항이다. 쉽게 이해할 수 있도록 형사소송법 제402조를 아래와 같이 바꾸고 제403조는 삭제되어야 한다.

> 제402조 【항고】 법원의 결정에 대하여는 항고하지 못한다. 다만, 즉시항고를 할 수 있다고 규정한 것에 대하여는 그에 따라 즉시항고할 수 있다. 그리고 법원의 구금, 보석, 압수나 압수물의 환부에 관한 결정 또는 감정하기 위한 피고인의 유치에 관한 결정에 대하여는 보통항고를 할 수 있다.
> 제403조 삭제 〈20X5. 6. 28.〉

---

[2] 분명히 '법원의 결정'이다. 따라서 (형사소송법 제416조와 제417조에 따라 준항고의 대상이 되는지 여부는 별론으로 하고) '법원이 아닌 법관(수명법관, 수탁판사 그리고 수임판사)의 재판'에 대하여 그리고 '수사기관의 처분'에 대하여는 항고를 할 수 없다.

[3] '특별항고'는 민사소송법에서 나오는 개념으로 이는 상소가 아닌 일종의 헌법소원에 해당한다. 민사소송법 제449조 제1항은 "불복할 수 없는 결정이나 명령에 대하여는 재판에 영향을 미친 헌법위반이 있거나 재판의 전제가 된 명령·규칙·처분의 헌법 또는 법률의 위반여부에 대한 판단이 부당하다는 것을 이유로 하는 때에만 대법원에 특별항고를 할 수 있다."라고 규정하고 있다. 이와 같은 특별항고는 상소가 아니다.

[4] 법원이 무슨 결정을 할 때마다 불복하고 그에 따라 재판이 정지되고... 이런 것은 용납할 수 없다.

핵심정리	'법원의 결정'에 대한 불복방법

구분	내용
⟨1⟩ 즉시항고	1. 기피신청기각결정(제23조) 2. 구속취소결정(제97조 제4항) ▶ 3. 보석에 있어 출석보증인에 대한 과태료부과결정(제100조의2) 4. 보석조건을 위반한 피고인에 대한 과태료부과결정 및 감치처분결정(제102조) 5. 불출석 증인에 대한 과태료부과결정 및 감치처분결정(제151조) 6. 증인·감정인·통역인·번역인에 대한 과태료부과결정(제161조, 제177조, 제183조) 7. 소송비용부담결정(제192조, 제193조) 8. 무죄판결에 대한 비용보상에 관한 결정(제194조의3) 9. 재정신청에 있어 재정신청인에 대한 비용부담결정(제262조의3) 10. 소송비용집행면제신청에 관한 결정(제491조, 제487조) 11. 국민참여재판에 있어 배심원 등에 대한 과태료부과결정(국민참여재판법 제60조) 12. 배상명령의 재판 – 피고인이 불복(소송촉진법 제33조) ⟨3⟩ 19.와 비교 13. 형사보상결정(형사보상법 제20조 제1항) 14. 형사보상청구 기각결정(형사보상법 제20조 제2항) ▶ 15. 재정신청기각결정(제262조 제4항 전단) ⟨3⟩ 5.와 비교 16. 공소기각결정(제328조, 제363조) 17. 항소기각결정(제360조, 제361조의4, 제362조) 18. 상고기각결정(제376조) 19. 항고기각결정(제407조) 20. 상소권회복청구에 관한 결정(제347조) 21. 상소절차속행신청 기각결정(규칙 제154조) 22. 재심청구기각결정 및 재심개시결정(제437조) 23. 약식명령·즉결심판에 대한 정식재판청구 기각결정(제455조, 즉결심판법 제14조 제4항) 24. 재판서경정결정(규칙 제25조) 25. 국민참여재판을 하지 아니하기로 하는 결정(국민참여재판법 제9조) ▶ 26. 집행유예취소에 관한 결정(제335조) 27. 형의 소멸신청 각하결정(제337조) 28. 재판해석에 대한 의의신청에 관한 결정(제491조, 제488조) 29. 형집행에 대한 이의신청에 관한 결정(제491조, 제489조)
⟨2⟩ 보통항고	1. 구금[5], 보석, 압수나 압수물의 환부에 관한 결정 그리고 감정유치에 관한 결정(제403조 제2항) 2. <u>소년부 송치결정</u>(대법원 1986. 7.25. 86모9) 19 국가7급
⟨3⟩ 항고 ×	1. 관할의 지정·이전·이송 등에 관한 결정 2. 간이공판절차의 개시·취소에 관한 결정 3. 공판절차의 정지·갱신에 관한 결정 4. 변론의 병합·분리·재개에 관한 결정 5. 재정신청에 있어 공소제기결정(제262조 제4항 후단) 6. 공판준비기일의 지정신청에 대한 결정(제266조의7) 7. 피해자 등의 소송기록 열람·등사신청에 관한 재판(제294조의4) 8. 보석조건을 위반한 피고인에 대한 감치재판개시결정 및 불처벌결정(규칙 제55조의5) 9. 불출석 증인에 대한 감치재판개시결정 및 불처벌결정(규칙 제68조의4)

▶
10. <u>국선변호인선임청구 기각결정</u>(대법원 1993.12. 3. 92모49) 22 경찰승진, 21 경찰채용, 20 법원9급, 19 국가7급, 16 국가7급
11. <u>공소장변경허가결정</u>(대법원 1987. 3.28. 87모17) 24 변호사, 22 법원9급, 21 국가7급, 21 소방간부, 19 경간부, 19 법원9급, 19 소방간부, 17 변호사, 16 국가7급, 16 국가9급, 16 경찰채용, 15 변호사
12. <u>(증거개시에 있어) 열람·등사 또는 서면의 교부를 명한 결정</u>(대법원 2013. 1.24. 2012모1393) 25 경찰승진, 23 국가7급, 22 국가9급, 20 국가7급, 15 국가7급
13. <u>증거신청에 대한 증거결정</u>(대법원 1990. 6. 8. 90도646) 25 국가9급, 24 변호사, 21 경찰채용, 17 경간부
14. <u>국민참여재판으로 진행하기로 하는 결정</u>(대법원 2009.10.23. 2009모1032) 25 경찰승진, 24 국가9급, 21 경간부, 21 국가9급, 20 경간부, 20 국가9급, 20 소방간부, 19 경찰승진, 19 국가9급, 19 소방간부, 18 변호사, 17 국가9급, 17 소방간부, 16 변호사
15. <u>위헌제청신청 기각결정</u>(대법원 1986. 7.18. 85모49)
▶
16. 국민참여재판에 있어 통상절차 회부결정(국민참여재판법 제6조, 제11조)
17. 국민참여재판에 있어 배심원 선정·불선정 등에 관한 결정(국민참여재판법 제29조 등)
18. 국민참여재판에 있어 배심원 해임결정(국민참여재판법 제32조, 제33조)
19. 배상명령신청 각하 또는 일부인용의 재판 – 신청인이 불복(소송촉진법 제32조)
▶
20. 기타 법원의 관할 또는 판결전의 소송절차에 관한 결정(제403조 제1항)

01 항고기각결정에 위법하지 않는 경우

검사가 제1심 결정에 대해 항고하면서 항고이유서를 첨부하였는데 항고심인 원심법원이 검사에게 소송기록접수통지서를 송달한 다음날 항고를 기각한 경우 검사가 **항고장에 상세한 항고이유서를 첨부하여 제출함으로써 의견진술을 하였으므로** 형사소송법 제412조에 따라 별도로 의견을 진술하지 아니한 상태에서 원심이 항고를 기각하였더라도 그 결정에 위법이 없다.(대법원 2012. 4.20. 2012모459 상세한 항고이유서 사건) 검사가 이미 상세하게 의견진술을 하였다. ▶ 20 국가7급

형사소송법(2025. 3.18. 법률 제20796호로 일부개정된 것)

제415조【재항고】 항고법원 또는 고등법원의 결정에 대하여는 재판에 영향을 미친 헌법·법률·명령 또는 규칙의 위반이 있음을 이유로 하는 때에 한하여 대법원에 <u>즉시항고를 할 수 있다</u>.

민사소송법(2024. 1.16. 법률 제20003호로 일부개정된 것)

제442조【재항고】 항고법원·고등법원 또는 항소법원의 결정 및 명령에 대하여는 재판에 영향을 미친 헌법·법률·명령 또는 규칙의 위반을 이유로 드는 때에만 <u>재항고할 수 있다</u>.

---

5 여기에는 접견교통권 제한결정, 구속기간 갱신결정, 구속집행정지결정 등이 들어간다.

> **선생님의 TIP**
>
> 형사소송법 제415조에서 '항소법원'이 누락된 것과 '즉시항고를 할 수 있다'라는 규정은 입법의 오류라고 보아야 한다. 민사소송법 제442조와 같이 항소법원도 포함되어야 하고, '즉시항고를 할 수 있다'는 '재항고할 수 있다'로 바꿔야 한다. 이와 관련하여 [2], [4] 판례를 유심히 읽어보기 바란다.

02 '항소법원'의 결정에 대한 항고가 재항고인지의 여부(적극)

형사소송법 제415조에서는 "항고법원 또는 고등법원의 결정에 대하여는 재판에 영향을 미친 헌법·법률·명령 또는 규칙의 위반이 있음을 이유로 하는 때에 한하여 대법원에 즉시항고를 할 수 있다."고 규정하고 있는바, **항소법원의 결정에 대하여도 대법원에 재항고하는 방법으로 다투어야만 한다.**(대법원 2008. 4. 14. 2007모726 미결구금일수 착오산입 사건)

03 항고의 재판의 집행정지

즉시항고는 법률관계나 재판절차의 조속한 안정을 위해 일정한 기간 내에서만 제기할 수 있는 항고로서 즉시항고의 제기기간 내와 그 제기가 있는 때에 재판의 집행을 정지하는 효력이 있다(형사소송법 제410조). 그러나 보통항고의 경우에도 법원의 결정으로 집행정지가 가능한 점(형사소송법 제409조)을 고려하면, **집행정지의 효력이 즉시항고의 본질적인 속성에서 비롯된 것이라고 볼 수는 없다.**(대법원 2020. 10. 29. 2020모633 고등법원 보석취소결정 사건) [4] 판례 참고

04 고등법원의 보석취소결정에 대하여 집행정지의 효력을 인정할 수 있는지의 여부(소극) ▶ 21 국가7급

형사소송법 제415조는 "고등법원의 결정에 대하여는 재판에 영향을 미친 헌법·법률·명령 또는 규칙의 위반이 있음을 이유로 하는 때에 한하여 대법원에 즉시항고를 할 수 있다."라고 규정하고 있다. 이는 재항고이유를 제한함과 동시에 <u>재항고 제기기간을 즉시항고 제기기간 내로 정함으로써 재항고심의 심리부담을 경감하고 항소심 재판절차의 조속한 안정을 위한 것으로</u>, 형사소송법 제415조가 고등법원의 결정에 대한 재항고를 즉시항고로 규정하고 있다고 하여 당연히 즉시항고가 가지는 집행정지의 효력이 인정된다고 볼 수는 없다. 만약 고등법원의 결정에 대하여 일률적으로 집행정지의 효력을 인정하면 보석허가, 구속집행정지 등 제1심 법원이 결정하였다면 신속한 집행이 이루어질 사안에서 고등법원이 결정하였다는 이유만으로 피고인을 신속히 석방하지 못하게 되는 등 부당한 결과가 발생하게 되고, 나아가 항소심 재판절차의 조속한 안정을 보장하고자 한 형사소송법 제415조의 입법목적을 달성할 수 없게 된다.(대법원 2020. 10. 29. 2020모633 고등법원 보석취소결정 사건) 고등법원이 보석으로 석방된 피고인에 대하여 보석취소결정을 하였고, 이에 대하여 피고인이 대법원에 재항고를 한 사건이다. 만약 이 재항고에 집행정지의 효력이 있다면 집행기관은 피고인을 재수감할 수 없으나, 위에서 보았듯이 판례는 이 재항고에는 집행정지의 효력이 없다고 판시하였다. 조심할 것은 "재항고에는 집행정지의 효력이 없다."라고 단정해서는 안 된다는 점이다. 고등법원의 결정의 내용에 따라 집행정지의 효력이 있을 수도 있고, 없을 수도 있다. 예를 들어 고등법원이 피고인에 대하여

구속취소결정을 하였고 이에 대하여 검사가 재항고를 제기하면 집행정지의 효력이 있다고 보아야 한다(형사소송법 제97조 제4항).

05 대법원의 결정에 대해서 재항고를 할 수 있는지의 여부(소극)

대법원이 한 결정에 대하여는 이유 여하를 불문하고 **불복항고할 수 없다**.(대법원 1987. 1. 30. 87모4 대법원결정 재항고 사건)

▶ 22 소방간부

06 재항고 절차(=상고심의 절차 준용)

재항고의 절차에 관하여는 형사소송법에 아무런 규정을 두고 있지 않으므로 그 성질상 **상고에 관한 규정을 준용**하여야 한다.(대법원 2019. 3. 21. 2015모2229 숲숨 여순반란 희생자 재심사건)

Ⅱ 준항고

형사소송법(2025. 3.18. 법률 제20796호로 일부개정된 것)

제416조【준항고】 ① 재판장 또는 수명법관이 다음 각 호의 1에 해당한 재판을 고지한 경우에 불복이 있으면 그 법관 소속의 법원에 재판의 취소 또는 변경을 청구할 수 있다.
1. 기피신청을 기각한 재판
2. 구금, 보석, 압수 또는 압수물환부에 관한 재판
3. 감정하기 위하여 피고인의 유치를 명한 재판
4. 증인, 감정인, 통역인 또는 번역인에 대하여 과태료 또는 비용의 배상을 명한 재판

② 지방법원이 전항의 청구를 받은 때에는 합의부에서 결정을 하여야 한다.
③ 제1항의 청구는 재판의 고지있는 날로부터 7일 이내에 하여야 한다.
④ 제1항 제4호의 재판은 전항의 청구기간 내와 청구가 있는 때에는 그 재판의 집행은 정지된다.

제417조【동전】 검사 또는 사법경찰관의 구금, 압수 또는 압수물의 환부에 관한 처분과 제243조의2에 따른 변호인의 참여 등에 관한 처분에 대하여 불복이 있으면 그 직무집행지의 관할법원 또는 검사의 소속검찰청에 대응한 법원에 그 처분의 취소 또는 변경을 청구할 수 있다.

제418조【준항고의 방식】 전2조의 청구는 서면으로 관할법원에 제출하여야 한다.

제419조【준용규정】 제409조, 제413조, 제414조, 제415조의 규정은 제416조, 제417조의 청구있는 경우에 준용한다.

선생님의 TIP

준항고는 항고에 준하는 것이지만 상소는 아니다. 아래 판례들은 제416조가 아니라 제417조의 준항고에 관한 것으로, 제417조의 준항고가 시험에 주로 출제되는데 그렇게 어려운 것은 없다.

01 압수처분에 대한 준항고의 방식

피압수자는 준항고인의 지위에서 불복의 대상이 되는 압수 등에 관한 처분을 특정하고 준항고취지를 명확히 하여 청구의 내용을 서면으로 기재한 다음 관할법원에 제출하여야 한다. 다만 준항고인이 불복의 대상이 되는 압수 등에 관한 처분을 구체적으로 특정하기 어려운 사정이 있는 경우에는 법원은 석명권 행사 등을 통해 준항고인에게 불복하는 압수 등에 관한 처분을 특정할 수 있는 기회를 부여하여야 한다.(대법원 2023. 1.12. 2022모1566 손준성 검사 사건) [2] 판례 참고

02 준항고인이 참여의 기회를 보장받지 못하였다는 이유로 압수·수색 처분에 불복하였으나 그 불복의 대상을 구체적으로 특정하기 어려운 사정이 있는 경우 법원이 취해야 할 조치

형사소송법 제417조에 따른 준항고 절차는 항고소송의 일종으로 당사자주의에 의한 소송절차와는 달리 대립되는 양 당사자의 관여를 필요로 하지 않는다. 따라서 준항고인이 불복의 대상이 되는 압수 등에 관한 처분을 한 수사기관을 제대로 특정하지 못하거나 준항고인이 특정한 수사기관이 해당 처분을 한 사실을 인정하기 어렵다는 이유만으로 준항고를 쉽사리 배척할 것은 아니다.(대법원 2023. 1.12. 2022모1566 손준성 검사 사건)

03 준항고의 이익

1. (1) 수사기관의 압수물에 관한 처분의 취소를 구하는 준항고는 항고소송의 일종이므로 통상의 항고소송과 마찬가지로 그 이익이 있어야 하고, 준항고 절차의 계속 중 이로써 달성하려는 목적이 이미 이루어졌거나 시일의 경과 또는 그 밖의 사정으로 인하여 그 이익이 상실된 경우에는 준항고의 이익이 없어 부적법하다. (2) 담당검사 등은 영장의 집행이 종료된 직후에 압수물의 대부분을 압수목록교부서에 기재하지 아니하였고, 이로 인하여 준항고인이 압수처분에 근거한 압수물의 품목·종류·수량 등을 정확히 알 수 없는 상태에 이르렀으며, 압수목록교부서에 기재된 압수물의 상당 부분도 적법한 절차를 거쳐 준항고인에게 환부되지 않은 이상, 재항고인이 압수처분에 근거한 압수물을 전혀 보관하고 있지 않더라도 담당검사 등의 압수처분으로 인하여 준항고인의 재산권에 대한 부당한 침해가 계속되고 있을 뿐만 아니라 준항고인·재항고인 사이에 압수처분으로 인한 압수물과 반환되지 않은 압수물의 범위에 대한 다툼이 해소되지 않았으므로 준항고인은 압수처분의 취소를 구할 법률상 이익이 있다.(대법원 2022. 7. 14. 2019모2584 엉망진창 압수·수색 사건)

2. (1) 수사기관의 압수물의 환부에 관한 처분의 취소를 구하는 준항고는 일종의 항고소송이므로 통상의 항고소송에서와 마찬가지로 그 이익이 있어야 하고, 소송 계속 중 준항고로써 달성하고자 하는 목적이 이미 이루어졌거나 시일의 경과 또는 그 밖의 사정으로 인하여 그 이익이 상실된 경우에는 준항고는 그 이익이 없어 부적법하게 된다. (2) 검사가 영장에 기재된 기간 내에 서버데크를 준항고인들에게 환부하지 아니하였다고 하더라도 검사가 원심 소송 계속 중 이를 준항고인들에게 환부한 이상 준항고를 통하여 달성하고자 하는 목적은 이미 이루어졌으므로 준항고는 그 이익이 없어 부적법하다.(대법원 2015. 10. 15. 2013모1970 통합진보당 압수서버 반환거부사건)

▶ 22 경간부, 21 경찰채용, 21 국가7급, 19 경찰승진, 18 경찰채용, 17 국가7급, 17 국가9급, 16 국가7급

04 공소제기 이후에 형사소송법 제417조의 준항고를 제기할 수 있는지의 여부(소극)

1. 형사소송법 제417조의 규정은 검사 또는 사법경찰관이 '수사단계에서' 압수물의 환부에 관하여 처분을 할 권한을 가지고 있을 경우에 그 처분에 불복이 있으면 준항고를 허용하는 취지라고 보는 것이 상당하므로 형사소송법 제332조의 규정에 의하여 압수가 해제된 것으로 되었음에도 불구하고 검사가 그 해제된 압수물의 인도를 거부하는 조치에 대해서는 형사소송법 제417조가 규정하는 준항고로 불복할 대상이 될 수 없다.(대법원 1984. 2. 6. 84모3 압수해제물 인도거부 사건)

▶ 22 경간부, 20 국가9급

2. 수사기관의 압수물의 환부에 관한 형사소송법 제417조의 준항고는 검사 또는 사법경찰관이 '수사단계에서' 압수물의 환부에 관하여 처분을 할 권한을 가지고 있을 경우에 그 처분에 관하여 제기할 수 있는 불복절차이다. 공소제기 이전의 수사단계에서는 압수물 환부·가환부에 관한 처분권한이 수사기관에 있으나 공소제기 이후의 단계에서는 위 권한이 수소법원에 있으므로 검사의 압수물에 대한 처분에 관하여 형사소송법 제417조의 준항고로 다툴 수 없다. 또한 형사소송법 제332조에 따라 압수물에 대한 몰수의 선고가 포함되지 않은 판결이 확정된 때에는 압수가 해제된 것으로 간주되므로 이 경우 검사에게는 압수

물 환부에 대한 처분을 할 권한이 없다.(대법원 2024. 3. 12. 2022모2352 압수해제물 환부·가환부신청 사건)

05 형사소송법 제417조 준항고의 제기기간

형사소송법 제417조의 준항고에 관하여 같은 법 제419조는 같은 법 제409조의 보통항고의 효력에 관한 규정을 준용하고 있으므로 형사소송법 제417조의 준항고는 항고의 실익이 있는 한 제기기간에 아무런 제한이 없다.(대법원 2024. 3. 12. 2022모2352 압수해제물 환부·가환부신청 사건)

06 준항고의 대상이 되는 경우

1. 검사 또는 사법경찰관이 구금된 피의자를 신문할 때 피의자 또는 변호인으로부터 **보호장비를 해제해 달라는 요구를 받고도 거부한 조치**는 형사소송법 제417조 제1항에서 정한 '구금에 관한 처분'에 해당한다.(대법원 2020. 3. 17. 2015모2357 수갑해제 요청 묵살 사건) ▶ 21 변호사
2. 변호인에게 퇴실을 명한 행위는 **변호인의 피의자신문참여권**을 침해한 처분에 해당하므로 이를 이유로 준항고를 받아들여 사법경찰관의 처분을 취소한 원심의 조치는 옳다.(대법원 2008. 9. 12. 2008모793 변호인 퇴실명령 사건)
3. 지방법원판사의 압수영장에 의하여 수사기관의 압수처분이 이루어진 경우에 그 처분에 대하여 형사소송법 제417조에서 정한 준항고의 방법으로 불복할 수는 있다.(대법원 1997. 9. 29. 97모66 압수영장발부에 대한 준항고 사건) ▶ 18 경찰채용, 16 변호사

07 준항고의 대상이 되지 않는 경우

1. 검사의 체포영장 또는 구속영장 청구에 대한 지방법원판사의 재판은 제416조 제1항의 규정에 의하여 준항고의 대상이 되는 '재판장 또는 수명법관의 구금 등에 관한 재판'에 해당하지 아니한다.(대법원 2006. 12. 18. 2006모646 론스타 대표 사건) ▶ 23 법원9급, 22 국가7급, 22 소방간부, 21 변호사, 21 경간부, 21 경찰채용, 21 국가7급, 21 국가9급, 20 법원9급, 20 소방간부, 19 경찰승진, 19 경찰채용, 19 법원9급, 18 경찰채용, 18 소방간부, 17 경간부, 17 국가9급, 17 소방간부, 15 경간부, 15 경찰채용
2. 구속기간의 연장을 허가하지 아니하는 지방법원판사의 결정은 준항고의 대상이 되지 않는다.(대법원 1997. 6. 16. 97모1 구속기간연장기각 재항고 사건) ▶ 23 경찰채용, 18 경찰승진, 17 경찰승진
3. 지방법원판사가 한 압수영장발부의 재판에 대하여는 준항고로 불복할 수 없다.(대법원 1997. 9. 29. 97모66 압수영장발부에 대한 준항고 사건) ▶ 25 변호사, 18 경찰채용, 16 변호사
4. 검사가 압수·수색영장의 청구 등 강제처분을 위한 조치를 취하지 아니한 것 그 자체를 형사소송법 제417조 소정의 '압수에 관한 처분'으로 보아 이에 대해 준항고로써 불복할 수는 없다.(대법원 2007. 5. 25. 2007모82 영장불청구 사건) ▶ 24 국가7급, 22 경간부, 21 경찰채용, 19 국가7급

08 준항고에 관한 결정에 대한 불복방법(=재항고)

형사소송법 제416조, 제417조의 준항고에 관한 결정에 대하여는 재판에 영향을 미친 헌법, 법률, 명령, 규칙의 위반이 있음을 이유로 하는 때에 한하여 대법원에 즉시항고할 수 있는 바 이는 제419조, 제415조에 의한 재항고에 해당한다.(대법원 1983. 5.12. 83모12 준항고기각결정에 대한 재항고 사건) '준항고의 제기 → 준항고에 관한 결정 → 재항고의 제기 → 재항고에 관한 결정' 이런 식으로 진행된다.

> 21 국가7급

CHAPTER 02 | 비상구제절차

제1절 | 재심

I 재심의 대상과 사유

1. 재심의 대상

> **형사소송법(2025. 3.18. 법률 제20796호로 일부개정된 것)**
>
> 제420조 【재심이유】 재심은 다음 각호의 1에 해당하는 이유가 있는 경우에 <u>유죄의 확정판결에 대하여</u> 그 선고를 받은 자의 이익을 위하여 청구할 수 있다.
> 1.~7. 〈생략〉
> 제421조 【동전】 ① <u>항소 또는 상고의 기각판결에 대하여는</u> 전조 제1호, 제2호, 제7호의 사유있는 경우에 한하여 그 선고를 받은 자의 이익을 위하여 재심을 청구할 수 있다.
> ② 제1심확정판결에 대한 재심청구사건의 판결이 있은 후에는 항소기각 판결에 대하여 다시 재심을 청구하지 못한다.
> ③ 제1심 또는 제2심의 확정판결에 대한 재심청구사건의 판결이 있은 후에는 상고기각판결에 대하여 다시 재심을 청구하지 못한다.

확정재판에 대한 구제수단에는 앞에서 배웠던 상소권회복청구 그리고 지금 배우는 재심과 비상상고가 있다. 이 중에서 재심이 판례가 가장 많고 또한 가장 어렵고 그만큼 시험에 출제가 잘 되고 있다. 먼저 재심의 대상에 대한 이해가 필요하다. 재심의 대상은 '유죄의 확정판결 그리고 그에 대한 항소 또는 상고의 기각판결'이다. 아래 핵심정리를 통해 이해하도록 한다.

| 핵심정리 | 재심의 대상[1] |

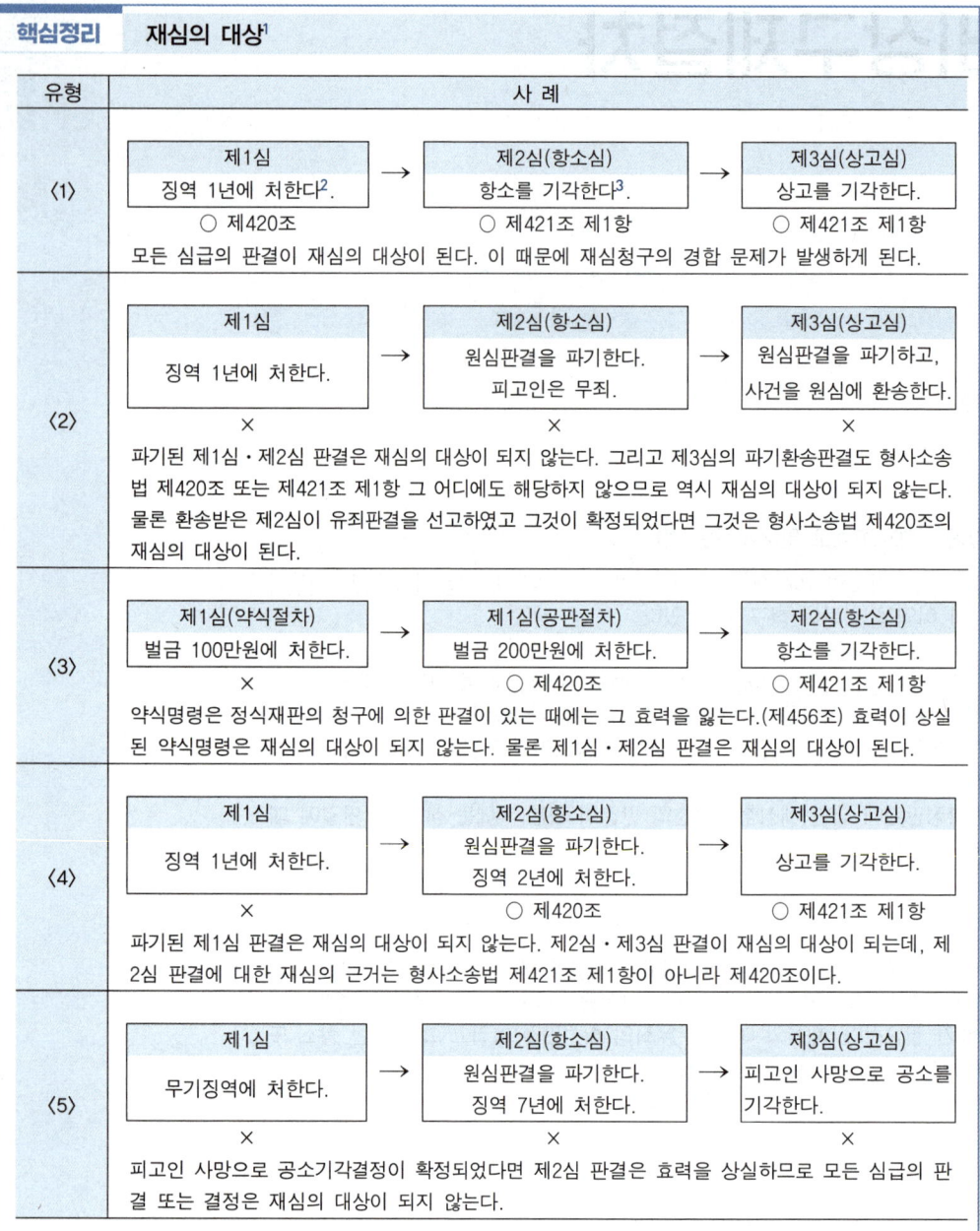

---

[1] 〈5〉 제3심의 경우를 제외하고 모두 재판의 형식은 '판결'이라고 가정한다.
[2] 선고유예와 형면제판결을 포함하여 모든 유죄판결이 재심의 대상이 된다. 또한 항소하지 않아 제1심 판결이 그대로 확정된 경우 당연히 이것도 재심의 대상이 된다. 이하 이 설명은 생략한다.
[3] 상고하지 않아 제2심 판결이 그대로 확정된 경우 당연히 이것도 재심의 대상이 된다. 역시 이하 이 설명은 생략한다.

01 재심의 의의

1. 형사재판에서 재심은 유죄의 확정판결에 중대한 하자가 있는 경우 피고인의 이익을 위하여 잘못을 바로잡고자 마련한 비상구제절차이다.(대법원 2024.12.18. 2021모2650 강간범 혀 절단 소녀 재심청구사건)
2. 재심은 해당 심급에서 또는 상소를 거쳐 확정된 사실관계를 재심사하는 예외적인 비상구제절차로서, 확정된 종국판결에 중대한 하자가 있는 경우 그 판결의 확정력으로 유지되는 법적 안정성을 후퇴시키고 구체적 정의를 실현하기 위하여 마련된 것이다.(대법원 2019. 6.20. 2018도20698 숲속 재심판결의 확정력 사건)

02 재심의 대상이 되는 경우

1. 판결이 위헌·위법 사유로 당연무효라고 하더라도 그것이 성립한 이상 형식적 확정력은 인정되고, 오히려 그러한 중대한 위헌·위법 상태를 바로 잡기 위하여 **재심의 대상이 될 수 있다.**(대법원 2019. 3.21. 2015모2229 숲속 여순반란 희생자 재심사건)
2. 판결서가 작성되지 않았거나 작성된 다음 멸실되어 존재하지 않더라도 판결이 선고되었다면 판결은 성립하여 존재한다고 보아야 하고, 그것이 유죄 확정판결이라면 **재심의 대상이 될 수 있다.**(대법원 2019. 3.21. 2015모2229 숲속 여순반란 희생자 재심사건)
3. 유죄판결 확정 후에 형선고의 효력을 상실케 하는 특별사면이 있었다고 하더라도 형선고의 법률적 효과만 장래를 향하여 소멸될 뿐이고 확정된 유죄판결에서 이루어진 사실인정과 그에 따른 유죄 판단까지 없어지는 것은 아니므로 유죄판결은 형선고의 효력만 상실된 채로 여전히 존재하는 것으로 보아야 하고 따라서 **특별사면으로 형선고의 효력이 상실된 유죄의 확정판결도** 형사소송법 제420조의 '유죄의 확정판결'에 해당하여 **재심청구의 대상이 될 수 있다.**(대법원 2015. 5.21. 2011도1932 숲속 윤필용 연루 사건)

> 25 국가9급, 21 경간부,
> 20 국가7급, 20 소방간부,
> 19 법원9급, 18 변호사,
> 18 법원9급, 17 경찰채용,
> 16 경찰채용

03 재심의 대상이 되지 않는 경우 l

1. **면소판결은 유죄의 확정판결이라 할 수 없으므로 면소판결을 대상으로 한 재심청구는 부적법하다.**(대법원 2021. 4. 2. 2020모2071 긴급조치 해제 면소판결 사건)
2. **무죄의 선고를 받은 자가 유죄의 선고를 받기 위한 재심은 허용되지 아니한다.**(대법원 1983. 3.24. 83모5 불이익 재심청구 사건)
3. 상고심에 계속중인 **미확정판결에 대한 재심청구는 법률상의 방식에 위배된 부적법한 것이다.** 상고심에 계속중인 미확정의 재심대상 판결이 재심법원에 의한 재심청구기각 결정 후에 상고취하로 확정되었다 하여도 재심청구가 적법하게 치유되는 것은 아니다. (대법원 1983. 6. 8. 83모28 미확정판결 재심청구 사건)
4. 형사소송법상 재심청구는 유죄의 확정판결에 대하여서만 할 수 있고 **결정에 대하여는 재심청구가 허용되지 않는다.**(대법원 1991.10.29. 91재도2 재항고기각 재심청구 사건)
5. **환송판결은 유죄의 확정판결이라 할 수 없으므로 환송판결을 대상으로 한 재심청구는 부적법하다.**(대법원 2006. 6.27. 2005재도18 환송판결 재심청구 사건) 유형 〈2〉

> 25 법원9급, 24 소방간부,
> 23 국가7급, 21 법원9급,
> 20 변호사, 19 경찰승진,
> 19 국가9급, 18 경찰채용

> 17 경간부

04 재심의 대상이 되지 않는 경우 II

1. 약식명령에 대한 정식재판절차에서 유죄판결이 선고·확정된 경우 **'효력이 상실된 약식명령'**은 재심의 대상이 될 수 없다.(대법원 2013. 4. 11. 2011도10626 실효된 약식명령 재심사건) 유형 〈3〉

   ▶ 23 국가9급, 21 경간부, 19 경간부, 19 경찰채용, 18 변호사, 18 경찰승진, 16 법원9급, 16 국가9급

2. 항소심에서 파기되어버린 제1심판결에 대해서는 재심을 청구할 수 없다.(대법원 2004. 2. 13. 2003모464 실효된 제1심판결 재심사건) 유형 〈4〉

   ▶ 24 국가7급, 23 소방간부, 21 경간부, 18 변호사, 18 경찰승진, 17 법원9급, 16 경간부

3. 상고심 계속 중 피고인이 사망하여 공소기각결정이 확정된 경우 **'효력이 상실된 항소심의 유죄판결'**은 재심의 대상이 될 수 없다.(대법원 2013. 6. 27. 2011도7931 실효된 항소심판결 재심사건) 유형 〈5〉

   ▶ 19 경간부, 18 법원9급, 17 경찰채용, 17 국가9급

05 형사소송법 제421조 제1항 소정의 '항소 또는 상고의 기각판결'의 의미(=항소기각 또는 상고기각 판결 자체)

형사소송법 제421조 제1항에서 '항소 또는 상고의 기각판결'이라 함은 상소기각 판결에 의하여 확정된 1심 또는 항소판결을 의미하는 것이 아니고 **항소기각 또는 상고기각 판결 자체를 의미한다.**(대법원 1984. 7. 27. 84모48 항소심 파기자판 간과사건)

2. 재심사유

형사소송법(2025. 3.18. 법률 제20796호로 일부개정된 것)

제420조【재심이유】재심은 다음 각호의 1에 해당하는 이유가 있는 경우에 유죄의 확정판결에 대하여 그 선고를 받은 자의 이익을 위하여 청구할 수 있다.
  1. 원판결의 증거된 서류 또는 증거물이 확정판결에 의하여 위조 또는 변조인 것이 증명된 때
  2. 원판결의 증거된 증언, 감정, 통역 또는 번역이 확정판결에 의하여 허위인 것이 증명된 때
  3. 무고로 인하여 유죄의 선고를 받은 경우에 그 무고의 죄가 확정판결에 의하여 증명된 때
  4. 원판결의 증거된 재판이 확정재판에 의하여 변경된 때
  5. <u>유죄의 선고를 받은 자에 대하여 무죄 또는 면소를, 형의 선고를 받은 자에 대하여 형의 면제 또는 원판결이 인정한 죄보다 경한 죄를 인정할 명백한 증거가 새로 발견된 때</u> 〈신규형〉
  6. 저작권, 특허권, 실용신안권, 의장권 또는 상표권을 침해한 죄로 유죄의 선고를 받은 사건에 관하여 그 권리에 대한 무효의 심결 또는 무효의 판결이 확정된 때
  7. 원판결, 전심판결 또는 그 판결의 기초된 조사에 관여한 법관, 공소의 제기 또는 그 공소의 기초된 수사에 관여한 검사나 사법경찰관이 그 직무에 관한 죄를 범한 것이 확정판결에 의하여 증명된 때. 단, 원판결의 선고 전에 법관, 검사 또는 사법경찰관에 대하여 공소의 제기가 있는 경우에는 원판결의 법원이 그 사유를 알지 못한 때에 한한다.

제421조【동전】① 항소 또는 상고의 기각판결에 대하여는 전조 제1호, 제2호, 제7호의 사유있는 경우에 한하여 그 선고를 받은 자의 이익을 위하여 재심을 청구할 수 있다.

제422조【확정판결에 대신하는 증명】전2조의 규정에 의하여 확정판결로써 범죄가 증명됨을 재심청구의 이유로 할 경우에 그 확정판결을 얻을 수 없는 때에는 그 사실을 증명하여 재심의 청구를 할 수 있다. 단, 증거가 없다는 이유로 확정판결을 얻을 수 없는 때에는 예외로 한다.

선생님의 TIP

재심에 있어 재심사유가 핵심이라고 할 수 있다. 형사소송법상 재심사유는 7개가 있는데(다만, 항소 또는 상고의 기각판결에 대한 재심사유는 3개로 제한된다), 제420조 제1호부터 제4호, 제6호, 제7호가 이른바 오류형(誤謬型) 재심사유이고, 제420조 제5호가 이른바 신규형(新規型) 재심사유이다. 헌법재판소법과 소송촉진법에도 재심사유가 있는데, 이하 차례대로 설명을 하겠다.

(1) 오류형 재심사유

06 형사소송법 제420조 제2호 재심사유 관련 판례

1. 형사소송법 제420조 제2호에서 '원판결의 증거된 증언, 감정, 통역 또는 번역이 확정판결에 의하여 허위인 것이 증명된 때'라 함은 그 증인, 감정인, 통역인 또는 번역인이 위증 또는 허위의 감정, 통역 또는 번역을 하여 **그 죄에 의하여 처벌되어 그 판결이 확정된 경우를 말한다.**(대법원 2005. 4.14. 2003도1080 증인 무고 발각사건) 반드시 위증죄 등에 대한 판결이 확정되어야 한다. [7] 판례 참고

2. 형사소송법 제420조 제2호 소정의 '원판결의 증거된 증언'이라 함은 원판결의 증거로 채택되어 범죄사실을 인정하는 데 사용된 증언을 뜻하는 것이고 단순히 증거조사의 대상이 되었을 뿐 범죄사실을 인정하는 증거로 사용되지 않은 증언은 위 '증거된 증언'에 포함되지 않는다.(대법원 2005. 4.14. 2003도1080 증인 무고 발각사건) ▶ 24 경찰승진

3. '원판결의 증거된 증언'이 나중에 확정판결에 의하여 허위인 것이 증명된 이상 그 허위증언 부분을 제외하고서도 다른 증거에 의하여 그 '죄로 되는 사실'이 유죄로 인정될 것인지 여부에 관계없이 형사소송법 제420조 제2호 소정의 재심사유가 있다고 보아야 한다.(대법원 2012. 4. 13. 2011도8529 증인 벌금 100만원 확정사건) 재심사유가 있으면 법원은 무조건 재심개시의 결정을 하여야 하고, 다른 유죄의 증거가 충분하다는 이유로 재심청구를 기각해서는 아니 된다.

▶ 20 국가9급

07 형사소송법 제420조 제2호 재심사유에 해당하지 않는 경우

원판결의 증거된 증언을 한 자가 그 재판 과정에서 자신의 증언과 반대되는 취지의 증언을 한 다른 증인을 위증죄로 고소하였다가 그 고소가 허위임이 밝혀져 무고죄로 유죄의 확정판결을 받은 경우는 형사소송법 제420조 제2호의 재심사유에 포함되지 아니한다.(대법원 2005. 4. 14. 2003도1080 증인 무고 발각사건) A와 B가 甲에 대한 공판과정에서 각각 증언을 하였다. A가 B를 위증죄로 고소하였지만 'B는 위증을 하지 않았다'라는 사실이 밝혀져 A가 무고죄로 유죄판결을 받고 이것이 확정된 사건이다. 무고죄는 형사소송법 제420조 제2호에 규정된 범죄가 아니다. 제420조 제3호는 피고인이 무고를 당한 경우를 말하는데, 지금은 증인이 무고를 당한 것이므로 이 재심사유에도 해당하지 않는다.

▶ 21 국가7급, 17 경찰승진

08 형사소송법 제420조 제4호 재심사유 관련 판례

형사소송법 제420조 제4호에서 정한 '원판결의 증거된 재판'이라 함은 원판결의 이유 중에서 증거로 채택되어 죄로 되는 사실을 인정하는 데 인용된 다른 재판을 뜻한다.(대법원 2019. 4. 11. 2018도17909 증거된 재판 변경사건)

▶ 21 변호사

09 형사소송법 제420조 제7호의 취지

형사소송법 제420조 제7호는 직무범죄가 확정됨으로써 원판결 등에 사실오인의 잘못이 있다는 점이 현저하게 추측된다는 이유에서 이를 재심사유로 하여 제1심 혹은 상소심의 공판절차에 따라 다시 심리하여 재판을 하도록 한 것이다.(대법원 2024. 12. 18. 2021모2650 강간범 혀절단 소녀 재심청구사건)

10 형사소송법 제420조 제7호 재심사유 관련 판례

형사소송법 제420조 제7호의 재심사유 해당 여부를 판단함에 있어 사법경찰관 등이 범한 직무에 관한 죄가 사건의 실체관계에 관계된 것인지 여부나 당해 사법경찰관이 직접 피의자에 대한 조사를 담당하였는지 여부는 고려할 사정이 아니다.(대법원 2008. 4. 24. 2008모77 정보과 형사 협박사건Ⅱ) 정보보안과 소속 경찰관 P가 아래와 같이 甲을 협박한 사건으로 이는 「NEW 트렌드 형법 판례」에서 공부한 바 있다. 甲은 사기죄로 유죄의 확정판결을 받았는데, 이후 P가 협박죄로 유죄의 확정판결을 받자 甲이 재심을 청구하였다. P가 범한 협박죄(판례상 '직무에 관한 죄')는 甲이 범한 사기죄(판례상 '사건의 실체관계')와 무관하고 또한 P가 甲을 직접 조사한 바 없더라도(甲은 수사과에서 조사를 받았을 것인데, P는 정보보안과 소속 경찰관이다) 판례는 재심사유가 있다고 판시하였다.

▶ 24 경찰승진, 20 소방간부, 17 경찰채용, 16 경찰채용, 15 경찰채용

참고판례

정보보안과 소속 경찰관이 자신의 지위를 내세우면서 타인의 민사분쟁에 개입하여 "빨리 채무를 변제하지 않으면 상부에 보고하여 문제를 삼겠다"고 말한 경우 객관적으로 상대방이 공포심을 일으키기에 충분한 정도의 해악의 고지에 해당하므로 현실적으로 피해자가 공포심을 일으키지 않았다 하더라도 협박죄의 기수에 이른 것이다.(대법원 2007. 9.28. 2007도606 全合 정보과 형사 협박사건) 21 경찰승진, 20 국가7급, 17 경찰승진, 17 경찰채용

11 형사소송법 제420조 제7호의 재심사유가 될 수 있는 경우

수사기관이 영장주의를 배제하는 위헌적 법령(유신헌법 당시 긴급조치 제9호 제8항)에 따라 영장 없는 체포·구금을 한 경우에도 불법체포·감금의 직무범죄가 인정되는 경우에 준하는 것으로 보아 형사소송법 제420조 제7호의 재심사유가 있다고 보아야 한다.(대법원 2018. 5. 2. 2015모3243 긴급조치 불법체포·감금 사건) 긴급조치 제9호 제8항에 의하여 재심청구인이 천안경찰서 소속 경찰관들에 의하여 영장없이 10일 동안 불법구금되었던 사건이다. 경찰관들은 물론 형법 제124조로 유죄판결을 받은 바 없지만, 판례는 '불법체포·감금의 직무범죄가 인정되는 경우에 준하는 것으로 보아' 재심사유가 있다라고 판시하였다. 관련하여 긴급조치 제1호와 제4호도 아래와 같이 소개한다.

▶ 22 법원9급, 20 변호사, 19 경찰승진

<이미지 출처 - 네이버 뉴스 라이브러리(https://newslibrary.naver.com)>

[대통령긴급조치 제9호, 1975. 5.13. 제정]

1. 다음 각호의 행위를 금한다.
가. 유언비어를 날조·유포하거나 사실을 왜곡하여 전파하는 행위
나. (중략) 대한민국 헌법을 부정·반대·왜곡 또는 비방하거나 그 개정 또는 폐지를 주장·청원·선동 또는 선전하는 행위
다. (중략) 학생의 집회·시위 또는 정치관여 행위
라. 이 조치를 공연히 비방하는 행위
2.~6. <생략>
7. 이 조치 또는 이에 의한 주무부장관의 조치에 위반한 자는 1년 이상의 유기징역에 처한다.
8. 이 조치 또는 이에 의한 주무부장관의 조치에 위반한 자는 법관의 영장없이 체포·구금·압수 또는 수색할 수 있다.

긴급조치의 주요 내용

[대통령긴급조치 제1호, 1974. 1. 8. 제정]

1. 대한민국헌법을 부정·반대·왜곡 또는 비방하는 일체의 행위를 금한다.
2. 대한민국헌법의 개정 또는 폐지를 주장·발의·제안 또는 청원하는 일체의 행위를 금한다.
3. 유언비어를 날조·유포하는 일체의 행위를 금한다.
4. <생략>
5. 이 조치에 위반한 자와 이 조치를 비방한 자는 법관의 영장 없이 체포·구속·압수·수색하며 15년 이하의 징역에 처한다. 이 경우에는 15년 이하의 자격정지를 병과할 수 있다.
6. 이 조치에 위반한 자와 이 조치를 비방한 자는 비상군법회의에서 심판·처단한다.
7. 이 조치는 1974년 1월 8일 17시부터 시행한다.

긴급조치의 주요 내용

[대통령긴급조치 제4호, 1974. 4. 3. 제정]

1. 전국민주청년학생총연맹과 이에 관련되는 제(諸) 단체(이하 "단체"라 한다)를 조직하거나 또는 이에 가입하거나 단체나 그 구성원의 활동을 찬양·고무 또는 이에 동조하거나 그 구성원과 회합 또는 통신 기타 방법으로 연락하거나 그 구성원의 잠복·회합·연락 그밖의 활동을 위하여 장소·물건·금품 기타의 편의를 제공하거나 기타 방법으로 단체나 구성원의 활동에 직접 또는 간접으로 관여하는 일체의 행위를 금한다.
2.~7. <생략>
8. 제1항 내지 제6항에 위반한 자, 제7항에 의한 문교부장관의 처분에 위반한 자 및 이 조치를 비방한 자는 사형, 무기 또는 5년이상의 유기징역에 처한다. <이하 생략>
9. 이 조치에 위반한 자는 법관의 영장없이 체포·구속·압수·수색하며 비상군법회의에서 심판·처단한다.
12. 이 조치는 1974년 4월 3일 22시부터 시행한다.

긴급조치의 주요 내용

12 형사소송법 제422조의 취지

형사소송법 제422조는 "전 2조의 규정에 의하여 확정판결로써 범죄가 증명됨을 재심청구의 이유로 할 경우에 그 확정판결을 얻을 수 없는 때에는 그 사실을 증명하여 재심의 청구를 할 수 있다."라고 규정하고 있다. 여기서 '그 사실을 증명하여'란 확정판결을 얻을 수 없다는 사실과 형사소송법 제420조와 제421조가 재심이유로 규정한 범죄행위 등이 행하여졌다는 사실을 각 증명하여야 한다는 의미이고, 이때의 증명은 '확정판결을 대신하는 증명'이다. '확정판결을 대신하는 증명'이 있는지를 판단할 때는 재심은 확정판결의 중대한 오류를 시정하고 일반적인 형사재판절차에서 형사소송원칙에 따른 권리를 제대로 보장받지 못한 억울한 피고인을 구제하여 인권을 옹호하기 위한 제도라는 점, 확정판결을 얻을 수 없는 이유가 매우 다양한 점 등을 유념하고 구체적인 사건에서 비상구제절차인 재심제도의 목적과 이념, 형사소송법 제420조 제7호의 취지 등을 두루 고려하여 신중하게 판단하여야 한다.(대법원 2024.12.18. 2021모2650 강간범 혀절단 소녀 재심청구사건) [13], [14] 1. 판례 참고

13 재심청구인의 범죄의 피해자로서 하는 진술 그 자체가 형사소송법 제420조 제7호에서 규정한 재심이유인 '직무에 관한 죄'의 존재를 뒷받침하는 핵심적 증거로 제출된 경우 재심청구를 받은 법원이 취하여야 할 조치

재심청구인이 형사소송법 제420조 제7호에서 규정한 범죄의 피해자로서 하는 진술 그 자체가 재심이유인 '직무에 관한 죄'의 존재를 뒷받침하는 핵심적 증거로 제출되었음에

도 그 범죄의 공소시효가 이미 완성하여 확정판결로 증명할 수 없는 경우가 있다. 이때 재심청구인의 범죄 피해에 관한 진술 내용이 논리와 경험칙에 비추어 합리적이고 진술 자체로 모순되거나 객관적으로 확인된 사실이나 사정과 모순되지 않으며 재심청구인이 허위로 진술할 뚜렷한 동기나 이유를 찾을 수 없는 등 그 진술에 충분한 신빙성이 있을 뿐만 아니라 그 진술에 부합하는 직접·간접의 증거들이 상당수 제시된 반면, 그 진술과 모순되거나 진술내용을 탄핵할 수 있는 다른 객관적인 증거가 없어 그 진술만으로 법이 정한 재심사유가 있다고 인정하기에 충분하다는 정도에 이를 경우에는 원칙적으로 재심청구가 이유 있다고 인정하여 재심의 심판을 받을 기회를 보장하여야 한다. 재심의 청구를 받은 법원은 재심청구의 이유가 있는지 판단하는 데에 필요한 경우에는 사실을 조사할 수 있고(형사소송법 제37조 제3항), 이때 공판절차에 적용되는 엄격한 증거조사 방식을 따라야만 하는 것은 아니다. 사실조사가 필요한지 여부의 판단은 법원의 재량이지만, 재심청구인의 진술 그 자체가 재심이유의 존재를 뒷받침하는 핵심적 증거로서 신빙성이 있고 그 진술의 내용 자체나 전체적인 취지에 부합하는 직접·간접의 증거들이 상당수 제시된 경우에는 그 신빙성을 깨뜨릴 충분하고도 납득할 만한 반대되는 증거나 사정이 존재하는지에 관한 별다른 사실조사도 없이 만연히 '재심청구인의 진술' 외에 다른 객관적 증거가 없다는 이유로 재심청구를 기각하는 것은 타당하지 않다.(대법원 2024.12.18. 2021모2650 강간범 혀절단 소녀 재심청구사건) 18세였던 甲이 乙로부터 강간미수의 범행을 당하는 과정에서 자신을 방어하기 위하여 乙에게 가한 행위(혀 1.5cm 절단)를 이유로 중상해죄로 처벌받았는바, 그로부터 약 60년이 경과한 시점에서 甲이 재심을 청구한 사건이다. 판례는 "甲의 일관된 진술 내용은 논리와 경험에 비추어 합리적이고, 진술 자체로 모순되거나 객관적으로 확인된 사실이나 사정과 특별히 모순되지 않으며, 甲으로서 허위로 진술할 뚜렷한 동기나 이유도 찾을 수 없으므로 불법구금 등에 관한 甲의 피해 진술은 충분히 신빙성이 있다고 볼 여지가 크다. 재심대상 판결문, 당시의 신문기사, 재소자인명부, 형사사건부, 집행원부 등의 기재에 의하면 甲은 검찰에서 약 50여일 이상 구속되어 있으면서 4회 이상의 피의자신문 등 수사를 받다가 기소된 사실, 반면 乙은 강간미수로 기소되지 않은 사실을 인정할 수 있다. 이러한 증거들은 甲 진술의 전체적 취지에 부합한다."라고 판시하며 재심사유가 있다는 취지로 판단하였다. [14] 1. 판례 참고

14 형사소송법 제422조의 재심사유 관련 판례

1. 재항고인은 검찰에 처음 소환된 1964. 7. 초순경부터 구속영장이 발부되어 집행된 것으로 보이는 1964. 9. 1.까지의 기간 동안 불법으로 체포·감금된 상태에서 조사를 받았다고 볼 여지가 충분하다. 이와 같은 검사의 행위는 인신구속에 관한 직무를 행하는 자가 그 직권을 남용하여 사람을 체포 또는 감금하는 행위를 한 것으로서 형법 제124조의 직권남용에 의한 체포·감금죄를 구성한다. 형법 제124조의 직권남용에 의한 체포·감금죄는 법정형이 7년 이하의 징역과 10년 이하의 자격정지로서 그 공소시효는 5년이다[4]. 위 죄에 대하여는 공소시효가 이미 완성되어 유죄판결을 얻을 수 없는 사실상·법률상의 장애가

---

[4] 2025년 현재는 7년이다.

있는 경우로서 형사소송법 제422조의 '확정판결을 얻을 수 없는 때'에 해당한다.(대법원 2024. 12. 18. 2021모2650 강간범 혀절단 소녀 재심청구사건)

2. 형사소송법 제420조 제7호에서 정하는 '직무에 관한 죄'를 저질렀는데도 공소시효가 이미 완성된 경우에는 유죄판결을 받을 수 없는 장애가 있는 경우로서 형사소송법 제422조에서 정한 '그 확정판결을 얻을 수 없는 때'에 해당한다.(대법원 2020. 3. 12. 2017모560 불온전단 살포자 검거 사건) ▶ 21 소방간부

3. 공소의 기초가 된 수사에 관여한 사법경찰관이 불법감금죄 등으로 고소되었으나 검사에 의하여 무혐의 불기소결정이 되어 그 당부에 관한 재정신청이 있자, 재정신청을 받은 고등법원이 29시간 동안의 불법감금 사실은 인정하면서 여러 사정을 참작하여 검사로서는 기소유예의 불기소처분을 할 수 있었다는 이유로 재정신청기각결정을 하여 그대로 확정된 경우 이는 형사소송법 제422조에서 정한 '확정판결로써 범죄가 증명됨을 재심청구의 이유로 할 경우에 그 확정판결을 얻을 수 없는 때로서 그 사실을 증명한 경우'에 해당한다.(대법원 1997. 2. 26. 96모123 29시간 불법감금 사건)

(2) 신규형 재심사유

> **형사소송법(2025. 3.18. 법률 제20796호로 일부개정된 것)**
>
> 제420조【재심이유】재심은 다음 각호의 1에 해당하는 이유가 있는 경우에 유죄의 확정판결에 대하여 그 선고를 받은 자의 이익을 위하여 청구할 수 있다.
> 1.~4. 〈생략〉
> 5. 유죄의 선고를 받은 자에 대하여 무죄 또는 면소를, 형의 선고를 받은 자에 대하여 형의 면제 또는 원판결이 인정한 죄보다 경한 죄를 인정할 명백한 증거가 새로 발견된 때

> **선생님의 TIP**
>
> 재심사유 중에서 가장 중요한 것은 제420조 제5호에 규정된 신규형(新規型) 재심사유이다. 재심청구의 시기에는 아무런 제한이 없으므로 오래된 사건에 대한 판례도 많이 나온다.

15 형사소송법 제420조 제5호 재심사유에 있어 '형의 면제'의 의미(=필요적 면제)

형사소송법 제420조 제5호는 '형의 선고를 받은 자에 대하여 형의 면제를 인정할 명백한 증거가 새로 발견된 때'를 재심사유로 들고 있는바, 여기서 **형의 면제**라 함은 형의 필요적 면제의 경우만을 말하고 임의적 면제는 해당하지 않는다.(대법원 1984. 5. 30. 84모32 자수·자복 주장 사건) 자수 또는 자복한 사실이 새롭게 발견되었더라도 (이는 임의적 감면사유에 불과하므로) 재심사유에 해당하지 않는다는 취지의 판례이다.

▶ 24 경찰승진, 24 국가7급, 19 법원9급, 18 소방간부, 15 경찰채용

16 형사소송법 제420조 제5호 재심사유에 있어 '원판결이 인정한 죄보다 경한 죄'의 의미

1. '원판결이 인정한 죄보다 경한 죄'라 함은 원판결이 인정한 죄와는 별개의 죄로서 그 법정형이 가벼운 죄를 말하는 것이므로, 동일한 죄에 대하여 **공소기각**을 선고받을 수 있는 경우는 여기에서의 경한 죄에 해당하지 않는다.(대법원 1997. 1. 13. 96모51 고소취소를 간과하였다 사건) [17] 1. 판례 참고

▶ 25 국가9급

2. '원판결이 인정한 죄보다 경한 죄를 인정할 경우'라 함은 원판결에서 인정한 죄와는 별개의 경한 죄를 말하고, 원판결에서 인정한 죄 자체에는 변함이 없고 다만 **양형상의 자료에 변동을 가져올 사유**에 불과한 것은 여기에 해당하지 않는다.(대법원 2017. 11. 9. 2017도14769 피해를 모두 변제하였다 사건) [17] 2. 판례 참고

▶ 25 경찰승진, 25 법원9급, 20 변호사

3. '원판결이 인정한 죄보다 경한 죄'라 함은 원판결이 인정한 죄와는 별개의 죄로서 그 법정형이 가벼운 죄를 말하므로 필요적이건 임의적이건 형의 감경사유를 주장하는 것은 포함하지 않는다.(대법원 2007. 7. 12. 2007도3496 모집책에 불과하다 사건) 총책이 아니라 모집책에 불과하여 공동정범이 아니라 방조범이라고 하더라도 (이는 필요적 감경사유에 불과하므로) 재심사유에 해당하지 않는다는 취지의 판례이다.

17 형사소송법 제420조 제5호 재심사유가 될 수 없는 경우

1. 담당공무원이 간통죄에 대한 고소취소장을 접수받아 기록에 첨부하지 아니하는 바람에 피고인이 유죄의 확정판결을 받은 경우 (대법원 1997. 1. 13. 96모51 고소취소를 간과하였다 사건)
2. 피고인이 피해액을 모두 변제하고 피해회복에 관한 자료를 제출한 경우 (대법원 2017. 11. 9. 2017도14769 피해를 모두 변제하였다 사건)

▶ 21 경찰채용

18 형사소송법 제420조 제5호 재심사유에 있어 '증거의 신규성'의 판단기준(=절충설)

형사소송법 제420조 제5호에서 정한 재심사유에서 무죄 등을 인정할 '증거가 새로 발견된 때'라 함은 재심대상이 되는 확정판결의 소송절차에서 발견되지 못하였거나 또는 발견되었다 하더라도 제출할 수 없었던 증거로서 이를 새로 발견하였거나 비로소 제출할 수 있게 된 때를 말한다. 피고인이 재심을 청구한 경우 재심대상이 되는 확정판결의 소송절차 중에 그러한 증거를 제출하지 못한 데에 과실이 있는 경우에는 그 증거는 '증거가 새로 발견된 때'에서 제외된다고 해석함이 상당하다.(대법원 2009. 7. 16. 2005모472 숲슾 무정자증 사건)

> 25 변호사, 25 법원9급,
> 24 변호사, 22 변호사,
> 21 법원9급, 21 국가7급,
> 20 경찰승진, 19 변호사,
> 19 소방간부, 18 경찰승진,
> 17 법원9급, 17 경찰승진,
> 17 경찰채용, 16 국가7급,
> 16 경간부, 15 변호사,
> 15 경찰채용

19 형사소송법 제420조 제5호의 재심사유인 '증거의 명백성'의 의미 및 판단기준(=종합평가설)

1. 제420조 제5호에서 '무죄 등을 인정할 명백한 증거'에 해당하는지 여부를 판단할 때에는 법원으로서는 새로 발견된 증거만을 독립적·고립적으로 고찰하여 그 증거가치만으로 재심의 개시 여부를 판단할 것이 아니라 재심대상이 되는 확정판결을 선고한 법원이 사실인정의 기초로 삼은 증거들 가운데 새로 발견된 증거와 유기적으로 밀접하게 관련되고 모순되는 것들은 함께 고려하여 평가하여야 하고, 그 결과 단순히 재심대상이 되는 유죄의 확정판결에 대하여 그 정당성이 의심되는 수준을 넘어 그 판결을 그대로 유지할 수 없을 정도로 고도의 개연성이 인정되는 경우라면 그 새로운 증거는 형사소송법 제420조 제5호의 '명백한 증거'에 해당한다.(대법원 2009. 7. 16. 2005모472 숲슾 무정자증 사건) 구증거와 신증거를 종합평가하여야 하고, 그 결과 원판결을 유지할 수 없을 정도로 고도의 개연성이 인정되어야 한다.

> 23 국가9급, 19 소방간부,
> 18 경찰승진, 17 경찰채용,
> 16 국가7급, 16 국가9급

▶

2. 형사소송법 제383조 제3호는 '재심청구의 사유가 있는 때'에는 원심판결에 대한 상고이유로 할 수 있도록 규정하고 있고, 제420조 제5호는 '유죄의 선고를 받은 자에 대하여 무죄 또는 면소를, 형의 선고를 받은 자에 대하여 형의 면제 또는 원판결이 인정한 죄보다 경한 죄를 인정할 명백한 증거가 새로 발견된 때'를 재심사유의 하나로 규정하고 있다. 여기서 '명백한 증거가 새로 발견된 때'란 확정된 원판결의 소송절차에서 발견되지 못하였거나 또는 발견되었다고 하더라도 이를 제출할 수 없었던 증거로서 그 증거가치가 확정판결이 그 사실인정의 자료로 한 증거보다 논리와 경험의 법칙상 객관적으로 우위에 있다고 보이는 증거를 의미한다.(대법원 2020. 6. 25. 2020도4685 미약한 증거들 사건) 구증거와 신증거를 종합평가하여야 하고 또한 전자보다 후자의 증명력이 우위에 있어야 '증거의 명백성'이 인정된다. 위 1. 판례와 약간 뉘앙스(nuance)가 다르다.

20 형사소송법 제420조 제5호 재심사유가 될 수 있는 경우

1. '甲이 乙을 뒤에 태우고 오토바이를 운전하다가 교통사고를 일으켜 상해를 입히고 도주하였다'는 공소사실로 甲이 제1, 2심에서 모두 유죄가 선고된 후 甲의 탄원에 의한 재수사 과정에서 乙이 자기가 운전하다가 사고를 일으켰음을 자백하여 군검찰관이 乙을 진범인으

로 지목하여 교통사고처리법위반 등으로 공소를 제기한 경우 甲에 대한 원심판결에는 재심사유가 있다.(대법원 1990.10.26. 90도1753 상주 오토바이 뺑소니사건) 진범이 자백한 경우이다.

▶

2. 조세의 부과처분을 취소하는 행정판결이 확정된 경우 그 부과처분의 효력은 처분시에 소급하여 효력을 잃게 되어 그에 따른 납세의무가 없으므로 확정된 행정판결은 조세포탈에 대한 무죄 내지 원심판결이 인정한 죄보다 경한 죄를 인정할 명백한 증거에 해당한다.(대법원 2019. 9. 26. 2017도11812 특수관계인 의류 원가공급 사건) ▶ 21 경찰채용

3. 조세심판원이 재조사결정을 하고 그에 따라 과세관청이 후속처분으로 당초 부과처분을 취소하였다면 그 부과처분은 처분시에 소급하여 효력을 잃게 되어 원칙적으로 그에 따른 납세의무도 없어지므로 이는 형사소송법 제420조 제5호에 정한 재심사유에 해당한다.(대법원 2015.10.29. 2013도14716 외주공사비 손금불산입 사건) ▶ 20 법원9급

21 다른 공범자에 대한 확정된 무죄판결 자체도 재심사유가 되는지의 여부(소극)

형사소송법 제420조 제5호에서 '명백한 증거가 새로 발견되었을 때'라 함은 신증거의 존재가 본안판결의 전후를 불문하고 판결법원에 현출되지 아니하여 당해 사건의 증거자료로서 증거가치가 다른 증거에 비하여 객관적으로 우위성이 인정될 근거가 있는 것을 말하며, 당해 사건의 증거가 아니고 공범자 중 1인에 대하여 무죄, 다른 1인에 대하여 유죄의 확정판결이 있는 경우에 무죄 확정판결 자체만으로는 '무죄 확정판결의 증거자료를 자기의 증거로 하지 못하였고 또 새로 발견된 것이 아닌 한' 유죄 확정판결에 대한 새로운 증거로서의 재심사유에 해당한다고 할 수 없다.(대법원 1984. 4. 13. 84모14 엇갈린 공범자판결 사건) 공범 중 1인인 피고인 甲은 항소하지 않아 유죄판결이 확정되었고, 다른 공범자인 피고인 乙 등은 항소하였는데 항소심은 "'일정한 자료'로 인정된 사실에 의할 때 불법적인 단체행동권을 행사한 경우에 해당하지 아니한다."라는 이유로 무죄판결을 선고하였다. 이에 甲이 재심을 청구하면서 증거로서 단순히 '乙 등에 대한 무죄판결서'만 제출하였던 사건이다. 이에 대법원은 "무죄판결서만으로는 부족하고, 유력한 무죄의 증거인 '일정한 자료' 왜 지금 제출하는냐? 그것은 새롭게 발견된 것이 아니다."라는 취지로 재심청구를 기각하였다. 즉, 확정판결의 증거('일정한 자료')가 아닌 확정판결 자체는 재심사유에 해당하는 새로운 증거라고 할 수 없다는 취지이다. 수십번을 읽어도 알듯 말듯 한 판례이므로 고딕체 문구를 암기하기 바란다. ▶ 24 경찰승진, 21 경찰채용, 17 경찰채용, 16 국가7급

22 형벌에 관한 법령이 당초부터 헌법에 위배되어 법원에서 위헌·무효라고 선언한 경우도 형사소송법 제420조 제5호의 재심사유에 해당하는지의 여부(적극)

형사소송법 제420조 제5호는 재심사유의 하나로 '유죄의 선고를 받은 자에 대하여 무죄 또는 면소를, 형의 선고를 받은 자에 대하여 형의 면제 또는 원판결이 인정한 죄보다 경한 죄를 인정할 명백한 증거가 새로 발견된 때'를 규정하고 있다. 여기에서 무죄 등을 인정할 '증거가 새로 발견된 때'라 함은 재심대상이 되는 확정판결의 소송절차에서 발견되지 ▶ 21 경찰채용, 18 법원9급, 16 경간부

못하였거나 또는 발견되었다 하더라도 제출할 수 없었던 증거로서 이를 새로 발견하였거나 비로소 제출할 수 있게 된 때는 물론이고, 형벌에 관한 법령이 당초부터 헌법에 위반되어 법원에서 위헌·무효라고 선언한 때에도 역시 이에 해당한다.(대법원 2018.12.28. 2017모107 삼청교육대 계엄포고 사건) (同旨 대법원 2018.12.13. 2015모2381 계엄포고 제1호 위반사건, 대법원 2013. 4.18. 2010모363 긴급조치 제9호 위반사건Ⅲ) 어떤 법령에 대한 법원의 위헌·무효 선언이 '증거가 새로 발견된 때'라고 보기에는 무리지만, 실질적인 피해자 구제가 중요한 것이지 무슨 뭐 이론이나 법리가 중요한 것은 아니다. 2017모107 판례는 아래와 같은 계엄포고 제13호는 위헌·무효이므로[5] 이를 이유로 처벌받은 피고인의 재심청구는 이유 있다고 판시한 사건이다. 2015모2381 판례는 아래와 같은 계엄포고 제1호는 위헌·무효이므로[6] 피고인의 재심청구는 이유 있다고 판시한 사건이다. 2010모363 판례의 긴급조치 제9호의 위헌성에 대하여는 [11] 판례를 참고하기 바란다[7].

계엄포고 제13호에 따라 삼청교육대에 수용되어 가혹한 순화교육을 받고 있는 모습이다.[8]

계엄포고 제13호

국민의 생명과 재산을 위협하고 공공의 안녕질서를 위태롭게 하고 고질적인 각종 불량배를 일제히 검거·순화함으로써 밝고 정의로운 사회구현을 위하여 다음과 같이 포고한다.

1. 대상자
   가. 폭력사범   나. 공갈 및 사기사범
   다. 사회풍토 문란사범
2. 검거된 불량배는 일정기준에 따라 <u>분류, 수용, 순화조치한다.</u>
3. 순화교육 및 근로봉사기간 중 지정지역을 무단이탈하거나 난동·소요 등 불법행동을 일체 금한다.
4.~6. <생략>

이 포고 중 제2, 3, 4항을 위반한 자는 영장없이 체포·구금·수색하고 엄중 처단한다.

1980년 8월 4일 계엄사령관
육군대장 이희성(李熺性)

계엄포고의 주요 내용

---

[5] "계엄포고 제13호는 헌법과 법률에서 정한 요건을 갖추지 못한 채 발령되었고, 그 내용도 신체의 자유, 거주·이전의 자유 등 헌법상 보장된 국민의 기본권을 침해하며 영장주의와 죄형법정주의의 명확성 원칙에 위배되므로 해제 또는 실효되기 이전부터 이미 유신헌법, 현행 헌법, 구 계엄법에 위배되어 무효이다."라고 판시하였다.
[6] 위헌의 이유는 대체로 위 각주 5)와 같다.
[7] 역시 위헌의 이유는 대체로 위 각주 5)와 같다.
[8] 이미지 출처 - 경향신문(https://www.khan.co.kr/article/202111162010001)

<이미지 출처 - 네이버 뉴스
라이브러리(https://newslibrary.naver.com)>

```
계엄포고 제1호

1972년 10월 17일 19시를 기하여 하기(下記) 사항
을 포고함

1. 모든 정치활동 목적의 옥내외 집회 및 시위를 일
   체 금한다.
2. 언론, 출판, 보도 및 방송은 사전검열을 받아야
   한다.
3. 각 대학은 당분간 휴교조치한다.
4. 정당한 이유없는 직장이탈이나 태업행위를 금
   한다.
5. 유언비어의 날조 및 유포를 금한다.
6. 야간통행금지는 종전대로 시행한다.
7. 8. <생략>

이 포고를 위반한 자는 영장없이 수색·구속한다.

                    1972년 10월 17일 계엄사령관
                         육군대장 노재현(盧載鉉)
```

계엄포고의 주요 내용

선생님의 TIP

위 판례들과 관련하여 윤석열 전(前)대통령의 12·3 비상계엄 선포와 그 포고령이 얼마나 위헌이고 무식한 것인지 우리는 알고 있어야 한다.

이미지 출처 - KBS 뉴스, 유튜브 및 헤럴드경제

```
계엄사령부 포고령(제1호)

자유대한민국 내부에 암약하고 있는 반국가세력의 대한민
국 체제전복 위협으로부터 자유민주주의를 수호하고, 국민
의 안전을 지키기 위해 2024년 12월 3일 23:00부로 대한
민국 전역에 다음 사항을 포고합니다.

1. 국회와 지방의회, 정당의 활동과 정치적 결사, 집회, 시
   위 등 일체의 정치활동을 금한다[9].
2. 자유민주주의 체제를 부정하거나 전복을 기도하는 일체의
   행위를 금하고, 가짜뉴스, 여론조작, 허위선동을 금한다.
3. 모든 언론과 출판은 계엄사의 통제를 받는다.
4.~6. <생략>

이상의 포고령 위반자에 대해서는 계엄법 제9조에 의하여
영장없이 체포·구금, 압수·수색을 할 수 있으며, 계엄법
제14조에 의하여 처단한다.

                        2024. 12. 3.(화) 계엄사령관
                                  육군대장 박안수
```

계엄포고의 주요 내용

CHAPTER 02 비상구제절차 641

> **헌법재판소법(2025. 1.31. 법률 제20769호로 일부개정된 것)**
>
> 제47조【위헌결정의 효력】① 법률의 위헌결정은 법원과 그 밖의 국가기관 및 지방자치단체를 기속한다.
> ② 위헌으로 결정된 법률 또는 법률의 조항은 그 결정이 있는 날부터 효력을 상실한다.
> ③ 제2항에도 불구하고 형벌에 관한 법률 또는 법률의 조항은 소급하여 그 효력을 상실한다. 다만, 해당 법률 또는 법률의 조항에 대하여 종전에 합헌으로 결정한 사건이 있는 경우에는 그 결정이 있는 날의 다음 날로 소급하여 효력을 상실한다.
> ④ 제3항의 경우에 위헌으로 결정된 법률 또는 법률의 조항에 근거한 유죄의 확정판결에 대하여는 재심을 청구할 수 있다.

> **형사소송법(2025. 3.18. 법률 제20796호로 일부개정된 것)**
>
> 제420조【재심이유】재심은 다음 각호의 1에 해당하는 이유가 있는 경우에 유죄의 확정판결에 대하여 그 선고를 받은 자의 이익을 위하여 청구할 수 있다.
> 1. 원판결의 증거된 서류 또는 증거물이 확정판결에 의하여 위조 또는 변조인 것이 증명된 때
> 2. 원판결의 증거된 증언, 감정, 통역 또는 번역이 확정판결에 의하여 허위인 것이 증명된 때
> 3.~6. 〈생략〉
> 7. 원판결, 전심판결 또는 그 판결의 기초된 조사에 관여한 법관, 공소의 제기 또는 그 공소의 기초된 수사에 관여한 검사나 사법경찰관이 그 직무에 관한 죄를 범한 것이 확정판결에 의하여 증명된 때 〈단서 생략〉
> 제421조【동전】① 항소 또는 상고의 기각판결에 대하여는 <u>전조 제1호, 제2호, 제7호의 사유있는 경우에</u> 한하여 그 선고를 받은 자의 이익을 위하여 재심을 청구할 수 있다. ← 형벌 조항에 대한 위헌결정은 분명히 제420조 제1호, 제2호 또는 제7호에 해당하지 않는다.

> **선생님의 TIP**
>
> 아래는 형사소송법이 아니라 헌법재판소 제47조 등과 관련된 판례이다. 모든 판례가 그렇지만 역시 쉽지는 않다. 소송촉진법상 재심사유에 관하여는 「제3편 제1장 제4절 Ⅰ. 공판정의 구성」을 참고하기 바란다.

23 항소기각 또는 상고기각판결로 제1심판결이 유죄로 확정된 경우 위헌결정에 따른 재심의 대상(=제1심판결)

형벌에 관한 법률조항에 대하여 헌법재판소의 위헌결정이 선고되어 헌법재판소법 제47조에 따라 재심을 청구하는 경우 그 재심사유는 형사소송법 제420조 제1호, 제2호, 제7호 어느 것에도 해당하지 않는다. 즉 형벌조항에 대하여 헌법재판소의 위헌결정이 있는 경우 헌법재판소법 제47조에 의한 재심은 원칙적인 재심대상판결인 제1심 유죄판결 또는 파기자판한 상급심판결에 대하여 청구하여야 한다. 제1심이 유죄판결을 선고하고, 그에 대하여 불복하였으나 항소 또는 상고기각판결이 있었던 경우에 헌법재판소법 제47조를 이유로 재심을 청구하려면 재심대상판결은 제1심판결이 되어야 하고, 항소 또는 상고기각판결을 재심대상으로 삼은 재심청구는 법률상의 방식을 위반한 것으로 부적법하다.(대법원 2022. 6.16. 2022모509 윤창호법 위헌 재심대상 사건)

---

9 "~ 일체의 정치활동을 금한다."라고 하고 있다. 그렇다면 앞으로는 윤 전(前)대통령만 혼자 정치를 하겠다는 선포이고, 이는 곧 독재를 의미한다.

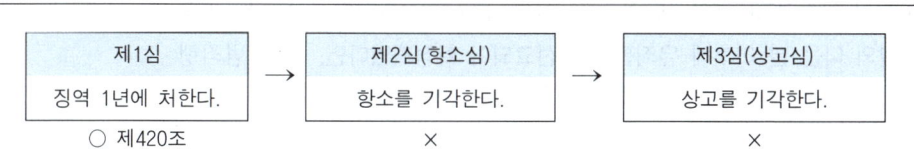

형벌 조항에 대한 위헌결정은 분명히 형사소송법 제421조 제1항에 규정된 '항소 또는 상고의 기각판결에 대한' 재심사유에 해당하지 않는다. 이 경우 피고인은 제1심 판결만을 대상으로 하여 재심청구를 하여야 한다.

핵심정리 형벌법령에 대한 위헌결정의 효력의 이해

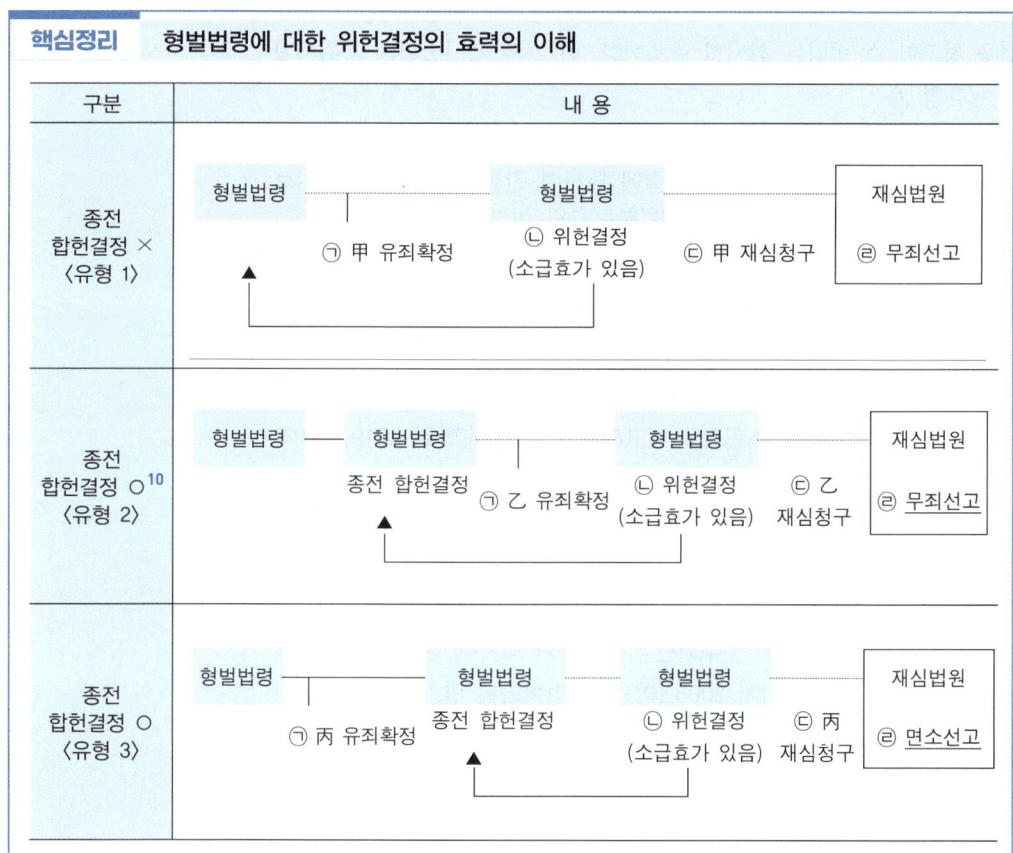

24 '종전의 합헌결정이 있는 날의 다음 날' 전에 범죄행위가 있었지만 '종전의 합헌결정이 있는 날의 다음 날' 후에 유죄판결이 선고·확정되었고 이후 헌법재판소의 위헌결정이 선고된 경우 헌법재판소법 제47조 제4항의 재심이유가 있는지의 여부(적극)

헌법재판소법 제47조 제4항에 따라 재심을 청구할 수 있는 '위헌으로 결정된 법률 또는 법률의 조항에 근거한 유죄의 확정판결'이란 헌법재판소의 위헌결정으로 인하여 같은 조 제3항의 규정에 의하여 소급하여 효력을 상실하는 법률 또는 법률의 조항을 적용한 유죄의 확정판결을 의미한다. 따라서 위헌으로 결정된 법률 또는 법률의 조항이 같은 조 제3

> 20 법원9급

---

10 대표적으로 간통죄를 말한다.

항 단서에 의하여 종전의 합헌결정이 있는 날의 다음 날로 소급하여 효력을 상실하는 경우 그 합헌결정이 있는 날의 다음 날 이후에 유죄판결이 선고되어 확정되었다면, 비록 범죄행위가 그 이전에 행하여졌다 하더라도 그 판결은 위헌결정으로 인하여 소급하여 효력을 상실한 법률 또는 법률의 조항을 적용한 것으로서 '위헌으로 결정된 법률 또는 법률의 조항에 근거한 유죄의 확정판결'에 해당하므로 이에 대하여 **재심**을 청구할 수 있다.(대법원 2016.11.10. 2015모1475 간통 재심사건Ⅰ) 피고인이 2004. 8. 및 11.경 간통하였다는 공소사실로 기소되었더라도 간통죄에 대한 합헌결정을 한 2008.10.30. 이후인 2009. 8.20. 유죄판결이 확정되었다면, 2015. 2.26. 간통죄에 대한 헌법재판소의 위헌결정을 이유로 하여 피고인은 재심을 청구할 수 있다는 취지의 판례이다. 이 경우 재심법원은 무죄판결을 선고하여야 한다. 〈유형 2〉

25 종전 간통죄 합헌결정일 이전에 선고된 재심대상판결에 대하여 간통죄 위헌결정일 이후 재심개시결정이 확정된 경우 면소판결을 선고하여야 하는지의 여부(적극)

종전 합헌결정일 이전의 범죄행위에 대하여 재심개시결정이 확정되었는데 그 범죄행위에 적용될 법률 또는 법률의 조항이 위헌결정으로 헌법재판소법 제47조 제3항 단서에 의하여 종전 합헌결정일의 다음 날로 소급하여 효력을 상실하였다면 범죄행위 당시 유효한 법률 또는 법률의 조항이 그 이후 폐지된 경우와 마찬가지이므로 법원은 형사소송법 제326조 제4호에 해당하는 것으로 보아 **면소판결을 선고하여야 한다**.(대법원 2019.12.24. 2019도15167 간통 재심사건Ⅱ) 피고인이 간통죄로 1999. 7. 8. 제1심에서 징역 6월(집행유예 2년)을 선고받고 이후 그 판결이 확정되었다. 헌법재판소는 2008.10.30. 간통죄에 대하여 합헌결정을 선고하였다가, 이후 2015. 2.26. 위헌결정을 선고하였다(이 위헌결정으로 간통죄는 종전 합헌결정일의 다음 날인 2008.10.31.부터 소급적으로 효력을 상실하였다). 만약 간통 일자가 2008.10.30. 이후라면 무죄판결의 사유가 되지만(행위 당시 간통죄 자체가 없다), 이 판례 사건처럼 간통 일자가 2008.10.31. 이전이라면 면소판결의 사유가 된다(행위 당시 간통죄는 있었으나, 이후 폐지된 것으로 볼 수 있다)는 취지의 판례이다. 〈유형 3〉

> 23 국가9급

Ⅱ 재심개시절차

형사소송법(2025. 3.18. 법률 제20796호로 일부개정된 것)

제423조【재심의 관할】재심의 청구는 원판결의 법원이 관할한다.

제424조【재심청구권자】다음 각 호의 1에 해당하는 자는 재심의 청구를 할 수 있다.
1. 검사
2. 유죄의 선고를 받은 자
3. 유죄의 선고를 받은 자의 법정대리인
4. 유죄의 선고를 받은 자가 사망하거나 심신장애가 있는 경우에는 그 배우자, 직계친족 또는 형제자매

제425조【검사만이 청구할 수 있는 재심】제420조 제7호의 사유에 의한 재심의 청구는 유죄의 선고를 받은 자가 그 죄를 범하게 한 경우에는 검사가 아니면 하지 못한다.

제426조【변호인의 선임】① 검사 이외의 자가 재심의 청구를 하는 경우에는 변호인을 선임할 수 있다.
② 전항의 규정에 의한 변호인의 선임은 재심의 판결이 있을 때까지 그 효력이 있다.

제427조【재심청구의 시기】재심의 청구는 형의 집행을 종료하거나 형의 집행을 받지 아니하게 된 때에도 할 수 있다.

제428조【재심과 집행정지의 효력】재심의 청구는 형의 집행을 정지하는 효력이 없다. 단 관할법원에 대응한 검찰청검사는 재심청구에 대한 재판이 있을 때까지 형의 집행을 정지할 수 있다.

제429조【재심청구의 취하】① 재심의 청구는 취하할 수 있다.
② 재심의 청구를 취하한 자는 동일한 이유로써 다시 재심을 청구하지 못한다.

제430조【재소자에 대한 특칙】제344조의 규정은 재심의 청구와 그 취하에 준용한다.

제431조【사실조사】① 재심의 청구를 받은 법원은 필요하다고 인정한 때에는 합의부원에게 재심청구의 이유에 대한 사실조사를 명하거나 다른 법원판사에게 이를 촉탁할 수 있다.
② 전항의 경우에는 수명법관 또는 수탁판사는 법원 또는 재판장과 동일한 권한이 있다.

제432조【재심에 대한 결정과 당사자의 의견】재심의 청구에 대하여 결정을 함에는 청구한 자와 상대방의 의견을 들어야 한다. 단, 유죄의 선고를 받은 자의 법정대리인이 청구한 경우에는 유죄의 선고를 받은 자의 의견을 들어야 한다.

제433조【청구기각 결정】재심의 청구가 법률상의 방식에 위반하거나 청구권의 소멸 후인 것이 명백한 때에는 결정으로 기각하여야 한다.

제434조【동전】① 재심의 청구가 이유없다고 인정한 때에는 결정으로 기각하여야 한다.
② 전항의 결정이 있는 때에는 누구든지 동일한 이유로써 다시 재심을 청구하지 못한다.

제435조【재심개시의 결정】① 재심의 청구가 이유있다고 인정한 때에는 재심개시의 결정을 하여야 한다.
② 재심개시의 결정을 할 때에는 결정으로 형의 집행을 정지할 수 있다.

제436조【청구의 경합과 청구기각의 결정】① 항소기각의 확정판결과 그 판결에 의하여 확정된 제1심판결에 대하여 재심의 청구가 있는 경우에 제1심법원이 재심의 판결을 한 때에는 항소법원은 결정으로 재심의 청구를 기각하여야 한다.
② 제1심 또는 제2심판결에 대한 상고기각의 판결과 그 판결에 의하여 확정된 제1심 또는 제2심의 판결에 대하여 재심의 청구가 있는 경우에 제1심법원 또는 항소법원이 재심의 판결을 한 때에는 상고법원은 결정으로 재심의 청구를 기각하여야 한다.

제437조【즉시항고】제433조, 제434조 제1항, 제435조 제1항과 전조 제1항의 결정에 대하여는 즉시항고를 할 수 있다.

> **선생님의 TIP**
>
> 1. 재심은 재심개시절차와 재심심판절차로 구분된다. 재심개시절차는 재심사유 유무를 심사하여 다시 심판할 것인가의 여부를 결정하는 절차를 말하고, 재심심판절차란 재심개시결정이 확정된 사건에 대하여 그 심급에 따라 다시 심판하는 절차를 말한다. 양자를 철저하게 구분할 수 있어야 한다. 판례는 '재심개시절차'를 '재심청구절차'라고도 한다.
> 2. '재심대상판결(원판결)'과 '재심판결'이라는 용어도 구분할 수 있어야 한다. 또 주의할 것은 '재심판결에서 무조건 무죄판결이 선고된다'라고 오해하면 안 된다. 재심판결에서도 얼마든지 유죄판결이 선고될 수 있고, 다만 형사소송법 제439조에 의하여 원판결의 형보다 무거운 형을 선고할 수 없을 뿐이다.

핵심정리 재심개시절차와 재심심판절차의 이해

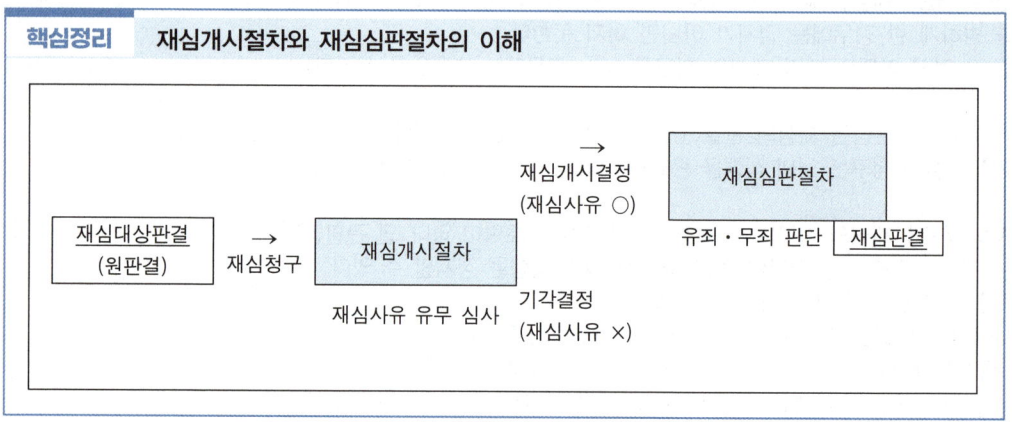

핵심정리 재심의 관할법원

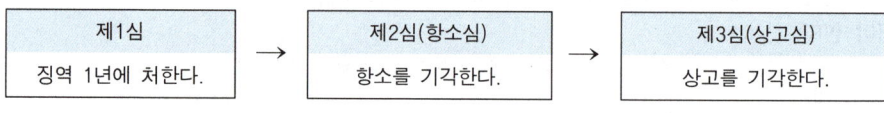

1. 재심의 관할법원은 '원판결의 법원'이다. 제1심 판결에 재심사유가 있다고 판단되면 제1심에 재심을 청구하여야 한다. 제2심 판결에 재심사유가 있다고 판단되면 제2심에 재심을 청구하여야 한다. 이는 제3심도 마찬가지이다.
2. 제1심 판결과 제2심 판결 모두에 재심사유가 있다고 판단되면 제1심에 재심을 청구할 수도 있고, 제2심에 재심을 청구할 수도 있고, 제1심과 제2심 모두에 그리고 동시에 재심을 청구할 수도 있다. 밑줄 친 경우에 재심청구의 경합의 문제가 발생한다. 이는 제1심·제2심 그리고 제3심 판결 모두에 재심사유가 있다고 판단되는 경우에도 마찬가지이다. 형사소송법 제436조는 이와 같은 재심청구의 경합에 관한 조문이다.

01 재심의 관할법원(=재심청구의 대상이 된 판결을 선고한 법원)

재심의 청구는 원판결의 법원이 관할하도록 되어 있고 여기서 '원판결'이라고 하는 것은 재심청구인이 재심사유가 있다고 하여 **재심청구의 대상으로 하고 있는 그 판결을 가르킨다.** (대법원 1986. 6.12. 86모17 상고기각판결 재심청구 사건)

02 군사법원의 판결에 대한 재심의 관할법원

1. 군사법원의 판결이 확정된 후 피고인에 대한 재판권이 더 이상 군사법원에 없게 된 경우에 군사법원의 판결에 대한 재심사건의 관할은 원판결을 한 군사법원과 같은 심급의 일반법원에 있고, 여기에서 '군사법원과 같은 심급의 일반법원'은 법원조직법과 형사소송법에 규정된 추상적 기준에 따라 획일적으로 결정하여야 한다.(대법원 2020. 6.26. 2019모3197 관할착오 의정부지법 사건) 피고인은 유언비어를 날조·유포하였다는 공소사실로 기소되었는데, 이 범죄의 법정형은 3년 이하의 징역이다(단독판사 관할사건이다). 피고인은 6군단 계엄보통군법회의를 거쳐 육군고등군법회의에서 장기 6월, 단기 3월의 징역을 선고받고 이것이 이후 확정되었다. 검사가 '피고인에 대한 육군고등군법회의 판결에' 재심사유가 있다고 주장하며 의정부지방법원에 재심을 청구하였는바, 육군고등군법회의에 대응하는 일반법원은 의정부지방법원 합의부이다(단독판사 관할사건에 대한 항소심 관할법원이다). ▶ 21 변호사, 21 국가7급

▶

2. 비록 군사법원법 제472조 본문이 "재심청구는 원판결을 한 대법원 또는 군사법원이 관할한다."고 규정하고 있으나 관할은 재판권을 전제로 하는 것이므로 군사법원의 판결이 확정된 후 군에서 제적되어 군사법원에 재판권이 없는 경우에는 재심사건이라도 그 관할은 원판결을 한 군사법원이 아니라 같은 심급의 일반법원에 있다. 그리고 재심심판절차는 물론 재심사유의 존부를 심사하여 다시 심판할 것인지를 결정하는 재심개시절차 역시 재판권 없이는 심리와 재판을 할 수 없는 것이므로, 재심청구를 받은 군사법원으로서는 먼저 재판권 유무를 심사하여 군사법원에 재판권이 없다고 판단되면 재심개시절차로 나아가지 말고 곧바로 사건을 군사법원법 제2조 제3항에 따라 같은 심급의 일반법원으로 이송하여야 한다.(대법원 2015. 5.21. 2011도1932 숯슴 윤필용 연루 사건) 피고인은 업무상횡령 등의 공소사실로 기소되었고, 육군본부보통군법회의를 거쳐 육군고등군법회의에서 징역 15년 등을 선고받고 이것이 이후 확정되었다. 피고인은 고등군사법원에 재심을 청구하였고, 고등군사법원은 "피고인이 이미 군에서 제적되어 재심심판절차에 관하여는 재판권이 없으나 재심사유의 존부만을 판단하는 재심개시절차에 관하여는 재판권이 있다."라고 전제한 다음 군사법원법 제469조 제7호의 재심사유가 있다는 이유로 재심개시결정을 하고, 군사법원법 제2조 제3항에 따라 사건을 서울고등법원으로 이송하였다. 그러나 대법원은 고등군사법원이 재심개시결정을 한 것은 위법하다고 판시하였다. 아래 3. 판례 참고 ▶ 17 법원9급, 17 국가7급

> **군사법원법(2023.12.26. 법률 제19839호로 일부개정된 것)**
>
> 제2조 【신분적 재판권】 ③ 군사법원은 공소가 제기된 사건에 대하여 군사법원이 재판권을 가지지 아니하게 되었거나 재판권을 가지지 아니하였음이 밝혀진 경우에는 결정으로 사건을 재판권이 있는 같은 심급의 법원으로 이송한다. 이 경우 이송 전에 한 소송행위는 이송 후에도 그 효력에 영향이 없다.

3. 군사법원이 재판권이 없음에도 재심개시결정을 한 후에 비로소 사건을 일반법원으로 이송한다면 이는 위법한 재판권의 행사이지만, 군사법원법 제2조 제3항 후문이 "이 경우 이송 전에 한 소송행위는 이송 후에도 그 효력에 영향이 없다."고 규정하고 있으므로 사건을 이송받은 일반법원으로서는 다시 처음부터 재심개시절차를 진행할 필요는 없고 군사법원의 재심개시결정을 유효한 것으로 보아 후속 절차를 진행할 수 있다.(대법원 2015. 5.21. 2011도1932 숯슴 윤필용 연루 사건) 〉 19 법원9급

03 재심법원이 재심판결을 선고한 이후 재심청구의 취하가 허용되는지의 여부(소극)

재심청구인은 형사소송법 제429조 제1항에 따라 재심청구를 취하할 수 있으나 재심법원이 재심판결을 선고한 이후에는 재심청구의 취하가 허용되지 않는다. 그 이유는 다음과 같다. ① 형사소송절차에 있어서는 법적 안정성과 형식적 확실성이 요구되고, 절차유지의 원칙이 적용된다. 특히 법원의 종국적 소송행위인 판결의 선고가 있는 경우 그 판결은 정식의 상소절차를 거쳐 상급심에서 번복되어 효력을 상실하기 전까지는 일응 정당한 것으로 추정되고, 판결을 선고한 법원 스스로도 그 판결을 취소·변경·철회할 수 없다. 마찬가지로 당해 절차의 개시를 구한 당사자도 선고된 판결에 대하여 불복이 있는 경우 상소절차를 통하여 이를 다툴 수 있을 뿐 절차 개시의 청구를 취소 내지 취하하는 방법으로 이미 선고된 판결의 효력을 소멸시킬 수는 없다. 형사소송법이 검사의 공소취소 시기, 정식재판청구인의 정식재판청구 취하 시기를 모두 제1심판결의 선고 전까지로 제한하는 것도 그와 같은 취지로 이해할 수 있다. ② 재심이 청구되면 법원은 재심개시절차에서 재심사유의 존부를 판단하고, 재심심판절차를 통하여 그 심급에 따라 재심대상사건 자체를 처음부터 완전히 다시 심리하여 유무죄를 판단하고 형을 정하여 재심판결을 선고한다. 재심판결의 선고는 재심청구에 대한 법원의 종국적인 소송행위이고, 재심판결은 통상의 공판절차에서 법원이 선고하는 판결과 그 의미나 효력에 있어 차이가 없다. 따라서 재심판결이 선고된 이후 재심판결에 대하여 불복이 있으면 상소절차를 통하여 이를 다툴 수 있을 뿐 재심청구를 취하하는 방법으로 재심판결의 효력을 소멸시킬 수는 없다.(대법원 2024. 4.12. 2023도13707 판결선고후 재심청구 취하사건) 피고인은 제1심 재심판결에서 징역 1년에 집행유예 2년을 선고받고 양형부당을 이유로 항소한 뒤 재심청구 취하서를 제출하였으나, 항소심은 이를 무시하고 항소기각판결을 선고하였다. 대법원은 항소심 판결은 위법하지 않다고 판시하였다. 〉 25 변호사

핵심정리	각종 소송행위의 취소·취하시기
구 분	내 용
제1심 판결 선고전까지	1. 친고죄에 있어 **고**소의 취소(제232조 제1항) 2. 반의사불벌죄에 있어 **처**벌희망의사표시의 철회(제232조 제3항) 3. **공**소의 취소(제255조 제1항) 4. **재**심청구의 취하(대법원 2024. 4.12. 2023도13707) 5. 약식명령 또는 즉결심판에 대한 **정**식재판청구의 취하(제454조, 즉결심판법 제14조 제4항) ★ 공정재 고처
기 타	증거동의의 철회 - 증거조사 완료전까지(대법원 2015. 8.27. 2015도3467)

04 재심개시절차에서의 증거조사 방법

재심의 청구를 받은 법원은 재심청구 이유의 유무를 판단함에 필요한 경우에는 사실을 조사할 수 있으며, 공판절차에 적용되는 엄격한 증거조사 방식에 따라야만 하는 것은 아니다. (대법원 2019. 3.21. 2015모2229 숲속 여순반란 희생자 재심사건)

▶ 24 소방간부, 20 경간부, 20 경찰채용

05 재심청구에 대한 재판에서 소송당사자에게 사실조사신청권이 있는지 여부(소극)

재심의 청구를 받은 법원은 필요하다고 인정한 때에는 형사소송법 제431조에 의하여 직권으로 재심청구의 이유에 대한 사실조사를 할 수 있으나, 소송당사자에게 사실조사신청권이 있는 것이 아니다. 그러므로 당사자가 재심청구의 이유에 관한 사실조사신청을 한 경우에도 이는 단지 법원의 직권발동을 촉구하는 의미밖에 없는 것이므로 법원은 이 신청에 대하여는 재판을 할 필요가 없고, 설령 법원이 이 신청을 배척하였다고 하여도 당사자에게 이를 고지할 필요가 없다.(대법원 2021. 3.12. 2019모3554 재심 사실조사신청권 사건)

▶ 25 변호사, 25 경찰승진, 25 국가9급, 23 소방간부, 21 국가7급

06 재심개시절차에서 재심사유가 재심대상판결에 영향을 미칠 가능성 여부를 고려할 수 있는지의 여부(소극)

재심개시절차에서는 형사소송법 등에서 규정하고 있는 재심사유가 있는지 여부만을 판단하고, 나아가 재심사유가 재심대상판결에 영향을 미칠 가능성이 있는가의 실체적 사유는 이를 고려하여서는 아니 된다.(대법원 2019. 6.20. 2018도20698 숲속 재심판결의 확정력 사건)

▶ 23 소방간부, 22 변호사, 22 국가9급, 19 법원9급, 17 경찰승진

07 재심청구인이 재심청구 후 그 청구에 대한 결정이 확정되기 전에 사망한 경우 법원이 취해야 할 조치(= 재심청구절차 종료 선언)

형사소송법이나 형사소송규칙에는 재심청구인이 재심의 청구를 한 후 그 청구에 대한 결정이 확정되기 전에 사망한 경우에 재심청구인의 배우자나 친족 등에 의한 재심청구인 지위의 승계를 인정하거나 형사소송법 제438조와 같이 재심청구인이 사망한 경우에

▶ 25 국가9급, 24 소방간부, 20 국가7급, 20 법원9급, 19 경찰승진, 18 법원9급, 17 국가7급, 17 경찰채용, 16 경찰채용

도 절차를 속행할 수 있는 규정이 없으므로 **재심청구절차는 재심청구인의 사망으로 당연히 종료하게 된다.**(대법원 2014. 5.30. 2014모739 재심청구인 사망 사건) 이 판례는 재심개시(청구)절차에 대한 것이고, 재심심판절차에 관한 형사소송법 제438조 제2항과 다르다는 점을 주의하여야 한다. 이 경우 법원은 "이 사건 재심청구절차는 20X5. 6.29. 재심청구인의 사망으로 종료하였다."라는 주문을 내야 한다.

08 재심개시결정의 확정 자체만으로 재심대상판결의 효력이 상실되는지의 여부(소극)

유죄의 확정판결 등에 대해 재심개시결정이 확정된 후 재심심판절차가 진행 중이라는 것만으로는 확정판결의 존재 내지 효력을 부정할 수 없고, **재심개시결정이 확정되어 법원이 그 사건에 대해 다시 심리를 한 후 재심의 판결을 선고하고 그 재심판결이 확정된 때에 종전의 확정판결이 효력을 상실한다.**(대법원 2019. 6.20. 2018도20698 숲숲 재심판결의 확정력 사건) 재심개시결정이 아니라 재심판결이 확정되어야 '종전의 확정판결(재심대상판결, 원판결)'이 효력을 상실한다.

> 22 국가9급, 21 소방간부,
> 20 경찰승진, 20 국가9급

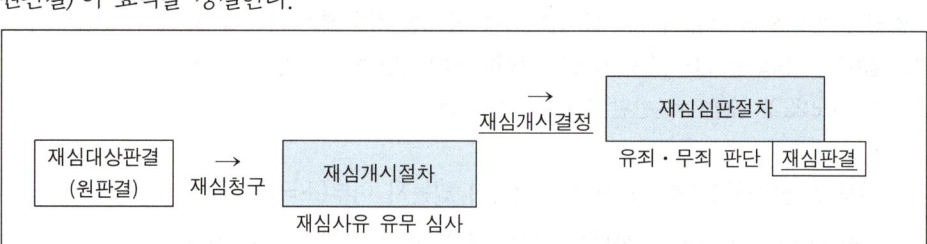

09 확정된 재심개시결정의 효력

재심개시결정에 대하여는 즉시항고에 의하여 불복할 수 있고, 이러한 불복이 없이 확정된 재심개시결정의 효력에 대하여는 더 이상 다툴 수 없으므로 **설령 재심개시결정이 부당하더라도 이미 확정되었다면 법원은 더 이상 재심사유의 존부에 대하여 살펴볼 필요 없이** 형사소송법 제436조의 경우가 아닌 한 그 심급에 따라 다시 심판을 하여야 한다.(대법원 2013. 7.11. 2011도14044 긴급조치 제1호·제4호 위반사건)

> **선생님의 TIP**
>
> | Ⓐ | Ⓑ |
> |---|---|
> | 형법 제37조 전단 경합범에 형법 제38조를 적용하여 징역 3년 | |
>
> 피고인이 왼쪽과 같이 경합범에 대하여 한 개의 형을 선고받았는데 이후 Ⓐ 부분에 재심사유가 있다고 주장하며 재심을 청구하였다. 만약 재심사유가 존재한다면 법원은 ⒶⒷ 모두에 재심개시결정을 할 수밖에 없지만 유무죄 판단(재심심판)은 Ⓐ에 대하여만 하여야 하고, Ⓑ에 대하여는 할 수 없다(다만 양형을 위하여 필요한 범위에 한하여만 심리할 수 있을 뿐이다).

10 1개의 형이 확정된 경합범 중 일부 범죄사실에 대하여만 재심사유가 있는 경우 재심법원의 심리 범위(=일부재심설)

1. 경합범 관계에 있는 수개의 범죄사실을 유죄로 인정하여 한 개의 형을 선고한 불가분의 확정판결에서 그 중 일부의 범죄사실에 대하여만 재심청구의 이유가 있는 것으로 인정된 경우에는 형식적으로는 1개의 형이 선고된 판결에 대한 것이어서 그 판결 전부에 대하여 재심개시의 결정을 할 수밖에 없지만, 비상구제수단인 재심제도의 본질상 **재심사유가 없는 범죄사실에 대하여는** 재심개시결정의 효력이 그 부분을 형식적으로 심판의 대상에 포함시키는 데 그치므로 **재심법원은 그 부분에 대하여는 이를 다시 심리하여 유죄인정을 파기할 수 없고,** 다만 그 부분에 관하여 새로이 양형을 하여야 하므로 양형을 위하여 필요한 범위에 한하여만 심리를 할 수 있을 뿐이다.(대법원 2021. 7. 8. 2021도2738 반공법위반까지 무죄 사건) ▶ 24 국가9급, 23 국가9급, 22 법원9급

2. 경합범 관계에 있는 수개의 범죄사실을 유죄로 인정하여 한 개의 형을 선고한 불가분의 확정판결에서 그 중 일부의 범죄사실에 대하여만 재심청구의 이유가 있는 것으로 인정된 경우에는 형식적으로는 1개의 형이 선고된 판결에 대한 것이어서 그 판결 전부에 대하여 재심개시의 결정을 할 수밖에 없지만, 비상구제수단인 재심제도의 본질상 **재심사유가 없는 범죄사실에 대하여는** 재심개시결정의 효력이 그 부분을 형식적으로 심판의 대상에 포함시키는 데 그치므로 **재심법원은 그 부분에 대하여는 이를 다시 심리하여 유죄인정을 파기할 수 없고** 다만 그 부분에 관하여 새로이 양형을 하여야 하므로 양형을 위하여 필요한 범위에 한하여만 심리를 할 수 있을 뿐이다. 그리고 그 부분 범죄사실에 관한 법령이 재심대상판결 후 개정·폐지된 경우에는 그 범죄사실에 관하여도 재심판결 당시의 법률을 적용하여야 하고 양형조건에 관하여도 재심대상판결 후 재심판결 시까지의 새로운 정상도 참작하여야 하며, 재심사유 있는 사실에 관하여 심리 결과 만일 다시 유죄로 인정되는 경우에는 재심사유 없는 범죄사실과 경합범으로 처리하여 한 개의 형을 선고하여야 한다.(대법원 2016. 3. 24. 2016도1131 폭처법위헌 재심 사건) ▶ 20 경찰승진, 20 국가7급, 19 경간부, 18 경찰채용, 17 국가7급, 17 국가9급

3. 경합범 관계에 있는 수 개의 범죄사실을 유죄로 인정하여 한 개의 형을 선고한 불가분의 확정판결에서 그 중 일부의 범죄사실에 대하여만 재심청구의 이유가 있는 것으로 인정되었으나 형식적으로는 1개의 형이 선고된 판결에 대한 것이어서 그 판결 전부에 대하여 재심개시의 결정을 한 경우 재심법원은 재심사유가 없는 범죄에 대하여는 새로이 양형을 하여야 하는 것이므로 이를 헌법상 이중처벌금지의 원칙을 위반한 것이라고 할 수 없고, 다만, 불이익변경의 금지 원칙이 적용되어 원판결의 형보다 중한 형을 선고하지 못할 뿐이다. (대법원 2018. 2. 28. 2015도15782 상해·간통 재심사건) ▶ 21 국가9급

Ⅲ 재심심판절차

형사소송법(2025. 3.18. 법률 제20796호로 일부개정된 것)

제438조【재심의 심판】① 재심개시의 결정이 확정한 사건에 대하여는 제436조의 경우 외에는 법원은 그 심급에 따라 다시 심판을 하여야 한다.
② 다음 경우에는 제306조 제1항, 제328조 제1항 제2호의 규정은 전항의 심판에 적용하지 아니한다.
1. 사망자 또는 회복할 수 없는 심신장애인을 위하여 재심의 청구가 있는 때
2. 유죄의 선고를 받은 자가 재심의 판결 전에 사망하거나 회복할 수 없는 심신장애인으로 된 때
③ 전항의 경우에는 피고인이 출정하지 아니하여도 심판을 할 수 있다. 단, 변호인이 출정하지 아니하면 개정하지 못한다.
④ 전2항의 경우에 재심을 청구한 자가 변호인을 선임하지 아니한 때에는 재판장은 직권으로 변호인을 선임하여야 한다.
제439조【불이익변경의 금지】재심에는 원판결의 형보다 무거운 형을 선고할 수 없다.
제440조【무죄판결의 공시】재심에서 무죄의 선고를 한 때에는 그 판결을 관보와 그 법원소재지의 신문지에 기재하여 공고하여야 한다. 다만, 다음 각 호의 어느 하나에 해당하는 사람이 이를 원하지 아니하는 의사를 표시한 경우에는 그러하지 아니하다.
1. 제424조 제1호부터 제3호까지의 어느 하나에 해당하는 사람이 재심을 청구한 때에는 재심에서 무죄의 선고를 받은 사람
2. 제424조 제4호에 해당하는 사람이 재심을 청구한 때에는 재심을 청구한 그 사람

선생님의 TIP

재심개시의 결정이 확정된 사건에 대하여 법원은 그 심급에 따라 다시 심판을 하여야 한다.(제438조 제1항) '심급에 따라 다시 심판한다'라는 의미는 일반 공판절차에 의하여 피고사건 자체를 처음부터 새로 심판하는 것을 말한다. 재심의 판결에 대해서도 당연히 상소가 허용된다. 몇 개의 차이점을 제외하고는 재심심판절차는 일반 공판절차와 동일하다.

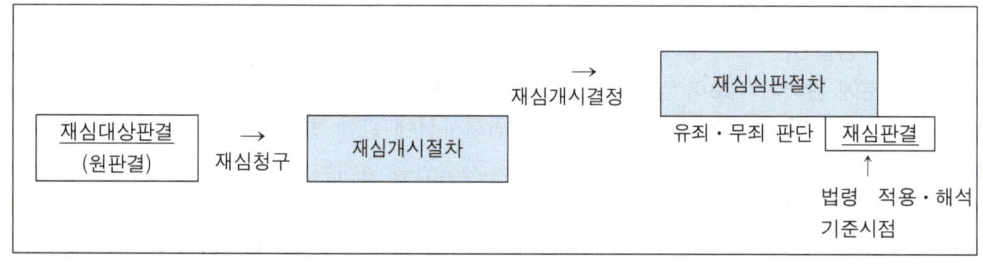

01 재심심판절차의 의의

1. **재심심판절차는 원판결의 당부를 심사하는 종전 소송절차의 후속절차가 아니라 사건 자체를 처음부터 다시 심판하는 완전히 새로운 소송절차로서 재심판결이 확정되면 원판결은 당연히 효력을 잃는다.**(대법원 2019. 2.28. 2018도13382 재심판결 다시 집행유예 사건Ⅱ) ▶ 20 변호사, 20 소방간부

2. 형사소송법 제438조 제1항은 "재심개시의 결정이 확정한 사건에 대하여는 제436조의 경우 외에는 법원은 그 심급에 따라 다시 심판을 하여야 한다."고 규정하고 있다. 여기서 '다시' 심판한다는 것은 재심대상판결의 당부를 심사하는 것이 아니라 피고 사건 자체를 처음부터 새로 심판하는 것을 의미하므로 재심대상판결이 상소심을 거쳐 확정되었더라도

재심사건에서는 재심대상판결의 기초가 된 증거와 재심사건의 심리과정에서 제출된 증거를 모두 종합하여 공소사실이 인정되는지를 새로이 판단하여야 한다.(대법원 2015. 5.14. 2014도2946 강기훈 유서대필 재심사건)

02 재심대상판결과 재심판결과의 관계

1. 유죄의 확정판결에 대하여 재심개시결정이 확정되어 법원이 그 사건에 대하여 다시 심판을 한 후 **재심의 판결을 선고하고 그 재심판결이 확정된 때에는 종전의 확정판결은 당연히 효력을 상실한다.**(대법원 2019. 4.11. 2018도17909 증거된 재판 변경사건)

   > 25 경찰승진, 24 국가7급, 24 소방간부, 20 법원9급, 18 경찰채용

2. 유죄의 확정판결에 대하여 재심개시결정이 확정되어 법원이 그 사건에 대하여 다시 심판을 한 후 재심판결을 선고하고 그 재심판결이 확정된 때에는 종전의 확정판결은 당연히 **효력을 상실하므로 재심판결이 확정됨에 따라 원판결이나 그 부수처분의 법률적 효과가 상실되고 형 선고가 있었다는 기왕의 사실 자체의 효과가 소멸한다.**(대법원 2023.11.30. 2023도10699 3개의 전과 실효사건)

03 재심이 개시된 범죄사실에 대하여 적용하여야 할 법령(=재심판결 당시의 법령)

1. **재심이 개시된 사건에서 범죄사실에 대하여 적용하여야 할 법령은 재심판결 당시의 법령이고,** 재심대상판결 당시의 법령이 변경된 경우 법원은 범죄사실에 대하여 재심판결 당시의 법령을 적용하여야 하며, 법령을 해석할 때에도 재심판결 당시를 기준으로 하여야 한다. (대법원 2013. 7.11. 2011도14044 긴급조치 제1호·제4호 위반사건)

   > 24 국가7급, 22 국가9급, 20 소방간부

2. **재심이 개시된 사건에서 범죄사실에 대하여 적용하여야 할 법령은 재심판결 당시의 법령이다.** 따라서 법원은 재심대상판결 당시의 법령이 변경된 경우에는 그 범죄사실에 대하여 재심판결 당시의 법령을 적용하여야 하고, 폐지된 경우에는 형사소송법 제326조 제4호를 적용하여 그 범죄사실에 대하여 면소를 선고하는 것이 원칙이다.(대법원 2010.12.16. 2010도5986 순씁 긴급조치 제1호 위반사건)

   > 25 법원9급, 20 국가9급, 16 경찰채용, 15 변호사

선생님의 TIP

형사소송법 제439조는 "재심에는 원판결의 형보다 무거운 형을 선고할 수 없다."라고 규정하고 있는데, 이 조항의 해석이 어렵다.

1. 예를 들어 피고인이 징역 1년의 확정판결을 받고 그 형집행을 종료하였다. 이후 피고인이 재심을 청구하자 법원이 재심판결로 예를 들어 (㉠ 징역 1년을 ㉡ 자격정지 2년을 ㉢ 벌금 500만원을) 선고하고 이것이 확정되었다. ㉠㉡㉢ 판결은 원판결의 형인 '징역 1년'보다 무겁지 않으므로 위법하지 않다. 그렇다면 피고인은 ㉠㉡㉢ 판결에 의해 다시 형집행을 당해야 하는가?
2. 또다른 예로 피고인이 징역 1년에 집행유예 2년의 확정판결을 받고 집행유예가 실효 또는 취소됨이 없이 무사히 유예기간이 경과하였다. 이후 피고인이 재심을 청구하자 법원이 재심판결로 예를 들어 (㉠ 징역 1년에 집행유예 2년 ㉡ 자격정지 2년을 ㉢ 벌금 500만원을) 선고하고 이것이 확정되었다. 역시 ㉠㉡㉢ 판결은 원판결의 형인 '징역 1년에 집행유예 2년'보다 무겁지 않으므로 위법하지 않다. 그렇다면 피고인은 ㉠ 판결의 경우 집행유예가 실효되면 실형이라는 형집행을 당해야 하는가? ㉡㉢ 판결에 의해 다시 형집행을 당해야 하는가?
3. 검찰실무에 의할 때 사실상 ㉠㉡㉢ 판결에 의한 형집행은 하지 않는 것으로 보인다. 피고인의 이익을 위한 재심제도가 피고인에게 불이익한 방향으로 적용되어서는 안 되기 때문이다. 아래 [4]~[11] 판례들이 이에 관한 것이다.

04 이익재심의 원칙의 취지

1. 형사소송법은 이익재심의 원칙을 반영하여 제439조에서 "재심에는 원판결의 형보다 중한 형을 선고하지 못한다."라고 규정하고 있는데, 이는 단순히 원판결보다 무거운 형을 선고할 수 없다는 원칙만을 의미하고 있는 것이 아니라 실체적 정의를 실현하기 위하여 재심을 허용하지만 피고인의 법적 안정성을 해치지 않는 범위 내에서 재심이 이루어져야 한다는 취지이다.(대법원 2018.10.25. 2018도13150 재심판결 다시 집행유예 사건 I) (同旨 대법원 2018. 2.28. 2015도15782 상해·간통 재심사건) ▶ 20 변호사

2. 형사소송법은 이익재심의 원칙을 반영하여 제439조에서 "재심에는 원판결의 형보다 중한 형을 선고하지 못한다."고 규정하고 있는데, 이는 실체적 정의를 실현하기 위하여 재심을 허용하지만 피고인의 법적 안정성을 해치지 않는 범위 내에서 재심이 이루어져야 한다는 취지로서 단순히 재심절차에서 전의 판결보다 무거운 형을 선고할 수 없다는 원칙만을 의미하고 있는 것이 아니라, 피고인이 원판결 이후에 형선고의 효력을 상실하게 하는 특별사면을 받아 형사처벌의 위험에서 벗어나 있는 경우라면 재심절차에서 형을 다시 선고함으로써 위와 같이 특별사면에 따라 발생한 피고인의 법적 지위를 상실하게 하여서는 안 된다는 의미도 포함되어 있는 것으로 보아야 한다.(대법원 2015.10. 9. 2012도2938 윤필용 수도경비사령관 사건) [9] 판례 참고

05 재심판결로 원판결의 효력이 상실되어 피고인이 불이익을 입게 되는 것이 위법한지의 여부(소극)

재심판결이 확정됨에 따라 원판결이나 그 부수처분의 법률적 효과가 상실되고 형 선고가 있었다는 기왕의 사실 자체의 효과가 소멸하는 것은 재심의 본질상 당연한 것으로서, 원판결의 효력 상실 그 자체로 인하여 피고인이 어떠한 불이익을 입는다 하더라도 이를 두고 재심에서 보호되어야 할 피고인의 법적 지위를 해치는 것이라고 볼 것은 아니다.(대법원 2019. 2.28. 2018도13382 재심판결 다시 집행유예 사건 II) (同旨 대법원 2018.10.25. 2018도13150 재심판결 다시 집행유예 사건 I) [6]~[8] 판례 참고 ▶ 22 국가7급, 21 법원9급

06 집행유예 기간이 경과하여 형선고의 효력이 상실된 확정판결에 대한 재심심판사건에서 다시 형을 선고할 수 있는지의 여부(적극)

원판결이 선고한 집행유예가 실효 또는 취소됨이 없이 유예기간이 지난 후에 새로운 형을 정한 재심판결이 선고되는 경우에도 그 유예기간 경과로 인하여 원판결의 형선고 효력이 상실되는 것은 원판결이 선고한 집행유예 자체의 법률적 효과로서 재심판결이 확정되면 당연히 실효될 원판결 본래의 효력일 뿐이므로 이를 형의 집행과 같이 볼 수는 없고, 재심판결의 확정에 따라 원판결이 효력을 잃게 되는 결과 그 집행유예의 법률적 효과까지 없어진다 하더라도 재심판결의 형이 원판결의 형보다 중하지 않다면 불이익변경금지의 원칙이나 이익재심의 원칙에 반한다고 볼 수 없다.(대법원 2018.10.25. 2018도13150 재심판결 다시 집행유예 사건 I) (同旨 대법원 2018. 2.28. 2015도15782 상해·간통 재심사건) [7] 판례 참고 ▶ 21 경찰채용, 21 소방간부, 20 경간부, 20 국가7급

07 위법한 재심판결이 아닌 경우

1. 원심은, 재심대상판결에서 정한 집행유예기간이 도과한 피고인에 대하여 재심판결에서 또다시 집행유예 판결을 함으로써 집행유예기간이 부활하도록 한 것은 불이익변경금지의 원칙에 반한다는 피고인의 항소이유 주장을 배척하였는 바, 이러한 원심의 판단에는 재심의 불이익변경금지 원칙에 관한 법리를 오해한 위법이 없다.(대법원 2018.10.25. 2018도13150 재심판결 다시 집행유예 사건Ⅰ) 각주 1)과 [11] 판례를 참고하기 바란다.

2. 원심은, 재심대상판결의 집행유예기간이 경과하였음에도 재심판결에서 벌금형을 선고한 것은 불이익변경금지 원칙에 반한다는 항소이유 주장을 배척하였는 바, 이러한 원심의 판단에는 재심의 불이익변경금지 원칙에 관한 법리를 오해한 위법이 없다.(대법원 2018. 2.28. 2015도15782 상해·간통 재심사건)

08 재심판결로 집행유예을 선고할 경우 그 집행유예 기간의 시기(=재심판결 확정일)

피고인이 재심대상판결에서 정한 집행유예 기간 중 특정범죄가중법위반(보복협박등)죄로 징역 6개월을 선고받고 그 판결이 확정됨으로써 위 집행유예가 실효되고 피고인에 대하여 유예된 형이 집행된 사건의 경우 재심판결에서 피고인에게 또다시 집행유예를 선고할 경우 그 집행유예 기간의 시기는 재심대상판결의 확정일이 아니라 재심판결의 확정일로 보아야 하고, 그로 인하여 재심대상판결이 선고한 집행유예의 실효 효과까지 없어진다고 하더라도 이는 재심판결이 확정되면 재심대상판결은 효력을 잃게 되는 재심의 본질상 당연한 결과이므로 재심판결에서 정한 형이 재심대상판결의 형보다 중하지 않은 이상 불이익변경금지의 원칙이나 이익재심의 원칙에 반하지 않는다.(대법원 2019. 2.28. 2018도13382 재심판결 다시 집행유예 사건Ⅱ)[1]

09 특별사면으로 형선고의 효력이 상실된 확정판결에 대한 재심심판사건에서 다시 유죄로 인정되는 경우 법원이 취해야 할 조치

특별사면으로 형선고의 효력이 상실된 유죄의 확정판결에 대하여 재심개시결정이 이루어져 재심심판법원이 그 심급에 따라 다시 심판한 결과 무죄로 인정되는 경우라면 무죄를 선고하여야 하겠지만, 그와 달리 유죄로 인정되는 경우에는 피고인에 대하여 다시 형을 선고하거나 피고인의 항소를 기각하여 제1심판결을 유지시키는 것은 이미 형선고의 효력을

> 20 국가9급, 20 경간부, 17 국가7급, 17 국가9급, 16 경찰채용

---

[1] 재심판결인 원심판결에서 새로운 형을 정하고 원심판결 확정일을 기산일로 하는 집행유예 판결을 선고함으로써 재심대상판결의 집행유예 기간 경과의 효력이 상실된다고 하더라도 재심판결이 확정됨에 따라 원판결이나 그 부수처분의 법률적 효과가 상실되고 형 선고가 있었다는 기왕의 사실 자체의 효과가 소멸하는 것은 재심의 본질상 당연한 것으로서, 원판결의 효력 상실 그 자체로 인하여 피고인이 어떠한 불이익을 입는다 하더라도 이를 두고 재심에서 보호되어야 할 피고인의 법적 지위를 해치는 것이라고 볼 것은 아니다. 더욱이 검사의 주장에 의하더라도 재심판결의 집행유예 기간 기산에 관한 검찰 실무례에 의하면 재심대상판결이 집행유예를 선고한 이후 재심판결에서 새롭게 집행유예가 선고되더라도 종전의 확정판결을 근거로 진행된 집행유예 기간은 유효한 형의 집행으로 보아 새로운 집행유예 기간에서 해당 기간만큼 공제하는 것이 집행 실무라고 하므로 원심판결 확정일을 집행유예 기산일로 하더라도 피고인에게 불이익한 결과가 발생하지 않는다. 따라서 원심판결이 정한 형이 재심대상판결의 형보다 중하지 않은 이상 불이익변경금지의 원칙이나 이익재심의 원칙에 반한다고 볼 수도 없다.(대구지방법원 2018. 8. 9. 2017노4027)

상실하게 하는 특별사면을 받은 피고인의 법적 지위를 해치는 결과가 되어 이익재심과 불이익변경금지의 원칙에 반하게 되므로 재심심판법원으로서는 '피고인에 대하여 형을 선고하지 아니한다'는 주문을 선고할 수밖에 없다.(대법원 2015.10.29. 2012도2938 윤필용 수도경비사령관 사건)

10 재심과 불이익변경금지의 원칙의 원칙

제1심에서 **징역형의 집행유예를 선고**한 데 대하여 제2심이 그 징역형의 형기를 단축하여 실형을 선고하는 것도 불이익변경금지원칙에 위배된다. 마찬가지로 재심대상사건에서 징역형의 집행유예를 선고하였음에도 재심사건에서 원판결보다 주형을 경하게 하고, 집행유예를 없앤 경우는 형사소송법 제439조에 의한 불이익변경금지원칙에 위배된다.(대법원 2016. 3.24. 2016도1131 폭처법위헌 재심 사건)

> 21 변호사, 21 법원9급,
> 19 변호사, 18 경찰채용,
> 18 국가9급, 17 국가9급

11 형집행과 재심판결과의 관계

재심의 종국판결이 확정된 때에는 재심대상판결은 당연히 효력을 상실하나 그때까지 재심대상판결에 의하여 이루어진 형의 집행은 적법하게 이루어진 것으로서 그 효력을 잃지 아니하므로, 피고인에 대하여 집행된 재심대상판결의 징역형은 판결선고전의 구금일수와 마찬가지로 재심법원이 벌금형의 노역장유치기간에 산입되어야 할 것이다.(대법원 2014.11. 13. 2014도10193 긴급조치 제9호 위반사건) "원심이 선고한 벌금형이 이중처벌에 해당한다는 피고인의 주장은 받아들일 수 없다."라고 판시하였다. 피고인이 징역 1년 및 자격정지 2년에 처하는 확정판결을 받고 그 집행을 종료하였다. 이후 피고인이 재심을 청구하자 법원이 재심판결로 일부는 무죄, 일부는 유죄로 인정하고 벌금 50만원을 선고한 사건이다. 이에 피고인이 "벌금을 선고한 것은 이중처벌이다."라고 주장하며 상고를 제기하였으나, 대법원은 위와 같이 피고인이 벌금을 납부하지 않더라도 노역장유치 처분을 받지 않으므로 항소심 판결은 위법하지 않다라고 하였다.

> **선생님의 TIP**
>
> 기판력의 시간적 범위에 관하여는 앞에서 배운바 있는데, 이 단계에서 한번 더 설명한다. [13] 판례가 조금 어려운데 아래 핵심정리 내용을 비교해서 잘 읽어보기 바란다.

핵심정리	기판력의 시간적 범위
구분	사례
일반 판결[2]	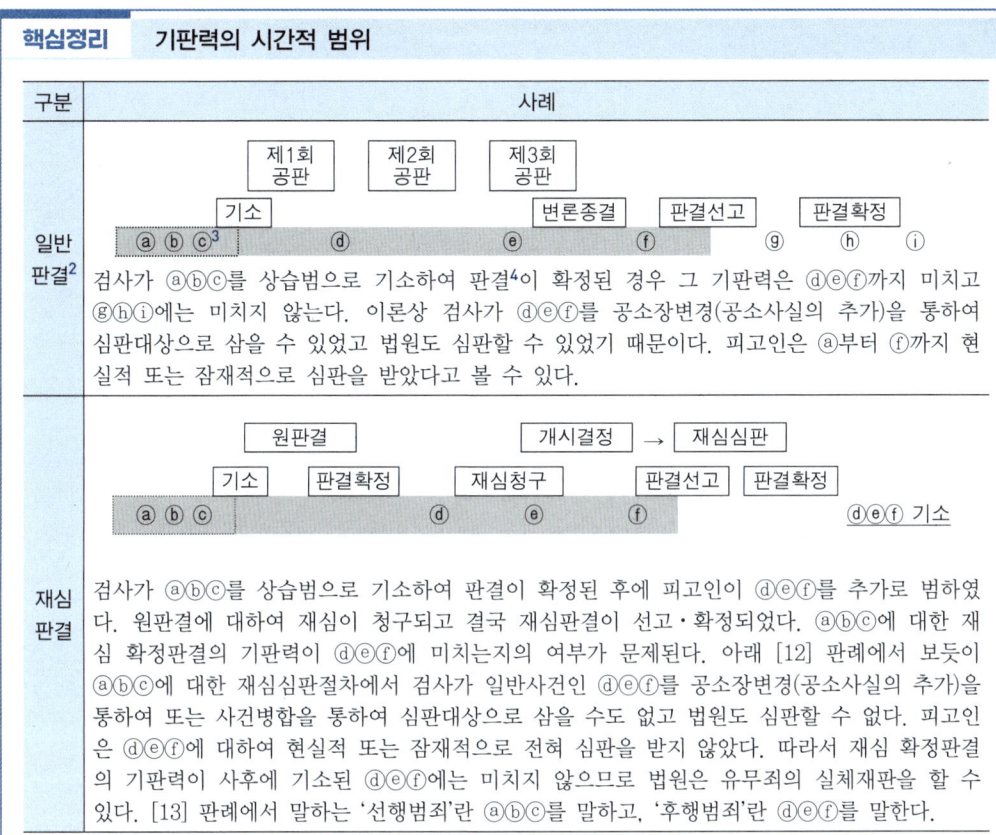 검사가 ⓐⓑⓒ를 상습범으로 기소하여 판결[4]이 확정된 경우 그 기판력은 ⓓⓔⓕ까지 미치고 ⓖⓗⓘ에는 미치지 않는다. 이론상 검사가 ⓓⓔⓕ를 공소장변경(공소사실의 추가)을 통하여 심판대상으로 삼을 수 있었고 법원도 심판할 수 있었기 때문이다. 피고인은 ⓐ부터 ⓕ까지 현실적 또는 잠재적으로 심판을 받았다고 볼 수 있다.
재심 판결	검사가 ⓐⓑⓒ를 상습범으로 기소하여 판결이 확정된 후에 피고인이 ⓓⓔⓕ를 추가로 범하였다. 원판결에 대하여 재심이 청구되고 결국 재심판결이 선고·확정되었다. ⓐⓑⓒ에 대한 재심 확정판결의 기판력이 ⓓⓔⓕ에 미치는지의 여부가 문제된다. 아래 [12] 판례에서 보듯이 ⓐⓑⓒ에 대한 재심심판절차에서 검사가 일반사건인 ⓓⓔⓕ를 공소장변경(공소사실의 추가)을 통하여 또는 사건병합을 통하여 심판대상으로 삼을 수도 없고 법원도 심판할 수 없다. 피고인은 ⓓⓔⓕ에 대하여 현실적 또는 잠재적으로 전혀 심판을 받지 않았다. 따라서 재심 확정판결의 기판력이 사후에 기소된 ⓓⓔⓕ에는 미치지 않으므로 법원은 유무죄의 실체재판을 할 수 있다. [13] 판례에서 말하는 '선행범죄'란 ⓐⓑⓒ를 말하고, '후행범죄'란 ⓓⓔⓕ를 말한다.

12 재심심판절차에서 별개의 공소사실을 추가하는 공소장변경을 할 수 있는지의 여부 등

재심심판절차에서는 특별한 사정이 없는 한 검사가 재심대상사건과 **별개의 공소사실을 추가하는 내용으로 공소장을 변경하는 것은 허용되지 않고, 재심대상사건에 일반 절차로 진행 중인 별개의 형사사건을 병합하여 심리하는 것도 허용되지 않는다.**(대법원 2019. 6. 20. 2018도20698 숯숢 재심판결의 확정력 사건) [13] 판례 참고

▶ 25 경찰승진, 23 국가9급,
23 소방간부, 22 국가9급,
22 법원9급, 21 경찰채용,
20 국가9급

13 재심판결의 기판력 관련 판례

상습범으로 유죄의 확정판결('선행범죄'라 한다)을 받은 사람이 그 후 동일한 습벽에 의해 범행을 저질렀는데('후행범죄'라 한다) 유죄의 확정판결에 대하여 재심이 개시된 경우(재심심판절차에서 선행범죄, 즉 재심대상판결의 공소사실에 후행범죄를 추가하는 내용으로 공소장을 변경하거나 추가로 공소를 제기한 후 이를 재심대상사건에 병합하여 심리하는 것이 허용되지 않으므로) 동일한 습벽에 의한 후행범죄가 재심대상판결에 대한 재심판결 선고 전에 저지른 범죄라 하더라도 재심판결의 기판력이 후행범죄에 미치지 않는다. (대법원 2019. 6. 20. 2018도20698 숯숢 재심판결의 확정력 사건)

▶ 24 국가7급, 24 국가9급,
22 변호사, 22 경간부,
22 법원9급, 21 변호사,
21 소방간부, 20 국가7급,
20 경간부

---

2 '일반판결'이라는 용어는 사용되지 않지만 '재심판결'과의 구분을 위하여 편의상 쓰기로 한다.
3 ⓐⓑⓒ 등은 상습범을 구성하는 개개의 행위를 말한다.
4 유죄판결, 무죄판결 그리고 면소판결을 말한다. 이하 마찬가지이다.

제 2 절 | 비상상고

형사소송법(2025. 3.18. 법률 제20796호로 일부개정된 것)
제441조【비상상고이유】검찰총장은 판결이 확정한 후 그 사건의 심판이 법령에 위반한 것을 발견한 때에는 대법원에 비상상고를 할 수 있다.

> **선생님의 TIP**
> 상고나 비약적 상고는 상소의 일종이지만 비상상고는 그 대상이 확정판결이라는 점에서 상소가 아니다. 대법원에 제기한다는 점에 착안하여 비상'상고'라는 이름이 붙은 것이다. 비상상고는 시험에 잘 출제되지 않는데, 그래도 아래 판례는 정도는 알고 있어야 한다.

01 비상상고 제도의 목적

비상상고 제도는 이미 확정된 판결에 대하여 법령 적용의 오류를 시정함으로써 **법령의 해석·적용의 통일을 도모하려는 데에 그 목적이 있다.** 형사소송법이 확정판결을 시정하는 또 다른 절차인 재심과는 달리, 비상상고의 이유를 심판의 법령위반에, 신청권자를 검찰총장에, 관할법원을 대법원에 각각 한정하여 인정하고(제441조), 비상상고 판결의 효력이 일정한 경우를 제외하고는 피고인에게 미치지 않도록 규정한 것도(제447조) 이러한 제도 본래의 의의와 기능을 고려하였기 때문이다.(대법원 2021. 3.11. 2018오2 형제복지원 비상상고 사건 Ⅰ)

02 비상상고의 대상이 되지 않는 경우

상급심의 파기판결에 의해 효력을 상실한 재판의 법령위반 여부를 다시 심사하는 것은 무익할 뿐만 아니라 법령의 해석·적용의 통일을 도모하려는 비상상고 제도의 주된 목적과도 부합하지 않는다. 따라서 **상급심의 파기판결에 의해 효력을 상실한 재판은 형사소송법 제441조에 따른 비상상고의 대상이 될 수 없다.**(대법원 2021. 3.11. 2019오1 형제복지원 비상상고 사건 Ⅱ)

▶ 22 국가7급

03 형사소송법 제441조의 '그 사건의 심판이 법령에 위반한 것'의 의미

형사소송법이 정한 비상상고 이유인 '그 사건의 심판이 법령에 위반한 때'란 확정판결에서 인정한 사실을 변경하지 아니하고 이를 전제로 한 실체법의 적용에 관한 위법 또는 그 사건에서의 절차법상의 위배가 있는 경우를 뜻한다.(대법원 2021. 3.11. 2018오2 형제복지원 비상상고 사건 Ⅰ)

04 비상상고의 사유가 될 수 있는 경우

1. 처벌을 희망하지 아니하는 피해자의 의사표시가 있었음을 간과한 채 정보통신망법위반의 공소사실을 유죄로 판단한 경우 (대법원 2010. 1.28. 2009오1 음란물유포 고소취소 간과사건)

▶ 17 소방간부

2. 공소시효가 완성된 사실을 간과한 채 약식명령을 발령한 경우 (대법원 2006.10.13. 2006오2 시효완성 간과 약식명령 사건) ▶ 23 국가9급, 17 소방간부

3. 친족상도례 규정을 적용하여 형을 면제하거나 공소를 기각하여야 함에도 불구하고 법원이 유죄판결(형 선고)을 선고한 경우 (대법원 2000.10.13. 99오1 재일교포 종조부 사망사건)

4. '자격정지 이상의 형을 받은 확정판결'이 있음에도 공소사실이 그 판결 확정 전에 범한 죄를 내용으로 한다는 이유로 선고유예판결을 한 경우 (대법원 2018. 4.10. 2018오1 후단 경합범 간과 선고유예사건)

5. 경범죄처벌법 제3조 제3항 제2호(거짓신고)의 죄를 범한 피고인에 대하여 즉결심판을 담당하는 판사가 즉결심판절차에서 허용되는 범위를 넘는 벌금 30만원을 선고한 경우 (대법원 2015. 5.28. 2014오3 벌금 30만원 즉심사건)

6. 법원이 피고인에 대하여 징역 2년과 벌금 24억원을 선고하면서 (형법 제70조 제2항에 따라 500일 이상의 유치기간을 정하였어야 함에도) 800만원을 1일로 환산하여 **300일의 노역장유치**를 명한 경우 (대법원 2014.12.24. 2014오2 유치기간 300일 선고사건)

7. 피고인에 대하여 형의 집행을 유예하면서 보호관찰을 받을 것을 명하지 않은 채 전자장치 부착을 명한 경우 (대법원 2014. 7.24. 2014오1 안마를 해 주겠다 사건)

8. 도로교통법위반죄에 대하여 형면제를 선고할 근거를 찾아볼 수 없고 달리 형법상의 형면제 사유도 찾아볼 수 없음에도 판사가 형 면제의 즉결심판을 선고한 경우 (대법원 1994.10.14. 94오1 근거없는 형면제 사건)

9. 법원이 '피고인들에 대한 각 **구류 3일 형의 선고를 유예한다**'는 즉결심판을 선고한 경우 (대법원 1993. 6.22. 93오1 구류3일 선고유예 사건) ▶ 23 경찰채용, 19 국가9급

05 비상상고의 사유가 될 수 없는 경우

법원이 원판결의 선고 전에 피고인이 이미 사망한 사실을 알지 못하여 공소기각의 결정을 하지 않고 실체판결을 한 경우 (대법원 2005. 3.11. 2004오2 사망자 징역 8월 선고 사건) ▶ 19 국가9급, 17 소방간부, 16 변호사

03 | 특별절차

제1절 | 약식절차

형사소송법(2025. 3.18. 법률 제20796호로 일부개정된 것)

제448조【약식명령을 할 수 있는 사건】① 지방법원은 그 관할에 속한 사건에 대하여 검사의 청구가 있는 때에는 공판절차없이 약식명령으로 피고인을 벌금, 과료 또는 몰수에 처할 수 있다.
② 전항의 경우에는 추징 기타 부수의 처분을 할 수 있다.
제449조【약식명령의 청구】약식명령의 청구는 공소의 제기와 동시에 서면으로 하여야 한다.
제450조【보통의 심판】약식명령의 청구가 있는 경우에 그 사건이 약식명령으로 할 수 없거나 약식명령으로 하는 것이 적당하지 아니하다고 인정한 때에는 공판절차에 의하여 심판하여야 한다.
제451조【약식명령의 방식】약식명령에는 범죄사실, 적용법령, 주형, 부수처분과 약식명령의 고지를 받은 날로부터 7일 이내에 정식재판의 청구를 할 수 있음을 명시하여야 한다.
제452조【약식명령의 고지】약식명령의 고지는 검사와 피고인에 대한 재판서의 송달에 의하여 한다.
제453조【정식재판의 청구】① 검사 또는 피고인은 약식명령의 고지를 받은 날로부터 7일 이내에 정식재판의 청구를 할 수 있다. 단, 피고인은 정식재판의 청구를 포기할 수 없다.
② 정식재판의 청구는 약식명령을 한 법원에 서면으로 제출하여야 한다.
③ 정식재판의 청구가 있는 때에는 법원은 지체없이 검사 또는 피고인에게 그 사유를 통지하여야 한다.
제454조【정식재판청구의 취하】정식재판의 청구는 제1심판결선고 전까지 취하할 수 있다.
제455조【기각의 결정】① 정식재판의 청구가 법령상의 방식에 위반하거나 청구권의 소멸 후인 것이 명백한 때에는 결정으로 기각하여야 한다.
② 전항의 결정에 대하여는 즉시항고를 할 수 있다.
③ 정식재판의 청구가 적법한 때에는 공판절차에 의하여 심판하여야 한다.
제456조【약식명령의 실효】약식명령은 정식재판의 청구에 의한 판결이 있는 때에는 그 효력을 잃는다.
제457조【약식명령의 효력】약식명령은 정식재판의 청구기간이 경과하거나 그 청구의 취하 또는 청구기각의 결정이 확정한 때에는 확정판결과 동일한 효력이 있다.
제457조의2【형종 상향의 금지 등】① 피고인이 정식재판을 청구한 사건에 대하여는 약식명령의 형보다 중한 종류의 형을 선고하지 못한다.
② 피고인이 정식재판을 청구한 사건에 대하여 약식명령의 형보다 중한 형을 선고하는 경우에는 판결서에 양형의 이유를 적어야 한다.
제458조【준용규정】① 제340조 내지 제342조, 제345조 내지 제352조, 제354조의 규정은 정식재판의 청구 또는 그 취하에 준용한다.
② 제365조의 규정은 정식재판절차의 공판기일에 정식재판을 청구한 피고인이 출석하지 아니한 경우에 이를 준용한다.

선생님의 TIP

아래 핵심정리는 우리가 앞에서 이미 보았던 것인데, 한번 더 수록하였다. 『2024년 사법연감』에 의할 때 2023년의 경우 전체 사건 중에서 유형 〈1〉 236,981건이었고, 유형 〈2〉 427,390건이었으며, 유형 〈3〉 129,744건이었다. 즉, 전체 사건 중에서 약식명령으로 처리하는 비율이 53% 정도이고, 즉결심판으로 처리하는 비율이 16% 정도이다. 통계의 오류나 정식재판청구 등을 감안하더라도 분명히 높은 수치임이 분명하다. 약식명령이나 즉결심판도 매우 중요한 부분이고, 그런 의미에서 일반적으로 1문제 정도는 출제된다. 물론 이것을 출제범위에서 제외하는 경찰채용(순경, 경위)시험도 있는데, 생각할수록 이상하고 변태적이다.

핵심정리 · 형사소송 내지 형사절차의 3가지 유형

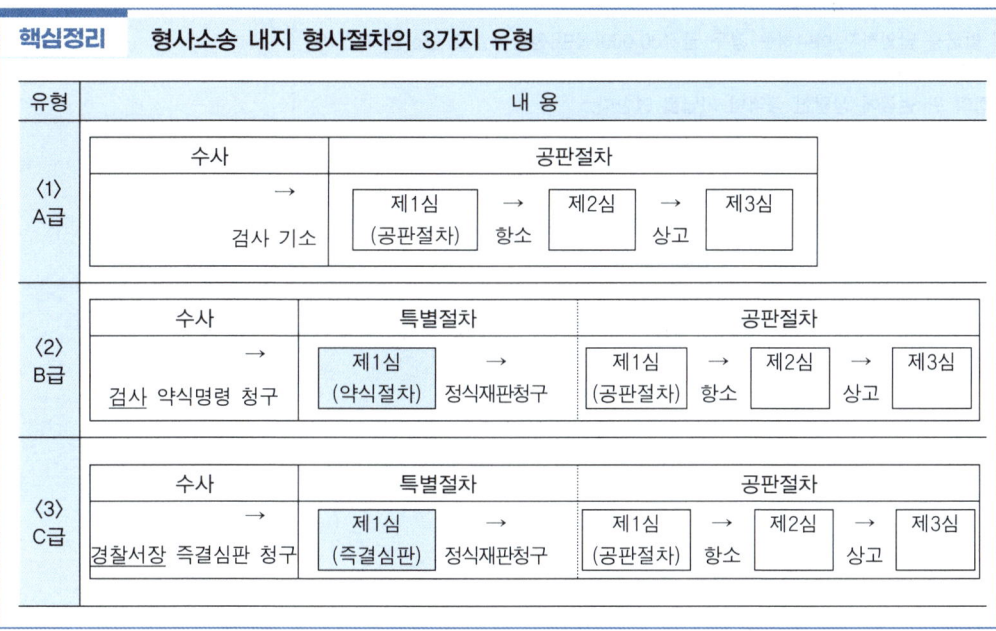

| 서식 및 사례 | 약식명령 |

서울남부지방법원
약식명령

사　　건　　20X5고약321 도로교통법위반(음주운전)

피 고 인　　남궁한 <이하 생략>

주 형 과
부수처분　　피고인을 벌금 6,000,000(육백만)원에 처한다.
　　　　　　피고인이 위 벌금을 납입하지 아니하는 경우 금 100,000(십만)원을 1일로 환산한 기간 위 피고인을 노역장에 유치한다.
　　　　　　피고인에 대하여 위 벌금에 상당한 금액의 가납을 명한다.

범죄사실　　피고인은 20X5. 3. 3. 00:10경 혈중알코올농도 0.06%의 술에 취한 상태에서, 서울 관악구 신림동에 있는 신림역 부근 순대타운 앞 도로부터 서울 영등포구 대림동 771 신동아 아파트 앞 도로까지 약 2km를 07수80Y1호 소나타 승용차를 운전하였다.

적용법령　　도로교통법 제148조의2 제3항 제3호, 제44조 제1항, 형사소송법 제334조 제1항, 형법 제70조, 제69조 제2항

검사 또는 피고인은 이 명령등본을 송달받은 날로부터 7일 이내에 정식재판의 청구를 할 수 있습니다.

20X5년 6월 29일

판사 노정원 ㊞

---

01 약식명령의 송달방법 등

형사소송법 제452조에서 약식명령의 고지는 검사와 피고인에 대한 재판서의 송달에 의하도록 규정하고 있으므로 약식명령은 그 재판서를 피고인에게 송달함으로써 효력이 발생하고, 변호인이 있는 경우라도 반드시 변호인에게 약식명령 등본을 송달해야 하는 것은 아니다. 따라서 정식재판 청구기간은 피고인에 대한 약식명령 고지일을 기준으로 하여 기산하여야 한다.(대법원 2017. 7.27. 2017모1557 약식명령 송달 피고인 변호인신뢰 사건) 법원이 약식명령 등본을 2017. 2. 3. 피고인 甲에게, 같은 달 22. 피고인 乙에게 각 송달하였는데, 甲과 乙의 변호인이 2017. 3.22. 정식재판회복청구와 함께 정식재판청구를 한 사건이다. 정식재판청구기간인 7일이 경과하였을 뿐더러 甲과 乙에게 책임질 수 없는 사유에 기인한 것이 아니었다는 이유로 정식재판청구권회복청구는 기각되었다. [3] 1. 판례 참고

▶ 24 변호사, 24 경찰승진,
24 법원9급, 24 소방간부,
22 경간부, 22 소방간부,
21 경찰채용, 20 경찰채용,
19 경찰채용, 19 국가7급,
18 경찰채용, 18 국가7급,
18 법원9급

02 정식재판청구권회복청구의 사유가 될 수 있는 경우

1. 원심은, 피고인이 적어도 검사의 벌과금 납부독촉서를 송달받은 날에는 약식명령이 고지된 사실을 알았다고 봄이 상당하다고 판단한 다음 그로부터 정식재판청구기간에 상당한 기간인 7일이 경과한 후에 제기된 정식재판청구권회복청구를 기각한 제1심결정을 유지하였다. 그러나 검사의 벌과금 납부독촉서에 법원 및 검찰 사건번호, 벌금액수, 납부기한 등이 기재되기는 하지만 재판절차의 종류와 경과, 정식재판청구기간 등이 기재되어 있지 않고 재판서 등본이 첨부되지 않아 피고인으로서는 공소제기된 죄명과 구체적인 범죄사실을 알 수 없다. 따라서 피고인이 벌과금 납부독촉서를 송달받았다는 것만으로 약식명령이 고지된 사실을 알았다고 단정하기 어려우므로 이로써 피고인이 책임질 수 없는 사유가 해소되어 그날부터 정식재판청구권회복청구기간이 진행한다고 볼 수 없다.(대법원 2024. 7. 18. 2023모2908 벌과금 납부독촉서 송달사건)

2. 약식명령에 대한 정식재판의 청구는 서면으로 제출하여야 하고(형사소송법 제453조 제2항), 공무원 아닌 사람이 작성하는 서류에는 연월일을 기재하고 기명·날인 또는 서명하여야 하고, 인장이 없으면 지장으로 한다(형사소송법 제59조). 따라서 정식재판청구서에 청구인의 기명·날인 또는 서명이 없다면 법령상의 방식을 위반한 것으로서 그 청구를 결정으로 기각하여야 한다. 이는 정식재판의 청구를 접수하는 법원공무원이 청구인의 기명·날인이나 서명이 없음에도 불구하고 이에 대한 보정을 구하지 아니하고 적법한 청구가 있는 것으로 오인하여 청구서를 접수한 경우에도 마찬가지이다. 그러나 **법원공무원의 위와 같은 잘못으로 인하여 적법한 정식재판청구가 제기된 것으로 신뢰한 피고인이 그 정식재판청구기간을 넘기게 되었다면, 이때 피고인은 자기가 '책임질 수 없는 사유'로 청구기간 내에 정식재판을 청구하지 못한 때에 해당하여 정식재판청구권의 회복을 구할 수 있다.** (대법원 2023. 2. 13. 2022모1872 모친 정식재판청구 사건)

> 24 변호사, 23 법원9급

03 정식재판청구권회복청구의 사유가 될 수 없는 경우

1. 변호인이 정식재판청구서를 제출할 것으로 믿고 피고인이 스스로 적법한 정식재판의 청구기간 내에 정식재판청구서를 제출하지 못하였더라도 그것이 피고인 또는 대리인이 책임질 수 없는 사유로 인하여 정식재판의 청구기간 내에 정식재판을 청구하지 못한 때에 해당하지 않는다.(대법원 2017. 7. 27. 2017모1557 약식명령 송달 피고인 변호인신뢰 사건)

> 24 소방간부, 20 경찰채용, 18 경찰채용, 18 국가7급

2. 사무소에 나가지 아니하여 사무소로 송달된 약식명령을 송달받지 못하였다 할지라도 자신에 대하여 소추가 제기된 사실을 알고 있었던 자로서는 스스로 위 사무소에 연락하여 우편물을 확인하거나 기타 소송진행상태를 알 수 있는 방법 등을 강구하였어야 할 것이므로 이에 이르지 않은 이상 위와 같은 사정은 자기가 책임질 수 없는 사유가 아니라 할 것이다. (대법원 2002. 9. 27. 2002모184 피고인 회사로 송달 사건)

> 15 국가9급

> **선생님의 TIP**
>
> 1. 여러분들이 다 아는 내용이겠지만 다시 한번 이렇게 설명한다. 밑줄 친 '중한 종류의 형'과 '중한 형'은 의미가 다르다.
>
>> **제457조의2 【형종 상향의 금지 등】** ① 피고인이 정식재판을 청구한 사건에 대하여는 약식명령의 형보다 <u>중한 종류의 형</u>을 선고하지 못한다. ← 예를 들어 약식명령의 벌금 1,000만원을 징역 6월로 바꾸지 못한다. 물론 이는 피고인만 정식재판청구를 한 경우에만 적용된다. 〈형종(刑種)상향금지의 원칙〉
>> ② 피고인이 정식재판을 청구한 사건에 대하여 약식명령의 형보다 <u>중한 형</u>을 선고하는 경우에는 판결서에 양형의 이유를 적어야 한다. ← 예를 들어 약식명령의 벌금 1,000만원을 벌금 2,000만원으로 바꿀 수 있다. 〈벌금의 액수와 관련하여 불이익변경금지의 원칙 비적용〉
>
> 2. 사건이 병합되면 사실상 형사소송법 제457조의2 제1항·제2항 위반 여부의 판단이 불가능해진다. [6] 판례는 그냥 암기하여야 한다.

04 피고인과 검사 쌍방이 정식재판을 청구한 경우 형종상향금지의 원칙이 적용되는지의 여부(소극)

피고인뿐만 아니라 검사가 피고인에 대한 약식명령에 불복하여 정식재판을 청구한 사건에 있어서는 형사소송법 제457조의2에서 정한 '약식명령의 형보다 중한 종류의 형을 선고하지 못한다'는 형종상향의 금지 원칙이 적용되지 않는다.(대법원 2020. 12. 10. 2020도13700 벌금 → 징역 사건)

05 병합사건의 경우에도 형종상향금지의 원칙이 적용되는지의 여부

1. 형사소송법 제457조의2 제1항에서 규정한 **형종상향금지의 원칙**은 피고인이 정식재판을 청구한 사건과 다른 사건이 병합·심리된 후 경합범으로 처단되는 경우에도 **정식재판을 청구한 사건에 대하여 그대로 적용된다.**(대법원 2020. 3. 26. 2020도355 형종상향금지 위반 사건Ⅱ) ▶ 22 국가7급

2. 형사소송법 제457조의2 제1항에서 규정한 **형종상향금지의 원칙**은 피고인이 정식재판을 청구한 사건과 다른 사건이 병합·심리된 다음 경합범으로 처단되는 경우에도 **정식재판을 청구한 사건에 대하여 그대로 적용된다.** 이는 피고인이 정식재판을 청구해 벌금형이 선고된 제1심판결에 대한 항소사건에서도 마찬가지이다.(대법원 2020. 6. 11. 2020도4231 항소심 강제추행죄 징역형 선택사건) ▶ 24 변호사

06 형종상향금지의 원칙에 위반되는 경우

1. 항소심이, 사기죄, 상해죄 및 업무방해죄에 대하여 **징역 1년 2월을 선고한 제1심판결**에 대한 항소사건과 폭행죄 및 모욕죄에 대하여 **벌금 300만원의 약식명령에 대한 정식재판의 제1심판결(벌금 300만원)**에 대한 항소사건을 병합하여 이를 모두 파기한 후 각 죄를 모두 유죄로 인정하고 징역형을 각 선택한 후 누범가중과 경합범가중을 하여 징역 1년 2월을 선고한 것은 형사소송법 제457조의2 제1항에서 정한 **형종상향금지의 원칙을 위반한 잘못**이 있다.(대법원 2020. 3. 26. 2020도355 형종상향금지 위반사건Ⅱ) '징역 1년 2월 + 벌금

300만원'을 '징역 1년 2월'로 바꾼 사건인데 뭐가 잘못되었다는 말인가? 이 판례는 선택형와 선고형의 차이를 간과했다는 느낌이 있다. 그렇게 강조했던 두문자 〈법선처선〉을 벌써 까먹은 것인가?

> **형사소송법(2025. 3.18. 법률 제20796호로 일부개정된 것)**
>
> 제457조의2【형종 상향의 금지 등】① 피고인이 정식재판을 청구한 사건에 대하여는 약식명령의 형보다 중한 종류의 형을 <u>선고하지 못한다</u>.
> ② 피고인이 정식재판을 청구한 사건에 대하여 약식명령의 형보다 중한 형을 <u>선고하는 경우</u>에는 판결서에 양형의 이유를 적어야 한다.

2. 피고인이 절도죄 등으로 벌금 300만원의 약식명령을 발령받은 후 이에 대해 정식재판을 청구하자, 제1심 법원이 정식재판청구 사건을 통상절차에 의해 공소가 제기된 다른 점유이탈물횡령 등 사건들과 병합한 후 각 죄에 대해 모두 징역형을 선택한 다음 경합범 가중하여 징역 1년 2월을 선고한 것은 형사소송법 제457조의2 제1항에서 정한 **형종상향금지의 원칙**을 위반한 잘못이 있다.(대법원 2020. 1. 9. 2019도15700 형종상향금지 위반사건Ⅰ) 이 판례는 대략 이해할 수 있겠다.

> 21 경찰채용

제 2 절 | 즉결심판절차

즉결심판에 관한 절차법(2017. 7.26. 법률 제14839호로 일부개정된 것)

제1조【목적】이 법은 범증이 명백하고 죄질이 경미한 범죄사건을 신속·적정한 절차로 심판하기 위하여 즉결심판에 관한 절차를 정함을 목적으로 한다.

제2조【즉결심판의 대상】지방법원, 지원 또는 시·군법원의 판사(이하 "판사"라 한다)는 즉결심판절차에 의하여 피고인에게 20만원 이하의 벌금, 구류 또는 과료에 처할 수 있다.

제3조【즉결심판청구】① 즉결심판은 관할경찰서장 또는 관할해양경찰서장(이하 "경찰서장"이라 한다)이 관할법원에 이를 청구한다.
② 즉결심판을 청구함에는 즉결심판청구서를 제출하여야 하며, 즉결심판청구서에는 피고인의 성명 기타 피고인을 특정할 수 있는 사항, 죄명, 범죄사실과 적용법조를 기재하여야 한다.
③ 즉결심판을 청구할 때에는 사전에 피고인에게 즉결심판의 절차를 이해하는 데 필요한 사항을 서면 또는 구두로 알려주어야 한다.

제3조의2【관할에 대한 특례】지방법원 또는 그 지원의 판사는 소속 지방법원장의 명령을 받아 소속 법원의 관할사무와 관계없이 즉결심판청구사건을 심판할 수 있다.

제4조【서류·증거물의 제출】경찰서장은 즉결심판의 청구와 동시에 즉결심판을 함에 필요한 서류 또는 증거물을 판사에게 제출하여야 한다.

제5조【청구의 기각등】① 판사는 사건이 즉결심판을 할 수 없거나 즉결심판절차에 의하여 심판함이 적당하지 아니하다고 인정할 때에는 결정으로 즉결심판의 청구를 기각하여야 한다.
② 제1항의 결정이 있는 때에는 경찰서장은 지체없이 사건을 관할지방검찰청 또는 지청의 장에게 송치하여야 한다.

제6조【심판】즉결심판의 청구가 있는 때에는 판사는 제5조 제1항의 경우를 제외하고 즉시 심판을 하여야 한다.

제7조【개정】① 즉결심판절차에 의한 심리와 재판의 선고는 공개된 법정에서 행하되, 그 법정은 경찰관서(해양경찰관서를 포함한다)외의 장소에 설치되어야 한다.
② 법정은 판사와 법원서기관, 법원사무관, 법원주사 또는 법원주사보(이하 "법원사무관등"이라 한다)가 열석하여 개정한다.
③ 제1항 및 제2항의 규정에 불구하고 판사는 상당한 이유가 있는 경우에는 개정없이 피고인의 진술서와 제4조의 서류 또는 증거물에 의하여 심판할 수 있다. 다만, 구류에 처하는 경우에는 그러하지 아니하다.

제8조【피고인의 출석】피고인이 기일에 출석하지 아니한 때에는 이 법 또는 다른 법률에 특별한 규정이 있는 경우를 제외하고는 개정할 수 없다.

제8조의2【불출석심판】① 벌금 또는 과료를 선고하는 경우에는 피고인이 출석하지 아니하더라도 심판할 수 있다.
② 피고인 또는 즉결심판출석통지서를 받은 자(이하 "피고인등"이라 한다)는 법원에 불출석심판을 청구할 수 있고, 법원이 이를 허가한 때에는 피고인이 출석하지 아니하더라도 심판할 수 있다.
③ 제2항의 규정에 의한 불출석심판의 청구와 그 허가절차에 관하여 필요한 사항은 대법원규칙으로 정한다.

제9조【기일의 심리】① 판사는 피고인에게 피고사건의 내용과 형사소송법 제283조의2에 규정된 진술거부권이 있음을 알리고 변명할 기회를 주어야 한다.
② 판사는 필요하다고 인정할 때에는 적당한 방법에 의하여 재정하는 증거에 한하여 조사할 수 있다.
③ 변호인은 기일에 출석하여 제2항의 증거조사에 참여할 수 있으며 의견을 진술할 수 있다.

제10조【증거능력】즉결심판절차에 있어서는 형사소송법 제310조, 제312조 제3항 및 제313조의 규정은 적용하지 아니한다.

제11조【즉결심판의 선고】① 즉결심판으로 유죄를 선고할 때에는 형, 범죄사실과 적용법조를 명시하고 피고인은 7일 이내에 정식재판을 청구할 수 있다는 것을 고지하여야 한다.
② 참여한 법원사무관등은 제1항의 선고의 내용을 기록하여야 한다.
③ 피고인이 판사에게 정식재판청구의 의사를 표시하였을 때에는 이를 제2항의 기록에 명시하여야 한다.
④ 제7조 제3항 또는 제8조의2의 경우에는 법원사무관등은 7일 이내에 정식재판을 청구할 수 있음을 부기한 즉결심판서의 등본을 피고인에게 송달하여 고지한다. 다만, 제8조의2 제2항의 경우에 피고인등이 미리 즉결심판서의 등본송달을 요하지 아니한다는 뜻을 표시한 때에는 그러하지 아니하다.
⑤ 판사는 사건이 무죄·면소 또는 공소기각을 함이 명백하다고 인정할 때에는 이를 선고·고지할 수 있다.

제12조【즉결심판서】① 유죄의 즉결심판서에는 피고인의 성명 기타 피고인을 특정할 수 있는 사항, 주문, 범죄사실과 적용법조를 명시하고 판사가 서명·날인하여야 한다.
② 피고인이 범죄사실을 자백하고 정식재판의 청구를 포기한 경우에는 제11조의 기록작성을 생략하고 즉결심판서에 선고한 주문과 적용법조를 명시하고 판사가 기명·날인한다.

제13조【즉결심판서등의 보존】즉결심판의 판결이 확정된 때에는 즉결심판서 및 관계서류와 증거는 관할경찰서 또는 지방해양경찰관서가 이를 보존한다.

제14조【정식재판의 청구】① 정식재판을 청구하고자 하는 피고인은 즉결심판의 선고·고지를 받은 날부터 7일 이내에 정식재판청구서를 경찰서장에게 제출하여야 한다. 정식재판청구서를 받은 경찰서장은 지체없이 판사에게 이를 송부하여야 한다.
② 경찰서장은 제11조 제5항의 경우에 그 선고·고지를 한 날부터 7일 이내에 정식재판을 청구할 수 있다. 이 경우 경찰서장은 관할지방검찰청 또는 지청의 검사(이하 "검사"라 한다)의 승인을 얻어 정식재판청구서를 판사에게 제출하여야 한다.
③ 판사는 정식재판청구서를 받은 날부터 7일 이내에 경찰서장에게 정식재판청구서를 첨부한 사건기록과 증거물을 송부하고, 경찰서장은 지체없이 관할지방검찰청 또는 지청의 장에게 이를 송부하여야 하며, 그 검찰청 또는 지청의 장은 지체없이 관할법원에 이를 송부하여야 한다.
④ 형사소송법 제340조 내지 제342조, 제344조 내지 제352조, 제354조, 제454조, 제455조의 규정은 정식재판의 청구 또는 그 포기·취하에 이를 준용한다.

제15조【즉결심판의 실효】즉결심판은 정식재판의 청구에 의한 판결이 있는 때에는 그 효력을 잃는다.

제16조【즉결심판의 효력】즉결심판은 정식재판의 청구기간의 경과, 정식재판청구권의 포기 또는 그 청구의 취하에 의하여 확정판결과 동일한 효력이 생긴다. 정식재판청구를 기각하는 재판이 확정된 때에도 같다.

제17조【유치명령등】① 판사는 구류의 선고를 받은 피고인이 일정한 주소가 없거나 또는 도망할 염려가 있을 때에는 5일을 초과하지 아니하는 기간 경찰서유치장(지방해양경찰관서의 유치장을 포함한다)에 유치할 것을 명령할 수 있다. 다만, 이 기간은 선고기간을 초과할 수 없다.
② 집행된 유치기간은 본형의 집행에 산입한다.
③ 형사소송법 제334조의 규정은 판사가 벌금 또는 과료를 선고하였을 때에 이를 준용한다.

제18조【형의 집행】① 형의 집행은 경찰서장이 하고 그 집행결과를 지체없이 검사에게 보고하여야 한다.
② 구류는 경찰서유치장·구치소 또는 교도소에서 집행하며 구치소 또는 교도소에서 집행할 때에는 검사가 이를 지휘한다.
③ 벌금, 과료, 몰수는 그 집행을 종료하면 지체없이 검사에게 이를 인계하여야 한다. 다만, 즉결심판 확정후 상당기간내에 집행할 수 없을 때에는 검사에게 통지하여야 한다. 통지를 받은 검사는 형사소송법 제477조에 의하여 집행할 수 있다.
④ 형의 집행정지는 사전에 검사의 허가를 얻어야 한다.

제19조【형사소송법의 준용】즉결심판절차에 있어서 이 법에 특별한 규정이 없는 한 그 성질에 반하지 아니한 것은 형사소송법의 규정을 준용한다.

> **선생님의 TIP**
>
> 아래 핵심정리는 우리가 앞에서 이미 2번씩 보았던 것인데, 한번 더 수록하였다. 어차피 공부는 반복이다. C급 범죄에 대하여는 경찰 단계에서 처리하고 마무리 짓는다[1]. C급 범죄, 이른바 즉결사건은 경찰이 처리하는데 앞에서도 말했지만 경찰채용(순경, 경위)시험에서는 이것이 시험범위가 아니다.

핵심정리 형사소송 내지 형사절차의 3가지 유형

유형	내 용
⟨1⟩ A급	수사 → 검사 기소 / 공판절차: 제1심(공판절차) → 항소 제2심 → 상고 제3심
⟨2⟩ B급	수사 → 검사 약식명령 청구 / 특별절차: 제1심(약식절차) → 정식재판청구 / 공판절차: 제1심(공판절차) → 항소 제2심 → 상고 제3심
⟨3⟩ C급	수사 → 경찰서장 즉결심판 청구 / 특별절차: 제1심(즉결심판) → 정식재판청구 / 공판절차: 제1심(공판절차) → 항소 제2심 → 상고 제3심

---

1 물론 정식재판을 청구하여 일반 공판절차에 따라 심판할 수 있지만 그것은 별론으로 한다.

| 서식 및 사례 | 즉결심판 |

서울중앙지방법원
즉 결 심 판 서

즉심청구번호 : 제20X5-5877번
사 건 번 호 : 제33Y7호
죄   명 : 형법범 제260조 제1항 폭행죄

피고인 남궁한 <이하 생략>

주 문

구   류   일   유치명령   일
벌   금   100,000원   환형유치 1일당 50,000원
몰 수 금

이 벌금 또는 과료를 완납할 때까지 노역장에 유치한다.
이 벌금 또는 과료의 가납을 명한다.

범죄사실과 적용법조 : 별지 즉결심판청구서 기재와 같음

20X5년 6월 30일
판사 노정원

즉결심판청구서(별지)

출석	일 시	20X5년 6월 30일 09시 00분까지
	장 소	서울중앙지방법원 즉결법정으로 출석하시기 바랍니다.
피고인	성 명	남궁한 <이하 생략>
	주 소	전화
위반	일 시	20X5년 6월 10일 06시 30분경
	장 소	서울역 광장
범죄내용	상기 피고인은 위 일시 및 장소에서 피해자 윤요크가 술을 먹고 있는 것을 보고, 아무런 이유없이 피해자의 멱살을 잡고 흔들어, 주먹으로 입술 부위를 1회 가격하고 소리를 지르며 소란을 피운 것이다.
적용법조	형법 제260조 제1항

위에 기재된 내용을 피고인에게 읽어준 바 사실과 같다고 하므로 서명·날인하게 하다.
20X5년 6월 11일
피고인 남궁한

위와 같이 즉결심판을 청구합니다.
20X5년 6월 24일
서울청 남대문경찰서장

---

01 피고인이 즉결심판에 대하여 제출한 정식재판청구서에 피고인의 자필로 보이는 이름이 기재되어 있고 그 옆에 서명이 되어 있는 경우 정식재판청구가 적법한지의 여부(적극)

구 형사소송법 제59조에서 정한 기명·날인의 의미, 이 규정이 개정되어 기명·날인 외에 서명도 허용한 경위와 취지 등을 종합하면, 정식재판청구서에는 피고인의 자필로 보이는 이름이 기재되어 있고 그 옆에 서명이 되어 있어 위 서류가 작성자 본인인 피고인의 진정한 의사에 따라 작성되었다는 것을 명백하게 확인할 수 있으며 형사소송절차의 명확성과 안정성을 저해할 우려가 없으므로 정식재판청구는 적법하다. 피고인의 인장이나 지장이 찍혀 있지 않다고 해서 이와 달리 볼 것이 아니다.(대법원 2019.11.29. 2017모3458 정식재판청구서 자필·서명 사건)

▶ 24 국가7급, 24 소방간부

02 즉결심판에 대하여 정식재판청구가 있는 경우 법원의 조치(=공판절차에 의하여 심판)

피고인이 경찰서장의 청구에 따라 즉결심판을 받고 적법한 정식재판청구를 한 경우 경찰서장의 즉결심판청구는 공소제기와 동일한 소송행위이므로 관할 법원은 **공판절차에 따라 심판하여야 한다.**(대법원 2019.11.29. 2017모3458 정식재판청구서 자필·서명 사건) [3] 판례 참고

▶ 24 국가7급, 22 국가7급, 21 경간부, 21 소방간부

03 즉결심판에 대하여 정식재판청구가 있는 경우 검사가 그에 대하여 다시 공소를 제기할 수 있는지의 여부(소극)

1. 피고인이 즉결심판에 대하여 정식재판청구를 한 경우 검사가 법원에 사건기록과 증거물을 그대로 송부하지 않고 즉결심판이 청구된 위반 내용과 동일성 있는 범죄사실에 대하여 **약식명령을 청구하면 법원은 공소가 제기된 사건에 대하여 다시 공소가 제기되었을 때에 해당한다는 이유로 공소기각판결을 선고하여야 한다.**(대법원 2019.11.29. 2017모3458 정식재판청구서 자필·서명 사건) 이중기소에 해당한다. 이 판례가 맞고, 아래 2. 판례는 약간 옳지 않다.

2. 검사가 정식재판을 청구한 즉결심판사건에 대하여 법원에 사건기록과 증거물을 그대로 송부하지 아니하고 즉결심판이 청구된 위반 내용과 동일성 있는 범죄사실에 대하여 약식명령을 청구한 경우 '공소제기 절차가 법률의 규정에 위반하여 무효인 때에 해당하거나' 공소가 제기된 사건에 대하여 다시 공소가 제기되었을 때에 해당하므로 **법원은 공소기각판결을 선고하여야 한다.**(대법원 2017.10.12. 2017도10368 즉심사건 약식명령청구 사건) '공소제기 절차가 법률의 규정에 위반하여 무효인 때에 해당한다'는 형사소송법 제327조 제2호를 말하는데 이는 일반조항에 해당한다. 이러한 일반조항은 특별조항(형사소송법 제327조 제3호의 이중기소)이 적용되지 않을 때에만 적용되어야 한다. 즉, 이 판례는 '일반조항 또는 특별조항에 의하여'라고 판시하고 있는데, 반드시 틀렸다고는 할 수 없지만 일반적인 법리와는 맞지 않는다.

> 21 경찰채용, 19 경찰채용, 19 국가9급

핵심정리	정식재판청구와 검사의 약식명령청구 관련 이중기소의 문제		
동일 사건	수사	특별절차	공판절차
	경찰서장 즉결심판 청구 →	제1심 (즉결심판) → 정식재판청구	제1심 (공판절차) 유무죄의 실체재판을 하여야 한다.
	수사		공판절차
	검사 약식명령 청구[2]		제1심 (공판절차) (공판절차로 이행한 후) 이중기소에 해당하므로 공소기각판결을 선고하여야 한다.

---

[2] 경찰서장의 즉결심판청구도 넓은 의미의 공소제기에 해당하는데, 검사가 이중으로 기소한 경우에 해당한다. 법원은 검사의 약식명령청구 등에 대하여 (중간 단계는 생략하고) 형사소송법 제327조 제3호에 의하여 공소기각판결을 선고하여야 한다.

> **경범죄 처벌법(2017.10.24. 법률 제14908호로 일부개정된 것)**
>
> 제6조【정의】① 이 장에서 "범칙행위"란 제3조 제1항 각 호 및 제2항 각 호의 어느 하나에 해당하는 위반행위를 말하며, 그 구체적인 범위는 대통령령으로 정한다.
> ② 이 장에서 "범칙자"란 범칙행위를 한 사람으로서 다음 각 호의 어느 하나에 해당하지 아니하는 사람을 말한다.
> 1. 범칙행위를 상습적으로 하는 사람
> 2. 죄를 지은 동기나 수단 및 결과를 헤아려볼 때 구류처분을 하는 것이 적절하다고 인정되는 사람
> 3. 피해자가 있는 행위를 한 사람
> 4. 18세 미만인 사람
> ③ 이 장에서 "범칙금"이란 범칙자가 제7조에 따른 통고처분에 따라 국고 또는 제주특별자치도의 금고에 납부하여야 할 금전을 말한다.
> 제7조【통고처분】① 경찰서장은 범칙자로 인정되는 사람에 대하여 그 이유를 명백히 나타낸 서면으로 범칙금을 부과하고 이를 납부할 것을 통고할 수 있다. 〈단서 생략〉
> 제8조【범칙금의 납부】① 제7조에 따라 통고처분서를 받은 사람은 통고처분서를 받은 날부터 10일 이내에 경찰청장이 지정한 은행, 그 지점이나 대리점, 우체국 또는 제주특별자치도지사가 지정하는 금융기관이나 그 지점에 범칙금을 납부하여야 한다.
> ② 제1항에 따른 납부기간에 범칙금을 납부하지 아니한 사람은 납부기간의 마지막 날의 다음 날부터 20일 이내에 통고받은 범칙금에 그 금액의 100분의 20을 더한 금액을 납부하여야 한다.
> ③ 제1항 또는 제2항에 따라 범칙금을 납부한 사람은 그 범칙행위에 대하여 다시 처벌받지 아니한다.
> 제9조【통고처분 불이행자 등의 처리】① 경찰서장은 다음 각 호의 어느 하나에 해당하는 사람에 대하여는 지체 없이 즉결심판을 청구하여야 한다. 〈단서 생략〉
> 1. 제7조 제1항 각 호의 어느 하나에 해당하는 사람
> 2. 제8조 제2항에 따른 납부기간에 범칙금을 납부하지 아니한 사람
> ② 제1항 제2호에 따라 즉결심판이 청구된 피고인이 통고받은 범칙금에 그 금액의 100분의 50을 더한 금액을 납부하고 그 증명서류를 즉결심판 선고 전까지 제출하였을 때에는 경찰서장은 그 피고인에 대한 즉결심판 청구를 취소하여야 한다.
> ③ 제1항 단서 또는 제2항에 따라 범칙금을 납부한 사람은 그 범칙행위에 대하여 다시 처벌받지 아니한다.

선생님의 TIP

경범죄처벌법과 도로교통법에는 범칙금 내지 통고처분 제도가 있는데, 이와 관련된 판례가 아래와 같이 2개가 있다.

04 범칙금제도의 취지

경범죄 처벌법상 범칙금 제도는 범칙행위에 대하여 형사절차에 앞서 **경찰서장의 통고처분**에 따라 범칙금을 납부할 경우 이를 납부하는 사람에 대하여는 기소를 하지 않는 처벌의 특례를 마련해 둔 것으로 법원의 재판절차와는 제도적 취지와 법적 성질에서 차이가 있다. 범칙자가 통고처분을 불이행하였더라도 기소독점주의의 예외를 인정하여 경찰서장의 즉결심판청구를 통하여 공판절차를 거치지 않고 사건을 간이하고 신속·적정하게 처리함으로써 소송경제를 도모하되, 즉결심판 선고 전까지 범칙금을 납부하면 형사처벌을 면할 수 있도록 함으로써 범칙자에 대하여 형사소추와 형사처벌을 면제받을 기회를 부여하고 있다. (대법원 2023. 3.16. 2023도751 성명모용 범칙자 사건) [5] 판례 참고

> 24 변호사

05 통고처분의 범칙금 납부기간까지 즉결심판이나 공소제기를 할 수 있는지의 여부(소극)

1. 경찰서장이 범칙행위에 대하여 통고처분을 한 이상, 통고처분에서 정한 범칙금 납부기간까지는 원칙적으로 경찰서장은 즉결심판을 청구할 수 없고, 범칙행위에 대한 형사소추를 위하여 이미 한 통고처분을 임의로 취소할 수 없으며, 검사도 동일한 범칙행위에 대하여 **공소를 제기할 수 없다**. 이때 공소를 제기할 수 없는 범칙행위는 통고처분 시까지의 행위 중 범칙금 통고의 이유에 기재된 당해 범칙행위 자체 및 그 범칙행위와 동일성이 인정되는 범칙행위에 한정된다.(대법원 2023. 3.16. 2023도751 성명모용 범칙자 사건) 만약 검사가 공소를 제기하면 '공소제기의 절차가 법률의 규정을 위반하여 무효인 때'에 해당하므로 법원은 형사소송법 제327조 제2호에 의하여 공소기각판결을 선고하여야 한다. 두문자 〈허기진 특정 모범 일본소년이 가면 고소·고발·처벌 재유발하고 특허·보험 남용한다〉로 암기하기 바란다.

2. 경찰서장이 범칙행위에 대하여 통고처분을 한 이상 **통고처분에서 정한 범칙금 납부기간까지는 원칙적으로 경찰서장은 즉결심판을 청구할 수 없고, 검사도 동일한 범칙행위에 대하여 공소를 제기할 수 없다**. 또한 범칙자가 범칙금 납부기간이 지나도록 범칙금을 납부하지 아니하였다면 경찰서장이 즉결심판을 청구하여야 하고, 검사는 동일한 범칙행위에 대하여 공소를 제기할 수 없다. 나아가 특별한 사정이 없는 이상 경찰서장은 범칙행위에 대한 형사소추를 위하여 이미한 통고처분을 임의로 취소할 수 없다.(대법원 2021. 4. 1. 2020도15194 무전취식 통고처분 사건Ⅱ) ▶ 24 변호사, 22 경간부, 22 경찰승진, 21 경간부, 21 소방간부

제 3 절 | 소년형사사건

소년법(2020.10.20. 법률 제17505호로 일부개정된 것)

제2조【소년 및 보호자】 이 법에서 "소년"이란 19세 미만인 자를 말하며, "보호자"란 법률상 감호교육을 할 의무가 있는 자 또는 현재 감호하는 자를 말한다.

제59조【사형 및 무기형의 완화】 죄를 범할 당시 18세 미만인 소년에 대하여 사형 또는 무기형으로 처할 경우에는 15년의 유기징역으로 한다. ← 기준은 범죄시이다. 범죄시가 기준인 것이 이 조항이 유일하다.

제60조【부정기형】 ① 소년이 법정형[3]으로 장기 2년 이상의 유기형에 해당하는 죄를 범한 경우에는 그 형의 범위에서 장기와 단기를 정하여 선고한다. 다만, 장기는 10년, 단기는 5년을 초과하지 못한다. ← 기준은 재판시, 즉 사실심판결선고시이다. 아래 제2항도 마찬가지이다.
② 소년의 특성에 비추어 상당하다고 인정되는 때에는 그 형을 감경할 수 있다.
③ 형의 집행유예나 선고유예를 선고할 때에는 제1항을 적용하지 아니한다.
④ 소년에 대한 부정기형을 집행하는 기관의 장은 형의 단기가 지난 소년범의 행형(行刑) 성적이 양호하고 교정의 목적을 달성하였다고 인정되는 경우에는 관할 검찰청 검사의 지휘에 따라 그 형의 집행을 종료시킬 수 있다.

형법(2025. 4. 8. 법률 제20908호로 일부개정된 것)

제250조【살인, 존속살해】 ① 사람을 살해한 자는 사형, 무기 또는 5년 이상의 징역에 처한다.

선생님의 TIP

1. 소년에 대한 절차는 소년보호사건와 소년형사사건이 있다[4]. 전자는 '보호처분'을 과하는 절차이고, 후자는 '형벌'을 과하는 절차이다. 이 교재는 판례집이므로 판례가 있는 후자만 다루기로 한다. 소년형사사건의 가장 큰 특징은 위 소년법 조문에서 보듯이 사형·무기형 선고의 금지와 부정기형의 선고이다.
2. '사형·무기형 선고의 금지'와 '부정기형의 선고'의 기준 시점이 다른데 아래 문제를 풀면서 이해할 수 있어야 한다.

문제〈1〉	1. 피고인 甲은 17세 때에 살인죄를 범하였다. 검사가 甲을 기소하여 제1심 법원이 판결을 선고하는데 甲의 나이가 20세가 되었다. 이 경우 사형 또는 무기형을 선고할 수 있는가? 2. 피고인 乙은 18세 때에 살인죄를 범하였다. 검사가 乙을 기소하여 제1심 법원이 판결을 선고하는데 乙의 나이가 여전히 18세이었다. 이 경우 사형 또는 무기형을 선고할 수 있는가?
정답	1. 범죄시에 甲의 나이가 18세 미만이므로 비록 재판시에 나이가 20세가 되었더라도 법원은 사형 또는 무기형을 선고할 수 없다. 2. 범죄시에 乙의 나이가 18세 이상이므로 비록 재판시에 여전히 (19세 미만의) 소년이라고 하더라도 법원은 사형 또는 무기형을 선고할 수 있다.
문제〈2〉	1. 피고인 甲은 18세 때에 살인죄를 범하였다. 검사가 甲을 기소하여 제1심 법원이 판결을 선고하는데 甲의 나이가 여전히 18세이었다. 이 경우 선고하는 것이 정기형인가 부정기형인가? 2. 이후 항소가 제기되어 제2심 법원이 판결을 선고하는데 甲의 나이가 19세가 되었다. 이 경우 선고하는 것이 정기형인가 부정기형인가?

---

[3] 이는 '선택형'을 말한다. 예를 들어 살인죄의 법정형 중 '사형 또는 무기징역'을 선택하면 정기형을 선고하여야 하고, '5년 이상의 징역'을 선택하면 부정기형을 선고하여야 한다.

정답	1. 제1심 판결 당시에 甲이 소년이므로 법원이 살인죄의 법정형 중 '사형, 무기형을 선택한다면' <u>정기형을 선고하여야 하고</u>, '유기형(5년 이상의 징역)을 선택한다면' <u>부정기형을 선고하여야 한다</u>. 2. 제2심 판결 당시에 甲은 소년이 아니므로 법원은 <u>언제나 정기형을 선고하여야 한다</u>.

01 법정형 중 사형이나 무기형을 선택한 경우 소년에게 부정기형을 선고할 수 있는지의 여부 (소극)

법정형이 사형, 무기징역, 유기징역이 있는 때에 그 법정형 중 **사형이나 무기징역형을 선택**하고 작량감경한 결과로 피고인에게 유기징역형을 선고할 경우에는 소년법 제54조 [25년 현재 제60조]는 그 적용이 없다.(대법원 1985. 6. 25. 85도881 무기징역 선택 사건) 정기형을 선고하여야 한다.

02 피고인이 항소심 판결선고 당시 성년에 이른 경우 부과할 형(=정기형)

소년법 제60조 제1항에 정한 '소년'은 소년법 제2조에 정한 19세 미만인 자를 의미하는 것으로 이에 해당하는지는 사실심판결 선고시를 기준으로 판단하여야 하므로 제1심에서 부정기형을 선고받은 피고인이 항소심 선고 이전에 19세에 도달하는 경우 정기형이 선고되어야 한다.(대법원 2020. 10. 22. 2020도4140 숲속 장기 15년 단기 7년 중간형 사건)

▶ 24 경찰승진, 24 소방간부, 23 경간부, 18 경찰채용

03 항소심에서 부정기형이 선고된 후 상고심 계속 중 성년이 된 경우 정기형으로 고칠 수 있는지의 여부(소극)

1. 상고심에서의 심판대상은 항소심 판결 당시를 기준으로 하여 그 당부를 심사하는 데에 있는 것이므로 원심판결 선고 당시 미성년이었던 피고인이 상고 이후에 성년이 되었다고 하여 원심의 부정기형의 선고가 위법이 되는 것이 아니다.(대법원 1998. 2. 27. 97도3421 조직원들의 소재를 밝혀라 사건) 상고심은 사후심이다. 이 판례와 아래 2. 판례는 항소심 판결에 특별한 위법사유가 없는 경우에 해당한다. [4] 판례와 비교

▶ 25 소방간부, 17 경찰채용, 16 법원9급, 16 국가7급

2. 피고인이 항소심판결 선고 당시 소년이어서 부정기형이 선고되었다면 그 후 **상고심에서 와서 성년이 되었다고 하더라도 부정기형을 선고한 항소심판결을 파기할 사유가 되지 않는다**. (대법원 1990. 9. 28. 90도1772 정기형을 선고해 달라 사건)

▶ 24 경찰승진, 19 국가7급, 17 소방간부

04 법정형이 유기형인 경우 항소심 판결선고 당시 소년에 대하여 부과할 형(=부정기형)

항소심이 미성년자에 대하여 정기형을 선고하였음이 위법이라는 이유로 상고심이 항소심판결을 파기하고 자판하는 경우에 동 피고인이 성년에 달하였다면 부정기형을 선고한 제1심 판결까지 파기하고 정기형을 선고하여야한다.(대법원 1981. 12. 8. 81도2414 피고인 생일 착오사건) 항소심 판결이 위법하여 대법원이 파기자판을 한 사건인데, 이 경우 대법원은 속심에 해당한다고 볼 수 있다.

---

4 이들을 각각 소년보호절차와 소년형사절차라고도 한다.

05 소년법 제60조 제2항 소정의 '소년' 여부의 판단시기(=사실심 판결선고시)

소년법이 적용되는 '소년'이란 19세 미만인 사람을 말하므로 피고인이 소년법의 적용을 받으려면 심판시에 19세 미만이어야 한다. 따라서 소년법 제60조 제2항의 적용대상인 '소년'인지의 여부도 심판시, 즉 사실심판결 선고시를 기준으로 판단되어야 한다.(대법원 2009. 5. 28. 2009도2682 성년 도달 항소심 판결 사건) 이 판례는 주로 형법 과목에서 출제된다.

> 22 변호사, 21 국가7급, 21 경찰승진, 20 경찰채용

제4절 | 배상명령

소송촉진 등에 관한 특례법(2024. 1.16. 법률 제20006호로 일부개정된 것)

제25조【배상명령】① 제1심 또는 제2심의 형사공판 절차에서 다음 각 호의 죄 중 어느 하나에 관하여 유죄판결을 선고할 경우 법원은 직권에 의하여 또는 피해자나 그 상속인(이하 "피해자"라 한다)의 신청에 의하여 피고사건의 범죄행위로 인하여 발생한 직접적인 물적 피해, 치료비 손해 및 위자료의 배상을 명할 수 있다.
1.~3. 〈생략〉
② 법원은 제1항에 규정된 죄 및 그 외의 죄에 대한 피고사건에서 피고인과 피해자 사이에 합의된 손해배상액에 관하여도 제1항에 따라 배상을 명할 수 있다.
③ 법원은 다음 각 호의 어느 하나에 해당하는 경우에는 배상명령을 하여서는 아니 된다.
1. 피해자의 성명·주소가 분명하지 아니한 경우
2. 피해 금액이 특정되지 아니한 경우
3. <u>피고인의 배상책임의 유무 또는 그 범위가 명백하지 아니한 경우</u>
4. 배상명령으로 인하여 공판절차가 현저히 지연될 우려가 있거나 형사소송 절차에서 배상명령을 하는 것이 타당하지 아니하다고 인정되는 경우

제26조【배상신청】① 피해자는 제1심 또는 제2심 공판의 변론이 종결될 때까지 사건이 계속된 법원에 제25조에 따른 피해배상을 신청할 수 있다. 이 경우 신청서에 인지(印紙)를 붙이지 아니한다.
②~⑦ 〈생략〉
⑧ 배상신청은 민사소송에서의 소의 제기와 동일한 효력이 있다.

제31조【배상명령의 선고 등】① 배상명령은 유죄판결의 선고와 동시에 하여야 한다.
② 배상명령은 일정액의 금전 지급을 명함으로써 하고 배상의 대상과 금액을 유죄판결의 주문에 표시하여야 한다. 배상명령의 이유는 특히 필요하다고 인정되는 경우가 아니면 적지 아니한다.

제32조【배상신청의 각하】① 법원은 다음 각 호의 어느 하나에 해당하는 경우에는 결정으로 배상신청을 각하하여야 한다.
1. <u>배상신청이 적법하지 아니한 경우</u>
2. 배상신청이 이유 없다고 인정되는 경우
3. 배상명령을 하는 것이 타당하지 아니하다고 인정되는 경우
② 유죄판결의 선고와 동시에 제1항의 재판을 할 때에는 이를 유죄판결의 주문에 표시할 수 있다.
③ 법원은 제1항의 재판서에 신청인 성명과 주소 등 신청인의 신원을 알 수 있는 사항의 기재를 생략할 수 있다.
④ <u>배상신청을 각하하거나 그 일부를 인용한 재판에 대하여 신청인은 불복을 신청하지 못하며, 다시 동일한 배상신청을 할 수 없다.</u>

제33조【불복】① 유죄판결에 대한 상소가 제기된 경우에는 배상명령은 피고사건과 함께 상소심으로 이심(移審)된다.
② 상소심에서 원심의 유죄판결을 파기하고 피고사건에 대하여 무죄, 면소 또는 공소기각의 재판을 할 때에는 원심의 배상명령을 취소하여야 한다. 이 경우 상소심에서 원심의 배상명령을 취소하지 아니한 경우에는 그 배상명령을 취소한 것으로 본다.
③ 원심에서 제25조 제2항에 따라 배상명령을 하였을 때에는 제2항을 적용하지 아니한다.
④ 상소심에서 원심판결을 유지하는 경우에도 원심의 배상명령을 취소하거나 변경할 수 있다.
⑤ 피고인은 유죄판결에 대하여 상소를 제기하지 아니하고 배상명령에 대하여만 상소 제기기간에 형사소송법에 따른 즉시항고를 할 수 있다. 다만, 즉시항고 제기 후 상소권자의 적법한 상소가 있는 경우에는 즉시항고는 취하된 것으로 본다.

제34조【배상명령의 효력과 강제집행】① 확정된 배상명령 또는 가집행선고가 있는 배상명령이 기

재된 유죄판결서의 정본은 민사집행법에 따른 강제집행에 관하여는 집행력 있는 민사판결 정본과 동일한 효력이 있다.
② 이 법에 따른 배상명령이 확정된 경우 피해자는 그 인용된 금액의 범위에서 다른 절차에 따른 손해배상을 청구할 수 없다.

선생님의 TIP

배상명령이란 공소제기된 사건의 범죄로 인하여 손해가 발생한 경우 법원이 직권 또는 피해자의 신청으로 피고인에게 손해의 배상을 명하는 절차를 말한다. 형사재판에서 민사재판 사항인 손해배상을 명하는 것으로, 배상명령을 부대소송(附帶訴訟) 또는 부대사소(附帶私訴)라고도 한다. 배상명령은 아래와 같은 판결 주문에서 밑줄 부분에 해당한다. 이 판결이 확정되면 피해자는 별도로 민사소송을 제기하지 않고도, 이 판결을 집행권원으로 하여 피고인을 상대로 강제집행을 할 수 있다. 은근히 시험에 출제되는 편이므로 판례는 물론 조문도 꼼꼼히 읽어야 한다.

> 피고인을 징역 1년 8월에 처한다.
> <u>피고인은 배상신청인에게 횡령금 100,000,000원을 지급하라.</u> 위 배상명령은 가집행할 수 있다.

01 배상명령의 취지 및 요건

배상명령은 피고인의 범죄행위로 피해자가 입은 직접적인 재산상 손해에 대하여 피해금액이 특정되고 피고인의 배상책임 범위가 명백한 경우에 한하여 피고인에게 배상을 명함으로써 간편하고 신속하게 피해자의 피해회복을 도모하고자 하는 제도이다. 피고인의 배상책임의 유무 또는 그 범위가 명백하지 아니한 경우에는 소송촉진법 제25조 제3항 제3호에 따라 배상명령을 하여서는 아니 되고, 그와 같은 경우에는 소송촉진법 제32조 제1항에 따라 배상명령신청을 각하하여야 한다.(대법원 2023. 5.18. 2023도1014 유사수신 10억 편취사건) [2] 판례 참고

▶ 21 법원9급, 18 경간부

02 배상책임의 유무 등이 명백하지 않은 경우

1. 배상신청인의 배상명령신청에 대한 제1심판결이 피고인에 대하여 배상신청인에게 편취금을 지급할 것을 명하였으나, 배상신청인이 항소심에 이르러 '피고인으로부터 피해를 회복받고 원만히 합의하였으므로 향후 민·형사상 일체의 이의(청구)를 제기하지 않을 것을 확약한다'는 취지의 합의서를 제출한 경우 이는 배상신청인에 대한 피고인의 배상책임의 유무 및 범위가 명백하지 아니하여 **배상명령을 할 수 없는 경우에 해당한다**.(대법원 2017. 5.11. 2017도4088 합의서 제출 배상신청 각하사건)

2. 피고인이 재판과정에서 배상신청인과 민사적으로 합의하였다는 내용의 합의서를 제출하였고, 합의서 기재 내용만으로는 배상신청인이 변제를 받았는지 여부 등 피고인의 민사책임에 관한 구체적인 합의 내용을 알 수 없다면 사실심법원으로서는 배상신청인이 **처음 신청한 금액을 바로 인용할 것이 아니라** 구체적인 합의 내용에 관하여 심리하여 피고인의 배상책임의 유무 또는 그 범위에 관하여 살펴보는 것이 합당하다.(대법원 2013.10.11. 2013도9616 합의서 무시 배상명령 사건)

▶ 24 경찰승진, 20 경찰채용

03 배상명령을 신청할 이익이 없는 경우

배상명령제도는 범죄행위로 인하여 재산상 이익을 침해당한 피해자로 하여금 당해 형사소송절차내에서 신속히 그 피해를 회복하게 하려는데 그 주된 목적이 있으므로 피해자가 이미 그 재산상 피해의 회복에 관한 채무명의를 가지고 있는 경우에는 이와 별도로 배상명령신청을 할 이익이 없다.(대법원 1982. 7. 27. 82도1217 공증 후 배상신청 사건) 2025년 현재는 '채무명의(債務名義)'라는 용어 대신에 '집행권원(執行權原)'이라는 용어를 사용한다. 배상명령제도는 피해자로 하여금 쉽게 집행권원을 취득할 수 있게 하기 위한 것인데, 피해자가 이미 집행권원(판례 사례에서는 '공정증서')을 갖고 있었으므로 배상신청을 할 이익이 없는 것이다.

> 24 경찰승진, 23 국가7급

04 소송촉진법 제32조 제4항이 적용되는 경우

1. 피고인에게 유죄를 선고하면서 배상신청을 각하한 제1심판결에 대하여 피고인이 항소한 경우 제1심에서 배상신청이 각하되었으므로 항소심에서 다시 같은 배상신청을 할 수 없다. (대법원 2014. 1. 23. 2013도14383 각하 후 재신청 사건Ⅰ)
2. 제1심 법원으로서는 공판절차의 진행이나 배상신청에 대한 결정을 함에 있어 피해자의 배상신청이 소송촉진법이 정한 나머지 요건을 갖추었으나 **변론종결 후에 접수되었다는** 이유로 이를 각하하는 경우 피해자가 더 이상 배상명령 제도를 통해서는 구제받을 수 없다. (대법원 2022. 1. 14. 2021도13768 각하 후 재신청 사건Ⅱ)

CHAPTER 04 | 재판의 집행과 형사보상

제1절 | 재판의 집행

> **형사소송법**(2025. 3.18. 법률 제20796호로 일부개정된 것)
>
> **제459조【재판의 확정과 집행】** 재판은 이 법률에 특별한 규정이 없으면 확정한 후에 집행한다.
> **제460조【집행지휘】** ① 재판의 집행은 그 재판을 한 법원에 대응한 검찰청검사가 지휘한다. 단, 재판의 성질상 법원 또는 법관이 지휘할 경우에는 예외로 한다.
> ② 상소의 재판 또는 상소의 취하로 인하여 하급법원의 재판을 집행할 경우에는 상소법원에 대응한 검찰청검사가 지휘한다. 단, 소송기록이 하급법원 또는 그 법원에 대응한 검찰청에 있는 때에는 그 검찰청검사가 지휘한다.
> **제461조【집행지휘의 방식】** 재판의 집행지휘는 재판서 또는 재판을 기재한 조서의 등본 또는 초본을 첨부한 서면으로 하여야 한다. 단, 형의 집행을 지휘하는 경우 외에는 재판서의 원본, 등본이나 초본 또는 조서의 등본이나 초본에 인정하는 날인으로 할 수 있다.
> **제462조【형 집행의 순서】** 2이상의 형을 집행하는 경우에 자격상실, 자격정지, 벌금, 과료와 몰수 외에는 무거운 형을 먼저 집행한다. 다만, 검사는 소속 장관의 허가를 얻어 무거운 형의 집행을 정지하고 다른 형의 집행을 할 수 있다.

> **선생님의 TIP**
> 재판의 집행 부분은 최근에는 거의 출제가 되고 있지 않다. 가볍게 한번 읽어보기 바란다.

01 집행할 형의 기준

판결은 그 선고에 의하여 효력을 발생하고 판결원본의 기재에 의하여 효력을 발생하는 것이 아니므로 양자의 형이 다른 경우에는 **검사는 선고된 형을 집행하여야 한다.**(대법원 1981. 5.14. 81모8 오기된 판결원본 사건) ▶ 16 경간부

02 형 집행순서변경지휘에 관한 검사의 재량과 한계 및 형의 집행순서변경에 관한 검사의 지휘가 재량을 일탈·남용한 것으로서 위법한지 여부를 판단하는 기준

형사소송법은 형 집행의 순서에 관하여 제462조 본문에서 "2 이상의 형의 집행은 자격상실, 자격정지, 벌금, 과료와 몰수 외에는 무거운 형을 먼저 집행한다."라고 하여 중한 형 우선집행의 원칙을 선언하면서도 동시에 제462조 단서에서 "단, 검사는 소속 장관의 허가를 얻어 무거운 형의 집행을 정지하고 다른 형의 집행을 할 수 있다."라고 정하여 형 집행을 지휘하는 주체인 검사가 일정한 절차에 따라 형 집행의 순서를 변경할 수 있는 예외를 인정하고 있다. 형 집행사무의 적정한 운영을 위하여 검찰청법 제11조에 따

라 법무부령으로 사형과 자유형의 집행에 관한 사무의 방식과 절차를 정하고 있는 「자유형등에 관한 검찰집행사무규칙」은 제39조 제1항에서 '형의 집행순서변경에 의한 노역장유치의 집행지휘'라는 제목 아래 "자유형과 벌금형이 병과 선고되거나 자유 형의 집행 중 다른 범죄로 벌금형이 선고된 수형자에 관하여 검사가 노역장유치의 집행을 지휘하는 때에는 소속 검찰청의 장의 허가를 받아 자유형의 집행을 정지하고, 먼저 노역장유치의 집행을 지휘하여야 한다. 다만, 자유형을 먼저 집행하여도 벌금형에 관한 형의 시효가 완성되지 아니할 것이 명백한 때에는 그러하지 아니하다."라고 하여 형 집행의 순서를 변경하여 자유형에 앞서 벌금형에 대한 노역장유치의 집행을 하기 위한 절차 등을 규정하고 있다. 형 집행의 시작과 종료는 형법 제35조 제1항, 제62조 제1항에서 정한 누범기간이나 집행유예 결격기간의 계산, 형법 제80조에 따른 형의 시효 중단 등과 직접 관련이 있고, 자유형과 벌금형이 병과되어 선고된 수형자 등의 경우 형법 제72조 제2항에 따라 벌금의 완납 여부가 징역형이나 금고형에 대한 가석방 요건의 충족 여부를 좌우하므로 형 집행의 순서와 그 변경은 수형자의 이해관계에 중대한 영향을 미치게 된다. 따라서 형사소송법 제462조 단서에 따른 검사의 형 집행의 순서 변경은 수형자의 이익을 위하여 가석방 요건을 조기에 갖추어 주려는 목적이라든지 자유형의 시효가 장기인 경우 그보다 가벼운 형인 벌금형의 노역장유치를 먼저 집행함으로써 벌금형의 시효를 중단시키려는 목적 등 형 집행의 적정성을 확보하기 위하여 이루어질 수 있다. 다만, 형사소송법 제462조 단서가 검사의 자의적인 형의 집행순서변경이나 그로 인하여 수형자의 이익이 부당하게 침해되는 결과를 허용하는 취지는 아니므로 검사는 형의 집행순서변경 제도의 목적과 수형자의 기본권 보장의 이념을 염두에 두고 적정한 재량의 범위 내에서 형의 집행순서변경에 관한 권한을 행사하여야 한다. 「자유형등에 관한 검찰집행사무규칙」 제39조 제1항 단서에서 '자유형을 먼저 집행하여도 벌금형에 관한 형의 시효가 완성되지 아니할 것이 명백한 때'에는 자유형에 앞서 벌금형에 대한 노역장 유치의 집행을 하기 위한 형의 집행순서변경을 제한하고 있는 것도 그러한 취지이다. 형의 집행순서변경에 관한 검사의 지휘가 재량을 일탈·남용한 것으로서 위법한지 여부는 그 변경지휘가 있었을 당시를 기준으로 변경의 목적·동기·경위, 집행순서 변경에 관한 수형자의 요청이나 동의가 있었는지 여부, 순서의 변경이 수형자에게 미칠 영향, 형의 시효진행 상황 등을 종합하여 판단하여야 한다. 이와 달리 형의 집행순서변경 후에 수형자가 새로운 범죄행위를 하였다는 등의 우연한 사정을 이유로 그러한 사정이 발생한 때를 기준으로 사후적인 관점에서 집행순서변경이 수형자에게 미친 영향의 유·불리를 평가하여 집행순서변경에 관한 지휘의 위법성을 판단할 수는 없다.(대법원 2025. 3. 27. 2021도4355 징역형 정지 노역장유치 집행 사건)

03 본형에 통산될 미결구금에 해당하는 경우

1. 형사소송법 제92조 제3항에 의하면 "제22조에 의한 기피신청으로 인하여 공판절차가 정지된 기간은 구속기간에 산입하지 아니한다."고 규정되어 있는바 기피신청으로 인하여 공판절차가 정지된 상태의 구금기간도 판결선고 전의 구금일수에는 산입되어야 한다.(대법원 2005. 10. 14. 2005도4758 기피신청과 구속기간 사건)

> 17 국가9급

2. 상소제기 후 상소취하한 때까지의 구금 또한 피고인의 신체의 자유를 박탈하고 있다는 점에서 실질적으로 자유형의 집행과 다를 바 없으므로 상소제기기간 중의 판결확정 전 구금과 구별하여 취급할 아무런 이유가 없고, 따라서 상소제기 후 상소취하한 때까지의 구금일수에 관하여는 형사소송법 제482조 제2항을 유추적용하여 그 전부를 본형에 산입하여야 한다.(대법원 2010. 4.16. 2010모179 항소취하시까지의 미결구금 사건) ▶ 20 소방간부, 15 국가7급

04 본형에 통산될 미결구금에 해당하지 않는 경우

1. 정식재판청구기간을 도과한 약식명령에 기하여 피고인을 노역장에 유치하는 것은 형의 집행이므로 그 유치기간은 형법 제57조가 규정한 미결구금일수에 해당하지 아니한다.(대법원 2007. 5.10. 2007도2517 노역장유치기간 산입주장 사건) ▶ 17 국가9급

2. 형의 집행과 구속영장의 집행이 경합하고 있는 경우에는 구속 여부와 관계없이 피고인 또는 피의자는 형의 집행에 의하여 구금을 당하고 있는 것이어서 구속은 관념상은 존재하지만 사실상은 형의 집행에 의한 구금만이 존재하는 것에 불과하므로 이러한 경우의 미결구금은 본형에 통산하여서는 아니된다.(대법원 2001.10.26. 2001도4583 징역과 구속 경합사건) ▶ 18 국가7급

3. 피고인이 범행 후 미국으로 도주하였다가 대한민국정부와 미합중국정부 간의 범죄인인도 조약에 따라 체포되어 인도절차를 밟기 위한 절차에 해당하는 기간은 본형에 산입될 미결구금일수에 해당하지 않는다.(대법원 2005.10.28. 2005도5822 최성규 총경 수뢰사건) ▶ 18 국가7급, 16 경간부

05 형집행장 집행시 준용되는 구속에 관한 조항

형집행장의 집행에 관하여는 형사소송법 제1편 제9장에서 정하는 피고인의 구속에 관한 규정이 준용되므로 사법경찰관리가 벌금형을 받은 이를 그에 따르는 노역장 유치의 집행을 위하여 구인하려면, 검사로부터 발부받은 형집행장을 그 상대방에게 제시하여야 한다. (대법원 2013. 9.12. 2012도2349 지명수배자 우연히 발견 사건) [6] 판례와 비교 ▶ 18 법원9급, 16 경간부, 15 경간부, 15 국가7급

06 형집행장 집행시 준용되지 않는 구속에 관한 조항

형집행장의 집행에 관하여 형사소송법 제1편 제9장에서 정하는 피고인의 구속에 관한 규정을 준용하는데, 여기서 '피고인의 구속에 관한 규정'은 피고인의 '구속영장의 집행'에 관한 규정을 의미하므로 형집행장의 집행에 관하여는 구속의 사유에 관한 형사소송법 제70조나 구속이유의 고지에 관한 형사소송법 제72조가 준용되지 아니한다.(대법원 2013. 9.12. 2012도2349 지명수배자 우연히 발견 사건) ▶ 23 국가7급, 19 변호사

제 2 절 | 형사보상

형사보상 및 명예회복에 관한 법률(2023.12.29. 법률 제19857호로 일부개정된 것)

제2조【보상 요건】① 형사소송법에 따른 일반 절차 또는 재심이나 비상상고 절차에서 무죄재판을 받아 확정된 사건의 피고인이 미결구금을 당하였을 때에는 이 법에 따라 국가에 대하여 그 구금에 대한 보상을 청구할 수 있다.
② 상소권회복에 의한 상소, 재심 또는 비상상고의 절차에서 무죄재판을 받아 확정된 사건의 피고인이 원판결에 의하여 구금되거나 형 집행을 받았을 때에는 구금 또는 형의 집행에 대한 보상을 청구할 수 있다.
③ 형사소송법 제470조 제3항에 따른 구치와 같은 법 제473조부터 제475조까지의 규정에 따른 구속은 제2항을 적용할 때에는 구금 또는 형의 집행으로 본다.
제4조【보상하지 아니할 수 있는 경우】다음 각 호의 어느 하나에 해당하는 경우에는 법원은 재량으로 보상청구의 전부 또는 일부를 기각할 수 있다.
1. 형법 제9조 및 제10조 제1항의 사유로 무죄재판을 받은 경우
2. 본인이 수사 또는 심판을 그르칠 목적으로 거짓 자백을 하거나 다른 유죄의 증거를 만듦으로써 기소, 미결구금 또는 유죄재판을 받게 된 것으로 인정된 경우
3. 1개의 재판으로 경합범의 일부에 대하여 무죄재판을 받고 다른 부분에 대하여 유죄재판을 받았을 경우

선생님의 TIP

형사보상 부분도 최근에는 거의 출제가 되고 있지 않다. 가볍게 한번 읽어보기 바란다.

01 판결 이유에서 무죄로 판단된 경우 미결구금 가운데 무죄로 판단된 부분의 수사와 심리에 필요하였다고 인정된 부분에 관하여 보상을 청구할 수 있는지의 여부

1. 판결 주문에서 무죄가 선고된 경우뿐만 아니라 판결 이유에서 무죄로 판단된 경우에도 **미결구금 가운데 무죄로 판단된 부분의 수사와 심리에 필요하였다고 인정된 부분에 관하여는 보상을 청구할 수 있고**, 다만 형사보상법 제4조 제3호를 유추적용하여 법원의 재량으로 보상청구의 전부 또는 일부를 기각할 수 있을 뿐이다.(대법원 2016. 3.11. 2014모2521 편의점 종업원 사건) [2] 판례 참고 ▶ 20 법원9급
2. (1) 판결 주문에서 경합범의 일부에 대하여 유죄가 선고되더라도 다른 부분에 대하여 무죄가 선고되었다면 형사보상을 청구할 수 있다. 그러나 그 경우라도 **미결구금일수의 전부 또는 일부가 유죄에 대한 본형에 산입되는 것으로 확정되었다면, 그 본형이 실형이든 집행유예가 부가된 형이든 불문하고 그 산입된 미결구금일수는 형사보상의 대상이 되지 않는다.** 그 미결구금은 유죄에 대한 본형에 산입되는 것으로 확정된 이상 형의 집행과 동일시되는 것이므로 형사보상할 미결구금 자체가 아닌 셈이기 때문이다. (2) 판결 주문에서 무죄가 선고되지 아니하고 판결 이유에서만 무죄로 판단된 경우에도 미결구금 가운데 무죄로 판단된 부분의 수사와 심리에 필요하였다고 인정된 부분에 관하여는 판결 주문에서 무죄가 선고된 경우와 마찬가지로 보상을 청구할 수 있다. 그러나 **미결구금일수의 전부 또는 일부가 선고된 형에 산입되는 것으로 확정되었다면 그 산입된 미결구금 일수는 형사보상의 대상이 되지 않는다.**(대법원 2017.11.28. 2017모1990 강간무죄 상해유죄 사건) [3] 판례 참고

02 형사보상을 청구할 수 있는 경우

피고인이 특정범죄가중법위반죄(절도)로 구속·기소되어 제1심이 징역 1년 6월을 선고하였으나 항소심에서 검사가 점유이탈물횡령죄를 예비적으로 추가하는 공소장변경을 하여, 항소심이 점유이탈물횡령죄에 대하여 벌금 300만원을 선고하면서 특정범죄가중법위반죄에 대하여는 판결 이유에서 무죄로 판단하고 이 판결이 확정된 경우 피고인은 형사보상법 제2조 제1항에 따라 보상을 청구할 수 있다.(대법원 2016. 3. 11. 2014모2521 편의점 종업원 사건) "벌금 300만원(노역장 유치일수 30일), 미결구금일수 151일" 사건이다. [3] 판례와 비교

03 형사보상을 청구할 수 없는 경우

항소심이 성폭력처벌법위반(강간등상해)의 공소사실에 대하여 판결 이유에서 무죄로 판단하되 위 공소사실에 포함된 특수상해죄를 유죄로 인정하여 피고인에게 징역 3년에 집행유예 4년을 선고한 경우 피고인의 미결구금일수 273일은 그 전부가 특수상해죄에 대한 징역형에 산입되었으므로 미결구금 가운데 무죄로 판단된 부분의 수사와 심리에 필요하였다고 인정되는 부분이 있는지에 관계없이 그 구금일수는 형사보상의 대상이 되지 않는다.(대법원 2017. 11. 28. 2017모1990 강간무죄 상해유죄 사건) "징역 3년(집행유예 4년), 미결구금일수 273일" 사건이다.

04 형사보상청구의 기각 요건인 '수사 또는 심판을 그르칠 목적'의 증명책임 및 판단 방법

형사보상법 제3조 제2호[25년 현재 제4조 제2호]에 의하여 법원이 보상청구의 전부 또는 일부를 기각하기 위해서는 본인이 단순히 허위의 자백을 하거나 또는 다른 유죄의 증거를 만드는 것만으로는 부족하고 본인에게 '수사 또는 심판을 그르칠 목적'이 있어야 한다. 수사기관의 추궁과 수사 상황 등에 비추어 볼 때 본인이 범행을 부인하여도 형사처벌을 면하기 어려울 것이라는 생각으로 부득이 자백에 이르게 된 것이라면 '수사 또는 심판을 그르칠 목적'이 있었다고 섣불리 단정할 수 없다.(대법원 2008. 10. 28. 2008모577 군용물손괴 공군중사 사건)

> 17 경찰승진

05 구금되었다가 면소 또는 공소기각의 재판을 받아 확정된 경우 형사보상법 제8조 보상청구 기간의 기산점

면소 또는 공소기각의 재판을 받아 확정되었으나 그 면소 또는 공소기각의 사유가 없었더라면 무죄재판을 받을 만한 현저한 사유가 있음을 이유로 구금에 대한 보상을 청구하는 경우 보상청구는 면소 또는 공소기각의 재판이 확정된 사실을 안 날부터 3년, 면소 또는 공소기각의 재판이 확정된 때부터 5년 이내에 하는 것이 원칙이다. 다만 면소 또는 공소기각의 재판이 확정된 이후에 비로소 해당 형벌법령에 대하여 위헌·무효 판단이 있는 경우 등과 같이 면소 또는 공소기각의 재판이 확정된 이후에 무죄재판을 받을 만한 현저한 사유가 생겼다고 볼 수 있는 경우에는 해당 사유가 발생한 사실을 안 날부터 3년, 해당 사유가 발생한 때부터 5년 이내에 보상청구를 할 수 있다.(대법원 2022. 12. 20. 2020모627 공소기각확정 피고인 형사보상청구 사건)

> **선생님의 TIP**
>
> 1. 지금까지 공부하느라 고생 많았습니다. 책거리로 북한산 근처에서 파전에 막걸리 또는 삼겹살에 소주 한 잔 같이 하고 싶은데요. 일단은 아래 이미지로 대체할게요. 저자도 계속 공부하고 있는 사람이지만, 공부는 반복이니까 이 책을 다시 보도록 하세요. 다음에는 「NEW 트렌드 민법 판례」에서 만납시다.
> 2. 또한 지금까지 피의자 내지 피고인의 역할을 해 준 사람이 있는데요. 그것은 바로 제가 함께 했던 반려동물 '남궁한'과 '남궁투'입니다[1].

<이미지 출처>
서울경제(https://www.sedaily.com/NewsView/2DBL1X524Z)

<이미지 출처>
에펨코리아(https://www.fmkorea.com/1272224634)

제가 사랑했던 그 유명한 남궁한 사진입니다. 지금까지의 모든 악역(피의자 또는 피고인)을 이 친구가 다 했습니다. 저렇게 휴식을 취하며 책을 쓰고 있는 저자를 보면서 '만져 달라, 놀아 달라'. 대략 이런 포즈입니다. 이 친구와의 사랑에 대하여는 (중략) 2024년 7월 7일자로 고인(故人)이 되었습니다.

왼쪽의 남궁한을 떠나 보낸 이후로, 저자의 마음이 약간 허(虛)하였지만 북한산의 이른바 A코스에서 만난 이 고양이가 너무 이뻐요. 저자가 새로 입양한 고양이입니다. 매주 2회 이상, 이 남궁투를 보려고 산에 올라갑니다. 이 친구도 이 교재에 몇 번 나와요. 저자와 이 남궁투의 사랑에 대하여는 앞으로 자주 알려 드릴게요.^^

---

[1] '윤요크'도 있었지만 그것은 생략한다.

부 록

CHAPTER 01 | 형사소송법 조문(규칙 및 수사준칙 포함)

형사소송법
[2025. 3. 18. 법률 제20796호로 일부개정된 것]

형사소송법규칙[1]
[2025. 2. 28. 대법원규칙 제3202호로 일부개정된 것]

검사와 사법경찰관의 상호협력과 일반적 수사준칙에 관한 규정[2]
[2023. 10. 17. 대통령령 제33808호로 일부개정된 것]

---

[1] 제1조【목적】이 규칙은 형사소송법(다음부터 "법"이라 한다)이 대법원규칙에 위임한 사항, 그 밖에 형사소송절차에 관하여 필요한 사항을 규정함을 목적으로 한다.
[2] 제1조【목적】이 영은 형사소송법 제195조에 따라 검사와 사법경찰관의 상호협력과 일반적 수사준칙에 관한 사항을 규정함으로써 수사과정에서 국민의 인권을 보호하고, 수사절차의 투명성과 수사의 효율성을 보장함을 목적으로 한다.
제2조【적용 범위】검사와 사법경찰관의 협력관계, 일반적인 수사의 절차와 방법에 관하여 다른 법령에 특별한 규정이 있는 경우를 제외하고는 이 영이 정하는 바에 따른다.

제 1 편 총칙

제1장 법원의 관할

제1조【관할의 직권조사】법원은 직권으로 관할을 조사하여야 한다.

제2조【관할위반과 소송행위의 효력】소송행위는 관할위반인 경우에도 그 효력에 영향이 없다.

제3조【관할구역 외에서의 집무】① 법원은 사실발견을 위하여 필요하거나 긴급을 요하는 때에는 관할구역 외에서 직무를 행하거나 사실조사에 필요한 처분을 할 수 있다.
② 전항의 규정은 수명법관에게 준용한다.

제4조【토지관할】① 토지관할은 범죄지, 피고인의 주소, 거소 또는 현재지로 한다.
② 국외에 있는 대한민국 선박 내에서 범한 죄에 관하여는 전항에 규정한 곳 외에 선적지 또는 범죄 후의 선착지로 한다.
③ 전항의 규정은 국외에 있는 대한민국 항공기 내에서 범한 죄에 관하여 준용한다.

제5조【토지관할의 병합】토지관할을 달리하는 수개의 사건이 관련된 때에는 1개의 사건에 관하여 관할권 있는 법원은 다른 사건까지 관할할 수 있다.

제6조【토지관할의 병합심리】토지관할이 다른 여러 개의 관련사건이 각각 다른 법원에 계속된 때에는 공통되는 바로 위의 상급법원은 검사나 피고인의 신청에 의하여 결정(決定)으로 한 개 법원으로 하여금 병합심리하게 할 수 있다.

> 제2조【토지관할의 병합심리 신청등】① 법 제6조의 규정에 의한 신청을 함에는 그 사유를 기재한 신청서를 공통되는 직근 상급법원에 제출하여야 한다.
> ② 검사의 신청서에는 피고인의 수에 상응한 부본을, 피고인의 신청서에는 부본 1통을 각 첨부하여야 한다.
> ③ 법 제6조의 신청을 받은 법원은 지체없이 각 사건 계속 법원에 그 취지를 통지하고 제2항의 신청서 부본을 신청인의 상대방에게 송달하여야 한다.
> ④ 사건계속법원과 신청인의 상대방은 제3항의 송달을 받은 날로부터 3일 이내에 의견서를 제1항의 법원에 제출할 수 있다.

> 제3조【토지관할의 병합심리절차】① 법 제6조의 신청을 받은 법원이 신청을 이유있다고 인정한 때에는 관련사건을 병합심리할 법원을 지정하여 그 법원으로 하여금 병합심리하게 하는 취지의 결정을, 이유없다고 인정한 때에는 신청을 기각하는 취지의 결정을 각하고, 그 결정등본을 신청인과 그 상대방에게 송달하고 사건계속 법원에 송부하여야 한다.
> ② 제1항의 결정에 의하여 병합심리하게 된 법원 이외의 법원은 그 결정등본을 송부받은 날로부터 7일 이내에 소송기록과 증거물을 병합심리하게 된 법원에 송부하여야 한다.

제7조【토지관할의 심리분리】토지관할을 달리하는 수개의 관련사건이 동일법원에 계속된 경우에 병합심리의 필요가 없는 때에는 법원은 결정으로 이를 분리하여 관할권 있는 다른 법원에 이송할 수 있다.

제8조【사건의 직권이송】① 법원은 피고인이 그 관할구역 내에 현재하지 아니하는 경우에 특별한 사정이 있으면 결정으로 사건을 피고인의 현재지를 관할하는 동급 법원에 이송할 수 있다.
② 단독판사의 관할사건이 공소장변경에 의하여 합의부 관할사건으로 변경된 경우에 법원은 결정으로 관할권이 있는 법원에 이송한다.

제9조【사물관할의 병합】사물관할을 달리하는 수개의 사건이 관련된 때에는 법원합의부는 병합관할한다. 단, 결정으로 관할권 있는 법원단독판사에게 이송할 수 있다.

제10조【사물관할의 병합심리】사물관할을 달리하는 수개의 관련사건이 각각 법원합의부와 단독판사에 계속된 때에는 합의부는 결정으로 단독판사에 속한 사건을 병합하여 심리할 수 있다.

> 제4조【사물관할의 병합심리】① 법 제10조의 규정은 법원합의부와 단독판사에 계속된 각 사건이 토지관할을 달리하는 경우에도 이를 적용한다.
> ② 단독판사는 그가 심리중인 사건과 관련된 사건이 합의부에 계속된 사실을 알게 된 때에는 즉시 합의부의 재판장에게 그 사실을 통지하여야 한다.
> ③ 합의부가 법 제10조의 규정에 의한 병합심리결정을 한 때에는 즉시 그 결정등본을 단독판사에게 송부하여야 하고, 단독판사는 그 결정등본을 송부받은 날로부터 5일 이내에 소송기록과 증거물을 합의부에 송부하여야 한다.

> 제4조의2【항소사건의 병합심리】① 사물관할을 달리 하는 수개의 관련항소사건이 각각 고등법원과 지방법원본원합의부에 계속된 때에는 고등법원은 결정으로 지방법원본원합의부에 계속한 사건을 병합하여 심리할 수 있다. 수개의 관련항소사건이 토지관할을 달리하는 경우에도 같다.
> ② 지방법원본원합의부의 재판장은 그 부에서 심리중인 항소사건과 관련된 사건이 고등법원에 계속된 사실을 알게 된 때에는 즉시 고등법원의 재판장에게 그 사실을 통지하여야 한다.
> ③ 고등법원이 제1항의 규정에 의한 병합심리결정을 한 때에는 즉시 그 결정등본을 지방법원본원합의부에 송부하여야 하고, 지방법원본원합의부는 그 결정등본을 송부받은 날로부터 5일 이내에 소송기록과 증거물을 고등법원에 송부하여야 한다.

제11조 【관련사건의 정의】 관련사건은 다음과 같다.
  1. 1인이 범한 수죄
  2. 수인이 공동으로 범한 죄
  3. 수인이 동시에 동일장소에서 범한 죄
  4. 범인은닉죄, 증거인멸죄, 위증죄, 허위감정통역죄 또는 장물에 관한 죄와 그 본범의 죄

제12조 【동일사건과 수개의 소송계속】 동일사건이 사물관할을 달리하는 수개의 법원에 계속된 때에는 법원합의부가 심판한다.

제13조 【관할의 경합】 같은 사건이 사물관할이 같은 여러 개의 법원에 계속된 때에는 먼저 공소를 받은 법원이 심판한다. 다만, 각 법원에 공통되는 바로 위의 상급법원은 검사나 피고인의 신청에 의하여 결정으로 뒤에 공소를 받은 법원으로 하여금 심판하게 할 수 있다.

제14조 【관할지정의 청구】 검사는 다음 각 호의 경우 관계있는 제1심법원에 공통되는 바로 위의 상급법원에 관할지정을 신청하여야 한다.
  1. 법원의 관할이 명확하지 아니한 때
  2. 관할위반을 선고한 재판이 확정된 사건에 관하여 다른 관할법원이 없는 때

제15조 【관할이전의 신청】 검사는 다음 경우에는 직근 상급법원에 관할이전을 신청하여야 한다. 피고인도 이 신청을 할 수 있다.
  1. 관할법원이 법률상의 이유 또는 특별한 사정으로 재판권을 행할 수 없는 때
  2. 범죄의 성질, 지방의 민심, 소송의 상황 기타 사정으로 재판의 공평을 유지하기 어려운 염려가 있는 때

제16조 【관할의 지정 또는 이전신청의 방식】 ① 관할의 지정 또는 이전을 신청하려면 그 사유를 기재한 신청서를 바로 위의 상급법원에 제출하여야 한다.
  ② 공소를 제기한 후 관할의 지정 또는 이전을 신청할 때에는 즉시 공소를 접수한 법원에 통지하여야 한다.

제5조 【관할지정 또는 관할이전의 신청등】 ① 법 제16조 제1항의 규정에 의하여, 검사가 관할지정 또는 관할이전의 신청서를 제출할 때에는 피고인 또는 피의자의 수에 상응한 부본을, 피고인이 관할이전의 신청서를 제출할 때에는 부본 1통을 각 첨부하여야 한다.
  ② 제1항의 신청서를 제출받은 법원은 지체없이 검사의 신청서부본을 피고인 또는 피의자에게 송달하여야 하고, 피고인의 신청서부본을 검사에게 송달함과 함께 공소를 접수한 법원에 그 취지를 통지하여야 한다.
  ③ 검사, 피고인 또는 피의자는 제2항의 신청서부본을 송부받은 날로부터 3일 이내에 의견서를 제2항의 법원에 제출할 수 있다.

제6조 【관할지정 또는 관할이전의 결정에 의한 처리절차】 ① 공소제기전의 사건에 관하여 관할지정 또는 관할이전의 결정을 한 경우 결정을 한 법원은 결정등본을 검사와 피의자에게 각 송부하여야 하며, 검사가 그 사건에 관하여 공소를 제기할 때에는 공소장에 그 결정등본을 첨부하여야 한다.
  ② 공소가 제기된 사건에 관하여 관할지정 또는 관할이전의 결정을 한 경우 결정을 한 법원은 결정등본을 검사와 피고인 및 사건계속법원에 각 송부하여야 한다.
  ③ 제2항의 경우 사건계속법원은 지체없이 소송기록과 증거물을 제2항의 결정등본과 함께 그 지정 또는 이전된 법원에 송부하여야 한다. 다만, 사건계속법원이 관할법원으로 지정된 경우에는 그러하지 아니하다.

제7조 【소송절차의 정지】 법원은 그 계속중인 사건에 관하여 토지관할의 병합심리신청, 관할지정신청 또는 관할이전신청이 제기된 경우에는 그 신청에 대한 결정이 있기까지 소송절차를 정지하여야 한다. 다만, 급속을 요하는 경우에는 그러하지 아니하다.

제8조 【소송기록 등의 송부방법 등】 ① 제3조 제2항, 제4조 제3항, 제4조의2 제3항 또는 제6조 제3항의 각 규정에 의하여 또는 법 제8조의 규정에 의한 이송결정에 의하여 소송기록과 증거물을 다른 법원으로 송부할 때에는 이를 송부받을 법원으로 직접 송부한다.
  ② 제1항의 송부를 한 법원 및 송부를 받은 법원은 각각 그 법원에 대응하는 검찰청 검사 또는 고위공직자범죄수사처에 소속된 검사(이하 "수사처검사"라고 한다)에게 그 사실을 통지하여야 한다.

제16조의2 【사건의 군사법원 이송】 법원은 공소가 제기된 사건에 대하여 군사법원이 재판권을 가지게 되었거나 재판권을 가졌음이 판명된 때에는 결정으로 사건을 재판권이 있는 같은 심급의 군사법원으로 이송한다. 이 경우에 이송전에 행한 소송행위는 이송후에도 그 효력에 영향이 없다.

제2장 법원 직원의 제척, 기피, 회피

제17조 【제척의 원인】 법관은 다음 경우에는 직무집행에서 제척된다.
  1. 법관이 피해자인 때
  2. 법관이 피고인 또는 피해자의 친족 또는 친족관계가 있었던 자인 때
  3. 법관이 피고인 또는 피해자의 법정대리인, 후견감독인인 때
  4. 법관이 사건에 관하여 증인, 감정인, 피해자의 대리인으로 된 때

5. 법관이 사건에 관하여 피고인의 대리인, 변호인, 보조인으로 된 때
6. 법관이 사건에 관하여 검사 또는 사법경찰관의 직무를 행한 때
7. 법관이 사건에 관하여 전심재판 또는 그 기초되는 조사, 심리에 관여한 때
8. 법관이 사건에 관하여 피고인의 변호인이거나 피고인·피해자의 대리인인 법무법인, 법무법인(유한), 법무조합, 법률사무소, 「외국법자문사법」제2조 제9호에 따른 합작법무법인에서 퇴직한 날부터 2년이 지나지 아니한 때
9. 법관이 피고인인 법인·기관·단체에서 임원 또는 직원으로 퇴직한 날부터 2년이 지나지 아니한 때

제18조【기피의 원인과 신청권자】① 검사 또는 피고인은 다음 경우에 법관의 기피를 신청할 수 있다.
1. 법관이 전조 각 호의 사유에 해당되는 때
2. 법관이 불공평한 재판을 할 염려가 있는 때
② 변호인은 피고인의 명시한 의사에 반하지 아니하는 때에 한하여 법관에 대한 기피를 신청할 수 있다.

> 제176조【신청 기타 진술의 방식】① 법원 또는 판사에 대한 신청 기타 진술은 법 및 이 규칙에 다른 규정이 없으면 서면 또는 구술로 할 수 있다.
> ② 구술에 의하여 신청 기타의 진술을 할 때에는 법원사무관 등의 면전에서 하여야 한다.
> ③ 제2항의 경우에 법원사무관 등은 조서를 작성하고 기명·날인하여야 한다.
>
> 제9조【기피신청의 방식등】① 법 제18조의 규정에 의한 기피신청을 함에 있어서는 기피의 원인되는 사실을 구체적으로 명시하여야 한다.
> ② 제1항에 위배된 기피신청의 처리는 법 제20조 제1항의 규정에 의한다.

제19조【기피신청의 관할】① 합의법원의 법관에 대한 기피는 그 법관의 소속법원에 신청하고 수명법관, 수탁판사 또는 단독판사에 대한 기피는 당해 법관에게 신청하여야 한다.
② 기피사유는 신청한 날로부터 3일 이내에 서면으로 소명하여야 한다.

제20조【기피신청기각과 처리】① 기피신청이 소송의 지연을 목적으로 함이 명백하거나 제19조의 규정에 위배된 때에는 신청을 받은 법원 또는 법관은 결정으로 이를 기각한다.
② 기피당한 법관은 전항의 경우를 제한 외에는 지체없이 기피신청에 대한 의견서를 제출하여야 한다.
③ 전항의 경우에 기피당한 법관이 기피의 신청을 이유있다고 인정하는 때에는 그 결정이 있은 것으로 간주한다.

제21조【기피신청에 대한 재판】① 기피신청에 대한 재판은 기피당한 법관의 소속법원합의부에서 결정으로 하여야 한다.
② 기피당한 법관은 전항의 결정에 관여하지 못한다.
③ 기피당한 판사의 소속법원이 합의부를 구성하지 못하는 때에는 직근 상급법원이 결정하여야 한다.

제22조【기피신청과 소송의 정지】기피신청이 있는 때에는 제20조 제1항의 경우를 제한 외에는 소송진행을 정지하여야 한다. 단, 급속을 요하는 경우에는 예외로 한다.

제23조【기피신청기각과 즉시항고】① 기피신청을 기각한 결정에 대하여는 즉시항고를 할 수 있다.
② 제20조 제1항의 기각결정에 대한 즉시항고는 재판의 집행을 정지하는 효력이 없다.

제24조【회피의 원인 등】① 법관이 제18조의 규정에 해당하는 사유가 있다고 사료한 때에는 회피하여야 한다.
② 회피는 소속법원에 서면으로 신청하여야 한다.
③ 제21조의 규정은 회피에 준용한다.

제25조【법원사무관등에 대한 제척·기피·회피】① 본장의 규정은 제17조 제7호의 규정을 제한 외에는 법원서기관·법원사무관·법원주사 또는 법원주사보(이하 "법원사무관등"이라 한다)와 통역인에 준용한다.
② 전항의 법원사무관등과 통역인에 대한 기피재판은 그 소속법원이 결정으로 하여야 한다. 단, 제20조 제1항의 결정은 기피당한 자의 소속법관이 한다.

제3장 소송행위의 대리와 보조

제26조【의사무능력자와 소송행위의 대리】「형법」제9조 내지 제11조의 규정의 적용을 받지 아니하는 범죄사건에 관하여 피고인 또는 피의자가 의사능력이 없는 때에는 그 법정대리인이 소송행위를 대리한다.

제27조【법인과 소송행위의 대표】① 피고인 또는 피의자가 법인인 때에는 그 대표자가 소송행위를 대표한다.
② 수인이 공동하여 법인을 대표하는 경우에도 소송행위에 관하여는 각자가 대표한다.

제28조【소송행위의 특별대리인】① 전2조의 규정에 의하여 피고인을 대리 또는 대표할 자가 없는 때에는 법원은 직권 또는 검사의 청구에 의하여 특별대리인을 선임하여야 하며 피의자를 대리 또는 대표할 자가 없는 때에는 법원은 검사 또는 이해관계인의 청구에 의하여 특별대리인을 선임하여야 한다.
② 특별대리인은 피고인 또는 피의자를 대리 또는 대표하여 소송행위를 할 자가 있을 때까지 그 임무를 행한다.

제10조【피의자의 특별대리인 선임청구사건의 관할】법 제28조 제1항 후단의 규정에 의한 피의자의 특별대리인 선임청구는 그 피의사건을 수사중인 검사 또는 사법경찰관이 소속된 관서의 소재지를 관할하는 지방법원에 이를 하여야 한다.

제29조【보조인】① 피고인 또는 피의자의 법정대리인, 배우자, 직계친족과 형제자매는 보조인이 될 수 있다.
② 보조인이 될 수 있는 자가 없거나 장애 등의 사유로 보조인으로서 역할을 할 수 없는 경우에는 피고인 또는 피의자와 신뢰관계 있는 자가 보조인이 될 수 있다.
③ 보조인이 되고자 하는 자는 심급별로 그 취지를 신고하여야 한다.
④ 보조인은 독립하여 피고인 또는 피의자의 명시한 의사에 반하지 아니하는 소송행위를 할 수 있다. 단, 법률에 다른 규정이 있는 때에는 예외로 한다.

제11조【보조인의 신고】① 법 제29조 제2항에 따른 보조인의 신고는 보조인이 되고자 하는 자와 피고인 또는 피의자 사이의 신분관계를 소명하는 서면을 첨부하여 이를 하여야 한다.
② 공소제기전의 보조인 신고는 제1심에도 그 효력이 있다.

제4장 변호

제30조【변호인선임권자】① 피고인 또는 피의자는 변호인을 선임할 수 있다.
② 피고인 또는 피의자의 법정대리인, 배우자, 직계친족과 형제자매는 독립하여 변호인을 선임할 수 있다.

제31조【변호인의 자격과 특별변호인】변호인은 변호사 중에서 선임하여야 한다. 단, 대법원 이외의 법원은 특별한 사정이 있으면 변호사 아닌 자를 변호인으로 선임함을 허가할 수 있다.

제12조【법정대리인등의 변호인 선임】법 제30조 제2항에 규정한 자가 변호인을 선임하는 때에는 그 자와 피고인 또는 피의자와의 신분관계를 소명하는 서면을 법 제32조 제1항의 서면에 첨부하여 제출하여야 한다.

제32조【변호인선임의 효력】① 변호인의 선임은 심급마다 변호인과 연명날인한 서면으로 제출하여야 한다.
② 공소제기 전의 변호인 선임은 제1심에도 그 효력이 있다.

제158조【변호인 선임의 효력】원심법원에서의 변호인선임은 법 제366조 또는 법 제367조의 규정에 의한 환송 또는 이송이 있은 후에도 효력이 있다.

제13조【사건이 병합되었을 경우의 변호인 선임의 효력】하나의 사건에 관하여 한 변호인선임은 동일법원의 동일피고인에 대하여 병합된 다른 사건에 관하여도 그 효력이 있다. 다만, 피고인 또는 변호인이 이와 다른 의사표시를 한 때에는 그러하지 아니하다.

제32조의2【대표변호인】① 수인의 변호인이 있는 때에는 재판장은 피고인·피의자 또는 변호인의 신청에 의하여 대표변호인을 지정할 수 있고 그 지정을 철회 또는 변경할 수 있다.
② 제1항의 신청이 없는 때에는 재판장은 직권으로 대표변호인을 지정할 수 있고 그 지정을 철회 또는 변경할 수 있다.
③ 대표변호인은 3인을 초과할 수 없다.
④ 대표변호인에 대한 통지 또는 서류의 송달은 변호인 전원에 대하여 효력이 있다.
⑤ 제1항 내지 제4항의 규정은 피의자에게 수인의 변호인이 있는 때에 검사가 대표변호인을 지정하는 경우에 이를 준용한다.

제13조의2【대표변호인 지정등의 신청】대표변호인의 지정, 지정의 철회 또는 변경의 신청은 그 사유를 기재한 서면으로 한다. 다만, 공판기일에서는 구술로 할 수 있다.

제13조의3【대표변호인의 지정등의 통지】대표변호인의 지정, 지정의 철회 또는 변경은 피고인 또는 피의자의 신청에 의한 때에는 검사 및 대표변호인에게, 변호인의 신청에 의하거나 직권에 의한 때에는 피고인 또는 피의자 및 검사에게 이를 통지하여야 한다.

제13조의4【기소전 대표변호인 지정의 효력】법 제32조의2 제5항에 의한 대표변호인의 지정은 기소후에도 그 효력이 있다.

제13조의5【준용규정】제13조의 규정은 대표변호인의 경우에 이를 준용한다.

제33조【국선변호인】① 다음 각 호의 어느 하나에 해당하는 경우에 변호인이 없는 때에는 법원은 직권으로 변호인을 선정하여야 한다.
1. 피고인이 구속된 때
2. 피고인이 미성년자인 때
3. 피고인이 70세 이상인 때
4. 피고인이 듣거나 말하는 데 모두 장애가 있는 사람인 때
5. 피고인이 심신장애가 있는 것으로 의심되는 때
6. 피고인이 사형, 무기 또는 단기 3년 이상의 징역이나 금고에 해당하는 사건으로 기소된 때
② 법원은 피고인이 빈곤이나 그 밖의 사유로 변호인을 선임할 수 없는 경우에 피고인이 청구하면 변호인을 선정하여야 한다.
③ 법원은 피고인의 나이·지능 및 교육 정도 등을 참작하여 권리보호를 위하여 필요하다고 인정하면 피고인의 명시적 의사에 반하지 아니하는 범위에서 변호인을 선정하여야 한다.

제14조【국선변호인의 자격】① 국선변호인은 법원의 관할구역안에 사무소를 둔 변호사, 그 관할구역안에서 근무하는 공익법무관에관한법률에 의한 공익법무관(법무부와 그 소속기관 및 각급검찰청에서 근무하는 공익법무관을 제외한다. 이하 "공익법무관"이라 한다) 또는 그 관할구역안에서 수습중인 사법연수생 중에서 이를 선정한다.
② 제1항의 변호사, 공익법무관 또는 사법연수생이 없거나 기타 부득이한 때에는 인접한 법원의 관할구역안에 사무소를 둔 변호사, 그 관할구역안에서 근무하는 공익법무관 또는 그 관할구역안에서 수습중인 사법연수생 중에서 이를 선정할 수 있다.
③ 제1항 및 제2항의 변호사, 공익법무관 또는 사법연수생이 없거나 기타 부득이한 때에는 법원의 관할구역안에서 거주하는 변호사 아닌 자 중에서 이를 선정할 수 있다.

제15조【변호인의 수】① 국선변호인은 피고인 또는 피의자마다 1인을 선정한다. 다만, 사건의 특수성에 비추어 필요하다고 인정할 때에는 1인의 피고인 또는 피의자에게 수인의 국선변호인을 선정할 수 있다.
② 피고인 또는 피의자 수인간에 이해가 상반되지 아니할 때에는 그 수인의 피고인 또는 피의자를 위하여 동일한 국선변호인을 선정할 수 있다.

제15조의2【국선전담변호사】법원은 기간을 정하여 법원의 관할구역 안에 사무소를 둔 변호사(그 관할구역 안에 사무소를 둘 예정인 변호사를 포함한다) 중에서 국선변호를 전담하는 변호사를 지정할 수 있다.

제16조【공소가 제기되기 전의 국선변호인 선정】① 법 제201조의2에 따라 심문할 피의자에게 변호인이 없거나 법 제214조의2에 따라 체포 또는 구속의 적부심사가 청구된 피의자에게 변호인이 없는 때에는 법원 또는 지방법원판사는 지체없이 국선변호인을 선정하고, 피의자와 변호인에게 그 뜻을 고지하여야 한다.
② 제1항의 경우 국선변호인에게 피의사실의 요지 및 피의자의 연락처 등을 함께 고지할 수 있다.
③ 제1항의 고지는 서면 이외에 구술·전화·모사전송·전자우편·휴대전화 문자전송 그밖에 적당한 방법으로 할 수 있다.
④ 구속영장이 청구된 후 또는 체포·구속의 적부심사를 청구한 후에 변호인이 없게 된 때에도 제1항 및 제2항의 규정을 준용한다.

제16조의2【국선변호인 예정자명부의 작성】① 지방법원 또는 지원은 국선변호를 담당할 것으로 예정한 변호사, 공익법무관, 사법연수생 등을 일괄 등재한 국선변호인 예정자명부(이하 '명부'라고 한다)를 작성할 수 있다. 이 경우 국선변호 업무의 내용 및 국선변호 예정일자를 미리 지정할 수 있다.
② 지방법원 또는 지원의 장은 제1항의 명부 작성에 관하여 관할구역 또는 인접한 법원의 관할구역 안에 있는 지방변호사회장에게 협조를 요청할 수 있다.
③ 지방법원 또는 지원은 제1항의 명부를 작성한 후 지체없이 국선변호인 예정자에게 명부의 내용을 고지하여야 한다. 이 경우 제16조 제3항의 규정을 적용한다.
④ 제1항의 명부에 기재된 국선변호인 예정자는 제3항의 고지를 받은 후 3일 이내에 명부의 변경을 요청할 수 있다.
⑤ 제1항의 명부가 작성된 경우 법원 또는 지방법원판사는 특별한 사정이 없는 한 명부의 기재에 따라 국선변호인을 선정하여야 한다.

제17조【공소제기의 경우 국선변호인의 선정등】① 재판장은 공소제기가 있는 때에는 변호인 없는 피고인에게 다음 각호의 취지를 고지한다.
1. 법 제33조 제1항 제1호 내지 제6호의 어느 하나에 해당하는 때에는 변호인 없이 개정할 수 없는 취지와 피고인 스스로 변호인을 선임하지 아니할 경우에는 법원이 국선변호인을 선정하게 된다는 취지
2. 법 제33조 제2항에 해당하는 때에는 법원에 대하여 국선변호인의 선정을 청구할 수 있다는 취지
3. 법 제33조 제3항에 해당하는 때에는 법원에 대하여 국선변호인의 선정을 희망하지 아니한다는 의사를 표시할 수 있다는 취지
② 제1항의 고지는 서면으로 하여야 한다.
③ 법원은 제1항의 고지를 받은 피고인이 변호인을 선임하지 아니한 때 및 법 제33조 제2항의 규정에 의하여 국선변호인 선정청구가 있거나 같은 조 제3항에 의하여 국선변호인을 선정하여야 할 때에는 지체없이 국선변호인을 선정하고, 피고인 및 변호인에게 그 뜻을 고지하여야 한다.
④ 공소제기가 있은 후 변호인이 없게 된 때에도 제1항 내지 제3항의 규정을 준용한다.

제17조의2【국선변호인 선정청구 사유의 소명】법 제33조 제2항에 의하여 국선변호인 선정을 청구하는 경우 피고인은 소명자료를 제출하여야 한다. 다만, 기록에 의하여 그 사유가 소명되었다고 인정될 때에는 그러하지 아니하다.

제18조【선정취소】① 법원 또는 지방법원판사는 다음 각호의 어느 하나에 해당하는 때에는 국선변호인의 선정을 취소하여야 한다.
1. 피고인 또는 피해자에게 변호인이 선임된 때
2. 국선변호인이 제14조 제1항 및 제2항에 규정한 자격을 상실한 때
3. 법원 또는 지방법원판사가 제20조의 규정에 의하여 국선변호인의 사임을 허가한 때
② 법원 또는 지방법원판사는 다음 각호의 어느 하나에 해당하는 때에는 국선변호인의 선정을 취소할 수 있다.
1. 국선변호인이 그 직무를 성실하게 수행하지 아니하는 때
2. 피고인 또는 피의자의 국선변호인 변경 신청이 상당하다고 인정하는 때

3. 그밖에 국선변호인의 선정결정을 취소할 상당한 이유가 있는 때
③ 법원이 국선변호인의 선정을 취소한 때에는 지체없이 그 뜻을 해당되는 국선변호인과 피고인 또는 피의자에게 통지하여야 한다.

제19조【법정에서의 선정등】 ① 제16조 제1항 또는 법 제283조의 규정에 의하여 국선변호인을 선정할 경우에 이미 선임된 변호인 또는 선정된 국선변호인이 출석하지 아니하거나 퇴정한 경우에 부득이 한 때에는 피고인 또는 피의자의 의견을 들어 재정 중인 변호사 등 제14조에 규정된 사람을 국선변호인으로 선정할 수 있다.
② 제1항의 경우에는 이미 선정되었던 국선변호인에 대하여 그 선정을 취소할 수 있다.
③ 국선변호인이 공판기일 또는 피의자 심문기일에 출석할 수 없는 사유가 발생한 때에는 지체없이 법원 또는 지방법원판사에게 그 사유를 소명하여 통지하여야 한다.

제20조【사임】 국선변호인은 다음 각호의 어느 하나에 해당하는 경우에는 법원 또는 지방법원판사의 허가를 얻어 사임할 수 있다.
1. 질병 또는 장기여행으로 인하여 국선변호인의 직무를 수행하기 곤란할 때
2. 피고인 또는 피의자로부터 폭행, 협박 또는 모욕을 당하여 신뢰관계를 지속할 수 없을 때
3. 피고인 또는 피의자로부터 부정한 행위를 할 것을 종용받았을 때
4. 그밖에 국선변호인으로서의 직무를 수행하는 것이 어렵다고 인정할 만한 상당한 사유가 있을 때

제21조【감독】 법원은 국선변호인이 그 임무를 해태하여 국선변호인으로서의 불성실한 사적이 현저하다고 인정할 때에는 그 사유를 대한변호사협회장 또는 소속 지방변호사회장에게 통고할 수 있다.

제34조【피고인·피의자와의 접견, 교통, 수진】 변호인이나 변호인이 되려는 자는 신체가 구속된 피고인 또는 피의자와 접견하고 서류나 물건을 수수(授受)할 수 있으며 의사로 하여금 피고인이나 피의자를 진료하게 할 수 있다.

제35조【서류·증거물의 열람·복사】 ① 피고인과 변호인은 소송계속 중의 관계 서류 또는 증거물을 열람하거나 복사할 수 있다.
② 피고인의 법정대리인, 제28조에 따른 특별대리인, 제29조에 따른 보조인 또는 피고인의 배우자·직계친족·형제자매로서 피고인의 위임장 및 신분관계를 증명하는 문서를 제출한 자도 제1항과 같다.
③ 재판장은 피해자, 증인 등 사건관계인의 생명 또는 신체의 안전을 현저히 해칠 우려가 있는 경우에는 제1항 및 제2항에 따른 열람·복사에 앞서 사건관계인의 성명 등 개인정보가 공개되지 아니하도록 보호조치를 할 수 있다.
④ 제3항에 따른 개인정보 보호조치의 방법과 절차, 그 밖에 필요한 사항은 대법원규칙으로 정한다.

제101조【체포·구속적부심사청구권자의 체포·구속영장등본 교부청구등】 구속영장이 청구되거나 체포 또는 구속된 피의자, 그 변호인, 법정대리인, 배우자, 직계친족, 형제자매나 동거인 또는 고용주는 긴급체포서, 현행범인체포서, 체포영장, 구속영장 또는 그 청구서를 보관하고 있는 검사, 사법경찰관 또는 법원사무관 등에게 그 등본의 교부를 청구할 수 있다.

제36조【변호인의 독립소송행위권】 변호인은 독립하여 소송행위를 할 수 있다. 단, 법률에 다른 규정이 있는 때에는 예외로 한다.

제5장 재판

제37조【판결, 결정, 명령】 ① 판결은 법률에 다른 규정이 없으면 구두변론(口頭辯論)을 거쳐서 하여야 한다.
② 결정이나 명령은 구두변론을 거치지 아니할 수 있다.
③ 결정이나 명령을 할 때 필요하면 사실을 조사할 수 있다.
④ 제3항의 조사는 부원(部員)에게 명할 수 있고 다른 지방법원의 판사에게 촉탁할 수 있다.

제24조【결정, 명령을 위한 사실조사】 ① 결정 또는 명령을 함에 있어 법 제37조 제3항의 규정에 의하여 사실을 조사하는 때 필요한 경우에는 법 및 이 규칙의 정하는 바에 따라 증인을 신문하거나 감정을 명할 수 있다.
② 제1항의 경우에는 검사, 피고인, 피의자 또는 변호인을 참여하게 할 수 있다.

제38조【재판서의 방식】 재판은 법관이 작성한 재판서에 의하여야 한다. 단, 결정 또는 명령을 고지하는 경우에는 재판서를 작성하지 아니하고 조서에만 기재하여 할 수 있다.

제25조【재판서의 경정】 ① 재판서에 잘못된 계산이나 기재, 그밖에 이와 비슷한 잘못이 있음이 분명한 때에는 법원은 직권으로 또는 당사자의 신청에 따라 경정결정을 할 수 있다.
② 경정결정은 재판서의 원본과 등본에 덧붙여 적어야 한다. 다만, 등본에 덧붙여 적을 수 없을 때에는 경정결정의 등본을 작성하여 재판서의 등본을 송달받은 자에게 송달하여야 한다.
③ 경정결정에 대하여는 즉시항고를 할 수 있다. 다만, 재판에 대하여 적법한 상소가 있는 때에는 그러하지 아니하다.

제39조【재판의 이유】 재판에는 이유를 명시하여야 한다. 단, 상소를 불허하는 결정 또는 명령은 예외로 한다.

제40조【재판서의 기재요건】 ① 재판서에는 법률에 다른 규정이 없으면 재판을 받는 자의 성명, 연령, 직업과 주거를 기재

하여야 한다.

② 재판을 받는 자가 법인인 때에는 그 명칭과 사무소를 기재하여야 한다.

③ 판결서에는 기소한 검사와 공판에 관여한 검사의 관직, 성명과 변호인의 성명을 기재하여야 한다.

제41조【재판서의 서명 등】① 재판서에는 재판한 법관이 서명날인하여야 한다.

② 재판장이 서명날인할 수 없는 때에는 다른 법관이 그 사유를 부기하고 서명날인하여야 하며 다른 법관이 서명날인할 수 없는 때에는 재판장이 그 사유를 부기하고 서명날인하여야 한다.

③ 판결서 기타 대법원규칙이 정하는 재판서를 제외한 재판서에 대하여는 제1항 및 제2항의 서명날인에 갈음하여 기명날인할 수 있다.

> 제25조의2【기명·날인할 수 없는 재판서】법 제41조 제3항에 따라 서명·날인에 갈음하여 기명·날인할 수 없는 재판서는 판결과 각종 영장(감정유치장 및 감정처분허가장을 포함한다)을 말한다.
>
> 제178조【영장의 유효기간】영장의 유효기간은 7일로 한다. 다만, 법원 또는 법관이 상당하다고 인정하는 때에는 7일을 넘는 기간을 정할 수 있다.
>
> 제94조【영장의 방식】검사의 청구에 의하여 발부하는 영장에는 그 영장을 청구한 검사의 성명과 그 검사의 청구에 의하여 발부한다는 취지를 기재하여야 한다.

제42조【재판의 선고, 고지의 방식】재판의 선고 또는 고지는 공판정에서는 재판서에 의하여야 하고 기타의 경우에는 재판서등본의 송달 또는 다른 적당한 방법으로 하여야 한다. 단, 법률에 다른 규정이 있는 때에는 예외로 한다.

제43조【동전】재판의 선고 또는 고지는 재판장이 한다. 판결을 선고함에는 주문을 낭독하고 이유의 요지를 설명하여야 한다.

제44조【검사의 집행지휘를 요하는 사건】검사의 집행지휘를 요하는 재판은 재판서 또는 재판을 기재한 조서의 등본 또는 초본을 재판의 선고 또는 고지한 때로부터 10일 이내에 검사에게 송부하여야 한다. 단, 법률에 다른 규정이 있는 때에는 예외로 한다.

제45조【재판서의 등본, 초본의 청구】피고인 기타의 소송관계인은 비용을 납입하고 재판서 또는 재판을 기재한 조서의 등본 또는 초본의 교부를 청구할 수 있다.

> 제26조【재판서의 등, 초본 청구권자의 범위】① 법 제45조에 규정한 기타의 소송관계인이라 함은 검사, 변호인, 보조인, 법인인, 피고인의 대표자, 법 제28조의 규정에 의한 특별대리인, 법 제340조 및 제341조 제1항의 규정에 의한 상소권자를 말한다.
>
> ② 고소인, 고발인 또는 피해자는 비용을 납입하고 재판서 또는 재판을 기재한 조서의 등본 또는 초본의 교부를 청구할 수 있다. 다만, 그 청구하는 사유를 소명하여야 한다.
>
> 제27조【소송에 관한 사항의 증명서의 청구】피고인과 제26조 제1항에 규정한 소송관계인 및 고소인, 고발인 또는 피해자는 소송에 관한 사항의 증명서의 교부를 청구할 수 있다. 다만, 고소인, 고발인 또는 피해자의 청구에 관하여는 제26조 제2항 단서의 규정을 준용한다.
>
> 제28조【등, 초본등의 작성방법】법 제45조에 규정한 등본, 초본(제26조 제2항에 규정한 등본, 초본을 포함한다)또는 제27조에 규정한 증명서를 작성함에 있어서는 담당 법원서기관, 법원사무관, 법원주사, 법원주사보(이하 "법원사무관등"이라 한다)가 등본, 초본 또는 소송에 관한 사항의 증명서라는 취지를 기재하고 기명·날인하여야 한다.

제46조【재판서의 등, 초본의 작성】재판서 또는 재판을 기재한 조서의 등본 또는 초본은 원본에 의하여 작성하여야 한다. 단, 부득이한 경우에는 등본에 의하여 작성할 수 있다.

제6장 서류

제47조【소송서류의 비공개】소송에 관한 서류는 공판의 개정 전에는 공익상 필요 기타 상당한 이유가 없으면 공개하지 못한다.

제48조【조서의 작성 방법】① 피고인, 피의자, 증인, 감정인, 통역인 또는 번역인을 신문(訊問)하는 때에는 신문에 참여한 법원사무관등이 조서를 작성하여야 한다.

② 조서에는 다음 각 호의 사항을 기재하여야 한다.

1. 피고인, 피의자, 증인, 감정인, 통역인 또는 번역인의 진술
2. 증인, 감정인, 통역인 또는 번역인이 선서를 하지 아니한 때에는 그 사유

③ 조서는 진술자에게 읽어 주거나 열람하게 하여 기재 내용이 정확한지를 물어야 한다.

④ 진술자가 조서에 대하여 추가, 삭제 또는 변경의 청구를 한 때에는 그 진술내용을 조서에 기재하여야 한다.

⑤ 신문에 참여한 검사, 피고인, 피의자 또는 변호인이 조서 기재 내용의 정확성에 대하여 이의(異議)를 진술한 때에는 그 진술의 요지를 조서에 기재하여야 한다.

⑥ 제5항의 경우 재판장이나 신문한 법관은 그 진술에 대한 의견을 기재하게 할 수 있다.

⑦ 조서에는 진술자로 하여금 간인(間印)한 후 서명날인하게 하여야 한다. 다만, 진술자가 서명날인을 거부한 때에는 그

사유를 기재하여야 한다.

제49조【검증 등의 조서】 ① 검증, 압수 또는 수색에 관하여는 조서를 작성하여야 한다.
② 검증조서에는 검증목적물의 현장을 명확하게 하기 위하여 도화나 사진을 첨부할 수 있다.
③ 압수조서에는 품종, 외형상의 특징과 수량을 기재하여야 한다.

제50조【각종 조서의 기재요건】 전2조의 조서에는 조사 또는 처분의 연월일시와 장소를 기재하고 그 조사 또는 처분을 행한 자와 참여한 법원사무관등이 기명날인 또는 서명하여야 한다. 단, 공판기일 외에 법원이 조사 또는 처분을 행한 때에는 재판장 또는 법관과 참여한 법원사무관등이 기명날인 또는 서명하여야 한다.

> **제29조【조서에의 인용】** ① 조서에는 서면, 사진, 속기록, 녹음물, 영상녹화물, 녹취서 등 법원이 적당하다고 인정한 것을 인용하고 소송기록에 첨부하거나 전자적 형태로 보관하여 조서의 일부로 할 수 있다.
> ② 제1항에 따라 속기록, 녹음물, 영상녹화물, 녹취서를 조서의 일부로 한 경우라도 재판장은 법원사무관 등으로 하여금 피고인, 증인, 그 밖의 소송관계인의 진술 중 중요한 사항을 요약하여 조서의 일부로 기재하게 할 수 있다.

제51조【공판조서의 기재요건】 ① 공판기일의 소송절차에 관하여는 참여한 법원사무관등이 공판조서를 작성하여야 한다.
② 공판조서에는 다음 사항 기타 모든 소송절차를 기재하여야 한다.
1. 공판을 행한 일시와 법원
2. 법관, 검사, 법원사무관등의 관직, 성명
3. 피고인, 대리인, 대표자, 변호인, 보조인과 통역인의 성명
4. 피고인의 출석여부
5. 공개의 여부와 공개를 금한 때에는 그 이유
6. 공소사실의 진술 또는 그를 변경하는 서면의 낭독
7. 피고인에게 그 권리를 보호함에 필요한 진술의 기회를 준 사실과 그 진술한 사실
8. 제48조 제2항에 기재한 사항
9. 증거조사를 한 때에는 증거될 서류, 증거물과 증거조사의 방법
10. 공판정에서 행한 검증 또는 압수
11. 변론의 요지
12. 재판장이 기재를 명한 사항 또는 소송관계인의 청구에 의하여 기재를 허가한 사항
13. 피고인 또는 변호인에게 최종 진술할 기회를 준 사실과 그 진술한 사실
14. 판결 기타의 재판을 선고 또는 고지한 사실

제52조【공판조서작성상의 특례】 공판조서 및 공판기일외의 증인신문조서에는 제48조 제3항 내지 제7항의 규정에 의하지 아니한다. 단, 진술자의 청구가 있는 때에는 그 진술에 관한 부분을 읽어주고 증감변경의 청구가 있는 때에는 그 진술을 기재하여야 한다.

제53조【공판조서의 서명 등】 ① 공판조서에는 재판장과 참여한 법원사무관등이 기명날인 또는 서명하여야 한다.
② 재판장이 기명날인 또는 서명할 수 없는 때에는 다른 법관이 그 사유를 부기하고 기명날인 또는 서명하여야 하며 법관전원이 기명날인 또는 서명할 수 없는 때에는 참여한 법원사무관등이 그 사유를 부기하고 기명날인 또는 서명하여야 한다.
③ 법원사무관등이 기명날인 또는 서명할 수 없는 때에는 재판장 또는 다른 법관이 그 사유를 부기하고 기명날인 또는 서명하여야 한다.

제54조【공판조서의 정리 등】 ① 공판조서는 각 공판기일 후 신속히 정리하여야 한다.
② 다음 회의 공판기일에 있어서는 전회의 공판심리에 관한 주요사항의 요지를 조서에 의하여 고지하여야 한다. 다만, 다음 회의 공판기일까지 전회의 공판조서가 정리되지 아니한 때에는 조서에 의하지 아니하고 고지할 수 있다.
③ 검사, 피고인 또는 변호인은 공판조서의 기재에 대하여 변경을 청구하거나 이의를 제기할 수 있다.
④ 제3항에 따른 청구나 이의가 있는 때에는 그 취지와 이에 대한 재판장의 의견을 기재한 조서를 당해 공판조서에 첨부하여야 한다.

> **제29조의2【변경청구나 이의제기가 있는 경우의 처리】** 공판조서의 기재에 대하여 법 제54조 제3항에 따른 변경청구나 이의제기가 있는 경우, 법원사무관 등은 신청의 연월일 및 그 요지와 그에 대한 재판장의 의견을 기재하여 조서를 작성한 후 당해 공판조서 뒤에 이를 첨부하여야 한다.

제55조【피고인의 공판조서열람권등】 ① 피고인은 공판조서의 열람 또는 등사를 청구할 수 있다.
② 피고인이 공판조서를 읽지 못하는 때에는 공판조서의 낭독을 청구할 수 있다.
③ 전2항의 청구에 응하지 아니한 때에는 그 공판조서를 유죄의 증거로 할 수 없다.

> **제30조【공판조서의 낭독 등】** 법 제55조 제2항에 따른 피고인의 낭독청구가 있는 때에는 재판장의 명에 의하여 법원사무관 등이 낭독하거나 녹음물 또는 영상녹화물을 재생한다.

제56조【공판조서의 증명력】 공판기일의 소송절차로서 공판조서에 기재된 것은 그 조서만으로써 증명한다.

제56조의2 【공판정에서의 속기·녹음 및 영상녹화】 ① 법원은 검사, 피고인 또는 변호인의 신청이 있는 때에는 특별한 사정이 없는 한 공판정에서의 심리의 전부 또는 일부를 속기사로 하여금 속기하게 하거나 녹음장치 또는 영상녹화장치를 사용하여 녹음 또는 영상녹화(녹음이 포함된 것을 말한다. 이하 같다)하여야 하며, 필요하다고 인정하는 때에는 직권으로 이를 명할 수 있다.
② 법원은 속기록·녹음물 또는 영상녹화물을 공판조서와 별도로 보관하여야 한다.
③ 검사, 피고인 또는 변호인은 비용을 부담하고 제2항에 따른 속기록·녹음물 또는 영상녹화물의 사본을 청구할 수 있다.

제30조의2 【속기 등의 신청】 ① 속기, 녹음 또는 영상녹화(녹음이 포함된 것을 말한다. 다음부터 같다)의 신청은 공판기일·공판준비기일을 열기 전까지 하여야 한다.
② 피고인, 변호인 또는 검사의 신청이 있음에도 불구하고 특별한 사정이 있는 때에는 속기, 녹음 또는 영상녹화를 하지 아니하거나 신청하는 것과 다른 방법으로 속기, 녹음 또는 영상녹화를 할 수 있다. 다만, 이 경우 재판장은 공판기일에 그 취지를 고지하여야 한다.

제33조 【속기록에 대한 조치】 속기를 하게 한 경우에 재판장은 법원사무관 등으로 하여금 속기록의 전부 또는 일부를 조서에 인용하고 소송기록에 첨부하여 조서의 일부로 하게 할 수 있다.

제34조 【진술자에 대한 확인 등】 속기를 하게 한 경우 법 제48조 제3항 또는 법 제52조 단서에 따른 절차의 이행은 법원사무관 등 또는 법원에 소속되어 있거나 법원이 선정한 속기능력소지자(다음부터 "속기사 등"이라고 한다)로 하여금 속기록의 내용을 읽어주게 하거나 진술자에게 속기록을 열람하도록 하는 방법에 의한다.

제38조 【녹취서의 작성등】 ① 재판장은 필요하다고 인정하는 때에는 법원사무관 등 또는 속기사 등에게 녹음 또는 영상녹화된 내용의 전부 또는 일부를 녹취할 것을 명할 수 있다.
② 재판장은 법원사무관 등으로 하여금 제1항에 따라 작성된 녹취서의 전부 또는 일부를 조서에 인용하고 소송기록에 첨부하여 조서의 일부로 하게 할 수 있다.

제38조의2 【속기록, 녹음물 또는 영상녹화물의 사본 교부】 ① 재판장은 법 제56조의2 제3항에도 불구하고 피해자 또는 그 밖의 소송관계인의 사생활에 관한 비밀 보호 또는 신변에 대한 위해 방지 등을 위하여 특히 필요하다고 인정하는 경우에는 속기록, 녹음물 또는 영상녹화물의 사본의 교부를 불허하거나 그 범위를 제한할 수 있다.
② 법 제56조의2 제3항에 따라 속기록, 녹음물 또는 영상녹화물의 사본을 교부받은 사람은 그 사본을 당해 사건 또는 관련 소송의 수행과 관계없는 용도로 사용하여서는 아니된다.

제39조 【속기록 등의 보관과 폐기】 속기록, 녹음물, 영상녹화물 또는 녹취서는 전자적 형태로 이를 보관할 수 있으며, 재판이 확정되면 폐기한다. 다만, 속기록, 녹음물, 영상녹화물 또는 녹취서가 조서의 일부가 된 경우에는 그러하지 아니하다.

제57조 【공무원의 서류】 ① 공무원이 작성하는 서류에는 법률에 다른 규정이 없는 때에는 작성 연월일과 소속공무소를 기재하고 기명날인 또는 서명하여야 한다.
② 서류에는 간인하거나 이에 준하는 조치를 하여야 한다.

제58조 【공무원의 서류】 ① 공무원이 서류를 작성함에는 문자를 변개하지 못한다.
② 삽입, 삭제 또는 난외기재를 할 때에는 이 기재한 곳에 날인하고 그 자수를 기재하여야 한다. 단, 삭제한 부분은 해득할 수 있도록 자체를 존치하여야 한다.

제59조 【비공무원의 서류】 공무원 아닌 자가 작성하는 서류에는 연월일을 기재하고 기명날인 또는 서명하여야 한다. 인장이 없으면 지장으로 한다.

제41조 【서명의 특칙】 공무원이 아닌 자가 서명·날인을 하여야 할 경우에 서명을 할 수 없으면 타인이 대서한다. 이 경우에는 대서한 자가 그 사유를 기재하고 기명·날인 또는 서명하여야 한다.

제59조의2 【재판확정기록의 열람·등사】 ① 누구든지 권리구제·학술연구 또는 공익적 목적으로 재판이 확정된 사건의 소송기록을 보관하고 있는 검찰청에 그 소송기록의 열람 또는 등사를 신청할 수 있다.
② 검사는 다음 각 호의 어느 하나에 해당하는 경우에는 소송기록의 전부 또는 일부의 열람 또는 등사를 제한할 수 있다. 다만, 소송관계인이나 이해관계 있는 제3자가 열람 또는 등사에 관하여 정당한 사유가 있다고 인정되는 경우에는 그러하지 아니하다.
1. 심리가 비공개로 진행된 경우
2. 소송기록의 공개로 인하여 국가의 안전보장, 선량한 풍속, 공공의 질서유지 또는 공공복리를 현저히 해할 우려가 있는 경우
3. 소송기록의 공개로 인하여 사건관계인의 명예나 사생활의 비밀 또는 생명·신체의 안전이나 생활의 평온을 현저히 해할 우려가 있는 경우
4. 소송기록의 공개로 인하여 공범관계에 있는 자 등의 증거인멸 또는 도주를 용이하게 하거나 관련 사건의 재판에 중대한 영향을 초래할 우려가 있는 경우
5. 소송기록의 공개로 인하여 피고인의 개선이나 갱생에 현저한 지장을 초래할 우려가 있는 경우
6. 소송기록의 공개로 인하여 사건관계인의 영업비밀(「부정

경쟁방지 및 영업비밀보호에 관한 법률」 제2조 제2호의 영업비밀을 말한다)이 현저하게 침해될 우려가 있는 경우
7. 소송기록의 공개에 대하여 당해 소송관계인이 동의하지 아니하는 경우

③ 검사는 제2항에 따라 소송기록의 열람 또는 등사를 제한하는 경우에는 신청인에게 그 사유를 명시하여 통지하여야 한다.
④ 검사는 소송기록의 보존을 위하여 필요하다고 인정하는 경우에는 그 소송기록의 등본을 열람 또는 등사하게 할 수 있다. 다만, 원본의 열람 또는 등사가 필요한 경우에는 그러하지 아니하다.
⑤ 소송기록을 열람 또는 등사한 자는 열람 또는 등사에 의하여 알게 된 사항을 이용하여 공공의 질서 또는 선량한 풍속을 해하거나 피고인의 개선 및 갱생을 방해하거나 사건관계인의 명예 또는 생활의 평온을 해하는 행위를 하여서는 아니 된다.
⑥ 제1항에 따라 소송기록의 열람 또는 등사를 신청한 자는 열람 또는 등사에 관한 검사의 처분에 불복하는 경우에는 당해 기록을 보관하고 있는 검찰청에 대응한 법원에 그 처분의 취소 또는 변경을 신청할 수 있다.
⑦ 제418조 및 제419조는 제6항의 불복신청에 관하여 준용한다.

제59조의3【확정 판결서등의 열람·복사】① 누구든지 판결이 확정된 사건의 판결서 또는 그 등본, 증거목록 또는 그 등본, 그 밖에 검사나 피고인 또는 변호인이 법원에 제출한 서류·물건의 명칭·목록 또는 이에 해당하는 정보(이하 "판결서등"이라 한다)를 보관하는 법원에서 해당 판결서등을 열람 및 복사(인터넷, 그 밖의 전산정보처리시스템을 통한 전자적 방법을 포함한다. 이하 이 조에서 같다)할 수 있다. 다만, 다음 각 호의 어느 하나에 해당하는 경우에는 판결서등의 열람 및 복사를 제한할 수 있다.
1. 심리가 비공개로 진행된 경우
2. 「소년법」 제2조에 따른 소년에 관한 사건인 경우
3. 공범관계에 있는 자 등의 증거인멸 또는 도주를 용이하게 하거나 관련 사건의 재판에 중대한 영향을 초래할 우려가 있는 경우
4. 국가의 안전보장을 현저히 해할 우려가 명백하게 있는 경우
5. 제59조의2 제2항 제3호 또는 제6호의 사유가 있는 경우. 다만, 소송관계인의 신청이 있는 경우에 한정한다.

② 법원사무관등이나 그 밖의 법원공무원은 제1항에 따른 열람 및 복사에 앞서 판결서등에 기재된 성명 등 개인정보가 공개되지 아니하도록 대법원규칙으로 정하는 보호조치를 하여야 한다.

③ 제2항에 따른 개인정보 보호조치를 한 법원사무관등이나 그 밖의 법원공무원은 고의 또는 중대한 과실로 인한 것이 아니면 제1항에 따른 열람 및 복사와 관련하여 민사상·형사상 책임을 지지 아니한다.
④ 열람 및 복사에 관하여 정당한 사유가 있는 소송관계인이나 이해관계 있는 제3자는 제1항 단서에도 불구하고 제1항 본문에 따른 법원의 법원사무관등이나 그 밖의 법원공무원에게 판결서등의 열람 및 복사를 신청할 수 있다. 이 경우 법원사무관등이나 그 밖의 법원공무원의 열람 및 복사에 관한 처분에 불복하는 경우에는 제1항 본문에 따른 법원에 처분의 취소 또는 변경을 신청할 수 있다.
⑤ 제4항의 불복신청에 대하여는 제417조 및 제418조를 준용한다.
⑥ 판결서등의 열람 및 복사의 방법과 절차, 개인정보 보호조치의 방법과 절차, 그 밖에 필요한 사항은 대법원규칙으로 정한다.

제7장 송달

제60조【송달받기 위한 신고】① 피고인, 대리인, 대표자, 변호인 또는 보조인이 법원 소재지에 서류의 송달을 받을 수 있는 주거 또는 사무소를 두지 아니한 때에는 법원 소재지에 주거 또는 사무소 있는 자를 송달영수인으로 선임하여 연명한 서면으로 신고하여야 한다.
② 송달영수인은 송달에 관하여 본인으로 간주하고 그 주거 또는 사무소는 본인의 주거 또는 사무소로 간주한다.
③ 송달영수인의 선임은 같은 지역에 있는 각 심급법원에 대하여 효력이 있다.
④ 전3항의 규정은 신체구속을 당한 자에게 적용하지 아니한다.

> 제42조【법 제60조에 의한 법원소재지의 범위】법 제60조 제1항에 규정한 법원소재지는 당해 법원이 위치한 특별시, 광역시, 시 또는 군(다만, 광역시내의 군은 제외)으로 한다.

제61조【우체에 부치는 송달】① 주거, 사무소 또는 송달영수인의 선임을 신고하여야 할 자가 그 신고를 하지 아니하는 때에는 법원사무관등은 서류를 우체에 부치거나 기타 적당한 방법에 의하여 송달할 수 있다.
② 서류를 우체에 부친 경우에는 도달된 때에 송달된 것으로 간주한다.

제62조【검사에 대한 송달】검사에 대한 송달은 서류를 소속 검찰청에 송부하여야 한다.

제63조【공시송달의 원인】① 피고인의 주거, 사무소와 현재지를 알 수 없는 때에는 공시송달을 할 수 있다.

② 피고인이 재판권이 미치지 아니하는 장소에 있는 경우에 다른 방법으로 송달할 수 없는 때에도 전항과 같다.

제64조【공시송달의 방식】① 공시송달은 대법원규칙의 정하는 바에 의하여 법원이 명한 때에 한하여 할 수 있다.
② 공시송달은 법원사무관등이 송달할 서류를 보관하고 그 사유를 법원게시장에 공시하여야 한다.
③ 법원은 전항의 사유를 관보나 신문지상에 공고할 것을 명할 수 있다.
④ 최초의 공시송달은 제2항의 공시를 한 날로부터 2주일을 경과하면 그 효력이 생긴다. 단, 제2회이후의 공시송달은 5일을 경과하면 그 효력이 생긴다.

> 제43조【공시송달을 명하는 재판】법원은 공시송달의 사유가 있다고 인정한 때에는 직권으로 결정에 의하여 공시송달을 명한다.

제65조【「민사소송법」의 준용】서류의 송달에 관하여 법률에 다른 규정이 없는 때에는「민사소송법」을 준용한다.

제8장 기간

제66조【기간의 계산】① 기간의 계산에 관하여는 시(時)로 계산하는 것은 즉시(卽時)부터 기산하고 일(日), 월(月) 또는 연(年)으로 계산하는 것은 초일을 산입하지 아니한다. 다만, 시효(時效)와 구속기간의 초일은 시간을 계산하지 아니하고 1일로 산정한다.
② 연 또는 월로 정한 기간은 연 또는 월 단위로 계산한다.
③ 기간의 말일이 공휴일이거나 토요일이면 그날은 기간에 산입하지 아니한다. 다만, 시효와 구속기간에 관하여는 예외로 한다.

제67조【법정기간의 연장】법정기간은 소송행위를 할 자의 주거 또는 사무소의 소재지와 법원 또는 검찰청 소재지와의 거리 및 교통통신의 불편정도에 따라 대법원규칙으로 이를 연장할 수 있다.

> 제44조【법정기간의 연장】①소송행위를 할 자가 국내에 있는 경우 주거 또는 사무소의 소재지와 법원 또는 검찰청, 고위공직자범죄수사처(이하 "수사처"라고 한다) 소재지와의 거리에 따라 해로는 100킬로미터, 육로는 200킬로미터마다 각 1일을 부가한다. 그 거리의 전부 또는 잔여가 기준에 미달할지라도 50킬로미터이상이면 1일을 부가한다. 다만, 법원은 홍수, 천재지변등 불가피한 사정이 있거나 교통통신의 불편정도를 고려하여 법정기간을 연장함이 상당하다고 인정하는 때에는 이를 연장할 수 있다.
> ② 소송행위를 할 자가 외국에 있는 경우의 법정기간에는 그 거주국의 위치에 따라 다음 각호의 기간을 부가한다.
> 1. 아시아주 및 오세아니아주 : 15일
> 2. 북아메리카주 및 유럽주 : 20일
> 3. 중남아메리카주 및 아프리카주 : 30일

제9장 피고인의 소환, 구속

제68조【소환】법원은 피고인을 소환할 수 있다.

제69조【구속의 정의】본법에서 구속이라 함은 구인과 구금을 포함한다.

제70조【구속의 사유】① 법원은 피고인이 죄를 범하였다고 의심할 만한 상당한 이유가 있고 다음 각 호의 1에 해당하는 사유가 있는 경우에는 피고인을 구속할 수 있다.
1. 피고인이 일정한 주거가 없는 때
2. 피고인이 증거를 인멸할 염려가 있는 때
3. 피고인이 도망하거나 도망할 염려가 있는 때
② 법원은 제1항의 구속사유를 심사함에 있어서 범죄의 중대성, 재범의 위험성, 피해자 및 중요 참고인 등에 대한 위해 우려 등을 고려하여야 한다.
③ 다액 50만원 이하의 벌금, 구류 또는 과료에 해당하는 사건에 관하여는 제1항 제1호의 경우를 제한 외에는 구속할 수 없다.

제71조【구인의 효력】구인한 피고인을 법원에 인치한 경우에 구금할 필요가 없다고 인정한 때에는 그 인치한 때로부터 24시간 내에 석방하여야 한다.

제71조의2【구인 후의 유치】법원은 인치받은 피고인을 유치할 필요가 있는 때에는 교도소·구치소 또는 경찰서 유치장에 유치할 수 있다. 이 경우 유치기간은 인치한 때부터 24시간을 초과할 수 없다.

> 제49조의2【구인을 위한 구속영장 집행후의 조치】구인을 위한 구속영장의 집행에 관한 서류를 제출받은 법원의 재판장은 법원사무관 등에게 피고인이 인치된 일시를 구속영장에 기재하게 하여야 하고, 법 제71조의2에 따라 피고인을 유치할 경우에는 유치할 장소를 구속영장에 기재하고 서명 날인하여야 한다.

제72조【구속과 이유의 고지】피고인에 대하여 범죄사실의 요지, 구속의 이유와 변호인을 선임할 수 있음을 말하고 변명할 기회를 준 후가 아니면 구속할 수 없다 다만, 피고인이 도망한 경우에는 그러하지 아니하다.

> 제52조【구속과 범죄사실등의 고지】법원 또는 법관은 법 제72조 및 법 제88조의 규정에 의한 고지를 할 때에는 법원사무관 등을 참여시켜 조서를 작성하게 하거나 피고인 또는 피의자로 하여금 확인서 기타 서면을 작성하게 하여야 한다.

제72조의2【고지의 방법】① 법원은 합의부원으로 하여금 제

72조의 절차를 이행하게 할 수 있다.
② 법원은 피고인이 출석하기 어려운 특별한 사정이 있고 상당하다고 인정하는 때에는 검사와 변호인의 의견을 들어 비디오 등 중계장치에 의한 중계시설을 통하여 제72조의 절차를 진행할 수 있다.

> 제45조의2【비디오 등 중계장치에 의한 구속사유 고지】① 법 제72조의2 제2항에 따른 절차를 위한 기일의 통지는 서면 이외에 전화·모사전송·전자우편·휴대전화 문자전송 그 밖에 적당한 방법으로 할 수 있다. 이 경우 통지의 증명은 그 취지를 조서에 기재함으로써 할 수 있다.
> ② 법 제72조의2 제2항에 따른 절차 진행에 관하여는 제123조의13 제1항 내지 제4항과 제6항 내지 제8항을 준용한다.

제73조【영장의 발부】피고인을 소환함에는 소환장을, 구인 또는 구금함에는 구속영장을 발부하여야 한다.

제74조【소환장의 방식】소환장에는 피고인의 성명, 주거, 죄명, 출석일시, 장소와 정당한 이유없이 출석하지 아니하는 때에는 도망할 염려가 있다고 인정하여 구속영장을 발부할 수 있음을 기재하고 재판장 또는 수명법관이 기명날인 또는 서명하여야 한다.

제75조【구속영장의 방식】① 구속영장에는 피고인의 성명, 주거, 죄명, 공소사실의 요지, 인치 구금할 장소, 발부년월일, 그 유효기간과 그 기간을 경과하면 집행에 착수하지 못하며 영장을 반환하여야 할 취지를 기재하고 재판장 또는 수명법관이 서명날인하여야 한다.
② 피고인의 성명이 분명하지 아니한 때에는 인상, 체격, 기타 피고인을 특정할 수 있는 사항으로 피고인을 표시할 수 있다.
③ 피고인의 주거가 분명하지 아니한 때에는 그 주거의 기재를 생략할 수 있다.

> 제46조【구속영장의 기재사항】구속영장에는 법 제75조에 규정한 사항외에 피고인의 주민등록번호(외국인인 경우에는 외국인등록번호, 위 번호들이 없거나 이를 알 수 없는 경우에는 생년월일 및 성별, 다음부터 '주민등록번호 등'이라 한다)·직업 및 법 제70조 제1항 각호에 규정된 구속의 사유를 기재하여야 한다.

제76조【소환장의 송달】① 소환장은 송달하여야 한다.
② 피고인이 기일에 출석한다는 서면을 제출하거나 출석한 피고인에 대하여 차회기일을 정하여 출석을 명한 때에는 소환장의 송달과 동일한 효력이 있다.
③ 전항의 출석을 명한 때에는 그 요지를 조서에 기재하여야 한다.
④ 구금된 피고인에 대하여는 교도관에게 통지하여 소환한다.
⑤ 피고인이 교도관으로부터 소환통지를 받은 때에는 소환장의 송달과 동일한 효력이 있다.

> 제45조【소환의 유예기간】피고인에 대한 소환장은 법 제269조의 경우를 제외하고는 늦어도 출석할 일시 12시간 이전에 송달하여야 한다. 다만, 피고인이 이의를 하지 아니하는 때에는 그러하지 아니하다.

제77조【구속의 촉탁】① 법원은 피고인의 현재지의 지방법원판사에게 피고인의 구속을 촉탁할 수 있다.
② 수탁판사는 피고인이 관할구역 내에 현재하지 아니한 때에는 그 현재지의 지방법원판사에게 전촉할 수 있다.
③ 수탁판사는 구속영장을 발부하여야 한다.
④ 제75조의 규정은 전항의 구속영장에 준용한다.

제78조【촉탁에 의한 구속의 절차】① 전조의 경우에 촉탁에 의하여 구속영장을 발부한 판사는 피고인을 인치한 때로부터 24시간 이내에 그 피고인임에 틀림없는가를 조사하여야 한다.
② 피고인임에 틀림없는 때에는 신속히 지정된 장소에 송치하여야 한다.

제79조【출석, 동행명령】법원은 필요한 때에는 지정한 장소에 피고인의 출석 또는 동행을 명할 수 있다.

제80조【요급처분】재판장은 급속을 요하는 경우에는 제68조부터 제71조까지, 제71조의2, 제73조, 제76조, 제77조와 전조에 규정한 처분을 할 수 있고 또는 합의부원으로 하여금 처분을 하게 할 수 있다.

> 제47조【수탁판사 또는 재판장등의 구속영장등의 기재요건】수탁판사가 법 제77조 제3항의 규정에 의하여 구속영장을 발부하는 때나 재판장 또는 합의부원이 법 제80조의 규정에 의하여 소환장 또는 구속영장을 발부하는 때에는 그 취지를 소환장 또는 구속영장에 기재하여야 한다.

제81조【구속영장의 집행】① 구속영장은 검사의 지휘에 의하여 사법경찰관리가 집행한다. 단, 급속을 요하는 경우에는 재판장, 수명법관 또는 수탁판사가 그 집행을 지휘할 수 있다.
② 제1항 단서의 경우에는 법원사무관등에게 그 집행을 명할 수 있다. 이 경우에 법원사무관등은 그 집행에 관하여 필요한 때에는 사법경찰관리·교도관 또는 법원경위에게 보조를 요구할 수 있으며 관할구역 외에서도 집행할 수 있다.
③ 교도소 또는 구치소에 있는 피고인에 대하여 발부된 구속영장은 검사의 지휘에 의하여 교도관이 집행한다.

> 제48조【검사에 대한 구속영장의 송부】검사의 지휘에 의하여 구속영장을 집행하는 경우에는 구속영장을 발부한 법원이 그 원본을 검사에게 송부하여야 한다.

> 제49조【구속영장집행후의 조치】① 구속영장집행사무를 담당

한 자가 구속영장을 집행한 때에는 구속영장에 집행일시와 장소를, 집행할 수 없었을 때에는 그 사유를 각 기재하고 기명·날인하여야 한다.
② 구속영장의 집행에 관한 서류는 집행을 지휘한 검사 또는 수탁판사를 경유하여 구속영장을 발부한 법원에 이를 제출하여야 한다.

제82조【수통의 구속영장의 작성】 ① 구속영장은 수통을 작성하여 사법경찰관리 수인에게 교부할 수 있다.
② 전항의 경우에는 그 사유를 구속영장에 기재하여야 한다.

제83조【관할구역 외에서의 구속영장의 집행과 그 촉탁】 ① 검사는 필요에 의하여 관할구역 외에서 구속영장의 집행을 지휘할 수 있고 또는 당해 관할구역의 검사에게 집행지휘를 촉탁할 수 있다.
② 사법경찰관리는 필요에 의하여 관할구역 외에서 구속영장을 집행할 수 있고 또는 당해 관할구역의 사법경찰관리에게 집행을 촉탁할 수 있다.

제84조【고등검찰청검사장 또는 지방검찰청검사장에 대한 수사촉탁】 피고인의 현재지가 분명하지 아니한 때에는 재판장은 고등검찰청검사장 또는 지방검찰청검사장에게 그 수사와 구속영장의 집행을 촉탁할 수 있다.

제85조【구속영장집행의 절차】 ① 구속영장을 집행함에는 피고인에게 반드시 이를 제시하고 그 사본을 교부하여야 하며 신속히 지정된 법원 기타 장소에 인치하여야 한다.
② 제77조 제3항의 구속영장에 관하여는 이를 발부한 판사에게 인치하여야 한다.
③ 구속영장을 소지하지 아니한 경우에 급속을 요하는 때에는 피고인에 대하여 공소사실의 요지와 영장이 발부되었음을 고하고 집행할 수 있다.
④ 전항의 집행을 완료한 후에는 신속히 구속영장을 제시하고 그 사본을 교부하여야 한다.

제86조【호송 중의 가유치】 구속영장의 집행을 받은 피고인을 호송할 경우에 필요하면 가장 가까운 교도소 또는 구치소에 임시로 유치할 수 있다.

제87조【구속의 통지】 ① 피고인을 구속한 때에는 변호인이 있는 경우에는 변호인에게, 변호인이 없는 경우에는 제30조 제2항에 규정한 자 중 피고인이 지정한 자에게 피고사건명, 구속일시·장소, 범죄사실의 요지, 구속의 이유와 변호인을 선임할 수 있는 취지를 알려야 한다.
② 제1항의 통지는 지체없이 서면으로 하여야 한다.

제51조【구속의 통지】 ① 피고인을 구속한 때에 그 변호인이나 법 제30조 제2항에 규정한 자가 없는 경우에는 피고인이 지정하는 자 1인에게 법 제87조 제1항에 규정한 사항을 통지하여야 한다.
② 구속의 통지는 구속을 한 때로부터 늦어도 24시간 이내에 서면으로 하여야 한다. 제1항에 규정한 자가 없어 통지를 하지 못한 경우에는 그 취지를 기재한 서면을 기록에 철하여야 한다.
③ 급속을 요하는 경우에는 구속되었다는 취지 및 구속의 일시·장소를 전화 또는 모사전송기 기타 상당한 방법에 의하여 통지할 수 있다. 다만, 이 경우에도 구속통지는 다시 서면으로 하여야 한다.

제50조【구속영장등본의 교부청구】 ① 피고인, 변호인, 피고인의 법정대리인, 법 제28조에 따른 피고인의 특별대리인, 배우자, 직계친족과 형제자매는 구속영장을 발부한 법원에 구속영장의 등본의 교부를 청구할 수 있다.
② 제1항의 경우에 고소인, 고발인 또는 피해자에 대하여는 제26조 제2항의 규정을 준용한다.

제88조【구속과 공소사실 등의 고지】 피고인을 구속한 때에는 즉시 공소사실의 요지와 변호인을 선임할 수 있음을 알려야 한다.

제52조【구속과 범죄사실등의 고지】 법원 또는 법관은 법 제72조 및 법 제88조의 규정에 의한 고지를 할 때에는 법원사무관 등을 참여시켜 조서를 작성하게 하거나 피고인 또는 피의자로 하여금 확인서 기타 서면을 작성하게 하여야 한다.

제89조【구속된 피고인과의 접견·진료】 구속된 피고인은 관련 법률이 정한 범위에서 타인과 접견하고 서류나 물건을 수수하며 의사의 진료를 받을 수 있다.

제90조【변호인의 의뢰】 ① 구속된 피고인은 법원, 교도소장 또는 구치소장 또는 그 대리자에게 변호사를 지정하여 변호인의 선임을 의뢰할 수 있다.
② 전항의 의뢰를 받은 법원, 교도소장 또는 구치소장 또는 그 대리자는 급속히 피고인이 지명한 변호사에게 그 취지를 통지하여야 한다.

제91조【변호인 아닌 자와의 접견·교통】 법원은 도망하거나 범죄의 증거를 인멸할 염려가 있다고 인정할 만한 상당한 이유가 있는 때에는 직권 또는 검사의 청구에 의하여 결정으로 구속된 피고인과 제34조에 규정한 외의 타인과의 접견을 금지할 수 있고, 서류나 그 밖의 물건을 수수하지 못하게 하거나 검열 또는 압수할 수 있다. 다만, 의류·양식·의료품은 수수를 금지하거나 압수할 수 없다.

제92조【구속기간과 갱신】 ① 구속기간은 2개월로 한다.
② 제1항에도 불구하고 특히 구속을 계속할 필요가 있는 경우에는 심급마다 2개월 단위로 2차에 한하여 결정으로 갱신할 수 있다. 다만, 상소심은 피고인 또는 변호인이 신청한 증거

의 조사, 상소이유를 보충하는 서면의 제출 등으로 추가 심리가 필요한 부득이한 경우에는 3차에 한하여 갱신할 수 있다.
③ 제22조, 제298조 제4항, 제306조 제1항 및 제2항의 규정에 의하여 공판절차가 정지된 기간 및 공소제기전의 체포·구인·구금 기간은 제1항 및 제2항의 기간에 산입하지 아니한다.

제93조【구속의 취소】 구속의 사유가 없거나 소멸된 때에는 법원은 직권 또는 검사, 피고인, 변호인과 제30조 제2항에 규정한 자의 청구에 의하여 결정으로 구속을 취소하여야 한다.

제94조【보석의 청구】 피고인, 피고인의 변호인·법정대리인·배우자·직계친족·형제자매·가족·동거인 또는 고용주는 법원에 구속된 피고인의 보석을 청구할 수 있다.

> 제53조【보석 등의 청구】 ① 보석청구서 또는 구속취소청구서에는 다음 사항을 기재하여야 한다.
> 1. 사건번호
> 2. 구속된 피고인의 성명, 주민등록번호 등, 주거
> 3. 청구의 취지 및 청구의 이유
> 4. 청구인의 성명 및 구속된 피고인과의 관계
> ② 보석의 청구를 하거나 검사 아닌 자가 구속취소의 청구를 할 때에는 그 청구서의 부본을 첨부하여야 한다.
> ③ 법원은 제1항의 보석 또는 구속취소에 관하여 검사의 의견을 물을 때에는 제2항의 부본을 첨부하여야 한다.
>
> 제53조의2【진술서 등의 제출】 ① 보석의 청구인은 적합한 보석조건에 관한 의견을 밝히고 이에 관한 소명자료를 낼 수 있다.
> ② 보석의 청구인은 보석조건을 결정함에 있어 법 제99조 제2항에 따른 이행가능한 조건인지 여부를 판단하기 위하여 필요한 범위 내에서 피고인(피고인이 미성년자인 경우에는 그 법정대리인 등)의 자력 또는 자산 정도에 관한 서면을 제출하여야 한다.

제95조【필요적 보석】 보석의 청구가 있는 때에는 다음 이외의 경우에는 보석을 허가하여야 한다.
1. 피고인이 사형, 무기 또는 장기 10년이 넘는 징역이나 금고에 해당하는 죄를 범한 때
2. 피고인이 누범에 해당하거나 상습범인 죄를 범한 때
3. 피고인이 죄증을 인멸하거나 인멸할 염려가 있다고 믿을 만한 충분한 이유가 있는 때
4. 피고인이 도망하거나 도망할 염려가 있다고 믿을 만한 충분한 이유가 있는 때
5. 피고인의 주거가 분명하지 아니한 때
6. 피고인이 피해자, 당해 사건의 재판에 필요한 사실을 알고 있다고 인정되는 자 또는 그 친족의 생명·신체나 재산에 해를 가하거나 가할 염려가 있다고 믿을만한 충분한 이유가 있는 때

제96조【임의적 보석】 법원은 제95조의 규정에 불구하고 상당한 이유가 있는 때에는 직권 또는 제94조에 규정한 자의 청구에 의하여 결정으로 보석을 허가할 수 있다.

제97조【보석, 구속의 취소와 검사의 의견】 ① 재판장은 보석에 관한 결정을 하기 전에 검사의 의견을 물어야 한다.
② 구속의 취소에 관한 결정을 함에 있어서도 검사의 청구에 의하거나 급속을 요하는 경우외에는 제1항과 같다.
③ 검사는 제1항 및 제2항에 따른 의견요청에 대하여 지체없이 의견을 표명하여야 한다.
④ 구속을 취소하는 결정에 대하여는 검사는 즉시항고를 할 수 있다.

> 제54조【기록등의 제출】 ① 검사는 법원으로부터 보석, 구속취소 또는 구속집행정지에 관한 의견요청이 있을 때에는 의견서와 소송서류 및 증거물을 지체없이 법원에 제출하여야 한다. 이 경우 특별한 사정이 없는 한 의견요청을 받은 날의 다음날까지 제출하여야 한다.
> ② 보석에 대한 의견 요청을 받은 검사는 보석허가가 상당하지 아니하다는 의견일 때에는 그 사유를 명시하여야 한다.
> ③ 제2항의 경우 보석허가가 상당하다는 의견일 때에는 보석조건에 대하여 의견을 나타낼 수 있다.
>
> 제54조의2【보석의 심리】 ① 보석의 청구를 받은 법원은 지체없이 심문기일을 정하여 구속된 피고인을 심문하여야 한다. 다만, 다음 각호의 어느 하나에 해당하는 때에는 그러하지 아니하다.
> 1. 법 제94조에 규정된 청구권자 이외의 사람이 보석을 청구한 때
> 2. 동일한 피고인에 대하여 중복하여 보석을 청구하거나 재청구한 때
> 3. 공판준비 또는 공판기일에 피고인에게 그 이익되는 사실을 진술할 기회를 준 때
> 4. 이미 제출한 자료만으로 보석을 허가하거나 불허가할 것이 명백한 때
> ② 제1항의 규정에 의하여 심문기일을 정한 법원은 즉시 검사, 변호인, 보석청구인 및 피고인을 구금하고 있는 관서의 장에게 심문기일과 장소를 통지하여야 하고, 피고인을 구금하고 있는 관서의 장은 위 심문기일에 피고인을 출석시켜야 한다.
> ③ 제2항의 통지는 서면외에 전화·모사전송·전자우편·휴대전화 문자전송 그밖에 적당한 방법으로 할 수 있다. 이 경우 통지의 증명은 그 취지를 심문조서에 기재함으로써 할 수 있다.
> ④ 피고인, 변호인, 보석청구인은 피고인에게 유리한 자료를 낼 수 있다.
> ⑤ 검사, 변호인, 보석청구인은 제1항의 심문기일에 출석하여 의견을 진술할 수 있다.
> ⑥ 법원은 피고인, 변호인 또는 보석청구인에게 보석조건을

결정함에 있어 필요한 자료의 제출을 요구할 수 있다.
⑦ 법원은 피고인의 심문을 합의부원에게 명할 수 있다.

제55조【보석 등의 결정기한】 법원은 특별한 사정이 없는 한 보석 또는 구속취소의 청구를 받은 날부터 7일 이내에 그에 관한 결정을 하여야 한다.

제55조의2【불허가 결정의 이유】 보석을 허가하지 아니하는 결정을 하는 때에는 결정이유에 법 제95조 각호 중 어느 사유에 해당하는지를 명시하여야 한다.

제98조【보석의 조건】 법원은 보석을 허가하는 경우에는 필요하고 상당한 범위 안에서 다음 각 호의 조건 중 하나 이상의 조건을 정하여야 한다.
1. 법원이 지정하는 일시·장소에 출석하고 증거를 인멸하지 아니하겠다는 서약서를 제출할 것
2. 법원이 정하는 보증금에 해당하는 금액을 납입할 것을 약속하는 약정서를 제출할 것
3. 법원이 지정하는 장소로 주거를 제한하고 주거를 변경할 필요가 있는 경우에는 법원의 허가를 받는 등 도주를 방지하기 위하여 행하는 조치를 받아들일 것
4. 피해자, 당해 사건의 재판에 필요한 사실을 알고 있다고 인정되는 사람 또는 그 친족의 생명·신체·재산에 해를 가하는 행위를 하지 아니하고 주거·직장 등 그 주변에 접근하지 아니할 것
5. 피고인 아닌 자가 작성한 출석보증서를 제출할 것
6. 법원의 허가 없이 외국으로 출국하지 아니할 것을 서약할 것
7. 법원이 지정하는 방법으로 피해자의 권리 회복에 필요한 금전을 공탁하거나 그에 상당하는 담보를 제공할 것
8. 피고인이나 법원이 지정하는 자가 보증금을 납입하거나 담보를 제공할 것
9. 그 밖에 피고인의 출석을 보증하기 위하여 법원이 정하는 적당한 조건을 이행할 것

제99조【보석조건의 결정 시 고려사항】 ① 법원은 제98조의 조건을 정할 때 다음 각 호의 사항을 고려하여야 한다.
1. 범죄의 성질 및 죄상(罪狀)
2. 증거의 증명력
3. 피고인의 전과(前科)·성격·환경 및 자산
4. 피해자에 대한 배상 등 범행 후의 정황에 관련된 사항
② 법원은 피고인의 자금능력 또는 자산 정도로는 이행할 수 없는 조건을 정할 수 없다.

제100조【보석집행의 절차】 ① 제98조 제1호·제2호·제5호·제7호 및 제8호의 조건은 이를 이행한 후가 아니면 보석허가결정을 집행하지 못하며, 법원은 필요하다고 인정하는 때에는 다른 조건에 관하여도 그 이행 이후 보석허가결정을 집행하도록 정할 수 있다.
② 법원은 보석청구자 이외의 자에게 보증금의 납입을 허가할 수 있다.
③ 법원은 유가증권 또는 피고인 외의 자가 제출한 보증서로써 보증금에 갈음함을 허가할 수 있다.
④ 전항의 보증서에는 보증금액을 언제든지 납입할 것을 기재하여야 한다.
⑤ 법원은 보석허가결정에 따라 석방된 피고인이 보석조건을 준수하는데 필요한 범위 안에서 관공서나 그 밖의 공사단체에 대하여 적절한 조치를 취할 것을 요구할 수 있다.

제55조의3【보석석방 후의 조치】 ① 법원은 법 제98조 제3호의 보석조건으로 석방된 피고인이 보석조건을 이행함에 있어 피고인의 주거지를 관할하는 경찰서장에게 피고인이 주거제한을 준수하고 있는지 여부 등에 관하여 조사할 것을 요구하는 등 보석조건의 준수를 위하여 적절한 조치를 취할 것을 요구할 수 있다.
② 법원은 법 제98조 제6호의 보석조건을 정한 경우 출입국사무를 관리하는 관서의 장에게 피고인에 대한 출국을 금지하는 조치를 취할 것을 요구할 수 있다.
③ 법 제100조 제5항에 따라 보석조건 준수에 필요한 조치를 요구받은 관공서 그 밖의 공사단체의 장은 그 조치의 내용과 경과 등을 법원에 통지하여야 한다.

제100조의2【출석보증인에 대한 과태료】 ① 법원은 제98조 제5호의 조건을 정한 보석허가결정에 따라 석방된 피고인이 정당한 사유 없이 기일에 불출석하는 경우에는 결정으로 그 출석보증인에 대하여 500만원 이하의 과태료를 부과할 수 있다.
② 제1항의 결정에 대하여는 즉시항고를 할 수 있다.

제101조【구속의 집행정지】 ① 법원은 상당한 이유가 있는 때에는 결정으로 구속된 피고인을 친족·보호단체 기타 적당한 자에게 부탁하거나 피고인의 주거를 제한하여 구속의 집행을 정지할 수 있다.
② 전항의 결정을 함에는 검사의 의견을 물어야 한다. 단, 급속을 요하는 경우에는 그러하지 아니하다.
③ 삭제 〈2015. 7. 31.〉
④ 헌법 제44조에 의하여 구속된 국회의원에 대한 석방요구가 있으면 당연히 구속영장의 집행이 정지된다.
⑤ 전항의 석방요구의 통고를 받은 검찰총장은 즉시 석방을 지휘하고 그 사유를 수소법원에 통지하여야 한다.

제102조【보석조건의 변경과 취소 등】 ① 법원은 직권 또는 제94조에 규정된 자의 신청에 따라 결정으로 피고인의 보석조건을 변경하거나 일정기간 동안 당해 조건의 이행을 유예할 수 있다.

② 법원은 피고인이 다음 각 호의 어느 하나에 해당하는 경우에는 직권 또는 검사의 청구에 따라 결정으로 보석 또는 구속의 집행정지를 취소할 수 있다. 다만, 제101조 제4항에 따른 구속영장의 집행정지는 그 회기 중 취소하지 못한다.
1. 도망한 때
2. 도망하거나 죄증을 인멸할 염려가 있다고 믿을 만한 충분한 이유가 있는 때
3. 소환을 받고 정당한 사유 없이 출석하지 아니한 때
4. 피해자, 당해 사건의 재판에 필요한 사실을 알고 있다고 인정되는 자 또는 그 친족의 생명·신체·재산에 해를 가하거나 가할 염려가 있다고 믿을 만한 충분한 이유가 있는 때
5. 법원이 정한 조건을 위반한 때

③ 법원은 피고인이 정당한 사유 없이 보석조건을 위반한 경우에는 결정으로 피고인에 대하여 1천만원 이하의 과태료를 부과하거나 20일 이내의 감치에 처할 수 있다.
④ 제3항의 결정에 대하여는 즉시항고를 할 수 있다.

> 제55조의4【보석조건 변경의 통지】법원은 보석을 허가한 후에 보석의 조건을 변경하거나 보석조건의 이행을 유예하는 결정을 한 경우에는 그 취지를 검사에게 지체없이 통지하여야 한다.
>
> 제55조의5【보석조건의 위반과 피고인에 대한 과태료 등】① 법 제102조 제3항·제4항에 따른 과태료 재판의 절차에 관하여는 비송사건절차법 제248조, 제250조(다만, 검사에 관한 부분을 제외한다)를 준용한다.
> ② 법 제102조 제3항에 따른 감치재판절차는 법원의 감치재판개시결정에 따라 개시된다. 이 경우 감치사유가 있은 날부터 20일이 지난 때에는 감치재판개시결정을 할 수 없다.
> ③ 법원은 감치재판절차를 개시한 이후에도 감치에 처함이 상당하지 아니하다고 인정되는 때에는 불처벌의 결정을 할 수 있다.
> ④ 제2항의 감치재판개시결정과 제3항의 불처벌결정에 대하여는 불복할 수 없다.
> ⑤ 제2항부터 제4항까지 및 법 제102조 제3항·제4항에 따른 감치절차에 관하여는「법정 등의 질서유지를 위한 재판에 관한 규칙」제3조, 제6조, 제7조의2, 제8조, 제10조, 제11조, 제13조, 제15조, 제16조, 제18조, 제19조, 제21조부터 제23조, 제25조 제1항을 준용한다.
>
> 제56조【보석등의 취소에 의한 재구금절차】① 법 제102조 제2항에 따른 보석취소 또는 구속집행정지취소의 결정이 있는 때 또는 기간을 정한 구속집행정지결정의 기간이 만료된 때에는 검사는 그 취소결정의 등본 또는 기간을 정한 구속집행정지결정의 등본에 의하여 피고인을 재구금하여야 한다. 다만, 급속을 요하는 경우에는 재판장, 수명법관 또는 수탁판사가 재구금을 지휘할 수 있다.
>
> ② 제1항 단서의 경우에는 법원사무관등에게 그 집행을 명할 수 있다. 이 경우에 법원사무관 등은 그 집행에 관하여 필요한 때에는 사법경찰관리 또는 교도관에게 보조를 요구할 수 있으며 관할구역외에서도 집행할 수 있다.

제103조【보증금 등의 몰취】① 법원은 보석을 취소하는 때에는 직권 또는 검사의 청구에 따라 결정으로 보증금 또는 담보의 전부 또는 일부를 몰취할 수 있다.
② 법원은 보증금의 납입 또는 담보제공을 조건으로 석방된 피고인이 동일한 범죄사실에 관하여 형의 선고를 받고 그 판결이 확정된 후 집행하기 위한 소환을 받고 정당한 사유 없이 출석하지 아니하거나 도망한 때에는 직권 또는 검사의 청구에 따라 결정으로 보증금 또는 담보의 전부 또는 일부를 몰취하여야 한다.

제104조【보증금 등의 환부】구속 또는 보석을 취소하거나 구속영장의 효력이 소멸된 때에는 몰취하지 아니한 보증금 또는 담보를 청구한 날로부터 7일 이내에 환부하여야 한다.

제104조의2【보석조건의 효력상실 등】① 구속영장의 효력이 소멸한 때에는 보석조건은 즉시 그 효력을 상실한다.
② 보석이 취소된 경우에도 제1항과 같다. 다만, 제98조 제8호의 조건은 예외로 한다.

제105조【상소와 구속에 관한 결정】상소기간 중 또는 상소 중의 사건에 관하여 구속기간의 갱신, 구속의 취소, 보석, 구속의 집행정지와 그 정지의 취소에 대한 결정은 소송기록이 원심법원에 있는 때에는 원심법원이 하여야 한다.

> 제57조【상소등과 구속에 관한 결정】① 상소기간중 또는 상소중의 사건에 관한 피고인의 구속, 구속기간갱신, 구속취소, 보석, 보석의 취소, 구속집행정지와 그 정지의 취소의 결정은 소송기록이 상소법원에 도달하기까지는 원심법원이 이를 하여야 한다.
> ② 이송, 파기환송 또는 파기이송중의 사건에 관한 제1항의 결정은 소송기록이 이송 또는 환송법원에 도달하기까지는 이송 또는 환송한 법원이 이를 하여야 한다.

제10장 압수와 수색

제106조【압수】① 법원은 필요한 때에는 피고사건과 관계가 있다고 인정할 수 있는 것에 한정하여 증거물 또는 몰수할 것으로 사료하는 물건을 압수할 수 있다. 단, 법률에 다른 규정이 있는 때에는 예외로 한다.
② 법원은 압수할 물건을 지정하여 소유자, 소지자 또는 보관자에게 제출을 명할 수 있다.
③ 법원은 압수의 목적물이 컴퓨터용디스크, 그 밖에 이와 비슷한 정보저장매체(이하 이 항에서 "정보저장매체등"이라

한다)인 경우에는 기억된 정보의 범위를 정하여 출력하거나 복제하여 제출받아야 한다. 다만, 범위를 정하여 출력 또는 복제하는 방법이 불가능하거나 압수의 목적을 달성하기에 현저히 곤란하다고 인정되는 때에는 정보저장매체등을 압수할 수 있다.
④ 법원은 제3항에 따라 정보를 제공받은 경우「개인정보 보호법」제2조 제3호에 따른 정보주체에게 해당 사실을 지체없이 알려야 한다.

제107조【우체물의 압수】① 법원은 필요한 때에는 피고사건과 관계가 있다고 인정할 수 있는 것에 한정하여 우체물 또는「통신비밀보호법」제2조 제3호에 따른 전기통신(이하 "전기통신"이라 한다)에 관한 것으로서 체신관서, 그 밖의 관련 기관 등이 소지 또는 보관하는 물건의 제출을 명하거나 압수를 할 수 있다.
② 삭제〈2011. 7.18.〉
③ 제1항에 따른 처분을 할 때에는 발신인이나 수신인에게 그 취지를 통지하여야 한다. 단, 심리에 방해될 염려가 있는 경우에는 예외로 한다.

제108조【임의 제출물 등의 압수】소유자, 소지자 또는 보관자가 임의로 제출한 물건 또는 유류한 물건은 영장없이 압수할 수 있다.

제109조【수색】① 법원은 필요한 때에는 피고사건과 관계가 있다고 인정할 수 있는 것에 한정하여 피고인의 신체, 물건 또는 주거, 그 밖의 장소를 수색할 수 있다.
② 피고인 아닌 자의 신체, 물건, 주거 기타 장소에 관하여는 압수할 물건이 있음을 인정할 수 있는 경우에 한하여 수색할 수 있다.

제110조【군사상 비밀과 압수】① 군사상 비밀을 요하는 장소는 그 책임자의 승낙 없이는 압수 또는 수색할 수 없다.
② 전항의 책임자는 국가의 중대한 이익을 해하는 경우를 제외하고는 승낙을 거부하지 못한다.

제111조【공무상 비밀과 압수】① 공무원 또는 공무원이었던 자가 소지 또는 보관하는 물건에 관하여는 본인 또는 그 해당 공무소가 직무상의 비밀에 관한 것임을 신고한 때에는 그 소속공무소 또는 당해 감독관공서의 승낙 없이 압수하지 못한다.
② 소속공무소 또는 당해 감독관공서는 국가의 중대한 이익을 해하는 경우를 제외하고는 승낙을 거부하지 못한다.

제112조【업무상비밀과 압수】변호사, 변리사, 공증인, 공인회계사, 세무사, 대서업자, 의사, 한의사, 치과의사, 약사, 약종상, 조산사, 간호사, 종교의 직에 있는 자 또는 이러한 직에 있던 자가 그 업무상 위탁을 받아 소지 또는 보관하는 물건으로 타인의 비밀에 관한 것은 압수를 거부할 수 있다. 단, 그 타인의 승낙이 있거나 중대한 공익상 필요가 있는 때에는 예외로 한다.

제113조【압수·수색영장】공판정 외에서 압수 또는 수색을 함에는 영장을 발부하여 시행하여야 한다.

제114조【영장의 방식】① 압수·수색영장에는 다음 각 호의 사항을 기재하고 재판장이나 수명법관이 서명날인하여야 한다. 다만, 압수·수색할 물건이 전기통신에 관한 것인 경우에는 작성기간을 기재하여야 한다.
1. 피고인의 성명
2. 죄명
3. 압수할 물건
4. 수색할 장소·신체·물건
5. 영장 발부 연월일
6. 영장의 유효기간과 그 기간이 지나면 집행에 착수할 수 없으며 영장을 반환하여야 한다는 취지
7. 그 밖에 대법원규칙으로 정하는 사항
② 제1항의 영장에 관하여는 제75조 제2항을 준용한다.

> 제58조【압수·수색영장의 기재사항】압수·수색영장에는 압수·수색의 사유를 기재하여야 한다.
>
> 제59조【준용규정】제48조의 규정은 압수·수색영장에 이를 준용한다.
>
> 제48조【검사에 대한 구속영장의 송부】검사의 지휘에 의하여 구속영장을 집행하는 경우에는 구속영장을 발부한 법원이 그 원본을 검사에게 송부하여야 한다.

제115조【영장의 집행】① 압수·수색영장은 검사의 지휘에 의하여 사법경찰관리가 집행한다. 단, 필요한 경우에는 재판장은 법원사무관등에게 그 집행을 명할 수 있다.
② 제83조의 규정은 압수·수색영장의 집행에 준용한다.

> 제63조【압수·수색영장 집행후의 조치】압수·수색영장의 집행에 관한 서류와 압수한 물건은 압수·수색영장을 발부한 법원에 이를 제출하여야 한다. 다만, 검사의 지휘에 의하여 집행된 경우에는 검사를 경유하여야 한다.

제116조【주의사항】압수·수색영장을 집행할 때에는 타인의 비밀을 보호하여야 하며 처분받은 자의 명예를 해하지 아니하도록 주의하여야 한다.

제117조【집행의 보조】법원사무관등은 압수·수색영장의 집행에 관하여 필요한 때에는 사법경찰관리에게 보조를 구할 수 있다.

제118조【영장의 제시】압수·수색영장은 처분을 받는 자에게 반드시 제시하여야 하고, 처분을 받는 자가 피고인인 경우에

는 그 사본을 교부하여야 한다. 다만, 처분을 받는 자가 현장에 없는 등 영장의 제시나 그 사본의 교부가 현실적으로 불가능한 경우 또는 처분을 받는 자가 영장의 제시나 사본의 교부를 거부한 때에는 예외로 한다.

제119조【집행 중의 출입금지】① 압수·수색영장의 집행 중에는 타인의 출입을 금지할 수 있다.
② 전항의 규정에 위배한 자에게는 퇴거하게 하거나 집행종료시까지 간수자를 붙일 수 있다.

제120조【집행과 필요한 처분】① 압수·수색영장의 집행에 있어서는 건정을 열거나 개봉 기타 필요한 처분을 할 수 있다.
② 전항의 처분은 압수물에 대하여도 할 수 있다.

제121조【영장집행과 당사자의 참여】검사, 피고인 또는 변호인은 압수·수색영장의 집행에 참여할 수 있다.

제122조【영장집행과 참여권자에의 통지】압수·수색영장을 집행함에는 미리 집행의 일시와 장소를 전조에 규정한 자에게 통지하여야 한다. 단, 전조에 규정한 자가 참여하지 아니한다는 의사를 명시한 때 또는 급속을 요하는 때에는 예외로 한다.

제123조【영장의 집행과 책임자의 참여】① 공무소, 군사용 항공기 또는 선박·차량 안에서 압수·수색영장을 집행하려면 그 책임자에게 참여할 것을 통지하여야 한다.
② 제1항에 규정한 장소 외에 타인의 주거, 간수자 있는 가옥, 건조물(建造物), 항공기 또는 선박·차량 안에서 압수·수색영장을 집행할 때에는 주거주(住居主), 간수자 또는 이에 준하는 사람을 참여하게 하여야 한다.
③ 제2항의 사람을 참여하게 하지 못할 때에는 이웃 사람 또는 지방공공단체의 직원을 참여하게 하여야 한다.

> 제60조【압수와 수색의 참여】① 법원이 압수·수색을 할 때에는 법원사무관 등을 참여하게 하여야 한다.
> ② 법원사무관등 또는 사법경찰관리가 압수·수색영장에 의하여 압수·수색을 할 때에는 다른 법원사무관등 또는 사법경찰관리를 참여하게 하여야 한다.

제124조【여자의 수색과 참여】여자의 신체에 대하여 수색할 때에는 성년의 여자를 참여하게 하여야 한다.

제125조【야간집행의 제한】일출 전, 일몰 후에는 압수·수색영장에 야간집행을 할 수 있는 기재가 없으면 그 영장을 집행하기 위하여 타인의 주거, 간수자 있는 가옥, 건조물, 항공기 또는 선차 내에 들어가지 못한다.

제126조【야간집행제한의 예외】다음 장소에서 압수·수색영장을 집행함에는 전조의 제한을 받지 아니한다.
1. 도박 기타 풍속을 해하는 행위에 상용된다고 인정하는 장소
2. 여관, 음식점 기타 야간에 공중이 출입할 수 있는 장소. 단, 공개한 시간 내에 한한다.

제127조【집행중지와 필요한 처분】압수·수색영장의 집행을 중지한 경우에 필요한 때에는 집행이 종료될 때까지 그 장소를 폐쇄하거나 간수자를 둘 수 있다.

제128조【증명서의 교부】수색한 경우에 증거물 또는 몰취할 물건이 없는 때에는 그 취지의 증명서를 교부하여야 한다.

제129조【압수목록의 교부】압수한 경우에는 목록을 작성하여 소유자, 소지자, 보관자 기타 이에 준할 자에게 교부하여야 한다.

> 제61조【수색증명서, 압수품목록의 작성등】법 제128조에 규정된 증명서 또는 법 제129조에 규정된 목록은 제60조 제1항의 규정에 의한 압수·수색을 한 때에는 참여한 법원사무관 등이 제60조 제2항의 규정에 의한 압수·수색을 한 때에는 그 집행을 한 자가 각 작성·교부한다.
>
> 제62조【압수·수색조서의 기재】압수·수색에 있어서 제61조의 규정에 의한 증명서 또는 목록을 교부하거나 법 제130조의 규정에 의한 처분을 한 경우에는 압수·수색의 조서에 그 취지를 기재하여야 한다.

제130조【압수물의 보관과 폐기】① 운반 또는 보관에 불편한 압수물에 관하여는 간수자를 두거나 소유자 또는 적당한 자의 승낙을 얻어 보관하게 할 수 있다.
② 위험발생의 염려가 있는 압수물은 폐기할 수 있다.
③ 법령상 생산·제조·소지·소유 또는 유통이 금지된 압수물로서 부패의 염려가 있거나 보관하기 어려운 압수물은 소유자 등 권한 있는 자의 동의를 받아 폐기할 수 있다.

제131조【주의사항】압수물에 대하여는 그 상실 또는 파손등의 방지를 위하여 상당한 조치를 하여야 한다.

제132조【압수물의 대가보관】① 몰수하여야 할 압수물로서 멸실·파손·부패 또는 현저한 가치 감소의 염려가 있거나 보관하기 어려운 압수물은 매각하여 대가를 보관할 수 있다.
② 환부하여야 할 압수물 중 환부를 받을 자가 누구인지 알 수 없거나 그 소재가 불명한 경우로서 그 압수물의 멸실·파손·부패 또는 현저한 가치 감소의 염려가 있거나 보관하기 어려운 압수물은 매각하여 대가를 보관할 수 있다.

제133조【압수물의 환부, 가환부】① 압수를 계속할 필요가 없다고 인정되는 압수물은 피고사건 종결 전이라도 결정으로 환부하여야 하고 증거에 공할 압수물은 소유자, 소지자, 보관자 또는 제출인의 청구에 의하여 가환부할 수 있다.
② 증거에만 공할 목적으로 압수한 물건으로서 그 소유자 또는 소지자가 계속 사용하여야 할 물건은 사진촬영 기타 원형

보존의 조치를 취하고 신속히 가환부하여야 한다.

제134조【압수장물의 피해자환부】 압수한 장물은 피해자에게 환부할 이유가 명백한 때에는 피고사건의 종결 전이라도 결정으로 피해자에게 환부할 수 있다.

제135조【압수물처분과 당사자에의 통지】 전3조의 결정을 함에는 검사, 피해자, 피고인 또는 변호인에게 미리 통지하여야 한다.

제136조【수명법관, 수탁판사】 ① 법원은 압수 또는 수색을 합의부원에게 명할 수 있고 그 목적물의 소재지를 관할하는 지방법원 판사에게 촉탁할 수 있다.
② 수탁판사는 압수 또는 수색의 목적물이 그 관할구역 내에 없는 때에는 그 목적물 소재지지방법원 판사에게 전촉할 수 있다.
③ 수명법관, 수탁판사가 행하는 압수 또는 수색에 관하여는 법원이 행하는 압수 또는 수색에 관한 규정을 준용한다.

제137조【구속영장집행과 수색】 검사, 사법경찰관리 또는 제81조 제2항의 규정에 의한 법원사무관등이 구속영장을 집행할 경우에 필요한 때에는 미리 수색영장을 발부받기 어려운 긴급한 사정이 있는 경우에 한정하여 타인의 주거, 간수자있는 가옥, 건조물, 항공기, 선차 내에 들어가 피고인을 수색할 수 있다.

제138조【준용규정】 제119조, 제120조, 제123조와 제127조의 규정은 전조의 규정에 의한 검사, 사법경찰관리, 법원사무관등의 수색에 준용한다.

제11장 검증

제139조【검증】 법원은 사실을 발견함에 필요한 때에는 검증을 할 수 있다.

제140조【검증과 필요한 처분】 검증을 함에는 신체의 검사, 사체의 해부, 분묘의 발굴, 물건의 파괴 기타 필요한 처분을 할 수 있다.

제141조【신체검사에 관한 주의】 ① 신체의 검사에 관하여는 검사를 받는 사람의 성별, 나이, 건강상태, 그 밖의 사정을 고려하여 그 사람의 건강과 명예를 해하지 아니하도록 주의하여야 한다.
② 피고인 아닌 사람의 신체검사는 증거가 될 만한 흔적을 확인할 수 있는 현저한 사유가 있는 경우에만 할 수 있다.
③ 여자의 신체를 검사하는 경우에는 의사나 성년 여자를 참여하게 하여야 한다.
④ 시체의 해부 또는 분묘의 발굴을 하는 때에는 예(禮)에 어긋나지 아니하도록 주의하고 미리 유족에게 통지하여야 한다.

제142조【신체검사와 소환】 법원은 신체를 검사하기 위하여 피고인 아닌 자를 법원 기타 지정한 장소에 소환할 수 있다.

> 제64조【피고인의 신체검사 소환장의 기재사항】 피고인에 대한 신체검사를 하기 위한 소환장에는 신체검사를 하기 위하여 소환한다는 취지를 기재하여야 한다.
>
> 제65조【피고인 아닌 자의 신체검사의 소환장의 기재사항】 피고인이 아닌 자에 대한 신체검사를 하기 위한 소환장에는 그 성명 및 주거, 피고인의 성명, 죄명, 출석일시 및 장소와 신체검사를 하기 위하여 소환한다는 취지를 기재하고 재판장 또는 수명법관이 기명·날인하여야 한다.

제143조【시각의 제한】 ① 일출 전, 일몰 후에는 가주, 간수자 또는 이에 준하는 자의 승낙이 없으면 검증을 하기 위하여 타인의 주거, 간수자 있는 가옥, 건조물, 항공기, 선차 내에 들어가지 못한다. 단, 일출 후에는 검증의 목적을 달성할 수 없을 염려가 있는 경우에는 예외로 한다.
② 일몰 전에 검증에 착수한 때에는 일몰 후라도 검증을 계속할 수 있다.
③ 제126조에 규정한 장소에는 제1항의 제한을 받지 아니한다.

제144조【검증의 보조】 검증을 함에 필요한 때에는 사법경찰관리에게 보조를 명할 수 있다.

제145조【준용규정】 제110조, 제119조 내지 제123조, 제127조와 제136조의 규정은 검증에 관하여 준용한다.

제12장 증인신문

제146조【증인의자격】 법원은 법률에 다른 규정이 없으면 누구든지 증인으로 신문할 수 있다.

> 제66조【신문사항 등】 재판장은 피해자·증인의 인적사항의 공개 또는 누설을 방지하거나 그밖에 피해자·증인의 안전을 위하여 필요하다고 인정할 때에는 증인의 신문을 청구한 자에 대하여 사전에 신문사항을 기재한 서면의 제출을 명할 수 있다.
>
> 제67조【결정의 취소】 법원은 제66조의 명을 받은 자가 신속히 그 서면을 제출하지 아니한 경우에는 증거결정을 취소할 수 있다.

제147조【공무상 비밀과 증인자격】 ① 공무원 또는 공무원이었던 자가 그 직무에 관하여 알게 된 사실에 관하여 본인 또는 당해 공무소가 직무상 비밀에 속한 사항임을 신고한 때에는 그 소속공무소 또는 감독관공서의 승낙 없이는 증인으로 신문하지 못한다.
② 그 소속공무소 또는 당해 감독관공서는 국가에 중대한 이익을 해하는 경우를 제외하고는 승낙을 거부하지 못한다.

제148조【근친자의 형사책임과 증언 거부】누구든지 자기나 다음 각 호의 어느 하나에 해당하는 자가 형사소추(刑事訴追) 또는 공소제기를 당하거나 유죄판결을 받을 사실이 드러날 염려가 있는 증언을 거부할 수 있다.
1. 친족이거나 친족이었던 사람
2. 법정대리인, 후견감독인

제149조【업무상비밀과 증언거부】변호사, 변리사, 공증인, 공인회계사, 세무사, 대서업자, 의사, 한의사, 치과의사, 약사, 약종상, 조산사, 간호사, 종교의 직에 있는 자 또는 이러한 직에 있던 자가 그 업무상 위탁을 받은 관계로 알게 된 사실로서 타인의 비밀에 관한 것은 증언을 거부할 수 있다. 단, 본인의 승낙이 있거나 중대한 공익상 필요있는 때에는 예외로 한다.

제150조【증언거부사유의 소명】증언을 거부하는 자는 거부사유를 소명하여야 한다.

제150조의2【증인의 소환】① 법원은 소환장의 송달, 전화, 전자우편, 그 밖의 상당한 방법으로 증인을 소환한다.
② 증인을 신청한 자는 증인이 출석하도록 합리적인 노력을 할 의무가 있다.

> 제67조의2【증인의 소환방법】① 법 제150조의2 제1항에 따른 증인의 소환은 소환장의 송달, 전화, 전자우편, 모사전송, 휴대전화 문자전송 그밖에 적당한 방법으로 할 수 있다.
> ② 증인을 신청하는 자는 증인의 소재, 연락처와 출석 가능성 및 출석 가능일시 그밖에 증인의 소환에 필요한 사항을 미리 확인하는 등 증인 출석을 위한 합리적인 노력을 다하여야 한다.

제151조【증인이 출석하지 아니한 경우의 과태료 등】① 법원은 소환장을 송달받은 증인이 정당한 사유 없이 출석하지 아니한 때에는 결정으로 당해 불출석으로 인한 소송비용을 증인이 부담하도록 명하고, 500만원 이하의 과태료를 부과할 수 있다. 제153조에 따라 준용되는 제76조 제2항·제5항에 따라 소환장의 송달과 동일한 효력이 있는 경우에도 또한 같다.
② 법원은 증인이 제1항에 따른 과태료 재판을 받고도 정당한 사유 없이 다시 출석하지 아니한 때에는 결정으로 증인을 7일 이내의 감치에 처한다.
③ 법원은 감치재판기일에 증인을 소환하여 제2항에 따른 정당한 사유가 있는지의 여부를 심리하여야 한다.
④ 감치는 그 재판을 한 법원의 재판장의 명령에 따라 사법경찰관리·교도관·법원경위 또는 법원사무관등이 교도소·구치소 또는 경찰서유치장에 유치하여 집행한다.
⑤ 감치에 처하는 재판을 받은 증인이 제4항에 규정된 감치시설에 유치된 경우 당해 감치시설의 장은 즉시 그 사실을 법원에 통보하여야 한다.
⑥ 법원은 제5항의 통보를 받은 때에는 지체 없이 증인신문기일을 열어야 한다.
⑦ 법원은 감치의 재판을 받은 증인이 감치의 집행 중에 증언을 한 때에는 즉시 감치결정을 취소하고 그 증인을 석방하도록 명하여야 한다.
⑧ 제1항과 제2항의 결정에 대하여는 즉시항고를 할 수 있다. 이 경우 제410조는 적용하지 아니한다.

> 제68조의3【증인에 대한 과태료 등】법 제151조 제1항에 따른 과태료와 소송비용 부담의 재판절차에 관하여는 비송사건절차법 제248조, 제250조(다만, 제248조 제3항 후문과 검사에 관한 부분을 제외한다)를 준용한다.

> 제68조의4【증인에 대한 감치】① 법 제151조 제2항부터 제8항까지의 감치재판절차는 법원의 감치재판개시결정에 따라 개시된다. 이 경우 감치사유가 발생한 날부터 20일이 지난 때에는 감치재판개시결정을 할 수 없다.
> ② 감치재판절차를 개시한 후 감치결정 전에 그 증인이 증언을 하거나 그밖에 감치에 처하는 것이 상당하지 아니하다고 인정되는 때에는 법원은 불처벌결정을 하여야 한다.
> ③ 제1항의 감치재판개시결정과 제2항의 불처벌결정에 대하여는 불복할 수 없다.
> ④ 법 제151조 제7항의 규정에 따라 증인을 석방한 때에는 재판장은 바로 감치시설의 장에게 그 취지를 서면으로 통보하여야 한다.
> ⑤ 제1항부터 제4항 및 법 제151조 제2항부터 제8항까지에 따른 감치절차에 관하여는 「법정 등의 질서유지를 위한 재판에 관한 규칙」제3조, 제6조부터 제8조까지, 제10조, 제11조, 제13조, 제15조부터 제19조까지, 제21조부터 제23조까지 및 제25조 제1항(다만, 제23조 제8항 중 "감치의 집행을 한 날"은 "법 제151조 제5항의 규정에 따른 통보를 받은 날"로 고쳐 적용한다)을 준용한다.

제152조【소환불응과 구인】정당한 사유없이 소환에 응하지 아니하는 증인은 구인할 수 있다.

제153조【준용규정】제73조, 제74조, 제76조의 규정은 증인의 소환에 준용한다.

> 제68조【소환장·구속영장의 기재사항】① 증인에 대한 소환장에는 그 성명, 피고인의 성명, 죄명, 출석일시 및 장소, 정당한 이유없이 출석하지 아니할 경우에는 과태료에 처하거나 출석하지 아니함으로써 생긴 비용의 배상을 명할 수 있고 또 구인할 수 있음을 기재하고 재판장이 기명·날인하여야 한다.
> ② 증인에 대한 구속영장에는 그 성명, 주민등록번호(주민등록번호가 없거나 이를 알 수 없는 경우에는 생년월일), 직업 및 주거, 피고인의 성명, 죄명, 인치할 일시 및 장소, 발부 연월일 및 유효기간과 그 기간이 경과한 후에는 집행에 착수하지 못하고 구속영장을 반환하여야 한다는 취지를 기재하고 재

판장이 서명·날인하여야 한다.

제68조의2【불출석의 신고】증인이 출석요구를 받고 기일에 출석할 수 없을 경우에는 법원에 바로 그 사유를 밝혀 신고하여야 한다.

제69조【준용규정】제49조, 제49조의2 전단, 제49조의 규정은 증인의 구인에 이를 준용한다.

제70조【소환의 유예기간】증인에 대한 소환장은 늦어도 출석할 일시 24시간 이전에 송달하여야 한다. 다만, 급속을 요하는 경우에는 그러하지 아니하다.

제70조의2【소환장이 송달불능된 때의 조치】제68조에 따른 증인에 대한 소환장이 송달불능된 경우 증인을 신청한 자는 재판장의 명에 의하여 증인의 주소를 서면으로 보정하여야 하고, 이 때 증인의 소재, 연락처와 출석가능성 등을 충분히 조사하여 성실하게 기재하여야 한다.

제154조【구내증인의 소환】증인이 법원의 구내에 있는 때에는 소환함이 없이 신문할 수 있다.

제155조【준용규정】제73조, 제75조, 제77조, 제81조 내지 제83조, 제85조 제1항, 제2항의 규정은 증인의 구인에 준용한다.

제156조【증인의 선서】증인에게는 신문 전에 선서하게 하여야 한다. 단, 법률에 다른 규정이 있는 경우에는 예외로 한다.

제157조【선서의 방식】① 선서는 선서서(宣誓書)에 따라 하여야 한다.
② 선서서에는 "양심에 따라 숨김과 보탬이 없이 사실 그대로 말하고 만일 거짓말이 있으면 위증의 벌을 받기로 맹세합니다."라고 기재하여야 한다.
③ 재판장은 증인에게 선서서를 낭독하고 기명날인하거나 서명하게 하여야 한다. 다만, 증인이 선서서를 낭독하지 못하거나 서명을 하지 못하는 경우에는 참여한 법원사무관등이 대행한다.
④ 선서는 일어서서 엄숙하게 하여야 한다.

제158조【선서한 증인에 대한 경고】재판장은 선서할 증인에 대하여 선서 전에 위증의 벌을 경고하여야 한다.

제159조【선서 무능력】증인이 다음 각 호의 1에 해당한 때에는 선서하게 하지 아니하고 신문하여야 한다.
1. 16세미만의 자
2. 선서의 취지를 이해하지 못하는 자

제72조【선서취지의 설명】증인이 선서의 취지를 이해할 수 있는가에 대하여 의문이 있는 때에는 선서전에 그 점에 대하여 신문하고, 필요하다고 인정할 때에는 선서의 취지를 설명하여야 한다.

제160조【증언거부권의 고지】증인이 제148조, 제149조에 해당하는 경우에는 재판장은 신문 전에 증언을 거부할 수 있음을 설명하여야 한다.

제161조【선서, 증언의 거부와 과태료】① 증인이 정당한 이유없이 선서나 증언을 거부한 때에는 결정으로 50만원이하의 과태료에 처할 수 있다.
② 제1항의 결정에 대하여는 즉시항고를 할 수 있다.

제161조의2【증인신문의 방식】① 증인은 신청한 검사, 변호인 또는 피고인이 먼저 이를 신문하고 다음에 다른 검사, 변호인 또는 피고인이 신문한다.
② 재판장은 전항의 신문이 끝난 뒤에 신문할 수 있다.
③ 재판장은 필요하다고 인정하면 전2항의 규정에 불구하고 어느 때나 신문할 수 있으며 제1항의 신문순서를 변경할 수 있다.
④ 법원이 직권으로 신문할 증인이나 범죄로 인한 피해자의 신청에 의하여 신문할 증인의 신문방식은 재판장이 정하는 바에 의한다.
⑤ 합의부원은 재판장에게 고하고 신문할 수 있다.

제75조【주신문】① 법 제161조의2 제1항 전단의 규정에 의한 신문(이하 "주신문"이라 한다)은 증명할 사항과 이에 관련된 사항에 관하여 한다.
② 주신문에 있어서는 유도신문을 하여서는 아니된다. 다만, 다음 각호의 1의 경우에는 그러하지 아니하다.
1. 증인과 피고인과의 관계, 증의 경력, 교우관계등 실질적인 신문에 앞서 미리 밝혀둘 필요가 있는 준비적인 사항에 관한 신문의 경우
2. 검사, 피고인 및 변호인 사이에 다툼이 없는 명백한 사항에 관한 신문의 경우
3. 증인이 주신문을 하는 자에 대하여 적의 또는 반감을 보일 경우
4. 증인이 종전의 진술과 상반되는 진술을 하는 때에 그 종전 진술에 관한 신문의 경우
5. 기타 유도신문을 필요로 하는 특별한 사정이 있는 경우
③ 재판장은 제2항 단서의 각호에 해당하지 아니하는 경우의 유도신문은 이를 제지하여야 하고, 유도신문의 방법이 상당하지 아니하다고 인정할 때에는 이를 제한할 수 있다.

제76조【반대신문】① 법 제161조의2 제1항 후단의 규정에 의한 신문(이하 "반대신문"이라 한다)은 주신문에 나타난 사항과 이에 관련된 사항에 관하여 한다.
② 반대신문에 있어서 필요할 때에는 유도신문을 할 수 있다.
③ 재판장은 유도신문의 방법이 상당하지 아니하다고 인정할 때에는 이를 제한할 수 있다.
④ 반대신문의 기회에 주신문에 나타나지 아니한 새로운 사항에 관하여 신문하고자 할 때에는 재판장의 허가를 받아야 한다.

⑤ 제4항의 신문은 그 사항에 관하여는 주신문으로 본다.

제77조【증언의 증명력을 다투기 위하여 필요한 사항의 신문】
① 주신문 또는 반대신문의 경우에는 증인의 증명력을 다투기 위하여 필요한 사항에 관한 신문을 할 수 있다.
② 제1항에 규정한 신문은 증인의 경험, 기억 또는 표현의 정확성등 증언의 신빙성에 관한 사항 및 증인의 이해관계, 편견 또는 예단등 증인의 신용성에 관한 사항에 관하여 한다. 다만, 증인의 명예를 해치는 내용의 신문을 하여서는 아니된다.

제78조【재주신문】① 주신문을 한 검사, 피고인 또는 변호인은 반대신문이 끝난 후 반대신문에 나타난 사항과 이와 관련된 사항에 관하여 다시 신문(이하 "재주신문"이라 한다)을 할 수 있다.
② 재주신문은 주신문의 예에 의한다.
③ 제76조 제4항, 제5항의 규정은 재주신문의 경우에 이를 준용한다.

제79조【재판장의 허가에 의한 재신문】검사, 피고인 또는 변호인은 주신문, 반대신문 및 재주신문이 끝난 후에도 재판장의 허가를 얻어 다시 신문을 할 수 있다.

제80조【재판장에 의한 신문순서 변경의 경우】① 재판장이 법 제161조의2 제3항 전단의 규정에 의하여 검사, 피고인 및 변호인에 앞서 신문을 한 경우에 있어서 그 후에 하는 검사, 피고인 및 변호인의 신문에 관하여는 이를 신청한 자와 상대방의 구별에 따라 제75조 내지 제79조의 규정을 각 준용한다.
② 재판장이 법 제161조의2 제3항 후단의 규정에 의하여 신문순서를 변경한 경우의 신문방법은 재판장이 정하는 바에 의한다.

제81조【직권에 의한 증인의 신문】법 제161조의2 제4항에 규정한 증인에 대하여 재판장이 신문한 후 검사, 피고인 또는 변호인이 신문하는 때에는 반대신문의 예에 의한다.

제162조【개별신문과 대질】① 증인신문은 각 증인에 대하여 신문하여야 한다.
② 신문하지 아니한 증인이 재정한 때에는 퇴정을 명하여야 한다.
③ 필요한 때에는 증인과 다른 증인 또는 피고인과 대질하게 할 수 있다.

제71조【증인의 동일성 확인】재판장은 증인으로부터 주민등록증 등 신분증을 제시받거나 그 밖의 적당한 방법으로 증인임이 틀림없음을 확인하여야 한다.

제73조【서면에 의한 신문】증인이 들을 수 없는 때에는 서면으로 묻고, 말할 수 없는 때에는 서면으로 답하게 할 수 있다.

제74조【증인신문의 방법】① 재판장은 증인신문을 행함에 있어서 증명할 사항에 관하여 가능한 한 증인으로 하여금 개별적이고 구체적인 내용을 진술하게 하여야 한다.

② 다음 각호의 1에 규정한 신문을 하여서는 아니된다. 다만, 제2호 내지 제4호의 신문에 관하여 정당한 이유가 있는 경우에는 그러하지 아니하다.
1. 위협적이거나 모욕적인 신문
2. 전의 신문과 중복되는 신문
3. 의견을 묻거나 의논에 해당하는 신문
4. 증인이 직접 경험하지 아니한 사항에 해당하는 신문

제82조【서류 또는 물건에 관한 신문】① 증인에 대하여 서류 또는 물건의 성립, 동일성 기타 이에 준하는 사항에 관한 신문을 할 때에는 그 서류 또는 물건을 제시할 수 있다.
② 제1항의 서류 또는 물건이 증거조사를 마치지 않은 것일 때에는 먼저 상대방에게 이를 열람할 기회를 주어야 한다. 다만, 상대방이 이의하지 아니할 때에는 그러하지 아니하다.

제83조【기억의 환기가 필요한 경우】① 증인의 기억이 명백치 아니한 사항에 관하여 기억을 환기시켜야 할 필요가 있을 때에는 재판장의 허가를 얻어 서류 또는 물건을 제시하면서 신문할 수 있다.
② 제1항의 경우에는 제시하는 서류의 내용이 증인의 진술에 부당한 영향을 미치지 아니하도록 하여야 한다.
③ 제82조 제2항의 규정은 제1항의 경우에 이를 준용한다.

제84조【증언을 명확히 할 필요가 있는 경우】① 증인의 진술을 명확히 할 필요가 있을 때에는 도면, 사진, 모형, 장치 등을 이용하여 신문할 수 있다.
② 제83조 제2항의 규정은 제1항의 경우에 이를 준용한다.

제163조【당사자의 참여권, 신문권】① 검사, 피고인 또는 변호인은 증인신문에 참여할 수 있다.
② 증인신문의 시일과 장소는 전항의 규정에 의하여 참여할 수 있는 자에게 미리 통지하여야 한다. 단, 참여하지 아니한다는 의사를 명시한 때에는 예외로 한다.

제163조의2【신뢰관계에 있는 자의 동석】① 법원은 범죄로 인한 피해자를 증인으로 신문하는 경우 증인의 연령, 심신의 상태, 그 밖의 사정을 고려하여 증인이 현저하게 불안 또는 긴장을 느낄 우려가 있다고 인정하는 때에는 직권 또는 피해자·법정대리인·검사의 신청에 따라 피해자와 신뢰관계에 있는 자를 동석하게 할 수 있다.
② 법원은 범죄로 인한 피해자가 13세 미만이거나 신체적 또는 정신적 장애로 사물을 변별하거나 의사를 결정할 능력이 미약한 경우에 재판에 지장을 초래할 우려가 있는 등 부득이한 경우가 아닌 한 피해자와 신뢰관계에 있는 자를 동석하게 하여야 한다.
③ 제1항 또는 제2항에 따라 동석한 자는 법원·소송관계인의 신문 또는 증인의 진술을 방해하거나 그 진술의 내용에 부당한 영향을 미칠 수 있는 행위를 하여서는 아니 된다.

④ 제1항 또는 제2항에 따라 동석할 수 있는 신뢰관계에 있는 자의 범위, 동석의 절차 및 방법 등에 관하여 필요한 사항은 대법원규칙으로 정한다.

> **제84조의3【신뢰관계에 있는 자의 동석】** ① 법 제163조의2에 따라 피해자와 동석할 수 있는 신뢰관계에 있는 사람은 피해자의 배우자, 직계친족, 형제자매, 가족, 동거인, 고용주, 변호사, 그 밖에 피해자의 심리적 안정과 원활한 의사소통에 도움을 줄 수 있는 사람을 말한다.
> ② 법 제163조의2 제1항에 따른 동석 신청에는 동석하고자 하는 자와 피해자 사이의 관계, 동석이 필요한 사유 등을 명시하여야 한다.
> ③ 재판장은 법 제163조의2 제1항 또는 제2항에 따라 동석한 자가 부당하게 재판의 진행을 방해하는 때에는 동석을 중지시킬 수 있다.

제164조【신문의 청구】 ① 검사, 피고인 또는 변호인이 증인신문에 참여하지 아니할 경우에는 법원에 대하여 필요한 사항의 신문을 청구할 수 있다.
② 피고인 또는 변호인의 참여없이 증인을 신문한 경우에 피고인에게 예기하지 아니한 불이익의 증언이 진술된 때에는 반드시 그 진술내용을 피고인 또는 변호인에게 알려주어야 한다.

제165조【증인의 법정 외 신문】 법원은 증인의 연령, 직업, 건강상태 기타의 사정을 고려하여 검사, 피고인 또는 변호인의 의견을 묻고 법정 외에 소환하거나 현재지에서 신문할 수 있다.

제165조의2【비디오 등 중계장치 등에 의한 증인신문】 ① 법원은 다음 각 호의 어느 하나에 해당하는 사람을 증인으로 신문하는 경우 상당하다고 인정할 때에는 검사와 피고인 또는 변호인의 의견을 들어 비디오 등 중계장치에 의한 중계시설을 통하여 신문하거나 가림 시설 등을 설치하고 신문할 수 있다.
  1. 「아동복지법」 제71조 제1항 제1호·제1호의2·제2호·제3호에 해당하는 죄의 피해자
  2. 「아동·청소년의 성보호에 관한 법률」 제7조, 제8조, 제11조부터 제15조까지 및 제17조 제1항의 규정에 해당하는 죄의 대상이 되는 아동·청소년 또는 피해자
  3. 범죄의 성질, 증인의 나이, 심신의 상태, 피고인과의 관계, 그 밖의 사정으로 인하여 피고인 등과 대면하여 진술할 경우 심리적인 부담으로 정신의 평온을 현저하게 잃을 우려가 있다고 인정되는 사람
② 법원은 증인이 멀리 떨어진 곳 또는 교통이 불편한 곳에 살고 있거나 건강상태 등 그 밖의 사정으로 말미암아 법정에 직접 출석하기 어렵다고 인정하는 때에는 검사와 피고인 또는 변호인의 의견을 들어 비디오 등 중계장치에 의한 중계시설을 통하여 신문할 수 있다.
③ 제1항과 제2항에 따른 증인신문은 증인이 법정에 출석하여 이루어진 증인신문으로 본다.
④ 제1항과 제2항에 따른 증인신문의 실시에 필요한 사항은 대법원규칙으로 정한다.

> **제84조의4【비디오 등 중계장치 등에 의한 신문 여부의 결정】** ① 법원은 신문할 증인이 법 제165조의2 제1항에서 정한 자에 해당한다고 인정될 경우, 증인으로 신문하는 결정을 할 때 비디오 등 중계장치에 의한 중계시설 또는 차폐시설을 통한 신문 여부를 함께 결정하여야 한다. 이 때 증인의 연령, 증언할 당시의 정신적·심리적 상태, 범행의 수단과 결과 및 범행 후의 피고인이나 사건관계인의 태도 등을 고려하여 판단하여야 한다.
> ② 법원은 증인신문 전 또는 증인신문 중에도 비디오 등 중계장치에 의한 중계시설 또는 차폐시설을 통하여 신문할 것을 결정할 수 있다.
>
> **제84조의5【비디오 등 중계장치에 의한 신문의 실시】** 제123조의13 제1항내지 제4항과 제6항 내지 제8항은 법 제165조의2 제1항, 제2항에 따라 비디오 등 중계장치에 의한 중계시설을 통하여 증인신문을 하는 경우에 준용한다.
>
> **제84조의6【심리의 비공개】** ① 법원은 법 제165조의2 제1항에 따라 비디오 등 중계장치에 의한 중계시설 또는 차폐시설을 통하여 증인을 신문하는 경우, 증인의 보호를 위하여 필요하다고 인정하는 경우에는 결정으로 이를 공개하지 아니할 수 있다.
> ② 증인으로 소환받은 증인과 그 가족은 증인보호 등의 사유로 증인신문의 비공개를 신청할 수 있다.
> ③ 재판장은 제2항의 신청이 있는 때에는 그 허가 여부 및 공개, 법정외의 장소에서의 신문 등 증인의 신문방식 및 장소에 관하여 결정하여야 한다.
> ④ 제1항의 결정을 한 경우에도 재판장은 적당하다고 인정되는 자의 재정을 허가할 수 있다.
>
> **제84조의7【중계시설의 동석 등】** ① 법원은 비디오 등 중계장치에 의한 중계시설을 통하여 증인신문을 하는 경우, 법 제163조의2의 규정에 의하여 신뢰관계에 있는 자를 동석하게 할 때에는 제84조의5에 정한 비디오 등 중계장치에 의한 중계시설에 동석하게 한다.
> ② 법원은 법원 직원이나 비디오 등 중계장치에 의한 중계시설을 관리하는 사람으로 하여금 비디오 등 중계장치의 조작과 증인신문 절차를 보조하게 할 수 있다.
>
> **제84조의8【증인을 위한 배려】** ① 법 제165조의2 제1항에 따라 증인신문을 하는 경우, 증인은 증언을 보조할 수 있는 인

형, 그림 그 밖에 적절한 도구를 사용할 수 있다.
② 제1항의 증인은 증언을 하는 동안 담요, 장난감, 인형 등 증인이 선택하는 물품을 소지할 수 있다.

제84조의9 【차폐시설 등】 ① 법원은 법 제165조의2 제1항에 따라 차폐시설을 설치함에 있어 피고인과 증인이 서로의 모습을 볼 수 없도록 필요한 조치를 취하여야 한다.
② 법 제165조의2 제1항에 따라 비디오 등 중계장치에 의한 중계시설을 통하여 증인신문을 할 때 중계장치를 통하여 증인이 피고인을 대면하거나 피고인이 증인을 대면하는 것이 증인의 보호를 위하여 상당하지 않다고 인정되는 경우 재판장은 검사, 변호인의 의견을 들어 증인 또는 피고인이 상대방을 영상으로 인식할 수 있는 장치의 작동을 중지시킬 수 있다.

제84조의10 【증인지원시설의 설치 및 운영】 ① 법원은 특별한 사정이 없는 한 예산의 범위 안에서 증인의 보호 및 지원에 필요한 시설을 설치한다.
② 법원은 제1항의 시설을 설치한 경우, 예산의 범위 안에서 그 시설을 관리·운영하고 증인의 보호 및 지원을 담당하는 직원을 둔다.

제166조 【동행명령과 구인】 ① 법원은 필요한 때에는 결정으로 지정한 장소에 증인의 동행을 명할 수 있다.
② 증인이 정당한 사유없이 동행을 거부하는 때에는 구인할 수 있다.

제167조 【수명법관, 수탁판사】 ① 법원은 합의부원에게 법정 외의 증인신문을 명할 수 있고 또는 증인 현재지의 지방법원판사에게 그 신문을 촉탁할 수 있다.
② 수탁판사는 증인이 관할구역 내에 현재하지 아니한 때에는 그 현재지의 지방법원판사에게 전촉할 수 있다.
③ 수명법관 또는 수탁판사는 증인의 신문에 관하여 법원 또는 재판장에 속한 처분을 할 수 있다.

제168조 【증인의 여비, 일당, 숙박료】 소환받은 증인은 법률의 규정한 바에 의하여 여비, 일당과 숙박료를 청구할 수 있다. 단, 정당한 사유없이 선서 또는 증언을 거부한 자는 예외로 한다.

제84조의2 【증인의 증인신문조서 열람등】 증인은 자신에 대한 증인신문조서 및 그 일부로 인용된 속기록, 녹음물, 영상녹화물 또는 녹취서의 열람, 등사 또는 사본을 청구할 수 있다.

제13장 감정

제169조 【감정】 법원은 학식 경험있는 자에게 감정을 명할 수 있다.

제170조 【선서】 ① 감정인에게는 감정 전에 선서하게 하여야 한다.
② 선서는 선서서에 의하여야 한다.
③ 선서서에는 「양심에 따라 성실히 감정하고 만일 거짓이 있으면 허위감정의 벌을 받기로 맹세합니다」라고 기재하여야 한다.
④ 제157조 제3항, 제4항과 제158조의 규정은 감정인의 선서에 준용한다.

제171조 【감정보고】 ① 감정의 경과와 결과는 감정인으로 하여금 서면으로 제출하게 하여야 한다.
② 감정인이 수인인 때에는 각각 또는 공동으로 제출하게 할 수 있다.
③ 감정의 결과에는 그 판단의 이유를 명시하여야 한다.
④ 필요한 때에는 감정인에게 설명하게 할 수 있다.

제172조 【법원 외의 감정】 ① 법원은 필요한 때에는 감정인으로 하여금 법원 외에서 감정하게 할 수 있다.
② 전항의 경우에는 감정을 요하는 물건을 감정인에게 교부할 수 있다.
③ 피고인의 정신 또는 신체에 관한 감정에 필요한 때에는 법원은 기간을 정하여 병원 기타 적당한 장소에 피고인을 유치하게 할 수 있고 감정이 완료되면 즉시 유치를 해제하여야 한다.
④ 전항의 유치를 함에는 감정유치장을 발부하여야 한다.
⑤ 제3항의 유치를 함에 있어서 필요한 때에는 법원은 직권 또는 피고인을 수용할 병원 기타 장소의 관리자의 신청에 의하여 사법경찰관리에게 피고인의 간수를 명할 수 있다.
⑥ 법원은 필요한 때에는 유치기간을 연장하거나 단축할 수 있다.
⑦ 구속에 관한 규정은 이 법률에 특별한 규정이 없는 경우에는 제3항의 유치에 관하여 이를 준용한다. 단, 보석에 관한 규정은 그러하지 아니하다.
⑧ 제3항의 유치는 미결구금일수의 산입에 있어서는 이를 구속으로 간주한다.

제89조의2 【감정자료의 제공】 재판장은 필요하다고 인정하는 때에는 감정인에게 소송기록에 있는 감정에 참고가 될 자료를 제공할 수 있다.

제85조 【감정유치장의 기재사항등】 ① 감정유치장에는 피고인의 성명, 주민등록번호 등, 직업, 주거, 죄명, 범죄사실의 요지, 유치할 장소, 유치기간, 감정의 목적 및 유효기간과 그 기

간 경과 후에는 집행에 착수하지 못하고 영장을 반환하여야 한다는 취지를 기재하고 재판장 또는 수명법관이 서명·날인하여야 한다.
② 감정유치기간의 연장이나 단축 또는 유치할 장소의 변경 등은 결정으로 한다.

제86조【간수의 신청방법】법 제172조 제5항의 규정에 의한 신청은 피고인의 간수를 필요로 하는 사유를 명시하여 서면으로 하여야 한다.

제87조【비용의 지급】① 법원은 감정하기 위하여 피고인을 병원 기타 장소에 유치한 때에는 그 관리자의 청구에 의하여 입원료 기타 수용에 필요한 비용을 지급하여야 한다.
② 제1항의 비용은 법원이 결정으로 정한다.

제88조【준용규정】구속에 관한 규정은 이 규칙에 특별한 규정이 없는 경우에는 감정하기 위한 피고인의 유치에 이를 준용한다. 다만, 보석에 관한 규정은 그러하지 아니하다.

제172조의2【감정유치와 구속】① 구속 중인 피고인에 대하여 감정유치장이 집행되었을 때에는 피고인이 유치되어 있는 기간 구속은 그 집행이 정지된 것으로 간주한다.
② 전항의 경우에 전조 제3항의 유치처분이 취소되거나 유치기간이 만료된 때에는 구속의 집행정지가 취소된 것으로 간주한다.

제173조【감정에 필요한 처분】① 감정인은 감정에 관하여 필요한 때에는 법원의 허가를 얻어 타인의 주거, 간수자 있는 가옥, 건조물, 항공기, 선차 내에 들어 갈 수 있고 신체의 검사, 사체의 해부, 분묘발굴, 물건의 파괴를 할 수 있다.
② 전항의 허가에는 피고인의 성명, 죄명, 들어갈 장소, 검사할 신체, 해부할 사체, 발굴할 분묘, 파괴할 물건, 감정인의 성명과 유효기간을 기재한 허가장을 발부하여야 한다.
③ 감정인은 제1항의 처분을 받는 자에게 허가장을 제시하여야 한다.
④ 전2항의 규정은 감정인이 공판정에서 행하는 제1항의 처분에는 적용하지 아니한다.
⑤ 제141조, 제143조의 규정은 제1항의 경우에 준용한다.

제89조【감정허가장의 기재사항】① 감정에 필요한 처분의 허가장에는 법 제173조 제2항에 규정한 사항 외에 감정인의 직업, 유효기간을 경과하면 허가된 처분에 착수하지 못하며 허가장을 반환하여야 한다는 취지 및 발부 연월일을 기재하고 재판장 또는 수명법관이 서명·날인하여야 한다.
② 법원이 감정에 필요한 처분의 허가에 관하여 조건을 붙인 경우에는 제1항의 허가장에 이를 기재하여야 한다.

제174조【감정인의 참여권, 신문권】① 감정인은 감정에 관하여 필요한 경우에는 재판장의 허가를 얻어 서류와 증거물을 열람 또는 등사하고 피고인 또는 증인의 신문에 참여할 수 있다.
② 감정인은 피고인 또는 증인의 신문을 구하거나 재판장의 허가를 얻어 직접 발문할 수 있다.

제175조【수명법관】법원은 합의부원으로 하여금 감정에 관하여 필요한 처분을 하게 할 수 있다.

제176조【당사자의 참여】① 검사, 피고인 또는 변호인은 감정에 참여할 수 있다.
② 제122조의 규정은 전항의 경우에 준용한다.

제177조【준용규정】감정에 관하여는 제12장(구인에 관한 규정은 제외한다)을 준용한다.

제90조【준용규정】제12장의 규정은 구인에 관한 규정을 제외하고는 감정, 통역과 번역에 이를 준용한다.

제178조【여비, 감정료 등】감정인은 법률의 정하는 바에 의하여 여비, 일당, 숙박료 외에 감정료와 체당금의 변상을 청구할 수 있다.

제179조【감정증인】특별한 지식에 의하여 알게 된 과거의 사실을 신문하는 경우에는 본장의 규정에 의하지 아니하고 전장의 규정에 의한다.

제179조의2【감정의 촉탁】① 법원은 필요하다고 인정하는 때에는 공무소·학교·병원 기타 상당한 설비가 있는 단체 또는 기관에 대하여 감정을 촉탁할 수 있다. 이 경우 선서에 관한 규정은 이를 적용하지 아니한다.
② 제1항의 경우 법원은 당해 공무소·학교·병원·단체 또는 기관이 지정한 자로 하여금 감정서의 설명을 하게 할 수 있다.

제89조의3【감정서의 설명】① 법 제179조의2 제2항의 규정에 의하여 감정서의 설명을 하게 할 때에는 검사, 피고인 또는 변호인을 참여하게 하여야 한다.
② 제1항의 설명의 요지는 조서에 기재하여야 한다.

제14장 통역과 번역

제180조【통역】국어에 통하지 아니하는 자의 진술에는 통역인으로 하여금 통역하게 하여야 한다.

제181조【청각 또는 언어장애인의 통역】듣거나 말하는 데 장애가 있는 사람의 진술에 대해서는 통역인으로 하여금 통역하게 할 수 있다.

제182조【번역】국어 아닌 문자 또는 부호는 번역하게 하여야 한다.

제183조【준용규정】전장의 규정은 통역과 번역에 준용한다.

제15장 증거보전

제184조【증거보전의 청구와 그 절차】① 검사, 피고인, 피의자 또는 변호인은 미리 증거를 보전하지 아니하면 그 증거를 사용하기 곤란한 사정이 있는 때에는 제1회 공판기일 전이라도 판사에게 압수, 수색, 검증, 증인신문 또는 감정을 청구할 수 있다.
② 전항의 청구를 받은 판사는 그 처분에 관하여 법원 또는 재판장과 동일한 권한이 있다.
③ 제1항의 청구를 함에는 서면으로 그 사유를 소명하여야 한다.
④ 제1항의 청구를 기각하는 결정에 대하여는 3일 이내에 항고할 수 있다.

> 제91조【증거보전처분을 하여야 할 법관】① 증거보전의 청구는 다음 지역을 관할하는 지방법원판사에게 하여야 한다.
> 1. 압수에 관하여는 압수할 물건의 소재지
> 2. 수색 또는 검증에 관하여는 수색 또는 검증할 장소, 신체 또는 물건의 소재지
> 3. 증인신문에 관하여는 증인의 주거지 또는 현재지
> 4. 감정에 관하여는 감정대상의 소재지 또는 현재지
> ② 감정의 청구는 제1항 제4호의 규정에 불구하고 감정함에 편리한 지방법원판사에게 할 수 있다.
>
> 제92조【청구의 방식】① 증거보전청구서에는 다음 사항을 기재하여야 한다.
> 1. 사건의 개요
> 2. 증명할 사실
> 3. 증거 및 보전의 방법
> 4. 증거보전을 필요로 하는 사유

제185조【서류의 열람등】검사, 피고인, 피의자 또는 변호인은 판사의 허가를 얻어 전조의 처분에 관한 서류와 증거물을 열람 또는 등사할 수 있다.

제16장 소송비용

제186조【피고인의 소송비용부담】① 형의 선고를 하는 때에는 피고인에게 소송비용의 전부 또는 일부를 부담하게 하여야 한다. 다만, 피고인의 경제적 사정으로 소송비용을 납부할 수 없는 때에는 그러하지 아니하다.
② 피고인에게 책임지울 사유로 발생된 비용은 형의 선고를 하지 아니하는 경우에도 피고인에게 부담하게 할 수 있다.

> 제92조의2【듣거나 말하는 데 장애가 있는 사람을 위한 비용 등】듣거나 말하는 데 장애가 있는 사람을 위한 통역·속기·녹음·녹화 등에 드는 비용은 국고에서 부담하고, 형사소송법 제186조부터 제194조까지에 따라 피고인 등에게 부담하게 할 소송비용에 산입하지 아니한다.

제187조【공범의 소송비용】공범의 소송비용은 공범인에게 연대부담하게 할 수 있다.

제188조【고소인등의 소송비용부담】고소 또는 고발에 의하여 공소를 제기한 사건에 관하여 피고인이 무죄 또는 면소의 판결을 받은 경우에 고소인 또는 고발인에게 고의 또는 중대한 과실이 있는 때에는 그 자에게 소송비용의 전부 또는 일부를 부담하게 할 수 있다.

제189조【검사의 상소취하와 소송비용부담】검사만이 상소 또는 재심청구를 한 경우에 상소 또는 재심의 청구가 기각되거나 취하된 때에는 그 소송비용을 피고인에게 부담하게 하지 못한다.

제190조【제3자의 소송비용부담】① 검사 아닌 자가 상소 또는 재심청구를 한 경우에 상소 또는 재심의 청구가 기각되거나 취하된 때에는 그 자에게 그 소송비용을 부담하게 할 수 있다.
② 피고인 아닌 자가 피고인이 제기한 상소 또는 재심의 청구를 취하한 경우에도 전항과 같다.

제191조【소송비용부담의 재판】① 재판으로 소송절차가 종료되는 경우에 피고인에게 소송비용을 부담하게 하는 때에는 직권으로 재판하여야 한다.
② 전항의 재판에 대하여는 본안의 재판에 관하여 상소하는 경우에 한하여 불복할 수 있다.

제192조【제3자부담의 재판】① 재판으로 소송절차가 종료되는 경우에 피고인 아닌 자에게 소송비용을 부담하게 하는 때에는 직권으로 결정을 하여야 한다.
② 전항의 결정에 대하여는 즉시항고를 할 수 있다.

제193조【재판에 의하지 아니한 절차종료】① 재판에 의하지 아니하고 소송절차가 종료되는 경우에 소송비용을 부담하게 하는 때에는 사건의 최종계속법원이 직권으로 결정을 하여야 한다.
② 전항의 결정에 대하여는 즉시항고를 할 수 있다.

제194조【부담액의 산정】소송비용의 부담을 명하는 재판에 그 금액을 표시하지 아니한 때에는 집행을 지휘하는 검사가 산정한다.

제194조의2【무죄판결과 비용보상】① 국가는 무죄판결이 확정된 경우에는 당해 사건의 피고인이었던 자에 대하여 그 재판에 소요된 비용을 보상하여야 한다.
② 다음 각 호의 어느 하나에 해당하는 경우에는 제1항에 따른 비용의 전부 또는 일부를 보상하지 아니할 수 있다.
1. 피고인이었던 자가 수사 또는 재판을 그르칠 목적으로 거

짓 자백을 하거나 다른 유죄의 증거를 만들어 기소된 것으로 인정된 경우
2. 1개의 재판으로써 경합범의 일부에 대하여 무죄판결이 확정되고 다른 부분에 대하여 유죄판결이 확정된 경우
3. 「형법」 제9조 및 제10조 제1항의 사유에 따른 무죄판결이 확정된 경우
4. 그 비용이 피고인이었던 자에게 책임지울 사유로 발생한 경우

제194조의3 【비용보상의 절차 등】 ① 제194조의2 제1항에 따른 비용의 보상은 피고인이었던 자의 청구에 따라 무죄판결을 선고한 법원의 합의부에서 결정으로 한다.
② 제1항에 따른 청구는 무죄판결이 확정된 사실을 안 날부터 3년, 무죄판결이 확정된 때부터 5년 이내에 하여야 한다.
③ 제1항의 결정에 대하여는 즉시항고를 할 수 있다.

제194조의4 【비용보상의 범위】 ① 제194조의2에 따른 비용보상의 범위는 피고인이었던 자 또는 그 변호인이었던 자가 공판준비 및 공판기일에 출석하는데 소요된 여비·일당·숙박료와 변호인이었던 자에 대한 보수에 한한다. 이 경우 보상금액에 관하여는 「형사소송비용 등에 관한 법률」을 준용하되, 피고인이었던 자에 대하여는 증인에 관한 규정을, 변호인이었던 자에 대하여는 국선변호인에 관한 규정을 준용한다.
② 법원은 공판준비 또는 공판기일에 출석한 변호인이 2인 이상이었던 경우에는 사건의 성질, 심리 상황, 그 밖의 사정을 고려하여 변호인이었던 자의 여비·일당 및 숙박료를 대표변호인이나 그 밖의 일부 변호인의 비용만으로 한정할 수 있다.

제194조의5 【준용규정】 비용보상청구, 비용보상절차, 비용보상과 다른 법률에 따른 손해배상과의 관계, 보상을 받을 권리의 양도·압류 또는 피고인이었던 자의 상속인에 대한 비용보상에 관하여 이 법에 규정한 것을 제외하고는 「형사보상법」에 따른 보상의 예에 따른다.

제2편 제1심

제1장 수사

제195조 【검사와 사법경찰관의 관계 등】 ① 검사와 사법경찰관은 수사, 공소제기 및 공소유지에 관하여 서로 협력하여야 한다.
② 제1항에 따른 수사를 위하여 준수하여야 하는 일반적 수사준칙에 관한 사항은 대통령령으로 정한다.

제6조 【상호협력의 원칙】 ① 검사와 사법경찰관은 상호 존중해야 하며, 수사, 공소제기 및 공소유지와 관련하여 협력해야 한다.

② 검사와 사법경찰관은 수사와 공소제기 및 공소유지를 위해 필요한 경우 수사·기소·재판 관련 자료를 서로 요청할 수 있다.
③ 검사와 사법경찰관의 협의는 신속히 이루어져야 하며, 협의의 지연 등으로 수사 또는 관련 절차가 지연되어서는 안 된다.

제7조 【중요사건 협력절차】 ① 검사와 사법경찰관은 다음 각 호의 어느 하나에 해당하는 사건(이하 "중요사건"이라 한다)의 경우에는 송치 전에 수사할 사항, 증거 수집의 대상, 법령의 적용, 범죄수익 환수를 위한 조치 등에 관하여 상호 의견을 제시·교환할 것을 요청할 수 있다. 이 경우 검사와 사법경찰관은 특별한 사정이 없으면 상대방의 요청에 응해야 한다.
1. 공소시효가 임박한 사건
2. 내란, 외환, 대공(對共), 선거(정당 및 정치자금 관련 범죄를 포함한다), 노동, 집단행동, 테러, 대형참사 또는 연쇄살인 관련 사건
3. 범죄를 목적으로 하는 단체 또는 집단의 조직·구성·가입·활동 등과 관련된 사건
4. 주한 미합중국 군대의 구성원·외국인군무원 및 그 가족이나 초청계약자의 범죄 관련 사건
5. 그 밖에 많은 피해자가 발생하거나 국가적·사회적 피해가 큰 중요한 사건
② 제1항에도 불구하고 검사와 사법경찰관은 다음 각 호의 어느 하나에 따른 공소시효가 적용되는 사건에 대해서는 공소시효 만료일 3개월 전까지 제1항 각 호 외의 부분 전단에 규정된 사항 등에 관하여 상호 의견을 제시·교환해야 한다. 다만, 공소시효 만료일 전 3개월 이내에 수사를 개시한 때에는 지체 없이 상호 의견을 제시·교환해야 한다.
1. 「공직선거법」 제268조
2. 「공공단체등 위탁선거에 관한 법률」 제71조
3. 「농업협동조합법」 제172조 제4항
4. 「수산업협동조합법」 제178조 제5항
5. 「산림조합법」 제132조 제4항
6. 「소비자생활협동조합법」 제86조 제4항
7. 「염업조합법」 제59조 제4항
8. 「엽연초생산협동조합법」 제42조 제5항
9. 「중소기업협동조합법」 제137조 제3항
10. 「새마을금고법」 제85조 제6항
11. 「교육공무원법」 제62조 제5항

제8조 【검사와 사법경찰관의 협의】 ① 검사와 사법경찰관은 수사와 사건의 송치, 송부 등에 관한 이견의 조정이나 협력 등이 필요한 경우 서로 협의를 요청할 수 있다. 이 경우 특별한 사정이 없으면 상대방의 협의 요청에 응해야 한다.
② 제1항에 따른 협의에도 불구하고 이견이 해소되지 않는 경우로서 다음 각 호의 어느 하나에 해당하는 경우에는 해당 검사가 소속된 검찰청의 장과 해당 사법경찰관이 소속된 경찰관

서(지방해양경찰관서를 포함한다. 이하 같다)의 장의 협의에 따른다.
1. 중요사건에 관하여 상호 의견을 제시·교환하는 것에 대해 이견이 있거나 제시·교환한 의견의 내용에 대해 이견이 있는 경우
2. 「형사소송법」(이하 "법"이라 한다) 제197조의2 제2항 및 제3항에 따른 정당한 이유의 유무에 대해 이견이 있는 경우
3. 법 제197조의4 제2항 단서에 따라 사법경찰관이 계속 수사할 수 있는지 여부나 사법경찰관이 계속 수사할 수 있는 경우 수사를 계속할 주체 또는 사건의 이송 여부 등에 대해 이견이 있는 경우
4. 법 제245조의8 제2항에 따른 재수사의 결과에 대해 이견이 있는 경우

제9조 【수사기관협의회】 ① 대검찰청, 경찰청 및 해양경찰청 간에 수사에 관한 제도 개선 방안 등을 논의하고, 수사기관 간 협조가 필요한 사항에 대해 서로 의견을 협의·조정하기 위해 수사기관협의회를 둔다.
② 수사기관협의회는 다음 각 호의 사항에 대해 협의·조정한다.
1. 국민의 인권보호, 수사의 신속성·효율성 등을 위한 제도 개선 및 정책 제안
2. 국가적 재난 상황 등 관련 기관 간 긴밀한 협조가 필요한 업무를 공동으로 수행하기 위해 필요한 사항
3. 그 밖에 제1항의 어느 한 기관이 수사기관협의회의 협의 또는 조정이 필요하다고 요구한 사항
③ 수사기관협의회는 반기마다 정기적으로 개최하되, 제1항의 어느 한 기관이 요청하면 수시로 개최할 수 있다.
④ 제1항의 각 기관은 수사기관협의회에서 협의·조정된 사항의 세부 추진계획을 수립·시행해야 한다.
⑤ 제1항부터 제4항까지의 규정에서 정한 사항 외에 수사기관협의회의 운영 등에 필요한 사항은 수사기관협의회에서 정한다.

제55조 【소재수사에 관한 협력 등】 ① 검사와 사법경찰관은 소재불명(所在不明)인 피의자나 참고인을 발견한 때에는 해당 사실을 통보하는 등 서로 협력해야 한다.
② 검사는 법 제245조의5 제1호 또는 법 제245조의7 제2항에 따라 송치된 사건의 피의자나 참고인의 소재 확인이 필요하다고 판단하는 경우 피의자나 참고인의 주소지 또는 거소지 등을 관할하는 경찰서의 사법경찰관에게 소재수사를 요청할 수 있다. 이 경우 요청을 받은 사법경찰관은 이에 협력해야 한다.
③ 검사 또는 사법경찰관은 제51조 제1항 제4호 또는 제52조 제1항 제3호·제4호에 따라 수사중지 또는 기소중지·참고인중지된 사건의 피의자 또는 참고인을 발견하는 등 수사중지 결정 또는 기소중지·참고인중지 결정의 사유가 해소된 경우에는 즉시 수사를 진행해야 한다.

제56조 【사건기록의 등본】 ① 검사 또는 사법경찰관은 사건관계 서류와 증거물을 분리하여 송부하거나 반환할 필요가 있으나 해당 서류와 증거물의 분리가 불가능하거나 현저히 곤란한 경우에는 그 서류와 증거물을 등사하여 송부하거나 반환할 수 있다.
② 검사 또는 사법경찰관은 제45조 제1항, 이 조 제1항 등에 따라 사건기록 등본을 송부받은 경우 이를 다른 목적으로 사용할 수 없으며, 다른 법령에 특별한 규정이 있는 경우를 제외하고는 그 사용 목적을 위한 기간이 경과한 때에 즉시 이를 반환하거나 폐기해야 한다.

제70조 【영의 해석 및 개정】 ① 이 영을 해석하거나 개정하는 경우에는 법무부장관은 행정안전부장관과 협의하여 결정해야 한다.
② 제1항에 따른 해석 및 개정에 관한 법무부장관의 자문에 응하기 위해 법무부에 외부전문가로 구성된 자문위원회를 둔다.

제196조 【검사의 수사】 ① 검사는 범죄의 혐의가 있다고 사료하는 때에는 범인, 범죄사실과 증거를 수사한다.
② 검사는 제197조의3 제6항, 제198조의2 제2항 및 제245조의7 제2항에 따라 사법경찰관으로부터 송치받은 사건에 관하여는 해당 사건과 동일성을 해치지 아니하는 범위 내에서 수사할 수 있다.

검찰청법(2022. 5. 9. 법률 제18861호로 일부개정된 것)

제4조 【검사의 직무】 ① 검사는 공익의 대표자로서 다음 각 호의 직무와 권한이 있다.
1. 범죄수사, 공소의 제기 및 그 유지에 필요한 사항. 다만, 검사가 수사를 개시할 수 있는 범죄의 범위는 다음 각 목과 같다.
   가. 부패범죄, 경제범죄 등 대통령령으로 정하는 중요 범죄
   나. 경찰공무원(다른 법률에 따라 사법경찰관리의 직무를 행하는 자를 포함한다) 및 고위공직자범죄수사처 소속 공무원(「고위공직자범죄수사처 설치 및 운영에 관한 법률」에 따른 파견공무원을 포함한다)이 범한 범죄
   다. 가목·나목의 범죄 및 사법경찰관이 송치한 범죄와 관련하여 인지한 각 해당 범죄와 직접 관련성이 있는 범죄
2. 범죄수사에 관한 특별사법경찰관리 지휘·감독
3. 법원에 대한 법령의 정당한 적용 청구
4. 재판 집행 지휘·감독
5. 국가를 당사자 또는 참가인으로 하는 소송과 행정소송 수행 또는 그 수행에 관한 지휘·감독

6. 다른 법령에 따라 그 권한에 속하는 사항
② 검사는 자신이 수사개시한 범죄에 대하여는 공소를 제기할 수 없다. 다만, 사법경찰관이 송치한 범죄에 대하여는 그러하지 아니하다.
③ 검사는 그 직무를 수행할 때 국민 전체에 대한 봉사자로서 헌법과 법률에 따라 국민의 인권을 보호하고 적법절차를 준수하며, 정치적 중립을 지켜야 하고 주어진 권한을 남용하여서는 아니 된다.

검사의 수사개시 범죄 범위에 관한 규정(2022. 9. 8. 대통령령 제32902호로 일부개정된 것)

제2조【중요 범죄】「검찰청법」(이하 "법"이라 한다) 제4조 제1항 제1호 가목에서 "부패범죄, 경제범죄 등 대통령령으로 정하는 중요 범죄"란 다음 각 호의 범죄를 말한다.
1. 부패범죄 : 다음 각 목의 어느 하나에 해당하는 범죄로서 별표 1에 규정된 죄
  가. 사무의 공정을 해치는 불법 또는 부당한 방법으로 자기 또는 제3자의 이익이나 손해를 도모하는 범죄
  나. 직무와 관련하여 그 지위 또는 권한을 남용하는 범죄
  다. 범죄의 은폐나 그 수익의 은닉에 관련된 범죄
2. 경제범죄 : 생산·분배·소비·고용·금융·부동산·유통·수출입 등 경제의 각 분야에서 경제질서를 해치는 불법 또는 부당한 방법으로 자기 또는 제3자의 경제적 이익이나 손해를 도모하는 범죄로서 별표 2에 규정된 죄
3. 다음 각 목의 어느 하나에 해당하는 죄
  가. 무고·도주·범인은닉·증거인멸·위증·허위감정통역·보복범죄 및 배심원의 직무에 관한 죄 등 국가의 사법질서를 저해하는 범죄로서 별표 3에 규정된 죄
  나. 개별 법률에서 국가기관으로 하여금 검사에게 고발하도록 하거나 수사를 의뢰하도록 규정된 범죄

제18조【검사의 사건 이송 등】① 검사는「검찰청법」제4조 제1항 제1호 각 목에 해당되지 않는 범죄에 대한 고소·고발·진정 등이 접수된 때에는 사건을 검찰청 외의 수사기관에 이송해야 한다.
② 검사는 다음 각 호의 어느 하나에 해당하는 때에는 사건을 검찰청 외의 수사기관에 이송할 수 있다.
1. 법 제197조의4 제2항 단서에 따라 사법경찰관이 범죄사실을 계속 수사할 수 있게 된 때
2. 그 밖에 다른 수사기관에서 수사하는 것이 적절하다고 판단되는 때

③ 검사는 제1항 또는 제2항에 따라 사건을 이송하는 경우에는 관계 서류와 증거물을 해당 수사기관에 함께 송부해야 한다.
④ 검사는 제2항 제2호에 따른 이송을 하는 경우에는 특별한 사정이 없으면 사건을 수리한 날부터 1개월 이내에 이송해야 한다.

제197조【사법경찰관리】① 경무관, 총경, 경정, 경감, 경위는 사법경찰관으로서 범죄의 혐의가 있다고 사료하는 때에는 범인, 범죄사실과 증거를 수사한다.
② 경사, 경장, 순경은 사법경찰리로서 수사의 보조를 하여야 한다.

제11조【회피】검사 또는 사법경찰관리는 피의자나 사건관계인과 친족관계 또는 이에 준하는 관계가 있거나 그 밖에 수사의 공정성을 의심 받을 염려가 있는 사건에 대해서는 소속 기관의 장의 허가를 받아 그 수사를 회피해야 한다.

제12조【수사 진행상황의 통지】① 검사 또는 사법경찰관은 수사에 대한 진행상황을 사건관계인에게 적절히 통지하도록 노력해야 한다.
② 제1항에 따른 통지의 구체적인 방법·절차 등은 법무부장관, 경찰청장 또는 해양경찰청장이 정한다.

제68조【사건 통지 시 주의사항 등】검사 또는 사법경찰관은 제12조에 따라 수사 진행상황을 통지하거나 제53조에 따라 수사 결과를 통지할 때에는 해당 사건의 피의자 또는 사건관계인의 명예나 권리 등이 부당하게 침해되지 않도록 주의해야 한다.

제16조【수사의 개시】① 검사 또는 사법경찰관이 다음 각 호의 어느 하나에 해당하는 행위에 착수한 때에는 수사를 개시한 것으로 본다. 이 경우 검사 또는 사법경찰관은 해당 사건을 즉시 입건해야 한다.
1. 피혐의자의 수사기관 출석조사
2. 피의자신문조서의 작성
3. 긴급체포
4. 체포·구속영장의 청구 또는 신청
5. 사람의 신체, 주거, 관리하는 건조물, 자동차, 선박, 항공기 또는 점유하는 방실에 대한 압수·수색 또는 검증영장(부검을 위한 검증영장은 제외한다)의 청구 또는 신청
② 검사 또는 사법경찰관은 수사 중인 사건의 범죄 혐의를 밝히기 위한 목적으로 관련 없는 사건의 수사를 개시하거나 수사기간을 부당하게 연장해서는 안 된다.
③ 검사 또는 사법경찰관은 입건 전에 범죄를 의심할 만한 정황이 있어 수사 개시 여부를 결정하기 위한 사실관계의 확인 등 필요한 조사를 할 때에는 적법절차를 준수하고 사건관계인의 인권을 존중하며, 조사가 부당하게 장기화되지 않도록 신속하게 진행해야 한다.

④ 검사 또는 사법경찰관은 제3항에 따른 조사 결과 입건하지 않는 결정을 한 때에는 피해자에 대한 보복범죄나 2차 피해가 우려되는 경우 등을 제외하고는 피혐의자 및 사건관계인에게 통지해야 한다.
⑤ 제4항에 따른 통지의 구체적인 방법 및 절차 등은 법무부장관, 경찰청장 또는 해양경찰청장이 정한다.
⑥ 제3항에 따른 조사와 관련한 서류 등의 열람 및 복사에 관하여는 제69조 제1항, 제3항, 제5항(같은 조 제1항 및 제3항을 준용하는 부분으로 한정한다. 이하 이 항에서 같다) 및 제6항(같은 조 제1항, 제3항 및 제5항에 따른 신청을 받은 경우로 한정한다)을 준용한다.

제67조【형사사법정보시스템의 이용】검사 또는 사법경찰관은「형사사법절차 전자화 촉진법」제2조 제1호에 따른 형사사법업무와 관련된 문서를 작성할 때에는 형사사법정보시스템을 이용해야 하며, 그에 따라 작성한 문서는 형사사법정보시스템에 저장·보관해야 한다. 다만, 다음 각 호의 어느 하나에 해당하는 문서로서 형사사법정보시스템을 이용하는 것이 곤란한 경우는 그렇지 않다.
1. 피의자나 사건관계인이 직접 작성한 문서
2. 형사사법정보시스템에 작성 기능이 구현되어 있지 않은 문서
3. 형사사법정보시스템을 이용할 수 없는 시간 또는 장소에서 불가피하게 작성해야 하거나 형사사법정보시스템의 장애 또는 전산망 오류 등으로 형사사법정보시스템을 이용할 수 없는 상황에서 불가피하게 작성해야 하는 문서

제71조【민감정보 및 고유식별정보 등의 처리】검사 또는 사법경찰관리는 범죄 수사 업무를 수행하기 위해 불가피한 경우「개인정보 보호법」제23조에 따른 민감정보, 같은 법 시행령 제19조에 따른 주민등록번호, 여권번호, 운전면허의 면허번호 또는 외국인등록번호나 그 밖의 개인정보가 포함된 자료를 처리할 수 있다.

제197조의2【보완수사요구】① 검사는 다음 각 호의 어느 하나에 해당하는 경우에 사법경찰관에게 보완수사를 요구할 수 있다.
1. 송치사건의 공소제기 여부 결정 또는 공소의 유지에 관하여 필요한 경우
2. 사법경찰관이 신청한 영장의 청구 여부 결정에 관하여 필요한 경우
② 사법경찰관은 제1항의 요구가 있는 때에는 정당한 이유가 없는 한 지체 없이 이를 이행하고, 그 결과를 검사에게 통보하여야 한다.
③ 검찰총장 또는 각급 검찰청 검사장은 사법경찰관이 정당한 이유 없이 제1항의 요구에 따르지 아니하는 때에는 권한 있는 사람에게 해당 사법경찰관의 직무배제 또는 징계를 요구할 수 있고, 그 징계 절차는「공무원 징계령」또는「경찰공무원 징계령」에 따른다.

제59조【보완수사요구의 대상과 범위】① 검사는 사법경찰관으로부터 송치받은 사건에 대해 보완수사가 필요하다고 인정하는 경우에는 직접 보완수사를 하거나 법 제197조의2 제1항 제1호에 따라 사법경찰관에게 보완수사를 요구할 수 있다. 다만, 송치사건의 공소제기 여부 결정에 필요한 경우로서 다음 각 호의 어느 하나에 해당하는 경우에는 특별히 사법경찰관에게 보완수사를 요구할 필요가 있다고 인정되는 경우를 제외하고는 검사가 직접 보완수사를 하는 것을 원칙으로 한다.
1. 사건을 수리한 날(이미 보완수사요구가 있었던 사건의 경우 보완수사 이행 결과를 통보받은 날을 말한다)부터 1개월이 경과한 경우
2. 사건이 송치된 이후 검사가 해당 피의자 및 피의사실에 대해 상당한 정도의 보완수사를 한 경우
3. 법 제197조의3 제5항, 제197조의4 제1항 또는 제198조의2 제2항에 따라 사법경찰관으로부터 사건을 송치받은 경우
4. 제7조 또는 제8조에 따라 검사와 사법경찰관이 사건 송치 전에 수사할 사항, 증거수집의 대상 및 법령의 적용 등에 대해 협의를 마치고 송치한 경우
② 검사는 법 제197조의2 제1항에 따른 보완수사요구 여부를 판단하는 경우 필요한 보완수사의 정도, 수사 진행 기간, 구체적 사건의 성격에 따른 수사 주체의 적합성 및 검사와 사법경찰관의 상호 존중과 협력의 취지 등을 종합적으로 고려한다.
③ 검사는 법 제197조의2 제1항 제1호에 따라 사법경찰관에게 송치사건 및 관련사건(법 제11조에 따른 관련사건 및 법 제208조 제2항에 따라 간주되는 동일한 범죄사실에 관한 사건을 말한다. 다만, 법 제11조 제1호의 경우에는 수사기록에 명백히 현출되어 있는 사건으로 한정한다)에 대해 다음 각 호의 사항에 관한 보완수사를 요구할 수 있다.
1. 범인에 관한 사항
2. 증거 또는 범죄사실 증명에 관한 사항
3. 소송조건 또는 처벌조건에 관한 사항
4. 양형 자료에 관한 사항
5. 죄명 및 범죄사실의 구성에 관한 사항
6. 그 밖에 송치받은 사건의 공소제기 여부를 결정하는 데 필요하거나 공소유지와 관련해 필요한 사항
④ 검사는 사법경찰관이 신청한 영장(「통신비밀보호법」제6조 및 제8조에 따른 통신제한조치허가서 및 같은 법 제13조에 따른 통신사실 확인자료 제공 요청 허가서를 포함한다. 이하 이 항에서 같다)의 청구 여부를 결정하기 위해 필요한 경우 법 제197조의2 제1항 제2호에 따라 사법경찰관에게 보완수사를 요구할 수 있다. 이 경우 보완수사를 요구할 수 있는 범위는 다음 각 호와 같다.
1. 범인에 관한 사항
2. 증거 또는 범죄사실 소명에 관한 사항
3. 소송조건 또는 처벌조건에 관한 사항

4. 해당 영장이 필요한 사유에 관한 사항
5. 죄명 및 범죄사실의 구성에 관한 사항
6. 법 제11조(법 제11조 제1호의 경우는 수사기록에 명백히 현출되어 있는 사건으로 한정한다)와 관련된 사항
7. 그 밖에 사법경찰관이 신청한 영장의 청구 여부를 결정하기 위해 필요한 사항

제60조【보완수사요구의 방법과 절차】① 검사는 법 제197조의2 제1항에 따라 보완수사를 요구할 때에는 그 이유와 내용 등을 구체적으로 적은 서면과 관계 서류 및 증거물을 사법경찰관에게 함께 송부해야 한다. 다만, 보완수사 대상의 성질, 사안의 긴급성 등을 고려하여 관계 서류와 증거물을 송부할 필요가 없거나 송부하는 것이 적절하지 않다고 판단하는 경우에는 해당 관계 서류와 증거물을 송부하지 않을 수 있다.
② 보완수사를 요구받은 사법경찰관은 제1항 단서에 따라 송부받지 못한 관계 서류와 증거물이 보완수사를 위해 필요하다고 판단하면 해당 서류와 증거물을 대출하거나 그 전부 또는 일부를 등사할 수 있다.
③ 사법경찰관은 법 제197조의2 제1항에 따른 보완수사요구가 접수된 날부터 3개월 이내에 보완수사를 마쳐야 한다.
④ 사법경찰관은 법 제197조의2 제2항에 따라 보완수사를 이행한 경우에는 그 이행 결과를 검사에게 서면으로 통보해야 하며, 제1항 본문에 따라 관계 서류와 증거물을 송부받은 경우에는 그 서류와 증거물을 함께 반환해야 한다. 다만, 관계 서류와 증거물을 반환할 필요가 없는 경우에는 보완수사의 이행 결과만을 검사에게 통보할 수 있다.
⑤ 사법경찰관은 법 제197조의2 제1항 제1호에 따라 보완수사를 이행한 결과 법 제245조의5 제1호에 해당하지 않는다고 판단한 경우에는 제51조 제1항 제3호에 따라 사건을 불송치하거나 같은 항 제4호에 따라 수사중지할 수 있다.

제61조【직무배제 또는 징계 요구의 방법과 절차】① 검찰총장 또는 각급 검찰청 검사장은 법 제197조의2 제3항에 따라 사법경찰관의 직무배제 또는 징계를 요구할 때에는 그 이유를 구체적으로 적은 서면에 이를 증명할 수 있는 관계 자료를 첨부하여 해당 사법경찰관이 소속된 경찰관서장에게 통보해야 한다.
② 제1항의 직무배제 요구를 통보받은 경찰관서장은 정당한 이유가 있는 경우를 제외하고는 그 요구를 받은 날부터 20일 이내에 해당 사법경찰관을 직무에서 배제해야 한다.
③ 경찰관서장은 제1항에 따른 요구의 처리 결과와 그 이유를 직무배제 또는 징계를 요구한 검찰총장 또는 각급 검찰청 검사장에게 통보해야 한다.

제197조의3【시정조치요구 등】① 검사는 사법경찰관리의 수사과정에서 법령위반, 인권침해 또는 현저한 수사권 남용이 의심되는 사실의 신고가 있거나 그러한 사실을 인식하게 된 경우에는 사법경찰관에게 사건기록 등본의 송부를 요구할 수 있다.
② 제1항의 송부 요구를 받은 사법경찰관은 지체 없이 검사에게 사건기록 등본을 송부하여야 한다.
③ 제2항의 송부를 받은 검사는 필요하다고 인정되는 경우에는 사법경찰관에게 시정조치를 요구할 수 있다.
④ 사법경찰관은 제3항의 시정조치 요구가 있는 때에는 정당한 이유가 없으면 지체 없이 이를 이행하고, 그 결과를 검사에게 통보하여야 한다.
⑤ 제4항의 통보를 받은 검사는 제3항에 따른 시정조치 요구가 정당한 이유 없이 이행되지 않았다고 인정되는 경우에는 사법경찰관에게 사건을 송치할 것을 요구할 수 있다.
⑥ 제5항의 송치 요구를 받은 사법경찰관은 검사에게 사건을 송치하여야 한다.
⑦ 검찰총장 또는 각급 검찰청 검사장은 사법경찰관리의 수사과정에서 법령위반, 인권침해 또는 현저한 수사권 남용이 있었던 때에는 권한 있는 사람에게 해당 사법경찰관리의 징계를 요구할 수 있고, 그 징계 절차는 「공무원 징계령」 또는 「경찰공무원 징계령」에 따른다.
⑧ 사법경찰관은 피의자를 신문하기 전에 수사과정에서 법령위반, 인권침해 또는 현저한 수사권 남용이 있는 경우 검사에게 구제를 신청할 수 있음을 피의자에게 알려주어야 한다.

제45조【시정조치 요구의 방법 및 절차 등】① 검사는 법 제197조의3 제1항에 따라 사법경찰관에게 사건기록 등본의 송부를 요구할 때에는 그 내용과 이유를 구체적으로 적은 서면으로 해야 한다.
② 사법경찰관은 제1항에 따른 요구를 받은 날부터 7일 이내에 사건기록 등본을 검사에게 송부해야 한다.
③ 검사는 제2항에 따라 사건기록 등본을 송부받은 날부터 30일(사안의 경중 등을 고려하여 10일의 범위에서 한 차례 연장할 수 있다) 이내에 법 제197조의3 제3항에 따른 시정조치 요구 여부를 결정하여 사법경찰관에게 통보해야 한다. 이 경우 시정조치 요구의 통보는 그 내용과 이유를 구체적으로 적은 서면으로 해야 한다.
④ 사법경찰관은 제3항에 따라 시정조치 요구를 통보받은 경우 정당한 이유가 있는 경우를 제외하고는 지체 없이 시정조치를 이행하고, 그 이행 결과를 서면에 구체적으로 적어 검사에게 통보해야 한다.
⑤ 검사는 법 제197조의3 제5항에 따라 사법경찰관에게 사건송치를 요구하는 경우에는 그 내용과 이유를 구체적으로 적은 서면으로 해야 한다.
⑥ 사법경찰관은 제5항에 따라 서면으로 사건송치를 요구받은 날부터 7일 이내에 사건을 검사에게 송치해야 한다. 이 경우 관계 서류와 증거물을 함께 송부해야 한다.

⑦ 제5항 및 제6항에도 불구하고 검사는 공소시효 만료일의 임박 등 특별한 사유가 있을 때에는 제5항에 따른 서면에 그 사유를 명시하고 별도의 송치기한을 정하여 사법경찰관에게 통지할 수 있다. 이 경우 사법경찰관은 정당한 이유가 있는 경우를 제외하고는 통지받은 송치기한까지 사건을 검사에게 송치해야 한다.

제46조【징계요구의 방법 등】① 검찰총장 또는 각급 검찰청 검사장은 법 제197조의3 제7항에 따라 사법경찰관리의 징계를 요구할 때에는 서면에 그 사유를 구체적으로 적고 이를 증명할 수 있는 관계 자료를 첨부하여 해당 사법경찰관리가 소속된 경찰관서의 장(이하 "경찰관서장"이라 한다)에게 통보해야 한다.
② 경찰관서장은 제1항에 따른 징계요구에 대한 처리 결과와 그 이유를 징계를 요구한 검찰총장 또는 각급 검찰청 검사장에게 통보해야 한다.

제47조【구제신청 고지의 확인】사법경찰관은 법 제197조의3 제8항에 따라 검사에게 구제를 신청할 수 있음을 피의자에게 알려준 경우에는 피의자로부터 고지 확인서를 받아 사건기록에 편철한다. 다만, 피의자가 고지 확인서에 기명날인 또는 서명하는 것을 거부하는 경우에는 사법경찰관이 고지 확인서 끝부분에 그 사유를 적고 기명날인 또는 서명해야 한다.

제197조의4【수사의 경합】① 검사는 사법경찰관과 동일한 범죄사실을 수사하게 된 때에는 사법경찰관에게 사건을 송치할 것을 요구할 수 있다.
② 제1항의 요구를 받은 사법경찰관은 지체 없이 검사에게 사건을 송치하여야 한다. 다만, 검사가 영장을 청구하기 전에 동일한 범죄사실에 관하여 사법경찰관이 영장을 신청한 경우에는 해당 영장에 기재된 범죄사실을 계속 수사할 수 있다.

제48조【동일한 범죄사실 여부의 판단 등】① 검사와 사법경찰관은 법 제197조의4에 따른 수사의 경합과 관련하여 동일한 범죄사실 여부나 영장(「통신비밀보호법」 제6조 및 제8조에 따른 통신제한조치허가서 및 같은 법 제13조에 따른 통신사실 확인자료제공 요청 허가서를 포함한다. 이하 이 조에서 같다) 청구·신청의 시간적 선후관계 등을 판단하기 위해 필요한 경우에는 그 필요한 범위에서 사건기록의 상호 열람을 요청할 수 있다.
② 제1항에 따른 영장 청구·신청의 시간적 선후관계는 검사의 영장청구서와 사법경찰관의 영장신청서가 각각 법원과 검찰청에 접수된 시점을 기준으로 판단한다.
③ 검사는 제2항에 따른 사법경찰관의 영장신청서의 접수를 거부하거나 지연해서는 안 된다.

제49조【수사경합에 따른 사건송치】① 검사는 법 제197조의4 제1항에 따라 사법경찰관에게 사건송치를 요구할 때에는 그 내용과 이유를 구체적으로 적은 서면으로 해야 한다.
② 사법경찰관은 제1항에 따른 요구를 받은 날부터 7일 이내에 사건을 검사에게 송치해야 한다. 이 경우 관계 서류와 증거물을 함께 송부해야 한다.

제50조【중복수사의 방지】검사는 법 제197조의4 제2항 단서에 따라 사법경찰관이 범죄사실을 계속 수사할 수 있게 된 경우에는 정당한 사유가 있는 경우를 제외하고는 그와 동일한 범죄사실에 대한 사건을 이송하는 등 중복수사를 피하기 위해 노력해야 한다.

제198조【준수사항】① 피의자에 대한 수사는 불구속 상태에서 함을 원칙으로 한다.
② 검사·사법경찰관리와 그 밖에 직무상 수사에 관계있는 자는 피의자 또는 다른 사람의 인권을 존중하고 수사과정에서 취득한 비밀을 엄수하며 수사에 방해되는 일이 없도록 하여야 한다.
③ 검사·사법경찰관리와 그 밖에 직무상 수사에 관계있는 자는 수사과정에서 수사와 관련하여 작성하거나 취득한 서류 또는 물건에 대한 목록을 빠짐 없이 작성하여야 한다.
④ 수사기관은 수사 중인 사건의 범죄 혐의를 밝히기 위한 목적으로 합리적인 근거 없이 별개의 사건을 부당하게 수사하여서는 아니 되고, 다른 사건의 수사를 통하여 확보된 증거 또는 자료를 내세워 관련 없는 사건에 대한 자백이나 진술을 강요하여서도 아니 된다.

제3조【수사의 기본원칙】① 검사와 사법경찰관은 모든 수사과정에서 헌법과 법률에 따라 보장되는 피의자와 그 밖의 피해자·참고인 등(이하 "사건관계인"이라 한다)의 권리를 보호하고, 적법한 절차에 따라야 한다.
② 검사와 사법경찰관은 예단(豫斷)이나 편견 없이 신속하게 수사해야 하고, 주어진 권한을 자의적으로 행사하거나 남용해서는 안 된다.
③ 검사와 사법경찰관은 수사를 할 때 다음 각 호의 사항에 유의하여 실체적 진실을 발견해야 한다.
1. 물적 증거를 기본으로 하여 객관적이고 신빙성 있는 증거를 발견하고 수집하기 위해 노력할 것
2. 과학수사 기법과 관련 지식·기술 및 자료를 충분히 활용하여 합리적으로 수사할 것
3. 수사과정에서 선입견을 갖지 말고, 근거 없는 추측을 배제하며, 사건관계인의 진술을 과신하지 않도록 주의할 것
④ 검사와 사법경찰관은 다른 사건의 수사를 통해 확보된 증거 또는 자료를 내세워 관련 없는 사건에 대한 자백이나 진술을 강요해서는 안 된다.

제4조【불이익 금지】검사와 사법경찰관은 피의자나 사건관계인이 인권침해 신고나 그 밖에 인권 구제를 위한 신고, 진정, 고소, 고발 등의 행위를 하였다는 이유로 부당한 대우를 하거

나 불이익을 주어서는 안 된다.

제5조【형사사건의 공개금지 등】 ① 검사와 사법경찰관은 공소제기 전의 형사사건에 관한 내용을 공개해서는 안 된다.
② 검사와 사법경찰관은 수사의 전(全) 과정에서 피의자와 사건관계인의 사생활의 비밀을 보호하고 그들의 명예나 신용이 훼손되지 않도록 노력해야 한다.
③ 제1항에도 불구하고 법무부장관, 경찰청장 또는 해양경찰청장은 무죄추정의 원칙과 국민의 알권리 등을 종합적으로 고려하여 형사사건 공개에 관한 준칙을 정할 수 있다.

제21조【심야조사 제한】 ① 검사 또는 사법경찰관은 조사, 신문, 면담 등 그 명칭을 불문하고 피의자나 사건관계인에 대해 오후 9시부터 오전 6시까지 사이에 조사(이하 "심야조사"라 한다)를 해서는 안 된다. 다만, 이미 작성된 조서의 열람을 위한 절차는 자정 이전까지 진행할 수 있다.
② 제1항에도 불구하고 다음 각 호의 어느 하나에 해당하는 경우에는 심야조사를 할 수 있다. 이 경우 심야조사의 사유를 조서에 명확하게 적어야 한다.
1. 피의자를 체포한 후 48시간 이내에 구속영장의 청구 또는 신청 여부를 판단하기 위해 불가피한 경우
2. 공소시효가 임박한 경우
3. 피의자나 사건관계인이 출국, 입원, 원거리 거주, 직업상 사유 등 재출석이 곤란한 구체적인 사유를 들어 심야조사를 요청한 경우(변호인이 심야조사에 동의하지 않는다는 의사를 명시한 경우는 제외한다)로서 해당 요청에 상당한 이유가 있다고 인정되는 경우
4. 그 밖에 사건의 성질 등을 고려할 때 심야조사가 불가피하다고 판단되는 경우 등 법무부장관, 경찰청장 또는 해양경찰청장이 정하는 경우로서 검사 또는 사법경찰관의 소속 기관의 장이 지정하는 인권보호 책임자의 허가 등을 받은 경우

제22조【장시간 조사 제한】 ① 검사 또는 사법경찰관은 조사, 신문, 면담 등 그 명칭을 불문하고 피의자나 사건관계인을 조사하는 경우에는 대기시간, 휴식시간, 식사시간 등 모든 시간을 합산한 조사시간(이하 "총조사시간"이라 한다)이 12시간을 초과하지 않도록 해야 한다. 다만, 다음 각 호의 어느 하나에 해당하는 경우에는 예외로 한다.
1. 피의자나 사건관계인의 서면 요청에 따라 조서를 열람하는 경우
2. 제21조 제2항 각 호의 어느 하나에 해당하는 경우
② 검사 또는 사법경찰관은 특별한 사정이 없으면 총조사시간 중 식사시간, 휴식시간 및 조서의 열람시간 등을 제외한 실제 조사시간이 8시간을 초과하지 않도록 해야 한다.
③ 검사 또는 사법경찰관은 피의자나 사건관계인에 대한 조사를 마친 때부터 8시간이 지나기 전에는 다시 조사할 수 없다. 다만, 제1항 제2호에 해당하는 경우에는 예외로 한다.

제23조【휴식시간 부여】 ① 검사 또는 사법경찰관은 조사에 상당한 시간이 소요되는 경우에는 특별한 사정이 없으면 피의자 또는 사건관계인에게 조사 도중에 최소한 2시간마다 10분 이상의 휴식시간을 주어야 한다.
② 검사 또는 사법경찰관은 조사 도중 피의자, 사건관계인 또는 그 변호인으로부터 휴식시간의 부여를 요청받았을 때에는 그때까지 조사에 소요된 시간, 피의자 또는 사건관계인의 건강상태 등을 고려해 적정하다고 판단될 경우 휴식시간을 주어야 한다.
③ 검사 또는 사법경찰관은 조사 중인 피의자 또는 사건관계인의 건강상태에 이상 징후가 발견되면 의사의 진료를 받게 하거나 휴식하게 하는 등 필요한 조치를 해야 한다.

제25조【자료·의견의 제출기회 보장】 ① 검사 또는 사법경찰관은 조사과정에서 피의자, 사건관계인 또는 그 변호인이 사실관계 등의 확인을 위해 자료를 제출하는 경우 그 자료를 수사기록에 편철한다.
② 검사 또는 사법경찰관은 조사를 종결하기 전에 피의자, 사건관계인 또는 그 변호인에게 자료 또는 의견을 제출할 의사가 있는지를 확인하고, 자료 또는 의견을 제출받은 경우에는 해당 자료 및 의견을 수사기록에 편철한다.

제69조【수사서류 등의 열람·복사】 ① 피의자, 사건관계인 또는 그 변호인은 검사 또는 사법경찰관이 수사 중인 사건에 관한 본인의 진술이 기재된 부분 및 본인이 제출한 서류의 전부 또는 일부에 대해 열람·복사를 신청할 수 있다.
② 피의자, 사건관계인 또는 그 변호인은 검사가 불기소 결정을 하거나 사법경찰관이 불송치 결정을 한 사건에 관한 기록의 전부 또는 일부에 대해 열람·복사를 신청할 수 있다.
③ 피의자 또는 그 변호인은 필요한 사유를 소명하고 고소장, 고발장, 이의신청서, 항고장, 재항고장(이하 "고소장등"이라 한다)의 열람·복사를 신청할 수 있다. 이 경우 열람·복사의 범위는 피의자에 대한 혐의사실 부분으로 한정하고, 그 밖에 사건관계인에 관한 사실이나 개인정보, 증거방법 또는 고소장 등에 첨부된 서류 등은 제외한다.
④ 체포·구속된 피의자 또는 그 변호인은 현행범인체포서, 긴급체포서, 체포영장, 구속영장의 열람·복사를 신청할 수 있다.
⑤ 피의자 또는 사건관계인의 법정대리인, 배우자, 직계친족, 형제자매로서 피의자 또는 사건관계인의 위임장 및 신분관계를 증명하는 문서를 제출한 사람도 제1항부터 제4항까지의 규정에 따라 열람·복사를 신청할 수 있다.
⑥ 검사 또는 사법경찰관은 제1항부터 제5항까지의 규정에 따른 신청을 받은 경우에는 해당 서류의 공개로 사건관계인의 개인정보나 영업비밀이 침해될 우려가 있거나 범인의 증거인멸·도주를 용이하게 할 우려가 있는 경우 등 정당한 사유가 있는 경우를 제외하고는 열람·복사를 허용해야 한다.

제198조의2 【검사의 체포·구속장소감찰】 ① 지방검찰청 검사장 또는 지청장은 불법체포·구속의 유무를 조사하기 위하여 검사로 하여금 매월 1회 이상 관하수사관서의 피의자의 체포·구속장소를 감찰하게 하여야 한다. 감찰하는 검사는 체포 또는 구속된 자를 심문하고 관련서류를 조사하여야 한다.
② 검사는 적법한 절차에 의하지 아니하고 체포 또는 구속된 것이라고 의심할 만한 상당한 이유가 있는 경우에는 즉시 체포 또는 구속된 자를 석방하거나 사건을 검찰에 송치할 것을 명하여야 한다.

제199조 【수사와 필요한 조사】 ① 수사에 관하여는 그 목적을 달성하기 위하여 필요한 조사를 할 수 있다. 다만, 강제처분은 이 법률에 특별한 규정이 있는 경우에 한하며, 필요한 최소한도의 범위 안에서만 하여야 한다.
② 수사에 관하여는 공무소 기타 공사단체에 조회하여 필요한 사항의 보고를 요구할 수 있다.

제10조 【임의수사 우선의 원칙과 강제수사 시 유의사항】 ① 검사와 사법경찰관은 수사를 할 때 수사 대상자의 자유로운 의사에 따른 임의수사를 원칙으로 해야 하고, 강제수사는 법률에서 정한 바에 따라 필요한 경우에만 최소한의 범위에서 하되, 수사 대상자의 권익 침해의 정도가 더 적은 절차와 방법을 선택해야 한다.
② 검사와 사법경찰관은 피의자를 체포·구속하는 과정에서 피의자 및 현장에 있는 가족 등 지인들의 인격과 명예를 침해하지 않도록 유의해야 한다.
③ 검사와 사법경찰관은 압수·수색 과정에서 사생활의 비밀, 주거의 평온을 최대한 보장하고, 피의자 및 현장에 있는 가족 등 지인들의 인격과 명예를 침해하지 않도록 유의해야 한다.

제200조 【피의자의 출석요구】 검사 또는 사법경찰관은 수사에 필요한 때에는 피의자의 출석을 요구하여 진술을 들을 수 있다.

제19조 【출석요구】 ① 검사 또는 사법경찰관은 피의자에게 출석요구를 할 때에는 다음 각 호의 사항을 유의해야 한다.
1. 출석요구를 하기 전에 우편·전자우편·전화를 통한 진술 등 출석을 대체할 수 있는 방법의 선택 가능성을 고려할 것
2. 출석요구의 방법, 출석의 일시·장소 등을 정할 때에는 피의자의 명예 또는 사생활의 비밀이 침해되지 않도록 주의할 것
3. 출석요구를 할 때에는 피의자의 생업에 지장을 주지 않도록 충분한 시간적 여유를 두도록 하고, 피의자가 출석 일시의 연기를 요청하는 경우 특별한 사정이 없으면 출석 일시를 조정할 것
4. 불필요하게 여러 차례 출석요구를 하지 않을 것

② 검사 또는 사법경찰관은 피의자에게 출석요구를 하려는 경우 피의자와 조사의 일시·장소에 관하여 협의해야 한다. 이 경우 변호인이 있는 경우에는 변호인과도 협의해야 한다.
③ 검사 또는 사법경찰관은 피의자에게 출석요구를 하려는 경우 피의사실의 요지 등 출석요구의 취지를 구체적으로 적은 출석요구서를 발송해야 한다. 다만, 신속한 출석요구가 필요한 경우 등 부득이한 사정이 있는 경우에는 전화, 문자메시지, 그 밖의 상당한 방법으로 출석요구를 할 수 있다.
④ 검사 또는 사법경찰관은 제3항 본문에 따른 방법으로 출석요구를 했을 때에는 출석요구서의 사본을, 같은 항 단서에 따른 방법으로 출석요구를 했을 때에는 그 취지를 적은 수사보고서를 각각 사건기록에 편철한다.
⑤ 검사 또는 사법경찰관은 피의자가 치료 등 수사관서에 출석하여 조사를 받는 것이 현저히 곤란한 사정이 있는 경우에는 수사관서 외의 장소에서 조사할 수 있다.
⑥ 제1항부터 제5항까지의 규정은 피의자 외의 사람에 대한 출석요구의 경우에도 적용한다.

제20조 【수사상 임의동행 시의 고지】 검사 또는 사법경찰관은 임의동행을 요구하는 경우 상대방에게 동행을 거부할 수 있다는 것과 동행하는 경우에도 언제든지 자유롭게 동행 과정에서 이탈하거나 동행 장소에서 퇴거할 수 있다는 것을 알려야 한다.

제200조의2 【영장에 의한 체포】 ① 피의자가 죄를 범하였다고 의심할 만한 상당한 이유가 있고, 정당한 이유없이 제200조의 규정에 의한 출석요구에 응하지 아니하거나 응하지 아니할 우려가 있는 때에는 검사는 관할 지방법원판사에게 청구하여 체포영장을 발부받아 피의자를 체포할 수 있고, 사법경찰관은 검사에게 신청하여 검사의 청구로 관할지방법원판사의 체포영장을 발부받아 피의자를 체포할 수 있다. 다만, 다액 50만원 이하의 벌금, 구류 또는 과료에 해당하는 사건에 관하여는 피의자가 일정한 주거가 없는 경우 또는 정당한 이유없이 제200조의 규정에 의한 출석요구에 응하지 아니한 경우에 한한다.
② 제1항의 청구를 받은 지방법원판사는 상당하다고 인정할 때에는 체포영장을 발부한다. 다만, 명백히 체포의 필요가 인정되지 아니하는 경우에는 그러하지 아니하다.
③ 제1항의 청구를 받은 지방법원판사가 체포영장을 발부하지 아니할 때에는 청구서에 그 취지 및 이유를 기재하고 서명날인하여 청구한 검사에게 교부한다.
④ 검사가 제1항의 청구를 함에 있어서 동일한 범죄사실에 관하여 그 피의자에 대하여 전에 체포영장을 청구하였거나 발부받은 사실이 있는 때에는 다시 체포영장을 청구하는 취지 및 이유를 기재하여야 한다.
⑤ 체포한 피의자를 구속하고자 할 때에는 체포한 때부터 48

시간 이내에 제201조의 규정에 의하여 구속영장을 청구하여야 하고, 그 기간 내에 구속영장을 청구하지 아니하는 때에는 피의자를 즉시 석방하여야 한다.

> 제93조【영장청구의 방식】① 영장의 청구는 서면으로 하여야 한다.
> ② 체포영장 및 구속영장의 청구서에는 범죄사실의 요지를 따로 기재한 서면 1통(수통의 영장을 청구하는 때에는 그에 상응하는 통수)을 첨부하여야 한다.
>
> 제95조【체포영장청구서의 기재사항】체포영장의 청구서에는 다음 각 호의 사항을 기재하여야 한다.
> 1. 피의자의 성명(분명하지 아니한 때에는 인상, 체격, 그밖에 피의자를 특정할 수 있는 사항), 주민등록번호 등, 직업, 주거
> 2. 피의자에게 변호인이 있는 때에는 그 성명
> 3. 죄명 및 범죄사실의 요지
> 4. 7일을 넘는 유효기간을 필요로 하는 때에는 그 취지 및 사유
> 5. 여러 통의 영장을 청구하는 때에는 그 취지 및 사유
> 6. 인치구금할 장소
> 7. 법 제200조의2 제1항에 규정한 체포의 사유
> 8. 동일한 범죄사실에 관하여 그 피의자에 대하여 전에 체포영장을 청구하였거나 발부받은 사실이 있는 때에는 다시 체포영장을 청구하는 취지 및 이유
> 9. 현재 수사 중인 다른 범죄사실에 관하여 그 피의자에 대하여 발부된 유효한 체포영장이 있는 경우에는 그 취지 및 그 범죄사실
>
> 제96조【자료의 제출등】① 체포영장의 청구에는 체포의 사유 및 필요를 인정할 수 있는 자료를 제출하여야 한다.
> ③ 법 제214조의2 제1항에 규정한 자는 체포영장 또는 구속영장의 청구를 받은 판사에게 유리한 자료를 제출할 수 있다.
> ④ 판사는 영장청구서의 기재 사항에 흠결이 있는 경우에는 전화 기타 신속한 방법으로 영장을 청구한 검사에게 그 보정을 요구할 수 있다.
>
> 제99조【재체포・재구속영장의 청구】① 재체포영장의 청구서에는 재체포영장의 청구라는 취지와 법 제200조의2 제4항에 규정한 재체포의 이유 또는 법 제214조의3에 규정한 재체포의 사유를 기재하여야 한다.
> ③ 제95조, 제95조의2, 제96조, 제96조의2 및 제96조의4의 규정은 재체포 또는 재구속의 영장의 청구 및 그 심사에 이를 준용한다.
>
> 제96조의2【체포의 필요】체포영장의 청구를 받은 판사는 체포의 사유가 있다고 인정되는 경우에도 피의자의 연령과 경력, 가족관계나 교우관계, 범죄의 경중 및 태양 기타 제반 사정에 비추어 피의자가 도망할 염려가 없고 증거를 인멸할 염려가 없는 등 명백히 체포의 필요가 없다고 인정되는 때에는 체포영장의 청구를 기각하여야 한다.
>
> 제96조의3【인치・구금할 장소의 변경】검사는 체포영장을 발부받은 후 피의자를 체포하기 이전에 체포영장을 첨부하여 판사에게 인치・구금할 장소의 변경을 청구할 수 있다.
>
> 제96조의4【체포영장의 갱신】검사는 체포영장의 유효기간을 연장할 필요가 있다고 인정하는 때에는 그 사유를 소명하여 다시 체포영장을 청구하여야 한다.

제31조【체포・구속영장의 재청구・재신청】검사 또는 사법경찰관은 동일한 범죄사실로 다시 체포・구속영장을 청구하거나 신청하는 경우(체포・구속영장의 청구 또는 신청이 기각된 후 다시 체포・구속영장을 청구하거나 신청하는 경우와 이미 발부받은 체포・구속영장과 동일한 범죄사실로 다시 체포・구속영장을 청구하거나 신청하는 경우를 말한다)에는 그 취지를 체포・구속영장 청구서 또는 신청서에 적어야 한다.

제36조【피의자의 석방】① 검사 또는 사법경찰관은 법 제200조의2 제5항 또는 제200조의4 제2항에 따라 구속영장을 청구하거나 신청하지 않고(사법경찰관이 구속영장의 청구를 신청하였으나 검사가 그 신청을 기각한 경우를 포함한다) 체포 또는 긴급체포한 피의자를 석방하려는 때에는 다음 각 호의 구분에 따른 사항을 적은 피의자 석방서를 작성해야 한다.
1. 체포한 피의자를 석방하려는 때 : 체포 일시・장소, 체포 사유, 석방 일시・장소, 석방 사유 등
2. 긴급체포한 피의자를 석방하려는 때 : 법 제200조의4 제4항 각 호의 사항
② 사법경찰관은 제1항에 따라 피의자를 석방한 경우 다음 각 호의 구분에 따라 처리한다.
1. 체포한 피의자를 석방한 때 : 지체 없이 검사에게 석방사실을 통보하고, 그 통보서 사본을 사건기록에 편철한다.
2. 긴급체포한 피의자를 석방한 때 : 즉시 검사에게 석방 사실을 보고하고, 그 보고서 사본을 사건기록에 편철한다.

제200조의3【긴급체포】① 검사 또는 사법경찰관은 피의자가 사형・무기 또는 장기 3년 이상의 징역이나 금고에 해당하는 죄를 범하였다고 의심할 만한 상당한 이유가 있고, 다음 각 호의 어느 하나에 해당하는 사유가 있는 경우에 긴급을 요하여 지방법원판사의 체포영장을 받을 수 없는 때에는 그 사유를 알리고 영장없이 피의자를 체포할 수 있다. 이 경우 긴급을 요한다 함은 피의자를 우연히 발견한 경우 등과 같이 체포영장을 받을 시간적 여유가 없는 때를 말한다.
1. 피의자가 증거를 인멸할 염려가 있는 때
2. 피의자가 도망하거나 도망할 우려가 있는 때
② 사법경찰관이 제1항의 규정에 의하여 피의자를 체포한 경우에는 즉시 검사의 승인을 얻어야 한다.
③ 검사 또는 사법경찰관은 제1항의 규정에 의하여 피의자를 체포한 경우에는 즉시 긴급체포서를 작성하여야 한다.
④ 제3항의 규정에 의한 긴급체포서에는 범죄사실의 요지, 긴급체포의 사유등을 기재하여야 한다.

제27조【긴급체포】① 사법경찰관은 법 제200조의3 제2항에 따라 긴급체포 후 12시간 내에 검사에게 긴급체포의 승인을 요청해야 한다. 다만, 다음 각 호의 어느 하나에 해당하는 경우에는 긴급체포 후 24시간 이내에 긴급체포의 승인을 요청해야 한다.
  1. 제51조 제1항 제4호 가목에 따른 피의자중지 또는 제52조 제1항 제3호에 따른 기소중지 결정이 된 피의자를 소속 경찰관서가 위치하는 특별시·광역시·특별자치시·도 또는 특별자치도 외의 지역에서 긴급체포한 경우
  2. 「해양경비법」 제2조 제2호에 따른 경비수역에서 긴급체포한 경우
② 제1항에 따라 긴급체포의 승인을 요청할 때에는 범죄사실의 요지, 긴급체포의 일시·장소, 긴급체포의 사유, 체포를 계속해야 하는 사유 등을 적은 긴급체포 승인요청서로 요청해야 한다. 다만, 긴급한 경우에는 「형사사법절차 전자화 촉진법」 제2조 제4호에 따른 형사사법정보시스템(이하 "형사사법정보시스템"이라 한다) 또는 팩스를 이용하여 긴급체포의 승인을 요청할 수 있다.
③ 검사는 사법경찰관의 긴급체포 승인 요청이 이유 있다고 인정하는 경우에는 지체 없이 긴급체포 승인서를 사법경찰관에게 송부해야 한다.
④ 검사는 사법경찰관의 긴급체포 승인 요청이 이유 없다고 인정하는 경우에는 지체 없이 사법경찰관에게 불승인 통보를 해야 한다. 이 경우 사법경찰관은 긴급체포된 피의자를 즉시 석방하고 그 석방 일시와 사유 등을 검사에게 통보해야 한다.

제200조의4【긴급체포와 영장청구기간】① 검사 또는 사법경찰관이 제200조의3의 규정에 의하여 피의자를 체포한 경우 피의자를 구속하고자 할 때에는 지체 없이 검사는 관할지방법원판사에게 구속영장을 청구하여야 하고, 사법경찰관은 검사에게 신청하여 검사의 청구로 관할지방법원판사에게 구속영장을 청구하여야 한다. 이 경우 구속영장은 피의자를 체포한 때부터 48시간 이내에 청구하여야 하며, 제200조의3 제3항에 따른 긴급체포서를 첨부하여야 한다.
② 제1항의 규정에 의하여 구속영장을 청구하지 아니하거나 발부받지 못한 때에는 피의자를 즉시 석방하여야 한다.
③ 제2항의 규정에 의하여 석방된 자는 영장 없이는 동일한 범죄사실에 관하여 체포하지 못한다.
④ 검사는 제1항에 따른 구속영장을 청구하지 아니하고 피의자를 석방한 경우에는 석방한 날부터 30일 이내에 서면으로 다음 각 호의 사항을 법원에 통지하여야 한다. 이 경우 긴급체포서의 사본을 첨부하여야 한다.
  1. 긴급체포 후 석방된 자의 인적사항
  2. 긴급체포의 일시·장소와 긴급체포하게 된 구체적 이유
  3. 석방의 일시·장소 및 사유
  4. 긴급체포 및 석방한 검사 또는 사법경찰관의 성명

⑤ 긴급체포 후 석방된 자 또는 그 변호인·법정대리인·배우자·직계친족·형제자매는 통지서 및 관련 서류를 열람하거나 등사할 수 있다.
⑥ 사법경찰관은 긴급체포한 피의자에 대하여 구속영장을 신청하지 아니하고 석방한 경우에는 즉시 검사에게 보고하여야 한다.

제100조【준용규정】② 체포영장에 의하여 체포되었거나 현행범으로 체포된 피의자에 대하여 구속영장청구가 기각된 경우에는 법 제200조의4 제2항의 규정을 준용한다.

제36조【피의자의 석방】① 검사 또는 사법경찰관은 법 제200조의2 제5항 또는 제200조의4 제2항에 따라 구속영장을 청구하거나 신청하지 않고(사법경찰관이 구속영장의 청구를 신청하였으나 검사가 그 신청을 기각한 경우를 포함한다) 체포 또는 긴급체포한 피의자를 석방하려는 때에는 다음 각 호의 구분에 따른 사항을 적은 피의자 석방서를 작성해야 한다.
  1. 체포한 피의자를 석방하려는 때 : 체포 일시·장소, 체포 사유, 석방 일시·장소, 석방 사유 등
  2. 긴급체포한 피의자를 석방하려는 때 : 법 제200조의4 제4항 각 호의 사항
② 사법경찰관은 제1항에 따라 피의자를 석방한 경우 다음 각 호의 구분에 따라 처리한다.
  1. 체포한 피의자를 석방한 때 : 지체 없이 검사에게 석방사실을 통보하고, 그 통보서 사본을 사건기록에 편철한다.
  2. 긴급체포한 피의자를 석방한 때 : 즉시 검사에게 석방 사실을 보고하고, 그 보고서 사본을 사건기록에 편철한다.

제200조의5【체포와 피의사실 등의 고지】검사 또는 사법경찰관은 피의자를 체포하는 경우에는 피의사실의 요지, 체포의 이유와 변호인을 선임할 수 있음을 말하고 변명할 기회를 주어야 한다.

제32조【체포·구속영장 집행 시의 권리 고지】① 검사 또는 사법경찰관은 피의자를 체포하거나 구속할 때에는 법 제200조의5(법 제209조에서 준용하는 경우를 포함한다)에 따라 피의자에게 피의사실의 요지, 체포·구속의 이유와 변호인을 선임할 수 있음을 말하고, 변명할 기회를 주어야 하며, 진술거부권을 알려주어야 한다.
② 제1항에 따라 피의자에게 알려주어야 하는 진술거부권의 내용은 법 제244조의3 제1항 제1호부터 제3호까지의 사항으로 한다.
③ 검사와 사법경찰관이 제1항에 따라 피의자에게 그 권리를 알려준 경우에는 피의자로부터 권리 고지 확인서를 받아 사건기록에 편철한다.

제200조의6【준용규정】제75조, 제81조 제1항 본문 및 제3항, 제82조, 제83조, 제85조 제1항·제3항 및 제4항, 제86조, 제87조, 제89조부터 제91조까지, 제93조, 제101조 제4항 및

제102조 제2항 단서의 규정은 검사 또는 사법경찰관이 피의자를 체포하는 경우에 이를 준용한다. 이 경우 "구속"은 이를 "체포"로, "구속영장"은 이를 "체포영장"으로 본다.

제32조의2【체포·구속영장 사본의 교부】 ① 검사 또는 사법경찰관은 영장에 따라 피의자를 체포하거나 구속하는 경우에는 법 제200조의6 또는 제209조에서 준용하는 법 제85조 제1항 또는 제4항에 따라 피의자에게 반드시 영장을 제시하고 그 사본을 교부해야 한다.
② 검사 또는 사법경찰관은 제1항에 따라 피의자에게 영장을 제시하거나 영장의 사본을 교부할 때에는 사건관계인의 개인정보가 피의자의 방어권 보장을 위해 필요한 정도를 넘어 불필요하게 노출되지 않도록 유의해야 한다.
③ 검사 또는 사법경찰관은 제1항에 따라 피의자에게 영장의 사본을 교부한 경우에는 피의자로부터 영장 사본 교부 확인서를 받아 사건기록에 편철한다.
④ 피의자가 영장의 사본을 수령하기를 거부하거나 영장 사본 교부 확인서에 기명날인 또는 서명하는 것을 거부하는 경우에는 검사 또는 사법경찰관이 영장 사본 교부 확인서 끝 부분에 그 사유를 적고 기명날인 또는 서명해야 한다.

제33조【체포·구속 등의 통지】 ① 검사 또는 사법경찰관은 피의자를 체포하거나 구속하였을 때에는 법 제200조의6 또는 제209조에서 준용하는 법 제87조에 따라 변호인이 있으면 변호인에게, 변호인이 없으면 법 제30조 제2항에 따른 사람 중 피의자가 지정한 사람에게 24시간 이내에 서면으로 사건명, 체포·구속의 일시·장소, 범죄사실의 요지, 체포·구속의 이유와 변호인을 선임할 수 있음을 통지해야 한다.
② 검사 또는 사법경찰관은 제1항에 따른 통지를 하였을 때에는 그 통지서 사본을 사건기록에 편철한다. 다만, 변호인 및 법 제30조 제2항에 따른 사람이 없어서 체포·구속의 통지를 할 수 없을 때에는 그 취지를 수사보고서에 적어 사건기록에 편철한다.
③ 제1항 및 제2항은 법 제214조의2 제2항에 따라 검사 또는 사법경찰관이 같은 조 제1항에 따른 자 중에서 피의자가 지정한 자에게 체포 또는 구속의 적부심사를 청구할 수 있음을 통지하는 경우에도 준용한다.

제201조【구속】① 피의자가 죄를 범하였다고 의심할 만한 상당한 이유가 있고 제70조 제1항 각 호의 1에 해당하는 사유가 있을 때에는 검사는 관할지방법원판사에게 청구하여 구속영장을 받아 피의자를 구속할 수 있고 사법경찰관은 검사에게 신청하여 검사의 청구로 관할지방법원판사의 구속영장을 받아 피의자를 구속할 수 있다. 다만, 다액 50만원 이하의 벌금, 구류 또는 과료에 해당하는 범죄에 관하여는 피의자가 일정한 주거가 없는 경우에 한한다.
② 구속영장의 청구에는 구속의 필요를 인정할 수 있는 자료를 제출하여야 한다.
③ 제1항의 청구를 받은 지방법원판사는 신속히 구속영장의 발부여부를 결정하여야 한다.
④ 제1항의 청구를 받은 지방법원판사는 상당하다고 인정할 때에는 구속영장을 발부한다. 이를 발부하지 아니할 때에는 청구서에 그 취지 및 이유를 기재하고 서명날인하여 청구한 검사에게 교부한다.
⑤ 검사가 제1항의 청구를 함에 있어서 동일한 범죄사실에 관하여 그 피의자에 대하여 전에 구속영장을 청구하거나 발부받은 사실이 있을 때에는 다시 구속영장을 청구하는 취지 및 이유를 기재하여야 한다.

제93조【영장청구의 방식】 ① 영장의 청구는 서면으로 하여야 한다.
② 체포영장 및 구속영장의 청구서에는 범죄사실의 요지를 따로 기재한 서면 1통(수통의 영장을 청구하는 때에는 그에 상응하는 통수)을 첨부하여야 한다.

제95조【체포영장청구서의 기재사항】 체포영장의 청구서에는 다음 각 호의 사항을 기재하여야 한다.
1. 피의자의 성명(분명하지 아니한 때에는 인상, 체격, 그밖에 피의자를 특정할 수 있는 사항), 주민등록번호 등, 직업, 주거
2. 피의자에게 변호인이 있는 때에는 그 성명
3. 죄명 및 범죄사실의 요지
4. 7일을 넘는 유효기간을 필요로 하는 때에는 그 취지 및 사유
5. 여러 통의 영장을 청구하는 때에는 그 취지 및 사유
6. 인치구금할 장소

제95조의2【구속영장청구서의 기재사항】 구속영장의 청구서에는 다음 각 호의 사항을 기재하여야 한다.
1. 제95조 제1호부터 제6호까지 규정한 사항
2. 법 제70조 제1항 각 호에 규정한 구속의 사유
3. 피의자의 체포여부 및 체포된 경우에는 그 형식
4. 법 제200조의6, 법 제87조에 의하여 피의자가 지정한 사람에게 체포이유 등을 알린 경우에는 그 사람의 성명과 연락처

제96조【자료의 제출등】 ② 체포영장에 의하여 체포된 자 또는 현행범인으로 체포된 자에 대하여 구속영장을 청구하는 경우에는 법 제201조 제2항에 규정한 자료외에 다음 각호의 자료를 제출하여야 한다.
1. 피의자가 체포영장에 의하여 체포된 자인 때에는 체포영장
2. 피의자가 현행범인으로 체포된 자인 때에는 그 취지와 체포의 일시 및 장소가 기재된 서류
③ 법 제214조의2 제1항에 규정한 자는 체포영장 또는 구속영장의 청구를 받은 판사에게 유리한 자료를 제출할 수 있다.
④ 판사는 영장청구서의 기재 사항에 흠결이 있는 경우에는

전화 기타 신속한 방법으로 영장을 청구한 검사에게 그 보정을 요구할 수 있다.

제29조【구속영장의 청구·신청】 ① 검사 또는 사법경찰관은 구속영장을 청구하거나 신청하는 경우 법 제209조에서 준용하는 법 제70조 제2항의 필요적 고려사항이 있을 때에는 구속영장 청구서 또는 신청서에 그 내용을 적어야 한다.
② 검사 또는 사법경찰관은 체포한 피의자에 대해 구속영장을 청구하거나 신청할 때에는 구속영장 청구서 또는 신청서에 체포영장, 긴급체포서, 현행범인 체포서 또는 현행범인 인수서를 첨부해야 한다.

제31조【체포·구속영장의 재청구·재신청】 검사 또는 사법경찰관은 동일한 범죄사실로 다시 체포·구속영장을 청구하거나 신청하는 경우(체포·구속영장의 청구 또는 신청이 기각된 후 다시 체포·구속영장을 청구하거나 신청하는 경우와 이미 발부받은 체포·구속영장과 동일한 범죄사실로 다시 체포·구속영장을 청구하거나 신청하는 경우를 말한다)에는 그 취지를 체포·구속영장 청구서 또는 신청서에 적어야 한다.

제201조의2【구속영장 청구와 피의자 심문】 ① 제200조의2·제200조의3 또는 제212조에 따라 체포된 피의자에 대하여 구속영장을 청구받은 판사는 지체 없이 피의자를 심문하여야 한다. 이 경우 특별한 사정이 없는 한 구속영장이 청구된 날의 다음날까지 심문하여야 한다.
② 제1항 외의 피의자에 대하여 구속영장을 청구받은 판사는 피의자가 죄를 범하였다고 의심할 만한 이유가 있는 경우에 구인을 위한 구속영장을 발부하여 피의자를 구인한 후 심문하여야 한다. 다만, 피의자가 도망하는 등의 사유로 심문할 수 없는 경우에는 그러하지 아니하다.
③ 판사는 제1항의 경우에는 즉시, 제2항의 경우에는 피의자를 인치한 후 즉시 검사, 피의자 및 변호인에게 심문기일과 장소를 통지하여야 한다. 이 경우 검사는 피의자가 체포되어 있는 때에는 심문기일에 피의자를 출석시켜야 한다.
④ 검사와 변호인은 제3항에 따른 심문기일에 출석하여 의견을 진술할 수 있다.
⑤ 판사는 제1항 또는 제2항에 따라 심문하는 때에는 공범의 분리심문이나 그 밖에 수사상의 비밀보호를 위하여 필요한 조치를 하여야 한다.
⑥ 제1항 또는 제2항에 따라 피의자를 심문하는 경우 법원사무관등은 심문의 요지 등을 조서로 작성하여야 한다.
⑦ 피의자심문을 하는 경우 법원이 구속영장청구서·수사 관계 서류 및 증거물을 접수한 날부터 구속영장을 발부하여 검찰청에 반환한 날까지의 기간은 제202조 및 제203조의 적용에 있어서 그 구속기간에 이를 산입하지 아니한다.
⑧ 심문할 피의자에게 변호인이 없는 때에는 지방법원판사는 직권으로 변호인을 선정하여야 한다. 이 경우 변호인의 선정은 피의자에 대한 구속영장 청구가 기각되어 효력이 소멸한 경우를 제외하고는 제1심까지 효력이 있다.
⑨ 법원은 변호인의 사정이나 그 밖의 사유로 변호인 선정결정이 취소되어 변호인이 없게 된 때에는 직권으로 변호인을 다시 선정할 수 있다.
⑩ 제71조, 제71조의2, 제75조, 제81조부터 제83조까지, 제85조 제1항·제3항·제4항, 제86조, 제87조 제1항, 제89조부터 제91조까지 및 제200조의5는 제2항에 따라 구인을 하는 경우에 준용하고, 제48조, 제51조, 제53조, 제56조의2 및 제276조의2는 피의자에 대한 심문의 경우에 준용한다.

제16조【공소가 제기되기 전의 국선변호인 선정】 ① 법 제201조의2에 따라 심문할 피의자에게 변호인이 없거나 법 제214조의2에 따라 체포 또는 구속의 적부심사가 청구된 피의자에게 변호인이 없는 때에는 법원 또는 지방법원판사는 지체없이 국선변호인을 선정하고, 피의자와 변호인에게 그 뜻을 고지하여야 한다.
② 제1항의 경우 국선변호인에게 피의사실의 요지 및 피의자의 연락처 등을 함께 고지할 수 있다.
③ 제1항의 고지는 서면 이외에 구술·전화·모사전송·전자우편·휴대전화 문자전송 그밖에 적당한 방법으로 할 수 있다.
④ 구속영장이 청구된 후 또는 체포·구속의 적부심사를 청구한 후에 변호인이 없게 된 때에도 제1항 및 제2항의 규정을 준용한다.

제96조의5【영장전담법관의 지정】 지방법원 또는 지원의 장은 구속영장청구에 대한 심사를 위한 전담법관을 지정할 수 있다.

제96조의11【구인 피의자의 유치등】 ① 구인을 위한 구속영장의 집행을 받아 인치된 피의자를 법원에 유치한 경우에 법원사무관 등은 피의자의 도망을 방지하기 위한 적절한 조치를 취하여야 한다.
② 제1항의 피의자를 법원 외의 장소에 유치하는 경우에 판사는 구인을 위한 구속영장에 유치할 장소를 기재하고 서명·날인하여 이를 교부하여야 한다.

제96조의12【심문기일의 지정, 통지】 ① 삭제 〈2007.10.29〉
② 체포된 피의자 외의 피의자에 대한 심문기일은 관계인에 대한 심문기일의 통지 및 그 출석에 소요되는 시간 등을 고려하여 피의자가 법원에 인치된 때로부터 가능한 한 빠른 일시로 지정하여야 한다.
③ 심문기일의 통지는 서면 이외에 구술·전화·모사전송·전자우편·휴대전화 문자전송 그밖에 적당한 방법으로 신속하게 하여야 한다. 이 경우 통지의 증명은 그 취지를 심문조서에 기재함으로써 할 수 있다.

제96조의13【피의자의 심문절차】 ① 판사는 피의자가 심문기일에의 출석을 거부하거나 질병 그 밖의 사유로 출석이 현저하게 곤란하고, 피의자를 심문 법정에 인치할 수 없다고 인정

되는 때에는 피의자의 출석 없이 심문절차를 진행할 수 있다.
② 검사는 피의자가 심문기일에의 출석을 거부하는 때에는 판사에게 그 취지 및 사유를 기재한 서면을 작성 제출하여야 한다.
③ 제1항의 규정에 의하여 심문절차를 진행할 경우에는 출석한 검사 및 변호인의 의견을 듣고, 수사기록 그 밖에 적당하다고 인정하는 방법으로 구속사유의 유무를 조사할 수 있다.

제96조의14 【심문의 비공개】 피의자에 대한 심문절차는 공개하지 아니한다. 다만, 판사는 상당하다고 인정하는 경우에는 피의자의 친족, 피해자 등 이해관계인의 방청을 허가할 수 있다.

제96조의15 【심문장소】 피의자의 심문은 법원청사 내에서 하여야 한다. 다만, 피의자가 출석을 거부하거나 질병 기타 부득이한 사유로 법원에 출석할 수 없는 때에는 경찰서, 구치소 기타 적당한 장소에서 심문할 수 있다.

제96조의16 【심문기일의 절차】 ① 판사는 피의자에게 구속영장청구서에 기재된 범죄사실의 요지를 고지하고, 피의자에게 일체의 진술을 하지 아니하거나 개개의 질문에 대하여 진술을 거부할 수 있으며, 이익 되는 사실을 진술할 수 있음을 알려주어야 한다.
② 판사는 구속 여부를 판단하기 위하여 필요한 사항에 관하여 신속하고 간결하게 심문하여야 한다. 증거인멸 또는 도망의 염려를 판단하기 위하여 필요한 때에는 피의자의 경력, 가족관계나 교우관계 등 개인적인 사항에 관하여 심문할 수 있다.
③ 검사와 변호인은 판사의 심문이 끝난 후에 의견을 진술할 수 있다. 다만, 필요한 경우에는 심문 도중에도 판사의 허가를 얻어 의견을 진술할 수 있다.
④ 피의자는 판사의 심문 도중에도 변호인에게 조력을 구할 수 있다.
⑤ 판사는 구속 여부의 판단을 위하여 필요하다고 인정하는 때에는 심문장소에 출석한 피해자 그 밖의 제3자를 심문할 수 있다.
⑥ 구속영장이 청구된 피의자의 법정대리인, 배우자, 직계친족, 형제자매나 가족, 동거인 또는 고용주는 판사의 허가를 얻어 사건에 관한 의견을 진술할 수 있다.
⑦ 판사는 심문을 위하여 필요하다고 인정하는 경우에는 호송경찰관 기타의 자를 퇴실하게 하고 심문을 진행할 수 있다.

제96조의18 【처리시각의 기재】 구속영장을 청구받은 판사가 피의자심문을 한 경우 법원사무관 등은 구속영장에 구속영장청구서·수사관계서류 및 증거물을 접수한 시각과 이를 반환한 시각을 기재하여야 한다. 다만, 체포된 피의자 외의 피의자에 대하여는 그 반환 시각을 기재한다.

제96조의20 【변호인의 접견 등】 ① 변호인은 구속영장이 청구된 피의자에 대한 심문 시작 전에 피의자와 접견할 수 있다.
② 지방법원판사는 심문할 피의자의 수, 사건의 성격 등을 고려하여 변호인과 피의자의 접견시간을 정할 수 있다.
③ 지방법원판사는 검사 또는 사법경찰관에게 제1항의 접견에 필요한 조치를 요구할 수 있다.

제96조의21 【구속영장청구서 및 소명자료의 열람】 ① 피의자 심문에 참여할 변호인은 지방법원판사에게 제출된 구속영장청구서 및 그에 첨부된 고소·고발장, 피의자의 진술을 기재한 서류와 피의자가 제출한 서류를 열람할 수 있다.
② 검사는 증거인멸 또는 피의자나 공범 관계에 있는 자가 도망할 염려가 있는 등 수사에 방해가 될 염려가 있는 때에는 지방법원 판사에게 제1항에 규정된 서류(구속영장청구서는 제외한다)의 열람 제한에 관한 의견을 제출할 수 있고, 지방법원판사는 검사의 의견이 상당하다고 인정하는 때에는 그 전부 또는 일부의 열람을 제한할 수 있다.
③ 지방법원판사는 제1항의 열람에 관하여 그 일시, 장소를 지정할 수 있다.

제96조의22 【심문기일의 변경】 판사는 지정된 심문기일에 피의자를 심문할 수 없는 특별한 사정이 있는 경우에는 그 심문기일을 변경할 수 있다.

제30조 【구속 전 피의자 심문】 사법경찰관은 법 제201조의2 제3항 및 같은 조 제10항에서 준용하는 법 제81조 제1항에 따라 판사가 통지한 피의자 심문 기일과 장소에 체포된 피의자를 출석시켜야 한다.

제202조 【사법경찰관의 구속기간】 사법경찰관이 피의자를 구속한 때에는 10일 이내에 피의자를 검사에게 인치하지 아니하면 석방하여야 한다.

제203조 【검사의 구속기간】 검사가 피의자를 구속한 때 또는 사법경찰관으로부터 피의자의 인치를 받은 때에는 10일 이내에 공소를 제기하지 아니하면 석방하여야 한다.

제203조의2 【구속기간에의 산입】 피의자가 제200조의2·제200조의3·제201조의2 제2항 또는 제212조의 규정에 의하여 체포 또는 구인된 경우에는 제202조 또는 제203조의 구속기간은 피의자를 체포 또는 구인한 날부터 기산한다.

제204조 【영장발부와 법원에 대한 통지】 체포영장 또는 구속영장의 발부를 받은 후 피의자를 체포 또는 구속하지 아니하거나 체포 또는 구속한 피의자를 석방한 때에는 지체없이 검사는 영장을 발부한 법원에 그 사유를 서면으로 통지하여야 한다.

제96조의19 【영장발부와 통지】 ① 법 제204조의 규정에 의한 통지는 다음 각호의 1에 해당하는 사유가 발생한 경우에 이를 하여야 한다.
1. 피의자를 체포 또는 구속하지 아니하거나 못한 경우
2. 체포 후 구속영장 청구기간이 만료하거나 구속 후 구속기간이 만료하여 피의자를 석방한 경우
3. 체포 또는 구속의 취소로 피의자를 석방한 경우

4. 체포된 국회의원에 대하여 헌법 제44조의 규정에 의한 석방요구가 있어 체포영장의 집행이 정지된 경우
5. 구속집행정지의 경우
② 제1항의 통지서에는 다음 각호의 사항을 기재하여야 한다.
1. 피의자의 성명
2. 제1항 각호의 사유 및 제1항 제2호 내지 제5호에 해당하는 경우에는 그 사유 발생일
3. 영장 발부 연월일 및 영장번호
③ 제1항 제1호에 해당하는 경우에는 체포영장 또는 구속영장의 원본을 첨부하여야 한다.

제35조【체포·구속영장의 반환】① 검사 또는 사법경찰관은 체포·구속영장의 유효기간 내에 영장의 집행에 착수하지 못했거나, 그 밖의 사유로 영장의 집행이 불가능하거나 불필요하게 되었을 때에는 즉시 해당 영장을 법원에 반환해야 한다. 이 경우 체포·구속영장이 여러 통 발부된 경우에는 모두 반환해야 한다.
② 검사 또는 사법경찰관은 제1항에 따라 체포·구속영장을 반환하는 경우에는 반환사유 등을 적은 영장반환서에 해당 영장을 첨부하여 반환하고, 그 사본을 사건기록에 편철한다.
③ 제1항에 따라 사법경찰관이 체포·구속영장을 반환하는 경우에는 그 영장을 청구한 검사에게 반환하고, 검사는 사법경찰관이 반환한 영장을 법원에 반환한다.

제205조【구속기간의 연장】① 지방법원판사는 검사의 신청에 의하여 수사를 계속함에 상당한 이유가 있다고 인정한 때에는 10일을 초과하지 아니하는 한도에서 제203조의 구속기간의 연장을 1차에 한하여 허가할 수 있다.
② 전항의 신청에는 구속기간의 연장의 필요를 인정할 수 있는 자료를 제출하여야 한다.

제97조【구속기간연장의 신청】① 구속기간연장의 신청은 서면으로 하여야 한다.
② 제1항의 서면에는 수사를 계속하여야 할 상당한 이유와 연장을 구하는 기간을 기재하여야 한다.

제98조【구속기간연장기간의 계산】구속기간연장허가결정이 있은 경우에 그 연장기간은 법 제203조의 규정에 의한 구속기간 만료 다음날로부터 기산한다.

제206조 삭제〈1995.12.29.〉

제207조 삭제〈1995.12.29.〉

제208조【재구속의 제한】① 검사 또는 사법경찰관에 의하여 구속되었다가 석방된 자는 다른 중요한 증거를 발견한 경우를 제외하고는 동일한 범죄사실에 관하여 재차 구속하지 못한다.
② 전항의 경우에는 1개의 목적을 위하여 동시 또는 수단결과의 관계에서 행하여진 행위는 동일한 범죄사실로 간주한다.

제99조【재체포·재구속영장의 청구】② 재구속영장의 청구서에는 재구속영장의 청구라는 취지와 법 제208조 제1항 또는 법 제214조의3에 규정한 재구속의 사유를 기재하여야 한다.
③ 제95조, 제95조의2, 제96조, 제96조의2 및 제96조의4의 규정은 재체포 또는 재구속의 영장의 청구 및 그 심사에 이를 준용한다.

제209조【준용규정】제70조 제2항, 제71조, 제75조, 제81조 제1항 본문·제3항, 제82조, 제83조, 제85조부터 제87조까지, 제89조부터 제91조까지, 제93조, 제101조 제1항, 제102조 제2항 본문(보석의 취소에 관한 부분은 제외한다) 및 제200조의5는 검사 또는 사법경찰관의 피의자 구속에 관하여 준용한다.

제46조【구속영장의 기재사항】구속영장에는 법 제75조에 규정한 사항외에 피고인의 주민등록번호(외국인인 경우에는 외국인등록번호, 위 번호들이 없거나 이를 알 수 없는 경우에는 생년월일 및 성별, 다음부터 '주민등록번호 등'이라 한다)·직업 및 법 제70조 제1항 각호에 규정한 구속의 사유를 기재하여야 한다.

제49조【구속영장집행후의 조치】① 구속영장집행사무를 담당한 자가 구속영장을 집행한 때에는 구속영장에 집행일시와 장소를, 집행할 수 없었을 때에는 그 사유를 각 기재하고 기명·날인하여야 한다.

제51조【구속의 통지】① 피고인을 구속한 때에 그 변호인이나 법 제30조 제2항에 규정한 자가 없는 경우에는 피고인이 지정하는 자 1인에게 법 제87조 제1항에 규정한 사항을 통지하여야 한다.
② 구속의 통지는 구속을 한 때로부터 늦어도 24시간 이내에 서면으로 하여야 한다. 제1항에 규정한 자가 없어 통지를 하지 못한 경우에는 그 취지를 기재한 서면을 기록에 철하여야 한다.
③ 급속을 요하는 경우에는 구속되었다는 취지 및 구속의 일시·장소를 전화 또는 모사전송기 기타 상당한 방법에 의하여 통지할 수 있다. 다만, 이 경우에도 구속통지는 다시 서면으로 하여야 한다.

제100조【준용규정】① 제46조, 제49조 제1항 및 제51조의 규정은 검사 또는 사법경찰관의 피의자 체포 또는 구속에 이를 준용한다. 다만, 체포영장에는 법 제200조의2 제1항에서 규정한 체포의 사유를 기재하여야 한다.
② 체포영장에 의하여 체포되었거나 현행범으로 체포된 피의자에 대하여 구속영장청구가 기각된 경우에는 법 제200조의4 제2항의 규정을 준용한다.
③ 제96조의3의 규정은 구속영장의 인치·구금할 장소의 변경 청구에 준용한다.

제32조【체포·구속영장 집행 시의 권리 고지】① 검사 또는 사법경찰관은 피의자를 체포하거나 구속할 때에는 법 제200조의5(법 제209조에서 준용하는 경우를 포함한다)에 따라 피의자에게 피의사실의 요지, 체포·구속의 이유와 변호인을 선임할 수 있음을 말하고, 변명할 기회를 주어야 하며, 진술거부권을 알려주어야 한다.
② 제1항에 따라 피의자에게 알려주어야 하는 진술거부권의 내용은 법 제244조의3 제1항 제1호부터 제3호까지의 사항으로 한다.
③ 검사와 사법경찰관이 제1항에 따라 피의자에게 그 권리를 알려준 경우에는 피의자로부터 권리 고지 확인서를 받아 사건기록에 편철한다.

제32조의2【체포·구속영장 사본의 교부】① 검사 또는 사법경찰관은 영장에 따라 피의자를 체포하거나 구속하는 경우에는 법 제200조의6 또는 제209조에서 준용하는 법 제85조 제1항 또는 제4항에 따라 피의자에게 반드시 영장을 제시하고 그 사본을 교부해야 한다.
② 검사 또는 사법경찰관은 제1항에 따라 피의자에게 영장을 제시하거나 영장의 사본을 교부할 때에는 사건관계인의 개인정보가 피의자의 방어권 보장을 위해 필요한 정도를 넘어 불필요하게 노출되지 않도록 유의해야 한다.
③ 검사 또는 사법경찰관은 제1항에 따라 피의자에게 영장의 사본을 교부한 경우에는 피의자로부터 영장 사본 교부 확인서를 받아 사건기록에 편철한다.
④ 피의자가 영장의 사본을 수령하기를 거부하거나 영장 사본 교부 확인서에 기명날인 또는 서명하는 것을 거부하는 경우에는 검사 또는 사법경찰관이 영장 사본 교부 확인서 끝 부분에 그 사유를 적고 기명날인 또는 서명해야 한다.

제33조【체포·구속 등의 통지】① 검사 또는 사법경찰관은 피의자를 체포하거나 구속하였을 때에는 법 제200조의6 또는 제209조에서 준용하는 법 제87조에 따라 변호인이 있으면 변호인에게, 변호인이 없으면 법 제30조 제2항에 따른 사람 중 피의자가 지정한 사람에게 24시간 이내에 서면으로 사건명, 체포·구속의 일시·장소, 범죄사실의 요지, 체포·구속의 이유와 변호인을 선임할 수 있음을 통지해야 한다.
② 검사 또는 사법경찰관은 제1항에 따른 통지를 하였을 때에는 그 통지서 사본을 사건기록에 편철한다. 다만, 변호인 및 법 제30조 제2항에 따른 사람이 없어서 체포·구속의 통지를 할 수 없을 때에는 그 취지를 수사보고서에 적어 사건기록에 편철한다.
③ 제1항 및 제2항은 법 제214조의2 제2항에 따라 검사 또는 사법경찰관이 같은 조 제1항에 따른 자 중에서 피의자가 지정한 자에게 체포 또는 구속의 적부심사를 청구할 수 있음을 통지하는 경우에도 준용한다.

제210조【사법경찰관리의 관할구역 외의 수사】사법경찰관리가 관할구역 외에서 수사하거나 관할구역 외의 사법경찰관리의 촉탁을 받아 수사할 때에는 관할지방검찰청 검사장 또는 지청장에게 보고하여야 한다. 다만, 제200조의3, 제212조, 제214조, 제216조와 제217조의 규정에 의한 수사를 하는 경우에 긴급을 요할 때에는 사후에 보고할 수 있다.

제211조【현행범인과 준현행범인】① 범죄를 실행하고 있거나 실행하고 난 직후의 사람을 현행범인이라 한다.
② 다음 각 호의 어느 하나에 해당하는 사람은 현행범인으로 본다.
1. 범인으로 불리며 추적되고 있을 때
2. 장물이나 범죄에 사용되었다고 인정하기에 충분한 흉기나 그 밖의 물건을 소지하고 있을 때
3. 신체나 의복류에 증거가 될 만한 뚜렷한 흔적이 있을 때
4. 누구냐고 묻자 도망하려고 할 때

제212조【현행범인의 체포】현행범인은 누구든지 영장없이 체포할 수 있다.

제212조의2 삭제 〈1987.11.28.〉

제213조【체포된 현행범인의 인도】① 검사 또는 사법경찰관리 아닌 자가 현행범인을 체포한 때에는 즉시 검사 또는 사법경찰관리에게 인도하여야 한다.
② 사법경찰관리가 현행범인의 인도를 받은 때에는 체포자의 성명, 주거, 체포의 사유를 물어야 하고 필요한 때에는 체포자에 대하여 경찰관서에 동행함을 요구할 수 있다.

> 제28조【현행범인 조사 및 석방】① 검사 또는 사법경찰관은 법 제212조 또는 제213조에 따라 현행범인을 체포하거나 체포된 현행범인을 인수했을 때에는 조사가 현저히 곤란하다고 인정되는 경우가 아니면 지체 없이 조사해야 하며, 조사 결과 계속 구금할 필요가 없다고 인정할 때에는 현행범인을 즉시 석방해야 한다.
> ② 검사 또는 사법경찰관은 제1항에 따라 현행범인을 석방했을 때에는 석방 일시와 사유 등을 적은 피의자 석방서를 작성해 사건기록에 편철한다. 이 경우 사법경찰관은 석방 후 지체 없이 검사에게 석방 사실을 통보해야 한다.

제213조의2【준용규정】제87조, 제89조, 제90조, 제200조의2 제5항 및 제200조의5의 규정은 검사 또는 사법경찰관리가 현행범인을 체포하거나 현행범인을 인도받은 경우에 이를 준용한다.

제214조【경미사건과 현행범인의 체포】다액 50만원이하의 벌금, 구류 또는 과료에 해당하는 죄의 현행범인에 대하여는 범인의 주거가 분명하지 아니한 때에 한하여 제212조 내지 제213조의 규정을 적용한다.

제214조의2【체포와 구속의 적부심사】① 체포되거나 구속된 피의자 또는 그 변호인, 법정대리인, 배우자, 직계친족, 형제

자매나 가족, 동거인 또는 고용주는 관할법원에 체포 또는 구속의 적부심사(適否審査)를 청구할 수 있다.
② 피의자를 체포하거나 구속한 검사 또는 사법경찰관은 체포되거나 구속된 피의자와 제1항에 규정된 사람 중에서 피의자가 지정하는 사람에게 제1항에 따른 적부심사를 청구할 수 있음을 알려야 한다.
③ 법원은 제1항에 따른 청구가 다음 각 호의 어느 하나에 해당하는 때에는 제4항에 따른 심문 없이 결정으로 청구를 기각할 수 있다.
1. 청구권자 아닌 사람이 청구하거나 동일한 체포영장 또는 구속영장의 발부에 대하여 재청구한 때
2. 공범이나 공동피의자의 순차청구(順次請求)가 수사 방해를 목적으로 하고 있음이 명백한 때
④ 제1항의 청구를 받은 법원은 청구서가 접수된 때부터 48시간 이내에 체포되거나 구속된 피의자를 심문하고 수사 관계 서류와 증거물을 조사하여 그 청구가 이유 없다고 인정한 경우에는 결정으로 기각하고, 이유 있다고 인정한 경우에는 결정으로 체포되거나 구속된 피의자의 석방을 명하여야 한다. 심사 청구 후 피의자에 대하여 공소제기가 있는 경우에도 또한 같다.
⑤ 법원은 구속된 피의자(심사청구 후 공소제기된 사람을 포함한다)에 대하여 피의자의 출석을 보증할 만한 보증금의 납입을 조건으로 하여 결정으로 제4항의 석방을 명할 수 있다. 다만, 다음 각 호에 해당하는 경우에는 그러하지 아니하다.
1. 범죄의 증거를 인멸할 염려가 있다고 믿을 만한 충분한 이유가 있는 때
2. 피해자, 당해 사건의 재판에 필요한 사실을 알고 있다고 인정되는 사람 또는 그 친족의 생명·신체나 재산에 해를 가하거나 가할 염려가 있다고 믿을 만한 충분한 이유가 있는 때
⑥ 제5항의 석방 결정을 하는 경우에는 주거의 제한, 법원 또는 검사가 지정하는 일시·장소에 출석할 의무, 그 밖의 적당한 조건을 부가할 수 있다.
⑦ 제5항에 따라 보증금 납입을 조건으로 석방을 하는 경우에는 제99조와 제100조를 준용한다.
⑧ 제3항과 제4항의 결정에 대해서는 항고할 수 없다.
⑨ 검사·변호인·청구인은 제4항의 심문기일에 출석하여 의견을 진술할 수 있다.
⑩ 체포되거나 구속된 피의자에게 변호인이 없는 때에는 제33조를 준용한다.
⑪ 법원은 제4항의 심문을 하는 경우 공범의 분리심문이나 그 밖에 수사상의 비밀보호를 위한 적절한 조치를 하여야 한다.
⑫ 체포영장이나 구속영장을 발부한 법관은 제4항부터 제6항까지의 심문·조사·결정에 관여할 수 없다. 다만, 체포영장이나 구속영장을 발부한 법관 외에는 심문·조사·결정을 할 판사가 없는 경우에는 그러하지 아니하다.
⑬ 법원이 수사 관계 서류와 증거물을 접수한 때부터 결정 후 검찰청에 반환된 때까지의 기간은 제200조의2 제5항(제213조의2에 따라 준용되는 경우를 포함한다) 및 제200조의4 제1항을 적용할 때에는 그 제한기간에 산입하지 아니하고, 제202조·제203조 및 제205조를 적용할 때에는 그 구속기간에 산입하지 아니한다.
⑭ 제4항에 따라 피의자를 심문하는 경우에는 제201조의2 제6항을 준용한다.

제16조【공소가 제기되기 전의 국선변호인 선정】 ① 법 제201조의2에 따라 심문할 피의자에게 변호인이 없거나 법 제214조의2에 따라 체포 또는 구속의 적부심사가 청구된 피의자에게 변호인이 없는 때에는 법원 또는 지방법원판사는 지체없이 국선변호인을 선정하고, 피의자와 변호인에게 그 뜻을 고지하여야 한다.
② 제1항의 경우 국선변호인에게 피의사실의 요지 및 피의자의 연락처 등을 함께 고지할 수 있다.
③ 제1항의 고지는 서면 이외에 구술·전화·모사전송·전자우편·휴대전화 문자전송 그밖에 적당한 방법으로 할 수 있다.
④ 구속영장이 청구된 후 또는 체포·구속의 적부심사를 청구한 후에 변호인이 없게 된 때에도 제1항 및 제2항의 규정을 준용한다.

제102조【체포·구속적부심사청구서의 기재사항】 체포 또는 구속의 적부심사청구서에는 다음 사항을 기재하여야 한다.
1. 체포 또는 구속된 피의자의 성명, 주민등록번호 등, 주거
2. 체포 또는 구속된 일자
3. 청구의 취지 및 청구의 이유
4. 청구인의 성명 및 체포 또는 구속된 피의자와의 관계

제104조【심문기일의 통지 및 수사관계서류등의 제출】 ① 체포 또는 구속의 적부심사의 청구를 받은 법원은 지체없이 청구인, 변호인, 검사 및 피의자를 구금하고 있는 관서(경찰서, 교도소 또는 구치소등)의 장에게 심문기일과 장소를 통지하여야 한다.
② 사건을 수사중인 검사 또는 사법경찰관은 제1항의 심문기일까지 수사관계서류와 증거물을 법원에 제출하여야 하고, 피의자를 구금하고 있는 관서의 장은 위 심문기일에 피의자를 출석시켜야 한다. 법원사무관 등은 체포적부심사청구사건의 기록표지에 수사관계서류와 증거물의 접수 및 반환의 시각을 기재하여야 한다.
③ 제54조의2 제3항의 규정은 제1항에 따른 통지에 이를 준용한다.

제104조의2【준용규정】제96조의21의 규정은 체포·구속의 적부심사를 청구한 피의자의 변호인에게 이를 준용한다.

제105조【심문기일의 절차】① 법 제214조의2 제9항에 따라 심문기일에 출석한 검사·변호인·청구인은 법원의 심문이 끝난 후 의견을 진술할 수 있다. 다만, 필요한 경우에는 심문 도중에도 판사의 허가를 얻어 의견을 진술할 수 있다.
② 피의자는 판사의 심문 도중에도 변호인에게 조력을 구할 수 있다.
③ 체포 또는 구속된 피의자, 변호인, 청구인은 피의자에게 유리한 자료를 낼 수 있다.
④ 법원은 피의자의 심문을 합의부원에게 명할 수 있다.

제106조【결정의 기한】체포 또는 구속의 적부심사청구에 대한 결정은 체포 또는 구속된 피의자에 대한 심문이 종료된 때로부터 24시간 이내에 이를 하여야 한다.

제34조【체포·구속영장 등본의 교부】검사 또는 사법경찰관은 법 제214조의2 제1항에 따른 자가 체포·구속영장 등본의 교부를 청구하면 그 등본을 교부해야 한다.

제214조의3【재체포 및 재구속의 제한】① 제214조의2 제4항에 따른 체포 또는 구속 적부심사결정에 의하여 석방된 피의자가 도망하거나 범죄의 증거를 인멸하는 경우를 제외하고는 동일한 범죄사실로 재차 체포하거나 구속할 수 없다.
② 제214조의2 제5항에 따라 석방된 피의자에게 다음 각 호의 어느 하나에 해당하는 사유가 있는 경우를 제외하고는 동일한 범죄사실로 재차 체포하거나 구속할 수 없다.
1. 도망한 때
2. 도망하거나 범죄의 증거를 인멸할 염려가 있다고 믿을 만한 충분한 이유가 있는 때
3. 출석요구를 받고 정당한 이유없이 출석하지 아니한 때
4. 주거의 제한이나 그 밖에 법원이 정한 조건을 위반한 때

제99조【재체포·재구속영장의 청구】① 재체포영장의 청구서에는 재체포영장의 청구라는 취지와 법 제200조의2 제4항에 규정한 재체포의 이유 또는 법 제214조의3에 규정한 재체포의 사유를 기재하여야 한다.
② 재구속영장의 청구서에는 재구속영장의 청구라는 취지와 법 제208조 제1항 또는 법 제214조의3에 규정한 재구속의 사유를 기재하여야 한다.
③ 제95조, 제95조의2, 제96조, 제96조의2 및 제96조의4의 규정은 재체포 또는 재구속의 영장의 청구 및 그 심사에 이를 준용한다.

제214조의4【보증금의 몰수】① 법원은 다음 각 호의 1의 경우에 직권 또는 검사의 청구에 의하여 결정으로 제214조의2 제5항에 따라 납입된 보증금의 전부 또는 일부를 몰수할 수 있다.

1. 제214조의2 제5항에 따라 석방된 자를 제214조의3 제2항에 열거된 사유로 재차 구속할 때
2. 공소가 제기된 후 법원이 제214조의2 제5항에 따라 석방된 자를 동일한 범죄사실에 관하여 재차 구속할 때
② 법원은 제214조의2 제5항에 따라 석방된 자가 동일한 범죄사실에 관하여 형의 선고를 받고 그 판결이 확정된 후, 집행하기 위한 소환을 받고 정당한 이유없이 출석하지 아니하거나 도망한 때에는 직권 또는 검사의 청구에 의하여 결정으로 보증금의 전부 또는 일부를 몰수하여야 한다.

제215조【압수, 수색, 검증】① 검사는 범죄수사에 필요한 때에는 피의자가 죄를 범하였다고 의심할 만한 정황이 있고 해당 사건과 관계가 있다고 인정할 수 있는 것에 한정하여 지방법원판사에게 청구하여 발부받은 영장에 의하여 압수, 수색 또는 검증을 할 수 있다.
② 사법경찰관이 범죄수사에 필요한 때에는 피의자가 죄를 범하였다고 의심할 만한 정황이 있고 해당 사건과 관계가 있다고 인정할 수 있는 것에 한정하여 검사에게 신청하여 검사의 청구로 지방법원판사가 발부한 영장에 의하여 압수, 수색 또는 검증을 할 수 있다.

제93조【영장청구의 방식】① 영장의 청구는 서면으로 하여야 한다.
③ 압수·수색·검증영장의 청구서에는 범죄사실의 요지, 압수·수색·검증의 장소 및 대상을 따로 기재한 서면 1통(수통의 영장을 청구하는 때에는 그에 상응하는 통수)을 첨부하여야 한다.

제95조【체포영장청구서의 기재사항】체포영장의 청구서에는 다음 각 호의 사항을 기재하여야 한다.
1. 피의자의 성명(분명하지 아니한 때에는 인상, 체격, 그밖에 피의자를 특정할 수 있는 사항), 주민등록번호 등, 직업, 주거
2. 피의자에게 변호인이 있는 때에는 그 성명
3. 죄명 및 범죄사실의 요지
4. 7일을 넘는 유효기간을 필요로 하는 때에는 그 취지 및 사유
5. 여러 통의 영장을 청구하는 때에는 그 취지 및 사유

제107조【압수, 수색, 검증 영장청구서의 기재사항】① 압수, 수색 또는 검증을 위한 영장의 청구서에는 다음 각호의 사항을 기재하여야 한다.
1. 제95조 제1호부터 제5호까지에 규정한 사항
2. 압수할 물건, 수색 또는 검증할 장소, 신체나 물건
3. 압수, 수색 또는 검증의 사유
4. 일출전 또는 일몰후에 압수, 수색 또는 검증을 할 필요가 있는 때에는 그 취지 및 사유
5. 법 제216조 제3항에 따라 청구하는 경우에는 영장 없이 압

6. 법 제217조 제2항에 따라 청구하는 경우에는 체포한 일시 및 장소와 영장 없이 압수, 수색 또는 검증을 한 일시 및 장소
7. 통신비밀보호법 제2조 제3호에 따른 전기통신을 압수·수색하고자 할 경우 그 작성기간

② 신체검사를 내용으로 하는 검증을 위한 영장의 청구서에는 제1항 각호의 사항외에 신체검사를 필요로 하는 이유와 신체검사를 받을 자의 성별, 건강상태를 기재하여야 한다.

제108조 【자료의 제출】 ① 법 제215조의 규정에 의한 청구를 할 때에는 피의자에게 범죄의 혐의가 있다고 인정되는 자료와 압수, 수색 또는 검증의 필요를 인정할 수 있는 자료를 제출하여야 한다.

② 피의자 아닌 자의 신체, 물건, 주거 기타 장소의 수색을 위한 영장의 청구를 할 때에는 압수하여야 할 물건이 있다고 인정될 만한 자료를 제출하여야 한다.

제37조 【압수·수색 또는 검증영장의 청구·신청】 검사 또는 사법경찰관은 압수·수색 또는 검증영장을 청구하거나 신청할 때에는 압수·수색 또는 검증의 범위를 범죄 혐의의 소명에 필요한 최소한으로 정해야 하고, 수색 또는 검증할 장소·신체·물건 및 압수할 물건 등을 구체적으로 특정해야 한다. 이 경우 수사기밀이나 사건관계인의 개인정보가 압수·수색 또는 검증을 필요로 하는 사유의 소명에 필요한 정도를 넘어 불필요하게 노출되지 않도록 유의해야 한다.

제216조 【영장에 의하지 아니한 강제처분】 ① 검사 또는 사법경찰관은 제200조의2·제200조의3·제201조 또는 제212조의 규정에 의하여 피의자를 체포 또는 구속하는 경우에 필요한 때에는 영장없이 다음 처분을 할 수 있다.
1. 타인의 주거나 타인이 간수하는 가옥, 건조물, 항공기, 선차 내에서의 피의자 수색. 다만, 제200조의2 또는 제201조에 따라 피의자를 체포 또는 구속하는 경우의 피의자 수색은 미리 수색영장을 발부받기 어려운 긴급한 사정이 있는 때에 한정한다.
2. 체포현장에서의 압수, 수색, 검증

② 전항 제2호의 규정은 검사 또는 사법경찰관이 피고인에 대한 구속영장의 집행의 경우에 준용한다.

③ 범행 중 또는 범행직후의 범죄 장소에서 긴급을 요하여 법원판사의 영장을 받을 수 없는 때에는 영장없이 압수, 수색 또는 검증을 할 수 있다. 이 경우에는 사후에 지체없이 영장을 받아야 한다.

제217조 【영장에 의하지 아니하는 강제처분】 ① 검사 또는 사법경찰관은 제200조의3에 따라 체포된 자가 소유·소지 또는 보관하는 물건에 대하여 긴급히 압수할 필요가 있는 경우에는 체포한 때부터 24시간 이내에 한하여 영장 없이 압수·수색 또는 검증을 할 수 있다.

② 검사 또는 사법경찰관은 제1항 또는 제216조 제1항 제2호에 따라 압수한 물건을 계속 압수할 필요가 있는 경우에는 지체 없이 압수수색영장을 청구하여야 한다. 이 경우 압수수색영장의 청구는 체포한 때부터 48시간 이내에 하여야 한다.

③ 검사 또는 사법경찰관은 제2항에 따라 청구한 압수수색영장을 발부받지 못한 때에는 압수한 물건을 즉시 반환하여야 한다.

제218조 【영장에 의하지 아니한 압수】 검사, 사법경찰관은 피의자 기타인의 유류한 물건이나 소유자, 소지자 또는 보관자가 임의로 제출한 물건을 영장없이 압수할 수 있다.

제218조의2 【압수물의 환부, 가환부】 ① 검사는 사본을 확보한 경우 등 압수를 계속할 필요가 없다고 인정되는 압수물 및 증거에 사용할 압수물에 대하여 공소제기 전이라도 소유자, 소지자, 보관자 또는 제출인의 청구가 있는 때에는 환부 또는 가환부하여야 한다.

② 제1항의 청구에 대하여 검사가 이를 거부하는 경우에는 신청인은 해당 검사의 소속 검찰청에 대응한 법원에 압수물의 환부 또는 가환부 결정을 청구할 수 있다.

③ 제2항의 청구에 대하여 법원이 환부 또는 가환부를 결정하면 검사는 신청인에게 압수물을 환부 또는 가환부하여야 한다.

④ 사법경찰관의 환부 또는 가환부 처분에 관하여는 제1항부터 제3항까지의 규정을 준용한다. 이 경우 사법경찰관은 검사의 지휘를 받아야 한다.

제219조 【준용규정】 제106조, 제107조, 제109조 내지 제112조, 제114조, 제115조 제1항 본문, 제2항, 제118조부터 제132조까지, 제134조, 제135조, 제140조, 제141조, 제333조 제2항, 제486조의 규정은 검사 또는 사법경찰관의 본장의 규정에 의한 압수, 수색 또는 검증에 준용한다. 단, 사법경찰관이 제130조, 제132조 및 제134조에 따른 처분을 함에는 검사의 지휘를 받아야 한다.

제109조 【준용규정】 제58조, 제62조의 규정은 검사 또는 사법경찰관의 압수, 수색에 제64조, 제65조의 규정은 검사 또는 사법경찰관의 검증에 각 이를 준용한다.

제110조 【압수, 수색, 검증의 참여】 검사 또는 사법경찰관이 압수, 수색, 검증을 함에는 법 제243조에 규정한 자를 각 참여하게 하여야 한다.

제38조 【압수·수색 또는 검증영장의 제시·교부】 ① 검사 또는 사법경찰관은 법 제219조에서 준용하는 법 제118조에 따라 영장을 제시할 때에는 처분을 받는 자에게 법관이 발부한 영장에 따른 압수·수색 또는 검증이라는 사실과 영장에

기재된 범죄사실 및 수색 또는 검증할 장소·신체·물건, 압수할 물건 등을 명확히 알리고, 처분을 받는 자가 해당 영장을 열람할 수 있도록 해야 한다. 이 경우 처분을 받는 자가 피의자인 경우에는 해당 영장의 사본을 교부해야 한다.

② 압수·수색 또는 검증의 처분을 받는 자가 여럿인 경우에는 모두에게 개별적으로 영장을 제시해야 한다. 이 경우 피의자에게는 개별적으로 해당 영장의 사본을 교부해야 한다.

③ 검사 또는 사법경찰관은 제1항 및 제2항에 따라 피의자에게 영장을 제시하거나 영장의 사본을 교부할 때에는 사건관계인의 개인정보가 피의자의 방어권 보장을 위해 필요한 정도를 넘어 불필요하게 노출되지 않도록 유의해야 한다.

④ 검사 또는 사법경찰관은 제1항 후단 및 제2항 후단에 따라 피의자에게 영장의 사본을 교부한 경우에는 피의자로부터 영장 사본 교부 확인서를 받아 사건기록에 편철한다.

⑤ 피의자가 영장의 사본을 수령하기를 거부하거나 영장 사본 교부 확인서에 기명날인 또는 서명하는 것을 거부하는 경우에는 검사 또는 사법경찰관이 영장 사본 교부 확인서 끝 부분에 그 사유를 적고 기명날인 또는 서명해야 한다.

제39조【압수·수색 또는 검증영장의 재청구·재신청 등】 압수·수색 또는 검증영장의 재청구·재신청(압수·수색 또는 검증영장의 청구 또는 신청이 기각된 후 다시 압수·수색 또는 검증영장을 청구하거나 신청하는 경우와 이미 발부받은 압수·수색 또는 검증영장과 동일한 범죄사실로 다시 압수·수색 또는 검증영장을 청구하거나 신청하는 경우를 말한다)과 반환에 관해서는 제31조 및 제35조를 준용한다.

제40조【압수조서와 압수목록】 검사 또는 사법경찰관은 증거물 또는 몰수할 물건을 압수했을 때에는 압수의 일시·장소, 압수 경위 등을 적은 압수조서와 압수물건의 품종·수량 등을 적은 압수목록을 작성해야 한다. 다만, 피의자신문조서, 진술조서, 검증조서에 압수의 취지를 적은 경우에는 그렇지 않다.

제41조【전자정보의 압수·수색 또는 검증 방법】 ① 검사 또는 사법경찰관은 법 제219조에서 준용하는 법 제106조 제3항에 따라 컴퓨터용디스크 및 그 밖에 이와 비슷한 정보저장매체(이하 이 항에서 "정보저장매체등"이라 한다)에 기억된 정보(이하 "전자정보"라 한다)를 압수하는 경우에는 해당 정보저장매체등의 소재지에서 수색 또는 검증한 후 범죄사실과 관련된 전자정보의 범위를 정하여 출력하거나 복제하는 방법으로 한다.

② 제1항에도 불구하고 제1항에 따른 압수 방법의 실행이 불가능하거나 그 방법으로는 압수의 목적을 달성하는 것이 현저히 곤란한 경우에는 압수·수색 또는 검증 현장에서 정보저장매체등에 들어 있는 전자정보 전부를 복제하여 그 복제본을 정보저장매체등의 소재지 외의 장소로 반출할 수 있다.

③ 제1항 및 제2항에도 불구하고 제1항 및 제2항에 따른 압수 방법의 실행이 불가능하거나 그 방법으로는 압수의 목적을 달성하는 것이 현저히 곤란한 경우에는 피압수자 또는 법 제123조에 따라 압수·수색영장을 집행할 때 참여하게 해야 하는 사람(이하 "피압수자등"이라 한다)이 참여한 상태에서 정보저장매체등의 원본을 봉인(封印)하여 정보저장매체등의 소재지 외의 장소로 반출할 수 있다.

제42조【전자정보의 압수·수색 또는 검증 시 유의사항】 ① 검사 또는 사법경찰관은 전자정보의 탐색·복제·출력을 완료한 경우에는 지체 없이 피압수자등에게 압수한 전자정보의 목록을 교부해야 한다.

② 검사 또는 사법경찰관은 제1항의 목록에 포함되지 않은 전자정보가 있는 경우에는 해당 전자정보를 지체 없이 삭제 또는 폐기하거나 반환해야 한다. 이 경우 삭제·폐기 또는 반환 확인서를 작성하여 피압수자등에게 교부해야 한다.

③ 검사 또는 사법경찰관은 전자정보의 복제본을 취득하거나 전자정보를 복제할 때에는 해시값(파일의 고유값으로서 일종의 전자지문을 말한다)을 확인하거나 압수·수색 또는 검증의 과정을 촬영하는 등 전자적 증거의 동일성과 무결성(無缺性)을 보장할 수 있는 적절한 방법과 조치를 취해야 한다.

④ 검사 또는 사법경찰관은 압수·수색 또는 검증의 전 과정에 걸쳐 피압수자등이나 변호인의 참여권을 보장해야 하며, 피압수자등과 변호인이 참여를 거부하는 경우에는 신뢰성과 전문성을 담보할 수 있는 상당한 방법으로 압수·수색 또는 검증을 해야 한다.

⑤ 검사 또는 사법경찰관은 제4항에 따라 참여한 피압수자등이나 변호인이 압수 대상 전자정보와 사건의 관련성에 관하여 의견을 제시한 때에는 이를 조서에 적어야 한다.

제43조【검증조서】 검사 또는 사법경찰관은 검증을 한 경우에는 검증의 일시·장소, 검증 경위 등을 적은 검증조서를 작성해야 한다.

제220조【요급처분】 제216조의 규정에 의한 처분을 하는 경우에 급속을 요하는 때에는 제123조 제2항, 제125조의 규정에 의함을 요하지 아니한다.

제221조【제3자의 출석요구 등】 ① 검사 또는 사법경찰관은 수사에 필요한 때에는 피의자가 아닌 자의 출석을 요구하여 진술을 들을 수 있다. 이 경우 그의 동의를 받아 영상녹화할 수 있다.

② 검사 또는 사법경찰관은 수사에 필요한 때에는 감정·통역 또는 번역을 위촉할 수 있다.

③ 제163조의2 제1항부터 제3항까지는 검사 또는 사법경찰관이 범죄로 인한 피해자를 조사하는 경우에 준용한다.

제24조【신뢰관계인의 동석】 ① 법 제244조의5에 따라 피의자와 동석할 수 있는 신뢰관계에 있는 사람과 법 제221조 제3항에서 준용하는 법 제163조의2에 따라 피해자와 동석할 수 있는 신뢰관계에 있는 사람은 피의자 또는 피해자의 직계친

족, 형제자매, 배우자, 가족, 동거인, 보호·교육시설의 보호·교육담당자 등 피의자 또는 피해자의 심리적 안정과 원활한 의사소통에 도움을 줄 수 있는 사람으로 한다.
② 피의자, 피해자 또는 그 법정대리인이 제1항에 따른 신뢰관계에 있는 사람의 동석을 신청한 경우 검사 또는 사법경찰관은 그 관계를 적은 동석신청서를 제출받거나 조서 또는 수사보고서에 그 관계를 적어야 한다.

제221조의2 【증인신문의 청구】 ① 범죄의 수사에 없어서는 아니될 사실을 안다고 명백히 인정되는 자가 전조의 규정에 의한 출석 또는 진술을 거부한 경우에는 검사는 제1회 공판기일 전에 한하여 판사에게 그에 대한 증인신문을 청구할 수 있다.
② 삭제〈2007. 6. 1.〉
③ 제1항의 청구를 함에는 서면으로 그 사유를 소명하여야 한다.
④ 제1항의 청구를 받은 판사는 증인신문에 관하여 법원 또는 재판장과 동일한 권한이 있다.
⑤ 판사는 제1항의 청구에 따라 증인신문기일을 정한 때에는 피고인·피의자 또는 변호인에게 이를 통지하여 증인신문에 참여할 수 있도록 하여야 한다.
⑥ 판사는 제1항의 청구에 의한 증인신문을 한 때에는 지체 없이 이에 관한 서류를 검사에게 송부하여야 한다.

제111조 【제1회 공판기일 전 증인신문청구서의 기재사항】 법 제221조의2에 따른 증인신문청구서에는 다음 각 호의 사항을 기재하여야 한다.
1. 증인의 성명, 직업 및 주거
2. 피의자 또는 피고인의 성명
3. 죄명 및 범죄사실의 요지
4. 증명할 사실
5. 신문사항
6. 증인신문청구의 요건이 되는 사실
7. 피의자 또는 피고인에게 변호인이 있는 때에는 그 성명

제112조 【증인신문등의 통지】 판사가 법 제221조의2에 따른 증인신문을 실시할 경우에는 피고인, 피의자 또는 변호인에게 신문기일과 장소 및 증인신문에 참여할 수 있다는 취지를 통지하여야 한다.

제221조의3 【감정의 위촉과 감정유치의 청구】 ① 검사는 제221조의 규정에 의하여 감정을 위촉하는 경우에 제172조 제3항의 유치처분이 필요할 때에는 판사에게 이를 청구하여야 한다.
② 판사는 제1항의 청구가 상당하다고 인정할 때에는 유치처분을 하여야 한다. 제172조 및 제172조의2의 규정은 이 경우에 준용한다.

제95조 【체포영장청구서의 기재사항】 체포영장의 청구서에는 다음 각 호의 사항을 기재하여야 한다.
1. 피의자의 성명(분명하지 아니한 때에는 인상, 체격, 그밖에 피의자를 특정할 수 있는 사항), 주민등록번호 등, 직업, 주거
2. 피의자에게 변호인이 있는 때에는 그 성명
3. 죄명 및 범죄사실의 요지
4. 7일을 넘는 유효기간을 필요로 하는 때에는 그 취지 및 사유
5. 여러 통의 영장을 청구하는 때에는 그 취지 및 사유

제113조 【감정유치청구서의 기재사항】 법 제221조의3에 따른 감정유치청구서에는 다음 각호의 사항을 기재하여야 한다.
1. 제95조 제1호부터 제5호까지에 규정한 사항
2. 유치할 장소 및 유치기간
3. 감정의 목적 및 이유
4. 감정인의 성명, 직업

제221조의4 【감정에 필요한 처분, 허가장】 ① 제221조의 규정에 의하여 감정의 위촉을 받은 자는 판사의 허가를 얻어 제173조 제1항에 규정된 처분을 할 수 있다.
② 제1항의 허가의 청구는 검사가 하여야 한다.
③ 판사는 제2항의 청구가 상당하다고 인정할 때에는 허가장을 발부하여야 한다.
④ 제173조 제2항, 제3항 및 제5항의 규정은 제3항의 허가장에 준용한다.

제114조 【감정에 필요한 처분허가청구서의 기재사항】 법 제221조의4의 규정에 의한 처분허가청구서에는 다음 각호의 사항을 기재하여야 한다.
1. 법 제173조 제2항에 규정한 사항. 다만, 피의자의 성명이 분명하지 아니한 때에는 인상, 체격 기타 피의자를 특정할 수 있는 사항을 기재하여야 한다.
2. 제95조 제2호 내지 제5호에 규정한 사항
3. 감정에 필요한 처분의 이유

제115조 【준용규정】 제85조, 제86조 및 제88조의 규정은 법 제221조의3에 규정한 유치처분에, 제89조의 규정은 법 제221조의4에 규정한 허가장에 각 이를 준용한다.

제221조의5 【사법경찰관이 신청한 영장의 청구 여부에 대한 심의】 ① 검사가 사법경찰관이 신청한 영장을 정당한 이유 없이 판사에게 청구하지 아니한 경우 사법경찰관은 그 검사 소속의 지방검찰청 소재지를 관할하는 고등검찰청에 영장 청구 여부에 대한 심의를 신청할 수 있다.
② 제1항에 관한 사항을 심의하기 위하여 각 고등검찰청에 영장심의위원회(이하 이 조에서 "심의위원회"라 한다)를 둔다.
③ 심의위원회는 위원장 1명을 포함한 10명 이내의 외부 위

원으로 구성하고, 위원은 각 고등검찰청 검사장이 위촉한다.
④ 사법경찰관은 심의위원회에 출석하여 의견을 개진할 수 있다.
⑤ 심의위원회의 구성 및 운영 등 그 밖에 필요한 사항은 법무부령으로 정한다.

> 제44조【영장심의위원회】법 제221조의5에 따른 영장심의위원회의 위원은 해당 업무에 전문성을 가진 중립적 외부 인사 중에서 위촉해야 하며, 영장심의위원회의 운영은 독립성·객관성·공정성이 보장되어야 한다.

제222조【변사자의 검시】① 변사자 또는 변사의 의심있는 사체가 있는 때에는 그 소재지를 관할하는 지방검찰청 검사가 검시하여야 한다.
② 전항의 검시로 범죄의 혐의를 인정하고 긴급을 요할 때에는 영장없이 검증할 수 있다.
③ 검사는 사법경찰관에게 전2항의 처분을 명할 수 있다.

> 제17조【변사자의 검시 등】① 사법경찰관은 변사자 또는 변사한 것으로 의심되는 사체가 있으면 변사사건 발생사실을 검사에게 통보해야 한다.
> ② 검사는 법 제222조 제1항에 따라 검시를 했을 경우에는 검시조서를, 검증영장이나 같은 조 제2항에 따라 검증을 했을 경우에는 검증조서를 각각 작성하여 사법경찰관에게 송부해야 한다.
> ③ 사법경찰관은 법 제222조 제1항 및 제3항에 따라 검시를 했을 경우에는 검시조서를, 검증영장이나 같은 조 제2항 및 제3항에 따라 검증을 했을 경우에는 검증조서를 각각 작성하여 검사에게 송부해야 한다.
> ④ 검사와 사법경찰관은 법 제222조에 따라 변사자의 검시를 한 사건에 대해 사건 종결 전에 수사할 사항 등에 관하여 상호 의견을 제시·교환해야 한다.

제223조【고소권자】범죄로 인한 피해자는 고소할 수 있다.

> 제15조【피해자 보호】① 검사 또는 사법경찰관은 피해자의 명예와 사생활의 평온을 보호하기 위해 「범죄피해자 보호법」 등 피해자 보호 관련 법령의 규정을 준수해야 한다.
> ② 검사 또는 사법경찰관은 피의자의 범죄수법, 범행 동기, 피해자와의 관계, 언동 및 그 밖의 상황으로 보아 피해자가 피의자 또는 그 밖의 사람으로부터 생명·신체에 위해를 입거나 입을 염려가 있다고 인정되는 경우에는 직권 또는 피해자의 신청에 따라 신변보호에 필요한 조치를 강구해야 한다.

> 제16조의2【고소·고발 사건의 수리 등】① 검사 또는 사법경찰관은 고소 또는 고발을 받은 경우에는 이를 수리해야 한다.
> ② 검사 또는 사법경찰관은 고소 또는 고발에 따라 범죄를 수사하는 경우에는 고소 또는 고발을 수리한 날부터 3개월 이내에 수사를 마쳐야 한다.

제224조【고소의 제한】자기 또는 배우자의 직계존속을 고소하지 못한다.

제225조【비피해자인 고소권자】① 피해자의 법정대리인은 독립하여 고소할 수 있다.
② 피해자가 사망한 때에는 그 배우자, 직계친족 또는 형제자매는 고소할 수 있다. 단, 피해자의 명시한 의사에 반하지 못한다.

제226조【동전】피해자의 법정대리인이 피의자이거나 법정대리인의 친족이 피의자인 때에는 피해자의 친족은 독립하여 고소할 수 있다.

제227조【동전】사자의 명예를 훼손한 범죄에 대하여는 그 친족 또는 자손은 고소할 수 있다.

제228조【고소권자의 지정】친고죄에 대하여 고소할 자가 없는 경우에 이해관계인의 신청이 있으면 검사는 10일 이내에 고소할 수 있는 자를 지정하여야 한다.

제229조【배우자의 고소】①「형법」제241조의 경우에는 혼인이 해소되거나 이혼소송을 제기한 후가 아니면 고소할 수 없다. – 간통죄 폐지로 사문화된 규정
② 전항의 경우에 다시 혼인을 하거나 이혼소송을 취하한 때에는 고소는 취소된 것으로 간주한다. – 간통죄 폐지로 사문화된 규정

> 제116조【고소인의 신분관계 자료제출】① 법 제225조 내지 제227조의 규정에 의하여 고소할 때에는 고소인과 피해자와의 신분관계를 소명하는 서면을, 법 제229조에 의하여 고소할 때에는 혼인의 해소 또는 이혼소송의 제기사실을 소명하는 서면을 각 제출하여야 한다.
> ② 법 제228조의 규정에 의하여 검사의 지정을 받은 고소인이 고소할 때에는 그 지정받은 사실을 소명하는 서면을 제출하여야 한다.

제230조【고소기간】① 친고죄에 대하여는 범인을 알게 된 날로부터 6월을 경과하면 고소하지 못한다. 단, 고소할 수 없는 불가항력의 사유가 있는 때에는 그 사유가 없어진 날로부터 기산한다.
② 삭제〈2013. 4. 5.〉

제231조【수인의 고소권자】고소할 수 있는 자가 수인인 경우에는 1인의 기간의 해태는 타인의 고소에 영향이 없다.

제232조【고소의 취소】① 고소는 제1심 판결선고 전까지 취소할 수 있다.
② 고소를 취소한 자는 다시 고소할 수 없다.
③ 피해자의 명시한 의사에 반하여 공소를 제기할 수 없는 사건에서 처벌을 원하는 의사표시를 철회한 경우에도 제1항과 제2항을 준용한다.

제233조【고소의 불가분】 친고죄의 공범 중 그 1인 또는 수인에 대한 고소 또는 그 취소는 다른 공범자에 대하여도 효력이 있다.

제234조【고발】 ① 누구든지 범죄가 있다고 사료하는 때에는 고발할 수 있다.
② 공무원은 그 직무를 행함에 있어 범죄가 있다고 사료하는 때에는 고발하여야 한다.

제235조【고발의 제한】 제224조의 규정은 고발에 준용한다.

제236조【대리고소】 고소 또는 그 취소는 대리인으로 하여금 하게 할 수 있다.

제237조【고소, 고발의 방식】 ① 고소 또는 고발은 서면 또는 구술로써 검사 또는 사법경찰관에게 하여야 한다.
② 검사 또는 사법경찰관이 구술에 의한 고소 또는 고발을 받은 때에는 조서를 작성하여야 한다.

제238조【고소, 고발과 사법경찰관의 조치】 사법경찰관이 고소 또는 고발을 받은 때에는 신속히 조사하여 관계서류와 증거물을 검사에게 송부하여야 한다.

제239조【준용규정】 전2조의 규정은 고소 또는 고발의 취소에 관하여 준용한다.

제240조【자수와 준용규정】 제237조와 제238조의 규정은 자수에 대하여 준용한다.

제241조【피의자신문】 검사 또는 사법경찰관이 피의자를 신문함에는 먼저 그 성명, 연령, 등록기준지, 주거와 직업을 물어 피의자임에 틀림없음을 확인하여야 한다.

제242조【피의자신문사항】 검사 또는 사법경찰관은 피의자에 대하여 범죄사실과 정상에 관한 필요사항을 신문하여야 하며 그 이익되는 사실을 진술할 기회를 주어야 한다.

제243조【피의자신문과 참여자】 검사가 피의자를 신문함에는 검찰청수사관 또는 서기관이나 서기를 참여하게 하여야 하고 사법경찰관이 피의자를 신문함에는 사법경찰관리를 참여하게 하여야 한다.

제243조의2【변호인의 참여 등】 ① 검사 또는 사법경찰관은 피의자 또는 그 변호인·법정대리인·배우자·직계친족·형제자매의 신청에 따라 변호인을 피의자와 접견하게 하거나 정당한 사유가 없는 한 피의자에 대한 신문에 참여하게 하여야 한다.
② 신문에 참여하고자 하는 변호인이 2인 이상인 때에는 피의자가 신문에 참여할 변호인 1인을 지정한다. 지정이 없는 경우에는 검사 또는 사법경찰관이 이를 지정할 수 있다.
③ 신문에 참여한 변호인은 신문 후 의견을 진술할 수 있다. 다만, 신문 중이라도 부당한 신문방법에 대하여 이의를 제기할 수 있고, 검사 또는 사법경찰관의 승인을 얻어 의견을 진술할 수 있다.
④ 제3항에 따른 변호인의 의견이 기재된 피의자신문조서는 변호인에게 열람하게 한 후 변호인으로 하여금 그 조서에 기명날인 또는 서명하게 하여야 한다.
⑤ 검사 또는 사법경찰관은 변호인의 신문참여 및 그 제한에 관한 사항을 피의자신문조서에 기재하여야 한다.

> 제13조【변호인의 피의자신문 참여·조력】 ① 검사 또는 사법경찰관은 피의자신문에 참여한 변호인이 피의자의 옆자리 등 실질적인 조력을 할 수 있는 위치에 앉도록 해야 하고, 정당한 사유가 없으면 피의자에 대한 법적인 조언·상담을 보장해야 하며, 법적인 조언·상담을 위한 변호인의 메모를 허용해야 한다.
> ② 검사 또는 사법경찰관은 피의자에 대한 신문이 아닌 단순 면담 등이라는 이유로 변호인의 참여·조력을 제한해서는 안 된다.
>
> 제14조【변호인의 의견진술】 ① 피의자신문에 참여한 변호인은 검사 또는 사법경찰관의 신문 후 조서를 열람하고 의견을 진술할 수 있다. 이 경우 변호인은 별도의 서면으로 의견을 제출할 수 있으며, 검사 또는 사법경찰관은 해당 서면을 사건기록에 편철한다.
> ② 피의자신문에 참여한 변호인은 신문 중이라도 검사 또는 사법경찰관의 승인을 받아 의견을 진술할 수 있다. 이 경우 검사 또는 사법경찰관은 정당한 사유가 있는 경우를 제외하고는 변호인의 의견진술 요청을 승인해야 한다.
> ③ 피의자신문에 참여한 변호인은 제2항에도 불구하고 부당한 신문방법에 대해서는 검사 또는 사법경찰관의 승인 없이 이의를 제기할 수 있다.
> ④ 검사 또는 사법경찰관은 제1항부터 제3항까지의 규정에 따른 의견진술 또는 이의제기가 있는 경우 해당 내용을 조서에 적어야 한다.

제244조【피의자신문조서의 작성】 ① 피의자의 진술은 조서에 기재하여야 한다.
② 제1항의 조서는 피의자에게 열람하게 하거나 읽어 들려주어야 하며, 진술한 대로 기재되지 아니하였거나 사실과 다른 부분의 유무를 물어 피의자가 증감 또는 변경의 청구 등 이의를 제기하거나 의견을 진술한 때에는 이를 조서에 추가로 기재하여야 한다. 이 경우 피의자가 이의를 제기하였던 부분은 읽을 수 있도록 남겨두어야 한다.
③ 피의자가 조서에 대하여 이의나 의견이 없음을 진술한 때에는 피의자로 하여금 그 취지를 자필로 기재하게 하고 조서에 간인한 후 기명날인 또는 서명하게 한다.

제244조의2【피의자진술의 영상녹화】① 피의자의 진술은 영상녹화할 수 있다. 이 경우 미리 영상녹화사실을 알려주어야 하며, 조사의 개시부터 종료까지의 전 과정 및 객관적 정황을 영상녹화하여야 한다.
② 제1항에 따른 영상녹화가 완료된 때에는 피의자 또는 변호인 앞에서 지체 없이 그 원본을 봉인하고 피의자로 하여금 기명날인 또는 서명하게 하여야 한다.
③ 제2항의 경우에 피의자 또는 변호인의 요구가 있는 때에는 영상녹화물을 재생하여 시청하게 하여야 한다. 이 경우 그 내용에 대하여 이의를 진술하는 때에는 그 취지를 기재한 서면을 첨부하여야 한다.

제244조의3【진술거부권 등의 고지】① 검사 또는 사법경찰관은 피의자를 신문하기 전에 다음 각 호의 사항을 알려주어야 한다.
1. 일체의 진술을 하지 아니하거나 개개의 질문에 대하여 진술을 하지 아니할 수 있다는 것
2. 진술을 하지 아니하더라도 불이익을 받지 아니한다는 것
3. 진술을 거부할 권리를 포기하고 행한 진술은 법정에서 유죄의 증거로 사용될 수 있다는 것
4. 신문을 받을 때에는 변호인을 참여하게 하는 등 변호인의 조력을 받을 수 있다는 것
② 검사 또는 사법경찰관은 제1항에 따라 알려 준 때에는 피의자가 진술을 거부할 권리와 변호인의 조력을 받을 권리를 행사할 것인지의 여부를 질문하고, 이에 대한 피의자의 답변을 조서에 기재하여야 한다. 이 경우 피의자의 답변은 피의자로 하여금 자필로 기재하게 하거나 검사 또는 사법경찰관이 피의자의 답변을 기재한 부분에 기명날인 또는 서명하게 하여야 한다.

제244조의4【수사과정의 기록】① 검사 또는 사법경찰관은 피의자가 조사장소에 도착한 시각, 조사를 시작하고 마친 시각, 그 밖에 조사과정의 진행경과를 확인하기 위하여 필요한 사항을 피의자신문조서에 기록하거나 별도의 서면에 기록한 후 수사기록에 편철하여야 한다.
② 제244조 제2항 및 제3항은 제1항의 조서 또는 서면에 관하여 준용한다.
③ 제1항 및 제2항은 피의자가 아닌 자를 조사하는 경우에 준용한다.

제26조【수사과정의 기록】① 검사 또는 사법경찰관은 법 제244조의4에 따라 조사(신문, 면담 등 명칭을 불문한다. 이하 이 조에서 같다) 과정의 진행경과를 다음 각 호의 구분에 따른 방법으로 기록해야 한다.
1. 조서를 작성하는 경우 : 조서에 기록(별도의 서면에 기록한 후 조서의 끝부분에 편철하는 것을 포함한다)
2. 조서를 작성하지 않는 경우 : 별도의 서면에 기록한 후 수사기록에 편철
② 제1항에 따라 조사과정의 진행경과를 기록할 때에는 다음 각 호의 구분에 따른 사항을 구체적으로 적어야 한다.
1. 조서를 작성하는 경우에는 다음 각 목의 사항
  가. 조사 대상자가 조사장소에 도착한 시각
  나. 조사의 시작 및 종료 시각
  다. 조사 대상자가 조사장소에 도착한 시각과 조사를 시작한 시각에 상당한 시간적 차이가 있는 경우에는 그 이유
  라. 조사가 중단되었다가 재개된 경우에는 그 이유와 중단 시각 및 재개 시각
2. 조서를 작성하지 않는 경우에는 다음 각 목의 사항
  가. 조사 대상자가 조사장소에 도착한 시각
  나. 조사 대상자가 조사장소를 떠난 시각
  다. 조서를 작성하지 않는 이유
  라. 조사 외에 실시한 활동
  마. 변호인 참여 여부

제244조의5【장애인 등 특별히 보호를 요하는 자에 대한 특칙】검사 또는 사법경찰관은 피의자를 신문하는 경우 다음 각 호의 어느 하나에 해당하는 때에는 직권 또는 피의자·법정대리인의 신청에 따라 피의자와 신뢰관계에 있는 자를 동석하게 할 수 있다.
1. 피의자가 신체적 또는 정신적 장애로 사물을 변별하거나 의사를 결정·전달할 능력이 미약한 때
2. 피의자의 연령·성별·국적 등의 사정을 고려하여 그 심리적 안정의 도모와 원활한 의사소통을 위하여 필요한 경우

제24조【신뢰관계인의 동석】① 법 제244조의5에 따라 피의자와 동석할 수 있는 신뢰관계에 있는 사람과 법 제221조 제3항에서 준용하는 법 제163조의2에 따라 피해자와 동석할 수 있는 신뢰관계에 있는 사람은 피의자 또는 피해자의 직계친족, 형제자매, 배우자, 가족, 동거인, 보호·교육시설의 보호·교육담당자 등 피의자 또는 피해자의 심리적 안정과 원활한 의사소통에 도움을 줄 수 있는 사람으로 한다.
② 피의자, 피해자 또는 그 법정대리인이 제1항에 따른 신뢰관계에 있는 사람의 동석을 신청한 경우 검사 또는 사법경찰관은 그 관계를 적은 동석신청서를 제출받거나 조서 또는 수사보고서에 그 관계를 적어야 한다.

제245조【참고인과의 대질】검사 또는 사법경찰관이 사실을 발견함에 필요한 때에는 피의자와 다른 피의자 또는 피의자 아닌 자와 대질하게 할 수 있다.

제245조의2【전문수사자문위원의 참여】① 검사는 공소제기 여부와 관련된 사실관계를 분명하게 하기 위하여 필요한 경우에는 직권이나 피의자 또는 변호인의 신청에 의하여 전문수사자문위원을 지정하여 수사절차에 참여하게 하고 자문을

들을 수 있다.
② 전문수사자문위원은 전문적인 지식에 의한 설명 또는 의견을 기재한 서면을 제출하거나 전문적인 지식에 의하여 설명이나 의견을 진술할 수 있다.
③ 검사는 제2항에 따라 전문수사자문위원이 제출한 서면이나 전문수사자문위원의 설명 또는 의견의 진술에 관하여 피의자 또는 변호인에게 구술 또는 서면에 의한 의견진술의 기회를 주어야 한다.

제245조의3【전문수사자문위원 지정 등】 ① 제245조의2 제1항에 따라 전문수사자문위원을 수사절차에 참여시키는 경우 검사는 각 사건마다 1인 이상의 전문수사자문위원을 지정한다.
② 검사는 상당하다고 인정하는 때에는 전문수사자문위원의 지정을 취소할 수 있다.
③ 피의자 또는 변호인은 검사의 전문수사자문위원 지정에 대하여 관할 고등검찰청검사장에게 이의를 제기할 수 있다.
④ 전문수사자문위원에게는 수당을 지급하고, 필요한 경우에는 그 밖의 여비, 일당 및 숙박료를 지급할 수 있다.
⑤ 전문수사자문위원의 지정 및 지정취소, 이의제기 절차 및 방법, 수당지급, 그 밖에 필요한 사항은 법무부령으로 정한다.

제245조의4【준용규정】 제279조의7 및 제279조의8은 검사의 전문수사자문위원에게 준용한다.

제245조의5【사법경찰관의 사건송치 등】 사법경찰관은 고소·고발 사건을 포함하여 범죄를 수사한 때에는 다음 각 호의 구분에 따른다.
1. 범죄의 혐의가 있다고 인정되는 경우에는 지체 없이 검사에게 사건을 송치하고, 관계 서류와 증거물을 검사에게 송부하여야 한다.
2. 그 밖의 경우에는 그 이유를 명시한 서면과 함께 관계 서류와 증거물을 지체 없이 검사에게 송부하여야 한다. 이 경우 검사는 송부받은 날부터 90일 이내에 사법경찰관에게 반환하여야 한다.

제51조【사법경찰관의 결정】 ① 사법경찰관은 사건을 수사한 경우에는 다음 각 호의 구분에 따라 결정해야 한다.
1. 법원송치
2. 검찰송치
3. 불송치
 가. 혐의없음
  1) 범죄인정안됨
  2) 증거불충분
 나. 죄가안됨
 다. 공소권없음
 라. 각하
4. 수사중지
 가. 피의자중지
 나. 참고인중지
5. 이송
② 사법경찰관은 하나의 사건 중 피의자가 여러 사람이거나 피의사실이 여러 개인 경우로서 분리하여 결정할 필요가 있는 경우 그중 일부에 대해 제1항 각 호의 결정을 할 수 있다.
③ 사법경찰관은 제1항 제3호 나목 또는 다목에 해당하는 사건이 다음 각 호의 어느 하나에 해당하는 경우에는 해당 사건을 검사에게 이송한다.
1. 「형법」 제10조 제1항에 따라 벌할 수 없는 경우
2. 기소되어 사실심 계속 중인 사건과 포괄일죄를 구성하는 관계에 있거나 「형법」 제40조에 따른 상상적 경합 관계에 있는 경우
④ 사법경찰관은 제1항 제4호에 따른 수사중지 결정을 한 경우 7일 이내에 사건기록을 검사에게 송부해야 한다. 이 경우 검사는 사건기록을 송부받은 날부터 30일 이내에 반환해야 하며, 그 기간 내에 법 제197조의3에 따라 시정조치요구를 할 수 있다.
⑤ 사법경찰관은 제4항 전단에 따라 검사에게 사건기록을 송부한 후 피의자 등의 소재를 발견한 경우에는 소재 발견 및 수사 재개 사실을 검사에게 통보해야 한다. 이 경우 통보를 받은 검사는 지체 없이 사법경찰관에게 사건기록을 반환해야 한다.

제57조【송치사건 관련 자료 제공】 검사는 사법경찰관이 송치한 사건에 대해 검사의 공소장, 불기소결정서, 송치결정서 및 법원의 판결문을 제공할 것을 요청하는 경우 이를 사법경찰관에게 지체 없이 제공해야 한다.

제58조【사법경찰관의 사건송치】 ① 사법경찰관은 관계 법령에 따라 검사에게 사건을 송치할 때에는 송치의 이유와 범위를 적은 송치 결정서와 압수물 총목록, 기록목록, 범죄경력 조회 회보서, 수사경력 조회 회보서 등 관계 서류와 증거물을 함께 송부해야 한다. ② 사법경찰관은 피의자 또는 참고인에 대한 조사과정을 영상녹화한 경우에는 해당 영상녹화물을 봉인한 후 검사에게 사건을 송치할 때 봉인된 영상녹화물의 종류와 개수를 표시하여 사건기록과 함께 송부해야 한다.
③ 사법경찰관은 사건을 송치한 후에 새로운 증거물, 서류 및 그 밖의 자료를 추가로 송부할 때에는 이전에 송치한 사건명, 송치 연월일, 피의자의 성명과 추가로 송부하는 서류 및 증거물 등을 적은 추가송부서를 첨부해야 한다.

제62조【사법경찰관의 사건불송치】 ① 사법경찰관은 법 제245조의5 제2호 및 이 영 제51조 제1항 제3호에 따라 불송치 결정을 하는 경우 불송치의 이유를 적은 불송치 결정서와 함께 압수물 총목록, 기록목록 등 관계 서류와 증거물을 검사에게 송부해야 한다.

② 제1항의 경우 영상녹화물의 송부 및 새로운 증거물 등의 추가 송부에 관하여는 제58조 제2항 및 제3항을 준용한다.

제245조의6 【고소인 등에 대한 송부통지】 사법경찰관은 제245조의5 제2호의 경우에는 그 송부한 날부터 7일 이내에 서면으로 고소인·고발인·피해자 또는 그 법정대리인(피해자가 사망한 경우에는 그 배우자·직계친족·형제자매를 포함한다)에게 사건을 검사에게 송치하지 아니하는 취지와 그 이유를 통지하여야 한다.

제53조 【수사 결과의 통지】 ① 검사 또는 사법경찰관은 제51조 또는 제52조에 따른 결정을 한 경우에는 그 내용을 고소인·고발인·피해자 또는 그 법정대리인(피해자가 사망한 경우에는 그 배우자·직계친족·형제자매를 포함한다. 이하 "고소인등"이라 한다)과 피의자에게 통지해야 한다. 다만, 다음 각 호의 어느 하나에 해당하는 경우에는 고소인등에게만 통지한다.
1. 제51조 제1항 제4호 가목에 따른 피의자중지 결정 또는 제52조 제1항 제3호에 따른 기소중지 결정을 한 경우
2. 제51조 제1항 제5호 또는 제52조 제1항 제7호에 따른 이송(법 제256조에 따른 송치는 제외한다) 결정을 한 경우로서 검사 또는 사법경찰관이 해당 피의자에 대해 출석요구 또는 제16조 제1항 각 호의 어느 하나에 해당하는 행위를 하지 않은 경우
② 고소인등은 법 제245조의6에 따른 통지를 받지 못한 경우 사법경찰관에게 불송치 통지서로 통지해 줄 것을 요구할 수 있다.
③ 제1항에 따른 통지의 구체적인 방법·절차 등은 법무부장관, 경찰청장 또는 해양경찰청장이 정한다.

제68조 【사건 통지 시 주의사항 등】 검사 또는 사법경찰관은 제12조에 따라 수사 진행상황을 통지하거나 제53조에 따라 수사 결과를 통지할 때에는 해당 사건의 피의자 또는 사건관계인의 명예나 권리 등이 부당하게 침해되지 않도록 주의해야 한다.

제245조의7 【고소인 등의 이의신청】 ① 제245조의6의 통지를 받은 사람(고발인을 제외한다)은 해당 사법경찰관의 소속 관서의 장에게 이의를 신청할 수 있다.
② 사법경찰관은 제1항의 신청이 있는 때에는 지체 없이 검사에게 사건을 송치하고 관계 서류와 증거물을 송부하여야 하며, 처리결과와 그 이유를 제1항의 신청인에게 통지하여야 한다.

제54조 【수사중지 결정에 대한 이의제기 등】 ① 제53조에 따라 사법경찰관으로부터 제51조 제1항 제4호에 따른 수사중지 결정의 통지를 받은 사람은 해당 사법경찰관이 소속된 바로 위 상급경찰관서의 장에게 이의를 제기할 수 있다.
② 제1항에 따른 이의제기의 절차·방법 및 처리 등에 관하여 필요한 사항은 경찰청장 또는 해양경찰청장이 정한다.
③ 제1항에 따른 통지를 받은 사람은 해당 수사중지 결정이 법령위반, 인권침해 또는 현저한 수사권 남용이라고 의심되는 경우 검사에게 법 제197조의3 제1항에 따른 신고를 할 수 있다.
④ 사법경찰관은 제53조에 따라 고소인등에게 제51조 제1항 제4호에 따른 수사중지 결정의 통지를 할 때에는 제3항에 따라 신고할 수 있다는 사실을 함께 고지해야 한다.

제245조의8 【재수사요청 등】 ① 검사는 제245조의5 제2호의 경우에 사법경찰관이 사건을 송치하지 아니한 것이 위법 또는 부당한 때에는 그 이유를 문서로 명시하여 사법경찰관에게 재수사를 요청할 수 있다.
② 사법경찰관은 제1항의 요청이 있는 때에는 사건을 재수사하여야 한다.

제63조 【재수사요청의 절차 등】 ① 검사는 법 제245조의8에 따라 사법경찰관에게 재수사를 요청하려는 경우에는 법 제245조의5 제2호에 따라 관계 서류와 증거물을 송부받은 날부터 90일 이내에 해야 한다. 다만, 다음 각 호의 어느 하나에 해당하는 경우에는 관계 서류와 증거물을 송부받은 날부터 90일이 지난 후에도 재수사를 요청할 수 있다.
1. 불송치 결정에 영향을 줄 수 있는 명백히 새로운 증거 또는 사실이 발견된 경우
2. 증거 등의 허위, 위조 또는 변조를 인정할 만한 상당한 정황이 있는 경우
② 검사는 제1항에 따라 재수사를 요청할 때에는 그 내용과 이유를 구체적으로 적은 서면으로 해야 한다. 이 경우 법 제245조의5 제2호에 따라 송부받은 관계 서류와 증거물을 사법경찰관에게 반환해야 한다.
③ 검사는 법 제245조의8에 따라 재수사를 요청한 경우 그 사실을 고소인등에게 통지해야 한다.
④ 사법경찰관은 법 제245조의8 제1항에 따른 재수사의 요청이 접수된 날부터 3개월 이내에 재수사를 마쳐야 한다.

제64조 【재수사 결과의 처리】 ① 사법경찰관은 법 제245조의8 제2항에 따라 재수사를 한 경우 다음 각 호의 구분에 따라 처리한다.
1. 범죄의 혐의가 있다고 인정되는 경우 : 법 제245조의5 제1호에 따라 검사에게 사건을 송치하고 관계 서류와 증거물을 송부
2. 기존의 불송치 결정을 유지하는 경우 : 재수사 결과서에 그 내용과 이유를 구체적으로 적어 검사에게 통보
② 검사는 사법경찰관이 제1항 제2호에 따라 재수사 결과를 통보한 사건에 대해서 다시 재수사를 요청하거나 송치 요구를 할 수 없다. 다만, 검사는 사법경찰관이 사건을 송치하지 않은 위법 또는 부당이 시정되지 않아 사건을 송치받아 수사할 필요가 있는 다음 각 호의 경우에는 법 제197조의3에 따라 사건

송치를 요구할 수 있다.
1. 관련 법령 또는 법리에 위반된 경우
2. 범죄 혐의의 유무를 명확히 하기 위해 재수사를 요청한 사항에 관하여 그 이행이 이루어지지 않은 경우. 다만, 불송치 결정의 유지에 영향을 미치지 않음이 명백한 경우는 제외한다.
3. 송부받은 관계 서류 및 증거물과 재수사 결과만으로도 범죄의 혐의가 명백히 인정되는 경우
4. 공소시효 또는 형사소추의 요건을 판단하는 데 오류가 있는 경우

③ 검사는 제2항 각 호 외의 부분 단서에 따른 사건송치 요구 여부를 판단하기 위해 필요한 경우에는 사법경찰관에게 관계 서류와 증거물의 송부를 요청할 수 있다. 이 경우 요청을 받은 사법경찰관은 이에 협력해야 한다.

④ 검사는 재수사 결과를 통보받은 날(제3항에 따라 관계 서류와 증거물의 송부를 요청한 경우에는 관계 서류와 증거물을 송부받은 날을 말한다)부터 30일 이내에 제2항 각 호 외의 부분 단서에 따른 사건송치 요구를 해야 하고, 그 기간 내에 사건송치 요구를 하지 않을 경우에는 송부받은 관계 서류와 증거물을 사법경찰관에게 반환해야 한다.

제65조 【재수사 중의 이의신청】 사법경찰관은 법 제245조의8 제2항에 따라 재수사 중인 사건에 대해 법 제245조의7 제1항에 따른 이의신청이 있는 경우에는 재수사를 중단해야 하며, 같은 조 제2항에 따라 해당 사건을 지체 없이 검사에게 송치하고 관계 서류와 증거물을 송부해야 한다.

제245조의9 【검찰청 직원】 ① 검찰청 직원으로서 사법경찰관리의 직무를 행하는 자와 그 직무의 범위는 법률로 정한다.
② 사법경찰관의 직무를 행하는 검찰청 직원은 검사의 지휘를 받아 수사하여야 한다.
③ 사법경찰리의 직무를 행하는 검찰청 직원은 검사 또는 사법경찰관의 직무를 행하는 검찰청 직원의 수사를 보조하여야 한다.
④ 사법경찰관리의 직무를 행하는 검찰청 직원에 대하여는 제197조의2부터 제197조의4까지, 제221조의5, 제245조의5부터 제245조의8까지의 규정을 적용하지 아니한다.

제245조의10 【특별사법경찰관리】 ① 삼림, 해사, 전매, 세무, 군수사기관, 그 밖에 특별한 사항에 관하여 사법경찰관리의 직무를 행할 특별사법경찰관리와 그 직무의 범위는 법률로 정한다.
② 특별사법경찰관은 모든 수사에 관하여 검사의 지휘를 받는다.
③ 특별사법경찰관은 범죄의 혐의가 있다고 인식하는 때에는 범인, 범죄사실과 증거에 관하여 수사를 개시·진행하여야 한다.
④ 특별사법경찰관리는 검사의 지휘가 있는 때에는 이에 따라야 한다. 검사의 지휘에 관한 구체적 사항은 법무부령으로 정한다.
⑤ 특별사법경찰관은 범죄를 수사한 때에는 지체 없이 검사에게 사건을 송치하고, 관계 서류와 증거물을 송부하여야 한다.
⑥ 특별사법경찰관리에 대하여는 제197조의2부터 제197조의4까지, 제221조의5, 제245조의5부터 제245조의8까지의 규정을 적용하지 아니한다.

제2장 공소

제246조 【국가소추주의】 공소는 검사가 제기하여 수행한다.

제247조 【기소편의주의】 검사는 「형법」 제51조의 사항을 참작하여 공소를 제기하지 아니할 수 있다.

제52조 【검사의 결정】 ① 검사는 사법경찰관으로부터 사건을 송치받거나 직접 수사한 경우에는 다음 각 호의 구분에 따라 결정해야 한다.
1. 공소제기
2. 불기소
   가. 기소유예
   나. 혐의없음
      1) 범죄인정안됨
      2) 증거불충분
   다. 죄가안됨
   라. 공소권없음
   마. 각하
3. 기소중지
4. 참고인중지
5. 보완수사요구
6. 공소보류
7. 이송
8. 소년보호사건 송치
9. 가정보호사건 송치
10. 성매매보호사건 송치
11. 아동보호사건 송치

② 검사는 하나의 사건 중 피의자가 여러 사람이거나 피의사실이 여러 개인 경우로서 분리하여 결정할 필요가 있는 경우 그중 일부에 대해 제1항 각 호의 결정을 할 수 있다.

제53조 【수사 결과의 통지】 ① 검사 또는 사법경찰관은 제51조 또는 제52조에 따른 결정을 한 경우에는 그 내용을 고소인·고발인·피해자 또는 그 법정대리인(피해자가 사망한 경우에는 그 배우자·직계친족·형제자매를 포함한다. 이하 "고소인등"이라 한다)과 피의자에게 통지해야 한다. 다만, 다음 각 호의 어느 하나에 해당하는 경우에는 고소인등에게만 통지한다.
1. 제51조 제1항 제4호 가목에 따른 피의자중지 결정 또는 제

52조 제1항 제3호에 따른 기소중지 결정을 한 경우
2. 제51조 제1항 제5호 또는 제52조 제1항 제7호에 따른 이송(법 제256조에 따른 송치는 제외한다) 결정을 한 경우로서 검사 또는 사법경찰관이 해당 피의자에 대해 출석요구 또는 제16조 제1항 각 호의 어느 하나에 해당하는 행위를 하지 않은 경우
② 고소인등은 법 제245조의6에 따른 통지를 받지 못한 경우 사법경찰관에게 불송치 통지서로 통지해 줄 것을 요구할 수 있다.
③ 제1항에 따른 통지의 구체적인 방법·절차 등은 법무부장관, 경찰청장 또는 해양경찰청장이 정한다.

제68조【사건 통지 시 주의사항 등】 검사 또는 사법경찰관은 제12조에 따라 수사 진행상황을 통지하거나 제53조에 따라 수사 결과를 통지할 때에는 해당 사건의 피의자 또는 사건관계인의 명예나 권리 등이 부당하게 침해되지 않도록 주의해야 한다.

제248조【공소의 효력 범위】 ① 공소의 효력은 검사가 피고인으로 지정한 자에게만 미친다.
② 범죄사실의 일부에 대한 공소의 효력은 범죄사실 전부에 미친다.

제249조【공소시효의 기간】 ① 공소시효는 다음 기간의 경과로 완성한다.
1. 사형에 해당하는 범죄에는 25년
2. 무기징역 또는 무기금고에 해당하는 범죄에는 15년
3. 장기 10년 이상의 징역 또는 금고에 해당하는 범죄에는 10년
4. 장기 10년 미만의 징역 또는 금고에 해당하는 범죄에는 7년
5. 장기 5년 미만의 징역 또는 금고, 장기 10년 이상의 자격정지 또는 벌금에 해당하는 범죄에는 5년
6. 장기 5년 이상의 자격정지에 해당하는 범죄에는 3년
7. 장기 5년 미만의 자격정지, 구류, 과료 또는 몰수에 해당하는 범죄에는 1년
② 공소가 제기된 범죄는 판결의 확정이 없이 공소를 제기한 때로부터 25년을 경과하면 공소시효가 완성한 것으로 간주한다.

제250조【두 개 이상의 형과 시효기간】 두 개 이상의 형을 병과하거나 두 개 이상의 형에서 한 개를 과(科)할 범죄에 대해서는 무거운 형에 의하여 제249조를 적용한다.

제251조【형의 가중, 감경과 시효기간】 「형법」에 의하여 형을 가중 또는 감경한 경우에는 가중 또는 감경하지 아니한 형에 의하여 제249조의 규정을 적용한다.

제252조【시효의 기산점】 ① 시효는 범죄행위의 종료한 때로부터 진행한다.
② 공범에는 최종행위의 종료한 때로부터 전공범에 대한 시효기간을 기산한다.

제253조【시효의 정지와 효력】 ① 시효는 공소의 제기로 진행이 정지되고 공소기각 또는 관할위반의 재판이 확정된 때로부터 진행한다.
② 공범의 1인에 대한 전항의 시효정지는 다른 공범자에게 대하여 효력이 미치고 당해 사건의 재판이 확정된 때로부터 진행한다.
③ 범인이 형사처분을 면할 목적으로 국외에 있는 경우 그 기간 동안 공소시효는 정지된다.
④ 피고인이 형사처분을 면할 목적으로 국외에 있는 경우 그 기간 동안 제249조 제2항에 따른 기간의 진행은 정지된다.

제253조의2【공소시효의 적용 배제】 사람을 살해한 범죄(종범은 제외한다)로 사형에 해당하는 범죄에 대하여는 제249조부터 제253조까지에 규정된 공소시효를 적용하지 아니한다.

제254조【공소제기의 방식과 공소장】 ① 공소를 제기함에는 공소장을 관할법원에 제출하여야 한다.
② 공소장에는 피고인수에 상응한 부본을 첨부하여야 한다.
③ 공소장에는 다음 사항을 기재하여야 한다.
1. 피고인의 성명 기타 피고인을 특정할 수 있는 사항
2. 죄명
3. 공소사실
4. 적용법조
④ 공소사실의 기재는 범죄의 시일, 장소와 방법을 명시하여 사실을 특정할 수 있도록 하여야 한다.
⑤ 수개의 범죄사실과 적용법조를 예비적 또는 택일적으로 기재할 수 있다.

제117조【공소장의 기재요건】 ① 공소장에는 법 제254조 제3항에 규정한 사항외에 다음 각호의 사항을 기재하여야 한다.
1. 피고인의 주민등록번호 등, 직업, 주거 및 등록기준지. 다만, 피고인이 법인인 때에는 사무소 및 대표자의 성명과 주소
2. 피고인이 구속되어 있는지 여부
② 제1항 제1호에 규정한 사항이 명백하지 아니할 때에는 그 취지를 기재하여야 한다.

제118조【공소장의 첨부서류】 ① 공소장에는, 공소제기전에 변호인이 선임되거나 보조인의 신고가 있는 경우 그 변호인선임서 또는 보조인신고서를, 공소제기전에 특별대리인의 선임이 있는 경우 그 특별대리인 선임결정등본을, 공소제기당시 피고인이 구속되어 있거나, 체포 또는 구속된 후 석방된 경우 체포영장, 긴급체포서, 구속영장 기타 구속에 관한 서류를 각 첨부하여야 한다.
② 공소장에는 제1항에 규정한 서류외에 사건에 관하여 법원

에 예단이 생기게 할 수 있는 서류 기타 물건을 첨부하거나 그 내용을 인용하여서는 아니된다.

제255조【공소의 취소】① 공소는 제1심판결의 선고 전까지 취소할 수 있다.
② 공소취소는 이유를 기재한 서면으로 하여야 한다. 단, 공판정에서는 구술로써 할 수 있다.

제256조【타관송치】검사는 사건이 그 소속검찰청에 대응한 법원의 관할에 속하지 아니한 때에는 사건을 서류와 증거물과 함께 관할법원에 대응한 검찰청검사에게 송치하여야 한다.

제256조의2【군검사에의 사건송치】검사는 사건이 군사법원의 재판권에 속하는 때에는 사건을 서류와 증거물과 함께 재판권을 가진 관할 군검찰부 군검사에게 송치하여야 한다. 이 경우에 송치전에 행한 소송행위는 송치후에도 그 효력에 영향이 없다.

제257조【고소등에 의한 사건의 처리】검사가 고소 또는 고발에 의하여 범죄를 수사할 때에는 고소 또는 고발을 수리한 날로부터 3월 이내에 수사를 완료하여 공소제기여부를 결정하여야 한다.

제258조【고소인등에의 처분고지】① 검사는 고소 또는 고발 있는 사건에 관하여 공소를 제기하거나 제기하지 아니하는 처분, 공소의 취소 또는 제256조의 송치를 한 때에는 그 처분한 날로부터 7일 이내에 서면으로 고소인 또는 고발인에게 그 취지를 통지하여야 한다.
② 검사는 불기소 또는 제256조의 처분을 한 때에는 피의자에게 즉시 그 취지를 통지하여야 한다.

제259조【고소인등에의 공소불제기이유고지】검사는 고소 또는 고발있는 사건에 관하여 공소를 제기하지 아니하는 처분을 한 경우에 고소인 또는 고발인의 청구가 있는 때에는 7일 이내에 고소인 또는 고발인에게 그 이유를 서면으로 설명하여야 한다.

제259조의2【피해자 등에 대한 통지】검사는 범죄로 인한 피해자 또는 그 법정대리인(피해자가 사망한 경우에는 그 배우자·직계친족·형제자매를 포함한다)의 신청이 있는 때에는 당해 사건의 공소제기여부, 공판의 일시·장소, 재판결과, 피의자·피고인의 구속·석방 등 구금에 관한 사실 등을 신속하게 통지하여야 한다.

제260조【재정신청】① 고소권자로서 고소를 한 자(「형법」제123조부터 제126조까지의 죄에 대하여는 고발을 한 자를 포함한다. 이하 이 조에서 같다)는 검사로부터 공소를 제기하지 아니한다는 통지를 받은 때에는 그 검사 소속의 지방검찰청 소재지를 관할하는 고등법원(이하 "관할 고등법원"이라 한다)에 그 당부에 관한 재정을 신청할 수 있다. 다만, 「형법」제126조의 죄에 대하여는 피공표자의 명시한 의사에 반하여 재정을 신청할 수 없다.
② 제1항에 따른 재정신청을 하려면 「검찰청법」제10조에 따른 항고를 거쳐야 한다. 다만, 다음 각 호의 어느 하나에 해당하는 경우에는 그러하지 아니하다.
1. 항고 이후 재기수사가 이루어진 다음에 다시 공소를 제기하지 아니한다는 통지를 받은 경우
2. 항고 신청 후 항고에 대한 처분이 행하여지지 아니하고 3개월이 경과한 경우
3. 검사가 공소시효 만료일 30일 전까지 공소를 제기하지 아니하는 경우
③ 제1항에 따른 재정신청을 하려는 자는 항고기각 결정을 통지받은 날 또는 제2항 각 호의 사유가 발생한 날부터 10일 이내에 지방검찰청검사장 또는 지청장에게 재정신청서를 제출하여야 한다. 다만, 제2항 제3호의 경우에는 공소시효 만료일 전날까지 재정신청서를 제출할 수 있다.
④ 재정신청서에는 재정신청의 대상이 되는 사건의 범죄사실 및 증거 등 재정신청을 이유있게 하는 사유를 기재하여야 한다.

제66조【재정신청 접수에 따른 절차】① 사법경찰관이 수사 중인 사건이 법 제260조 제2항 제3호에 해당하여 같은 조 제3항에 따라 지방검찰청 검사장 또는 지청장에게 재정신청서가 제출된 경우 해당 지방검찰청 또는 지청 소속 검사는 즉시 사법경찰관에게 그 사실을 통보해야 한다.
② 사법경찰관은 제1항의 통보를 받으면 즉시 검사에게 해당 사건을 송치하고 관계 서류와 증거물을 송부해야 한다.
③ 검사는 제1항에 따른 재정신청에 대해 법원이 법 제262조 제2항 제1호에 따라 기각하는 결정을 한 경우에는 해당 결정서를 사법경찰관에게 송부해야 한다. 이 경우 제2항에 따라 송치받은 사건을 사법경찰관에게 이송해야 한다.

제261조【지방검찰청검사장 등의 처리】제260조 제3항에 따라 재정신청서를 제출받은 지방검찰청검사장 또는 지청장은 재정신청서를 제출받은 날부터 7일 이내에 재정신청서·의견서·수사 관계 서류 및 증거물을 관할 고등검찰청을 경유하여 관할 고등법원에 송부하여야 한다. 다만, 제260조 제2항 각 호의 어느 하나에 해당하는 경우에는 지방검찰청검사장 또는 지청장은 다음의 구분에 따른다.
1. 신청이 이유 있는 것으로 인정하는 때에는 즉시 공소를 제기하고 그 취지를 관할 고등법원과 재정신청인에게 통지한다.
2. 신청이 이유 없는 것으로 인정하는 때에는 30일 이내에 관할 고등법원에 송부한다.

제262조【심리와 결정】① 법원은 재정신청서를 송부받은 때에는 송부받은 날부터 10일 이내에 피의자에게 그 사실을 통지하여야 한다.
② 법원은 재정신청서를 송부받은 날부터 3개월 이내에 항고의 절차에 준하여 다음 각 호의 구분에 따라 결정한다. 이 경우 필요한 때에는 증거를 조사할 수 있다.
1. 신청이 법률상의 방식에 위배되거나 이유 없는 때에는 신청을 기각한다.
2. 신청이 이유 있는 때에는 사건에 대한 공소제기를 결정한다.
③ 재정신청사건의 심리는 특별한 사정이 없는 한 공개하지 아니한다.
④ 제2항 제1호의 결정에 대하여는 제415조에 따른 즉시항고를 할 수 있고, 제2항 제2호의 결정에 대하여는 불복할 수 없다. 제2항 제1호의 결정이 확정된 사건에 대하여는 다른 중요한 증거를 발견한 경우를 제외하고는 소추할 수 없다.
⑤ 법원은 제2항의 결정을 한 때에는 즉시 그 정본을 재정신청인·피의자와 관할 지방검찰청검사장 또는 지청장에게 송부하여야 한다. 이 경우 제2항 제2호의 결정을 한 때에는 관할 지방검찰청검사장 또는 지청장에게 사건기록을 함께 송부하여야 한다.
⑥ 제2항 제2호의 결정에 따른 재정결정서를 송부받은 관할 지방검찰청 검사장 또는 지청장은 지체 없이 담당 검사를 지정하고 지정받은 검사는 공소를 제기하여야 한다.

> 제120조【재정신청인에 대한 통지】법원은 재정신청서를 송부받은 때에는 송부받은 날로부터 10일 이내에 피의자 이외에 재정신청인에게도 그 사유를 통지하여야 한다.
> 제122조【재정신청에 대한 결정과 이유의 기재】법 제262조 제2항 제2호에 따라 공소제기를 결정하는 때에는 죄명과 공소사실이 특정될 수 있도록 이유를 명시하여야 한다.

제262조의2【재정신청사건 기록의 열람·등사 제한】재정신청사건의 심리 중에는 관련 서류 및 증거물을 열람 또는 등사할 수 없다. 다만, 법원은 제262조 제2항 후단의 증거조사 과정에서 작성된 서류의 전부 또는 일부의 열람 또는 등사를 허가할 수 있다.

제262조의3【비용부담 등】① 법원은 제262조 제2항 제1호의 결정 또는 제264조 제2항의 취소가 있는 경우에는 결정으로 재정신청인에게 신청절차에 의하여 생긴 비용의 전부 또는 일부를 부담하게 할 수 있다.
② 법원은 직권 또는 피의자의 신청에 따라 재정신청인에게 피의자가 재정신청절차에서 부담하였거나 부담할 변호인선임료 등 비용의 전부 또는 일부의 지급을 명할 수 있다.
③ 제1항 및 제2항의 결정에 대하여는 즉시항고를 할 수 있다.
④ 제1항 및 제2항에 따른 비용의 지급범위와 절차 등에 대하여는 대법원규칙으로 정한다.

제122조의2【국가에 대한 비용부담의 범위】법 제262조의3 제1항에 따른 비용은 다음 각 호에 해당하는 것으로 한다.
1. 증인·감정인·통역인(듣거나 말하는 데 장애가 있는 사람을 위한 통역인을 제외한다)·번역인에게 지급되는 일당·여비·숙박료·감정료·통역료·번역료
2. 현장검증 등을 위한 법관, 법원사무관 등의 출장경비
3. 그 밖에 재정신청 사건의 심리를 위하여 법원이 지출한 송달료 등 절차진행에 필요한 비용

제122조의3【국가에 대한 비용부담의 절차】① 법 제262조의3 제1항에 따른 재판의 집행에 관하여는 법 제477조의 규정을 준용한다.
② 제1항의 비용의 부담을 명하는 재판에 그 금액을 표시하지 아니한 때에는 집행을 지휘하는 검사가 산정한다.

제122조의4【피의자에 대한 비용지급의 범위】① 법 제262조의3 제2항과 관련한 비용은 다음 각 호에 해당하는 것으로 한다.
1. 피의자 또는 변호인이 출석함에 필요한 일당·여비·숙박료
2. 피의자가 변호인에게 부담하였거나 부담하여야 할 선임료
3. 기타 재정신청 사건의 절차에서 피의자가 지출한 비용으로 법원이 피의자의 방어권 행사에 필요하다고 인정한 비용
② 제1항 제2호의 비용을 계산함에 있어 선임료를 부담하였거나 부담할 변호인이 여러 명이 있는 경우에는 그 중 가장 고액의 선임료를 상한으로 한다.
③ 제1항 제2호의 변호사 선임료는 사안의 성격·난이도, 조사에 소요된 기간 그밖에 변호인의 변론활동에 소요된 노력의 정도 등을 종합적으로 고려하여 상당하다고 인정되는 금액으로 정한다.

제122조의5【피의자에 대한 비용지급의 절차】① 피의자가 법 제262조의3 제2항에 따른 신청을 할 때에는 다음 각 호의 사항을 기재한 서면을 재정신청사건의 관할 법원에 제출하여야 한다.
1. 재정신청 사건번호
2. 피의자 및 재정신청인
3. 피의자가 재정신청절차에서 실제 지출하였거나 지출하여야 할 금액 및 그 용도
4. 재정신청인에게 지급을 구하는 금액 및 그 이유
② 피의자는 제1항의 서면을 제출함에 있어 비용명세서 그밖에 비용액을 소명하는 데 필요한 서면과 고소인 수에 상응하는 부본을 함께 제출하여야 한다.
③ 법원은 제1항 및 제2항의 서면의 부본을 재정신청인에게 송달하여야 하고, 재정신청인은 위 서면을 송달받은 날로부터 10일 이내에 이에 대한 의견을 서면으로 법원에 낼 수 있다.

④ 법원은 필요하다고 인정하는 경우에는 피의자 또는 변호인에게 비용액의 심리를 위하여 필요한 자료의 제출 등을 요구할 수 있고, 재정신청인, 피의자 또는 변호인을 심문할 수 있다.
⑤ 비용지급명령에는 피의자 및 재정신청인, 지급을 명하는 금액을 표시하여야 한다. 비용지급명령의 이유는 특히 필요하다고 인정되는 경우가 아니면 이를 기재하지 아니한다.
⑥ 비용지급명령은 피의자 및 재정신청인에게 송달하여야 하고, 법 제262조의3 제3항에 따른 즉시항고기간은 피의자 또는 재정신청인이 비용지급명령서를 송달받은 날부터 진행한다.
⑦ 확정된 비용지급명령정본은 민사집행법에 따른 강제집행에 관하여는 민사절차에서의 집행력 있는 판결정본과 동일한 효력이 있다.

제262조의4【공소시효의 정지 등】① 제260조에 따른 재정신청이 있으면 제262조에 따른 재정결정이 확정될 때까지 공소시효의 진행이 정지된다.
② 제262조 제2항 제2호의 결정이 있는 때에는 공소시효에 관하여 그 결정이 있는 날에 공소가 제기된 것으로 본다.

제263조 삭제〈2007. 6. 1.〉

제264조【대리인에 의한 신청과 1인의 신청의 효력, 취소】① 재정신청은 대리인에 의하여 할 수 있으며 공동신청권자 중 1인의 신청은 그 전원을 위하여 효력을 발생한다.
② 재정신청은 제262조 제2항의 결정이 있을 때까지 취소할 수 있다. 취소한 자는 다시 재정신청을 할 수 없다.
③ 전항의 취소는 다른 공동신청권자에게 효력을 미치지 아니한다.

> 제121조【재정신청의 취소방식 및 취소의 통지】① 법 제264조 제2항에 규정된 취소는 관할고등법원에 서면으로 하여야 한다. 다만, 기록이 관할고등법원에 송부되기 전에는 그 기록이 있는 검찰청 검사장 또는 지청장에게 하여야 한다.
> ② 제1항의 취소서를 제출받은 고등법원의 법원사무관 등은 즉시 관할 고등검찰청 검사장 및 피의자에게 그 사유를 통지하여야 한다.

제264조의2【공소취소의 제한】검사는 제262조 제2항 제2호의 결정에 따라 공소를 제기한 때에는 이를 취소할 수 없다.

제265조 삭제〈2007. 6. 1.〉

제3장 공판

제1절 공판준비와 공판절차

제266조【공소장부본의 송달】법원은 공소의 제기가 있는 때에는 지체없이 공소장의 부본을 피고인 또는 변호인에게 송달하여야 한다. 단, 제1회 공판기일 전 5일까지 송달하여야 한다.

> 제123조【제1회 공판기일소환장의 송달시기】피고인에 대한 제1회 공판기일 소환장은 법 제266조의 규정에 의한 공소장 부본의 송달전에는 이를 송달하여서는 아니된다.

제266조의2【의견서의 제출】① 피고인 또는 변호인은 공소장 부본을 송달받은 날부터 7일 이내에 공소사실에 대한 인정 여부, 공판준비절차에 관한 의견 등을 기재한 의견서를 법원에 제출하여야 한다. 다만, 피고인이 진술을 거부하는 경우에는 그 취지를 기재한 의견서를 제출할 수 있다.
② 법원은 제1항의 의견서가 제출된 때에는 이를 검사에게 송부하여야 한다.

제266조의3【공소제기 후 검사가 보관하고 있는 서류 등의 열람·등사】① 피고인 또는 변호인은 검사에게 공소제기된 사건에 관한 서류 또는 물건(이하 "서류등"이라 한다)의 목록과 공소사실의 인정 또는 양형에 영향을 미칠 수 있는 다음 서류등의 열람·등사 또는 서면의 교부를 신청할 수 있다. 다만, 피고인에게 변호인이 있는 경우에는 피고인은 열람만을 신청할 수 있다.
1. 검사가 증거로 신청할 서류등
2. 검사가 증인으로 신청할 사람의 성명·사건과의 관계 등을 기재한 서면 또는 그 사람이 공판기일 전에 행한 진술을 기재한 서류등
3. 제1호 또는 제2호의 서면 또는 서류등의 증명력과 관련된 서류등
4. 피고인 또는 변호인이 행한 법률상·사실상 주장과 관련된 서류등(관련 형사재판확정기록, 불기소처분기록 등을 포함한다)
② 검사는 국가안보, 증인보호의 필요성, 증거인멸의 염려, 관련 사건의 수사에 장애를 가져올 것으로 예상되는 구체적인 사유 등 열람·등사 또는 서면의 교부를 허용하지 아니할 상당한 이유가 있다고 인정하는 때에는 열람·등사 또는 서면의 교부를 거부하거나 그 범위를 제한할 수 있다.
③ 검사는 열람·등사 또는 서면의 교부를 거부하거나 그 범위를 제한하는 때에는 지체 없이 그 이유를 서면으로 통지하여야 한다.
④ 피고인 또는 변호인은 검사가 제1항의 신청을 받은 때부터 48시간 이내에 제3항의 통지를 하지 아니하는 때에는 제266조의4 제1항의 신청을 할 수 있다.
⑤ 검사는 제2항에도 불구하고 서류등의 목록에 대하여는 열람 또는 등사를 거부할 수 없다.
⑥ 제1항의 서류등은 도면·사진·녹음테이프·비디오테이프·컴퓨터용 디스크, 그 밖에 정보를 담기 위하여 만들어진 물건으로서 문서가 아닌 특수매체를 포함한다. 이 경우 특수매체에 대한 등사는 필요 최소한의 범위에 한한다.

제123조의2 【공소제기 후 검사가 보관하는 서류 등의 열람·등사 신청】 법 제266조의3 제1항의 신청은 다음 사항을 기재한 서면으로 하여야 한다.
1. 사건번호, 사건명, 피고인
2. 신청인 및 피고인과의 관계
3. 열람 또는 등사할 대상

제123조의3 【영상녹화물과 열람·등사】 법 제221조·법 제244조의2에 따라 작성된 영상녹화물에 대한 법 제266조의3의 열람·등사는 원본과 함께 작성된 부본에 의하여 이를 행할 수 있다.

제266조의4 【법원의 열람·등사에 관한 결정】 ① 피고인 또는 변호인은 검사가 서류등의 열람·등사 또는 서면의 교부를 거부하거나 그 범위를 제한한 때에는 법원에 그 서류등의 열람·등사 또는 서면의 교부를 허용하도록 할 것을 신청할 수 있다.
② 법원은 제1항의 신청이 있는 때에는 열람·등사 또는 서면의 교부를 허용하는 경우에 생길 폐해의 유형·정도, 피고인의 방어 또는 재판의 신속한 진행을 위한 필요성 및 해당 서류등의 중요성 등을 고려하여 검사에게 열람·등사 또는 서면의 교부를 허용할 것을 명할 수 있다. 이 경우 열람 또는 등사의 시기·방법을 지정하거나 조건·의무를 부과할 수 있다.
③ 법원은 제2항의 결정을 하는 때에는 검사에게 의견을 제시할 수 있는 기회를 부여하여야 한다.
④ 법원은 필요하다고 인정하는 때에는 검사에게 해당 서류 등의 제시를 요구할 수 있고, 피고인이나 그 밖의 이해관계인을 심문할 수 있다.
⑤ 검사는 제2항의 열람·등사 또는 서면의 교부에 관한 법원의 결정을 지체 없이 이행하지 아니하는 때에는 해당 증인 및 서류등에 대한 증거신청을 할 수 없다.

제123조의4 【법원에 대한 열람·등사 신청】 ① 법 제266조의4 제1항의 신청은 다음 사항을 기재한 서면으로 하여야 한다.
1. 열람 또는 등사를 구하는 서류 등의 표목
2. 열람 또는 등사를 필요로 하는 사유
② 제1항의 신청서에는 다음 각 호의 서류를 첨부하여야 한다.
1. 제123조의2의 신청서 사본
2. 검사의 열람·등사 불허 또는 범위 제한 통지서. 다만 검사가 서면으로 통지하지 않은 경우에는 그 사유를 기재한 서면
3. 신청서부본 1부
③ 법원은 제1항의 신청이 있는 경우, 즉시 신청서부본을 검사에게 송부하여야 하고, 검사는 이에 대한 의견을 제시할 수 있다.
④ 제1항, 제2항 제1호·제3호의 규정은 법 제266조의11 제3항에 따른 검사의 신청에 이를 준용한다. 법원은 검사의 신청이 있는 경우 즉시 신청서부본을 피고인 또는 변호인에게 송부하여야 하고, 피고인 또는 변호인은 이에 대한 의견을 제시할 수 있다.

제266조의5 【공판준비절차】 ① 재판장은 효율적이고 집중적인 심리를 위하여 사건을 공판준비절차에 부칠 수 있다.
② 공판준비절차는 주장 및 입증계획 등을 서면으로 준비하게 하거나 공판준비기일을 열어 진행한다.
③ 검사, 피고인 또는 변호인은 증거를 미리 수집·정리하는 등 공판준비절차가 원활하게 진행될 수 있도록 협력하여야 한다.

제123조의6 【재판의 고지 등에 관한 특례】 법원은 서면 이외에 전화·모사전송·전자우편·휴대전화 문자전송 그밖에 적당한 방법으로 검사·피고인 또는 변호인에게 공판준비와 관련된 의견을 요청하거나 결정을 고지할 수 있다.

제123조의7 【쟁점의 정리】 ① 사건이 공판준비절차에 부쳐진 때에는 검사는 증명하려는 사실을 밝히고 이를 증명하는 데 사용할 증거를 신청하여야 한다.
② 피고인 또는 변호인은 검사의 증명사실과 증거신청에 대한 의견을 밝히고, 공소사실에 관한 사실상·법률상 주장과 그에 대한 증거를 신청하여야 한다.
③ 검사·피고인 또는 변호인은 필요한 경우 상대방의 주장 및 증거신청에 대하여 필요한 의견을 밝히고, 그에 관한 증거를 신청할 수 있다.

제123조의8 【심리계획의 수립】 ① 법원은 사건을 공판준비절차에 부친 때에는 집중심리를 하는데 필요한 심리계획을 수립하여야 한다.
② 검사·피고인 또는 변호인은 특별한 사정이 없는 한 필요한 증거를 공판준비절차에서 일괄하여 신청하여야 한다.
③ 법원은 증인을 신청한 자에게 증인의 소재, 연락처, 출석 가능성 및 출석이 가능한 일시 등 증인의 신문에 필요한 사항의 준비를 명할 수 있다.

제266조의6 【공판준비를 위한 서면의 제출】 ① 검사, 피고인 또는 변호인은 법률상·사실상 주장의 요지 및 입증취지 등이 기재된 서면을 법원에 제출할 수 있다.
② 재판장은 검사, 피고인 또는 변호인에 대하여 제1항에 따른 서면의 제출을 명할 수 있다.
③ 법원은 제1항 또는 제2항에 따라 서면이 제출된 때에는 그 부본을 상대방에게 송달하여야 한다.
④ 재판장은 검사, 피고인 또는 변호인에게 공소장 등 법원에 제출된 서면에 대한 설명을 요구하거나 그 밖에 공판준비에 필요한 명령을 할 수 있다.

제123조의9 【기일외 공판준비】 ① 재판장은 검사·피고인 또는 변호인에게 기한을 정하여 공판준비절차의 진행에 필요한

사항을 미리 준비하게 하거나 그밖에 공판준비에 필요한 명령을 할 수 있다.
② 재판장은 기한을 정하여 법 제266조의6 제2항에 규정된 서면의 제출을 명할 수 있다.
③ 제2항에 따른 서면에는 필요한 사항을 구체적이고 간결하게 기재하여야 하고, 증거로 할 수 없거나 증거로 신청할 의사가 없는 자료에 기초하여 법원에 사건에 대한 예단 또는 편견을 발생하게 할 염려가 있는 사항을 기재하여서는 아니된다.
④ 피고인이 제2항에 따른 서면을 낼 때에는 1통의 부본을, 검사가 제2항에 따른 서면을 낼 때에는 피고인의 수에 1을 더한 수에 해당하는 부본을 함께 제출하여야 한다. 다만, 여러 명의 피고인에 대하여 동일한 변호인이 선임된 경우에는 검사는 변호인의 수에 1을 더한 수에 해당하는 부본만을 낼 수 있다.

제266조의7【공판준비기일】 ① 법원은 검사, 피고인 또는 변호인의 의견을 들어 공판준비기일을 지정할 수 있다.
② 검사, 피고인 또는 변호인은 법원에 대하여 공판준비기일의 지정을 신청할 수 있다. 이 경우 당해 신청에 관한 법원의 결정에 대하여는 불복할 수 없다.
③ 법원은 합의부원으로 하여금 공판준비기일을 진행하게 할 수 있다. 이 경우 수명법관은 공판준비기일에 관하여 법원 또는 재판장과 동일한 권한이 있다.
④ 공판준비기일은 공개한다. 다만, 공개하면 절차의 진행이 방해될 우려가 있는 때에는 공개하지 아니할 수 있다.

제123조의10【공판준비기일의 변경】 검사·피고인 또는 변호인은 부득이한 사유로 공판준비기일을 변경할 필요가 있는 때에는 그 사유와 기간 등을 구체적으로 명시하여 공판준비기일의 변경을 신청할 수 있다.

제266조의8【검사 및 변호인 등의 출석】 ① 공판준비기일에는 검사 및 변호인이 출석하여야 한다.
② 공판준비기일에는 법원사무관등이 참여한다.
③ 법원은 검사, 피고인 및 변호인에게 공판준비기일을 통지하여야 한다.
④ 법원은 공판준비기일이 지정된 사건에 관하여 변호인이 없는 때에는 직권으로 변호인을 선정하여야 한다.
⑤ 법원은 필요하다고 인정하는 때에는 피고인을 소환할 수 있으며, 피고인은 법원의 소환이 없는 때에도 공판준비기일에 출석할 수 있다.
⑥ 재판장은 출석한 피고인에게 진술을 거부할 수 있음을 알려주어야 한다.

제123조의11【공판준비기일이 지정된 사건의 국선변호인 선정】
① 법 제266조의7에 따라 공판준비기일이 지정된 사건에 관하여 피고인에게 변호인이 없는 때에는 법원은 지체없이 국선변호인을 선정하고, 피고인 및 변호인에게 그 뜻을 고지하여야 한다.
② 공판준비기일이 지정된 후에 변호인이 없게 된 때에도 제1항을 준용한다.

제266조의9【공판준비에 관한 사항】 ① 법원은 공판준비절차에서 다음 행위를 할 수 있다.
1. 공소사실 또는 적용법조를 명확하게 하는 행위
2. 공소사실 또는 적용법조의 추가·철회 또는 변경을 허가하는 행위
3. 공소사실과 관련하여 주장할 내용을 명확히 하여 사건의 쟁점을 정리하는 행위
4. 계산이 어렵거나 그 밖에 복잡한 내용에 관하여 설명하도록 하는 행위
5. 증거신청을 하도록 하는 행위
6. 신청된 증거와 관련하여 입증 취지 및 내용 등을 명확하게 하는 행위
7. 증거신청에 관한 의견을 확인하는 행위
8. 증거 채부(採否)의 결정을 하는 행위
9. 증거조사의 순서 및 방법을 정하는 행위
10. 서류등의 열람 또는 등사와 관련된 신청의 당부를 결정하는 행위
11. 공판기일을 지정 또는 변경하는 행위
12. 그 밖에 공판절차의 진행에 필요한 사항을 정하는 행위
② 제296조 및 제304조는 공판준비절차에 관하여 준용한다.

제123조의5【공판준비기일 또는 공판기일에서의 열람·등사】
① 검사, 피고인 또는 변호인은 공판준비 또는 공판기일에서 법원의 허가를 얻어 구두로 상대방에게 법 제266조의3·제266조의11에 따른 서류 등의 열람 또는 등사를 신청할 수 있다.
② 상대방이 공판준비 또는 공판기일에서 서류 등의 열람 또는 등사를 거부하거나 그 범위를 제한한 때에는 법원은 법 제266조의4 제2항의 결정을 할 수 있다.
③ 제1항, 제2항에 따른 신청과 결정은 공판준비 또는 공판기일의 조서에 기재하여야 한다.

제266조의10【공판준비기일 결과의 확인】 ① 법원은 공판준비기일을 종료하는 때에는 검사, 피고인 또는 변호인에게 쟁점 및 증거에 관한 정리결과를 고지하고, 이에 대한 이의의 유무를 확인하여야 한다.
② 법원은 쟁점 및 증거에 관한 정리결과를 공판준비기일조서에 기재하여야 한다.

제123조의12【공판준비기일조서】 ① 법원이 공판준비기일을 진행한 경우에는 참여한 법원사무관 등이 조서를 작성하여야 한다.
② 제1항의 조서에는 피고인, 증인, 감정인, 통역인 또는 번역인의 진술의 요지와 쟁점 및 증거에 관한 정리결과 그밖에 필요한 사항을 기재하여야 한다.
③ 제1항, 제2항의 조서에는 재판장 또는 법관과 참여한 법원사무관 등이 기명·날인 또는 서명하여야 한다.

제266조의11 【피고인 또는 변호인이 보관하고 있는 서류등의 열람·등사】 ① 검사는 피고인 또는 변호인이 공판기일 또는 공판준비절차에서 현장부재·심신상실 또는 심신미약 등 법률상·사실상의 주장을 한 때에는 피고인 또는 변호인에게 다음 서류등의 열람·등사 또는 서면의 교부를 요구할 수 있다.
1. 피고인 또는 변호인이 증거로 신청할 서류등
2. 피고인 또는 변호인이 증인으로 신청할 사람의 성명, 사건과의 관계 등을 기재한 서면
3. 제1호의 서류등 또는 제2호의 서면의 증명력과 관련된 서류등
4. 피고인 또는 변호인이 행한 법률상·사실상의 주장과 관련된 서류등

② 피고인 또는 변호인은 검사가 제266조의3 제1항에 따른 서류등의 열람·등사 또는 서면의 교부를 거부한 때에는 제1항에 따른 서류등의 열람·등사 또는 서면의 교부를 거부할 수 있다. 다만, 법원이 제266조의4 제1항에 따른 신청을 기각하는 결정을 한 때에는 그러하지 아니하다.

③ 검사는 피고인 또는 변호인이 제1항에 따른 요구를 거부한 때에는 법원에 그 서류등의 열람·등사 또는 서면의 교부를 허용하도록 할 것을 신청할 수 있다.

④ 제266조의4 제2항부터 제5항까지의 규정은 제3항의 신청이 있는 경우에 준용한다.

⑤ 제1항에 따른 서류등에 관하여는 제266조의3 제6항을 준용한다.

제266조의12 【공판준비절차의 종결사유】 법원은 다음 각 호의 어느 하나에 해당하는 사유가 있는 때에는 공판준비절차를 종결하여야 한다. 다만, 제2호 또는 제3호에 해당하는 경우로서 공판의 준비를 계속하여야 할 상당한 이유가 있는 때에는 그러하지 아니하다.
1. 쟁점 및 증거의 정리가 완료된 때
2. 사건을 공판준비절차에 부친 뒤 3개월이 지난 때
3. 검사·변호인 또는 소환받은 피고인이 출석하지 아니한 때

제266조의13 【공판준비기일 종결의 효과】 ① 공판준비기일에서 신청하지 못한 증거는 다음 각 호의 어느 하나에 해당하는 경우에 한하여 공판기일에 신청할 수 있다.
1. 그 신청으로 인하여 소송을 현저히 지연시키지 아니하는 때
2. 중대한 과실 없이 공판준비기일에 제출하지 못하는 등 부득이한 사유를 소명한 때

② 제1항에도 불구하고 법원은 직권으로 증거를 조사할 수 있다.

제266조의14 【준용규정】 제305조는 공판준비기일의 재개에 관하여 준용한다.

제266조의15 【기일간 공판준비절차】 법원은 쟁점 및 증거의 정리를 위하여 필요한 경우에는 제1회 공판기일 후에도 사건을 공판준비절차에 부칠 수 있다. 이 경우 기일전 공판준비절차에 관한 규정을 준용한다.

제266조의16 【열람·등사된 서류등의 남용금지】 ① 피고인 또는 변호인(피고인 또는 변호인이었던 자를 포함한다. 이하 이 조에서 같다)은 검사가 열람 또는 등사하도록 한 제266조의3 제1항에 따른 서면 및 서류등의 사본을 당해 사건 또는 관련 소송의 준비에 사용할 목적이 아닌 다른 목적으로 다른 사람에게 교부 또는 제시(전기통신설비를 이용하여 제공하는 것을 포함한다)하여서는 아니 된다.

② 피고인 또는 변호인이 제1항을 위반하는 때에는 1년 이하의 징역 또는 500만원 이하의 벌금에 처한다.

제266조의17 【비디오 등 중계장치 등에 의한 공판준비기일】 ① 법원은 피고인이 출석하지 아니하는 경우 상당하다고 인정하는 때에는 검사와 변호인의 의견을 들어 비디오 등 중계장치에 의한 중계시설을 통하거나 인터넷 화상장치를 이용하여 공판준비기일을 열 수 있다.

② 제1항에 따른 기일은 검사와 변호인이 법정에 출석하여 이루어진 공판준비기일로 본다.

③ 제1항에 따른 기일의 절차와 방법, 그 밖에 필요한 사항은 대법원규칙으로 정한다.

> 제123조의13 【비디오 등 중계장치 등에 의한 공판준비기일】
> ① 법 제266조의17 제1항에 따른 공판준비기일(이하 "영상공판준비기일"이라 한다)은 검사, 변호인을 비디오 등 중계장치에 의한 중계시설에 출석하게 하거나 인터넷 화상장치를 이용하여 지정된 인터넷주소에 접속하게 하고, 영상과 음향의 송수신에 의하여 법관, 검사, 변호인이 상대방을 인식할 수 있는 방법으로 한다.
> ② 제1항의 비디오 등 중계장치에 의한 중계시설은 법원 청사 안에 설치하되, 필요한 경우 법원 청사 밖의 적당한 곳에 설치할 수 있다.
> ③ 법원은 제2항 후단에 따라 비디오 등 중계장치에 의한 중계시설이 설치된 관공서나 그 밖의 공사단체의 장에게 영상공판준비기일의 원활한 진행에 필요한 조치를 요구할 수 있다.
> ④ 영상공판준비기일에서의 서류 등의 제시는 비디오 등 중계장치에 의한 중계시설이나 인터넷 화상장치를 이용하거나 모사전송, 전자우편, 그 밖에 이에 준하는 방법으로 할 수 있다.
> ⑤ 인터넷 화상장치를 이용하는 경우 영상공판준비기일에 지정된 인터넷 주소에 접속하지 아니한 때에는 불출석한 것으로 본다. 다만, 당사자가 책임질 수 없는 사유로 접속할 수 없었

⑥ 통신불량, 소음, 서류 등 확인의 불편, 제3자 관여 우려 등의 사유로 영상공판준비기일의 실시가 상당하지 아니한 당사자가 있는 경우 법원은 기일을 연기 또는 속행하면서 그 당사자가 법정에 직접 출석하는 기일을 지정할 수 있다.
⑦ 법원조직법 제58조 제2항에 따른 명령을 위반하는 행위, 같은 법 제59조에 위반하는 행위, 심리방해행위 또는 재판의 위신을 현저히 훼손하는 행위가 있는 경우 감치 또는 과태료에 처하는 재판에 관하여는 법정등의질서유지를위한재판에관한규칙에 따른다.
⑧ 영상공판준비기일을 실시한 경우 그 취지를 조서에 적어야 한다.

제267조【공판기일의 지정】① 재판장은 공판기일을 정하여야 한다.
② 공판기일에는 피고인, 대표자 또는 대리인을 소환하여야 한다.
③ 공판기일은 검사, 변호인과 보조인에게 통지하여야 한다.

제124조【공판개정시간의 구분 지정】재판장은 가능한 한 각 사건에 대한 공판개정시간을 구분하여 지정하여야 한다.

제267조의2【집중심리】① 공판기일의 심리는 집중되어야 한다.
② 심리에 2일 이상이 필요한 경우에는 부득이한 사정이 없는 한 매일 계속 개정하여야 한다.
③ 재판장은 여러 공판기일을 일괄하여 지정할 수 있다.
④ 재판장은 부득이한 사정으로 매일 계속 개정하지 못하는 경우에도 특별한 사정이 없는 한 전회의 공판기일부터 14일 이내로 다음 공판기일을 지정하여야 한다.
⑤ 소송관계인은 기일을 준수하고 심리에 지장을 초래하지 아니하도록 하여야 하며, 재판장은 이에 필요한 조치를 할 수 있다.

제124조의2【일괄 기일 지정과 당사자의 의견 청취】재판장은 법 제267조의2 제3항의 규정에 의하여 여러 공판기일을 일괄하여 지정할 경우에는 검사, 피고인 또는 변호인의 의견을 들어야 한다.

제268조【소환장송달의 의제】법원의 구내에 있는 피고인에 대하여 공판기일을 통지한 때에는 소환장송달의 효력이 있다.

제269조【제1회 공판기일의 유예기간】① 제1회 공판기일은 소환장의 송달 후 5일 이상의 유예기간을 두어야 한다.
② 피고인이 이의없는 때에는 전항의 유예기간을 두지 아니할 수 있다.

제270조【공판기일의 변경】① 재판장은 직권 또는 검사, 피고인이나 변호인의 신청에 의하여 공판기일을 변경할 수 있다.
② 공판기일 변경신청을 기각한 명령은 송달하지 아니한다.

제125조【공판기일 변경신청】법 제270조 제1항에 규정한 공판기일 변경신청에는 공판기일의 변경을 필요로 하는 사유와 그 사유가 계속되리라고 예상되는 기간을 명시하여야 하며 진단서 기타의 자료로써 이를 소명하여야 한다.

제271조【불출석사유, 자료의 제출】공판기일에 소환 또는 통지서를 받은 자가 질병 기타의 사유로 출석하지 못할 때에는 의사의 진단서 기타의 자료를 제출하여야 한다.

제272조【공무소등에 대한 조회】① 법원은 직권 또는 검사, 피고인이나 변호인의 신청에 의하여 공무소 또는 공사단체에 조회하여 필요한 사항의 보고 또는 그 보관서류의 송부를 요구할 수 있다.
② 전항의 신청을 기각함에는 결정으로 하여야 한다.

제132조의4【보관서류에 대한 송부요구】① 법 제272조에 따른 보관서류의 송부요구신청은 법원, 검찰청, 수사처, 기타의 공무소 또는 공사단체(이하 "법원등"이라고 한다)가 보관하고 있는 서류의 일부에 대하여도 할 수 있다.
② 제1항의 신청을 받은 법원이 송부요구신청을 채택하는 경우에는 서류를 보관하고 있는 법원 등에 대하여 그 서류 중 신청인 또는 변호인이 지정하는 부분의 인증등본을 송부하여 줄 것을 요구할 수 있다.
③ 제2항의 규정에 의한 요구를 받은 법원 등은 당해 서류를 보관하고 있지 아니하거나 기타 송부요구에 응할 수 없는 사정이 있는 경우를 제외하고는 신청인 또는 변호인에게 당해 서류를 열람하게 하여 필요한 부분을 지정할 수 있도록 하여야 하며 정당한 이유없이 이에 대한 협력을 거절하지 못한다.
④ 서류의 송부요구를 받은 법원 등이 당해 서류를 보관하고 있지 아니하거나 기타 송부요구에 응할 수 없는 사정이 있는 때에는 그 사유를 요구법원에 통지하여야 한다.

제132조의5【민감정보 등의 처리】① 법원은 재판업무 및 그에 부수하는 업무의 수행을 위하여 필요한 경우「개인정보 보호법」제23조의 민감정보, 제24조의 고유식별정보, 제24조의2의 주민등록번호 및 그 밖의 개인정보를 처리할 수 있다.
② 법원은 필요하다고 인정하는 경우 법 제272조에 따라 법원 등에 대하여 제1항의 민감정보, 고유식별정보, 주민등록번호 및 그 밖의 개인정보가 포함된 자료의 송부를 요구할 수 있다.
③ 제2항에 따른 송부에 관하여는 제132조의4 제2항부터 제4항까지의 규정을 준용한다.

제273조【공판기일 전의 증거조사】① 법원은 검사, 피고인 또는 변호인의 신청에 의하여 공판준비에 필요하다고 인정한 때에는 공판기일 전에 피고인 또는 증인을 신문할 수 있고 검증, 감정 또는 번역을 명할 수 있다.
② 재판장은 부원으로 하여금 전항의 행위를 하게 할 수 있다.
③ 제1항의 신청을 기각함에는 결정으로 하여야 한다.

제274조【당사자의 공판기일 전의 증거제출】검사, 피고인 또는 변호인은 공판기일 전에 서류나 물건을 증거로 법원에 제출할 수 있다.

제275조【공판정의 심리】① 공판기일에는 공판정에서 심리한다.
② 공판정은 판사와 검사, 법원사무관등이 출석하여 개정한다.
③ 검사의 좌석과 피고인 및 변호인의 좌석은 대등하며, 법대의 좌우측에 마주 보고 위치하고, 증인의 좌석은 법대의 정면에 위치한다. 다만, 피고인신문을 하는 때에는 피고인은 증인석에 좌석한다.

제275조의2【피고인의 무죄추정】피고인은 유죄의 판결이 확정될 때까지는 무죄로 추정된다.

제275조의3【구두변론주의】공판정에서의 변론은 구두로 하여야 한다.

> 제125조의2【변론의 방식】공판정에서의 변론은 구체적이고 명료하게 하여야 한다.
>
> 제177조의2【기일 외 주장 등의 금지】① 소송관계인은 기일 외에서 구술, 전화, 휴대전화 문자전송, 그 밖에 이와 유사한 방법으로 신체구속, 공소사실 또는 양형에 관하여 법률상·사실상 주장을 하는 등 법령이나 재판장의 지휘에 어긋나는 절차와 방식으로 소송행위를 하여서는 아니 된다.
> ② 재판장은 제1항을 어긴 소송관계인에게 주의를 촉구하고 기일에서 그 위반사실을 알릴 수 있다.

제276조【피고인의 출석권】피고인이 공판기일에 출석하지 아니한 때에는 특별한 규정이 없으면 개정하지 못한다. 단, 피고인이 법인인 경우에는 대리인을 출석하게 할 수 있다.

제276조의2【장애인 등 특별히 보호를 요하는 자에 대한 특칙】
① 재판장 또는 법관은 피고인을 신문하는 경우 다음 각 호의 어느 하나에 해당하는 때에는 직권 또는 피고인·법정대리인·검사의 신청에 따라 피고인과 신뢰관계에 있는 자를 동석하게 할 수 있다.
1. 피고인이 신체적 또는 정신적 장애로 사물을 변별하거나 의사를 결정·전달할 능력이 미약한 경우
2. 피고인의 연령·성별·국적 등의 사정을 고려하여 그 심리적 안정의 도모와 원활한 의사소통을 위하여 필요한 경우
② 제1항에 따라 동석할 수 있는 신뢰관계에 있는 자의 범위, 동석의 절차 및 방법 등에 관하여 필요한 사항은 대법원규칙으로 정한다.

> 제126조의2【신뢰관계 있는 자의 동석】① 법 제276조의2 제1항에 따라 피고인과 동석할 수 있는 신뢰관계에 있는 자는 피고인의 배우자, 직계친족, 형제자매, 가족, 동거인, 고용주 그 밖에 피고인의 심리적 안정과 원활한 의사소통에 도움을 줄 수 있는 자를 말한다.
> ② 법 제276조의2 제1항에 따른 동석 신청에는 동석하고자 하는 자와 피고인 사이의 관계, 동석이 필요한 사유 등을 밝혀야 한다.
> ③ 피고인과 동석한 신뢰관계에 있는 자는 재판의 진행을 방해하여서는 아니되며, 재판장은 동석한 신뢰관계 있는 자가 부당하게 재판의 진행을 방해하는 때에는 동석을 중지시킬 수 있다.

제277조【경미사건 등과 피고인의 불출석】다음 각 호의 어느 하나에 해당하는 사건에 관하여는 피고인의 출석을 요하지 아니한다. 이 경우 피고인은 대리인을 출석하게 할 수 있다.
1. 다액 500만원 이하의 벌금 또는 과료에 해당하는 사건
2. 공소기각 또는 면소의 재판을 할 것이 명백한 사건
3. 장기 3년 이하의 징역 또는 금고, 다액 500만원을 초과하는 벌금 또는 구류에 해당하는 사건에서 피고인의 불출석허가신청이 있고 법원이 피고인의 불출석이 그의 권리를 보호함에 지장이 없다고 인정하여 이를 허가한 사건. 다만, 제284조에 따른 절차를 진행하거나 판결을 선고하는 공판기일에는 출석하여야 한다.
4. 제453조 제1항에 따라 피고인만이 정식재판의 청구를 하여 판결을 선고하는 사건

> 제126조【피고인의 대리인의 대리권】피고인이 법 제276조 단서 또는 법 제277조에 따라 공판기일에 대리인을 출석하게 할 때에는 그 대리인에게 대리권을 수여한 사실을 증명하는 서면을 법원에 제출하여야 한다.
>
> 제126조의3【불출석의 허가와 취소】① 법 제277조 제3호에 규정한 불출석허가신청은 공판기일에 출석하여 구술로 하거나 공판기일 외에서 서면으로 할 수 있다.
> ② 법원은 피고인의 불출석허가신청에 대한 허가 여부를 결정하여야 한다.
> ③ 법원은 피고인의 불출석을 허가한 경우에도 피고인의 권리 보호 등을 위하여 그 출석이 필요하다고 인정되는 때에는 불출석 허가를 취소할 수 있다.

제277조의2【피고인의 출석거부와 공판절차】① 피고인이 출석하지 아니하면 개정하지 못하는 경우에 구속된 피고인이 정당한 사유없이 출석을 거부하고, 교도관에 의한 인치가 불가능하거나 현저히 곤란하다고 인정되는 때에는 피고인의 출석 없이 공판절차를 진행할 수 있다.
② 제1항의 규정에 의하여 공판절차를 진행할 경우에는 출석한 검사 및 변호인의 의견을 들어야 한다.

> 제126조의4【출석거부의 통지】법 제277조의2의 사유가 발생하는 경우에는 교도소장은 즉시 그 취지를 법원에 통지하여야 한다.

제126조의5 【출석거부에 관한 조사】 ① 법원이 법 제277조의2에 따라 피고인의 출석 없이 공판절차를 진행하고자 하는 경우에는 미리 그 사유가 존재하는가의 여부를 조사하여야 한다.
② 법원이 제1항의 조사를 함에 있어서 필요하다고 인정하는 경우에는 교도관리 기타 관계자의 출석을 명하여 진술을 듣거나 그들로 하여금 보고서를 제출하도록 명할 수 있다.
③ 법원은 합의부원으로 하여금 제1항의 조사를 하게 할 수 있다.

제278조 【검사의 불출석】 검사가 공판기일의 통지를 2회 이상 받고 출석하지 아니하거나 판결만을 선고하는 때에는 검사의 출석 없이 개정할 수 있다.

제126조의6 【피고인 또는 검사의 출석없이 공판절차를 진행한다는 취지의 고지】 법 제277조의2의 규정에 의하여 피고인의 출석없이 공판절차를 진행하는 경우 또는 법 제278조의 규정에 의하여 검사의 2회 이상 불출석으로 공판절차를 진행하는 경우에는 재판장은 공판정에서 소송관계인에게 그 취지를 고지하여야 한다.

제279조 【재판장의 소송지휘권】 공판기일의 소송지휘는 재판장이 한다.

제141조 【석명권등】 ① 재판장은 소송관계를 명료하게 하기 위하여 검사, 피고인 또는 변호인에게 사실상과 법률상의 사항에 관하여 석명을 구하거나 입증을 촉구할 수 있다.
② 합의부원은 재판장에게 고하고 제1항의 조치를 할 수 있다.
③ 검사, 피고인 또는 변호인은 재판장에 대하여 제1항의 석명을 위한 발문을 요구할 수 있다.

제279조의2 【전문심리위원의 참여】 ① 법원은 소송관계를 분명하게 하거나 소송절차를 원활하게 진행하기 위하여 필요한 경우에는 직권으로 또는 검사, 피고인 또는 변호인의 신청에 의하여 결정으로 전문심리위원을 지정하여 공판준비 및 공판기일 등 소송절차에 참여하게 할 수 있다.
② 전문심리위원은 전문적인 지식에 의한 설명 또는 의견을 기재한 서면을 제출하거나 기일에 전문적인 지식에 의하여 설명이나 의견을 진술할 수 있다. 다만, 재판의 합의에는 참여할 수 없다.
③ 전문심리위원은 기일에 재판장의 허가를 받아 피고인 또는 변호인, 증인 또는 감정인 등 소송관계인에게 소송관계를 분명하게 하기 위하여 필요한 사항에 관하여 직접 질문할 수 있다.
④ 법원은 제2항에 따라 전문심리위원이 제출한 서면이나 전문심리위원의 설명 또는 의견의 진술에 관하여 검사, 피고인 또는 변호인에게 구술 또는 서면에 의한 의견진술의 기회를 주어야 한다.

제126조의7 【전문심리위원의 지정】 법원은 전문심리위원규칙에 따라 정해진 전문심리위원 후보자 중에서 전문심리위원을 지정하여야 한다.

제126조의8 【기일 외의 전문심리위원에 대한 설명 등의 요구와 통지】 재판장이 기일 외에서 전문심리위원에 대하여 설명 또는 의견을 요구한 사항이 소송관계를 분명하게 하는 데 중요한 사항일 때에는 법원사무관 등은 검사, 피고인 또는 변호인에게 그 사항을 통지하여야 한다.

제126조의9 【서면의 사본 송부】 전문심리위원이 설명이나 의견을 기재한 서면을 제출한 경우에는 법원사무관 등은 검사, 피고인 또는 변호인에게 그 사본을 보내야 한다.

제126조의10 【전문심리위원에 대한 준비지시】 ① 재판장은 전문심리위원을 소송절차에 참여시키기 위하여 필요하다고 인정한 때에는 쟁점의 확인 등 적절한 준비를 지시할 수 있다.
② 재판장이 제1항의 준비를 지시한 때에는 법원사무관 등은 검사, 피고인 또는 변호인에게 그 취지를 통지하여야 한다.

제126조의11 【증인신문기일에서의 재판장의 조치】 재판장은 전문심리위원의 말이 증인의 증언에 영향을 미치지 않게 하기 위하여 필요하다고 인정할 때에는 직권 또는 검사, 피고인 또는 변호인의 신청에 따라 증인의 퇴정 등 적절한 조치를 취할 수 있다.

제126조의12 【조서의 기재】 ① 전문심리위원이 공판준비기일 또는 공판기일에 참여한 때에는 조서에 그 성명을 기재하여야 한다.
② 전문심리위원이 재판장, 수명법관 또는 수탁판사의 허가를 받아 소송관계인에게 질문을 한 때에는 조서에 그 취지를 기재하여야 한다.

제279조의3 【전문심리위원 참여결정의 취소】 ① 법원은 상당하다고 인정하는 때에는 검사, 피고인 또는 변호인의 신청이나 직권으로 제279조의2 제1항에 따른 결정을 취소할 수 있다.
② 법원은 검사와 피고인 또는 변호인이 합의하여 제279조의2 제1항의 결정을 취소할 것을 신청한 때에는 그 결정을 취소하여야 한다.

제126조의13 【전문심리위원 참여 결정의 취소 신청방식 등】 ① 법 제279조의2 제1항에 따른 결정의 취소 신청은 기일에서 하는 경우를 제외하고는 서면으로 하여야 한다.
② 제1항의 신청을 할 때에는 신청 이유를 밝혀야 한다. 다만, 검사와 피고인 또는 변호인이 동시에 신청할 때에는 그러하지 아니하다.

제279조의4 【전문심리위원의 지정 등】 ① 제279조의2 제1항에 따라 전문심리위원을 소송절차에 참여시키는 경우 법원은 검사, 피고인 또는 변호인의 의견을 들어 각 사건마다 1인 이

상의 전문심리위원을 지정한다.
② 전문심리위원에게는 대법원규칙으로 정하는 바에 따라 수당을 지급하고, 필요한 경우에는 그 밖의 여비, 일당 및 숙박료를 지급할 수 있다.
③ 그 밖에 전문심리위원의 지정에 관하여 필요한 사항은 대법원규칙으로 정한다.

제279조의5【전문심리위원의 제척 및 기피】① 제17조부터 제20조까지 및 제23조는 전문심리위원에게 준용한다.
② 제척 또는 기피 신청이 있는 전문심리위원은 그 신청에 관한 결정이 확정될 때까지 그 신청이 있는 사건의 소송절차에 참여할 수 없다. 이 경우 전문심리위원은 해당 제척 또는 기피 신청에 대하여 의견을 진술할 수 있다.

제279조의6【수명법관 등의 권한】수명법관 또는 수탁판사가 소송절차를 진행하는 경우에는 제279조의2 제2항부터 제4항까지의 규정에 따른 법원 및 재판장의 직무는 그 수명법관이나 수탁판사가 행한다.

> 제126조의14【수명법관 등의 권한】수명법관 또는 수탁판사가 소송절차를 진행하는 경우에는 제126조의10부터 제126조의12까지의 규정에 따른 재판장의 직무는 그 수명법관이나 수탁판사가 행한다.

제279조의7【비밀누설죄】전문심리위원 또는 전문심리위원이었던 자가 그 직무수행 중에 알게 된 다른 사람의 비밀을 누설한 때에는 2년 이하의 징역이나 금고 또는 1천만원 이하의 벌금에 처한다.

제279조의8【벌칙 적용에서의 공무원 의제】전문심리위원은 「형법」제129조부터 제132조까지의 규정에 따른 벌칙의 적용에서는 공무원으로 본다.

제280조【공판정에서의 신체구속의 금지】공판정에서는 피고인의 신체를 구속하지 못한다. 다만, 재판장은 피고인이 폭력을 행사하거나 도망할 염려가 있다고 인정하는 때에는 피고인의 신체의 구속을 명하거나 기타 필요한 조치를 할 수 있다.

제281조【피고인의 재정의무, 법정경찰권】① 피고인은 재판장의 허가없이 퇴정하지 못한다.
② 재판장은 피고인의 퇴정을 제지하거나 법정의 질서를 유지하기 위하여 필요한 처분을 할 수 있다.

제282조【필요적 변호】제33조 제1항 각 호의 어느 하나에 해당하는 사건 및 같은 조 제2항·제3항의 규정에 따라 변호인이 선정된 사건에 관하여는 변호인 없이 개정하지 못한다. 단, 판결만을 선고할 경우에는 예외로 한다.

제283조【국선변호인】제282조 본문의 경우 변호인이 출석하지 아니한 때에는 법원은 직권으로 변호인을 선정하여야 한다.

제283조의2【피고인의 진술거부권】① 피고인은 진술하지 아니하거나 개개의 질문에 대하여 진술을 거부할 수 있다.
② 재판장은 피고인에게 제1항과 같이 진술을 거부할 수 있음을 고지하여야 한다.

> 제127조【피고인에 대한 진술거부권 등의 고지】재판장은 법 제284조에 따른 인정신문을 하기 전에 피고인에게 진술을 하지 아니하거나 개개의 질문에 대하여 진술을 거부할 수 있고, 이익되는 사실을 진술할 수 있음을 알려 주어야 한다.

제284조【인정신문】재판장은 피고인의 성명, 연령, 등록기준지, 주거와 직업을 물어서 피고인임에 틀림없음을 확인하여야 한다.

제285조【검사의 모두진술】검사는 공소장에 의하여 공소사실·죄명 및 적용법조를 낭독하여야 한다. 다만, 재판장은 필요하다고 인정하는 때에는 검사에게 공소의 요지를 진술하게 할 수 있다.

제286조【피고인의 모두진술】① 피고인은 검사의 모두진술이 끝난 뒤에 공소사실의 인정 여부를 진술하여야 한다. 다만, 피고인이 진술거부권을 행사하는 경우에는 그러하지 아니하다.
② 피고인 및 변호인은 이익이 되는 사실 등을 진술할 수 있다.

> 제127조의2【피고인의 모두진술】① 재판장은 법 제285조에 따른 검사의 모두진술 절차를 마친 뒤에 피고인에게 공소사실을 인정하는지 여부에 관하여 물어야 한다.
> ② 피고인 및 변호인은 공소에 관한 의견 그밖에 이익이 되는 사실 등을 진술할 수 있다.

제286조의2【간이공판절차의 결정】피고인이 공판정에서 공소사실에 대하여 자백한 때에는 법원은 그 공소사실에 한하여 간이공판절차에 의하여 심판할 것을 결정할 수 있다.

> 제131조【간이공판절차의 결정전의 조치】법원이 법 제286조의2의 규정에 의한 결정을 하고자 할 때에는 재판장은 이미 피고인에게 간이공판절차의 취지를 설명하여야 한다.

제286조의3【결정의 취소】법원은 전조의 결정을 한 사건에 대하여 피고인의 자백이 신빙할 수 없다고 인정되거나 간이공판절차로 심판하는 것이 현저히 부당하다고 인정할 때에는 검사의 의견을 들어 그 결정을 취소하여야 한다.

제287조【재판장의 쟁점정리 및 검사·변호인의 증거관계 등에 대한 진술】① 재판장은 피고인의 모두진술이 끝난 다음에 피고인 또는 변호인에게 쟁점의 정리를 위하여 필요한 질문을 할 수 있다.

② 재판장은 증거조사를 하기에 앞서 검사 및 변호인으로 하여금 공소사실 등의 증명과 관련된 주장 및 입증계획 등을 진술하게 할 수 있다. 다만, 증거로 할 수 없거나 증거로 신청할 의사가 없는 자료에 기초하여 법원에 사건에 대한 예단 또는 편견을 발생하게 할 염려가 있는 사항은 진술할 수 없다.

제288조 삭제 〈1961. 9. 1.〉

제289조 삭제 〈2007. 6. 1.〉

제290조【증거조사】증거조사는 제287조에 따른 절차가 끝난 후에 실시한다.

제291조【동전】① 소송관계인이 증거로 제출한 서류나 물건 또는 제272조, 제273조의 규정에 의하여 작성 또는 송부된 서류는 검사, 변호인 또는 피고인이 공판정에서 개별적으로 지시설명하여 조사하여야 한다.
② 재판장은 직권으로 전항의 서류나 물건을 공판정에서 조사할 수 있다.

제291조의2【증거조사의 순서】① 법원은 검사가 신청한 증거를 조사한 후 피고인 또는 변호인이 신청한 증거를 조사한다.
② 법원은 제1항에 따른 조사가 끝난 후 직권으로 결정한 증거를 조사한다.
③ 법원은 직권 또는 검사, 피고인·변호인의 신청에 따라 제1항 및 제2항의 순서를 변경할 수 있다.

제292조【증거서류에 대한 조사방식】① 검사, 피고인 또는 변호인의 신청에 따라 증거서류를 조사하는 때에는 신청인이 이를 낭독하여야 한다.
② 법원이 직권으로 증거서류를 조사하는 때에는 소지인 또는 재판장이 이를 낭독하여야 한다.
③ 재판장은 필요하다고 인정하는 때에는 제1항 및 제2항에도 불구하고 내용을 고지하는 방법으로 조사할 수 있다.
④ 재판장은 법원사무관등으로 하여금 제1항부터 제3항까지의 규정에 따른 낭독이나 고지를 하게 할 수 있다.
⑤ 재판장은 열람이 다른 방법보다 적절하다고 인정하는 때에는 증거서류를 제시하여 열람하게 하는 방법으로 조사할 수 있다.

> 제134조의6【증거서류에 대한 조사방법】① 법 제292조 제3항에 따른 증거서류 내용의 고지는 그 요지를 고지하는 방법으로 한다.
> ② 재판장은 필요하다고 인정하는 때에는 법 제292조 제1항·제2항·제4항의 낭독에 갈음하여 그 요지를 진술하게 할 수 있다.
> 제135조【자백의 조사 시기】법 제312조 및 법 제313조에 따라 증거로 할 수 있는 피고인 또는 피고인 아닌 자의 진술을 기재

한 조서 또는 서류가 피고인의 자백 진술을 내용으로 하는 경우에는 범죄사실에 관한 다른 증거를 조사한 후에 이를 조사하여야 한다.

제292조의2【증거물에 대한 조사방식】① 검사, 피고인 또는 변호인의 신청에 따라 증거물을 조사하는 때에는 신청인이 이를 제시하여야 한다.
② 법원이 직권으로 증거물을 조사하는 때에는 소지인 또는 재판장이 이를 제시하여야 한다.
③ 재판장은 법원사무관등으로 하여금 제1항 및 제2항에 따른 제시를 하게 할 수 있다.

제292조의3【그 밖의 증거에 대한 조사방식】도면·사진·녹음테이프·비디오테이프·컴퓨터용디스크, 그 밖에 정보를 담기 위하여 만들어진 물건으로서 문서가 아닌 증거의 조사에 관하여 필요한 사항은 대법원규칙으로 정한다.

> 제134조의7【컴퓨터용디스크 등에 기억된 문자정보 등에 대한 증거조사】① 컴퓨터용디스크 그밖에 이와 비슷한 정보저장매체(다음부터 이 조문 안에서 이 모두를 "컴퓨터디스크 등"이라 한다)에 기억된 문자정보를 증거자료로 하는 경우에는 읽을 수 있도록 출력하여 인증한 등본을 낼 수 있다.
> ② 컴퓨터디스크 등에 기억된 문자정보를 증거로 하는 경우에 증거조사를 신청한 당사자는 법원이 명하거나 상대방이 요구한 때에는 컴퓨터디스크 등에 입력한 사람과 입력한 일시, 출력한 사람과 출력한 일시를 밝혀야 한다.
> ③ 컴퓨터디스크 등에 기억된 정보가 도면·사진 등에 관한 것인 때에는 제1항과 제2항의 규정을 준용한다.
> 제134조의8【음성·영상자료 등에 대한 증거조사】① 녹음·녹화테이프, 컴퓨터용디스크, 그밖에 이와 비슷한 방법으로 음성이나 영상을 녹음 또는 녹화(다음부터 이 조문 안에서 "녹음·녹화 등"이라 한다)하여 재생할 수 있는 매체(다음부터 이 조문 안에서 "녹음·녹화매체 등"이라 한다)에 대한 증거조사를 신청하는 때에는 음성이나 영상이 녹음·녹화 등이 된 사람, 녹음·녹화 등을 한 사람 및 녹음·녹화 등을 한 일시·장소를 밝혀야 한다.
> ② 녹음·녹화매체 등에 대한 증거조사를 신청한 당사자는 법원이 명하거나 상대방이 요구한 때에는 녹음·녹음매체 등의 녹취서, 그밖에 그 내용을 설명하는 서면을 제출하여야 한다.
> ③ 녹음·녹화매체 등에 대한 증거조사는 녹음·녹화매체 등을 재생하여 청취 또는 시청하는 방법으로 한다.
> ④ 제3항의 경우 재판장은 검사, 피고인 또는 변호인의 의견을 들어 녹음·녹화매체 등의 중요 부분만을 재생하여 청취 또는 시청할 수 있다.
> 제134조의9【준용규정】도면·사진 그밖에 정보를 담기 위하여 만들어진 물건으로서 문서가 아닌 증거의 조사에 관하여는 특별한 규정이 없으면 법 제292조, 법 제292조의2의 규정을 준용한다.

제293조【증거조사 결과와 피고인의 의견】 재판장은 피고인에게 각 증거조사의결과에 대한 의견을 묻고 권리를 보호함에 필요한 증거조사를 신청할 수 있음을 고지하여야 한다.

제294조【당사자의 증거신청】① 검사, 피고인 또는 변호인은 서류나 물건을 증거로 제출할 수 있고, 증인·감정인·통역인 또는 번역인의 신문을 신청할 수 있다.
② 법원은 검사, 피고인 또는 변호인이 고의로 증거를 뒤늦게 신청함으로써 공판의 완결을 지연하는 것으로 인정할 때에는 직권 또는 상대방의 신청에 따라 결정으로 이를 각하할 수 있다.

제132조【증거의 신청】① 검사, 피고인 또는 변호인은 특별한 사정이 없는 한 증거를 일괄하여 신청하여야 한다.
② 검사, 피고인 또는 변호인은 증명하려는 사실과 관련되고 그 사실의 증명에 필요한 증거만을 선별하여 신청하여야 한다.
③ 법원은 제1항 및 제2항을 위반하거나 재판에 부당한 지연을 초래하는 증거신청을 기각할 수 있다.

제132조의2【증거신청의 방식】① 검사, 피고인 또는 변호인이 증거신청을 함에 있어서는 그 증거와 증명하고자 하는 사실과의 관계를 구체적으로 명시하여야 한다.
② 피고인의 자백을 보강하는 증거나 정상에 관한 증거는 보강증거 또는 정상에 관한 증거라는 취지를 특히 명시하여 그 조사를 신청하여야 한다.
③ 서류나 물건의 일부에 대한 증거신청을 함에 있어서는 증거로 할 부분을 특정하여 명시하여야 한다.
④ 법원은 필요하다고 인정할 때에는 증거신청을 한 자에게 신문할 증인, 감정인, 통역인 또는 번역인의 성명, 주소, 서류나 물건의 표목 및 제1항 내지 제3항에 규정된 사항을 기재한 서면의 제출을 명할 수 있다.
⑤ 제1항 내지 제4항의 규정에 위반한 증거신청은 이를 기각할 수 있다.

제132조의3【수사기록의 일부에 대한 증거신청방식】① 법 제311조부터 법 제315조까지 또는 법 제318조에 따라 증거로 할 수 있는 서류나 물건이 수사기록의 일부인 때에는 검사는 이를 특정하여 개별적으로 제출함으로써 그 조사를 신청하여야 한다. 수사기록의 일부인 서류나 물건을 자백에 대한 보강증거나 피고인의 정상에 관한 증거로 낼 경우 또는 법 제274조에 따라 공판기일전에 서류나 물건을 낼 경우에도 이와 같다.
② 제1항의 규정에 위반한 증거신청은 이를 기각할 수 있다.

제133조【증거신청의 순서】 증거신청은 검사가 먼저 이를 한 후 다음에 피고인 또는 변호인이 이를 한다.

제294조의2【피해자등의 진술권】① 법원은 범죄로 인한 피해자 또는 그 법정대리인(피해자가 사망한 경우에는 배우자·직계친족·형제자매를 포함한다. 이하 이 조에서 "피해자등"이라 한다)의 신청이 있는 때에는 그 피해자등을 증인으로 신문하여야 한다. 다만, 다음 각 호의 어느 하나에 해당하는 경우에는 그러하지 아니하다.
1. 삭제 〈2007. 6. 1.〉
2. 피해자등 이미 당해 사건에 관하여 공판절차에서 충분히 진술하여 다시 진술할 필요가 없다고 인정되는 경우
3. 피해자등의 진술로 인하여 공판절차가 현저하게 지연될 우려가 있는 경우
② 법원은 제1항에 따라 피해자등을 신문하는 경우 피해의 정도 및 결과, 피고인의 처벌에 관한 의견, 그 밖에 당해 사건에 관한 의견을 진술할 기회를 주어야 한다.
③ 법원은 동일한 범죄사실에서 제1항의 규정에 의한 신청인이 여러 명인 경우에는 진술할 자의 수를 제한할 수 있다.
④ 제1항의 규정에 의한 신청인이 출석통지를 받고도 정당한 이유없이 출석하지 아니한 때에는 그 신청을 철회한 것으로 본다.

제294조의3【피해자 진술의 비공개】① 법원은 범죄로 인한 피해자를 증인으로 신문하는 경우 당해 피해자·법정대리인 또는 검사의 신청에 따라 피해자의 사생활의 비밀이나 신변보호를 위하여 필요하다고 인정하는 때에는 결정으로 심리를 공개하지 아니할 수 있다.
② 제1항의 결정은 이유를 붙여 고지한다.
③ 법원은 제1항의 결정을 한 경우에도 적당하다고 인정되는 자의 재정(在廷)을 허가할 수 있다.

제134조의10【피해자등의 의견진술】① 법원은 필요하다고 인정하는 경우에는 직권으로 또는 법 제294조의2 제1항에 정한 피해자등(이하 이 조 및 제134조의11에서 '피해자등'이라 한다)의 신청에 따라 피해자등을 공판기일에 출석하게 하여 법 제294조의2 제2항에 정한 사항으로서 범죄사실의 인정에 해당하지 않는 사항에 관하여 증인신문에 의하지 아니하고 의견을 진술하게 할 수 있다.
② 재판장은 재판의 진행상황 등을 고려하여 피해자등의 의견진술에 관한 사항과 그 시간을 미리 정할 수 있다.
③ 재판장은 피해자등의 의견진술에 대하여 그 취지를 명확하게 하기 위하여 피해자등에게 질문할 수 있고, 설명을 촉구할 수 있다.
④ 합의부원은 재판장에게 알리고 제3항의 행위를 할 수 있다.
⑤ 검사, 피고인 또는 변호인은 피해자등이 의견을 진술한 후 그 취지를 명확하게 하기 위하여 재판장의 허가를 받아 피해자등에게 질문할 수 있다.
⑥ 재판장은 다음 각 호의 어느 하나에 해당하는 경우에는 피해자등의 의견진술이나 검사, 피고인 또는 변호인의 피해자등에 대한 질문을 제한할 수 있다.

1. 피해자등이나 피해자 변호사가 이미 해당 사건에 관하여 충분히 진술하여 다시 진술할 필요가 없다고 인정되는 경우
2. 의견진술 또는 질문으로 인하여 공판절차가 현저하게 지연될 우려가 있다고 인정되는 경우
3. 의견진술과 질문이 해당 사건과 관계없는 사항에 해당된다고 인정되는 경우
4. 범죄사실의 인정에 관한 것이거나, 그 밖의 사유로 피해자등의 의견진술로서 상당하지 아니하다고 인정되는 경우

⑦ 제1항의 경우 법 제163조의2 제1항, 제3항 및 제84조의3을 준용한다.

제134조의11【의견진술에 갈음한 서면의 제출】 ① 재판장은 재판의 진행상황, 그 밖의 사정을 고려하여 피해자등에게 제134조의10 제1항의 의견진술에 갈음하여 의견을 기재한 서면을 제출하게 할 수 있다.
② 피해자등의 의견진술에 갈음하는 서면이 법원에 제출된 때에는 검사 및 피고인 또는 변호인에게 그 취지를 통지하여야 한다.
③ 제1항에 따라 서면이 제출된 경우 재판장은 공판기일에서 의견진술에 갈음하는 서면의 취지를 명확하게 하여야 한다. 이 경우 재판장은 상당하다고 인정하는 때에는 그 서면을 낭독하거나 요지를 고지할 수 있다.
④ 제2항의 통지는 서면, 전화, 전자우편, 모사전송, 휴대전화 문자전송 그 밖에 적당한 방법으로 할 수 있다.

제134조의12【의견진술·의견진술에 갈음한 서면】 제134조의10 제1항에 따른 진술과 제134조의11제1항에 따른 서면은 범죄사실의 인정을 위한 증거로 할 수 없다.

제294조의4【피해자 등의 공판기록 열람·등사】 ① 소송계속 중인 사건의 피해자(피해자가 사망하거나 그 심신에 중대한 장애가 있는 경우에는 그 배우자·직계친족 및 형제자매를 포함한다), 피해자 본인의 법정대리인 또는 이들로부터 위임을 받은 피해자 본인의 배우자·직계친족·형제자매·변호사는 소송기록의 열람 또는 등사를 재판장에게 신청할 수 있다.
② 재판장은 제1항의 신청이 있는 때에는 지체 없이 검사, 피고인 또는 변호인에게 그 취지를 통지하여야 한다.
③ 재판장은 피해자 등의 권리구제 또는 제294조의2에 따른 진술권 보장을 위하여 필요하다고 인정하는 경우 소송기록의 열람 또는 등사를 허가하여야 한다. 다만, 제59조의2 제2항 제2호부터 제6호까지 중 어느 하나에 해당하는 경우 또는 심리의 상황을 고려하여 상당한 이유가 있는 경우에는 열람 또는 등사를 허가하지 아니할 수 있다.
④ 재판장이 제3항에 따라 등사를 허가하는 경우에는 등사한 소송기록의 사용목적을 제한하거나 적당하다고 인정하는 조건을 붙일 수 있다.
⑤ 재판장이 열람 또는 등사를 허가하지 아니하거나 사용 목적의 제한 또는 조건을 붙여 허가하는 경우에는 열람 또는 등사를 신청한 자에게 대법원규칙으로 정하는 바에 따라 그 이유를 통지하여야 한다.
⑥ 제1항에 따라 소송기록을 열람 또는 등사한 자는 열람 또는 등사에 의하여 알게 된 사항을 사용함에 있어서 부당히 관계인의 명예나 생활의 평온을 해하거나 수사와 재판에 지장을 주지 아니하도록 하여야 한다.
⑦ 제3항 및 제4항에 관한 재판에 대하여는 불복할 수 없다.

제294조의5【금전 공탁과 피해자 등의 의견 청취】 ① 법원은 피고인이 피해자의 권리 회복에 필요한 금전을 공탁한 경우에는 판결을 선고하기 전에 피해자 또는 그 법정대리인(피해자가 사망한 경우에는 배우자·직계친족·형제자매를 포함한다)의 의견을 들어야 한다. 다만, 그 의견을 청취하기 곤란한 경우로서 대법원규칙으로 정하는 특별한 사정이 있는 경우에는 그러하지 아니하다.
② 제1항에 따른 의견 청취의 방법·절차 및 그 밖에 필요한 사항은 대법원규칙으로 정한다.

제134조의13【금전 공탁에 대한 피해자등의 의견 청취】 ① 법원이 법 제294조의5 제1항 본문에 따라 피해자 또는 그 법정대리인(피해자가 사망한 경우에는 배우자·직계친족·형제자매를 포함한다. 이하 이 조에서 '피해자등'이라 한다)의 의견을 듣는 경우에는 다음 각 호의 어느 하나에 해당하는 방법으로 한다.
1. 검사 또는 피해자 변호사에게 의견조회서를 교부 또는 송부하여 그로부터 해당 의견조회서를 제출받는 방법
2. 서면·전화·전자우편·모사전송·휴대전화 문자전송 그 밖에 적당한 방법으로 피해자등의 의견을 확인하는 방법. 이 경우 법원사무관등은 의견 확인의 상대방·방법·연월일 및 피해자등이 제출한 의견(피해자등이 의견제출을 거절하는 등의 경우에는 그러한 취지)을 기재한 서면을 기록에 편철하여야 한다. 다만, 조서에 그 내용을 기재한 경우에는 그러하지 아니하다.

② 법 제294조의5 제1항 단서에서 "대법원규칙으로 정하는 특별한 사정이 있는 경우"란 다음 각 호의 어느 하나에 해당하는 경우를 말한다.
1. 피해자등이 이미 해당 사건에서 피고인의 공탁에 관하여 의사를 진술하여 다시 그 의사를 확인할 필요가 없는 경우
2. 피해자등의 의견 청취로 인하여 공판절차가 현저하게 지연될 우려가 있는 경우
3. 피공탁자의 인적사항을 확인할 수 없는 등의 사유로 피해자등의 의견을 듣기 곤란한 경우
4. 그 밖에 심리나 절차 진행의 상황 등에 비추어 피해자등의 의견을 듣기 곤란한 경우

③ 법 제294조의5에 따라 피해자등이 제출한 의견은 범죄사실의 인정을 위한 증거로 할 수 없다.

제295조【증거신청에 대한 결정】법원은 제294조 및 제294조의2의 증거신청에 대하여 결정을 하여야 하며 직권으로 증거조사를 할 수 있다.

제134조【증거결정의 절차】① 법원은 증거결정을 함에 있어서 필요하다고 인정할 때에는 그 증거에 대한 검사, 피고인 또는 변호인의 의견을 들을 수 있다.
② 법원은 서류 또는 물건이 증거로 제출된 경우에 이에 관한 증거결정을 함에 있어서는 제출한 자로 하여금 그 서류 또는 물건을 상대방에게 제시하게 하여 상대방으로 하여금 그 서류 또는 물건의 증거능력 유무에 관한 의견을 진술하게 하여야 한다. 다만, 법 제318조의3의 규정에 의하여 동의가 있는 것으로 간주되는 경우에는 그러하지 아니하다.
③ 삭제〈2021.12.31.〉
④ 법원은 증거신청을 기각·각하하거나 증거신청에 대한 결정을 보류하는 경우 증거신청인으로부터 당해 증거서류 또는 증거물을 제출받아서는 아니된다.

제296조【증거조사에 대한 이의신청】① 검사, 피고인 또는 변호인은 증거조사에 관하여 이의신청을 할 수 있다.
② 법원은 전항의 신청에 대하여 결정을 하여야 한다.

제135조의2【증거조사에 관한 이의신청의 사유】법 제296조 제1항의 규정에 의한 이의신청은 법령의 위반이 있거나 상당하지 아니함을 이유로 하여 이를 할 수 있다. 다만, 법 제295조의 규정에 의한 결정에 대한 이의신청은 법령의 위반이 있음을 이유로 하여서만 이를 할 수 있다.

제137조【이의신청의 방식과 시기】제135조의2 및 제136조에 규정한 이의신청(이하 이 절에서는 "이의신청"이라 한다)은 개개의 행위, 처분 또는 결정시마다 그 이유를 간결하게 명시하여 즉시 이를 하여야 한다.

제138조【이의신청에 대한 결정의 시기】이의신청에 대한 법 제296조 제2항 또는 법 제304조 제2항의 결정은 이의신청이 있은 후 즉시 이를 하여야 한다.

제139조【이의신청에 대한 결정의 방식】① 시기에 늦은 이의신청, 소송지연만을 목적으로 하는 것임이 명백한 이의신청은 결정으로 이를 기각하여야 한다. 다만, 시기에 늦은 이의신청이 중요한 사항을 대상으로 하고 있는 경우에는 시기에 늦은 것만을 이유로 하여 기각하여서는 아니된다.
② 이의신청이 이유없다고 인정되는 경우에는 결정으로 이를 기각하여야 한다.
③ 이의신청이 이유있다고 인정되는 경우에는 결정으로 이의신청의 대상이 된 행위, 처분 또는 결정을 중지, 철회, 취소, 변경하는 등 그 이의신청에 상응하는 조치를 취하여야 한다.
④ 증거조사를 마친 증거가 증거능력이 없음을 이유로 한 이의신청을 이유있다고 인정할 경우에는 그 증거의 전부 또는 일부를 배제한다는 취지의 결정을 하여야 한다.

제140조【중복된 이의신청의 금지】이의신청에 대한 결정에 의하여 판단이 된 사항에 대하여는 다시 이의신청을 할 수 없다.

제296조의2【피고인신문】① 검사 또는 변호인은 증거조사 종료 후에 순차로 피고인에게 공소사실 및 정상에 관하여 필요한 사항을 신문할 수 있다. 다만, 재판장은 필요하다고 인정하는 때에는 증거조사가 완료되기 전이라도 이를 허가할 수 있다.
② 재판장은 필요하다고 인정하는 때에는 피고인을 신문할 수 있다.
③ 제161조의2 제1항부터 제3항까지 및 제5항은 제1항의 신문에 관하여 준용한다.

제140조의2【피고인신문의 방법】피고인을 신문함에 있어서 그 진술을 강요하거나 답변을 유도하거나 그밖에 위압적·모욕적 신문을 하여서는 아니된다.

제297조【피고인등의 퇴정】① 재판장은 증인 또는 감정인이 피고인 또는 어떤 재정인의 면전에서 충분한 진술을 할 수 없다고 인정한 때에는 그를 퇴정하게 하고 진술하게 할 수 있다. 피고인이 다른 피고인의 면전에서 충분한 진술을 할 수 없다고 인정한 때에도 같다.
② 전항의 규정에 의하여 피고인을 퇴정하게 한 경우에 증인, 감정인 또는 공동피고인의 진술이 종료한 때에는 퇴정한 피고인을 입정하게 한 후 법원사무관등으로 하여금 진술의 요지를 고지하게 하여야 한다.

제140조의3【재정인의 퇴정】재판장은 피고인이 어떤 재정인의 앞에서 충분한 진술을 할 수 없다고 인정한 때에는 그 재정인을 퇴정하게 하고 진술하게 할 수 있다.

제297조의2【간이공판절차에서의 증거조사】제286조의2의 결정이 있는 사건에 대하여는 제161조의2, 제290조 내지 제293조, 제297조의 규정을 적용하지 아니하며 법원이 상당하다고 인정하는 방법으로 증거조사를 할 수 있다.

제298조【공소장의 변경】① 검사는 법원의 허가를 얻어 공소장에 기재한 공소사실 또는 적용법조의 추가, 철회 또는 변경을 할 수 있다. 이 경우에 법원은 공소사실의 동일성을 해하지 아니하는 한도에서 허가하여야 한다.
② 법원은 심리의 경과에 비추어 상당하다고 인정할 때에는 공소사실 또는 적용법조의 추가 또는 변경을 요구하여야 한다.
③ 법원은 공소사실 또는 적용법조의 추가, 철회 또는 변경이 있을 때에는 그 사유를 신속히 피고인 또는 변호인에게 고지하여야 한다.
④ 법원은 전3항의 규정에 의한 공소사실 또는 적용법조의 추가, 철회 또는 변경이 피고인의 불이익을 증가할 염려가

있다고 인정한 때에는 직권 또는 피고인이나 변호인의 청구에 의하여 피고인으로 하여금 필요한 방어의 준비를 하게 하기 위하여 결정으로 필요한 기간 공판절차를 정지할 수 있다.

> 제142조【공소장의 변경】① 검사가 법 제298조 제1항에 따라 공소장에 기재한 공소사실 또는 적용법조의 추가, 철회 또는 변경(이하 "공소장의 변경"이라 한다)을 하고자 하는 때에는 그 취지를 기재한 공소장변경허가신청서를 법원에 제출하여야 한다.
> ② 제1항의 공소장변경허가신청서에는 피고인의수에 상응한 부본을 첨부하여야 한다.
> ③ 법원은 제2항의 부본을 피고인 또는 변호인에게 즉시 송달하여야 한다.
> ④ 공소장의 변경이 허가된 때에는 검사는 공판기일에 제1항의 공소장변경허가신청서에 의하여 변경된 공소사실·죄명 및 적용법조를 낭독하여야 한다. 다만, 재판장은 필요하다고 인정하는 때에는 공소장변경의 요지를 진술하게 할 수 있다.
> ⑤ 법원은 제1항의 규정에도 불구하고 피고인이 재정하는 공판정에서는 피고인에게 이익이 되거나 피고인이 동의하는 경우 구술에 의한 공소장변경을 허가할 수 있다.

제299조【불필요한 변론등의 제한】재판장은 소송관계인의 진술 또는 신문이 중복된 사항이거나 그 소송에 관계없는 사항인 때에는 소송관계인의 본질적 권리를 해하지 아니하는 한도에서 이를 제한할 수 있다.

제300조【변론의 분리와 병합】법원은 필요하다고 인정한 때에는 직권 또는 검사, 피고인이나 변호인의 신청에 의하여 결정으로 변론을 분리하거나 병합할 수 있다.

제301조【공판절차의 갱신】공판개정 후 판사의 경질이 있는 때에는 공판절차를 갱신하여야 한다. 단, 판결의 선고만을 하는 경우에는 예외로 한다.

제301조의2【간이공판절차결정의 취소와 공판절차의 갱신】제286조의2의 결정이 취소된 때에는 공판절차를 갱신하여야 한다. 단, 검사, 피고인 또는 변호인이 이의가 없는 때에는 그러하지 아니하다.

> 제144조【공판절차의 갱신절차】① 법 제301조, 법 제301조의2 또는 제143조에 따른 공판절차의 갱신은 다음 각 호의 규정에 의한다.
> 1. 재판장은 제127조의 규정에 따라 피고인에게 진술거부권 등을 고지한 후 법 제284조에 따른 인정신문을 하여 피고인임에 틀림없음을 확인하여야 한다.
> 2. 재판장은 검사로 하여금 공소장 또는 공소장변경허가신청서에 의하여 공소사실, 죄명 및 적용법조를 낭독하게 하거나 그 요지를 진술하게 하여야 한다.
> 3. 재판장은 피고인에게 공소사실의 인정 여부 및 정상에 관하여 진술할 기회를 주어야 한다.
> 4. 재판장은 갱신전의 공판기일에서의 피고인이나 피고인이 아닌 자의 진술 또는 법원의 검증결과를 기재한 조서에 관하여 증거조사를 하여야 한다. 다만, 이 규칙 제29조에 따라 조서의 일부로 된 녹음물에 대한 녹취서가 있으면 그 녹취서를 법 제292조에서 정한 방법에 따라 조사하는 것으로 그 녹음물에 대한 증거조사를 갈음할 수 있다.
> 5. 재판장은 갱신전의 공판기일에서 증거조사된 서류 또는 물건에 관하여 다시 증거조사를 하여야 한다. 다만, 증거능력 없다고 인정되는 서류 또는 물건과 증거로 함이 상당하지 아니하다고 인정되고 검사, 피고인 및 변호인이 이의를 하지 아니하는 서류 또는 물건에 대하여는 그러하지 아니하다.
> ② 재판장은 제1항 제4호 및 제5호에 규정한 서류 또는 물건에 관하여 증거조사를 함에 있어서 검사, 피고인 및 변호인의 동의가 있는 때에는 그 전부 또는 일부에 관하여 법 제292조·제292조의2·제292조의3에 규정된 방법에 갈음하여 상당하다고 인정하는 방법으로 이를 할 수 있다.
> ③ 제1항 제4호 단서에 따라 녹취서를 조사할 때 검사, 피고인 또는 변호인이 녹취서의 기재가 녹음물의 내용과 불일치한다고 이의하거나 법원이 필요하다고 인정하는 경우, 법원은 녹음물의 전부 또는 일부를 청취하면서 녹취서 기재내용의 오류 여부나 녹음물과의 일치 여부를 확인할 수 있다.

제302조【증거조사 후의 검사의 의견진술】피고인 신문과 증거조사가 종료한 때에는 검사는 사실과 법률적용에 관하여 의견을 진술하여야 한다. 단, 제278조의 경우에는 공소장의 기재사항에 의하여 검사의 의견진술이 있는 것으로 간주한다.

제303조【피고인의 최후진술】재판장은 검사의 의견을 들은 후 피고인과 변호인에게 최종의 의견을 진술할 기회를 주어야 한다.

> 제145조【변론시간의 제한】재판장은 필요하다고 인정하는 경우 검사, 피고인 또는 변호인의 본질적인 권리를 해치지 아니하는 범위 내에서 법 제302조 및 법 제303조의 규정에 의한 의견진술의 시간을 제한할 수 있다.

제304조【재판장의 처분에 대한 이의】① 검사, 피고인 또는 변호인은 재판장의 처분에 대하여 이의신청을 할 수 있다.
② 전항의 이의신청이 있는 때에는 법원은 결정을 하여야 한다.

> 제136조【재판장의 처분에 대한 이의신청의 사유】법 제304조 제1항의 규정에 의한 이의신청은 법령의 위반이 있음을 이유로 하여서만 이를 할 수 있다.

> 제138조【이의신청에 대한 결정의 시기】이의신청에 대한 법 제296조 제2항 또는 법 제304조 제2항의 결정은 이의신청이 있은 후 즉시 이를 하여야 한다.

제305조【변론의 재개】 법원은 필요하다고 인정한 때에는 직권 또는 검사, 피고인이나 변호인의 신청에 의하여 결정으로 종결한 변론을 재개할 수 있다.

제306조【공판절차의 정지】 ① 피고인이 사물의 변별 또는 의사의 결정을 할 능력이 없는 상태에 있는 때에는 법원은 검사와 변호인의 의견을 들어서 결정으로 그 상태가 계속하는 기간 공판절차를 정지하여야 한다.
② 피고인이 질병으로 인하여 출정할 수 없는 때에는 법원은 검사와 변호인의 의견을 들어서 결정으로 출정할 수 있을 때까지 공판절차를 정지하여야 한다.
③ 전2항의 규정에 의하여 공판절차를 정지함에는 의사의 의견을 들어야 한다.
④ 피고사건에 대하여 무죄, 면소, 형의 면제 또는 공소기각의 재판을 할 것으로 명백한 때에는 제1항, 제2항의 사유있는 경우에도 피고인의 출정없이 재판할 수 있다.
⑤ 제277조의 규정에 의하여 대리인이 출정할 수 있는 경우에는 제1항 또는 제2항의 규정을 적용하지 아니한다.

제143조【공판절차정지후의 공판절차의 갱신】 공판개정후 법 제306조 제1항의 규정에 의하여 공판절차가 정지된 경우에는 그 정지사유가 소멸한 후의 공판기일에 공판절차를 갱신하여야 한다.

제2절 증거

제307조【증거재판주의】 ① 사실의 인정은 증거에 의하여야 한다.
② 범죄사실의 인정은 합리적인 의심이 없는 정도의 증명에 이르러야 한다.

제308조【자유심증주의】 증거의 증명력은 법관의 자유판단에 의한다.

제308조의2【위법수집증거의 배제】 적법한 절차에 따르지 아니하고 수집한 증거는 증거로 할 수 없다.

제309조【강제등 자백의 증거능력】 피고인의 자백이 고문, 폭행, 협박, 신체구속의 부당한 장기화 또는 기망 기타의 방법으로 임의로 진술한 것이 아니라고 의심할 만한 이유가 있는 때에는 이를 유죄의 증거로 하지 못한다.

제310조【불이익한 자백의 증거능력】 피고인의 자백이 그 피고인에게 불이익한 유일의 증거인 때에는 이를 유죄의 증거로 하지 못한다.

제310조의2【전문증거와 증거능력의 제한】 제311조 내지 제316조에 규정한 것 이외에는 공판준비 또는 공판기일에서의 진술에 대신하여 진술을 기재한 서류나 공판준비 또는 공판기일 외에서의 타인의 진술을 내용으로 하는 진술은 이를 증거로 할 수 없다.

제311조【법원 또는 법관의 조서】 공판준비 또는 공판기일에 피고인이나 피고인 아닌 자의 진술을 기재한 조서와 법원 또는 법관의 검증의 결과를 기재한 조서는 증거로 할 수 있다. 제184조 및 제221조의2의 규정에 의하여 작성한 조서도 또한 같다.

제312조【검사 또는 사법경찰관의 조서 등】 ① 검사가 작성한 피의자신문조서는 적법한 절차와 방식에 따라 작성된 것으로서 공판준비, 공판기일에 그 피의자였던 피고인 또는 변호인이 그 내용을 인정할 때에 한정하여 증거로 할 수 있다.
② 삭제 〈2020. 2. 4.〉
③ 검사 이외의 수사기관이 작성한 피의자신문조서는 적법한 절차와 방식에 따라 작성된 것으로서 공판준비 또는 공판기일에 그 피의자였던 피고인 또는 변호인이 그 내용을 인정할 때에 한하여 증거로 할 수 있다.
④ 검사 또는 사법경찰관이 피고인이 아닌 자의 진술을 기재한 조서는 적법한 절차와 방식에 따라 작성된 것으로서 그 조서가 검사 또는 사법경찰관 앞에서 진술한 내용과 동일하게 기재되어 있음이 원진술자의 공판준비 또는 공판기일에서의 진술이나 영상녹화물 또는 그 밖의 객관적인 방법에 의하여 증명되고, 피고인 또는 변호인이 공판준비 또는 공판기일에 그 기재 내용에 관하여 원진술자를 신문할 수 있었던 때에는 증거로 할 수 있다. 다만, 그 조서에 기재된 진술이 특히 신빙할 수 있는 상태하에서 행하여졌음이 증명된 때에 한한다.
⑤ 제1항부터 제4항까지의 규정은 피고인 또는 피고인이 아닌 자가 수사과정에서 작성한 진술서에 관하여 준용한다.
⑥ 검사 또는 사법경찰관이 검증의 결과를 기재한 조서는 적법한 절차와 방식에 따라 작성된 것으로서 공판준비 또는 공판기일에서의 작성자의 진술에 따라 그 성립의 진정함이 증명된 때에는 증거로 할 수 있다.

제134조의2【영상녹화물의 조사 신청】 ① 검사는 피고인이 아닌 피의자의 진술을 영상녹화한 사건에서 피고인이 아닌 피의자가 그 조서에 기재된 내용이 자신이 진술한 내용과 동일하게 기재되어 있음을 인정하지 아니하는 경우 그 부분의 성립의 진정을 증명하기 위하여 영상녹화물의 조사를 신청할 수 있다.
② 삭제 〈2020.12.28.〉
③ 제1항의 영상녹화물은 조사가 개시된 시점부터 조사가 종료되어 피의자가 조서에 기명·날인 또는 서명을 마치는 시점까지 전과정이 영상녹화된 것으로 다음 각 호의 내용을 포함하는 것이어야 한다.

1. 피의자의 신문이 영상녹화되고 있다는 취지의 고지
2. 영상녹화를 시작하고 마친 시각 및 장소의 고지
3. 신문하는 검사와 참여한 자의 성명과 직급의 고지
4. 진술거부권·변호인의 참여를 요청할 수 있다는 점 등의 고지
5. 조사를 중단·재개하는 경우 중단 이유와 중단 시각, 중단 후 재개하는 시각
6. 조사를 종료하는 시각

④ 제1항의 영상녹화물은 조사가 행해지는 동안 조사실 전체를 확인할 수 있도록 녹화된 것으로 진술자의 얼굴을 식별할 수 있는 것이어야 한다.
⑤ 제1항의 영상녹화물의 재생 화면에는 녹화 당시의 날짜와 시간이 실시간으로 표시되어야 한다.

제134조의3 【제3자의 진술과 영상녹화물】 ① 검사는 피의자가 아닌 자가 공판준비 또는 공판기일에서 조서가 자신이 검사 또는 사법경찰관 앞에서 진술한 내용과 동일하게 기재되어 있음을 인정하지 아니하는 경우 그 부분의 성립의 진정을 증명하기 위하여 영상녹화물의 조사를 신청할 수 있다.
② 검사는 제1항에 따라 영상녹화물의 조사를 신청하는 때에는 피의자가 아닌 자가 영상녹화에 동의하였다는 취지로 기재하고 기명·날인 또는 서명한 서면을 첨부하여야 한다.
③ 제134조의2 제3항 제1호부터 제3호, 제5호, 제6호, 제4항, 제5항은 검사가 피의자가 아닌 자에 대한 영상녹화물의 조사를 신청하는 경우에 준용한다.

제134조의4 【영상녹화물의 조사】 ① 법원은 검사가 영상녹화물의 조사를 신청한 경우 이에 관한 결정을 함에 있어 원진술자와 함께 피고인 또는 변호인으로 하여금 그 영상녹화물이 적법한 절차와 방식에 따라 작성되어 봉인된 것인지 여부에 관한 의견을 진술하게 하여야 한다.
② 삭제 〈2020. 12. 28.〉
③ 법원은 공판준비 또는 공판기일에서 봉인을 해체하고 영상녹화물의 전부 또는 일부를 재생하는 방법으로 조사하여야 한다. 이 때 영상녹화물은 그 재생과 조사에 필요한 전자적 설비를 갖춘 법정 외의 장소에서 이를 재생할 수 있다.
④ 재판장은 조사를 마친 후 지체없이 법원사무관 등으로 하여금 다시 원본을 봉인하도록 하고, 원진술자와 함께 피고인 또는 변호인에게 기명·날인 또는 서명하도록 하여 검사에게 반환한다. 다만, 피고인의 출석 없이 개정하는 사건에서 변호인이 없는 때에는 피고인 또는 변호인의 기명·날인 또는 서명을 요하지 아니한다.

제313조 【진술서등】 ① 전2조의 규정 이외에 피고인 또는 피고인이 아닌 자가 작성한 진술서나 그 진술을 기재한 서류로서 그 작성자 또는 진술자의 자필이거나 그 서명 또는 날인이 있는 것(피고인 또는 피고인 아닌 자가 작성하였거나 진술한 내용이 포함된 문자·사진·영상 등의 정보로서 컴퓨터용디스크, 그 밖에 이와 비슷한 정보저장매체에 저장된 것을 포함한다. 이하 이 조에서 같다)은 공판준비나 공판기일에서의 그 작성자 또는 진술자의 진술에 의하여 그 성립의 진정함이 증명된 때에는 증거로 할 수 있다. 단, 피고인의 진술을 기재한 서류는 공판준비 또는 공판기일에서의 그 작성자의 진술에 의하여 그 성립의 진정함이 증명되고 그 진술이 특히 신빙할 수 있는 상태하에서 행하여 진 때에 한하여 피고인의 공판준비 또는 공판기일에서의 진술에 불구하고 증거로 할 수 있다.
② 제1항 본문에도 불구하고 진술서의 작성자가 공판준비나 공판기일에서 그 성립의 진정을 부인하는 경우에는 과학적 분석결과에 기초한 디지털포렌식 자료, 감정 등 객관적 방법으로 성립의 진정함이 증명되는 때에는 증거로 할 수 있다. 다만, 피고인 아닌 자가 작성한 진술서는 피고인 또는 변호인이 공판준비 또는 공판기일에 그 기재 내용에 관하여 작성자를 신문할 수 있었을 것을 요한다.
③ 감정의 경과와 결과를 기재한 서류도 제1항 및 제2항과 같다.

제314조 【증거능력에 대한 예외】 제312조 또는 제313조의 경우에 공판준비 또는 공판기일에 진술을 요하는 자가 사망·질병·외국거주·소재불명 그 밖에 이에 준하는 사유로 인하여 진술할 수 없는 때에는 그 조서 및 그 밖의 서류(피고인 또는 피고인 아닌 자가 작성하였거나 진술한 내용이 포함된 문자·사진·영상 등의 정보로서 컴퓨터용디스크, 그 밖에 이와 비슷한 정보저장매체에 저장된 것을 포함한다)를 증거로 할 수 있다. 다만, 그 진술 또는 작성이 특히 신빙할 수 있는 상태하에서 행하여졌음이 증명된 때에 한한다.

제315조 【당연히 증거능력이 있는 서류】 다음에 게기한 서류는 증거로 할 수 있다.
1. 가족관계기록사항에 관한 증명서, 공정증서등본 기타 공무원 또는 외국공무원의 직무상 증명할 수 있는 사항에 관하여 작성한 문서
2. 상업장부, 항해일지 기타 업무상 필요로 작성한 통상문서
3. 기타 특히 신용할 만한 정황에 의하여 작성된 문서

제316조 【전문의 진술】 ① 피고인이 아닌 자(공소제기 전에 피고인을 피의자로 조사하였거나 그 조사에 참여하였던 자를 포함한다. 이하 이 조에서 같다)의 공판준비 또는 공판기일에서의 진술이 피고인의 진술을 그 내용으로 하는 것인 때에는 그 진술이 특히 신빙할 수 있는 상태하에서 행하여졌음이 증명된 때에 한하여 이를 증거로 할 수 있다.
② 피고인 아닌 자의 공판준비 또는 공판기일에서의 진술이 피고인 아닌 타인의 진술을 그 내용으로 하는 것인 때에는 원진술자가 사망, 질병, 외국거주, 소재불명 그 밖에 이에 준

하는 사유로 인하여 진술할 수 없고, 그 진술이 특히 신빙할 수 있는 상태하에서 행하여졌음이 증명된 때에 한하여 이를 증거로 할 수 있다.

제317조【진술의 임의성】① 피고인 또는 피고인 아닌 자의 진술이 임의로 된 것이 아닌 것은 증거로 할 수 없다.
② 전항의 서류는 그 작성 또는 내용인 진술이 임의로 되었다는 것이 증명된 것이 아니면 증거로 할 수 없다.
③ 검증조서의 일부가 피고인 또는 피고인 아닌 자의 진술을 기재한 것인 때에는 그 부분에 한하여 전2항의 예에 의한다.

제318조【당사자의 동의와 증거능력】① 검사와 피고인이 증거로 할 수 있음을 동의한 서류 또는 물건은 진정한 것으로 인정한 때에는 증거로 할 수 있다.
② 피고인의 출정없이 증거조사를 할 수 있는 경우에 피고인이 출정하지 아니한 때에는 전항의 동의가 있는 것으로 간주한다. 단, 대리인 또는 변호인이 출정한 때에는 예외로 한다.

제318조의2【증명력을 다투기 위한 증거】① 제312조부터 제316조까지의 규정에 따라 증거로 할 수 없는 서류나 진술이라도 공판준비 또는 공판기일에서의 피고인 또는 피고인 아닌 자(공소제기 전에 피고인을 피의자로 조사하였거나 그 조사에 참여하였던 자를 포함한다. 이하 이 조에서 같다)의 진술의 증명력을 다투기 위하여 증거로 할 수 있다.
② 제1항에도 불구하고 피고인 또는 피고인이 아닌 자의 진술을 내용으로 하는 영상녹화물은 공판준비 또는 공판기일에 피고인 또는 피고인 아닌 자가 진술함에 있어서 기억이 명백하지 아니한 사항에 관하여 기억을 환기시켜야 할 필요가 있다고 인정되는 때에 한하여 피고인 또는 피고인 아닌 자에게 재생하여 시청하게 할 수 있다.

> 제134조의5【기억 환기를 위한 영상녹화물의 조사】① 법 제318조의2 제2항에 따른 영상녹화물의 재생은 검사의 신청이 있는 경우에 한하고, 기억의 환기가 필요한 피고인 또는 피고인 아닌 자에게만 이를 재생하여 시청하게 하여야 한다.
> ② 제134조의2 제3항부터 제5항까지와 제134조의4는 검사가 법 제318조의2 제2항에 의하여 영상녹화물의 재생을 신청하는 경우에 준용한다.

제318조의3【간이공판절차에서의 증거능력에 관한 특례】제286조의2의 결정이 있는 사건의 증거에 관하여는 제310조의2, 제312조 내지 제314조 및 제316조의 규정에 의한 증거에 대하여 제318조 제1항의 동의가 있는 것으로 간주한다. 단, 검사, 피고인 또는 변호인이 증거로 함에 이의가 있는 때에는 그러하지 아니하다.

제3절 공판의 재판

제318조의4【판결선고기일】① 판결의 선고는 변론을 종결한 기일에 하여야 한다. 다만, 특별한 사정이 있는 때에는 따로 선고기일을 지정할 수 있다.
② 변론을 종결한 기일에 판결을 선고하는 경우에는 판결의 선고 후에 판결서를 작성할 수 있다.
③ 제1항 단서의 선고기일은 변론종결 후 14일 이내로 지정되어야 한다.

> 제146조【판결서의 작성】변론을 종결한 기일에 판결을 선고하는 경우에는 선고 후 5일 내에 판결서를 작성하여야 한다.
> 제147조【판결선고시의 훈계】① 재판장은 판결을 선고할 때 피고인에게 이유의 요지를 말이나 판결서 등본 또는 판결서 초본의 교부 등 적절한 방법으로 설명한다.
> ② 재판장은 판결을 선고하면서 피고인에게 적절한 훈계를 할 수 있다.
> 제148조【피고인에 대한 판결등본의 송달】① 법원은 피고인에 대하여 판결을 선고한 때에는 선고일부터 7일 이내에 피고인에게 그 판결서 등본을 송달하여야 한다. 다만, 피고인이 동의하는 경우에는 그 판결서 초본을 송달할 수 있다.
> ② 제1항에 불구하고 불구속 피고인과 법 제331조의 규정에 의하여 구속영장의 효력이 상실된 구속 피고인에 대하여는 피고인이 송달을 신청하는 경우에 한하여 판결서 등본 또는 판결서 초본을 송달한다.

제319조【관할위반의 판결】피고사건이 법원의 관할에 속하지 아니한 때에는 판결로써 관할위반의 선고를 하여야 한다.

제320조【토지관할 위반】① 법원은 피고인의 신청이 없으면 토지관할에 관하여 관할 위반의 선고를 하지 못한다.
② 관할 위반의 신청은 피고사건에 대한 진술 전에 하여야 한다.

제321조【형선고와 동시에 선고될 사항】① 피고사건에 대하여 범죄의 증명이 있는 때에는 형의 면제 또는 선고유예의 경우 외에는 판결로써 형을 선고하여야 한다.
② 형의 집행유예, 판결 전 구금의 산입일수, 노역장의 유치기간은 형의 선고와 동시에 판결로써 선고하여야 한다.

> 제147조의2【보호관찰의 취지등의 고지, 보호처분의 기간】① 재판장은 판결을 선고함에 있어서 피고인에게 형법 제59조의2, 형법 제62조의2의 규정에 의하여 보호관찰, 사회봉사 또는 수강(이하 "보호관찰등"이라고 한다)을 명하는 경우에는 그 취지 및 필요하다고 인정하는 사항이 적힌 서면을 교부하여야 한다.
> ② 법원은 판결을 선고함에 있어 형법 제62조의2의 규정에 의하여 사회봉사 또는 수강을 명하는 경우에는 피고인이 이행

하여야 할 총 사회봉사시간 또는 수강시간을 정하여야 한다. 이 경우 필요하다고 인정하는 때에는 사회봉사 또는 수강할 강의의 종류나 방법 및 그 시설 등을 지정할 수 있다.
③ 형법 제62조의2 제2항의 사회봉사명령은 500시간, 수강명령은 200시간을 각 초과할 수 없으며, 보호관찰관이 그 명령을 집행함에는 본인의 정상적인 생활을 방해하지 아니하도록 한다.
④ 형법 제62조의2 제1항의 보호관찰·사회봉사·수강명령은 둘 이상 병과할 수 있다.
⑤ 사회봉사·수강명령이 보호관찰과 병과하여 부과된 때에는 보호관찰 기간내에 이를 집행하여야 한다.

제147조의3【보호관찰의 판결등의 통지】① 보호관찰 등을 조건으로 한 판결이 확정된 때에 당해 사건이 확정된 법원의 법원사무관 등은 3일 이내에 판결문등본을 대상자의 주거지를 관할하는 보호관찰소의 장에게 송부하여야 한다.
② 제1항의 서면에는 법원의 의견 기타 보호관찰 등의 자료가 될 만한 사항을 기재한 서면을 첨부할 수 있다.

제147조의4【보호관찰등의 성적보고】보호관찰 등을 명한 판결을 선고한 법원은 보호관찰 등의 기간 중 보호관찰소장에게 보호관찰 등을 받고 있는 자의 성적에 관하여 보고를 하게 할 수 있다.

제322조【형면제 또는 형의 선고유예의 판결】피고사건에 대하여 형의 면제 또는 선고유예를 하는 때에는 판결로써 선고하여야 한다.

제323조【유죄판결에 명시될 이유】① 형의 선고를 하는 때에는 판결이유에 범죄될 사실, 증거의 요지와 법령의 적용을 명시하여야 한다.
② 법률상 범죄의 성립을 조각하는 이유 또는 형의 가중, 감면의 이유되는 사실의 진술이 있은 때에는 이에 대한 판단을 명시하여야 한다.

제324조【상소에 대한 고지】형을 선고하는 경우에는 재판장은 피고인에게 상소할 기간과 상소할 법원을 고지하여야 한다.

제325조【무죄의 판결】피고사건이 범죄로 되지 아니하거나 범죄사실의 증명이 없는 때에는 판결로써 무죄를 선고하여야 한다.

제326조【면소의 판결】다음 경우에는 판결로써 면소의 선고를 하여야 한다.
1. 확정판결이 있은 때
2. 사면이 있은 때
3. 공소의 시효가 완성되었을 때
4. 범죄 후의 법령개폐로 형이 폐지되었을 때

제327조【공소기각의 판결】다음 각 호의 경우에는 판결로써 공소기각의 선고를 하여야 한다.
1. 피고인에 대하여 재판권이 없을 때
2. 공소제기의 절차가 법률의 규정을 위반하여 무효일 때
3. 공소가 제기된 사건에 대하여 다시 공소가 제기되었을 때
4. 제329조를 위반하여 공소가 제기되었을 때
5. 고소가 있어야 공소를 제기할 수 있는 사건에서 고소가 취소되었을 때
6. 피해자의 명시한 의사에 반하여 공소를 제기할 수 없는 사건에서 처벌을 원하지 아니하는 의사표시를 하거나 처벌을 원하는 의사표시를 철회하였을 때

제328조【공소기각의 결정】① 다음 경우에는 결정으로 공소를 기각하여야 한다.
1. 공소가 취소 되었을 때
2. 피고인이 사망하거나 피고인인 법인이 존속하지 아니하게 되었을 때
3. 제12조 또는 제13조의 규정에 의하여 재판할 수 없는 때
4. 공소장에 기재된 사실이 진실하다 하더라도 범죄가 될 만한 사실이 포함되지 아니하는 때
② 전항의 결정에 대하여는 즉시항고를 할 수 있다.

제329조【공소취소와 재기소】공소취소에 의한 공소기각의 결정이 확정된 때에는 공소취소 후 그 범죄사실에 대한 다른 중요한 증거를 발견한 경우에 한하여 다시 공소를 제기할 수 있다.

제330조【피고인의 진술없이 하는 판결】피고인이 진술하지 아니하거나 재판장의 허가없이 퇴정하거나 재판장의 질서유지를 위한 퇴정명령을 받은 때에는 피고인의 진술없이 판결할 수 있다.

제331조【무죄등 선고와 구속영장의 효력】무죄, 면소, 형의 면제, 형의 선고유예, 형의 집행유예, 공소기각 또는 벌금이나 과료를 과하는 판결이 선고된 때에는 구속영장은 효력을 잃는다.

제332조【몰수의 선고와 압수물】압수한 서류 또는 물품에 대하여 몰수의 선고가 없는 때에는 압수를 해제한 것으로 간주한다.

제333조【압수장물의 환부】① 압수한 장물로서 피해자에게 환부할 이유가 명백한 것은 판결로써 피해자에게 환부하는 선고를 하여야 한다.
② 전항의 경우에 장물을 처분하였을 때에는 판결로써 그 대가로 취득한 것을 피해자에게 교부하는 선고를 하여야 한다.
③ 가환부한 장물에 대하여 별단의 선고가 없는 때에는 환부의 선고가 있는 것으로 간주한다.
④ 전3항의 규정은 이해관계인이 민사소송절차에 의하여 그

권리를 주장함에 영향을 미치지 아니한다.

제334조【재산형의 가납판결】 ① 법원은 벌금, 과료 또는 추징의 선고를 하는 경우에 판결의 확정 후에는 집행할 수 없거나 집행하기 곤란할 염려가 있다고 인정한 때에는 직권 또는 검사의 청구에 의하여 피고인에게 벌금, 과료 또는 추징에 상당한 금액의 가납을 명할 수 있다.
② 전항의 재판은 형의 선고와 동시에 판결로써 선고하여야 한다.
③ 전항의 판결은 즉시로 집행할 수 있다.

제335조【형의 집행유예 취소의 절차】 ① 형의 집행유예를 취소할 경우에는 검사는 피고인의 현재지 또는 최후의 거주지를 관할하는 법원에 청구하여야 한다.
② 전항의 청구를 받은 법원은 피고인 또는 그 대리인의 의견을 물은 후에 결정을 하여야 한다.
③ 전항의 결정에 대하여는 즉시항고를 할 수 있다.
④ 전2항의 규정은 유예한 형을 선고할 경우에 준용한다.

> 제149조【집행유예 취소청구의 방식】 법 제335조 제1항의 규정한 형의 집행유예 취소청구는 취소의 사유를 구체적으로 기재한 서면으로 하여야 한다.
>
> 제149조의2【자료의 제출】 형의 집행유예 취소청구를 한 때에는 취소의 사유가 있다는 것을 인정할 수 있는 자료를 제출하여야 한다.
>
> 제149조의3【청구서부본의 제출과 송달】 ① 형법 제64조 제2항의 규정에 의한 집행유예 취소청구를 한 때에는 검사는 청구와 동시에 청구서의 부본을 법원에 제출하여야 한다.
> ② 법원은 제1항의 부본을 받은 때에는 지체없이 집행유예의 선고를 받은 자에게 송달하여야 한다.
>
> 제150조【출석명령】 형의 집행유예 취소청구를 받은 법원은 법 제335조 제2항의 규정에 의한 의견을 묻기 위하여 필요하다고 인정할 경우에는 집행유예의 선고를 받은 자 또는 그 대리인의 출석을 명할 수 있다.
>
> 제150조의2【준용규정】 제149조 내지 제150조의 규정은 형법 제61조 제2항의 규정에 의하여 유예한 형을 선고하는 경우에 준용한다.

제336조【경합범 중 다시 형을 정하는 절차】 ①「형법」제36조, 동 제39조 제4항 또는 동 제61조의규정에 의하여 형을 정할 경우에는 검사는 그 범죄사실에 대한 최종판결을 한 법원에 청구하여야 한다. 단,「형법」제61조의 규정에 의하여 유예한 형을 선고할 때에는 제323조에 의하여야 하고 선고유예를 해제하는 이유를 명시하여야 한다.
② 전조 제2항의 규정은 전항의 경우에 준용한다.

> 제151조【경합범중 다시 형을 정하는 절차등에의 준용】 제149조, 제149조의2 및 제150조의 규정은 법 제336조에 규정한 절차에 이를 준용한다.

제337조【형의 소멸의 재판】 ①「형법」제81조 또는 동 제82조의 규정에 의한 선고는 그 사건에 관한 기록이 보관되어 있는 검찰청에 대응하는 법원에 대하여 신청하여야 한다.
② 전항의 신청에 의한 선고는 결정으로 한다.
③ 제1항의 신청을 각하하는 결정에 대하여는 즉시항고를 할 수 있다.

제3편 상소

제1장 통칙

제338조【상소권자】 ① 검사 또는 피고인은 상소를 할 수 있다.
② 삭제〈2007.12.21.〉

제339조【항고권자】 검사 또는 피고인 아닌 자가 결정을 받은 때에는 항고할 수 있다.

제340조【당사자 이외의 상소권자】 피고인의 법정대리인은 피고인을 위하여 상소할 수 있다.

제341조【동전】 ① 피고인의 배우자, 직계친족, 형제자매 또는 원심의 대리인이나 변호인은 피고인을 위하여 상소할 수 있다.
② 전항의 상소는 피고인의 명시한 의사에 반하여 하지 못한다.

제342조【일부상소】 ① 상소는 재판의 일부에 대하여 할 수 있다.
② 일부에 대한 상소는 그 일부와 불가분의 관계에 있는 부분에 대하여도 효력이 미친다.

제343조【상소 제기기간】 ① 상소의 제기는 그 기간 내에 서면으로 한다.
② 상소의 제기기간은 재판을 선고 또는 고지한 날로부터 진행된다.

제344조【재소자에 대한 특칙】 ① 교도소 또는 구치소에 있는 피고인이 상소의 제기기간 내에 상소장을 교도소장 또는 구치소장 또는 그 직무를 대리하는 자에게 제출한 때에는 상소의 제기기간 내에 상소한 것으로 간주한다.
② 전항의 경우에 피고인이 상소장을 작성할 수 없는 때에는 교도소장 또는 구치소장은 소속공무원으로 하여금 대서하게 하여야 한다.

제152조【재소자의 상소장등의 처리】① 교도소장, 구치소장 또는 그 직무를 대리하는 자가 법 제344조 제1항의 규정에 의하여 상소장을 제출받은 때에는 그 제출받은 연월일을 상소장에 부기하여 즉시 이를 원심법원에 송부하여야 한다.
② 제1항의 규정은 교도소장, 구치소장 또는 그 직무를 대리하는 자가 법 제355조에 따라 정식재판청구나 상소권회복청구 또는 상소의 포기나 취하의 서면 및 상소이유서를 제출받은 때 및 법 제487조부터 법 제489조까지의 신청과 그 취하에 이를 준용한다.

제177조【재소자의 신청 기타 진술】교도소장, 구치소장 또는 그 직무를 대리하는 자는 교도소 또는 구치소에 있는 피고인이나 피의자가 법원 또는 판사에 대한 신청 기타 진술에 관한 서면을 작성하고자 할 때에는 그 편의를 도모하여야 하고, 특히 피고인이나 피의자가 그 서면을 작성할 수 없을 때에는 법 제344조 제2항의 규정에 준하는 조치를 취하여야 한다.

제345조【상소권회복청구권자】제338조부터 제341조까지의 규정에 따라 상소할 수 있는 자는 자기 또는 대리인이 책임질 수 없는 사유로 상소 제기기간 내에 상소를 하지 못한 경우에는 상소권회복의 청구를 할 수 있다.

제346조【상소권회복 청구의 방식】① 상소권회복을 청구할 때에는 제345조의 사유가 해소된 날부터 상소 제기기간에 해당하는 기간 내에 서면으로 원심법원에 제출하여야 한다.
② 상소권회복을 청구할 때에는 제345조의 책임질 수 없는 사유를 소명하여야 한다.
③ 상소권회복을 청구한 자는 그 청구와 동시에 상소를 제기하여야 한다.

제347조【상소권회복에 대한 결정과 즉시항고】① 상소권회복의 청구를 받은 법원은 청구의 허부에 관한 결정을 하여야 한다.
② 전항의 결정에 대하여는 즉시항고를 할 수 있다.

제348조【상소권회복청구와 집행정지】① 상소권회복의 청구가 있는 때에는 법원은 전조의 결정을 할 때까지 재판의 집행을 정지하는 결정을 할 수 있다.
② 전항의 집행정지의 결정을 한 경우에 피고인의 구금을 요하는 때에는 구속영장을 발부하여야 한다. 단, 제70조의 요건이 구비된 때에 한한다.

제349조【상소의 포기, 취하】검사나 피고인 또는 제339조에 규정한 자는 상소의 포기 또는 취하를 할 수 있다. 단, 피고인 또는 제341조에 규정한 자는 사형 또는 무기징역이나 무기금고가 선고된 판결에 대하여는 상소의 포기를 할 수 없다.

제350조【상소의 포기등과 법정대리인의 동의】법정대리인이 있는 피고인이 상소의 포기 또는 취하를 함에는 법정대리인의 동의를 얻어야 한다. 단, 법정대리인의 사망 기타 사유로 인하여 그 동의를 얻을 수 없는 때에는 예외로 한다.

제153조【상소의 포기 또는 취하에 관한 동의서의 제출】① 법 제350조에 규정한 피고인이 상소의 포기 또는 취하를 할 때에는 법정대리인이 이에 동의하는 취지의 서면을 제출하여야 한다.
② 피고인의 법정대리인 또는 법 제341조에 규정한 자가 상소의 취하를 할 때에는 피고인이 이에 동의하는 취지의 서면을 제출하여야 한다.

제351조【상소의 취하와 피고인의 동의】피고인의 법정대리인 또는 제341조에 규정한 자는 피고인의 동의를 얻어 상소를 취하할 수 있다.

제352조【상소포기 등의 방식】① 상소의 포기 또는 취하는 서면으로 하여야 한다. 단, 공판정에서는 구술로써 할 수 있다.
② 구술로써 상소의 포기 또는 취하를 한 경우에는 그 사유를 조서에 기재하여야 한다.

제353조【상소포기 등의 관할】상소의 포기는 원심법원에, 상소의 취하는 상소법원에 하여야 한다. 단, 소송기록이 상소법원에 송부되지 아니한 때에는 상소의 취하를 원심법원에 제출할 수 있다.

제354조【상소포기 후의 재상소의 금지】상소를 취하한 자 또는 상소의 포기나 취하에 동의한 자는 그 사건에 대하여 다시 상소를 하지 못한다.

제154조【상소의 포기 또는 취하의 효력을 다투는 절차】① 상소의 포기 또는 취하가 부존재 또는 무효임을 주장하는 자는 그 포기 또는 취하당시 소송기록이 있었던 법원에 절차속행의 신청을 할 수 있다.
② 제1항의 신청을 받은 법원은 신청이 이유있다고 인정하는 때에는 신청을 인용하는 결정을 하고 절차를 속행하여야 하며, 신청이 이유없다고 인정하는 때에는 결정으로 신청을 기각하여야 한다.
③ 제2항 후단의 신청기각결정에 대하여는 즉시항고할 수 있다.

제355조【재소자에 대한 특칙】제344조의 규정은 교도소 또는 구치소에 있는 피고인이 상소권회복의 청구 또는 상소의 포기나 취하를 하는 경우에 준용한다.

제356조【상소포기등과 상대방의 통지】상소, 상소의 포기나 취하 또는 상소권회복의 청구가 있는 때에는 법원은 지체없이 상대방에게 그 사유를 통지하여야 한다.

제2장 항소

제357조【항소할 수 있는 판결】제1심법원의 판결에 대하여 불복이 있으면 지방법원 단독판사가 선고한 것은 지방법원 본원합의부에 항소할 수 있으며 지방법원 합의부가 선고한 것은 고등법원에 항소할 수 있다.

제358조【항소제기기간】항소의 제기기간은 7일로 한다.

제359조【항소제기의 방식】항소를 함에는 항소장을 원심법원에 제출하여야 한다.

제360조【원심법원의 항소기각 결정】① 항소의 제기가 법률상의 방식에 위반하거나 항소권소멸 후인 것이 명백한 때에는 원심법원은 결정으로 항소를 기각하여야 한다.
② 전항의 결정에 대하여는 즉시항고를 할 수 있다.

제361조【소송기록과 증거물의 송부】제360조의 경우를 제외하고는 원심법원은 항소장을 받은 날부터 14일이내에 소송기록과 증거물을 항소법원에 송부하여야 한다.

제361조의2【소송기록접수와 통지】① 항소법원이 기록의 송부를 받은 때에는 즉시 항소인과 상대방에게 그 사유를 통지하여야 한다.
② 전항의 통지 전에 변호인의 선임이 있는 때에는 변호인에게도 전항의 통지를 하여야 한다.
③ 피고인이 교도소 또는 구치소에 있는 경우에는 원심법원에 대응한 검찰청검사는 제1항의 통지를 받은 날부터 14일이내에 피고인을 항소법원소재지의 교도소 또는 구치소에 이송하여야 한다.

제156조의2【국선변호인의 선정 및 소송기록접수통지】① 기록의 송부를 받은 항소법원은 법 제33조 제1항 제1호부터 제6호까지의 필요적 변호사건에 있어서 변호인이 없는 경우에는 지체없이 변호인을 선정한 후 그 변호인에게 소송기록접수통지를 하여야 한다. 법 제33조 제3항에 의하여 국선변호인을 선정한 경우에도 그러하다.
② 항소법원은 항소이유서 제출기간이 도과하기 전에 피고인으로부터 법 제33조 제2항의 규정에 따른 국선변호인 선정청구가 있는 경우에는 지체없이 그에 관한 결정을 하여야 하고, 이 때 변호인을 선정한 경우에는 그 변호인에게 소송기록접수통지를 하여야 한다.
③ 제1항, 제2항의 규정에 따라 국선변호인 선정결정을 한 후 항소이유서 제출기간 내에 피고인이 책임질 수 없는 사유로 그 선정결정을 취소하고 새로운 국선변호인을 선정한 경우에도 그 변호인에게 소송기록접수통지를 하여야 한다.
④ 항소법원이 제2항의 국선변호인 선정청구를 기각한 경우에는 피고인이 국선변호인 선정청구를 한 날로부터 선정청구기각결정등본을 송달받은 날까지의 기간을 법 제361조의3 제1항이 정한 항소이유서 제출기간에 산입하지 아니한다. 다만, 피고인이 최초의 국선변호인 선정청구기각결정을 받은 이후 같은 법원에 다시 선정청구를 한 경우에는 그 국선변호인 선정청구일로부터 선정청구기각결정등본 송달일까지의 기간에 대해서는 그러하지 아니하다.

제361조의3【항소이유서와 답변서】① 항소인 또는 변호인은 전조의 통지를 받은 날로부터 20일 이내에 항소이유서를 항소법원에 제출하여야 한다. 이 경우 제344조를 준용한다.
② 항소이유서의 제출을 받은 항소법원은 지체없이 부본 또는 등본을 상대방에게 송달하여야 한다.
③ 상대방은 전항의 송달을 받은 날로부터 10일 이내에 답변서를 항소법원에 제출하여야 한다.
④ 답변서의 제출을 받은 항소법원은 지체없이 그 부본 또는 등본을 항소인 또는 변호인에게 송달하여야 한다.

제155조【항소이유서, 답변서의 기재】항소이유서 또는 답변서에는 항소이유 또는 답변내용을 구체적으로 간결하게 명시하여야 한다.

제156조【항소이유서, 답변서의 부본제출】항소이유서 또는 답변서에는 상대방의 수에 2를 더한 수의 부본을 첨부하여야 한다.

제361조의4【항소기각의 결정】① 항소인이나 변호인이 전조 제1항의 기간 내에 항소이유서를 제출하지 아니한 때에는 결정으로 항소를 기각하여야 한다. 단, 직권조사사유가 있거나 항소장에 항소이유의 기재가 있는 때에는 예외로 한다.
② 전항의 결정에 대하여는 즉시항고를 할 수 있다.

제361조의5【항소이유】다음 사유가 있을 경우에는 원심판결에 대한 항소이유로 할 수 있다.
1. 판결에 영향을 미친 헌법·법률·명령 또는 규칙의 위반이 있는 때
2. 판결 후 형의 폐지나 변경 또는 사면이 있는 때
3. 관할 또는 관할위반의 인정이 법률에 위반한 때
4. 판결법원의 구성이 법률에 위반한 때
5. 삭제〈1963.12.13.〉
6. 삭제〈1963.12.13.〉
7. 법률상 그 재판에 관여하지 못할 판사가 그 사건의 심판에 관여한 때
8. 사건의 심리에 관여하지 아니한 판사가 그 사건의 판결에 관여한 때
9. 공판의 공개에 관한 규정에 위반한 때
10. 삭제〈1963.12.13.〉
11. 판결에 이유를 붙이지 아니하거나 이유에 모순이 있는 때
12. 삭제〈1963.12.13.〉
13. 재심청구의 사유가 있는 때

14. 사실의 오인이 있어 판결에 영향을 미칠 때
15. 형의 양정이 부당하다고 인정할 사유가 있는 때

제362조【항소기각의 결정】① 제360조의 규정에 해당한 경우에 원심법원이 항소기각의 결정을 하지 아니한 때에는 항소법원은 결정으로 항소를 기각하여야 한다.
② 전항의 결정에 대하여는 즉시 항고를 할 수 있다.

제363조【공소기각의 결정】① 제328조 제1항 각 호의 규정에 해당한 사유가 있는 때에는 항소법원은 결정으로 공소를 기각하여야 한다.
② 전항의 결정에 대하여는 즉시 항고를 할 수 있다.

제364조【항소법원의 심판】① 항소법원은 항소이유에 포함된 사유에 관하여 심판하여야 한다.
② 항소법원은 판결에 영향을 미친 사유에 관하여는 항소이유서에 포함되지 아니한 경우에도 직권으로 심판할 수 있다.
③ 제1심법원에서 증거로 할 수 있었던 증거는 항소법원에서도 증거로 할 수 있다.
④ 항소이유 없다고 인정한 때에는 판결로써 항소를 기각하여야 한다.
⑤ 항소이유 없음이 명백한 때에는 항소장, 항소이유서 기타의 소송기록에 의하여 변론없이 판결로써 항소를 기각할 수 있다.
⑥ 항소이유가 있다고 인정한 때에는 원심판결을 파기하고 다시 판결을 하여야 한다.

제364조의2【공동피고인을 위한 파기】피고인을 위하여 원심판결을 파기하는 경우에 파기의 이유가 항소한 공동피고인에게 공통되는 때에는 그 공동피고인에게 대하여도 원심판결을 파기하여야 한다.

제365조【피고인의 출정】① 피고인이 공판기일에 출정하지 아니한 때에는 다시 기일을 정하여야 한다.
② 피고인이 정당한 사유없이 다시 정한 기일에 출정하지 아니한 때에는 피고인의 진술없이 판결을 할 수 있다.

제366조【원심법원에의 환송】공소기각 또는 관할위반의 재판이 법률에 위반됨을 이유로 원심판결을 파기하는 때에는 판결로써 사건을 원심법원에 환송하여야 한다.

제367조【관할법원에의 이송】관할인정이 법률에 위반됨을 이유로 원심판결을 파기하는 때에는 판결로써 사건을 관할법원에 이송하여야 한다. 단, 항소법원이 그 사건의 제1심관할권이 있는 때에는 제1심으로 심판하여야 한다.

제157조【환송 또는 이송판결이 확정된 경우 소송기록등의 송부】법 제366조 또는 법 제367조 본문의 규정에 의한 환송 또는 이송판결이 확정된 경우에는 다음 각 호의 규정에 의하여 처리하여야 한다.
1. 항소법원은 판결확정일로부터 7일 이내에 소송기록과 증거물을 환송 또는 이송받을 법원에 송부하고, 항소법원에 대응하는 검찰청 검사 또는 수사처검사에게 그 사실을 통지하여야 한다.
2. 제1호의 송부를 받은 법원은 지체없이 그 법원에 대응한 검찰청 검사 또는 수사처검사에게 그 사실을 통지하여야 한다.
3. 피고인이 교도소 또는 구치소에 있는 경우에는 항소법원에 대응한 검찰청 검사 또는 수사처검사는 제1호의 통지를 받은 날로부터 10일 이내에 피고인을 환송 또는 이송받을 법원소재지의 교도소나 구치소에 이감한다.

제158조【변호인 선임의 효력】원심법원(제2심법원)에서의 변호인선임은 법 제366조 또는 법 제367조의 규정에 의한 환송 또는 이송이 있은 후에도 효력이 있다.

제368조【불이익변경의 금지】피고인이 항소한 사건과 피고인을 위하여 항소한 사건에 대해서는 원심판결의 형보다 무거운 형을 선고할 수 없다.

제369조【재판서의 기재방식】항소법원의 재판서에는 항소이유에 대한 판단을 기재하여야 하며 원심판결에 기재한 사실과 증거를 인용할 수 있다.

제370조【준용규정】제2편 중 공판에 관한 규정은 본장에 특별한 규정이 없으면 항소의 심판에 준용한다.

제156조의3【항소이유 및 답변의 진술】① 항소인은 그 항소이유를 구체적으로 진술하여야 한다.
② 상대방은 항소인의 항소이유 진술이 끝난 뒤에 항소이유에 대한 답변을 구체적으로 진술하여야 한다.
③ 피고인 및 변호인은 이익이 되는 사실 등을 진술할 수 있다.

제156조의4【쟁점의 정리】법원은 항소이유와 답변에 터잡아 해당 사건의 사실상·법률상 쟁점을 정리하여 밝히고 그 증명되어야 하는 사실을 명확히 하여야 한다.

제156조의5【항소심과 증거조사】① 재판장은 증거조사절차에 들어가기에 앞서 제1심의 증거관계와 증거조사결과의 요지를 고지하여야 한다.
② 항소심 법원은 다음 각호의 어느 하나에 해당하는 경우에 한하여 증인을 신문할 수 있다.
1. 제1심에서 조사되지 아니한 데에 대하여 고의나 중대한 과실이 없고, 그 신청으로 인하여 소송을 현저하게 지연시키지 아니하는 경우
2. 제1심에서 증인으로 신문하였으나 새로운 중요한 증거의 발견 등으로 항소심에서 다시 신문하는 것이 부득이하다고 인정되는 경우
3. 그밖에 항소의 당부에 관한 판단을 위하여 반드시 필요하

다고 인정되는 경우

제156조의6【항소심에서의 피고인신문】① 검사 또는 변호인은 항소심의 증거조사가 종료한 후 항소이유의 당부를 판단함에 필요한 사항에 한하여 피고인을 신문할 수 있다.
② 재판장은 제1항에 따라 피고인 신문을 실시하는 경우에도 제1심의 피고인 신문과 중복되거나 항소이유의 당부를 판단하는 데 필요 없다고 인정하는 때에는 그 신문의 전부 또는 일부를 제한할 수 있다.
③ 재판장은 필요하다고 인정하는 때에는 피고인을 신문할 수 있다.

제156조의7【항소심에서의 의견진술】① 항소심의 증거조사와 피고인 신문절차가 종료한 때에는 검사는 원심 판결의 당부와 항소이유에 대한 의견을 구체적으로 진술하여야 한다.
② 재판장은 검사의 의견을 들은 후 피고인과 변호인에게도 제1항의 의견을 진술할 기회를 주어야 한다.

제159조【준용규정】제2편 중 공판에 관한 규정은 항소법원의 공판절차에 이를 준용한다.

제3장 상고

제371조【상고할 수 있는 판결】제2심판결에 대하여 불복이 있으면 대법원에 상고할 수 있다.

제372조【비약적 상고】다음 경우에는 제1심판결에 대하여 항소를 제기하지 아니하고 상고를 할 수 있다.
1. 원심판결이 인정한 사실에 대하여 법령을 적용하지 아니하였거나 법령의 적용에 착오가 있는 때
2. 원심판결이 있은 후 형의 폐지나 변경 또는 사면이 있는 때

제373조【항소와 비약적 상고】제1심판결에 대한 상고는 그 사건에 대한 항소가 제기된 때에는 그 효력을 잃는다. 단, 항소의 취하 또는 항소기각의 결정이 있는 때에는 예외로 한다.

제374조【상고기간】상고의 제기기간은 7일로 한다.

제375조【상고제기의 방식】상고를 함에는 상고장을 원심법원에 제출하여야 한다.

제376조【원심법원에서의 상고기각 결정】① 상고의 제기가 법률상의 방식에 위반하거나 상고권소멸 후인 것이 명백한 때에는 원심법원은 결정으로 상고를 기각하여야 한다.
② 전항의 결정에 대하여는 즉시항고를 할 수 있다.

제377조【소송기록과 증거물의 송부】제376조의 경우를 제외하고는 원심법원은 상고장을 받은 날부터 14일이내에 소송기록과 증거물을 상고법원에 송부하여야 한다.

제378조【소송기록접수와 통지】① 상고법원이 소송기록의 송부를 받은 때에는 즉시 상고인과 상대방에 대하여 그 사유를 통지하여야 한다.
② 전항의 통지 전에 변호인의 선임이 있는 때에는 변호인에 대하여도 전항의 통지를 하여야 한다.

제379조【상고이유서와 답변서】① 상고인 또는 변호인이 전조의 통지를 받은 날로부터 20일 이내에 상고이유서를 상고법원에 제출하여야 한다. 이 경우 제344조를 준용한다.
② 상고이유서에는 소송기록과 원심법원의 증거조사에 표현된 사실을 인용하여 그 이유를 명시하여야 한다.
③ 상고이유서의 제출을 받은 상고법원은 지체없이 그 부본 또는 등본을 상대방에 송달하여야 한다.
④ 상대방은 전항의 송달을 받은 날로부터 10일 이내에 답변서를 상고법원에 제출할 수 있다.
⑤ 답변서의 제출을 받은 상고법원은 지체없이 그 부본 또는 등본을 상고인 또는 변호인에게 송달하여야 한다.

제160조【상고이유서, 답변서의 부본 제출】상고이유서 또는 답변서에는 상대방의 수에 4를 더한 수의 부본을 첨부하여야 한다.

제380조【상고기각 결정】① 상고인이나 변호인이 전조 제1항의 기간 내에 상고이유서를 제출하지 아니한 때에는 결정으로 상고를 기각하여야 한다. 단, 상고장에 이유의 기재가 있는 때에는 예외로 한다.
② 상고장 및 상고이유서에 기재된 상고이유의 주장이 제383조 각 호의 어느 하나의 사유에 해당하지 아니함이 명백한 때에는 결정으로 상고를 기각하여야 한다.

제381조【동전】제376조의 규정에 해당한 경우에 원심법원이 상고기각의 결정을 하지 아니한 때에는 상고법원은 결정으로 상고를 기각하여야 한다.

제382조【공소기각의 결정】제328조 제1항 각 호의 규정에 해당하는 사유가 있는 때에는 상고법원은 결정으로 공소를 기각하여야 한다.

제383조【상고이유】다음 사유가 있을 경우에는 원심판결에 대한 상고이유로 할 수 있다.
1. 판결에 영향을 미친 헌법·법률·명령 또는 규칙의 위반이 있는 때
2. 판결후 형의 폐지나 변경 또는 사면이 있는 때
3. 재심청구의 사유가 있는 때
4. 사형, 무기 또는 10년 이상의 징역이나 금고가 선고된 사건에 있어서 중대한 사실의 오인이 있어 판결에 영향을 미친 때 또는 형의 양정이 심히 부당하다고 인정할 현저한 사유가 있는 때

제384조【심판범위】 상고법원은 상고이유서에 포함된 사유에 관하여 심판하여야 한다. 그러나, 전조 제1호 내지 제3호의 경우에는 상고이유서에 포함되지 아니한 때에도 직권으로 심판할 수 있다.

제385조 삭제 〈1961. 9. 1.〉

제386조【변호인의 자격】 상고심에는 변호사 아닌 자를 변호인으로 선임하지 못한다.

제387조【변론능력】 상고심에는 변호인 아니면 피고인을 위하여 변론하지 못한다.

제388조【변론방식】 검사와 변호인은 상고이유서에 의하여 변론하여야 한다.

제389조【변호인의 불출석등】 ① 변호인의 선임이 없거나 변호인이 공판기일에 출정하지 아니한 때에는 검사의 진술을 듣고 판결을 할 수 있다. 단, 제283조의 규정에 해당한 경우에는 예외로 한다.
② 전항의 경우에 적법한 이유서의 제출이 있는 때에는 그 진술이 있는 것으로 간주한다.

제389조의2【피고인의 소환 여부】 상고심의 공판기일에는 피고인의 소환을 요하지 아니한다.

> 제161조【피고인에 대한 공판기일의 통지등】 ① 법원사무관 등은 피고인에게 공판기일통지서를 송달하여야 한다.
> ② 상고심에서는 공판기일을 지정하는 경우에도 피고인의 이감을 요하지 아니한다.
> ③ 상고한 피고인에 대하여 이감이 있는 경우에는 검사는 지체없이 이를 대법원에 통지하여야 한다.

제390조【서면심리에 의한 판결】 ① 상고법원은 상고장, 상고이유서 기타의 소송기록에 의하여 변론 없이 판결할 수 있다.
② 상고법원은 필요한 경우에는 특정한 사항에 관하여 변론을 열어 참고인의 진술을 들을 수 있다.

> 제161조의2【참고인 의견서 제출】 ① 국가기관과 지방자치단체는 공익과 관련된 사항에 관하여 대법원에 재판에 관한 의견서를 제출할 수 있고, 대법원은 이들에게 의견서를 제출하게 할 수 있다.
> ② 대법원은 소송관계를 분명하게 하기 위하여 공공단체 등 그 밖의 참고인에게 의견서를 제출하게 할 수 있다.

> 제162조【대법관전원합의체사건에 관하여 부에서 할 수 있는 재판】 대법관전원합의체에서 본안재판을 하는 사건에 관하여 구속, 구속기간의 갱신, 구속의 취소, 보석, 보석의 취소, 구속의 집행정지, 구속의 집행정지의 취소를 함에는 대법관 3인 이상으로써 구성된 부에서 재판할 수 있다.

제391조【원심판결의 파기】 상고이유가 있는 때에는 판결로써 원심판결을 파기하여야 한다.

제392조【공동피고인을 위한 파기】 피고인의 이익을 위하여 원심판결을 파기하는 경우에 파기의 이유가 상고한 공동피고인에 공통되는 때에는 그 공동피고인에 대하여도 원심판결을 파기하여야 한다.

제393조【공소기각과 환송의 판결】 적법한 공소를 기각하였다는 이유로 원심판결 또는 제1심판결을 파기하는 경우에는 판결로써 사건을 원심법원 또는 제1심법원에 환송하여야 한다.

제394조【관할인정과 이송의 판결】 관할의 인정이 법률에 위반됨을 이유로 원심판결 또는 제1심판결을 파기하는 경우에는 판결로써 사건을 관할있는 법원에 이송하여야 한다.

제395조【관할위반과 환송의 판결】 관할위반의 인정이 법률에 위반됨을 이유로 원심판결 또는 제1심판결을 파기하는 경우에는 판결로써 사건을 원심법원 또는 제1심법원에 환송하여야 한다.

제396조【파기자판】 ① 상고법원은 원심판결을 파기한 경우에 그 소송기록과 원심법원과 제1심법원이 조사한 증거에 의하여 판결하기 충분하다고 인정한 때에는 피고사건에 대하여 직접판결을 할 수 있다.
② 제368조의 규정은 전항의 판결에 준용한다.

제397조【환송 또는 이송】 전4조의 경우 외에 원심판결을 파기한 때에는 판결로써 사건을 원심법원에 환송하거나 그와 동등한 다른 법원에 이송하여야 한다.

제398조【재판서의 기재방식】 재판서에는 상고의 이유에 관한 판단을 기재하여야 한다.

제399조【준용규정】 전장의 규정은 본장에 특별한 규정이 없으면 상고의 심판에 준용한다.

> 제164조【준용규정】 제155조, 제156조의2, 제157조 제1호·제2호의 규정은 상고심의 절차에 이를 준용한다.

제400조【판결정정의 신청】 ① 상고법원은 그 판결의 내용에 오류가 있음을 발견한 때에는 직권 또는 검사, 상고인이나 변호인의 신청에 의하여 판결로써 정정할 수 있다.
② 전항의 신청은 판결의 선고가 있는 날로부터 10일 이내에 하여야 한다.
③ 제1항의 신청은 신청의 이유를 기재한 서면으로 하여야 한다.

> 제163조【판결정정신청의 통지】 법 제400조 제1항에 규정한 판결정정의 신청이 있는 때에는 즉시 그 취지를 상대방에게 통지하여야 한다.

제401조【정정의 판결】① 정정의 판결은 변론없이 할 수 있다.
② 정정할 필요가 없다고 인정한 때에는 지체없이 결정으로 신청을 기각하여야 한다.

제4장 항고

제402조【항고할 수 있는 재판】법원의 결정에 대하여 불복이 있으면 항고를 할 수 있다. 단, 이 법률에 특별한 규정이 있는 경우에는 예외로 한다.

제403조【판결 전의 결정에 대한 항고】① 법원의 관할 또는 판결 전의 소송절차에 관한 결정에 대하여는 특히 즉시항고를 할 수 있는 경우 외에는 항고하지 못한다.
② 전항의 규정은 구금, 보석, 압수나 압수물의 환부에 관한 결정 또는 감정하기 위한 피고인의 유치에 관한 결정에 적용하지 아니한다.

제404조【보통항고의 시기】항고는 즉시항고 외에는 언제든지 할 수 있다. 단, 원심결정을 취소하여도 실익이 없게 된 때에는 예외로 한다.

제405조【즉시항고의 제기기간】즉시항고의 제기기간은 7일로 한다.

제406조【항고의 절차】항고를 함에는 항고장을 원심법원에 제출하여야 한다.

제407조【원심법원의 항고기각 결정】① 항고의 제기가 법률상의 방식에 위반하거나 항고권소멸 후인 것이 명백한 때에는 원심법원은 결정으로 항고를 기각하여야 한다.
② 전항의 결정에 대하여는 즉시항고를 할 수 있다.

제408조【원심법원의 갱신결정】① 원심법원은 항고가 이유있다고 인정한 때에는 결정을 경정하여야 한다.
② 항고의 전부 또는 일부가 이유없다고 인정한 때에는 항고장을 받은 날로부터 3일 이내에 의견서를 첨부하여 항고법원에 송부하여야 한다.

제409조【보통항고와 집행정지】항고는 즉시항고 외에는 재판의 집행을 정지하는 효력이 없다. 단, 원심법원 또는 항고법원은 결정으로 항고에 대한 결정이 있을 때까지 집행을 정지할 수 있다.

제410조【즉시항고와 집행정지의 효력】즉시항고의 제기기간 내와 그 제기가 있는 때에는 재판의 집행은 정지된다.

제411조【소송기록등의 송부】① 원심법원이 필요하다고 인정한 때에는 소송기록과 증거물을 항고법원에 송부하여야 한다.
② 항고법원은 소송기록과 증거물의 송부를 요구할 수 있다.
③ 전2항의 경우에 항고법원이 소송기록과 증거물의 송부를 받은 날로부터 5일 이내에 당사자에게 그 사유를 통지하여야 한다.

제412조【검사의 의견진술】검사는 항고사건에 대하여 의견을 진술할 수 있다.

제413조【항고기각의 결정】제407조의 규정에 해당한 경우에 원심법원이 항고기각의 결정을 하지 아니한 때에는 항고법원은 결정으로 항고를 기각하여야 한다.

제414조【항고기각과 항고이유 인정】① 항고를 이유없다고 인정한 때에는 결정으로 항고를 기각하여야 한다.
② 항고를 이유있다고 인정한 때에는 결정으로 원심결정을 취소하고 필요한 경우에는 항고사건에 대하여 직접 재판을 하여야 한다.

> 제165조【항고법원의 결정등본의 송부】항고법원이 법 제413조 또는 법 제414조에 규정한 결정을 한 때에는 즉시 그 결정의 등본을 원심법원에 송부하여야 한다.

제415조【재항고】항고법원 또는 고등법원의 결정에 대하여는 재판에 영향을 미친 헌법·법률·명령 또는 규칙의 위반이 있음을 이유로 하는 때에 한하여 대법원에 즉시항고를 할 수 있다.

제416조【준항고】① 재판장 또는 수명법관이 다음 각 호의 1에 해당한 재판을 고지한 경우에 불복이 있으면 그 법관소속의 법원에 재판의 취소 또는 변경을 청구할 수 있다.
1. 기피신청을 기각한 재판
2. 구금, 보석, 압수 또는 압수물환부에 관한 재판
3. 감정하기 위하여 피고인의 유치를 명한 재판
4. 증인, 감정인, 통역인 또는 번역인에 대하여 과태료 또는 비용의 배상을 명한 재판

② 지방법원이 전항의 청구를 받은 때에는 합의부에서 결정을 하여야 한다.
③ 제1항의 청구는 재판의 고지있는 날로부터 7일 이내에 하여야 한다.
④ 제1항 제4호의 재판은 전항의 청구기간 내와 청구가 있는 때에는 그 재판의 집행은 정지된다.

제417조【동전】검사 또는 사법경찰관의 구금, 압수 또는 압수물의 환부에 관한 처분과 제243조의2에 따른 변호인의 참여 등에 관한 처분에 대하여 불복이 있으면 그 직무집행지의 관할법원 또는 검사의 소속검찰청에 대응한 법원에 그 처분의 취소 또는 변경을 청구할 수 있다.

제418조【준항고의 방식】전2조의청구는 서면으로 관할법원에 제출하여야 한다.

제419조【준용규정】제409조, 제413조, 제414조, 제415조의

규정은 제416조, 제417조의 청구있는 경우에 준용한다.

제4편 특별소송절차

제1장 재심

제420조【재심이유】재심은 다음 각 호의 어느 하나에 해당하는 이유가 있는 경우에 유죄의 확정판결에 대하여 그 선고를 받은 자의 이익을 위하여 청구할 수 있다.
1. 원판결의 증거가 된 서류 또는 증거물이 확정판결에 의하여 위조되거나 변조된 것임이 증명된 때
2. 원판결의 증거가 된 증언, 감정, 통역 또는 번역이 확정판결에 의하여 허위임이 증명된 때
3. 무고(誣告)로 인하여 유죄를 선고받은 경우에 그 무고의 죄가 확정판결에 의하여 증명된 때
4. 원판결의 증거가 된 재판이 확정재판에 의하여 변경된 때
5. 유죄를 선고받은 자에 대하여 무죄 또는 면소를, 형의 선고를 받은 자에 대하여 형의 면제 또는 원판결이 인정한 죄보다 가벼운 죄를 인정할 명백한 증거가 새로 발견된 때
6. 저작권, 특허권, 실용신안권, 디자인권 또는 상표권을 침해한 죄로 유죄의 선고를 받은 사건에 관하여 그 권리에 대한 무효의 심결 또는 무효의 판결이 확정된 때
7. 원판결, 전심판결 또는 그 판결의 기초가 된 조사에 관여한 법관, 공소의 제기 또는 그 공소의 기초가 된 수사에 관여한 검사나 사법경찰관이 그 직무에 관한 죄를 지은 것이 확정판결에 의하여 증명된 때. 다만, 원판결의 선고 전에 법관, 검사 또는 사법경찰관에 대하여 공소가 제기되었을 경우에는 원판결의 법원이 그 사유를 알지 못한 때로 한정한다.

제421조【동전】① 항소 또는 상고의 기각판결에 대하여는 전조 제1호, 제2호, 제7호의 사유있는 경우에 한하여 그 선고를 받은 자의 이익을 위하여 재심을 청구할 수 있다.
② 제1심확정판결에 대한 재심청구사건의 판결이 있은 후에는 항소기각 판결에 대하여 다시 재심을 청구하지 못한다.
③ 제1심 또는 제2심의 확정판결에 대한 재심청구사건의 판결이 있은 후에는 상고기각판결에 대하여 다시 재심을 청구하지 못한다.

제422조【확정판결에 대신하는 증명】전2조의 규정에 의하여 확정판결로써 범죄가 증명됨을 재심청구의 이유로 할 경우에 그 확정판결을 얻을 수 없는 때에는 그 사실을 증명하여 재심의 청구를 할 수 있다. 단, 증거가 없다는 이유로 확정판결을 얻을 수 없는 때에는 예외로 한다.

제423조【재심의 관할】재심의 청구는 원판결의 법원이 관할한다.

> 제166조【재심청구의 방식】재심의 청구를 함에는 재심청구의 취지 및 재심청구의 이유를 구체적으로 기재한 재심청구서에 원판결의 등본 및 증거자료를 첨부하여 관할법원에 제출하여야 한다.
>
> 제168조【준용규정】제152조의 규정은 재심의 청구와 그 취하에 이를 준용한다.

제424조【재심청구권자】다음 각 호의 1에 해당하는 자는 재심의 청구를 할 수 있다.
1. 검사
2. 유죄의 선고를 받은 자
3. 유죄의 선고를 받은 자의 법정대리인
4. 유죄의 선고를 받은 자가 사망하거나 심신장애가 있는 경우에는 그 배우자, 직계친족 또는 형제자매

제425조【검사만이 청구할 수 있는 재심】제420조 제7호의 사유에 의한 재심의 청구는 유죄의 선고를 받은 자가 그 죄를 범하게 한 경우에는 검사가 아니면 하지 못한다.

제426조【변호인의 선임】① 검사 이외의 자가 재심의 청구를 하는 경우에는 변호인을 선임할 수 있다.
② 전항의 규정에 의한 변호인의 선임은 재심의 판결이 있을 때까지 그 효력이 있다.

제427조【재심청구의 시기】재심의 청구는 형의 집행을 종료하거나 형의 집행을 받지 아니하게 된 때에도 할 수 있다.

제428조【재심과 집행정지의 효력】재심의 청구는 형의 집행을 정지하는 효력이 없다. 단 관할법원에 대응한 검찰청검사는 재심청구에 대한 재판이 있을 때까지 형의 집행을 정지할 수 있다.

제429조【재심청구의 취하】① 재심의 청구는 취하할 수 있다.
② 재심의 청구를 취하한 자는 동일한 이유로써 다시 재심을 청구하지 못한다.

> 제167조【재심청구취하의 방식】① 재심청구의 취하는 서면으로 하여야 한다. 다만, 공판정에서는 구술로 할 수 있다.② 구술로 재심청구의 취하를 한 경우에는 그 사유를 조서에 기재하여야 한다.
>
> 제168조【준용규정】제152조의 규정은 재심의 청구와 그 취하에 이를 준용한다.

제430조【재소자에 대한 특칙】제344조의 규정은 재심의 청구와 그 취하에 준용한다.

제431조【사실조사】① 재심의 청구를 받은 법원은 필요하다고 인정한 때에는 합의부원에게 재심청구의 이유에 대한 사

실조사를 명하거나 다른 법원판사에게 이를 촉탁할 수 있다.
② 전항의 경우에는 수명법관 또는 수탁판사는 법원 또는 재판장과 동일한 권한이 있다.

제432조【재심에 대한 결정과 당사자의 의견】재심의 청구에 대하여 결정을 함에는 청구한 자와 상대방의 의견을 들어야 한다. 단, 유죄의 선고를 받은 자의 법정대리인이 청구한 경우에는 유죄의 선고를 받은 자의 의견을 들어야 한다.

제433조【청구기각 결정】재심의 청구가 법률상의 방식에 위반하거나 청구권의 소멸 후인 것이 명백한 때에는 결정으로 기각하여야 한다.

제434조【동전】① 재심의 청구가 이유없다고 인정한 때에는 결정으로 기각하여야 한다.
② 전항의 결정이 있는 때에는 누구든지 동일한 이유로써 다시 재심을 청구하지 못한다.

제435조【재심개시의 결정】① 재심의 청구가 이유있다고 인정한 때에는 재심개시의 결정을 하여야 한다.
② 재심개시의 결정을 할 때에는 결정으로 형의 집행을 정지할 수 있다.

제436조【청구의 경합과 청구기각의 결정】① 항소기각의 확정판결과 그 판결에 의하여 확정된 제1심판결에 대하여 재심의 청구가 있는 경우에 제1심법원이 재심의 판결을 한 때에는 항소법원은 결정으로 재심의 청구를 기각하여야 한다.
② 제1심 또는 제2심판결에 대한 상고기각의 판결과 그 판결에 의하여 확정된 제1심 또는 제2심의 판결에 대하여 재심의 청구가 있는 경우에 제1심법원 또는 항소법원이 재심의 판결을 한 때에는 상고법원은 결정으로 재심의 청구를 기각하여야 한다.

> 제169조【청구의 경합과 공판절차의 정지】① 항소기각의 확정판결과 그 판결에 의하여 확정된 제1심판결에 대하여 각각 재심의 청구가 있는 경우에 항소법원은 결정으로 제1심법원의 소송절차가 종료할 때까지 소송절차를 정지하여야 한다.
> ② 상고기각의 판결과 그 판결에 의하여 확정된 제1심 또는 제2심의 판결에 대하여 각각 재심의 청구가 있는 경우에 상고법원은 결정으로 제1심법원 또는 항소법원의 소송절차가 종료할 때까지 소송절차를 정지하여야 한다.

제437조【즉시항고】제433조, 제434조 제1항, 제435조 제1항과 전조 제1항의 결정에 대하여는 즉시항고를 할 수 있다.

제438조【재심의 심판】① 재심개시의 결정이 확정한 사건에 대하여는 제436조의 경우 외에는 법원은 그 심급에 따라 다시 심판을 하여야 한다.
② 다음 경우에는 제306조 제1항, 제328조 제1항 제2호의 규정은 전항의 심판에 적용하지 아니한다.
 1. 사망자 또는 회복할 수 없는 심신장애인을 위하여 재심의 청구가 있는 때
 2. 유죄의 선고를 받은 자가 재심의 판결 전에 사망하거나 회복할 수 없는 심신장애인으로 된 때
③ 전항의 경우에는 피고인이 출정하지 아니하여도 심판을 할 수 있다. 단, 변호인이 출정하지 아니하면 개정하지 못한다.
④ 전2항의 경우에 재심을 청구한 자가 변호인을 선임하지 아니한 때에는 재판장은 직권으로 변호인을 선임하여야 한다.

제439조【불이익변경의 금지】재심에는 원판결의 형보다 무거운 형을 선고할 수 없다.

제440조【무죄판결의 공시】재심에서 무죄의 선고를 한 때에는 그 판결을 관보와 그 법원소재지의 신문지에 기재하여 공고하여야 한다. 다만, 다음 각 호의 어느 하나에 해당하는 사람이 이를 원하지 아니하는 의사를 표시한 경우에는 그러하지 아니하다.
 1. 제424조 제1호부터 제3호까지의 어느 하나에 해당하는 사람이 재심을 청구한 때에는 재심에서 무죄의 선고를 받은 사람
 2. 제424조 제4호에 해당하는 사람이 재심을 청구한 때에는 재심을 청구한 그 사람

제2장 비상상고

제441조【비상상고이유】검찰총장은 판결이 확정한 후 그 사건의 심판이 법령에 위반한 것을 발견한 때에는 대법원에 비상상고를 할 수 있다.

제442조【비상상고의 방식】비상상고를 함에는 그 이유를 기재한 신청서를 대법원에 제출하여야 한다.

제443조【공판기일】공판기일에는 검사는 신청서에 의하여 진술하여야 한다.

제444조【조사의 범위, 사실의 조사】① 대법원은 신청서에 포함된 이유에 한하여 조사하여야 한다.
② 법원의 관할, 공소의 수리와 소송절차에 관하여는 사실조사를 할 수 있다.
③ 전항의 경우에는 제431조의 규정을 준용한다.

제445조【기각의 판결】비상상고가 이유 없다고 인정한 때에는 판결로써 이를 기각하여야 한다.

제446조【파기의 판결】비상상고가 이유 있다고 인정한 때에는 다음의 구별에 따라 판결을 하여야 한다.
 1. 원판결이 법령에 위반한 때에는 그 위반된 부분을 파기하여야 한다. 단, 원판결이 피고인에게 불이익한 때에는 원

판결을 파기하고 피고사건에 대하여 다시 판결을 한다.
2. 원심소송절차가 법령에 위반한 때에는 그 위반된 절차를 파기한다.

제447조【판결의 효력】비상상고의 판결은 전조 제1호 단행의 규정에 의한 판결 외에는 그 효력이 피고인에게 미치지 아니한다.

제3장 약식절차

제448조【약식명령을 할 수 있는 사건】① 지방법원은 그 관할에 속한 사건에 대하여 검사의 청구가 있는 때에는 공판절차없이 약식명령으로 피고인을 벌금, 과료 또는 몰수에 처할 수 있다.
② 전항의 경우에는 추징 기타 부수의 처분을 할 수 있다.

> 제170조【서류등의 제출】검사는 약식명령의 청구와 동시에 약식명령을 하는데 필요한 증거서류 및 증거물을 법원에 제출하여야 한다.

제449조【약식명령의 청구】약식명령의 청구는 공소의 제기와 동시에 서면으로 하여야 한다.

제450조【보통의 심판】약식명령의 청구가 있는 경우에 그 사건이 약식명령으로 할 수 없거나 약식명령으로 하는 것이 적당하지 아니하다고 인정한 때에는 공판절차에 의하여 심판하여야 한다.

> 제172조【보통의 심판】① 법원사무관 등은 약식명령의 청구가 있는 사건을 법 제450조의 규정에 따라 공판절차에 의하여 심판하기로 한 때에는 즉시 그 취지를 검사에게 통지하여야 한다.
> ② 제1항의 통지를 받은 검사는 5일 이내에 피고인수에 상응한 공소장부본을 법원에 제출하여야 한다.
> ③ 법원은 제2항의 공소장부본에 관하여 법 제266조에 규정한 조치를 취하여야 한다.

제451조【약식명령의 방식】약식명령에는 범죄사실, 적용법령, 주형, 부수처분과 약식명령의 고지를 받은 날로부터 7일 이내에 정식재판의 청구를 할 수 있음을 명시하여야 한다.

> 제171조【약식명령의 시기】약식명령은 그 청구가 있은 날로부터 14일 이내에 이를 하여야 한다.

제452조【약식명령의 고지】약식명령의 고지는 검사와 피고인에 대한 재판서의 송달에 의하여 한다.

제453조【정식재판의 청구】① 검사 또는 피고인은 약식명령의 고지를 받은 날로부터 7일 이내에 정식재판의 청구를 할 수 있다. 단, 피고인은 정식재판의 청구를 포기할 수 없다.
② 정식재판의 청구는 약식명령을 한 법원에 서면으로 제출하여야 한다.
③ 정식재판의 청구가 있는 때에는 법원은 지체없이 검사 또는 피고인에게 그 사유를 통지하여야 한다.

제454조【정식재판청구의 취하】정식재판의 청구는 제1심판결선고 전까지 취하할 수 있다.

> 제173조【준용규정】제153조의 규정은 정식재판청구의 취하에 이를 준용한다.

제455조【기각의 결정】① 정식재판의 청구가 법령상의 방식에 위반하거나 청구권의 소멸 후인 것이 명백한 때에는 결정으로 기각하여야 한다.
② 전항의 결정에 대하여는 즉시항고를 할 수 있다.
③ 정식재판의 청구가 적법한 때에는 공판절차에 의하여 심판하여야 한다.

제456조【약식명령의 실효】약식명령은 정식재판의 청구에 의한 판결이 있는 때에는 그 효력을 잃는다.

제457조【약식명령의 효력】약식명령은 정식재판의 청구기간이 경과하거나 그 청구의 취하 또는 청구기각의 결정이 확정한 때에는 확정판결과 동일한 효력이 있다.

제457조의2【형종 상향의 금지 등】① 피고인이 정식재판을 청구한 사건에 대하여는 약식명령의 형보다 중한 종류의 형을 선고하지 못한다.
② 피고인이 정식재판을 청구한 사건에 대하여 약식명령의 형보다 중한 형을 선고하는 경우에는 판결서에 양형의 이유를 적어야 한다.

제458조【준용규정】① 제340조 내지 제342조, 제345조 내지 제352조, 제354조의 규정은 정식재판의 청구 또는 그 취하에 준용한다.
② 제365조의 규정은 정식재판절차의 공판기일에 정식재판을 청구한 피고인이 출석하지 아니한 경우에 이를 준용한다.

제5편 재판의 집행

제459조【재판의 확정과 집행】재판은 이 법률에 특별한 규정이 없으면 확정한 후에 집행한다.

제460조【집행지휘】① 재판의 집행은 그 재판을 한 법원에 대응한 검찰청검사가 지휘한다. 단, 재판의 성질상 법원 또는 법관이 지휘할 경우에는 예외로 한다.
② 상소의 재판 또는 상소의 취하로 인하여 하급법원의 재판을 집행할 경우에는 상소법원에 대응한 검찰청검사가 지휘한다. 단, 소송기록이 하급법원 또는 그 법원에 대응한 검찰청에 있는 때에는 그 검찰청검사가 지휘한다.

제461조【집행지휘의 방식】재판의 집행지휘는 재판서 또는 재판을 기재한 조서의 등본 또는 초본을 첨부한 서면으로 하여야 한다. 단, 형의 집행을 지휘하는 경우 외에는 재판서의 원본, 등본이나 초본 또는 조서의 등본이나 초본에 인정하는 날인으로 할 수 있다.

제462조【형집행의 순서】2이상의 형을 집행하는 경우에 자격상실, 자격정지, 벌금, 과료와 몰수 외에는 무거운 형을 먼저 집행한다. 다만, 검사는 소속 장관의 허가를 얻어 무거운 형의 집행을 정지하고 다른 형의 집행을 할 수 있다.

제463조【사형의 집행】사형은 법무부장관의 명령에 의하여 집행한다.

제464조【사형판결확정과 소송기록의 제출】사형을 선고한 판결이 확정한 때에는 검사는 지체없이 소송기록을 법무부장관에게 제출하여야 한다.

제465조【사형집행명령의 시기】① 사형집행의 명령은 판결이 확정된 날로부터 6월 이내에 하여야 한다.
② 상소권회복의 청구, 재심의 청구 또는 비상상고의 신청이 있는 때에는 그 절차가 종료할 때까지의 기간은 전항의 기간에 산입하지 아니한다.

제466조【사형집행의 기간】법무부장관이 사형의 집행을 명한 때에는 5일 이내에 집행하여야 한다.

제467조【사형집행의 참여】① 사형의 집행에는 검사와 검찰청서기관과 교도소장 또는 구치소장이나 그 대리자가 참여하여야 한다.
② 검사 또는 교도소장 또는 구치소장의 허가가 없으면 누구든지 형의 집행장소에 들어가지 못한다.

제468조【사형집행조서】사형의 집행에 참여한 검찰청서기관은 집행조서를 작성하고 검사와 교도소장 또는 구치소장이나 그 대리자와 함께 기명날인 또는 서명하여야 한다.

제469조【사형 집행의 정지】① 사형선고를 받은 사람이 심신의 장애로 의사능력이 없는 상태이거나 임신 중인 여자인 때에는 법무부장관의 명령으로 집행을 정지한다.
② 제1항에 따라 형의 집행을 정지한 경우에는 심신장애의 회복 또는 출산 후에 법무부장관의 명령에 의하여 형을 집행한다.

제470조【자유형집행의 정지】① 징역, 금고 또는 구류의 선고를 받은 자가 심신의 장애로 의사능력이 없는 상태에 있는 때에는 형을 선고한 법원에 대응한 검찰청검사 또는 형의 선고를 받은 자의 현재지를 관할하는 검찰청검사의 지휘에 의하여 심신장애가 회복될 때까지 형의 집행을 정지한다.

② 전항의 규정에 의하여 형의 집행을 정지한 경우에는 검사는 형의 선고를 받은 자를 감호의무자 또는 지방공공단체에 인도하여 병원 기타 적당한 장소에 수용하게 할 수 있다.
③ 형의 집행이 정지된 자는 전항의 처분이 있을 때까지 교도소 또는 구치소에 구치하고 그 기간을 형기에 산입한다.

제471조【동전】① 징역, 금고 또는 구류의 선고를 받은 자에 대하여 다음 각 호의 1에 해당한 사유가 있는 때에는 형을 선고한 법원에 대응한 검찰청검사 또는 형의 선고를 받은 자의 현재지를 관할하는 검찰청검사의 지휘에 의하여 형의 집행을 정지할 수 있다.
1. 형의 집행으로 인하여 현저히 건강을 해하거나 생명을 보전할 수 없을 염려가 있는 때
2. 연령 70세 이상인 때
3. 잉태 후 6월 이상인 때
4. 출산 후 60일을 경과하지 아니한 때
5. 직계존속이 연령 70세 이상 또는 중병이나 장애인으로 보호할 다른 친족이 없는 때
6. 직계비속이 유년으로 보호할 다른 친족이 없는 때
7. 기타 중대한 사유가 있는 때
② 검사가 전항의 지휘를 함에는 소속 고등검찰청검사장 또는 지방검찰청검사장의 허가를 얻어야 한다.

제471조의2【형집행정지 심의위원회】① 제471조 제1항 제1호의 형집행정지 및 그 연장에 관한 사항을 심의하기 위하여 각 지방검찰청에 형집행정지 심의위원회(이하 이 조에서 "심의위원회"라 한다)를 둔다.
② 심의위원회는 위원장 1명을 포함한 10명 이내의 위원으로 구성하고, 위원은 학계, 법조계, 의료계, 시민단체 인사 등 학식과 경험이 있는 사람 중에서 각 지방검찰청 검사장이 임명 또는 위촉한다.
③ 심의위원회의 구성 및 운영 등 그 밖에 필요한 사항은 법무부령으로 정한다.

제472조【소송비용의 집행정지】제487조에 규정된 신청기간 내와 그 신청이 있는 때에는 소송비용부담의 재판의 집행은 그 신청에 대한 재판이 확정될 때까지 정지된다.

제473조【집행하기 위한 소환】① 사형, 징역, 금고 또는 구류의 선고를 받은 자가 구금되지 아니한 때에는 검사는 형을 집행하기 위하여 이를 소환하여야 한다.
② 소환에 응하지 아니한 때에는 검사는 형집행장을 발부하여 구인하여야 한다.
③ 제1항의 경우에 형의 선고를 받은 자가 도망하거나 도망할 염려가 있는 때 또는 현재지를 알 수 없는 때에는 소환함이 없이 형집행장을 발부하여 구인할 수 있다.

제474조【형집행장의 방식과 효력】① 전조의 형집행장에는 형의 선고를 받은 자의 성명, 주거, 연령, 형명, 형기 기타 필요한 사항을 기재하여야 한다.
② 형집행장은 구속영장과 동일한 효력이 있다.

제475조【형집행장의 집행】전2조의 규정에 의한 형집행장의 집행에는 제1편 제9장 피고인의 구속에 관한 규정을 준용한다.

제476조【자격형의 집행】자격상실 또는 자격정지의 선고를 받은 자에 대하여는 이를 수형자원부에 기재하고 지체없이 그 등본을 형의 선고를 받은 자의 등록기준지와 주거지의 시(구가 설치되지 아니한 시를 말한다. 이하 같다)·구·읍·면장(도농복합형태의 시에 있어서는 동지역인 경우에는 시·구의 장, 읍·면지역인 경우에는 읍·면의 장으로 한다)에게 송부하여야 한다.

제477조【재산형 등의 집행】① 벌금, 과료, 몰수, 추징, 과태료, 소송비용, 비용배상 또는 가납의 재판은 검사의 명령에 의하여 집행한다.
② 전항의 명령은 집행력 있는 채무명의와 동일한 효력이 있다.
③ 제1항의 재판의 집행에는 「민사집행법」의 집행에 관한 규정을 준용한다. 단, 집행 전에 재판의 송달을 요하지 아니한다.
④ 제3항에도 불구하고 제1항의 재판은 「국세징수법」에 따른 국세체납처분의 예에 따라 집행할 수 있다.
⑤ 검사는 제1항의 재판을 집행하기 위하여 필요한 조사를 할 수 있다. 이 경우 제199조 제2항을 준용한다.
⑥ 벌금, 과료, 추징, 과태료, 소송비용 또는 비용배상의 분할납부, 납부연기 및 납부대행기관을 통한 납부 등 납부방법에 필요한 사항은 법무부령으로 정한다.

제478조【상속재산에 대한 집행】몰수 또는 조세, 전매 기타 공과에 관한 법령에 의하여 재판한 벌금 또는 추징은 그 재판을 받은 자가 재판확정 후 사망한 경우에는 그 상속재산에 대하여 집행할 수 있다.

제479조【합병 후 법인에 대한 집행】법인에 대하여 벌금, 과료, 몰수, 추징, 소송비용 또는 비용배상을 명한 경우에 법인이 그 재판확정 후 합병에 의하여 소멸한 때에는 합병 후 존속한 법인 또는 합병에 의하여 설립된 법인에 대하여 집행할 수 있다.

제480조【가납집행의 조정】제1심가납의 재판을 집행한 후에 제2심가납의 재판이 있는 때에는 제1심재판의 집행은 제2심가납금액의 한도에서 제2심재판의 집행으로 간주한다.

제481조【가납집행과 본형의 집행】가납의 재판을 집행한 후 벌금, 과료 또는 추징의 재판이 확정한 때에는 그 금액의 한도에서 형의 집행이 된 것으로 간주한다.

제482조【판결확정 전 구금일수 등의 산입】① 판결선고 후 판결확정 전 구금일수(판결선고 당일의 구금일수를 포함한다)는 전부를 본형에 산입한다.
② 상소기각 결정 시에 송달기간이나 즉시항고기간 중의 미결구금일수는 전부를 본형에 산입한다.
③ 제1항 및 제2항의 경우에는 구금일수의 1일을 형기의 1일 또는 벌금이나 과료에 관한 유치기간의 1일로 계산한다.

제483조【몰수물의 처분】몰수물은 검사가 처분하여야 한다.

제484조【몰수물의 교부】① 몰수를 집행한 후 3월 이내에 그 몰수물에 대하여 정당한 권리있는 자가 몰수물의 교부를 청구한 때에는 검사는 파괴 또는 폐기할 것이 아니면 이를 교부하여야 한다.
② 몰수물을 처분한 후 전항의 청구가 있는 경우에는 검사는 공매에 의하여 취득한 대가를 교부하여야 한다.

제485조【위조등의 표시】① 위조 또는 변조한 물건을 환부하는 경우에는 그 물건의 전부 또는 일부에 위조나 변조인 것을 표시하여야 한다.
② 위조 또는 변조한 물건이 압수되지 아니한 경우에는 그 물건을 제출하게 하여 전항의 처분을 하여야 한다. 단, 그 물건이 공무소에 속한 것인 때에는 위조나 변조의 사유를 공무소에 통지하여 적당한 처분을 하게 하여야 한다.

제486조【환부불능과 공고】① 압수물의 환부를 받을 자의 소재가 불명하거나 기타 사유로 인하여 환부를 할 수 없는 경우에는 검사는 그 사유를 관보에 공고하여야 한다.
② 공고한 후 3월 이내에 환부의 청구가 없는 때에는 그 물건은 국고에 귀속한다.
③ 전항의 기간 내에도 가치없는 물건은 폐기할 수 있고 보관하기 어려운 물건은 공매하여 그 대가를 보관할 수 있다.

제487조【소송비용의 집행면제의 신청】소송비용부담의 재판을 받은 자가 빈곤으로 인하여 이를 완납할 수 없는 때에는 그 재판의 확정 후 10일 이내에 재판을 선고한 법원에 소송비용의 전부 또는 일부에 대한 재판의 집행면제를 신청할 수 있다.

제488조【의의신청】형의 선고를 받은 자는 집행에 관하여 재판의 해석에 대한 의의가 있는 때에는 재판을 선고한 법원에 의의신청을 할 수 있다.

제489조【이의신청】재판의 집행을 받은 자 또는 그 법정대리인이나 배우자는 집행에 관한 검사의 처분이 부당함을 이유로 재판을 선고한 법원에 이의신청을 할 수 있다.

> 제174조【소송비용의 집행면제등의 신청등】① 법 제487조 내지 법 제489조의 규정에 의한 신청 및 그 취하는 서면으로 하여야 한다.
> ② 제152조의 규정은 제1항의 신청과 그 취하에 이를 준용한다.
>
> 제175조【소송비용의 집행면제등의 신청등의 통지】법원은 제174조 제1항에 규정한 신청 또는 그 취하의 서면을 제출받은 경우에는 즉시 그 취지를 검사에게 통지하여야 한다.

제490조【신청의 취하】① 전3조의 신청은 법원의 결정이 있을 때까지 취하할 수 있다.
② 제344조의 규정은 전3조의 신청과 그 취하에 준용한다.

제491조【즉시항고】① 제487조 내지 제489조의 신청이 있는 때에는 법원은 결정을 하여야 한다.
② 전항의 결정에 대하여는 즉시항고를 할 수 있다.

제492조【노역장유치의 집행】벌금 또는 과료를 완납하지 못한 자에 대한 노역장유치의 집행에는 형의 집행에 관한 규정을 준용한다.

제493조【집행비용의 부담】제477조 제1항의 재판집행비용은 집행을 받은 자의 부담으로 하고「민사집행법」의 규정에 준하여 집행과 동시에 징수하여야 한다.

부칙〈법률 제20796호, 2025. 3. 18.〉

제1조【시행일】이 법은 공포 후 6개월이 경과한 날부터 시행한다.

제2조【피해자 등의 공판기록 열람·등사에 관한 적용례】제294조의4의 개정규정은 이 법 시행 이후 제294조의4 제1항에 따라 소송기록의 열람 또는 등사를 신청하는 경우부터 적용한다.

> 부칙〈대법원규칙 제3202호, 2025. 2. 28.〉
>
> 제1조【시행일】이 규칙은 공포한 날부터 시행한다.
>
> 제2조【적용례】이 규칙은 이 규칙 시행 당시 법원에 계속 중인 사건에 대하여도 적용한다.

부칙〈대통령령 제33808호, 2023. 10. 17.〉
제1조(시행일) 이 영은 2023년 11월 1일부터 시행한다.
제2조(일반적 적용례) 이 영은 이 영 시행 당시 수사 중이거나 법원에 계속 중인 사건에 대해서도 적용한다.

CHAPTER 02 | 형법 범죄의 정리

> **선생님의 TIP**
>
> 교재의 부록으로 〈형법 범죄의 정리〉를 수록하였다. 형법 범죄를 형사소송법적 관점에서 정리해 놓은 것이다. 수시로 참고해서 보면 많은 도움을 받을 것이다.
> 〈**소** : 소추조건(친고죄와 반의사불벌죄), **성** : 성폭력범죄, **가** : 가정폭력범죄, **통** : 통신제한조치 대상범죄, **검** : 검사 수사개시 가능 범죄, **고** : 고위공직자범죄, **긴×** : 긴급체포 불가능(긴× 표시가 없는 것은 긴급체포 가능)〉

구 분	조 문		죄 명	소	성	가	통	검	고	비 고
내란	제87조	제1호	내란우두머리				○			
		제2호	내란(모의참여, 중요임무종사, 실행)				○			
		제3호	내란부화수행				○			
	제88조		내란목적살인				○			
외환	제92조		외환(유치, 항적)				○			
	제93조		여적				○			
	제94조	제1항	모병이적				○			
		제2항	응병이적				○			
	제95조	제1항	군용시설제공이적				○			
		제2항	군용물건제공이적				○			
	제96조		군용시설파괴이적				○			
	제97조		물건제공이적				○			
	제98조	제1항	간첩, 간첩방조				○			
		제2항	군사상기밀누설				○			
	제99조		일반이적				○			
	제103조	제1항	(전시, 비상시)군수계약불이행							
		제2항	(전시, 비상시)군수계약이행방해							
국기	제105조		(국기, 국장)모독							
	제106조		(국기, 국장)비방							긴×
국교	제107조	제1항	외국원수(폭행, 협박)	반			○			
		제2항	외국원수(모욕, 명예훼손)	반			○			
	제108조	제1항	외국사절(폭행, 협박)	반			○			
		제2항	외국사절(모욕, 명예훼손)	반			○			
	제109조		외국(국기, 국장)모독	반						긴×
	제111조		외국에대한사전				○			
	제112조		중립명령위반				○			

구 분	조 문		죄 명	소	성	가	통	검	고	비 고
공안	제113조	제1항	외교상기밀누설				○			
		제2항	외교상기밀(탐지, 수집)				○			
	제114조		범죄단체(조직, 가입, 활동)				○	○[1]		
	제115조		소요				○			
	제116조		다중불해산							긴×
	제116조의2		공중협박, 상습공중협박							타법개정에 따라 보완 예정
	제116조의3		공공장소 흉기소지							〃
	제117조	제1항	(전시, 비상시)공수계약불이행							
		제2항	(전시, 비상시)공수계약이행방해							
	제118조		공무원자격사칭							
폭발물	제119조	제1항	폭발물사용				○			
		제2항	(전시, 비상시)폭발물사용				○			
	제121조		(전시, 비상시)폭발물(제조, 수입, 수출, 수수, 소지)				○			
공무원 직무	제122조		직무유기					○[2]	○	긴×
	제123조		직권남용권리행사방해					○	○	고발인 재정신청 가능 범죄
	제124조		직권남용(체포, 감금)						○	〃
	제125조		독직(폭행, 가혹행위)						○	〃
	제126조		피의사실공표						○	〃
	제127조		공무상비밀누설				○	○	○	긴×
	제128조		선거방해						○	
	제129조	제1항	뇌물(수수, 요구, 약속)				○	○	○	
		제2항	사전뇌물(수수, 요구, 약속)				○	○	○	
	제130조		제3자뇌물(수수, 요구, 약속)				○	○	○	
	제131조	제1항	수뢰후부정처사				○	○	○	
		제2항	부정처사후수뢰				○	○	○	
		제3항	사후수뢰죄				○	○	○	
	제132조		알선뇌물(수수, 요구, 약속)				○	○	○	
	제133조	제1항	뇌물(공여, 공여약속, 공여의사표시)				○	○	○	
		제2항	제3자뇌물(교부, 취득)				○	○	○	
공무 방해	제136조		공무집행방해							
	제137조		위계공무집행방해							
	제138조		(법정, 국회회의장)(모욕, 소동)							
	제139조		인권옹호직무(방해, 명령불준수)							
	제140조	제1항	공무상(봉인, 표시)(손상, 은닉, 무효)							
		제2항	공무상비밀(봉함, 문서, 도화)개봉							
		제3항	공무상비밀(문서, 도화, 전자기록등)내용탐지							
	제140조의2		부동산강제집행효용침해							

[1] 일정한 경제범죄를 목적으로 하는 범죄단체에 한정한다.
[2] 형법 제122조, 제123조, 제127조, 제141조, 제227조 및 제229조(제227조의 죄에 의하여 만들어진 문서 또는 도화를 행사한 경우로 한정한다)의 죄의 경우 「부패방지 및 국민권익위원회의 설치와 운영에 관한 법률」 제2조 제4호의 '부패행위' 관련된 경우로 한정된다.

구 분	조 문		죄 명	소	성	가	통	검	고	비 고
공무방해	제141조	제1항	공용(서류, 물건, 전자기록등)(손상, 은닉, 무효)					O	O	
		제2항	공용(건조물, 선박, 기차, 항공기)파괴					O	O	
	제142조		공무상(보관물, 간수물)(손상, 은닉, 무효)							
	제144조	제1항	특수(제136조, 제138조, 제140조 내지 제143조 각 죄명)							
		제2항	(제1항 각 죄명)(치상, 치사)							
도주, 범인 은닉	제145조	제1항	도주					O	O	긴×
		제2항	집합명령위반					O	O	〃
	제146조		특수도주					O	O	
	제147조		피구금자(탈취, 도주원조)					O	O	
	제148조		간수자도주원조					O	O	
	제151조		범인(은닉, 도피)					O		
위증, 증거 인멸	제152조	제1항	위증					O		
		제2항	모해위증					O		
	제154조		(허위, 모해허위)(감정, 통역, 번역)					O		
	제155조	제1항	증거(인멸, 은닉, 위조, 변조), (위조, 변조)증거사용					O		
		제2항	증인(은닉, 도피)					O		
		제3항	모해(제1항, 제2항 각 죄명)					O		
무고	제156조		무고					O		
신앙	제158조		(장례식, 제사, 예배, 설교)방해							
	제159조		(시체, 유골, 유발)오욕							긴×
	제160조		분묘발굴							
	제161조	제1항	(시체, 유골, 유발, 관속물건)(손괴, 유기, 은닉, 영득)							
		제2항	분묘발굴(제1항 각 죄명)							
	제163조		변사체검시방해							긴×
방화, 실화	제164조	제1항	(현주, 현존)(건조물, 기차, 전차, 자동차, 선박, 항공기, 지하채굴시설)방화				O			
		제2항	(제1항 각 죄명)(치상, 치사)				O			
	제165조		(공용, 공익)(건조물, 기차, 전차, 자동차, 선박, 항공기, 지하채굴시설)방화				O			
	제166조	제1항	일반(건조물, 기차, 전차, 자동차, 선박, 항공기, 지하채굴시설)방화				O			
		제2항	자기소유(건조물, 기차, 전차, 자동차, 선박, 항공기, 지하채굴시설)방화				O			
	제167조	제1항	일반물건방화				O			
		제2항	자기소유일반물건방화				O			
	제168조		방화연소							
	제169조		진화방해							
	제170조		실화							긴×
	제171조		(업무상, 중)실화							
	제172조	제1항	폭발성물건파열				O			
		제2항	폭발성물건파열(치상, 치사)				O			
	제172조의2	제1항	(가스, 전기, 증기, 방사선, 방사성물질)(방출, 유출, 살포)				O			
		제2항	(제1항 각 죄명)(치상, 치사)				O			

구분	조문		죄명	소	성	가	통	검	고	비고
	제173조	제1항	(가스, 전기, 증기)(공급, 사용)방해				○			
		제2항	공공용(제1항 각 죄명)				○			
		제3항	(제1항, 제2항 각 죄명)(치상, 치사)				○			
	제173조의2	제1항	과실(제172조 제1항, 제172조의2 제1항, 제173조 제1항, 제2항 각 죄명)							
		제2항	(업무상, 중)과실(제1항 각 죄명)							
일수, 수리	제177조	제1항	(현주, 현존)(건조물, 기차, 전차, 자동차, 선박, 항공기, 광갱)일수							
		제2항	(제1항 각 죄명)(치상, 치사)							
	제178조		(공용, 공익)(건조물, 기차, 전차, 자동차, 선박, 항공기, 광갱)일수							
	제179조	제1항	일반(건조물, 기차, 전차, 자동차, 선박, 항공기, 광갱)일수							
		제2항	자기소유(건조물, 기차, 전차, 자동차, 선박, 항공기, 광갱)일수							
	제180조		방수방해							
	제181조		과실일수							긴×
	제184조		수리방해							
교통방해	제185조		일반교통방해							
	제186조		(기차, 전차, 자동차, 선박, 항공기)교통방해							
	제187조		(기차, 전차, 자동차, 선박, 항공기)(전복, 매몰, 추락, 파괴)							
	제188조		(제185조 내지 제187조 각 죄명)(치상, 치사)							
	제189조	제1항	과실(제185조 내지 제187조 각 죄명)							긴×
		제2항	(업무상, 중)과실(제185조 내지 제187조 각 죄명)							
먹는물	제192조	제1항	먹는물사용방해							
		제2항	먹는물(독물, 유해물)혼입							
	제193조	제1항	수돗물사용방해							
		제2항	수돗물(독물, 유해물)혼입							
	제194조		(제192조 제2항, 제193조 제2항 각 죄명)(치상, 치사)							
	제195조		수도불통							
아편	제198조		(아편, 몰핀)(제조, 수입, 판매, 소지)				○			
	제199조		아편흡식기(제조, 수입, 판매, 소지)				○			
	제200조		세관공무원(아편, 몰핀, 아편흡식기)(수입, 수입허용)				○			
	제201조	제1항	아편흡식, 몰핀주사				○			
		제2항	(아편흡식, 몰핀주사)장소제공				○			
	제203조		상습(제198조 내지 제201조 각 죄명)				○			
	제205조		단순(아편, 몰핀, 아편흡식기)소지				○			긴×
통화	제207조	제1항	통화(위조, 변조)				○			
		제2·3항	외국통화(위조, 변조)				○			
		제4항	(위조, 변조)(통화, 외국통화)(행사, 수입, 수출)				○			
	제208조		(위조, 변조)(통화, 외국통화)취득				○			
	제210조		(위조, 변조)(통화, 외국통화)지정행사				○			긴×
	제211조	제1항	통화유사물(제조, 수입, 수출)				○			
		제2항	통화유사물판매				○			

구 분	조 문		죄 명	소	성	가	통	검	고	비 고
유가증권	제214조		유가증권(위조, 변조)				○			
	제215조		자격모용유가증권(작성, 기재)				○			
	제216조		허위유가증권작성, 유가증권허위기재				○			
	제217조		(위조유가증권, 변조유가증권, 자격모용작성유가증권, 자격모용기재유가증권, 허위작성유가증권, 허위기재유가증권)(행사, 수입, 수출)				○			
	제218조	제1항	(인지, 우표, 우편요금증표)(위조, 변조)							
		제2항	(위조, 변조)(인지, 우표, 우편요금증표)(행사, 수입, 수출)							
	제219조		(위조, 변조)(인지, 우표, 우편요금증표)취득							
	제221조		(인지, 우표, 우편요금증표)소인말소							긴×
	제222조	제1항	(공채증서, 인지, 우표, 우편요금증표)유사물(제조, 수입, 수출)							〃
		제2항	(공채증서, 인지, 우표, 우편요금증표)유사물판매							〃
문서	제225조		(공문서, 공도화)(위조, 변조)						○	
	제226조		자격모용(공문서, 공도화)작성							
	제227조		허위(공문서, 공도화)(작성, 변개)					○	○	
	제227조의2		공전자기록등(위작, 변작)						○	
	제228조	제1항	(공정증서원본, 공전자기록등)부실기재							
		제2항	(면허증, 허가증, 등록증, 여권)부실기재							
	제229조		(위조, 변조)(공문서, 공도화)행사, 자격모용작성(공문서, 공도화)행사, 허위(작성, 변개)(공문서, 공도화)행사, (위작, 변작)공전자기록등행사, 부실기재(공정증서원본, 공전자기록등, 면허증, 허가증, 등록증, 여권)행사					○	○	제225조, 제227조 및 제227조의2 행사에 한정하여 '고'
	제230조		(공문서, 공도화)부정행사							긴×
	제231조		(사문서, 사도화)(위조, 변조)							
	제232조		자격모용(사문서, 사도화)작성							
	제232조의2		사전자기록등(위작, 변작)							
	제233조		허위(진단서, 검안서, 증명서)작성							
	제234조		(위조, 변조)(사문서, 사도화)행사, 자격모용작성(사문서, 사도화)행사, (위작, 변작) 사전자기록등행사, 허위작성(진단서, 검안서, 증명서)행사							
	제236조		(사문서, 사도화)부정행사							긴×
인장	제238조	제1항	(공인, 공서명, 공기명, 공기호)(위조, 부정사용)							
		제2항	(위조, 부정사용)(공인, 공서명, 공기명, 공기호)행사							
	제239조	제1항	(사인, 사서명, 사기명, 사기호)(위조, 부정사용)							
		제2항	(위조, 부정사용)(사인, 사서명, 사기명, 사기호)행사							
성풍속	제242조		음행매개				○			
	제243조		(음화, 음란문서, 음란필름, 음란물건)(반포, 판매, 임대, 전시, 상영)				○			긴×
	제244조		(음화, 음란문서, 음란필름, 음란물건)(제조, 소지, 수입, 수출)				○			〃
	제245조		공연음란				○			〃
도박, 복표	제246조	제1항	도박							긴×
		제2항	상습도박							
	제247조		(도박장소, 도박공간)개설					○		

구 분	조 문		죄 명	소	성	가	통	검	고	비 고
	제248조	제1항	복표발매					○		
		제2항	복표발매중개					○		
		제3항	복표취득					○		긴×
살인	제250조	제1항	살인				○			
		제2항	존속살해				○			
	제252조	제1항	(촉탁, 승낙)살인				○			
		제2항	자살(교사, 방조)				○			
	제253조		(위계, 위력)(촉탁, 승낙)살인, (위계, 위력)자살결의				○			
상해, 폭행	제257조	제1항	상해			○				
		제2항	존속상해			○				
	제258조	제1항	중상해			○				
		제2항	중존속상해			○				
	제258조의2	제1항	특수(제257조 각 죄명)			○				단독판사 관할사건
		제2항	특수(제258조 각 죄명)			○				〃
	제259조	제1항	상해치사							
		제2항	존속상해치사							
	제260조	제1항	폭행	반		○				긴×, 2명 이상 공동의 경우 '반' 아님
		제2항	존속폭행	반		○				2명 이상 공동의 경우 '반' 아님
	제261조		특수(제260조 각 죄명)			○				
	제262조		(제260조, 제261조 각 죄명)(치사, 치상)							
	제264조		상습(제257조, 제258조, 제258조의2, 제260조, 제261조 각 죄명)			○				
과실 치사상	제266조		과실치상	반						긴×
	제267조		과실치사							〃
	제268조		(업무상, 중)과실(치사, 치상)							
낙태	제269조	제1항	낙태							긴×
		제2항	(촉탁, 승낙)낙태							〃
		제3항	(제2항 각 죄명)(치상, 치사)							
	제270조	제1항	업무상(촉탁, 승낙)낙태							긴×
		제2항	부동의낙태							
		제3항	(제1항, 제2항 각 죄명)(치상, 치사)							
유기, 학대	제271조	제1항	유기			○				
		제2항	존속유기			○				
		제3항	중유기							
		제4항	중존속유기							
	제273조	제1항	학대			○				긴×
		제2항	존속학대			○				
	제274조		아동혹사			○				

구 분	조 문		죄 명	소	성	가	통	검	고	비 고
	제275조	제1항	(제271조 제1항, 제3항, 제272조, 제273조 제1항 각 죄명)(치상, 치사)							
		제2항	(제271조 제2항, 제4항, 제273조 제2항 각 죄명)(치상, 치사)							
체포, 감금	제276조	제1항	체포, 감금			○	○			
		제2항	존속(체포, 감금)			○	○			
	제277조	제1항	중체포, 중감금			○	○			
		제2항	중존속(체포, 감금)			○	○			
	제278조		특수(제276조, 제277조 각 죄명)			○	○			
	제279조		상습(제276조, 제277조 각 죄명)			○	○			
	제281조	제1항	(특수, 상습)(제276조 제1항, 제277조 제1항 각 죄명)(치상, 치사)							
		제2항	(특수, 상습)(제276조 제2항, 제277조 제2항 각 죄명)(치상, 치사)							
협박	제283조	제1항	협박	반		○	○			2명 이상 공동의 경우 '반' 아님
		제2항	존속협박	반		○				〃
	제284조		특수(제283조 각 죄명)			○	○			
	제285조		상습(제283조, 제284조 각 죄명)			○	○			
약취, 유인, 인신 매매	제287조		미성년자(약취, 유인)			○				
	제288조	제1항	(추행, 간음, 결혼, 영리)(약취, 유인)		△[3]	○				
		제2항	(노동력착취, 성매매와 성적착취, 장기적출)(약취, 유인)		△	○				
		제3항	국외이송(약취, 유인), 피약취·유인자 국외이송		△	○				
	제289조	제1항	인신매매			○				
		제2항	(추행, 간음, 결혼, 영리)인신매매		△	○				
		제3항	(노동력착취, 성매매와 성적착취, 장기적출)인신매매		△	○				
		제4항	국외이송인신매매, 피매매자국외이송		△	○				
	제290조	제1항	(피약취자, 피유인자, 피매매자, 피국외이송자)상해		△	○				
		제2항	(피약취자, 피유인자, 피매매자, 피국외이송자)치상		△	○				
	제291조	제1항	(피약취자, 피유인자, 피매매자, 피국외이송자)살인		△	○				
		제2항	(피약취자, 피유인자, 피매매자, 피국외이송자)치사		△	○				
	제292조	제1항	(피약취자, 피유인자, 피매매자, 피국외이송자)(수수, 은닉)		△	○				
		제2항	(제287조 내지 제289조 각 죄명)(모집, 운송, 전달)		△	○				
강간, 추행	제297조		강간		○	○				
	제297조의2		유사강간		○	○				
	제298조		강제추행		○	○				
	제299조		준강간, 준유사강간, 준강제추행		○	○				
	제301조		(제297조 내지 제299조 각 죄명)(상해, 치상)		○	○				
	제301조의2		(제297조 내지 제299조 각 죄명)(살인, 치사)		○	○				
	제302조		(미성년자, 심신미약자)(간음, 추행)		○	○				
	제303조	제1항	(피보호자, 피감독자)간음		○					
		제2항	피감호자간음		○					

[3] 약취·유인·인신매매의 죄 중 △ 표시는 '추행, 간음 또는 성매매와 성적착취' 목적일 때에만 성폭력범죄라는 의미이다.

구분	조문		죄명	소	성	가	통	검	고	비고
강간, 추행	제305조	제1항	미성년자의제(강간, 유사강간, 강제추행, 강간상해, 강간치상, 강간살인, 강간치사, 강제추행상해, 강제추행치상, 강제추행살인, 강제추행치사)		○	○	○			
		제2항	〃		○	○	○			
	제305조의2		상습(제297조, 제297조의2, 제298조부터 제300조까지, 제302조, 제303조 또는 제305조 각 죄명)		○	○				
명예	제307조		명예훼손	반		○				사실적시 : 긴× 허위사실적시 : 긴○
	제308조		사자명예훼손	친		○				긴×
	제309조		(출판물, 라디오)에의한명예훼손	반		○				
	제311조		모욕	친		○				긴×
신용, 업무, 경매	제313조		신용훼손					○		
	제314조	제1항	업무방해					○		
		제2항	(컴퓨터등손괴, 전자기록등손괴, 컴퓨터등장애)업무방해					○		
	제315조		(경매, 입찰)방해				○	○		긴×
비밀 침해	제316조	제1항	(편지, 문서, 도화)개봉	친						
		제2항	(편지, 문서, 도화, 전자기록등)내용탐지	친						
	제317조		업무상비밀누설	친						
주거 침입	제319조	제1항	(주거, 건조물, 선박, 항공기, 방실)침입				○			
		제2항	퇴거불응				○			
	제320조		특수(제319조 각 죄명)				○			
	제321조		(신체, 주거, 건조물, 자동차, 선박, 항공기, 방실)수색				○			
권리 행사 방해	제323조		권리행사방해					○		
	제324조	제1항	강요				○	○		
		제2항	특수강요				○	○		
	제324조의2		인질강요				○			
	제324조의3		인질(상해, 치상)				○			
	제324조의4		인질(살해, 치사)				○			
	제325조	제1항	점유강취							
		제2항	준점유강취							
	제326조		중권리행사방해							
	제327조		강제집행면탈					○		
절도, 강도	제329조		절도				○			
	제330조		야간(주거, 건조물, 선박, 항공시, 방실)침입절도				○			
	제331조		특수절도				○			단독판사 관할사건
	제331조의2		(자동차, 선박, 항공기, 원동기장치자전거) 불법사용							
	제332조		상습(제329조 내지 제331조의2 각 죄명)				○			단독판사 관할사건
	제333조		강도				○			
	제334조		특수강도				○			
	제335조		준강도, 준특수강도				○			
	제336조		인질강도				○			

구 분	조 문		죄 명	소	성	가	통	검	고	비 고
절도, 강도	제337조		강도(상해, 치상)				○			
	제338조		강도(살인, 치사)				○			
	제339조		강도강간		○		○			
	제340조	제1항	해상강도				○			
		제2항	해상강도(상해, 치상)				○			
		제3항	해상강도(살인, 치사, 강간)				○			
	제341조		상습(제333조, 제334조, 제336조, 제340조 제1항 각 죄명)				○			
사기, 공갈	제347조		사기					○		
	제347조의2		컴퓨터등사용사기					○		
	제348조		준사기					○		
	제348조의2		편의시설부정이용					○		
	제349조		부당이득					○		
	제350조		공갈				○	○		
	제350조의2		특수공갈				○	○		단독판사 관할사건
	제351조		상습(제347조 내지 제350조의2 각 죄명)				○	○		
횡령, 배임	제355조	제1항	횡령					○	○	
		제2항	배임					○	○	
	제356조		업무상(횡령, 배임)					○	○	
	제357조	제1항	배임수재					○	○	
		제2항	배임증재					○	○	긴×
	제360조	제1항	점유이탈물횡령							〃
		제2항	매장물횡령							〃
장물	제362조	제1항	장물(취득, 양도, 운반, 보관)							
		제2항	장물알선							
	제363조		상습(제362조 각 죄명)				○			단독판사 관할사건
	제364조		(업무상, 중)과실장물(취득, 양도, 운반, 보관, 알선)							긴×
손괴	제366조		(재물, 문서, 전자기록등)(손괴, 은닉)		○					
	제367조		공익건조물파괴							
	제368조	제1항	중손괴							
		제2항	(제366조, 제367조 각 죄명)(치상, 치사)							
	제369조	제1항	특수(재물, 문서, 전자기록등)(손괴, 은닉)							
		제2항	특수공익건조물파괴							
	제370조		경계침범